# Künstliche Intelligenz im Einsatz für die erfolgreiche Patientenreise

Mario A. Pfannstiel
Hrsg.

# Künstliche Intelligenz im Einsatz für die erfolgreiche Patientenreise

## Innovation, Integration und Stärkung

Springer Gabler

*Hrsg.*
Mario A. Pfannstiel
Fakultät Gesundheitsmanagement
Hochschule Neu-Ulm
Neu-Ulm, Deutschland

ISBN 978-3-658-48572-6 ISBN 978-3-658-48573-3 (eBook)
https://doi.org/10.1007/978-3-658-48573-3

Die Deutsche Nationalbibliothek verzeichnet diese Publikation in der Deutschen Nationalbibliografie; detaillierte bibliografische Daten sind im Internet über https://portal.dnb.de abrufbar.



Planung/Lektorat: Margit Schlomski
Springer Gabler ist ein Imprint der eingetragenen Gesellschaft Springer Fachmedien Wiesbaden GmbH und ist ein Teil von Springer Nature.
Die Anschrift der Gesellschaft ist: Abraham-Lincoln-Str. 46, 65189 Wiesbaden, Germany

# Vorwort

Im März 2022 wurde das Fachbuch „Künstliche Intelligenz im Gesundheitswesen" veröffentlicht. Drei Jahre später haben mehr als eine Million Menschen dieses Werk gelesen, das mit dem Label „Buchtipp Gesundheitswirtschaftskongress 2022" ausgezeichnet wurde. Die positive Resonanz und die breite Leserschaft unterstreichen die Relevanz des Themas Künstliche Intelligenz (KI) im Gesundheitswesen. Angespornt durch den Erfolg und die anhaltend hohe Nachfrage habe ich mich entschlossen, ein neues Fachbuch mit dem Titel „Künstliche Intelligenz im Einsatz für die erfolgreiche Patientenreise" zu veröffentlichen. Der Untertitel „Innovation, Integration, Stärkung" spiegelt die drei zentralen Säulen des Buches wider: Erstens die Förderung von Innovationen durch den gezielten Einsatz von KI, zweitens die nahtlose Integration dieser Technologien in bestehende Systeme und Prozesse und drittens die Stärkung der Patientenreise sowie des gesamten Gesundheitswesens durch praxisorientierte und effiziente KI-Lösungen.

Dieses Werk entstand in enger Zusammenarbeit mit zahlreichen renommierten Autorinnen und Autoren, die ihr Fachwissen und ihre Erfahrungen eingebracht haben. Ziel ist es, nicht nur die neuesten Entwicklungen, Herausforderungen und Trends in diesem Bereich aufzuzeigen, sondern auch praxisnahe Lösungen und innovative Ansätze zu vermitteln. Mit diesem Buch möchten die Mitwirkenden und ich den Dialog über den Einsatz von KI im Gesundheitswesen weiter vorantreiben und Anregungen geben, wie die Patientenreise durch innovative Technologien verbessert werden kann. Es richtet sich an Fachkräfte, Entscheidungsträger und Interessierte, die die Potenziale von KI im Gesundheitswesen besser verstehen und nachhaltig in die Praxis integrieren möchten.

Der Titel „Künstliche Intelligenz im Einsatz für die erfolgreiche Patientenreise" verdeutlicht die Vision, wie KI die Patientenversorgung grundlegend verbessern kann. Er steht für den Ansatz, den gesamten Versorgungsprozess – von der Gesundheitsförderung und Krankheitsvorsorge über Diagnose und Therapie bis hin zur Nachsorge und häuslichen Pflege – durch den Einsatz intelligenter Technologien effizienter und individueller zu gestalten. Dabei wird deutlich, dass KI nicht nur operative Abläufe optimiert, sondern auch die gesamte Patientenerfahrung bereichert. Der Titel verkörpert somit die Vision einer zukunftsweisenden, patientenzentrierten Gesundheitsversorgung, in der technologische Innovationen eine Schlüsselrolle spielen.

Die Patientenreise beginnt mit der Geburt und endet mit dem Tod. Dazwischen durchläuft jeder Mensch verschiedene Phasen, die von Gesundheit und Krankheit geprägt sind. Schon vor der Geburt sorgen moderne Vorsorgemaßnahmen für einen gesunden Start ins Leben. Mit der Geburt wird jeder Mensch Teil des Gesundheitssystems. Dieses System ist untrennbar mit der Verletzlichkeit des Körpers verbunden, und im Laufe des Lebens wird jeder irgendwann mit körperlichem Leid konfrontiert. Doch die Fortschritte der Zukunft könnten neue Wege bieten, dieses Leid zu lindern oder sogar zu verhindern.

Das medizinische Fachpersonal verschafft den leidenden Patienten Linderung. Patienten übernehmen dabei sowohl aktive als auch passive Rollen im Heilungsprozess. Vor dem Hintergrund dieser Entwicklung stellt sich die Frage, wie fortschrittliche Technologien – insbesondere KI – die dynamische Wechselwirkung zwischen Aktivität und Passivität in der Patientenversorgung verbessern können, indem sie nicht nur die medizinischen, sondern auch die sozialen, psychischen und emotionalen Aspekte des Patienten berücksichtigen. Ebenso entscheidend ist, wie der Einsatz von KI die Entscheidungsfindung, Effizienz und Behandlungspräzision des medizinischen Fachpersonals unterstützt, um eine individuellere und effektivere Patientenversorgung zu ermöglichen.

Dieses Buch bietet praxisorientierte Lösungsansätze für die erfolgreiche Integration von Technologien entlang der gesamten Patientenreise. Die Fachbeiträge decken eine Vielzahl relevanter Themen ab, von KI in der Patientenreise über regulatorische Rahmenbedingungen und KI-Modelle bis hin zur Gesundheitsüberwachung durch KI. Sie verbinden theoretische Perspektiven mit praxisnahen Beispielen aus der Gesundheitsbranche und zeigen auf, wie KI-gestützte Innovationen die Patientenreise nachhaltig verbessern können. Gleichzeitig werden die Herausforderungen des zunehmend komplexen Gesundheitssystems thematisiert, die es zu bewältigen gilt, um eine bessere Versorgung zu gewährleisten. Ein weiterer Fokus liegt auf dem gezielten Einsatz von KI zur Optimierung der Patientenreise in allen Phasen.

Die fortschreitende Digitalisierung und Technologisierung des Gesundheitswesens stellt Einrichtungen und Entscheidungsträger vor neue Herausforderungen, bietet jedoch auch zahlreiche Chancen. Dieses Buch hilft, die Potenziale neuer Technologien frühzeitig zu erkennen und deren gezielten Einsatz zu fördern. Die gewonnenen Erkenntnisse tragen dazu bei, die Patientenreise kontinuierlich zu optimieren und eine patientenzentrierte Versorgung auf höchstem Niveau zu sichern.

Die Beiträge der einzelnen Autorinnen und Autoren in diesem Herausgeberwerk sind wie folgt gegliedert: Gliederung, Anschrift, Zusammenfassung, Einleitung, Hauptteil, Schlussbetrachtung, Literaturverzeichnis und Autorenbiografie. Die Zusammenfassung, die jedem Beitrag vorangestellt ist, enthält eine prägnante Darstellung des Inhalts, während die Ausführungen und Erkenntnisse von jedem Autor in einer Schlussbetrachtung am Ende des Beitrags zusammengefasst werden.

Mein herzlicher Dank gilt den zahlreichen Autorinnen und Autoren, die mit ihren Beiträgen aus Praxis und Wissenschaft wertvolle Impulse für das Wissensgebiet gegeben haben. Ebenso danke ich dem Springer Verlag für die Veröffentlichung dieses Buches.

Ich wünsche Ihnen beim Lesen inspirierende und aufschlussreiche neue Ideen.

Neu-Ulm, Deutschland
Januar 2025

Mario A. Pfannstiel

# Inhaltsverzeichnis

# Herausgeber- und Autorenverzeichnis

## Über die Herausgeber

**Mario A. Pfannstiel** ist Professor für Betriebswirtschaftslehre im Gesundheitswesen und leitet das Masterprogramm Digital Healthcare Management an der Hochschule Neu-Ulm. Er besitzt ein Diplom der Fachhochschule Nordhausen im Bereich „Sozialmanagement" mit dem Vertiefungsfach „Finanzmanagement", einen M.Sc.-Abschluss der Dresden International University in Patientenmanagement und einen M.A.-Abschluss der Technischen Universität Kaiserslautern und der Universität Witten/Herdecke im Management von Gesundheits- und Sozialeinrichtungen. An der Universität Bayreuth war er beschäftigt als wissenschaftlicher Mitarbeiter am Lehrstuhl für Strategisches Management und Organisation. Die Promotion erfolgte an der Sozial- und Wirtschaftswissenschaftlichen Fakultät und dem Lehrstuhl für Management, Professional Services und Sportökonomie der Universität Potsdam. Im Herzzentrum Leipzig arbeitete er als Referent des Ärztlichen Direktors. Seine Forschungsarbeit umfasst zahlreiche Beiträge, Zeitschriften und Bücher zum Management in der Gesundheitswirtschaft.

## Autorenverzeichnis

**Yannik Angler** Universität Greifswald, Greifswald, Deutschland

**Dario Antweiler** Fraunhofer IAIS, Sankt Augustin, Deutschland

**Tim Bartling** ITSC GmbH, Hannover, Deutschland

Institut für Epidemiologie, Sozialmedizin und Gesundheitssystemforschung, Medizinische Hochschule Hannover, Hannover, Deutschland

**Immanuel Bayer** Palaimon GmbH, Berlin, Deutschland

**Kurt Becker** APOLLON Hochschule der Gesundheitswirtschaft GmbH, Bremen, Deutschland

**Pascal Becker** Bundesministerium der Verteidigung, Bonn, Deutschland

**Stefan Beckers** Aachener Institut für Rettungsmedizin & zivile Sicherheit, Uniklinik RWTH Aachen & Stadt Aachen, Aachen, Deutschland

**Laura Bell** Audiovisuelles Medienzentrum, Medizinische Fakultät, RWTH Aachen, Aachen, Deutschland

**Elisabeth Belt** Johnson & Johnson Medical GmbH, Norderstedt, Deutschland

**Vanessa Bender** Vorstandsreferentin, AGAPLESION gAG, Frankfurt, Deutschland

**Peter M. Bican** Working Group International Management and Governance, Universität Bremen, Bremen, Deutschland

**Anne Christine Bischops** Klinik für Allgemeine Pädiatrie, Neonatologie und Kinderkardiologie, Universitätsklinikum Düsseldorf, Düsseldorf, Deutschland

**Christina Borgs** Aachener Institut für Rettungsmedizin & zivile Sicherheit, Uniklinik RWTH Aachen & Stadt Aachen, Aachen, Deutschland

**Christian M. Brieske** Institut für Transfusionsmedizin, Universitätsklinikum Essen, Essen, Deutschland

**Tommaso Bruni** Forschungszentrum Jülich, Institut für Neurowissenschaften und Medizin: Gehirn und Verhalten (INM-7), Jülich, Deutschland

**Moike Buck,** Nürnberg, Deutschland

**Massimiliano Decarli,** Klosters, Schweiz

**Deepak Dhungana** IMC Hochschule für Angewandte Wissenschaften Krems, Institut Digitalisierung und Informatik, Krems, Österreich

**Carmen Diker** medicalvalues GmbH, Karlsruhe, Deutschland

**Pia Drießen** Aachener Institut für Rettungsmedizin & zivile Sicherheit, Uniklinik RWTH Aachen & Stadt Aachen, Aachen, Deutschland

**Nadezhda Durdova** Institut für Geschichte, Theorie & Ethik der Medizin – Uniklinik RWTH Aachen, Aachen, Deutschland

**Stefan Dür** goMed GmbH I Partner, Wien, Austria

**Melin Ernalbant** Fakultät für Gesundheitsmanagement, Hochschule Neu-Ulm, Neu-Ulm, Deutschland

**Dennis Feiler** DFC-SYSTEMS GmbH, München, Deutschland

**Lukas Fleischmann,** Nürnberg, Deutschland

**Steffen Fleßa** Universität Greifswald, Greifswald, Deutschland

**Charlotte Förster** Technische Universität Chemnitz, Chemnitz, Deutschland

**Nina Füreder** Technische Universität Chemnitz, Chemnitz, Deutschland

**Tia K. Gade** Fakultät für Gesundheitsmanagement, Hochschule Neu-Ulm, Neu-Ulm, Deutschland

**Christian Goelz** Medizinische Klinik und Poliklinik I, LMU Klinikum, LMU München, München, Deutschland

**Mascha Goldschmitt** Abteilung für Arbeits-, Organisations- und Wirtschaftspsychologie, Psychologisches Institut, Johannes Gutenberg-Universität Mainz, Mainz, Deutschland

**Olav Götz** Apollon Hochschule der Gesundheitswirtschaft, Bremen, Deutschland

**Wolfgang Habacher** EPIG GmbH, Graz, Österreich

**Maurus Hagemeister** Klinik für Allgemeine Pädiatrie, Neonatologie und Kinderkardiologie, Universitätsklinikum Düsseldorf, Düsseldorf, Deutschland

**Jörg Hallensleben** APOLLON Hochschule der Gesundheitswirtschaft GmbH, Bremen, Deutschland

**Lena Hegel** Fraunhofer-Institut für Software- und Systemtechnik ISST, Dortmund, Deutschland

**Bert Heinrichs** Forschungszentrum Jülich, Institut für Neurowissenschaften und Medizin: Gehirn und Verhalten (INM-7), Jülich, Deutschland

**Alina Theresa Henn** Klinik für Psychiatrie und Psychotherapie des Kindes- und Jugendalters (KJP), Sektion für klinische Neuropsychologie des Kindes- und Jugendalters, RWTH Aachen, Aachen, Deutschland

**Georg Herde** Fakultät Angewandte Informatik, THD – Technische Hochschule Deggendorf, Deggendorf, Deutschland

**Felix Hoffmann** APOLLON Hochschule der Gesundheitswirtschaft GmbH, Bremen, Deutschland

**Christoph-Alexander Holst** Institut für industrielle Informationstechnik (inIT), Technische Hochschule Ostwestfalen-Lippe, Lemgo, Deutschland

**Peter A. Horn** Institut für Transfusionsmedizin, Universitätsklinikum Essen, Essen, Deutschland

**Sophie Hundertmark,** Minusio, Schweiz

**Roger Jaeckel** Fakultät Gesundheitsmanagement, Hochschule Neu-Ulm, Neu-Ulm, Deutschland

**Johannes Jahn** Klinik für Diagnostische und Interventionelle Radiologie, Universitätsklinikum Freiburg, Medizinische Fakultät, Albert-Ludwigs-Universität Freiburg, Freiburg, Deutschland

**Lars Johow** Dynamed Gesellschaft für Management und Logistik im Gesundheitswesen mbH, Berlin, Deutschland

**Tobias Jorg** Klinik und Poliklinik für Diagnostische und Interventionelle Radiologie, Universitätsmedizin der Johannes Gutenberg-Universität Mainz, Mainz, Deutschland

**Stefan Kamin,** Nürnberg, Deutschland

**Benedikt Kämpgen** Empolis Information Management GmbH, Würzburg, Deutschland

**Nora Karara** Klinik für Kinder- und Jugendmedizin, Universitätsklinikum Ruppin-Brandenburg, Neuruppin, Deutschland

**Janna-Lina Kerth** Klinik für Allgemeine Pädiatrie, Neonatologie und Kinderkardiologie, Universitätsklinikum Düsseldorf, Düsseldorf, Deutschland

**Jan Kirchhoff** medicalvalues GmbH, Karlsruhe, Deutschland

**Emma Kneitinger** umlaut telehealthcare GmbH, Aachen, Deutschland

**Philipp Köbe** ScMI Scenario Management International AG, Paderborn, Deutschland

**Kerstin Konrad** Klinik für Psychiatrie und Psychotherapie des Kindes- und Jugendalters (KJP), Sektion für klinische Neuropsychologie des Kindes- und Jugendalters, RWTH Aachen, Aachen, Deutschland

**Elmar Kotter** Klinik für Diagnostische und Interventionelle Radiologie, Universitätsklinikum Freiburg, Medizinische Fakultät, Albert-Ludwigs-Universität Freiburg, Freiburg, Deutschland

**Markus Krohn** Universität Greifswald, Greifswald, Deutschland

**Silke Kükemück** Universitätsmedizin Göttingen, Göttingen, Deutschland

**Horst Kunhardt** Fakultät Angewandte Gesundheitswissenschaften, THD – Technische Hochschule Deggendorf, Deggendorf, Deutschland

**Tobias Loddenkemper** Division of Epilepsy and Clinical Neurophysiology, Boston Children's Hospital, Harvard Medical School, Boston, USA

**Volker Lohweg** Institut für industrielle Informationstechnik (inIT), Technische Hochschule Ostwestfalen-Lippe, Lemgo, Deutschland

**Hisaki Makimoto** Data Science Center/Cardiovascular Center, Jichi Medical University, Tochigi, Japan

**Bernadette Matiz** Gesundheitsfonds Steiermark, Graz, Österreich

**Anna Meinhardt** Fakultät für Gesundheitsmanagement, Hochschule Neu-Ulm, Neu-Ulm, Deutschland

**Thomas Meißner** Klinik für Allgemeine Pädiatrie, Neonatologie und Kinderkardiologie, Universitätsklinikum Düsseldorf, Düsseldorf, Deutschland

**Karin Messer-Misak** Fachhochschule Joanneum GmbH, Graz, Österreich

**Peter Mildenberger** Klinik und Poliklinik für Diagnostische und Interventionelle Radiologie, Universitätsmedizin der Johannes Gutenberg-Universität Mainz, Mainz, Deutschland

**Tobias M. Minder** Nostic Solutions AG, Freienbach, Deutschland

**Paulina Moehrle** Medizinische Klinik und Poliklinik I, LMU Klinikum, LMU München, München, Deutschland

**Claudia Möller** Leiterin FuE & Innovationsmanagement, AGAPLEION gAG, Frankfurt, Deutschland

**Nina Müller** ITSC GmbH, Hannover, Deutschland

**Steffen Müller-Reichardt** Dynamed Gesellschaft für Management und Logistik im Gesundheitswesen mbH, Berlin, Deutschland

**Elmar Nass** Kölner Hochschule für Katholische Theologie, Köln, Deutschland

**Klaus Netter** DNC Information Management GmbH, Hannover, Deutschland

**Carolin Neumann** Referentin Qualität & Nachhaltigkeit, AGAPLESION gAG, Frankfurt, Deutschland

**Florian Oetke** DNC Information Management GmbH, Hannover, Deutschland

**Thomas Petzold** Medizinischer Dienst Sachsen, Dresden, Deutschland

**Mario A. Pfannstiel** Fakultät Gesundheitsmanagement, Hochschule Neu-Ulm, Neu-Ulm, Deutschland

**Manfred Pferzinger** IMC Hochschule für Angewandte Wissenschaften Krems, Institut Gesundheitsmanagement, Krems, Österreich

**Alexander Pflieger** THD – Technische Hochschule Deggendorf, Deggendorf, Deutschland

**Konstantin Piliuk** Intelligente Systeme, Institut für Informatik, Christian-Albrechts-Universität zu Kiel, Kiel, Deutschland

**Thomas Platz** BDH-Klinik Greifswald, Institut für Neurorehabilitation und Evidenzbasierung, An-Institut der Universität Greifswald, Greifswald, Deutschland

**Erika Raab** Geschäftsführerin, Kreisklinik Groß-Gerau GmbH, Groß-Gerau, Deutschland

**Christoph Rasche** Humanwissenschaftliche Fakultät, Wirtschafts- und Sozialwissenschaftliche Fakultät, Department für Sport- und Gesundheitswissenschaften, Lehrstuhl für Management, Sportökonomie & Professional Services, Universität Potsdam, Potsdam, Deutschland

**Christoph Redecker** Klinik für Neurologie und Neurogeriatrie, Klinikum Lippe GmbH, Lemgo, Deutschland

**Cassandra Rehbock** Aachener Institut für Rettungsmedizin & zivile Sicherheit, Uniklinik RWTH Aachen & Stadt Aachen, Aachen, Deutschland

**Sabrina Reimers-Kipping** FUSE-AI GmbH, Hamburg, Deutschland

**Adriana Reinecke** Wirtschafts- und Sozialwissenschaftliche Fakultät, Department für Sport- und Gesundheitswissenschaften, Lehrstuhl für Management, Sportökonomie & Professional Services, Potsdam, Deutschland

**Andrea Braun von Reinersdorff** Fakultät Wirtschafts- und Sozialwissenschaften, Hochschule Osnabrück, Osnabrück, Deutschland

**Caroline Braun von Reinersdorff** Fakultät Wirtschafts- und Sozialwissenschaften, Hochschule Osnabrück, Osnabrück, Deutschland

**Lisa Reinhart** Klinik für Allgemeine Pädiatrie, Neonatologie und Kinderkardiologie, Universitätsklinikum Düsseldorf, Düsseldorf, Deutschland

**Stefan Resch** Fachbereich 2: Informatik und Ingenieurwissenschaften, Frankfurt University of Applied Sciences, Frankfurt am Main, Deutschland

**Juri Rohde** FUSE-AI GmbH, Hamburg, Deutschland

**Roland Roller** Deutsches Forschungszentrum für Künstliche Intelligenz GmbH (DFKI), Berlin, Deutschland

**Ludolf von Rüden** Johnson & Johnson Medical GmbH, Norderstedt, Deutschland

**Stefan Rüping** Fraunhofer IAIS, Sankt Augustin, Deutschland

**Isabel Schmittel** Empolis Information Management GmbH, Würzburg, Deutschland

**Julia Schneider** Fachbereich 2: Informatik und Ingenieurwissenschaften, Frankfurt University of Applied Sciences, Frankfurt am Main, Deutschland

**Stefanie Scholz** SRH University of Applied Sciences Campus Fürth, Fürth, Deutschland

**Hanna Schröder** Aachener Institut für Rettungsmedizin & zivile Sicherheit, Uniklinik RWTH Aachen & Stadt Aachen, Aachen, Deutschland

**Katharina Schrot** ITSC GmbH, Hannover, Deutschland

**Stephanie Schuth** Evangelische Hochschule Dresden, Dresden, Deutschland

**Guy Philippe Serf** BwConsulting, Köln, Deutschland

**Martina Simon,** Nürnberg, Deutschland

**Stefanie Steinhauser** Technische Hochschule Amberg-Weiden, Amberg, Deutschland

**Tobias Strapatsas** Chefarzt der Zentralen Notaufnahme, ASKLEPIOS KLINIK Harburg, Hamburg, Deutschland

**Oliver Stritzel,** Nürnberg, Deutschland

**Tom Strube** Fraunhofer-Institut für Software- und Systemtechnik ISST, Dortmund, Deutschland

**Sven Tomforde** Intelligente Systeme, Institut für Informatik, Christian-Albrechts-Universität zu Kiel, Kiel, Deutschland

**Solveig Vieluf** Medizinische Klinik und Poliklinik I, LMU Klinikum, LMU München, München, Deutschland

**Diana Völz** Fachbereich 2: Informatik und Ingenieurwissenschaften, Frankfurt University of Applied Sciences, Frankfurt am Main, Deutschland

**Vera Weirauch** Fraunhofer-Institut für Software- und Systemtechnik ISST, Dortmund, Deutschland

**Frauke Wiegräbe** Institut für industrielle Informationstechnik (inIT), Technische Hochschule Ostwestfalen-Lippe, Lemgo, Deutschland

**Christian Winkler** Fakultät Betriebswirtschaft, Technische Hochschule Nürnberg Georg Simon Ohm, Nürnberg, Deutschland

**Johannes Winter** L3S Research Center, Leibniz Universität Hannover, Hannover, Deutschland

**Stefan Wrobel** Fraunhofer IAIS, Sankt Augustin, Deutschland

**Jürgen Zerth** Katholische Universität Eichstätt-Ingolstadt, Management für Einrichtungen im Sozial- und Gesundheitswesen, Eichstätt, Deutschland

# Einleitung „Künstliche Intelligenz im Einsatz für die erfolgreiche Patientenreise“ 1

Mario A. Pfannstiel

## Inhaltsverzeichnis




**Zusammenfassung**

Dieser Beitrag bietet einen fundierten Überblick über die Patientenreise im Gesundheitswesen, beginnend mit der grundlegenden Definition des Begriffs und der Betrachtung der Patientenerlebnisse und den Erfahrungen in den verschiedenen Phasen der Reise. Ein besonderer Fokus liegt auf der Analyse des Kerngeschäftsprozesses im Krankenhaus und der Wechselwirkung zwischen statischer und dynamischer Patientenreise. Im weiteren Verlauf wird der zukunftsweisende Einsatz von Künstlicher



M. A. Pfannstiel (✉)
Fakultät Gesundheitsmanagement, Hochschule Neu-Ulm, Neu-Ulm, Deutschland
E-Mail: mario.pfannstiel@hnu.de







M. A. Pfannstiel (Hrsg.), *Künstliche Intelligenz im Einsatz für die erfolgreiche Patientenreise*, https://doi.org/10.1007/978-3-658-48573-3_1

Intelligenz (KI) innerhalb der Patientenreise dargestellt. Besonders im Fokus stehen dabei Interaktions- und Berührungspunkte, die durch KI optimiert werden können. Zudem wird eine Methode vorgestellt, die eine strukturierte Visualisierung der einzelnen Komponenten der Patientenreise ermöglicht und diese so transparent und nachvollziehbar macht. Die Unterscheidung zwischen KI-unterstützten und traditionellen Arbeitsbereichen zeigt, wie Arbeitsprozesse durch den Einsatz von Technologie optimiert oder beibehalten werden. Abschließend wird die Zukunft der KI in der Patientenreise hervorgehoben und deren zentrale Bedeutung für eine personalisierte und effiziente Gesundheitsversorgung aufgezeigt.

## 1.1 Einleitung

Die Patientenreise im Gesundheitswesen steht derzeit im Fokus zahlreicher Diskussionen, da sie eine zentrale Rolle in der Qualität und Effizienz der Versorgung spielt. Insbesondere der Einsatz von Künstlicher Intelligenz (KI) gewinnt zunehmend an Bedeutung und birgt das Potenzial, bestehende Prozesse grundlegend zu verbessern. In einer Zeit, in der die Erwartungen der Patienten an eine personalisierte, schnelle und effiziente Behandlung stetig steigen, ist die kontinuierliche Optimierung der Patientenreise ein entscheidender Faktor. Die Auseinandersetzung mit den verschiedenen Phasen und den Technologien, die diese unterstützen, ist nicht nur für die Zukunft der medizinischen Versorgung von zentraler Bedeutung, sondern auch für die langfristige Steigerung der Patientenzufriedenheit und Effizienz in Gesundheitseinrichtungen.

## 1.2 Begriffsdefinition „Patientenreise"

Der Begriff „Patientenreise" (engl. Patient Journey) ist zwar grundsätzlich positiv besetzt, da er eine durchgehende und strukturierte Erfahrung suggeriert, die den Patienten in den Mittelpunkt stellt. Dennoch kann die Verwendung dieses Begriffs auch kritische Aspekte hervorrufen, da die Realität der Patientenversorgung oft von Unterbrechungen, Unsicherheiten und Belastungen geprägt ist. Der Begriff kann den Eindruck erwecken, dass der Prozess durchgehend linear und komfortabel ist, was der komplexen, teils unvorhersehbaren Natur vieler Krankheitsverläufe und Behandlungsschritte nicht gerecht wird. Trotz möglicher Kritik bietet der Begriff eine wertvolle Grundlage, um die gesamte Patientenreise systematisch zu analysieren und zu optimieren, indem er verschiedene Phasen und Interaktionspunkte – beginnend mit der Geburt und endend mit dem Lebensende – aufzeigt und so einen klaren Rahmen für die Entwicklung einer patientenzentrierten Versorgung schafft (siehe Abb. 1.1) (Beleffi et al. 2021, S. 117–127; McCarthy et al. 2016, S. 354–368; Liberatore et al. 2021, S. 1–15; Power 2023, S. 1–6; Zyumbileva et al. 2022, S. 1–7).

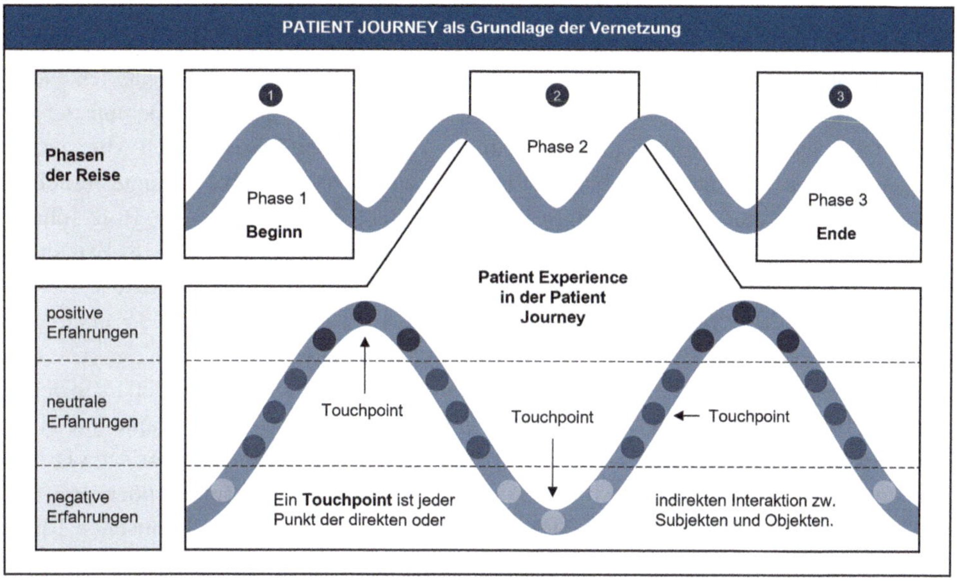


**Abb. 1.1** Patient Journey als Grundlage der Vernetzung. (Quelle: Eigene Darstellung 2024)

In der Literatur ist der Begriff „Patientenreise" nicht einheitlich definiert, da jede Reise individuell verläuft und sich hinsichtlich des Ausgangspunkts, der Erfahrungen während des Prozesses und des Endpunkts unterscheidet. Patientenreisen können in verschiedenen Dimensionen kategorisiert werden, wobei eine grundlegende Unterscheidung nach der Art der Versorgung erfolgt – etwa zwischen ambulanten und stationären Versorgungsprozessen, die von Patienten erlebt werden. Neben der Unterscheidung nach Versorgungsarten lässt sich die Patientenreise auch in geografischer Hinsicht differenzieren, was die Vielfalt der Abläufe weiter verdeutlicht. So können Patientenreisen beispielsweise lokal, regional, national oder international verlaufen, je nachdem, ob die Behandlung in der Stadt, in der Region, im eigenen Land oder im Ausland erfolgt. Die Vielzahl der Phasen und die unterschiedlichen Dimensionen einer Patientenreise verdeutlichen, dass deren Ablauf in den genannten Bereichen häufig keine feste Standardisierung aufweist und stark variieren kann (Bolz et al. 2024, S. 85–95; de Ridder et al. 2018, S. 97–107; Devi et al. 2020, S. 4808–4830; Donegan et al. 2021, S. 1–14; Wolf und Kunz-Braun 2020, S. 433–447).

Ein weiterer wesentlicher Aspekt ist die Art und Dauer der Erkrankung, die von akuten bis zu chronischen Krankheitsverläufen reichen kann. Darüber hinaus lassen sich Patientenreisen auch nach spezifischen Krankheitsbildern unterteilen, wie etwa kardiovaskulären Erkrankungen, Atemwegserkrankungen, Infektionskrankheiten, Diabetes, Stoffwechselstörungen, neurologischen Erkrankungen, Krebs, Erkrankungen des Verdauungstrakts, psychischen Erkrankungen, Erkrankungen des Bewegungsapparates oder Autoimmunerkrankungen, wobei diese Liste nicht abschließend ist und noch viele weitere

Krankheitsbilder existieren. Zudem können Patientenreisen auch in Bezug auf Fachbereiche, technologische Ansätze wie eHealth und mHealth oder andere Anwendungsszenarien abgebildet werden, um Abläufe transparenter und effizienter zu gestalten. Neben der Kategorisierung nach Krankheitsbildern spielt auch die Patientengruppe eine zentrale Rolle, da sich die Bedürfnisse und Erfahrungen während der Reise je nach Altersgruppe (Säuglinge, Kinder, Jugendliche, Erwachsene, ältere Menschen, Hochbetagte) erheblich unterscheiden können (Meyer 2023, S. 1–4; Bharatan et al. 2021, S. 35–46; Bolz-Johnson et al. 2020, S. 141–143; Bui et al. 2023, S. 49–66; Suwa et al. 2020, S. 1–18; British Columbia Provincial Health Service Authority et al. 2019, S. 1–42; Cerejo 2024, S. 1–9; Ciria-Suarez et al. 2021, S. e0257680; George und Brown 2023, S. e13561; Maas et al. 2023, S. 1–22; O'Regan et al. 2023, S. 1–13; Benson et al. 2022, S. 1–9).

Die Patientenreise wird häufig in verschiedene Bereiche unterteilt, die sich nach den jeweiligen Behandlungszielen richten, wie etwa Prävention, Diagnose, Therapie und Nachsorge. Ein weiterer wichtiger Aspekt betrifft die finanzielle und organisatorische Dimension der Reise. Diese umfasst sowohl versicherungsbasierte Reisen (privat oder gesetzlich versichert) als auch selbstfinanzierte Reisen und berücksichtigt den medizinischen Tourismus, einschließlich Kur- und Erholungsaufenthalten sowie Schönheitsoperationen. Diese Dimensionen beeinflussen entscheidend die Zugänglichkeit und das Management der Gesundheitsversorgung und prägen die Gestaltung der Patientenreise (Bürchler 2020, S. 1–26; Pfannstiel 2022, S. 1–47).

Im Kontext der Patientenreise spielen Kontaktpunkte eine zentrale Rolle. Sie sind die Schnittstellen, an denen der Patient mit dem Gesundheitssystem in Kontakt tritt, sei es in Form von Ärzten, Pflegepersonal, digitalen Gesundheitsdiensten und medizinischen und nicht-medizinischen Anlaufstellen. Jeder dieser Kontaktpunkte beeinflusst die Wahrnehmung der Patienten und trägt entscheidend zur Gesamtqualität der Gesundheitsversorgung bei. Sie reichen von der ersten Informationssuche über die Terminvereinbarung und Diagnose, wie etwa durch bildgebende Verfahren oder Labortests, bis hin zur Nachsorge, etwa durch Physiotherapie nach einer Operation oder regelmäßige Nachuntersuchungen bei chronischen Erkrankungen. Optimierte Kontaktpunkte (engl. Touchpoints) sind essenziell, um eine nahtlose und positive Patientenreise zu gewährleisten und tragen dazu bei, die Zufriedenheit sowie das Behandlungsergebnis langfristig zu verbessern (Betts und Korenda 2018, S. 1–16; Pfannstiel und Bouncken 2014, S. 135–154; Simonse et al. 2019, S. 82–97).

## 1.3 Patientenerlebnisse und Erfahrungen entlang der Patientenreise

An jedem Kontaktpunkt können verschiedene Personen, wie Patienten, Pflegefachkräfte oder Ärzte, positive, neutrale oder negative Erlebnisse erfahren (siehe Abb. 1.2). Diese Erlebnisse beeinflussen die Beziehung zwischen Arzt und Patient oder Pflegefachkraft und Patient und können diese entweder stärken oder schwächen. Für Prozessverantwortliche in

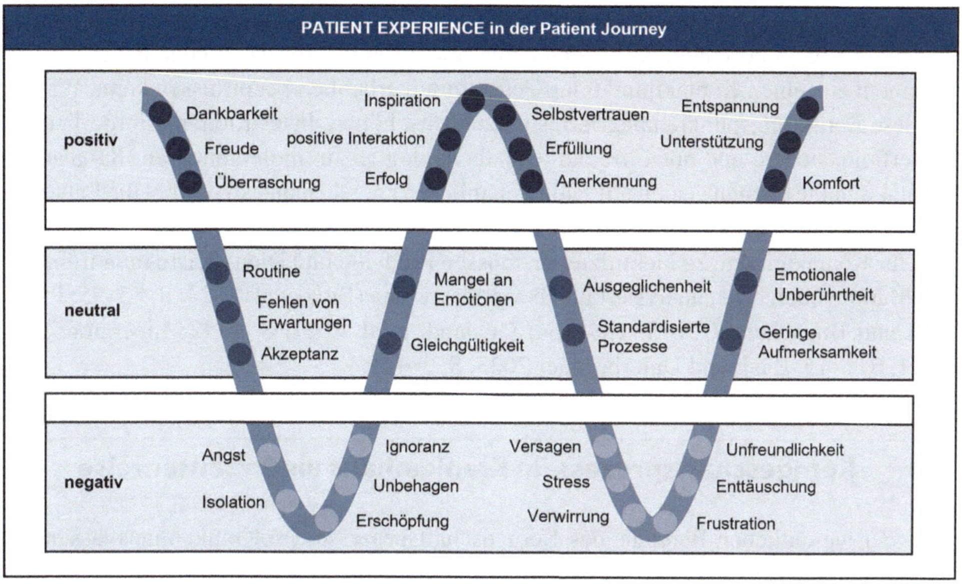


**Abb. 1.2** Patient Experience in der Patient Journey. (Quelle: Eigene Darstellung 2024)

Gesundheitseinrichtungen ist es entscheidend, diese Kontaktpunkte zu überwachen, um deren reibungslose Funktion sicherzustellen. Auftretende Probleme an Kontaktpunkten müssen erfasst, deren Ursachen analysiert und bewertet werden, um gezielte Verbesserungsmaßnahmen einzuleiten. Enttäuschungen für alle beteiligten Personen sollten vermieden werden. Beispielsweise sollte ein Arzt Diskretion, fachliche Kompetenz, Zuverlässigkeit und Professionalität vermitteln. Pflegekräfte wiederum prägen das Patientenerlebnis oft durch ihre kontinuierliche Nähe und sollten daher zusätzlich besonders Fürsorge, Empathie und kommunikative Kompetenz ausstrahlen. Gleichzeitig sollte sich der Patient respektvoll, ehrlich und kooperativ verhalten. Die Beziehung zum medizinischen Fachpersonal sollte auf Vertrauen, partnerschaft und Wertschätzung basieren (Adams et al. 2024, S. 1–9; Wagland et al. 2016, S. 1–11; Bürchler 2020, S. 1–26; Liberatore et al. 2021, S. 1–15; Modha 2023, S. 1–18; o. V. 2019, S. 1–12; Philpot et al. 2019, S. 466–475; Ipsos o. J., S. 1–36).

Für Gesundheitseinrichtungen ist es entscheidend, die bevorzugten Kontaktpunkte der Patienten sowie des medizinischen Personals zu identifizieren. Dabei ist nicht nur die Nutzung, sondern auch die Wahrnehmung dieser Kontaktpunkte von Bedeutung: Was denkt, fühlt und tut eine Person? Um eine fundierte Analyse vorzunehmen, sind Touchpoint-Analysen unter Verwendung spezifischer Kennzahlen erforderlich. Nur so können die Kontaktpunkte optimiert und die Produktivität gesteigert werden. Erfolgsrelevante Kontaktpunkte sollten detailliert erfasst und priorisiert werden, um den Fokus auf die wesentlichen zu lenken. Prozessverantwortliche müssen sicherstellen, dass diese Kontaktpunkte reibungslos funktionieren. Da Patienten mit einer Vielzahl von Kontaktmöglichkeiten in Berührung kommen, bilden sie sich bei jedem dieser Punkte ein Urteil. Durch

Befragungen kann das Gesamturteil über mehrere Kontaktpunkte hinweg erfasst werden. Es ist wichtig zu beachten, dass bereits eine besonders positive oder negative Interaktion an einem einzelnen Kontaktpunkt das Gesamturteil erheblich beeinflussen kann. Wird KI in diese Berührungspunkte integriert, sind zunächst höhere Investitionen erforderlich, um fehlerfreie, sichere und nutzerfreundliche Technologien zu implementieren. KI-gestützte Kontaktpunkte können gezielt auf Patientenanliegen eingehen und so sowohl die Patientenbindung als auch die Patientenzufriedenheit steigern. Um die besten KI-gestützten Lösungen für Kontaktpunkte zu identifizieren, müssen Produkte und Dienstleistungen frühzeitig am Markt recherchiert, analysiert und bewertet werden (Bolz et al. 2024, S. 85–95; Pfannstiel und Bouncken 2014, S. 135–154; Gualandi et al. 2021, S. 1–12; Liberatore et al. 2021, S. 1–15; Raab und Unterbrunner 2023, S. 3–14).

## 1.4 Kerngeschäftsprozess im Krankenhaus als Patientenreise

Die vier wesentlichen Bereiche des Kerngeschäftsprozesses im Krankenhaus lassen sich in vier aufeinanderfolgende Phasen gliedern (siehe Abb. 1.3) (Pfannstiel 2022, S. 1–47; Zijlstra et al. 2020, S. 59–67):

**Aufnahme/Anamnese:** In dieser Phase erfolgt die strukturierte Erfassung aller relevanten Patientendaten. Neben der medizinischen Vorgeschichte werden auch aktuelle Beschwerden, Risikofaktoren und relevante sozioökonomische Aspekte abgeklärt. Dieser Abschnitt legt die Grundlage für alle nachfolgenden diagnostischen und therapeutischen Maßnahmen und sorgt für eine individuelle, zielgerichtete Versorgung der Patienten.

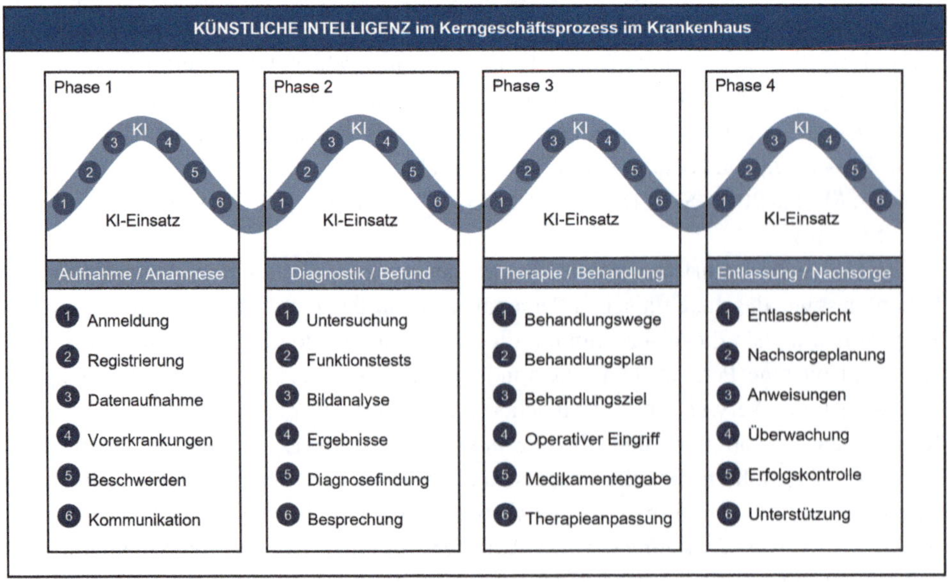


**Abb. 1.3** Künstliche Intelligenz im Kerngeschäftsprozess im Krankenhaus. (Quelle: Eigene Darstellung 2024)

**Diagnostik/Befund:** Nach der Erhebung der Anamnese folgt die detaillierte Untersuchung der Patienten. Durch den Einsatz diagnostischer Verfahren, wie bildgebende Verfahren, Labortests oder klinische Untersuchungen, wird die zugrunde liegende Erkrankung präzise identifiziert. Auf dieser Basis werden medizinische Befunde erstellt, die als entscheidende Grundlage für die Wahl der Behandlung dienen.

**Therapie/Behandlung:** In dieser Phase erfolgt die Festlegung und Durchführung eines zielgerichteten Therapieplans. Der Fokus liegt auf der Auswahl und Anwendung der geeignetsten medizinischen Maßnahmen, um die Gesundheit der Patienten zu verbessern, Symptome zu lindern oder Heilungsprozesse zu fördern. Dies umfasst sowohl medikamentöse als auch nicht-medikamentöse Therapien, Interventionen und gegebenenfalls chirurgische Eingriffe.

**Entlassung/Nachsorge:** Diese Phase umfasst die Vorbereitung der Patienten auf die Entlassung aus dem Krankenhaus und die Sicherstellung einer kontinuierlichen Betreuung. Im Rahmen der Nachsorge werden weitere therapeutische, rehabilitative oder präventive Maßnahmen definiert, um eine nachhaltige Genesung zu fördern und mögliche Rückfälle oder Komplikationen frühzeitig zu erkennen. Dabei werden auch die notwendigen Anweisungen zur Selbstversorgung und die Planung weiterer Arztbesuche oder Therapien festgelegt.

**Weitere Phasen:** Es ist zu berücksichtigen, dass dem zentralen Geschäftsprozess im Krankenhaus sowohl vorgelagerte als auch nachgelagerte Phasen außerhalb des Krankenhauses zugeordnet werden können. Zu den vorgelagerten Phasen zählen beispielsweise Maßnahmen der Gesundheitsförderung und der Krankheitsprävention. Die nachgelagerten Phasen umfassen hingegen Bereiche wie Rehabilitation und häusliche Pflege.

## 1.5 Relevanz der statischen und dynamischen Patientenreise

Eine statische Patientenreise (siehe Abb. 1.4) ist durch einen festen, vordefinierten Ablauf gekennzeichnet, der auf einer planbaren, weitgehend unveränderten Behandlungsstruktur basiert. Diese Art der Reise folgt klaren, strukturierten Prozessen, die wenig Raum für Anpassungen oder unvorhergesehene Änderungen lassen. Im Gegensatz dazu beschreibt die dynamische Patientenreise einen flexiblen, adaptiven Verlauf, der sich kontinuierlich an die sich verändernden Gesundheitszustände und unvorhersehbaren Ereignisse der Patienten anpasst. Diese Unterscheidung ermöglicht eine differenzierte Betrachtung der Patientenreise, um die unterschiedlichen Anforderungen und Herausforderungen, die während des Behandlungsprozesses auftreten können, gezielt zu adressieren und eine bedarfsgerechte Versorgung zu gewährleisten.

Die Begriffe Digitale Affinität, Digitale Kompetenzen und Digitales Mindset sind eng miteinander verknüpft und beeinflussen die dynamische Patientenreise erheblich (siehe Abb. 1.5). Digitale Affinität beschreibt die Offenheit gegenüber digitalen Technologien, wie Apps, Telemedizin oder Wearables. Patienten mit hoher Affinität adaptieren neue

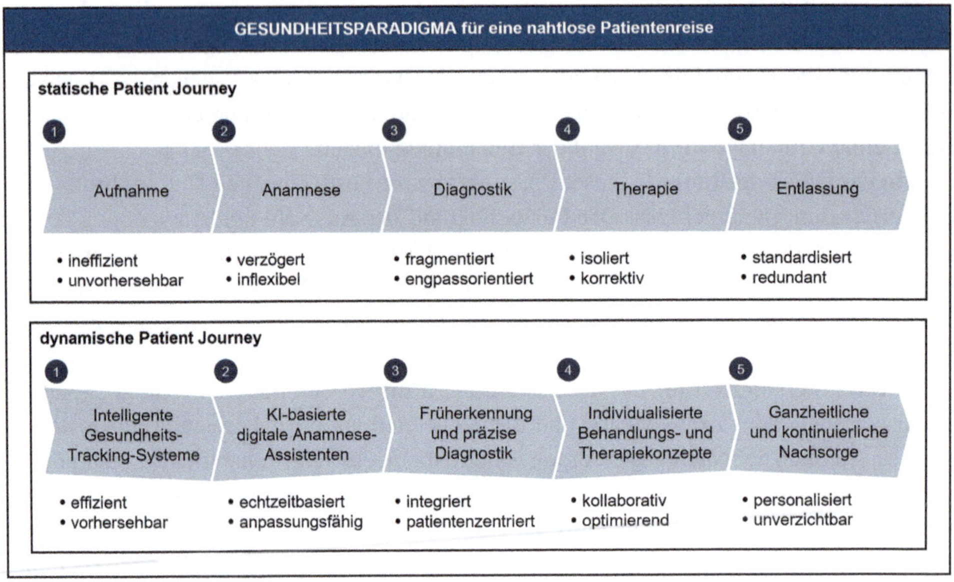


**Abb. 1.4** Gesundheitsparadigma für eine nahtlose Patientenreise. (Quelle: Eigene Darstellung 2024)

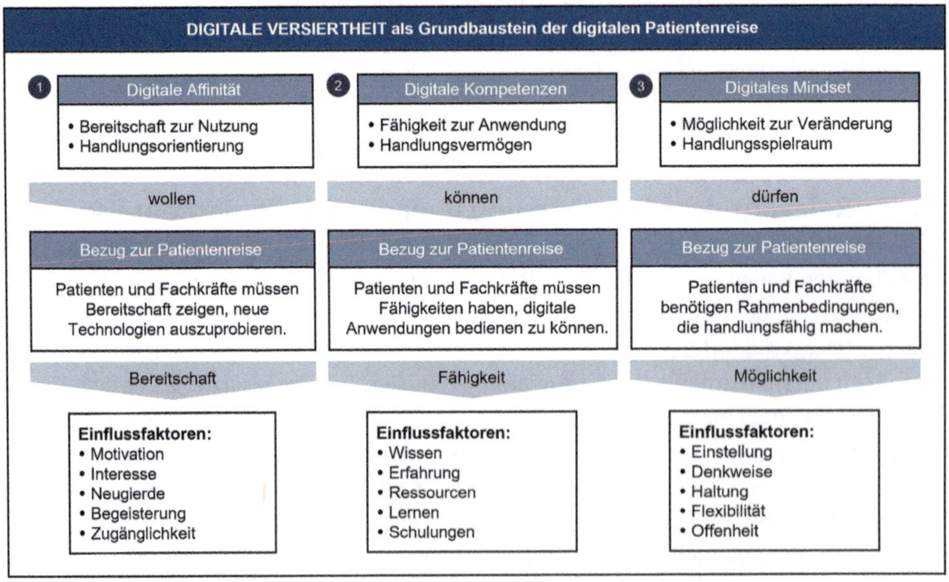


**Abb. 1.5** Digitale Versiertheit als Grundbaustein der digitalen Patientenreise. (Quelle: Eigene Darstellung 2024)

Technologien schneller und fördern den digitalen Wandel. Digitale Kompetenzen umfassen die praktischen Fähigkeiten, digitale Tools sicher zu nutzen, z. B. die kritische Bewertung von Gesundheitsinformationen oder den Umgang mit digitalen Gesundheitsdiensten. Diese Kompetenzen sind entscheidend für den Zugang und die Nutzung digitaler Angebote, da sie den Patienten ermöglichen, die Funktionen und Möglichkeiten der digitalen Gesundheitsversorgung effizient und sicher zu nutzen. Ein digitales Mindset geht noch weiter und fördert eine zukunftsorientierte Denkweise, bei der digitale Technologien als Chance genutzt werden, anstatt als Bedrohung. Es unterstützt die aktive Mitgestaltung des eigenen Gesundheitsprozesses durch den Einsatz neuer Technologien und fördert die Bereitschaft zur kontinuierlichen Weiterentwicklung und Anpassung an die sich ständig verändernde digitale Landschaft. Insgesamt schaffen diese drei Dimensionen eine Basis für eine verbesserte Patientenerfahrung und eine nachhaltige Integration digitaler Lösungen im Gesundheitswesen (Leyh und Schäffer 2024, S. 12–26; Polacsek-Ernst et al. 2024, S. 89–111; Büscher und Windele 2021, S. 1–33).

## 1.6 Einsatzmöglichkeiten Künstlicher Intelligenz in der Patientenreise

Die Einsatzmöglichkeiten von KI in der Patientenreise hängen von einer Vielzahl zentraler Faktoren ab, die sowohl technologischer als auch organisatorischer Natur sind. Zunächst spielt die Verfügbarkeit und Qualität der Daten eine entscheidende Rolle: KI-Systeme benötigen präzise und umfassende Patientendaten, um fundierte Entscheidungen treffen zu können. Die Integration von KI in bestehende Versorgungswege stellt einen weiteren entscheidenden Faktor dar, da diese Technologien nahtlos in klinische Arbeitsabläufe eingebunden werden müssen, um ihre Potenziale voll auszuschöpfen. Ebenso ist die Akzeptanz durch medizinisches Personal und Patienten von Bedeutung, da die Wirksamkeit von KI stark davon abhängt, wie gut sie in die praktischen Gegebenheiten des Krankenhausbetriebs und in die Patientenerfahrung integriert wird. Weitere Einflussfaktoren umfassen die rechtlichen Rahmenbedingungen und ethischen Überlegungen, die den Einsatz von KI in der Patientenversorgung regeln, sowie die technologische Reife der verwendeten KI-Modelle, die kontinuierlich weiterentwickelt werden, um eine höhere Präzision und Zuverlässigkeit zu gewährleisten. Die Einsatzmöglichkeiten von KI innerhalb des Kerngeschäftsprozesses und der Patientenreise im Krankenhaus werden anhand konkreter Beispiele verdeutlicht (vgl. Abb. 1.6 und 1.7). Dabei wird ersichtlich, dass zwei zentrale Akteure im Fokus stehen: Zum einen die Patienten, die als Empfänger von Dienstleistungen im Krankenhaus agieren, und zum anderen das medizinische Personal, das diese Dienstleistungen erbringt. KI hat das Potenzial, beide Parteien effektiv zu unterstützen, indem sie die Behandlung und Versorgung der Patienten gezielt optimiert und gleichzeitig die Arbeitsabläufe des medizinischen Personals effizienter gestaltet (Burcs et al. 2023, S. 1025–1032; FMH 2022, S. 1–44; Jung et al. 2023, S. 19–44; Pfannstiel 2022, S. 1–47; Phillips et al. 2021, S. 1–20; Sehrawat 2023, S. 1–18; Israel und Kläb o. J., S. 1–2).

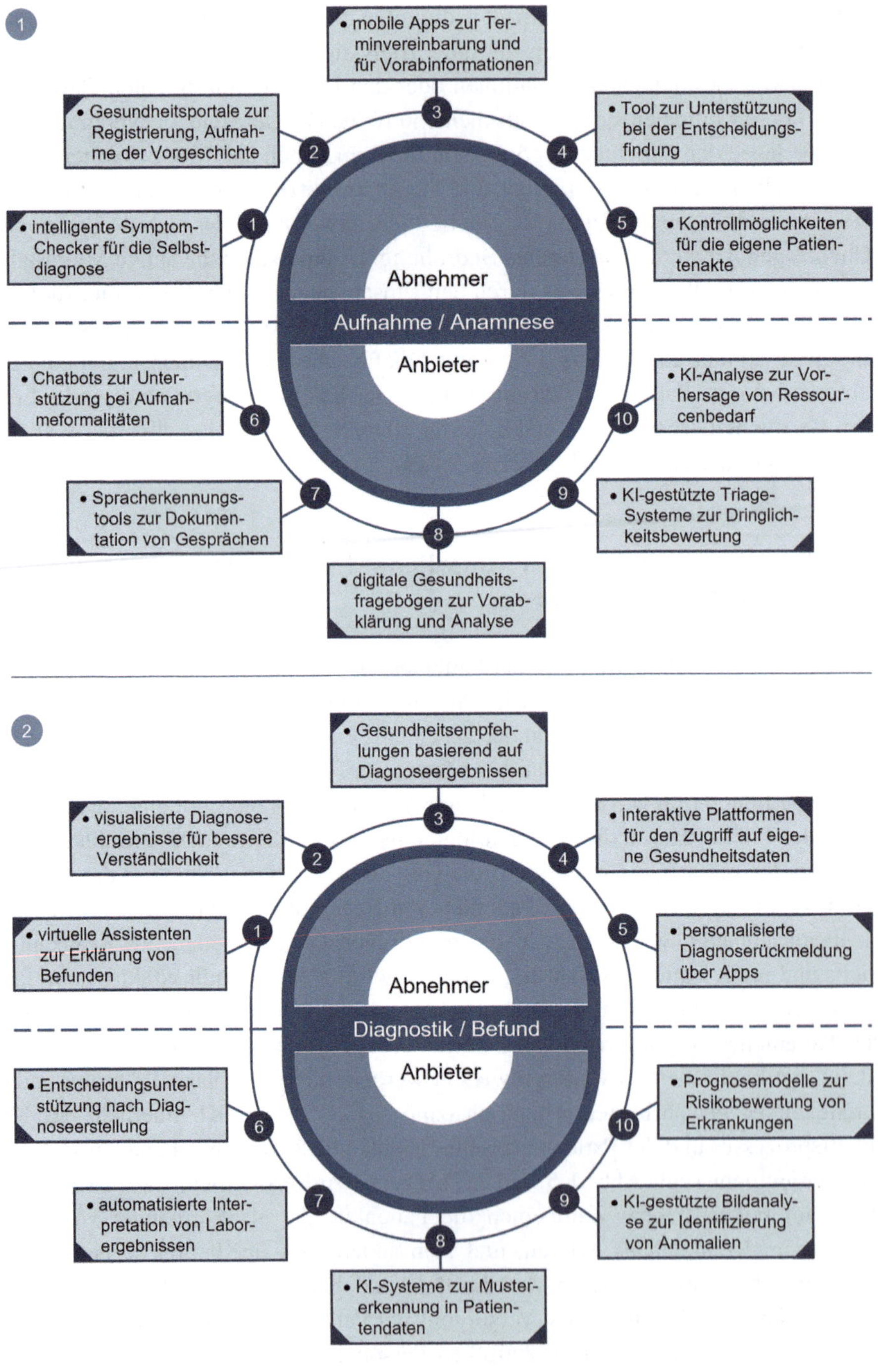


**Abb. 1.6** Exemplarische Einsatzbereiche von Künstlicher Intelligenz. (Quelle: Eigene Darstellung 2024)

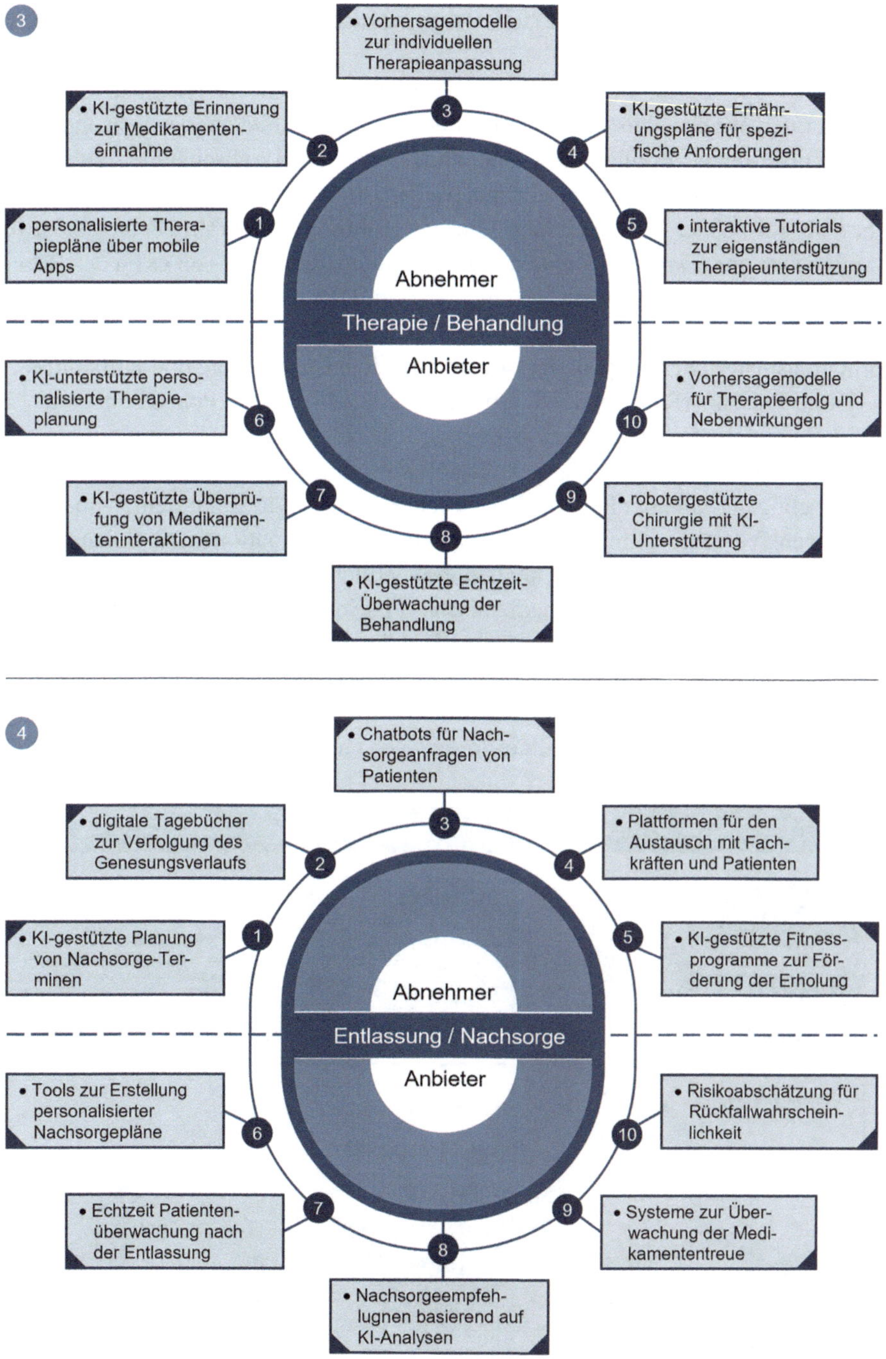


**Abb. 1.7** Exemplarische Einsatzbereiche von Künstlicher Intelligenz. (Quelle: Eigene Darstellung 2024)

## 1.7 Interaktions- und Berührungspunkte in der Patientenreise

Interaktions- und Berührungspunkte im Gesundheitswesen entstehen an den Schnittstellen, an denen Dienstleistungsanbieter und -abnehmer miteinander in Kontakt treten. Diese Kontakt- bzw. Berührungspunkte umfassen sowohl zwischenmenschliche Interaktionen als auch den Austausch mit materiellen, digitalen oder physischen Ressourcen (siehe Abb. 1.8). Unter den „Subjekten" dieser Berührungspunkte sind Personen zu verstehen, mit denen am jeweiligen Kontaktpunkt kommuniziert wird – sei es an der Rezeption in einem Behandlungsraum oder auf einer Station. Darüber hinaus treten Patienten auch mit „Objekten" in Interaktion, die in vier Hauptkategorien unterteilt werden können: Informationsmaterialien, digitale Ressourcen, medizinische Geräte und Hilfsmittel sowie die Online-Präsenz (Raab und Unterbrunner 2023, S. 3–14; Ponsignon et al. 2018, S. 2328–2347; Wang et al. 2024, S. 1–19).

Informationsmaterialien umfassen beispielsweise Imagebroschüren, Aufklärungs- oder Anamnesebögen, Patientenhandbücher, Flyer, Plakate sowie Dokumente wie Patientenverfügungen, Vorsorgevollmachten oder spezifische Informationen zu Behandlungsprogrammen. Digitale Ressourcen beinhalten Plattformen und Anwendungen wie Patientenportale, Gesundheits-Apps, telemedizinische Plattformen, Online-Informationsportale, E-Mails, virtuelle Rundgänge und Patienten-Feedback-Systeme. Medizinische Geräte und Hilfsmittel umfassen physische Objekte wie Blutdruckmessgeräte, Inhalatoren, Rollstühle oder medizinische Überwachungssysteme, die für die Behandlung und Unterstützung von Patienten erforderlich sind. Die Online-Präsenz von Gesundheitsanbietern – einschließlich

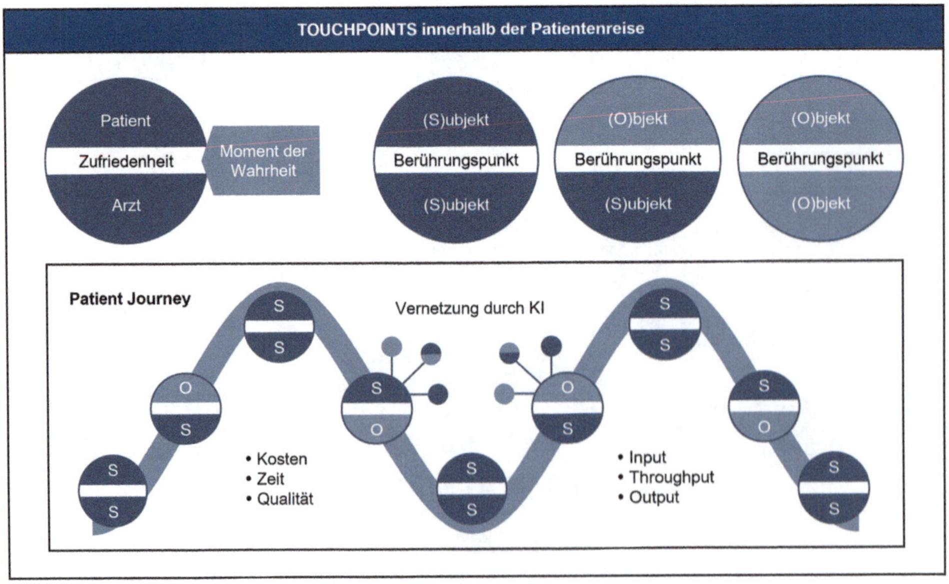


**Abb. 1.8** Touchpoints innerhalb der Patientenreise. (Quelle: Eigene Darstellung 2024)

Websites, Social-Media-Kanälen und digitalen Informationsplattformen – spielt eine zentrale Rolle in der Patientenkommunikation und -information und stellt eine eigenständige Dimension dar, die zunehmend die Wahrnehmung und das Vertrauen der Patienten beeinflusst (Meyer 2019, S. 103–107; Poonsuph 2022, S. 1–15; Schick et al. 2023, S. 1–10; Scholz und Teetz 2022, S. 101–120).

**Digitale Berührungspunkte im Gesundheitswesen**
Ein besonders relevanter Aspekt dieser Berührungspunkte ist der digitale Touchpoint, der immer mehr an Relevanz gewinnt. Die Integration von KI in digitale Ressourcen wie Patientenportale, Apps und virtuelle Gesundheitsassistenten eröffnet neue Möglichkeiten, den Patienten nicht nur zu informieren, sondern ihn aktiv durch den gesamten Versorgungsprozess zu begleiten. Diese intelligenten Systeme ermöglichen eine personalisierte und effiziente Patientenreise, die sowohl die Kommunikation als auch die Betreuung optimiert. Durch diese digitale Transformation wird die Interaktion der Patienten mit dem Gesundheitssystem grundlegend verändert und zugleich eine wertvolle Chance geschaffen, die Patientenbindung zu stärken und die Versorgungsqualität nachhaltig zu steigern (Bolz et al. 2024, S. 85–95).

## 1.8 Detaillierte Darstellung der Komponenten der Patientenreise

Die Patientenreise lässt sich als umfassender Ablaufprozess mit unterschiedlichen Akteuren, Zielen, Einschränkungen, Interaktionen und Aktivitäten darstellen. Eine gängige Methode zur Visualisierung dieses Prozesses ist das Service Mapping, das die verschiedenen Schritte und Kontaktpunkte entlang der Reise anschaulich abbildet (siehe Abb. 1.9). Für eine präzise und ganzheitliche Darstellung der Patientenreise sind multidisziplinäre Meetings, direkte Beobachtungen, das Verfahren „Die Reise aus erster Hand selbst erleben" sowie selbstberichtete Erfahrungen der Patienten erforderlich, um sämtliche Perspektiven und Prozessdynamiken umfassend zu erfassen. Der Einsatz von Technologien in der Patientenreise verdeutlicht nicht nur den Digitalisierungsgrad des Gesundheitswesens, sondern auch die tiefgreifenden Veränderungen in der Versorgung. Sowohl Dienstleistungsanbieter als auch -empfänger müssen über die notwendigen digitalen Kompetenzen verfügen, um mit den eingesetzten Technologien effizient zu arbeiten. Dies umfasst nicht nur den Umgang mit digitalen Werkzeugen, sondern auch das Verständnis ihrer Integration in die gesamte Struktur der Patientenversorgung. Für Patienten ist es entscheidend, digitale Kompetenzen zu entwickeln, um Gesundheitsplattformen, Apps und Telemedizinlösungen selbstständig und sicher zu nutzen. Auf Seiten der Gesundheitsdienstleister ist es ebenso wichtig, Technologien nicht nur zu bedienen, sondern deren Potenziale zur Optimierung der Versorgung voll auszuschöpfen (Bürchler 2020, S. 1–26; Bulto et al. 2024, S. 429–433; Ramamoorthi et al. 2023, S. 1–4; Poonsuph 2022, S. 1–15; Sijm-Eeken et al.

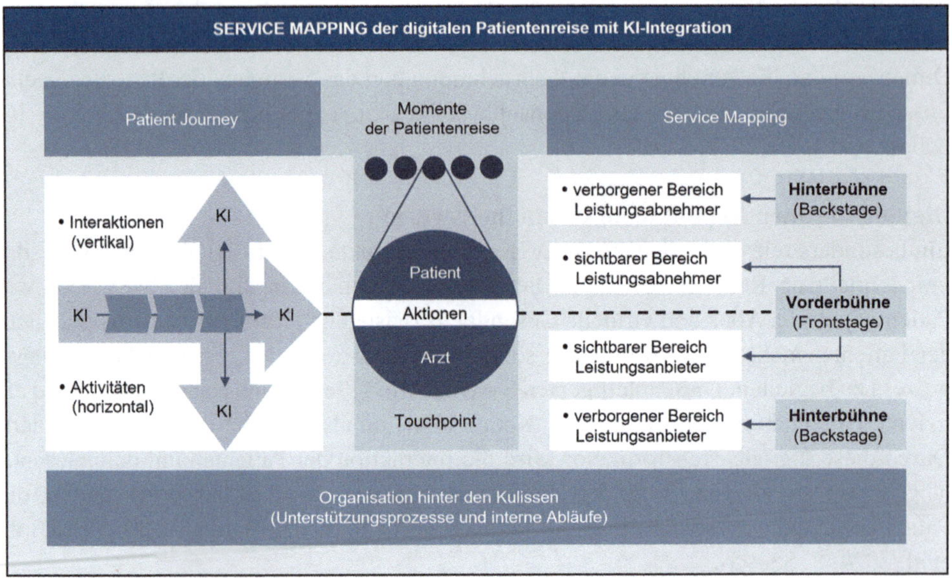


**Abb. 1.9** Service Mapping der digitalen Patientenreise mit KI-Integration. (Quelle: Eigene Darstellung 2024)

2020, S. 1071–1075; Trebble et al. 2010, S. 394–401; Wolf und Kunz-Braun 2020, S. 433–447).

Bei der Anwendung der Service Mapping Methode zur Visualisierung der Patientenreise lassen sich zwei zentrale Bereiche unterscheiden: die Vorderbühne, die alle direkten Interaktionen zwischen Patienten und Gesundheitsdienstleistern umfasst, und die Hinterbühne, die die unterstützenden, unsichtbaren Prozesse beschreibt. Die Vorderbühne umfasst alle sichtbaren Aktivitäten wie Patientenbesuche, Beratungen, diagnostische Verfahren und die Nutzung von Gesundheitsdiensten. Diese Bereiche sind unmittelbar spürbar und beeinflussen direkt die Patientenerfahrung. Die Hinterbühne hingegen umfasst alle unterstützenden Prozesse, die nicht direkt sichtbar sind, aber für die reibungslose Durchführung der Vorderbühnenaktivitäten notwendig sind. Dazu gehören administrative Aufgaben, die Verarbeitung von Patientendaten, die Organisation von Behandlungsabläufen sowie der Einsatz von Technologien, die die Patientenversorgung unterstützen. Beide Bereiche – Vorder- und Hinterbühne – sind eng miteinander verknüpft und tragen gemeinsam zur Qualität und Effizienz der Gesundheitsversorgung bei.

Ein zentraler Erkenntnisgewinn der Service Mapping Methode ist, dass eine optimale Patientenreise nur gelingt, wenn sowohl die sichtbaren (Vorderbühne) als auch die unterstützenden (Hinterbühne) Prozesse reibungslos zusammenarbeiten. Probleme in der Hinterbühne können die Patientenerfahrung erheblich beeinträchtigen, selbst bei einer gut funktionierenden Vorderbühne. Die Methode verdeutlicht, wie entscheidend die ganzheitliche Betrachtung und kontinuierliche Optimierung beider Bereiche für eine effiziente und zufriedenstellende Versorgung sind. Daneben existieren jedoch noch zahlreiche weitere Methoden zur Aufzeichnung und Abbildung von Patientenreisen, die je nach Zielsetzung und Kontext angewendet werden können (Halvorsrud et al. 2018, S. 329–346; Joseph et al. 2020, S. 387–404).

## 1.9 KI-gestützte und traditionelle Arbeitsbereiche nach Zielgruppen

Der Einsatz von KI im Krankenhausbereich betrifft eine Vielzahl von Zielgruppen, darunter z. B. ärztliches Fachpersonal, Pflegekräfte, EDV-Mitarbeiter, Verwaltungsangestellte und Patienten (siehe Abb. 1.10). Abgesehen vom unmittelbaren klinischen Umfeld gewinnt KI zunehmend auch in Bereichen wie der medizinischen Forschung, der Verwaltung von Gesundheitsdaten, der Telemedizin, der Radiologie, der Pathologie, in Apotheken, Sanitätshäusern, der Zahnmedizin, der Psychotherapie, der Rehabilitation sowie in der Entwicklung von Medizintechnik und in der öffentlichen Gesundheitsüberwachung an Bedeutung. In diesem vielschichtigen Kontext lässt sich der KI-Einsatz in drei zentrale Arbeitsbereiche unterteilen, die sich durch ihre spezifischen Funktionen und die Art der Interaktion mit der Technologie klar voneinander abgrenzen.

**Autonom unterstützter Arbeitsbereich:** In diesem Bereich ist KI stark in den Arbeitsprozess integriert und liefert kontinuierlich Datenanalysen und Empfehlungen, die die Arbeit des Fachpersonals unterstützen. Sie hilft beispielsweise bei der Diagnosestellung,

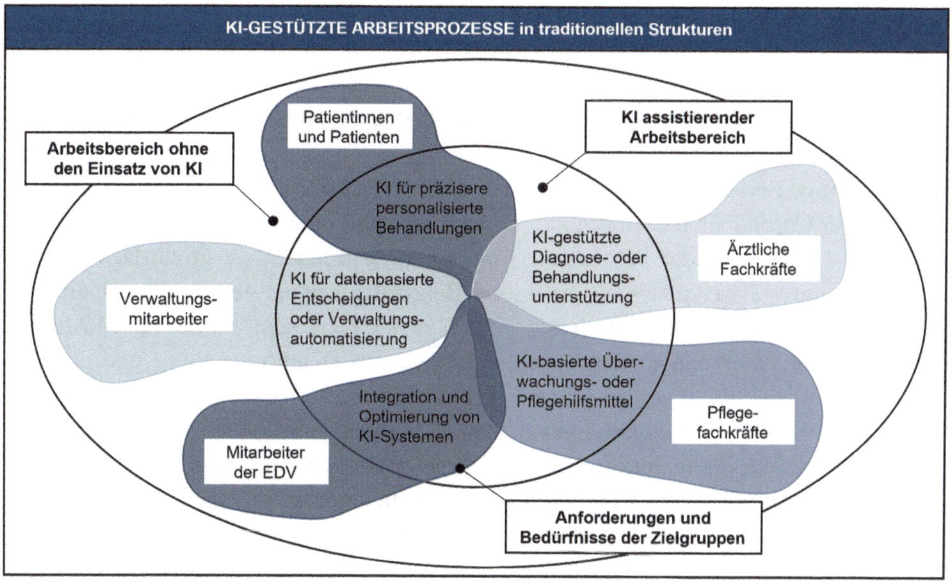


**Abb. 1.10** KI-gestützte Arbeitsprozesse in traditionellen Strukturen. (Quelle: Eigene Darstellung 2024)

Therapieplanung oder Patientenüberwachung, indem sie Muster in großen Datensätzen erkennt und gezielt Vorschläge macht. Die KI übernimmt hier eine vorausschauende Rolle, indem sie den Entscheidungsprozess des Fachpersonals wesentlich beeinflusst, etwa durch frühzeitige Risikoerkennung oder automatisierte Handlungsempfehlungen. Die finale Entscheidung kann in definierten Fällen auch automatisiert erfolgen, wird jedoch in der Regel vom Fachpersonal überprüft und freigegeben.

**Assistierter Arbeitsbereich:** In diesem Bereich unterstützt KI das Fachpersonal, indem sie Daten analysiert und Empfehlungen zur Verfügung stellt. Die KI liefert Vorschläge und identifiziert Muster, aber die endgültige Entscheidung wird vom Fachpersonal getroffen. Die KI wirkt hier als Hilfsmittel, das dem Fachpersonal zur Seite steht, aber nicht in die Entscheidungsfindung eingreift. Das Fachpersonal hat die volle Kontrolle über den Entscheidungsprozess. Der „assistierte Arbeitsbereich" dominiert derzeit, da KI vor allem zur Unterstützung bei Entscheidungen eingesetzt wird, während autonome Systeme nur vereinzelt bestehen, hauptsächlich in der Forschung oder in spezifischen, experimentellen Anwendungen.

**Nicht-KI-gestützter Arbeitsbereich:** In diesem Bereich erfolgt die Arbeit ohne jegliche Unterstützung durch KI. Alle Prozesse werden manuell und ohne digitale Hilfe durchgeführt, was den traditionellen Arbeitsmethoden entspricht.

Diese drei Arbeitsbereiche verdeutlichen, wie unterschiedlich KI im Krankenhaussektor integriert wird – von einer aktiven Unterstützung in der Entscheidungsfindung bis hin zur traditionellen, nicht-digitalisierten Arbeitsweise. Dabei wird klar, dass der gezielte Einsatz von KI nicht nur die Effizienz und Präzision in der medizinischen und administrativen Arbeit steigert, sondern auch entscheidend zur Verbesserung der Patientenversorgung und der Entlastung des Klinikpersonals beiträgt.

## 1.10 Zukunft der Künstlichen Intelligenz in der Patientenreise

Die zukünftige Bedeutung von KI in der Patientenreise wird wesentlich die Effizienz und Qualität der Gesundheitsversorgung verbessern. KI wird eine Schlüsselrolle bei der zielgerichteten Anpassung der Patientenversorgung spielen, indem sie große Datenmengen analysiert, um präzise, patientenspezifische Behandlungspläne zu erstellen. Durch den Einsatz fortschrittlicher Algorithmen wird KI in der Lage sein, frühzeitig Muster und Risikofaktoren zu erkennen, was zu einer schnelleren Diagnosestellung und einer gezielteren Therapie führt. Darüber hinaus wird KI die Automatisierung von administrativen Prozessen ermöglichen, wodurch medizinisches Personal entlastet und wertvolle Ressourcen für die direkte Patientenbetreuung freigesetzt werden. Besonders im Bereich des Patientenmonitorings wird KI durch die kontinuierliche Analyse von Vitaldaten in Echtzeit eine vorausschauende Versorgung fördern, indem sie potenzielle Komplikationen frühzeitig identifiziert. Die Integration von KI in die Patientenkommunikation wird die Interaktionen mit Patienten verbessern, indem sie individuell zugeschnittene Empfehlungen und Informationen bietet. Die KI wird die Patientenreise nahtlos begleiten, indem sie

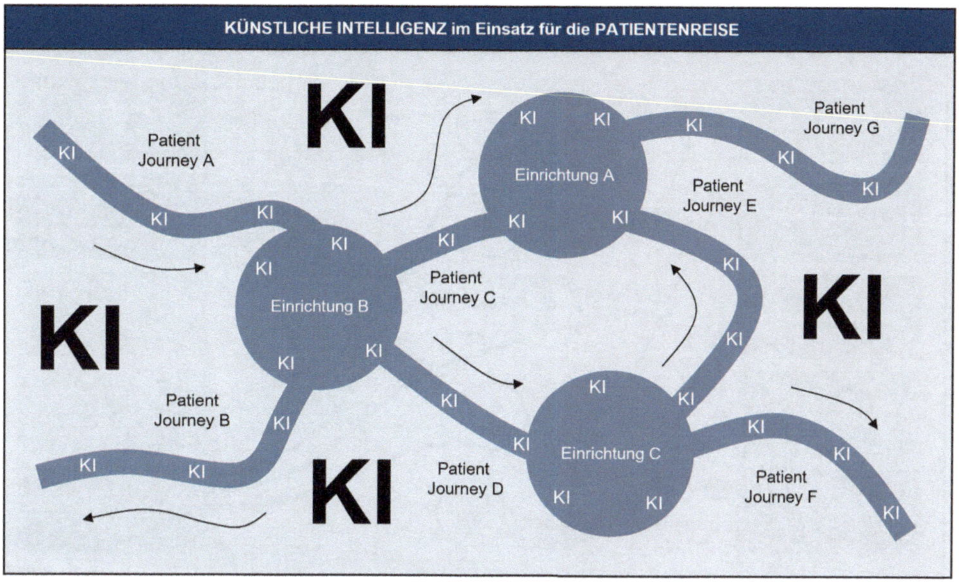


**Abb. 1.11** Künstliche Intelligenz im Einsatz für die Patientenreise. (Quelle: Eigene Darstellung 2024)

vom ersten Kontakt über die Diagnose und Behandlung bis zur Nachsorge kontinuierlich zur Optimierung der Patientenversorgung beiträgt (siehe Abb. 1.11). Insgesamt wird KI die Patientenreise optimieren, indem sie nicht nur die klinische Entscheidungsfindung unterstützt, sondern auch die Patientenzufriedenheit erhöht und die Effizienz des gesamten Gesundheitsprozesses steigert (Majumdar et al. 2021, S. 1–20; Nazir et al. 2022, S. 1–7; Pfannstiel 2022, S. 1–47; Phillips et al. 2021, S. 1–20; Scholz und Teetz 2022, S. 101–120; Sehrawat 2023, S. 1–18; Singhal et al. 2022, S. 1–15).

## 1.11 Transformation der Patientenreise durch digitale Innovationen

Die digitale Transformation verändert die Patientenreise grundlegend und eröffnet neue Möglichkeiten für eine individualisierte, vorausschauende Versorgung. Intelligente Systeme analysieren Gesundheitsdaten in Echtzeit, identifizieren Risiken frühzeitig und ermöglichen eine dynamische Anpassung der Versorgung, die sich an den aktuellen Gesundheitszustand der Patienten orientiert. Technologien wie Künstliche Intelligenz, Telemedizin und Wearables vernetzen Patienten und medizinische Fachkräfte nahtlos, sodass Diagnosen präziser, Behandlungen effizienter und Genesungsprozesse zielgerichteter gestaltet werden können. Doch die Transformation der Patientenreise geht über technologische Fortschritte hinaus – sie verändert auch die Rolle der Patienten selbst. Digitale Gesundheitsplattformen und smarte Anwendungen befähigen ihn, aktiv an seiner Versor-

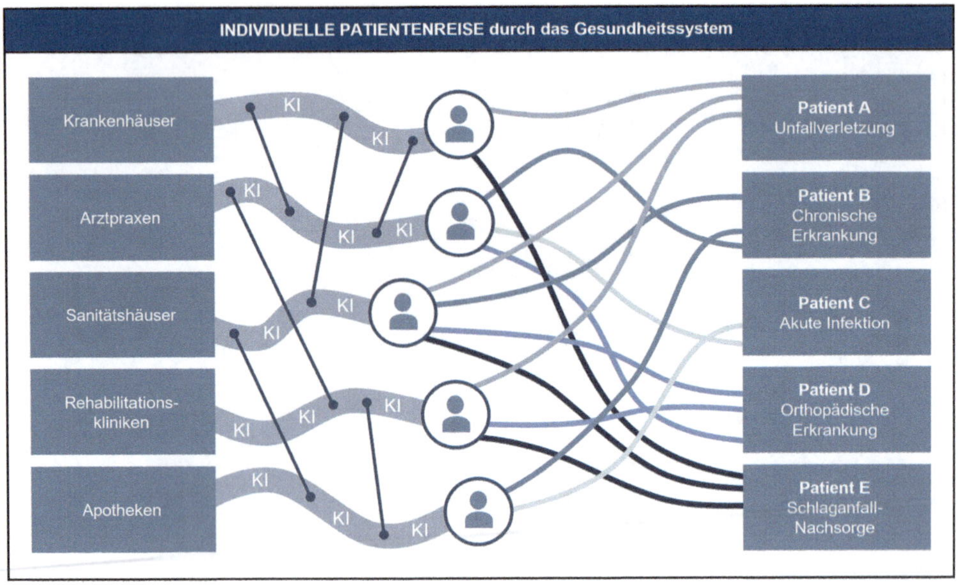


**Abb. 1.12** Individuelle Patientenreise durch das Gesundheitssystem. (Quelle: Eigene Darstellung 2024)

gung mitzuwirken, Gesundheitsdaten zu überwachen und fundierte Entscheidungen zu treffen. Statt passiver Empfänger medizinischer Leistungen zu sein, werden Patienten zu Mitgestaltern ihres eigenen Gesundheitsprozesses, wodurch sich nicht nur die Arzt-Patienten-Interaktion neu definiert, sondern auch eine stärker individualisierte und präventive Versorgung ermöglicht wird. Diese neue Autonomie erfordert einen verantwortungsvollen Umgang mit Datenschutz und sensiblen Informationen, da nur Vertrauen in digitale Lösungen deren volles Potenzial zur Entfaltung bringt. Damit Innovation nicht nur Effizienz steigert, sondern auch verantwortungsvoll eingesetzt wird, braucht es ein Zusammenspiel aus Technologie, Ethik und interdisziplinärer Zusammenarbeit. Die Transformation der Patientenreise bedeutet daher nicht nur eine optimierte medizinische Versorgung, sondern den Übergang zu einem Gesundheitswesen, das intelligenter, vernetzter und patientenzentrierter ist als je zuvor (siehe Abb. 1.12).

## 1.12 Schlussbetrachtung

Abschließend lässt sich festhalten, dass die Patientenreise weit mehr ist als eine bloße Abfolge medizinischer Behandlungen; sie umfasst alle Erlebnisse und Erfahrungen, die der Patient während seines gesamten Versorgungsprozesses sowohl im Krankenhaus als auch außerhalb davon macht. Die differenzierte Auseinandersetzung mit der Begriffserklärung und die Analyse der Patientenerlebnisse entlang dieser Reise verdeutlichen die komplexen Wechselwirkungen zwischen den verschiedenen Berührungspunkten und den zentralen

Prozessen. Besonders hervorzuheben ist die Bedeutung der dynamischen Patientenreise, weil sie die kontinuierliche Veränderung und Anpassung der Versorgung an die individuellen Bedürfnisse und Herausforderungen der Patienten widerspiegelt. Die Aufschlüsselung der autonomen und assistierten Arbeitsbereiche mit KI zeigt, wie unterschiedlich die Integration von KI in den Arbeitsprozess die Entscheidungsfindung und Effizienz in der Patientenversorgung beeinflusst. Der Einsatz von KI bietet ein großes Potenzial, die Patientenreise effizienter und personalisierter zu gestalten, was sich in den vielfältigen Einsatzmöglichkeiten und der gezielten Unterstützung von Arbeitsprozessen ausdrückt. Die Auswirkungen von KI auf die Patientenreise werden besonders in der zukünftigen Entwicklung deutlich, in der KI eine noch zentralere Rolle bei der Optimierung und Weiterentwicklung von Versorgungsprozessen einnehmen wird. Insgesamt zeigt sich, dass die systematische Betrachtung der Patientenreise, kombiniert mit innovativen Technologien wie KI, nicht nur die Qualität der Versorgung verbessert, sondern auch zu einer nachhaltigeren und ressourcenschonenderen Gestaltung des Gesundheitswesens beiträgt. Der Weg hin zu einer vernetzten, intelligent unterstützten Patientenreise stellt einen entscheidenden Fortschritt für die Zukunft der medizinischen Versorgung dar.

## Literatur


Adams C., Walpola R., Iqbal M. P., Schembri A., Harrison R. (2024) The three pillars of patient experience: identifying key drivers of patient experience to improve quality in healthcare, in: Journal of Public Health, Vol. -, No. -, pp. -. https://doi.org/10.1007/s10389-023-02158-y, online im Internet, https://www.springermedizin.de/the-three-pillars-of-patient-experience-identifying-key-drivers-/26606134, Abrufdatum: 04.08.2024.

Beleffi E., Mosconi P., Sheridan S. (2021) The Patient Journey, in: Donaldson L., Ricciardi W., Sheridan S., Tartaglia R., Textbook of Patient Safety and Clinical Risk Management, Springer Nature, Cham, pp. 117–127. https://doi.org/10.1007/978-3-030-59403-9_10

Benson M., Albanese A., Kailash P. Bhatia K. P., Cavillon P., Cufe L., König K., Reinhard C. & Graessner H. (2022) Development of a patient journey map for people living with cervical dystonia, in: Orphanet Journel of Rare Diseases, Vol. 17, Article number: 130, pp. 1–9. https://doi.org/10.1186/s13023-022-02270-4

Betts D., Korenda L. (2018) Inside the patient journey, Three key touch points for consumer engagement strategies, Deloitte Insights, Deloitte Center for Health Solutions, Deloitte (Ed.), New York City, USA, pp. 1–16.

Bharatan T., Devi R., Huang P.-H., Javed A., Jeffers B., Lansberg P., Sidhu K., Subramaniam K. (2021) A Methodology for Mapping the Patient Journey for Noncommunicable Diseases in Low- and Middle-Income Countries, in Journal of Healthcare Leadership, Vol. 13, No. -, pp. 35–46. https://doi.org/10.2147/JHL.S288966

Bolz T., Zeng L., Hackenbracht M., Gnannt T. (2024) Digital Patient Journey Mapping – Technologien und Touchpoints, in: O'Gorman S., Schuster G. (Hrsg.), Customer Centricity, Innovative Unternehmenspraxis: Insights, Strategien und Impulse, Springer Gabler Verlag, Wiesbaden, S. 85–95. https://doi.org/10.1007/978-3-658-42173-1_6

Bolz-Johnson M., Meek J., Hoogerbrugge N. (2020) Patient Journeys: improving care by patient involvement, in: European Journal of Human Genetics, Vol. 28, No. 2, pp. 141–143. https://doi.org/10.1038/s41431-019-0555-6

British Columbia Provincial Health Service Authority, Ministry of Health British Columbia, Frist Nations Health Authority, British Columbia Patient Safety & Quality Council (2019) Journey Mapping in Cancer Care, Patient and provider experiences in receiving and delivering cancer care in British Columbia, British Columbia Provincial Health Service Authority, Ministry of Health British Columbia, Frist Nations Health Authority, British Columbia Patient Safety & Quality Council (Eds.), Vancouver, pp. 1–42.

Bui M., Oberschmidt K., Grünloh C. (2023) Patient Journey Value Mapping: Illustrating values and experiences along the patient journey to support eHealth design, in: Mensch und Computer (MuC '23), September 03-06, 2023, Rapperswil, Switzerland, Association for Computing Machinery (ACM), New York, NY, USA. pp. 49–66. https://doi.org/10.1145/3603555.3603558

Bulto L. N., Davies E., Kelly J., Hendriks J. M. (2024) Patient journey mapping: emerging methods for understanding and improving patient experiences of health systems and services, in: European Journal of Cardiovascular Nursing, Vol. 23, No. 4, pp. 429–433. https://doi.org/10.1093/eurjcn/zvae012

Bürchler K. (2020) International Patient Journey Map – Defining and Mapping the Patient Journey of Medical Tourists Seeking State-of-the-Art Treatment Outside Their Home Country, White Paper, Swiss Insurance Partners AG (Ed.), Zurich, pp. 1–26.

Bures D., Hosters B., Reibel T., Jovy-Klein F., Schramm J., Brendt-Müller J., Sander J., Diehl A. (2023) Die transformative Wirkung von künstlicher Intelligenz im Krankenhaus, in: Die Innere Medizin, Jg. 64, Nr. 11, S. 1025–1032. https://doi.org/10.1007/s00108-023-01597-9

Büscher L. & Windele A. (2021) Digitales Mindset, Enabler für eine erfolgreiche Unternehmenstransformation, Aufl. 7, Eine Studie von Moonroc Advisory Partners und Moonroc Institut of Economic Research (MIER, Hrsg.), München.

Cerejo C. (2024) The untold emotional toll of navigating the health system: the journey of patients in/from India, living with serious and/or chronic conditions, in: Current Medical Research and Opinion, Vol. -, Article ST-0408/2383732, pp. 1–9. https://doi.org/10.1080/03007995.2024.2383732

Ciria-Suarez L., Jiménez-Fonseca P., Palacín-Lois M., Antoñanzas-Basa M., Fernández-Montes A., Manzano-Fernández A., Castelo B., Asensio-Martìnez E., Hernando-Polo S., Calderon C. (2021) Breast cancer patient experiences through a journey map: A qualitative study. PLOS ONE, Vol. 16, No. 9, e0257680. https://doi.org/10.1371/journal.pone.0257680

de Ridder E. F., Dekkers T., Porsius J. T., Kraan G., Melles M. (2018) The perioperative patient experience of hand and wrist surgical patients: An exploratory study using patient journey mapping, in: Patient Experience Journal, Vol. 5, Iss. 3, Article 13, pp. 97–107.

Devi R., Kanitkar K., Narendhar R., Sehmi K., Subramaniam K. (2020) A Narrative Review of the Patient Journey Through the Lens of Non-communicable Diseases in Low- and Middle-Income Countries, in: Adv Ther, Vol. 37, No. 12, pp. 4808–4830. https://doi.org/10.1007/s12325-020-01519-3

Donegan D., Teeling S. P., McNamara M., McAweeney E., McGrory L., Mooney R. (2021) Calling time on the 'dance of the blind reflex': how collaborative working reduced older persons 'length of stay in acute care and increased home discharge, in: International Practice Development Journal, Vol. 11, No. 1, pp. 1–14. https://doi.org/10.19043/ipdj.111.004

FMH (2022) Künstliche Intelligenz im ärztlichen Alltag Einsatzgebiete in der Medizin: Nutzen, Herausforderungen und Forderungen der FMH, Foederatio Medicorum Helveticorum (FMH) – Verbindung der Schweizer Ärztinnen und Ärzte (Hrsg.), Bern, S. 1–44.

George R. E., Brown M. E. L. (2023) Understanding integrated care through patient journeys, in: The Clinical Teacher, Vol. 20, No. 1, e13561, pp. 1–4. https://doi.org/10.1111/tct.13561

Gualandi R., Masella C., Piredda M., Ercoli M., Tartaglini D. (2021) What does the patient have to say? Valuing the patient experience to improve the patient journey, in: BMC Health Services Research, Vol. 21, Article number 347, pp. 1–12. https://doi.org/10.1186/s12913-021-06341-3

Halvorsrud R., Lillegaard A. L., Røhne M. & Jensen A. M. (2018) Managing complex patient journeys in health care, in: Pfannstiel M. A., Rasche C. (Eds.), Service Design and Service Thinking in Healthcare and Hospital Management, Springer Nature, Cham, pp. 329–346. https://doi.org/10.1007/978-3-030-00749-2

Ipsos (o.J.) Unterstanding Society, Patient Experience, Ipsos Public Affairs (Ed.), Washington, pp. 1–36.

Israel M. & Kläb M. I. (o.J.) KI-Anwendungen zur Optimierung der Patient-Journey, KI Fortschrittszentrum, Lernende Systeme und Kognitive Robotik, Fraunhofer-Institut für Produktionstechnik und Automatisierung (IPA, Hrsg.), Stuttgart, Flyer, S. 1–2.

Joseph A. L., Kushniruk A. W., Borycki E. M. (2020) Patient journey mapping: Current practices, challenges and future opportunities in healthcare, in: Knowledge Management & E-Learning, Vol. 12, No. 4, pp. 387–404. https://doi.org/10.34105/j.kmel.2020.12.021

Jung J., Kim K., Peter T., Snelders D., Kleinsmann M. (2023) Advancing design approaches through data-driven techniques: Patient community journey mapping using online stories and machine learning, in: International Journal of Design, Vol. 17, No. 2, pp. 19–44. https://doi.org/10.57698/v17i2.02

Leyh C. & Schäffer T. (2024) Digitale Kompetenzen als notwendige Voraussetzung der Digitalen Transformation, in: HMD Praxis der Wirtschaftsinformatik, Jg. 61, Nr. 2024, S. 12–26. https://doi.org/10.1365/s40702-024-01044-9

Liberatore F., Meierhof L., Berger S., APP Unternehmensberatung, Schulthess Klinik (2021) Patient Experience als Erfolgsfaktor für Spitäler – eine Roadmap zur Optimierung der Patient Journey, White Paper, Winterthurer Institut School of Management and Law, Zürcher Hochschule für Angewandte Wissenschaften (zhaw, Hrsg.), Winterthur, Schweiz, S. 1–15.

Maas V. K., Dibbets F. H., Peters V. J. T., Meijboom B. R., Bijnen D. V. (2023) The never-ending patient journey of chronical ill patients: A qualitative case study on touchpoints in relation to patient-centered care, in: PLOS ONE, Vol. 18, No. 5, Article e0285872, pp. 1–22. https://doi.org/10.1371/journal.pone.0285872

Majumdar A., Chatterjee S., Das S., Bahadur S., Sihag M., Banerjee S. (2021) Transformation of the patient journey in a virtual healthcare setup in the new normal, PricewaterhouseCoopers (PWC, Ed.), London, pp. 1–20.

McCarthy S., O'Raghallaigh P., Woodworth S., Lim Y. L., Kenny L. C. & Adam F. (2016) An integrated patient journey mapping tool for embedding quality in healthcare service reform. in: Journal of Decision Systems, 25(S1):354–368, https://doi.org/10.1080/12460125.2016.1187394

Meyer M. A. (2019) Mapping the patient journey across the continuum: Lessons learned from one patient's experience, in: Journal of Patient Experience, Vol. 6, No. 2, pp. 103–107. https://doi.org/10.1177/2374373518783763

Meyer M. A. (2023) A Patient's Journey to Pay a Healthcare Bill: It's Way Too Complicated, in: Journal of Patient Experience, 10:1–4, https://doi.org/10.1177/23743735231174759

Modha B. (2023) Exploring Customer Journeys in the Context of Dentistry: A Case Study, in: dentistry journal, Vol. 11, No. 3, pp. 1–18. https://doi.org/10.3390/dj11030075

Nazir T., Rehman M. M. U., Asghar M. R., Kalia J. S. (2022) Artificial intelligence assisted acute patient journey, in: Frontiers in Artificial Intelligence, Vol. 5, No. -, 962165, pp. 1–7. https://doi.org/10.3389/frai.2022.962165

Raab A., Unterbrunner M. (2023) Patient Experience und Patient Journey als maßgebliche Konzepte für den digitalen Wandel im Gesundheitswesen, in: Stummeyer C., Raab A., Behm M. E. (Hrsg.), Plattformökonomie im Gesundheitswesen: Health-as-a-Service – Digitale Geschäftsmodelle für bessere Behandlungsqualität und Patient Experience, Springer Gabler Verlag, Wiesbaden, S. 3–14. https://doi.org/10.1007/978-3-658-35991-1_1

Ramamoorthi K. Liu R., Fujioka J., Rathod P., Rosart J., Desveaux L., Bhattacharyya O. (2023) Navigating Virtual Care Services in Ontario Urban Hospitals, Using Patient Journey Mapping, in: Journal of Patient Experience, Vol. 10, No. -, pp. 1–4, https://doi.org/10.1177/23743735231179059

O'Regan D., Garcia-Borreguero D., Gloggner F., Wild I., Leontiou C., Ferini-Strambi L. (2023) Mapping the insomnia patient journey in Europe and Canada, in: Frontiers in Public Health, Vol. 11, Article Number 1233201, pp. 1–13. https://doi.org/10.3389/fpubh.2023.1233201

o. V. (2019) Improving the patient experience; A four-part approach to delivering the care patients want and need, White Paper, Harvard Business Review, Bosten, USA, pp. 1–12. Online im Internet, https://hbr.org/sponsored/2019/01/improving-the-patient-experience, Abrufdatum: 04.08.2024.

Pfannstiel M. A. (2022) Einleitung „Künstliche Intelligenz im Gesundheitswesen", in: Pfannstiel M. A. (Hrsg.), Künstliche Intelligenz im Gesundheitswesen; Entwicklungen, Beispiele und Perspektiven, Springer Gabler Verlag, Wiesbaden, S. 1–47.

Pfannstiel M. A., Bouncken R. B. (2014) Ermittlung der holistischen Produktivität beim Customer und Supplier Relationship Management im Krankenhaus, in: Bornewasser M., Kriegesmann B., Zülch J. (Hrsg.) Dienstleistungen im Gesundheitssektor; Produktivität, Arbeit und Management, Springer Gabler Verlag, Wiesbaden, S. 135–154.

Phillips S., Prasad S., Grover M., Taylor C. (2021) Transformation of Patient Journey in the Digital Age, White Paper, Information, Quality, Value, Insight, Analytics (IQVIA, Ed.), Frankfurt am Main, pp. 1–20.

Philpot L. M., Khokhar B. A., DeZutter M. A., Loftus C. G., Stehr H. I., Ramar P., Madson L. P., Ebbert J. O. (2019) Creation of a Patient-Centered Journey Map to Improve the Patient Experience: A Mixed Methods Approach, in: Mayo Clin Proc Inn Qual Out, Vol. 3, No. 4, pp. 466–475. https://doi.org/10.1016/j.mayocpiqo.2019.07.004

Polacsek-Ernst R., Benda F., Bretschneider J. & Pagel C. (2024) Digitales Mindset im Gesundheitswesen – Chancen und Herausforderungen digitaler Technologien, In: Pfannstiel M. A. (Hrsg.), Technologien und Technologiemanagement im Gesundheitswesen; Potenziale nutzen, Lösungen entwickeln, Ziele erreichen, Springer Gabler Verlag, Wiesbaden, S. 89–111.

Ponsignon F., Smart A., Phillips L. (2018) A customer journey perspective on service delivery system design: Insights from healthcare, in: International Journal of Quality & Reliability Management, Vol. 35, No. 10, pp. 2328–2347. https://doi.org/10.1108/IJQRM-03-2018-0073

Poonsuph R. (2022) The Design Blueprint for a Large-Scale Telehealth Platform, in: International Journal of Telemedicine and Applications, Vol. 2022, Article ID 8486508, pp. 1–15. https://doi.org/10.1155/2022/8486508

Power B. (2023) The CDH patient perspective journey, in: Frontiers in Pediatrics, Vol. 11, Article Number 1052422, pp. 1–6. https://doi.org/10.3389/fped.2023.1052422

Schick T.S., Höllerl L., Biedermann T., Zink A., Ziehfreund S. (2023) Impact of Digital Media on the Patient Journey and Patient-Physician Relationship Among Dermatologists and Adult Patients With Skin Diseases: Qualitative Interview Study, in: J Med Internet Res, Vol. 25, Article Number e44129, pp. 1–10. https://doi.org/10.2196/44129

Scholz S., Teetz L. (2022) Patient Journey-adäquate Unterstützung von Adhärenz, in: Lux T., Köberlein-Neu J., Müller-Mielitz S. (Hrsg.), E-Health-Ökonomie II, Evaluation und Implementierung, Springer Gabler Verlag, Wiesbaden, S. 101–120. https://doi.org/10.1007/978-3-658-35691-0_6

Sehrawat S. K. (2023) Empowering the Patient Journey: The Role of Generative AI in Healthcare, in: International Journal of Sustainable Development Through AI, ML and IoT, Vol. 2, Iss. 2, pp. 1–18.

Sijm-Eeken M., Zheng J., Peute L. (2020) Towards a Lean Process for Patient Journey Mapping – A Case Study in a Large Academic Setting, in: Digital Personalized Health and Medicine, Vol. -, No. -, pp. 1071–1075. https://doi.org/10.3233/SHTI200326

Simonse L., Albayrak A., Starre S. (2019) Patient journey method for integrated service design, in: Design for Health, Vol. 3, No. 1, pp. 82–97. https://doi.org/10.1080/24735132.2019.1582741

Singhal S., Vinjamoori N., Radha M. (2022) The next frontier of healthcare delivery, Ten big shifts will define the future of care delivery in the United States, McKinsey & Company (Ed.), New York City, pp. 1–15.

Suwa Y., Agarwal A., Soulami Z., Wijaya L. (2020) Telehealth 2.0, Expanding the reach of healthcare in Asia Pacific. Roland Berger (Ed.), Singapore.

Trebble T. M., Hansi N., Hydes T., Smith M. A., Baker M. (2010) Process mapping the patient journey through health care: an introduction, in: British Medical Journal, Vol. 341, No. -, pp. 394–401. https://doi.org/10.1136/bmj.c4078

Wagland R., Recio-Saucedo A., Simon M., Bracher M., Hunt K., Foster C., Downing A., Glaser A., Corner J. (2016) Development and testing of a textmining approach to analyse patients' comments on their experiences of colorectal cancer care, in: BMJ Quality and Safety, 25(8): 604–614. https://doi.org/10.1136/bmjqs-2015-004063

Wang T., Zhu H., Qian S., Giunti G., Goossens R., Melles M. (2024) Designing digital patient experiences: The digital health design framework, in: Applied Ergonomics, Vol. 119, No. 2024, Article Number 104289, pp. 1–19. https://doi.org/10.1016/j.apergo.2024.104289

Wolf C., Kunz-Braun A. (2020) Patient Journey, in: Tunder R. (Hrsg.), Market Access Management für Pharma- und Medizinprodukte: Instrumente, Verfahren und Erfolgsfaktoren, Springer Fachmedien, Wiesbaden, S. 433–447. https://doi.org/10.1007/978-3-658-26145-0_24

Zijlstra E., Hagedoorn M., van der Schans C., Mobach M. P. (2020) The Patient Journey in a Hospital Environment, in: The European Facility Management International Conference 2020 (EFMIC2020), Companion Proceedings, October 1, 2020, online conference, pp. 59–67.

Zyumbileva P., Uebe M., Rudolph S., von Kalle C. (2022) Den Patienten wirklich verstehen lernen: Real-world-Evidenz aus der „patient journey", in: Prävention und Gesundheitsförderung, Jg. -, Nr. -, S. 1–7. https://doi.org/10.1007/s11553-022-00984-8

**Mario A. Pfannstiel** ist Professor für Betriebswirtschaftslehre im Gesundheitswesen und leitet das Masterprogramm Digital Healthcare Management an der Hochschule Neu-Ulm. Er besitzt ein Diplom der Fachhochschule Nordhausen im Bereich „Sozialmanagement" mit dem Vertiefungsfach „Finanzmanagement", einen M.Sc.-Abschluss der Dresden International University in Patientenmanagement und einen M.A.-Abschluss der Technischen Universität Kaiserslautern und der Universität Witten/Herdecke im Management von Gesundheits- und Sozialeinrichtungen. An der Universität Bayreuth war er beschäftigt als wissenschaftlicher Mitarbeiter am Lehrstuhl für Strategisches Management und Organisation. Die Promotion erfolgte an der Sozial- und Wirtschaftswissenschaftlichen Fakultät und dem Lehrstuhl für Management, Professional Services und Sportökonomie der Universität Potsdam. Im Herzzentrum Leipzig arbeitete er als Referent des Ärztlichen Direktors. Seine Forschungsarbeit umfasst zahlreiche Beiträge, Zeitschriften und Bücher zum Management in der Gesundheitswirtschaft.

# Patientenportal – Wie Patienten zum Organisator ihrer Reise werden

2

Claudia Möller, Carolin Neumann und Vanessa Bender

## Inhaltsverzeichnis



C. Möller (✉)
Leiterin FuE & Innovationsmanagement, AGAPLEION gAG, Frankfurt, Deutschland
E-Mail: claudia.moeller@agaplesion.de

C. Neumann
Referentin Qualität & Nachhaltigkeit, AGAPLESION gAG, Frankfurt, Deutschland
E-Mail: carolin.neumann@agaplesion.de

V. Bender
Vorstandsreferentin, AGAPLESION gAG,, Frankfurt, Deutschland
E-Mail: vanessa.bender@agaplesion.de



M. A. Pfannstiel (Hrsg.), *Künstliche Intelligenz im Einsatz für die erfolgreiche Patientenreise*, https://doi.org/10.1007/978-3-658-48573-3_2

**Zusammenfassung**

Der Beitrag beschreibt die Customer Journey im Gesundheitswesen und wie Patienten durch digitale Unterstützung aktiver in ihren Behandlungsprozess eingebunden werden können. Zunächst ziehen die Autoren den Vergleich zwischen der Customer Journey im Gesundheitswesen und anderen Branchen. Es wird erläutert, wie Patienten durch digitale Tools und Plattformen inspiriert, informiert und unterstützt werden können, ähnlich wie in der Tourismusbranche. Ausgangsbasis für die weiteren Ausführungen ist das Customer Journey Projekt bei AGAPLESION, das 2021 im Rahmen von zwei Pilotprojekten gestartet wurde. Das Projekt zielt darauf ab, die Prozesse in den Einrichtungen stärker an den Erwartungen der Kunden auszurichten. Es werden unter anderem Ziele des Projekts beschrieben, die Vorgehensweise und Ansatzpunkte erläutert. Die im „Krankenhauszukunftsgesetz" geförderten Patientenportale können dabei ein digitales Hilfsmittel zur Unterstützung der Customer Journey darstellen. Im weiteren Verlauf des Dokuments wird die Einführung eines Patientenportals bei AGAPLESION beschrieben und mit welchen Ansatzpunkten die Patienteneinbindung gefördert werden soll. Die Einführung wird aber auch kritisch betrachtet und ein Ausblick gegeben.

## 2.1 Einleitung

Während im Gesundheitswesen das Konzept der Customer Journey noch relativ neu ist, ist es in anderen Branchen bereits etabliert. Es stammt aus dem Marketing und beschreibt die Reise eines Kunden vom ersten Kontakt mit einem Unternehmen oder einer Marke bis hin zum Kauf eines Produkts, einer Kontaktaufnahme oder der Inanspruchnahme einer Dienstleistung (ADVIDERA 2024).

Wird die Kundenreise in der Tourismusbranche betrachtet, so existieren bereits seit Jahren kundenorientierte Prozesse, die durch den Einsatz von Technologie und Online-Plattformen erleichtert werde. Ziel ist es dabei unter anderem den Kunden an ein Unternehmen zu binden, ihn aber auch aktiv einzubinden und zu befähigen, der Organisator seiner Reise zu werden, sofern er das will. Der Reiseprozess eines Kunden lässt sich in mehrere Phasen oder auch sogenannte Touchpoints unterteilen, die jeweils durch spezifische Aktivitäten und digitale Hilfsmittel geprägt sind:

> „In der Inspiration und Entdeckung nutzt der Kunde Suchmaschinen, soziale Medien, Reiseblogs und Online-Reiseportale, um sich inspirieren zu lassen. Personalisierte Werbung und Empfehlungen, basierend auf früheren Suchanfragen oder Interessen, können den Kunden auf neue Reiseziele aufmerksam machen.
>
> Während der Recherche und Planung besucht der Kunde verschiedene Websites, um Informationen über Reiseziele, Unterkünfte, Flüge und Aktivitäten zu sammeln. Vergleichsportale und Bewertungsseiten helfen dabei, die besten Angebote und die am besten bewerteten Optionen zu finden. Digitale Tools wie Reiseplaner-Apps oder Online-Karten unterstützen bei der Erstellung einer Reiseroute. Mittlerweile kann auch KI zur Planung von Reiserouten genutzt werden.

In der Buchungsphase nutzt der Kunde Online-Buchungsplattformen, um Flüge, Hotels, Mietwagen und Aktivitäten zu buchen. Sichere Zahlungsoptionen und die Möglichkeit, Buchungen zu verwalten und zu ändern, bieten Flexibilität und Komfort. Der Kunde erhält sofortige Bestätigungen und digitale Tickets per E-Mail oder in einer App.

Zur Vorbereitung seiner Reise wird der Kunde durch die Plattform auf das Wetter hingewiesen und über lokale Gegebenheiten sowie notwendige Reisevorbereitungen informiert. Digitale Checklisten und Packlisten-Apps helfen bei der Organisation. Zusätzlich kann der Kunde online weitere Dienstleistungen wie Reiseversicherungen oder Flughafentransfers buchen.

Das Reiseerlebnis selbst wird durch mobile Apps für Navigation, Übersetzungen und lokale Empfehlungen unterstützt. Digitale Bordkarten und mobile Check-ins erleichtern den Reiseprozess. Der Kunde kann über Apps und Online-Plattformen zusätzliche Aktivitäten buchen oder Änderungen vornehmen.

Nach der Reise teilt der Kunde seine Erfahrungen und Fotos in sozialen Medien und auf Bewertungsplattformen. Er gibt Feedback und Bewertungen ab, die anderen Reisenden bei ihrer Planung helfen können. Zudem erhält der Kunde personalisierte Angebote und Empfehlungen für zukünftige Reisen basierend auf seinen bisherigen Buchungen und Vorlieben."

Und dies alles versuchen Anbieter von Reiseplattformen möglichst in einer Plattform, ggf. mit Kooperationspartnern oder Subunternehmen darzustellen, also quasi „alles aus einer Hand", um ein bestmögliches Kundenerlebnis zu schaffen.

Im Gesundheitswesen sind wir davon meist noch weit entfernt. Traditionell war und ist der Patient eher passiv und verlässt sich weitgehend auf die Expertise und Entscheidungen des medizinischen Fachpersonals. Diese Beziehung ist oft paternalistisch, bevormundend, zum vermeintlichen Wohle des Patienten, geprägt, wobei der Arzt die Hauptverantwortung für die Entscheidungen trägt. In den letzten Jahren hat sich jedoch ein Trend hin zu einem aktiveren und informierteren Patienten entwickelt. Dieser Wandel wird oft als „Patienten-Empowerment" bezeichnet. Patienten möchten zunehmend in Entscheidungsprozesse einbezogen werden und sich aktiv über ihre Gesundheit und mögliche Behandlungen informieren. Dies führt zu einer partnerschaftlichen Beziehung zwischen Arzt und Patient, in der gemeinsame Entscheidungen getroffen werden („shared decision making").

Dieser Wandel wird in Customer Journey Projekten im Gesundheitswesen aufgegriffen. So auch bei AGAPLESION.

## 2.2 Projekt Customer Journey bei AGAPLESION

Im folgenden Abschnitt wird das Customer Journey Projekt bei AGPALESION beschrieben.

### 2.2.1 Entstehung

2019 startete bei AGAPLESION ein großes Organisationsentwicklungsprojekt, bestehend aus vier Stufen (siehe Abb. 2.1). Im Rahmen des Organisationsentwicklungsprozesses wurde unter anderem in Stufe drei die Unternehmenskultur dargestellt und in einem neu

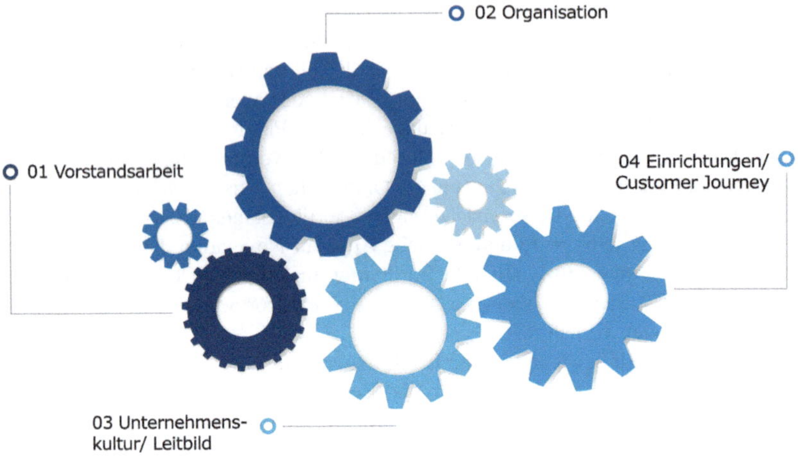


**Abb. 2.1** Organisationsentwicklungsprojekt. (Quelle: AGAPLESION 2019)

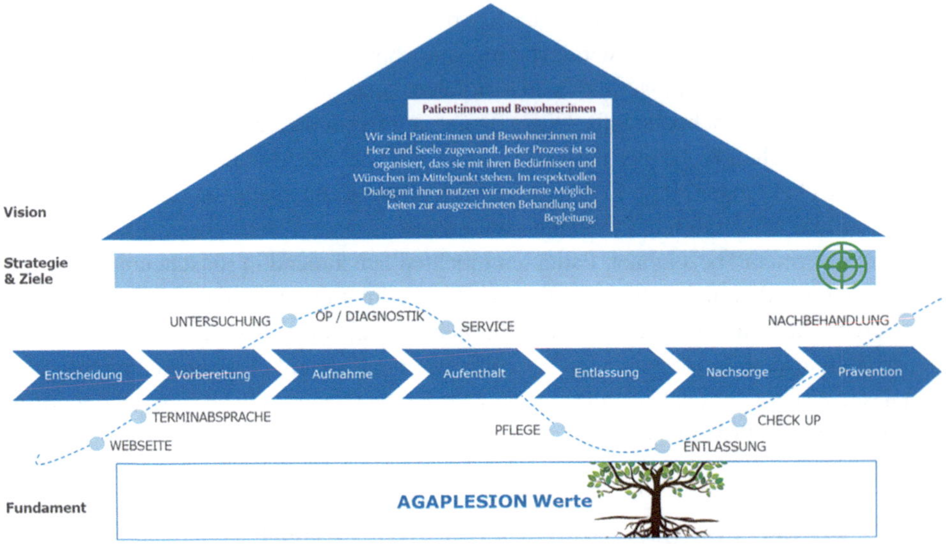


**Abb. 2.2** Leitbild und Customer Journey. (Quelle: AGAPLESION 2021)

entwickelten Leitbild beschrieben. Dabei wurde deutlich, dass die Regulatorik in der Gesundheitsbranche, aber auch der wirtschaftliche Druck in den letzten Jahren zwar viele Prozessveränderungen bewirkt haben, diese jedoch nicht immer den nötigen Fokus auf die Patienten und Bewohner hatten, für die die Einrichtungen betrieben werden.

In der 4. Stufe des Organisationsentwicklungsprozesses wird deshalb in allen Einrichtungen daran gearbeitet, die eigenen Prozesse stärker an den Erwartungen der Kunden auszurichten, insbesondere auch in Verbindung mit dem neuen Leitbild (siehe Abb. 2.2). Darin steht unter anderem in der Vision (AGAPLESION gAG 2024):

„Wir sind Patienten und Bewohnern mit Herz und Seele zugewandt. Jeder Prozess ist so organisiert, dass sie mit ihren Bedürfnissen und Wünschen im Mittelpunkt stehen. Im respektvollen Dialog mit ihnen nutzen wir modernste Möglichkeiten zur ausgezeichneten Behandlung und Begleitung."

Die Maßstäbe für das Handeln aller Mitarbeitenden, für den Umgang miteinander, aber vor allem auch mit den Kunden wurden während des Organisationsentwicklungsprozesses gemeinsam ausgearbeitet. Damit hat das Unternehmen eine hervorragende Basis für die Kulturentwicklung geschaffen und nun soll mithilfe der Customer Journey die AGAPLESION Unternehmenskultur transportiert und zu den Kunden gebracht werden.

2021 startete dann das Projekt mit einem Kickoff, bei dem über Inhalte der idealen Patientenreise und ein sinnhaftes Vorgehen in ganz AGAPLESION diskutiert wurde. Im Laufe des Jahres nahm das Projekt Fahrt auf, sodass in den zwei Folgejahren in zwei Krankenhäusern als Piloteinrichtungen die Patientenreise zunächst analysiert und dann optimiert wurde.

### 2.2.2 Ziele

Das Customer Journey Projekt bei AGAPLESION zielt darauf ab, alle Prozesse an den Bedürfnissen und Wünschen der Kunden auszurichten. Das Projekt visualisiert den Weg eines Kunden durch alle Phasen seiner Kontakte mit AGAPLESION und identifiziert alle Berührungspunkte, um eine Gesamtsicht und die Vermittlung von Einblicken in die Behandlungs- und Pflegeprozesse zu ermöglichen.

Einige der Hauptziele des Projekts sind:

- Höhere Kunden- und Mitarbeiterzufriedenheit
- Qualitätssteigerung und bessere Behandlungsergebnisse
- Verbesserung der Zusammenarbeit und Teambildung
- Verbesserung der Wirtschaftlichkeit

### 2.2.3 Projektstruktur und Vorgehen

Nachdem die beiden Piloteinrichtungen erste positive Zwischenergebnisse erzielt und Anhaltspunkte zur Verbesserung der Patientenreise im Rahmen eines Sollkonzepts festgehalten haben, wurde 2023 durch den Vorstand beschlossen, das Projekt in allen Einrichtungen auszurollen. Um diesen hochkomplexen Ansatz im gesamten Unternehmen wirksam zu entfalten, werden sämtliche Einrichtungen von einer multiprofessionellen, konzernweiten Steuerungsgruppe begleitet. Diese unterstützt die Einrichtungen der vier Geschäftsbereiche bei der Durchführung der Customer Journey in den nächsten Jahren. Die Mitglieder der Steuerungsgruppe begleiten, beraten und unterstützen die Einrichtungen, vermitteln gegenseitig ihr Wissen und erklären die Ziele der Reise. Sie geben Starthilfe, liefern Impulse und Inputs und helfen bei Problemen.

In den Einrichtungen gibt es eine übergeordnete Projektgruppe, quasi eine Einrichtungs-Steuerungsgruppe. Diese erarbeitet selbstständig Ziele für die Einrichtungen und wie sie die Customer Journey umsetzen wollen. Vom Konzern aus gibt es keine konkreten Vorgaben zum Vorgehen. Je nach Größe der Einrichtung und Projekt entstehen vor Ort nochmals Teilprojektgruppen, die sich intensiv mit dem Projektgegenstand auseinandersetzen und sich der operativen Umsetzung widmen.

Daher haben einige Einrichtungen auch mit Begehungen der Einrichtungen begonnen, andere haben Patientenbefragungen durchgeführt oder das bereits vorhandene Meinungs-/Beschwerdemanagement ausgewertet, um so die kritischen Punkte der Patientenreise herauszuarbeiten.

### 2.2.4 Ansatzpunkte zur Verbesserung der Customer Journey

In dem Zusammenhang wurden über alle Einrichtungen hinweg bereits viele Ansatzpunkte zur Verbesserung der Patientenreise ermittelt. In der folgenden Grafik stellen wir auszugsweise ein paar der wichtigsten Themen zusammenfassend dar. Sie orientiert sich an der Prozesslandkarte. Im oberen Bereich finden sich daher Ansatzpunkte, die von den Führungsprozessen ausgehen und im unteren Bereich von den Unterstützungsprozessen (siehe Abb. 2.3). Des Weiteren ergeben sich Verbesserungspotenziale im Kernprozess, also dem Aufnahme-, Behandlungs- und Entlassprozess an verschiedenen Touchpoints.

Ein konkretes Verbesserungspotenzial ist beispielsweise das Anbringen von Aufbewahrungsboxen am Bett, in der Patienten vor einer OP ihre Brille oder den Zahnersatz ablegen können. Aber auch Wegeleitsysteme oder bauliche Anpassungsmaßnahmen in der Notaufnahme, um den Datenschutz und die Wahrung der Intimsphäre zu gewährleisten.

Im Bereich der Unterstützungsprozesse wurde dabei immer wieder auf den Einsatz von Technologie und digitale Hilfsmittel hingewiesen.

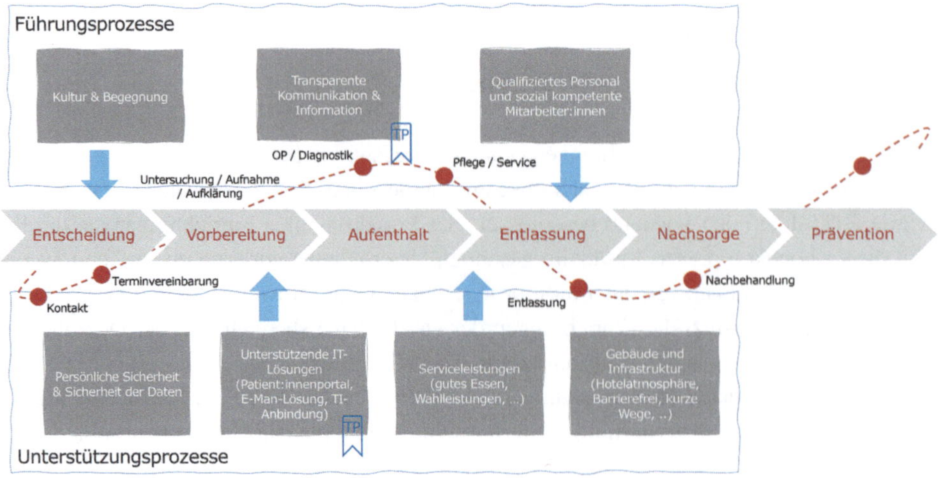


**Abb. 2.3** Touchpoints Customer Journey. (Quelle: AGAPLESION 2024)

## 2.3 Digitale Unterstützung der Customer Journey

Eine mögliche Lösung für ein solches digitales Hilfsmittel zur Verbesserung der Customer Journey kann dabei das sogenannte Patientenportal sein.

### 2.3.1 Fördertatbestand 2 im Krankenhauszukunftsgesetz

Das Krankenhauszukunftsgesetz (KHZG) ist ein Gesetz, das im September 2020 in Kraft getreten ist. Es zielt darauf ab, die Digitalisierung und Modernisierung der Krankenhäuser zu fördern. Es stellt insgesamt 4,3 Mrd. € bereit, um die digitale Infrastruktur zu verbessern, einschließlich IT-Systemen, elektronischer Patientenakten und Telemedizin. Ziel ist es, die Patientensicherheit und Versorgungsqualität zu erhöhen. Krankenhäuser müssen bestimmte Anforderungen erfüllen und Nachweise erbringen, um Fördermittel zu erhalten, was die Krankenhäuser zukunftsfähiger macht und sie besser auf Herausforderungen vorbereitet. Insgesamt gibt es elf Fördertatbestände, von denen einige umgesetzt werden müssen (rot markiert), andere sind optional (grau markiert) (siehe Abb. 2.4).

Der Fördertatbestand 2 des KHZG bezieht sich auf die Einführung von Patientenportalen. Diese Portale sollen, so heißt es in der Gesetzesgrundlage, den Kommunikationsaufwand reduzieren, den Informationsaustausch beschleunigen und die Versorgungsqualität verbessern (Bundesamt für Soziale Sicherung 2023). Hier der entsprechende Auszug aus der Fördermittelrichtlinie:

> „Förderfähig im Sinne des § 19 KHSFV sind Patientenportale, die ein digitales Aufnahme- und Entlassmanagement sowie das Überleitungsmanagement von Patientinnen und Patienten zu nachgelagerten Leistungserbringern ermöglichen. Diese dienen einem digitalen Informationsaustausch zwischen den Leistungserbringern und den Leistungsempfängern sowie zwischen den Leistungserbringern, den Pflege- oder Rehabilitationseinrichtungen und den Kostenträgern vor, während und nach der Behandlung im Krankenhaus. Ziel ist hierbei, den dabei entstehenden er-

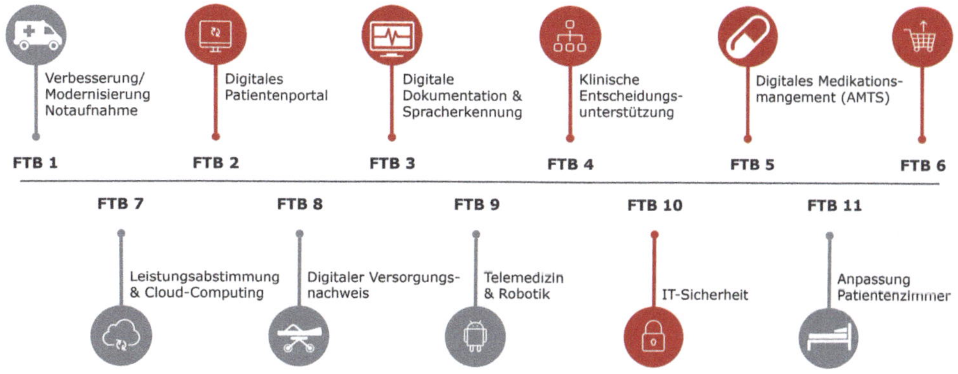


**Abb. 2.4** Fördertatbestände KHZG. (Quelle: AGAPLESION 2022)

heblichen Kommunikationsaufwand zu reduzieren, die Kommunikation und den Informationsaustausch zu beschleunigen und die Versorgungsqualität der Patientinnen und Patienten zu verbessern. Die Etablierung und Nutzung solcher Portale trägt jedoch nicht nur zu einer Entlastung und Beschleunigung der administrativen Prozesse vor Ort im Krankenhaus bei, sondern hat auch das Ziel der Entlastung und Unterstützung der Patientinnen und Patienten sowohl vor als auch im Laufe ihres Behandlungsprozesses. Sofern einzelne funktionale Anforderungen durch eine direkte Kommunikation/ Übertragung zwischen einem KIS und/ oder ERP-System des Krankenhauses und der elektronischen Patientenakte der Patientinnen und Patienten nach § 341 SGB V abgebildet werden können, so ist dies zur Erfüllung der Anforderungen ebenfalls zulässig bzw. im Sinne der Datensparsamkeit zu bevorzugen."

Ausdrückliches Ziel des KHZG ist es zudem, dass Patienten aktiver in ihren Behandlungsprozess eingebunden werden. Dabei teilt sich der Fördertatbestand in drei Subthemen und jeweils Muss- und Kann-Kriterien auf (siehe Tab. 2.1).

**Tab. 2.1** Tabelle Förderkriterien Fördertatbestand 2 (2022)

| **Digitales Aufnahmemanagement** | |
|---|---|
| **Muss** | **Kann** |
| es den Patientinnen und Patienten oder deren vorgelagerten Leistungserbringern ermöglichen, Termine für ambulante Versorgungsleistungen (u. a. Untersuchungen im Rahmen der Vor- und Nachsorge), online zu vereinbaren sowie für die teil- und vollstationäre Behandlung online anzufragen und abzustimmen. Dies schließt Leistungen der spezialärztlichen Versorgung (ASV) im Krankenhaus nach § 116b SGB V mit ein, sofern diese durch das Krankenhaus angeboten werden | es den Patientinnen und Patienten ermöglichen, mittels Chatbots ihre Anamnese aufzunehmen oder Rückfragen an das Aufnahmemanagement zu stellen |
| es den Patientinnen und Patienten ermöglichen, eine Anamnese digital von zu Hause aus durchzuführen | es den Patientinnen und Patienten ermöglichen, relevanten Dokumenten rechtskonform digital zuzustimmen |
| es den Patientinnen und Patienten ermöglichen, ihre Behandlungsunterlagen sowie weitere zur Aufnahme und Behandlung relevante Daten und Unterlagen, insbesondere den bundeseinheitlichen Medikationsplan (Barcode-Scan zur strukturieren Weiterverarbeitung), vorab online hochzuladen, oder im Rahmen einer vom Patienten oder der Patientin digital erteilten temporären Berechtigung (Consent) den Zugriff auf diese Daten (z. B. in einer existierenden elektronischen Akte) durch den Behandler ermöglichen | es den Patientinnen und Patienten ermöglichen, mittels Online-Check-In-Terminals auch digital im Klinikum vor Ort aufgenommen zu werden |

(Fortsetzung)

**Tab. 2.1** (Fortsetzung)

| | |
|---|---|
| es den Patientinnen und Patienten ermöglichen, online Antworten zu den häufigsten Fragen eines Krankenhaus-Aufenthalts zu finden | es den Patientinnen und Patienten ermöglichen, ihre Daten, beispielsweise generiert durch (sensorbasierte) Wearables, Smart Devices oder Smartphone-Apps, in das digitale Patientenportal der betreffenden Klinik hochzuladen, bzw. den Zugriff darauf mittels einer digital erteilten temporären Berechtigung (Consent) einzuräumen, zu speichern sowie zu löschen, bzw. den Zugriff z. B. auf existierende Patientendaten/ Dokumente im Rahmen einer temporären Patientenbewilligung (Consent) zu ermöglichen, zu speichern und zu löschen |
| es vorgelagerten Leistungserbringern ermöglichen, Überweisungsscheine bereits vorab online der Klinik zukommen zu lassen | es den Mitarbeiterinnen und Mitarbeitern ermöglichen, die Daten der Patientinnen und Patienten, generiert durch (sensorbasierte) Wearables, Smart Devices oder Smartphone Apps, in strukturierter Form abrufen zu können |
| es den Mitarbeiterinnen und Mitarbeitern des Aufnahmemanagements ermöglichen, den Patientinnen und Patienten Nachrichten schicken zu können | es den Patientinnen und Patienten ermöglichen, bereits vorab online über gewünschte Service- und Wahlleistungen (z. B. Einzelzimmer) während ihres Aufenthaltes zu entscheiden |
| es den Mitarbeiterinnen und Mitarbeitern des Aufnahmemanagements ermöglichen, eine Anamnese auch digital in der Klinik vorzunehmen | es pflegebedürftigen Patientinnen und Patienten ermöglichen, ihre Einwilligung zu geben, dass für das Aufnahmemanagement relevante Daten durch Pflegedienste oder Pflegeheime übermittelt werden dürfen |
| Schnittstellen zu bestehenden KIS und/ oder ERP-Systeme vorweisen, sodass die digital erfassten Daten der Patientin/des Patienten auch für nachgelagerte organisatorische Prozesse, sowie Prozesse der Ressourcenplanung (z. B. Personalplanung oder Bettenmanagement) automatisch und interoperabel zur Verfügung stehen | |
| **Digitales Behandlungsmanagement** | |
| **Muss** | **Kann** |
| es den Patientinnen und Patienten auf ihrem eigenen Endgerät ermöglichen, sich während ihres Aufenthaltes im Krankenhaus zurecht zu finden (mindestens zu örtlichen Gegebenheiten, Ansprechpersonen) | es den Mitarbeiterinnen und Mitarbeitern ermöglichen, ein effizientes Mobilitäts- und Aktivitätsmonitoring der Patienten umzusetzen |
| es den Patientinnen und Patienten auf ihrem eigenen Endgerät ermöglichen, sich über ihre Behandlung, beispielsweise in Form von Aufklärungsvideos, zu informieren, und vorab Fragen zur späteren Klärung zu notieren | es den Mitarbeiterinnen und Mitarbeitern ermöglichen, klinische Arbeitsabläufe elektronisch zu steuern (z. B. Termine und Behandlungsmaßnahmen elektronisch zu bestellen) und sich über den Stand der Behandlungsschritte zu informieren |

(Fortsetzung)

**Tab. 2.1** (Fortsetzung)

| | |
|---|---|
| es den Patientinnen und Patienten ermöglichen, digitale Behandlungstagebücher auf ihrem eigenen Endgerät zu führen | es den Mitarbeiterinnen und Mitarbeitern ermöglichen, Videosprechstunden durchzuführen, |
| es den Patientinnen und Patienten auf ihrem eigenen Endgerät ermöglichen, Erinnerungen an Untersuchungstermine im Laufe ihres Aufenthaltes zu erhalten | es den Patientinnen und Patienten ermöglichen, ihre Daten, beispielsweise generiert durch (sensorbasierte) Wearables, Smart Devices oder Smartphone-Apps, in das digitale Patientenportal der betreffenden Klinik während ihres Aufenthaltes hochzuladen bzw. den Zugriff z. B. auf vergleichbare digitale Akten im Rahmen einer temporären Patientenbewilligung (Consent) zu ermöglichen und zu speichern sowie zu löschen |
| es den Mitarbeiterinnen und Mitarbeitern durch eine mobile und digitale Visite ermöglichen, schneller auf relevante Informationen, insbesondere im KIS/KAS und Patientendatenmanagementsystem, zugreifen zu können | es Patientinnen und Patienten auf ihrem eigenen Endgerät ermöglichen, an Patientenbefragungen teilzunehmen, welche patientenbezogene Ergebnisparameter erheben (Patient-Reported-Outcome Measures) |
| die Speicherung von Daten der Patientinnen und Patienten in deren elektronischer Patientenakte nach § 341 SGB V ermöglichen | es den Mitarbeiterinnen und Mitarbeitern ermöglichen, die Daten der Patientinnen und Patienten, generiert durch (sensorbasierte) Wearables, Smart Devices oder Smartphone Apps in strukturierter Form abrufen und in der Behandlungsplanung berücksichtigen zu können |
| **Digitales Entlass- und Überleitungsmanagement** | |
| **Muss** | **Kann** |
| einen strukturierten Datenaustausch zwischen Leistungserbringern und die Bereitstellung von Dokumenten auf Basis anerkannter Standards an nachgelagerte Leistungserbringer (z. B. bzgl. der Medikamenteneinnahmen, Hinweisen zur Ernährung, Einschränkungen der körperlichen Belastbarkeit, notwendigen Kontrolluntersuchungen, Ansprechpartner bei Komplikationen oder pflegerischen Fragen etc.) ermöglichen | es den Mitarbeiterinnen und Mitarbeitern der Klinik ermöglichen, mittels KI-Technologien das optimale Entlassdatum unter Berücksichtigung aller vorliegenden relevanten Patientendaten zu ermitteln |
| es den Mitarbeiterinnen und Mitarbeitern ermöglichen, auf Basis einer digitalen Plattform innerhalb eines Netzwerkes von ambulanten und stationären Pflege- oder Rehabilitationsanbietern den Versorgungsbedarf ihrer Patientinnen und Patienten melden zu können und mit Hilfe der digitalen Plattform innerhalb eines Netzwerkes zeitnah Rückmeldung hinsichtlich passender freier Kapazitäten zu erhalten | es den Mitarbeiterinnen und Mitarbeitern ermöglichen, die Daten der Patientinnen und Patienten, generiert durch (sensorbasierte) Wearables, Smart Devices oder Apps auf mobilen Endgeräten, in strukturierter Form abrufen zu können und an die nachgelagerten Leistungserbringer zu übermitteln bzw. den Zugriff z. B. auf existierende Patientendaten/Dokumente im Rahmen einer temporären Patientenbewilligung (Consent) zu ermöglichen |

(Fortsetzung)

**Tab. 2.1** (Fortsetzung)

| | |
|---|---|
| die Speicherung von Daten der Patientinnen und Patienten in deren elektronischer Patientenakte nach § 341 SGB V ermöglichen sowie (auf Wunsch des Patienten und/oder berechtigten Angehörigen) auch in anderen digitalen Akten bereitgestellt werden können | es den Mitarbeiterinnen und Mitarbeitern des Krankenhauses (oder des Sozialdienstes) ermöglichen, Angehörige der Patientinnen und Patienten in die Planung von Entlass- und Überleitungsmanagement einzubeziehen |

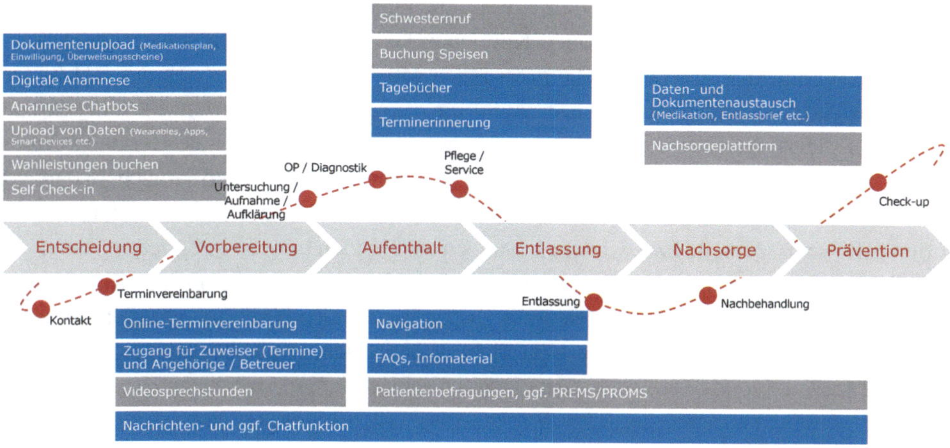


**Abb. 2.5** Ansatzpunkte Patientenportal. (Quelle: AGAPLESION 2024)

### 2.3.2 Wo das Patientenportal die Customer Journey unterstützen kann

Die unter Abschn. 2.4 genannten Themen weisen viele Übereinstimmungen mit den Anforderungen und Kriterien auf, die an das Patientenportal gestellt werden. Der Einsatz dieser Technologie könnte aus dieser Perspektive einige Herausforderungen sowie Verbesserungspotenziale der Customer Journey lösen (seihe Abb. 2.5).

Dabei sind alle Muss-Kriterien aus dem KHZG blau markiert. Die grau ausgefüllten Felder beschreiben Funktionen bzw. Module die Kann-Kriterien darstellen oder über das KHZG hinaus gehen.

## 2.4 Umsetzung des Patientenportals bei AGAPLESION

In den folgenden Abschnitten gehen wir auf die Konzeption und Umsetzung des Patientenportals bei AGAPLESION ein.

### 2.4.1 Vision, Ziele und Nutzen

In der Vision von AGAPLESION, wie unter Abschn. 2.1 bereits beschrieben, heißt es: „Wir sind Patient:innen und Bewohner:innen mit Herz und Seele zugewandt. Jeder Prozess ist so organisiert, dass sie mit ihren Bedürfnissen und Wünschen im Mittelpunkt stehen. Im respektvollen Dialog mit ihnen nutzen wir modernste Möglichkeiten zur ausgezeichneten Behandlung und Begleitung“ (AGAPLESION gAG 2024). Deshalb möchten wir für unsere Kunden eine optimale Kundenreise vor, während und nach ihrem ambulanten oder stationären Aufenthalt, oder auch darüber hinaus gestalten. Das von uns angestrebte Patientenportal (oder auch Kundenportal) soll diese Reise unterstützen.

Unser Patientenportal soll über die geforderten Muss- und Soll-Kriterien des KHZG hinaus ein wichtiges Kundenbindungsinstrument für AGAPLESION werden. Es soll ggf. auch neue Dienstleistungen wie z. B. telemedizinische Betreuung oder digitale Beratung ermöglichen. Wir sehen das Portal als eine Art Plattform, um für die Kunden je nach Bedarf verschiedenste Lösungen unter einem Design der Dachmarke anzubieten. Das Portal muss daher offen dafür sein, spezielle bzw. weitere Lösungen anzubinden bzw. zu integrieren. Dabei sollten die Prozesse auf Seiten der Kunden, aber auch der Mitarbeitenden von AGAPLESION so einfach wie möglich gestaltet werden und sich durch eine hohe Usability auszeichnen.

Die folgenden Nutzen werden aus Sicht verschiedene Stakeholder erwartet (siehe Tab. 2.2):

**Tab. 2.2** Tabelle Nutzen Patientenportal (2024)

| Für Patienten | Für Mitarbeitende | Für AGAPLESION/ Einrichtungen | Für Zuweisende |
|---|---|---|---|
| Bequeme Informationserfassung von zu Hause oder unterwegs, inkl. sicherer Übertragung | Effizientere Abläufe durch gezielte Patientensteuerung und -einbindung. Reduktion von „No Shows“ | Verbesserter Service: Beitrag zur Gewinnung und Bindung von Patienten à Online-Dienste als künftiger „Hygienefaktor“ | Bessere Zusammenarbeit mit der Einrichtung |
| Zeitersparnis und 24/7 „Öffnungszeiten“ (kurze, digitale Wege statt klassischer Korrespondenz oder telefonischer Warteschleifen) | Verringerung des Zeitaufwandes für bestimmte administrative Tätigkeiten (Terminkoordination, Ausfüllen von Fragebögen, Zuweiserkoordination etc.) | Steigerung der Patientensicherheit und Versorgungs-/ Ergebnisqualität | Schnellere Zuweisung und damit Behandlung von Patienten |

(Fortsetzung)

**Tab. 2.2** (Fortsetzung)

| Für Patienten | Für Mitarbeitende | Für AGAPLESION/ Einrichtungen | Für Zuweisende |
|---|---|---|---|
| Informationsverfügbarkeit: Transparenz und Detailinformationen sorgen für Nähe und Vertrauen zum Gesundheitsdienstleister | Funktionen des Patientenportals können typischerweise modular erweitert werden um weitere mehrwertstiftende Anwendungen | | Bessere Informationslage durch Datenaustausch |
| Vermeiden von Doppelunter-suchungen, mehrfachem Ausfüllen von Formularen, Unsicherheit über kommende Therapieschritte | | | |
| Schnelle Orientierung und komfortables Handling von Formularen, Umfragen, Laborergebnissen u. v. m. | | | |

## 2.4.2 Herangehensweise

Um die Ziele und den erwartenden Nutzen zu erfüllen, werden wir mehrstufig vorgehen. Wir haben daher in mehreren Workshops und in Absprache mit den Einrichtungen ein sogenanntes „minimal viable product" (MVP) erarbeitet. Ein MVP ist die erste minimal funktionsfähige Version eines Produkts. Es enthält nur die notwendigsten Funktionen, um einen Kernnutzen zu bieten und frühzeitig Feedback von Nutzern zu sammeln. Dieses Konzept haben wir für uns adaptiert, um schnell mit einem ersten Piloten starten zu können.

Diesen MVP haben wir jetzt in einer ersten Einrichtung mit drei ausgewählten Fachabteilungen eingeführt. Er enthält bereits Funktionalitäten und Muss-Kriterien wie eine Online-Terminvergabe, Kommunikationsmöglichkeiten oder die Möglichkeit, sich während ihres Aufenthalts im Krankenhaus zurecht zu finden. Wir haben uns bewusst dagegen entschieden gleich die gesamte Einrichtung im Portal darzustellen bzw. Terminvergabemöglichkeiten darzustellen. Es war uns besonders wichtig klein anzufangen, Herausforderungen zu erkennen, Lösungen zu finden, Kinderkrankheiten auszubessern und Akzeptanz bei Mitarbeitenden zu schaffen. Es müssen teilweise auch neue Prozesse erlernt und etabliert werden.

Im weiteren Vorgehen werden wir zweigleisig vorgehen. Zum einen werden wir das Patientenportal in der Piloteinrichtung weiterentwickeln und über mindestens zwei weitere Stufen auszubauen. Ziel ist es zunächst einmal die gesamte Einrichtung einzubeziehen und mind. alle Muss-Kriterien zu etablieren.

Parallel dazu werden wir unseren MVP in den restlichen AGAPLESION Einrichtungen einführen. Zudem gilt es für die ein oder andere Klinik noch relevante Use Cases zu entwickeln.

Des Weiteren gibt es aber bereits jetzt Interesse weitere Anwendungsmöglichkeiten wie eine Menübestellung oder Buchung von Wahlleistungen in das Portal zu integrieren. Diese Themen werden wir ebenfalls prüfen, den Aufwand schätzen und je Einschätzung einführen.

### 2.4.3 Erste Erkenntnisse

Nach der ersten Piloteinrichtung lassen sich bereits ein paar Schlüsse ziehen. Aus Patientensicht scheint die Anwendung funktional und bedienbar zu sein. In den ersten Wochen der Nutzung haben sich bereits rund 100 Patienten im Portal registriert und Termine gebucht. Vor allem im Bereich der Geburtshilfe scheint die Lösung besonders gut angenommen zu werden.

Aus Sicht der Mitarbeitenden scheint die Fokussierung auf wenige Funktionen sinnvoll zu sein, da sie sich vollständig auf diese konzentrieren und nicht einen komplett neuen Ablauf erlernen müssen. Hinzu kommt die unveränderte Arbeitsweise im KIS, das derzeit weiterhin als Hauptprogramm genutzt wird. Diese Schnittstelle zum KIS scheint für die Akzeptanz des MVP und die geräuschlose Einführung entscheidend zu sein. Die Mitarbeiter können Termine direkt im KIS öffnen, bearbeiten oder auch absagen.

Aus prozessualer Sicht lässt sich bereits sagen, dass die Prozesserfassung im Vorhinein wichtig ist, um die Arbeitsweise im Patientenportal so einfach wie möglich zu gestalten. Dieser Schritt muss pro Einrichtung, teilweise sogar pro Fachabteilung, erfolgen, da die Ausgangssituationen sehr unterschiedlich sind.

Ein weiterer wichtiger Aspekt ist die Projektstruktur. Es ist mehrfach aufgefallen, dass ein Wasserfall-Projektmanagement in einem solch komplexen Projekt nicht möglich ist. Das Wasserfall-Projektmanagement ist ein stufenweiser Ansatz, bei dem jede Phase des Projekts nacheinander abgeschlossen wird. Durch die vielen Stakeholder, Interessenten und vielfältigen Prozesse müssen immer wieder kurzfristig Anpassungen in der Planung vorgenommen werden. Diese flexible, agile Arbeitsweise ermöglicht es uns, die Wünsche der Mitarbeiter zu erfragen und in die Prozesse einzuarbeiten. Durch die aktive Einbindung wird das Projekt sehr gut angenommen, auch wenn ein prozessualer Wandel und ggf. Mehrarbeit auf die Mitarbeitenden zukommt.

### 2.4.4 Kritische Diskussion

Aus der Perspektive der Patienten gibt es in Deutschland im Gegensatz zu anderen Ländern kein einheitliches Patientenportal. Dies führt dazu, dass z. B. Einrichtungen innerhalb einer Großstadt unterschiedliche Portalanbieter nutzen. Patienten, die aufgrund verschiedener Erkrankungen mehrere Einrichtungen aufsuchen müssen, sind daher gezwungen, jeweils ein anderes Portal zu verwenden. Dies wirft die Frage auf, ob die

Patienten bereit sind, diese unterschiedlichen Portale zu akzeptieren. Zudem könnten viele Patienten, insbesondere ältere oder weniger technikaffine Personen, Schwierigkeiten haben, die Portale zu nutzen, was zu einer digitalen Kluft führen könnte.

Aus der Perspektive der Mitarbeiter müssen alle Einrichtungen, die Fördermittel nach dem Krankenhauszukunftsgesetz (KHZG) erhalten, den Fördertatbestand 2 umsetzen. Dies wird nach Ablauf der Förderfrist überprüft, und bei Nichterfüllung kann es zu Abschlagszahlungen kommen. Allerdings zeigt sich im Austausch mit den Einrichtungen, dass die Lösung nicht für alle relevant ist. Besonders in geriatrischen Schwerpunkteinrichtungen suchen wir derzeit noch nach sinnvollen und mehrwertstiftenden Anwendungsfällen. Natürlich könnten Betreuer und Angehörige eingebunden werden, aber auch dies ist nicht in allen Fällen zutreffend. Zudem könnte die Nutzung von Patientenportalen zu einer erhöhten Arbeitsbelastung für das medizinische Personal führen, wenn Patienten das Portal als direkten Draht zum Arzt betrachten und eine schnellere Antwort erwarten. Zudem müssen wir uns darüber klar sein, dass wir noch über Jahre Parallelprozesse laufen lassen müssen. Neben einer Online-Terminvergabe werden die Patienten beispielsweise immer noch anrufen oder vor Ort Termine buchen.

Aus der Perspektive der Einrichtungen ist die langfristige Finanzierung und Wirtschaftlichkeit von Patientenportalen oft unklar, insbesondere nach Ablauf der initialen Förderungen. Zudem ist die Integration von Patientenportalen in bestehende Krankenhausinformationssysteme (KIS) oft komplex und kann zu technischen Problemen führen. In unserem Konzern haben wir insgesamt drei KIS im Einsatz, und hier zeigen sich bereits Unterschiede in den aktuellen Anbindungs- und Integrationsmöglichkeiten. Der Datenaustausch zwischen den Systemen ist bislang noch nicht optimal geregelt, da keine strukturierten Daten aufgrund fehlender FHIR-Schnittstellen oder manuell eingegeben werden müssen. Das bedeutet, dass die Daten bspw. im PDF-Format vorliegen und im KIS noch einmal durch die Mitarbeitenden übertragen werden müssten.

## 2.5 Schlussbetrachtung und Ausblick

Die Einführung von Patientenportalen kann einen bedeutenden Schritt in Richtung einer digitalisierten und patientenzentrierten Gesundheitsversorgung darstellen. Patienten könnten stärker in ihre eigene Gesundheitsversorgung eingebunden und durch den einfachen Zugang zu Gesundheitsinformationen und die Möglichkeit, aktiv an der eigenen Behandlung teilzunehmen, die Patientenautonomie könnte gefördert werden. Sie können also zum Organisator ihrer Reise werden.

Patientenportale können zahlreiche Vorteile entlang der Customer Journey, wie die Verbesserung der Kommunikation zwischen Patienten und Gesundheitsdienstleistern sowie die Vereinfachung administrativer Prozesse bieten. Dennoch gibt es auch Herausforderungen, die es zu bewältigen gilt, sowohl aus Patientensicht als auch aus Mitarbeitenden-Sicht. Es bleibt abzuwarten, ob das AGAPLESION Portal, tatsächlich die Customer Journey verbessert und von Patienten angenommen wird.

Parallel können die fortschreitende Digitalisierung, die steigenden digitalen Kompetenzen in der Bevölkerung und Entwicklungen im Bereich Künstlicher Intelligenz (KI) die Etablierung von Patientenportalen fördern. Der Einsatz von KI wird die Funktionalität von Patientenportalen vermutlich erweitern. KI kann beispielsweise bei der Terminplanung unterstützen, bei der Analyse von Gesundheitsdaten helfen, personalisierte Gesundheitsratschläge, auch in Verbindung mit Chatbots, geben und die Früherkennung von Krankheiten unterstützen.

## Literatur

ADVIDERA (2024): Customer Journey, ADVIDERA (Hrsg.), online im Internet, Customer Journey einfach erklärt: Definition & Beispiele › ADVIDERA, Abrufdatum: 16.12.2024

AGAPLESION gAG (2024): Wir machen Kultur, Unser Leitbild & unsere Werte, AGAPLESION (Hrsg.), online im Internet, https://www.agaplesion.de/gesundheitskonzern/kultur, Abrufdatum: 16.12.2024

Bundesamt für Soziale Sicherung (2023): Richtlinie zur Förderung von Vorhaben zur Digitalisierung der Prozesse und Strukturen im Verlauf eines Krankenhausaufenthaltes von Patientinnen und Patienten nach § 21 Absatz 2 KHSFV, Bundesamtsozialversicherung (BAS, Hrsg.), online im Internet, https://www.bundesamtsozialesicherung.de/fileadmin/redaktion/Krankenhauszukunftsfonds/20240906Foerderrichtlinie.pdf, Abrufdatum: 16.12.2024

**Claudia Möller**, Dipl.-Pflegewirtin (FH), begann ihre Tätigkeit bei AGAPLESION im Juni 2012 als Trainee zur Nachwuchsführungskraft. Zuvor arbeitete sie als Beraterin im ambulanten Sektor mit den Schwerpunkten Qualitätsmanagement und Praxisorganisation. Im Juni 2013 wechselte Frau Möller in den neu gegründeten Zentralen Dienst FuE & Innovationsmanagement. Im September 2015 übernahm sie dessen Leitung. Sie ist zudem Innovationsmoderatorin, Praxismanagerin (IHK) und DGQ-Qualitätsbeauftragte und interne Auditorin. Die aktuellen Schwerpunktprojekte sind unter anderem das KHZG-Projekt FTB-02-Patientenportal und konzernweite Einführung MS 365.

**Carolin Neumann**, M.A., begann ihre Tätigkeit bei AGAPLESION im Juni 2021 als Projektassistenz im Bereich KHZG im Zentralen Dienst Prozess- und Qualitätsmanagement, nachdem sie ihren Master of Arts im Medizinmanagement abgeschlossen hatte. Aktuell ist Frau Neumann stellvertretende Leitung des KHZG-Projekt FTB-02-Patientenportal und die organisatorische Projektleitung in der konzernweiten SAP-Umstellung.

**Vanessa Bender**, Master of Science-Studentin in der Wirtschaftspädagogik, startete im August 2020 als Werkstudentin für interne und externe Kommunikation sowie Veranstaltungsmanagement im Zentralen Dienst Unternehmenskommunikation bei AGAPLESION. Nach Abschluss des Studiums begann sie ihre Tätigkeit als Referentin des Vorstandsvorsitzenden und ist Leitung des konzernweiten Projekts der Customer Journey bei AGAPLESION.

# Künstliche Intelligenz (KI) entlang der stationären Patientenversorgung – Bedeutung für die Resilienz von Gesundheitsorganisationen

**3**

Nina Füreder, Thomas Petzold, Stephanie Schuth, Stefanie Steinhauser und Charlotte Förster

## Inhaltsverzeichnis



N. Füreder (✉) · C. Förster
Technische Universität Chemnitz, Chemnitz, Deutschland
E-Mail: nina.fuereder@jku.at; charlotte.foerster@wiwi.tu-chemnitz.de

T. Petzold
Medizinischer Dienst Sachsen, Dresden, Deutschland
E-Mail: thomas.petzold@md-sachsen.de

S. Schuth
Evangelische Hochschule Dresden, Dresden, Deutschland
E-Mail: stephanie.schuth@ehs-dresden.de

S. Steinhauser
Ostbayerische Technische Hochschule (OTH) Amberg-Weiden, Weiden, Deutschland
E-Mail: s.steinhauser@oth-aw.de


M. A. Pfannstiel (Hrsg.), *Künstliche Intelligenz im Einsatz für die erfolgreiche Patientenreise*, https://doi.org/10.1007/978-3-658-48573-3_3

**Zusammenfassung**

In den letzten Jahren hat der Einsatz KI-basierter Technologien in der stationären Patientenversorgung stark zugenommen. Diese Technologien können Gesundheitsorganisationen bei der Bewältigung vielfältiger Herausforderungen unterstützen und spielen damit eine maßgebliche Rolle für die Resilienz von Gesundheitsorganisationen. Leider beinhalten diese Anwendungen nicht nur Potenziale für die Steigerung der Qualität der Versorgung, sondern bergen auch sehr große Risiken für die Patientensicherheit. Die Integration solcher Systeme in laufende Prozesse stellt Gesundheitsorganisationen somit vor die Herausforderung, die Vorteile in der Patientenversorgung gegen neue, schwer abschätzbare und oft unbekannte Risiken abzuwägen. Durch die Resilienz-Brille betrachtet, werden in diesem Kapitel die Herausforderungen, die durch den Einsatz von KI in der stationären Patientenversorgung entstehen untersucht und deren Bedeutung für die Resilienz von Gesundheitsorganisationen beschrieben.

## 3.1 Einleitung

Eine zentrale Aufgabe von Organisationen des Gesundheitswesens, insbesondere von Krankenhäusern, besteht darin, die bestmögliche Diagnose und Behandlung von akuten und chronischen Krankheiten zu gewährleisten. In diesem Sinne ist entweder die Förderung und Bewahrung der Lebensqualität oder die Wiederherstellung der Gesundheit der Bürger und Patienten oberstes Ziel einer qualitativ hochwertigen Gesundheitsversorgung. Verschiedene Faktoren, wie der rasche medizinische und technische Fortschritt, die demografische Entwicklung der Bevölkerung, zunehmende Komplexität, und die Verknappung von Ressourcen (z. B. Zeit, Geld, Material, Personal, Raum) belasten jedoch das Gesundheitswesen erheblich (Förster et al. 2022; Ravaghi et al. 2022; Tjoflåt und Hansen 2019). Diese in den letzten Jahren entstandenen strukturellen Probleme, die als dysfunktional beschrieben werden können und auf veralteten Strukturen beruhen (Hack-Polay et al. 2023; Cobianchi et al. 2020), führen zu unsicheren Situationen, die die Sicherheit über das Versorgungsangebot hinweg in Frage stellen. Darüber hinaus stehen Krankenhäuser vor zahlreichen Herausforderungen, wenn es darum geht, unvorhergesehene Ereignisse, wie Pandemien zu bewältigen. Angesichts dieser Herausforderungen, der allgemeinen Zunahme von unerwarteten Ereignissen und Krisen sowie der damit verbundenen Gefährdung der Gesundheitsversorgung gewinnt die Resilienz von Gesundheitsorganisationen, insbesondere von Krankenhäusern als Teil der kritischen Infrastruktur, zunehmend an Bedeutung.

Resilienz kann in diesem Zusammenhang allgemein, als die Fähigkeit definiert werden, aus Krisen und Herausforderungen gestärkt und mit mehr Ressourcen hervorzugehen (Harland et al. 2005; Sutcliffe und Vogus 2003). Dazu gehört auch die Fähigkeit, diese Herausforderungen und Krisen in Chancen zu verwandeln und an ihnen zu wachsen (z. B. Harland et al. 2005). Resiliente Organisationen sind somit in der Lage, Herausforderungen und unerwartete Ereignisse effizient zu meistern und darüber hinaus, angesichts einer sich verändernden Umgebung, eine entsprechende Qualität und Sicherheit der Dienstleistungserbringung zu gewährleisten. Resiliente Organisationen und Systeme haben das Potenzial, sowohl die Aufrechterhaltung wichtiger Dienste als auch die Wiederherstellung nach Unterbrechungen einfacher, weniger störungsanfällig oder weniger kostspielig zu machen, indem sie Ausfälle vermeiden, Sicherheitsrisiken minimieren oder Risikofaktoren proaktiv identifizieren (Fairbanks et al. 2014). Insbesondere Krankenhäuser, als Teil der kritischen Infrastruktur, sollten ein hohes Resilienzpotenzial aufweisen, um möglichst sicher und unterbrechungsfrei zu funktionieren, ohne zusätzliche Gefahren für die Gesellschaft oder die Umwelt zu verursachen. Spätestens seit der COVID-19 Pandemie hat die Förderung der Resilienz stark an Bedeutung gewonnen (vgl. Behrens et al. 2022; Buyl et al. 2022; Ghebreyesus et al. 2022; Khalil et al. 2022).

Zur Förderung der Resilienz in der stationären Patientenversorgung, die eine effektive und effiziente Dienstleistungserbringung auch in Zukunft beinhaltet, sind Anpassungen und Veränderungen erforderlich (Harvey und Kudesia 2023). Solche Veränderungen bringen prinzipiell eine erhöhte Unsicherheit mit sich, insbesondere in Bezug auf die Frage, wie Veränderungen in komplexen Umfeldern überhaupt erreicht werden können (vgl. Olmos-Ochoa et al. 2019). Die derzeit wachsende Rolle von KI-basierten Anwendungen – von prädiktiven Algorithmen bis hin zu robotergestützten Operationen und personalisierten Behandlungsplänen – könnten hinsichtlich der Qualität in der Gesundheitsversorgung (Hack-Polay et al. 2023) und somit für die Resilienz in der stationären Patientenversorgung eine entscheidende Rolle spielen. So bieten digitale Technologien die Möglichkeit, Effizienzpotenziale bei mindestens gleichbleibender oder sogar höherer Qualität zu erschließen (vgl. Pool et al. 2024). Die damit verbundene digitale Transformation, bezogen auf „die Verwendung von Daten und algorithmischen Systemen für neue oder verbesserte Prozesse, Produkte und Geschäftsmodelle“ (BMWE 2024), bietet neue Möglichkeiten Herausforderungen zu begegnen, birgt aber auch große und vor allem neue und unbekannte Risiken (vgl. DKG 2019).

## 3.2 Resilienz von Gesundheitsorganisationen

Angesichts der zunehmenden Komplexität und der Herausforderungen im Gesundheitswesen ist es entscheidend, dass Organisationen in der Lage sind, sich an veränderte Bedingungen anzupassen und ihre Leistungsfähigkeit auch in Krisenzeiten aufrechtzuerhalten. Qualitätsmanagement trägt dazu bei, stabile Prozesse zu etablieren, die nicht nur die Effizienz und Patientensicherheit erhöhen, sondern auch die Fähigkeit der Organisation stärken, auf unvorhergesehene Ereignisse zu reagieren und sich kontinuierlich zu verbessern. Dieser Abschnitt beleuchtet die Bedeutung der Resilienz für Gesundheitsorganisationen und beschreibt, welche Rolle das Qualitätsmanagement für eine resiliente Organisation spielt.

### 3.2.1 Definition der Resilienz

Organisationen des Gesundheitswesens sind komplexe und technologieintensive Systeme, die sich ständig verändern und unerwartete Arbeitssituationen herbeiführen können (Iflaifel et al. 2020). Diese soziotechnische Kombination schafft und erhöht Unsicherheiten und Risiken, während sie gleichzeitig ein resilienteres Verhalten bei der Bewältigung aufkommender Störungen und Veränderungen unterstützt (Matos et al. 2022). Die Definition der Resilienz hängt stark von der jeweiligen Disziplin ab, in der sie betrachtet wird. Im Gesundheitswesen lässt sich die Resilienz daher wie folgt definieren: „Resilienz ist die Fähigkeit, sich an Herausforderungen und Veränderungen auf verschiedenen Systemebenen anzupassen, um eine hohe Versorgungsqualität aufrechtzuerhalten“ (aus dem Englischen übersetzt, Wiig et al. 2020, S. 6). Die Resilienz von Organisationen kann darüber hinaus als die Fähigkeit definiert werden, sich an Widrigkeiten anzupassen und trotz dieser Widrigkeiten den normalen Betrieb aufrechtzuerhalten (vgl. Hilligoss et al. 2023). Mit anderen Worten: Eine Gesundheitsorganisation gilt als resilient(er), wenn sie Krisen und unvorhergesehene Ereignisse effektiv bewältigen und gleichzeitig die Regelversorgung aufrechterhalten kann (vgl. Weick und Sutcliffe 2015). Da die Reaktion auf Widrigkeiten und die Aufrechterhaltung des normalen Betriebs auf dieselben Ressourcen zurückgreifen, müssen Organisationen die verfügbaren Ressourcen entweder effektiv zuweisen oder kreativ umgestalten (vgl. Williams et al. 2017). Andernfalls können neuartige Herausforderungen die Resilienz gefährden, wenn Krisen zwar bewältigt werden, aber der normale Betrieb nicht aufrechterhalten werden kann (Hilligoss et al. 2023).

Diesbezüglich wird organisationale Resilienz als ein dreiphasiger Prozess (Antizipation, Bewältigung und Anpassung) verstanden (Duchek 2020), der bei erfolgreicher Umsetzung zur Resilienz als Ergebnis führt (vgl. Williams et al. 2017). Resilienz ist in diesem Zusammenhang auch ein Ansatz für das Management menschlicher Fehler und die Verbesserung der Sicherheit. Die Idee, vom Fokus auf Fehler und Irrtum (safety-I) zu einem Verständnis von Risiko und Sicherheit (safety-II) als Ergebnis normaler organisatorischer Prozesse und der Anpassungsfähigkeit in komplexen Umgebungen zu wechseln, wurde insbesondere von Erik Hollnagel (2018) geprägt. Resilienz wird somit als Fähigkeit, als Ergebnis und als Prozess verstanden, trotz Herausforderungen und widriger Umstände zuverlässig zu funktionieren (Williams et al. 2017). Im Kontext resilienter Gesundheitsorganisationen, kann darüber hinaus die digitale Resilienz als die Fähigkeit von Organisationen verstanden werden, sich auf Störungen und Veränderungen in ihrem digitalen Umfeld vorzubereiten und angemessen darauf zu reagieren, um Anpassungen vorzunehmen sowie die durch die digitale Transformation auferlegten Risiken (z. B. Datenverfügbarkeit bei Stromausfall, Risiken im Zusammenhang mit der Nutzung von KI) abzumildern oder zu verringern (Matos et al. 2022). Digitale Resilienz ergibt sich somit als wesentlicher Teil der organisationalen Resilienz (Schemmer et al. 2021).

### 3.2.2 Die Rolle des Qualitätsmanagements für die Resilienz von Gesundheitsorganisationen

Resilienz spielt eine entscheidende Rolle für die Patientensicherheit, da sie es Gesundheitseinrichtungen ermöglicht, sich an Veränderungen und Herausforderungen anzupassen. Eine resiliente Organisation kann besser auf unerwartete Ereignisse reagieren, Fehler minimieren und die Qualität der Patientenversorgung aufrechterhalten. Sie fördert eine Kultur, in der Mitarbeiter proaktiv Risiken identifizieren, voneinander lernen und sich gegenseitig unterstützen, was zu einer sicheren Umgebung für Patienten führt. Resilienz trägt also dazu bei, die Kontinuität der Versorgung zu gewährleisten und die Auswirkungen von Störungen zu mildern. Die Resilienzförderung ist somit eine wichtige Aufgabe des Qualitäts- (QM) und Risikomanagements (RM). Das Qualitätsmanagement zielt darauf ab, durch Qualität Höchstleistungen im Unternehmen zu erreichen (Souza et al. 2022). Es konzentriert sich auf die Steigerung verschiedener Qualitätsaspekte, die von Kunden- und Mitarbeitendenzufriedenheit bis hin zur Erfüllung regulatorischer Anforderungen für die Leistungserbringung unter Einbeziehung der Mitarbeiter reicht. Darüber hinaus spielt die Ermittlung patientengerichteter Anforderungen und Erwartungen an den (weiteren) Behandlungsverlauf (patient reported outcomes und patient reported expectations) eine wesentliche Rolle. Das Qualitätsmanagement unterstützt dabei alle Struktureinheiten einer Gesundheitseinrichtung bei der kontinuierlichen Analyse und Verbesserung ganzer Prozesse oder einzelner Prozessschritte. Ein begrenztes Wissen im Bereich des Qualitätsmanagements kann den Erfolg bei der Bewältigung von Unsicherheiten negativ beeinflussen (Olmos-Ochoa et al. 2019). Derzeit sind die aktuellen Qualitätskonzepte an die neue industrielle Phase Industrie 4.0 (I4.0) und den damit einhergehenden Veränderungen und Herausforderungen anzupassen. I4.0 unterstützt den Einsatz unterschiedlicher technologischer Werkzeuge zur Erfassung vielfältiger Daten (Frank et al. 2024), wodurch sich wiederholende Prozesse automatisch ausgeführt werden, wobei Roboter und KI zum Einsatz kommen. Das neue Qualitätsmanagement in der digitalen Ära (Qualität 4.0) beschäftigt sich mit der Verschmelzung von traditionellen Praktiken des Qualitätsmanagements und den neuen Technologien der I4.0, wie maschinellem Lernen, Cloud-Technologien, Big-Data, vernetzten Geräten, Internet of Things und KI, um die Effizienz und Leistung innovativer Unternehmen zu steigern (Liu et al. 2023; Sader et al. 2022). Das Risikomanagement, als Pendant zum Qualitätsmanagement, wenn es um Sicherheitsfragen geht, beschäftigt sich hauptsächlich mit der Wahrscheinlichkeit, einen Schaden oder Verlust zu erleiden. Es geht daher primär um die Bearbeitung und die Vermeidung von in erster Linie bekannten Risiken. Dabei zielt das Risikomanagement darauf ab, alle Unwägbarkeiten zu bewältigen, die die Ziele und Aufgaben der Organisation beeinträchtigen können.

Die Verbindung zwischen Qualität, Risiken und Resilienz ist aus anderen Beiträgen bereits bekannt (Füreder 2021; Jovanovic et al. 2020; Olmos-Ochoa et al. 2019; Smith und Fischbacher 2009). Eine Gemeinsamkeit zwischen Resilienz und gängigen Qualitäts- und Risikomanagementmodellen (z. B. dem Modell der European Foundation for Quality Management kurz EFQM) ist die Behandlung von Sicherheitsfragen (Olmos-Ochoa et al. 2019). Resilienz zielt auf die Entwicklung der Fähigkeit zur Überwindung von Störungen und Stress ab und kann somit für das Überleben und den Ausbau erforderlicher Funktionen essenziell sein. Das Hauptziel eines jeden Risikomanagements besteht darin, das Überleben der Organisation zu sichern, unabhängig von den Umständen, mit denen sie konfrontiert sein kann. In diesem Zusammenhang beschreibt Louisot (2015, S. 85) Resilienz als das vorrangige Ziel des Risikomanagements. Darüber hinaus sieht Jackson et al. (2007) Resilienz als einen neuen Weg, um über Risiken nachzudenken (zitiert in Ruiz-Martin et al. 2018). Die Resilienz der Organisation sollte zu einem grundlegenden Ziel des Topmanagements werden. Das Risikomanagement ist hierbei die Kernfunktion, die zum Aufbau und Erhalt der Resilienz beiträgt, insbesondere wenn es über das tägliche Management bekannter Risiken hinausgeht und eine langfristige Vision beinhaltet. Auf diese Weise können auch neue, bisher unbekannte oder nicht berücksichtigte aufkommende Risiken, die eine Gefahr für die Sicherheit und die Betriebs- und Geschäftskontinuität darstellen, erkannt und bewältigt werden (Jovanovic et al. 2020).

In den letzten Jahren ergaben sich zwangsläufig höhere Anforderungen an Gesundheitsorganisationen und deren Qualitäts- und Risikomanagementsysteme (Petschnig 2024). Ab 2026 sollen rechtliche Anforderungen seitens der EU zum Schutz kritischer Infrastrukturen (CER-Richtlinie, NIS2-Richtlinie) erstmals überprüft werden. Dies würde bedeuten, dass Gesundheitsorganisationen technische, sicherheitsbezogene und organisatorische Maßnahmen (z. B. Resilienzplan, Risikobewertungen) ergreifen müssen, um sicherzustellen, dass wesentliche Dienstleistungen zur Aufrechterhaltung lebenswichtiger gesellschaftlicher Funktionen ungehindert erbracht werden können (EU 2022). Darüber hinaus müssten dann Risiken, die zu einer Unterbrechung der Bereitstellung wesentlicher Dienste führen könnten wie z. B. Unfälle, Naturkatastrophen, gesundheitliche Notlagen (wie etwa Pandemien), hybride Bedrohungen oder andere feindliche Bedrohungen, einschließlich terroristischer Straftaten, krimineller Unterwanderung und Sabotage, besser berücksichtigt werden (EU 2022). Dies würde zwangsläufig dazu führen, dass neben den operativen Risiken auch strategische Risiken berücksichtigt werden müssten. Um Risiken proaktiv managen zu können, müsste diese Risikobetrachtung ein unverzichtbarer Bestandteil der Unternehmensführung werden (Petschnig 2024). Die Praxis zeigt allerdings ein heterogenes Bild in den Stabsstellen QM/RM von Gesundheitseinrichtungen. Die regulatorische Handlungsgrundlage bietet meist nur den Blick nach innen und erlaubt keine strategische Betrachtung. Teilweise fehlt auch das notwendige Know-How, um ein strategisches Risikomanagement zu betreiben. Die Aufgaben und Praktiken des QM/RM können ein wesentliches Instrument für eine erfolgreiche Unternehmensführung darstellen, werden jedoch in einigen Fällen als „pro forma" abgetan, um interne Vorgaben zu erfüllen oder die Auditoren der zertifizierenden Stellen (z. B. TÜV) zufrieden zu stellen

(Petschnig 2024). Organisationen, die ein besonders hohes Risikopotenzial aufweisen, sollten daher gezielt Maßnahmen ergreifen und ihr (strategisches) Risiko-, Sicherheits- und Qualitätsmanagement angemessen weiterentwickeln.

## 3.3 KI entlang der stationären Patientenversorgung

KI wird bereits entlang der stationären Patientenversorgung eingesetzt. Im Folgenden möchten wir auf den Status quo des stationären Versorgungsprozesses eingehen und mögliche Anwendungsgebiete von KI aufzeigen.

Die stationäre Versorgung umfasst unzählige administrative, medizinische und logistische Prozesse für Patienten. Zur Einordnung von KI-Anwendungen erfolgt die Bezugnahme auf einen generischen Prozess, der die vorstationäre, vollstationäre und nachstationäre Behandlung umfasst. Darüber hinaus existieren noch weitere Möglichkeiten, die im § 39 Abs. 1 S. 2 SGB V beschrieben sind. Die aktuelle Ausgestaltung der drei Prozessschritte wird von rechtlichen Rahmenbedingungen sowie selektiv wirkenden Verträgen zwischen Kostenträgern und Leistungserbringern gesteuert. Die rechtlichen Grundlagen erlauben es Leistungserbringern, Tätigkeiten abzurechnen die sie vorab erbracht haben. Auch wenn Leistungserbringer weitere Tätigkeiten in den jeweiligen Prozessschritten durchführen (könnten), so muss stets das Kostendeckungsprinzip betrachtet werden.

### 3.3.1 Die vorstationäre Behandlung des stationären Versorgungsprozesses

Im Rahmen der vorstationären Behandlung können vorbereitende Tätigkeiten für die vollstationäre Behandlung durchgeführt werden.

Aktuell werden folgende Tätigkeiten im direkten Kontakt mit Patienten durchgeführt:

- Abgleich administrativer Daten und (geplanter) Termine
- Erhebung anamnestischer Daten
- Ermittlung patientengerichteter Anforderungen und Erwartungen an den (weiteren) Behandlungsverlauf
- Durchführen von Aufklärungsgesprächen und die Planung planbarer Interventionen
- Aushändigen relevanter Behandlungs- und Gesundheitsinformationen
- Einholen, Auslesen oder Bereitstellen (tele-)medizinischer Überwachung

Diese Tätigkeiten können unter aktuell gültiger rechtlicher Auffassung im Rahmen der vorstationären Behandlung erbracht werden. Zusätzlich existieren Verträge zwischen Kostenträgern und Leistungserbringern, die weitere Tätigkeiten der vorstationären Behandlung umfassen. Der Verlauf und die Dauer der vorstationären Behandlung sind ebenfalls rechtlich ausgestaltet.

### 3.3.2 Die vollstationäre Behandlung des stationären Versorgungsprozesses

Die vollstationäre Behandlung umfasst medizinische, administrative und logistische Tätigkeiten. Allerdings existieren auch Behandlungsverläufe, wie bspw. akut eintretende Ereignisse, die die oben beschriebenen Tätigkeiten der vorstationären Behandlung in den vollstationären Behandlungsprozess verschieben. Administrative Tätigkeiten, wie sogenannte Hotellerieleistungen des Krankenhauses gegenüber Patienten, werden hier nicht betrachtet.

Die medizinischen Tätigkeiten in direkten Kontakt mit Patienten umfassen:

- Ermittlung, kritische Reflektion und Evaluation von (tagesbezogenen) Therapiezielen sowie Therapieplänen
- Durchführung diagnostischer Maßnahmen
- Erhebung und Auswertung jeglicher diagnostischer Daten
- Planung und Durchführung therapeutischer Interventionen
- Evaluation diagnostischer Maßnahmen im Zusammenspiel mit therapeutischen Interventionen
- Planung und das Verbringen von Patienten zwischen unterschiedlichen medizinischen Organisationeinheiten (eines Krankenhauses)
- Evaluation patientengerichteter Anforderungen und Erwartungen im Rahmen des Therapieplans
- Planung der nachstationären Behandlung

Die dokumentarische Grundlage dieser Tätigkeiten stellt das Krankenhausinformationssystem sowie die daran angebundenen Subsysteme dar. Die Subsysteme müssen sich nicht in der technischen Regelungshoheit eines Krankenhauses befinden und können dennoch partizipativ, als Dokumentationssystem genutzt werden.

### 3.3.3 Die nachstationäre Behandlung des stationären Versorgungsprozesses

Die nachstationäre Behandlung kann in zwei Phasen aufgeteilt werden. Die erste Phase kann durch das Krankenhaus selbst durchgeführt werden. Die zweite Phase wird durch weitere Leistungserbringer, bspw. niedergelassene Ärzte, Rehabilitationseinrichtungen oder andere therapeutische Leistungserbringer durchgeführt. Je nach Erkrankungsbild und Behandlungsbedarf kann die nachstationäre Behandlung unmittelbar mit der zweiten Phase fortgesetzt werden.

Die gesamte nachstationäre Behandlung kann folgende Tätigkeiten in der direkten Kommunikation mit Patienten umfassen:

- Evaluation der durchgeführten therapeutischen Maßnahmen
- Planung weiterer Behandlungstermine und therapeutischer Optionen
- Synchronisation bzw. Weiterführung medizinischer Verlaufsdaten
- Evaluation patientengerichteter Anforderungen und Erwartungen bezogen auf die stationäre Behandlung
- auslesen oder Bereitstellen (tele-)medizinischer Überwachung

Neben diesen Tätigkeiten mit direktem Kontakt zu Patienten finden noch weitere Tätigkeiten statt, die den Versorgungsprozess implizit unterstützen. Dabei handelt es sich um die Maßnahmen des Qualitäts- und Risikomanagements, die jede Gesundheitseinrichtung erbringen muss (G-BA 2024).

Die Struktur der stationären Krankenbehandlung folgt dem Prinzip, innerhalb eines kurzen Zeitraums die Gesundheit von Versicherten wiederherzustellen. Dieses Vorgehen wird seit 01.01.1989 nach § 39 Abs. 1 S. 2 SGB V praktiziert. Seither haben sich das diagnostische und therapeutische Spektrum weiterentwickelt, die fiskalischen Anforderungen an die Gesundheitsversorgung verändert und gesellschaftlich die Erwartungen an Form und Inhalt einer qualitativ hochwertigen Versorgung neu gestaltet. Hinzu kommt, dass sowohl software- als auch hardwareseitig deutlich spürbare Innovationen entwickelt wurden (Huber und Gärtner 2018; Kraus et al. 2021).

### 3.3.4 Einsatzmöglichkeiten von KI in der stationären Patientenversorgung

Wie bereits oben erwähnt sind für den nutzbringenden Einsatz von KI-Anwendungen valide Daten entscheidend. Diese Daten müssen in großem Umfang (hohe Anzahl der Fälle) vorhanden sein und weite Bereiche der Versorgungsprozesse abdecken. Nur so können KI-Anwendungen Muster erkennen, aus bestehenden Erfahrungen lernen und Aufgaben effektiv lösen. KI-Anwendungen können dabei auf verschiedene Arten lernen, je nach der Art der Daten und dem Lernziel. Beim überwachten Lernen (supervised learning) wird das KI-System mit einem gelabelten Datensatz trainiert, bei dem die gewünschten Ausgaben für jede Eingabe bekannt sind. Das System lernt, Muster zu erkennen und Vorhersagen für neue, ungesehene Daten zu treffen. Im unüberwachten Lernen (unsupervised learning) erhält das KI-System nicht gelabelte Daten und versucht, Muster oder Strukturen in den Daten eigenständig zu entdecken, wie zum Beispiel Cluster oder Anomalien. Dazu wird eine große Menge an Daten benötigt. Verstärkendes Lernen (reinforcement learning) basiert auf einem Belohnungssystem: Das KI-System lernt durch Interaktionen mit seiner Umgebung, indem es Aktionen ausprobiert und Belohnungen oder Bestrafungen erhält. Ziel ist es, durch die Maximierung von Belohnungen optimale Handlungsstrategien zu entwickeln.

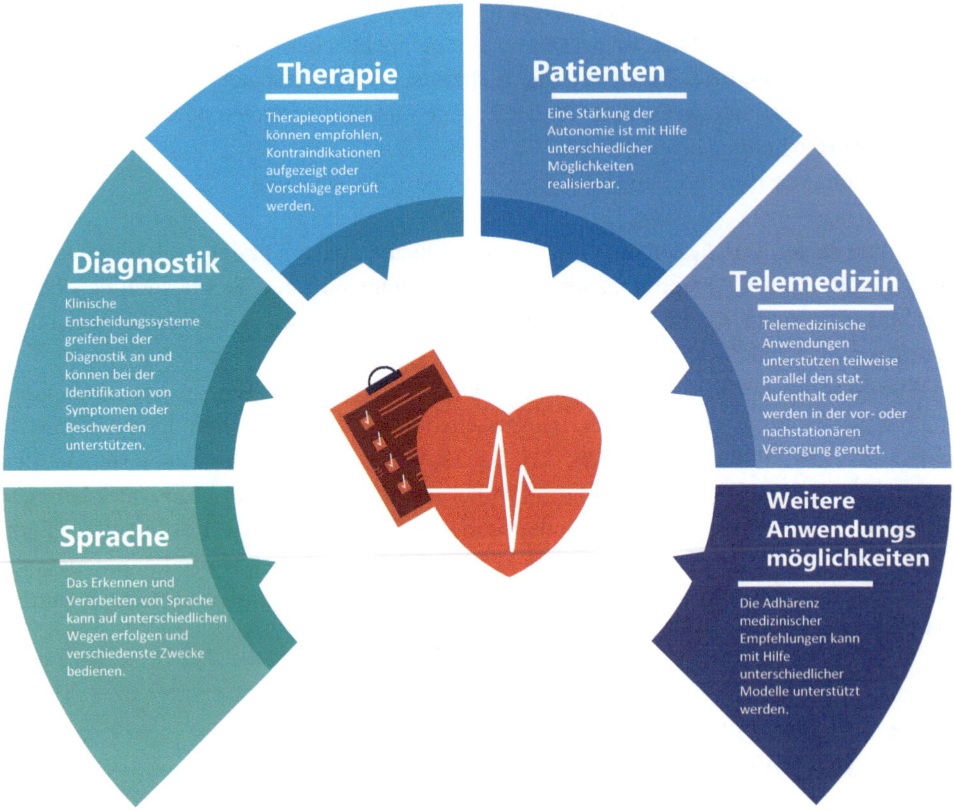


**Abb. 3.1** Anwendungsbereiche künstlicher Intelligenz entlang der stationären Patientenversorgung. (Quelle: Eigene Darstellung 2024)

In folgenden Tätigkeiten und Prozessen werden bereits KI-Anwendungen eingesetzt (siehe Abb. 3.1):

#### 3.3.4.1 Spracherkennung

Die ordnungsgemäße Dokumentation ist für Krankenhäuser essenziell (Dreikorn und Debong 2016; BGH-Urteil 2019). Sie dient dem Nachweis erbrachter Leistungen und kann für Aufgaben des Qualitäts- und Risikomanagements, Abrechnung und Nachweissicherung genutzt werden. Die Dokumentationsumfänge steigen gefühlt für Leistungserbringer kontinuierlich an und übersteigen das Maß des Möglichen. Dies hat unterschiedliche Ursachen (Boonstra und Broekhuis 2010), die teilweise auch in der Umstellung von analogen auf digitale Dokumentationssysteme liegen (Gleiss und Lewandowski 2022). Ein probates Mittel, um den schriftlichen Dokumentationsaufwand zu reduzieren stellt der Einsatz von Spracherkennung und -verarbeitung dar.

Dabei können diese Systeme als

- Chatbots zur Beantwortung von Fragestellungen zwischen Patienten und Leistungserbringern (Dargar et al. 2022),
- virtuelle vor- oder nachstationäre Agenten der Leistungserbringer fungieren, die gemeinsam mit Patienten Tätigkeiten übernehmen (Chen und Decary 2020),
- Spracherkennungssysteme zur Dokumentation von Pflegekräften, Ärzten und anderen Therapeuten
- Triage Systeme die das tätige Personal in konservativen oder chirurgischen Rettungsstellen unterstützen (Milne-Ives et al. 2020).

#### 3.3.4.2 Diagnostik und Therapie

Die meistverbreitete Anwendung stellen klinische Entscheidungsunterstützungssysteme (Clinical Decision Support Systems, CDSS) dar, welche verschiedene Anforderungen im klinischen Behandlungsprozess miteinander kombinieren können.

CDSS können diagnostische Maßnahmen unterstützen und dabei

- bildgebende Diagnostik (z. B. CT oder MRT) analysieren, Veränderungen identifizieren und Ärzten Diagnoseempfehlungen geben (Rosenberg 2023),
- anamnestische Informationen für bestehende Assessments berücksichtigen und zielerichtet auswerten (Kazamer et al. 2023) sowie
- bestehende Literatur also sogenannte Entscheidungshilfen in die Planung von Diagnostik und Therapie miteinfließen lassen (Hak et al. 2022).
- darüber hinaus können CDSS auch für die Planung therapeutischer Maßnahmen genutzt werden und
- ableitend von gesicherten Diagnosen therapeutische Optionen für Therapieziele und Therapiepläne entwerfen (Hak et al. 2022),
- therapieoptionen, im Sinne von precision medicine (Hodson 2016), personalisiert entwerfen und gezielt die Therapieziele bzw. Anforderungen von Patienten berücksichtigen (Belard et al. 2017),
- medikamentöse Therapie mit aktuellen Forschungsergebnissen aus der Literatur abgleichen, um die Arzneimitteltherapiesicherheit zu erhöhen (Armando et al. 2023) sowie
- zu verabreichende Arzneimittel hinsichtlich Kontraindikationen personalisiert analysieren und das Stellen von Arzneimittel evaluieren (Kopanz et al. 2022; Kopanz et al. 2024).

#### 3.3.4.3 Patientengerichtete Autonomie

Im Rahmen der stationären Behandlung können Entscheidungsunterstützungssysteme auch ausschließlich für Patienten zur Verfügung stehen. Chatbots werden genutzt, um Fragestellungen direkt in adressatengerechter Sprache zu beantworten und weiteres, relevantes Wissen zu erschließen (Hoffmann et al. 2021). Patienten erlangen somit mehr Autonomie, um ihre eigenen Anforderungen und Erwartungen an den Behandlungsverlauf kritisch zu evaluieren und gemeinsam mit Ärzten den weiteren Therapieplan abzustimmen. Dieses Prinzip wird auch mit Hilfe von Fragebögen angewandt, um aus unterschiedlichen Daten, wie anamnestischen Informationen, Symptomen, patientenberichteten Therapieinhalten und deren Zufriedenheit, gezielt Behandlungsinformationen bereitzustellen und verschiedene Behandlungsoptionen aufzubereiten (Schuler et al. 2017).

#### 3.3.4.4 Telemedizin

Insbesondere für die vor- und nachstationäre Versorgung existieren KI-Anwendungen, die Daten telemedizinischer Anwendungen strukturiert überwachen und Hinweise über das Erreichen gesetzter Ziele oder unerwünschter Ereignisse geben. Dazu ist es erforderlich, dass telemedizinische Anwendungen mit KI-Komponenten kombiniert werden zwischen Therapiezielen, selbst erhobenen medizinischen Daten und Informationen zu unerwünschten Ereignissen. Die daraus resultierenden Hinweise können sowohl an Patienten als auch an Leistungserbringer gerichtet sein (Kindle et al. 2019).

#### 3.3.4.5 Weitere Anwendungsmöglichkeiten

Neben diesen Anwendungsmöglichkeiten mit explizitem Kontakt zwischen Leistungserbringern und Patienten können KI-Anwendungen auch mit implizierten Einsatzmöglichkeiten für die stationäre Behandlung eingesetzt werden. Klinische Daten können während der Patientenversorgung analysiert und regelbasiert mit festgelegten Behandlungspfaden einer Organisationseinheit abgeglichen werden. Einzelne Maßnahmen, wie die Verschreibung von Arzneimitteln, chirurgische Eingriffe oder mikrobiologische und pathologische Untersuchungen, können dabei anhand von Patientenparametern sowie Forschungsergebnissen aus der Literatur evaluiert werden (Bates et al. 2021). Dies trägt dazu bei, dass die Patientensicherheit über den gesamten stationären Behandlungsverlauf überwacht und somit die Versorgungsqualität auf einem hohen Niveau gehalten werden kann.

Neben diesen ausschließlich softwareseitigen Einsatzmöglichkeiten von KI-Anwendungen kommen auch hard- und softwareseitig kombinierte KI-Anwendungen zum Einsatz. Roboter werden für verschiedene Zwecke eingesetzt, bspw. um mit Kindern zu interagieren und deren Risiko auf unerwünschte bzw. unnötige Ereignisse zu senken (Wette et al. 2022), um Patienten innerhalb eines Krankenhauses und während der Therapie zu begleiten (Meyer und Fricke 2017) oder um Betreuungsdienste für Patienten zu erbringen (Addlesee et al. 2024). Abb. 3.1 gibt einen Überblick über alle Anwendungsfelder.

KI-Anwendungen haben das Potenzial im Sinne von digitaler Transformation Versorgungsprozesse komplett neu auszugestalten. Diese Möglichkeit kann insbesondere dann genutzt werden, wenn KI-Anwendungen einzelne Tätigkeiten verlassen und vernetzt miteinander arbeiten. Das Miteinander von KI-Anwendungen könnte zu einem Zugewinn an Qualität, Effizienz und Zufriedenheit der Beteiligten führen, da Erwartungen und Anforderungen umgesetzt werden. Fehlende, nicht ausreichend klar formulierte oder missverständliche Erwartungen und Anforderungen können durch KI-Anwendungen entsprechend kommuniziert und nachadjustiert werden. Dabei wird deutlich, dass die häufig thematisierte nicht ausreichende Kommunikation einen weiteren Gewinn aus vernetzten KI-Anwendungen darstellen kann.

## 3.4 Maßnahmen zum Resilienzaufbau durch den Einsatz von KI in der stationären Patientenversorgung

Der Einsatz von KI in der stationären Versorgung kann maßgeblich zur Resilienz von Krankenhäusern und der Qualität in der Patientenversorgung beitragen. Angesichts der rasanten technologischen Entwicklungen und der damit verbundenen Möglichkeiten ist es entscheidend, die Rahmenbedingungen zu verstehen, die notwendig sind, um KI effektiv und sicher in klinischen Abläufen zu integrieren. Dabei werden sowohl organisatorische, technische, rechtliche, personelle als auch ethische Aspekte berücksichtigt, die die Grundlage für eine erfolgreiche Implementierung bilden und letztlich die Qualität der Patientenversorgung beeinflussen. Wir haben vier Maßnahmen abgeleitet, die für die Integration von KI-Anwendungen im Gesundheitswesen notwendig sind und dementsprechend zum Resilienzaufbau beitragen, und zwar (1) Vorbereitung der Daten und der Infrastruktur, (2) Etablierung KI-relevanter Regulatorien bzw. Schutzmechanismen, (3) Schaffung von Patientenvertrauen sowie (4) Qualifizierung des Personals. Eine erste Einschätzung, ob die für KI-Technologien erforderlichen Voraussetzungen in Gesundheitsorganisationen vorhanden sind, kann mithilfe des KI-Readiness-Checks vorgenommen werden. Durch die Beantwortung von Fragen in sechs Bereichen – Technik, Organisation, Daten, Personal, Strategie und Sicherheit – wird erkennbar, inwieweit eine KI-Readiness besteht (Nickel et al. 2022). Des Weiteren unterstützen die Bewertungslisten für vertrauenswürdige KI, die durch den EU-Expertenrat, generiert wurden, Akteure bei der Identifizierung von offenen Risiken im Bereich KI (Hochrangige Expertengruppe für künstliche Intelligenz 2019). Im Folgenden möchten wir nun diese vier Maßnahmen konkret erläutern:

### 3.4.1 Maßnahme 1: Vorbereitung der Daten und der Infrastruktur

Die Integration von KI im Gesundheitswesen ist sehr komplex (Manne und Kantheti 2021), da für den Einsatz von KI-Technologien sowohl der Zugang zu Daten (Rasche et al. 2022) als auch das Vorhandensein einer Mindestmenge an Daten erforderlich ist (Mehmeti 2021; Rasche et al. 2022). Die Digitalisierung des Gesundheitswesens und das Schaffen einer entsprechend angemessenen Datengrundlage stellt somit die Grundvoraussetzung für den Resilienzaufbau durch den Einsatz von KI dar. Durch die digitale Transformation sind zwar vermehrt Daten verfügbar (Schäffter et al. 2023), explizit im Gesundheitswesen entstehen täglich große Datenmengen (Manne und Kantheti 2021), allerdings mangelt es derzeit noch an KI-geeigneten Daten (Rasche et al. 2022; Schwendicke et al. 2020). Dies liegt unter anderem an (1) unzureichend großen Datenmengen, (2) fehlendem Zugriff auf

Daten, (3) ungenügenden qualitativen und quantitativen Daten, (4) unterschiedlichen Datenformaten, (5) mangelnden Schnittstellen (Interoperabilität), (5) analogen Datenverwaltungsmethoden sowie an den (6) aktuellen Datenschutzbestimmungen (Rasche et al. 2022).

Des Weiteren stellt der Datenaustausch eine Herausforderung dar, da die IT-Infrastruktur in Gesundheitsorganisationen Einschränkungen aufweist, insbesondere in Bezug auf die Interoperabilität, das Fehlen von Hardware und Software, zusätzlichen Datenerfassungsmodulen, den Austausch alter Systeme durch neue sowie die Verfügbarkeit und Geschwindigkeit von WLAN (Weinert et al. 2022). Die Beseitigung dieser Hindernisse ist von enormer Relevanz für den Einsatz von KI, da die Datengewinnung nicht durch die KI-Technologie selbst erfolgt, sondern die KI-Technologie lediglich die Interpretation der Datensätze vornimmt und eine Entscheidung generiert (Russell und Norvig 2010). Die Auswahl der ausgewählten Grunddaten ist dabei von zentraler Bedeutung, da ungenügende oder auf falschen Parametern beruhende Daten das Risiko einer Fehldiagnose oder eines Behandlungsfehlers bergen (Mehmeti 2021). Der Daten-Bias kann durch die Art und Weise wie die Erfassung der Daten erfolgt ist, oder auch bedingt durch soziale oder historische Inkonsistenzen entstehen (Naik et al. 2022), aber auch durch die Verwendung von Datensets die in anderen Ländern, beispielsweise Amerika, generiert wurden (Cohen et al. 2020). Zusätzlich zeigen die Studienergebnisse von Richardson et al. (2021), dass auch eine Überprüfung vorhandener Daten notwendig sein kann, insbesondere wenn Patienten in ihren eigenen medizinischen Unterlagen Mängel hinsichtlich der notierten Behandlungen entdecken. In der Studie waren beispielsweise Behandlungen aufgelistet, die nie stattgefunden haben. Diese Ergebnisse stehen in Einklang mit einer amerikanischen Studie, in dieser von 22.889 befragten Patienten, 4.830 in ihren eigenen medizinischen Unterlagen einen Fehler entdeckt haben, wobei 2.043 Patienten sogar einen gravierenden Fehler fanden (Bell et al. 2020). Neben der Mängelbeseitigung wäre auch eine größere Datendiversität von Relevanz für den Resilienzaufbau durch KI-Anwendungen, beispielsweise in Bezug auf Geschlecht, Alter, ethnische Zugehörigkeit, soziökonomischer Status oder Bildungsniveau (Arora et al. 2023).

Für den Resilienzaufbau bedeutet dies, dass das Vorhandensein von Big Data elementar für den Einsatz von KI-Technologien ist. Dabei ist zu berücksichtigen, dass diese Daten in strukturierter, semistrukturierter und unstrukturierter Form auftreten, und somit unterschiedliche Anforderungen an eine KI stellen. Während sich strukturierte Daten aufgrund ihrer normalisierten Datenstruktur unmittelbar weiterverarbeiten lassen, weisen unstrukturierte Daten eine nicht normalisierte Datenstruktur auf und müssen daher erst aufbereitet werden. Semistrukturierte Daten hingegen liegen dazwischen, indem sie eine gewisse Grundstruktur aufweisen. 80 % der jährlich generierten klinischen Gesundheitsdaten im amerikanischen Gesundheitswesen liegen beispielweise in unstrukturierter Form vor, während lediglich 20 % strukturiert sind (Yang et al. 2022). Dies bedeutet allerdings, dass ein höherer Aufwand für KI-Technologien entsteht, da unstrukturierte Daten vor der Weiterverarbeitung zunächst aufbereitet werden müssen (Kreutzer 2023). In Deutschland kommt allerdings noch eine weitere Schwierigkeit dazu, da die Dokumentation häufig noch in Papierform erfolgt, was die Problematik der Lesbarkeit mit sich bringt. Dies kann dazu führen, dass diese Daten möglicherweise nur teilweise ins Digitale übertragen werden können, oder unstrukturiert beziehungsweise überhaupt nicht übertragen werden können (Gaß 2022).

Weiterhin wissen wir aus der Resilienzforschung, dass Überschussressourcen (engl. slack resources) essenziell für die Resilienz von Organisationen sind (Barasa et al. 2018; Vogus und Sutcliffe 2007). Hierbei handelt es sich um „potenziell nutzbare Ressourcen die zur Erreichung organisatorischer Ziele neu eingesetzt oder für einen anderen Zweck verwendet werden können“ (aus dem Englischen übersetzt, George 2005, S. 661). Insbesondere materielle und finanzielle Ressourcen sind von hoher Relevanz (Ying et al. 2023). Allerdings ist zu berücksichtigen, dass weiche Faktoren, wie Personalengagement, Personalmotivation, Organisationskultur, Führungspraktiken, Governance-Praktiken und eine angemessene Planung eine entscheidende Rolle für die Mobilisierung von materiellen Ressourcen spielen (Barasa et al. 2018). Des Weiteren ist zu beachten, dass „nicht nur der Bestand an Ressourcen, sondern auch der Einsatz der vorhandenen Ressourcen die Resilienz bestimmen“ (aus dem Englischen übersetzt, Vogus und Sutcliffe 2007, S. 3421).

In diesem Sinne haben Gesundheitsorganisationen die Möglichkeit, eine Förderung auf Landes-, Bundes- oder europäischer Ebene zu erhalten. Beispielsweise laufen derzeit Förderungen im Rahmen des Krankenhauszukunftsgesetzes (KHZG), das 2020 in Kraft trat. Förderanträge konnten gestellt werden, um KI-Technologien in Krankenhäusern umzusetzen und die dafür erforderlichen Voraussetzungen zu schaffen. Eine weitere Fördermöglichkeit stellt die im Bundeskabinett im Dezember 2020 fortgeschriebene Strategie Künstliche Intelligenz dar, die auch explizit eine Förderung von Pilotprojekten forciert (BReg 2020).

### 3.4.2 Maßnahme 2: Etablierung KI-relevanter Regulatorien bzw. Schutzmechanismen

Da es sich bei Gesundheitsdaten um sehr sensible personenbezogene Daten handelt, stellen die Anforderungen an den Schutz der Patientendaten (Paaß und Hecker 2020) eine weitere wichtige Maßnahme für den Resilienzaufbau durch den Einsatz von KI dar. Dies gilt insbesondere, da der Einsatz von KI selbst neue Angriffsmöglichkeiten für Cyberattacken eröffnet (BSI 2023). In diesem Zusammenhang wurde die Bedrohungslage bezüglich Cyberkriminalität auch vom Bundesamt für Sicherheit in der Informationstechnik (BSI) als hoch eingeschätzt (BSI 2023). Dies macht eine kontinuierliche Auseinandersetzung mit möglichen Sicherheitsrisiken notwendig. Die Komplexität des Datenschutzes ergibt sich allerdings auch daraus, dass beim Datenzugang im Gesundheitswesen die Datenschutzregelungen auf Bundes- und Landesebene beachtet werden müssen. Diese umfassen insgesamt 17 Datenschutzgesetze (Klötsch 2024), und allein 34 neue Digitalisierungsgesetze innerhalb der letzten Legislaturperiode (Calmer und Peuling 2023). Von besonderer Relevanz für alle Krankenhäuser ist die Datenschutz-

Grundverordnung [DSGVO] und zudem je nach Trägerart die Bundesdatenschutzgesetze, Landeskrankenhausgesetze, oder der kirchliche Datenschutz (Böllhoff 2023). Die für alle Krankenhäuser geltenden Vorschriften der DSGVO regeln, dass Gesundheitsdaten gemäß Artikel 9 als „sensible personenbezogene Daten" eingestuft werden und daher besonders geschützt werden müssen. Deshalb ist eine Einwilligung der Patienten in die Datenverarbeitung zwingend erforderlich (Art. 9 Abs. 1 DSGVO).

Beim Einsatz von KI-Systemen muss zudem die verwendete Logik, neben der Informationsdarstellung, gemäß Artikel 12 Absatz 1 DSGVO in präziser, transparenter, verständlicher und leicht zugänglicher Form sowie in klarer und einfacher Sprache offengelegt werden (Klötsch 2024). Zusätzlich ist eine Auseinandersetzung mit Artikel 22 der DSGVO „Automatisierte Entscheidungen im Einzelfall einschließlich Profiling" zu beachten, da dieses gemäß Erwägungsgrund 71 beim Einsatz von KI-Technologien stattfindet.

Des Weiteren wurde Ende 2023 das Gesundheitsdatennutzungsgesetz [GDNG] beschlossen, das Krankenhäusern die Nutzung vorhandener Patientendaten ermöglicht, unter der Voraussetzung dass eine Datenanonymisierung erfolgt und Berechtigungs- und Löschkonzepte etabliert werden, um diese in KI-Technologien einzuspeisen (§ 6 GDNG). Bei der Einspeisung in KI-Technologien muss insbesondere auf die Möglichkeit des Widerrufs geachtet werden, da dies bedeutet, dass bereits eingespeiste Daten ab diesem Zeitpunkt nicht mehr zur Nutzung zur Verfügung stehen (Wehrs 2024).

Darüber hinaus setzt das durch die Europäische Union (EU) erlassene KI-Gesetz die Rahmenbedingungen für den Einsatz von KI in unterschiedlichen Bereichen und für verschiedene Risikostufen fest. Dabei werden KI-Systeme, die im Gesundheitswesen eingesetzt werden als sogenannte Hochrisiko-KI-Systeme eingestuft. Denn insbesondere bei diesen ist ein hohes Schutzniveau hinsichtlich der Wahrung der Gesundheit, Sicherheit und der Grundrechte der Menschen anzusehen. Dies beinhaltet einerseits KI-Systeme, die in der Verwaltung und dem Betrieb von kritischen Infrastrukturen, wie dem Gesundheitswesen, eingesetzt werden und für die eine Registrierung in einer EU-Datenbank erforderlich ist, und andererseits Produkte, die KI-Systeme beinhalten, und bei denen die Produktsicherheitsvorschriften gelten, wie beispielsweise medizinische Geräte. Des Weiteren sind Regelungen hinsichtlich der Cybersicherheit enthalten (Art.15). Das Gesetz tritt in gestaffelter Form in Kraft, wobei die meisten Bestimmungen bereits ab dem 02. August 2026 vollständig anwendbar sind (EU 2024). Ferner ist die Medical Device Regulation (MDR) der EU für Gesundheitsdienstleister von Relevanz, da die Einspeisung fehlerhafter Daten in KI-Systeme, was gegen die Gebrauchsanweisung verstößt, in einigen Fällen – wie beispielsweise bei fehlerhaftem Verhalten der KI – je nach Land als ärztlicher Kunstfehler gewertet werden kann und haftungsrechtliche Konsequenzen haben könnte (Regulierung 2017/745).

### 3.4.3 Maßnahme 3: Schaffung von Patientenvertrauen

Neben den regulatorischen Voraussetzungen ist auch die Vertrauenswürdigkeit des Einsatzes von KI im Gesundheitswesen für den Resilienzaufbau sowie für die Patienten von hoher Relevanz. In einer Befragung der Techniker Krankenkasse von 2024 hat sich gezeigt, dass 33 % der Befragten Angst bezüglich des Einsatzes von KI im medizinischen Sektor haben, und knapp die Hälfte davon ausgeht, dass neue schwerwiegende Risiken mit dessen Einsatz einhergehen. Gleichzeitig ist aber auch wichtig zu erwähnen, dass mehr als 50 % der befragten Personen der Meinung sind, dass KI dabei helfen kann eine richtige Diagnose zu stellen (Geraedts et al. 2024). Diese Ergebnisse zeigen ein ähnliches Ergebnis wie die Studie von Tran et al. (2019), an der chronisch erkrankte Individuen aus Frankreich teilnahmen. In dieser Studie würden 35 % der 1.183 Befragten grundsätzlich den Einsatz von KI-Technologien und biometrischen Überwachungsgeräten im medizinischen Bereich verweigern. Allerdings zeigt die Studie auch, dass bei 20 % der Befragten die Vorteile digitaler Technologien überwiegen, während dies nur bei 3 % der Fall ist, wenn es um die Nachteile geht. Insgesamt ließen sich die Ergebnisse zu den von Patienten geäußerten Ängsten und Hoffnungen bezüglich digitaler Technologien und KI in 19 unterschiedliche Themencluster zusammenfassen (Tran et al. 2019). Dies verdeutlicht, dass das Vertrauen von Menschen in KI-Systeme im Gesundheitswesen durch Faktoren auf Systemebene (Gesetze und Vorschriften, empirische Erkenntnisse, Vertrauen in innovative Unternehmen und ethische Leitlinien) sowie durch menschliche Faktoren (Alter, berufliches Niveau und Erfahrung, Erfahrung mit Krankheiten und kognitive Kompatibilität) und maschinelle Faktoren (Datenschutz, Transparenz, Erklärbarkeit, Genauigkeit, Zuverlässigkeit, Grad der Autonomie, Anthropomorphismus, Benutzerfreundlichkeit und evidenzbasierte Leistung) beeinflusst wird (Steinhauser 2025).

Ein weiterer wichtiger Aspekt zur Vertrauensbildung stellt die ethische und datenschutzrechtliche Auseinandersetzung dar (Mehmeti 2021). Dazu können die vom deutschen Ethikrat entwickelten Empfehlungen im Umgang mit Big Data genutzt werden. Das entwickelte Konzept beschäftigt sich mit der Datensouveränität und legt besonderen Fokus auf Aspekte wie Verantwortung und Vertrauen, Freiheit und Privatheit sowie Gerechtigkeit und Solidarität (Deutscher Ethikrat 2017). Ein Verweis auf diese mit Datensouveränität einhergehenden Empfehlungen ist auch in den Handlungsempfehlungen von 2020 hinsichtlich KI-Technologien im Gesundheitswesen unter Aspekt 4 enthalten (Deutscher Ethikrat 2020).

Des Weiteren sollte bei der Integration von KI-Systemen darauf geachtet werden, dass eine Verlässlichkeit hinsichtlich der Funktionalität und das Vorhandensein eines medizinischen Nutzens gegeben ist, und das keine Schädigung des Patienten stattfindet (Fügner 2019). Dazu hat die EU eine Expertengruppe beauftragt, eine Leitlinie zur Schaffung vertrauenswürdiger KI zu erstellen. Diese Leitlinie besagt, dass eine vertrauenswürdige KI auf drei eng zusammenwirkenden Komponenten beruhen sollte: Rechtmäßigkeit, Ethik und Robustheit. Darüber hinaus ergeben sich für die Schaffung einer vertrauenswürdigen KI folgende Kernanforderungen: (1) Vorrang menschlichen Handelns und menschliche Aufsicht, (2) Technische Robustheit und Sicherheit, (3) Schutz der Privatsphäre und Datenqualitätsmanagement, (4) Transparenz, (5) Vielfalt, Nichtdiskriminierung und Fairness, (6) Gesellschaftliches und ökologisches Wohlergehen und (7) Rechenschaftspflicht (Hochrangige Expertengruppe für künstliche Intelligenz 2019).

### 3.4.4 Maßnahme 4: Qualifizierung des Personals

Die Qualifizierung des Personals ist von hoher Bedeutung für den Resilienzaufbau, da das medizinische Personal ein wichtiges Bindeglied bei der Akzeptanz und Integration von neuen Technologien ist, da beispielsweise Ärzte als Ansprechpartner und Vertrauenspersonen von Patienten auftreten (Paaß und Hecker 2020). Dahingehend ist es problematisch, dass bei der Ärzteschaft noch Unsicherheiten bezüglich des Einsatzes von KI-Technologien bestehen (Kauffmann et al. 2022). Dabei lassen sich diese Unsicherheiten auf personenbezogene, technische und organisationale oder gesellschaftliche Risiken zurückführen. Zu den personenbezogenen Risiken zählen der Verlust des Arbeitsplatzes, Autonomieverlust und Kontrollverlust. Während zu den technischen Risiken Redundanzen, eingeschränkte Einsatzmöglichkeiten und Fehler zählen, und zu den organisationalen oder gesellschaftlichen gehören einerseits der personelle und finanzielle Aufwand und andererseits die ungeklärte Verantwortung (Kauffmann et al. 2022). Darüber hinaus bestehen auch Unklarheiten bezüglich des Nutzennachweises von solchen Technologien, sowie der eigenen Haftung im Fall eines Behandlungsfehlers, der unter dem Einsatz von KI entstehen könnte (Lai et al. 2020). Dieser Handlungsbedarf hinsichtlich der Kenntnisse über KI-Anwendungen zeigt sich auch darin, dass sich Ärzte und medizinische Studenten offensichtlich deutlich weniger aktiv mit Informationen bezüglich der Anwendung von KI-Technologien auseinandersetzen. Dies belegt eine Studie von AlZaabi et al. (2023), in welcher 54 % der befragten Ärzte sich innerhalb des vorangegangenen Jahres nicht aktiv mit der KI-Thematik auseinandergesetzt haben. Bei den befragten Studenten machten dies sogar 69 % aus (AlZaabi et al. 2023). Dieser Mangel an KI-Kenntnissen wird auch durch die Studienergebnisse von Boillat et al. (2022) untermauert. Auch hier gab der größte Teil der befragten Ärzte und Medizinstudenten an, noch nie einen Kurs zur Thematik KI im Medizinbereich besucht zu haben (Boillat et al. 2022). Diese mangelnden Kenntnisse sind dabei nicht nur auf das ärztliche Personal beschränkt, sondern zeigen sich auch innerhalb des Pflegepersonals (Abuzaid et al. 2022).

Mit Blick auf den Resilienzaufbau durch den KI-Einsatz, weisen all diese Studienergebnisse darauf hin, dass der Schulungs- und Trainingsbedarf beim medizinischen Personal hoch ist. Diese Trainingsmaßnahmen müssen das gesamte medizinische Personal einbeziehen (Abuzaid et al. 2022; AlZaabi et al. 2023; Boillat et al. 2022) und sind notwendig, damit diese Berufsgruppen, die mit KI-Technologien in Kontakt kommen auch über die entsprechenden Kompetenzen verfügen (Garvey et al. 2022). Die Vermittlung dieser Kenntnisse sollte schon während der Ausbildung oder dem Studium erfolgen und während der beruflichen Laufbahn fortgesetzt werden (Boillat et al. 2022; Abuzaid et al. 2022). Insbesondere Kenntnisse hinsichtlich der Einschätzung von durch KI generierten Diagnosen und Behandlungsvorschlägen sind dabei besonders wichtig (Boillat et al. 2022).

Dies erfordert auch gewisse Statistikkenntnisse (Wartman und Combs 2018). Besonderer Wert sollte auf die Kommunikation der Ergebnisse sowie deren Verknüpfung mit interner und externer Evidenz gelegt werden (Garvey et al. 2022). Zudem ist eine verstärkte Überwachung nötig, um sicherzustellen, dass die Ergebnisse der KI-Technologien den Anwendern verständlich aufbereitet zur Verfügung stehen. Hinsichtlich des Resilienzaufbaus lassen sich die notwendigen Kenntnisse in sechs Kategorien einordnen, und zwar: (1) grundlegende KI-Kenntnisse, (2) soziale und ethische Aspekte beim Einsatz von KI, (3) Einbezug von KI in klinische Untersuchungen, (4) evidenzbasierte Bewertung von KI, (5) Workflow-Analyse von KI und (6) praxisbasiertes Lernen und Verbesserung (Russell et al. 2023).

Für den Resilienzaufbau durch den Einsatz von KI müssen aber neben dem Kompetenzaufbau auch die Veränderungen in den Tätigkeitsbereichen medizinischer Berufe berücksichtigt werden, da durch den Einsatz von KI-Technologien Verwaltungsaufgaben wegfallen und daher mehr Zeit für die Interaktion mit Patienten entsteht (Mehmeti 2021; Paaß und Hecker 2020). Darüber hinaus ist es auch wichtig, sich mit neuen Berufsbildern auseinanderzusetzen, die durch den vermehrten KI-Einsatz in Gesundheitswesen entstehen. Beispielsweise könnte der Beruf des medizinisch-technischen KI-Assistenten entstehen, da bei dem Einsatz von KI-Technologien Experten benötigt werden, deren Kompetenzen sowohl im medizinischen als auch im computertechnischen Bereich liegen (Bogdan 2018). Personen mit Kompetenzen aus den Bereichen Medizininformatik und Data Science werden künftig an Bedeutung gewinnen (Semler et al. 2024). Diese Kompetenzen werden in die Konzeption und Umsetzung von KI-Lösungen einfließen müssen, um Ärzte, Pflegefachkräfte sowie alle weiteren therapeutischen Berufe zu beraten. Bereits 2012 wies der Harvard Business Review auf die hohe Relevanz und Nachfrage nach Data Scientists hin und bezeichnete diesen Beruf damals als „sexiest job of the 21st century“ (Davenport und Patil 2012, S. 70).

## 3.5 Schlussbetrachtung und Ausblick

Die dargestellten Einsatzgebiete und Anwendungsfälle verdeutlichen, wie umfangreich KI-Anwendungen bereits in der stationären Versorgung Einzug gehalten haben. Für einen resilienten Einsatz von KI im Gesundheitswesen ist es allerdings unabdingbar, dass die organisatorischen, technischen, rechtlichen, personellen und ethischen Voraussetzungen erfüllt sind. Viele Organisationen können diese Voraussetzungen noch nicht vollständig erfüllen und erarbeiten Grundlagen, um KI-Anwendungen in die Routineversorgung zu implementieren (Petzold und Steidle 2023). Damit KI-Anwendungen Gesundheitsorganisationen bei der Bewältigung vielfältiger Herausforderungen unterstützen können und somit die Qualität der Patientenversorgung und die Resilienz von Gesundheitsorganisationen positiv beeinflussen, ist es entscheidend, die Risiken der KI auf unterschiedlichen Abstraktionsebenen zu minimieren, um KI-Anwendungen zielführend zu integrieren.

Auf Managementebene sollten resiliente Strukturen und Prozesse etabliert und standardisiert werden. Durch die Verknüpfung von Resilienz mit Risiko- und Qualitätsmanagement wird sichergestellt, dass KI-Anwendungen zweckgerichtet und nachhaltig implementiert werden.

Auf Ebene der zu nutzenden Daten müssen Gesundheitsorganisationen KI-geeignete Daten bereitstellen, indem sie Prozesse digitalisieren und ihre Dokumentationssysteme an die Anforderungen der digitalen Welt anpassen. Technisch betrachtet ist insbesondere die Interoperabilität entscheidend für den erfolgreichen Einsatz von KI-Anwendungen in der stationären Patientenversorgung. Sie ermöglicht den reibungslosen Austausch von Daten zwischen verschiedenen Systemen, Stationen und Einrichtungen. KI-Anwendungen benötigen Zugang zu umfassenden, strukturierten und aktuellen Daten aus unterschiedlichen Quellen wie elektronischen Patientenakten, Bildgebungssystemen oder Labordaten, um präzise Analysen und Vorhersagen zu liefern. Ohne Interoperabilität wird die Integration dieser Daten erschwert, was die Effizienz und Genauigkeit der KI-Lösungen negativ beeinflussen kann. Eine einheitliche, interoperable Infrastruktur stellt sicher, dass KI-Anwendungen nahtlos in klinische Workflows eingebettet werden und für verschiedene Anwendungsfälle optimal nutzbar sind.

Auf rechtlicher Ebene sind klare Haftungsregelungen erforderlich, um Verantwortlichkeiten bei Fehlentscheidungen oder Fehlern von KI-Systemen zu klären. Nur durch solche Regelungen kann sichergestellt werden, dass KI-Technologien zum Wohl der Patienten und im Einklang mit den Grundsätzen der medizinischen Ethik eingesetzt werden.

Letztlich ist auf Ebene der involvierten Personen, wie Mitarbeitende oder Patienten, darauf zu achten, Ängste und Unsicherheiten proaktiv zu adressieren. Ärzte zeigen insbesondere Unsicherheiten in Bezug auf die ungeklärte Verantwortung, etwa beim Nachweis des Nutzens von KI und hinsichtlich der eigenen Haftung im Falle eines Behandlungsfehlers, der durch den Einsatz von KI verursacht werden könnte. Die Ängste der Patienten sollten durch umfassende Aufklärung über KI gemildert werden (Paaß und Hecker 2020). Dies kann gelingen, indem verdeutlicht wird, dass die KI-Technologie einen Mehrwert schafft, und die zwischenmenschliche Interaktion keinesfalls vollständig ersetzen wird. Diese Aufklärung ist besonders für ältere Generationen wichtig, da der Einsatz von KI ihre bisherigen Vorstellungen und Erfahrungen von medizinischen Behandlungen grundlegend verändern kann. Jüngere Generationen hingegen können eher durch die Hervorhebung der durch KI-Technologien ermöglichten Präventionsmöglichkeiten für deren Einsatz gewonnen werden. Darüber hinaus müssen ethische Leitlinien sicherstellen, dass KI-Systeme fair, transparent und frei von Diskriminierung arbeiten. Dazu gehört die Gewährleistung der informierten Zustimmung der Patienten sowie der Schutz ihrer Privatsphäre und Daten.

KI-Systeme haben das Potenzial, klinische Prozesse zu automatisieren, Anomalien in Echtzeit zu erkennen und Behandlungsfehler frühzeitig vorherzusagen. Dadurch können Risiken reduziert und schnellere Reaktionen auf unerwartete Ereignisse ermöglicht werden. Zudem helfen KI-Systeme durch die Analyse großer Datenmengen aus verschiedenen Quellen (z. B. Patientenakten oder Labordaten), Muster zu identifizieren, die menschlichen Entscheidungsträgern möglicherweise entgehen. Die Integration von KI in Gesundheitsorganisationen eröffnet vielversprechende Möglichkeiten zur Verbesserung der Patientenversorgung, zur Optimierung von Abläufen und zur Unterstützung von Fachkräften. Dennoch steht die Branche vor einer Reihe von Herausforderungen, die den erfolgreichen Einsatz dieser Technologien erschweren können. Neben der Sicherstellung der Datenqualität bis hin zu regulatorischen und ethischen Bedenken sind die Hürden vielfältig. Finanzielle Ressourcen müssen bereitstehen, da der Einsatz von KI oft erhebliche Investitionen erfordert. Zudem müssen Mitarbeiter und Führungskräfte sowie Patienten überzeugt werden, dass KI einen Mehrwert bietet.

Diese Herausforderungen müssen bewältigt werden, um sicherzustellen, dass KI effektiv zur Verbesserung der stationären Patientenversorgung beiträgt – sowohl um die Resilienz von Gesundheitsorganisationen zu stärken als auch, um sie nicht zusätzlich zu gefährden.

**Fördervermerk** Dieses Buchkapitel entstand im Rahmen des Forschungsprojekts „Digitale Resilienz von Krankenhäusern in Sachsen" (DiReK). Diese Maßnahme wird mitfinanziert mit Steuermitteln auf Grundlage des vom Sächsischen Landtag beschlossenen Haushaltes.

## Literatur

Abuzaid M. M., Elshami W. & Mc Fadden S. (2022) Integration of artificial intelligence into nursing practice, in: Health and Technology, 12(n.d.):1109–1115. https://doi.org/10.1007/s12553-022-00697-0

Addlesee A., Cherakara N., Nelson N., García D. H., Gunson N., Sieińska W., Dondrup C. & Lemon, O. (2024) Multi-party Multimodal Conversations Between Patients, Their Companions, and a Social Robot in a Hospital Memory Clinic, in: Aletras N., de Clercq O. (Eds.), Proceedings of the 18th Conference of the European Chapter of the Association for Computational Linguistics: System Demonstrations, 17 Mar 2024-22 Mar 2024, Association for Computational Linguistics, St. Julians, S. 62–70.

AlZaabi A., AlMaskari S. & AalAbdulsalam A. (2023) Are physicians and medical students ready for artificial intelligence applications in healthcare?, in: Digital Health, 9(n.d.):1–11. https://doi.org/10.1177/20552076231152167

Armando L. G., Miglio G., de Cosmo P. & Cena C. (2023) Clinical decision support systems to improve drug prescription and therapy optimisation in clinical practice: a scoping review, in: BMJ Health Care Informatics, 30(1): e100683. https://doi.org/10.1136/bmjhci-2022-100683

Arora A., Alderman J. E., Palmer J., Ganapathi S., Laws E., McCradden M. D., Oakden-Rayner L., Pfohl S. R., Ghassemi M., McKay F., Treanor D., Rostamzadeh N., Mateen B., Gath J., Adebajo A. O., Kuku S., Matin R., Heller K., Sapey E., Sebire N. J., Cole-Lewis H., Calvert M., Denniston A. & Liu X. (2023) The value of standards for health datasets in artificial intelligence-based applications, in: Nature Medicine, 29(n.d.):2929–2938. https://doi.org/10.1038/s41591-023-02608-w

Barasa E. W., Mbau R. & Gilson L. (2018) What is resilience and how can it be nurtured? A systematic review of empirical literature on organizational resilience, in: International Journal of Health Policy and Management, 7(6):491–503. https://doi.org/10.15171/ijhpm.2018.06

Bates D. W., Levine D., Syrowatka A., Kuznetsova M., Craig K. J. T., Rui A., Jackson G. P. & Rhee K. (2021) The potential of artificial intelligence to improve patient safety: a scoping review, in: NPJ Digital Medicine, 4(1):54. https://doi.org/10.1038/s41746-021-00423-6

Behrens D. A., Rauner M. S. & Sommersguter-Reichmann M. (2022) Why resilience in health care systems is more than coping with disasters: implications for health care policy, in: Schmalenbach Journal of Business Research, 74(4): 465–495. https://doi.org/10.1007/s41471-022-00132-0

Belard A., Buchman T., Forsberg J., Potter, B., Dente, C. J., Kirk, A. & Elster, E. (2017) Precision diagnosis: a view of the clinical decision support systems (CDSS) landscape through the lens of critical care, in: Journal of Clinical Monitoring Computing, 31(n.d.):261–271. https://doi.org/10.1007/s10877-016-9849-1

Bell S. K., Delbanco T., Elmore J. G., Fitzgerald P. S., Fossa A., Harcourt K., Leveille S. G., Payne T. H., Stametz R. A., Walker J. & DesRoches C. M. (2020) Frequency and Types of Patient-Reported errors in electronic health record ambulatory care notes, in: JAMA Network Open, 3(6):e205867. https://doi.org/10.1001/jamanetworkopen.2020.5867

BMWE (2024) Was ist Digitalisierung? Bundesministerium für Wirtschaft und Energie (BMWE, Hrsg.), Online im Internet: https://www.de.digital/DIGITAL/Navigation/DE/Lagebild/Was-ist-Digitalisierung/was-ist-digitalisierung.html

Bogdan B. (2018) Künstliche Intelligenz in der Medizin, in: Bogdan B. (Hrsg.), Med Revolution, Springer Verlag, Berlin, S. 29–62.

Boillat T., Nawaz F. A. & Rivas H. (2022) Readiness to embrace artificial intelligence among medical doctors and students: Questionnaire-based study, in: JMIR Medical Education, 8(2):e34973. https://doi.org/10.2196/34973

Boonstra A. & Broekhuis M. (2010) Barriers to the acceptance of electronic medical records by physicians from systematic review to taxonomy and interventions, in: BMC Health Services Research, 10(231): pp. 1–17. https://doi.org/10.1186/1472-6963-10-231

Böllhoff C. (2023) Rechtlicher Rahmen der digitalen Transformation im Gesundheitswesen, in: Gocke P., Elsner C., Meisheit B. C., Schneider H. (Hrsg.), Das digitale Krankenhaus, Medizinisch Wissenschaftliche Verlagsgesellschaft, Bern, S. 37–44.

Bundesgerichtshof [BGH] (2019) Urteil vom 22.10.2019 – VI ZR 71/17 – ArztRecht 2020, 1–9

BSI (2023) Die Lage der IT-Sicherheit in Deutschland 2023, Bundesamt für Sicherheit in der Informationstechnik (BSI, Hrsg.), Online im Internet: https://www.bsi.bund.de/SharedDocs/Downloads/DE/BSI/Publikationen/Lageberichte/Lagebericht2023.pdf?blob=publicationFile&v=8, Abrufdatum, 18.10.2024.

Buyl T., Gehrig T., Schreyögg J. & Wieland A. (2022) Resilience: A critical appraisal of the state of research for business and society, in: Schmalenbach Journal of Business Research, 74(4):453–463. https://doi.org/10.1007/s41471-022-00151-x

Calmer B. & Peuling S. (2023) Der digitale Patientenpfad, in: Gocke P., Elsner C., Meisheit B. C., Schneider H. (Hrsg.), Das digitale Krankenhaus, Medizinisch Wissenschaftliche Verlagsgesellschaft, Berlin, S. 295–299.

Chen M. & Decary M. (2020) Artificial intelligence in healthcare: An essential guide for health leaders, in: Healthcare Management Forum, 33(1):10–18. https://doi.org/10.1177/0840470419873123

Cobianchi L., Dal Mas F., Peloso A., Pugliese L., Massaro M., Bagnoli C. & Angelos P. (2020) Planning the full recovery phase: An antifragile perspective on surgery after COVID-19, in: Annals of Surgery, 272(6):e296–e299. https://doi.org/10.1097/SLA.0000000000004489

Cohen I. G., Evgeniou T., Gerke S. & Minssen T. (2020) The European artificial intelligence strategy: implications and challenges for digital health, in: Lancet Digital Health, 2(7):e376–379. https://doi.org/10.1016/S2589-7500(20)30112-6

Dargar S. K., Vijayadharshini M., Manisha G. & Deepthi K. (2022) A Voice Assisted Chatbot Framework for Real-Time Implementation in Medical Care, in: Singh M., Tyagi V., Gupta P. K., Flusser J., Ören T. (Hrsg.), Advances in Computing and Data Sciences – Part 1, Springer Nature, Cham, pp. 51–63.

Davenport T. H. & Patil D. J. (2012) Data Scientist: The Sexiest Job of the 21st Century, in: Harvard Business Review, 2012(n.d.): pp. 70–77.

DKG (2019) Qualität und Patientensicherheit, Deutsche Krankenhausgesellschaft (DKG, Hrsg.), Online im Internet: https://www.dkgev.de/fileadmin/default/Mediapool/2_Themen/2.6._Qualitaet_Hygiene_und_Sicherheit/DKG_Qualitaet-Sicherheit_Positionen.pdf, Abrufdatum, 22.10.2024.

Deutscher Ethikrat (2017) Big Data und Gesundheit – Datensouveränität als informationelle Freiheitsgestaltung, Deutscher Ethikrat (Hrsg.), Online im Internet: https://www.ethikrat.org/fileadmin/Publikationen/Stellungnahmen/deutsch/stellungnahme-big-data-und-gesundheit.pdf, Abrufdatum: 18.10.2024.

Deutscher Ethikrat (2020) Mensch und Maschine – Herausforderungen durch Künstliche Intelligenz, Deutscher Ethikrat (Hrsg.), Online im Internet: https://www.ethikrat.org/fileadmin/Publikationen/Stellungnahmen/deutsch/stellungnahme-mensch-und-maschine.pdf, Abrufdatum: 18.10.2024.

BReg (2020) Strategie Künstliche Intelligenz der Bundesregierung – Fortschreibung 2020, Bundesregierung (BReg, Hrsg.), Online im Internet: https://www.ki-strategie-deutschland.de, Abrufdatum: 18.10.2024.

Dreikorn K. & Debong B. (2016) Medizinische und rechtliche Aspekte der Dokumentation in Klinik und Praxis, in: Michel M., Thüroff J., Janetschek G., Wirth M. (Hrsg.), Die Urologie, Springer Verlag, Berlin, S. 2301–2304.

Duchek S. (2020) Organizational resilience: a capability-based conceptualization, in: Business Research, 13(1): 215–246. https://doi.org/10.1007/s40685-019-0085-7

EU (2022) Richtlinie (EU) 2022/2557 DES EUROPÄISCHEN PARLAMENTS UND DES RATES vom 14. Dezember 2022 über die Resilienz kritischer Einrichtungen und zur Aufhebung der Richtlinie 2008/114/EG des Rates, Europäische Union (EU, Hrsg.), Online im Internet: https://eur-lex.europa.eu/legal-content/DE/TXT/PDF/?uri=CELEX:32022L2557, Abrufdatum: 18.10.2024.

EU (2024) KI-Gesetz, Europäische Union (EU, Hrsg.), Online im Internet: https://digital-strategy.ec.europa.eu/de/policies/regulatory-framework-ai, Abrufdatum: 18.10.2024.

Fairbanks R. J., Wears R. L., Woods D. D., Hollnagel E., Plsek P. & Cook R. I. (2014) Resilience and resilience engineering in health care, in: Joint Commission Journal on Quality and Patient Safety, 40(8): 376–383. https://doi.org/10.1016/S1553-7250(14)40049-7

Förster C., Duchek S. & Geithner S. (2022) Resilienz von Führungskräften in pandemischen Zeiten: Stärkung oder Erosion?, in: J. Zerth, M. Garkisch, Nass E. (Hrsg.), Leben und Versorgung gestalten nach Corona: Lernen und Lehren aus der Krise, Kohlhammer Verlag, Stuttgart, S. 149–166.

Fügner M. (2019) Künstliche Intelligenz – Fluch oder Segen. In: Der freie Zahnarzt, 63(2):18–20. https://doi.org/10.1007/s12614-019-7644-3

Füreder N. (2021) Was hat organisationale Resilienz mit Qualität zu tun?, in: Qualitas, 20(3):12–13. https://doi.org/10.1007/s43831-021-0029-8

Frank A. G., Thürer M., Godinho Filho M. & Marodin G. A. (2024) Beyond Industry 4.0 – integrating Lean, digital technologies and people, in: International Journal of Operations & Production Management, 44(6):1109–1126. https://doi.org/10.1108/IJOPM-01-2024-0069

Garvey K. V., Craig K. J. T., Russell R., Novak L. L., Moore D. & Miller B. M. (2022) Considering clinician competencies fort he implementation of artificial intelligence-based tools in health care: Findings from a scoping review, in: JMIR Medical Informaticts, 20(11):e37478. https://doi.org/10.2196/37478

Gaß G. (2022) Zentrale Rolle von Patientenakten und Patientendaten, in: Henke, V., Hülsken, G., Meier P.-M., Beß A. (Hrsg.), Digitalstrategie im Krankenhaus, Springer Verlag, Wiesbaden, S. 3–8.

G-BA (2024) Richtlinie über grundsätzliche Anforderungen an ein einrichtungsinternes Qualitätsmanagement für Vertragsärztinnen und Vertragsärzte, Vertragspsychotherapeutinnen und Vertragspsychotherapeuten, medizinische Versorgungszentren, Vertragszahnärztinnen und Vertragszahnärzte sowie zugelassene Krankenhäuser – QM-RL. Gemeinsamer Bundesausschuss (G-BA, Hrsg.), Berlin.

George G. (2005) Slack resources and the performance of privately held firms. Academy of management Journal, 48(4):661–676. https://doi.org/10.5465/amj.2005.17843944

Geraedts M., Lüttel D., Müller B., Scholl I., Schwappach D. & Skorning M. (2024) TK-Monitor Patientensicherheit 2024, Techniker Krankenkasse (TK, Hrsg.), Online im Internet: https://www.tk.de/resource/blob/2180762/5c11b528822f73fa25f397a79e9213b9/tk-monitor-patientensicherheit%2D%2D-2024-data.pdf, Abrufdatum: 21.10.2024.

Ghebreyesus T. A., Jakab Z., Ryan M. J., Mahjour J., Dalil S., Chungong S., Schmets G., McDarby G., Seifeldin R. & Saikat, S. (2022) WHO recommendations for resilient health systems, in: Bulletin of the World Health Organization, 100(4):240–240A. https://doi.org/10.2471/BLT.22.287843

Gleiss A. & Lewandowski S. (2022) Removing barriers for digital health through organizing ambidexterity in hospitals, in: Journal of Public Health, 30(1):21–35. https://doi.org/10.1007/s10389-021-01532-y

Hack-Polay D., Mahmoud, A. B., Ikafa I., Rahman M., Kordowicz M. & Verde J. M. (2023) Steering resilience in nursing practice: Examining the impact of digital innovations and enhanced emotional training on nurse competencies, in: Technovation, 120(102549):1–12. https://doi.org/10.1016/j.technovation.2022.102549

Hak F., Guimarães T. & Santos M. (2022) Towards effective clinical decision support systems: A systematic review, in: PLoS ONE, 17(8):e0272846. https://doi.org/10.1371/journal.pone.0272846.eCollection2022

Harland L., Harrison W., Jones J. R. & Reiter-Palmon R. (2005). Leadership behaviors and subordinate resilience. Journal of Leadership & Organizational Studies, 11(2):2–14. https://doi.org/10.1177/107179190501100202

Harvey J.-F. & Kudesia R. S. (2023) Experimentation in the face of ambiguity: How mindful leaders develop emotional capabilities for change in teams, in: Journal of Organizational Behavior, 44(4):573–589. https://doi.org/10.1002/job.2693

Hilligoss B., Larson J., Lai A., DePuccio M. J. & Wong E. M. (2023) Modes of Adjustment: There's More Than One Way To Organize For Resilience, in: Academy of Management Proceedings, 2023(1):10399. https://doi.org/10.5465/AMPROC.2023.214bp

Hochrangige Expertengruppe für künstliche Intelligenz (2019) Ethik-Leitlinien für eine vertrauenswürdige KI, Online im Internet: https://ec.europa.eu/digital-single-market/en/news/ethics-guidelines-trustworthy-ai, Abrufdatum: 21.10.2024.

Hodson R. (2016) Precision medicine, in: Nature, 537(7619):S49. https://doi.org/10.1038/537S49a

Hoffmann M., Schwarz C. M., Gallé F., Schoberer D., Jabinger E., Voithofer C. & Sendlhofer G. (2021) Vorbereitung – Vorgehen und Instrumente für die Erstellung von Gesundheitsinformationen, in: Hoffmann M., Schwarz C. M., Gallé F., Schoberer D., Jabinger E., Voithofer C., Sendlhofer G. (Hrsg.), Patienten und Angehörige richtig informieren, Springer Verlag, Wiesbaden, S. 19–64.

Hollnagel E. (2018) Safety-I and safety-II: The past and future of safety management, CRC press, London.

Huber C. & Gärtner C. (2018) Digital Transformations in Healthcare Professionals' Work: Dynamics of Autonomy, Control and Accountability, in: Management Revue – Socio-Economic Studies, 29(2):139–161. https://doi.org/10.5771/0935-9915-2018-2-139

Iflaifel M., Lim R. H., Ryan K. & Crowley C. (2020) Resilient health care: a systematic review of conceptualisations, study methods and factors that develop resilience, in: BMC Health Services Research, 20(1):324. https://doi.org/10.1186/s12913-020-05208-3

Jackson, D., Firtko, A. & Edenborough, M. (2007) Personal resilience as a strategy for surviving and thriving in the face of workplace adversity: a literature review. Journal of Advanced Nursing, 60(1):1–9. https://doi.org/10.1111/j.1365-2648.2007.04412.x

Jovanović A., Klimek P., Renn O., Schneider R., Øien K., Brown J., DiGennaro M., Liu Y., Pfau V., Jelić M., Rosen T., Caillard B., Chakravarty S. & Chhantyal, P. (2020) Assessing resilience of healthcare infrastructure exposed to COVID-19: emerging risks, resilience indicators, interdependencies and international standards, in: Environment Systems and Decisions, 40(n.d.):252–286. https://doi.org/10.1007/s10669-020-09779-8

Kauffmann A. L., Hennrich J., Buck C. & Eymann T. (2022) Künstliche Intelligenz in der Radiologie und Strahlentherapie aus der Perspektive von Ärzten und Medizinphysikexperten – Eine Interviewstudie, in: Pfannstiel M. A. (Hrsg.), Künstliche Intelligenz im Gesundheitswesen; Entwicklungen, Beispiele und Perspektiven, Springer Gabler Verlag, Wiesbaden, S. 617–638.

Kazamer A., Ilinca R., Nitu A., Iuonuţ A.-M., Bubenek-Turconi S.-I., Sendlhofer G., Greabu M., Stanescu-Spinu I.-I., Miricescu D., Ganea I. & Ionescu D. (2023) A Brief Assessment of Patient Safety Culture in Anesthesia and Intensive Care Departments, in: Healthcare, 11(3):429. https://doi.org/10.3390/healthcare11030429

Khalil M., Ravaghi H., Samhouri D., Abo J., Ali A., Sakr H. & Camacho A. (2022) What is “hospital resilience”? A scoping review on conceptualization, operationalization, and evaluation, in: Frontiers in Public Health, 10(1009400):1–20. https://doi.org/10.3389/fpubh.2022.1009400

Kindle R. D., Badawi O., Celi L. A. & Sturland S. (2019) Intensive Care Unit Telemedicine in the Era of Big Data, Artificial Intelligence, and Computer Clinical Decision Support Systems, in: Critical Care Clinics, 35(3):483–495. https://doi.org/10.1016/j.ccc.2019.02.005

Klötsch M. (2024) Digitalisierung im Pflege- und Gesundheitswesen, in: Klösch M. (Hrsg.), Internationale Erfahrungswerte zur Digitalisierung, Hogrefe Verlag, Bern, S. 49–212.

Kopanz J., Lichtenegger K. M., Schwarz C., Wimmer M., Kamolz L. P., Pieber T., Sendlhofer G., Mader J. & Hoffmann M. (2022) Burden of risks in the analogue and digitally-supported medication use process and potential for solutions to increase patient safety in the hospital: a mixed method study, Online im Internet: https://assets-eu.researchsquare.com/files/rs-1593296/v1/f365ba8a-0259-42f0-a6f6-dbdf108c5b25.pdf?c=1657900753, Abrufdatum: 18.10.2024.

Kopanz J., Lichtenegger K., Schwarz C., Wimmer M., Kamolz L. P., Pieber T., Sendlhofer, G., Mader, J. & Hoffmann, M. (2024) Risks in the analogue and digitally-supported medication process and potential solutions to increase patient safety in the hospital: A mixed methods study, in: PLoS ONE, 19(2):e0297491. https://doi.org/10.1371/journal.pone.0297491

Kraus S., Schiavone F., Plushnikova A. & Invernizzi A. C. (2021) Digital transformation in healthcare: Analyzing the current state-of-research, in: Journal of Business Research, 123(n.d.):557–567. https://doi.org/10.1016/j.jbusres.2020.10.030

Kreutzer R. T. (2023) Künstliche Intelligenz verstehen, 2. Aufl., Springer Gabler Verlag, Wiesbaden.

Lai M.-C., Brian M. & Mamzer M.-F. (2020) Perceptions of artificial intelligence in healthcare: findings from a qualitative survey study among actors in France, in: Journal of Translational Medicine, 18(1):14. https://doi.org/10.1186/s12967-019-02204-y

Liu H. C., Liu R., Gu X. & Yang M. (2023) From total quality management to Quality 4.0: A systematic literature review and future research agenda, in: Frontiers of Engineering Management, 10(2):191–205. https://doi.org/10.1007/s42524-022-0243-z

Louisot J. P. (2015) Risk and/or resilience management, in: Risk Governance & Control: Financial Markets and Institutions, 5(2):84–91. https://doi.org/10.22495/rgcv5i2c1art2

Manne R. & Kantheti S. C. (2021) Application of artificial intelligence in healthcare: Chances and challenges, in: Current Journal of Applied Science and Technology, 40(6):78–89. https://doi.org/10.9734/CJAST/2021/v40i631320

Matos F., Selig P. M. & Henriqson E. (2022) Resilience in a digital age: Global Challenges in Organisations and Society, Springer Nature, Cham.

Mehmeti D. (2021) Künstliche Intelligenz, Big Data und Krebsdiagnostik im Gesundheitswesen, in: Pfannstiel M. A. (Hrsg.), Künstliche Intelligenz im Gesundheitswesen, Springer Verlag, Wiesbaden, S. 487–505.

Meyer S. & Fricke C. (2017) Robotic companions in stroke therapy: A user study on the efficacy of assistive robotics among 30 patients in neurological rehabilitation, 26. IEEE International Symposium on Robot and Human Interactive Communication (RO-MAN), 28.08.-01.09.2017, Pestana Palace Hotel, Institute of Electrical and Electronics Engineers (IEEE, Ed.), Lisbon.

Milne-Ives M., de Cock C., Lim E., Shehadeh M. H., de Pennington N., Mole G., Normando E. & Meinert E. (2020) The Effectiveness of Artificial Intelligence Conversational Agents in Health Care, in: Systematic Review. J Med Internet Res 22(10):e20346. https://doi.org/10.2196/20346

Naik N., Zeeshan Hameed B. M., Shetty D. K., Swain D., Shah M., Paul R., Aggarwal K., Ibrahim S., Patil V., Smriti K., Shetty S., Prasad Rai B., Chlosta P. & Somani B. K. (2022) Legal and ethical consideration in artificial intelligence in healthcare: Who takes responsibility, in: Frontiers in Surgery, 9 (n.d.):1–6. https://doi.org/10.2289/fsurg.2022.862322

Nickel K., Milde K., Kremer D., Malich C., Antweiler D., Reibel T., Jovy-Klein F., Sander J., Bures D. & Diehl A. (2022) Bereit für das Smart Hospital?, Fraunhofer IAIS (Hrsg.), Online im Internet: https://www.iais.fraunhofer.de/content/dam/iais/publikationen/studien-und-whitepaper/smarthospital-ki-readiness-check/KI-NRW-Whitepaper_SmartHospital_Web.pdf, Abrufdatum: 18.10.2024.

Olmos-Ochoa T. T., Ganz D. A., Barnard J. M., Penney L. S. & Chawla N. (2019) Sustaining effective quality improvement: building capacity for resilience in the practice facilitator workforce, in: BMJ Quality & Safety, 28(n.d.):1016–1020. https://doi.org/10.1136/bmjqs-2019-009950

Paaß G. & Hecker D. (2020) Künstliche Intelligenz, Springer Verlag, Wiesbaden.

Petschnig W. (2024) Warum Kliniken ihr Unternehmensrisiko strategisch managen müssen, in: Das österreichische Gesundheitswesen ÖKZ, 65(3):26–28. https://doi.org/10.1007/s43830-024-0460-3

Petzold T. & Steidle O. (2023) Digitale Transformation deutscher Gesundheitseinrichtungen, in: Bundesgesundheitsblatt, 66(n.d.):972–981. https://doi.org/10.1007/s00103-023-03743-y

Pool J., Akhlaghpour S., Fatehi F. & Burton-Jones A. (2024) A systematic analysis of failures in protecting personal health data: a scoping review, in: International Journal of Information Management, 74(102719):1–29. https://doi.org/10.1016/j.ijinfomgt.2023.102719

Rasche C., Reinecke A. A. & Margaria T. (2022) Künstliche Intelligenz im Gesundheitswesen als Kernkompetenz? Status quo, Entwicklungslinien und disruptives Potenzial, in: Pfannstiel M. A. (Hrsg.), Künstliche Intelligenz im Gesundheitswesen; Entwicklungen, Beispiele und Perspektiven, Springer Gabler Verlag, Wiesbaden, S. 49–80.

Ravaghi H., Naidoo V., Mataria A. & Khalil M. (2022) Hospitals early challenges and interventions combatting COVID-19 in the Eastern Mediterranean Region, in: Plos One, 17(6):e0268386. https://doi.org/10.1371/journal.pone.0268386

Richardson J. P., Smith C., Curtis S., Watson S., Zhu X., Barry B. & Sharp R. R. (2021) Patient apprehensions about the use of artificial intelligence in healthcare, in: NPJ Digital Medicine, 2(7):e376–e379. https://doi.org/10.1016/S2589-7500(20)30112-6

Rosenberg B. (2023) Challenges for radiologists dealing with clinical decision support systems (CDSS) from a legal point of view, in: European Radiology, 33(n.d.):7794–7795. https://doi.org/10.1007/s00330-023-10206-0

Ruiz-Martin, C., López-Paredes, A., & Wainer, G. (2018). What we know and do not know about organizational resilience. International journal of production management and engineering, 6(1), 11-28. https://doi.org/10.4995/ijpme.2018.7898

Russell R. G., Garvey K. V. & Jackson G. P. (2023) Competencies for the Use of artificial intelligence-based tools by health care professionals, in: Academic Medicine, 98(3):348–356. https://doi.org/10.1097/ACM.0000000000004963

Russell S. J. & Norvig P. (2010) Artificial intelligence: a modern approach, 4. Aufl., Pearson Studium, München.

Sader S., Husti I. & Daroczi M. (2022) A review of quality 4.0: Definitions, features, technologies, applications, and challenges, in: Total Quality Management & Business Excellence, 33(9–10):1164–1182. https://doi.org/10.1080/14783363.2021.1944082

Schäffter T., Schwabe D. & Haufe S. (2023) Gute Daten für eine vertrauenswürdige KI in der Medizin, in: Dössel O., Schäffter T., Rutert B. (Hrsg.), Künstliche Intelligenz in der Medizin, Berlin-Brandenburgische Akademie der Wissenschaft, Berlin, S. 49–61.

Semler S. C., Boeker M., Eils R., Krefting D., Loeffler M., Bussmann J., Wissing F. & Prokosch H.-U. (2024) Die Medizininformatik-Initiative im Überblick – Aufbau einer Gesundheitsforschungsdateninfrastruktur in Deutschland, in: Bundesgesundheitsblatt, 67(n.d.):616–628. https://doi.org/10.1007/s00103-024-03887-5

Schemmer M., Heinz D., Baier L., Vössing M. & Kühl N. (2021) Conceptualizing Digital Resilience for AI-based Information Systems, 29. European Conference on Information Systems, 14.06.-16.06.2024, virtuell, Morocco.

Schuler M., Trautmann F., Radloff M., Hentschel L., Petzold T., Eberlein-Gonska M., Ehninger, G. & Schmitt, J. (2017) Implementierung unter Routinebedingungen und erste Ergebnisse einer Tablet-basierten Patientenbefragung zur Erfassung von patientenberichteten Outcomes (PRO) der stationären onkologischen Versorgung, in: Z Evid Fortbild Qual Gesundhwes, 121(2017):64–72

Schwendicke F., Samek W. & Krois J. (2020) Artificial Intelligence in Dentistry: Chances and Challenges, in: Journal of Dental Research, 99(7):769–774. https://doi.org/10.1177/0022034520915714

Smith D. & Fischbacher M. (2009) The changing nature of risk and risk management: The challenge of borders, uncertainty and resilience, in: Risk Management, 11(1):1–12. https://doi.org/10.1057/rm.2009.1

Souza F. F. D., Corsi A., Pagani R. N., Balbinotti G. & Kovaleski J. L. (2022) Total quality management 4.0: adapting quality management to Industry 4.0., in: The TQM Journal, 34(4):749–769. https://doi.org/10.1108/TQM-10-2020-0238

Steinhauser S. (2025) Human-Computer Interaction: Paths to Understanding Trust in Artificial Intelligence, in: Pape P., Lerzynski G., Glauner P., Plugmann J., Plugmann P. (Ed.), Transformation in Health Care – Game-changers in Digitalization, Technology, AI and Longevity, Springer Nature, Cham, pp. 87-99. https://doi.org/10.1007/978-3-031-78322-7_6

Sutcliffe K. & Vogus T. (2003). Organizing for Resilience. In: Cameron K., Dutton J., Quinn R. E. (Eds.), Positive Organizational Scholarship: Foundations of a New Discipline. (pp. 94–110). Berrett-Koehler. Oakland.

Tjoflåt I. & Hansen B. S. (2019) Building resilience in humanitarian hospital programs during protracted conflicts: Opportunities and limitations, in: Wiig S., Fahlbruch B. (Eds.), Exploring resilience: a scientific journey from practice to theory, Springer Nature, Cham, pp. 1–6.

Tran V.-T., Riveros C. & Ravaud P. (2019) Patients' views of wearable devices and AI in healthcare: findings from the ComPaRe e-cohort, in: Npj Digital Medicine, 2(53):1–8. https://doi.org/10.1038/s41746-019-0132-y

Vogus T. J. & Sutcliffe K. M. (2007) Organizational Resilience: Towards a Theory and Research Agenda, 2007 IEEE International Conference on Systems, Man, and Cybernetics, SMC, 07.10.-10.10.2007, Institute of Electrical and Electronics Engineers (IEEE, Ed.), Montreal.

Wartman S. A. & Combs C. B. (2018) Medical education must move from the information age to the artificial intelligence, in: Academic Medicine, 93(8):1107–1109. https://doi.org/10.1097/ACM.0000000000002044

Wehrs K. (2024) Papier ist geduldig, die Branche nicht (mehr), Krankenhaus IT-Journal (Hrsg.), Online im Internet: https://www.krankenhaus-it.de/item.3335/papier-ist-geduldig-die-branche-nicht-mehr.html, Abrufdatum: 18.10.2024.

Weick K. E. & Sutcliffe K. M. (2015) Managing the unexpected: Sustained performance in a complex world, 3. ed., John Wiley & Sons, Hoboken.

Weinert L., Müller J., Svensson L. & Heinze O. (2022) Perspective of Information technology decision makers on factors influencing adoption and implementation of artificial intelligence technologies in 40 German hospitals: Descriptive analysis, in: JMIR Med Inform, 10(6):e34678. https://doi.org/10.2196/34678

Wette M. R., Steinmeier T., Lin Y. L., Journy N., Dumas A., Bolle S., Lassen-Ramshad Y., Haustermans K., Bualla L., Demoor-Goldschmidt C., Walsh L., (2022) Establishment of a pan-European Platform for the Investigation of Health Consequences of medical Radiation on Childhood and Adolescent Cancer Patients-The EU Project, In: Strahlentherapie Und Onkologie, 198(1): S. 33–S33.

Wiig S., Aase K., Billett S., Canfield C., Røise O. & Njå O., (2020) Defining the boundaries and operational concepts of resilience in the resilience in healthcare research program, in: BMC Health Services Research, 20(1):330. https://doi.org/10.1186/s12913-020-05224-3

Williams T. A., Gruber D. A., Sutcliffe K. M., Shepherd D. A. & Zhao E. Y. (2017) Organizational response to adversity: Fusing crisis management and resilience research streams, in: Academy of Management Annals, 11(2):733–769. https://doi.org/10.5465/annals.2015.0134

Yang Y., Siau K. L., Xie W. & Sun Y. (2022) Smart Health: Intelligent Healthcare Systems in the Metaverse, Artificial Intelligence, and Data Science Era, in: Journal of Organizational and End User Computing, 34(1):1–14. https://doi.org/10.4018/JOEUC.308814

Ying Y., Cui X. & Jin S. (2023) Artificial intelligence and green total factor productivity: The moderating effect of Slack resources, in: Systems, 11(7):356. https://doi.org/10.3390/systems11070356

**Mag. Nina Füreder** ist wissenschaftliche Mitarbeiterin im Projekt „Digitale Resilienz von Krankenhäusern in Sachsen“ an der Technischen Universität Chemnitz und Doktorandin an der Johannes Kepler Universität (JKU) in Linz/Österreich. Ihr Schwerpunkt liegt in der Erforschung organisationaler Resilienz im Gesundheitswesen, insbesondere im Kontext von Führungskräften. Sie schloss ihr Grundstudium 2010 ab und erwarb ihr Diplom in Sozial- und Wirtschaftswissenschaften ebenfalls an der JKU, wo sie sich auf die Schwerpunkte Familien- und Gesundheitssoziologie konzentrierte und sich im Bereich Public und Non-profit Management spezialisierte. Einige Jahre arbeitete sie im Qualitätsmanagement eines Universitätsklinikums. Davor war sie viele Jahre als Pflegefachkraft im operativen und im ambulanten Bereich eines Krankenhauses tätig.

**Dr. Thomas Petzold** studierte Gesundheitsmanagement, Gesundheitswissenschaften und promovierte im Fach Sozialmedizin und Versorgungsforschung an der Medizinischen Fakultät der Technischen Universität Dresden. Er ist seit September 2016 als Referent beim Medizinischen Dienst Sachsen tätig. Neben seiner hauptberuflichen Tätigkeit engagiert er sich in der Gesellschaft für Qualitätsmanagement in der Gesundheitsversorgung (GQMG), wo er als Co-Leiter der Arbeitsgruppe Digitalisierung und Qualitätsmanagement sowie des Podcasts „Puls der Transformation“ tätig ist.

**Stephanie Schuth MSc** ist wissenschaftliche Mitarbeiterin im Projekt „Digitale Resilienz von Krankenhäusern in Sachsen“ an der EHS Dresden. Ihr Forschungsinteresse liegt in der Resilienzforschung insbesondere auf digitaler, individueller und organisationaler Ebene im Gesundheitswesen, mit dieser setzt sie sich seit ihrer Beschäftigung am Lehrstuhl für Europäisches Management an der TU Chemnitz aktiv auseinander. Ihren Master of Science hat sie an der Technischen Universität Chemnitz erworben.

**Prof. Dr. Dr. Stefanie Steinhauser** ist Professorin für Gesundheitswirtschaft und Entrepreneurship an der Ostbayerischen Technischen Hochschule (OTH) Amberg-Weiden, Deutschland. Zuvor war sie Assistenzprofessorin am Lehrstuhl für Innovations- und Technologiemanagement an der Universität Regensburg. Sie absolvierte an der Universität Regensburg ein Studium der Zahnmedizin und der Betriebswirtschaftslehre und sammelte während ihrer Tätigkeit als Zahnärztin wertvolle Erfahrungen im Gesundheitswesen. Sie promovierte in Zahnmedizin und in Innovations- und Technologiemanagement an der Universität Regensburg und beschäftigt sich in ihrer Forschung mit den Themen digitale Transformation und digitale Innovationen, künstliche Intelligenz, Mensch-Computer-Interaktion und digitale Netzwerke und Ökosysteme.

**Jun.-Prof. Dr. Charlotte Förster** ist Juniorprofessorin an der Technischen Universität Chemnitz. Ihr Forschungsschwerpunkt liegt auf der Resilienz von und in Organisationen mit einem besonderen Fokus auf Gesundheitsorganisationen. Hierbei befasst sie sich besonders mit der Resilienz im organisatorischen, führungsbezogenen und digitalen Kontext. Seit 2023 leitet sie darüber hinaus das vom Sächsischen Staatsministerium für Wissenschaft, Kultur und Tourismus geförderte Forschungsprojekt „Digitale Resilienz in sächsischen Krankenhäusern“ und seit 2024 das Forschungsprojekt „Don't knock me out“. Sie hat an der Technischen Universität Dresden promoviert und war darüber hinaus auch an der JKU tätig. Ihre Arbeiten wurden unter anderem im *Public Health, Health Care Management Review, Schmalenbach Journal of Business Research, Scandinavian Journal of Management, Review of Managerial Science und dem German Journal of Human Resource Management* veröffentlicht.

# Einsatzmöglichkeiten von Künstlicher Intelligenz in einer Patientenreise durch die Gesundheitsversorgung der Bundeswehr

4

Pascal Becker und Guy Philippe Serf

## Inhaltsverzeichnis




**Zusammenfassung**

Dieser Beitrag analysiert die Einsatzmöglichkeiten von Künstlicher Intelligenz zur Unterstützung und Verbesserung der Gesundheitsversorgung der Bundeswehr. Dafür wird zunächst eine exemplarische Patientenreise dargestellt und systematisch an den Kernfunktionen des Health Information Management Systems gespiegelt. Auf den Spezifika der Streitkräfte liegt hierbei ein besonderer Fokus. Als Ergebnis des Beitrags kann festgehalten werden, dass die Anforderungen an die Patientenversorgung der Bundeswehr denen im zivilen Kontext in weiten Teilen ähneln, sich teilweise aber deutlich unterscheiden. Anwendungen der schwachen KI besonders aus dem Bereich des



P. Becker (✉)
Bundesministerium der Verteidigung, Bonn, Deutschland
E-Mail: pascal2becker@bundeswehr.org

G. P. Serf
BwConsulting GmbH, Köln, Deutschland
E-Mail: GuyPhilippe.Serf@bwconsulting.de




M. A. Pfannstiel (Hrsg.), *Künstliche Intelligenz im Einsatz für die erfolgreiche Patientenreise*, https://doi.org/10.1007/978-3-658-48573-3_4

Maschinellen Lernens erlauben durch Mustererkennung eine fortgeschrittene Nutzbarmachung von „Medical Big Data“. Dies bietet trotz Risiken wie KI-Bias neue Möglichkeiten, die individuelle Behandlungsqualität wie auch die systematische Effizienz in der Patientenversorgung der Bundeswehr zu steigern.

## 4.1 Einleitung

Die digitale Transformation durchdringt nahezu alle Bereiche der Gesellschaft und zeichnet sich auch im Gesundheitswesen durch eine beispiellose Dynamik aus. Dabei ist die digitale Transformation „mehr als die Summe technologischer, teils sogar disruptiver Innovationen“ (Becker und von Schassen 2021). Sie umfasst vielfältige soziotechnische Phänomene und Prozesse bei Übernahme und Nutzung digitaler Technologien in individuellen, organisationsspezifischen und gesellschaftlichen Kontexten (vgl. Legner et al. 2017). Im Gesundheitswesen betrifft die digitale Transformation somit nicht nur die Behandlungsprozesse, sondern auch die Organisationen, das medizinische Personal sowie die Patientinnen und Patienten in ihrem gesamten Umfeld (vgl. Becker 2019). Insbesondere die Einsatzmöglichkeiten Künstlicher Intelligenz (KI) im Gesundheitswesen versprechen, die Effizienz, Genauigkeit und Verfügbarkeit von Daten, Informationen sowie Versorgungsleistungen zu steigern (vgl. Wehkamp et al. 2023). Der Einsatz von KI ist dabei nicht nur im zivilen Gesundheitswesen ein viel diskutiertes Thema, sondern gewinnt auch innerhalb der Gesundheitsversorgung der Bundeswehr zunehmend an Bedeutung. Die Aktualität leitet sich sowohl aus dem fortwährenden technologischen Fortschritt ab, der für beide Bereiche gilt, als auch aus den sich wandelnden Herausforderungen im Bereich der Patientenversorgung von Soldatinnen und Soldaten im Rahmen der „Zeitenwende“ (Scholz 2022). Dies gilt besonders, wenn es um die Optimierung von Behandlungsprozessen und die Gewährleistung höchster medizinischer Standards auch unter Einsatzbedingungen geht. „Leitlinie für die Qualität der sanitätsdienstlichen Versorgung in Auslandseinsätzen und Missionen der Bundeswehr ist die Gewährleistung eines Ergebnisses, das qualitativ dem fachlichen Standard in Deutschland entspricht.“ (BMVg 2020) Die Gesundheitsversorgung der Bundeswehr muss sich daher diesem Wandel stellen. Zum Wohle der anvertrauten Patientinnen und Patienten wird sie Schritt halten müssen, nicht nur im Sinne des technologischen Fortschritts. Das medizinische Personal verdient ebenso Unterstützung und Entlastung als Mehrwert der digitalen Transformation. Die Organisation ist auf robuste Daten und Informationen angewiesen, um faktenbasiert entscheiden zu können. Eine Herausforderung liegt in der Komplexität des militärischen Umfelds, das durch variierende Anforderungen geprägt ist, welche von Routineuntersuchungen bis hin zur Notfallmedizin in Krisen- und Kriegsgebieten reichen. Zudem muss neben den datenschutzrechtlichen und ethischen Regularien bei der Implementierung von KI-Systemen – diese gelten auch für das zivile Gesundheitssystem – ebenso die militärische Sicherheit berücksichtigt werden.

Das Ziel dieses Buchkapitels ist es, systematisch die Einsatzmöglichkeiten von KI zu analysieren, die zur Unterstützung und Verbesserung einer Patientenreise durch die Gesundheitsversorgung der Bundeswehr beitragen können. Es soll dargestellt werden, wie KI-gestützte Lösungen zur Steigerung der Versorgungsqualität und zur Entlastung des medizinischen Personals beitragen können, ohne dabei die Sicherheit und Privatsphäre der Patientinnen und Patienten oder die militärische Sicherheit zu kompromittieren.

Die Thematik wird eingegrenzt auf die Darstellung konkreter Anwendungsbeispiele von KI im Rahmen einer Patientenreise, die von der Einstellung als Soldatin oder Soldat über sektorenübergreifende Behandlung, ggf. Verwundetenversorgung und Begutachtung bis hin zur Entlassung zum Dienstzeitende reicht. Besondere Aufmerksamkeit wird dabei den spezifischen Anforderungen der Bundeswehr und den damit verbundenen militärischen Rahmenbedingungen gewidmet.

Dieses Kapitel ist strukturiert in einen Überblick über die Gesundheitsversorgung der Bundeswehr, gefolgt von der Darstellung einer exemplarischen Patientenreise durch diese. Daraufhin wird die zentrale Informations- und Integrationsplattform, das Health Information Management System, betrachtet, das den wesentlichen Anknüpfungspunkt für die Einsatzmöglichkeiten von KI entlang einer exemplarischen Patientenreise bildet.

In diesem Rahmen lädt der vorliegende Buchbeitrag dazu ein, die Wechselbeziehungen zwischen technologischen Innovationen und wehrmedizinischen Anforderungen zu untersuchen und gibt Impulse für einen verantwortungsbewussten Umgang mit KI in einem der sensibelsten Bereiche moderner Gesundheitsversorgung.

## 4.2 Gesundheitsversorgung der Bundeswehr

„Gesunde“ Soldatinnen und Soldaten sind wesentlich für die Einsatzbereitschaft von kriegstüchtigen Streitkräften. Eine leistungsfähige Gesundheitsversorgung der Bundeswehr ist daher nicht nur Ausdruck der Fürsorge des Dienstherrn für seine Soldatinnen und Soldaten sowie entscheidend für deren Motivation und Moral und somit der generellen Attraktivität des Dienstes, sondern auch ein Aspekt der militärischen Schlagkraft einer Armee. Ziel der Gesundheitsversorgung der Bundeswehr ist es, die Gesundheit aller Angehörigen der Bundeswehr zu fördern, zu schützen und zu erhalten. Ebenso ist es Ziel, die Gesundheit aller Soldatinnen und Soldaten erforderlichenfalls wiederherzustellen, um die Einsatz- bzw. Dienstfähigkeit sicherzustellen (vgl. BMVg 2020). Gesundheit wird dabei umfassend mit all ihren körperlichen, geistigen und sozialen Aspekten verstanden.

Die Gesundheitsversorgung der Bundeswehr umfasst mit ihren „medizinischen, zahnmedizinischen, veterinärmedizinischen, pharmazeutischen und lebensmittelchemischen Anteilen in einem eigenständigen, komplexen Gesundheitssystem“ (BMVg 2020) nicht nur dic eigentliche Patientenversorgung, die in diesem Beitrag den Schwerpunkt bildet. Der „Gesundheitsschutz und die Gesundheitsförderung, die Wahrnehmung gesetzlich festgelegter öffentlich-rechtlicher Aufgaben, die Weiterentwicklung und Forschung sowie die Führung und Steuerung dieses militärischen Gesundheitssystems aus einer Hand“ (BMVg 2020) sind darüber hinaus weitere Bestandteile der Gesundheitsversorgung der Bundeswehr.

Neben dem Beitrag zur Aufgabenerfüllung der Streitkräfte muss die Gesundheitsversorgung der Bundeswehr zusätzlich die Beteiligung an humanitärer Not- und Katastrophenhilfe, Hilfeleistungen der Bundeswehr bei Naturkatastrophen und Großschadensereignissen sowie die Unterstützung des Schutzes der zivilen Bevölkerung gewährleisten (vgl. BMVg 2016).

Allein diese hier in aller Kürze skizzierten Facetten der Gesundheitsversorgung der Bundeswehr lassen den umfassenden und sektorenübergreifenden Ansatz und die Vielzahl an Akteuren erahnen. Es wird deutlich, dass sich hieraus eine außerordentliche Komplexität ergibt, die mit hohen Anforderungen an die Steuerung und Leistungserbringung einhergeht. Dort, wo ein höherer Detaillierungsgrad zur Analyse notwendig wird, werden wir im Abschnitt zur exemplarischen Patientenreise einzelne Facetten der Gesundheitsversorgung der Bundeswehr ausführlicher darstellen und näher beleuchten.

Die skizzierten Ziele, zentralen Aufgaben und der komplexe Aufbau der Gesundheitsversorgung der Bundeswehr machen deutlich, wie vielschichtig und herausfordernd sich die Rahmenbedingungen der digitalen Transformation gestalten. Um in der Folge greifbarere Ansatzpunkte für Einsatzmöglichkeiten von KI erörtern zu können, hilft das Mittel der Patientenreise (vgl. Lindner 2018) mit exemplarischen, konkreten Anwendungsfällen.

## 4.3 Patientenreise

Die Patientenreise durch die Gesundheitsversorgung der Bundeswehr behandelt im Schwerpunkt den Aspekt Patientenversorgung und stellt exemplarische Anwendungsfälle aus einem Soldatenleben dar. Die gewählten Anwendungsfälle sind Einstellung, sektorenübergreifende Behandlung (im Rahmen einer Verletzung), Begutachtung (bspw. für den Auslandseinsatz), Verwundetenversorgung im Einsatz und schließlich die Entlassung zum Dienstzeitende (siehe Abb. 4.1) (vgl. Bundeswehr 2022).

**Einstellung** Die Begutachtung als Teil der Gesundheitsversorgung der Bundeswehr besteht aus wehrmedizinischer und sozialmedizinischer Begutachtung. Die wehrmedizinische Begutachtung aller Freiwilligenbewerberinnen und -bewerber dient der Feststellung der Dienst- und Verwendungsfähigkeit (gesundheitliche Eignung) und ist Bestandteil des medizinischen Assessments der Personalgewinnungsorganisation der Bundeswehr (vgl. BMVg 2016).

> *Die Patientenreise des Herrn Müller, der sich bei der Bundeswehr beworben hat, beginnt mit der Einladung zum medizinischen Assessment im Zuge der Eignungsfeststellung. Er wird im Karrierecenter der Bundeswehr wehrmedizinisch begutachtet (Vorbefunde, Anamnese, körperliche und apparative Untersuchungen). Anhand dieser Untersuchungsergebnisse wird die Verwendungsfähigkeit (Tauglichkeitsgrad) ermittelt. Im optimalen Fall wird Herr Müller eingestellt und zum Soldaten Müller* (vgl. Bundeswehr 2022).

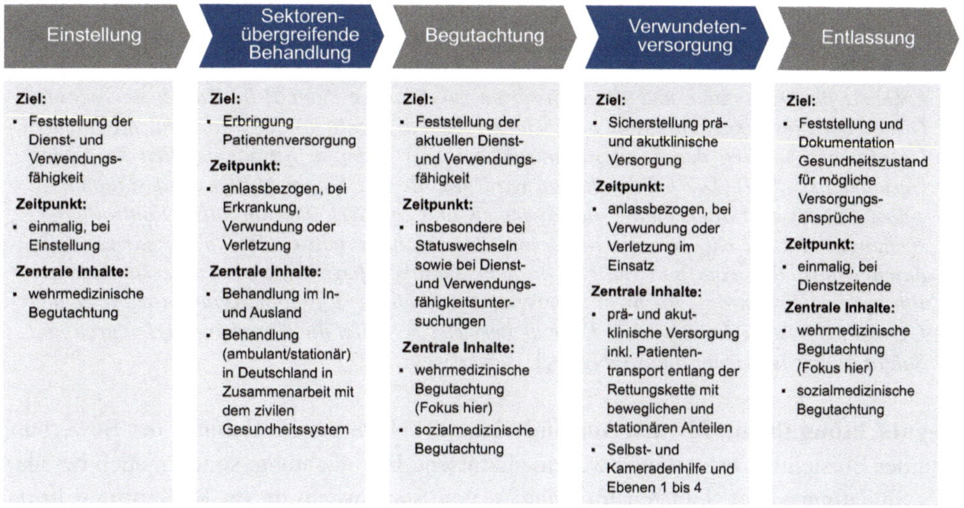


**Abb. 4.1** Patientenreise durch die Gesundheitsversorgung der Bundeswehr. (Quelle: Eigene Darstellung 2025)

**Sektorenübergreifende Behandlung** Die Gesundheitsversorgung der Bundeswehr gewährleistet mit ihrer außerordentlichen Breite an einsatzrelevanten interdisziplinären Fähigkeiten („All-Organ-Kompetenz") zur Patientenversorgung, dass „verwundete, verletzte und erkrankte Menschen [...] an 365 Tagen im Jahr, rund um die Uhr sowohl in den weltweiten Einsätzen als auch in Deutschland die bestmöglichen Behandlungsergebnisse und Überlebenschancen haben" (BMVg 2020). Dies geschieht in enger Zusammenarbeit und Abstimmung mit dem zivilen Gesundheitssystem der Bundesrepublik Deutschland. Getragen wird die Patientenversorgung im Inland durch ein Verbundsystem aus ambulanter und stationärer Versorgung, einschließlich der suffizienten Versorgung mit Arzneimitteln und Medizinprodukten. Sie besteht dabei aus präventiven, kurativen, rehabilitativen sowie begutachtenden Anteilen. Die Leistungen werden in den fünf Bundeswehrkrankenhäusern, den 129 Sanitätsversorgungszentren mit 21 kleineren Außenstellen („Haus- und Zahnarztpraxen"), den 15 Facharztzentren, den beiden Zentralen Instituten des Sanitätsdienstes der Bundeswehr, den vier Überwachungsstellen für Öffentlich-Rechtliche Aufgaben („Gesundheitsämter") sowie den sanitätsmateriallogistischen Einrichtungen („Apotheken") erbracht (vgl. BMVg 2016).

*Die Patientenreise des Soldaten Müller setzt sich hier mit einer Verletzung am rechten Fuß während des Dienstsports fort. Er meldet sich bei seiner zuständigen Truppenärztin und wird aufgrund seiner schmerzhaften Verletzung direkt untersucht. Unglücklicherweise ergibt sich hierbei der Verdacht auf eine Felsenbeinfraktur. Analgetika gibt die Truppenärztin – so wie auch alle anderen (Dauer-)Medikamente – unmittelbar an den Soldaten aus. Gleiches gilt für Unterarmgehstützen, die im Sanitätsversorgungszentrum vorrätig sind und ausgehändigt werden können. Zur Abklärung der Fraktur ist eine Röntgenuntersuchung notwendig, die im nahegelegenen Bundeswehrkrankenhaus durchgeführt wird. (Alternativ wäre hier auch eine*

*Überweisung an eine zivile radiologische Praxis möglich.) Auf dem Röntgenbild lässt sich eine Fraktur erkennen, die vermutlich nicht ohne operative Versorgung behandelt werden kann. Daher wird Soldat Müller von seiner Truppenärztin an eine Fachärztin oder einen Facharzt für Orthopädie und Unfallchirurgie zur Klärung der OP-Indikation überwiesen. Diese oder dieser sitzt entweder in einem der Facharztzentren oder in den Fachärztlichen Untersuchungsstellen der Bundeswehrkrankenhäuser (oder in Ausnahmefällen im zivilen Gesundheitssystem). Die OP-Indikation wird gestellt und Soldat Müller wird stationär in einem Bundeswehrkrankenhaus aufgenommen und operiert. Postoperative Kontrolluntersuchungen werden entweder im Bundeswehrkrankenhaus selbst oder im Facharztzentrum durchgeführt. Für eine notwendige häusliche Krankenpflege wird ein ziviler ambulanter Pflegedienst beauftragt. Auch die notwendige ambulante Physiotherapie wird im zivilen Gesundheitssystem durchgeführt. Erfreulicherweise schreitet die Genesung zügig voran und Soldat Müller ist wieder dienstfähig* (vgl. Bundeswehr 2022).

**Begutachtung (bspw. für den Auslandseinsatz)** Nicht nur im Rahmen der Bewerbung und der Einstellung erfolgt eine wehrmedizinische Begutachtung, sondern auch bei aktiven Soldatinnen und Soldaten im Rahmen von Statuswechseln (z. B. Berufung in das Dienstverhältnis eines Berufssoldaten („Beamter auf Lebenszeit")) sowie bei Dienst- und Verwendungsfähigkeitsuntersuchungen (z. B. Auslandsdienstverwendungsfähigkeit). Im Fokus steht dabei, dass die Soldatinnen und Soldaten gesundheitlich für die Teilnahme an Einsätzen geeignet sind und den Dienst ohne langfristige gesundheitliche Schäden bewältigen können. Diese wehrmedizinische Begutachtung aktiver Soldatinnen und Soldaten ist organisatorisch eng mit der ambulanten Patientenversorgung verknüpft (vgl. BMVg 2016).

Ergänzend sei hier noch die sozialmedizinische Begutachtung von gesundheitlichen Folgestörungen durch wehrdienstliche und wehrdienstbedingte Verhältnisse erläutert. Ihr Ziel ist es „neben einer frühzeitigen Einleitung möglicher Rehabilitationsmaßnahmen stets die Gewährleistung einer angemessenen Versorgung und Betreuung von Bundeswehrangehörigen, die in Ausübung ihres Dienstes im In- und Ausland Gesundheitsschäden erlitten haben, um eine möglichst durch die Schädigung nicht eingeschränkte Lebensweise sowie eine gleichberechtigte Teilhabe nachhaltig zu erreichen" (BMVg 2016).

*Der genesene und dienstfähige Soldat Müller soll in den Auslandseinsatz gehen und wird dementsprechend auf Auslandsdienstverwendungsfähigkeit begutachtet. Mit dem Begutachtungsergebnis „auslandsdienstverwendungsfähig" wird Soldat Müller in den Auslandseinsatz verlegt und kehrt aus diesem zurück. Im Rahmen der „Rückkehreruntersuchung" wird Soldat Müller erneut durch den Truppenarzt wehrmedizinisch begutachtet* (vgl. Bundeswehr 2022).

**Verwundetenversorgung im Einsatz** Schwerpunkt der Patientenversorgung im Einsatz ist die prä- und akutklinische Versorgung einschließlich des qualifizierten Patiententransports. Dies wird über eine sogenannte Rettungskette mit allen beweglichen und stationären Anteilen sichergestellt. Die Rettungskette umfasst als abgestuftes System von Behandlung und Transport

- die Selbst- und Kameradenhilfe am Ort der Verwundung,
- die Ebene 1 mit erster sanitätsdienstlicher und notfallmedizinischer Versorgung,
- die Ebene 2 mit erster chirurgischer und intensivmedizinischer Versorgung, ggf. ergänzt durch weitere klinische Fächer,
- die Ebene 3 mit der klinischen Akutversorgung im Einsatz und
- die Ebene 4 mit der abschließenden klinischen Versorgung inklusive medizinischer Rehabilitation in Deutschland.

Die Patientensteuerung erfolgt durch koordinierende Elemente, die „Patient Evacuation and Coordination Cell" („Patientenleitstellen") im Einsatz als Teil der Gefechtsstandorganisation und im Inland als Teil der Stabsorganisation (vgl. BMVg 2016).

Eine Besonderheit im Rahmen der Kameradenhilfe sind die Einsatzersthelferinnen und -helfer. Diese sind nicht-medizinisches Personal mit erweiterten medizinischen Fähigkeiten. Sie werden ausgebildet, um im Rahmen der erweiterten Selbst- und Kameradenhilfe unter Gefechtsbedingungen oder vergleichbaren Bedrohungssituationen lebensrettende Sofortmaßnahmen eigenverantwortlich durchzuführen. Diese ersten lebensrettenden Sofortmaßnahmen im Einsatz weichen teilweise erheblich von der im Inland zu erbringenden Ersten Hilfe und damit von zivilen Ausbildungsinhalten ab. Einsatzersthelferinnen und -helfer sind nur für den Einsatz autorisiert und qualifiziert, wenn Sanitätspersonal nicht oder nicht rechtzeitig verfügbar oder bereits gebunden ist. Sie handeln dabei lageabhängig eigeninitiativ oder auf Befehl im Rahmen einer Notkompetenz (vgl. KdoSanDstBw 2019).

Als vollständig integriertes Gesundheitssystem ist auch die Rehabilitation in der Gesundheitsversorgung der Bundeswehr abgebildet. Das Zentrum für Sportmedizin der Bundeswehr in Warendorf dient als Exzellenzzentrum für Rehabilitation somatischer Beeinträchtigungen und das Psychotraumazentrum der Bundeswehr in Berlin als Exzellenzzentrum für psychische Erkrankungsbilder mit komplexem Rehabilitationsbedarf (vgl. Lison et al. 2024).

*Soldat Müller gehört einem Panzergrenadierzug an. Dieser ist im Rahmen der Bündnisverteidigung gemeinsam mit multinationalen und deutschen Streitkräften in einer Region eingesetzt, die gegen einen Aggressor zu verteidigen ist. Während eines Aufklärungsauftrages kommt es zu einem Feindkontakt und Feuergefecht. Es gibt mehrere Verwundete, einer davon ist Soldat Müller. Der Zugführer befiehlt das Aufsuchen einer Deckung und die Einrichtung eines Verwundetensammelpunktes. Eine Einsatzersthelferin-B stellt im Rahmen der Kameradenhilfe beim Soldaten Müller eine Schusswunde im Abdomen und einen Schock fest. Die Einsatzersthelferin-B beginnt mit lebensrettenden Sofortmaßnahmen und meldet die Notwendigkeit des priorisierten Transportes. Durch den Kompaniegefechtsstand wird ein Beweglicher Arzttrupp („Notarztwagen") zum Verwundetensammelpunkt verlegt, der nach Übergabe durch die Einsatzersthelferin-B die weitere qualifizierte Patientenversorgung übernimmt. Es erfolgt der Transport zur Rettungsstation („Ebene 1"), wo Soldat Müller notfallmedizinisch stabilisiert wird. Aufgrund der unmittelbaren Indikation zur Notfalloperation wird Soldat Müller mittels Lufttransport in das Rettungszentrum („Ebene 2") verlegt und dort chirurgisch und anschließend intensivmedizinisch versorgt. Für die weitere intensivmedizinische Versorgung wird Soldat Müller in das Einsatzlazarett („Ebene 3") verlegt. Dort erfolgt eine Second-look Operation. Nach Stabilisierung des Patienten wird die Entscheidung getroffen, den Soldaten Müller nach Deutschland in ein Bundeswehrkrankenhaus („Ebene 4") zu repatriieren. Dort wird Soldat Müller noch eine Woche intensivmedizinisch versorgt, bevor er auf die chirurgische Normalstation verlegt wird. An den stationären Aufenthalt im Bundeswehrkrankenhaus schließt sich eine stationäre Rehabilitation in einer zivilen Einrichtung mit intensiver Physio- und Ergotherapie an. Nach vollständiger Genesung meldet sich Soldat Müller bei seinem Truppenarzt und kann den Dienst wieder aufnehmen* (vgl. Bundeswehr 2022).

**Entlassung zum Dienstzeitende** Wie zur Einstellung erfolgt auch am Ende der Dienstzeit eine wehrmedizinische Begutachtung u. a. mit dem Ziel, anhand einer umfassenden Dokumentation eine aussagekräftige und valide Basis potenzieller, künftiger Versorgungsansprüche zu schaffen.

*Am Ende der Dienstzeit von Soldat Müller erfolgt die Entlassungsuntersuchung, bevor er aus dem Wehrdienstverhältnis ausscheidet und seine Patientenreise durch die Gesundheitsversorgung der Bundeswehr endet* (vgl. Bundeswehr 2022).

## 4.4 Health Information Management System

Das Health Information Management System (HIMS) ist als zentrale Informations-, Integrations- und Kommunikationsplattform ausgelegt, die die Primärsysteme der Gesundheitsversorgung der Bundeswehr nicht ersetzt, sondern diese vernetzt und gemeinsam genutzte Daten, Informationen und Wissen zentral und eindeutig bereitstellt („single truth"). Das HIMS soll Abläufe zwischen den Primärsystemen der Teilorganisationen der Gesundheitsversorgung der Bundeswehr unter Einbeziehung von externen Partnern orchestrieren. Als kooperatives Instrument verbindet das HIMS alle an der Gesundheitsversorgung der Bundeswehr Beteiligten und Betroffenen, insbesondere sanitätsdienstliches Fachpersonal, Soldatinnen und Soldaten, Patientinnen und Patienten, Probandinnen und Probanden sowie Angehörige, Führungs- und Leitungspersonal, wissenschaftliches und Lehrpersonal und schließlich externe Partnerinnen und Partner (vgl. Bundeswehr 2022).

Somit ermöglicht das HIMS die Umsetzung digitaler Geschäfts- und Wirkmodelle, die Digitalisierung von Prozessen und die Vernetzung der gesamten Gesundheitsversorgung der Bundeswehr (vgl. Bundeswehr 2022). Das entwickelte Big Picture (siehe Abb. 4.2) vermittelt einen Überblick über die Rolle des HIMS bei der Digitalisierung der Gesundheitsversorgung der Bundeswehr.

Aus der Perspektive der Patientenversorgung, die in diesem Kapitel im Fokus steht, ist das HIMS die zentrale Plattform für den einrichtungsübergreifenden Informationsaustausch entlang dieser Patientenreise. Neben der reinen Unterstützung der Patientenversorgung ermöglicht das HIMS z. B. auf Basis konsolidierter, aggregierter, validierter und selektierter Daten transparente sowie ebenen- und zeitgerechte Entscheidungsprozesse (vgl. Bundeswehr 2019).

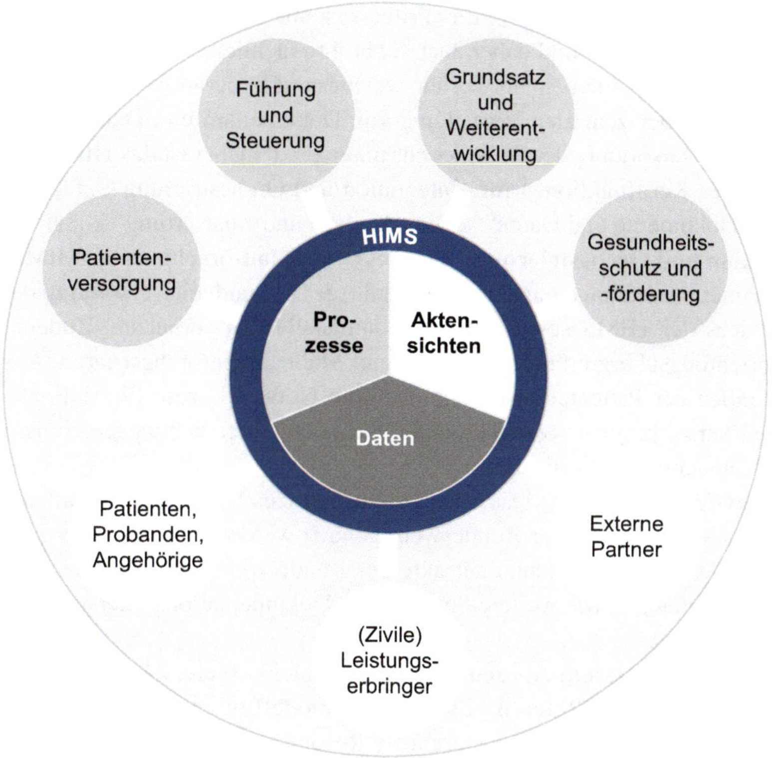


**Abb. 4.2** Health Information Management System. (Quelle: Eigene Darstellung 2025)

**Ziele des HIMS** Wesentliches Ziel des HIMS in der Patientenversorgung ist die Verbesserung der Versorgungs- und Begutachtungsqualität. Durch ein patienten- und behandlungszentriertes Wissensmanagement kann nicht nur die Informationslage in Behandlung und Begutachtung verbessert werden, sondern im Ergebnis auch die Evidenzbasierung der Maßnahmen wie Therapieentscheidungen, auch im Sinne der Patientensicherheit. Organisatorisch lässt sich über eine durchgehende Plattform die individuelle Versorgung von Patientinnen und Patienten über Einrichtungen und Professionen hinweg bruchfrei koordinieren. Behandlungs- und Begutachtungsmaßnahmen können rechtzeitig und angemessen veranlasst und durchgeführt sowie Durchlaufzeiten reduziert werden. Dies geschieht unter der Vermeidung von Doppeluntersuchungen (vgl. Bundeswehr 2022).

Neben dieser auf die Leistungserbringer zentrierten Sicht ist es selbstverständlich auch Ziel des HIMS, das Patienten-Empowerment zu unterstützen. Mit ausreichend Informationen und Wissen ausgestattet, werden die Patientinnen und Patienten in die Lage versetzt, aktiv an Entscheidungen teilzunehmen (vgl. Angelmar und Berman 2007).

Über die Patientenversorgung hinaus werden auch übergreifende Zielkategorien definiert, z. B. Interoperabilität, Organisation und Zusammenarbeit oder Kommunikations-, Dokumentations- sowie Entscheidungsunterstützung. Angesichts der Schwerpunktsetzung dieses Kapitels auf die Patientenversorgung werden diese Zielkategorien hier jedoch nicht näher beschrieben.

**Kernfunktionen** Das HIMS soll die Primärsysteme der Gesundheitsversorgung der Bundeswehr nicht ablösen und daher auch nicht ihre fachlichen Funktionen übernehmen. Es ist als verbindendes Element entworfen, welches mit Integrations- und Unterstützungsfunktionen sowie der zentralen Verwaltung von Dokumenten und Daten die Vernetzung der Gesundheitsversorgung der Bundeswehr unterstützt. Dabei ist das HIMS als zentrales System mit den Kernfunktionen für „Integration und Orchestrierung", „fachliche Unterstützung", „Dokumente und Daten" sowie „Analyse und Auswertung" konzipiert.

**Integration und Orchestrierung:** Als Integrationsplattform bietet das HIMS die Möglichkeit, Primäranwendungen und Medizingeräte der Gesundheitsversorgung der Bundeswehr, Services des HIMS sowie externe Schnittstellen zu vernetzen. Zudem kann das HIMS einrichtungsübergreifende Vorgänge und Maßnahmen orchestrieren. Aus den Anwendungsfällen der Patientenreise ergibt sich die Notwendigkeit, die stationäre mit der ambulanten Versorgung zu verzahnen und dabei auch Untersuchungsergebnisse im Rahmen der Begutachtung einzubeziehen.

**Fachliche Unterstützung:** Das HIMS stellt Services bereit, die von allen Prozessen der Gesundheitsversorgung der Bundeswehr genutzt werden können. Dazu zählen insbesondere die elektronische Gesundheitsakte der Bundeswehr, ein zentrales Produkt- und Auftragsmanagement sowie weitere Services zur Dokumentationsunterstützung und zum Terminmanagement.

**Dokumente und Daten:** Als zentraler Datenspeicher bietet das HIMS die Möglichkeit, Daten gemäß eines Referenz-Informationsmodell in enger Anlehnung an Health Level Seven Fast Healthcare Interoperability Resources (HL7 FHIR) zu speichern. Das Dokumentenmanagement des HIMS erlaubt es, Metadaten zu Dokumenten der Gesundheitsversorgung der Bundeswehr zu verwalten, so u. a. deren Ablageort. Das Multimedia-Archiv ist eine zentrale Ablage für beliebige Dokumenten- und Medientypen und fungiert als Langzeitspeicher. Services zum Mapping und zur Plausibilisierung von Daten unterstützen den Datenaustausch zwischen Systemen. Services für die semantische Analyse erlauben die Ableitung von strukturierten Daten und Informationen aus Texten und Dokumenten. Eine Suchmaschine unterstützt Nutzer beim Auffinden von Dokumenten und Daten.

**Analyse und Auswertung:** Als zentrale Auswerte- und Analyseplattform stellt das HIMS Werkzeuge bereit, um Daten zu anonymisieren, zu pseudonymisieren und zu transformieren und so für Analyse- und Reportingzwecke aufzubereiten. Ergänzend sollen Analyse- und Reportingwerkzeuge bereitgestellt werden, um die Daten zusammenzustellen, Dashboards darzustellen sowie vorbereitete Reports zeitgesteuert an festgelegte Adressaten zu verteilen (vgl. Bundeswehr 2022).

**HIMS und Künstliche Intelligenz** Das HIMS als zentrale Informations-, Integrations- und Kommunikationsplattform führt unweigerlich und völlig intendiert zu enormen Datenmengen, liebevoll der „Datenschatz" der Gesundheitsversorgung der Bundeswehr genannt: Daten, Informationen und Wissen aus einem eigenen sektorenübergreifenden Gesundheitssystem, nicht nur bezogen auf Krankheiten, sondern auch longitudinal zur

Gesundheit der Soldatinnen und Soldaten. Die wesentliche Leistung schon bei der Konzeption des Referenz-Informationsmodell wird sein, die unübersichtlichen und komplexen Daten aus den unterschiedlichen Primärsystemen zu standardisieren. Dies ist zwingende Voraussetzung für eine anschließende Analyse. Hier wird im Kontext HIMS der Schwerpunkt von Anwendungen Künstlicher Intelligenz liegen. „Mithilfe von Künstlicher Intelligenz können Muster und Zusammenhänge entdeckt, gedeutet, verwaltet und genutzt werden.“ (Pfannstiel 2022) „Die intelligente Aggregation, Analyse und Auswertung [...] anfallender Informationen im Sinne von „Medical Big Data“ ist [...] kein Selbstzweck. Vielmehr trägt auch sie zur allgemeinen Verbesserung der Behandlungsqualität in der Patientenversorgung und zur Gewinnung von entscheidungsrelevanten Informationen für eine fakten- und evidenzbasierte Planung, Führung und Steuerung des militärischen Gesundheitssystems bei“ (Bundeswehr 2019). Selbstverständlich sind die Aspekte des Datenschutzes, der Informations- und militärischen Sicherheit von Beginn an zu berücksichtigen.

## 4.5 Einsatzmöglichkeiten von Künstlicher Intelligenz

Im Verständnis des Begriffes „Künstliche Intelligenz“ folgen wir in diesem Beitrag der Strategie zur Künstlichen Intelligenz der Bundesregierung und orientieren uns an der sogenannten „schwachen“ KI, die sich auf „Lösung konkreter Anwendungsprobleme auf Basis der Methoden aus der Mathematik und Informatik“ (BReg 2018) fokussiert. Diese Systeme sind zur Selbstoptimierung fähig und imitieren Aspekte der menschlichen Intelligenz.

Nachdem in den vorangehenden Abschnitten bereits die einzelnen, exemplarischen Stationen einer Patientenreise durch die Gesundheitsversorgung der Bundeswehr skizziert und die Ziele sowie die Kernfunktionen des HIMS erläutert worden sind, lassen sich beide Perspektiven zur Identifikation und Kurzbewertung von möglichen Einsatzfeldern für KI-Anwendungen verschränken und als Analyserational nutzen. So werden wir an jedem Anwendungsfall der Patientenreise beispielhaft eine Kernfunktion des HIMS erläutern. Selbstverständlich werden alle Kernfunktionen in allen Anwendungsfällen ihre Wirkung entfalten. Um den Rahmen in diesem Beitrag nicht zu sprengen, folgt die nachfolgende Analyse dabei der in der folgenden Abbildung (siehe Abb. 4.3) dargestellten Auswahl der Schwerpunkte.

Im Rahmen der Einstellung als erstem Schritt durch die Patientenreise der Gesundheitsversorgung der Bundeswehr mit dem Ziel der Feststellung der Dienst- und Verwendungsfähigkeit kommt der HIMS Kernfunktion **Dokumente und Daten** eine herausragende Bedeutung zu. Schließlich werden hier sowohl die Verknüpfung zwischen unterschiedlichen „zivilen“ Vorbefunden und weiteren Daten als auch der originäre, soldatenbezogene Datenspeicher in der Gesundheitsversorgung der Bundeswehr geschaffen. Mit diesem Blick auf das HIMS und die große Menge an Daten, Informationen und Wissen stehen induktive Analyseverfahren im Allgemeinen und im Besonderen das Ma-

| | Einstellung | Sektoren-übergreifende Behandlung | Begutachtung | Verwundeten-versorgung | Entlassung |
|---|---|---|---|---|---|
| **Integration und Orchestrierung** | | | X | | |
| **Fachliche Unterstützung** | | X | | | |
| **Dokumente und Daten** | X | | | | X |
| **Analyse und Auswertung** | | | | X | |

**Abb. 4.3** Analyseraster anhand ausgewählter Anwendungsfälle und Kernfunktionen des HIMS. (Quelle: Eigene Darstellung 2025)

schinelle Lernen zur Musteranalyse und Mustererkennung im Vordergrund. Dies schließt computerlinguistische Verfahren für frei formulierte Texte mit ein. Mögliche zu erkennende Muster können z. B. eine personalisierte Prävention für die künftige Dienstzeit ermöglichen. Basierend auf den Daten der wehrmedizinischen Begutachtung und den longitudinalen Datenströmen können streitkräftespezifische Risikokonstellationen erkannt und individuelle Strategien und Maßnahmen abgeleitet werden. Dabei entfalten die mithilfe performanter, KI-basierter Werkzeuge aufbereiteten Daten erst im Wechselspiel mit der Kontextualisierung durch menschliches Fachpersonal ihr größtmögliches Anwendungspotenzial bei der Einstellung von Freiwilligenbewerberinnen und -bewerbern. Beispielhaft seien hier die individuelle Resilienz für Hitzestress (vgl. NATO 2024) oder die Risikofaktoren für Übergewicht und muskuloskelettale Erkrankungen genannt. Auch Beispiele für datengetriebene Vorhersagemodelle wurden bereits veröffentlicht: Für 20 verschiedene Krebsarten konnte anhand der Daten des dänischen Gesundheitsregisters das individuelle Risiko vorhergesagt werden (vgl. Jung et al. 2024). Unter Verwendung der elektronischen Gesundheitsakte der walisischen Primärversorgung, verknüpft mit dem Brecon Register, wurde die Diagnose eines Typ-1 Diabetes bei Kindern unter Verwendung eines Machine-Learning-Algorithmus prognostiziert (vgl. Daniel et al. 2024). Bereits bei Einstellung können so durch Präzisionsprävention unter Umständen unnötige Verwendungsausschlüsse vermieden und so Potenziale genutzt werden, die sonst anhand von starren Vorgaben ausgemustert worden wären.

Diese Betrachtung geht selbstverständlich über die aktive Dienstzeit hinaus. Die dokumentierten und auswertbaren Herausforderungen des Soldatenberufs in Kombination mit den Gesundheitsinformationen der einzelnen Soldatin oder des einzelnen Soldaten ermöglichen im Kontext der Funktion Dokumente und Daten des HIMS auch im letzten Schritt der Patientenreise durch die Gesundheitsversorgung der Bundeswehr im Zuge der abschließenden, wehrmedizinischen Begutachtung zur Entlassung am Dienstzeitende eine Prognose zukünftiger Gesundheitsrisiken und empfehlen personalisierte Präventionsprogramme. Diese können in der Folge durch die ehemaligen Soldatinnen und Soldaten an zivile Haus- und/oder Facharztpraxen übergeben und dort als Grundlage für ein zielgerichteteres, risikobasiertes Patientenmonitoring nach der aktiven Dienstzeit verwendet werden.

Die sektorenübergreifende Behandlung als ein zentrales Leistungsversprechen der Bundeswehr gegenüber ihren Soldatinnen und Soldaten ist in der modernen, medizinischen Versorgung auf eine reibungslose, digitale Prozessierung auf Basis einer einheitlichen Datengrundlage angewiesen. Daraus leitet sich unmittelbar die fundamentale Bedeutung der Kernfunktion **Fachliche Unterstützung** des HIMS für diesen Anwendungsfall der Patientenreise ab - konkret insbesondere in Form der elektronischen Gesundheitsakte der Bundeswehr. Für die fortgeschrittene Nutzbarmachung von initial im HIMS vorstrukturierten, teilweise vollständigen und komplexen Daten aus den verschiedenen Primärsystemen können KI-Anwendungen einen entscheidenden Beitrag leisten, indem sie für menschliche Nutzerinnen und Nutzer zunächst nicht erkennbare Zusammenhänge fortschreiben, systematisieren und aufbereiten. So gewonnene Erkenntnisse aus „Medical Big Data" steigern schließlich die individuelle Behandlungsqualität und systematische Effizienz in der Patientenversorgung der Bundeswehr, z. B. in den Bundeswehrkrankenhäusern oder Sanitätsversorgungszentren sowie ihrer externen Partner. Wenn wir vor dem Hintergrund der sektorenübergreifenden Behandlung und des HIMS als zentrale Plattform für den einrichtungsübergreifenden Informationsaustausch die Einsatzmöglichkeiten von KI analysieren, stellen wir fest, dass ein Großteil der Patientenversorgung in der Bundeswehr vergleichbar und sehr ähnlich mit der Patientenversorgung im zivilen Gesundheitssystem ist. Daher kann und wird die Gesundheitsversorgung der Bundeswehr in diesen Anteilen an den Entwicklungen im zivilen Kontext teilhaben und kann diese ggf. aufgrund der von weniger Lobbyinteressen dominierten Patientenversorgung pilotieren und vorantreiben. Wir wollen dementsprechend den Schwerpunkt der Analyse auf die anderen Anwendungsfälle der Patientenreise legen, bei denen die spezifischen Anforderungen von Streitkräften deutlich werden. Die Einsatzmöglichkeiten von KI in der sektorenübergreifenden Behandlung, die sowohl im zivilen Gesundheitssystem als auch in der Gesundheitsversorgung der Bundeswehr genutzt werden können, werden in anderen Beiträgen dieses Buches vorgestellt und analysiert.

Die Verwundetenversorgung im Einsatz anhand der verschiedenen Ebenen der Rettungskette stellt einen originär militärischen Anwendungsfall innerhalb der skizzierten Patientenreise dar, der in Verbindung mit der HIMS Funktion **Analyse und Auswertung** wertvolle Informationen im Rahmen der Einsatzauswertung liefert. Neben der allgemeinen Verbesserung der Behandlungsqualität in allen Ebenen der Rettungskette, ist auch die Patientensteuerung ein wesentlicher Ansatzpunkt für Anwendungsmöglichkeiten Künstlicher Intelligenz. Welcher Patient mit welchem Patiententransportmittel in welche Sanitätseinrichtung mit welcher wie qualifizierten Begleitung und welcher Priorität transportiert wird, ist eine Kernfragestellung der Patientensteuerung. Um diesen Fragenkomplex beantworten zu können, werden zum einen Daten über die zu transportierende Person benötigt. Tragbare Sensoren, z. B. durch Smart Textiles in moderne Kampfausrüstung und -kleidung integriert, liefern bereits vor der Verwundung/Verletzung physiologische, biologische und Umgebungsdaten (vgl. Scheit 2021). Diese Sensoren zeichnen Daten aber auch über den Zeitpunkt der Verwundung/Verletzung hinaus auf. All diese Daten können im Rahmen einer Triage automatisiert und KI-unterstützt verarbeitet werden (vgl. Kim et al. 2018). Zum anderen werden aber auch Daten über verfügbare (personelle, materielle, infrastrukturelle) Ressourcen für das notwendige Lagebild gebraucht, um darauf aufsetzend, schnelle Entscheidungen zu ermöglichen (vgl. Schubert et al. 2018). Neben diesen unmittelbaren Auswertemöglichkeiten ist es ferner mit wachsendem Datenbestand denkbar, auch Zusammenhänge zwischen ähnlichen Einsatzszenarien oder über verschiedene Zeithorizonte hinweg zu detektieren. Wiederkehrende, typische Verletzungsmuster von Soldatinnen und Soldaten können so bereits im Vorfeld Hinweise für sanitätsdienstliche Aspekte der Einsatzplanung etwa bei dem erwarteten Verbrauch von Sanitätsmaterial geben und bei der benötigten Versorgung mit diesem zielgerichteter berücksichtigt werden. Zusätzlich sei hier noch einmal hervorgehoben, dass solche Erkenntnisse der Langzeitbetrachtung beispielsweise auch im Zusammenhang mit Rehabilitationsmaßnahmen nutzbar gemacht werden können.Ebenso ist neben dem individuellen Ansatz – Schutz, Erhaltung und Wiederherstellung der Gesundheit einzelner Soldatinnen und Soldaten – aufgrund der streitkräftebedingten Besonderheiten im Verständnis der „Gesunderhaltung der eingesetzten Truppe zum Erhalt der militärischen Operabilität und Einsatzfähigkeit" (Morwinsky und Rieck 2022) die Betrachtung des Kollektivs, im Sinne der Force Health Protection, notwendig. Infektionserkrankungen haben hierbei eine besondere Bedeutung. Selbst relativ „harmlose" Erkrankungen stellen ein operatives Problem dar, wenn ein Großteil des eingesetzten Personals betroffen ist und ausfällt (vgl. ebd.). So konnte mithilfe eines Deep-Learning-Ansatzes durch Syndromüberwachung für COVID-19 und andere grippeähnliche Erkrankungen ein Frühwarnsystem vor Ausbrüchen gezeigt werden (vgl. Wen et al. 2021).

Im Zuge der wehrmedizinischen Begutachtung als weiterem Anwendungsfall der Patientenreise der Gesundheitsversorgung der Bundeswehr stellt neben der bereits dargestellten Kernfunktion Dokumente und Daten die sogenannte **Integration und Orchestrierung** des HIMS etwa im Zusammenhang mit Dienst- und Verwendungsfähigkeitsuntersuchungen (bspw. für Auslandseinsätze) eine tragende Säule dar. Diese basiert maßgeblich auf dem Einsatz der Integrationsplattform, welche das HIMS im Zielzustand darstellt. Eine solche Plattform ermöglicht es, die ambulante und die stationäre Versorgung so effektiv zu verzahnen, dass fortlaufende Begutachtungsergebnisse mit zusätzlichen Informationen angereichert werden können. Für die Zwecke einer Patientenreise können KI-Anwendungen insbesondere dabei helfen, unterschiedliche Gesundheitsinformationen verschiedener Systeme und Quellen im Sinne der einzelnen Soldatin oder des einzelnen Soldaten weiter zu integrieren, mit Modelldaten zu komplettieren und so aufzubereiten, dass die Prognose zukünftiger Gesundheitsrisiken und Empfehlungen entsprechender Indikationen deutlich werden.

Über das eingangs geschilderte Analyserational drängen sich zwei weitere Anwendungsgebiete von KI auf: Entscheidungsunterstützungs- und autonome Systeme.

So ist das HIMS Grundlage für wissensbasierte Systeme mit Möglichkeiten zur Modellierung und Erhebung von Wissen sowie für Entscheidungsunterstützungssysteme. Neben Entscheidungen für die Patientenversorgung werden auf der Basis aggregierter Daten auch entscheidungsrelevante Informationen für eine fakten- und evidenzbasierte Planung, Führung und Steuerung des militärischen Gesundheitssystems gewonnen. Aus rein militärischer Betrachtung sind KI-gestützte Entscheidungsunterstützungssysteme zweckmäßig, wenn sie einen Zeitvorteil liefern oder den Menschen bei einer zu großen Anzahl an Handlungsalternativen auch mit Vorhersagen unterstützen. Wer schneller und besser Entscheidungen trifft, kann einen operativen Vorteil gegenüber seinem Gegner erlangen (vgl. Schubert et al. 2018).

Mit Blick auf die gesamte Patientenversorgung geraten auch autonome Systeme in den Blick. So erprobt die Bundeswehr aktuell die Drohne „Grille" für den Verwundetentransport (vgl. Sauer und Werner 2024). Die Einsatzmöglichkeiten von Transportdrohnen beschränken sich dabei nicht auf Patientinnen und Patienten. Transportdrohnen können auch die Sanitätsmateriallogistik unterstützen. Zum Beispiel muss nicht die oder der Verwundete zur knappen Ressource Blutprodukt transportiert werden, sondern es kann auch umgekehrt funktionieren. Ferner kann die Bevorratung quantitativ angepasst werden, wenn autonome Nachschubwege sichergestellt sind.

**Risiken und Nebenwirkungen** Unstrittig ist, dass die Patientenversorgung, ob nun im zivilen Gesundheitssystem oder in der Gesundheitsversorgung der Bundeswehr, durch KI-Unterstützung verbessert werden kann (vgl. Wehkamp et al. 2023). Doch neben den offensichtlichen Chancen bei der Nutzung von KI müssen auch die Risiken diskutiert werden. Denn ebenso unstrittig ist, dass die Qualitätsanforderungen an eine KI, die in der Gesundheitsversorgung oder in den Streitkräften genutzt wird, höher sind, als an eine generative KI für Jedermann, z. B. zur Produktion von Texten (vgl. Ong et al. 2024) und/oder Bildern.

Wenn der „Datenschatz" der Gesundheitsversorgung der Bundeswehr mit Methoden der Künstlichen Intelligenz nutzbar gemacht werden soll, gilt es, den sogenannten KI-Bias zu vermeiden. Ursache eines KI-Bias können unvollständige oder nicht repräsentative Daten selbst oder auch fehlerhafte Annahmen im Lernprozess sein. Infolge dessen liefert der Algorithmus, besonders im Kontext des Maschinellen Lernens, verzerrte Ergebnisse. In der Konsequenz braucht es daher für das Training einer leistungsstarken KI nicht nur umfangreiche Daten, sondern auch solche, die „FAIR" sind (Findable (Auffindbar), Accessible (Zugänglich), Interoperable (Interoperabel), Reusable (Wiederverwendbar)) (vgl. Haserück 2024). Auch deswegen war und ist die Standardisierung von Daten ein wesentlicher Schwerpunkt der Gesetzgebung zur Digitalisierung im Gesundheitswesen. Während im Rahmen der Einführung des HIMS die technischen Aspekte der Datenqualität verbessert werden können, bleibt die Frage nach der Repräsentativität der Daten Betrachtungsgegenstand weiterer Forschung. Technisch können wir die FAIR-Prinzipien berücksichtigen und umsetzen und bestehende, internationale Standards nutzen. Die Möglichkeiten eine demografische und patientenbezogene Diversität abzubilden bleiben für die Bundeswehr beschränkt.

Im Kontext der Entscheidungsunterstützung und der autonomen Systeme ist immer die Mensch-Maschinen-Interaktion bzw. das Manned-Unmanned-Teaming (MUM-T) zu diskutieren. Die Maschine soll den Menschen unterstützen, die Entscheidung dem Menschen aber nicht abnehmen, da nur der Mensch die rechtlichen und ethischen Implikationen abschätzen und verantworten kann. Eine eingängige Metapher für das erstrebenswerte Mensch-Maschine-Team bietet die griechische Mythologie mit dem Vergleich zwischen dem Zentauren und dem Minotaurus. Beim Zentauren, einem Mischwesen aus dem Körper eines Pferdes und dem Kopf eines Menschen, denkt, urteilt, entscheidet und verantwortet der Mensch. Dabei wird der Mensch durch die Fähigkeiten, z. B. die Muskelkraft des Pferdekörpers, unterstützt. Übertragen stellt die KI ihre Sensoren und Effektoren dem Menschen zur Verfügung, der die Kontrolle über die Maschine behält. Im Gegensatz dazu steht der Minotaurus, auch ein Mischwesen, aber mit menschlichem Körper und einem Stierkopf. Der Mensch verliert die Kontrolle – „Meaningful Human Control" – und die Maschine dirigiert (vgl. Sauer und Werner 2024).

Übertragen auf die Patientenversorgung ist nicht die KI gewollt, die Röntgenbilder der Mammografie automatisiert befundet, eine Diagnose stellt und die Therapie einleitet, sondern das Team aus interdisziplinären Ärztinnen und Ärzten, die KI-gestützt das Karzinom frühzeitig und zuverlässig entdecken (vgl. Leibig et al. 2022) sowie dann gemeinsam mit der dank „Patient-Empowerment" gut informierten Patientin Therapieentscheidungen abwägen und treffen.

Neben der spannenden Diskussion, ob Leistungserbringer akzeptieren, dass KI sie in ihren Tätigkeiten und Entscheidungen unterstützt, zeigt sich eine Voreingenommenheit, z. B. Anti-KI Bias, auch auf Patientenseite. So zeigten Patientinnen und Patienten eine geringere Bereitschaft, einem medizinischen Ratschlag zu folgen, wenn sie glaubten, dass eine KI an der Erstellung beteiligt war (vgl. Reis et al. 2024).

Die Verfahren der Künstlichen Intelligenz im Kontext HIMS und einer Patientenreise durch die Gesundheitsversorgung der Bundeswehr werden dort genutzt, wo aufgrund der Quantität und/oder Qualität der Daten eine Verarbeitung durch Menschen nicht mehr sinnvoll realisiert werden kann. KI-Verfahren erkennen und lesen nicht nur Daten, sondern interpretieren diese und können innerhalb der Daten Muster erkennen und aufzeigen. KI kann Prognosen und weitere Schritte ableiten, Lösungswege ausprobieren und optimieren und schließlich Entscheidungen unterstützen (vgl. Bundeswehr 2022).

Dem Einsatz von Künstlicher Intelligenz im zivilen Gesundheitssystem, in der Gesundheitsversorgung der Bundeswehr und generell in den Streitkräften ist gemein, dass die genannten und aufgezeigten Verfahren einen unterschiedlichen technischen Reifegrad in Bezug auf Forschung und Entwicklung haben. Während manche KI-Verfahren ausgereift und marktverfügbar sind, bedürfen andere Bereiche noch grundlegender Forschung, z. B. spieltheoretische Tools zur Vorhersage gegnerischer Aktionen (vgl. Schubert et al. 2018). Doch auch dort, wo bereits marktverfügbare Lösungen existieren, besteht im dargestellten Umfeld das Risiko der langwierigen Entwicklung komplexer individueller Softwarelösungen. Ursächlich hierfür ist, dass es bei der Einführung digitaler Technologien wie KI-Anwendungen häufig zielführend wäre, die zugrunde liegenden Prozesse teilweise oder gänzlich neu aufzusetzen (vgl. Serf et al. 2024). Hier entstehen jedoch regelmäßig starke Widerstände auf Seiten der handelnden Akteure begünstigt durch Risikoaversion bei Mitarbeiterinnen und Mitarbeitern sowie Führungskräften und Vorbehalte, Prozesse neu zu denken oder zu adaptieren. Anstelle der Bevorzugung von Marktlösungen werden daher in der Praxis häufig komplexe Eigenentwicklungen angestrebt (vgl. Serf et al. 2024). Bei all dem Hype um Künstliche Intelligenz gilt es letztlich herauszufinden, was ist wirklich „nützlich", was wird von den Akteuren „akzeptiert" und was ist politisch, rechtlich sowie ethisch „verantwortbar" (vgl. Sauer und Werner 2024).

## 4.6 Schlussbetrachtungen

Ziel dieses Buchbeitrages war es, die Einsatzmöglichkeiten von KI zur Unterstützung und Verbesserung einer exemplarischen Patientenreise durch die Gesundheitsversorgung der Bundeswehr systematisch anhand ausgewählter Kernfunktionen des HIMS zu untersuchen und Streitkräftespezifika herauszuarbeiten. Durch die Analyse der technologischen Innovationen und deren Interaktion mit den spezifischen Anforderungen der wehrmedizinischen Versorgung sollte ein fundiertes Verständnis für die Integrationspotenziale von KI in diesem sensiblen Bereich geschaffen werden.

Es wurde deutlich, dass – mit der naheliegenden Ausnahme der Verwundetenversorgung im Einsatz – ein Großteil der Anforderungen an die Patientenversorgung der Bundeswehr vergleichbar oder sehr ähnlich mit denen an die Patientenversorgung im zivilen Gesundheitssystem ist. Mit dem HIMS geht die Bundeswehr den Weg hin zu einer zentralen Gesundheitsdatenplattform. Anwendungen der schwachen KI insbesondere aus dem Bereich des Maschinellen Lernens können hier gerade in der fortgeschrittenen Nutzbarmachung des „Datenschatzes" einen entscheidenden Beitrag leisten, indem sie Zusammenhänge aufbereiten und Muster ableiten. Diese Erkenntnisse aus „Medical Big Data" ergänzt um die Kontextualisierung und abschließende Befundung durch menschliches Fachpersonal steigern sowohl die individuelle Behandlungsqualität als auch die systematische Effizienz in der Patientenversorgung der Bundeswehr und können gleichzeitig das Personal substanziell unterstützen. Zwingende Voraussetzung für datengetriebene Anwendungsmöglichkeiten von KI und das Vermeiden eines KI-Bias aufgrund unzureichender Trainingsdaten ist die konsequente Orientierung an Datenqualitätsstandards wie beispielsweise „FAIR". Ansonsten gilt das altbekannte Konzept der Informatik: „Garbage In, Garbage Out".

Am Beispiel „Verwundetenversorgung im Einsatz" wurden die Besonderheiten und speziellen Anforderung an KI-Anwendungen im Kontext der Streitkräfte deutlich. Neben dem zusätzlichen, nicht nur zeitlichen Entscheidungsdruck mit (menschlich) kaum abzuschätzenden Konsequenzen kommen weitere Risiken und Limitationen hinzu. Diese bestehen insbesondere im Ausfall oder der Aufklärung und Manipulation notwendiger Netz- und Hardware-Infrastrukturen bzw. der zugrunde liegenden Daten und Informationen durch den Feind. Bei der Nutzung von KI-Anwendungen im Gefechtsumfeld gilt es daher immer auch die Notwendigkeit analoger Redundanzen – im scharfen Kontrast zu den Erfordernissen der zivilen oder heimatnahen Gesundheitsversorgung – mit zu betrachten, was bisher nur wenig systematisch erfolgt und einer weiteren Analyse wert wäre.

Für sämtliche KI-Anwendungen gilt, dass diese trotz aller vielversprechenden Perspektiven nur dann in der Versorgungsrealität ankommen werden, wenn ihr Einsatz von allen Akteuren akzeptiert wird. Zu diesen Akteuren gehören nicht nur die Anwenderinnen und Anwender auf Seiten der Leistungserbringer, sondern auch die Patientinnen und Patienten. Sie alle müssen gemeinsam Vertrauen in die Nützlichkeit der Anwendung haben. Der Weg der Integration in die Patientenreise kann nur ein – für das System Bundeswehr herausfordernder – dynamischer Prozess sein, der kontinuierlich evaluiert und angepasst werden muss. Die Balance zwischen technologischem Fortschritt und seinen Chancen sowie der Bewältigung damit verbundener Risiken wird letztlich entscheidend dafür sein, wie erfolgreich diese Technologien zum Wohle der Soldatinnen und Soldaten sowie Mitarbeiterinnen und Mitarbeiter der Bundeswehr eingesetzt werden können.

**Danksagung** Unser Dank gilt den Mitgliedern der Multiplikatorengruppe Digitalisierung der Gesundheitsversorgung der Bundeswehr. Die kritische Auseinandersetzung mit den Zwischenständen war von unschätzbarem Wert für die Fertigstellung dieses Beitrags. Die detaillierten Rückmeldungen, konstruktiven Kritiken und das beständige Hinterfragen haben wesentlich dazu beigetragen, die Qualität und Relevanz zu erhöhen. Für die inspirierenden Diskussionen und die anregende Zusammenarbeit bedanken wir uns herzlich bei jeder und jedem Einzelnen.

## Literatur

Angelmar R. & Berman P. C. (2007) Patient empowerment and efficient health outcomes. In: Cox P. (Ed.). Financing sustainable healthcare in Europe: new approaches for new outcomes. Ministry of Health Luxembourg (Ed.). Luxembourg. pp. 139–160

Becker P. (2019) Die „Digitale Gesundheitsversorgung“ – der Sanitätsdienst als Vorreiter(?). In: Wehrmed Monatsschrift. 63:209–212

Becker P. & von Schassen C. (2021) Diversität und Digitalisierung. In: Senger U. (Hrsg.). Qualitätsoffensive Diversität: Nachwuchsgewinnung und -bildung in verschiedenen Berufsfeldern. wbv Media GmbH & Company KG. Bielefeld. S. 49–72

BMVg (2020) Fachstrategie Gesundheitsversorgung der Bundeswehr. Bundesministerium der Verteidigung (BMVg, Hrsg.). Bonn.

BMVg (2016) Konzept Gesundheitsversorgung der Bundeswehr. Bundesministerium der Verteidigung (BMVg, Hrsg.). Bonn.

BReg (2018) Strategie Künstliche Intelligenz der Bundesregierung. Bundesregierung (BReg, Hrsg.). Berlin.

Bundeswehr (2022) Gesamtkonzeption Health Information Management System für die Gesundheitsversorgung der Bundeswehr (HIMS). Bundeswehr (Hrsg.). Bonn.

Bundeswehr (2019) NAV-01: Health Information Management System Gesundheitsheitsversorgung der Bundeswehr. Bundeswehr (Hrsg.). Bonn.

Daniel R., Jones H., Gregory J. W., Shetty A., Francis N., Paranjothy S. & Townson J. (2024) Predicting type 1 diabetes in children using electronic health records in primary care in the UK: development and validation of a machine-learning algorithm. Lancet Digit Health. 6(6):e386–e395. https://doi.org/10.1016/S2589-7500(24)00050-5

Haserück A. (2024) Blickwinkel: Wie kann man Bias in KI vermeiden? Dtsch Ärztebl Int. 121(5):A-324/B-296.

Jung A. W., Holm P. C., Gaurav K., Hjaltelin J. X., Placido D., Mortensen L. H., Birney E., Brunak S., Gerstung M. (2024) Multi-cancer risk stratification based on national health data: a retrospective modelling and validation study. Lancet Digit Health. 6(6):e396–e406. https://doi.org/10.1016/S2589-7500(24)00062-1

Kim D., You S., So S., Lee J., Yook S., Jang D. P., Kim I. Y., Park E., Cho K., Cha W. C., Shin D. W., Cho B. H. & Park H.-K. (2018) A data-driven artificial intelligence model for remote triage in the prehospital environment. PLOS ONE. 13(10):e0206006. https://doi.org/10.1371/journal.pone.0206006

KdoSanDstBw (2019) Sanitätsausbildung von Nicht-Sanitätspersonal. Kommando Sanitätsdienst der Bundeswehr (KdoSanDstBw, Hrsg.). Koblenz.

Legner C., Eymann T., Hess T., Matt C., Böhmann T., Drews P., Mädche A., Urbach N. & Ahlemann F. (2017) Digitalization: opportunity and challenge for the business and information systems engineering community. Bus Inf Syst Eng. 59:301–308

Leibig C., Brehmer M., Bunk S., Byng D., Pinker K. & Umutlu L. (2022) Combining the strengths of radiologists and AI for breast cancer screening: a retrospective analysis. Lancet Digit Health. 4(7):e507–e519. https://doi.org/10.1016/S2589-7500(22)00070-X

Lindner H.-G. (2018) Simulierte Patientenreisen für Service Design im Gesundheitswesen – Patient Journey meets Simulation. In: Pfannstiel M. A., Krammer S., Swoboda W. (Hrsg.). Digitale Transformation von Dienstleistungen im Gesundheitswesen IV: Impulse für die Pflegeorganisation. Springer Gabler Verlag, Wiesbaden, S. 213–229

Lison A., Fiala R., von Uslar R. (2024) Rehabilitation in der Bundeswehr–Erfordernis und Verpflichtung. In: Wehrmed Monatsschrift. 68(3):69–73

Morwinsky T. & Rieck F. (2022) Force Health Protection im Einsatz – eine interdisziplinäre Aufgabe. In: Wehrmed Wehrpharm. 46(3):34–35

NATO (2024) Big Data in The Military: Integrating Genomics into the Pipeline of Standard-Care Testing and Treatment. North Atlantic Treaty Organization (NATO, Ed.). Brüssel.

Ong J. C. L., Chang S. Y.-H., William W., Butte A. J., Shah N. H., Chew L. S. T., Liu N., Doshi-Velez F., Lu W., Savulescu J. & Ting D. S. W. (2024) Ethical and regulatory challenges of large language models in medicine. Lancet Digit Health. 6(6):e428–e432. https://doi.org/10.1016/S2589-7500(24)00061-X

Pfannstiel M. A. (2022) Einleitung „Künstliche Intelligenz im Gesundheitswesen“. In: Pfannstiel M. A. (Hrsg.). Künstliche Intelligenz im Gesundheitswesen: Entwicklungen, Beispiele und Perspektiven. Springer Gabler Verlag, Wiesbaden, S. 1–47

Reis M., Reis F. & Kunde W. (2024) Influence of believed AI involvement on the perception of digital medical advice. Nat Med. 30(11):3098–3100. https://doi.org/10.1038/s41591-024-03180-7

Sauer F. & Werner J. (2024) Metis Studie Nr. 40 „Künstliche Intelligenz in Streitkräften“. Metis Institut für Strategie und Vorausschau. München.

Scheit L. (2021) Optimizing the Introduction of Wearable Sensors Into the German Armed Forces for Military Medical Applications. Mil Med. 186(9–10):962–968. https://doi.org/10.1093/milmed/usab015

Scholz O. (2022) Regierungserklärung von Bundeskanzler Olaf Scholz am 27. Februar 2022. Bundesregierung (BReg, Hrsg.). https://www.bundesregierung.de/breg-de/suche/regierungserklaerung-von-bundeskanzler-olaf-scholz-am-27-februar-2022-2008356. Abrufdatum: 29.08.2024

Schubert J., Brynielsson J., Nilsson M. & Svenmarck P. (2018) Artificial intelligence for decision support in command and control systems. In: Proceedings of the 23rd International Command and Control Research & Technology Symposium “Multi-Domain C2”:18–33

Serf G. P., Seidel S., Lichtenberg K. (2024) Systematisches Management digitaler Technologien – Erfolgsfaktoren aus der Beratungspraxis im Gesundheitswesen des Public Sectors. In: Pfannstiel M. A. (Hrsg.). Technologien und Technologiemanagement im Gesundheitswesen: Potenziale nutzen, Lösungen entwickeln, Ziele erreichen. Springer Gabler Verlag, Wiesbaden, S. 331–352

Wehkamp K., Krawczak M. & Schreiber S. (2023) The Quality and Utility of Artificial Intelligence in Patient Care. Dtsch Ärztebl Int. 120(27–28):463–469. https://doi.org/10.3238/arztebl.m2023.0124

Wen A., Wang L., He H., Liu S., Fu S., Sohn S., Kugel J. A., Kaggal V. C., Huang M., Wang Y., Shen F., Fan J. & Liu H. (2021) An aberration detection-based approach for sentinel syndromic surveillance of COVID-19 and other novel influenza-like illnesses. J Biomed Inform. 113:103660. https://doi.org/10.1016/j.jbi.2020.10366

**Dr. med. Pascal Becker** ist Arzt und Medizininformatiker. Er arbeitet seit Jahren an der Schnittstelle zwischen Medizin und Digitalisierung, aktuell als Referent für die strategische Steuerung der Digitalisierung der Gesundheitsversorgung der Bundeswehr im Bundesministerium der Verteidigung. Seine Leidenschaft für die Weitergabe von Wissen und die Ausbildung der nächsten Generation zeigt sich in seinen Tätigkeiten als Lehrbeauftragter an Hochschulen. Mit praxisnahen Beispielen und tiefgehenden, theoretischen Einblicken vermittelt er den Studentinnen und Studenten fundiertes Wissen in Digital Health und Medizininformatik und fördert somit aktiv den wissenschaftlichen Nachwuchs in diesen zukunftsträchtigen Bereichen. Neben seinem Studium der Humanmedizin an der Rheinischen Friedrich-Wilhelms-Universität Bonn absolvierte er einen Master-Studiengang (M.A. – Führung in der Medizin) an der Helmut-Schmidt-Universität/ Universität der Bundeswehr Hamburg.

**Guy Philippe Serf** ist als Principal bei der BwConsulting GmbH tätig, wo er das Themenfeld Strategie leitet. Im Rahmen seiner Beratungstätigkeit verantwortete er zahlreiche Strategie- und Digitalisierungsprojekte sowie Programme im Kontext der öffentlichen Gesundheitsversorgung. Er hält einen M.Sc. (European Business Administration) der Otto-Friedrich-Universität Bamberg.

# Erfolgreiche Patientenreise durch Künstliche Intelligenz

5

Christoph Rasche, Caroline Braun von Reinersdorff, Andrea Braun von Reinersdorff und Adriana Reinecke

## Inhaltsverzeichnis



---

C. Rasche (✉)
Humanwissenschaftliche Fakultät, Wirtschafts- und Sozialwissenschaftliche Fakultät, Department für Sport- und Gesundheitswissenschaften, Lehrstuhl für Management, Sportökonomie & Professional Services, Universität Potsdam, Potsdam, Deutschland
E-Mail: chrasche@uni-potsdam.de

C. B. von Reinersdorff
Fakultät Wirtschafts- und Sozialwissenschaften, z.Hd. Andrea Braun von Reinersdorff, Hochschule Osnabrück, Osnabrück, Deutschland

A. B. von Reinersdorff
Fakultät Wirtschafts- und Sozialwissenschaften, Hochschule Osnabrück, Osnabrück, Deutschland

A. Reinecke
Wirtschafts- und Sozialwissenschaftliche Fakultät, Department für Sport- und Gesundheitswissenschaften, Lehrstuhl für Management, Sportökonomie & Professional Services, Potsdam, Deutschland
E-Mail: reinecke3@uni-potsdam.de



M. A. Pfannstiel (Hrsg.), *Künstliche Intelligenz im Einsatz für die erfolgreiche Patientenreise*, https://doi.org/10.1007/978-3-658-48573-3_5

**Zusammenfassung**

Bei der Künstlichen Intelligenz handelt es sich nicht nur um eine Innovation mit teilweise pfadbrechender Wirkung, sondern auch um ein sozioökonomisches Flächenphänomen mit exponiertem MINT-Bezug. Davon tangiert werden nicht nur Märkte, Produkte und Problemlösungen, die entweder neuen Impetus erhalten oder schrittweise oder sprunghaft verdrängt werden, wie sich am Beispiel der Verbrennungsmotoren im Kontext der Energiewende zeigt. Das gesamte Gesundheitswesen steht vor der Herausforderung, in der Künstlichen Intelligenz weniger eine Bedrohung für etablierte Versorgungsmodelle als vielmehr eine Chance zur Erreichung einer höheren Patientenzentrierung zu sehen. Die Idee der Patientenreise aufgreifend, wird an dieser Stelle für einen Paradigmenwechsel in der Versorgung in Richtung Patienten-Service und Patienten-Convenience aus dem Blickfeld des Market- and Service-based View plädiert werden. Zudem wird auf weitere Perspektiven der Unternehmensführung rekurriert. Die KI erzeugt dabei einen digitalen Zwilling zur Realwertschöpfung, der einen personalisierten, lokalisierten und individualisierten Patientendialog auf Augenhöhe mit den leistungserbringenden Professionals unterstützt. Auf diese Weise lassen sich Pain Points und Joy Points erkennen, um diese zu reduzieren oder zu verstärken.

## 5.1 Prolog: Künstliche Intelligenz als Service- und Convenience-Katalysator im Gesundheitswesen

Die Künstliche Intelligenz steht für keine singuläre Technologie oder Anwendung, sondern für ein Spektrum datenintensiver Problemlösungen, die auf komplexen mathematischen Algorithmen basieren. Maschinelles Lernen, Deep Learning oder Big Data Solutions sind dabei nur einige kursorische Schlagworte, die Ausdruck einer Ära der Plattformökonomie sind, die bei geringen Transaktionskosten eine Veredelung großer Daten-, Informations- und Wissensmengen unterstützt (Rasche 2013). Individual- und Organisationsentscheidungen sollen durch KI ökonomisiert und perfektioniert werden, weil elaborierte digitale Anwendungen für spezifische Entscheidungssituationen bisweilen eine höhere Intelligenz attestiert wird als der Menschlichen Intelligenz. Künstliche Intelligenz (KI) und Menschliche Intelligenz (MI) stehen in einem ambivalenten Verhältnis zueinander, weil sie sich gleichermaßen verstärken oder ersetzen können. Digitale Support- und Assistenzsysteme „begnügen" sich nicht länger mit ihrer Rolle als Digital Companions, sondern evolvieren schrittweise zu Autonomie- und Autarkiesystemen. Letztere sind pfadbrechender Natur, indem sie eine „Alte Normalität" durch eine „Neue Normalität" ersetzen. Nicht zuletzt deshalb wird in der KI eine invasive Spezies gesehen, die verdrängt, zerstört und monopolisiert. Dies gilt auch für ein Gesundheitswesen im Umbruch, das die Optionen der KI gezielt für eine bessere Patientenversorgung und Therapieplanung nutzen sollte (Rasche et al. 2022). Ein Blick in die Innovationsgeschichte zeigt, dass sich revolutionäre Neuerungen weder aufhalten noch entschleunigen lassen. Vielmehr ist lediglich eine regulative und ethische Rahmung durch einen technologieadjustierten KI-Ordnungsrahmen möglich (Rasche und Schultz 2024; Rasche et al. 2024a). Ein solcher lässt sich weltweit kaum als verbindlicher und akzeptierter Rechtsimperativ durchsetzen, weil es sich bei der KI derzeit um einen interpretationsoffenen und unbestimmten Rechtsbegriff handelt. Dementsprechend unterschiedlich sind die Rechtsauffassungen bezüglich einer eher liberalen oder restriktiven KI-Politik – zumal eine regulative Strangulierung emergente Hoffnungstechnologien substanziell standortgefährdend sein kann. Im Rahmen dieses Beitrags wird die Brücke von der KI zum Gesundheitswesen und zur Patientenreise geschlagen. Bei letzterer handelt es sich um ein abgeleitetes Realphänomen aus dem Marketing, das unter dem Schlagwort der Customer Journey, die Kundenreise zu einem wichtigen Analysefeld im Dienstleistungsmanagement werden lässt. Aus der Perspektive des Gesundheitsmanagements stellt sich die Frage, wann ein Patient Kunde, Leistungsnehmer oder Versorgungsfall ist. In jedem Fall aber sollte die Wegstrecke durch die Versorgungslandschaft nicht zur Odyssee für den Patienten werden, sondern Ausdruck eines professionellen Workflow-Modells sein, das an den neuralgischen Punkten eine sinnvolle AI-Arrondierung erfährt (Braun von Reinersdorff et al. 2012). Jedoch kann nicht erwartet werden, dass die KI-Empathie, Menschlichkeit und emotionale Zuwendung in der Patientenversorgung vollständig wird ersetzen können, wie Assisted-Ambient-Living-Konzepte (AAL) in der Altenversorgung zeigen. Im günstigsten Fall schafft die KI-Freiräume für eine emotionale und singuläre Nutzenstiftung durch eine Befreiung menschlicher Arbeitskapazität von Routineaufgaben und Standardroutinen. Der KI werden im Rahmen einer erfolgreichen Patientenreise multiple Funktionen zugewiesen, die an dieser Stelle nur kurz angerissen werden können (ergänzend Rasche und Raab 2023).

**Informationsfunktion:** Durch KI-Anwendungen im Gesundheitswesen lässt sich der intra- und extramurale Informationsfluss zwischen den Akteuren und Institutionen substanziell verbessern, sodass Kommunikationsabrisse und Datenbrüche vermieden werden.

**Entscheidungsfunktion:** KI-Anwendungen können das Entscheidungsverhalten in Organisationen deutlich verbessern, weil durch den Zugang zu Big Data nahezu unbegrenzte datenbank-basierte Referenzwerte für algorithmisch optimierte Entscheidungen zur Verfügung stehen.

**Dispositionsfunktion:** Knappe Ressourcen und Kapazitäten im Gesundheitswesen lassen sich analog zu anderen Branchen effektiver und effizienter disponieren, um Formen der Über- und Unterauslastung der vorhandenen Leistungspotenziale zu vermeiden.

**Servicefunktion:** Am Beispiel der MedBots und Wearables zeigt sich, wie digitale Assistenzsysteme im Gesundheitswesen für den Patienten den Zugang zu wichtigen Informationen erleichtern. Auch können diese unter Echtzeitbedingungen telemedizinisch „erstversorgt" werden, ohne dass große Mühen und Wege in Kauf genommen werden müssen.

**Überwachungsfunktion:** Tracing- und Tracking-Technologien erlauben eine 24/7-Überwachung des Patienten, sofern diese erforderlich, sinnvoll und rechtlich möglich ist. Die Nutzung von Mikro- und Nanotechnologien bis hin zu „digitalisiere Pillen" unterstützt die Vermessung und Kalibrierung menschlicher Gesundheitszustände „rund um die Uhr".

**Entlastungsfunktion:** Lästige Standardroutinen in dem Management-, Medizin- und Pflegebereich werden durch KI-Anwendungen teilweise obsolet, wodurch die Menschliche Intelligenz einen höheren Stellenwert erfährt. Diese lässt sich jetzt für wichtige Aufgaben einsetzen, die sich nicht automatisieren lassen.

**Rationalisierungsfunktion:** Durch KI-Rationalisierung lassen sich knappe Ressourcen besser mobilisieren und einer höheren Wert- und Nutzenstiftung für die Patienten und die Allgemeinheit zuführen. Jedoch lassen sich in der Regel eher aseptische Standardprozeduren automatisieren, die keine emotionale Aufladung erfordern.

**Rationierungsfunktion:** KI kann die Rationierung knapper Ressourcen assistieren, wie es in der Zentralen Notaufnahme der Fall sein kann. Einer sehr hohen Nachfrage nach Versorgungskapazität steht ein begrenztes Leistungsangebot gegenüber, sodass durch intelligente Triage eine nutzenoptimale Ressourcenzuweisung erfolgen muss.

**Priorisierungsfunktion:** KI-Anwendungen können zur ABC-Priorisierung von Aufgaben, Kompetenzen oder Therapien beitragen, um Dringlichkeitsimperative zu akzentuieren. Die richtigen Aufgaben sind mit richtigen Kompetenz- und Ressourcendosierung zu bewältigen, um eine Mittelvergeudung auf „Nebenkriegsschauplätzen" zu vermeiden.

**Zweitmeinungsfunktion:** Digitale Assistenzsysteme können im Sinne einer Zweitmeinung sowohl Mediziner als Patienten in ihrem Entscheidungsverhalten unterstützen. Die erwähnten MedBot- oder HealthBot-Anwendungen erlauben den Zugang zu einem digitalen „Meinungsspektrum", das in jedem Fall valide, reliabel, objektiv und evidenzbasiert sein sollte. Healthcare-Fake-News stellen in diesem Kontext eine reale Gefahr insbesondere für Rat suchende Patienten dar, die sich KI-Problemlösungen anvertrauen.

## 5.2 Optionen der Künstlichen Intelligenz

Im Rahmen dieses Abschnitts werden die Optionen der KI mit Blick auf eine smarte und intelligente Patientenversorgung thematisiert. Besondere Aufmerksamkeit erfährt die Rolle des Patienten im digitalen Zeitalter (Rasche et al. 2022).

### 5.2.1 Künstliche Intelligenz in der Patientenversorgung

Allgemein moniert werden neben der klaffenden digitalen Lücke im Gesundheitswesen die rechtlichen Barrieren, die einer wünschenswerten KI-Offensive im Gesundheitswesen im Wege stehen. Die Patientenversorgung wird an dieser Stelle bewusst weit interpretiert, um diese nicht expertenzentriert auf medizinische und pflegerische Prozesse im ambulanten oder stationären Modus operandi zu reduzieren. Vielmehr umfasst eine holistische Patientenversorgung aus einer One-Health-Perspektive auch alle patientenzentrierten Service- und Convenience-Prozesse, die entscheidend zur wahrgenommenen Integralqualität einer verhaltens- und bewertungsunsicheren Dienstleistung beitragen. Nicht selten bewerten Patienten anstelle der professionellen Kernleistung sozialhygienische Touch-and-Feel-Faktoren, wie die Freundlichkeit des Personals, hoteläquivalente Unterbringung oder auch eine Healing Architecture. Wurde bisher im Kontext der Hochpräzisionsmedizin (Precision Medicine) aus der Perspektive des kompetenzstrategischen Ansatzes auf die Vorteile individualisierter Diagnosen und Therapien unter Inklusion des genetischen Codes verwiesen, um eine TTTPPP-Kaskade der Versorgung zu initiieren, so wurde der Patient oft zu einem passiven Leistungsnehmer degradiert. Das Akronym TTTPPP steht dabei für Tracing, Tracking, Tapping im Sinne einer Datenspurenaufnahme, -verfolgung und Datenmusterdeutung, an diese sich eine segmentierende Datenprofilierung (Profiling) anschließt, um über die Phase der Deskription und Erklärung präskriptive Verlaufsprognosen abzugeben. Konkret gilt es, im Rahmen einer KI-assistierten Kosten-/Nutzenanalyse den individuell besten Therapievorschlag zu unterbreiten, damit ein maximaler medizinischer und monetärer Outcome (Profit) erreicht werden kann. Im günstigsten Fall lässt sich eine medizinische und ökonomische Wertoptimierung erreichen, indem auf Therapien rekurriert wird, die wirtschaftlich, ausreichend, angemessen, notwendig und zweckmäßig sind (WAANZ-Prinzip) (weiterführend Steffen et al. 2023). Grundsätzlich stellt sich bei meritorischen Dienstleistungen, die einer Für- und Vorsorgepflicht unterliegen, die Frage, ob der Leistungsbezieher die kundenrelevanten Eigenschaften im Sinne der marktorientierten Unternehmensführung aufweist. Dies ist insofern wichtig, als die Customer-Journey-Philosophie auf das Gesundheitswesen übertragen wird, indem der Kunde vereinfachend durch den Patienten ersetzt wird. Zu prüfen ist, wann Patienten ein Kunden- und wann ein Versorgungsstatus zugesprochen werden kann (ergänzend Rasche et al. 2024b).

**Patient als typischer Versorgungsfall**: In dieser Konstellation handelt es sich um entscheidungs- und urteilseingeschränkte Personen, die qua Dekompensation oder psychophysischer Gesamtkonstitution auf die Expertise Dritter zwingend angewiesen sind. Patientenverfügungen sind Ausdruck einer antizipierten Dekompensation – ausgelöst durch Alter und/oder Krankheit – die Angehörige und Ärzte mit einer Versorgungsvollmacht ausstatten. Gleiches gilt für komatöse Patienten oder Akutfälle, bei denen unter Zeitdruck über Leib und Leben entschieden werden muss. Die Zentrale Notaufnahme einer Klinik behandelt – dem Triage-System folgend – prioritär Notfälle, die sich aufgrund ihres Schweregrads einer ambulanten Versorgung entziehen. Trotzdem sehen sich Notaufnahmen verstärkt mit kundeninduzierten Erwartungen und Ansprüchen konfrontiert, weil zahlreiche unechte Notfälle mit Bagatellerkrankungen in diesen medizinischen Erstversorgungseinrichtungen Customer Convenience Clinics sehen (Hogan et al. 2012). Analog zur 24/7-Verfügbarkeit trivialer Fast-Food- oder To-Go-Angebote erwarten Convenience-Patienten Healthcare-Services im magischen Prozessquadrat von Qualität, Kosten, Zeit und Terminierung. Bei dieser Klientel mit oft „kurzer Zündschnur" werden längere Wartezeiten infolge ihrer trivialen Leiden oft als Schmerzpunkte wahrgenommen, weil sie sich im Vergleich zu den echten Notfällen als ungerecht behandelt fühlen. Dabei wird verkannt, dass Notaufnahmen – ihrer Diktion entsprechend – keine Convenience Stores der Medizin darstellen. Nicht zuletzt aus diesem Grund „bewirtschaften" viele Kliniken Kassensitze in unmittelbarer Nähe zur Notaufnahme, um die Kunden-Patienten von den Versorgungs-Patienten zu separieren. Diese Form der Frühdisposition soll ein Overcrowding der Notaufnahmen verhindern, die immer dann droht, wenn knappe Servicekapazitäten mit Bagatellfällen blockiert werden. Service-Apps, Online-Portale oder auch KI-induzierte Entscheidungssysteme können helfen, knappe Therapie- und Diagnoseressourcen versorgungsoptimal zu disponieren. Während chronisch und akut kranke Patienten versorgt werden müssen, sind für den zweiten und dritten Gesundheitsmarkt schwerpunktmäßig Kundenbedürfnisse zu konstatieren (z. B. plastisch-ästhetische Operationen), die aber von qualifizierten Professionen befriedigt werden müssen. Zu denken ist hierbei nur an den „grauen Beauty-Markt", der zunehmend auch von Kosmetikstudios in Beschlag genommen wird. Gleiches gilt für den Markt für körperliches und seelisches Gleichgewicht und Glücksempfinden, der von Medizinern, Psychologen, Heilpraktikern, Life Coaches und Fitnesstrainern ins Visier genommen wird (ergänzend Rasche et al. 2022).

**Patient als typischer Kundenfall**: Der „Markt für Krankheit" adressiert tendenziell dekompensierte Zielgruppen mit akuten und chronischen Leiden, die einer Versorgung durch unser Gesundheitssystem in ihrer Funktion als Bedürftige erfahren. Dagegen richtet sich der Markt für Gesundheit und Attraktivität an Zielgruppen, die ihre Erwartungen und Wünsche nicht nur mit exklusiver Preisbereitschaft untermauern, sondern auch ihrem Willen uneingeschränkt rechtswirksam Ausdruck verleihen können. Trotzdem existieren auch hier oft erhebliche Informationsasymmetrien zwischen einer professionellen Angebotsseite und einer oft semiprofessionellen Nachfrageseite. Zwar können sich Gesundheitskunden im digitalen Zeitalter im Vergleich zu früheren Dekaden entweder App-basiert selbstdiagnostizieren und Vitalparameter-basiert überwachen (Quantified-Self Applications), doch bei Dr. Google & Co. besteht immer die Gefahr von gravierenden Fehlentscheidungen lauert. Gleiches gilt für die Nutzung sozialer Medien als Informationsquelle für persönliche Gesundheits- und Krankheitsentscheidungen, da diese keiner genuinen Qualitätskontrolle unterliegen, wie das ubiquitäre Fake-News-Problem zeigt. Trotzdem besteht aus der Perspektive des mündigen Patienten immer die Option Zugang zu medizinisch-therapeutischen Qualitätsinformationen unter der Maßgabe der Digital-Literacy-Competence zu erhalten. Voraussetzung ist die Kompetenz der Sichtung, Interpretation und Beurteilung der recherchierten Informationen, die künftig von KI-Lösungen deutlich erleichtert werden könnte. Zu denken ist nur an Chat- und Med-Bots, die sich persönlichen Gesundheits- und Krankheitsdaten „füttern" lassen, um dann eine KI-arrondierte Entscheidungshilfe zu erhalten. Der Markt für Wearables und Quantified-Self-Anwendungen steht mit der Apple-Watch stellvertretend für die LOHAS-Zielgruppen (Lifestyle of Health and Sustainability), die als Bodyhacker ihren Körper und ihre Gesundheit vermessen. Sie treffen im Gegensatz zu unmündigen Patienten bewusste Konsumentscheidungen aus der Position einer weitgehend abgesicherten Urteilsfähigkeit (ergänzend Steffen et al. 2023; Rasche und Raab 2023).

**Patient als Kunden- und Versorgungsfall**: Oft ist Patient sowohl Case als auch Customer, weil ein Klinikaufenthalt neben medizinisch-pflegerischen Versorgungsprozessen zunehmend von Convenience-Prozessen bis hin zur Luxusunterbringung und Premiumkomfort dominiert wird. Zudem ist der Behandlungs- und Therapieerfolg eine Funktion der Compliance, die den Patienten zum Co-Value-Creator werden lässt. Konkret bedeutet dies, dass vom mündigen Patienten eine Mitwirkungs- und Kooperationsfähigkeit abverlangt wird. Ganz im Sinne eines aktiven externen Faktors wird der Patient samt seiner Kompetenzen und Ressourcen zu einem strategischen Aktivposten einer integrierten Versorgung. Besonders günstig werden Therapien dann ausfallen, wenn der Patient seine individuellen Gesundheitsdaten mit urteilssicheren Professionals im ambulanten und stationären Sektor teilt. Im Rahmen der Ökonomie des Teilens (Sharing Economy) könnte diese Form der Datenfreigiebigkeit mit einer besseren Gesundheitsversorgung und weiteren Gratifikationsleistungen honoriert werden (Rasche und Raab 2023). Aus Sicht der Krankenversicherer lässt sich auf diese Weise eine feingranulare Risikostratifizierung durchführen, um Risikopatienten zu fördern und zu fordern. KI-induzierte Probleme entstehen immer dann, wenn eine Risikostratifizierung und Segmentierung heterogener Patienten zu deren Diskriminierung aufgrund eines ungünstigen Gesundheitsstatus oder ökonomischen Status führen.

**Patienten als Unikate in der Diktion der KI**: Aus der Perspektive der Künstlichen Intelligenz avancieren Patienten zu Medizin- und Therapieunikaten, weil diese nunmehr Gegenstand von passgenauen Präzisionsdienstleistungen werden. Auf diese Weise lassen sich die Streuverluste und Nebenwirkungen einer Therapie reduzieren. Die eingesetzten Medizinressourcen sollen genau dort ihre Wirkung entfalten, wo ihr höchster Nutzenbeitrag liegt. Aber auch nicht nur im ersten Gesundheitsmarkt, sondern auch im Markt für Sport, Fitness, Prävention und Gesundheit können KI-Anwendungen entscheidend zu einer trainingsoptimalen Belastungssteuerung führen. Jenseits robuster Leistungsparameter wie Herzfrequenz, Blutdruck, Biorhythmus, Wattzahlen, Geschwindigkeiten, Höhenmetern oder Distanzen lassen sich künftig über Implantables differenziertere Daten erzeugen als über Wearables, die ihren Anfang mit einem trivialen Pulsmessbrustgurt nahmen. Auf diese Weise nimmt die Vermessung des Körpers und der Gesundheit eine völlig neue digitale Gestalt an, die zwangsläufig auch Ängste und ethische Bedenken im Rahmen einer jeden Technologiefolgenabschätzung provoziert. Derzeit ist ein juristisches Vakuum für die KI-Anwendungen zu konstatieren, weil der Rechts- und Regulierungsrahmen innovativen Geschäftsmodellen und Problemlösungen zumeist hinterherhinkt. Fakt ist jedoch, dass sich weder die personalisierte Medizin noch KI-Anwendungen im Gesundheitswesen werden aufhalten lassen. Analog zum Segment-of-One-Ansatz des Online-Marketing verkörpert im Extremfall ein Patient einem Segment, die dies im Rahmen der maßgeschneiderten Auftragsfertigung der Fall ist. Dabei stellt sich aus der WAANZ-Perspektive der Gesundheitsökonomie immer die Frage, wie personalisierte KI-Anwendungen dem Anforderungskatalog der Wirtschaftlichkeit, Angemessenheit, ausreichender Menge, Notwendigkeit und Zweckmäßigkeit entsprechen können. Das Akronym WAANZ steht dabei für wirtschaftlich, ausreichend, angemessen, notwendig und zweckmäßig. Die Herausforderung wird in einer patientenindividuelle Massendienstleistung (Mass Customization) bestehen, um einerseits von Skaleneffekten profitieren zu können, ohne dabei einen kruden One-Size-Fits-All-Ansatz zu praktizieren (ergänzend Knape et al. 2020a, b; Rasche et al. 2022).

## 5.2.2 Patientenzentrierte KI-Anwendungen

Bislang dominierte die Sicht expertenzentrierter KI-Anwendungen wie die derweilen archaisch anmutenden Expertensysteme induzieren. Hierbei handelt es sich um Assistenzsysteme der ersten Ordnung, die dem Professional in seinem Entscheidungsverhalten unterstützen sollen. Die neue Rolle des Patienten ist die eines aktiven externen Faktors auf Augenhöhe, der im Rahmen der Compliance zum Servicepartner wird. Der Service-based View of the Firm lässt sich als Derivat der markt- und wettbewerbsorientierten Unternehmensführung verstehen, weil verstärkt die Perspektive des Leistungsnehmers eingenommen wird, der je nach Qualifikation und Motivation selbst wesentliche Leistungsbeiträge erbringt. Vergleichbar mit der Kundenedukation gilt es Patienten zu motivieren, zu qualifizieren und mit operativer Handlungskompetenz auszustatten. LOHAS-Zielgruppen, Bodyhacker oder Quanified-Self-Anhänger bilden die Speerspitze digital affiner Zielgruppen, die in aktiv genutzten KI-Anwendungen eine Option auf ein gesundes Leben, positive Krankheitsverläufe und Gratifikationsleistungen durch die Kostenträger sehen. Patientenzentrierte Anwendungen folgen der Logik des User-Driven-Designs bzw. des Lead-Customer-Ansatzes, die aus der Perspektive des Nutzers entwickelt und konzipiert werden. Letztlich folgen diese der Logik der Co-Value-Creation, weil der Kunde bzw. Patient im Rahmen der aktiven Compliance zum Wertschöpfungs- und Therapiepartner avanciert wird. Patientenzentrierte Anwendungen lassen sich dabei durch folgende Merkmale kennzeichnen (weiterführend Steffen et al. 2023):

**Hohe Integration des externen Faktors**: Damit KI-Anwendungen akzeptiert werden bedarf es einer Schulung und Qualifizierung des externen Faktors, der auf diese Weise schrittweise zum KI-Experten werden kann. Neben der Reduzierung der Technologie-Akzeptanz-Barrieren auf der psychologischen Ebene bedürfen diese einer konkreten Nutzenstiftung für den Anwender. Während für Digital Natives zumeist nur geringe KI-Berührungsängste zu konstatieren sind, gilt dies nicht immer für analog sozialisierte Referenzgruppen.

**Co-Value-Creation**: Im günstigsten Fall befähigen KI-Anwendungen den Patienten zu einer eigenverantwortlichen Gesundheitsvorsorge und Rehabilitation. Disease-Management- und Chroniker-Programme lassen sich durch adjuvante KI-Optionen „veredeln", weil dem Patienten Digital Health Companions zur Seite gestellt werden. Letztere generieren unter Echtzeitbedingungen gesundheitsrelevante Steuerungsgrößen, die beim Patienten zu positiven Verhaltensänderungen führen können. Mit der Vermessung des eigenen Körpers samt seiner Pathologien stehen patientenzentrierte Informationen zur Verfügung, die auch für den Leistungsnehmer von hohem Nutzen sind.

**User-Driven Design**: Die Software-as-a-Service-Doktrin impliziert eine konsequente Problemlösungsorientierung. SaaS wird schrittweise zur AIaaS im Sinne von Artificial Intelligence as a Service, die einen Nutzen- und Wertbeitrag für Patienten, Healthcare Providers und Management generieren muss. AI-Precision-Therapien versetzen Patienten in die Lage, ihr Krankheitsbild aufgrund der dateninduzierten Selbstwirksamkeit zu verstehen und positiv zu beeinflussen. AI-Harware und AI-Software erfordern eine Ausrichtung am User, der zum Gradmesser des AI-Erfolgs wird (Rasche et al. 2010).

**Convenience-Anspruch**: KI-Anwendungen im Gesundheitswesen sollten smart, easy and convenient sein, um jenseits ihrer analytischen Präzision durch eine hohe selbsterklärende Nutzungsarchitektur zu überzeugen. Plug-and-Play-Patienten erwarten in der Regel schnelle Erfolgsergebnisse und angenehme Nutzererlebnisse. Vergleichbar mit den Apple-Anwendungen werden kompatible Datenmigrationen ohne Systembrüche erwartet. Singuläre KI-Anwendungen bedürfen holistischer Systemlandschaften im Sinne einer strategischen Rahmung, um ein KI-Patchwork zu vermeiden.

**LOHAS als Zielgruppen**: Der Lifestyle of Health and Sustainablity steht für eine nachhaltige Lebens- und Gesundheitsphilosophie, deren Fundament oft eine Quantified-Self-Logik ist. Hoch gesundheitsdaten-involvierte Zielgruppen versuchen ihre Lebensentscheidungen zunehmend durch digitale Informationsquellen abzusichern. Die Smart-Watch steht stellvertretend für einen postmodernen Lebensstil der Selbstkontrolle bis hin zu einem individualisierten Health Dashboard, dem sich permanent individualisierte, personalisierte und lokalisierte Gesundheits- und Krankheitsdaten entnehmen lassen.

**Healthcare Professionals als Zielgruppen**: Wenn aus Assistenzsystemen schrittweise Autonomie- oder Autarkiesysteme werden, dann drohen Healthcare Professionals überflüssig zu werden. Bislang ist dies aber nur in Ausnahmen der Fall, weil in der KI aktuell ein adjuvantes Entscheidungssystem gesehen wird, das immer eines komplementären Analog-Professionals bedarf. Assistant Ambient Healthcare (AAH) nutzt die KI-Optionen als Entlastungsoptionen, um nicht delegierbare und nicht substituierbare Medizin- und Pflegeentscheidungen mit der gebotenen Sorgfalt treffen zu können.

### 5.2.3 KI-Evolutionsmodell im Gesundheitswesen

Die Künstliche Intelligenz steht weniger für eine isolierte digitale Anwendung als vielmehr für einen fundamentalen Paradigmenwechsel in Richtung großdaten-gesteuerter Entscheidungsfindung unter anspruchsvollen VUCA-Bedingungen (Knape et al. 2019). Wurden der Datenverarbeitung in ihren Anfängen lediglich nützliche Hilfsfunktionen zugewiesen, so sind mit der Digitalisierung in weiten Teilen der Wirtschaft weitreichendere Optionen denkbar. Die Künstliche Intelligenz stellt im hier verstandenen Sinne den Kulminationspunkt einer Digitalisierungswelle dar, die in den vergangenen Jahren stufenweise erfolgte (Rasche und Margaria 2022).

**Supportsysteme**: Hierbei handelt es sich um Unterstützungssysteme im Gesundheitswesen, die z. B. die Paperless-Office-Vision umzusetzen helfen. Analoge Routinen und

Prozesslandschaften werden durch den Einsatz digitaler Anwendungen schrittweise automatisiert, rationalisiert und systemisch abgebildet. Enterprise-Resource-Planning-Systeme erfüllen diese Funktion im Gesundheitswesen, indem manuelle Standardroutinen auf digitalen Plattformen ausgeführt werden können. Ein großes Problem stellen dabei Systems-of-Systems-Lösungen dar, wenn die friktionsarme Datenmigration zwischen Systemwelten nur rudimentär unterstützt wird.

**Assistenzsysteme**: Healthcare-Apps im ersten, zweiten und dritten Gesundheitsmarkt repräsentieren Musterbeispiele für assistierende Entscheidungshilfen für Medizin, Pflege, Management und Patienten. Assistenz-Systeme offerieren dem Nutzer datenveredelte Problemlösungen für Standardvorgänge, wodurch eine teilweise dramatische Ökonomisierung analog aufwendiger Transaktionsprozesse erreicht wird. Service-Plattformen fungieren als digitale Marktplätze, Foren und ubiquitäre Informationsquellen, die aufgrund der verfügbaren Informationen zu einem personalisierten, lokalisierten und individualisierten Entscheidungsverhalten führen. Nicht umsonst werden Apps auch als Digital Companions bezeichnet, die im Gesundheitswesen für alle Akteure große Kosten-/Nutzenvorteile bieten.

**Autonomiesysteme**: Eine große Sorge besteht in der Delegation menschlicher Entscheidungskompetenz an maschinelle Systeme, weil maschinelles Lernen an die Stelle menschlichen Lernens tritt. Zwar ist der Mensch die finale Entscheidungs- und Interventionsinstanz, doch sind schon heute KI-induzierte Autonomie-Systeme dem Menschen in vielen Bereichen überlegen. Zu denken ist hierbei nur an die Diagnose komplexer Erkrankungen, präzisionsmedizinische Therapievorschläge oder auch an intelligente Kapazitäts- und OP-Belegungsysteme. Autonomiesysteme haben keinen adjuvanten, sondern substitutiven Charakter, indem sie menschliche durch maschinelle Performanz ersetzen. Dementsprechend groß ist das Risiko einer Human-Kapital-Entwertung durch KI-induzierte Problemlösungen. Letztlich ist der Mensch auch hier die finale Entscheidungsinstanz, der in Autonomie-Systeme analog intervenieren kann.

**Autarkiesysteme**: An dieser Stelle erfolgt ein vollständiger Haftungs- und Kompetenzübergang an maschinelle Systeme ohne Interventionsmöglichkeit. An dieser Stelle ergeben sich regelmäßig haftungsrechtliche und ethische Fragestellungen im Rahmen risikobehafteter Vertrauensgüter, die einem besonderen Rechtsschutz unterliegen. So bedarf es eines rechtssicheren KI-Regulierungs- und Ordnungsrahmens, um keine evidenten Regelungslücken entstehen zu lassen. Wer haftet im Schadensfall: Die Software- und Systementwicklung, der Inverkehrbringer, eine juristische oder natürliche Person? Welche möglichen Rechtsfolgen ergeben sich durch Autarkiesysteme im zivil- und strafrechtlichen Sinne? Deutlich wird an dieser Stelle, dass gegenwärtig Autarkie-Systeme im Gesundheitswesen mit Blick auf den hohen Regulierungsbedarf keine Rolle spielen.

Zu erwarten ist allerdings, dass mit steigenden, Digitalisierungsniveau (Digital Literacy) im Gesundheitswesen KI-Anwendungen schrittweise Einzug erhalten werden. Technologie-Akzeptanz-Modelle lassen erwarten, dass in der risikosensiblen Bundesrepublik das technisch Mögliche auf hohe rechtliche und psychologische Barrieren stoßen wird, weil Technologie- und Innovationsskeptik zum negativen Markenkern einer ganzen Nation zu werden droht (Rasche und Schultz 2024).

## 5.3 Forschungsmethodische Ansätze zur Führung und Steuerung von Gesundheitsunternehmen

Die forschungsmethodischen Ansätze des strategischen Managements werden zumeist mit dem Market-based View und dem Resource-based View in Verbindung gebracht. Arrondiert werden diese Ansätze um den Finance-based View und den Stakeholder-based View. Gesundheitsunternehmen lassen sich hiernach sowohl markt- und wettbewerbsorientiert als auch ressourcen- und kompetenzorientiert führen und steuern. Der Digital-based View repräsentiert eine neue Form der Unternehmensausrichtung an den Optionen des KI-Revolution und ihrer Markt-, Wettbewerbs- und Innovationschancen. Der Service-based View ist Ausdruck der Produktinterpretation als Problemlösung oder Service. Nachfolgend werden alle sechs Views aus einer gesundheitsrelevanten Perspektive diskutiert, um abschließend den Service-based-View in besonderer Weise zu akzentuieren (grundlegend Rasche 1994, 2002).

### 5.3.1 Markt- und wettbewerbsorientierter Ansatz im Gesundheitswesen

Während der marktorientierte Ansatz die Ausrichtung von Gesundheitsunternehmen am Absatzmarkt betont, steht beim wettbewerbsorientierten Ansatz die institutionelle Positionierung gegenüber der Konkurrenz im Vordergrund. Der marktorientierte Ansatz basiert auf der Segmenting-Targeting-Positioning-Hypothese, wonach sich Gesundheitsmärkte in einem ersten Schritt segmentieren lassen, um dann in einem zweiten Schritt attraktive Segmente ins Visier zu nehmen, auf denen in einem dritten Schritt eine strategische Positionierung erfolgt. Die Hochpräzisionsmedizin (Precision Medicine) ist Ausdruck einer feingranularen Marktsegmentierung, die jeden Patienten zu einem Spezialsegment werden lässt. Der wettbewerbsorientierte Ansatz hingegen reflektiert die industrieökonomische Structure-Conduct-Performance-Hypothese, wonach die Wettbewerbsstruktur das Wettbewerbsverhalten bestimmt, das wiederum zu einem prognostizierbaren Marktergebnis führt. Die Marktstruktur als unabhängige Variable definiert sich über die fünf Triebkräfte des Wettbewerbs in Gestalt der Marktmacht der Kunden, Marktmacht der Lieferanten, Bedrohung durch Neueinsteiger und Ersatzprodukte sowie der Rivalität innerhalb der Branche. Eine sechste Kraft besteht in komplementären Branchentriebkräften, die die Evolution einer Branche mitbestimmen. So ist die Qualität der Telemedizin eine Funktion der telematischen Infrastruktur mit Komplementärcharakter. KI-Anwendungen unterstützen eine feingranulare Markt- und Wettbewerbsorientierung im Gesundheitswesen, da konsequente TTTPPP-Analysen eine patientenzentrierte Hochpräzisionsversorgung fördern. Tracing, Tracking, Tapping, Profiling, Prediction und Profit steht dabei für einen algorithmischen Prozess der Großdatenveredelung dank künstlicher Intelligenz. KI-induzierte Management-Informations-Systeme unterstützen eine wettbewerbsorientierte Organisationsausrichtung an Key Performance Indicators (KPIs), die unter Echtzeitbedingungen entscheidungsrelevante Informationen über Mitbewerber, Konkurrenz und Marktumfeld generieren. Diese lassen sich permanent mit organisationsinternen

Datenkränzen abgleichen, um frühzeitig Defizite in der strategischen Ausrichtung zu erkennen. Mit Blick auf die Patientenzufriedenheit gilt es, frühzeitig sozialhygienische Faktoren der Comfort- und Convenience-Erwartung zu ermitteln, Pain Points zu vermeiden oder Joy Points in der Behandlungskette zu betonen. Voraussetzung hierfür ist, dass sich die Patientenreise mit Blick auf den Datenschutz und die technischen Voraussetzungen digital „vermessen" lässt. Die Quantified-Self-Bewegung ist Reflexionspunkt einer digitalen Körperreise, in deren Rahmen mittels Wearables und Implantables fortwährend Daten über Gesundheits- und Krankheitszustände erhoben werden. Diese haben den Charakter eines digitalen Zwillings, der hochpräzise Versorgungsleistungen ohne Streuverluste unterstützt.

### 5.3.2 Ressourcen- und Kompetenzorientierter Ansatz im Gesundheitswesen

Ressourcen sollten wichtiger, seltener, nutzenstiftenderer und nachhaltigerer Natur sein, um zu substanziellen Wettbewerbsvorteilen zu führen. Kompetenzen verkörpern hochwissensinduzierte Ressourcen, die über lange Zeiträume in einem trajektorisch-pfadabhängigen Prozess des Lernens und Innovierens akkumuliert werden. KI-Kompetenzen sind Ausdruck einer Harmonie von Hardware, Software, Brainware und Peopleware mit dem Ziel einer Entscheidungsveredelung durch Machine Learning, Deep Learning und algorithmischer Optimierung. Damit KI-Patientenreisen störungsfrei und nutzenstiftend ablaufen können, erfordert es korrespondierende KI-Kompetenzen in der Medizin und Notfallversorgung. Gleiches gilt für den ambulanten Sektor, in dem eine große digitale Lücke zu konstatieren ist. Während im Rahmen der KI häufig technologische Akzente in der Kompetenzentwicklung gesetzt werden, dürfen KI-Nutzer nicht in den Hintergrund rücken. Unter dem Schlagwort der KI-Literacy lassen sich Kompetenzen subsumieren, die auf einen professionellen Umgang mit KI-Anwendungen abzielen. An dieser Stelle ist ein hoher Qualifizierungsbedarf für Organisationen, Management, Personal und Patienten zu konstatieren, die Technologiebarrieren überwinden müssen (Rasche und Schultz 2024). Dies gilt besonders für Patienten, die möglicherweise durch den KI-Einsatz eine Entmenschlichung der Versorgungskette befürchten.

### 5.3.3 Finanz- und Kapitalmarktorientierter Ansatz

Insbesondere börsennotierte Healthcare-Player stehen gegenüber dem Kapital- und Finanzmarkt in der Verantwortung, Wertsteigerung, Gewinn und Rendite zu generieren. Aber auch öffentliche Gesundheitsanbieter stehen gegenwärtig unter strenger Beobachtung durch Kontrollorgane, die Kliniken harte Sanierungsprogramme verordnen, um verlustminimierend zu wirken. Unter dem Schlagwort des Shareholder-Value rücken finanz- und kapitalmarktorientierte Ansätze auch im Gesundheitswesen in den Vordergrund, weil zunehmend Investorenmodelle in der ambulanten und stationären Versorgung zum Einsatz kommen. In dieser Diktion sind Patienten, Mediziner und Versorgungsprozesse Begierdeobjekte der Renditeerzielung. KI-Lösungen können in diesem Kontext entscheidend dazu beitragen, finanziell attraktive Diagnosen, Therapien und Patientengruppen zu identifizieren, zu profilieren und vorherzusagen. An dieser Stelle ergeben sich zwangsläufig Probleme mit der wirtschaftlichen, angemessenen, ausreichenden, notwendigen und zweckmäßigen Versorgung, weil im Extremfall das gemacht wird, was die Shareholder erfreut, anstatt notwendige Versorgungsleistungen zu priorisieren.

### 5.3.4 Anspruchsgruppen-orientierter Ansatz

Die manifeste Kritik am finanz- und kapitalmarktorientierten Ansatz hat Porter zu Konzeption des Creating-Shared-Value-Modells motiviert, das im günstigsten Fall eine Synthese und Verstärkung von Shareholder- und Stakeholder-Value vorsieht. Während zu den internen Anspruchsgruppen Betriebsrat, Interessenvertretungen oder Statusgruppen zählen, werden die externen Anspruchsgruppen durch Politik, Gewerkschaften oder Verbandsorganisationen verkörpert. Aktuell stehen viele Kliniken vor der Herausforderung, Kosten-, Umsatz- und Gewinnziele durch höhere Effizienz und Effektivität zu erreichen. Die KI kann entscheidend zu einer Entbürokratisierung des Gesundheitswesens beitragen, was zu einer Entwertung analoger Prozesse führt. Auf den Punkt gebracht, werden sich künftig eine Vielzahl qualifizierter Arbeitsplätze und Professionen im Gesundheitswesen durch KI-Anwendungen ersetzt, was kritische Anspruchsgruppen auf den Plan ruft. Diese werden als unmittelbar Betroffene – analog zur digitalen Revolution in der Automobilbranche – Kompensationsleistungen für die KI-induzierte Entwertung menschlicher Arbeit einfordern. Die KI wird im Gesundheitswesen auf lange Sicht nicht nur unterstützend-arrondierenden Charakter haben, sondern als disruptive Innovation in Erscheinung treten.

### 5.3.5 Digital-orientierter Ansatz im Gesundheitswesen

Dieser Ansatz ist fundamentaler Natur, weil sich keine Branche der Digitalisierung und der KI entgehen kann. Die Kardinalfrage besteht in der Frequenz und Amplitude dieser Form des rasanten technologischen Wandels, der insbesondere im ungeregelten zweiten und dritten Gesundheitsmarkt gelebte Realität darstellt. Der Lifestyle of Health and Sustainability korrespondiert oft mit der digitalen Echtzeitvermessung des Individuums, dem Gesundheits- und Krankheitsdaten zu Selbstoptimierung zur Verfügung gestellt werden. Digital affine Patienten könnten in enger Kopplung mit der Elektronischen Patientenakte engmaschig geführt, gelenkt und therapiert werden. Im Extremfall ist eine Dauerbeobachtung eines Krankheitsbildes oder Gesundheitszustandes möglich, um auf Basis valider Frühwarnindikatoren notwendige Interventionen sofort einzuleiten. Neben einem Doc-2-Doc-Dialog ist auch immer ein Doc-2-Patient und Patient-2-Patient-Dialog möglich. Digitale Gesundheitsplattformen im Sinne eines Facebook-4-Health sind dabei die Grundlage einer multilateralen Many-2-Many-Kommunikation, die alle Institutionen des Gesundheitswesens umfassen kann. Gegenwärtig besteht eine der größten Digitalisierungsbarrieren weniger in technologischen als vielmehr in rechtlichen und psychologischen Problemen. Mit der KI als Kulminationspunkt einer voranschreitenden Digitalisierung stehen völlig neue Optionen für eine Readjustierung der Patientenreise zur Verfügung, die nunmehr smart, digital, patientenzentriert organisiert und orchestriert werden kann. Angefangen bei der Terminierung und Kapazitätsplanung über passgenaue Therapievorschläge bis zu einem koordinierten Entlass- und Überleitungsmanagement lassen sich alle verfügbaren Großdatensätze über einen Patienten für hochpräzise Dienstleistungen nutzen.

### 5.3.6 Service-orientierter Ansatz im Gesundheitswesen

Im Gesundheitswesen ist eine Differenzierung nach Servicepotenzialen, Serviceprozessen und Serviceergebnissen sinnvoll. Der service-orientierte Ansatz interpretiert jede Form der Leistung als potenzielle Dienstleistung, weil physische Produkte verliehen, verpachtet oder verleast werden können. Im Ansatz OP-Technologie zu verkaufen, könnte diese im Rahmen der Sharing Economy zu, Gegenstand eines Miet-, Leasing- oder Nutzungsvertrags werden, wodurch immer Dienstleistungsverhältnisse begründet werden (Rasche und Raab 2023). Mit Blick auf eine KI-unterstützte Patientenreise sind neben den erforderlichen Leistungspotenzialen in Form einer korrespondierenden Infrastruktur stets die nachfolgenden Serviceprozesse aus der Kosten-, Qualitäts-, Zeit- und Terminierungsperspektive zu würdigen. Das Serviceergebnis ist einerseits Ausdruck einer evidenzbasierten Expertensicht und andererseits Reflexion subjektiver Erwartungshaltungen des Leistungsnehmers. Mediziner- und Patientensicht sind nicht immer kongruent, sondern bedürfen einer Schließung etwaiger Servicelücken, da Patienten verhaltens- und bewertungsunsichere Gesundheitsdienstleistungen oft anders einschätzen als Experten oder Professionals. So lässt sich die KI-Patientenreise sowohl aus Experten- als auch aus Patientensicht beschreiben. Besonders wichtig können dabei auch nicht-therapeutische Touch-and-Feel-Faktoren sein, die einen bedeutenden Beitrag zur Integralqualität leisten.

Die hier kursorisch dargestellten Ansätze der Unternehmensführung schließen sich nicht gegenseitig aus, sondern entsprechen der Logik des multifokalen Managements, das diese zu integrieren versucht. Diese lassen sich aus einer KI-Perspektive auf das Konstrukt der Kundenreise anwenden, das multifaktorieller Natur ist.

## 5.4 Holistisches Modell einer KI-induzierten Patientenreise

Die KI-induzierte Patientenreise rekurriert an dieser Stelle schwerpunktmäßig auf den Service-based view, der jedes Produkt zur Problemlösung werden lässt. Eigentums- und verfügungsrechtlich impliziert dies den Übergang physischer Besitzverhältnisse hin zu einer ubiquitären Zugangslogik der Sharing Economy. Materielle Substanzwerte werden in dieser Diktion dematerialisiert, weil lediglich Zugangs- und Nutzungsrechte gewährt werden. Im Rahmen der Patientenreise wird eine physische Infrastruktur im Rahmen der Kombination interner und externer Leistungsfaktoren genutzt, die aber immer in den Dienst einer komplexen Problemlösung gestellt wird. Patienten lassen sich im Rahmen „ihrer“ personalisierten Patientenreise je nach Compliance mehr oder weniger stark in den Leistungserstellungsprozess integrieren. Die KI fungiert in diesem Kontext als wertvoller Komplementärfaktor, der die Qualität der Patientenreise aus Mediziner- und Patientensicht entscheidend erhöhen kann. Die KI-induzierte Patientenreise wird nachfolgend schwerpunktmäßig aus den beiden Perspektiven Service-based View und Digital-based View analysiert.

### 5.4.1 Potenzial- und Infrastrukturebene der KI-Patientenreise

Die Qualität der Patientenreise ist stehts auch eine Funktion Leistungsfähigkeit einer unterstützenden Infrastruktur. Diese basiert neben der Hardware vor allem auf hochleistungsfähigen Software-Lösungen, die auch eine Brücke zum ambulanten Sektor schlagen. Mit der Peopleware und Brainware sind immaterielle Aktivposten der Leistungsgenese gemeint, weil KI-Anwendungen im Gesundheitswesen ohne qualifiziertes Humankapital und profundes Organisationswissen kaum vorstellbar sind. Qualifizierungs- und Edukationsmaßnahmen müssen dabei auf Anbieter- und Nachfragerseite erfolgen, um den Nutzen der Hardware und Software zur Entfaltung zu bringen. Patientenseitig generierte Daten der eigenen Selbstvermessung müssen mit der Professionenseite synchronisiert werden, um keine unverbundenen Datenwolken entstehen zu lassen. Systems-of-Systems-Lösungen erfordern im Sinne des One-Thing-Approachs einer holistischen Systemintegration, weil Datenbrüche den Nutzen der KI schmälern. „Datenbrücken statt Datenbrüche“ könnte die einfache Formel für eine „Seamless Patient Journey“ lauten, in die der Patient als digitaler Daten- und Informationslieferant integriert werden sollte.

### 5.4.2 Prozessebene der KI-Patientenreise

Es ist zwischen intramuralen und extramuralen Prozessen der Patientenversorgung zu differenzieren, die idealerweise Teil einer holistischen Prozesswelt sind. Diese reflektiert gleichsam ein Ökosystem der Patientenversorgung, in das auch ambulante und nicht-klinische Institutionen wie Pflegeheime, Rehabilitationszentren oder Kostenträger eingebunden werden sollten. Ein großes Problem besteht dabei in der digitalen Überbrückung der extramuralen Schnittstellen zu anderen Institutionen des Gesundheitswesens. Intramural gilt es – analog zum Fallmanagement – für eine professionelle innerklinische Versorgungskette von der Einweisung bis zur Ausweisung sicherzzustellen (ergänzend Hogan und Rasche 2022). Damit die Patientenreise nicht nur Odyssee durch die Funktionen, Professionen und Institutionen wird, sollte diese aus einer Versorgungs-Ökosystem-Perspektive bewusst holistisch definiert werden, um keiner Versorgungsmyopie Vorschub zu leisten. Das Prozessmanagement im Gesundheitswesen folgt dabei der Kosten-, Qualitäts-, Zeit- und Terminlogik, weil diese vier Erfolgsfaktoren die Patientenreise entscheidend beeinflussen. KI-Lösungen können entscheidend dazu beitragen, dass Standardroutinen effizient und personalschonend ausgeführt werden, damit der Mensch freie Kapazitäten für nicht-maschinell delegierbare Aufgaben hat. Falls der Patient aufgrund von Wearables und Impantables zum Datenlieferant wird, so ist die rechtskonforme Datenmigration von Patient in Richtung Professional zu gewährleisten.

### 5.4.3 Ergebnisergebene der KI-Patientenreise

Die evidenzbasierte Expertenqualität im medizinisch-wissenschaftlichen Sinne korrespondiert nicht immer mit der erwarteten oder perzipierten Patientenqualität aus einer nutzerorientierten Perspektive. Nicht zuletzt deshalb müssen Qualitätslücken durch Kommunikation oder auch einer Optimierung nicht-medizinischer Convenience-Services geschlossen werden. Auch wenn Defizite im Bereich der evidenzbasierten Qualität oft nicht kompensiert werden können, so tragen auch Touch-and-Feel-Faktoren entscheidend zur Integralqualität bei. Daher sind KI-Systeme gefordert, auch weiche Erfolgsfaktoren der Patientenzufriedenheit abzubilden. Die Patientenreise definiert sich immer über neuralgische Pain Points und Joy Points, die entweder reduziert oder verstärkt werden sollten. Zudem ist es sinnvoll, die Logik der Patientenreise mit dem KANO-Modell in Verbindung zu bringen, dass Basiseigenschaften, Leistungseigenschaften und Innovationseigenschaften einer Dienstleistung differenziert. Während Pluspunkte bei den Basiseigenschaften kaum honoriert werden, da sie als Selbstverständlichkeit erachtet werden, ist eine Markt- und Wettbewerbsdifferenzierung für die Leistungseigenschaften zu konstatieren. Innovationseigenschaften werden vom Patienten zwar kaum erwartet, doch haben sie einen positiven Überraschungseffekt im Sinne eines Joy Points. Dagegen führt ein schlechtes Abschneiden bei den Basiseigenschaften automatisch zu einer hohen Unzufriedenheit. Insbesondere Convenience-Leistungen in der Versorgung eignen sich besonders für eine KANO-Analyse, weil diese im Gegensatz zu medizinisch-therapeutischen Leistungen einfach zu bewerten sind.

Die Potenzial-, Prozess- und Ergebnisebene der Patientenreise bilden eine holistische Prozesslandschaft der Versorgung ab, die extramural alle involvierten Institutionen des Gesundheitswesens umfassen sollte. Die Patientenreise endet nicht beim Entlassungsmanagement, sondern begründet nicht selten eine Übernahmeodyssee die klinischen Fälle, die einer qualifizierten Anschlussheilbehandlung bedürfen. KI kann dazu beitragen extramurale Dispositionsprozesse so zu optimieren, dass keine Versorgungsabrisse entstehen (ergänzend Hogan und Rasche 2022).

## 5.5 Schlussbetrachtung: KI als Digital Companion der Patientenreise

Die KI erfüllt die Rolle eines Digital Companion während der Patientenreise, da diese entscheidend zu deren Personalisierung und Individualisierung ganz im Sinne der Hochpräzisionsmedizin beiträgt. Auf diese Weise lässt sich das Fallmanagement nicht nur durch die Generierung digitaler Zwillinge optimieren, sondern diese kann auch auf multiple Datensätze zur Fallsteuerung zurückgreifen. Nachfolgend werden zehn Handlungsoptionen aufgezeigt, wie sich die Patientenreise durch KI zu einem leistungs- und wettbewerbsdifferenzierenden USP entwickeln lässt.

**Ausbildung, Qualifizierung und Kompetenzentwicklung:** KI-Anwendungen entfalten nur dann ihr volles Potenzial, wenn diese mit korrespondierenden Maßnahmen der Humankapitalveredelung einhergehen. KI-Kompetenzen avancieren auf der individuellen und kollektiven Ebene zu einem wettbewerbsdifferenzierenden Erfolgsfaktor.

**Software-Engineering und User-Driven Design:** Die moderne Software-Entwicklung ist Ausdruck einer konsequenten Nutzerorientierung. Im Gegensatz zur puristisch MINT-orientierten KI-Entwicklung betont das User-Driven-Design den leichten Technologiezugang und Anwendungsbezug.

**One-Thing-Approach-Strategie:** Hiermit gemeint sind datenintegrierende und datenmigrierende Systemlandschaften, die keine Informations- und Entscheidungsbrüche entstehen lassen. Ein großes Problem im Gesundheitswesen ist das Potpourri unverbundener Datenwelten, die einer holistischen Architektur bedürfen.

**Patienten als Co-Value-Creators und Datenlieferanten:** Mündige Patienten verstehen sich nicht als Cases oder DRG-Abrechnungspositionen, sondern Wertschöpfungspartner und wichtige Datenlieferanten, die sie als Digital-Health-Partner der Gegenseite als strategische Gesundheitsressourcen zur Verfügung stellen.

**Von der Patientenreise zur integrierten Servicelandschaft:** Patientenreisen ohne Abbruchkanten sind das Ziel der integrierten Versorgung, die immer intra- und extramuraler Natur ist. Oft entsteht ein Strömungsabriss bei der Aufnahme und Entlassung der Patienten, der in ein Service-Flow-Modell überführt werden sollte.

**Schaffung eines rechtsverbindlichen KI-Regulierungsrahmens:** Innovative und disruptive Technologien entziehen sich häufig dem Marktordnungsrahmen, der mit radikalen Neuerungen häufig überfordert ist. Die Folge sind rechtsfreie Räume und Regulierungslücken, die es zu beseitigen gilt. Ein überzogener Datenschutz in Verbindung mit Überregulierung und Bürokratie kann zu nationalen Technologienachteilen gegenüber Ländern mit einem liberalen Regulierungsrahmen führen (Rasche und Schultz 2024).

**Schaffung einer KI-freundlichen Technologiekultur:** Die Technologie- und Innovationsakzeptanz ist immer auch eine Funktion kultureller Systemvariablen, die KI-Strategien im Gesundheitswesen entscheidend beeinflussen. Dies gilt sowohl für die Service-Provider als auch für die Patienten als Partner einer KI-induzierten Gesundheits- und Therapiewertschöpfung.

**Reflexion weicher Erfolgsfaktoren durch KI:** Mündige Patienten erwarten zunehmend Convenience-Services abseits der evidenzbasierten Versorgung. Hiermit gemeint sind sozialhygienische Touch-and-Feel-Aspekten einer ganzheitlichen Versorgung, die Experten- und Patientensicht harmonisieren muss. Eine KI-Service-Kultur lässt sich nicht verordnen, sondern nur schrittweise im Rahmen der Personal- und Organisationsentwicklung akkumulieren.

**Von der KI-Patientenreise zum Patientenerlebnis:** Implizit lasst sich mit der Patientenreise nicht nur eine aseptische Ergebnisorientierung verbinden, sondern ein positiver emotionaler Erlebniswert der Fürsorge, Empathie und Komfortorientierung. Zwar kann nicht erwartet werden, dass Kliniken und Ambulanzen Eventcharakter haben können, doch können hotel-affine Dienstleistungen emulieren. Zudem lassen sich dem Patienten KI-Tools zur Verfügung stellen, um dadurch zum Experten seiner eigenen Krankheit zu werden.

**KI als Servicestrategie:** Eine Strategie ist immer das Produkt kultureller Rahmenfaktoren, die Transformationsprozesse befördern oder auch behindern können. Der Einsatz zukunftsweisender KI-Lösungen in der patientenzentrierten Versorgung indiziert einen Paradigmensprung von einer analogen Versorgungslogik zur einer digitalen Patientenlogik. Diese beinhaltet immer auch telemedizinische Optionen eine Distanzversorgung über Raum-/Zeitbarrieren zu überbrücken. Dies gilt insbesondere für patientenzentrierte Med-Bot-Technologien, die als erste „Anlaufstelle“ für ratsuchende Gesundheitskunden dienen.

Abb. 5.1 hat synoptischen Charakter und resümiert die Dimensionen und Determinanten einer KI-induzierten Kundenreise. Diese ist als interdisziplinäres Realphänomen zu interpretieren, die sich unter anderem aus den forschungsmethodischen Perspektiven des strategischen Managements würdigen lässt. Erfolgreiche Patientenreisen sind in diesem Modell die Vorboten substanzieller Versorgungs-, Service- und Wettbewerbsvorteile. Die KI-induzierte Patientenreise wird von einer Reihe arrondierender Variablen geprägt, die einen mehr oder weniger großen Einfluss haben sollten. Bei dem hier skizzierten Meta-Modell handelt es sich um einen plausibilisierten Referenzrahmen, der einer empirischen Absicherung bedarf.

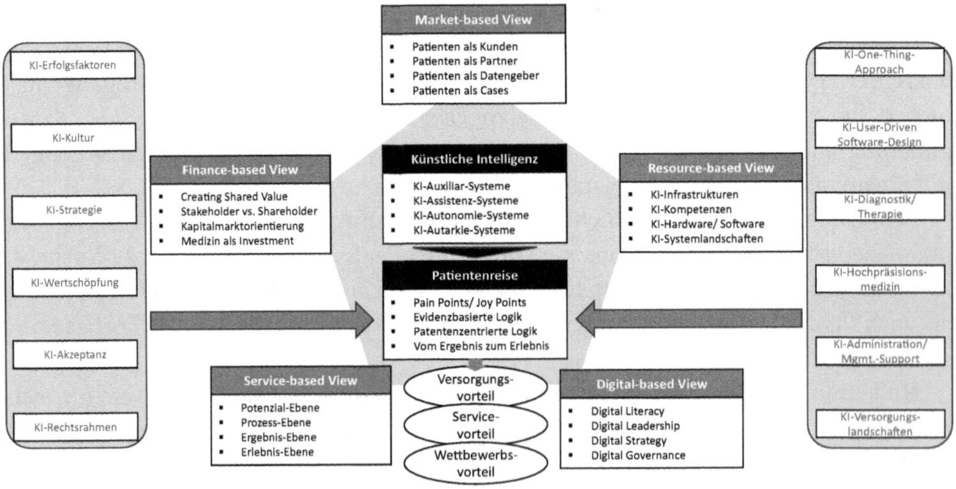


**Abb. 5.1** KI-induzierte Patientenreise. (Quelle: Eigene Darstellung 2025)

## Literatur


Braun von Reinersdorff, A., Margaria, T., & Rasche, C. (2012). Processes and Data Integration in the Networked Healthcare. In: Margaria T., & Steffen B. (Hrsg.), Leveraging Applications of Formal Methods, Verification and Validation. Applications and Case Studies. ISoLA 2012. Lecture Notes in Computer Science, Vol 7610. Berlin, Springer Verlag. https://doi.org/10.1007/978-3-642-34032-1_7

Hogan, B., Rasche, C., & Braun von Reinersdorff, A. (2012). The First View Concept: introduction of industrial flow techniques into emergency medicine organization. European Journal of Emergency Medicine, 19(3): 136–139.

Hogan, B., Rasche, C., & Braun von Reinersdorff, A. (2012). The First View Concept: introduction of industrial flow techniques into emergency medicine organization. European Journal of Emergency Medicine, 19(3): 136–139.

Knape, T., Hufnagl, P., & Rasche, C. (2020a). Innovationsmanagement unter VUKA-Bedingungen: Gesundheit im Fokus von Digitalisierung, Datenanalytik, Diskontinuität und Disruption. In: Pfannstiel M.A., Kassel K., & Rasche C. (Hrsg.), Innovationen und Innovationsmanagement im Gesundheitswesen – Technologien, Produkte und Dienstleistungen voranbringen, (S. 1–24). Wiesbaden. Springer Verlag.

Knape, T., Hufnagl, P., & Rasche, C. (2020b). Dashboardconsulting im Gesundheitswesen – Digitalisierungsoptionen und Anwendungsfelder. In: Pfannstiel M. A., C. Rasche, Braun von Reinersdorff A., Knoblach B., & Fink D. (Hrsg.), Consulting im Gesundheitswesen: Professional Services als Gestaltungsimperative der Unternehmensberatung (S. 1–27). Wiesbaden. Springer Verlag.

Rasche, C. (1994). Wettbewerbsvorteile durch Kernkompetenzen – Ein ressourcenorientierter Ansatz, (Dissertation). Wiesbaden. Gabler-Verlag.

Rasche, C. (2002). Multifokales Management – Unternehmenskonzepte für den pluralistischen Wettbewerb (Habilitation). Wiesbaden. Gabler-Verlag.

Rasche, C. (2013). Big Data – Herausforderung für das Management. In: WISU, 42(6/23): 1076–1083.

Rasche, C., Margaria, T., & von Reinersdorff, A. B. (2010). Value delivery through IT-based healthcare architecture. In 25 Jahre ressourcen- und kompetenzorientierte Forschung. Strategisches Kompetenz-Management. Wiesbaden: Gabler Verlag.

Rasche, C., Braun von Reinersdorff & Bertram, A. (2024a): A Manifesto 4 Health as a Biomedical Pradigm Shift – Challenging Entrenched Wisdoms in Healthcare Economics, In: Hinchey, M./ Steffen, B. (Eds.): The Combined Power of Research, Education and Dissemination Essays Dedicated to Tiziana Margaria on the Occasion of Her 60th Birthday, pp. 345–364, Springer Verlag, Heidelberg.

Rasche, C., Braun von Reinersdorff, A. & Margaria, T. (2024b): „From Proposal 2 Profit" – Erfolgskskade technologieorientierter Healthcare-Start-ups, in: Pfannstiel, M. (Hrsg.): Technologien und Technologiemanagement im Gesundheitswesen – Potenzial nutzen, Lösungen entwickeln, Ziele erreichen, Springer Fachmedien, Wiesbaden, S. 64–84.

Rasche, C., Raab, E. (2023): Digitale Gesundheitsplattformen. Strategien – Geschäftsmodelle – Entwicklungslinien, in: Stummeyer, C./ Raab, A. & Behm, M.E. (Hrsg.): Plattformökonomie im Gesundheitswese Health-as-a-Service – Digitale schäftsmodelle für bessere Behandlungsqualität und Patient Experience, Springer-Verlag, Wiesbaden, S. 73–97.

Rasche, C. & Schultz, C. (2024): Return on Healthcare – Wertoptimierung durch nachhaltiges Technologie-Portfolio-Management, S. In: Pfannstiel, M. A. (Hrsg.). Technologien und Technologiemanagement im Gesundheitswesen: Potenziale nutzen, Lösungen entwickeln, Ziele erreichen, S. 41–61, Springer Verlag, Heidelberg.

Rasche, C., Reinecke, A. & Margaria, T. (2022): Künstliche Intelligenz im Gesundheitswesen als Kernkompetenz? Status quo, Entwicklungslinien und disruptives Potenzial, in: Pfannstiel, M. A. (Hrsg.): Künstliche Intelligenz im Gesundheitswesen – Entwicklungen, Beispiele und Perspektiven, S. 49–79, Springer Verlag, Heidelberg.

Steffen, B., Braun von Reinersdorff, A. & Rasche, C. (2023): OT-Based Decision Support for Holistic Healthcare Management in Times of VUCA, Disorder and Disruption, in: applied sciences; MDPI, S. 1–28.

Hogan, B. & Rasche, C. (2022): Ambulantisierung – Die Zukunft ist hybrid. Die Abgrenzung der Sektoren verursacht exorbitante Wertverluste. Die Zukunft gehört vernetzten Hybridversorgungsmodellen an der Nahtstelle von stationärer und ambulanter Versorgung, In: f&w, 1(2022): 34–35.

**Christoph Rasche** ist seit dem Jahr 2001 Inhaber des Lehrstuhls für Management, Professional Services & Sportökonomie an der Universität Potsdam. Als wissenschaftlicher Mitarbeiter und Assistent promovierte Herr Rasche bei Prof. Dr. Heymo Böhler (Professur für Marketing an der Universität Bayreuth). Anschließend folgte Herr Rasche dem Angebot in die freie Wirtschaft als angestellter Berater bei der Unternehmensberatung Droege & Comp. AG in Düsseldorf. Mit der Rückkehr als wissenschaftlicher Assistent an die Universität Bayreuth erfolgte dort die Habilitation auf dem Gebiet des „Strategischen Managements". 2001 nahm er dann den Ruf an die Universität Potsdam an und etablierte den Arbeitsbereich Management, Professional Services und Sportökonomie. Herr Rasche war lange Jahre Geschäftsführender und Stv. GF-Leiter des Instituts für Sportwissenschaft, ist Gründungsvorstand des gmip – General Management Institute Potsdam e.V., Mitglied im Institut für Management und Organisation (IMO) e.V. und im Arbeitskreis Sportökonomie sowie Mitherausgeber in den Schriftenreihen „Leadership" und „Strategisches Kompetenzmanagement" sowie aktiver Marathonläufer, Ruderer und Triathlet. Professor Rasche ist Vizepräsident des IfK Potsdam e.V, Vorsitzender des Prüfungsausschusses im WiB e.V. und Wissenschaftlicher Beirat im Deutschen Institut für Beratungswissenschaften (diBew). Er übte u. a. Gastprofessuren an den Universitäten Innsbruck und Alcalá de Henares aus und ist Mitglied der Humanwissenschaftlichen Fakultät und der WISO-Fakulät. Zudem verfügt er über enge Kontakte zur Politik und Wirtschaft in seiner Funktion als Unternehmensberater, Jury Mitglied, Business Coach und Invited Speaker. Professor Rasche ist Architekt mehrerer innovativer Weiterbildungsformate und dabei, die Berlin Advisory Group – Consulting, Coaching, Counseling als Start-up im Beratungsmarkt zu etablieren. Zudem ist Herr Rasche aktiv in das Coaching in einer Vielzahl unterschiedlicher Start-ups involviert.

**Caroline Braun von Reinersdorff,** Jahrgang 2002, ist in Osnabrück geboren und Studentin des Internationalen Managements an der Hochschule Osnabrück. Sie ist Tutor für Finanzmanagement an derselbigen Hochschule und assistiert als Hilfskraft das MBA-Programm für Hochschul- und Wissenschaftsmanagement. Zudem unterstützt sie das Deutsche Institut für Beratungswissenschaften im Bereich des Eventmanagements. Die Autorin ist als FDP-Mitglied politisch engagiert und zeigt besonderes Interesse am Consulting und an wissensintensiven Dienstleistungen (Professional Services) mit dem Schwerpunkt International Finance & Banking.

**Prof. Dr. rer. pol. (Bayreuth) Andrea Braun von Reinersdorff,** Jahrgang 1966, geboren in Wetzlar war Vizepräsidentin für Internationalisierung und strategische Hochschulentwicklung an der Hochschule Osnabrück. Zudem ist sie gegenwärtig amtierende Dekanin der dortigen WISO-Fakultät. Ihre Forschungs- und Lehrgebiete sind dem Gesundheits- und Versorgungsmanagement die Personal- und Organisationsentwicklung im Healthcare-Sektor. Professorin Braun von Reinersdorff lehrt Healthcare Management in diversen MBA-Programmen und federführend für den Gesundheitscampus Osnabrück verantwortlich. Sie ist Mitglied im Rotary Club Osnabrück, Strategieberaterin im Gesundheitswesen und Protagonistin des AMLEG-360-Degree-Navigation-

Frameworks, das für eine holistische Führung auf der Makro-, Meso- und Mikroebene im Gesundheitswesen steht. Die Autorin hat den Healthcare-MBA an der Hochschule Osnabrück als Erfolgsmodell und Marke etabliert.

**Dr. Adriana Reinecke** war langjährig in der Grundlagenforschung am Max-Planck-Institut für Kolloid- und Grenzflächenforschung tätig und promovierte am Fachbereich Physikalische Biochemie der Universität Potsdam im Themengebiet der bioinspirierten Materialien. Anschließend arbeitete sie als Wissenschaftskoordinatorin an der Freien Universität Berlin und führte klinische Studien im Auftrag der Helmholtz-Gemeinschaft durch. Parallel absolvierte sie ein MBA-Studium mit dem Schwerpunkt auf der biomedizinischen Technik an der Universität Potsdam im Fachbereich Wirtschaftswissenschaften. Im Studium fokussierte sie sich auf das Innovationsmanagement in der Gesundheitsbranche und befasste sich in ihrer Masterarbeit mit den Rahmenbedingungen und Gestaltungsoptionen von Geschäftsmodellen für Digitale Medizintechnologien.

Danach arbeitete sie mehrere Jahre als Technologieberaterin im Bereich der Forschungsförderung, u. a. in den Bereichen Digitalisierung und Künstliche Intelligenz in der Medizintechnik. Seit 2020 ist sie in der Leitung des Bereichs Mittelstandsförderung bei der VDI Technologiezentrum GmbH tätig. Parallel schloss sie ein Masterstudium in Health and Medical Management an der Friedrich-Alexander-Universität mit einer Masterarbeit zum Thema „Künstliche Intelligenz in der Radiologischen Diagnostik des Mammakarzinoms“ ab. Seit einigen Jahren befasst sich Frau Dr. Reinecke am Lehrstuhl für Management, Professional Services & Sportökonomie der Universität Potsdam mit Fragen zum Thema Künstliche Intelligenz in der Gesundheitswirtschaft aus finanzwirtschaftlicher, rechtlicher und gesellschaftspolitischer Perspektive. Sie verbindet somit aktuelle Praxis mit der Forschung in dem Bereich Innovations-/Technologieförderung im Gesundheitswesen.

# Regulatorische Rahmenbedingungen von Künstlicher Intelligenz im Gesundheitswesen

6

Roger Jaeckel

## Inhaltsverzeichnis



**Zusammenfassung**

Die Digitalisierung ist aus unserem täglichen Leben nicht mehr wegzudenken. Mit dem Einsatz von Künstlicher Intelligenz erfährt die digitale Transformation geradezu einen schier nicht mehr kontrollierbaren Schub, den die Welt bisher so nicht erlebt hat. In diesem Beitrag wird deshalb der Frage nachgegangen, welche politischen Steuerungsansätze mit dieser Entwicklung einhergehen und welche Rolle dabei der Europäischen Union zuteil wird, die Anwendung und somit den Marktzugang dieser neuen Technologie zu regeln. In diesem Zusammenhang ist es auch erforderlich, sich die geopolitische Lage vor Augen zu führen, unter welchen politischen Rahmenbedingungen ein EU-weiter Regulierungsansatz entstanden ist. Die Rede ist vom Artificial Intelligence Act

R. Jaeckel (✉)
Fakultät Gesundheitsmanagement, Hochschule Neu-Ulm, Neu-Ulm, Deutschland
E-Mail: roger.jaeckel@hnu.de



M. A. Pfannstiel (Hrsg.), *Künstliche Intelligenz im Einsatz für die erfolgreiche Patientenreise*, https://doi.org/10.1007/978-3-658-48573-3_6

(AIA), ein Gesetz über Künstliche Intelligenz in Form einer EU-Verordnung, die im Dezember 2023 im Grundsatz bereits verabschiedet wurde und im August 2024 in Kraft getreten ist (KI-Verordnung 2024). Dieses weltweit erste KI-Regulierungswerk (Bundesregierung 2024) wird in seinen Grundzügen dargestellt sowie die systemimmanente Regulierungslogik näher erläutert. Aus Kapazitätsgründen behandelt die vorliegende Abhandlung aber nur einen Auszug der insgesamt existierenden Regulierungspunkte, ohne das Ausmaß der KI-Verordnung schmälern zu wollen. Die Relevanz dieser EU-Verordnung für den Einsatz von KI im Gesundheitswesen wird dabei gestreift, ohne im Detail spezifische Einsatzfelder bereits konkret zu beschreiben. Dies ist primär dem Regelungscharakter der KI-Verordnung geschuldet. Der Beitrag endet mit einer ersten Standortbestimmung dieser KI-Regulierung.

## 6.1 Einleitung

Die Chancen von KI in der medizinischen Versorgung werden von Versicherten durchweg positiver eingeschätzt als damit einhergehende Risiken (Deloitte 2024). Diese positive Grundhaltung geht einher mit einem fehlenden staatlichen Regulierungsrahmen für die Anwendung von KI auf nationaler Ebene. Dieser fehlende nationale Regulierungsrahmen ist jedoch politisch gewollt und auch in der Zukunft nicht beabsichtigt (Deutscher Bundestag 2023, S. 4). Vielmehr wurde mit Zustimmung der EU-Mitgliedsstaaten in 2024 ein europäischer Regulierungsrahmen geschaffen, der nationale, einzelstaatliche Interessen bewusst hintenanstellt. Diese europäische Regulierungsvariante ermöglicht es der EU, ein starkes Fundament für die Regulierung von Künstlicher Intelligenz zu schaffen, das Vertrauen und Akzeptanz für diese neue Technologie zu fördern und dem Anspruch „Innovationen made in Europe“ gerecht zu werden (Bundesregierung 2024). Zweckbestimmung der nunmehr vorliegenden KI-Verordnung ist es, das Funktionieren des Binnenmarktes zu verbessern und die Einführung einer auf den Menschen ausgerichteten und vertrauenswürdigen künstlichen Intelligenz zu fördern und gleichzeitig ein hohes Schutzniveau in Bezug auf Gesundheit, Sicherheit und die in der EU-Charta verankerten Grundrechte, einschließlich Demokratie, Rechtsstaatlichkeit und Umweltschutz, vor schädlichen Auswirkungen von KI-Systemen in der Union zu gewährleisten und die Innovation zu unterstützen (KI-Verordnung Art. 1).

Damit unterstreicht die EU ihre Ambitionen einer globalen und insbesondere strategischen Führungsrolle im Bereich der vertrauenswürdigen KI in Sektoren mit hohem Wirkungsgrad (Europäische Kommission 2021). Mit diesem Anspruch stellt die EU die Weichen in Richtung digitale Zukunft, die für alle Beteiligten eine Win-Win-Situation ermöglichen soll. Die Spanne reicht dabei von einer besseren Gesundheitsversorgung über sichere und saubere Verkehrssysteme bis hin zu innovativen Produkten und Dienstleistungen (EU-Kommission 2024). Dieser auf Menschenrechten und Grundwerten basierende Regulierungsansatz darf jedoch nicht darüber hinwegtäuschen, dass ein neu geschaffener Regulierungsrahmen immer bürokratische Prozesse und Regeln nach sich zieht, die im Ergebnis den Zugang zu innovativen digitalen Technologien verlangsamen und teilweise sogar erschweren. So sieht sich auch diese neue EU-weite Regulierung einem kontinuierlichen Spannungsfeld ausgesetzt, das nicht frei von Kritik ist und die Fachwelt auch noch in den nächsten Jahren beschäftigen wird.

## 6.2 Geopolitische Einordnung einer EU-weiten KI-Regulierung

Die bisherigen Einführungen machen deutlich, dass die Verfügbarkeit KI-basierter Technologien nicht nur auf wirtschaftspolitische Interessen einzelner Staaten oder Staatenverbünde abzielen, sondern auch zu Kriegs- und Verteidigungs- sowie Überwachungszwecken schon längst Eingang in den gesellschaftlichen Alltag gefunden haben. So ist es nicht verwunderlich, dass insbesondere die herrschenden Wirtschaftsnationen USA und China kein Interesse daran zeigen, den Zugang zu KI-Anwendungen wirksam zu steuern. Die Konsequenz daraus ist, dass in einer digitalen Nachrichtenwelt es zunehmend darauf ankommen wird, zwischen „right“ und „fake news“ richtig unterscheiden zu können. Dies wird gerade für demokratisch gelenkte Staaten von zentraler Bedeutung sein. Die Anwendung von KI-Technologien spielt in diesem Zusammenhang eine sehr ambivalente Rolle. Die Glaubwürdigkeit unserer digitalen Zukunft steht deshalb auf dem Spiel, sodass am Ende nicht mehr die Frage im Raum steht, ob wir bezüglich der KI eine staatliche Regulierung benötigen, sondern nur noch in welchem Umfang.

Der von der EU eingeschlagene Weg, die Anwendung von KI nicht dem freien Spiel der Marktkräfte zu überlassen, ist auf alle Fälle anerkennenswert (Wendt/Wendt 2024, S. 20). Disruptive Entwicklungen bedürfen einer staatlichen Steuerung. Allerdings wird dies nicht dazu führen, bestehende Ungleichheiten hinsichtlich des Marktzugangs zu beseitigen. Dafür sind die wirtschaftlichen Interessen anderer Staaten zu stark ausgeprägt, um diesem europäischen Regelungsansatz konsequent nachzufolgen. Trotz wegweisender Gesetzgebung wird sich KI ungesteuert außerhalb der EU entwickeln und damit unterschiedliche Zugangsvoraussetzungen schaffen (Wendt/Wendt 2024, S. 40). Die Zukunft wird zeigen, ob der mit der KI-Verordnung einhergehende ethische Anspruch auf Dauer eine Best-Practice-Regulierung für andere Länder bewirken wird. Gegenwärtig und unter Berücksichtigung der wiederkehrenden Trump-Administration ab Januar 2025 gibt es wenig Anlass, diesen eingeschlagenen europäischen Weg als weltweites Referenzmodell zu propagieren. Die EU wird sich in diesem Zusammenhang nur als Wirtschaftsmacht behaupten können, wenn die Attraktivität als europäischer Wirtschaftsraum erkennbar zunimmt. Zu viel Regulierung ist kein guter Ratgeber, um technologische Entwicklungen zu beschleunigen und entsprechende Marktanteile zu generieren. Das Ausmaß an Bürokratie wird deshalb zum Gradmesser dieser im August 2024 in Kraft getretenen KI-Verordnung.

## 6.3 Die Grundprinzipien der KI-Verordnung (EU) 2024/1689

Die Ausgestaltung der KI-Verordnung basiert auf unterschiedlichen Prinzipien, die im Kern europäischen Grundwerten und traditionellen, ethischen Denkmustern folgen. Dieses europäische Grundmuster bildet die Grundlage der im Folgenden näher beschriebenen Regulierungsprinzipien.

### 6.3.1 Horizontaler Regulierungsansatz

Als prägendes Merkmal wurde die KI-Verordnung als branchenübergreifendes Regelungswerk konzipiert. Das bedeutet im Ergebnis, dass nicht einzelne Wirtschaftsbereiche von diesem neuen gesetzlichen Rahmen erfasst sind, sondern alle, bei denen KI-Technologien zum Einsatz gelangen. Wesentlicher Grundgedanke ist, dass alle Hersteller, Entwickler und Betreiber von KI-Systemen bereits vor Markteintritt sicherstellen müssen, dass alle regelbasierten Auflagen erfüllt werden, um die Funktionsfähigkeit nach Markteinführung zu gewährleisten oder bei Bestehen zu hoher Risiken gar nicht erst in den EU-Markt gelangen. Dieses branchenübergreifende Gestaltungsprinzip ist jedoch nicht frei von Kritik, denn die Herausforderung besteht darin, dass je nach Branche die Risikoaffinität bei der Anwendung von KI-Systemen sehr unterschiedlich ausgeprägt ist. So ist der Verkehrssektor mit autonomen Fahrzeugen schwer mit KI-Systemen im Gesundheitsbereich zu vergleichen, die die Erkennung von Krankheiten und therapeutischen Verbesserungen in der medizinischen und pflegerischen Versorgung zum Gegenstand haben. In der Gesundheitsversorgung wären beispielhaft Sicherheitskomponenten von Produkten von Bedeutung, die bei der KI-Anwendung in der roboterassistierten Chirurgie eine wichtige Rolle spielen.

Die Anwendung von KI im Finanzwesen im Zusammenhang mit der Bewertung der Kreditwürdigkeit von Unternehmen und Privatpersonen oder im Personalwesen bei der Auswertung von Lebensläufen bei Neueinstellungen unter Nutzung von KI beinhalten wiederum ganz andere Nutzungs- und Gefährdungsaspekte, die im Grundsatz eine differenzierte Betrachtung und Bewertung einer KI-Anwendung erfordern. Andererseits bergen branchenspezifische Regelungen die Gefahr einer Überregulierung und bei branchenübergreifenden Sachverhalten entsteht ein hoher Klärungsbedarf, welche branchenspezifischen Regelungen im Detail dann zu gelten haben. Insofern gibt es keinen optimalen Steuerungsansatz zur Begleitung und Umsetzung dieser neuen Technologie.

Übertragen auf das Gesundheitswesen werden deshalb nicht alle branchenspezifischen Belange wie Datenschutz, Patientensicherheit oder Behandlungsergebnisse gleichzeitig und umfassend Eingang in den regulatorischen Prozessalltag finden. Hierzu ist ein horizontaler Regulierungsansatz nicht in der Lage. Ob in der Konsequenz einzelne EU-Mitgliedsstaaten zusätzliche, branchenspezifische Regulierungsmaßnahmen treffen, hängt auch von branchenspezifischen Reformen und Entwicklungen ab, die im Einzelfall mit den Inhalten einer horizontalen Regulierung nicht zwangsläufig im Einklang stehen bzw. entsprechend kollidieren können. Die erforderliche Sicherstellung der Innovationsfähigkeit durch neue KI-Technologien als Wettbewerbsfaktor in einzelnen Ländern und Branchen darf in diesem Zusammenhang nicht außer Acht gelassen werden. Die zwangsläufig sich daraus ergebenden Konsequenzen werden jedoch erst in den nächsten Jahren zu Tage treten, ob eher Vor- oder Nachteile aus diesem horizontalen Regulierungsansatz erwachsen.

### 6.3.2 Risikobasierter Regulierungsansatz

Neben dem horizontalen Ansatz geht ein zweites und verfahrensprägendes Strukturmerkmal einher. Die Rede ist vom risikobasierten Regulierungsansatz, der eine differenzierte Risikobewertungsstrategie verfolgt. Ausgangspunkt ist die politische Vorgabe, dass der Gesetzgeber die Einführung menschenzentrierter und vertrauenswürdiger KI fördern möchte und gleichzeitig die Grundrechte der EU, die Gesundheit sowie die Sicherheit der Unionsbürger durch eine demokratische Kontrolle schützen möchte. Damit wird auf die Wahrscheinlichkeit eines Risikoeintritts abgestellt. Je höher also das Risiko, das mit der Nutzung oder dem Inverkehrbringen einer neuen KI-Technologie einhergeht, desto höher fallen die Anforderungen an, beispielsweise in Bezug auf Produktsicherheit, Dokumentation oder die menschliche Überwachung. Dieser so konstruierte Regulierungsansatz folgt einem Stufensystem, das sich am besten in Form einer Pyramide vorstellen lässt (s. Abb. 6.1). Auf Grundlage dieses Modells unterteilt sich die Pyramide in vier Risikostufen.

Auf der untersten Stufe werden KI-Systeme mit keinem oder höchstens minimalem Risiko eingeordnet. Hierzu zählen Spamfilter oder auch KI-basierte Videospiele. Die meisten derzeit in Anwendung befindlichen KI-Systeme dürften in diese Kategorie fallen.

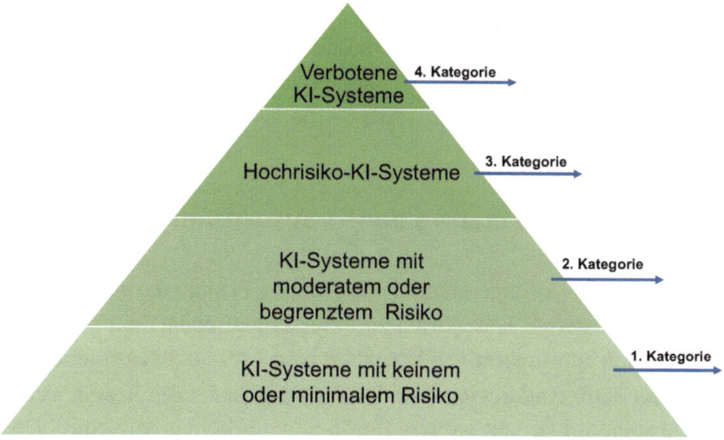


**Abb. 6.1** Risikoklassifizierung von KI-Systemen nach der KI-Verordnung (EU) 2024/1689. (Quelle: Eigene Darstellung 2025)

Auf der zweiten Stufe sind KI-Anwendungen einzuordnen, die mit einem moderaten oder begrenztem Risiko einhergehen. Voraussetzung dafür ist, dass solche KI-Systeme direkt mit natürlichen Personen interagieren. Unter ein solches Transparenzrisiko fallen insbesondere Chatbots oder auch Deepfakes, als auch durch KI manipulierte Bild-, Audio- oder Videoinhalte.

Auf der dritten Pyramidenstufe werden KI-Systeme mit hohem Risiko subsumiert, die sich potenziell nachteilig auf die Sicherheit von Menschen oder deren Grundrechte auswirken können. Diese Risikokategorie ist Dreh- und Angelpunkt der in Kraft getretenen KI-Verordnung. Darunter fallen unterschiedliche Bereiche wie Biometrie, kritische Infrastruktur, Migration, Asyl- und Grenzkontrolle oder auch Rechtspflege und demokratische Prozesse. Ob im konkreten Einzelfall ein Hochrisiko-KI-System vorliegt, lässt sich aufgrund des vorgegebenen komplexen Regelungswerks nicht immer einfach beantworten. Ursächlich dafür ist eine fehlende und leicht handhabbare Legaldefinition, die zugunsten eines dynamischen Klassifizierungssystems nicht näher verfolgt wurde (Wendt/Wendt 2024, S. 61).

Auf der letzten und vierten Stufe stehen verbotene KI-Systeme (KI-Verordnung 2024, Art. 5), die aufgrund ihres Risikos nicht in Verkehr gebracht, in Betrieb genommen oder verwendet werden dürfen. Darunter fallen beispielsweise Social-Scoring-Modelle zur Bewertung des sozialen Verhaltens für öffentliche und private Zwecke, die Emotionserkennung am Arbeitsplatz und in Bildungseinrichtungen außerhalb von medizinischen oder sicherheitstechnischen Zwecken sowie eine individuell vorausschauende polizeiliche Überwachung, auch unter dem Begriff vorausschauende Polizeiarbeit bekannt.

Folglich liegt der Fokus des risikobasierten Ansatzes auf Hochrisiko-KI-Systemen, die laut Angaben der EU einen Anteil von 5–15 % aller KI-Systeme entsprechen. Mit der Einstufung eines Hochrisiko-KI-Systems geht für Anbieter ein umfangreicher Pflichtenkatalog einher, wobei die meisten Anforderungen bereits vor Inverkehrbringen bzw. Inbetriebnahme zu erfüllen sind. Hierzu zählen insbesondere die Einrichtung eines Risikomanagementsystems, die Einhaltung einer Daten-Governance, das Erstellen einer technischen Dokumentation, die Ermöglichung der automatischen Aufzeichnung von Ereignissen oder auch die Einhaltung der Transparenzanforderungen und Erstellung von Betriebsanleitungen (KI-Verordnung 2024, Art. 8–15).

## 6.4 Stufenweise Umsetzung der KI-Verordnung

Ein Charakteristikum der vorliegenden KI-Verordnung besteht darin, dass die Anwendung der einzelnen, risikobasierten Kategorien zu unterschiedlichen Zeitpunkten greifen wird. Dies mag vielfach den administrativen Vorgaben zum Aufbau eines solchen Regulierungssystems geschuldet sein. Andererseits duldet der zwischenzeitlich sehr weit fortgeschrittene Technologiestandard keinen weiteren größeren zeitlichen Aufschub. Denn eines der zentralen Erkenntnisse im Umgang mit der Digitalisierung fußt auf der Tatsache, dass die angewendete Technologie bereits existiert, bevor regulatorische Maßnahmen im Idealfall überhaupt zur Anwendung gelangen. Dieses Time-Gap-Dilemma dürfte in den folgenden Jahren voraussichtlich eher noch zunehmen. Administration und Kontrolle werden bei diesem Prozess daher immer nur als zweiter Sieger durchs Ziel gehen. Im Ergebnis bedeutet eine stufenweise Umsetzung jedoch immer eine Zunahme an Komplexität und ein wesentlich höherer administrativer Aufwand, Zulassungsanträge zeitnah und möglichst ohne Inanspruchnahme von Fremdexpertise auf den Weg zu bringen.

Im konkreten Fall beginnt die offizielle Zeitreise der KI-Verordnung nach vorheriger Zustimmung des Europaparlaments und des Rates der Europäischen Union mit dem Inkrafttreten dieses Gesetzes am 01. August 2024. Dabei ist zwischen dem Zeitpunkt des Inkrafttretens und dem Zeitpunkt der Anwendbarkeit zu unterscheiden. Erstmalig findet die KI-Verordnung am 02. Februar 2025, also sechs Monate nach dem Inkrafttreten, zunächst eingeschränkt Anwendung für die darin geregelten Verbote von KI-Systemen (KI-Verordnung 2024, Art. 113). Das bedeutet unter Zuhilfenahme der zuvor erläuterten Risikopyramide, dass die oberste Risikostufe als erstes angegangen wird. KI-Systeme mit dem höchsten Risiko und nach der Verordnung damit verbundenen unzulässigen Anwendung greifen dann erstmalig ab Anfang Februar 2025. Danach folgen zeitlich versetzt die vom Gesetzgeber vorgesehenen Verpflichtungen für KI-Systeme mit allgemeinem Verwendungszweck ab dem 02. August 2025, also zwölf Monate nach dem Inkrafttreten der Verordnung. Diese KI-Systeme mit allgemeinem Verwendungszweck, auch GPAI-Modell (General Purpose Artificial Intelligence) genannt, sind in der Risikopyramide nicht abgebildet, stellen dennoch eine eigene Risikokategorie dar. Charakteristisch für diese GPAI-Systeme ist deren unspezifische Verwendung und dienen damit einer Vielzahl von Zwecken von direkter Anwendung bis hin zur Integration in andere KI-Systeme (KI-Verordnung 2024, Art. 3).

Der Hauptteil der KI-Verordnung, der die zweithöchste Risikokategorie von KI-Systemen mit hohem Risiko umfasst, wird dann zum 02. August 2026 und somit mit einer Übergangsfrist von 24 Monaten nach Inkrafttreten der KI-Verordnung scharf geschaltet (KI-Verordnung 2024, Art. 113). Damit sind Hochrisiko-Systeme nach Artikel 6 Absatz 2 der KI-Verordnung und im Anhang III zusammengefasst, gemeint. Als letztes wichtiges Datum ist dann der 02. August 2027 zu nennen, der drei Jahre nach dem Inkrafttreten der KI-Verordnung die vollständige Umsetzung dieses Gesetzeswerkes vorsieht. Inhaltlich betrifft dieses Datum die Verpflichtungen für Hochrisikosysteme, die nach Anhang I einzustufen sind und für die bereits ein anderweitiges Harmonisierungsrecht auf EU-Ebene besteht (KI-Verordnung 2024, Art. 113).

Die beiden letzten Risikokategorien in Abb. 6.1 (moderates/begrenztes und kein/minimales Risiko) sind analog der zweithöchsten Risikokategorie ebenso ab dem 02. August 2026 dann anzuwenden.

Zur besseren Übersicht werden die unterschiedlichen Anwendungszeiträume in Abb. 6.2 nochmals im Gesamtverlauf zusammengefasst.

Damit erreicht die KI-Verordnung einen Komplexitätsgrad, der die Begeisterung über diese erstmalige KI-Regulierung in Grenzen halten wird. Andererseits wird auch deutlich, dass dieses politische Unterfangen, einen pragmatischen Steuerungsansatz für KI-Systeme

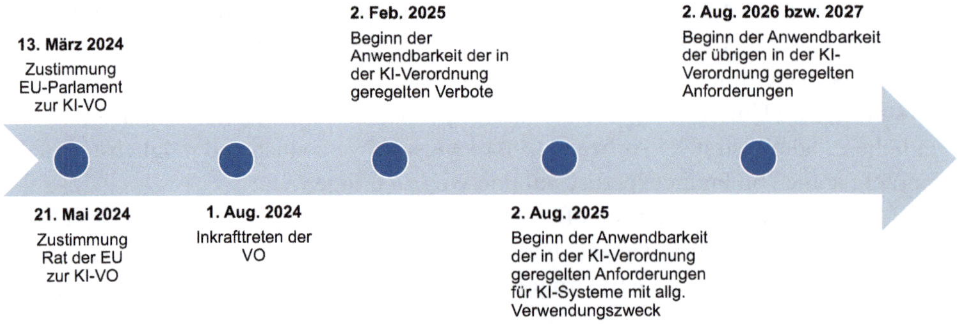


**Abb. 6.2** Stufenweise Umsetzung der KI-Verordnung. (Quelle: Eigene Darstellung 2025)

zu entwickeln, sichtbar an seine Grenzen stößt. Dies dürfte nicht zuletzt damit begründet sein, dass die EU bereits zahlreiche anderweitige Regulierungsregeln geschaffen hat, die durch die KI-Verordnung einen enormen Harmonisierungsbedarf erfordern. Ein Weniger an Bürokratie ist bei dieser Konstellation daher völlig ausgeschlossen und bleibt ein reiner Wunschgedanke.

## 6.5 KI-Verordnung und nationale Aufsichtsstruktur

Mit der KI-Verordnung geht nicht nur ein europarechtlich verbindliches Regelwerk für die Anwendung von KI-Systemen einher, sondern sie erfordert auch die Etablierung einer neuen Aufsichtsstruktur, die in jedem Mitgliedsstaat errichtet werden muss (KI-Verordnung 2024, Art. 70). Damit wird die Implementierung der KI-Verordnung zu einer Gemeinschaftsaufgabe zwischen EU und nationalen Behörden und folgt konsequenterweise auch dem in der EU innewohnenden Subsidiaritätsprinzip. Als Mindestvorgabe muss jeder EU-Mitgliedsstaat mindestens eine notifizierende Behörde und eine Marktüberwachungsbehörde vorhalten, wobei es sich um eine gemeinsame als auch um mehrere Behörden handeln kann. Die Relevanz dieser nationalen Aufsichtsbehörden hat eine Schlüsselfunktion bei der Überwachung und Durchsetzung der KI-Verordnung und trägt letztlich zur Einhaltung dieses europarechtlichen Regelungswerkes bei (Bertelsmann Stiftung 2024, S. 5).

Aus deutscher Sicht besteht insofern zeitlicher Handlungsdruck, dass innerhalb von zwölf Monaten nach Inkrafttreten der Verordnung sowohl eine notifizierende Behörde als auch eine Marktüberwachungsbehörde errichtet oder benannt sein muss. Inhaltlich handelt es sich dabei sowohl um die Akkreditierung von Konformitätsbewertungsstellen als auch um die Überwachung des KI-Marktes sowie darum, Maßnahmen zur Innovations- und Wettbewerbsförderung zu ergreifen (KI-Verordnung 2024, Art. 3), wobei die Überprüfung eines KI-Systems vor Anwendung grundsätzlich den Anbietern selbst obliegt. Für Hochrisiko-KI-Systeme ist hingegen ein formal vorgegebener Konformitätsprozess zu durchlaufen (KI-Verordnung 2024, Art. 43).

Während EU-Mitgliedsstaaten wie Spanien oder auch Frankreich bereits vor Inkrafttreten der KI-Verordnung ihre Aufsichtsstruktur bereits aufgebaut haben, stand diese Frage bis Ende 2024 in Deutschland noch auf der politischen Agenda (Bertelsmann Stiftung 2024, S. 17). Die Online-Presse berichtet in diesem Zusammenhang Anfang November 2024, dass die Bundesnetzagentur (BNetzA) von der Bundesregierung damit beauftragt wurde, eine behördliche Aufsichtsstruktur nach den Vorgaben der KI-Verordnung zu errichten (Haufe 2024). Obwohl die Bundesnetzagentur künftig als nationale Aufsichtsbehörde fungiert, bleibt es weiterhin bei sektoralen aufsichtsrechtlichen Zuständigkeiten, beispielsweise bei der Bundesanstalt für Finanzdienstleistungen (BaFin) für den Finanzbereich oder bei den Datenschutzbehörden für den Datenschutzbereich (Haufe 2024). Dies dürfte nicht zuletzt dem horizontalen Regulierungsansatz geschuldet sein, der auf nationaler Ebene auf wenig kompatible Verwaltungsstrukturen stößt. So führen vorherrschende sektorale Zuständigkeiten und eine zusätzliche föderale Aufteilung letztlich zwangsläufig zu einem komplexen aufsichtsrechtlichen Gebilde (Deutscher Bundestag 2024).

## 6.6 Schlussbetrachtung

Eine genauere Analyse der neu geschaffenen KI-Verordnung zeigt viele Gesichter. Die europapolitische Einordnung dieser Regulierung verdeutlicht die geopolitische Dimension dieses Regulierungsansatzes, der mit Vorbildfunktion diese neue Technologie wirtschafts- und machtpolitisch steuern will. Insofern verdient diese weltweit erstmalig geschaffene Regulierung von KI-Systemen Respekt und Anerkennung, denn KI zeigt aus ethischer Sicht eine sehr ambivalente Wirkung, sodass eine staatliche Steuerung grundsätzlich angezeigt und auch angemessen ist. Die Mitgliedsstaaten der EU haben in der Folge diese Regulierungsaufgabe aus gutem Grund auf die europäische Ebene transferiert und das der EU innewohnende Subsidiaritätsprinzip somit nicht in Anspruch genommen. Das ist keine Selbstverständlichkeit, trägt aber dieser neuen Technologie im besonderen Rechnung.

Der regulatorische Prozess selbst, mit dem horizontalen und risikobasierten Ansatz, erscheint im ersten Moment zwar etwas gewöhnungsbedürftig. Ein gewisser Pragmatismus kann bei näherer Betrachtung diesem Regulierungskonzept jedoch nicht abgesprochen werden. Wenn zudem berücksichtigt wird, dass das damit einhergehende parlamentarische Verfahren bis zur Verabschiedung der KI-Verordnung durch den Rat der Europäischen Union am 21. Mai 2024 nur knapp drei Jahre in Anspruch nahm, war es der EU schon ein sehr wichtiges Anliegen, als regulatorischer First Mover in Sachen KI möglichst zeitnah zu agieren. Ob sich daraus das Gesamtkonstrukt der KI-Regulierung wirklich verfängt, werden die nächsten Jahre zeigen. Die stufenweise Anwendung der KI-Verordnung, die bis August 2027 vollständig erfolgen wird, bedeutet einen Umsetzungszeitraum von insgesamt weiteren drei Jahren. Deshalb bleibt es ein schwieriges Unterfangen, zeitnah ein realistisches Gesamtbild zu skizzieren.

Der Realitätscheck beginnt jedoch bereits bei der Frage der operationalen Umsetzbarkeit dieses Regelwerkes. Da wirkt die angedachte Verbundlösung, bestehend aus einem europäischen und nationalen Kompetenzdickicht doch etwas behäbig in Bezug auf die erforderlichen nationalen Aufsichtsstrukturen. Dieses neue Regulierungsgeflecht führt zwangsläufig zu mehr Bürokratie und steht damit im direkten Widerspruch zu den Regulierungsansätzen anderer führenden Wirtschaftsnationen. Letztlich werden es die Anbieter und Entwickler von KI-Systemen selbst sein, die sich einen Weg durch diesen vorgegebenen bürokratischen Dschungel bahnen müssen. Ob dem politischen Führungsanspruch, einen weltweiten Regulierungsstandard mit der KI-Verordnung gesetzt zu haben, damit Genüge getan ist, lässt einen eher nachdenklich erscheinen. Anderweitige Alternativen sind derzeit aber nicht ersichtlich, so dass am Ende dieser regulatorische Rahmen alternativlos erscheint.

Für das Gesundheitswesen wird der horizontale Regulierungsansatz noch einiges an unklaren Sachverhalten mit sich bringen und nicht alle Fragestellungen sind mit diesen europarechtlichen Vorgaben beantwortbar. Darauf muss in den nächsten Jahren näher eingegangen werden. Ein Regulierungswunder sollte jedoch nicht erwartet werden.

## Literatur


Bertelsmann Stiftung (2024) Nationale KI-Aufsicht. Aufgaben, Befugnisse und Umsetzungsoptionen, Online im Internet: https://www.bertelsmann-stiftung.de/fileadmin/files/PicturePark/2024-05/Nationale_KI-Aufsicht_2024_final.pdf, Abrufdatum: 09.01.2025.

Bundesregierung (2024) Einheitliche Regeln für Künstliche Intelligenz in der EU, Online im Internet: https://www.bundesregierung.de/breg-de/aktuelles/ai-act-2285944, Abrufdatum: 06.01.2025.

Deloitte (2024) Center for Health Solutions: Ergebnispräsentation Versichertenbefragung „KI in der Medizin", Online im Internet: https://image.marketing.deloitte.de/lib/fe31117075640474771d75/m/1/eab9a327-fcde-43c2-9107-e70ccc959ae6.pdf, Abrufdatum: 06.01.2025.

Deutscher Bundestag (2023) Wissenschaftliche Dienste WD 9 – 3000 – 002/23: Regulierung von künstlicher Intelligenz in Deutschland unter besonderer Berücksichtigung des Gesundheitswesens, Online im Internet: https://www.bundestag.de/resource/blob/937082/7dd12737cdf4123fdf35d06cb56bcb24/WD-9-002-23-pdf-data.pdf, Abrufdatum: 06.01.2025.

Deutscher Bundestag (2024) Nationale Aufsicht bei Künstlicher Intelligenz komplex, Online im Internet: https://www.bundestag.de/dokumente/textarchiv/2024/kw20-pa-digitales-ki-1001728?trk=public_post_comment-text, Abrufdatum: 09.01.2025.

Europäische Kommission (2021) Koordinierter Plan für künstliche Intelligenz, Überarbeitung 2021, Online im Internet: https://digital-strategy.ec.europa.eu/de/library/coordinated-plan-artificial-intelligence-2021-review, Abrufdatum: 06.01.2025

Europäische Kommission (2024) KI-Verordnung tritt in Kraft, Online im Internet: https://commission.europa.eu/news/ai-act-enters-force-2024-08-01_de, Abrufdatum: 06.01.2025.

Haufe (2024) Bundesnetzagentur wird nationale Marktüberwachungsbehörde bei der KI-Aufsicht, Online im Internet: https://www.haufe.de/recht/weitere-rechtsgebiete/wirtschaftsrecht/nationale-marktueberwachungsbehoerde-bei-der-ki-aufsicht_210_635468.html, Abrufdatum: 09.01.2025.

KI-Verordnung (2024) VERORDNUNG (EU) 2024/1689 DES EUROPÄISCHEN PARLAMENTS UND DES RATES vom 13. Juni 2024 zur Festlegung harmonisierter Vorschriften für künstliche Intelligenz und zur Änderung der Verordnungen (EG) Nr. 300/2008, (EU) Nr. 167/2013, (EU) Nr. 168/2013, (EU) 2018/858, (EU) 2018/1139 und (EU) 2019/2144 sowie der Richtlinien 2014/90/ EU, (EU) 2016/797 und (EU) 2020/1828 (Verordnung über künstliche Intelligenz, Online im Internet: https://eur-lex.europa.eu/legal-content/DE/TXT/PDF/?uri=OJ:L_202401689, Abrufdatum: 06.01.2025.

Wendt/Wendt (2024) Das neue Recht der Künstlichen Intelligenz, Nomos Verlagsgesellschaft, Baden-Baden.

**Roger Jaeckel**, Dipl. Verw. wiss. und European Master in Social Security, ist seit 2015 Honorarprofessor an der Fakultät Gesundheitsmanagement der Hochschule Neu-Ulm. Seine Lehrtätigkeit umfasst die Fächer Krankenhausmanagement, Gesundheitspolitik und Gesundheitsökonomie sowie Europäische Gesundheitspolitik. Im Rahmen des HNU-Bildungsprogramms „Digitalisierung und KI im Gesundheitswesen“ wurde das Lehrangebot um das Fach „Digitale Gesundheitspolitik“ erweitert. Hauptberuflich war er 16 Jahre in leitender Funktion im Bereich der gesetzlichen Krankenversicherung tätig, bevor er in die Gesundheitsindustrie wechselte. Derzeit leitet er bei der Paul Hartmann AG den Bereich „Governmental Affairs und Health Care Management“. In den vergangenen Jahren sind zahlreiche Publikationen und Buchveröffentlichungen zu unterschiedlichen Themen des Gesundheitswesens erschienen.

# KI-Ordnungsrahmen im Gesundheitswesen: Zwangsjacke oder rechtliches Leitplankensystem

# 7

Christoph Rasche, Stefan Dür und Erika Raab

## Inhaltsverzeichnis



C. Rasche (✉)
Humanwissenschaftliche Fakultät, Wirtschafts- und Sozialwissenschaftliche Fakultät, Department für Sport- und Gesundheitswissenschaften, Lehrstuhl für Management, Sportökonomie & Professional Services, Universität Potsdam, Potsdam, Deutschland
E-Mail: chrasche@uni-potsdam.de

S. Dür
goMed GmbH I Partner, Wien, Austria
E-Mail: duer@go-med.net

E. Raab
Geschäftsführerin, Kreisklinik Groß-Gerau GmbH, Groß-Gerau, Deutschland
E-Mail: erika.raab@kreisklinik-gg.de





M. A. Pfannstiel (Hrsg.), *Künstliche Intelligenz im Einsatz für die erfolgreiche Patientenreise*, https://doi.org/10.1007/978-3-658-48573-3_7

**Zusammenfassung**

Bei der Künstlichen Intelligenz handelt es sich um ein sehr juveniles Realphänomen mit hohem disruptiven Potenzial für Wirtschaft, Gesellschaft und Politik im Kontext hoher Rechtsunsicherheit. So ist derzeit das weitgehende Fehlen eines verbindlichen Regulierungsrahmens für KI-Anwendungen zu konstatieren. Zwar lassen sich aus der Datenschutzgrundverordnung Gestaltungsimplikationen für eine rechtssichere Rahmung der Künstlichen Intelligenz ableiten, doch setzt ein solcher Versuch immer ein konsistentes Rechtsverständnis über Phänomen voraus, das von hoher interpretativer Unschärfe geprägt ist. Aus diesem Grund sollte Einigkeit über das Rechtsgut der Regulierung bestehen, weil ein zu konzipierender KI-Marktordnungsrahmen einer korrespondierenden Projektionsfläche bedarf. Ein KI-Regulierungsrahmen für das heterogene Gesundheitswesen bedarf einer Anwendung auf dessen Subsektoren, weil die KI-Anwendungen für Kliniken anders ausfallen als für Versicherungsunternehmen oder forschende Pharma-Unternehmen. Gegenstand dieses Leitartikels ist holistische Befassung mit der Entwicklung eines austarierten Ordnungsrahmens für ein Schlüssel- und Schrittmachertechnologiefeld, das multiple Interessenlagen tangiert.

## 7.1 Regulierung marktwirtschaftlicher Systeme als Imperativ der Ordnungspolitik

Märkte, Volkswirtschaften und ökonomische Systeme unterliegen in den seltensten Fällen der „unsichtbaren Hand“ einer gleichgewichtsorientierten Balance von Angebot und Nachfrage. Vielmehr verfolgt die Wirtschafts- und Ordnungspolitik das Ziel, ökonomische Institutionen entsprechend normativer Ziele zu lenken, zu zähmen oder zu subventionieren, um ein faires, soziales und wettbewerbsorientiertes Marktsystem zu generieren. Zu berücksichtigen ist bei diese Akrobatik mit vielen Bällen, dass ein Interessenausgleich zwischen teilweise diametralen Anspruchsgruppen gewährleistet ist. Dies gilt insbesondere für das unbestimmten Rechtsgut der Künstlichen Intelligenz (KI), die für den Fall ihrer rasanten Entwicklung und Dissemination substanzielle Auswirkungen auf natürliche, juristische und digitale Persönlichkeiten haben wird (Qaxxorovna et al. 2023) Mit der digitalen Persönlichkeit wird an dieser Stelle ein neuer Terminus diskutiert, der im Extremfall autarke KI-Anwendungen zur eigenen Rechtspersönlichkeit werden könnte (Jarrahi et al. 2023). Sofern KI-Anwendungen der dritten und vierten Generation ohne menschliche Interventionsmöglichkeiten digital autarke Entscheidungen treffen, dann stellt sich zwangsläufig die Frage nach möglichen Rechtsfolgen. Unter nicht unwahrscheinlichen

Maßgabe, dass die Künstliche Intelligenz künftig der Menschlichen Intelligenz (MI) überlegen sein wird könnte sich daraus ein Nutzung- und Verwendungszwang digitaler Assistenz- und Autonomiesysteme ergeben (Rasche et al. 2022). Dies gilt insbesondere für den Berufsstand der Professionals (z. B. Wirtschaftsprüfer, Steuerberater, Rechtsanwälte, Mediziner), die sich im Haftungsfall vor Gericht wohl möglich rechtfertigen müssen, warum sie „fahrlässig“ auf die Entscheidungskompetenz superiorer KI-Assistenzsysteme verzichtet haben (weiterführend Rasche et al. 2025). Kaum eine Volkswirtschaft lässt sich entweder als dirigistische Planwirtschaft oder freie Marktwirtschaft qualifizieren, weil die gelebte Realität von changierenden Bunttönen geprägt ist. Innerhalb einer Volkswirtschaft, die sich auch als komplexes Portfolio von Branchen, Märkten und Institutionen interpretieren lässt, bestehen bisweilen große Unterschiede bei der „Art und Qualität“ der Regulierung. Verständlicherweise erfährt aus einer Verbraucherschutzperspektive der dritte Gesundheitsmarkt weitaus weniger Ordnungswillen als der erste Gesundheitsmarkt. Dieser reflektiert prioritär den Markt für „Krankheit, Leiden, Therapie und Heilversprechen“ und wird mit Blick auf die Schutzinteressen des Patienten dessen relative Unmündigkeit als Handlungsfeld einer hoheitlichen Daseinsfürsorge stärker reguliert. Eine fürsorgende Wirtschaftspolitik priorisiert immer die Schutzbedürfnisse der Schwächsten, die im ersten Gesundheitsmarkt nicht als Gesundheitskunden, sondern als zu versorgende Therapiefälle in Erscheinung treten. Immer dann, wenn evidente Informationsasymmetrien zwischen Angebot und Nachfrage vorliegen sieht sich die Ordnungspolitik in der Pflicht, eine situationsopportunistische Nutzen- und Wertoptimierung der informationsbevorteilten Partei einzuschränken (Steffen et al. 2023). Dies gilt insbesondere für verhaltens- und bewertungsunsichere Vertrauensgüter, bei denen Kunden, Patienten und Leistungsnehmer oft nur über eine limitierte Urteilsfähigkeit verfügen. Auch sieht sich der Staat immer wieder in Pflicht, natürliche Sicherheitsmonopole (innere und äußere Sicherheit) ebenso zu bewirtschaften wie Bildungsmonopole, die in einer Schulpflicht kulminieren, zu Schüler und Eltern zum Leistungsbezug verpflichtet. Gleiches gilt für aktuell ausgesetzte Impfpflichten, die früher als Pockenimpfung hoheitlich verfügt wurde. Zudem interveniert der Staat regelmäßig durch Subventionierung meritorischer Versorgungsgüter, für die eine hohe Nachfrage bei gleichzeitig geringer Zahlungsfähigkeit besteht. Zu denken ist hierbei an den Markt für erschwinglichen Mietraum und die Forderung nach Mietpreisregulierung. Nachfolgend werden zehn archetypische Zielsetzungen und Intentionen der Marktregulierung diskutiert:

**Kompensation von Marktversagen:** Ein Ziel der Regulierung und Marktintervention besteht in der Kompensation eines evidenten Marktversagens zur Befriedigung berechtigter Bedürfnisse und der Versorgung unterprivilegierter oder diskriminierter Statusgruppen. Spezifische Krankheitsbilder, Patientengruppen oder Versorgungsfelder lassen sich oft nur unwirtschaftlich bedienen, obwohl diesbezüglich eine hohe, aber nicht preisfähige Nachfrage besteht. So ist ein relatives Marktversagen für die ambulante Notfallversorgung zu konstatieren, weshalb die Gesundheitspolitik hier regulativen Handlungsbedarf sieht.

**Verbraucherschutzinteressen:** Informations- und statusbenachteiligte Verbraucher gelten als schutzwürdige Referenzobjekte eines Marktordnungssystems, das eine situationsopportunistische Ausbeutung verhandlungsschwacher Akteure verhindern soll. Im Fall verhaltens- und bewertungsunsicheren Gesundheitsgütern, gilt es insbesondere im ersten Gesundheitsmarkt die Nachfrager vor unseriösen bzw. eigenvorteilsorientierten Angeboten zu schützen. Nicht zuletzt aus diesem Grund gelten für die Freien Berufe hohe berufsständische Qualifikationsnormen bis hin zu einem permanenten Weiterbildungszwang.

**Marktethik und Gerechtigkeitsimperative:** Die Losung einer wirtschaftlichen, ausreichenden, angemessenen, notwendigen und zweckmäßigen Versorgung impliziert immer auch eine Verfahrens-, Ergebnis- und Verteilungsgerechtigkeit bei knappen Gesundheits- und Versorgungsgütern. So hat der Staat ein genuines Interesse an einer Unterbindung unethischer Preistreiberei oder Notlagenausbeutung. Für den Fall unregulierter Preise könnte dies in der Notfall-, Unfall- und Akutmedizin dazu führen, dass mit steigender Behandlungsdringlichkeit die Preise steigen würden.

**Anspruchsgruppenausgleichsfunktion:** Soziale Systeme definieren sich über heterogene Anspruchsgruppen bei gleichzeitig variierenden Interessen. Der Sozialstaat verfolgt durch Marktregulierung das Ziel eines austarierten Interessenausgleichs. Im Gesundheitswesen verfolgen die einzelnen Akteure bisweilen höchst unterschiedliche Zielfunktionen, was Verteilungskämpfe um knappe Ressourcen provoziert. Zu denken ist an Leistungserbringer, Leistungsempfänger, Kostenträger und Kontrollinstanzen der Qualitätssicherung und Risikobewertung.

**Funktionsfähigkeit des Wettbewerbs:** Ein effektiver und effizienter Marktordnungsrahmen versucht suboptimale Monopolsituationen zu identifizieren und zu verhindern. Gewünscht und gewollt ist ein funktionierender Gesundheitswettbewerb, der als Qualitäts- und nicht als Kostenwettbewerb ausgetragen werden soll. So gilt es einen pathologischen Preis- und Kostenwettbewerb zu verhindern, der zu Lasten der Qualität, Versorgungssicherheit und Patientenzentrierung geht. Je geringer die Schutzwürdigkeit der Gesundheitszielgruppen, desto liberaler wird in der Regel die Regulierung ausfallen, wie sich am zweiten und dritten Gesundheitsmarkt ablesen lässt.

**Forschungs-, Technologie- und Innovationsförderung:** Dem Wettbewerb um die Zukunft wird derjenige gewinnen, der durch richtige Forschungs-, Technologie- und Innovationsprioritäten pfadbrechende Problemlösungen generiert. Eine Grundlagenforschung ohne staatliche Lobby kann zeitversetzt zu manifesten Technologie- und Innovationsnachteilen führen. Nicht zuletzt aus diesem Grund subventioniert die Wirtschaftspolitik zukunftsträchtige Rocket-Science-Projekte, um sich in der Weltspitze der MINT+M-Disziplinen zu positionieren. Hiermit gemeint sind Mathematik, Informatik, Naturwissenschaften, Technologie und Medizin.

**Industrie- und Subventionspolitik:** Nicht selten werden chronisch kranke und schwächelnde Branchen im Rahmen industriellen Transformationen subventioniert. Die Kohle-, Stahl-, Werft-, Banken- und jetzt auch Automobilindustrie waren und sind Objekte einer Ordnungspolitik, die systemrelevante Schlüsselsektoren stabilisieren möchte. Gegenstand von Förderung und Subvention können jenseits der geforderten Rettungsschirme auch einzelne Technologiefelder wie die E-Mobilität, regenerative Energie oder ESG-konforme Geschäftsmodelle sein, die sich in besonderer Weise in den Dienst der Nachhaltigkeit stellen.

**Systemrelevante Stabilisierungsmaßnahmen:** In der Krise verlangen Unternehmen und Branchen nach industriepolitischen Stabilisierungs- und Stützungsmaßnahmen, wie die während der Pandemie oder der Finanzkrise zu beobachten waren. Hier besteht immer das Risiko einer Subventionierung strukturell nicht wettbewerbsfähiger Institutionen, die besser einem selektiven Marktausscheidungsprozess zugeführt worden wären. So existieren zahlreiche Beispiele für „vergeudete Subventionen" in Gestalt einer Verlängerung eines wert- und substanzvernichtenden Siechtums.

**Bewirtschaftung natürlicher Staatsmonopole:** Das Wesen eines natürlichen Monopols besteht in einem Mangel an überlegenen Marktlösungen, wie dies im Fall der inneren und äußeren Sicherheit der Fall ist. Kaum ein Politiker würde auf die Idee kommen, staatsrelevante Sicherheitsinteressen vollständig zu privatisieren und zu liberalisieren. Das Ergebnis wären private Sicherheitsdienstleister, die für die Gewährleistung der inneren und äußeren Sicherheit sorgen würden und den Strafvollzug und die Rechtsprechung auch in ihr Leistungsportfolio aufnehmen würden.

**Normative Staats-Raison-Interessen:** Traditionen, Werteinventare und Normen sind staatsprägend, weshalb der Ordnungsrahmen übergeordnete Politikziele nachgelagerten Wirtschaftszielen voranstellt. Nicht zuletzt behält es sich die Politik vor, direkt oder indirekt in die Wirtschaftsordnung zu intervenieren, wie dies in China zu beobachten ist. Die Politiken und Strategien der kommunistischen Partei zielen auf eine Entmachtung mächtiger und unabhängiger Privatkonzerne ab, die sich nur schwer kontrollieren und auf Linie bringen lassen. Gleiches gilt für das oligarchische Russland, das Putin-Treue belohnt und Putin-Apostasie konsequent mit Enteignung bestraft.

Die bisherige Diskussion lässt ein facettenreiches Bild der Regulierung entstehen, weil diese von multiplen Interessenlagen geprägt ist. Die Ordnungspolitik ist dabei immer auch Abbild der gesellschaftlichen Ordnung und demokratischer oder undemokratischer Imperative, wie sich am Beispiel einer strangulierenden Planwirtschaft zeigt. In eine ähnliche Richtung geht der gelenkte Staatskapitalismus, der immer auch politische und militärstrategische Dominanzziele verfolgt. Der Aufstieg asiatischer Staaten wie China, Korea, Indien oder auch Singapur sind Musterbeispiele für eine intervenierende Ordnungspolitik, die strategische Staatsinteressen über privatwirtschaftliche Unternehmensinteressen stellt. Das Gesundheitswesen steht mit Blick auf seine quasi-hoheitlichen Versorgungsziele unter einem hohen Regulierungsdruck, weil der gesamte Marketing-Mix Gegenstand unternehmerischer Einschränkungen ist (Rasche et al. 2024). Politisch nicht gewollt ist ein weitgehend ungezügelter Preis- und Kostenwettbewerb einerseits und ein prestigeträchtiger Leistungswettbewerb um einer medizinische Luxusversorgung. Typische Versorgungsgüter sollen einer der Allgemeinheit in erschwinglicher und qualitätsgesicherter Form zur Verfügung gestellt werden, ohne dass eine Zwei- und Dreiklassenmedizin entsteht. Letztere wird als unethisch, ungerecht und unangemessen empfunden. Wenn allerdings prospektiv ein Einstieg in die KI-induzierte Hochpräzisionsmedizin erfolgt, die als Referenzbasis der Prognose neben unzähligen personalisierten Big Data auch den genetischen Kode eines Patienten heranzieht, dann lassen Patienten- und Gesundheitsprofile von höchster Reliabilität, Validität und Objektivität generieren, die dann wiederum eine feingranulare Differenzierung nach „guten" und „schlechten"

Fällen, Risiken oder auch Patienten ermöglichen (Park et al. 2023). Im Sinne der Gleichbehandlung notleidender und ratsuchender Patienten ist an dieser Stelle aus einer normativen Perspektive ein KI-Regulierung in der Gesundheitswirtschaft geboten.

## 7.2 KI-Regulierung im Gesundheitswesen als Markt-Ordnungs-Herausforderung

Patienten absolvieren künftig wohlmöglich eine digitale Patientenreise, die Prävention, Screening, Diagnostik, Therapie und Nachsorge umfasst. Dieses KI-induzierte Prozessmodell bedarf eines rechtlichen Regulierungsrahmens, der einerseits keine Gefährdungslagen duldet und andererseits nicht innovative Behandlungspfade stranguliert. Die Beispiele der Roten Biotechnologie, der Stammzellenforschung und des Genetic Engineering zeigen, dass eine sehr strikte Regulierung regelmäßig zum Rechtssystemopportunismus führt. Die Investments fließen in diejenigen Rechtsräume mit den größten unternehmerischen Freiheitsgraden.

### 7.2.1 Menschen oder Maschinen als Leistungserbringer?

Generative KI-Lösungen und selbstlernende Systeme bergen immer die latente Gefahr der Entkopplung von menschlicher und maschineller Intelligenz. Diese Gefahr droht immer dann, wenn aus embryonalen Support- und Assistenzsystemen emanzipierte Autonomie- und Autarkiesysteme werden, die unabhängig diagnostizieren, prognostizieren und therapieren. Der Mensch Mediziner avanciert zum Handlanger der Maschine, wenn eine rechtliche Verpflichtung zur Nutzung adjuvanter KI-Lösungen besteht. Dies wäre dann der Fall, wenn die maschinelle Intelligenz bessere Ergebnisse als die menschliche Intelligenz produziert und deshalb eine bewusster Verzicht auf die digitale Zweitkompetenz als Fahrlässigkeit ausgelegt werden könnte (Abada und Lambin 2023). So lässt sich prospektiv – in Abhängigkeit von der KI-Entwicklung – im Extremfall ein rechtlicher Nutzungszwang ableiten. Zwangsläufig impliziert eine solche Regelung eine schrittweise Entwertung menschlicher Kompetenz, was neben ethischen auch rechtliche Probleme aufwirft. Aktuell ist allerdings nicht zu erwarten, dass neben natürlichen und rechtlichen Personen auch digitale Rechtspersönlichkeiten als Institutionen der Jurisprudenz akzeptiert werden. Humanoide KI-Avatare hätten eine digitale Rechtspersönlichkeit, wenn sie haftungsrechtlich autark entscheiden, handeln und implementieren würden. Im Schadensfall könnten neben institutionellen Inverkehrbringern und KI-Entwicklern dann auch digitale Rechtspersönlichkeiten zivil- und strafrechtlich belangt werden. Im Kontext des Gesundheitswesen werden nach herrschender Meinung digitale Rechtspersönlichkeiten kategorisch abgelehnt (ergänzend Krakowski et al. 2023; Rasche und Raab 2023).

### 7.2.2 Black-Box-Systeme als Leistungserbringer?

Die Datenbasis prädeterminiert die Qualität und Leistungsfähigkeit eines KI-Systems, weshalb diese in hohe Menge und Güte zu Verfügung stehen sollte. Bevor Algorithmen überhaupt entwickelt werden können, müssen große Datenmengen generiert, veredelt und in KI-fähige Zustände transformiert werden. Erst dann lassen KI-Systeme trainieren und testen. Grundsätzliche Probleme bestehen in (1) geringen Datenmengen, (2) komplexen multimodalen Daten, (3) organisationsweit versprengten Daten, (4) schützenswerten und sicherheitsrelevanten Daten sowie (4) toxisch-kontaminierten Daten. Digital Tycoons wie Google zeigen kein großes Interesse an einer Algorithmus-Transparenz und der Lüftung der Black Box, die wie ein Staatsgeheimnis behandelt wird. Im Rahmen des Software Engineering besteht – abseits der Open-Innovation-Philosophie – eine ausgeprägte Closed-Shop-Neigung, die eine Offenlegung und Sozialisierung des Source Code verbietet. Für KI-Anwendungen im Gesundheitswesen ist von hoher Relevanz, dass Algorithmen transparent, vorurteilsfrei, objektiv, konsistent und nachvollziehbar sind. Insofern sind Open-Box-Systeme zu postulieren, die kommerziell weniger attraktiv sind. Deshalb bedürfen diese eventuell einer Förderung, weil es sich um Technologiesysteme der allgemeinen Daseinsfürsorge handeln würden. Die eingesetzten Algorithmen bedürfen neben einer Zertifizierung auch Testung unter Bedingungen extremer Szenarien, die als Schwarze Schwäne selten vorkommen, aber dramatische Folgen haben können. Open-Box-KI-Anwendungen kommen im Sinne des Fraunhofer Instituts für folgende Handlungsfelder in Betracht:

- Optimierung der Patient Journey: vom Screening über die Diagnose bis zur Behandlung und Nachsorge
- Medizinische Entscheidungsunterstützung und Zeitreihen
- Klinische Entscheidungsfindung mittels kausaler Inferenz
- Roboterassistierte Krankenhäuser
- Dateneffiziente medizinische Bildverarbeitung in Bildgebung und Diagnostik
- Optimierung von Gesundheitsprozessen, wie Ressourcen-Management im Krankenhaus
- Predictive und preventive Maintenance von Medizingeräten
- Optische Qualitätsprüfung von medizinischen Geräten
- Praktische Anwendungen von Quantencomputing in der Medizin

### 7.2.3 Krankenkassen als KI-Sponsoren?

Krankenkassen zeigen „in eigener Sache" ein großes Interesse an KI-Lösungen, um die analoge Bürokratie und in einer digitalisierte Prozesslandschaft zu überführen, die frei von Daten- und Kommunikationsbrüchen ist (Rasche et al. 2025). Allerdings stehen die Kostenträger nicht in der Pflicht, Klinik-KI-Lösungen zu finanzieren, weil die knappen Mittel für die Kernversorgung der Versicherten eingesetzt werden sollen. Indirekt lassen sich aber KI-Investments über eine Kapitalisierung der generierten Innovationen am Markt finanzieren. Werden GKV-Leistungen mittels KI generiert, so sponsert die GKV-Forschung, Entwicklung und Design nur indirekt über die Kompensation der erbrachten Leistungen. Allerdings sieht die Gesetzgebung begrenzte Spielräume für die KI-Entwicklung durch Kostenträger vor, um innovative Versorgungsmodelle zu fördern. Versicherungen im Allgemeinen erhalten durch KI-Anwendungen ein großes Optionenspektrum zu Entscheidungsoptimierung, weil sich Muster leicht interpretieren und Prognosen über Patienten, Therapien und Krankheitsbilder ableiten lassen. Eine holistische Technologiefolgenabschätzung der KI impliziert nicht nur rechtliche, sondern vor allem auch ethische Problemfelder, weil eine Selektion, Priorisierung oder Diskriminierung spezifischer Referenzobjekte jederzeit möglich ist (Rasche und Schultz 2024). Zu denken ist aus Versicherungsperspektive an ein Rosinenpicken bei der Kontrahierung bzw. eine Ablehnung unattraktiver Risikopositionen in Gestalt von Patienten oder Krankheitsbildern. Konsequent risikoadjustierte KI-Strategien können zu einer Entsolidarisierung des Versicherungswesens führen, wenn eine Kollektivlogik durch eine Individuallogik ersetzt wird. Im günstigsten Fall aber werden KI-Anwendungen nicht-diskriminierend, sondern wert- und nutzenstiftend für Patienten, Therapeuten und pflegende Angehörige ganz im Sinne der Daseinsfürsorge und einer besseren Compliance eingesetzt (Rasche et al. 2022).

### 7.2.4 Datensouveränität des Patienten?

In totalitären Staaten sind feingranulare Bürgerakten vorstellbar, die als personenbezogenen Daten konsolidieren das Individuum zu einem gläsernen Überwachungsobjekt werden lässt, das durch externe Institutionen kontrolliert, incentiviert und sanktioniert werden kann. Nicht Bürger, Patienten und Individuen hätten vollumfängliche Eigentums- und Verfügungsrechte an „ihren" persönlichen Daten, sondern externe Instanzen mit hoheitlichen Prerogativen. Staaten, Regierungen und Behörden würden mittels invasiver KI-Tools Entscheidungen treffen und Maßnahmen ableiten, die als verhaltensdrangsalierend empfunden werden. So lassen sich nicht nur Bewegungsprofile erstellen und „unerwünschte" Verhaltensweisen und Lebensformen identifizieren, die dann von einer Gesundheitspolizei verfolgt werden. Fiktionen dieser Art sind teilweise in China gelebte Realität und könnten in abgeschwächter Form auch im Gesundheitswesen in Erscheinung treten, wenn Versicherte, Patienten und Behandler unter Druck gesetzt werden, personenbezogene Daten zu erheben und zu teilen. Durch Wearables und Implantables lässt sich perspektivisch Gesundheitszustände von Menschen hochpräzise messen, bewerten und beeinflussen, sofern die erhobenen Daten geteilt werden (müssen). Nicht zuletzt aus diesem Grund gelten in Demokratien die Grundsätze der Datensparsamkeit, Anlassbezogenheit und Transparenz, weil Überwachung und Kontrolle nicht zu Standardroutinen der Staatsraison werden dürfen. Vielmehr sollte die Datensouveränität prioritär beim Bürger und Patienten liegen, der aus freiem Willen darüber entscheidet, wer, wann und zu welchem Zwecke persönliche Daten und Informationsquellen nutzen darf. Aus einer Safety & Security-Perspektive ist zudem für eine robuste, antifragile und agile IT-Infrastruktur zu sorgen, die ein „leichtes Ziel" für kriminelle Energie sein darf.

### 7.2.5 KI-Literacy als Qualifizierungsherausforderung

Die Akzeptanz und Diffusion komplexer KI-Anwendungen implizieren einen hohen Schulungs- und Qualifizierungsbedarf, um technologische Berührungsängste abzubauen und Erfolgserlebnisse zu generieren. Aus Sicht der Nutzer handelt es sich bei innovativen KI-Anwendungen um Erfahrungs- oder sogar Vertrauensgüter mit undefinierten Sucheigenschaften, die als konkrete Bewertungsmaßstäbe herangezogen werden können (Knape et al. 2019). Durch Kompetenzvermittlung und Kompetenzerwerb gilt es, in einem ersten Schritt KI-Vertrauenspotenzial aufzubauen, um dann in einem zweiten Schritt KI-Trainings für die unterschiedlichen Referenzgruppen anzubieten. Vergleichbar mit dem Internet-Führerschein für Kinder und Jugendliche beinhaltet ein KI-Führerschein für ein Spektrum harter und weicher Kompetenzen im Umgang mit digitalen Assistenzsystemen in der Gesundheitswirtschaft. Gegenstand einer KI-Curriculums sollten dabei nicht nur MINT-Module sein, sondern auch die Vermittlung rechtlicher und normativ-moralischer Kenntnisse (Haque et al. 2023). Zudem sollte eine Problemsensibilität bezüglich der Qualität und Güte existierender KI-Anwendungen zu schaffen, um den Einsatz unseriöser und schadhafter Problemlösungen zu verhindern (ergänzend Varma et al. 2023; ergänzend Rasche et al. 2022).

### 7.2.6 Regulierung, Rechtssicherheit, Rahmenbedingungen

Aus der bisherigen Diskussion lässt sich ein hoher Regulierungsdruck ableiten. Der Grund ist in der hohen Akzeptanz und der rasanten Verbreitung innovativer KI-Lösungen in fast allen Branchen, Lebensbereichen und Wirtschaftssektoren zu suchen. Auf den Punkt gebracht, es wird nicht mehr die Frage gestellt, ob KI-Anwendungen im Gesundheitswesen ihren Platz haben werden. Vielmehr stellt sich nur noch die Frage nach der strategischen und taktisch-operativen Positionierung von KI im ersten, zweiten und dritten Gesundheitsmarkt. Zwar handelt es sich bei bisweilen massenträgen Gesundheitswirtschaft um keine „Leading Industry“ mit Schrittmacherfunktion, doch werden künftig auch in nachlaufenden und regulierten Branchen werden KI-Anwendungen in dosierter Form ihren Platz haben. Der öffentliche Sektor, der unter der Ägide des New Public Management (NPM), die Transformation von der analogen „Paper-and-Pencil-World“ in das KI-Zeitalter meistern möchte (Rasche et al. 2022, S. 133–135).

## 7.3 Das AMLEGA-Modell als Fixstern der KI-Regulierung im Gesundheitswesen

Eine Marktregulierung sollte einem übergeordneten Zweck, Ziel oder Rechtsinteresse dienen. Weshalb zum einen nach dem ersten, zweiten und dritten Gesundheitsmarkt ebenso differenziert werden sollte wie zwischen den sechs Dimensionen des AMLEGA-Modells einer 360-Grad-Unternehmensnavigation (Siehe Abb. 7.1). So lassen KI-Anwendungen auf Administration, Management, Leadership, Entrepreneurship, Governance und Ambassadorship übertragen (Rasche et al. 2022, S. 132, 2024, S. 594).

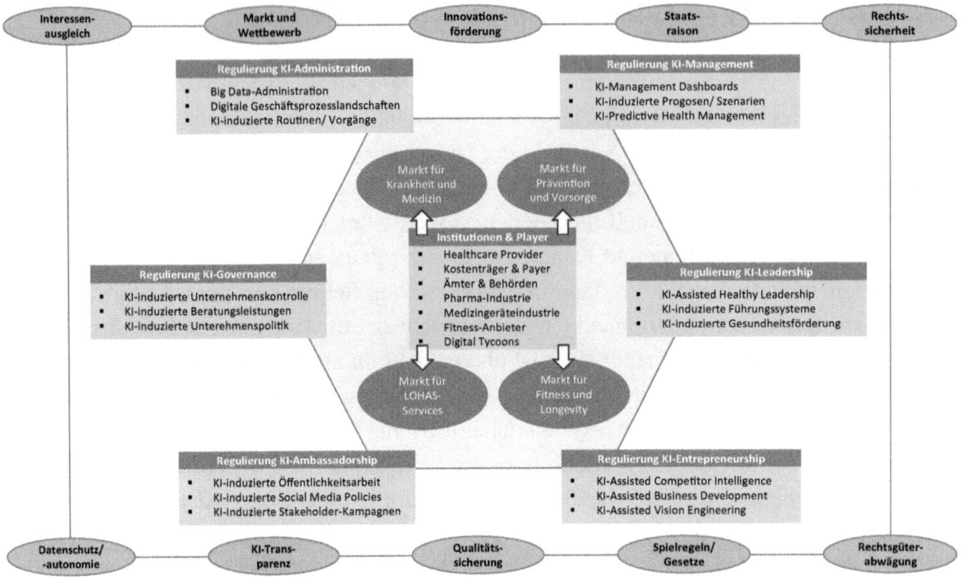


**Abb. 7.1** Meta-Modell zur KI-Regulierung im Gesundheitswesen. (Quelle: Eigene Darstellung 2025)

### 7.3.1 Regulierung der KI-Administration

Die Entbürokratisierung des fixkosten- und personalintensiven Gesundheitswesens steht weit oben auf der Agenda der Gesundheitspolitik. Aus einer organisatorischen Perspektive lassen sich viele Institutionen des Gesundheitswesens als hochverwaltungsintensive Wertvernichter disqualifizieren, dass diese im Extremfall Wasserkopfadministrationen führen, die mit bürokratischen Interventionen zu bekämpfen versuchen. Diese bestehen in inaugurierten Stäben, Ausschüssen, Gremien oder auch Task Forces, die eine schlanke, smarte und digitale Verwaltung etablieren sollen. Es sind Vorfahrtsregeln für den Einsatz effizienter KI-Lösungen in den Verwaltungseinheiten des Gesundheitswesens zu empfehlen, um hier die digitalen Rückstände gegenüber anderen Ländern schnellstens aufzuholen. Ohne Zweifel repräsentiert der Datenschutz auf der einen Seite ein hohes Rechtsgut, doch darf sich dieser nicht zu einer Innovationsbremse entwickeln. Es ist anzuraten, eine KI-induzierte Bestandsaufnahme aller analogen Verwaltungsprozesse durchzuführen, um diese dann in einem nächsten Schritt einer konsequenten KI-Validierung zuzuführen. So können KI-Lösungen dazu beitragen, Prozesslandschaften zu automatisieren, zu vereinfachen und zu entschlacken. Vakante Verwaltungsaufgaben stehen dann für höherwertige Führungsaufgaben zur Verfügung (ergänzend Rasche et al. 2022).

### 7.3.2 Regulierung des KI-Managements

Der Siegeszug der Management-Informationssysteme (MIS) verdeutlicht das große Potenzial der digitalen Entscheidungsunterstützung, die ihren Anfang mit der Elektronischen Daten-Verarbeitung (EDV) nahm und mit Etablierung leistungsfähiger Enterprise-Resource-Planning-

Systeme (ERP) einen Höhepunkt erreichte. Ein KI-induziertes Management im Gesundheitswesen ermöglicht ein Controlling aller relevanten Leistungsparameter auf der strategischen und operativen Ebene unter Echtzeitbedingungen. Dies betrifft das Medizin- und Pflegemanagement ebenso wie alle indirekten Steuerungsaufgaben, die sich entscheidungsorientiert und effizient erledigen lassen. So lassen sich nicht nur aktuelle Organisationszustände analysieren und bewerten, sondern auch valide Prognosen über z. B. Klinikentwicklungen und Klinikszenarien ableiten. Die Vision der Predictive Maintenance lässt sich in Richtung eines Predictive-Management-Modells entwickeln, das Vorhersagen zu multiplen Steuerungsvektoren in fast allen Bereichen des facettenreichen Gesundheitswesens unterstützt. Strikte Regulierungen beim KI-Einsatz im Management können international zu substanziellen Wettbewerbsnachteilen führen (weiterführend Rasche et al. 2018, 2022).

### 7.3.3 Regulierung der KI-Leadership

Führung umfasst weitaus mehr als eine lineare Plan-, Do-, Check-, Act-Kaskade, da diese affektive und zwischenmenschliche Bezüge der Unternehmensnavigation inkorporiert. KI-Anwendungen können perspektivisch dazu beitragen, im Kontext unscharfer Mengen und Muster konsistente Führungsproblematiken zu identifizieren. Unter dem Schlagwort der gesunden Führung lässt sich das bisweilen altmodische Betriebliche Gesundheits-Management (BGM) durch KI-Einsatz auf eine völlig neue Niveaustufe anheben. Gesundheits- und Fitnessdaten der Mitarbeiter könnten im Falle der „freiwilligen Teilung" genutzt werden, um maßgeschneiderte Problemlösungen anzubieten. Unternehmen und Personal befinden sich dann in einer Healthcare-Ökosymbiose, weil beide Seiten ein hohes Präventions-Commitment zeigen. Verhaltens- und Verhältnisprävention gehen hier im modernen Sinne Hand in Hand. Klar werden sollte, dass nicht eine betriebliche KI-Gesundheitspolizei etabliert werden sollte, die Fehlverhalten sanktioniert, sondern um Investition in eine gesunde Zukunft alternder Belegschaften.

### 7.3.4 Regulierung der KI-Entrepreneurship

Unternehmerische Innovationsprozesse können sinnvoll durch KI-Anwendungen unterstützt werden, wenn ein Ideen-Benchmarking algorithmisch erheblich beschleunigt werden kann. Das gilt für die Konkurrenz- und Wettbewerbsanalyse, die nunmehr im „Big-Data-Business-Intelligence"-Format erfolgt. Die unternehmerischen KI-Freiheiten stoßen dann an ihre Grenzen, wenn geltendes Recht verletzt oder gegen die Branchenethik verstoßen wird, weil illegale oder illegitime KI-Tools der Informationsbeschaffung eingesetzt werden. Die KI-Industrie- und Wirtschaftsspionage stellt bereits heute ein großes Problem für alle systemrelevanten Organisationen dar. Ein Wesentliches Merkmal des Unternehmertums besteht nicht nur in seiner genuinen Kreativität, sondern auch in seiner absorptiven und transformativen Kompetenz. Damit ist gemeint die Fähigkeit, kongeniale Konzepte der externen Wettbewerber zu absorbieren und in interne Erfolgspotenziale zu transformieren. Die KI kann dabei ein nützlicher „Strategy Companion“ sein, der Fremdwissen im Rekordtempo in Eigenwissen transformiert (Gupta et al. 2023). Das Eigentums- und Verfügungsrecht wird durch Innovationsleistungen digitaler Persönlichkeiten vor völlig neue Herausforderungen gestellt. Kann beispielswese durch einen KI-Innovation-Bot eine Patentanmeldung begründet werden? (ergänzend Rasche et al. 2022, S. 133–135).

### 7.3.5 Regulierung der KI-Governance

Zahlreiche Wirtschaftsskandale der jüngsten Vergangenheit deuten auf eine manifeste Krise der Kontrollorgane hin, weil Aufsichts- und Verwaltungsräte bisweilen unprofessionell und stümperhaft agieren. KI-Governance-Systeme mit „Red-Alert“-Funktion schaffen eine substanziell optimierte Entscheidungsgrundlage, weil alle relevanten Leistungsindikatoren der Unternehmenskontrolle im Rahmen eines Dashboards oder Cockpit-Systems zu Verfügung stehen. Auf diese Weise ließe sich der schlechte Kenntnistand vieler Kontrollorganmitglieder beseitigen, da dieser oft das Ergebnis einer Partei- und Proporzauslese ist. Der Mangel an einer nicht gegebenen Bestenauslese ließe sich in Grenzen durch KI-Lösungen kompensieren, um strategische Entscheidungen kompetent zu flankieren. Es ist prospektiv zu klären, welche digitalen KI-Governance-Tools den Kontrollorganen zur Verfügung stehen sollen, um ihrer Beratungs- und Kontrollfunktion gerecht zu werden. So sollen Kontrollorgane in erster Linie beraten, begleiten und beschleunigen, ohne dass sie operativ im Maschinenraum des Managements dank KI-Governace invasiv „die Strippen ziehen“. Kontrollorgane würde dann zu Managementorganen, was ihre Unabhängigkeit beschädigen würde, da sie durch invasive KI-Tools die neue Möglichkeit erhalten, selbst zum Gegenstand des „operativen Geschehens“ zu werden. AI-aufgerüstete Kontrollorgane wären dann die „besseren Manager“.

### 7.3.6 Regulierung der KI-Ambassadorship

Je höher der Regulierungsgrad einer Branche, desto wichtiger ist eine professionelle Bespielung des Nicht-Markt-Systems durch politische Strategien, die ökonomische oder auch medizinische Ziele über die Interessenmultipler Anspruchsgruppen erreichen möchte. Klassische Presse-, Verbands- und Lobbyarbeit verliert im Kontext der Social Media zunehmend an Relevanz. Organisationen müssen ihrer Botschafterrolle in eigener Sache digital gerecht werden, indem sie gezielt von KI-Lösungen profitieren. Keine Gesundheitsorganisation soll an dieser Stelle dazu angeregt werden, KI-induzierte Kampagnen, Fake News oder Netzschlachten zu lancieren, doch muss sich auch das Gesundheitswesen der Macht der Medien bewusst sein, die eine bedeutende Botschafterrolle übernehmen können. Meritorische Vertrauens- und Versorgungsgüter unterliegen einer strengen Medienaufsicht, wie die eingeschränkten Kommunikationsmöglichkeiten im ersten Gesundheitsmarkt zeigen.

Alle sechs Dimensionen finden nachfolgend synoptischen Eingang in das AMLEGA-Framework für die KI-Regulierung im Gesundheitswesen (Rasche et al. 2022, S. 132).

## 7.4 Schlussbetrachtung: Synopse der KI-Regulierung

An dieser Stelle wird ein kursorischer Versuch unternommen, einen holistischen Referenzrahmen für eine KI-induzierten Markt- und Wettbewerbsregulierung im Gesundheitswesen abzuleiten. Ein solches Unterfangen kann aufgrund der interpretativen Unschärfen und der schnellen Entwicklungsgeschwindigkeit der Künstlichen Intelligenz nur provisorischer Natur sein. Trotzdem könnte das entwickelte Modell (vgl. Abb. 7.1) als Basis der Impulsgebung einer noch zu führendenden Diskussion über die Ableitung eines konsistenten Ordnungsrahmen zur Künstlichen Intelligenz dienen. Eine solche Debatte wird angesichts der Brisanz der KI immer kontrovers verlaufen, weshalb im Spannungsfeld der heterogenen Anspruchsgruppen auf der politischen Bühne die Suche nach dem „Goldenen Schnitt" stehts ein ausgleichender Kompromiss sein wird. In diesem Modell wird nach unterschiedlichen Regulierungsbedarfen im Gesundheitswesen differenziert, da die Märkte für „Krankheit und Medizin" einer restriktiveren Ordnung bedürfen als der Markt für „Lifestyle of Health and Sustainablity" oder gesundheitsaffine Fitness-, Sport- und Vitalitätsangebote, die dem freien Spiel von „Markt und Wettbewerb" zugeführt werden können, ohne dass hier eine restriktive Regulierung notwendig wäre. Das diskutierte AMLEGA-Modell lässt sich auf Institutionen und Player des Gesundheitswesens anwenden, wobei Kliniken, Kostenträger und Gesundheitsbehörden eher „verwalten" und die Pharma- und Medizingeräteindustrie eher „gestaltet" im Sinne von Leadership, Entrepreneurship, Governance und Ambassadorship. Alle im Mittelpunkt dieses Modells stehenden Institutionen und Player werden von allen AMLEGA-Dimensionen mehr oder weniger stark beeinflusst. Zudem besteht für die potenziell die Option, ihre Wertschöpfungsaktivitäten auf alle genannten Marktformen zu projizieren. – Und zwar jenseits der Kernmarkts für „Krankheit, Medizin, Versorgung und Dekompensation". Zwar ist letzterer mit Blick auf die Handlungsdringlichkeit und die zu bewältigenden Akuteereignisse von hoher Relevanz für eine KI-Regulierung, doch bedürfen auch die angrenzenden Marktfelder eines risikoadjustierten Ordnungsrahmens für den KI-Einsatz. Zu bedenken ist, dass die Ableitung eines holistischen KI-Regulierungsrahmens immer der Logik einer ausgleichenden Rechtsgüterabwägung folgen sollte. Fällt die KI-Regulierung im Gesundheitswesen zu extrem und restriktiv aus, dann werden notleidende Patienten potenzieller Versorgungs- und Heilchancen beraubt, und es können datenschutzbedingte Kommunikations- und Informationsbrüche entstehen. Grundsätze der Datensparsamkeit, Datenautonomie, Datenvalidität oder KI-Transparenz stehen dabei grenzkostentheoretisch in einem dialektischen Verhältnis zum Nutzwert einer neuen Technologie im Gesundheitswesen. Während einerseits die Gestaltungsoptionen der KI im Gesundheitswesen erschlossen werden sollen, gilt es auf der anderen Seite im Rahmen einer qualifizierten Technologiefolgenabschätzung korrespondierende Risiken und Gefährdungslagen zum Gegenstand der Regulierung zu machen. Es ist zunächst zu empfehlen, eine offene und unvoreingenommene Debatte über den Nutzen von KI im Gesundheitswesen zu führen, die derzeit im Kontext von unterschiedlichen Anspruchsgruppen geführt wird. Die Argumentationsketten sind dann in einem nächsten Schritt in Form eines KI-Masterplans der Regulierung zu verdichten, um als Grundlage für entsprechende Gesetzvorhaben zu dienen. Das Legal Design der KI im Gesundheitswesen erfordert eine hohe Sach- und Fachkompetenz im Rahmen interprofessioneller und interdisziplinärer Fachausschüsse, die politikberatend in Erscheinung treten sollten. Fakt ist, dass im träge agierenden Gesundheitswesen eine offensive KI-Diskussion notwendig ist, um nicht im Wettbewerb um die Schlüsseltechnologien keine Wettbewerbsnachteile durch eine dilettantische Regulierung zu erleiden.

## Literatur


Abada, I./Lambin, X. (2023). Artificial Intelligence: Can Seemingly Collusive Outcomes Be Avoided? Manage- ment Science. 2023, https://doi.org/10.1287/mnsc.2022.4623, Abruf am 17.6.2023.

Gupta, B.B./Gaurav, A./Panigrahi, P.K./Arya, V. (2023): Analysis of artificial intelligence-based technologies and approaches on sustainable entrepreneurship. In: Technological Forecasting and Social Change, Vol. 186 (2023), Part B, https://doi.org/10.1016/j.techfore.2022.122152, Abruf am 17.6.2023.

Haque, A.B./Islam, A.K.M.N./Mikalef, P. (2023). Explainable Artificial Intelligence (XAI) from a user perspective: A synthesis of prior literature and problematizing avenues for future research. In: Techno- logical Forecasting and Social Change, Vol. 186 (2023), Part A, https://doi.org/10.1016/j.tech-fore.2022.122120, Abruf am 17.6.2023.

Jarrahi, MH./Askay, D./Eshraghi, A./Smith, P. (2023). Artificial intelligence and knowledge management: A partnership between human and AI. In: Business Horizons, Vol. 66 (2023), No. 1, S. 87–99, https://doi.org/10.1016/j.bushor.2022.03.002, Abruf am 17.6.2023.

Knape, T., Hufnagl, P., & Rasche, C. (2019). Innovationsmanagement unter VUKA-Bedingungen: Gesundheit im Fokus von Digitalisierung, Datenanalytik, Diskontinuität und Disruption. In: Pfannstiel M. A., Kassel K., & Rasche C., Innovationen und Innovationsmanagement im Gesundheitswesen: Technologien, Produkte und Dienstleistungen voranbringen (S. 1–24). Wiesbaden: Springer Verlag.

Krakowski, S./Luger, J./Raisch, S. (2023). Artificial intelligence and the changing sources of competitive ad- vantage. In: Strategic Management Journal, 44 (2023), No. 6, S. 1425–1452, https://doi.org/10.1002/smj.3387, Abruf am 17.6.2023.

Park, S.H./Han, K./Jang, H.Y./Park, J.E./Lee, J.-G./Kim, D.W./Choi, J. (2023). Methods for Clinical Evaluation of Artificial Intelligence Algorithms for Medical Diagnosis. In: Radiology, Vol. 306 (2023), No. 1, S. 20–31. https://doi.org/10.1148/radiol.220182, Abruf am 17.6.2023.

Qaxxorovna, T.G./Qizi, N.F. B./Qizi, X.S. R./Qizi, N.L.A./Qizi, Q.M.I.: The Impact of Artificial Intelligence on the Economy. In: Web of Synergy: International Interdisciplinary Research Journal, Vol. 2 (2023), No. 2, Article 2.

Rasche, C. & Schultz, C. (2024): Return on Healthcare – Wertoptimierung durch nachhaltiges Technologie-Portfolio-Management, S. In: Pfannstiel, M. A. (Hrsg). Technologien und Technologiemanagement im Gesundheitswesen: Potenziale nutzen, Lösungen entwickeln, Ziele erreichen, (S. 41–61), Springer Verlag, Heidelberg.

Rasche, C., Braun von Reinersdorff & Bertram, A. (2024): A Manifesto 4 Health as a Biomedical Pradigm Shift – Challenging Entrenched Wisdoms in Healthcare Economics, in: Hinchey, M. & Steffen, B. (Eds.): The Combined Power of Research, Education and Dissemination Essays Dedicated to Tiziana Margaria on the Occasion of Her 60th Birthday, S. 345–364, Springer Verlag, Heidelberg.

Rasche, C./ Sturzbecher, D./ Von der Assen. L. (2025): Mobilitätsmanagement, in: WISU, 54. Jg., 2/2025, S. 152–160.

Rasche, C., Braun von Reinersdorff, A., Knoblach, B., & Fink, D. (2018). Digitales Unternehmen im Gesundheitswesen. In: Pfannstiel M. A., Da-Cruz P., & Rasche C., Entrepreneurship im Gesundheitswesen III: Digitalisierung, Innovationen, Gesundheitsversorgung, (Bd. 3, S. 1–31). Wiesbaden: Springer Verlag.

Rasche, C., Reinecke, A. & Braun von Reinersdorff (2022). Digitale Transformation aus der Organisations- und Personalperspektive, Synthese von MINT-Fokus und Verhaltens-Fokus in der medizinischen Versorgung, in: Gausmann, P./ Hennigner, M./ Koppenberg, J. (Hrsg.): Patien-ten-Sicherheits-Management, 2. überarbeitete und ergänzte Auflage, S. 121–137. Berlin, Boston: De Gruyter.
Rasche, C., Reinecke, A.& Margaria, T. (2022): Künstliche Intelligenz im Gesundheitswesen als Kernkompetenz? Status quo, Entwicklungslinien und disruptives Potenzial, In: Pfannstiel, M. A. (Hrsg.): Künstliche Intelligenz im Gesundheitswesen: Entwicklungen, Beispiele und Per-spektiven, S. 49–79, Springer, Heidelberg.
Rasche, C./Raab, E.: Digitale Gesundheitsplattformen. Strategien – Geschäftsmodelle – Entwick- lungslinien. In: Stummeyer, C./Raab, A./Behm, M.E. (Hrsg.): Plattformökonomie im Gesund- heitswesen, Health-as-a-Service – Digitale Geschäftsmodelle für bessere Behandlungsquali- tät und Patient Experience. Wiesbaden 2023, S. 73–97.
Steffen, B./Braun v. Reinersdorff, A./Rasche, C.: OT-Based Decision Support for Holistic Healthcare Management in Times of VUCA, Disorder and Disruption. In: applied sciences; MDPI, 2023.
Varma, A./Dawkins, C./Chaudhuri, K. (2023): Artificial intelligence and people management: A critical assess- ment through the ethical lens. In: Human Resource Management Review, Vol. 33 (2023), No. 1, https://doi.org/10.1016/j.hrmr.2022.100923, Abruf am 17.6.2023.

**Christoph Rasche** ist seit dem Jahr 2001 Inhaber des Lehrstuhls für Management, Professional Services & Sportökonomie an der Universität Potsdam. Als wissenschaftlicher Mitarbeiter und Assistent promovierte Herr Rasche bei Prof. Dr. Heymo Böhler (Professur für Marketing an der Universität Bayreuth). Anschließend folgte Herr Rasche dem Angebot in die freie Wirtschaft als angestellter Berater bei der Unternehmensberatung Droege & Comp. AG in Düsseldorf. Mit der Rückkehr als wissenschaftlicher Assistent an die Universität Bayreuth erfolgte dort die Habilitation auf dem Gebiet des „Strategischen Managements". 2001 nahm er dann den Ruf an die Universität Potsdam an und etablierte den Arbeitsbereich Management, Professional Services und Sportökonomie. Herr Rasche war lange Jahre Geschäftsführender und Stv. GF-Leiter des Instituts für Sportwissenschaft, ist Gründungsvorstand des gmip – General Management Institute Potsdam e.V., Mitglied im Institut für Management und Organisation (IMO) e.V. und im Arbeitskreis Sportökonomie sowie Mitherausgeber in den Schriftenreihen „Leadership" und „Strategisches Kompetenzmanagement" sowie aktiver Marathonläufer, Ruderer und Triathlet. Professor Rasche ist Vizepräsident des IfK Potsdam e.V., Vorsitzender des Prüfungsausschusses im WiB e.V. und Wissenschaftlicher Beirat im Deutschen Institut für Beratungswissenschaften (diBew). Er übte u. a. Gastprofessuren an den Universitäten Innsbruck und Alcalá de Henares aus und ist Mitglied der Humanwissenschaftlichen Fakultät und der WISO-Fakulät. Zudem verfügt er über enge Kontakte zur Politik und Wirtschaft in seiner Funktion als Unternehmensberater, Jury Mitglied, Business Coach und Invited Speaker. Professor Rasche ist Architekt mehrerer innovativer Weiterbildungsformate und dabei, die Berlin Advisory Group – Consulting, Coaching, Counseling als Start-up im Beratungsmarkt zu etablieren. Zudem ist Herr Rasche aktiv in das Coaching in einer Vielzahl unterschiedlicher Start-ups involviert.

**Stefan Dür** BA MA, ist diplomierter Heilmasseur und Sporttherapeut und arbeitete zehn Jahre aktiv im Bereich der Therapie in stationären Versorgern. Parallel zu seiner beruflichen Tätigkeit absolvierte Stefan Dür ein Bachelorstudium in „Gesundheitsmanagement" und ein Masterstudium in „Management von Gesundheitseinrichtungen" mit Spezialisierungen in den Bereichen Strategie, Organisation und Controlling. Im Anschluss baute er in Krankenhäusern Qualitätsmanagementsysteme auf, leitete die Patientenadministration und -verrechnung eines privaten Krankenhauses, war im Business Development und in der Führung von Krankenhäusern in Deutschland und Österreich tätig. Seit 2019 ist Stefan Dür Partner der goMed GmbH und auf die Entwicklung von Steuerungstools für Gesundheitseinrichtungen spezialisiert. Seine Arbeitsschwerpunkte liegen in der Entwicklung und Implementierung von Kennzahlen-Dashboards, die es Gesundheitseinrichtungen ermöglichen, ihre Prozesse und Ressourcen effizienter zu steuern und datenbasierte Entscheidungen zu treffen.Darüber hinaus engagiert sich Stefan Dür als Vortragender an der IMC FH Krems (Strategisches Management), als Trainer am Controller Institut (Planung und Budgetierung) und als Coach von Start-ups im Gesundheitswesen.

**Ass. jur. Prof. Dr. rer. pol. Erika Raab** MBA ist seit über 20 Jahren als Juristin und Gesundheitsmanagerin im Krankenhausbereich tätig. Zunächst als Anwältin mit dem Schwerpunkt Medizin¬recht tätig, wechselte sie 2006 hauptberuflich in das Krankenhausmanagement. Im Rahmen ihrer beruflichen Tätigkeit erwarb sie ein breites Erfahrungswissen u. a. in der Internen Revision, im Medizin- und Arbeitsrecht, Insolvenzrecht, Medizincontrolling und im Konzernmanagement. Im Bereich der Forschung beschäftigt sie sich mit Big Data und Versorgungsmodellen im Gesundheitswesen. 2019 wurde sie Geschäftsführerin der Kreisklinik Groß-Gerau mit dem Ziel, das im ländlichen Bereich befindliche Krankenhaus in ein Intersektorales Versorgungszentrum mit angeschlossener stationärer Basisversorgung umzuwandeln.Sie ist seit 2022 die Vorsitzende der Deutschen Gesellschaft für Medizincontrolling. Sie lehrt als Professorin für Medizincontrolling im Department Gesundheitswissenschaften an der Medical School in Hamburg seit 2014.

# Rechtssichere Implementierung und Anwendung von KI im Gesundheitswesen

# 8

Anna Meinhardt

## Inhaltsverzeichnis



A. Meinhardt (✉)
Fakultät für Gesundheitsmanagement, Hochschule Neu-Ulm, Neu-Ulm, Deutschland
E-Mail: anna.meinhardt@hnu.de


M. A. Pfannstiel (Hrsg.), *Künstliche Intelligenz im Einsatz für die erfolgreiche Patientenreise*, https://doi.org/10.1007/978-3-658-48573-3_8

**Zusammenfassung**

Künstliche Intelligenz bietet erhebliche Potenziale und ist in der Lage, die medizinische Patientenversorgung nicht nur individueller zu gestalten, sondern auch auf ein höheres Niveau anzuheben. Die Bedenken, die dem Einsatz von künstlicher Intelligenz aus rechtlicher Sicht entgegengebracht werden, sind jedoch überschaubar und können durch eine gute Aufarbeitung der Thematik – auch gemeinsam mit Betriebsräten im Unternehmen – ausgeräumt werden.

## 8.1 Einleitung

Künstliche Intelligenz (KI) hat mit einem umfassenden Anwendungsbereich im Gesundheitswesen das Potenzial, die Medizin zugunsten des Patienten zu revolutionieren: therapeutische und medizinische Lösungen können für die Patienten individueller gestaltet werden, die Künstliche Intelligenz bietet weitreichende Unterstützungsmöglichkeiten für Ärztinnen und Ärzte in der Patientenbehandlung – beginnend bei der Analyse von Auffälligkeiten und Mustern bei der Diagnosestellung bis hin zu Operationsrobotern und telemedizinischen Prozessen, bei denen der zu behandelnde Patient sich nicht mehr physisch am gleichen Ort befinden muss wie der Behandelnde.

Gleichwohl fremdeln viele Beschäftigte im Gesundheitsbereich und auch Patientinnen und Patienten (noch) mit künstlicher Intelligenz. Möglicherweise entstehen Bedenken aufgrund der Komplexität der Thematik, möglicherweise jedoch auch aufgrund rechtlicher Unsicherheiten.

Bevor Künstliche Intelligenz für den Patienten eingesetzt wird, muss Klarheit über die rechtlichen Rahmenbedingungen geschaffen werden. Neben den vertragsrechtlichen Vereinbarungen mit dem Hersteller spielen hier unterschiedliche Rechtsgebiete eine Rolle, die der Nutzer von KI-Systemen zu beachten hat: die Anforderungen der Medizinprodukteverordnung (Medical Device Regulation (MDR)) an den Betreiber von Medizinprodukten sind ebenso zu erfüllen wie die Regelungen des Datenschutzes. Haftungsrisiken sind zu klären. Zudem ist der betriebsverfassungsrechtliche Rahmen abzustecken, um im Rahmen der Notwendigkeit mit dem Betriebsrat Vereinbarungen treffen zu können. Dieses Kapitel gibt eine Übersicht über die speziellen rechtlichen Herausforderungen für den Einsatz künstlicher Intelligenz auf der Patientenreise im Gesundheitsbereich.

## 8.2 Recht auf Behandlung mit Künstlicher Intelligenz?

Trotz der vielen Vorteile, die Künstliche Intelligenz bietet, haben Patientinnen und Patienten nicht in jedem Fall ein Recht auf Behandlung mittels KI-Systemen. Dies hat mehrere Gründe:

Zunächst haben zwar Patientinnen und Patienten das Recht, im Rahmen der Behandlungsvertrages über ihre Behandlung zu entscheiden, sie haben aber nicht das Recht, eine spezifische Behandlungsmethode vom behandelnden Arzt einzufordern. Ärzte müssen nur diejenigen Behandlungen erbringen, die sie für das konkrete Krankheitsbild geeignet und als wirksam erachten (Art. 2 Abs. 2 SGB V, Becker und Kingreen 2024, § 2 Rn. 2–3). Dabei gibt es primär keine Verpflichtung zur Anwendung neuer KI-Systeme für Ärzte (Quaas et al. 2018, § 2 Rn. 52). Etwas anderes kann sich dann ergeben, wenn die Anwendung der Künstlichen Intelligenz als medizinischer Standard anerkannt ist und im konkreten Fall zur Behandlung geeignet ist.

Ob KI-Systeme von der gesetzlichen Krankenversicherung finanziert werden, hängt von der Entscheidung des Gemeinsamen Bundesausschusses ab, der über die Zulassung neuer Untersuchungs- und Behandlungsmethoden entscheidet (§ 135 SGB V). Maßgebend ist dabei der medizinische Nutzen und die Erforderlichkeit des Einsatzes nach dem Wirtschaftlichkeitsgebot (§ 2 Abs. 1 SGB V). Der Einsatz von digitalen Gesundheitsanwendungen (DiGA) ist gemäß den Vorgaben des § 139 e SGB V unter bestimmten Bedingungen zulässig und wird entsprechend der Aufnahme ins DiGA-Verzeichnis von den gesetzlichen Krankenkassen finanziert.

## 8.3 Datenschutzrechtliche Besonderheiten

Künstliche Intelligenz kann nur eingesetzt werden, wenn Daten von Betroffenen verarbeitet werden, Big Data ist eine Voraussetzung für KI; daher ist die Verarbeitung von Daten von Betroffenen unvermeidbar. Der Einsatz von künstlicher Intelligenz kann somit mit einem Eingriff in die Persönlichkeitsrechte der Patienten einhergehen. Das Recht auf informationelle Selbstbestimmung ist Teil des allgemeinen Persönlichkeitsrechts, das durch das Grundgesetz unter besonderen Schutz gestellt ist (Art. 2 Abs. 1 in Verbindung mit Art. 1 GG). Dies bedeutet, dass jede Person das Recht hat, selbst über die Erhebung, Speicherung, Verwendung und Weitergabe ihrer personenbezogenen Daten zu bestimmen (BVerfG, Urteil vom 15.12.1983, AZ: 1 BvR 209/83 u. a.). Auch die Europäische Union hat zum Thema Datenschutz verschiedene Regelungen getroffen, u. a. im Zusammenhang mit dem Einsatz von künstlicher Intelligenz.

### 8.3.1 Datenschutzgrundverordnung (DSGVO)

Die Datenschutzgrundverordnung regelt die ganz oder teilweise automatisierte Verarbeitung personenbezogener Daten. Mit Verarbeitung meint der europäische Gesetzgeber u. a. das Erheben, das Erfassen, die Speicherung, die Anpassung oder Veränderung, das Auslesen, die Verwendung, die Offenlegung durch Übermittlung, den Abgleich oder die Verknüpfung von personenbezogenen Daten (Art. 4 Nr. 2 DSGVO). Beim Einsatz von Künstlicher Intelligenz im Gesundheitswesen sind in der Regel Gesundheitsdaten betroffen, die von der DSGVO unter einen besonderen Schutz gestellt sind. Gesundheitsdaten sind personenbezogene Daten, die sich auf die körperliche oder geistige Gesundheit einer natürlichen Person, einschließlich der Erbringung von Gesundheitsdienstleistungen, beziehen und aus denen Informationen über deren Gesundheitszustand hervorgehen (Art. 4 Nr. 15 DSGVO). Für diese Daten gelten besonders strenge datenschutzrechtliche Vorgaben.

#### 8.3.1.1 Rechtsgrundlage für die Datenverarbeitung

Im Datenschutzrecht existiert nach der DSGVO ein Verbot mit Erlaubnisvorbehalt. Danach ist die Erhebung, Verarbeitung und Nutzung von personenbezogenen Daten grundsätzlich verboten. Damit eine entsprechende Handlung zulässig ist, muss eine ausdrückliche Erlaubnis existieren. In der DSGVO sind entsprechende Erlaubnistatbestände normiert (Art. 6 DSGVO).

#### 8.3.1.2 Erlaubnistatbestände

Ein solcher Erlaubnistatbestand liegt beispielsweise vor, wenn es um eine Datenverarbeitung geht, die zum Zwecke der Erfüllung eines Vertrags mit dem von der Datenverarbeitung Betroffenen erforderlich ist oder wenn berechtigte Interessen des Verarbeitenden an der Datenverarbeitung bestehen, sofern nicht im Rahmen einer Abwägung die Interessen, Grundrechte oder Grundfreiheiten des Betroffenen überwiegen. Eine weitere Erlaubnis besteht bei der Einwilligung des Betroffenen in die konkrete Datenverarbeitung (Art. 6 DSGVO) oder wenn die Datenverarbeitung zum Schutz lebenswichtiger Interessen erforderlich ist, es also um Interessen im Rahmen des Gesundheitsschutzes geht (Erwägungsgrund 112 DSGVO und Erwägungsgrund 46, Art. 6 DSGVO). Zu beachten ist dabei, dass personenbezogene Daten grundsätzlich nur dann aufgrund eines lebenswichtigen Interesses einer anderen natürlichen Person verarbeitet werden sollen, wenn die Verarbeitung offensichtlich nicht auf eine andere Rechtsgrundlage gestützt werden kann (Erwägungsgrund 46 DSGVO), beispielsweise bei Bewusstlosen.

#### 8.3.1.3 Informierte Einwilligung

In der Regel wird sich die Datenverarbeitung im Rahmen von KI-Anwendungen im Gesundheitswesen auf die Einwilligung des Betroffenen stützen, die in informierter Weise und freiwillig erteilt werden muss (Art. 7 DSGVO). Dabei macht insbesondere die Anforderung der Informiertheit im Zusammenhang mit KI-Anwendungen im Gesundheitswesen Schwierigkeiten. Der Einsatz von KI-Systemen ist nämlich immer mit einem gewissen

Maß an technischer Komplexibilität verbunden, was es dem Anwender erschwert, die Vorgänge und die eingesetzte Logik verständlich zu erklären. Eine besondere Herausforderung besteht bei der Vermittlung der für eine informierte Einwilligung notwendigen Hintergrundinformationen an Patienten, die ggf. unter dem unmittelbaren Eindruck einer Diagnose stehen oder an Krankheitssymptomen leiden, die das Verständnis erschweren. Vereinfachen kann man die Information, indem nicht über die Wirkweise des KI-Systems informiert wird, sondern angelehnt an Black-Box-Tests. Bei diesen wird das System ausschließlich anhand von synthetisch erzeugter Testdaten von außen beurteilt werden, ohne dass der Nutzer weiß, was innerhalb des Systems geschieht. Informiert wird in diesem Fall über statistische Aussagen hinsichtlich des Einflusses bestimmter Eingabemerkmale.

Problematisch ist weiterhin der mögliche Widerruf der Einwilligung. Künstliche Intelligenz beruht immer auch auf der Weiterentwicklung von Gelerntem, sodass eine Fortwirkung eines gewissen Datengehalts in der Künstlichen Intelligenz nicht ausgeschlossen ist. Zu beachten ist, dass dieser nicht auf personenbezogenen Daten beruht, die auf eine bestimmte Person hinweisen und einen Rückschluss auf diese zulassen. Die Anonymisierung der Daten ist hierbei das Mittel der Wahl.

#### 8.3.1.4 European Health Data Space (EHDS)

Seit Frühjahr 2024 erleichtert der Europäische Raum für Gesundheitsdaten (European Health Data Space (EHDS)) die Datenschutz-Compliance. Der EHDS hat zum Ziel, dass die Menschen in der EU befähigt werden, die Kontrolle über ihre Gesundheitsdaten zu übernehmen, soll aber auch medizinische Innovationen fördern, indem die Möglichkeit geschaffen wurde, anonymisierte Daten aus dem EHDS herunterzuladen und für Forschung und Innovationen zu nutzen – also auch für die Schulung von KI-Systemen (Europäische Union 2024, S. 1). Abb. 8.1 zeigt die Ziele des EHDS.

**Abb. 8.1** Ziele des EHDS. (Quelle: Europäische Union (2024) Lizenz: Creative Commons Namensnennung 4.0 International (CC BY 4.0))

#### 8.3.1.5 Verbot automatisierter Entscheidung

Im Rahmen von künstlicher Intelligenz können automatisierte Entscheidungsfindungen zur Anwendung kommen, d. h. eine Person wird einer Entscheidung unterworfen, die ausschließlich auf einer automatisierten Datenverarbeitung beruht. Dies könnte beispielsweise bei einer App der Fall sein, die den Gesundheitszustand misst und entsprechend Maßnahmen ergreift oder veranlasst, wie das automatische Zuführen von Medikamenten oder die Anpassung von Versicherungstarifen.

Art. 22 DSGVO normiert ein Verbot einer vollständig automatisierten Entscheidung im Gesundheitswesen, die dem Betroffenen gegenüber rechtliche Wirkung entfaltet oder ihn in ähnlicher Weise erheblich beeinträchtigt. Noch nicht abschließend geklärt ist dabei die Frage, wann eine Entscheidung vollumfänglich auf einer automatisierten Grundlage erhoben und automatisiert getroffen wird. Eindeutig ist dies nur, wenn von der Erhebung der Daten bis zu der Entscheidung kein Mensch Einfluss auf die Entscheidung nimmt. Noch nicht abschließend geklärt ist der Fall, dass die Software eine Entscheidung vorbereitet und diese von einem Menschen umgesetzt wird, der keinen Einfluss auf die Entscheidung nehmen kann (Witteler und Moll 2023, S. 330). Hinsichtlich der Einwilligung gelten die bereits beschriebenen Voraussetzungen.

Gerade in Zusammenhang mit Gesundheitsdaten gibt es nur zwei Ausnahmen von diesem Verbot der automatisierten Entscheidung: entweder der Betroffene hat ausdrücklich eingewilligt oder die Entscheidung ist aus Gründen eines erheblichen öffentlichen Interesses erforderlich. In der Praxis scheidet letzteres regelmäßig aus, sodass nur die ausdrückliche Einwilligung relevant sein wird.

#### 8.3.1.6 Betroffenenrechte

Auf Anfrage der Betroffenen muss Auskunft über die Verarbeitung von und den Umgang mit personenbezogenen Daten gegeben werden (Art. 15 DSGVO), ggf. müssen diese auch gelöscht werden (Art. 17 DSGVO). Dies kann den Verarbeitenden gerade beim Einsatz von Künstlicher Intelligenz vor große Herausforderungen stellen, gerade wenn Daten zu Trainingszwecken verarbeitet werden. Eine Lösung ist hier die Verwendung pseudonymisierter Daten. Bei der Pseudonymisierung können die Daten ohne Hinzuziehung zusätzlicher Informationen nicht mehr einer spezifischen betroffenen Person zugeordnet werden (Art. 4 Nr. 5 DSGVO), mit der Folge, dass der Verantwortliche im Fall einer Anfrage die pseudonymisierten Datensätze im Trainingsdatenset nicht mehr auffinden kann. Dies hat eine Einschränkung der Betroffenenrechte zur Folge (Art. 11 Abs. 2 DSGVO). Erst wenn die betroffene Person selbst weitere Informationen zur Identifikation nennen kann, sind die Betroffenenrechte umzusetzen.

#### 8.3.1.7 Datenschutzkonzept

Die DSGVO schreibt ebenfalls vor, dass technische und organisatorische Maßnahmen (TOM) ergriffen werden müssen, um die datenschutzrechtlichen Vorgaben umzusetzen und Datensicherheit zu gewährleisten. Dies gilt vor allem auch bei der so genannten Auftragsverarbeitung, bei der ein externer Dienstleister im Hinblick auf Entwicklung und

Bereitstellung von Künstlicher Intelligenz eingeschaltet wird. Auf die Einhaltung der technischen und organisatorischen Maßnahmen ist im Rahmen der Vereinbarung der Auftragsdatenverarbeitung besonderen Wert zu legen (Art. 28 DSGVO). Auch wenn ein externer Auftragsdatenverarbeiter eingesetzt wird, bleibt die KI-einsetzende Stelle weiterhin verantwortlich für die Einhaltung der Regelungen der DSGVO (Art. 28 DSGVO).

### 8.3.2 AI Act

Im Rahmen der EU Digitalstrategie hat sich die Europäische Union auch dem Thema Künstliche Intelligenz gewidmet. Am 1. August 2024 ist die EU-Verordnung 2024/1689, kurz: AI Act, in Kraft getreten. Damit hat der europäische Gesetzgeber den weltweit ersten umfassenden Rechtsrahmen für Künstliche Intelligenz geschaffen. Die Verordnung dient der verantwortungsbewussten Entwicklung und Förderung Künstlicher Intelligenz in der EU. Sie basiert auf der Erkenntnis, dass KI-Systeme einerseits einen hohen Nutzen für Wirtschaft und Gesellschaft haben, aber andererseits je nach Anwendungsbereich Gefährdungen mit sich bringen und Schäden verursachen können (Frank und Heine: NZA 2023, S. 1281 (1281)). Dementsprechend ist die Verordnung insbesondere auf die potenziellen Risiken von Künstlicher Intelligenz für die Gesundheit, die Sicherheit und die Grundrechte der Bürgerinnen und Bürger ausgerichtet (Art. 1 AI Act).

Die Verordnung definiert ein KI-System als „ein maschinengestütztes System, das so konzipiert ist, dass es mit unterschiedlichem Grad an Autonomie betrieben werden kann und nach seiner Einführung Anpassungsfähigkeit zeigt, und das für explizite oder implizite Ziele aus den Eingaben, die es erhält, ableitet, wie es Ausgaben wie Vorhersagen, Inhalte, Empfehlungen oder Entscheidungen generieren kann, die physische oder virtuelle Umgebungen beeinflussen können." (Art. 3 Abs. 1 AI Act).

Sie legt klare Anforderungen fest, die Anbieter bei der Entwicklung, dem Inverkehrbringen und bei der Inbetriebnahme von KI-Systemen sowie Betreiber bei der Nutzung von Produkten, die KI-Systeme sind oder enthalten, zu erfüllen haben (Art. 1 Nr. 2, Art. 2 AI Act).

Die Anforderungen richten sich dabei an die jeweils vorgesehene spezifische Verwendung der KI. Entsprechend dem potenziellen Risiko, das mit dem Einsatzbereich der Künstlichen Intelligenz einhergeht, wird die Anwendung von KI in vier Risikoklassen unterteilt: Anwendungen von KI mit unannehmbarem Risiko, Anwendungen von KI mit hohem Risiko, Anwendungen von KI mit geringem sowie minimalem Risiko. Je höher das Risiko, desto strenger sind die regulatorischen Anforderungen an den Einsatz von KI (siehe Abb. 8.2).

Neben diesen Anforderungen schreibt Artikel 4 des AI-Act vor, dass die Anbieter und Betreiber von KI-Systemen Maßnahmen ergreifen müssen, um nach bestem Wissen und Gewissen sicherzustellen, dass ihr Personal und andere Personen, die in ihrem Auftrag mit dem Betrieb und der Nutzung von KI-Systemen befasst sind, über ausreichende KI-Kenntnisse verfügen, wobei ihre technischen Kenntnisse, ihre Erfahrung, ihre Aus- und

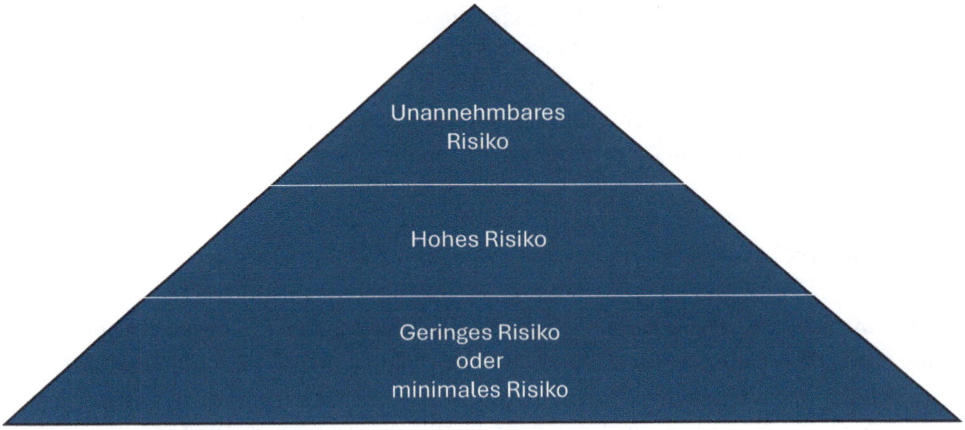


**Abb. 8.2** Risikokategorien AI-Act. (Quelle: Eigene Darstellung 2024)

Weiterbildung und der Kontext, in dem die KI-Systeme eingesetzt werden sollen, sowie die Personen oder Personengruppen, bei denen die KI-Systeme eingesetzt werden sollen, berücksichtigt werden (Art. 4 AI-Act). Dies beinhaltet insbesondere Schulungen, die an den Bedürfnissen von Anwendern und Betroffenen ausgerichtet sind und gilt auch für Anwendungen von Künstlicher Intelligenz im medizinischen Kontext.

#### 8.3.2.1 Verbot Künstlicher Intelligenz mit unannehmbarem Risiko

Der Einsatz von Künstlicher Intelligenz mit unannehmbarem Risiko ist verboten. Ein unannehmbares Risiko liegt im Gesundheitswesen insbesondere vor bei biometrischen Kategorisierungssysteme, die Rückschlüsse auf sensible Merkmale (Rasse, politische Meinungen, Gewerkschaftszugehörigkeit, religiöse oder philosophische Überzeugungen, Sexualleben oder sexuelle Ausrichtung) zulassen, aber auch beim sozialen Scoring, d. h. bei der Bewertung oder Klassifizierung von Personen oder Gruppen aufgrund ihres Sozialverhaltens oder ihrer persönlichen Eigenschaften, was zu einer nachteiligen oder ungünstigen Behandlung dieser Personen führt oder bei der kognitiven Verhaltensmanipulation (Art. 5 AI-Act).

#### 8.3.2.2 Anforderungen an Künstliche Intelligenz mit hohem Risiko

Hochrisiko-KI-Systeme sind nicht verboten, sie unterliegen jedoch zusätzlichen Anforderungen. So muss ein Risikomanagementsystem für den gesamten Lebenszyklus des KI-Systems vorliegen, es muss sichergestellt sein, dass die Schulungs-, Validierungs- und Testdatensätze relevant, ausreichend repräsentativ und so weit wie möglich fehlerfrei und vollständig sind. Risiken müssen aufgezeichnet werden und die Systeme müssen entsprechend der Gebrauchsanweisung verwendet werden, sie sind durch Menschen zu überwachen, automatisch erzeugte Protokolle des KI-Systems sind aufzubewahren (Art. 8 bis 17 AI-Act).

KI-Systeme im Bereich des Gesundheitswesens können dann als hochrisikoreich eingestuft werden, wenn sie personenbezogene Daten automatisiert verarbeiten, um verschiedene Aspekte des Lebens einer Person wie z. B. die Gesundheit zu bewerten, und damit ein Profil einer Person erstellen.

#### 8.3.2.3 Transparenzpflichten für Künstliche Intelligenz, die für die Interaktionen mit natürlichen Personen bestimmt sind

Für KI-Systeme, die für die Interaktion mit natürlichen Personen bestimmt sind, wie z. B. KI-basierte Chatbots, bestehen Transparenzpflichten nach Art. 50 AI-Act. Diese müssen so konzipieren, dass die betreffenden Personen informiert werden, dass sie mit einem KI-System interagieren, sei denn, dies ist aufgrund der Umstände und des Kontexts der Nutzung offensichtlich (Art. 50 Abs. 1 AI-Act).

Anbieter von KI-Systemen, einschließlich KI-Systemen mit allgemeinem Verwendungszweck, die synthetische Audio-, Bild-, Video- oder Textinhalte erzeugen, sollen sicherstellen, dass die Ergebnisse des KI-Systems in einem maschinenlesbaren Format gekennzeichnet und als künstlich erzeugt oder manipuliert erkennbar sind. Dies gilt nicht, wenn die KI-Systeme etwa nur eine unterstützende Funktion für die Standardbearbeitung ausführen oder die vom Betreiber bereitgestellten Eingabedaten oder deren Semantik nicht wesentlich verändern (Art. 50 Abs. 2 AI-Act).

Betreiber von Emotionserkennungssystemen oder Systemen zur biometrischen Kategorisierung müssen betroffene Personen über den Betrieb des Systems informieren (Art. 50 Abs. 3 AI-Act).

Betreiber von KI-Systemen, die sogenannte Deepfakes erstellen, müssen offenlegen, dass die Inhalte künstlich erzeugt oder manipuliert wurden (Art. 50 Abs. 4 AI-Act).

## 8.4 Mögliche Haftungsthematik beim Einsatz von Künstlicher Intelligenz

Haftungsrisiken sind im medizinischen Bereich, in dem es um Leben und Gesundheit von Patienten geht, nicht unerheblich. Es stellt sich daher die Frage, wer bei Patientenschäden, die beim Einsatz von Künstlicher Intelligenz entstehen, haftet.

### 8.4.1 Haftung des Herstellers nach dem Produkthaftungsgesetz

Nach den Vorgaben des Produkthaftungsgesetzes ergibt sich bei Vorliegen folgender Voraussetzungen eine Haftung des Herstellers für Schäden, die beim Einsatz von Künstlicher Intelligenz verursacht wurden:

- Verletzung eines geschützten Rechtsguts (Tötung einer Person, Verletzung von Körper oder Gesundheit, Beschädigung einer Sache)

- durch ein fehlerhaftes Produkt
- mit daraus resultierendem (finanziellen) Schaden
- sowie kein Vorliegen einer gesetzlichen Ausnahme (§ 1 Abs. 2 und Abs. 3 ProdHaftG).

Problematisch ist dabei jedoch, dass die Fehlerhaftigkeit des Produkts häufig nicht nachgewiesen werden kann, wenn es um den Einsatz von Künstlicher Intelligenz geht, da die Vorgänge bei der Entscheidungsfindung des KI-Systems kaum nachvollzogen werden können. Zudem findet sich der Geschädigte in der Rolle des Beweisführenden wieder – ihm obliegt es, den Fehler nachzuweisen.

Im Gegensatz dazu ist bei der allgemeinen Haftung nach dem Bürgerlichen Gesetzbuch ein Verschulden des Schadensverursachers nötig (§ 823 BGB). In der Regel muss der Geschädigte auch das Verschulden beweisen, was jedoch durch fehlende Einblicke in den Produktionsprozess nicht möglich ist. Aus diesem Grund ist allgemein anerkannt, dass sich die Produzenten durch den Gegenbeweis entlasten müssen, dass sie gerade kein fehlerhaftes Produkt in den Verkehr gebracht haben, sie also ihre Verkehrssicherungspflichten eingehalten haben.

### 8.4.2 Anpassung der EU-Haftungsrichtlinien an Künstliche Intelligenz

Eine Erleichterung der beschriebenen Beweislast im Sinne des Produkthaftungsgesetzes beim Einsatz von Künstlicher Intelligenz wird durch die EU-Produkthaftungsrichtlinie 2024/2853 vom 23. Oktober 2024 erzielt. Die EU-Produkthaftungsrichtlinie muss binnen 12 Monaten in nationales Recht überführt werden und reformiert somit das deutsche Produkthaftungsgesetz.

Nach Artikel 10 Produkthaftungsrichtlinie muss der Kläger zwar weiterhin die Fehlerhaftigkeit des Produkts, den erlittenen Schaden und den ursächlichen Zusammenhang zwischen dieser Fehlerhaftigkeit und diesem Schaden beweisen. Wenn aber festgestellt wurde, dass das Produkt fehlerhaft war und der entstandene Schaden typischerweise auf den betreffenden Fehler zurückzuführen ist, wird die Ursächlichkeit zwischen Produktfehler und Schaden vermutet; die Vermutung muss vom Hersteller widerlegt werden. Des Weiteren soll gemäß Artikel 10 Produkthaftungsrichtlinie dem Geschädigten der Zugang zu relevanten Beweismitteln erleichtert werden, indem dem Hersteller eine Offenlegungspflicht auferlegt wird. Wenn der Hersteller die notwendigen Informationen nicht offenlegt, wird die Fehlerhaftigkeit des Produkts vermutet.

Problematisch bleibt jedoch weiterhin, dass bestimmte Schäden nicht von der Richtlinie erfasst sind, die beim Einsatz von Künstlicher Intelligenz regelmäßig von besonderer Bedeutung sind. Reine Vermögensschäden oder immaterielle Schäden in Folge von Sicherheitsproblemen fallen weiterhin nicht unter den Anwendungsbereich der Produkthaftung.

Diese Thematik soll zukünftig von einer Richtlinie über die KI-Haftung aufgegriffen werden. Die Richtlinie soll jene Fälle betreffen, in denen es aufgrund von Vorsatz oder

Fahrlässigkeit zu Schäden durch Künstliche Intelligenz kommt und bei denen beispielsweise die Privatsphäre durch Sicherheitsthematiken verletzt wird. Die KI-Haftungsrichtlinie soll dabei ausschließlich Regelungen zur Durchsetzbarkeit von Schadensersatzansprüchen beinhalten.

### 8.4.3 Haftung des KI-Betreibers

Der Betreiber bzw. Anwender von Künstlicher Intelligenz haftet nach allgemeinen Grundsätzen des BGB. Danach ist immer neben einem Fehlverhalten ein dadurch entstandener Schaden und ein Verschulden notwendig (§ 280 BGB, § 823 BGB). Problematisch dürfte auch hier der Beweis des Verschuldens sein. Entscheidend für die Lösung der Haftungsfrage dürfte sein, ob und inwieweit der Arzt sich auf die Künstliche Intelligenz verlassen konnte bzw. durfte und ob nicht eine kritische Überprüfung der Ergebnisse der Anwendung der KI-Systeme notwendig ist. Im Bereich des Deliktsrechts hat der Geschädigte zu beweisen, dass der Anwender seine Verpflichtungen schuldhaft verletzt hat – was in der Regel sehr schwer nachzuweisen ist.

Der Arzt hat jedoch im Rahmen des Behandlungsvertrags die Behandlung nach den bestehenden, allgemeinen anerkannten fachlichen Standards auszurichten (§ 630a BGB). KI-Anwendungen gehören (noch) nicht zum allgemein anerkannten fachlichen Standard, sodass sich Betreiber bzw. Anwender nicht blind auf die KI-Ergebnisse verlassen dürfen. Vielmehr haben diese die Ergebnisse hinsichtlich Richtigkeit zu überprüfen. Zudem gibt es im Rahmen des Behandlungsvertrags eine Beweislastumkehr: das Verschulden wird vermutet, wenn sich ein allgemeines Behandlungsrisiko erfüllt (§ 630h BGB).

## 8.5 Rechte des Betriebsrats

Eine frühzeitige Einbindung der Mitarbeiterinnen und Mitarbeiter bei der Auswahl und Anwendung von Künstlicher Intelligenz in Unternehmen des Gesundheitswesens stärkt das Vertrauen in die Systeme und die Akzeptanz der Künstlichen Intelligenz. Mitarbeiterinnen und Mitarbeiter müssen mit den Systemen umgehen können, bei denen Künstliche Intelligenz eingesetzt wird. Zudem sollten Mitarbeiterinnen und Mitarbeiter wie bei anderen EDV-Systemen auch durch entsprechende Vereinbarungen zwischen Mitarbeitervertretung und Arbeitgeber vor möglichen negativen Konsequenzen, die aus dem Einsatz von Künstlicher Intelligenz entstehen können, geschützt werden. Daher ist es wichtig, die Beschäftigten, vertreten durch Betriebsräte, frühzeitig in die Planung, Auswahl und Implementierungsprozesse einzubeziehen. Dies hat auch der Gesetzgeber gesehen: mit dem Betriebsrätemodernisierungsgesetz haben Regelungen zur Künstlichen Intelligenz im Jahr 2021 Einzug in das Betriebsverfassungsgesetz (BetrVG) gehalten (c (2021), 1–26, Bundesgesetzblatt Jahrgang 2021 Teil 1 Nr. 32, 1762–1765).

Der Gesetzgeber verwendet den Begriff der Künstlichen Intelligenz zwar im Betriebsverfassungsgesetz als Voraussetzung für die Beteiligung des Betriebsrats, allerdings enthält das Gesetz weder eine Definition der Inhalte noch eine Beschreibung konkreter Anwendungsgebiete. Im Gesetzentwurf der Bundesregierung wird allerdings Bezug genommen auf den Beschluss des Bundeskabinetts zur Strategie zur Künstlichen Intelligenz vom 15.11.2018 (Bundestagsdrucksache, S. 14). Hier wird von einem weiten Verständnis von Künstlicher Intelligenz ausgegangen, sodass auch im Betriebsverfassungsrecht von einem solchen weiten Verständnis von Künstlicher Intelligenz ausgegangen werden muss (Bundesregierung 2018, S. 10).

In Bezug auf den Einsatz von Künstlicher Intelligenz auf der Patientenreise gibt es somit unterschiedliche Bereiche der Rechte des Betriebsrats, die zu beachten sind:

### 8.5.1 Beteiligungsrechte des Betriebsrats

Bei der Verwendung und Akzeptanz von Künstlicher Intelligenz auf der Patientenreise kommt es stark darauf an, wie die Systeme in die bestehenden Prozesse und Strukturen der Gesundheitseinrichtung integriert werden können. Zudem hängen die Ergebnisse stark davon ab, wie Ärzte und Ärztinnen bzw. das medizinische Personal die Systeme tatsächlich einsetzen und inwieweit Patientinnen und Patienten den Einsatz akzeptieren. Bei den erstgenannten Bedingungen ist unter anderem ausschlaggebend, wie die KI-Systeme in der Gesundheitseinrichtung integriert und akzeptiert sind. Um die Akzeptanz zu steigern und den Belangen der Mitarbeiterinnen und Mitarbeiter Rechnung zu tragen, hat der Arbeitgeber den Betriebsrat bereits bei der Planung von Arbeitsverfahren und Arbeitsabläufen einschließlich des Einsatzes von Künstlicher Intelligenz rechtzeitig zu unterrichten, § 90 Abs. 1 Nr. 3 BetrVG. Arbeitsverfahren sind Technologien, die zur Veränderung des Arbeitsgegenstandes angewandt werden, um eine Arbeitsaufgabe zu erfüllen, der Begriff der Arbeitsabläufe erfasst die zeitliche und räumliche Anordnung der Arbeitsvorhaben eines Betriebs (Richardi 2022, § 90 Rn. 13). Im medizinischen Alltag ist dies in vielerlei Hinsicht gegeben: nicht nur organisatorische Abläufe werden durch Künstliche Intelligenz verschlankt und vereinfacht, sondern auch die Behandlung des Patienten wird durch den Einsatz von Künstlicher Intelligenz unterstützt, z. B. die Diagnose oder Behandlung von Krankheiten. Schon im Vorfeld des Einsatzes von Künstlicher Intelligenz ist der Arbeitgeber gefordert, den Betriebsrat zu informieren und die vorgesehenen Maßnahmen sowie ihre Auswirkungen auf die Arbeitnehmerinnen und Arbeitnehmer mit dem Betriebsrat zu beraten (§ 90 Abs. 1,2 BetrVG).

Möglicherweise hat der Betriebsrat auch ein Mitbestimmungsrecht nach § 87 BetrVG. Das Mitbestimmungsrecht greift in dem Fall, in dem der Einsatz von Künstlicher Intelligenz im Rahmen einer technischen Einrichtung erfolgt, die dazu bestimmt ist, das Verhalten oder die Leistung der Arbeitnehmer zu überwachen. Beim Einsatz von Künstlicher Intelligenz für den Patienten kommt es zwar in erster Linie auf den Vorteil für den Patienten an, wenn aber durch die Einrichtung gleichzeitig Informationen über das

Verhalten oder die Leistung von Arbeitnehmerinnen und Arbeitnehmer erhoben und aufgezeichnet werden, entsteht ein Überwachungsvorgang, der zumindest zum Teil die Kontrolle, die durch die menschliche Wahrnehmung entsteht, erweitert. Die Mitbestimmung des Betriebsrats soll hier verhindern, dass die Mitarbeitenden zum Objekt der sie überwachenden Technik gemacht werden (Richardi 2022, § 87 Rn. 496), indem Daten zu Aussagen über ihr Verhalten oder ihre Leistung programmgemäß verarbeitet werden (Richardi 2022, § 87 Rn. 505) – selbst wenn die Technik nicht primär zu Überwachungszwecken, sondern zum Wohl des Patienten eingesetzt werden soll. Hervorzuheben ist jedoch in diesem Zusammenhang, dass der Arbeitgeber auf die Daten zugreifen können muss. Dies ist nicht der Fall, wenn lediglich der Programmhersteller Daten aufzeichnet, der Arbeitgeber jedoch keine Zugriffsmöglichkeiten hat, wie beispielsweise beim Einsatz von ChatGPT (so ArbG Hamburg, Beschluss vom 16.1.2024 – 24 BVGa 1/24).

### 8.5.2 Mitwirkung der Betriebsräte bei der Förderung der Berufsbildung

In der Arbeitswelt beschleunigt die Digitalisierung Veränderungen. Gerade beim Einsatz von Künstlicher Intelligenz führen die Veränderungen, die sich auf Prozesse und auch direkt auf den Patienten auswirken können, zu einem verstärkten Bedarf nach Qualifizierung der Arbeitnehmerinnen und Arbeitnehmer. Medizinisches Personal muss neue Kompetenzen erlernen, um Künstliche Intelligenz vollständig zum Nutzen der Patientinnen und Patienten anwenden zu können. Betriebsräte kennen die damit verbundenen betrieblichen Notwendigkeiten, Potenziale und Bedürfnisse der Beschäftigten vor Ort sehr gut und sind daher gefordert, die erforderlichen Bildungsmaßnahmen mit dem Arbeitgeber zu beraten (Bundestagsdrucksache 19/28899, S. 24, § 96 BetrVG). Sie haben die Möglichkeit, Vorschläge zu Fragen der Berufsbildung zu machen und sollen sich mit eigenen Ideen in die innerbetriebliche Diskussion einbringen, mit dem Ziel, dass sich Arbeitgeber und Betriebsrat auf konkrete Maßnahmen der Berufsbildung einigen. Hierbei besteht auch die Möglichkeit, eine Einigungsstelle anzurufen, obgleich kein Zwang zur Einigung besteht (Bundestagsdrucksache 19/28899, S. 14).

### 8.5.3 Einsatz von Sachverständigen

Wenn es um Künstliche Intelligenz geht, verfügen Betriebsräte oftmals nicht über das erforderliche Fachwissen, um deren Auswirkungen umfassend beurteilen zu können. Somit stellt sich die Frage, ob ein Sachverständiger zur Beratung des Betriebsrats bestellt werden kann. Wenn der Betriebsrat einen Sachverständigen beauftragen möchte, muss er grundsätzlich dem Arbeitgeber darlegen, dass die Beauftragung der Person, die die fehlende Sach- und Fachkunde ersetzen kann, zur ordnungsgemäßen Erfüllung der betriebsrätlichen Aufgaben erforderlich ist. Dies führt jedoch mitunter zu einem größeren Zeitverzug, wenn zwischen Arbeitgeber und Betriebsrat Uneinigkeit über die Erforderlichkeit besteht. Im Rahmen des zunehmenden Einsatzes von Künstlicher Intelligenz ist es notwendig, den Betriebsrat in die Lage zu versetzen, schnell reagieren zu können und gleichzeitig eine für den Arbeitgeber wichtige zeitnahe Entscheidung über die Einführung und Anwendung von Künstlicher Intelligenz zu ermöglichen. Aus diesem Grund hat der Gesetzgeber in § 80 BetrVG dem Betriebsrat die Möglichkeit eines vereinfachten Zugriffs auf besonderen Sachverstand in diesbezüglichen Fragstellungen verschafft, indem die Hinzuziehung eines Sachverständigen bei der Beurteilung der Einführung und Anwendung von Künstlicher Intelligenz vom Gesetz als erforderlich fingiert wird (§ 80 Abs. 3 Satz 2 BetrVG, Bundestagsdrucksache 19/28899, S. 22). Gleiches gilt, wenn der Betriebsrat zur Beurteilung der Einführung und Anwendung von Künstlicher Intelligenz einen ständigen Sachverständigen abrufen möchte (§ 80 Abs. 3 Satz 3 BetrVG).

Dennoch kann der Betriebsrat den Sachverständigen nur dann beauftragen, wenn vorab eine nähere Vereinbarung über das Thema, die Person und die Kosten mit dem Arbeitgeber getroffen wurde. Dabei genügt auch eine formlose Absprache (Richardi 2022, § 80 Rn. 102). Eine solche Vereinbarung kann auch durch den Beschluss des Arbeitsgerichts ersetzt werden (BAG 25.4.1978, AP BetrVG 1972 § 80 Nr. 11).

## 8.6 Schlussbetrachtung

Künstliche Intelligenz kann in vielfältiger Weise zugunsten der Patienten eingesetzt werden, sei es durch direkte Anwendung oder als unterstützende Technologie im Hintergrund für das im Gesundheitswesen tätige Personal. Auch wenn das Recht auf den ersten Blick einige Hürden aufstellt, sind diese bei genauer Betrachtung oft geringer, als zunächst befürchtet. Bei Beachtung des Rechtsrahmens, der die spezielle Anwendung von Künstlicher Intelligenz berücksichtigt, ist ein effektiver Einsatz zum Wohl der Patienten durchaus möglich.

## Literatur

Becker, U. & Kingreen, T. (Hrsg.) (2024) SGB V, 9. Auflage, Verlag C.H.Beck, München.

Bundesregierung (2018) Strategie Künstliche Intelligenz der Bundesregierung, Bundesregierung (Hrsg.), online im Internet, www.ki-strategie-deutschland.de, Abrufdatum: 28.12.2024.

Bundesgesetzblatt (2021) Jahrgang 2021 Teil 1 Nr. 32, S. 1762–1765.

Europäische Union (2024) Europäischer Raum für Gesundheitsdaten, 20.12.2024 Europäische Union (Hrsg.), https://doi.org/10.2875/04141.

Frank, J. & Heine, M. (2023) KI-Einsatz im Betrieb unter der KI-Verordnung, NZA 2023, S. 1281–1284.

Quaas, M., Zuck, R., Clemens, T. & Gockel, J. M. (2018) Medizinrecht, 4. Auflage, Verlag C.H.Beck, München.

Richardi, R. (2022) Betriebsverfassungsgesetz, 17. Aufl., Verlag C.H.Beck, München.

Witteler, M. & Moll, L. (2023) Künstliche Intelligenz am Arbeitsplatz – Datenschutz und Rechte des Betriebsrats, NZA 2023, S. 327–333.

**Anna Meinhardt** ist Professorin für Recht im Gesundheitswesen an der Hochschule Neu-Ulm. Sie ist Volljuristin und besitzt einen Magisterabschluss in Verwaltungswissenschaften. Ihre Promotion im Bereich des Medizinrechts erfolgte am Lehrstuhl für öffentliches Recht an der Johannes-Gutenberg-Universität in Mainz. Im Rahmen ihrer Berufstätigkeit in verschiedenen Bereichen befasste sie sich intensiv mit juristischen Bewertungen, die insbesondere Neuerungen im Gesundheitswesen mit sich bringen, mit einem Schwerpunkt auf Themen im Bereich Digitalisierung/Künstliche Intelligenz und Innovationen der Unternehmen der Gesundheitswirtschaft.

# KI-basierte Geschäftsmodelle für die Gesundheitsversorgung – Use Cases anhand des Delta Modells

**9**

Philipp Köbe

## Inhaltsverzeichnis



**Zusammenfassung**

In diesem Kapitel findet eine Untersuchung der Implementierung und Skalierung von KI-basierten Geschäftsmodellen in der Gesundheitswirtschaft unter Anwendung des Delta-Modells von Hax statt. Nach einer Einführung in die strategischen Felder des Modells und einer exemplarischen Darstellung von Unternehmen, die diese Felder besetzen, werden die zentralen Fähigkeiten beschrieben, die Unternehmen benötigen, um KI erfolgreich zu implementieren. Ein skaliertes KI-Rahmenmodell wird vorgestellt, das die Entwicklung von Fähigkeiten, die Geschäftsmodellinnovation und die Nutzung von Skalierungsmechanismen verbindet. Dabei werden iterative Prozesse und Rückkopplungsschleifen als Schlüssel zur Maximierung des KI-Potenzials hervorgehoben.

P. Köbe (✉)
ScMI Scenario Management International AG, Paderborn, Deutschland
E-Mail: koebe@scmi.de



M. A. Pfannstiel (Hrsg.), *Künstliche Intelligenz im Einsatz für die erfolgreiche Patientenreise*, https://doi.org/10.1007/978-3-658-48573-3_9

Abschließend zeigt die Analyse die regulatorischen, technologischen und organisatorischen Herausforderungen, die in Deutschland bestehen, einschließlich Datenschutzanforderungen, fragmentierter IT-Infrastruktur und ethischer Hürden. Der Beitrag liefert eine umfassende Perspektive auf die strategischen, technologischen und organisatorischen Maßnahmen, die erforderlich sind, um KI im Gesundheitswesen erfolgreich zu nutzen.

## 9.1 Einleitung

Die voranschreitende Entwicklung der Künstlichen Intelligenz (KI) führt in allen Gesellschafts- und Wirtschaftsfeldern zu umfassenden bis disruptiven Veränderungen (Koebe und Bohnet-Joschko 2023a). KI-Technologien ermöglichen präzisere Diagnosen, individualisierte Therapien, effizientere Verwaltungssysteme und die Entwicklung innovativer Medikamente. Mit Anwendungen wie KI-gesteuerten Diagnosetools, robotergestützten chirurgischen Systemen und digitalen Gesundheitsplattformen, die Patientendaten analysieren, wird die Qualität der Gesundheitsversorgung verbessert. Gleichzeitig steigern diese Anwendungen die Zugänglichkeit und Wirtschaftlichkeit der Versorgung. Parallel dazu gewinnen Geschäftsmodelle, die auf KI-Technologien aufbauen, zunehmend an Bedeutung. Geschäftsmodelle legen fest, wie Innovationen Wert schaffen, monetarisiert werden und nachhaltig in Märkte und Organisationen integriert werden (Koebe 2025). Die Patient-Journey kann im Rahmen der Verwendung dieser innovativen Technologien in Kombination mit neuen Geschäftsmodellen zu einer Neuausrichtung der Versorgung führen, hin zu einer fokussierten Patientenzentrierung.

Im Gesundheitswesen stehen KI-Technologien vor der Herausforderung, ethische, regulatorische und technische Anforderungen zu erfüllen, während sie gleichzeitig den Nutzen für Patienten, Gesundheitsdienstleister und Unternehmen maximieren. Die Kombination von KI und innovativen Geschäftsmodellen im Gesundheitswesen bietet nicht nur immense Potenziale, sondern wirft auch komplexe Fragen auf: Wie kann ein Geschäftsmodell gestaltet werden, das sowohl wirtschaftlich tragfähig als auch patientenzentriert ist? Wie wird die Wertschöpfung durch KI in einem sensiblen und regulierten Bereich wie dem Gesundheitswesen gerecht verteilt? Diese Fragen stehen im Mittelpunkt der aktuellen Diskussion über die Zukunft der Gesundheitsversorgung (Koebe und Bohnet-Joschko 2023b).

## 9.2 Geschäftsmodellinnovationen mittels KI

Künstliche Intelligenz hat das Potenzial, Geschäftsmodelle grundlegend zu transformieren und Innovationen voranzutreiben (Lee et al. 2019). Im Gesundheitswesen eröffnet sie Möglichkeiten, Dienstleistungen zu personalisieren, Prozesse zu optimieren und den Zugang zu Gesundheitsressourcen zu verbessern (Schiavone et al. 2021). Die Integration von

KI erfordert jedoch nicht nur technologische Kompetenz, sondern auch die Fähigkeit, neue Geschäftsmodelle zu entwickeln, die wirtschaftlich tragfähig, ethisch verantwortungsvoll und patientenzentriert sind. KI kann auf verschiedene Weise neue Geschäftsmodelle ermöglichen (Burström et al. 2021):

- **Personalisierung:** Plattformen wie KI-gestützte Gesundheits-Apps bieten maßgeschneiderte Empfehlungen und Therapien, die auf individuellen Gesundheitsdaten basieren.
- **Plattformmodelle:** KI erleichtert die Integration verschiedener Stakeholder (Patienten, Ärzte, Versicherungen) auf digitalen Plattformen, die Datenaustausch und Zusammenarbeit fördern.
- **Outcome-basierte Modelle:** Durch KI-gestützte Analysen kann der Erfolg von Behandlungen präziser gemessen werden. Dies ermöglicht Geschäftsmodelle, die auf Behandlungsergebnissen basieren statt pauschaler Gebühren.
- **Automatisierung und Effizienz:** KI reduziert Kosten durch die Automatisierung administrativer Aufgaben wie Terminplanung oder Abrechnungssysteme, und verbessert gleichzeitig die Qualität der Dienstleistungen.

Es gibt verschiedene methodische Ansätze, um neue Geschäftsmodelle zu finden und zu bewerten, die durch KI im Gesundheitswesen unterstützt werden. Das Business Model Canvas (BMC) ist ein bewährtes Werkzeug, um Geschäftsmodelle strukturiert zu entwickeln (Osterwalder et al. 2015). Im Kontext von KI sollte jede der neun Dimensionen kritisch hinterfragt werden. Wie schafft KI einen neuen oder besseren Wert für Patienten und Ärzte? Welche Daten, Algorithmen und Technologien sind essenziell? Oder wie wirken sich KI-Investitionen auf die Kosten aus, und wie können diese amortisiert werden? Design Thinking setzt auf eine nutzerzentrierte Herangehensweise, die besonders im Gesundheitswesen relevant ist (Bonakdar und Gassmann 2016). Es hilft, innovative Geschäftsmodelle zu entwickeln, indem Bedürfnisse von Patienten und Gesundheitsdienstleistern identifiziert werden, Prototypen erstellt, getestet und iterativ optimiert werden. Der Lean-Startup-Ansatz fördert die schnelle Entwicklung und Validierung von Geschäftsmodellen (Ghezzi und Cavallo 2020). Durch sogenannte Minimum Viable Products (MVPs) können KI-basierte Lösungen zunächst in kleinem Maßstab getestet werden, um Feedback zu sammeln und das Modell anzupassen.

Die Bewertung eines Geschäftsmodells erfolgt anhand verschiedener Kriterien (Reim et al. 2020):

- **Wirtschaftliche Tragfähigkeit:** Generiert das Modell nachhaltige Einnahmen? Sind Investitionen in KI langfristig rentabel?
- **Kundennutzen:** Erfüllt das Modell die Bedürfnisse von Patienten und Ärzten besser als bestehende Ansätze?
- **Technologische Machbarkeit:** Ist die KI-Infrastruktur robust genug, um das Modell zu tragen?

- **Ethische Verantwortung:** Berücksichtigt das Modell Datenschutz, Voreingenommenheit in Algorithmen und ethische Standards im Gesundheitswesen?
- **Regulatorische Konformität:** Entspricht das Modell den Vorschriften und Standards des Gesundheitswesens?

Geschäftsmodellinnovationen durch KI im Gesundheitswesen erfordern eine Kombination aus technologischer Exzellenz, kreativer Geschäftsmodellgestaltung und ethischer Verantwortung. Mit Werkzeugen wie dem Business Model Canvas, dem Lean Startup oder dem Design Thinking können Unternehmen innovative Modelle entwickeln und deren Erfolg anhand klarer Bewertungskriterien sicherstellen. KI wird dabei nicht nur als Technologie, sondern als transformative Kraft verstanden, die das Gesundheitswesen nachhaltig prägt.

Der Rahmen von Åström et al. (2022) erweitert die vorherigen Überlegungen zur Geschäftsmodellinnovation durch eine klare Struktur, die sowohl strategische als auch operative Perspektiven umfasst. Die in den vorherigen Ansätzen (z. B. Business Model Canvas, Design Thinking) identifizierten Stärken werden hier in ein systematisches und phasenbasiertes Modell überführt, wie Abb. 9.1 zeigt. Insbesondere die Betonung der Verbindung zwischen Wertschöpfung und Wertabschöpfung sowie die iterative Überprüfung der Ergebnisse bieten Unternehmen eine praxisorientierte Methodik, um KI-basierte Geschäftsmodelle erfolgreich zu entwickeln und umzusetzen. Der Rahmen gliedert sich in drei Phasen, die iterative Schleifen und Feedbackmechanismen berücksichtigen:

### Phase 1: Sicherstellung der Wertschöpfung durch KI

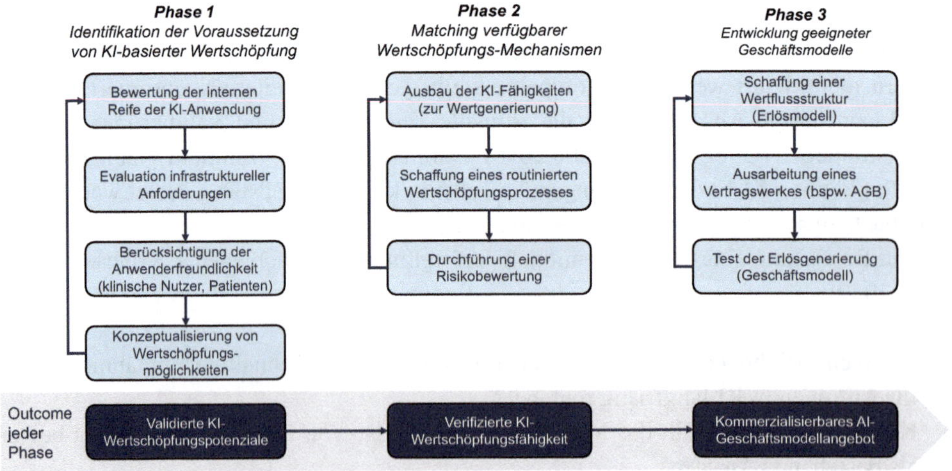


**Abb. 9.1** Rahmen für Business Model Innovation für KI-Anwendungen. (Quelle: Darstellung in Anlehnung an Åström et al. 2022)

Ziel dieser Phase ist es, Wertschöpfungsmöglichkeiten zu identifizieren, die sowohl intern umsetzbar als auch für Kunden attraktiv und vermarktbar sind. Der Ausgangspunkt ist die Validierung von Wertschöpfungsoptionen.

**Phase 2: Verbindung von Wertschöpfung und Wertabschöpfung**

Diese Phase konzentriert sich darauf, die erkannten Wertschöpfungsoptionen mit den Zielkundensegmenten zu verknüpfen. Dabei wird die Fähigkeit zur Wertabschöpfung geprüft, einschließlich der Entwicklung notwendiger Fähigkeiten und Routinen sowie einer umfassenden Risikobewertung.

**Phase 3: Entwicklung des Wertangebots und der Wertabschöpfungsmechanismen**

In dieser Phase werden das Wertangebot und die Mechanismen zur Wertabschöpfung (z. B. Preisgestaltung und vertragliche Vereinbarungen) entwickelt. Das Ergebnis ist ein marktreifes Geschäftsmodell, das alle notwendigen Elemente für die Umsetzung umfasst.

**Iterative Herangehensweise**
Ein wesentlicher Aspekt des Rahmens ist, dass die Aktivitäten innerhalb jeder Phase häufig erneut durchlaufen werden müssen, bevor ein zufriedenstellendes Ergebnis erreicht wird. Diese Iterationen stellen sicher, dass die Wertschöpfung optimal gestaltet und die Wertabschöpfung effektiv implementiert wird.

## 9.3 Das Delta-Modell für Geschäftsstrategien von Hax

Das Delta-Modell, entwickelt von Hax und Wilde (2003), ist ein strategisches Framework, das Unternehmen dabei unterstützt, Wettbewerbsvorteile zu erzielen und nachhaltige Geschäftsstrategien zu entwickeln. Im Mittelpunkt des Modells steht die Idee, dass Unternehmen ihre Strategie nicht allein auf Produkte oder Dienstleistungen fokussieren sollten, sondern darauf, wie sie dauerhafte Beziehungen zu Kunden und anderen Stakeholdern aufbauen und stärken können. Das Delta Model unterscheidet drei grundlegende strategische Positionen, die jeweils unterschiedliche Ansätze zur Wertschöpfung und Differenzierung ermöglichen:

1. **System Lock-In**

Der Fokus liegt auf der Schaffung eines Netzwerkeffekts, bei dem das Unternehmen ein Ökosystem von Kunden, Lieferanten und Partnern aufbaut. Ziel ist es, eine starke Abhängigkeit der Stakeholder vom Unternehmen zu schaffen, sodass die Beteiligten von der Teilnahme am System profitieren und ein Verlassen des Netzwerks unattraktiv macht. Plattformmodelle wie Apple (App Store, iOS) oder Amazon (Marketplace) nutzen System

Lock-In, um Marktanteile zu sichern und die Kundenbindung zu stärken. Es lassen sich drei Felder unterschieden:

- **Dominant Exchange:** Schaffung eines zentralen Marktplatzes oder einer Plattform, die als dominanter Ort für den Austausch zwischen Stakeholdern fungiert. Ziel ist es, Netzwerkeffekte und Abhängigkeiten zu erzeugen.
- **Proprietary Standard:** Einführung eines proprietären Standards, der andere Stakeholder zwingt, das System zu nutzen und sich daran anzupassen. Dies fördert die Kundenbindung und erschwert den Wechsel.
- **Exclusive Channel:** Aufbau eines exklusiven Netzwerks oder Vertriebskanals, der den Zugang für Kunden und Partner kontrolliert. Ziel ist es, eine direkte und geschlossene Beziehung zu Stakeholdern zu etablieren.

2. **Customer Solutions**

Hier steht der Kunde im Mittelpunkt. Das Unternehmen bietet umfassende, maßgeschneiderte Lösungen, die die spezifischen Bedürfnisse des Kunden erfüllen. Dies geht oft über das reine Produkt hinaus und umfasst Dienstleistungen, Support und eine enge Kundenbeziehung. Unternehmen wie Salesforce bieten nicht nur Softwarelösungen, sondern auch Beratungsleistungen und Schulungen, um den Erfolg ihrer Kunden sicherzustellen. Hier lassen sich drei unterschiedliche Feldern unterschieden:

- **Horizontal Breadth:** Erweiterung der Lösungen, um eine breite Palette von Kundenbedürfnissen abzudecken. Ziel ist es, eine zentrale Anlaufstelle zu werden, der alle Kundenanforderungen erfüllt.
- **Customer Integration:** Enge Integration in die Wertschöpfungskette des Kunden. Das Unternehmen wird ein unverzichtbarer Bestandteil der Geschäftsprozesse des Kunden.
- **Redefining the Customer Relationship:** Neugestaltung der Kundenbeziehung, indem maßgeschneiderte Lösungen angeboten werden, die über das reine Produkt hinausgehen. Ziel ist es, eine langfristige Partnerschaft aufzubauen.

3. **Best Product**

Dieser Ansatz konzentriert sich auf die Differenzierung durch überlegene Produkte oder Dienstleistungen. Unternehmen streben danach, das qualitativ beste oder innovativste Angebot auf dem Markt bereitzustellen. Tesla setzt auf Innovation und Technologie, um seine Elektrofahrzeuge als führende Produkte auf dem Markt zu positionieren. In diesem Bereich lassen sich zwei Felder unterschieden:

**Tab. 9.1** Gegenüberstellung der Geschäftsmodellfelder im Delta Modell. (Quelle: Darstellung in Anlehnung an Hax and Wilde 2003)

| Geschäftsmodell | Fokus | Ziel | Beispiel Gesundheitsversorgung |
|---|---|---|---|
| Dominant Exchange (System Lock-In) | Aufbau einer zentralen Plattform für den Austausch von Informationen, Dienstleistungen oder Produkten. | Netzwerkeffekte erzeugen und Stakeholder im Ökosystem binden. | Eine KI-gestützte Plattform, die Patienten, Ärzte und Versicherer miteinander vernetzt, z. B. Teladoc Health. |
| Proprietary Standard (System Lock-In) | Einführung eines proprietären Systems oder Standards, der Stakeholder zwingt, sich anzupassen. | Kundenbindung durch Abhängigkeit vom System. | Ein Krankenhausnetzwerk, das eine exklusive KI-basierte Diagnostikplattform einsetzt, die nur intern genutzt werden kann. |
| Exclusive Channel (System Lock-In) | Schaffung eines exklusiven Kanals oder Netzwerks für die Interaktion mit Kunden und Partnern. | Kontrolle und Schutz der Kundenbeziehung. | Ein KI-basiertes Telemedizin-Portal, das nur für Mitglieder eines bestimmten Versicherungsanbieters verfügbar ist. |
| Horizontal Breadth (Total Customer Solutions) | Erweiterung der Lösungen, um eine Vielzahl von Kundenbedürfnissen abzudecken. | Ein One-Stop-Shop für Kundenanforderungen werden. | Eine Plattform, die KI-gestützte Diagnose, Therapieplanung und Patientenüberwachung kombiniert, z. B. Philips HealthSuite. |
| Customer Integration (Total Customer Solutions) | Enge Integration in die Wertschöpfungskette des Kunden. | Unverzichtbar für den Kunden werden, indem dessen Prozesse direkt unterstützt werden. | Eine KI-basierte Lösung, die direkt in die Abläufe eines Krankenhauses eingebettet ist, z. B. für die Optimierung von OP-Plänen. |
| Redefining the Customer Relationship (Total Customer Solutions) | Neugestaltung der Beziehung zum Kunden durch individualisierte und umfassende Lösungen. | Langfristige Kundenbindung und -zufriedenheit. | Eine KI-gestützte App, die Patienten personalisierte Gesundheitspläne und kontinuierliche Betreuung bietet, z. B. Ada Health. |
| Cost Leadership (Best Product) | Minimierung von Produktions- und Betriebskosten. | Marktführerschaft durch das günstigste Angebot. | Einsatz von KI für kostengünstige Diagnosen, z. B. automatisierte Bildanalysen in der Radiologie. |
| Differentiation (Best Product) | Differenzierung durch einzigartige Produkte oder Dienstleistungen. | Schaffung eines klaren Wettbewerbsvorteils durch Innovation und Qualität. | KI-Tools für präzise, innovative Diagnosen, z. B. DeepMind's AlphaFold für Proteinstrukturvorhersagen. |

- **Cost Leadership:** Marktführerschaft durch die niedrigsten Produktions- und Betriebskosten. Dies ermöglicht das günstigste Angebot auf dem Markt.
- **Differenziation:** Differenzierung durch einzigartige Produkte oder Dienstleistungen, die Innovation, Qualität oder besonderen Kundennutzen bieten.

Das Delta-Modell betont, dass langfristiger Erfolg nur durch eine enge Bindung an den Kunden und die Erfüllung seiner Bedürfnisse erreicht werden kann. Es berücksichtigt nicht nur den Wettbewerb, sondern das gesamte Ökosystem des Unternehmens und folgt somit einem ganzheitlichen Ansatz. Unternehmen können verschiedene Positionen kombinieren, um eine einzigartige Strategie zu entwickeln. Das Delta-Modell bietet somit eine umfassende Grundlage für die strategische Ausrichtung eines Unternehmens. Jedes Feld repräsentiert eine spezifische Strategie, die einzeln oder in Kombination angewendet werden kann, um Wettbewerbsvorteile zu erzielen. In Tab. 9.1 werden die acht Felder gegenübergestellt.

## 9.4 Use Cases von KI-basierten Geschäftsmodellen

Im Bereich des Dominant Exchange innerhalb des Delta-Modells haben sich mehrere Unternehmen in der Gesundheitswirtschaft etabliert, die durch den Einsatz von KI zentrale Plattformen geschaffen haben, um verschiedene Akteure miteinander zu vernetzen

**Tab. 9.2** Darstellung KI-basierter Geschäftsmodell Use Cases. (Quelle: Eigene Darstellung)

| Geschäftsmodell | Use Case 1 | Use Case 2 | Use Case 3 | Use Case 4 |
|---|---|---|---|---|
| Dominant Exchange (System Lock-In) | **K Health:** KI-gestützte Plattform zur Symptom-Analyse | **Caresyntax:** digitale Plattform für OP-Saal-Steuerung | **Ada Health:** KI-basierter Gesundheitsassistent, u.a. Symptom-Checker | **InterSystems HealthShare:** umfassende Gesundheitsinformatik-Plattform |
| Proprietary Standard (System Lock-In) | **IBM Watson Health:** KI-gestützte Lösungen, u.a. Entscheidungs-unterstützung | **Babylon Health:** mobile Fernkonsultationen mit KI-gestützten Symptomanalysen | **Siemens Healthineers/AI-Rad Companion:** KI-basierte Software-lösungen für Radiologen | **Butterfly Network:** tragbare, halbleiterbasierte Ultraschall-geräte mit intuitiver Software |
| Exclusive Channel (System Lock-In) | **Doctolib:** Online-Plattform für Arzttermine und interagierender Praxissoftware | **Kry:** digitale Plattform für virtuelle Arztbesuche, u.a. mit KI-gestützter Priorisierung | **Ping An Good Doctor:** mobile App mit umfassenden Gesund-heitsdienstleistungen | **Zava:** telemedizinischer Anbieter diverser digitaler Leistungen, u.a. mit KI-basierter Triage und Diagnostik |
| Horizontal Breadth (Total Customer Solutions) | **Tempus:** KI-basierte Plattform zur Analyse klinischer und molekularer Daten | **Olive AI:** Automatisier-ungsplattform für administrative Prozesse | **Freenome:** KI-gestützte Bluttests für frühzeitige Krebserkennung, mittels Genomik und ML | **Zebra Medical Vision:** KI-Lösungen zur Analyse medizinischer Bilddaten für frühe Diagnostik |
| Customer Integration (Total Customer Solutions) | **PathAI:** KI-basierte Diagnoselösungen für Pathologen | **Arterys:** cloudbasierte KI-Plattform für medi-zinische Bildgebung | **Atomwise:** KI in Wirkstoffforschung für Entwicklungsprozesse | **Recursion Pharmaceuticals:** Kombiniert KI und experimentelle Biologie |
| Redefining the Customer Relationship (Total Customer Solutions) | **Fresenius Medical Care:** KI-basierte Vor-hersage von Komplika-tionen bei Dialyse | **HanseMerkur:** KI zur Analyse von Bluttests zur Früherkennung von Krebs | **Agent Hospital:** KI-unterstütztes Krankenhaus, u.a. mit Roboter-Diagnostik | **MindMeld Health:** KI-gestützte Plattform, die personalisierte Gesundheitsinformationen und Empfehlungen liefert |
| Cost Leadership (Best Product) | **Insitro:** ML zur Analyse von Humangenetik | **MeVis Medical Solutions:** KI-basierte Softwarelösungen für bildgebende Diagnostik | **CAMSENS:** KI-basierte, automatisierte Parasitenanalyse in Veterinärmedizin | **aisencia:** KI-Tools zur Erkennung von Hautkrankheiten für beschleunigte Diagnosen |
| Differentiation (Best Product) | **Noventi Health:** digitale Plattform für Apotheken mit integrierten Softwarelösungen | **Butterfly Network:** tragbares, KI-gestütztes Ultraschallgerät, u.a. zur Bildanalyse | **Viz.ai:** KI-Plattform zur Erkennung von Schlaganfällen in CT-Scans in Echtzeit | **Aidoc:** KI-basierte Lösungen für Radiologen bei Identifizierung kritischer Anomalien |

und so Netzwerkeffekte zu erzeugen (Siehe Tab. 9.2). K Health bietet eine KI-gestützte Plattform, die Patienten mit Ärzten verbindet (Kadariya et al. 2019). Durch die Analyse von Symptomen mittels eines Chatbots erhalten Nutzer personalisierte Gesundheitsinformationen und können bei Bedarf direkt mit lizenzierten Ärzten in Kontakt treten. Die Plattform nutzt umfangreiche Datenbanken, um präzise Diagnosen zu unterstützen und stellt somit einen zentralen Austauschpunkt im Gesundheitswesen dar. Caresyntax hat eine digitale Plattform entwickelt, die Operationssäle integriert, indem sie Daten sammelt, verarbeitet und dem medizinischen Team in Echtzeit zur Verfügung stellt (Moloney et al. 2023). Dies ermöglicht eine optimierte Operationsplanung und -durchführung, wobei jeder Schritt aufgezeichnet und analysiert wird, um die Effizienz zu steigern und Fehler zu minimieren. Durch die Vernetzung von Chirurgen, Anästhesisten und weiterem medizinischen Personal schafft Caresyntax einen zentralen Knotenpunkt für den Austausch von Informationen im chirurgischen Bereich. Ada Health bietet eine KI-gestützte Gesundheitsplattform, die Nutzern ermöglicht, Symptome zu analysieren und personalisierte Gesundheitsinformationen zu erhalten (Fraser et al. 2023). Durch die Vernetzung von Patienten mit Gesundheitsdienstleistern fördert Ada Health den Austausch von Gesundheitsdaten und verbessert die Patientenversorgung. InterSystems HealthShare ist eine umfassende Gesundheitsinformatik-Plattform, die Krankenhäuser, integrierte Versorgungsnetzwerke und regionale sowie nationale Gesundheitsinformationsaustausche miteinander verbindet (Li et al. 2022). Die Plattform ermöglicht den Austausch und die Aggregation von Gesundheitsdaten, um eine integrierte und universelle Sicht auf alle Daten zu bieten.

Im Bereich des Proprietary Standard innerhalb des Delta-Modells haben sich mehrere Unternehmen in der Gesundheitswirtschaft etabliert, die durch den Einsatz von KI proprietäre Standards geschaffen haben, um ihre Marktposition zu stärken und Kunden an ihre spezifischen Systeme zu binden. IBM hat mit Watson Health eine KI-Plattform entwickelt, die speziell für das Gesundheitswesen konzipiert ist (Strickland 2019). Diese Plattform bietet Lösungen für die Analyse medizinischer Daten, unterstützt klinische Entscheidungsprozesse und fördert die personalisierte Medizin. Durch die Bereitstellung eines proprietären Systems, das auf maschinellem Lernen und natürlicher Sprachverarbeitung basiert, bindet IBM Watson Health seine Kunden an diese spezifische Technologie. Siemens Healthineers hat mit dem AI-Rad Companion eine KI-basierte Software entwickelt, die Radiologen bei der Analyse medizinischer Bilder unterstützt (Niehoff et al. 2023). Diese proprietäre Lösung integriert sich nahtlos in die bestehenden Systeme von Siemens und bietet automatisierte Bildinterpretationen, um die Diagnosegenauigkeit zu erhöhen und den Workflow zu optimieren. Durch die Einführung dieses proprietären Standards werden Kunden an das Siemens-Ökosystem gebunden. Das britische Unternehmen Babylon Health hat eine KI-gestützte Gesundheitsplattform entwickelt, die Patienten über eine App-Zugang zu medizinischen Dienstleistungen bietet, einschließlich Symptom-Checker und virtuellen Konsultationen (Khadija et al. 2021). Durch die Entwicklung eines proprietären Systems, das KI nutzt, um Gesundheitsdaten zu analysieren und personalisierte Empfehlungen zu geben, schafft Babylon Health einen eigenen Standard im digitalen Gesundheitswesen. Butterfly Network hat ein tragbares Ultraschallgerät namens Butterfly iQ entwickelt, das mit einer proprietären KI-Software ausgestattet ist (Bhardwaj et al. 2017). Dieses Gerät ermöglicht es, Ultraschallbilder direkt auf einem Smartphone anzuzeigen und zu analysieren. Durch die Kombination von Hardware und proprietärer KI-Software schafft Butterfly Network einen eigenen Standard in der Ultraschalldiagnostik.

Im Bereich des Exclusive Channel im Delta-Modell haben sich mehrere Unternehmen im Gesundheitswesen etabliert, die durch den Einsatz von KI exklusive Kanäle geschaffen haben, um ihre Dienstleistungen direkt und kontrolliert an ihre Kunden zu liefern. Doctolib ist eine französische Gesundheitsplattform, die es Patienten ermöglicht, online Arzttermine zu buchen (Lovell 2020). Durch die Integration von KI-Technologien, wie der automatischen Beantwortung von Anrufen und der Terminvereinbarung, schafft Doctolib einen exklusiven Kanal für die Interaktion zwischen Patienten und Ärzten, der den Buchungsprozess effizienter gestaltet. Kry ist ein schwedisches Unternehmen, das eine digitale Plattform für virtuelle Arztbesuche anbietet (Bergwall 2021). Durch die Nutzung von KI zur Verwaltung von Patientenanfragen und zur Unterstützung der Diagnoseprozesse bietet Kry einen exklusiven Kanal für den Zugang zu medizinischen Dienstleistungen. Ping An Good Doctor bietet als chinesisches Unternehmen eine umfassende Online-Plattform für Gesundheitsdienstleistungen, einschließlich KI-gestützter Diagnosen und Beratungen (Greeven und Yu 2020). Durch die Bereitstellung eines exklusiven Kanals für Gesundheitsdienstleistungen über eine mobile App hat Ping An Good Doctor einen bedeutenden Marktanteil in China erlangt. Zava ist ein europäischer Anbieter von telemedizinischen Dienstleistungen, der Patienten ermöglicht, online medizinische Beratung und Rezepte zu erhalten (Albayrak et al. 2023). Durch die Implementierung von KI zur Unterstützung der Patienten-Triage und des Diagnoseprozesses bietet Zava einen exklusiven Kanal für den Zugang zu Gesundheitsdienstleistungen.

Im Bereich der Horizontal Breadth (horizontalen Breite) innerhalb des Delta-Modells haben sich mehrere Unternehmen im Gesundheitswesen etabliert, die durch den Einsatz von KI umfassende Lösungen anbieten, um eine Vielzahl von Kundenbedürfnissen abzudecken. Tempus ist ein Technologieunternehmen, das eine der weltweit größten Bibliotheken klinischer und molekularer Daten aufgebaut hat (Landi 2020). Durch die Anwendung von KI und maschinellem Lernen ermöglicht Tempus personalisierte Behandlungspläne, insbesondere in der Onkologie, und unterstützt Ärzte bei der Entscheidungsfindung. Olive AI bietet eine umfassende Automatisierungsplattform für das Gesundheitswesen, die KI nutzt, um administrative Prozesse zu optimieren (Glover et al. 2022). Durch die Integration in bestehende Systeme hilft Olive, Arbeitsabläufe zu rationalisieren, Kosten zu senken und die Effizienz in Gesundheitseinrichtungen zu steigern. Freenome entwickelt KI-basierte Bluttests zur frühzeitigen Erkennung von Krebs (Stephens 2021). Durch die Kombination von Genomik und maschinellem Lernen zielt Freenome darauf ab, präventive Gesundheitslösungen bereitzustellen und die Patientenversorgung zu verbessern. Zebra Medical Vision bietet eine KI-Plattform, die medizinische Bildgebungsdaten analysiert, um verschiedene Erkrankungen frühzeitig zu erkennen (Nguyen und Shetty 2018). Ihre Lösungen decken eine breite Palette von Anwendungen ab, von der Erkennung von Knochenerkrankungen bis hin zu kardiovaskulären Zuständen.

Im Bereich der Customer Integration innerhalb des Delta-Modells haben sich mehrere Unternehmen im Gesundheitswesen etabliert, die durch den Einsatz von KI eng in die Wertschöpfungskette ihrer Kunden integriert sind. PathAI entwickelt KI-basierte Lösungen zur Unterstützung von Pathologen bei der Diagnose von Krankheiten (Najdawi et al. 2023). Durch die Integration ihrer Technologie in die Arbeitsabläufe von Laboren und Krankenhäusern verbessern diese die Genauigkeit und Effizienz der Diagnosen. Arterys bietet eine cloudbasierte Plattform für die medizinische Bildgebung, die KI nutzt, um Radiologen bei der Analyse von Bildern zu unterstützen (Traoré und Yamamoto 2018). Ihre Lösungen sind nahtlos in bestehende Systeme integriert und ermöglichen eine schnellere und präzisere Diagnose. Atomwise verwendet KI für die Wirkstoffforschung und arbeitet eng mit Pharmaunternehmen zusammen, um den Prozess der Medikamentenentwicklung zu beschleunigen (Faheem und Lee 2023). Durch die Integration ihrer Technologie in die Forschungsprozesse ihrer Kunden tragen sie zur Effizienzsteigerung bei. Recursion Pharmaceuticals kombiniert KI mit experimenteller Biologie, um neue Therapien zu entdecken (Kirkpatrick 2022). Sie arbeiten eng mit anderen Pharmaunternehmen zusammen und integrieren ihre Plattform in deren Forschungs- und Entwicklungsprozesse.

Im Bereich der Neudefinition der Kundenbeziehung innerhalb des Delta-Modells haben sich mehrere Unternehmen im Gesundheitswesen etabliert, die durch den Einsatz von KI innovative Wege gefunden haben, um die Interaktion mit ihren Kunden grundlegend zu verändern. Fresenius Medical Care hat ein KI-basiertes System entwickelt, das

das Risiko von Komplikationen bei der Dialyse vorhersagen kann (Kotanko et al. 2023). Dieses System ermöglicht eine proaktive Patientenversorgung und stärkt die Beziehung zu den Patienten durch personalisierte Betreuung. Die HanseMerkur Krankenversicherung bietet einen innovativen „Krebs-Scan" an, der auf einem frühen Bluttest zur Tumorerkennung basiert. Durch den Einsatz von KI zur Analyse der Testergebnisse wird die Früherkennung von Tumoren verbessert, was die Kundenbeziehung durch proaktive Gesundheitsvorsorge stärkt. Mit dem Agent Hospital wurde in China das weltweit erste KI-unterstützte Krankenhaus eröffnet (Li et al. 2024). Hier behandeln KI-Roboter täglich Tausende von Patienten, diagnostizieren Krankheiten und erstellen Behandlungspläne, was die Patientenversorgung revolutioniert und die Interaktion zwischen Patienten und Gesundheitsdienstleistern neu definiert. MindMeld Health hat eine KI-gestützte Plattform entwickelt, die Patienten mit personalisierten Gesundheitsinformationen und -empfehlungen versorgt (Ferland et al. 2021). Durch die Analyse individueller Gesundheitsdaten bietet die Plattform maßgeschneiderte Ratschläge und fördert eine engere, individuell abgestimmte Beziehung zwischen Patienten und Gesundheitsdienstleistern.

Im Bereich der Kostenführerschaft innerhalb des Delta-Modells haben sich mehrere Unternehmen im Gesundheitswesen durch den Einsatz von KI hervorgetan, um ihre Dienstleistungen kosteneffizient anzubieten. Insitro ist ein US-amerikanisches Unternehmen, das maschinelles Lernen für die Arzneimittelforschung und -entwicklung einsetzt (Kirkpatrick 2022). Durch die Analyse von Humangenetik mit KI können potenzielle Medikamentenziele effizienter identifiziert werden, was die Entwicklungszeit und -kosten neuer Therapien erheblich reduziert. MeVis Medical Solutions entwickelt Softwarelösungen für die bildgebende Diagnostik, insbesondere in der Onkologie (Bai et al. 2024). Durch den Einsatz von KI zur Analyse medizinischer Bilder können Diagnosen schneller und präziser gestellt werden, was die Effizienz erhöht und Kosten im Gesundheitswesen senkt. CAMSENS hat KI-basierte Systeme zur automatisierten Erkennung von Parasiten in Proben von Haus- und Nutztieren entwickelt. Durch die schnelle und präzise Analyse zahlreicher Proben in kurzer Zeit werden Effizienzsteigerungen und Kostensenkungen in der veterinärmedizinischen Diagnostik erreicht. Aisencia hat eine KI entwickelt, die rund 40 verschiedene Hautkrankheiten erkennen und klassifizieren kann (Balkenhol et al. 2023). Dies erleichtert Pathologen den Arbeitsalltag, beschleunigt Diagnosen und spart somit Zeit und Kosten im Gesundheitswesen.

Im Bereich der Differenzierung innerhalb des Delta-Modells haben sich mehrere Unternehmen im Gesundheitswesen durch den Einsatz von KI hervorgetan, um einzigartige und innovative Dienstleistungen anzubieten. Noventi Health bietet eine umfassende digitale Plattform für Apotheken, die Softwarelösungen, Finanzdienstleistungen und digitale Services integriert (Orschiedt et al. 2023). Durch den Einsatz von KI optimiert Noventi die Betriebsabläufe von Apotheken, verbessert die Patientenversorgung und differenziert sich durch ein ganzheitliches Serviceangebot im Gesundheitsmarkt. Butterfly Network hat ein tragbares, KI-gestütztes Ultraschallgerät entwickelt, das mit einem Smartphone verbunden werden kann (Bhardwaj et al. 2017). Durch die Integration von KI zur Bildanalyse und Interpretation macht Butterfly Network die Ultraschalldiagnostik zugänglicher und erschwinglicher, was eine Differenzierung im Markt der bildgebenden Verfahren darstellt. Viz.ai hat eine KI-basierte Plattform zur Erkennung von Schlaganfällen in CT-Scans entwickelt (Chatterjee et al. 2019). Die Technologie benachrichtigt in Echtzeit das medizinische Team, wodurch die Zeit bis zur Behandlung verkürzt wird. Durch die schnelle Identifizierung kritischer Fälle differenziert sich Viz.ai im Bereich der Notfallmedizin. Aidoc bietet KI-basierte Lösungen zur Unterstützung von Radiologen bei der Identifizierung akuter Anomalien in medizinischen Bildern (Zaazoue et al. 2023). Durch die Priorisierung kritischer Fälle und die Bereitstellung von Entscheidungsunterstützung differenziert sich Aidoc im Bereich der radiologischen Diagnostik.

## 9.5 Fähigkeiten zur Entwicklung KI-basierter Geschäftsmodelle

Um KI-basierte Geschäftsmodelle in der Gesundheitswirtschaft erfolgreich zu etablieren, benötigen Unternehmen spezifische Fähigkeiten und Kompetenzen (Krasuska et al. 2020). Diese können in mehrere Schlüsselbereiche unterteilt werden, die sowohl technologische als auch organisatorische Aspekte umfassen.

1. **Technologische Fähigkeiten**

Unternehmen müssen in der Lage sein, große Mengen an Gesundheitsdaten zu sammeln, zu speichern und zu verarbeiten. Dazu gehören Fähigkeiten in der Datenintegration, -bereinigung und -analyse. Beispiel: Aufbau sicherer und skalierbarer Datenplattformen mit Fokus auf Patientendaten (FHIR-Standards, interoperable Schnittstellen). Kompetenzen im maschinellen Lernen, Deep Learning und in der KI-Modellentwicklung sind entscheidend. Dies umfasst auch die Fähigkeit, Modelle zu trainieren und in bestehende Arbeitsabläufe zu integrieren. Beispiel: Entwicklung von KI-Algorithmen zur Bildanalyse oder zur Vorhersage von Behandlungsergebnissen. Da Gesundheitsdaten hochsensibel sind, müssen Unternehmen starke Kompetenzen im Bereich der Datensicherheit und im Schutz vor Cyberangriffen entwickeln. Beispiel: Implementierung von Verschlüsselungstechnologien und Sicherheitsrichtlinien gemäß den Vorgaben von HIPAA oder der DSGVO.

2. **Organisationale Fähigkeiten**

Führungskräfte müssen in der Lage sein, eine klare Vision für den Einsatz von KI im Unternehmen zu entwickeln und diese mit den Geschäftsstrategien zu verknüpfen. Beispiel: Aufbau eines Innovationsmanagements, das KI-Potenziale systematisch bewertet und priorisiert. Unternehmen müssen flexibel auf technologische Entwicklungen reagieren können. Dazu gehört die Fähigkeit, interne Prozesse anzupassen und Mitarbeiter auf den Wandel vorzubereiten. Beispiel: Einführung von agilen Methoden wie Scrum oder Design Thinking in der Produktentwicklung. Die Gesundheitswirtschaft erfordert Zusammenarbeit zwischen verschiedenen Disziplinen wie Medizin, Informatik und Betriebswirtschaft.

Unternehmen müssen diese Zusammenarbeit fördern. Beispiel: Aufbau von Teams aus Datenwissenschaftlern, IT-Spezialisten und Ärzten.

3. **Markt- und Kundenorientierung**

Unternehmen müssen die Bedürfnisse der Patienten verstehen und Lösungen entwickeln, die Mehrwert schaffen und die Patientenbindung fördern. Beispiel: Entwicklung von Apps, die patientenspezifische Gesundheitsdaten transparent und nutzbar machen. Die Gesundheitswirtschaft ist stark reguliert. Unternehmen müssen die gesetzlichen Anforderungen verstehen und einhalten können. Beispiel: Kenntnisse über FDA-Vorschriften oder die MDR (Medical Device Regulation) für KI-Systeme im Gesundheitsbereich.

4. **Infrastruktur und Ressourcen**

Unternehmen benötigen skalierbare IT-Infrastrukturen, um KI-Lösungen zu entwickeln und zu betreiben. Beispiel: Einsatz von Cloud-Technologien für datenintensive KI-Anwendungen. Partnerschaften mit Krankenhäusern, Universitäten und Forschungsinstituten sind wichtig, um Zugang zu qualitativ hochwertigen Daten und Expertise zu erhalten. Beispiel: Kooperationen mit medizinischen Einrichtungen für den Austausch anonymisierter Patientendaten.

5. **Innovations- und Weiterbildungsmanagement**

Unternehmen müssen Fachkräfte mit KI-Kenntnissen einstellen und bestehende Mitarbeiter weiterbilden, um die Kompetenzlücke zu schließen. Beispiel: Aufbau von Weiterbildungsprogrammen für medizinisches Personal im Umgang mit KI. Unternehmen sollten eine Kultur schaffen, die Experimente und das Scheitern in einem kontrollierten Umfeld unterstützt. Beispiel: Einrichtung von Innovationslaboren, in denen neue KI-Lösungen getestet werden.

## 9.6 Rahmen zur Skalierung von KI-basierten Geschäftsmodellen

Das Framework von Sjödin et al. (2021) bezieht sich auf den Rahmen mit der Frage, wie Unternehmen durch die Entwicklung von KI-Fähigkeiten und Geschäftsmodellinnovationen das Potenzial von KI skalieren und nutzen können. Dabei werden zentrale Herausforderungen und Lösungsansätze für die erfolgreiche Integration von KI identifiziert, wie in Abb. 9.2 dargestellt ist. Im ersten Schritt ist die Entwicklung interdependenter KI-Fähigkeiten notwendig. Unternehmen müssen grundlegende KI-Fähigkeiten aufbauen, die miteinander interagieren und sich gegenseitig verstärken:

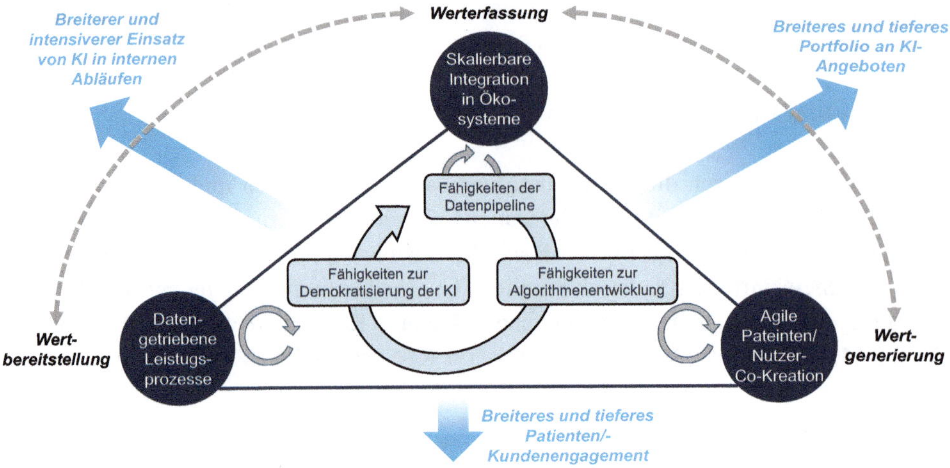


**Abb. 9.2** Rahmen der Skalierbarkeit von KI-Fähigkeiten im Rahmen von Geschäftsmodellinnovationen. (Quelle: Darstellung in Anlehnung an Sjödin et al. 2021)

- **Datenpipeline-Fähigkeiten:** Aufbau einer soliden Infrastruktur zur Erfassung, Verarbeitung und Strukturierung von Daten.
- **Algorithmus-Entwicklung:** Entwicklung spezifischer Algorithmen, die auf dem Fachwissen des Unternehmens basieren.
- **Demokratisierung von KI:** Förderung interner Experimente und Einbindung der gesamten Organisation in die KI-Nutzung.

Diese Fähigkeiten wirken synergistisch. Fehlende Komponenten können jedoch die Skalierung von KI verhindern. Daher ist eine koordinierte Investition erforderlich, um die Infrastruktur, Routinen und Aktivitäten für KI zu etablieren. Im zweiten Schritt muss die Skalierbarkeit durch Prinzipien der KI-gestützten Geschäftsmodellinnovation ermöglicht werden. Fähigkeiten allein reichen nicht aus – Unternehmen müssen ihre Geschäftsmodelle transformieren. Dies wird durch drei Prinzipien ermöglicht:

- **Agile Kunden-Ko-Kreation:** Fokus auf Zusammenarbeit mit Kunden zur Entwicklung von KI-Anwendungen, die deren Bedürfnisse erfüllen. Modularität hilft, Lösungen für verschiedene Kundensegmente skalierbar zu machen.
- **Datengetriebene Betriebsprozesse:** Echtzeitüberwachung von KI-Lösungen ist entscheidend, um datengetriebene Kulturen zu fördern und sowohl kundenorientierte als auch interne Prozesse zu optimieren.
- **Integration skalierbarer Ökosysteme:** Aufbau eines offenen und vertrauenswürdigen Ökosystems, das KI-Infrastrukturen unterstützt und Innovationen durch Zusammenarbeit fördert.

Diese Prinzipien erzeugen Rückkopplungsschleifen und verstärken sich gegenseitig, indem sie sowohl die Geschäftsmodellinnovation als auch die Weiterentwicklung der KI-Fähigkeiten vorantreiben. Im dritten Schritt erfolgt die Nutzung von Skalierungsmechanismen für KI-getriebene Geschäftsmodellinnovationen. Der Rahmen betrachtet die Skalierung von KI als einen iterativen und ko-evolutionären Prozess, der Fähigkeiten, Geschäftsmodelle, Partnerschaften und Angebote weiterentwickelt. Skalierung umfasst:

- **Skalierung zu Kunden:** Erweiterung der KI-Dienste sowohl in der Breite (mehr Kundensegmente) als auch in der Tiefe (höherer Wert für spezifische Kunden).
- **Skalierung von Angeboten:** Entwicklung einer größeren Vielfalt von KI-Diensten (Breite) sowie komplexerer KI-Lösungen (Tiefe).
- **Skalierung von Betriebsprozessen:** Integration von KI als unterstützendes Werkzeug in die Kundenbetreuung, was die Breite und Tiefe der Servicebereitstellung verbessert.

Feedback-Schleifen zwischen der Entwicklung von Fähigkeiten und der Innovation von Geschäftsmodellen fördern die Skalierung und helfen, größere Marktanteile und Effizienzvorteile zu erreichen.

## 9.7 Besonderheiten und Herausforderungen im deutschen Gesundheitssystem

Die Implementierung neuer KI-basierter Geschäftsmodelle im deutschen Gesundheitssystem birgt erhebliche Risiken und Hürden (Köbe 2024). Diese resultieren aus regulatorischen Anforderungen, infrastrukturellen Gegebenheiten, ethischen Überlegungen sowie der Komplexität der Branche. Gesundheitsdaten gelten als besonders schützenswert, was den Umgang mit Daten, die Entwicklung von KI-Modellen und die grenzüberschreitende Datenverarbeitung erschwert. KI-basierte Anwendungen, die in Diagnostik oder Therapie eingesetzt werden, gelten oft als Medizinprodukte und unterliegen der europäischen MDR (Köbe 2023). Der Zertifizierungsprozess ist zeitaufwändig und kostspielig. Zudem sind besondere Haftungsfragen zu beachten. Wer haftet im Falle einer Fehldiagnose oder eines Fehlers, der durch eine KI-Anwendung verursacht wurde? Die Rechtslage ist in Deutschland nicht abschließend geklärt.

Das deutsche Gesundheitssystem ist durch eine Vielzahl von Akteuren (Kliniken, Ärzte, Versicherer) mit unterschiedlichen IT-Systemen geprägt, die oft nicht interoperabel sind. KI-Anwendungen benötigen große Datenmengen. In Deutschland sind jedoch Daten oft unstrukturiert, unvollständig oder schwer zugänglich, was die Entwicklung von präzisen Modellen behindert. Trotz der Einführung der elektronischen Patientenakte (ePA) gibt es Verzögerungen bei der Digitalisierung, was die breite Einführung von KI-Technologien hemmt. Zudem ist die Entwicklung und Implementierung von KI-basierten Geschäftsmodellen mit erheblichen Kosten verbunden, z. B. für die Infrastruktur, die Algorithmenentwicklung und die Zertifizierung. Es fehlt oft an klaren Regelungen zur Erstattung von

KI-Diensten durch die gesetzlichen Krankenversicherungen (GKV). Dies schafft Unsicherheiten für Unternehmen, die KI-Lösungen anbieten. Internationale Unternehmen, insbesondere aus den USA oder China, verfügen über größere finanzielle Ressourcen und könnten den deutschen Markt dominieren.

Viele Patienten und Gesundheitsdienstleister stehen dem Einsatz von KI skeptisch gegenüber, insbesondere wenn es um Diagnosen oder Therapieentscheidungen geht (Koebe et al. 2023). Fehlendes Vertrauen kann die Akzeptanz hemmen. Ungleichheiten in den Trainingsdaten können dazu führen, dass KI-Anwendungen diskriminierende Ergebnisse liefern, z. B. durch schlechtere Diagnosen für bestimmte Bevölkerungsgruppen. Die Automatisierung von Prozessen könnte bestimmte Berufsgruppen, wie medizinische Assistenten, ersetzen oder deren Rolle stark verändern, was Widerstände erzeugen kann. Hinzu kommen organisatorische und kulturelle Barrieren, die unter anderem als Widerstand gegen Veränderung auftreten können. Viele Institutionen im deutschen Gesundheitssystem sind traditionell und risikoscheu, was die Einführung neuer Technologien verlangsamt. Zudem gibt es einen erheblichen Fachkräftemangel im Bereich Datenanalyse, KI-Entwicklung und IT-Integration, der die Umsetzung von KI-Projekten erschwert. Auch eine fehlende Zusammenarbeit kann eine zusätzliche Hürde sein. Die Silostruktur des deutschen Gesundheitssystems verhindert oft den Austausch von Wissen und Daten zwischen verschiedenen Akteuren.

## 9.8 Schlussbetrachtung

Das Kapitel gibt einen umfassenden Überblick über KI-basierte Geschäftsmodelle in der Gesundheitswirtschaft und deren strategische Rahmenbedingungen und belegt, wie die Patient-Journey entlang des gesamten Behandlungspfades maßgeblich verbessert werden kann. Zunächst wurden die acht Felder des Delta-Modells von Hax beschrieben und mit passenden Unternehmen aus der Gesundheitsbranche illustriert, um deren praktische Umsetzung zu verdeutlichen. Jedes Feld, von Dominant Exchange bis Differenziation, wurde mit realen Beispielen belegt, wie z. B. Insitro für Cost Leadership oder Viz.ai für Differenziation. Die jeweiligen Geschäftsmodelle wurden prägnant zusammengefasst, um ihre spezifischen Strategien darzustellen. Ein weiterer Schwerpunkt lag auf den Fähigkeiten, die Unternehmen benötigen, um KI-basierte Geschäftsmodelle erfolgreich umzusetzen. Technologische Kompetenzen wie Datenmanagement, Algorithmus-Entwicklung und IT-sicherheit sind essenziell. Ergänzend wurden organisatorische Fähigkeiten wie Veränderungsmanagement, Markt- und Kundenorientierung sowie Innovationsmanagement hervorgehoben. Dabei wurde betont, dass die Kombination dieser Fähigkeiten eine Schlüsselrolle spielt. Ein Rahmen zur Skalierung von KI-Fähigkeiten und Geschäftsmodellinnovationen wurde ebenfalls vorgestellt. Dieser dreiteilige Prozess umfasst die Entwicklung interdependenter KI-Fähigkeiten, die Skalierbarkeit durch KI-gestützte Geschäftsmodellinnovationen und die Nutzung spezifischer Skalierungsmechanismen. Der iterative Charakter dieses Modells wurde als zentral hervorgehoben, um Feedback-Schleifen zwischen Fähigkeiten, Angeboten und Geschäftsprozessen zu fördern. Abschließend wurden die spezifischen Risiken und Hürden im deutschen Gesundheitssystem diskutiert. Regulatorische Anforderungen wie die DSGVO, nicht interoperable IT-Infrastrukturen, hohe Investitionskosten, ethische Herausforderungen und Widerstände gegen Veränderung erschweren die Einführung neuer KI-Lösungen. Besonders kritisch wurde die fehlende Interoperabilität von Systemen und der langsame Fortschritt der Digitalisierung bewertet.

## Literatur


Albayrak, B., Cordier, L., Greve, S., Teschler, U., Dathe, A., Felderhoff-Müser, U., & Hüning, B. (2023). Feasibility of Video Consultation for Preterm Neurodevelopmental Follow-up Care During the COVID-19 Pandemic: Cohort Study. JMIR Pediatrics and Parenting, 6(e40940):1–9. https://doi.org/10.2196/40940

Åström, J., Reim, W., & Parida, V. (2022). Value creation and value capture for AI business model innovation: a three-phase process framework. Review of Managerial Science, 16(7):2111–2133. https://doi.org/10.1007/s11846-022-00521-z

Bai, X., Jin, Z., & Sun, H. (2024). Can Uncertainty Quantification of AI Prediction Models Benefit Young Radiologists More? Radiology, 310(2):e232781. https://doi.org/10.1148/radiol.232781

Balkenhol, J., Schmidt, M., Schnauder, T., Langhorst, J., Arrastia, J. L. C., Baguer, D. O., Gilbert, G., Schmitz, L., & Dirschka, T. (2023). The use of a deep learning model in the histopathological diagnosis of actinic keratosis: A case control accuracy study. medRxiv, 2023.2011.2020.23298649. https://doi.org/10.1101/2023.11.20.23298649

Bergwall, P. (2021). Exploring Paths of Justice in the Digital Healthcare: A Socio-Legal Study of Swedish Online Doctors. Department of Sociology of Law. Department of Sociology of Law. Lund University (Ed.). Lund.

Bhardwaj, R., Nambiar, A. R., & Dutta, D. (2017). A study of machine learning in healthcare. 2017 IEEE 41st annual computer software and applications conference (COMPSAC), 4–8 July 2017Turin, Institute of Electrical and Electronics Engineers (IEEE). https://doi.org/10.1109/COMPSAC.2017.164

Bonakdar, A., & Gassmann, O. (2016). Design Thinking for Revolutionizing Your Business Models. In W. Brenner & F. Uebernickel (Eds.), Design Thinking for Innovation: Research and Practice (pp. 57–66). Springer International Publishing. New York. https://doi.org/10.1007/978-3-319-26100-3_4

Burström, T., Parida, V., Lahti, T., & Wincent, J. (2021, 2021/04/01/). AI-enabled business-model innovation and transformation in industrial ecosystems: A framework, model and outline for further research. Journal of Business Research, 127(C):85–95. https://doi.org/10.1016/j.jbusres.2021.01.016

Chatterjee, A., Somayaji, N. R., & Kabakis, I. M. (2019). Abstract WMP16: artificial intelligence detection of cerebrovascular large vessel occlusion-nine month, 650 patient evaluation of the diagnostic accuracy and performance of the Viz. ai LVO algorithm. Stroke, 50(Suppl_1), AWMP16-AWMP16. https://doi.org/10.1161/str.50.suppl_1.WMP16

Faheem, A. B., & Lee, K.-K. (2023). Atomwise force fields for molten alkali chlorides (LiCl and KCl) and their mixtures: efficient parameterization via genetic algorithms. Journal of Nuclear Materials, 573(2023):154107. https://doi.org/10.1016/j.jnucmat.2022.154107

Ferland, L., Sauve, J., Lucke, M., Nie, R., Khadar, M., Pakhomov, S., & Gini, M. (2021). Tell me about your day: designing a conversational agent for time and stress management. Explainable

AI in Healthcare and Medicine: Building a Culture of Transparency and Accountability, 914:297–303. https://doi.org/10.1007/978-3-030-53352-6_28

Fraser, H., Crossland, D., Bacher, I., Ranney, M., Madsen, T., & Hilliard, R. (2023). Comparison of Diagnostic and Triage Accuracy of Ada Health and WebMD Symptom Checkers, ChatGPT, and Physicians for Patients in an Emergency Department: Clinical Data Analysis Study [Original Paper]. JMIR Mhealth Uhealth, 11:e49995. https://doi.org/10.2196/49995

Ghezzi, A., & Cavallo, A. (2020, 2020/03/01/). Agile Business Model Innovation in Digital Entrepreneurship: Lean Startup Approaches. Journal of Business Research, 110, 519–537. https://doi.org/10.1016/j.jbusres.2018.06.013

Glover, W. J., Li, Z., & Pachamanova, D. (2022). The AI-enhanced future of health care administrative task management. NEJM Catalyst Innovations in Care Delivery, 3(2).

Greeven, M. J., & Yu, H. (2020). In a crisis, ecosystem businesses have a competitive advantage. Harvard business review, 1–6.

Hax, A. C., & Wilde, D. L. (2003). The Delta Model-a New Framework of Strategy. Journal of Strategic Management Education, 1(1), 1–21.

Kadariya, D., Venkataramanan, R., Yip, H. Y., Kalra, M., Thirunarayanan, K., & Sheth, A. (2019). kBot: knowledge-enabled personalized chatbot for asthma self-management. 2019 IEEE International Conference on Smart Computing (SMARTCOMP), 12–15 June 2019, Washington, Institute of Electrical and Electronics Engineers (IEEE).

Khadija, A., Zahra, F. F., & Naceur, A. (2021). AI-powered health chatbots: toward a general architecture. Procedia Computer Science, 191(2021):355–360. https://doi.org/10.1016/j.procs.2021.07.048

Kirkpatrick, P. (2022). Artificial intelligence makes a splash in small-molecule drug discovery. Biopharma Deal, 2022:d43747–43022. https://doi.org/10.1038/d43747-022-00104-7

Köbe, P. (2023). Kooperationen in der Gesundheitsindustrie für eine automatisierte Insulinlieferung. In S. Bohnet-Joschko & K. Pilgrim (Eds.), Handbuch Digitale Gesundheitswirtschaft: Analysen und Fallbeispiele (pp. 307–310). Springer Fachmedien. Wiesbaden. https://doi.org/10.1007/978-3-658-41781-9_64

Köbe, P. (2024). Technologische Vorausschau für die Gesundheitsversorgung – methodische Ansätze zur Bewertung von Zukunftstechnologien. In M. A. Pfannstiel (Ed.), Technologien und Technologiemanagement im Gesundheitswesen: Potenziale nutzen, Lösungen entwickeln, Ziele erreichen (pp. 273–299). Springer Fachmedien Wiesbaden. https://doi.org/10.1007/978-3-658-43860-9_14

Koebe, P. (2025, 2025/06/01/). How digital technologies and AI contribute to achieving the health-related SDGs. International Journal of Information Management Data Insights, 5(1):100298. https://doi.org/10.1016/j.jjimei.2024.100298

Koebe, P., & Bohnet-Joschko, S. (2023a). The Impact of Digital Transformation on Inpatient Care: Mixed Methods Study. JMIR Public Health Surveill, 9:e40622. https://doi.org/10.2196/40622

Koebe, P., & Bohnet-Joschko, S. (2023b, 2023/12/20). What's next in hospital digitization? A Delphi-based scenario study. European Journal of Futures Research, 11(1):10. https://doi.org/10.1186/s40309-023-00222-0

Koebe, P., Schillings, T., & Schwarz, J. O. (2023). How Superintelligence Affects Human Health: A Scenario Analysis. Journal of Futures Studies, 28(2):79–99. https://doi.org/10.6531/JFS.202312_28(2).0005

Kotanko, P., Zhang, H., & Wang, Y. (2023). Artificial intelligence and machine learning in dialysis: ready for prime time? Clinical Journal of the American Society of Nephrology, 18(6):803–805. https://doi.org/10.2215/CJN.0000000000000089

Krasuska, M., Williams, R., Sheikh, A., Franklin, B. D., Heeney, C., Lane, W., Mozaffar, H., Mason, K., Eason, S., Hinder, S., Dunscombe, R., Potts, H. W. W., & Cresswell, K. (2020). Technological

Capabilities to Assess Digital Excellence in Hospitals in High Performing Health Care Systems: International eDelphi Exercise [Original Paper]. J Med Internet Res, 22(8):e17022. https://doi.org/10.2196/17022

Landi, H. (2020). Precision medicine company Tempus lands $200 M to expand into infectious diseases, mental health. Fiercehealthcare. com, NA-NA. Online Publication.

Lee, J., Suh, T., Roy, D., & Baucus, M. (2019, 2019/09/01/). Emerging Technology and Business Model Innovation: The Case of Artificial Intelligence. Journal of Open Innovation: Technology, Market, and Complexity, 5(3):44. https://doi.org/10.3390/joitmc5030044

Li, J., Wang, S., Zhang, M., Li, W., Lai, Y., Kang, X., Ma, W., & Liu, Y. (2024). Agent hospital: A simulacrum of hospital with evolvable medical agents. arXiv preprint arXiv:2405.02957. https://doi.org/10.48550/arXiv.2405.02957

Li, Y., Lu, L. X., Lu, S. F., & Chen, J. (2022). The value of health information technology interoperability: Evidence from interhospital transfer of heart attack patients. Manufacturing & Service Operations Management, 24(2):827–845. https://doi.org/10.1287/msom.2021.1007

Lovell, T. (2020). Doctolib Among the Three Most-Used Providers of Online Medical Consultations in the World. Mobihealth News. Online Publication.

Moloney, E., Mashayekhi, A., Javanbakht, M., Hemami, M. R., & Branagan-Harris, M. (2023, 2023/03/01). Cost-Utility Analysis of the Caresyntax Platform to Identify Patients at Risk of Surgical Site Infection Undergoing Colorectal Surgery. PharmacoEconomics – Open, 7(2):285–298. https://doi.org/10.1007/s41669-023-00389-z

Najdawi, F., Sucipto, K., Mistry, P., Hennek, S., Jayson, C. K., Lin, M., Fahy, D., Kinsey, S., Wapinski, I., & Beck, A. H. (2023). Artificial intelligence enables quantitative assessment of ulcerative colitis histology. Modern Pathology, 36(6):100124. https://doi.org/10.1016/j.modpat.2023.100124

Nguyen, G. K., & Shetty, A. S. (2018). Artificial intelligence and machine learning: opportunities for radiologists in training. Journal of the American College of Radiology, 15(9):1320–1321. https://doi.org/10.1016/j.jacr.2018.05.024

Niehoff, J. H., Kalaitzidis, J., Kroeger, J. R., Schoenbeck, D., Borggrefe, J., & Michael, A. E. (2023, 2023/03/05). Evaluation of the clinical performance of an AI-based application for the automated analysis of chest X-rays. Scientific Reports, 13(1):3680. https://doi.org/10.1038/s41598-023-30521-2

Orschiedt, J., Jacyshyn-Owen, E., Kahn, M., Jansen, S., Joschko, N., Eberl, M., Schneeweiss, S., Friedrich, B., & Ziemssen, T. (2023). The influence of the COVID-19 pandemic on the prescription of multiple sclerosis medication in Germany. Biomedicine & Pharmacotherapy, 158(2023):114129. https://doi.org/10.1016/j.biopha.2022.114129

Osterwalder, A., Pigneur, Y., Bernarda, G., & Smith, A. (2015). Value proposition design: How to create products and services customers want. John Wiley & Sons. New York.

Reim, W., Åström, J., & Eriksson, O. (2020). Implementation of Artificial Intelligence (AI): A Roadmap for Business Model Innovation. AI, 1(2):180–191. https://www.mdpi.com/2673-2688/1/2/11

Schiavone, F., Mancini, D., Leone, D., & Lavorato, D. (2021, 2021/05/01/). Digital business models and ridesharing for value co-creation in healthcare: A multi-stakeholder ecosystem analysis. Technological Forecasting and Social Change, 166(6–7):120647. https://doi.org/10.1016/j.techfore.2021.120647

Sjödin, D., Parida, V., Palmié, M., & Wincent, J. (2021, 2021/09/01/). How AI capabilities enable business model innovation: Scaling AI through co-evolutionary processes and feedback loops. Journal of Business Research, 134(1):574–587. https://doi.org/10.1016/j.jbusres.2021.05.009

Stephens, K. (2021). Freenome, Siemens Healthineers Collaborate for Breast Cancer Research. AXIS Imaging News. Online Publication.

Strickland, E. (2019). IBM Watson, heal thyself: How IBM overpromised and underdelivered on AI health care. IEEE Spectrum, 56(4):24–31. https://doi.org/10.1109/MSPEC.2019.8678513

Traoré, M., & Yamamoto, S. (2018). Healthcare CloudEcosystem Risk Analysis and Modeling: A FAIR Approach—A Case Study of Arterys™ on AWS. 2018 7th International Congress on Advanced Applied Informatics (IIAI-AAI), July 8–12, 2018, Yonago.

Zaazoue, K. A., McCann, M. R., Ahmed, A. K., Cortopassi, I. O., Erben, Y. M., Little, B. P., Stowell, J. T., Toskich, B. B., & Ritchie, C. A. (2023). Evaluating the performance of a commercially available artificial intelligence algorithm for automated detection of pulmonary embolism on contrast-enhanced computed tomography and computed tomography pulmonary angiography in patients with coronavirus disease 2019. Mayo Clinic Proceedings: Innovations, Quality & Outcomes, 7(3), 143–152. https://doi.org/10.1016/j.mayocpiqo.2023.03.001

**Dr. Philipp Köbe M.Sc. LL.M.** ist als Strategieberater und Zukunftsforscher tätig. Als Senior Consultant berät er bei der ScMI AG Unternehmen und Institutionen zu strategischen Zukunftsfragen. Er sammelte umfangreiche Erfahrungen in unterscheidlichen Unternehmen des Gesundheitswesens. Im Forschungsprojekt ATLAS Digitale Gesundheitswirtschaft an der Universität Witten/Herdecke arbeitete Herr Dr. Köbe als wissenschaftlicher Mitarbeiter und forschte zur digitalen Transformation der stationären Versorgung. Zuletzt war er auch am Competence Center Foresight am Fraunhofer-Institut für System- und Innovationsforschung in Karlsruhe tätig. Als Mitgründer von Hashtag Gesundheit e.V. engagiert er sich neben seiner beruflichen Tätigkeit für eine nachhaltige Neuausrichtung in der Gesundheits- und Sozialpolitik. Dr. Philipp Köbe erhielt Masterabschlüsse in Gesundheitsökonomie von der Universität Duisburg-Essen und in Wirtschaftsrecht von der Universität des Saarlandes. Er wurde im Fach Wirtschaftswissenschaften an der Universität Witten/Herdecke promoviert.

# 10 Einblicke in die Konzeption und Entwicklung medizinischer KI im Startup – Reflexion des Weges von der Idee zum zertifizierten Medizinprodukt

Sabrina Reimers-Kipping und Juri Rohde

## Inhaltsverzeichnis



S. Reimers-Kipping (✉) · J. Rohde
FUSE-AI GmbH, Hamburg, Deutschland
E-Mail: sabrina.reimers-kipping@proton.me; juri_rohde@email.de


M. A. Pfannstiel (Hrsg.), *Künstliche Intelligenz im Einsatz für die erfolgreiche Patientenreise*, https://doi.org/10.1007/978-3-658-48573-3_10

**Zusammenfassung**

Der Gesetzgeber stellt hohe Ansprüche an die Sicherheit und Leistungsfähigkeit von Medizinprodukten, welche nicht nur für klassische Medizinprodukte, sondern auch für medizinische KI-Software gelten. Doch müssen die Prozesse zur Minimierung von Produktrisiken und Sicherstellung der Qualität komplex sein, um regulatorischen Anforderungen zu genügen? Dieses Kapitel geht der Frage nach, welche Erfolgsfaktoren zu einer schnellen Softwareentwicklung und Medizinproduktzertifizierung beitragen können und untersucht dabei insbesondere die Konzepte Design Thinking und agile Softwareentwicklung.

## 10.1 Einleitung

Das Gesundheitswesen steht unter Druck: Es stehen zu wenige medizinische Fachkräfte zur Verfügung, um die Versorgungsleistungen für eine alternde Bevölkerung zu erbringen, und ausgabenseitig sind Einsparungen notwendig, um das System zu stabilisieren.

Medizinische KI-Anwendungen können sowohl zur Effizienzsteigerung und Kosteneinsparung als auch zur Qualitätssicherung beitragen und gewinnen daher zunehmend an Bedeutung.

Große Investitionen in diesen Bereich haben erfreulicherweise die Forschungsaktivität erhöht, doch die Zahl der als Medizinprodukt zugelassenen KI-Systeme bleibt vergleichsweise niedrig. Woher kommt diese Diskrepanz, und wie kann ihr entgegengewirkt werden?

Dieses Kapitel soll einen Weg aufzeigen, wie vielversprechende Forschungsergebnisse in KI-basierte Medizinprodukte überführt werden können.

Anhand des Konzepts Design Thinking wird zunächst aufgezeigt, welche Aspekte für einen erfolgreichen Forschungstransfer zu berücksichtigen sind. Danach erläutern wir, wie regulatorische Anforderungen mit agiler Softwareentwicklung adressiert werden können.

## 10.2 Das richtige Produkt entwickeln mit Design Thinking

Wissenschaftliche Forschung setzt ihren Fokus stark auf die Entwicklung und Erprobung methodisch neuartiger Algorithmen. Immer wieder finden die daraus resultierenden Ergebnisse aufgrund ihrer beeindruckenden Technologien in der Fachwelt große Anerkennung. Diese Innovationen lassen sind aber nicht automatisch in Produkte überführen, da die Aspekte der Kommerzialisierbarkeit nicht im Zentrum der Forschungsaktivitäten stehen.

Daher stellt sich die Frage, wie evaluiert werden kann, welche Forschungsergebnisse sich für eine wirtschaftliche Verwertung eignen und welche Hindernisse dabei existieren.

Eine hilfreiche Methode zur Bewertung der Kommerzialisierbarkeit von Innovationen kann dem Design Thinking entnommen werden.

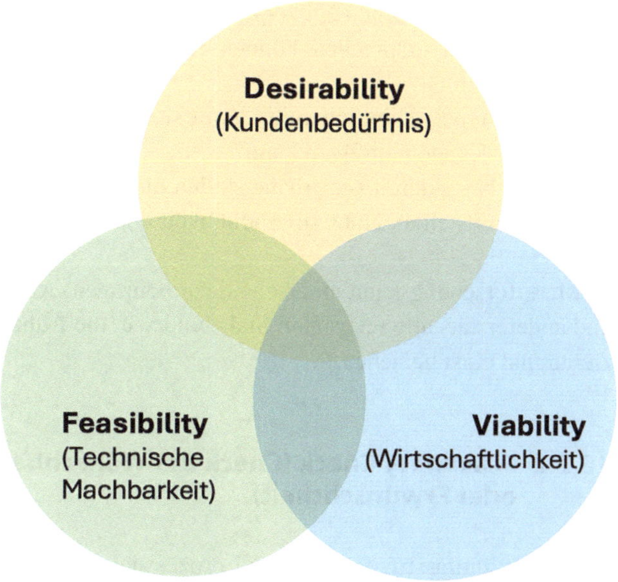


**Abb. 10.1** Design Thinking mit den Perspektiven Desirability, Feasibility und Viability. (Quelle: Eigene Darstellung 2024, in Anlehnung an UX Design Institute 2017)

Design Thinking ist eine interdisziplinäre Innovationsmethode, welche mithilfe iterativer und kollaborativer Prozesse nach Lösungen sucht, die einerseits aus Anwender- oder Nutzersicht relevant, andererseits technologisch umsetzbar und betriebswirtschaftlich sinnvoll sind (Brown 2008).

Die drei Perspektiven werden dabei durch die Begriffe Desirability (Machbarkeit oder Durchführbarkeit), Feasibility (Wünschbarkeit oder Erwünschtheit) und Viability (Wirtschaftlichkeit oder Tragfähigkeit) beschrieben (siehe Abb. 10.1) (UX Design Institute 2017).

### 10.2.1 Desirability Check (Check der Machbarkeit oder Durchführbarkeit)

Unter dem Punkt Desirability verbirgt sich die Kundensicht auf ein mögliches Produkt. Dem Wortsinn nach wird dabei untersucht, wie wünschenswert eine Lösung für einen Nutzer oder Anwender ist. Daraus lässt sich ableiten, ob es einen signifikanten Bedarf an einer Lösung gibt.

Ziel der Überlegungen zu Desirability ist es, relevante Kundenbedürfnisse zu identifizieren und Kernzielgruppen zu definieren. Darauf aufbauend können Nutzerszenarien definiert werden, die Aufschluss darüber geben, welchen Mehrwert die Lösung für die Zielgruppe bietet und welche Wertversprechen damit verbunden sind.

Typische Fragen, die bei der Bewertung der Desirability helfen, sind:

- Welche Nutzer haben unerfüllte Bedürfnisse, für welche die Innovation eine wünschenswerte Lösung sein könnte?
- Ist das Kundenbedürfnis relevant oder möglicherweise konstruiert?

- Welche verschiedenen Nutzergruppen profitieren in welchem Maße von der Lösung?
- Welche Wertversprechen können für die verschiedenen Nutzergruppen daraus abgeleitet werden?
- Welche Aspekte sind wichtig, damit sich die Lösung möglichst nahtlos in den Workflow der Kunden einfügen kann?
- Welche besonderen Ansprüche stellen die Zielgruppen, z. B. hinsichtlich Funktionalität, Schnittstellen, Nutzerfreundlichkeit oder diagnostische Güte?

Marktforschung kann einerseits dazu beitragen, Annahmen über Nutzer zu validieren und andererseits alle relevanten Stakeholder in die frühe Phase der Innovation zu identifizieren und einzubeziehen.

### 10.2.2 Feasibility Check (Check der Wünschbarkeit oder Erwünschtheit)

Feasibility umfasst technische und prozessuale Faktoren und beantwortet die Frage, ob eine Lösung technisch umsetzbar ist. Insbesondere bei Innovationen, die aus dem Umfeld der universitären Forschung kommen, könnte man meinen, dieser Punkt sei regelmäßig erfüllt. Dies stimmt jedoch nur eingeschränkt.

Unsere Erfahrung zeigt, dass Forschungsergebnisse eher eine generelle technische Machbarkeit im Sinne eines Proof of Concept darstellen. Dieser zeigt das generelle Potenzial einer Technologie auf, hat jedoch noch nicht die nötige Reife für eine breite kommerzielle Anwendung erreicht.

Die Gründe hierfür liegen offensichtlich in der Natur und in der Zielsetzung der (universitären) Forschung.

Für die Überführung in marktreife Produkte müssen jedoch zahlreiche weitere Aktivitäten durchgeführt werden, um zu gewährleisten, dass Feasibility gegeben ist.

Diese Aktivitäten umfassen unter anderem:

- Die Entwicklung von Softwarefunktionen, die über die Forschungsfrage hinausgehen, beispielsweise Schnittstellen, Datensicherheit und Nutzerfreundlichkeit,
- Die Definition von Nutzeranforderungen mit Akzeptanzkriterien, die möglicherweise bei einem Proof of Concept noch nicht erreicht wurden:

  Klinische Performance: Ein besonderer Aspekt stellt hierbei die Generalisierbarkeit der KI-Modelle dar. Im Forschungskontext wird häufig mit einem relativ homogenen Datensatz für Training, Validierung und Test gearbeitet. Bei dieser verringerten Varianz wird oft eine beeindruckende diagnostische Güte erzielt. Unsere Erfahrung zeigt jedoch, dass die größte Herausforderung bei der Überführung in kommerzielle KI-Software der Umgang mit der Vielfalt der Daten der echten Welt ist. Hierzu gehören beispielsweise verschiedene Patientenpopulationen, suboptimale Bildqualität, unvollständige oder uneindeutige Inputdaten, Daten verschiedenster Gerätehersteller und

Kliniken sowie die Bewältigung von Artefakten, die in der Forschung häufig ausgeschlossen werden.

Rechenzeit: Im Fall von neuronalen Netzen ist die Interferenzzeit ein weiterer Performanceparameter, der für Kundenzufriedenheit eine wichtige Rolle spielt, aber in der Forschung noch keine Beachtung findet.

### 10.2.3 Viability Check (Check der Wirtschaftlichkeit oder Tragfähigkeit)

Technologisch beeindruckende Lösungen für echte Kundenprobleme müssen wirtschaftlich tragfähig (viable), das heißt wirtschaftlich sinnvoll sein.

Firmen sind Akteure, die wirtschaftlich handeln müssen, um langfristig am Markt überleben zu können. Die Grundlage hierfür sind wirtschaftlich tragfähige Geschäftsmodelle, mit denen Rentabilität erreicht werden kann. Dabei schlägt negativ zu Buche, dass medizinische KI-Software aufgrund der regulatorischen Anforderungen an Medizinprodukte verlängerte Entwicklungszeiten und Kosten aufweist, bevor erste Umsätze erzielt werden können.

Daher spielen bei der Finanzierung von innovativen KI-Startups zunächst staatliche Förderprogramme und ab einer gewissen technologischen Reife Risikokapitalgeber eine entscheidende Rolle. Damit Risikokapitalgeber Geld in Startups investieren, müssen jedoch verschiedenste Kriterien erfüllt sein.

In Hinsicht auf wirtschaftliche Tragfähigkeit (Viability) ist daher darauf zu achten, dass der Markt, in dem das junge Unternehmen tätig sein wird, groß genug ist, Wachstumspotenzial aufweist und ein bedeutender Marktanteil erreicht werden kann.

Das bedeutet, dass es trotz Kundenbedürfnis und passender Lösung wenig attraktiv sein kann, Lösungen für sehr spezifische Zielgruppen, Anwendungsszenarien oder medizinische Indikationen zu entwickeln.

Basierend auf den Wertversprechen, die im Abschnitt „Desirability Check“ untersucht wurden, muss es gelingen, einen Preis zu definieren, den die Nutzergruppe aufgrund der mit der Innovation verbundenen Vorteile zu zahlen bereit ist.

Unsere Erfahrung zeigt, dass sich je nach Zielgruppe, eine Zeitersparnis, die mit dem Produkt verbunden ist, leichter monetarisieren lässt als eine Qualitätsverbesserung des Outputs. Es ist insbesondere zu bedenken, dass der Weg zu einer Aufnahme in den Leistungskatalog der gesetzlichen Krankenkassen zeitaufwändig ist (BVMed 2023).

Hilfreiche Fragen zum „Viability Check“ sind:

- Passen Preismodelle zu Wertversprechen und der Zahlungsbereitschaft verschiedener Nutzergruppen?
- Ergibt sich daraus ein überzeugendes Geschäftsmodell?
- Passen Geschäftsmodell, Marktgröße, -wachstum und erwarteter Marktanteil zur Renditeerwartung?

### 10.2.4 Compliance Check (Check der Konformität oder Einhaltung)

Für Medizinprodukte gelten darüber hinaus gesetzliche Anforderungen an Sicherheit, Leistungsfähigkeit, Risikomanagement und Qualitätsmanagement für die Wirtschaftsakteure. Die Erfüllung der regulatorischen Anforderungen ist die „Eintrittskarte" in den jeweiligen Wirtschaftsraum und ermöglicht die Kommerzialisierung des Medizinprodukts. Das Mitdenken der regulatorischen Rahmenbedingungen ist essenziell für das Design Thinking und die Softwareentwicklung, um schnell und gezielt das Endprodukt für den adressierten Markt fertigzustellen.

Besonders die USA, mit der FDA, und die europäische Union, mit dem Inkrafttreten der EU MDR und IVDR, haben sehr hohe Anforderungen und Richtlinien für die Hersteller von Medizinprodukten. Der regulatorische Rahmen für KI-basierte medizinische Software ist ebenfalls sehr komplex, da der bevorstehende EU AI Act (EU Regulation 2024/1689 2024) neue Risikoklassen für KI-basierte Systeme einführt, die nicht vollständig mit den bereits in der EU MDR existierenden übereinstimmen. Die beiden EU-Regulationen haben einen risiko-basierten Ansatz, der in essenziellen Punkten unterschiedliche Interpretationen erlaubt und dadurch eine Rechtsunsicherheit für die Akteure hervorruft.

Trotz all dieser Hürden entwickeln Start-ups mit langfristiger Venture-Capital-Unterstützung und große Unternehmen datengesteuerte und KI-basierte Produkte zur Verbesserung der Patientenversorgung. Schlussendlich können vertrauenswürdige KI-Anwendungen und die regulatorischen Rahmenbedingungen die Benutzerakzeptanz verbessern und die Einführung KI-gestützter Technologien und Innovationen in der Medizin beschleunigen.

## 10.3 Das Produkt richtig entwickeln mit agiler Softwareentwicklung

Der Einsatz agiler Methoden basiert auf einem iterativen und inkrementellen Ansatz, der auf Adaptation und kontinuierliche Verbesserung ausgelegt ist. Für die Entwicklung von Medizinprodukten bedeutet dies, dass Anforderungen, Tests und Implementierungen dynamisch angepasst und aufeinander abgestimmt werden sollten. Ein zentraler Aspekt hierbei ist das Anforderungsmanagement.

Ein detailliertes, möglichst klares definiertes und belastbares Anforderungsprofil (Design Thinking) bildet die Grundlage für eine zielgerichtete Entwicklungsaktivität. Es müssen nicht nur die klinischen und technischen Anforderungen beinhaltet, sondern auch die regulatorischen Rahmenbedingungen berücksichtigen, die je nach adressiertem Markt und Produkttyp variieren können. Dies reduziert das Risiko kostspieliger und zeitaufwändiger Iterationen und stellt sicher, dass die Entwicklung auf ein klares Ziel und Zeitpunkt ausgerichtet bleibt.

### 10.3.1 Agile Methoden

Zu den bekanntesten agilen Methoden gehört SCRUM (Projektmagazin 2022), die eine klare Strukturierung von Entwicklungszielen in sogenannten Sprints ermöglicht. Jeder Sprint sollte ein überprüfbares Ergebnis liefern, das entweder direkt genutzt oder als Ausgangslage für weitere Iterationen in der Entwicklung dient. Die Rolle des Product Owners ist hierbei essenziell, da diese Person sicherstellt, dass alle regulatorischen, klinischen und technischen Anforderungen durchgängig berücksichtigt werden. Die Methode fördert Transparenz, regelmäßige Kommunikation und eine klare Priorisierung, was besonders für Medizinprodukte von Vorteil ist.

Eine weitere weit verbreitete Methode ist Kanban, die sich besonders für den kontinuierlichen Verbesserungen Prozess und kleinere Änderungen eignet. Durch die visuelle Darstellung von Aufgaben in einem Kanban-Board werden Durchlaufzeiten und Prioritäten klar ersichtlich und zuordbar, was die Planung und Umsetzung übersichtlich hält und beschleunigen kann. Für die Fehlerbehebung und Wartung bestehender Softwareprodukte ist Kanban bestens geeignet. Extreme Programming (XP) ergänzt diese Methoden durch Praktiken wie Paarprogrammierung, kontinuierliche Integration und häufige Releases. Dadurch wird die technische Exzellenz und Kompetenz gefördert, die die Zusammenarbeit innerhalb des Entwicklungsteams verbessert.

Während diese Methoden erhebliche Vorteile bieten, müssen sie im regulierten Umfeld der Medizintechnik weiterentwickelt und angepasst werden. Die strengen Anforderungen an Sicherheit, Leistungsfähigkeit und Nachvollziehbarkeit erfordern eine sorgfältige Integration agiler Prinzipien in die bestehenden Prozesse. Agilität bedeutet in diesem Kontext nicht, regulatorische Standards zu umgehen, sondern diese gezielt und effizient zu nutzen für die Stabilisierung und Standardisierung von Prozessabläufen.

### 10.3.2 Strategien zur Integration agiler Methoden

Um agile Methoden erfolgreich in die Entwicklung von Medizinprodukten zu integrieren und implementieren, müssen sie an die spezifischen Anforderungen dieser Branche transformiert werden.

Im Allgemeinen könnte Agilität in der Softwareentwicklung auf die folgenden Punkte kondensiert werden:

- Anforderungsprofil (Design Thinking)
- Effiziente Fehlerkorrektur
- Integrierte Verifizierung und iterative Validierung

Das Anforderungsprofil ist dabei nicht statisch und wird durch den iterativen Charakter agiler Methoden regelmäßig überprüft, aktualisiert und an veränderte Gegebenheiten angepasst. Die kontinuierliche Verifikation einzelner Softwaremodule und die iterative

Validierung des Gesamtsystems spielen eine Schlüsselrolle in diesem Prozess, da sie sicherstellt, dass die Erfüllung der Anforderungen geprüft und gewährleistet wird.

Änderungen oder neue Funktionen sollten in kleine, klar abgegrenzte Aufgaben oder Projekte unterteilt werden, um die Komplexität zu reduzieren und die iterativen Entwicklungsarbeiten zu erleichtern. Einheitliche Coding Guidelines und Konventionen sichern die Lesbarkeit und Wartbarkeit des Codes innerhalb der Organisation, während regelmäßige Peer-Reviews die frühzeitige Identifikation und Behebung von Fehlern ermöglichen und so automatisch eine Qualitätssicherung durchführen. Dies ist nicht nur eine regulatorische Anforderung, sondern auch eine bewährte Praxis der modernen Softwareentwicklung und erhöht damit die Qualität des Software-Codes.

Methoden wie Test-Driven Development (TDD), bei denen Tests bereits vor der eigentlichen Implementierung entwickelt werden, bieten hier erhebliche Vorteile. Sie ermöglichen nicht nur die frühzeitige Identifikation von Diskrepanzen zwischen Anforderungen und Implementierung, sondern auch die nahtlose Integration regulatorischer Anforderungen in den Entwicklungsprozess. Die Einhaltung von Normen wie EN IEC 62304 erfordert eine umfassende Testabdeckung, die durch automatisierte Tests und kontinuierliche Integration effizient umgesetzt werden kann.

Ein zentraler Konflikt ergibt sich aus der Diskrepanz zwischen den agilen Methoden und der Strenge regulatorischer Anforderungen. Normen wie EN ISO 13485 verlangen eine strukturierte Dokumentation, die oft als hinderlich für agiles Arbeiten empfunden wird. Eine mögliche Lösung besteht darin, die Dokumentation als integralen Bestandteil des agilen Workflows zu gestalten. Durch den Einsatz moderner Tools können regulatorisch relevante Dokumente automatisiert aus den Entwicklungsprozessen generiert werden, ohne die Agilität zu beeinträchtigen.

Ein weiterer kritischer Aspekt ist die technische und klinische Komplexität von Medizinprodukten. Die Verknüpfungen von Softwarefunktionen mit klinischen Anforderungen müssen jederzeit nachvollziehbar sein. Dies erfordert einen systematischen Traceability-Ansatz, der die Erfüllung der Anforderungen, Tests und Implementierungen nachweist. Es wird sichergestellt, dass jede Änderung oder Ergänzung nachvollziehbar ist und den regulatorischen Anforderungen entspricht.

## 10.4 Herausforderungen der agilen Softwareentwicklung in der Medizintechnik

Betrachtet man die agilen Methoden der Softwareentwicklung oder Projektmanagement, müssen diese Methoden nicht mit den Zielen eines Qualitätsmanagements konkurrieren. Sowohl die ISO 13485 als auch die ISO 9001 zielen auf die Erfüllung der hohen Kundenzufriedenheit ab. Ein kundenorientiertes Produkt zu entwickeln und stetig weiter zu verbessern, während es im Markt ist, ist das gleiche Bestreben der agilen Methoden und Qualitätsmanagement-Normen. Während agile Methoden wie SCRUM oder Kanban auf Flexibilität, kontinuierliche Verbesserung und schnelle Iterationen ausgelegt sind, verlangen regulatorische Standards wie die EN ISO 13485 und EN IEC 62304 klare, strukturierte Prozesse und Nachweise für die Einhaltung der Qualitätsstandards. Diese Diskrepanz zwischen Agilität und Regulatorik stellt eine der größten Herausforderungen in der Medizintechnik dar.

### 10.4.1 Iteration und Integration der Agilität

Eine besondere Herausforderung bringt die Komplexität der Produkte und die Vielzahl von Stakeholdern mit sich. Anforderungen müssen nicht nur technische, sondern auch klinische und regulatorische Aspekte umfassen. Häufig sind diese Anforderungen nicht zu Beginn der Entwicklung vollständig definiert und ändern sich im Verlauf des Projekts. Dies steht im Widerspruch zu den Anforderungen der EN IEC 62304 (DIN 2016), die eine klare Definition von Anforderungen und deren Rückverfolgbarkeit fordert. Iterative Ansätze wie Design Thinking oder Rapid Prototyping können helfen, Anforderungen frühzeitig zu validieren und kontinuierlich anzupassen.

Hierzu sollte nicht „agil" und „flexibel" verwechselt oder vermischt werden. Flexibilität soll mit kurzfristiger und reaktiver Anpassungsfähigkeit die eingetretene Änderung kompensieren. Stattdessen soll Agilität proaktiv und initiativ auf Veränderungen wirken, damit im Vorfeld Probleme antizipiert und nachhaltige Lösungen erarbeitet werden. Alle jeweiligen involvierten Personen sollten sich in den bestehenden und festgelegten Prozessen agil bewegen, damit Geschwindigkeit und Struktur sich nicht gegenseitig neutralisieren. Gerade die Vorteile von Beiden sollen eine katalytische Wirkung entfalten, denn Geschwindigkeit in der Struktur ist ein mächtiges Werkzeug.

### 10.4.2 Verifizierte und validierte Automation

Jede Änderung an einem Medizinprodukt muss validiert und verifiziert werden, um sicherzustellen, dass sie die Sicherheit und Leistungsfähigkeit des Anforderungsprofils entspricht. Dies kann den Entwicklungsprozess verlangsamen und die Vorteile agiler Methoden wie schnelle Iterationen mindern. Automatisierte Testverfahren und kontinuierliche Integration (CI) können dazu beitragen, den Verifikationsprozess zu beschleunigen. Test-Driven Development (TDD) ist ein weiterer Ansatz, der es ermöglicht, Änderungen schneller zu validieren, da die Tests bereits vor der Implementierung definiert werden.

### 10.4.3 Integrierte Dokumentation

Eine strenge Dokumentationspflicht wird oft als hinderlich empfunden, da sie die Geschwindigkeit und Flexibilität des agilen Ansatzes beeinträchtigen kann. Um diesen Konflikt zu lösen, kann die Dokumentation als integraler Bestandteil des agilen Workflows gestaltet werden. Tools wie automatisierte Dokumentationssysteme, die regulatorisch relevante Informationen direkt aus den Entwicklungsprozessen generieren, können hierbei Abhilfe schaffen. So können beispielsweise User Stories oder Anforderungen in einem SCRUM-Backlog mit Testfällen und Ergebnissen verknüpft werden, um eine lückenlose Traceability sicherzustellen.

Unter dem Betrachtungswinkel des Wissenserhalts und der Transparenz der technischen Spezifikationen und Leistungsfähigkeit sind Dokumentationen ein wichtiges Asset der Organisation. Mit Hinsicht auf den AI-Act müssen Hersteller eine gewisse Transparenz und Erklärbarkeit ihrer Systeme nachweisen und dokumentieren, die ein wichtiger Bestandteil für die Zertifizierung gemäß dem AI-Act und bereits bei der EU MDR gefordert ist.

### 10.4.4 Agiles Risikomanagement

In der Medizintechnik ist das Risikomanagement ein zentraler Bestandteil des Entwicklungsprozesses. Jede Änderung oder neue Funktion muss im Hinblick auf potenzielle Risiken analysiert werden. Agile Methoden sind jedoch oft stärker auf die schnelle Umsetzung und weniger auf formale Risikomanagementprozesse ausgelegt. Ein risikobasierter Ansatz sollte eng mit dem agilen Workflow verzahnt werden. Beispielsweise können Risiken in regelmäßigen SCRUM-Retrospektiven analysiert und in die Planung der nächsten Iteration integriert werden. Tools zur Risikoanalyse, wie die Fehlermöglichkeits- und Einflussanalyse (FMEA), können hierbei helfen.

Integrierte Verifizierungsprozesse können die Auftretenswahrscheinlichkeit von Fehlfunktionen oder Ausfällen reduzieren. In diesem Sinne können bereits während der Entwicklung technische risikominimierende Maßnahmen implementiert werden, die Risiken bei der Anwendung nicht auftreten lassen. Dadurch lassen sich Arbeitsaufwände reduzieren oder vermeiden, die bei Korrekturen der bereits im Markt befindenden Produkte anlaufen würden.

## 10.5 Synergien innerhalb der Symbiose von Regulatorik und Agilität

Obwohl Agilität und Regulatorik auf den ersten Blick gegensätzliche Anforderungen darstellen, können sie durch einen gezielten Ansatz synergetisch miteinander verbunden werden. Die erfolgreiche Integration agiler Methoden in den Entwicklungsprozess von Medizinprodukten erfordert ein tiefes Verständnis der regulatorischen Anforderungen und eine klare Strategie, wie diese flexibel und effizient umgesetzt werden können.

Eine der größten Herausforderungen bei der Synergie zwischen Agilität und Regulatorik ist das Verständnis der Beteiligten für die jeweiligen Anforderungen. Entwicklungsteams sind oft stärker mit den Prinzipien agiler Methoden vertraut, während

Qualitätsmanagement- und Regulatory-Affairs-Teams die regulatorischen Anforderungen im Fokus haben. Dieses Silodenken kann durch interdisziplinäre Zusammenarbeit und Schulungen überwunden werden.

Ein weiterer Schlüssel zur Synergie liegt in der Anwendung eines risikobasierten Ansatzes. Regulatorische Anforderungen basieren häufig auf der Risikoklasse des Medizinprodukts und der potenziellen Auswirkung auf die Sicherheit des Patienten. Agile Methoden können diesen Ansatz unterstützen, indem Risiken kontinuierlich überwacht und bewertet werden.

Hinweis: Das Ausschlussverfahren ist ein wichtiger und pragmatischer Ansatz, der nicht unbedingt in den regulatorischen Anforderungen beschrieben ist.

Ein entscheidender Schritt kann das Verständnis einer Symbiose von Regulatorik und Agilität sein, um die Flexibilität innerhalb fester Strukturen neue kreative Möglichkeiten zu erzeugen. Regulatorische Anforderungen müssen nicht als starre Hindernisse betrachtet werden, sondern können als Rahmen dienen, in dem agile Prinzipien angewandt werden. Die EN IEC 62304 beispielsweise beschreibt den Softwareentwicklungsprozess als V-Modell, bietet aber ausreichend Spielraum für iterative Ansätze innerhalb der einzelnen Phasen.

## 10.6 Schlussbetrachtung

Medizinische Innovationen den Weg in die Versorgungspraxis zu ebnen und damit zu einer verbesserten Zugänglichkeit, Effizienz oder Qualität von Gesundheitsleistungen beizutragen gehört zu den wohl am meisten sinnstiftenden Betätigungsfeldern von Startups. Der Markt ist jedoch stark reguliert und erfordert daher verlängerte Entwicklungszeiten und -kosten. Junge Unternehmen müssen versuchen, diese Entwicklungsaufwände bestmöglich zu beherrschen. Von Beginn an klar festgelegte Anforderungen an das spätere Medizinprodukt tragen hierzu bei.

Mithilfe des Konzepts von Design Thinking kann sichergestellt werden, dass Kundenbedürfnisse ins Zentrum der Betrachtungen rücken, eine Innovation ein echtes Problem adressiert und das geplante Produkt das Problem auf geeignete Weise löst. Unter dem Aspekt Feasibility wird die technische Umsetzbarkeit überprüft, die insbesondere für KI-Lösungen deutlich über die Proof of Concept Modelle hinausgehen und weitere Aspekte wie Generalisierbarkeit, Nutzerfreundlichkeit, Workflow, Schnittstellen und Rechenzeit berücksichtigt.

Ferner muss sich für die KI-Innovation ein geeignetes Geschäftsmodell definieren lassen, mit dem ein zur Renditeerwartung der Geldgeber passendes Umsatzpotenzial verdeutlicht werden kann.

Für ein vertriebsfähiges Medizinprodukt ist der adressierte Wirtschaftsraum und der klinische Anwendungsbereich bzw. die Zweckbestimmung die essenziellen Anforderungen, die den Umfang der Regulatorik für das Medizinprodukt bestimmen. Die einzuhaltenden internationalen Standards und nationalen Gesetzgebungen haben direkten

Einfluss auf die zu erfüllenden regulatorischen Anforderungen. Dokumentationen und Zertifizierungen lassen sich nicht immer parallelisieren und benötigen Ressourcen und Zeit.

Diese Herausforderungen für medizintechnische Software sollte durch die Synergie und Symbiose zwischen der agilen Softwareentwicklung und Regulatorik erzeugt werden. Ein Ansatz, der die Vorteile beider Welten vereint, kann die Effizienz, Geschwindigkeit und Anpassungsfähigkeit der Entwicklungsprozesse steigern, ohne die Sicherheit oder Konformität zu gefährden. Dies erfordert ein klares Verständnis der Anforderungen, eine gezielte Integration agiler Methoden in die regulatorischen Rahmenbedingungen und eine interdisziplinäre Zusammenarbeit. Letztendlich kann die erfolgreiche Verbindung von Agilität und Regulatorik dazu beitragen, innovative und sichere Medizinprodukte schneller und effizienter auf den Markt zu bringen.

Iterative Ansätze wie Design Thinking oder Rapid Prototyping können helfen, Anforderungen kundenorientiert und umfassend zu definieren, frühzeitig zu validieren und kontinuierlich anzupassen. Zudem sollten diese Änderungen systematisch dokumentiert und in die bestehenden Traceability-Mechanismen integriert werden, um regulatorische Konformität zu gewährleisten. Ein risikobasierter Ansatz sollte eng mit dem agilen Workflow verzahnt werden.

Automatisierte Testverfahren und kontinuierliche Integration (CI) können dazu beitragen, den Verifikationsprozess zu beschleunigen. Test-Driven Development (TDD) ist ein weiterer Ansatz, der es ermöglicht, Änderungen schneller zu validieren, da die Tests bereits vor der Implementierung definiert werden.

Die Symbiose aus Akzeptanz und Respekt gegenüber den regulatorischen Rahmenbedingungen kann der agilen Softwareentwicklung in der Medizintechnik neue, kreative Lösungsansätze eröffnen, damit Innovationen und Technologien der Weg zum Patienten geebnet werden. Eine gute und sichere Patientenversorgung ist im Sinne aller Beteiligten, möglichst – mit Willen, Kreativität und einem klaren Fokus auf Qualität, auch wenn regulatorische Anforderungen uns vor Herausforderungen stellt. Neue und innovative Behandlungsmethoden benötigen kreative Ideen, die durch Qualität überzeugen, damit Forschung nicht nur Forschung bleibt, sondern die Anwendung am Patienten stattfindet.

## Literatur

Brown, T. (2008) Design Thinking, in: Harvard Business Review, Juni 2008, pp. 84–92.

BVMed, SPECTARIS, VDGH, ZVEI (2023) Zugang ins deutsche Erstattungssystem, Stand: Dezember 2023. Online im Internet: https://www.bvmed.de/download/zugang-ins-deutsche-erstattungssystem-12-2023, Abrufdatum: 18.11.2024.

UX Design Institute (2017) Desirability, feasibility and viability diagram: What does it mean? Online im Internet: https://www.uxdesigninstitute.com/blog/desirability-viability-and-feasibility/, Abrufdatum: 25.11.2024

Projektmagazin (2022) SCRUM Methode, Online im Internet: https://www.projektmagazin.de/glossarterm/scrum-methode, Abrufdatum: 29.11.2024

REGULATION (EU) 2024/1689 OF THE EUROPEAN PARLIAMENT AND OF THE COUNCIL of 13 June 2024 AI Act (Artificial Intelligence Act), Online im Internet: https://eur-lex.europa.eu/legal-content/EN/TXT/HTML/?uri=OJ:L_202401689, Abrufdatum: 29.11.2024

DIN e.V., VDE e.V., DIN EN IEC 62304:2006+A1:2015 – Medizingeräte-Software – Software-Lebenszyklus-Prozesse, Beuth-Verlag, Berlin, 2016, pp. 21–43

**Dr. rer. nat. Sabrina Reimers-Kipping** ist Mitgründerin des KI-Startups FUSE-AI. Nach ihrem Studium der Biochemie an der Universität Leipzig promovierte sie am Leipziger Max-Planck-Institut für Evolutionäre Anthropologie beim späteren Nobelpreisträger Prof. Svante Pääbo. Sie initiierte und leitete dort nationale und internationale Kooperationsprojekte, war als Doktorandenvertreterin aktiv und engagierte sich in einer studentischen Unternehmensberatung. Aufgrund ihres Interesses an interdisziplinären Tätigkeitsbereichen studierte Frau Reimers-Kipping im Anschluss technische BWL mit Schwerpunkt Marketing an der Hochschule für Angewandte Wissenschaften in Hamburg und sammelte währenddessen als Fachexpertin und Projektleiterin vielfältige Erfahrungen im analytischen Marketing und Business Development in der Lifesciences-/Medtech-Branche. Bei FUSE-AI verantwortet sie den Bereich Medical und Clinical Affairs, zu dem die Definition und Weiterentwicklung klinischer Prozesse, klinisches Anforderungsmanagement, die Planung und Durchführung klinischer Studien sowie klinischer Bewertungen gehören.

**Juri Rohde, B. Sc.,** hat Biomedical Engineering an der Hochschule für Angewandte Wissenschaften Hamburg studiert. Vor seinem Eintritt bei der FUSE-AI GmbH sammelte Herr Rohde umfangreiche Erfahrungen in der Beratung zu Projektmanagement und regulatorischen Anforderungen für Medizinprodukte verschiedenster Risikoklassen. Seine bisherigen Tätigkeiten umfassten unter anderem die Umsetzung der EU-MDR (2017/745) für bildgebende radiologische Geräte, die erstmalige Zertifizierung eines Qualitätsmanagementsystems nach EN ISO 13485 und EN ISO 9001 für einen IVD-Hersteller sowie die Unterstützung bei der Zulassung von dessen Produkten. Bei der FUSE-AI GmbH ist Herr Rohde für die Bereiche Qualitätsmanagement, Produktzulassungen sowie das Management regulatorischer Anforderungen in der Produktentwicklung verantwortlich. Darüber hinaus fungiert er als Qualitätsmanagementbeauftragter und PRRC (Person Responsible for Regulatory Compliance) und übernimmt in dieser Rolle die Kommunikation mit regulatorischen Behörden und Stellen. Mit seiner Expertise in den interdisziplinären Bereichen Start-ups, regulatorische Anforderungen für Medizinprodukte sowie medizinische KI-Software vertritt Herr Juri Rohde die FUSE-AI GmbH regelmäßig in Verbänden und Fachgremien.

# Die Parkinson-Erkrankung im Zeitalter der KI: Eine Smartphone-App als Schlüssel zur nutzerzentrierten Patientenversorgung

11

Christoph-Alexander Holst, Frauke Wiegräbe, Christoph Redecker und Volker Lohweg

## Inhaltsverzeichnis




**Zusammenfassung**

In dem vorliegenden Beitrag wird am Beispiel einer Parkinson-App eine Übersicht über Nutzungspotenziale von App-basierten Maschinelles Lernen (ML) und Künstliche



C.-A. Holst (✉) · F. Wiegräbe · V. Lohweg
Institut für industrielle Informationstechnik (inIT), Technische Hochschule Ostwestfalen-Lippe, Lemgo, Deutschland
E-Mail: christoph-alexander.holst@th-owl.de; frauke.wiegraebe@th-owl.de; volker.lohweg@th-owl.de

C. Redecker
Universitätsklinik für Neurologie und Neurogeriatrie, Klinikum Lippe GmbH, Universitätsklinikum OWL, Lemgo, Deutschland
E-Mail: christoph.redecker@klinikum-lippe.de







M. A. Pfannstiel (Hrsg.), *Künstliche Intelligenz im Einsatz für die erfolgreiche Patientenreise*, https://doi.org/10.1007/978-3-658-48573-3_11

Intelligenz (KI)-Systemen im Rahmen der Versorgung von Parkinsonpatienten gegeben. Es wird ein gemeinsames Pilotprojekt des Universitätsklinikums Ostwestfalen-Lippe (Universitätsklinik für Neurologie und Neurogeriatrie) und dem Institut für industrielle Informationstechnik (inIT) der Technischen Hochschule Ostwestfalen-Lippe beschrieben, in dem das Parkinsonnetz OstwestfalenLippe+ (PNOWL+) einen Erprobungsraum für die Entwicklung der Parkinson-App *PD-Assist* darstellt. Die Smartphone-App soll zum einen ein Unterstützungswerkzeug für Menschen mit Parkinson über den gesamten Erkrankungsverlauf darstellen und zum anderen die interdisziplinären Kompetenzen in der Region OWL vernetzen und vorhandene Versorgungsstrukturen optimieren, um damit eine nachhaltige Verbesserung der Versorgung von Patienten zu erreichen. Zudem werden die ethischen, juristischen und sozialen Implikationen im Hinblick auf KI-gestützte Apps betrachtet, mögliche Chancen und Risiken diskutiert und abschließend Handlungsempfehlungen zur Anwendung im Kontext einer Patientenreise gegeben.

## 11.1 Einleitung

Die zunehmende Digitalisierung und ihre Auswirkungen auf die Patientenversorgung, Prozessabläufe und Strukturen bieten in den kommenden Jahren große Chancen im Gesundheitswesen. Die Individualisierung der Medizin (Gendermedizin, Kindermedizin) und eine aktivere Rolle der Patienten im Gesundheitswesen allgemein sowie die fortschreitende Technologie in der Medizin werden das Verhältnis aller Akteure zueinander verändern. Dazu kommt der Ressourcenmangel im Gesundheitswesen bei gleichzeitiger Verbesserung der Patientenselbstverwaltung.

Vor dem Hintergrund, dass die Medizin der Zukunft eine noch stärker datengetriebene Medizin sein wird, werden Anwendungen, die auf Methoden der Künstlichen Intelligenz (KI) basieren, dem Maschinellen Lernen (ML), eine immer größere Rolle in der Gesundheitsversorgung spielen. Der Ethikrat formuliert wie folgt: „KI-Anwendungen, die menschliche Fähigkeiten in einer Domäne simulieren bzw. Verfahren wie Maschinelles Lernen verwenden, um spezifische Aufgaben zu erfüllen oder spezifische Probleme zu lösen" (Deutscher Ethikrat 2023).

In diesem Rahmen werden KI-Anwendungen als ein probates Instrument von bisher ungelösten Versorgungs- und Allokationsproblemen angesehen. Daher sieht die Zukunft bezüglich verschiedener Methoden der KI in der medizinischen Praxis vielversprechend aus, da der Datenzuwachs im deutschen Gesundheitswesen kontinuierlich zunimmt. Deshalb besteht die Notwendigkeit vom Einsatz der Methoden der KI in der Praxis (vgl. Pfannstiel 2022).

Derzeit stehen im Wesentlichen Methoden der schwachen KI (Narrow AI, NAI) im Vordergrund. Dabei geht es darum, gezielte Algorithmen für bestimmte, begrenzte Aufgabenstellungen zu entwickeln. Die Lernfähigkeit derartiger Systeme ist dabei Grundvoraussetzung für entsprechende Anwendungen, die auf NAI basieren. Aus diesem Grund wird in aktuellen Systemen der Fokus auf ML gelegt. Wird NAI auf Basis der Technikwissenschaften betrachtet, rückt die Problemlösung einer dedizierten Aufgabe und entsprechenden Anpassungsfähigkeit eines Systems in den Vordergrund. Hierbei werden vorwiegend Methodiken der Ingenieurwissenschaften und Informatik genutzt, z. B. durch Suchstrategien in Datenbanken, durch Spracherkennungs- und Übersetzungsprogramme, Computer Vision sowie deren Realisierung in intelligenten Assistenzsystemen (Matzka 2021).

Die zunehmende Bedeutung von KI-Systemen im Gesundheitswesen erfordert jedoch die stetige Entwicklung und Erforschung neuer Methoden und Modelle unter der Berücksichtigung der beteiligten Akteure sowie der datenschutzrechtlichen und sicherheitsspezifischen Kriterien (vgl. Bundesministerium für Gesundheit 2024; European Union 2024).

Eine bessere Nutzbarkeit von Gesundheitsdaten für Forschung und Entwicklung, Planung und Versorgung stellt in einem heterogenen und stark gegliederten Gesundheitswesen wie in Deutschland eine besondere Herausforderung dar. Diese digitalen Gesundheitsanwendungen werden nur dann erfolgreich zum Einsatz kommen, wenn sie einen Mehrwert für alle Nutzer schaffen sowie Prävention, Therapie und Pflege spürbar verbessern. Smarte Algorithmen und Assistenzsysteme haben das Potenzial, medizinische Entscheidungsprozesse zu unterstützen, zu beschleunigen und zu präzisieren, ohne medizinisches Fachpersonal ersetzen zu können. Hierdurch wird sich auch die Rolle der Patienten durch den Einsatz von Digitalisierung und KI-Systemen ändern. Sie werden von passiven Empfängern zu aktiven Beteiligten durch Erweiterung der Autonomie der Patienten.

Durch die weitreichende Entwicklung von mobilen Anwendungen findet das umfassende Thema Gesundheit nicht mehr nur in der Arztpraxis statt – es hat seinen Weg in das Privatleben, in den digitalen Alltag gefunden. Das bedeutet für die Gesundheitsversorgung eine große Chance und basiert auf einem grundsätzlichen Perspektivwechsel. Erfolgreiche digitale Lösungen werden aus der Perspektive der Nutzer entwickelt und stellen deren Bedürfnisse und Alltagshandeln in den Mittelpunkt. Das führt zu vielfältigen Verbesserungen: im Umgang mit der Erkrankung, im Krankheitsverlauf oder auch im Versorgungsprozess. Mobile Gesundheitstechnologien werden nicht nur Kommunikation und Prozesse deutlich verändern. Im Zusammenspiel von Software, Sensorik und Medizintechnik eröffnen sich auch ganz neue diagnostische und therapeutische Möglichkeiten. Medizinische Kompetenz wird in Zukunft zunehmend in Form von Algorithmen zur Verfügung gestellt werden oder in Algorithmen neu entstehen.

Vor diesem Hintergrund wurde im Rahmen eines gemeinsamen Pilotprojekts des Universitätsklinikums Ostwestfalen-Lippe (Universitätsklinik für Neurologie und Neurogeriatrie) und dem Institut für industrielle Informationstechnik (inIT) der Technischen Hochschule Ostwestfalen-Lippe eine Parkinson-App *PD-Assist* entwickelt, die Informationsverluste bedingt durch die Sektorenbrüche deutlich reduziert und damit eine durchgängige Versorgung der Patienten gewährleisten soll (siehe Abb. 11.1).

Ein weiteres Ziel dieser KI-Anwendung ist die Langzeitdokumentation und das Monitoring von „real life“-Daten zur frühzeitigen Erkennung von motorischen Problemen und

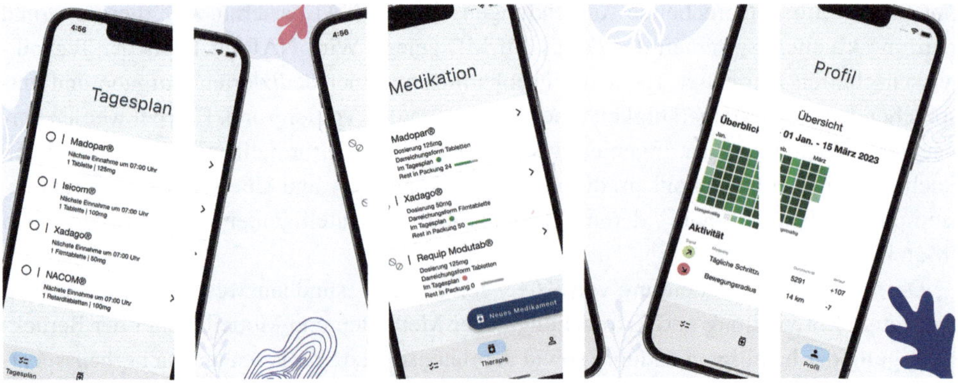


**Abb. 11.1** Die App *PD-Assist* unterstützt Parkinson-Patienten in ihrem täglichen Leben, so zum Beispiel über strukturierte Tages- und Medikationspläne. (Quelle: Eigene Darstellung 2024)

Komplikationen während der Behandlung, um frühzeitig Interventionsmaßnahmen einleiten zu können. Ebenfalls kann diese Datenerfassung parallel als ein KI-gestütztes Unterstützungstool für die behandelnden Ärzte im Rahmen einer Diagnosestellung genutzt werden. Die App-basierte Plattform *PD-Assist* dient zum Sammeln von anonymisierten Bewegungs- und Therapiedaten, die anschließend analysiert werden. Die interne Testphase in Zusammenarbeit mit der Klinik für Neurologie am Klinikum Lippe ist als sog. „Geschlossene Testphase" durchgeführt worden. Im Rahmen des Parkinsonnetz OstwestfalenLippe+ (PNOWL+ 2024) wirken nun interessierte Personen(kreise) bei der Entwicklung der App mit.

In diesem Beitrag wird am Beispiel der Parkinson-Erkrankung eine Übersicht über Nutzungspotenziale von (KI-gestützten) Smartphone Apps in der Patientenversorgung gegeben. Des Weiteren wird beschrieben wo App-basierte ML- und KI-Systeme einen potenziellen Mehrwert bei der Parkinson-Erkrankung erbringen können. Zudem werden die ethischen, juristischen und sozialen Implikationen im Hinblick auf KI-gestützte Apps betrachtet und mögliche Risiken diskutiert. Schlussendlich werden wir Empfehlungen zur Anwendung im Kontext einer Patientenreise geben.

## 11.2 Die Parkinson-Krankheit

Die Parkinson-Krankheit ist nach der Demenz vom Alzheimer-Typ die zweithäufigste neurodegenerative Erkrankung (Poewe et al. 2017). Im Gegensatz zur Demenz vom Alzheimer-Typ zeigt sie derzeit ein schnelleres Wachstum, sodass in den nächsten Jahren immer mehr Parkinson-Patienten versorgt werden müssen (Dorsey et al. 2018). In Deutschland sind etwa 300.000 Menschen betroffen.

Bei der Parkinson-Krankheit handelt es sich um eine chronisch-fortschreitende Erkrankung mit einem immer komplexer werdenden Versorgungsbedarf (Poewe et al. 2017).

Während zu Beginn die typischen motorischen Symptome wie Bewegungsverlangsamung (Bradykinese), Steifigkeit der Muskulatur (Rigor) oder Zittern (Tremor) im Vordergrund der Beschwerden stehen, treten im Verlauf immer mehr nicht-motorische Symptome hinzu, die zum Teil auch schon der motorischen Manifestation der Erkrankung vorausgehen. Diese reichen von Riechstörungen, Schlafstörungen und gastrointestinalen Problemen über Kreislaufstörungen bis hin zu psychiatrischen Störungen wie Depressionen, Impulskontrollstörungen, Halluzinationen, Psychosen und kognitivem Abbau (Poewe et al. 2017). Die Parkinson-Erkrankung ist keine homogene Erkrankung. Es werden auf der einen Seite sehr milde und nur langsam fortschreitende Verläufe beobachtet, während andere Patienten an einer rasch zunehmenden, „malignen“ Verlaufsform erkranken können, die mit einer hohen Last an motorischen, psychiatrischen und kognitiven Problemen einhergehen (Armstrong und Okun 2020).

Die Parkinson-Erkrankung beginnt weit vor der Manifestation der motorischen Symptome. Die Pathogenese ist komplex und multifaktoriell, wobei genetische Prädispositionen und Umweltfaktoren als Hauptfaktoren für die Entwicklung der Krankheit angesehen werden (Poewe et al. 2017). Eines der Schlüsselproteine, das mit der Pathogenese der Parkinson-Krankheit in Verbindung gebracht wird, ist das Protein Alpha-Synuklein. Alpha-Synuklein aggregiert zu fehlgefalteten Formen, die als Oligomere und letztendlich als fibrilläre Einschlüsse, bekannt als Lewy-Körper, in Neuronen akkumulieren (Borghammer 2021). Die Anhäufung von Alpha-Synuklein führt zu einer Reihe von zellulären Dysfunktionen. Dazu gehören die Beeinträchtigung der mitochondrialen Funktion, die Reduktion des axonalen Transports, die Störung der synaptischen Funktion und die Aktivierung neuroinflammatorischer Prozesse (Poewe et al. 2017). Diese Dysfunktionen tragen zum Zelltod dopaminerger Neuronen bei und breiten sich im Verlauf der Erkrankung im zentralen Nervensystem immer weiter aus.

Bislang wird die Diagnose des Parkinson-Syndroms anhand von klinischen Diagnosekriterien gestellt (Hopfner et al. 2024), die dann durch bildgebende nuklearmedizinische Verfahren wie z. B. das Dopamin-Transporter-SPECT unterstützt werden. Mittlerweile wurden biologische Marker der Erkrankung identifiziert, wie zum Beispiel der Nachweis von aggregiertem Alpha-Synuklein im Liquor, Serum oder auch in der Hautbiopsie (Skorvanek und Bhatia 2017). Diese Nachweismethoden sind allerdings zurzeit noch nicht in der Breite verfügbar und werden vorwiegend im Rahmen von Studien an spezialisierten Zentren genutzt. Das limitiert die frühzeitige Diagnose der Erkrankung noch vor Auftreten der motorischen Symptome erheblich ein. Um zumindest für die Entwicklung krankheitsmodifizierender Therapien eine frühzeitige Diagnose der Erkrankung zu erlauben, wurden gerade die ersten Diagnosekriterien für eine biologische Krankheitsdefinition vorgeschlagen (Höglinger et al. 2024; Simuni et al. 2024), die so allerdings noch validiert werden müssen, bis sie in der Breite Anwendung finden werden. An eine Biomarker-fundierte Diagnosestellung des Parkinsons-Syndroms knüpft sich auch die Erwartung, die verschiedenen Verlaufstypen der Erkrankung besser einzuordnen und somit präzisere und individualisierte Therapieprogramme anbieten zu können.

Die Behandlung der Parkinson-Krankheit ist komplex und erfordert einen multidisziplinären Ansatz, um die Lebensqualität der Betroffenen zu optimieren (Stocchi et al. 2024). Die medikamentöse Behandlung der motorischen Symptome ist vorwiegend darauf ausgerichtet, das Dopamin-Defizit auszugleichen. Der Ersatz von Dopamin durch Levodopa, in Kombination mit einem Dopa-Decarboxylase-Hemmer, ist der Goldstandard der medikamentösen Therapie. Dopaminagonisten, MAO-B-Hemmer und COMT-Hemmer sind weitere Medikamentenklassen, die die Symptomkontrolle verbessern. Diese Medikamente können Nebenwirkungen haben und im Verlauf der Krankheit an Wirksamkeit verlieren, was eine sorgfältige Anpassung der Dosierung und häufig sehr komplizierte medikamentöse Therapieschemata erforderlich macht (Poewe et al. 2017). Wenn die orale Medikation die Symptome nicht mehr ausreichend unterdrückt und Fluktuationen in der Wirksamkeit auftreten, können Medikamentenpumpen eingesetzt werden. Diese Pumpen verabreichen kontinuierlich Medikamente wie L-Dopa oder Apomorphin, um eine stabilere Symptomkontrolle zu erreichen (Elkouzi et al. 2019).

Darüber hinaus steht als weitere hochwirksame Therapie die tiefe Hirnstimulation (THS) als eine chirurgische Behandlungsmethode für Menschen mit Parkinson zur Verfügung (Nijhuis et al. 2021). Dabei werden Elektroden in bestimmten Hirnregionen implantiert und mit einem Impulsgenerator verbunden, der elektrische Impulse abgibt, um die Parkinson-Symptome zu lindern. Die THS erfordert eine sorgfältige Auswahl geeigneter Patienten und eine präzise Einstellung der Stimulationsparameter.

Neben der medikamentösen Therapie sind aktivierende Therapien wie regelmäßige Physiotherapie, Ergotherapie und Logopädie essenzielle Bestandteile der Parkinson-Therapie. Physiotherapie hilft, die Mobilität zu verbessern, das Gleichgewicht zu stärken, die Haltung zu verbessern und Stürze zu verhindern (Weise et al. 2024). Ergotherapie trainiert die Feinmotorik und hilft bei der Anpassung des häuslichen und beruflichen Umfelds. Logopädie ist wichtig für die Behandlung von Sprach- und Schluckstörungen, die häufig bei Parkinson-Patienten auftreten. Mit dem Fortschreiten der Parkinson-Krankheit wird die Bedeutung einer multidisziplinären und multiprofessionellen Zusammenarbeit immer größer. Neurologen, Pflegekräfte, Physiotherapeuten, Ergotherapeuten, Logopäden, Psychologen und Sozialarbeiter müssen eng zusammenarbeiten, um eine umfassende Versorgung zu gewährleisten (Weise et al. 2024). Dieser Ansatz ermöglicht eine individualisierte Behandlung, die sich an den sich ändernden Bedürfnissen der Patienten orientiert und die Lebensqualität über den gesamten Krankheitsverlauf hinweg verbessert.

Die Koordination dieser vielfältigen Behandlungsansätze erfordert eine gute Kommunikation zwischen den Fachdisziplinen und leicht zugängliche Anlaufstellen für Patienten und Angehörige (Weise et al. 2024). Die Einrichtung regionaler interdisziplinärer und interprofessioneller Parkinsonnetze und die Verwendung abgestimmter Behandlungskonzepte über die Grenzen der stationären und ambulanten Versorgungsangebote hinweg können dazu beitragen, die Versorgung zu optimieren und den Patienten eine konsistente Betreuung zu bieten (Ypinga et al. 2018; Rajan et al. 2020; Bloem et al. 2021).

## 11.3 Technische Nutzungspotenziale von Smartphone-Apps in der Parkinsonversorgung

Der Einsatz von KI-gestützten Smartphone-Apps eröffnet neue Möglichkeiten zur Unterstützung der Parkinson-Versorgung, indem Patienten und medizinisches Fachpersonal technisch und organisatorisch entlastet und die Behandlungsqualität verbessert werden. Smartphones und Apps bieten die Möglichkeit, relevante Patientendaten direkt vor Ort zu erfassen, zu sammeln und auszuwerten. Mögliche Einsatzpotenziale und Funktionalitäten lassen sich in mehrere Schwerpunkte unterteilen, die sowohl den individuellen Bedürfnissen der Patienten als auch den Anforderungen der Akteure im Gesundheitswesen gerecht werden.

Eine Parkinson-App, wie *PD-Assist*, kann als Organizer und Informationszugang für Patienten dienen, die ein strukturiertes „Self-Care" ermöglicht. Eine App ermöglicht zudem die lokale Speicherung auch größerer Mengen von Patientendaten und -akten. Eingebaute Sensoren – direkt im Smartphone oder über Wearables wie Smartwatches – erfassen kontinuierlich Daten, die zur Beurteilung des aktuellen Krankheitsverlaufs oder der Medikation genutzt werden können. Darüber hinaus sind Smartphones hervorragende Werkzeuge zur Kommunikation und Vernetzung. All diese Schwerpunkte sind in Abb. 11.2 dargestellt und werden im Folgenden näher untersucht.

**Organiser und Informationszugang (Self-Care)** Smartphone-Apps können Parkinson-Patienten durch zahlreiche Funktionen unterstützen und fördern damit die Selbstverwaltung und Autonomie der Patienten im Alltag (Lee et al. 2022). In der Rolle als digitaler „Organiser" kann eine App das Medikationsmanagement erheblich erleichtern (McBride et al. 2020; Li et al. 2021). Sie erinnert an die Einnahmezeiten und -mengen der verschriebenen Medikamente, überwacht deren Einhaltung und gewährleistet so eine Verlaufskontrolle sowohl über die Medikamenteneinahme als aber auch über die Therapietreue des Patienten. Auf Basis der Verlaufskontrolle wird bei Bedarf eine dynamische Anpassung der Medikationsdosierung in Abstimmung mit dem behandelnden Arzt durchgeführt. Darüber hinaus ist die Planung und Dokumentation von Therapieprozessen ein zentraler Anwendungsbereich. Eine App kann Therapie- und Behandlungstermine organisieren und die Patienten an deren Einhaltung erinnern. Zudem lassen sich Therapieergebnisse und Beobachtungen im Alltag, wie die Entwicklung von Symptomen oder mögliche Nebenwirkungen, dokumentieren, um gezielte Rückschlüsse auf den Behandlungsverlauf zu ermöglichen.

Zusätzlich kann ein digitales Patiententagebuch erstellt werden, in das die Patienten Symptome, Ernährung, Stimmung und andere relevante Aspekte eintragen (Daniëls et al. 2021). Dies bietet einen kontinuierlichen Einblick in den Gesundheitszustand und erleichtert eine fundierte Verlaufsdokumentation. Eine automatische Berichterstellung kann dabei für Arztbesuche wertvolle Zusammenfassungen und Fortschrittsberichte liefern und so den Austausch zwischen Patienten und Ärzten effizienter gestalten.

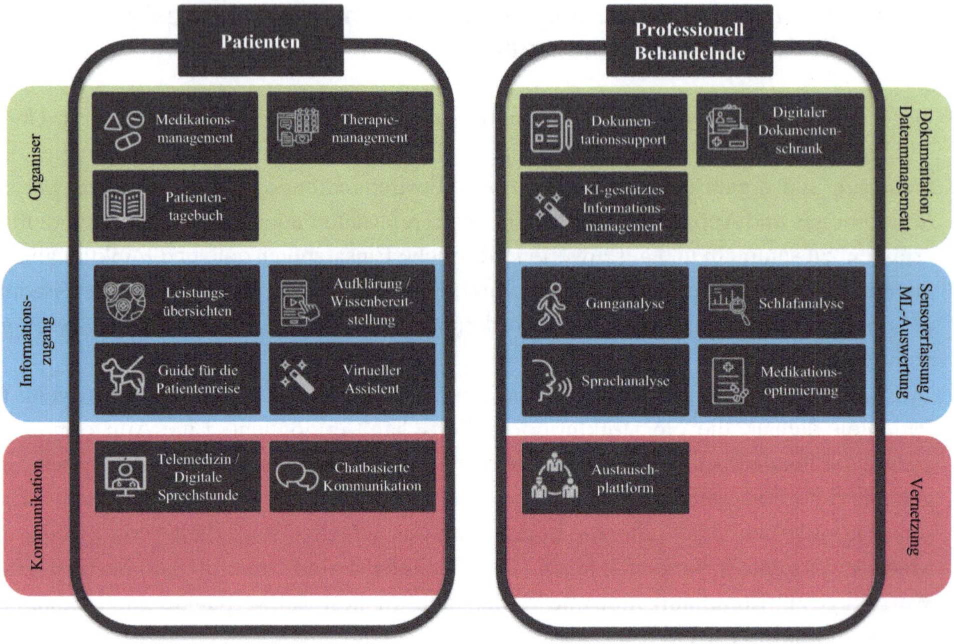


**Abb. 11.2** Übersicht über mögliche Leistungen einer Smartphone-App für die Parkinson-Betreuung. Zu unterscheiden sind Funktionalitäten, die sich an die Patientinnen und Patienten selbst und an professionelle Behandlerinnen und Behandler (u. a. Ärzte, Pflegekräfte, Therapeuten) richten. (Quelle: Eigene Darstellung 2024)

Die aktuellen Prozess- und Versorgungsketten der Parkinson-Krankheit bilden auch aufgrund struktureller Hürden bisher keine gelungene sektorenübergreifende Versorgung ab (Eggers et al. 2021). Aus Sicht der Patienten ist insbesondere kurz nach der Diagnose der Erkrankung die Leistungslandschaft in der Parkinsonversorgung unbefriedigend sowie unübersichtlich. Eine Parkinson-App kann neben der bisher erwähnten organisatorischen Unterstützung den Zugang zu Informationen erleichtern. Sie kann Übersichten über die verschiedenen Ansprechpartner und Leistungserbringer bieten, wodurch Patienten bei der Orientierung im Gesundheitssystem unterstützt werden und beispielsweise leichter Therapien oder Beratungsstellen finden. Darüber hinaus ermöglichen integrierte Informationsangebote eine evidenzbasierte Aufklärung und bieten Zugang zu wissenschaftlichen Materialien, Tutorials und aktuellen Studienergebnissen.

**Kommunikation und Vernetzung** Ein wesentlicher Aspekt in der Versorgung von Menschen mit Parkinson ist das multidisziplinäre Zusammenwirken zahlreicher Fachdisziplinen und professioneller Akteure, ergänzt durch die Unterstützung durch informelle Betreuung von Angehörigen und ehrenamtlich Engagierten. Dieses Zusammenspiel gewinnt mit fortschreitendem Krankheitsverlauf zunehmend an Bedeutung, da die komplexe Symptomatik und die fortschreitenden Einschränkungen eine angepasste und flexible

Versorgung erfordern. Diese umfasst neben der medizinischen Behandlung auch therapeutische Maßnahmen, pflegerische Betreuung und psychosoziale Unterstützung.

Eine gut koordinierte Kommunikation zwischen allen Beteiligten – von Neurologen und Therapeuten bis hin zu Pflegekräften und Sozialarbeitern – ist dabei von entscheidender Bedeutung. Sie gewährleistet, dass Informationen über Symptome, Therapieanpassungen oder psychosoziale Herausforderungen zeitnah und präzise übermittelt werden, um Versorgungslücken zu vermeiden und potenzielle Risiken für die Patienten zu reduzieren. Allerdings wird die Kommunikation zwischen den Beteiligten immer wieder als unzureichend adressiertes Problem identifiziert, das sich häufig an den Sektorengrenzen manifestiert (Eggers et al. 2021). Daher sind effiziente Kommunikationslösungen unerlässlich, um den Patienten eine hochwertige und bedarfsgerechte Betreuung zu gewährleisten und das Zusammenspiel der Akteure kontinuierlich zu optimieren.

Digitale Kommunikationsplattformen sind ein zentraler Bestandteil einer vernetzten und durchgehend digitalen Gesundheitsversorgung (Brönneke und Debatin 2022), von der besonders Parkinson-Patienten aufgrund der Komplexität der Versorgungsstruktur profitieren können. Mobile Anwendungen können hier durch ihren niederschwelligen Zugang eine wertvolle Möglichkeit bieten, Versorgungslücken zu schließen (Abroms et al. 2012; Rossmann und Krömer 2016). Eine App als Kommunikationsschnittstelle in der Parkinson-Versorgung dient als Kommunikationskanal zur digitalen Rücksprache mit Parkinson-Experten, Pflegekräften oder dem behandelnden Arzt. Eine App ermöglicht einen sicheren und direkten Austausch zwischen Patienten, Ärzten und Pflegepersonal. Durch Telemedizin und digitale Sprechstunden können Patienten unabhängig von ihrem Aufenthaltsort zügig medizinische und pflegerische Unterstützung erhalten – ein Vorteil, der gerade in ländlichen Regionen und bei akuten Problemen von hoher Relevanz ist. Diese telemedizinische Vernetzung hilft, Versorgungslücken zu vermeiden und das Versorgungssystem für Parkinson-Patienten flexibler und zugänglicher zu gestalten.

Darüber hinaus kann eine App als sektorenübergreifende Vernetzungsplattform dienen, die verschiedene professionelle Akteure wie niedergelassene Ärzte, Therapeuten und Pflegedienste miteinander verbindet. Eine solche Plattform vereinfacht die Koordination und Abstimmung zwischen den Leistungserbringern und stellt sicher, dass alle Beteiligten stets über den aktuellen Gesundheitszustand und Behandlungsverlauf der Patienten informiert sind. Dies gewährleistet eine kontinuierliche, abgestimmte Versorgung und erhöht die Versorgungsqualität für Parkinson-Erkrankte.

**Dokumentation und Datenmanagement** Auch für Ärzte, Therapeuten und Pflegekräfte bieten KI-gestützte Apps über das Angebot einer Kommunikations- und Austauschplattform hinaus wertvolle Unterstützung im beruflichen Alltag. Eine Smartphone-App bietet sich als Werkzeug zur Dokumentation von Behandlungs-, Pflege- und Therapieaktivitäten an, indem sie eine strukturierte Erfassung und Archivierung relevanter Daten ermöglicht. Der technische Fortschritt hinsichtlich der Leistungsfähigkeit moderner Smartphones erlaubt problemlos eine verschlüsselte, gesicherte lokale Speicherung auch größerer

Datenmengen. Jede dokumentierte Aktivität von Arzt und Therapiebesuchen bis hin zu pflegerischen Tätigkeiten wird dann digital in der App abgelegt – es entsteht eine Art lokaler, digitaler „Dokumentenschrank" der Parkinson-Erkrankten. Dieser digitale Dokumentenschrank erleichtert den Zugriff auf Arztberichte, Therapiedokumentationen und sensorbasierte Auswertungen und sorgt für eine lokale und transparente Verwaltung der Patientenakte. Dadurch wird die Einhaltung von Dokumentationspflichten erleichtert, Patientendaten stehen vollständiger zur Verfügung und bei der Dokumentation selbst kann wertvolle Zeit eingespart werden.

Die lokale Speicherung bietet einige Vorteile gegenüber zentralen cloudbasierten Lösungen. Die Speicherung von Patientendokumenten ausschließlich auf dem lokalen Gerät der Patienten selbst bedeutet, dass die Patienten jederzeit die Verwaltungshoheit über ihre eigenen Dokumente behalten und selbstbestimmt entscheiden können, wann und mit wem einzelne oder mehrere Dokumente geteilt werden (Kleppmann et al. 2019). Neben der Selbstbestimmung ist das Risiko für den Lösungsanbieter, gegen gesetzliche Datenschutzbestimmungen zu verstoßen, deutlich geringer, da patientenbezogene Daten das eigene Gerät nie verlassen. Zudem ist eine lokale Lösung unabhängiger von großen IT-Dienstleistern (Kleppmann et al. 2019). Nachteil einer lokalen Speicherung ist die Bindung an das lokale Gerät. Es droht ein Datenverlust bei Abhandenkommen oder Beschädigung des eigenen Smartphones.

Ein lokaler Datenaustausch zwischen Patienten und professionellen Akteuren ist z. B. über speziell angefertigte QR-Codes technisch möglich, ohne dass externe Server involviert sind. Eine Kommunikation zu externen Servern birgt die Gefahr, dass Datenströme durch Dritte abgefangen werden können. In *PD-Assist* übermitteln Behandelnde stattdessen ihre Medikationspläne und Arzt- oder Therapieberichte mittels QR-Code, die auf eigenen Anzeigegeräten (z. B. Monitor in der Praxis) dargestellt werden. Die Patienten scannen den Code und legen so den Bericht oder den Medikationsplan lokal auf ihrem Smartphone ab. Auf die gleiche Weise haben Patienten die Möglichkeit, ihre gesammelten Berichte einem Arzt zur Verfügung zu stellen. Abb. 11.3 stellt den Austausch eines Medikationsplans über einen QR-Code schematisch dar. Diese Art des Datenaustausches unterstreicht das Selbstbestimmungsrecht der Patienten, da nicht nur eine einfache Touchgeste das Versenden der eigenen Daten auslöst. Vielmehr müssen die Patienten der behandelnden Person explizit das Display des eigenen Smartphones zeigen, was einen impliziten Akt der Zustimmung darstellt.

**Sensorbasiertes Monitoring und Auswertung über Maschinelles Lernen** Zusätzlich zur lokalen Speicherung und Verwaltung patienten- und therapiebezogener Berichte bietet sich bedeutendes Nutzungspotenzial im kontinuierlichen Monitoring des Krankheitsverlaufs bei Parkinson-Erkrankten (Lee et al. 2022). Die medizinische Versorgung der Patienten, sowohl ambulant als auch stationär, basiert bisher meist auf punktuellen Momentaufnahmen. Für eine optimale, bedarfsgerechte Medikation muss der behandelnde Arzt jedoch den Krankheitsverlauf im Alltag nachvollziehen können, was ohne kontinuierliche

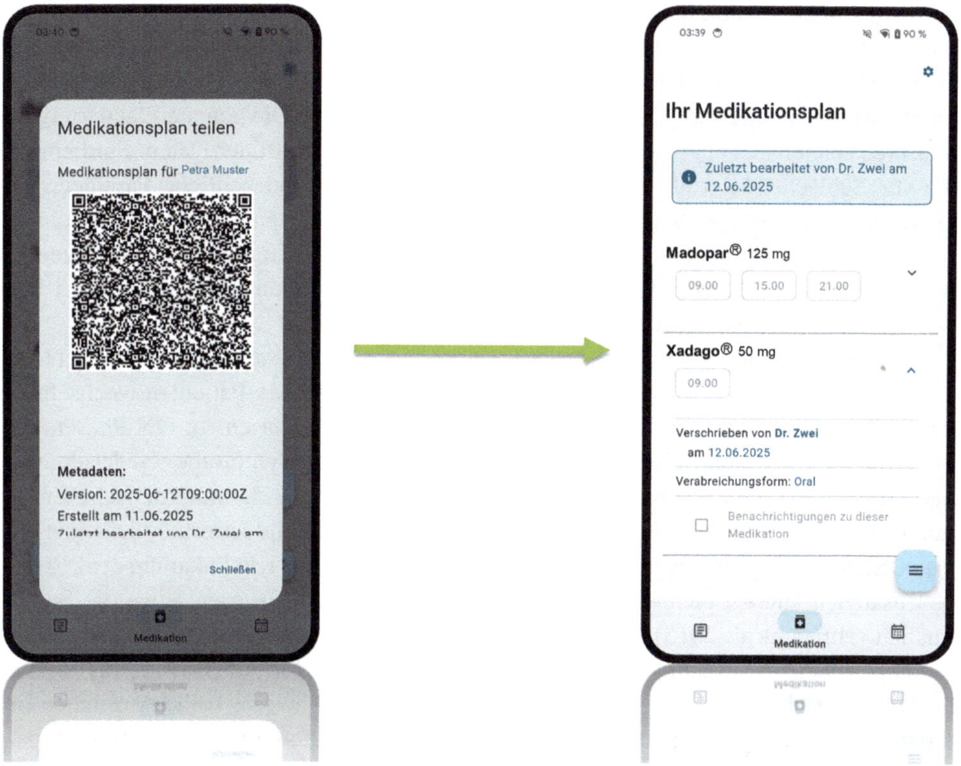


**Abb. 11.3** Schematische Darstellung des Austausches eines Therapieplans zwischen zwei Smartphones. Der Therapieplan wird hierzu als QR-Code vollständig kodiert. Durch Lesen des QR-Codes speichern Patienten den kodierten Therapieplan lokal auf dem eigenen Smartphone. Auf diese Weise werden keine dritten Dienstleister für den Datenaustausch benötigt. (Quelle: Eigene Darstellung 2024)

Daten schwer umsetzbar ist. Ärzte sind oft auf die subjektive Schilderung der Patienten und deren Compliance angewiesen, die nur am jeweiligen Vorstellungstag vorliegt.

Digitale Geräte wie Smartphones und Wearables bieten hier Abhilfe, indem sie kontinuierlich eine Vielzahl von Daten erfassen, die für Diagnose und Verlaufskontrolle der Parkinson-Krankheit entscheidend sind. Insbesondere die Erfassung motorischer Daten, wie Bewegungsmuster, Gangbild und Tremor, kann mithilfe von Beschleunigungssensoren in Smartphones und Smartwatches erfolgen. Damit können auch feine motorische Veränderungen dokumentiert werden, die bei einer kurzen ambulanten Untersuchung möglicherweise übersehen werden.

Die Analyse von Bewegungsmustern und Gangbild wird in der Forschungsgemeinschaft als äußerst vielversprechend angesehen. Solche Bewegungsdaten können auf Grundlage der Unified Parkinson’s Disease Rating Scale (UPDRS) ausgewertet werden. Die UPDRS ist eine etablierte Bewertungsskala zur Beurteilung kognitiver Funktionen,

Alltagsaktivitäten, motorischer Funktionen und Therapiekomplikationen (Barth et al. 2012). Durch ML können die von Smartphones oder Wearables gesammelten Daten so analysiert werden, dass daraus UPDRS-Werte vorhergesagt und der Krankheitsverlauf möglichst objektiv bewertet werden kann (Sigcha et al. 2021). Die genaue Platzierung der Sensoren spielt dabei eine wesentliche Rolle für die Aussagekraft der Daten. Studien, wie die von Schlachetzki et al. (2017), zeigen, dass räumliche und zeitliche Parameter des Gangs, wie Schrittlänge, Schritt- und Ganggeschwindigkeit, Stand- und Schwungphasen sowie Variabilitäten im Gang, zuverlässig zur Bewertung des Krankheitszustands genutzt werden können (Schlachetzki et al. 2017). Änderungen im Gangbild geben dabei Hinweise auf den Fortschritt der Erkrankung.

Bei der Gabe von Levodopa ist darauf zu achten, dass die Dosierung möglichst optimal an den Patienten angepasst wird (Gerlach et al. 2007). Parkinson-Patienten wechseln bei langjähriger Einnahme häufig zwischen „ON"- und „OFF"-Phasen. In ON-Phasen sind die Symptome gut kontrolliert, während in OFF-Phasen die Symptome wieder deutlich hervortreten und die Lebensqualität erheblich beeinträchtigen. Die automatische Erkennung und Bewertung dieser Phasen durch die Analyse des Gangbildes ermöglicht eine präzisere Steuerung der Medikation im Alltag (Thomas et al. 2018; Khodakarami et al. 2019).

Zusätzlich können nicht-motorische Symptome überwacht werden, etwa die Schlafqualität (Hirata et al. 2015) und Veränderungen in der Sprechweise (Sajal et al. 2020). Schlafprobleme sind häufig ein erheblicher Belastungsfaktor für Parkinson-Patienten (Schalling et al. 2018), während Änderungen in der Sprechweise frühe Anzeichen der Krankheit sein können (Sajal et al. 2020). Solche Symptome lassen sich durch tragbare Technologien kontinuierlich beobachten. Die Langzeitdokumentation dieser Daten – Bewegungsabläufe, Schlafqualität und Sprachveränderungen – unterstützt die Erstellung von Verlaufsberichten und kann durch die Integration von ML frühzeitig auf Symptomverschlechterungen oder suboptimale Medikationszustände hinweisen, wodurch die Behandlung rechtzeitig angepasst werden kann.

Insgesamt bieten Smartphones und Wearables ein kontinuierliches, nicht-invasives und präzises Monitoring wichtiger Symptome, das die Betroffenen in ihrer vertrauten Umgebung begleitet. Diese Technologien ermöglichen eine umfassende und realitätsnahe Erfassung des individuellen Krankheitsverlaufs und der medikamentösen Wirksamkeit, was die Grundlage für eine fundierte, langfristig angepasste Behandlung darstellt.

**Unterstützung durch generative KI im Kontext von Sprachmodellen** Die bisher vorgestellten Funktionen und Nutzungspotenziale von Smartphone-Apps in der Parkinson-Betreuung basieren entweder auf einer Digitalisierung aktuell analoger Methoden oder nutzen ML, um eine Sensorauswertung in dynamischen Umgebungen zu ermöglichen. Der derzeit rasant fortschreitende Stand der Technik bei Methoden der generativen KI (GenAI) beziehungsweise der großen Sprachmodelle (allgemein bekannt unter der englischen Bezeichnung Large Language Models) ermöglicht weitere Funktionalitäten, die die bisher diskutierten Aufgaben einer Parkinson-App ergänzen oder überhaupt erst sinnvoll erscheinen lassen (Thirunavukarasu et al. 2023).

GenAI ist ein Teilgebiet der KI. Unter diesem Begriff werden üblicherweise Methoden zusammengefasst, die darauf ausgelegt sind, neue Inhalte wie Bilder, Videos, Texte oder Softwarecode zu generieren. Methoden der GenAI lernen aus umfangreichen Trainingsdaten. Auf Basis dieser Trainingsdaten extrapolieren und kombinieren GenAI-Methoden gelernte Muster und erstellen auf diese Weise die oben genannten neuen Inhalte. Große Sprachmodelle bilden eine Unterklasse der GenAI, die auf die Generierung von Text spezialisiert ist. Sprachmodelle werden durch textbasierte Benutzereingaben – sogenannte Prompts – aktiviert. Es ist wichtig zu verstehen, dass die Ausgabe von Sprachmodellen probabilistischer Natur ist, das heißt es kann keine deterministisch reproduzierbare Antwort erwartet werden.

Beim Einsatz von sprachverarbeitender GenAI für Parkinson-Apps ist zwingend zwischen der Nutzung durch Patienten und der Nutzung durch professionelle Behandelnde zu unterscheiden (Meskó und Topol 2023). Sprachmodelle und Sprachassistenten dürfen aus verschiedenen Gründen die Betreuung durch menschliche Fachexperten nicht ersetzen (auf die Risiken und Schwächen generativer Methoden wird im folgenden Abschnitt „Chancen und Risiken" näher eingegangen). Dementsprechend sollten Aufgabenbereiche, die zwingend einer weiteren fachlichen Einordnung bedürfen, nur professionellen Nutzern angeboten werden.

So können auf Sprachmodellen basierende virtuelle Assistenten zwar prinzipiell spezifische Fragen von Patienten zur Erkrankung, zu möglichen Therapieoptionen und zur Unterstützung im Alltag beantworten (Clusmann et al. 2023). Es müssen jedoch ganz konkrete Grenzen definiert werden, innerhalb derer sich die Sprachassistenz bewegen darf. Einen großen Mehrwert in der patientenorientierten Versorgung können Sprachmodelle bringen, wenn sie als natürlichsprachliche Schnittstelle eingesetzt werden. Eine solche Benutzeroberfläche kann insbesondere für bereits motorisch eingeschränkte Personen hilfreich sein, indem eine einfache und intuitive Bedienung einer Parkinson-App über Sprachbefehle ermöglicht wird.

Auch das Informationsmanagement für die Behandelnden selbst kann von generativen KI-Methoden profitieren. Die reine Digitalisierung und lokale Bereitstellung von Patientendokumenten dient zwar der vollständigen Verfügbarkeit aller relevanten Berichte und Sensoraufzeichnungen. Ohne weitere Informationsaufbereitung besteht jedoch die Gefahr der Informationsüberflutung und der Überforderung bei der Sichtung der Dokumente. Generative Sprachmodelle – insbesondere Modelle, die die Methode der Retrieval Augmented Generation (RAG) verwenden – können hier Abhilfe schaffen (Lewis et al. 2020; Gao et al. 2023). RAG-Methoden erlauben den Zugriff auf Dokumenteninhalte und ermöglichen es den Behandelnden, über ein Sprachmodell mit diesen Inhalten zu interagieren. Das heißt, ein natürlichsprachliche Benutzeroberfläche ermöglicht den schnellen und gezielten Zugriff auf Patienteninformationen und Dokumentationen im digitalen „Dokumentenschrank". Interaktive Frage-Antwort-Dialoge führen zu schnell verfügbaren Antworten auf Fragen wie z. B. „Hat der Patient seine Medikamente in den letzten drei Monaten regelmäßig eingenommen?" oder „Gab es in den letzten sechs Monaten Abweichungen bei den verordneten Therapien?". Auch ML-basierte Analysen des Gang-,

Sprach- und Schlafbildes können auf Wunsch verständlich dargestellt werden. KI-gestützte Abruf-Systeme können so relevante Patientendaten automatisch zusammenfassen und relevante Informationen aufbereiten, was zu einer erheblichen Zeitersparnis führt und die klinische Entscheidungsfindung unterstützt.

## 11.4 Versorgung von Menschen mit Parkinson in interdisziplinären und interprofessionellen Parkinson-Netzwerken

Regionale Parkinsonnetzwerke wie das Parkinsonnetz OWL+ (PNOWL+ 2024) haben das Ziel, die interprofessionelle Versorgung von Menschen mit Parkinson über den gesamten Verlauf der Erkrankung zu verbessern. Zu diesem Zweck treffen sich interessierte Therapeuten, Pflegekräfte, Apotheker und Ärzte aus Kliniken und Niederlassung, um gemeinsame, an die regionalen Bedarfe in OWL angepasste Therapiekonzepte zu erarbeiten und für die Patienten sichtbar und zugänglich zu machen. Dabei sollen der interprofessionelle Dialog verbessert und evidenzbasierte Therapiekonzepte unter den klinischen und ambulanten Versorgern weiterverbreitet werden. Gemäß der Digitalisierungsstrategie des Bundesministeriums für Gesundheit (Bundesministerium für Gesundheit 2023) möchte das Parkinsonnetzwerk auch einen Beitrag zur digitalen Transformation im Gesundheitswesen leisten.

Vor diesem Hintergrund wird zusammen mit der Technischen Hochschule OWL eine nutzerzentrierte digitale Kommunikations-App, *PD-Assist,* entwickelt, die den multidisziplinären Austausch über spezifische Therapieziele verbessern und die Patienten mit verschiedenen Assistenzfunktionen unterstützen soll. Im Rahmen des PNOWL+ ergibt sich somit eine nutzbringende Koinszidenz, dass sektorenübergreifend Akteure im Themenkreis miteinander zusammenarbeiten, sodass durch dieses Netzwerk entsprechende „Best Practices" und vor allem nicht nur Informationen, sondern auch Expertenwissen in eine KI-basierte App direkt einfließen. Hierdurch entsteht eine übergreifende Datenbasis zum Training der spezifischen Applikationen.

Eine weitere Projektidee ist der Aufbau einer digitalen Versorgungsplattform zum sektorenübergreifenden Austausch aller involvierten Akteure im Versorgungsprozess. Zusätzliche Tools wie eine Beratungshotline für teilnehmenden Parkinson-Patienten im PNOWL+, ebenso wie Schulungen im Rahmen einer Patientenschule, Lehrvideos oder Webinare sind angedacht.

Darüber hinaus wird im Netzwerk ein Versorger-Atlas erarbeitet, der spezifische Therapieangebote für die Menschen mit Parkinson in OWL erreichbar machen soll. Alle diese Aktivitäten sollen die vorhandenen Angebote in der Region OWL vernetzen und durch abgestimmte interprofessionelle Therapiekonzepte die Versorgungsqualität für die Patienten mit Parkinson in der Region relevant verbessern.

Die Versorger im Parkinsonnetz OstwestfalenLippe+ möchten eine ideale und flächendeckende Versorgung aller Betroffenen erreichen und nehmen dies zum Anlass auch den

Bereich der Qualifikation für die teilnehmenden Akteure selbst in den Blick zu nehmen. Angedacht sind Schulungsangebote für Gesundheitsberufe (z. B. Parkinson-Nursing, Fachberatung in Apotheken) oder Lehrangebote für Studierende der Medizin, Psychologie, Pflege-, Sport- und Therapiewissenschaften. Der Verbund von Fort- und Bildungseinrichtungen bis hin zur Vernetzung mit universitären Versorgungsforschern soll zur Förderung der regionalen Versorgungsforschung genutzt werden. Interdisziplinäre Kompetenzen sollen vernetzt und vorhandene Versorgungsstrukturen optimiert, um damit eine nachhaltige Verbesserung der Versorgungsstrukturen für die Patienten und deren Angehörige in der Region erreichen zu können.

Nationale und internationale Studien haben bereits gezeigt, dass sich durch regionale Parkinsonnetzwerke die Mortalität der Erkrankung, Komplikationen und auch Behandlungskosten verringern lassen (Ypinga et al. 2018; Rajan et al. 2020; Bloem et al. 2021). Sie führen zu einer Steigerung der krankheitsbezogenen Lebensqualität und zu einem besseren Zugang zu spezifischen Therapieverfahren. Nationale Studien haben darüber hinaus belegt, dass Parkinsonnetzwerke die interdisziplinäre Zusammenarbeit, den Transfer von Wissen im Netzwerk und den Zugang zu strukturierten Handlungsempfehlungen verbessern (Stangl et al. 2020; Timpel et al. 2022). Das Parkinsonnetz OWL+ baut auf diesen Voruntersuchungen auf und stellt sich ebenfalls einer wissenschaftlichen Evaluation.

In diesem Sinne fungiert das Parkinsonnetz OWL+ als Lotse der Diagnostik und Therapie zur Sicherung langfristiger Teilhabe, zum Erhalt der Selbstständigkeit und zur Verbesserung der Lebenssituation für alle Menschen mit Parkinson in Ostwestfalen-Lippe. Ein integraler Bestandteil kann in diesem Kontext ein auf der International Classification of Functioning, Disability and Health (ICF) basiertes Fallmanagement darstellen. Das ICF der WHO bietet allen Versorgern im Parkinsonnetzwerk ein einheitliches Sprachgerüst zur Beschreibung des Gesundheitszustandes und der mit der Parkinsonerkrankung zusammenhängenden Zustände. Die ICF dient damit der Verbesserung der Kommunikation von Fachleuten im Netzwerk, der Forschung, der Politik und der Öffentlichkeit. Das Ziel dieses Fallmanagements ist es, mit den Betroffenen und deren Angehörigen die Hindernisse in der individuellen Versorgungssituation zu therapeutischen Strategien zu formulieren und gemeinsam Versorgungspfade in der Region zu entwickeln. Damit soll die Teilhabe von Menschen mit Parkinson in ihrem privaten, beruflichen und sozialen Umfeld gesichert werden. *PD-Assist* stellt daher ein Instrument im Sinne eines Unterstützungstools auf der Patientenreise von Parkinson-Erkrankten in der Region OWL dar. Das Parkinsonnetzwerk dient damit als ein Erprobungsraum, in dem auf Mikro- und Mesoebene die KI-Anwendung in der Patientenversorgung unter der Einbeziehung von Betroffenen und Versorgern bis zur Marktreife entwickelt werden kann.

Am Beispiel des Parkinsonnetzwerkes OWL+ lassen sich die Effekte einer regional vernetzten, interprofessionellen Gesundheitsversorgung von Menschen mit einer chronischen neurologischen Erkrankung und komplexen Versorgungsbedarfen analysieren, erproben und wissenschaftlich evaluieren. Die Ergebnisse werden nicht nur für Parkinson-Patienten bedeutsam sein, sondern sehr wahrscheinlich auch für Menschen mit anderen chronischen Erkrankungen und komplexen Versorgungsbedarfen.

## 11.5 Chancen und Risiken

Neben den potenziellen Mehrwerten von Smartphone-Apps in der Parkinson-Versorgung ist eine kritische Betrachtung möglicher Hürden und Risiken bei der Implementierung, der Bereitstellung und dem Betrieb mobiler Anwendungen von essenzieller Bedeutung. Im Folgenden erfolgt eine kritische Diskussion und nähergehende Beleuchtung des generellen Einsatzes von Smartphones im Patientenalltag, des Einsatzes ML-Systeme sowie des Einsatzes generativer KI.

### 11.5.1 Chancen und Möglichkeiten einer Smartphone-App

In der Literatur wird deutlich, dass der verstärkte Einsatz von Digitalisierung, ML-basierten KI-Systemen und auch generativen KI-Methoden die Entscheidungen im gesamten Gesundheitsversorgungsprozess positiv unterstützen kann, da die einzelnen Segmente – klinische Untersuchung, Labordiagnostik bis hin zu bildgebenden Verfahren – als Entscheidungsbäume strukturiert werden können und somit für die Unterstützung durch KI-Systeme prädestiniert erscheinen (Zentrale Ethikkommission bei der Bundesärztekammer 2021; Deutscher Ethikrat 2023).

Konkret eignen sich Smartphone-Apps als Hilfsmittel zur Dokumentation, zur Entscheidungsunterstützung in der Diagnostik sowie zum Informationsmanagement, um eine bestmögliche Behandlung im Verlauf der Parkinson-Erkrankung zu gewährleisten. Handlungsleitend sind dabei

a. eine optimierte Kommunikation zwischen Betroffenen und Behandlern
b. eine optimierte Vernetzung der Behandler untereinander,
c. eine optimierte Früherkennung und fortlaufende Analyse von motorischen und nicht-motorischen Symptomen,
d. eine erhöhte Therapie- und Medikationstreue und
e. eine lückenlose Aufbewahrung der Patientendokumentation.

Durch die übergeordneten Ziele der Versorgungsoptimierung wie z. B. die Medikamentation ist insgesamt ein schonenderer Therapieverlauf und eine verbesserte Behandlungsqualität zu erwarten. Der Deutsche Ethikrat führt hierzu aus: „Dabei sind es keineswegs nur reine Effizienzüberlegungen, die für den Einsatz von KI-Systemen in diesem Bereich sprechen, sondern vor allem die dadurch ermöglichte Verbesserung der Behandlungsqualität, von der letztlich alle Beteiligten profitieren" (Deutscher Ethikrat 2023). Die Einführung digitaler und KI-gestützter Lösungen birgt zudem ein beträchtliches Potenzial, die Arbeitsbedingungen in der Pflege zu optimieren und somit die Versorgung von Parkinson-Patienten zu verbessern. Studien belegen, dass das Interesse der Pflegekräfte in Deutschland an technischen Unterstützungsangeboten signifikant hoch ist (Pflegenetzwerk

Deutschland 2023). So befürworten 80 % der Pflegenden den Einsatz digitaler Hilfsmittel am Arbeitsplatz und 75 % die Einführung einer elektronischen Patientenakte. Dies verdeutlicht, dass die Entwicklung und das Angebot von digitalen sowie Smartphone-basierten Lösungen auf eine hohe Affinität stoßen.

Ein wesentlicher Grund für die Relevanz von Smartphone-Apps wie *PD-Assist* zur Erreichung der genannten Optimierungsziele liegt in der einfachen Datenerfassung über die in Smartphones integrierten Sensoren. Die Auswertung dieser Sensoren zur Optimierung der Behandlung kann jedoch praktisch nur durch ML-Systeme erfolgen, da die Individualität der Patienten sowie ihres alltäglichen Lebensumfeldes extrem ausgeprägt ist. Eine Datenverarbeitung ohne lernende Algorithmen wäre ausschließlich in einer reproduzierbaren Umgebung, d. h. im Laborbetrieb, möglich. ML-Methoden eröffnen somit die Möglichkeit einer langfristigen, lebensbegleitenden Analyse von Krankheitsverläufen.

Darüber hinaus bietet der Einsatz generativer KI, insbesondere großer Sprachmodelle, erweiterte Möglichkeiten für die Verwaltung von und die Interaktion mit Patientendaten. Wie bereits diskutiert, können sie als virtuelle Assistenten für medizinisches Fachpersonal fungieren und eine intuitive, natürlichsprachliche Schnittstelle zu Patientendaten und medizinischer Fachliteratur bieten. Insbesondere letzteres birgt großes Potenzial als begleitendes Werkzeug in der Patientenreise. Eine grundlegende Voraussetzung für die Realisierung der genannten Funktionen ist die umfassende digitale Erfassung von Patientendaten, die Medikation, sensorische Daten, Therapieprotokolle sowie Berichte von Ärzten und Pflegepersonal umfasst. Um valide Aussagen über die Parkinson-Erkrankung treffen zu können, ist darüber hinaus der Einsatz speziell trainierter Sprachmodelle erforderlich, die auf die Erkennung und Interpretation von Parkinson und verwandten Krankheitsbildern spezialisiert sind. Ein möglicher Ansatz wäre die Nutzung einer Modelltrainingsmethode, wie sie von Taori et al. beschrieben wird (Taori et al. 2023), die bereits im generellen Pflegekontext für das Sprachmodell Alpacare erfolgreich eingesetzt wird (Zhang et al. 2024). Die spezialisierte Anwendung von Sprachmodellen auf sehr konkrete Krankheitsbilder, darunter auch die Parkinson-Krankheit, bleibt jedoch bisher im Bereich der Forschung und steht noch nicht als etablierte Technik zur Verfügung.

### 11.5.2 Herausforderungen und Risiken im Praxiseinsatz

Den dargestellten Potenzialen einer KI-gestützten Smartphone-App stehen Hürden und Risiken bei der Nutzung gegenüber. Diese Hürden und Risiken ergeben sich aus den technischen Eigenschaften der verwendeten Hardware und der eingesetzten ML- und KI-Systeme. Sie wirken sich aber unmittelbar auf die Akzeptanz der Patienten und das Arzt-Patienten-Verhältnis aus. Sie müssen adressiert und berücksichtigt werden, um die eingangs skizzierten Chancen tatsächlich nutzen zu können.

**Interpretation und Akzeptanz** Obwohl Pflegekräfte digitalen Unterstützungswerkzeugen grundsätzlich positiv gegenüberstehen, bedeutet dies nicht, dass diese Technik uneingeschränkt akzeptiert wird. Einerseits müssen technische Lösungen in ihrer Funktionalität überzeugen und gut nachvollziehbar sein; andererseits ist die Akzeptanz der Patienten von zentraler Bedeutung. Zwar ist davon auszugehen, dass ein Großteil der Zielgruppe bereits Erfahrungen mit Smartphones gesammelt hat – in den USA besitzen beispielsweise etwa 85 % der Erwachsenen ein Smartphone, und rund 20 % verwenden eine Smartwatch oder einen Fitnesstracker (Esper et al. 2024) – jedoch zeigen qualitative Studien, dass Parkinson-Erkrankte Wearables oft als hinderlich empfinden, etwa aufgrund der Erfordernis regelmäßiger Batteriewechsel (Ozanne et al. 2018). Die erfolgreiche Nutzung mobiler Apps hängt zudem wesentlich vom kognitiven Zustand und der digitalen Kompetenz der Patientinnen und Patienten ab (Bendig et al. 2022).

Zudem weisen ML- und KI-gestützte technische Lösungen oft begrenzte Interpretierbarkeit auf, was die Nachvollziehbarkeit der Entscheidungen solcher Systeme erschwert. Insbesondere bei komplexen Modellen wie tiefen neuronalen Netzen kann es selbst für medizinisches Fachpersonal eine Herausforderung darstellen, die Funktionsweise dieser „Black Box"-Systeme vollständig zu verstehen. Diese Intransparenz betrifft jedoch nicht nur die Nutzer, sondern häufig auch die Entwickler solcher Systeme, die nicht immer genau nachvollziehen können, wie bestimmte Ergebnisse zustande kommen (Deutscher Ethikrat 2023).

In diesem Zusammenhang wird ein hohes Maß an Erklärbarkeit („Explainable AI") als grundlegende Voraussetzung für das Vertrauen und die Akzeptanz der Anwender angesehen. Der Deutsche Ethikrat betont, dass nur durch eine transparente Darstellung der Entscheidungswege eine verantwortungsvolle und nachhaltige Integration in das Gesundheitssystem gelingen kann. Idealerweise sollten potenzielle Nutzer bereits in die Entwicklung solcher Systeme einbezogen werden, da dies die Akzeptanz fördert und eine reibungslose, integrative Nutzung im späteren Versorgungsverlauf unterstützt (Hochmuth et al. 2020).

**Datenschutz- und Sicherheitsrisiko** Die kontinuierliche Erhebung und Verarbeitung personenbezogener Sensordaten sowie die Speicherung von Patientenakten stellen im digitalen Kontext erhebliche Herausforderungen hinsichtlich Datenschutz und Datensicherheit dar. Smartphones sind vielseitige, oft vernetzte Geräte, was bedeutet, dass eine Parkinson-App selten in einer vollständig abgeschotteten Umgebung betrieben wird. Vielmehr führt die Nutzung unterschiedlicher Apps und Dienste dazu, dass potenzielle Sicherheitslücken entstehen, über die unbefugte Zugriffe und Datenmissbrauch begünstigt werden können. Ein Verlust oder eine unautorisierte Verwendung dieser sensiblen Daten könnte schwerwiegende Folgen für die Privatsphäre und die Sicherheit der betroffenen Personen nach sich ziehen.

Zusätzlich birgt die Nutzung großer Sprachmodelle Missbrauchsrisiken durch den Nutzer ebenso wie auch Risiken gezielter externer Angriffe. Zu unterscheiden sind hier sogenannte Jailbreak- und Indirect Prompt Injection-Attacken. Jailbreak-Attacken umgehen programmierte Verhaltensweisen von Sprachmodellen durch geschickt formulierte Nutzereingaben (Wei et al. 2023). Gewünschte Verhaltensweisen, etwa die Einschränkung, dass sensible Informationen nur medizinischem Fachpersonal zugänglich sind, werden üblicherweise über Systemprompts festgelegt. Durch spezifische Nutzereingaben lässt sich diese Sicherheitsmaßnahme jedoch aushebeln, sodass Sprachmodelle unter Umständen vertrauliche Daten preisgeben oder unerwünschte Inhalte generieren, wie diskriminierende Aussagen. Indirect Prompt Injection-Angriffe richten sich hingegen explizit gegen RAG-Methoden (Greshake et al. 2023). Hierbei werden versteckte Befehle in Dokumente, etwa im digitalen „Dokumentenschrank" der App, eingebettet. Diese Befehle werden vom Sprachmodell unbemerkt ausgeführt, was Angreifer dazu nutzen können, Fehlinformationen, schädliche Inhalte oder Phishing-Links einzuschleusen, die für weitergehende Cyberangriffe genutzt werden können. Die Forschungsgemeinschaft arbeitet an Verteidigungsstrategien gegen solche Angriffe, doch bleibt die Effektivität dieser Maßnahmen gegenwärtig begrenzt („the efficacy of the current defense strategies remains largely inadequate") (Xu et al. 2024).

Daher ist es entscheidend, dass App-Nutzende umfassend über den Umgang mit ihren personenbezogenen Daten informiert sind und dass strenge datenschutzrechtliche Standards bei der Anwendung von Gesundheits-Apps gewahrt bleiben (Merz und Hübner 2022). Andernfalls „besteht die Gefahr, dass eine verstärkte Technisierung zu neuen Abhängigkeiten, zu mehr Überwachung, Datenmissbräuche und dem Verlust vieler (menschlicher) Kompetenz führt" (Hagemann 2017).

**Schleichender Kompetenzverlust** Ein schleichender Kompetenzverlust bei den Anwendern von ML- und KI-Systemen stellt ein ernstzunehmendes Risiko dar und wird in der Fachliteratur zunehmend als potenzielles Problem im Gesundheitswesen diskutiert (Deutscher Ethikrat 2023). Dabei wird dieser Effekt gerade durch den Erfolg und die Verlässlichkeit technischer Systeme verstärkt: Je präziser und hilfreicher ein technisches System ist, desto eher verlassen sich Menschen und eben auch Fachkräfte zunehmend – teils unreflektiert – auf seine Empfehlungen, anstatt sich auf ihre eigene Erfahrung und klinische Intuition zu verlassen (Reinmann 2023). Dieser Effekt – häufig als Automation Bias bezeichnet – führt aus zwei Gründen zu einem schleichenden Kompetenzverlust.

Zum einen kann die langfristige Abhängigkeit von KI-erzeugten Empfehlungen dazu führen, dass das Vertrauen der Fachkräfte in ihre eigenen diagnostischen Fähigkeiten schwindet, weil diese zunehmend weniger genutzt werden (Goddard et al. 2011; Sutton et al. 2018). Zum anderen besteht die Gefahr, dass im klinischen Alltag weniger Zeit für Aus- und Weiterbildungsmaßnahmen zur Verfügung steht, da KI-gestützte Systeme als verlässliche „Always-on"-Lösungen fungieren, deren Nutzung wenig Raum für den Erwerb oder die Vertiefung eigener Fachkenntnisse lässt (Sutton et al. 2018; Duran 2021).

Dieser schrittweise Verlust an Fachkompetenz kann im Extremfall zur Verletzung der Sorgfaltspflicht führen (Deutscher Ethikrat 2023). Deshalb ist eine regelmäßige und kritische Überprüfung der Ergebnisse automatisierter Systeme und KI-Verfahren unerlässlich, um dem Verlust klinischer Expertise entgegenzuwirken. Andernfalls ist eine geringere Resilienz gegenüber Systemausfällen oder technologischen Problemen die Folge.

**Zuverlässigkeit von KI-Systemen** ML- und KI-Systeme werden zunehmend leistungsstärker und präziser in ihren Auswertungen. Allerdings bleiben KI-Methoden einerseits abhängig von der Qualität, Quantität und Aktualität der zur Verfügung stehenden Trainingsdaten.

Die Qualität und Vielfalt der Trainingsdaten beeinflussen stark die Einsatzfähigkeit der Methoden. Werden Modelle auf unvollständigen oder nicht repräsentativen Datensätzen trainiert, können deren Ergebnisse verzerrt oder fehlerhaft sein. Werden Trainingsdaten, z. B. für eine Ganganalyse, ausschließlich in einer kontrollierten Laborumgebung erhoben, ist eine Übertragbarkeit in den Alltag der Patienten bei weitem nicht gewährleistet. Darüber hinaus kann eine Überrepräsentation von Personengruppen in den Trainingsdaten dazu führen, dass die Anwendung für unterrepräsentierte Gruppen nicht korrekt funktioniert. Sind beispielsweise fast ausschließlich Bewegungsdaten einer älteren Gruppe zum Anlernen des Systems vorhanden, werden sich Probleme in der Anwendung für jüngere Personengruppen manifestieren (Gianfrancesco et al. 2018), was direkt die Qualität der Behandlung beeinflussen wird.

Trainingsdaten für KI-Systeme stammen zudem aus einem zeitlich begrenzten Aufnahmefenster. Konzepte, die in diesem Zeitfenster nicht aufgenommen wurden, sind dem trainierten KI-System prinzipiell unbekannt. Abweichungen der Datenverteilung im realen Betrieb (bekannt als „Drift") können zusätzlich zu einem Leistungsverlust des KI-Systems führen (Hinder et al. 2024). Solche Abweichungen können durch Alterung und Defekte der Sensoren des Smartphones oder der Wearables (Beschleunigungssensoren, Mikrofon, Pulsmesser) hervorgerufen werden. Je nach Art der Alterung sind die Auswirkungen auf KI-Systeme nicht sofort, sondern erst nach längerer Zeit erkennbar, was in der Zwischenzeit zu Fehlanalysen bei Parkinson-Patienten führen kann.

Insbesondere generative große Sprachmodelle tendieren zu sogenannten Halluzinationen – das Erzeugen von Inhalten, die zwar plausibel erscheinen, jedoch faktisch falsch sind (Ji et al. 2023; Ouyang et al. 2022). Diese Fehlinformationen können für den Nutzer überzeugend wirken und sind oft schwer als solche zu erkennen, insbesondere wenn der Nutzer auf das Modell als zuverlässige Informationsquelle vertraut. Verschiedene Strategien wie Retrieval-Augmented Generation (RAG) sollen das Problem entschärfen, indem sie das Sprachmodell mit verifizierten externen Datenquellen unterstützen (Shuster et al. 2021; Gao et al. 2023). Dennoch bieten RAG-Methoden keinen vollständigen Schutz gegen Halluzinationen, da das Modell weiterhin probabilistisch seine Textantwort erstellt. Derzeit wird an externen Modellen geforscht, die Halluzinationen durch statistische Analyse der Ausgabe (Farquhar et al. 2024) oder durch Überprüfung der internen Modellparameter (z. B. Gewichte) (Xu et al. 2023) erkennen sollen, jedoch ist bislang keine Methode vollständig zuverlässig.

**Bias-Reproduktion, Framing-Effekte und Selbstbestätigung** Große Sprachmodelle werden in der Regel auf der Grundlage einer enormen Menge ungeprüfter Daten trainiert. Sie reproduzieren Stereotypen, falsche Darstellungen, abwertende und ausgrenzende Sprache und andere verunglimpfende Verhaltensweisen. Es ist hinreichend belegt, dass sich diese Voreingenommenheit (Bias) in den Ausgaben der Modelle widerspiegeln kann (Gallegos et al. 2024).

In der Forschung weniger beachtet, aber nicht weniger wichtig, ist die Verstärkung kognitiver Voreingenommenheiten durch die Verwendung von Sprachmodellen (Malberg et al. 2024). Große Sprachmodelle neigen häufig dazu, Antworten so zu formulieren, dass sie den Erwartungen des Benutzers entsprechen. Dadurch sind Sprachmodelle unter anderem anfällig für den Framing-Effekt, der wiederum eine Selbstbestätigung (engl. confirmation bias) beim Nutzer auslöst. Diese Verstärkung der eigenen Überzeugungen ist oft subtil und schwer zu erkennen. Nutzer können auf diese Weise unbeabsichtigt in ihren Vorurteilen oder subjektiven Ansichten bestärkt werden, was eine kritische Reflexion der Modellantworten erschwert.

### 11.5.3 Fazit

Bei allen Vorteilen und Chancen, die beim Einsatz von KI-Systemen im Gesundheitswesen unbestritten gesehen werden können, bleiben auch noch viele ungelöste Folgeerscheinungen und Risiken. Der Technikeinsatz im Rahmen eines Versorgungsprozesses bleibt nicht folgenlos. Beim Einsatz von technischen Systemen, insbesondere im Diagnostikprozess, treten erfahrungsgemäß Fragen bspw. zur Sicherheit und Genauigkeit auf. Ebenso sind Befürchtungen wie etwa, nicht mehr als Person wahrgenommen, sondern auf einen Datensatz reduziert zu werden, ernst zu nehmen und zu thematisieren. Das Vertrauen und damit die Compliance der Patienten in die Maßnahmen und Interventionen des Behandelnden tragen schließlich zu einem erfolgreichen Versorgungsprozess maßgeblich bei.

## 11.6 Schlussbetrachtung und nächste Schritte

Der vorliegende Beitrag thematisiert die Einsatzmöglichkeiten von Smartphone-Apps in der Versorgung von Parkinson-Patienten und deren potenziellen Mehrwert im Kontext einer nutzerzentrierten und sektorenübergreifenden Patientenversorgung. Dabei wird insbesondere der technologische Fortschritt durch ML- und KI-Systeme hervorgehoben, der sowohl Patienten als auch Fachkräften neue Wege in der Dokumentationsunterstützung, Sensordatenauswertung, Informationsaufbereitung und Kommunikation eröffnet.

Zu den zentralen Nutzungspotenzialen zählen die Unterstützung der Selbstpflege durch Medikationsmanagement, Therapieplanung und personalisierte Assistenzsysteme sowie die sektorenübergreifende Vernetzung der Behandler. Telemedizinische Funktionen ermöglichen eine schnelle und flexible Versorgung, insbesondere in ländlichen Regionen. ML-basierte Analysen von Bewegungs-, Sprach- und Schlafdaten sowie GenAI-basierte Assistenzsysteme eröffnen zudem neue Perspektiven für die Langzeitanalyse von Symptomdynamiken und die Optimierung therapeutischer Maßnahmen. Neben diesen Chancen wurden aber auch Hürden und Risiken identifiziert, insbesondere im Hinblick auf Akzeptanz, Datenschutz, Sicherheit und mögliche Kompetenzverluste durch den Einsatz KI-basierter Systeme.

Die auf den herausgearbeiteten Nutzungspotenzialen basierende Parkinson-App *PD-Assist* wird in Folgearbeiten im Rahmen qualitativer Untersuchungen mittels leitfadengestützter Fokusgruppeninterviews wissenschaftlich begleitet, um erste Evaluationsergebnisse hinsichtlich Verständlichkeit sowie Handhabbarkeit und Nutzbarkeit des digitalen Systems zu erhalten. Darauf aufbauend werden weitere klinische Studien folgen, um die Weiterentwicklung vor dem Hintergrund eines co-creativen Technologieentwicklungsprozesses fortzuführen und die Nutzerorientierung zu stärken. Parkinson-Apps im Allgemeinen und *PD-Assist* im Besonderen kristallisieren sich als probates mobiles Werkzeug zur Unterstützung einer erfolgreichen Patientenreise von Parkinson-Patienten im Parkinsonnetz Ostwestfalen-Lippe+ heraus. In weiteren gemeinsamen Arbeiten wird der interprofessionelle und intersektorale Ansatz zur Modernisierung komplexer Versorgungsstrukturen vertieft, mit dem Ziel ein Vorbildmodell für andere chronische Erkrankungen bzw. andere Regionen zu schaffen.

## Literatur

Abroms L. C., Padmanabhan N. & Evans W. D. (2012) Mobile phones for health communication to promote behavior change. In: eHealth applications. Promising strategies for behavior change. New York, N.Y., Routledge, pp. 147–166.

Armstrong M. J. & Okun M. S. (2020) Time for a New Image of Parkinson Disease, in: JAMA Neurology, 77(11):1345–1346. https://doi.org/10.1001/jamaneurol.2020.2412.

Barth J., Sünkel M., Bergner K., Schickhuber G., Winkler J., Klucken J. & Eskofier B. (2012) Combined analysis of sensor data from hand and gait motor function improves automatic recognition of Parkinson's disease. In: 2012 Annual International Conference of the IEEE Engineering in Medicine and Biology Society, 28.08.-01.09.2012, San Diego, CA, USA, Institute of Electrical and Electronics Engineers (IEEE), pp. 5122–5125.

Bendig J., Spanz A., Leidig J., Frank A., Stahr M., Reichmann H., Loewenbrück K. F. & Falkenburger B. H. (2022) Measuring the Usability of eHealth Solutions for Patients With Parkinson Disease: Observational Study, in: JMIR Form Res, 6(10):e39954. https://doi.org/10.2196/39954.

Bloem B. R., Eimers M., van Galen M. S., Munneke M. & Darweesh S. K. L. (2021) From trials to clinical practice: Temporal trends in the coverage of specialized allied health services for Parkinson's disease, in: European Journal of Neurology, 28(3):775–782. https://doi.org/10.1111/ene.14627.

Borghammer P. (2021) The α-Synuclein Origin and Connectome Model (SOC Model) of Parkinson's Disease: Explaining Motor Asymmetry, Non-Motor Phenotypes, and Cognitive Decline, in: Journal of Parkinson's Disease, 11(2):455–474. https://doi.org/10.3233/JPD-202481.

Brönneke J. B. & Debatin J. F. (2022) Digitalisierung im Gesundheitswesen und ihre Effekte auf die Qualität der Gesundheitsversorgung, in: Bundesgesundheitsblatt – Gesundheitsforschung – Gesundheitsschutz, 65(3):342–347. https://doi.org/10.1007/s00103-022-03493-3.

BMG (2023) Digitalisierungsstrategie. Bundesministerium für Gesundheit (BMG, Hrsg.), Online im Internet: https://www.bundesgesundheitsministerium.de/themen/digitalisierung/digitalisierungs-strategie.html, Abrufdatum: 15.11.2024.

BMG (2024) Datenschutz. Bundesministerium für Gesundheit (BMG, Hrsg.), Online im Internet: https://www.bundesgesundheitsministerium.de/datenschutz.html, Abrufdatum: 15.11.2024.

Clusmann J., Kolbinger F. R., Muti H. S., Carrero Z. I., Eckardt J.-N., Laleh N. G., Löffler C. M. L., Schwarzkopf S.-C., Unger M., Veldhuizen G. P., Wagner S. J. & Kather J. N. (2023) The future landscape of large language models in medicine, in: Communications Medicine, 3(1):141. https://doi.org/10.1038/s43856-023-00370-1.

Daniëls N. E. M., Hochstenbach L. M. J., van Zelst C., van Bokhoven M. A., Delespaul, P. A. E. G. & Beurskens, A. J. H. M. (2021) Factors That Influence the Use of Electronic Diaries in Health Care: Scoping Review, in: JMIR Mhealth Uhealth, 9(6):e19536. https://doi.org/10.2196/19536.

Deutscher Ethikrat (2023) Mensch und Maschine – Herausforderungen durch Künstliche Intelligenz. Deutscher Ethikrat (Hrsg.), Berlin. Online im Internet: https://www.ethikrat.org/publikationen/stellungnahmen/mensch-und-maschine/, Abrufdatum: 14.11.2024.

Dorsey E. R., Sherer T., Okun M. S. & Bloem B. R. (2018) The Emerging Evidence of the Parkinson Pandemic, in: Journal of Parkinson's Disease, 8(s1):S3–S8. https://doi.org/10.3233/JPD-181474.

Duran L. D. D. (2021) Deskilling of medical professionals: an unintended consequence of AI implementation?, in: Giornale di filosofia, 2(2):47–59.

Eggers C., Wellach I., Groppa S., Strothjohann M. & Klucken J. (2021) Care of patients with Parkinson's disease in Germany: status quo and perspectives as reflected in the digital transition, in: Der Nervenarzt, 92(6):602–610. https://doi.org/10.1007/s00115-020-01027-3.

Elkouzi A., Vedam-Mai V., Eisinger R. S. & Okun M. S. (2019) Emerging therapies in Parkinson disease – repurposed drugs and new approaches, in: Nature Reviews Neurology, 15(4):204–223. https://doi.org/10.1038/s41582-019-0155-7.

Esper C. D., Valdovinos B. Y. & Schneider R. B. (2024) The Importance of Digital Health Literacy in an Evolving Parkinson's Disease Care System, in: Journal of Parkinson's Disease, 14(s1):S181–S189. https://doi.org/10.3233/JPD-230229.

European Union (2024) Artificial Intelligence Act. European Union (Ed.), Online im Internet: https://eur-lex.europa.eu/eli/reg/2024/1689/oj, Abrufdatum: 15.11.2024.

Farquhar S., Kossen J., Kuhn L. & Gal Y. (2024) Detecting hallucinations in large language models using semantic entropy, in: Nature, 630(8017):625–630. https://doi.org/10.1038/s41586-024-07421-0.

Gallegos I. O., Rossi R. A., Barrow J., Tanjim M. M., Kim S., Dernoncourt F., Yu T., Zhang R. & Ahmed N. K. (2024) Bias and Fairness in Large Language Models: A Survey, in: Computational Linguistics, 50(3):1097–1179. https://doi.org/10.1162/coli_a_00524.

Gao Y., Xiong Y., Gao X., Jia K., Pan J., Bi Y., Dai Y., Sun J., Wang M. & Wang H. (2023) Retrieval-augmented generation for large language models: A survey, in: CoRR, abs/2312.10997. https://doi.org/10.48550/arXiv.2312.10997.

Gerlach M., Reichmann H., Riederer P., Dietmaier O., Götz W., Laux G. & Storch A. (2007) Die Parkinson-Krankheit. Grundlagen, Klinik, Therapie. Vienna, Springer Vienna.

Gianfrancesco M. A., Tamang S., Yazdany J. & Schmajuk G. (2018) Potential Biases in Machine Learning Algorithms Using Electronic Health Record Data, in: JAMA Internal Medicine, 178(11):1544–1547. https://doi.org/10.1001/jamainternmed.2018.3763.

Goddard K., Roudsari A. & Wyatt J. C. (2011) Automation bias -A hidden issue for clinical decision support system use, in: Studies in Health Technology and Informatics, 164:17–22.

Greshake K., Abdelnabi S., Mishra S., Endres C., Holz T. & Fritz M. (2023) Not What You've Signed Up For: Compromising Real-World LLM-Integrated Applications with Indirect Prompt Injection. In: Proceedings of the 16th ACM Workshop on Artificial Intelligence and Security. New York, NY, USA, Association for Computing Machinery, pp. 79–90.

Hagemann T. (2017) Digitalisierung und technische Assistenz im Sozial- und Gesundheitswesen. In: Hagemann T. (Hrsg.). Gestaltung des Sozial- und Gesundheitswesens im Zeitalter von Digitalisierung und technischer Assistenz. Baden-Baden, Nomos Verlag, S. 9–17.

Hinder F., Vaquet V. & Hammer B. (2024) One or two things we know about concept drift—a survey on monitoring in evolving environments. Part A: detecting concept drift, in: Frontiers in Artificial Intelligence, 7:1–20 https://doi.org/10.3389/frai.2024.1330257.

Hirata K., Högl B., Tan E. K. & Videnovic A. (2015) Sleep Problems in Parkinson's Disease, in: Parkinson's disease, 2015:507948. https://doi.org/10.1155/2015/507948.

Hochmuth A., Exner A.-K. & Dockweiler C. (2020) Implementierung und partizipative Gestaltung digitaler Gesundheitsinterventionen, in: Bundesgesundheitsblatt – Gesundheitsforschung – Gesundheitsschutz, 63(2):145–152. https://doi.org/10.1007/s00103-019-03079-6.

Höglinger G. U., Adler C. H., Berg D., Klein C., Outeiro T. F., Poewe W., Postuma R., Stoessl A. J. & Lang A. E. (2024) A biological classification of Parkinson's disease: The SynNeurGe research diagnostic criteria, in: The Lancet Neurology, 23(2):191–204. https://doi.org/10.1016/S1474-4422(23)00404-0.

Hopfner F., Höglinger G., Bähr M., Becktepe J., Berg D., Brockmann K., Ceballos-Baumann A., Claßen J., Deuschl C., Deuschl G., Dodel R., Ebersbach G., Eggers C., van Eimeren T., Fanciulli A., Fimm B., Folkerts A.-K., Gausepohl M., Hasan A., Hermann W., Hilker-Roggendorf R., Höllerhage M., Jost W., Kalbe E., Kassubek J., Klebe S., Klein C., Klietz M., Köglsperger T., Kühn A., Krack P., Krismer F., Kuhlenbäumer G., Levin J., Liepelt-Scarfone I., Lingor P., Loewenbrück K., Löhle M., Maaß S., Maetzler W., Menzel R., Meyer P. T., Mollenhauer B., Neumann M., Odin P., Outeiro T., Pötter-Nerger M., Reese R., Reetz K., Rieß O., Ruf V., Schneider A., Schrader C., Schnitzler A., Seppi K., Sixel-Döring F., Storch A., Tönges L., Walter U., Wächter T., Warnecke T., Wegner F., Winkler C., Witt K., Woitalla D., Zeuner K., Trenkwalder C. & German Parkinson's Guidelines Group (2024) Definition and diagnosis of Parkinson's disease: guideline "Parkinson's disease" of the German Society of Neurology, in: Journal of Neurology, 271(11):7102–7119. https://doi.org/10.1007/s00415-024-12687-5.

Ji Z., Lee N., Frieske R., Yu T., Su D., Xu Y., Ishii E., Bang Y. J., Madotto A. & Fung P. (2023) Survey of Hallucination in Natural Language Generation, in: ACM Comput. Surv., 55(12):1–38. https://doi.org/10.1145/3571730.

Khodakarami H., Ricciardi L., Contarino M. F., Pahwa R., Lyons K. E., Geraedts V. J., Morgante F., Leake A., Paviour D., Angelis A. de & Horne M. (2019) Prediction of the Levodopa Challenge Test in Parkinson's Disease Using Data from a Wrist-Worn Sensor, in: Sensors, 19(23):5153. https://doi.org/10.3390/s19235153.

Kleppmann M., Wiggins A., van Hardenberg P., McGranaghan M. (2019) Local-first software: you own your data, in spite of the cloud. In: Proceedings of the 2019 ACM SIGPLAN International Symposium on New Ideas, New Paradigms, and Reflections on Programming and Software. New York, NY, USA, Association for Computing Machinery, pp. 154–178.

Lee J., Yeom I., Chung M. L., Kim Y., Yoo S. & Kim E. (2022) Use of Mobile Apps for Self-care in People With Parkinson Disease: Systematic Review, in: JMIR Mhealth Uhealth, 10(1):e33944. https://doi.org/10.2196/33944.

Lewis P., Perez E., Piktus A., Petroni F., Karpukhin V., Goyal N., Küttler H., Lewis M., Yih W., Rocktäschel T., Riedel S. & Kiela D. (2020) Retrieval-Augmented Generation for Knowledge-Intensive NLP Tasks. In: Larochelle H., Ranzato M., Hadsell R., Balcan M. F. & Lin H. (Hrsg.). Advances in Neural Information Processing Systems 33 (NeurIPS 2020). Curran Associates, Inc, Red Hook, NY, USA, pp. 9459–9474.

Li A., Del Olmo M. G., Fong M., Sim K., Lymer S. J., Cunich M. & Caterson I. (2021) Effect of a smartphone application (Perx) on medication adherence and clinical outcomes: a 12-month randomised controlled trial, in: BMJ Open, 11(8):1–11. https://doi.org/10.1136/bmjopen-2020-047041.

Malberg S., Poletukhin R., Schuster C. M. & Groh G. (2024) A Comprehensive Evaluation of Cognitive Biases in LLMs, in: CoRR, abs/2410.15413. https://doi.org/10.48550/arXiv.2410.15413.

Matzka S. (2021) Grundlagen. In: Matzka S. (Hrsg.), Künstliche Intelligenz in den Ingenieurwissenschaften: Maschinelles Lernen verstehen und bewerten. Wiesbaden, Springer Fachmedien Wiesbaden, S. 1–19.

McBride C. M., Morrissey E. C. & Molloy G. J. (2020) Patients' Experiences of Using Smartphone Apps to Support Self-Management and Improve Medication Adherence in Hypertension: Qualitative Study, in: JMIR Mhealth Uhealth, 8(10):e17470. https://doi.org/10.2196/17470.

Merz D. & Hübner J. (2022) Bessere Medizin? Künstliche Intelligenz verantwortlich gestalten. In: Pfannstiel M. A. (Hrsg.). Künstliche Intelligenz im Gesundheitswesen; Entwicklungen, Beispiele und Perspektiven. Wiesbaden, Springer Gabler Verlag, S. 253–283.

Meskó B. & Topol E. J. (2023) The imperative for regulatory oversight of large language models (or generative AI) in healthcare, in: npj Digital Medicine, 6(1):120. https://doi.org/10.1038/s41746-023-00873-0.

Nijhuis F. A., Esselink R., Bie R. M. de, Groenewoud H., Bloem B. R., Post B. & Meinders M. J. (2021) Translating Evidence to Advanced Parkinson's Disease Patients: A Systematic Review and Meta-Analysis, in: Movement Disorders, 36(6):1293–1307. https://doi.org/10.1002/mds.28599.

Ouyang L., Wu J., Jiang X., Almeida D., Wainwright C. L., Mishkin P., Zhang C., Agarwal S., Slama K., Ray A., Schulman J., Hilton J., Kelton F., Miller L., Simens M., Askell A., Welinder P., Christiano P., Leike J. & Lowe R. (2022) Training language models to follow instructions with human feedback. In: Koyejo S., Mohamed S., Agarwal A. Belgrave D., Cho K. & Oh A. (Hrsg.). Advances in Neural Information Processing Systems 35 (NeurIPS 2022). Curran Associates, Inc, Red Hook, NY, USA, pp. 27730–27744.

Ozanne A., Johansson D., Hällgren Graneheim U., Malmgren K., Bergquist F. & Alt Murphy M. (2018) Wearables in epilepsy and Parkinson's disease—A focus group study, in: Acta Neurologica Scandinavica, 137(2):188–194. https://doi.org/10.1111/ane.12798.

Pfannstiel M. A. (Hg.) (2022) Künstliche Intelligenz im Gesundheitswesen; Entwicklungen, Beispiele und Perspektiven. Wiesbaden, Springer Gabler Verlag.

Pflegenetzwerk Deutschland (2023) Studie zur Arbeitsplatzsituation in der Akut- und Langzeitpflege. Pflegenetzwerk Deutschland (Hrsg.), Online im Internet: https://pflegenetzwerk--deutschland.de/themen-von-a-z/thema-arbeitsplatzstudie, Abrufdatum: 15.11.2024.

PNOWL+ (2024) Parkinsonnetz OstwestfalenLippe+. PNOWL+ (Hrsg.), Online im Internet: https://www.pnowlp.de/, Abrufdatum: 15.11.2024.

Poewe W., Seppi K., Tanner C. M., Halliday G. M., Brundin P., Volkmann J., Schrag A.-E. & Lang A. E. (2017) Parkinson disease, in: Nature Reviews Disease Primers, 3(1):17013. https://doi.org/10.1038/nrdp.2017.13.

Rajan R., Brennan L., Bloem B. R., Dahodwala N., Gardner J., Goldman J. G., Grimes D. A., Iansek R., Kovács N., McGinley J., Parashos S. A., Piemonte M. E. & Eggers C. (2020) Integrated Care in Parkinson's Disease: A Systematic Review and Meta-Analysis, in: Movement Disorders, 35(9):1509–1531. https://doi.org/10.1002/mds.28097.

Reinmann G. (2023) Deskilling durch Künstliche Intelligenz? Potenzielle Kompetenzverluste als Herausforderung für die Hochschuldidaktik. Hochschulforumdigitalisierung (Hrsg.), Online im Internet: https://hochschulforumdigitalisierung.de/news/diskussionspapier-deskilling-durch-kuenstliche-intelligenz/, Abrufdatum: 14.11.2024.

Rossmann C. & Krömer N. (2016) mHealth in der medizinischen Versorgung, Prävention und Gesundheitsförderung. In: Fischer F., Krämer A. (Hrsg.). eHealth in Deutschland: Anforderungen und Potenziale innovativer Versorgungsstrukturen. Berlin, Springer Verlag, S. 441–456.

Sajal M. S. R., Ehsan M. T., Vaidyanathan R., Wang S., Aziz T. & Mamun K. A. A. (2020) Telemonitoring Parkinson's disease using machine learning by combining tremor and voice analysis, in: Brain Informatics, 7(1):12. https://doi.org/10.1186/s40708-020-00113-1.

Schalling E., Johansson K. & Hartelius L. (2018) Speech and Communication Changes Reported by People with Parkinson's Disease, in: Folia Phoniatrica et Logopaedica, 69(3):131–141. https://doi.org/10.1159/000479927.

Schlachetzki J. C. M., Barth J., Marxreiter F., Gossler J., Kohl Z., Reinfelder S., Gassner H., Aminian K., Eskofier B. M., Winkler J. & Klucken J. (2017) Wearable sensors objectively measure gait parameters in Parkinson's disease, in: PLOS ONE, 12(10):1–18. https://doi.org/10.1371/journal.pone.0183989.

Shuster K., Poff S., Chen M., Kiela D. & Weston J. (2021) Retrieval Augmentation Reduces Hallucination in Conversation, in: CoRR, abs/2104.07567. https://doi.org/10.48550/arXiv.2104.07567.

Sigcha L., Pavón I., Costa N., Costa S., Gago M., Arezes P., López J. M. & Arcas G. de (2021) Automatic Resting Tremor Assessment in Parkinson's Disease Using Smartwatches and Multitask Convolutional Neural Networks, in: Sensors, 21(1):291. https://doi.org/10.3390/s21010291.

Simuni T., Chahine L. M., Poston K., Brumm M., Buracchio T., Campbell M., Chowdhury S., Coffey C., Concha-Marambio L., Dam T., DiBiaso P., Foroud T., Frasier M., Gochanour C., Jennings D., Kieburtz K., Kopil C. M., Merchant K., Mollenhauer B., Montine T., Nudelman K., Pagano G., Seibyl J., Sherer T., Singleton A., Stephenson D., Stern M., Soto C., Tanner C. M., Tolosa E., Weintraub D., Xiao Y., Siderowf A., Dunn B. & Marek K. (2024) A biological definition of neuronal α-synuclein disease: towards an integrated staging system for research, in: The Lancet Neurology, 23(2):178–190. https://doi.org/10.1016/S1474-4422(23)00405-2.

Skorvanek M. & Bhatia K. P. (2017) The Skin and Parkinson's Disease: Review of Clinical, Diagnostic, and Therapeutic Issues, in: Movement Disorders Clinical Practice, 4(1):21–31. https://doi.org/10.1002/mdc3.12425.

Stangl S., Haas K., Eggers C., Reese J.-P., Tönges L. & Volkmann J. (2020) Versorgung von Parkinson-Patienten in Deutschland, in: Der Nervenarzt, 91(6):493–502. https://doi.org/10.1007/s00115-020-00890-4.

Stocchi F., Bravi D., Emmi A. & Antonini A. (2024) Parkinson disease therapy: current strategies and future research priorities, in: Nature Reviews Neurology, 20:695–707. https://doi.org/10.1038/s41582-024-01034-x.

Sutton S. G., Arnold V. & Holt M. (2018) How Much Automation Is Too Much? Keeping the Human Relevant in Knowledge Work, in: Journal of Emerging Technologies in Accounting, 15(2):15–25. https://doi.org/10.2308/jeta-52311.

Taori R., Gulrajani I., Zhang T., Dubois Y., Li X., Guestrin C., Liang P. & Hashimoto T. B. (2023) Stanford Alpaca: An Instruction-following LLaMA model. Online im Internet: https://github.com/tatsu-lab/stanford_alpaca, Abrufdatum: 14.11.2024.

Thirunavukarasu A. J., Ting D. S. J., Elangovan K., Gutierrez L., Tan T. F. & Ting D. S. W. (2023) Large language models in medicine, in: Nature Medicine, 29(8):1930–1940. https://doi.org/10.1038/s41591-023-02448-8.

Thomas I., Westin J., Alam M., Bergquist F., Nyholm D., Senek M. & Memedi M. (2018) A Treatment-Response Index From Wearable Sensors for Quantifying Parkinson's Disease Motor States, in: IEEE Journal of Biomedical and Health Informatics, 22(5):1341–1349. https://doi.org/10.1109/JBHI.2017.2777926.

Timpel P., Tesch F., Müller G., Lang C., Schmitt J., Themann P., Hentschker-Ott U., Falkenburger B. & Wolz M. (2022) Versorgungssituation von Parkinson-Patienten in Sachsen, in: Der Nervenarzt, 93(12):1206–1218. https://doi.org/10.1007/s00115-022-01273-7.

Wei A., Haghtalab N. & Steinhardt J. (2023) Jailbroken: How Does LLM Safety Training Fail? In: Oh A., Naumann T., Globerson A., Saenko K., Hardt M. & Levine S. (Hrsg.). Advances in Neural Information Processing Systems 36 (NeurIPS 2023). Curran Associates, Inc, Red Hook, NY, USA, pp. 80079–80110.

Weise D., Claus I., Dresel C., Kalbe E., Liepelt-Scarfone I., Lorenzl S., Redecker C. & Urban P. P. (2024) Multidisciplinary care in Parkinson's disease, in: Journal of Neural Transmission, 131(10):1217–1227. https://doi.org/10.1007/s00702-024-02807-w.

Xu W., Agrawal S., Briakou E., Martindale M. J. & Carpuat M. (2023) Understanding and Detecting Hallucinations in Neural Machine Translation via Model Introspection, in: Transactions of the Association for Computational Linguistics, 11:546–564. https://doi.org/10.1162/tacl_a_00563.

Xu Z., Liu Y., Deng G., Li Y. & Picek S. (2024) A Comprehensive Study of Jailbreak Attack versus Defense for Large Language Models, in: CoRR, abs/2402.13457. https://doi.org/10.48550/arXiv.2402.13457.

Ypinga J. H. L., Vries N. M. d., Lieke H. H. M. Boonen, Koolman X., Munneke M., Zwinderman A. H. & Bloem B. R. (2018) Effectiveness and costs of specialised physiotherapy given via ParkinsonNet: A retrospective analysis of medical claims data, in: The Lancet Neurology, 17(2):153–161. https://doi.org/10.1016/S1474-4422(17)30406-4.

Zentrale Ethikkommission bei der Bundesärztekammer (2021) Jahresbericht 2021 der Zentralen Kommission zur Wahrung ethischer Grundsätze in der Medizin und ihren Grenzgebieten bei der Bundesärztekammer (Zentrale Ethikkommission) in der 9. Amtsperiode 2019 – 2022. Zentrale Ethikkommission bei der Bundesärztekammer (Hrsg.), Online im Internet: https://www.zentrale-ethikkommission.de/fileadmin/user_upload/zentrale-ethikkommission/Jahresberichte/ZEKO_Jahresbericht_2021.pdf, Abrufdatum: 15.11.2024.

Zhang X., Tian C., Yang X., Chen L., Li Z. & Petzold L. R. (2024) AlpaCare:Instruction-tuned Large Language Models for Medical Application, in: CoRR, abs/2310.14558. https://doi.org/10.48550/arXiv.2310.14558.

**Christoph-Alexander Holst, M.Sc.,** ist Executive Board Member des Instituts für industrielle Informationstechnik (inIT) und Forschungsgruppenleiter der Arbeitsgruppe Diskrete Systeme (Bildverarbeitung und Mustererkennung, Sensor- und Informationsfusion). Er absolvierte sein Masterstudium im internationalen Studiengang Information Technology an der Hochschule Ostwestfalen-Lippe. Derzeit arbeitet er an seiner Promotion in Kooperation mit dem Fachgebiet Technische Informatik an der Brandenburgischen Technischen Universität Cottbus-Senftenberg. Seine Forschungsschwerpunkte sind Methoden der Informationsfusion, Maschinelle Lernsysteme und Künstliche Intelligenz im Kontext ressourcenbeschränkter Systeme und knapper Daten. Im Rahmen des Parkinsonnetzes OWL+, dessen Gründungsmitglied er ist, arbeitet Christoph-Alexander Holst an der Konzeption und Entwicklung KI-basierter mobiler Anwendungen.

**Frauke Wiegräbe, M.A.,** ist wissenschaftliche Mitarbeiterin am Institut für industrielle Informationstechnik (inIT). Sie studierte nach der abgeschlossenen Ausbildung zur Physiotherapeutin „Management für Gesundheits- und Pflegeberufe“ an der Hochschule Bielefeld und „Management von Gesundheits- und Sozialeinrichtungen“ an der Technischen Universität Kaiserslautern und der Universität Witten/Herdecke. Frau Wiegräbe arbeitete in verschiedenen Forschungsprojekten wie der „Projektwerkstatt Gesundheit 4.0“ an der Hochschule Bielefeld im Institut für Bildungs- und Versorgungsforschung (InBVG) und ist seit 2019 in der Arbeitsgruppe Diskrete Systeme (Bildverarbeitung und Mustererkennung, Sensor- und Informationsfusion) am inIT tätig. Ihr Forschungsinteresse fokussiert sich auf die Bedarfe und Bedürfnisse von professionellen Akteuren und pflegenden Angehörigen im Rahmen des partizipativen Technikentwicklungsprozesses. Frauke Wiegräbe ist ebenfalls Gründungsmitglied des Parkinsonnetz OWL+.

**Prof. Dr. Christoph Redecker** ist Direktor der Universitätsklinik für Neurologie und Neurogeriatrie am Klinikum Lippe und Gründer der Neuropraxis Detmold. Er beschäftigt sich seit vielen Jahren mit der sektorenübergreifenden Versorgung von Menschen mit chronischen neurologischen Erkrankungen wie dem Morbus Parkinson, Demenzen und Folgen von Schlaganfällen. Er hat zahlreiche Untersucher-initiierte Studien geleitet und mit entwickelt. Zu seinen Forschungsschwerpunkten gehören u. a. morphologische Biomarker der Parkinson-Erkrankung, neue Therapieansätze und die interprofessionelle Versorgung von Menschen mit Parkinson. Aus diesem Grund hat er 2023 das Parkinsonnetz OWL+ aufgebaut. Er ist Mitglied in verschiedenen Fachgesellschaften, insbesondere in der AG Netzwerke & digitale Versorgung der Deutschen Parkinson Gesellschaft. Seit 2024 ist er Professor für transsektorale Neurologie an der Medizinischen Fakultät OWL der Universität Bielefeld.

**Prof. Dr. Volker Lohweg** ist Executive Board Member des Instituts für industrielle Informationstechnik (inIT), dessen Leiter er von 2017 bis 2024 war. Er forscht seit 2004 in seiner Arbeitsgruppe Diskrete Systeme (Bildverarbeitung und Mustererkennung, Sensor- und Informationsfusion) u. a. an Themenkreisen der Künstlichen Intelligenz und Maschinellem Lernen im Kontext von Medizin- und Gesundheitstechnologien mit ca. 15 wissenschaftlichen Mitarbeitenden. Derzeitiger Fokus im Rahmen von e-Health-Anwendungen ist die Forschung an Smart Devices zum Patiententracking, u. a. die Parkinson-App *PD-Assist.* Volker Lohweg ist auch Gründungsmitglied des Parkinsonnetz OWL+. Zusammen mit einem Kollegen ist er Studiengangssprecher für den Bachelorstudiengang Medizin- und Gesundheitstechnologie und den Forschungsmaster smartHealth Sciences. Lohweg ist Senior Member des IEEE Signal Processing und Lebenszeit-Senior-Member des SPIE.

# Generatives Produktdesign orthopädischer Hilfsmittel: Potenziale und Herausforderungen von KI im Produktentwicklungsprozess

# 12

Diana Völz, Julia Schneider und Stefan Resch

## Inhaltsverzeichnis




D. Völz (✉) · J. Schneider · S. Resch
Fachbereich 2: Informatik und Ingenieurwissenschaften, Frankfurt University of Applied Sciences, Frankfurt am Main, Deutschland
E-Mail: diana.voelz@fra-uas.de; julia.schneider@fra-uas.de; stefan.resch@fra-uas.de







M. A. Pfannstiel (Hrsg.), *Künstliche Intelligenz im Einsatz für die erfolgreiche Patientenreise*, https://doi.org/10.1007/978-3-658-48573-3_12

**Zusammenfassung**

Die Entwicklung orthopädischer Fußorthesen ist ein komplexer Prozess, der mit konventionellen Ansätzen häufig zeit- und ressourcenintensiv ist. Die Integration Künstlicher Intelligenz (KI) bietet neue Möglichkeiten, Designprozesse effizienter zu gestalten, Entwicklungszeiten zu verkürzen und individuelle Lösungen zu entwickeln. In diesem Beitrag werden Möglichkeiten aus Sicht der Produktentwicklung betrachtet, KI-Methoden gezielt in der Konzept-, Entwurfs- und Fertigungsphase von Fußorthesen einzusetzen. Dabei werden KI-gestützte Methoden vorgestellt, wie z. B. die Bildgenerierung für ästhetische Designoptionen. Dies könnte den partizipativen Entwicklungsansatz stärken und die Patientenakzeptanz des Hilfsmittels erhöhen. Eine KI-gestützte Produktentwicklung durch generative Designfunktionen in Computer-Aided Design (CAD)-Systemen führt zudem zu mehr Produktpersonalisierung. Neben den Potenzialen dieser Ansätze werden Limitationen und Herausforderungen bei der Implementierung von KI-Methoden in das Gesundheitswesen diskutiert.

## 12.1 Einleitung

In der konventionellen Entwicklung von orthopädischen Einlagen basieren Entwurfsentscheidungen häufig auf Erfahrungswerten und handwerklich geprägten Arbeitsprozessen. Diese sind meist zeitaufwändig und ressourcenintensiv. Eine Automatisierung des gesamten Prozesses ist nur schwer möglich. Wünschenswert wäre, dass diese technischen Hilfsmittel neben technischen Anforderungen (wie stützen, entlasten oder dämpfen), auch ästhetische und nutzerzentrierte Perspektiven berücksichtigen, um eine hohe Nutzerakzeptanz zu gewährleisten. Zwar hat der Einsatz von 3D-Druck und moderner Computer-Aided Design (CAD)-Software bereits Fortschritte in der Orthopädietechnik ermöglicht, dennoch könnten systematische Ansätze zur Integration von Nutzeranforderungen und zur automatisierten Gestaltungsoptimierung die Potenziale der Digitalisierung noch besser nutzen. Im Gesundheitswesen stehen jedoch vor allem Effizienz und

Kosteneffektivität bei der Entwicklung und Herstellung orthopädischer Hilfsmittel im Fokus.

Die Anwendung von Methoden der Künstlichen Intelligenz (KI) hat sich in anderen medizinischen Bereichen bereits als hilfreiches Werkzeug erwiesen, um schnelle Antworten auf komplexe Fragen zu erhalten. Im Gesundheitswesen wird KI beispielsweise schon jetzt prädiktiv eingesetzt, indem große Datenmengen zur Modellierung umfangreicher Nutzungs- und Entscheidungsprozesse herangezogen werden. Hier bietet KI einen großen Mehrwert für die Gesundheitsversorgung von Erkrankten (Oren et al. 2020).

Die Integration von KI in den Produktentwicklungsprozess könnte unterstützen, indem sie Designvarianten effizient und automatisiert generiert und somit den Prozess in der Orthopädietechnik insgesamt optimiert. Eine sprachverarbeitende oder eine entscheidungsunterstützende KI kann bereits in frühen Phasen der Produktentwicklung eingesetzt werden, beispielsweise zur Spezifikation von Zieldefinitionen und Anforderungen. Weiteres Potenzial bietet ein möglicher Einsatz von KI bei der Gestaltung und Entwicklung von Produkten, insbesondere in der Konzept- und Entwurfsphase zur Generierung neuer Lösungsvarianten. Das Beispielprodukt „Fußorthese", worunter Orthesen mit Schaft und orthopädischen Einlagen fallen, bietet dabei spannende Anknüpfungspunkte für eine KI-unterstützte Produktentwicklung. Fußorthesen müssen individuell durch Freiformflächen an die anatomischen Bedürfnisse angepasst werden und dabei sowohl technische und funktionale Anforderungen als auch ästhetische Aspekte berücksichtigen.

Ziel dieses Beitrags ist es, Potenziale, Herausforderungen und Limitationen des Einsatzes von KI im Produktentwicklungsprozess am Beispiel orthopädischer Fußorthesen aufzuzeigen. Dabei wird betrachtet, wie KI-Werkzeuge in die verschiedenen Phasen der Produktentwicklung integriert werden können, um mögliche Effizienzsteigerungen und Kosteneinsparungen zu erreichen. Im Folgenden wird dafür zunächst die allgemeine Vorgehensweise beim methodischen Entwickeln von Produkten beschrieben. Auch auf den konventionellen Entwicklungs- und Herstellungsprozess von Fußorthesen wird eingegangen. Anschließend werden verschiedene KI-Methoden definiert und eingeordnet. Anhand konkreter Anwendungsbeispiele wird der mögliche Einsatz von KI-Werkzeugen in den einzelnen Aktivitäten des Produktentwicklungsprozesses vorgestellt. Dies umfasst die Bildgenerierung im Orthesen-Designprozess sowie generative Designmethoden in CAD-Systemen. Abschließend werden die Limitationen und Herausforderungen für die Einbindung von KI in die jeweiligen Prozessschritte diskutiert und ein Ausblick auf mögliche zukünftige Entwicklungen gegeben.

## 12.2 Methodische Unterstützung im Produktentwicklungsprozess durch KI

Der herkömmliche Produktentwicklungsprozess ist ein formaler Prozess, der aus sequenziellen und teilweise parallelisierten Arbeitsschritten besteht. Dabei müssen alle technischen Anforderungen sowie die Kundenwünsche umfassend betrachtet und abgewogen werden, um bestmögliche Lösungen zu entwickeln. Das Spannungsfeld zwischen Funktionalität und Design stellt hierbei eine zentrale Herausforderung dar. KI-Methoden könnten diesen Prozess sinnvoll unterstützen, wenn sie direkt in die einzelnen Phasen des Produktentwicklungsprozesses integriert würden. Dadurch könnte Entwicklungszeit eingespart werden, und gleichzeitig ließe sich ein Mehrwert schaffen, der die Akzeptanz bei den Nutzenden erhöht. Aus diesem und weiteren Gründen ist die Integration von KI-Methoden in den Produktentwicklungsprozess zurzeit ein branchenübergreifendes Thema (Gerschütz et al. 2023).

### 12.2.1 Vorgehensweisen beim methodischen Entwickeln von Produkten

Durch den Produktentwicklungsprozess entsteht ein marktfähiges Produkt auf Basis der zuvor definierten Ziele und Anforderungen, „die im Lauf des Prozesses kontinuierlich weiterentwickelt und iterativ angepasst werden" (Verein Deutscher Ingenieure e.V. 2019, S. 8). Der Prozess umfasst alle notwendigen Phasen: von der Produktdefinition über die Produktplanung und -konzeption sowie die Konstruktion bis hin zur Entwicklung (vgl. Abb. 12.1).

Ziel der Produktentwicklung ist es, die Wünsche und Bedürfnisse der Nutzenden bei der Lösung eines technischen Problems bestmöglich zu berücksichtigen und dabei die geltenden Gesetze, Normen und Richtlinien einzuhalten (Ehrlenspiel und Meerkamm 2017). Wird die Produktentstehung als Prozess betrachtet, wird der Entwicklungsprozess um die Phase der Herstellung ergänzt (vgl. Abb. 12.1). Das fertige Produkt repräsentiert dann das Ergebnis der Produktentwicklung. Die Phasen der Produktentwicklung werden zyklisch durchlaufen, ein iteratives Vor- und Zurückspringen ist jederzeit möglich. Dabei ist nicht jeder Produktent-

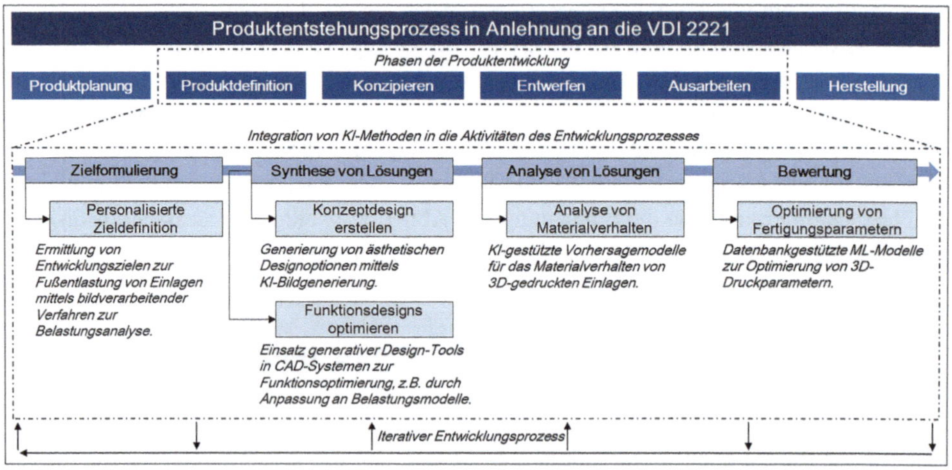


**Abb. 12.1** Phasenmodell des iterativen Entwicklungsprozesses in der Produktentwicklung in Anlehnung an die VDI 2221. (Quelle: Eigene Darstellung 2024)

wicklungsprozess analog aufgebaut. Eine zentrale Frage ist wiederkehrend, nämlich, in welchem Kontext die Entwicklung stattfindet. Der Kontext und die Anforderungen an das Produkt geben den Rahmen vor, u. a. auch, ob eine funktionale oder designorientierte Entwicklung im Vordergrund steht. Innerhalb jeder Phase durchläuft der Produktentwicklungsprozess wiederkehrende Aktivitäten, bis die vermeintlich optimale Lösung gefunden ist. Zu den Aktivitäten gehören nach VDI 2221 (Verein Deutscher Ingenieure e.V. 2019): die Situationsanalyse (a), die Zielformulierung (b), die Synthese von Lösungen (c), die Analyse von Lösungen (d) sowie die anschließende Bewertung (e) und Entscheidung (f). In diesen Aktivitäten kann eine Verwendung von KI-Werkzeugen Unterstützung bieten (vgl. Abb. 12.1). Mögliche Werkzeuge werden in den folgenden Kapiteln genauer erläutert.

### 12.2.2 Einteilung der KI-Verfahren

Menschliche Intelligenz zeichnet sich im Wesentlichen dadurch aus, dass sie neue, bisher unbekannte Handlungsoptionen, Ereignisse und Gedankengänge erschließen kann (Monett et al. 2020). KI hingegen generalisiert Muster aus aufgezeichneten Daten, die dann auf neue Probleme angewendet werden können. Hierbei nutzt sie eine breite Palette von Algorithmen, Methoden und Technologien.

Ein spezieller Teilbereich von KI ist die generative KI. Sie ist in der Lage, neue Inhalte zu generieren. Verwendung finden hier sowohl sprach- als auch bildverarbeitende Systeme, aber auch das Generative Design in CAD-Systemen zur Erstellung von 3D-Modellen. Das Training der Modelle der generativen KI erfolgt über das sognannte Deep Learning (DL). DL ist eine Methode des Maschinellen Lernens (ML), das wiederum nur einen Teilbereich der KI abdeckt. ML integriert eine Vielzahl von Algorithmen, wie z. B. Entscheidungsbäume, neuronale Netze oder Support Vector Machines, für verschiedene Aufgaben, wie zur Klassifikation, zur Regression und zum Clustering. Beim DL werden hauptsächlich mehrschichtige künstliche neuronale Netze trainiert, um komplexe Muster in großen Datensätzen zu erkennen und Entscheidungen zu treffen (Russell und Norvig 2022).

Sprachverarbeitende KI integriert das Natural Language Processing (NLP)-Modell. Es umfasst ein breiteres Spektrum von Aufgaben, einschließlich Textverstehen, -generierung und -analyse. Ein Typ sprachverarbeitender KI ist die Conversational KI. Hierunter fallen Systeme, die auf natürlichen Dialogen oder Gesprächen basieren, wie Chatbots (Russell und Norvig 2022).

Bildverarbeitende KI-Werkzeuge hingegen integrieren beispielsweise Convolutional Neural Networks (CNNs)-Verfahren, die in der Lage sind, visuelle Merkmale zu erkennen, indem sie verschiedene Schichten von Filtern verwenden, die Bildmerkmale wie Kanten, Texturen oder Formen erkennen (Russell und Norvig 2022). Anwendung findet dieses Verfahren in der Medizintechnik, z. B. zum Detektieren von Anomalien oder aber für medizinische Diagnosen (Oren et al. 2020). Ein Generative Adversarial Network (GAN) ist ein weiteres Verfahren der bildverarbeitenden KI. Das Verfahren wird genutzt, um Bilder zu generieren, indem zwei neuronale Netze gegeneinander arbeiten, ein Generator und ein

Diskriminator (Russell und Norvig 2022). Die Bildgenerierung erfolgt auf Basis von Textbeschreibungen oder durch die Weiterentwicklung vorhandener visueller Vorlagen. Damit erhalten Designer die Möglichkeit, schnell und effizient neue Lösungen zu visualisieren.

Generative Designmethoden basieren auf den Grundlagen der Strukturoptimierung und Bionik. Durch die Strukturoptimierung werden Bauteile auf Basis bestehender technischer Randbedingungen so ausgelegt gestaltet, dass sie im Ergebnis so leicht wie möglich sind. Bionik ist eine Wissenschaft, die die Prinzipien und Strukturen der Natur erforscht, um sie für technische und innovative Lösungen zu nutzen. Die Topologieoptimierung ist ein mathematischer Ansatz, der die Materialverteilung innerhalb eines gegebenen Designraums optimiert. In Verbindung mit der Finite-Elemente-Methode (FEM; numerisches Näherungsverfahren zur Lösung bzw. Simulation komplexer physikalischer Aufgabenstellungen; ein klassisches Anwendungsgebiet ist die Simulation der Bewegung, Deformation und Beanspruchung mechanischer Problemstellungen (Knothe und Wessels 2017)) wird der optimale Kraftfluss innerhalb eines Bauteils ermittelt. Dies basiert auf vordefinierten Parametern, wie Größe, Form, Kräften, Lasten und Bewegungen. Auf diese Weise wird eine Struktur geschaffen, die bestimmten Belastungen standhält und gleichzeitig Material spart (Bendsøe und Sigmund 2004; May 2020). Genetische Algorithmen werden ebenfalls von generativen Designmethoden genutzt. Sie gehören zu den evolutionären Algorithmen. Sie simulieren den Prozess der natürlichen Evolution, um optimale Designlösungen zu finden. Durch Mechanismen wie Selektion, Mutation und Rekombination generieren sie verschiedene Designvarianten, bewerten deren Leistung und entwickeln sie weiter, um bessere Lösungen zu erzielen. Genetische Algorithmen finden Lösungen für ein Problem, indem sie eine Population möglicher Lösungen nach dem Prinzip des Überlebens des Stärkeren aufrechterhalten (Renner und Ekárt 2003). DL wird im Kontext der generativen Designmethoden verwendet, um Muster in den Designanforderungen zu erkennen und bei der Generierung neuer Designideen, die den erkannten Mustern folgen, zu unterstützen (Schmidhuber 2015). Der Vorteil von generativen Designmethoden ist, dass die Lösungsprinzipien sowohl die Materialauswahl, die Fertigungsverfahren als auch die konstruktiven Randbedingungen miteinander verknüpfen.

### 12.2.3 Ansätze für eine KI-Unterstützung von Aktivitäten im Produktentwicklungsprozess

In den verschiedenen Phasen der Produktentwicklung bestehen vielfältige Möglichkeiten zur Integration von unterstützenden KI-Methoden. Die Stärken von KI liegen vor allem im kreativen Bereich. Daher wird KI häufig explorativ eingesetzt, insbesondere bei der Synthese von Lösungsansätzen und der Generierung von Kontextinformationen. Für die Bewertung und Validierung der KI-generierten Lösungen ist jedoch Expertenwissen unerlässlich. Abb. 12.1 zeigt Beispiele zur Integration der zuvor vorgestellten KI-Verfahren in die Aktivitäten des Produktentwicklungsprozesses. Diese werden im Folgenden näher erläutert.

- **Situationsanalyse (a):** Die Situationsanalyse dient dazu, den Kontext der Produktentwicklung besser zu verstehen. Dazu können Kontextinformationen zum Produkt über sprachverarbeitende KI-Werkzeuge gesammelt werden. Diese Art von KI kann u. a. zur Spezifizierung der Nutzenden/des Nutzermarktes und/oder bei der Erstellung neuer Dienstleistungskonzepte unterstützen.
- **Zielformulierung (b):** Um den Kern einer Aufgabe klar zu erfassen, werden in der Produktentwicklung typischerweise Anforderungen definiert sowie spezifiziert. Hierbei können Open-Source-Werkzeuge zur Sprachverarbeitung oder spezialisierte, professionelle Anforderungsmanagementsysteme (mit KI), die auf die Bedürfnisse des Unternehmens abgestimmt sind, zum Einsatz kommen. Durch ML können solche Systeme Widersprüche in Anforderungen ermitteln. Für Problemstellungen, die auf Bildanalysen basieren, lassen sich KI-Methoden zur Bildgenerierung nutzen, um geeignete Zielsysteme zu entwickeln.
- **Synthese von Lösungen (c):** Um alternative Lösungsideen oder konkrete Lösungskombinationen für Produkte zu erarbeiten, kann KI effizient zur Sammlung von Lösungsvarianten eingesetzt werden. Eine hohe Ideenvielfalt ist eine zentrale Voraussetzung, um bestmögliche Produkte zu entwickeln. Sowohl sprach- als auch textverarbeitende KI können genutzt werden, um im Gespräch unter Experten oder mit den Nutzenden Designentwurfsbilder zu erzeugen.
- Zur funktionalen Unterstützung kann beim Erzeugen von Designvarianten im CAD-System das Generative Design Konstruktionsvorschläge generieren. Ein zuvor definiertes Belastungsmodell dient als Vorgabe für die darauf aufbauenden Konzeptentwürfe mittels evolutionärer bzw. genetischer Algorithmen.
- **Analyse von Lösungen (d)**: Um mögliche Lösungen hinsichtlich ihrer Eigenschaften zu bewerten, ist eine KI-Unterstützung eher im technisch-konstruktiven Kontext notwendig. Die KI nutzt dabei historische Entwicklungs- und Analysedaten, bestehend aus Lastfällen, Randbedingungen, Materialien und Ergebnissen in Form von Verformungs- und Spannungsbetrachtungen, und verknüpft diese mit neuen CAD- oder Netzmodellen.
- **Bewertung (e):** Ein Bewerten erfolgt immer von Seiten der Expertinnen und Experten. Trotzdem kann bei der Bewertung von Design- und Funktionslösungen eine KI unterstützen, z. B. hinsichtlich des Erfüllens der Anforderungen.
- **Entscheidung (f):** Die Entscheidung erfolgt schließlich durch Expertinnen und Experten, die wiederum die KI durch ihr Wissen trainieren.

## 12.3 Der Produktentwicklungsprozess von Orthesen

Der Produktentwicklungsprozess einer individuellen orthopädischen Fußorthese folgt nicht dem klassischen Prozess nach der VDI 2221. Vielmehr ist dieser Prozess noch sehr handwerklich geprägt, ohne häufige Optimierungsschleifen während der Entwicklung. Produktentwicklung und -entstehung sind hier noch weitaus enger miteinander verzahnt. Im Folgenden werden der Entwicklungs- und Herstellungsprozess sowie der Digitalisierungsprozess bei der Entwicklung von Fußorthesen erläutert.

### 12.3.1 Herkömmliche Entwicklung und Herstellung einer Fußorthese

Der Spitzenverband Bund der Krankenkassen (GKV-Spitzenverband, GKV – Gesetzliche Krankenversicherung) betreibt das GKV-Hilfsmittelverzeichnis, in welchem alle medizinischen Hilfsmittel erfasst sind. Orthesen werden hier definiert als funktionssichernde, körperumschließende oder körperanliegende Hilfsmittel. Sie sollen unter anderem stabilisieren, entlasten, korrigieren und/oder fixieren. Konfektionierte, industriell vorgefertigte Produkte müssen nach der Auslieferung lediglich an die Bedürfnisse der Nutzenden angepasst werden. Hierunter fallen beispielsweise klassische Sprunggelenk-Fuß-Orthesen. Sie bestehen in der Regel aus körperteilumschließenden Schäften, die aus Leder, Faserverbundwerkstoffen oder thermoplastisch verformbaren Kunststoffen hergestellt sind. Individuell hergestellte Produkte hingegen sind Sonderanfertigungen, die nach Maß angefertigt werden. Sie sind erforderlich, wenn konfektionierte Produkte beispielsweise nicht an individuelle anatomische Gegebenheiten angepasst werden können (GKV-Spitzenverband 2021). In diesem Beitrag geht es um Sonderanfertigungen von Orthesen und speziell um den Orthesen-Schaft sowie orthopädische Einlagen.

Für die Fertigung individueller Orthesen mit Schaft werden zunächst 3D-Abdrücke der betreffenden Region, u. a. mithilfe von Gips, erstellt. Die entstehenden Negativformen werden anschließend mit flüssigem Gips gefüllt, um so Positivmodelle zu erhalten. Durch das Hinzufügen oder Entfernen von Gips wird das Modell anschließend den individuellen Bedürfnissen des Erkrankten entsprechend modifiziert. Die Orthese selbst wird nun über Vakuumformen thermoplastischer Polymere an das Gipsmodell angepasst. Die Kontaktflächen zur Haut werden mit Polstern und Stoffen versehen, die bei Bedarf gereinigt werden können (Nouri et al. 2023). Verlaufen die Orthesen über Gelenke, sind die einzelnen Teile über Schienensysteme miteinander verbunden. Die Fixierung der Orthese am Fuß bzw. am Bein erfolgt durch Verschlüsse, wie z. B. Klettverschlüsse (GKV-Spitzenverband 2021).

Orthopädische Einlagen sind funktionelle Orthesen. Sie sollen den Fuß stützen, betten oder Fußdeformitäten korrigieren, indem sie Fußweichteile entlasten bzw. Lasten umverteilen. Einlagen werden klassischerweise aus Kork, Leder, Schäumen, Metall, thermoplastischen Kunststoffen oder Faserverbundwerkstoffen hergestellt (GKV-Spitzenverband 2020). Eine orthopädische Einlage besteht in der Regel aus drei Schichten. Die Deckschicht kommt mit dem Fuß in Kontakt. Daher besteht sie meist aus hautfreundlichem, schweißresistentem, pflegeleichtem Material, das sich angenehm am Fuß anfühlt. Der Kern der Einlage, die Mittelschicht, gibt der Einlage ihre Stabilität und Form. Sie wird an das Krankheitsbild angepasst und dazu entweder aus Ethylen-Vinylacetat (EVA)-Schaum über Computerized Numerical Control (CNC)-Fräsen gefertigt oder aber durch Vakuumformen von thermoplastischem Kunststoff, der sich durch Erhitzen verformen lässt. Die untere Schicht sorgt für einen korrekten Sitz der Einlage im Schuh. Sie soll sich während des Tragens nicht im Schuh verschieben können. Die einzelnen Schichten werden miteinander verklebt (Lappe 2007). Je nach Krankheitsbild und Patientenbedürfnissen werden Einlagen meist manuell (teil-)gefertigt. Das Wissen und die Fertigkeiten werden über Jahre entwickelt. Im Rahmen einer Situationsanalyse wird hierzu zunächst der Istzustand erfasst. Dies umfasst zum einen den individuellen Zustand der zu versorgenden Person, beispielsweise Größe und Gewicht oder der übliche Tagesablauf (Sportlichkeit, Bürojob usw.). Zum anderen wird der Fuß der Person vermessen. Hierfür stehen verschiedene Verfahren zur Verfügung. Als Maßabdruck werden zweidimensionale Fußabdrücke des belasteten Fußes bezeichnet. Der Abdruck kann hierbei mittels Trittspur, auch Blauabdruck genannt, oder 2D-Fußscan erfolgen. Dreidimensionale Fußabdrücke hingegen werden unter dem Begriff Formabdruck zusammengefasst. Sie können mit den Werkstoffen Gips, Wachs oder Trittschaum erzeugt werden (GKV-Spitzenverband 2020). Im Rahmen der Lösungssynthese und -analyse erfolgt die Anpassung der Einlage an den zu behandelnden Fuß. Je nach Erkrankung wird sie mit Pelotten, Polstern oder Keilen versehen, um den Fuß in die richtige Position zu bringen oder ihn adäquat vor Druckstellen zu schützen (eurocom e.V. 2019). Die Bewertung des Ergebnisses erfolgt gemeinsam mit den Erkrankten, die nach individuellen Empfindungen entscheiden.

### 12.3.2 Digitalisierung in der Entwicklung und Herstellung von Fußorthesen

Die Idee, den Produktherstellungsprozess für Orthesen zu digitalisieren, ist nicht neu. Es sind mittlerweile zahlreiche medizinische CAD-Softwares auf dem Markt vertreten, die sich auf die Gestaltung von Orthesen oder orthopädischen Einlagen spezialisiert haben. Ein Beispiel hierfür ist die Software Canfit O&P des Herstellers Vorum. Mit dieser Software kann ein 3D-Scan des entsprechenden Körperbereichs importiert werden. Anschließend lassen sich mithilfe der Software-Tools anatomisch präzise Korrekturen der Körperform vornehmen, an die die Form der Orthese angepasst wird. Die erstellten Daten können dann zur Fertigung der Orthese verwendet werden (Vorum o. J.).

Auch hinsichtlich der additiven Fertigung von Einlagen wird geforscht. So hat die Covestro AG flexible Kunststoffmaterialien für 3D-Drucke entwickelt, die biokompatibel und recyclebar sind. In Zusammenarbeit mit dem Orthopädie-Unternehmen GeBioM mbH entstand daraufhin eine orthopädische Einlage, die dank unterschiedlicher Gitterstrukturen verschiedene Steifigkeiten aufweist (Covestro AG 2021). Auch das US-Unternehmen Aetrex, Inc. hat eine Einlage entwickelt, welche den Plantardruck der Nutzenden berücksichtigt. Darauf basierend werden Gitterstrukturen unterschiedlicher Steifigkeiten in die Einlage integriert, um für einen Druckausgleich zu sorgen (Aetrex Worldwide o. J.).

Basis für die Einführung einer digitalen Prozesskette zur Orthesen-Herstellung ist der 3D-Fußscan. Das orthopädische Hilfsmittel kann auf Basis der entstehenden Punktewolke am 3D-CAD-System modelliert werden. Zusätzlich ist die digitale Erfassung der Verteilung des Plantardrucks für die Gestaltung orthopädischer Einlagen relevant. Dieser kann mittels statischer oder dynamischer Pedographie (Darstellung der Druckbelastung des Fußes während des Gehens (dynamisch) oder im Stand (statisch)) erfasst werden. Basierend auf der dynamischen Variante ist zudem eine Diagnose potenzieller Pathomechaniken möglich (eurocom e.V. 2019). Abb. 12.2 zeigt die dynamische Pedographie eines Knick-Senkfußes (links) sowie eines gesunden Fußes (rechts). Der Plantardruck ist hierbei mittels einer Farbskala ersichtlich, die von Dunkelblau (geringe Druckbelastung), über Hellblau und Grün, bis hin zu Gelb, Orange und Rot (hoher Druck) verläuft. Die gestrichelte

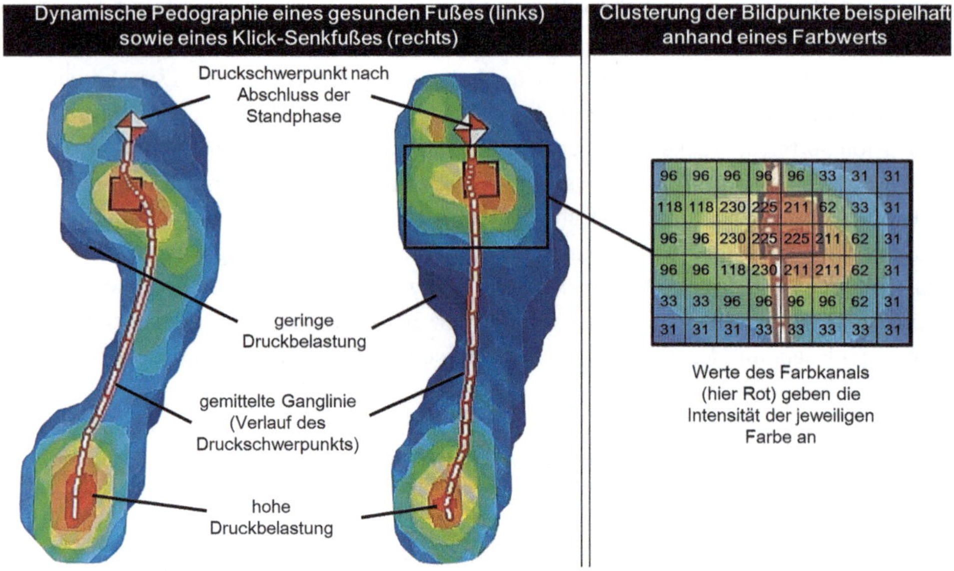


**Abb. 12.2** Dynamische Pedographie eines Fußes ohne Fehlstellung und eines Knick-Senkfuß (links); mögliche Clusterung der Bildpunkte zum Trainieren von KI (rechts). (Quelle: Eigene Darstellung 2024)

Linie bildet den Verlauf des Druckschwerpunkts während des Gehens ab. Ziel einer Einlage kann in diesem Fall entweder die Entlastung besonders beanspruchter Bereiche des Fußes oder aber die Korrektur der Fehlstellung sein.

Mit der Einführung des 3D-Drucks kann das digitale 3D-Modell direkt additiv gefertigt werden. Das Selektive Laser-Sintern (SLS) ermöglicht es, kleinste Strukturen zu realisieren. Mittels eines Laserstrahls wird dafür pulverförmiger Werkstoff schichtweise lokal verschmolzen. Das übrige Pulver stützt dabei das generierte Bauteil und muss nach der Fertigstellung entfernt werden. Beim Fused Layer Modelling-(FLM) Verfahren, auch Fused Filament Fabrication (FFF) oder Fused Deposition Modelling (FDM) genannt, wird Material in Form eines Filaments zugeführt, erhitzt, durch eine Düse extrudiert und schichtweise auf eine Bauplattform aufgetragen. Der Kunststoff kühlt nach dem Auftragen ab, härtet aus und verbindet sich dabei mit der darunterliegenden Schicht. Im Vergleich zu anderen 3D-Druck-Verfahren, wie SLS, zeichnet sich dieses dadurch aus, dass die Betriebskosten gering sind, die 3D-Drucker kompakt und platzsparend sind und weitestgehend glatte Oberflächen gedruckt werden können, die kaum nachbearbeitet werden müssen. Das macht dieses Verfahren für die Orthopädietechnik interessant. Mit dem FLM-Verfahren können Thermoplaste, also Materialien, die sich nach dem 3D-Druck nicht mehr verformen (z. B. für den Orthesen-Schaft), aber auch thermoplastische Elastomere (z. B. geeignet für orthopädische Einlagen) gedruckt werden. Thermoplastische Elastomere besitzen die Eigenschaften, die geforderten Härtegrade realisieren zu können und eine hohe Flexibilität auch im gedruckten Zustand zu erhalten (Verein Deutscher Ingenieure e.V. 2014).

### 12.3.3 Fazit

Im Gegensatz zum formalen, eher industriellen Produktentwicklungsprozess ist ein iteratives Vorgehen bei der Entwicklung und Herstellung von Fußorthesen begrenzt möglich, eigentlich nur, wenn Anpassungen am Endprodukt realisierbar sind. Bei essenziellen Änderungswünschen sind eine komplette Neuentwicklung und -herstellung notwendig, wenn a) die Funktion nicht gegeben ist und b) das Design von den Erkrankten nicht angenommen wird. Zeitaufwändige und kostenintensive Zusatzprozesse, die nicht zwingend erforderlich sind, werden im Gesundheitswesen jedoch kaum Akzeptanz finden. Mit der Einführung des 3D-Drucks als Fertigungsverfahren ist die Basis einer Digitalisierung dieses Herstellungsprozesses geschaffen. Jedoch ist dieser Prozess noch nicht ganzheitlich (auch technologisch) durchdrungen. Eine partizipative, KI-gestützte Entwicklung von Fußorthesen, unter Einbeziehung der Nutzenden, könnte eine höhere Prozesssicherheit gewährleisten. Mit KI könnte die digitale Prozesskette zur Orthesen-Herstellung vollständig geschlossen werden.

## 12.4 Ansätze zur KI-basierten Produktentwicklung von Orthesen

In der Wissenschaft bestehen bereits Ansätze, orthopädische Hilfsmittel, insbesondere in der frühen Designphase, KI-gestützt zu entwickeln. So wurde generative KI bereits erfolgreich eingesetzt, um 3D-druckbare Orthesen zu entwerfen. Im Bereich der Handorthesen-Entwicklung wurde gezeigt, dass KI-generierte Designs in Kombination mit 3D-Druck zur Herstellung funktionaler Prototypen genutzt werden können (Popescu 2023). Darüber hinaus zeigt eine Studie von Resch et al. (2025), dass KI-generierte Designs als sozial akzeptierter wahrgenommen werden als konventionelle medizinische Fußorthesen. Diese höhere soziale Akzeptanz könnte zukünftig einen wesentlichen Beitrag zur gesteigerten Nutzerakzeptanz leisten. Die Chancen, generative KI für maßgeschneiderte orthopädische Hilfsmittel einzusetzen, wurden bereits in Völz et al. (2023) beschrieben. In den folgenden Abschnitten werden nun die Möglichkeiten dediziert dargelegt, wie eine KI in der Orthopädietechnik unterstützen könnte. Dafür werden konkrete Szenarien mit Fragestellungen herangezogen, die innerhalb der Forschergruppe wissenschaftlich bearbeitet werden. Ergebnisse zeigen Potenziale, aber auch die Limitationen bezüglich des Einsatzes von KI in der Orthesen-Entwicklung.

### 12.4.1 Zielformulierung: Ermitteln von Entwicklungszielen zur Entlastung des Fußes durch Einlagen

Orthopädische Einlagen werden bis dato auch auf Basis von Pedogrammen des erkrankten Fußes modelliert. Generative KI-Methoden zum Erkennen von Anomalien und Generieren von Bildern könnten unterstützend wirken, indem basierend auf dem Krankheitsbild eine Zieldefinition des potenziellen gesunden Fußes erfolgt. Um einen gesunden Fuß als

Zielgröße zu definieren, ist umfassendes Bildmaterial notwendig, das als Grundlage für die Optimierung eines 3D-CAD-Modell der Einlage dient. Als bildverarbeitendes Verfahren kann hier das CNN-Verfahren eingesetzt werden, das sich besonders gut für die Analyse von Bilddaten eignet. In einem ersten Schritt muss das Netz lernen, welches Bild einen krankheitsbehafteten bzw. gesunden Fußabdruck darstellt (vgl. Abb. 12.2). Jedem Bildpunkt wird dafür ein dreidimensionaler Vektor zugeordnet, der die Intensität der Farben Rot, Grün und Blau repräsentiert (RGB Farbkanäle). Jedes Element des Vektors kann hierbei einen Wert zwischen 0 und 255 annehmen. Das CNN kombiniert diese Informationen, um Muster wie Formen, Farben und Texturen zu erkennen (Goodfellow et al. 2016).

Um ein CNN zu trainieren, wird eine Sammlung von beschrifteten Beispielbildern verwendet. Jedes dieser Bilder wird mit der entsprechenden Diagnose oder Klassifikation versehen, sodass das neuronale Netz aus diesen Daten lernen kann. Ein wichtiger Schritt im Lernprozess ist die Kreuzvalidierung, bei der das Modell mittels verschiedener Datensätze getestet wird, um mögliche Fehler beim Training zu identifizieren und zu minimieren. Neben dem bildverarbeitenden Verfahren muss im zweiten Schritt ein bildgenerierendes Verfahren verwendet werden, um aus den detektierten Krankheitsbildern ein gesundes Zielsystem zu erstellen. Diese KI-Modelle müssen schließlich so trainiert werden, dass Differenzparameter ermittelt werden können, die je nach Individuum unterschiedlich sind. Aus dem Zielbild könnte der Parameterraum für die Sohlenkonstruktion eingegrenzt werden. Die Differenzparameter unterstützen eine Aussage darüber, wie weit der gesunde Fuß von einem Krankheitsbild entfernt ist, z. B. der Knick-Senk-Fuß von einem gesunden Fuß ohne Fehlstellung. Auf Basis dieser Daten könnte eine KI die Höhe der unterschiedlichen Bereiche der Einlage (bspw. Pelotten oder Längsgewölbestützen) so definieren, dass der erkrankte Fuß in eine gesündere Position überführt wird.

**Limitationen der Anwendung**

Eine wesentliche Limitation dieser Anwendung stellt das Erarbeiten von Lösungen in einer rein digitalen Prozesskette anhand von 2D-Bildern des Endresultats – des Fußabdrucks – dar. Bei einem „einfachen“ Fußabdruck werden keine biomechanischen Modelle (Modelle, die die Position und Größe der während des Gehens im Fuß wirkenden Kräfte beschreiben) berücksichtigt, also das Gesamtbild des Erkrankten (Schneider et al. 2024). Eine KI müsste daher zunächst unter Berücksichtigung zusätzlicher Parameter, wie Körpergröße, Gewicht und Aktivität, eine Analyse durchführen, wie die vorhandene Symptomatik gemindert werden kann. Es ist deshalb fraglich, ob dieser Ansatz die Arbeit eines Orthopädietechnikers, der immer den gesamten Zustand des Erkrankten berücksichtigt, unterstützen oder gar ersetzen könnte.

### 12.4.2 Synthese von Lösungen: Generierung von Designoptionen von Orthesen

Ein weiterer Ansatzpunkt ist die Verwendung generativer KI-Modelle zur Erstellung von 3D-Renderings im Designprozess von Fußorthesen. Dabei fließen komplexe Anforderungen direkt in das Design ein, um maßgeschneiderte, nutzerorientierte Lösungen zu erzielen. Im Kontext des Produktentwicklungsprozesses können sowohl Text-zu-Bild als auch Bild-zu-Bild-Generierungsansätze (Brisco et al. 2023) eingesetzt werden, um vielfältige Designoptionen zu generieren. Die Vorgehensweise und Anwendung dieser beiden Methoden wird im Folgenden anhand der Bildgenerierung mit DALL-E 3 (bildgenerierendes Tool des ChatGPT-Herstellers OpenAI) erläutert.

#### 12.4.2.1 Prompt-Eingabe für eine Text-zu-Bild- bzw. Bild-zu-Bild-Generierung

Bei der Text-zu-Bild-Generierung wird eine Eingabeaufforderung (Prompt) verwendet, um auf Basis der beschriebenen Anforderungen ein Design zu erstellen. Der Prompt sollte spezifische Produktanforderungen wie Bauform, Farbe und Material sowie funktionale Eigenschaften der Orthese umfassen, um ein möglichst zielgerichtetes Designkonzept zu realisieren. Zusätzlich könnten auch patientenspezifische Anforderungen an das ästhetische Design in den Prompt integriert werden, um eine gewünschte Personalisierung des Produkts zu erreichen und dadurch die Akzeptanz bei den Nutzenden zu steigern.

Ein Beispiel für einen Prompt zur Gestaltung einer Unterschenkelfußorthese könnte lauten: „Erstelle ein realistisches Bild einer weiß-grauen orthopädischen Unterschenkelfußorthese mit sportlichem Design, das einem Sportschuh ähnelt und speziell für die tägliche Nutzung durch einen jungen Sportler mit Sprunggelenksverletzung entwickelt wird. Die Orthese soll stabilisierende Eigenschaften besitzen und dennoch flexibel genug sein, um eine gewisse Bewegungsfreiheit zu ermöglichen. Sie sollte leicht und komfortabel sein, sodass sie während der Rehabilitation über längere Zeiträume getragen werden kann. Der Hintergrund soll weiß sein und lediglich das Bein mit der Orthese zeigen.“ In Abb. 12.3 ist links das Ergebnis der Text-zu-Bild Bildgenerierung mit DALL-E zu sehen.

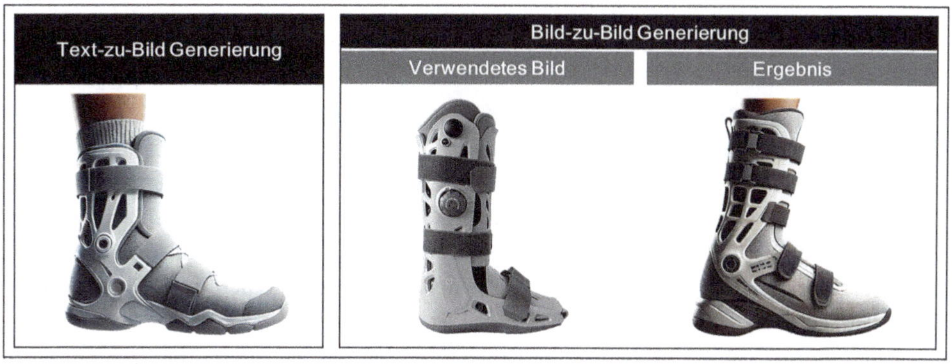


**Abb. 12.3** Ergebnisse der Text-zu-Bild Generierung (links) und Bild-zu-Bild Generierung (rechts) einer Fußorthese. Das verwendete Bild als Eingabeaufforderung zeigt ein eigene Fotoaufnahme der Fußorthese „AIRCAST® AIRSELECT™ Achilles Walker – Unterschenkel-Fuß-Orthese.“ (Quelle: Eigene Darstellung), Ergebnisse der Bilderstellung mittels DALL-E3. (Quelle: ChatGPT 2024)

Neben der Text-zu-Bild-Generierung bietet sich auch die Bild-zu-Bild-Generierung an, um neue Designideen zu entwickeln. Hierbei können bestehende Produkte, konzeptionelle Designs oder Skizzen als Ausgangspunkt dienen, die dann durch die KI-Bildgenerierung optimiert werden. Dies ermöglicht es Designern, ihre kreativen Ansätze direkt mit der KI zu verzahnen und auf dieser Basis neue, innovative Lösungen zu schaffen. In Abb. 12.3 ist rechts das Ergebnis der Bild-zu-Bild-Generierung mit DALL-E zu sehen sowie das verwendete Bild als Eingabe. In diesem Beispiel wurde eine reale Fußorthese eigens fotografiert und dieses Foto als Prompt-Eingabe verwendet. Zusätzlich wurde der Prompt so ergänzt, dass die KI auf Basis dieses Designs die Optik der Orthese anpasst, um sie für einen jungen Sportler attraktiver zu gestalten. Der ergänzende Textprompt wurde wie folgt formuliert: „Erstelle eine Fußorthese mit hohem Schaft in sportlichem Design, inspiriert von der dargestellten Fotoaufnahme. Der Hintergrund soll weiß sein und lediglich das Bein mit der Orthese zeigen."

Eine vielversprechende Erweiterung der Anwendung generativer KI im Orthesen-Design ist die Möglichkeit, eine spezialisierte Datenbank für die gezielte Bildgenerierung zu entwickeln. Durch das Training eines eigenen Generative Pre-trained Transformer (GPT) lassen sich produktspezifische Informationen, Normen und Zielgrößen systematisch in eine Wissensdatenbank integrieren. Dieses eigens erstellte GPT-Modell kann gezielt auf die besonderen Anforderungen der Orthesen-Entwicklung abgestimmt werden und dazu beitragen, nutzerorientierte Designs zu gestalten (Resch et al. 2025).

Auf Basis dieses GPT-Modells und der spezialisierten Datenbank könnte ein Orthesen-Konfigurator entwickelt werden, der patientenspezifische Parameter, wie Komfortpräferenzen oder ästhetische Vorgaben, abfragt. Diese Eingaben würden in individuelle Prompts umgewandelt, welche direkt für die Bildgenerierung genutzt werden, um maßgeschneiderte Designs zu erstellen und den Patienten aktiv in den Designprozess einzubinden. Der Konfigurator würde so zu einem interaktiven Werkzeug, das eine hohe Flexibilität und Anpassungsfähigkeit bietet und die Kundenbedürfnisse in den Mittelpunkt stellt. Die nahtlose Integration individueller Wünsche könnte zudem maßgeblich zur Steigerung der Akzeptanz orthopädischer Hilfsmittel beitragen.

#### 12.4.2.2 Design-Iteration und Prompt-Engineering

Generative KI bietet die Möglichkeit, Produktdesigns in mehreren Iterationen zu erstellen. Dabei wird das Design durch wiederholte Anpassung der Eingangsaufforderung (Prompts) verfeinert, bis ein optimales Ergebnis erzielt wird. Eine weitere Möglichkeit, die diesen Prozess unterstützt, besteht in der Bild-zu-Text-Generierung. Hierbei wird ein vorhandenes Design in einen Textprompt umgewandelt, der dann wiederum verfeinert und für eine erneute Bildgenerierung genutzt werden kann. Dieser Prozess der Bild-zu-Text-Generierung erfolgt durch den Einsatz von KI-Modellen, die Bilder analysieren und in beschreibende Texte umwandeln, ähnlich der Funktionsweise von Bildverarbeitungsalgorithmen. Die Algorithmen erkennen verschiedene Merkmale eines Designs, wie Formen, Farben und Strukturen, wodurch die visuellen Informationen in einen beschreibenden Text übersetzt werden. Dieser iterative Ansatz erlaubt es, aufbauend auf bereits bestehenden Konzepten, neue, verbesserte Versionen zu entwickeln und die Designanforderungen bis ins Detail zu erfüllen.

**Limitationen der Anwendung**
Der Einsatz generativer KI ist auf die visuelle Gestaltung von Fußorthesen beschränkt. Dadurch besteht das Risiko, dass KI-generierte Bilder zwar ästhetisch ansprechende, jedoch in Bezug auf ihre technische Funktionalität oder Herstellbarkeit unrealistische Darstellungen erzeugen. Dies ist besonders problematisch bei medizinischen Hilfsmitteln, da hier strenge Regularien und Normen eingehalten werden müssen, die im weiteren Entwicklungsprozess berücksichtigt werden. Außerdem ist es wichtig zu beachten, dass die Wiederholgenauigkeit während der Reproduktion von Designs derzeit noch begrenzt ist. Hier könnte die Weiterentwicklung von Technologien wie ImageGPT zukünftig Abhilfe schaffen, indem eine höhere Kohärenz bzw. Bildtreue erreicht wird (Chen et al. 2020). Perspektivisch könnte das Potenzial generativer KI sein, 3D-Daten auszugegeben, die zugleich kompatibel mit gängigen CAD-Systemen sind und die Produktentwickler und Designer gezielt dabei unterstützen, Anforderungen von Patienten präzise und normgerecht umzusetzen.

### 12.4.3 Synthese von Lösungen & Bewertung: Generatives Design für Funktionssteigerung von Einlagen

Das Generative Design ist heute in vielen CAD-Systemen integriert. Die Software analysiert dabei zunächst die vorgegebenen Spezifikationen, wie Material, Größe, einwirkende Lasten und/oder Fertigungsverfahren. Optimierungsziele, wie Material- und/oder Kostenreduzierung oder Steifigkeitsmaximierung, werden berücksichtigt (Konstruktionspraxis 2020). Basierend auf dem Kraftfluss innerhalb der zu entwerfenden Geometrie wird dann eine große Anzahl von Designvorschlägen generiert, die die vordefinierten Eingaben erfüllen. Die KI bewertet die Designvorschläge anhand von Finiten-Elemente-Methode (FEM) Simulationen und identifiziert so die besten Ergebnisse. Generatives Design bietet dabei den Vorteil, dass verschiedene Parameterkombinationen, z. B. unterschiedliche Materialien und Fertigungsverfahren, gleichzeitig untersucht und miteinander verglichen werden können (Veloso et al. 2022).

Im Rahmen der Gestaltung orthopädischer Hilfsmittel kann das Generative Design dabei helfen, die Personalisierung von Orthesen oder Einlagen zu optimieren. Die Hilfsmittel können explizit an die spezifischen anatomischen Bedürfnisse der Nutzenden zugeschnitten werden. In Kombination mit additiver Fertigung ist zudem eine Verkürzung der Fertigungsdauer möglich, wenn die Herstellung der Hilfsmittel vor Ort in Sanitätshäusern erfolgen kann. Im Folgenden wird beschrieben, wie ein möglicher Designprozess einer orthopädischen Einlage aussehen kann. Eine ähnliche Vorgehensweise wurde bereits in Schneider et al. (2024) und Schneider und Völz (2024) vorgestellt.

#### 12.4.3.1 Datensammlung
Zunächst müssen die Patientendaten erfasst werden. Für die Grundform der Einlage wird der betroffene Fuß mittels eines 3D-Scanners digitalisiert. Während des Gehens wirkende Kräfte, bspw. der Plantardruck oder horizontale Scherkräfte, die Reibungskräfte im Schuh verursachen können, werden für das Generative Design in einem biomechanischen Belastungsmodell zusammengefasst. Dieses beschreibt die Lage und die Intensität der jeweiligen Kräfte.

Auf Basis der erfassten Daten werden medizinische Anforderungen definiert. Dies umfasst die spezifischen therapeutischen Ziele, wie Korrektur von Fehlstellungen, Unterstützung bestimmter Fußbereiche und Verbesserung des Gangbildes. Für die Auswahl geeigneter Materialien müssen Materialeigenschaften und -kennwerte bekannt sein. Diese sind ebenfalls für das Generative Design relevant und müssen zur Nutzung in einer Datenbank erfasst werden. Zu berücksichtigende mechanische Materialeigenschaften sind vor allem die Steifigkeit und Flexibilität.

#### 12.4.3.2 Anforderungen und Randbedingungen

Für eine adäquate Gestaltung der orthopädischen Einlage müssen die funktionalen Anforderungen festgelegt werden. Dies umfasst u. a. die Art der Unterstützung bzw. Entlastung, Komfort, Bewegungsfreiheit und Gewicht. Denkbar wären die Unterstützung des Fußgewölbes und gleichzeitig die Entlastung der Ferse.

Die Designanforderungen legen die räumlichen Begrenzungen der Einlage fest. Sie muss zum einerseits in einen Schuh eingelegt werden können und andererseits an den Fuß angepasst sein. In CAD-Systemen können hierfür Geometrien definiert werden, die beibehalten werden sollen, z. B. die Außenhaut der Einlage, also die Kontaktflächen zum Fuß und zum Schuh. Auch Bereiche, in denen kein Material erzeugt werden darf, also der komplette Bereich um die Einlage herum, werden festgelegt. Zudem werden die spezifischen Bereiche definiert, die Unterstützung oder Druckentlastung benötigen.

Die Randbedingungen für die generativen Algorithmen der KI beruhen auf dem zuvor ermittelten biomechanischen Belastungsmodell. Sie umfassen strukturelle Lasten, z.B. die die während des Gehens auf die Gelenke wirkenden Kräfte sowie strukturelle Abhängigkeiten, wie, dass die Einlage während des Gehens nicht im Schuh verrutschen soll.

Fertigungsbedingte Einschränkungen umfassen Materialien sowie Fertigungstechnologien, die bei der Designstudie untersucht werden sollen. Im Falle einer orthopädischen Einlage wird hier eine additive Fertigung verwendet.

Das Ziel der Designstudie kann eine Minimierung der Masse oder eine Maximierung der Steifigkeit sein. Für die Gestaltung einer orthopädischen Einlage muss an dieser Stelle ein zusätzlicher Algorithmus entwickelt werden, der an den Stellen, an denen der Fuß entlastet werden soll, Material reduziert. Ziel ist es dabei, weichere Strukturen erzeugen zu können, was eine Logik ist, die dem Leichtbauansatz gängiger generativer Entwurfswerkzeuge in CAD-Systemen genau entgegengesetzt ist.

Auch Designgrenzen können definiert werden. Hierunter fallen der Sicherheitsfaktor, modale Frequenzen, maximale Verschiebungen unter Last oder maximale Knickungen.

#### 12.4.3.3 Generativer Designprozess

Auf Basis der in den vorherigen Schritten festgelegten Ziele und Randbedingungen erfolgt der generative Designprozess. Der Algorithmus erzeugt dabei verschiedene Stützstrukturen und Polsterungen, die die Druckverteilung optimieren und den Schmerz reduzieren sollen. Hierbei generiert die Software je eine optimale Lösung pro Parameterkombination. Das Design erfolgt über mehrere Iterationsschritte, die nachträglich betrachtet werden können.

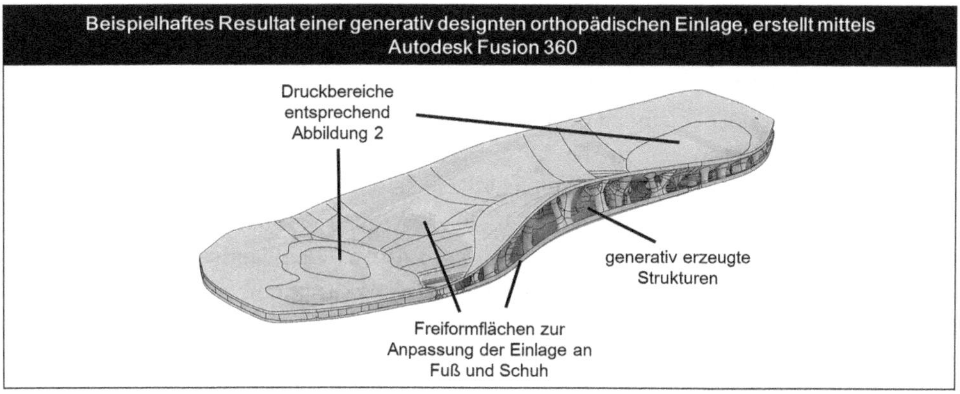


**Abb. 12.4** Ergebnis einer generativen Designstudie mit Autodesk Fusion 360 einer orthopädischen Einlage. (Quelle: Eigene Darstellung 2024)

Zudem führt die Software FEM-Simulationen durch. Die Ergebnisse können in Form einer Spannungsverteilung oder Verformung für die Auswahl des passenden Modells herangezogen werden. Abb. 12.4 zeigt das mögliche Ergebnis einer generativen Designstudie einer orthopädischen Einlage. Zu erkennen ist vor allem die Struktur im Bereich der Längsgewölbestütze. Das Material wächst hier ähnlich einem Baum von der Unterseite der Einlage zur Oberseite.

**Limitationen der Anwendung**
Diese Methode erfordert ein umfassendes Wissen über das Erstellen der Belastungsmodelle im CAD, die später die Struktur bestimmen. Das Generative Design in seiner heutigen Form wird vor allem zur Gestaltung von Maschinenbaukomponenten für Leichtbaukonstruktionen genutzt. Basierend auf dem Kraftfluss und dessen Ausprägung wird Material erzeugt. Dies führt dazu, dass mehr Material entsteht, je größer die wirkende Kraft ist. Das verdichtete Material erhöht die Steifigkeit der Einlage an diesen Stellen. Vor der Nutzung des Generativen Designs zur Gestaltung orthopädischer Einlagen muss demnach eine Anpassung des Systems erfolgen, sodass die Einlage in Bereichen großer Kräfte weicher wird, um diese zu entlasten. Zudem müssen weitere Randbedingungen bei der Gestaltung von Einlagen berücksichtigt werden, wie bspw. der genutzte Schuh. Dessen Form und Dämpfungseigenschaften können die Leistungsfähigkeit der neu gestalteten Einlage erheblich beeinflussen und diese beeinträchtigen oder ungewollt verstärken.

### 12.4.4 Analyse von Lösungen: Vorhersagen von Materialverhalten für 3D-gedruckte Einlage

Durch den 3D-Druck als Fertigungsverfahren ist die Grundlage geschaffen, die digitale Prozesskette bei der Herstellung von orthopädischen Einlagen zu realisieren. Eine Herausforderung besteht jedoch darin, das Materialstrukturverhalten im gedruckten Zustand adäquat vorhersagen zu können. Erscheinen bestimmte Bereiche nach dem 3D-Druck für den Erkrankten zu weich oder zu hart, wird heutzutage die Einlegesohle nochmals gedruckt.

Neben den generativ erzeugten evolutionären Strukturen (siehe Abschn. 12.4.3) gibt es in heutigen 3D-CAD-Systemen die Möglichkeit, Volumina mit verschiedenen Gitterstrukturen (X-Cell, Gyroid, etc.) zu füllen (Völz et al. 2023). Sie können in ihrer Dimensionierung variiert werden und so unterschiedliches Materialstrukturverhalten erzeugen. Gitterstrukturen sind häufig symmetrisch aufgebaut, was eine Analyse mittels FEM erleichtert. Dies führt im Vergleich zu generativ erzeugten Strukturen zu einer besseren Vorhersagbarkeit des Materialstrukturverhaltens. Häufig werden Gitterstrukturen jedoch nur für Leichtbauzwecke verwendet, ohne die elastischen und plastischen Eigenschaften der Strukturen selbst zu kennen. Für den Entwurf einer medizinischen Einlage ist es jedoch wichtig, die zu entlastenden Bereiche zu identifizieren und dementsprechend die Material-Struktureigenschaften zu definieren. Gitterstrukturen können in Größe und Strukturtyp von Bereich zu Bereich variieren, als Einzelstruktur oder in gestapelter Form eingesetzt werden. Auch mittels dieser Gitterstrukturzellen kann eine Einlage an die unterschiedlichen Bedürfnisse der Nutzenden angepasst werden (Ansätze aus der Industrie wurden bereits in Abschn. 12.3.2 aufgezeigt.). Die Strukturen sind so zu wählen, dass sie bestimmte Lasten aufnehmen können und gleichzeitig eine gewisse Nachgiebigkeit zulassen (vgl. Abb. 12.5).

Um sowohl Zeit als auch Kosten im Gesundheitswesen zu sparen, sind Vorhersagemodelle notwendig, die das Verhalten der Materialstruktur integrieren. Für die Entwicklung dieser Vorhersagemodelle sind Trainingsdaten notwendig, mit denen die Modelle mittels ML trainiert werden. Hierzu werden unterschiedliche Gitterstrukturen in verschiedenen Konfigurationen gedruckt. Zusätzlich basieren Teile der KI-Logik auf physikalischen Zusammenhängen, die bereits mathematisch ausgedrückt werden können, wie z. B. das elastische oder viskoelastische Verhalten von Kunststoffen. Dies kann die Anzahl der notwendigen Trainingsdatensätze minimieren.

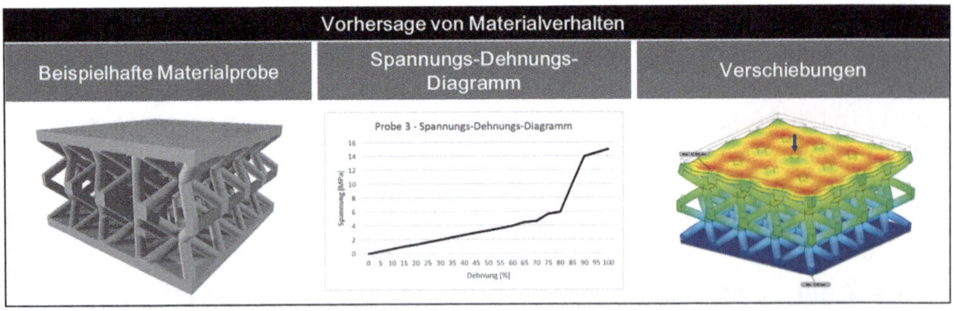


**Abb. 12.5** Erstellen von Vorhersagemodellen für das Materialstrukturverhalten (Simulationsergebnisse und Strukturen erzeugt mit der Software Autodesk Fusion 360). (Quelle: Eigene Darstellung 2024)

**Limitationen der Anwendung**

Durch die sehr große Parametervielfalt gestaltet sich das Ermitteln von aussagekräftigen Vorhersagemodellen als schwierig und bedarf einer signifikanten Anzahl an Daten. Das Materialstrukturverhalten muss sowohl die Geometriedaten inklusive Merkmalsausprägungen (Zellgröße, Stabgröße und weiteren Faktoren) als auch gewählte Materialkennwerte integrieren. Mit der Einbeziehung von Alterungsbedingungen etc. sind aufwändige experimentelle Vergleichsdaten zu ermitteln. Da die Ergebnisse letztlich auch von den spezifischen Eigenschaften des verwendeten 3D-Drucker abhängen, bleibt der potenzielle Nutzen dieser KI-Unterstützung unklar.

### 12.4.5 Bewertung: Unterstützung von KI zur Bestimmung optimaler Fertigungsparameter

Der 3D-Druck eröffnet die Möglichkeit zur Realisierung maßgeschneiderter Lösungen. Um die gewünschten Eigenschaften der Einlagen, wie Passform, Flexibilität und Haltbarkeit, über 3D-Druck zu erreichen, ist die Wahl der adäquaten Druckparameter von entscheidender Bedeutung. Die Parameter Drucktemperatur, Schichthöhe, Druckgeschwindigkeit, Fülldichte sowie die Materialauswahl spielen eine entscheidende Rolle bei der Fertigung orthopädischer Einlagen mittels 3D-Druck (siehe Abb. 12.6). Die genannten Parameter beeinflussen nicht nur die Struktur und die mechanischen Eigenschaften der Einlagen, sondern auch die Produktionszeit und die Kosten. So führt eine falsche Einstellung möglicherweise zu einer unzureichenden Passform, Rissen, verminderter Flexibilität oder vorzeitigem Verschleiß.

KI-basierte Algorithmen besitzen das Potenzial, den Prozess der Parametereinstellung zu revolutionieren. Durch die Analyse großer Datenmengen können optimale Bedingungen identifiziert werden. Mittels ML könnten bspw. Modelle anhand bereits gedruckter Einlagen und deren Testergebnisse trainiert werden. Die KI könnte dann anhand dieser Daten

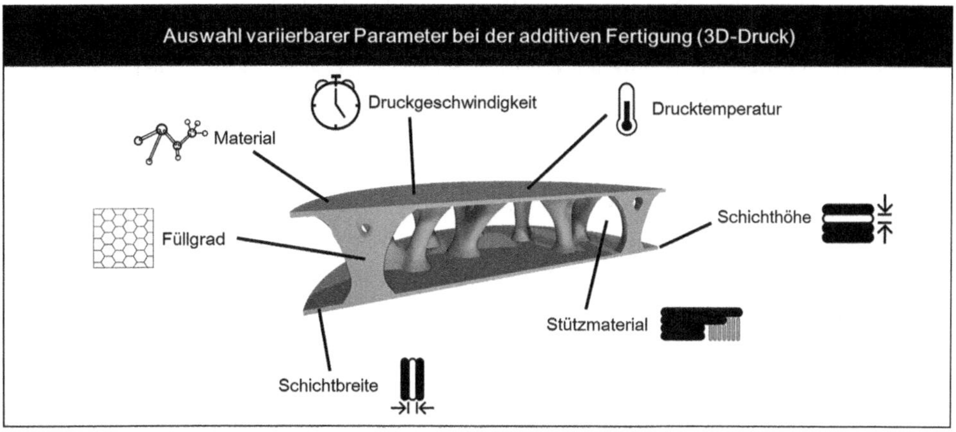


**Abb. 12.6** Variierbarere Parameter bei der additiven Fertigung. (Quelle: Eigene Darstellung 2024)

die CAD-Modelle neuer Einlagen bewerten und berechnen, welche Druckparameter am besten geeignet sind, um das gewünschte Ergebnis zu erzielen. Durch die kontinuierliche Datenerhebung in Echtzeit sowie das Lernen von Druckfehlern, Abweichungen und Materialverbrauch, kann eine adaptive KI die Parameter automatisch anpassen. Dies minimiert menschliche Fehler und reduziert den Zeitaufwand für Tests und Anpassungen.

**Limitationen der Anwendung**
Die von einer KI entwickelten Modelle sind in der Regel auf bestimmte 3D-Drucker und Materialien zugeschnitten. Daher können die optimalen Druckparameter, die für ein bestimmtes Druckermodell und Material ermittelt wurden, nur eingeschränkt auf andere Drucker oder Materialen übertragen werden. Dies bedeutet, dass die KI für unterschiedliche 3D-Drucker und Materialien neu trainiert oder angepasst werden muss, was zusätzliche Ressourcen erfordert.

## 12.5 Herausforderungen und Potenziale der Nutzung von KI

Eine zentrale Problematik bei der Nutzung von KI ist der Datenschutz, insbesondere im Hinblick auf den verantwortungsvollen Umgang mit sensiblen Patientendaten. Im medizinischen Bereich ist dies aus ethisch-moralischen Gründen von höchster Bedeutung und darf nur mit ausdrücklicher Zustimmung der Betroffenen erfolgen. Diese Einschränkungen reduzieren häufig die Verfügbarkeit von Daten für das Training der KI-Modelle. Dies kann wiederum ungenaue Ergebnisse oder Fehlinformationen verursachen, welche die erwartete Qualität von KI-Anwendungen beeinträchtigen. Darüber hinaus ist die rechtliche Situation bezüglich des durch KI-gestützte Prozesse entstehenden geistigen Eigentums noch unklar. Auch eine Zertifizierung von mittels KI gestalteten Orthesen als medizinisches Hilfsmittel ist schwer möglich, da die Gestaltung nicht unbedingt den allgemeingültigen Vorgaben entspricht und eine Wirkung so nicht vorhersagbar ist.

Die Implementierung von KI-Methoden in traditionell handwerklich geprägte Branchen wie der Orthopädietechnik stellt eine zusätzliche Herausforderung dar. Diese Branchen benötigen spezifische Ressourcen, einschließlich Ausbildung und angepasster Softwaresysteme, die im Gesundheitssektor oft nicht verfügbar sind, da der Fokus primär auf der unmittelbaren Versorgung der Patientinnen und Patienten liegt. Die Ergebnisse des KI-gestützten Gestaltungsprozesses medizinischer Produkte ist zudem nicht vorhersagbar. Eine Wirkung kann also nicht im Voraus sichergestellt werden. Aus diesem Grund könnte auch trotz KI ein iterativer Prozess notwendig sein.

Daneben müssen auch ethische Aspekte bei der Anwendung Bild-generativer KI im Designprozess von Fußorthesen berücksichtigt werden. Ein zentrales Problem ist, ob KI-generierte Designs kulturelle, soziale oder persönliche Präferenzen adäquat berücksichtigen können. Solche Systeme können durch das gezielte Training mit bestimmten Bildmaterialien verzerrte Darstellungen erzeugen, die Stereotype verstärken und Diskriminierung auf Basis von Ethnie, Geschlecht oder anderen Faktoren fördern können (Zhou und Nabus 2023).

Ein weiterer wichtiger Punkt ist die Frage nach der sozialen Verantwortung: Durch den zunehmenden Einsatz von KI im kreativen Prozess könnten bestehende Berufe in Design und Entwicklung gefährdet sein.

Trotz dieser Herausforderungen birgt die Nutzung von KI großes Potenzial. KI ermöglicht die Entwicklung personalisierter, maßgeschneiderter Produkte, die auf die individuellen Bedürfnisse der Patientinnen und Patienten zugeschnitten sind. Diese maßgeschneiderten Lösungen könnten die Therapieergebnisse weiter verbessern und die Effizienz des Heilungsprozesses deutlich steigern.

Ein wesentlicher Vorteil des flächendeckenden Einsatzes von KI in der Entwicklung medizinischer Hilfsmittel in der Orthopädie liegt in der Entlastung des Gesundheitssystems durch die Übernahme definierter Aufgaben. Insbesondere in der Orthopädietechnik, wo die Kernkompetenz der Orthopädietechniker in der funktionalen Entwicklung von Orthesen liegt, könnte KI Routineaufgaben übernehmen und damit wertvolle Kapazitäten freisetzen (Völz und Schneider 2024). KI-gestützte Designvarianten mit Blick auf Ästhetik könnten die Nutzerakzeptanz von orthopädischen Hilfsmitteln steigern, was zu einer häufigeren Nutzung und damit zu einem effektiveren Heilungsprozess führen würde.

## 12.6 Schlussbetrachtung und Ausblick

In diesem Beitrag wurden verschiedene Ansätze zur Integration von KI in den Produktentwicklungsprozess orthopädischer Fußorthesen vorgestellt. Der Einsatz von KI bietet dabei das Potenzial, die Effizienz im Entwicklungsprozess zu steigern, indem Routineaufgaben automatisiert und personalisierte Designlösungen für individuelle Patientenbedürfnisse entwickelt werden können. Insbesondere in der Konzept- und Entwurfsphase können KI-gestützte Methoden Aktivitäten im Produktentwicklungsprozess unterstützen, wie die Bildgenerierung für ästhetische Designaspekte und das generative Designverfahren in CAD-Systemen, und damit die Orthopädietechnik nachhaltig verändern. Diese Ansätze könnten nicht nur die Entwicklungszeiten verkürzen, sondern auch die Nutzerakzeptanz durch maßgeschneiderte Lösungen erhöhen.

Bisherige KI-Modelle stoßen jedoch häufig an ihre Grenzen, da sie primär auf die Erstellung von 2D-Renderings und Visualisierungen beschränkt sind, die keine direkte Anbindung an CAD-Modelle bieten. Diese Einschränkung erschwert es, ästhetische Entwürfe unmittelbar in funktionale technische Modelle zu überführen und dadurch den Designprozess effizient zu gestalten. Zukünftige Entwicklungen von KI-Modellen könnten diese Limitationen überwinden, indem sie nahtlos CAD-kompatible 3D-Modelle generieren, die sowohl ästhetische als auch funktionale Anforderungen berücksichtigen. Dies würde eine engere Verzahnung von Design und technischer Entwicklung ermöglichen und den Weg für die direkte Umsetzung von generierten Entwürfen in funktionsfähige Orthesen ebnen. Das Unternehmen Autodesk, Inc. bietet für die Software Fusion 360 anhand einer ergänzenden App (Project Salvador) eine erste Möglichkeit, KI-generierte 2D-Abbildungen in Skizzen umzuwandeln, um sie so für die Konstruktion nutzbar zu machen (Autodesk Inc. 2018). Im Project Bernini arbeitet ein Forschungsteam des Unternehmens zudem an einer KI-gestützten Generierung von 3D-CAD-Modellen (Autodesk Inc. 2024).

Trotz der aufgezeigten Potenziale bestehen nach wie vor Herausforderungen, die bei der Implementierung von KI in der Orthopädietechnik berücksichtigt werden müssen. Besonders im Bereich des Datenschutzes und der ethischen Verantwortung sind rechtliche Rahmenbedingungen erforderlich, um den verantwortungsvollen Umgang mit Patientendaten sicherzustellen. Zudem stellt die fehlende Datenverfügbarkeit oft eine Hürde dar, da die Qualität von KI-Modellen maßgeblich von der Menge und Diversität der zur Verfügung stehenden Daten abhängt. Außerdem müssen technische Infrastrukturen bereitgestellt werden, die den Einsatz von KI in den bestehenden Entwicklungs- und Herstellungsprozessen ermöglichen.

Zukünftig könnte KI eine zentrale Rolle in der methodischen Produktentwicklung im Gesundheitswesen einnehmen, insbesondere in den frühen Entwicklungsphasen. Um das volle Potenzial von KI in der Prozesskette ausschöpfen zu können, ist es erforderlich, in den kommenden Jahren sowohl technologische als auch rechtliche Rahmenbedingungen weiterzuentwickeln. Die stetige Weiterentwicklung von KI könnte zudem zu weiteren Ansätzen und neuen Methoden führen, die bei der Entwicklung und Herstellung orthopädischer Hilfsmittel zum Einsatz kommen können. Bisher wurden die vorgestellten Konzepte punktuell eingehender betrachtet, jedoch noch nicht in der Praxis erprobt.

## Literatur


Aetrex Worldwide (o.J.) 3D Printing Insoles & Orthotics, Aetrex (Ed.), Online im Internet: https://www.aetrex.com/3D-printing.html?lang=en_US, Abrufdatum: 02.10.2024.

Autodesk Inc. (2018) Project Salvador, Autodesk (Ed.), Online im Internet: https://apps.autodesk.com/FUSION/en/Detail/Index?id=8558451727109537930&appLang=en&os=Win64, Abrufdatum: 29.10.2024.

Autodesk Inc. (2024) Autodesk unveils Research Project Bernini for generative AI 3D shape creation, Autodesk (Ed.), Online im Internet: https://adsknews.auto desk.com/de/news/research-project-bernini/, Abrufdatum: 29.10.2024.

Bendsøe M. P. & Sigmund O. (2004) Topology optimization – Theory, methods, and applications, 2. Aufl., Springer Verlag, Berlin.

Brisco R., Hay L. & Dhami S. (2023) Exploring the role of text-to-image AI in concept generation, in: Proceedings of the Design Society, Vol. 3, pp. 1835–1844. https://doi.org/10.1017/pds.2023.184

Chen M., Radford A., Child R., Wu J., Jun H., Luan D. & Sutskever I. (2020) Generative pretraining from pixels, in: Proceedings of the 37th International Conference on Machine Learning, 13.07.-18.07.2024, PMLR, Vol. 2020, No. 1, pp. 1691–1703.

Covestro AG (2021) 3D-gedruckte Einlegesohlen aus TPU, Covestro AG (Hrsg.), Online im Internet: https://www.covestro.com/press/de/3d-gedruckte-einlegesohlen-aus-tpu/, Abrufdatum: 02.10.2024.

Ehrlenspiel K. & Meerkamm H. (2017) Integrierte Produktentwicklung: Denkabläufe, Methodeneinsatz, Zusammenarbeit, 6. Aufl., Carl Hanser Verlag, München.

eurocom e.V. (2019) Orthopädische Einlagen – Produktarten, Indikationen, Verordnung, Versorgung, eurocom e.V. european manufacturers federation for compression therapy and orthopaedic devices, Berlin.

Gerschütz B., Goetz S. & Wartzack S. (2023) Umsetzung der Digitalisierung in der Produktentwicklung: Prozesse, Methoden und Anwendung, in: Zeitschrift für wirtschaftlichen Fabrikbetrieb, 118(3):163–168. https://doi.org/10.1515/zwf-2023-1027

GKV-Spitzenverband (2020) Produktgruppe (08 Einlagen) – Info zur Produktgruppe, GKV-Spitzenverband (Hrsg.), Online im Internet: https://www.rehadat-gkv.de/info/index.html?pgnr=8&pginfo=true, Abrufdatum: 25.09.2024.

GKV-Spitzenverband (2021) Produktgruppe (23 Orthesen/Schienen) – Info zur Produktgruppe, GKV-Spitzenverband (Hrsg.), Online im Internet: https://www.rehadat-gkv.de/info/index.html?pgnr=23&pginfo=true, Abrufdatum: 25.09.2024.

Goodfellow I., Bengio Y. & Courville A. (2016) Deep Learning, MIT Press, Cambridge, MA.

Knothe K. & Wessels H. (2017) Finite Elemente – Eine Einführung für Ingenieure, 5. Aufl., Springer Vieweg, Berlin.

Konstruktionspraxis (2020) Was ist eigentlich Generatives Design?, Konstruktionspraxis (Hrsg.), Online im Internet: https://www.konstruktionspraxis.vogel.de/was-ist-eigentlich-generatives-design-a-931380/, Abrufdatum 26.09.2024.

Lappe C. (2007) Aufbau und funktioneller Wert von plantaren Fuß-Orthesen, in: Fuß & Sprunggelenk, 5(3):192–199. https://doi.org/10.1007/s10302-007-0297-6

May D. (2020) Integrierte Produktentwicklung mit Faser-Kunststoff-Verbunden, Springer Vieweg, Berlin.

Monett D., Lewis C. W. P., Thórisson K. R., Bach J., Baldassarre G., Granato G., Berkeley I. S. N., Chollet F., Crosby M., Shevlin H., Fox J., Laird J. E., Legg S., Lindes P., Mikolov T., Rapaport W. J., Rojas R., Rosa M., Stone P., Sutton R. S., Yampolskiy R. V., Wang P., Schank R., Sloman A. & Winfield A. (2020) Special Issue "On Defining Artificial Intelligence" – Commentaries and Author's Response, in: Journal of Artificial General Intelligence, 11(2):1–100. https://doi.org/10.2478/jagi-2020-0003

Nouri A., Wang L., Li Y. & Wen C. (2023) Materials and Manufacturing for Ankle–Foot Orthoses: A Review, in: Advanced Engineering Materials, 25(20):2300238. https://doi.org/10.1002/adem.202300238

Oren O., Gersh B. J. & Bhatt D. L. (2020) Artificial intelligence in medical imaging: Switching from radiographic pathological data to clinically meaningful endpoints, in: The Lancet. Digital Health, 2(9):e486–e488. https://doi.org/10.1016/S2589-7500(20)30160-6

Popescu D. (2023) Exploring the use of ChatGPT and DALL-E for the preliminary design of 3D-printed wrist-hand orthoses, in: Proceedings in Manufacturing Systems, 18(3):93-98.

Renner G. & Ekárt A. (2003) Genetic algorithms in computer aided design, in: Computer-Aided Design, 35(8):709–726. https://doi.org/10.1016/S0010-4485(03)00003-4

Resch S., Schauer J., Schwind V., Völz D. & Sanchez-Morillo D. (2025) Improving Social Acceptance of Orthopedic Foot Orthoses Through Image-Generative AI in Product Design, in: Applied Sciences, 15(8):4132. https://doi.org/10.3390/app15084132

Russell S. J. & Norvig P. (2022) Artificial intelligence: A modern approach, Global Edition, 4. Aufl., Pearson Education, Harlow.

Schmidhuber J. (2015) Deep Learning in Neural Networks: An Overview, in: Neural networks, 61(2015):85–117. https://doi.org/10.1016/j.neunet.

Schneider J. & Völz D. (2024) Advancing diabetic foot care: Incorporating horizontal shear forces in orthopaedic insoles through generative design, in: Official Journal of the International Society of Gerontechnology, 23(2):1–1. https://doi.org/10.4017/gt.2024.23.s.978.pp

Schneider J., Essafi S., Valerga Puerta A. P. & Völz D. (2024) Comprehensive Generative Approach to Design Insoles, in: Current Directions in Biomedical Engineering, 10(4):555-558

Veloso F., Gomes-Fonseca J., Morais P., Correia-Pinto J., Pinho A. C. M. & Vilaça J. L. (2022) Overview of Methods and Software for the Design of Functionally Graded Lattice Structures, in: Advanced Engineering Materials, 24(11):2200483. https://doi.org/10.1002/adem.202200483

Verein Deutscher Ingenieure e.V. (2014) VDI 3405 – Additive Fertigungsverfahren – Grundlagen, Begriffe, Verfahrensbeschreibungen, Verein Deutscher Ingenieure e.V. (Hrsg.), Düsseldorf.

Verein Deutscher Ingenieure e.V. (2019) VDI 2221 Blatt 1 – Entwicklung technischer Produkte und Systeme – Modell der Produktentwicklung, Verein Deutscher Ingenieure e.V. (Hrsg.), Düsseldorf.

Völz D., Schneider J. & Wuttke U. (2023) Digital personalized medical insole process: A step forward to more personalized medical support, in: Current Directions in Biomedical Engineering, 9(1):29–32. https://doi.org/10.1515/cdbme-2023-1008

Völz D. & Schneider J. (2024) KI als Chance im Gesundheitswesen: Von der Theorie zum maßgeschneiderten Produkt, in: Klein B. (Hrsg.), Künstliche Intelligenz im Healthcare-Sektor. Frankfurt University of Applied Sciences, Frankfurt am Main, S. 25–30.

Vorum (o.J.) Canfit™ O&P CAD Software, Vorum (Hrsg.), Online im Internet: https://vorum.com/de/canfit-op-cad-software/, Abrufdatum: 02.10.2024

Zhou K. Q. & Nabus H. (2023) The ethical implications of DALL-E: Opportunities and challenges, in: Mesopotamian Journal of Computer Science, 2023(2023):16–21. https://doi.org/10.58496/MJCSC/2023/003

**Prof. Dr.-Ing. Diana Völz** ist seit 2015 Professorin für „Produktentwicklung, CAx-Systeme und Produktdatenmanagement“ an der Frankfurt University of Applied Sciences. Sie studierte Maschinenbau an der Technischen Universität Darmstadt, wo sie auch promovierte. An der Frankfurt University of Applied Sciences ist sie verantwortlich für die CAD-Ausbildung und lehrt in der Produktentwicklung. Als engagiertes Mitglied der Forschungsgruppe „Personalized Biomedical Engineering“ und Leiterin des Mixed Reality-Labors erforscht sie innovative Ansätze für personalisierte Produkte im Gesundheitswesen. Darüber hinaus bringt sie ihre Expertise im Forschungscluster „FUTURE AGING“ ein. Ihre Arbeit zielt darauf ab, nutzerzentrierte, technologische Lösungen in der Produktentwicklung einzusetzen und weiter zu entwickeln.

**Julia Schneider, M.Eng.,** hat ihr Master-Studium in Maschinenbau an der Frankfurt University of Applied Sciences (Frankfurt UAS) im März 2023 abgeschlossen. Seitdem ist sie an der Frankfurt UAS als wissenschaftliche Mitarbeiterin im Forschungslabor „Personalized Biomedical Engineering“ tätig. Im Dezember 2023 begann sie mit ihrer Promotion in Kooperation mit der Universidad de Cádiz in Spanien. Ihr Forschungsprojekt befasst sich mit der Entwicklung einer orthopädischen Einlage, die mittels generativen Designs gestaltet und additiv gefertigt werden kann. Ziel ist die Optimierung der Personalisierung orthopädischer Einlagen zur Entlastung von Druckstellen im Fuß während des Gehens.

**Stefan Resch, M.Eng.,** ist wissenschaftlicher Mitarbeiter am Fachbereich Informatik und Ingenieurwissenschaften der Frankfurt University of Applied Sciences. Er promoviert in der interdisziplinären Forschungsgruppe Hybrid Thinking in Kooperation mit der Universidad de Cádiz (Spanien). Seine Forschungsschwerpunkte liegen in der smarten Orthesen-Entwicklung sowie der Entwicklung vernetzter, smarter Gehhilfen und Smartphone-Apps, ergänzt durch immersive Trainingsumgebungen und multimodale Interaktionen in Augmented und Virtual Reality. Neben seiner Forschungstätigkeit im Mixed Reality Labor lehrt er in den Bereichen virtuelle Produktentwicklung und Mensch-Computer-Interaktion.

# Corporate Fitness durch KI: Betriebliches Gesundheitsmanagement auf dem Prüfstand

# 13

Adriana Reinecke, Erika Raab und Christoph Rasche

## Inhaltsverzeichnis



---

A. Reinecke (✉)
Wirtschafts- und Sozialwissenschaftliche Fakultät, Department für Sport- und Gesundheitswissenschaften, Lehrstuhl für Management, Sportökonomie & Professional Services, Potsdam, Deutschland
E-Mail: reinecke3@uni-potsdam.de

E. Raab
Geschäftsführerin, Kreisklinik Groß-Gerau GmbH, Groß-Gerau, Deutschland
E-Mail: erika.raab@kreisklinik-gg.de

C. Rasche
Humanwissenschaftliche Fakultät, Wirtschafts- und Sozialwissenschaftliche Fakultät, Department für Sport- und Gesundheitswissenschaften, Lehrstuhl für Management, Sportökonomie & Professional Services, Universität Potsdam, Potsdam, Deutschland
E-Mail: chrasche@uni-potsdam.de



M. A. Pfannstiel (Hrsg.), *Künstliche Intelligenz im Einsatz für die erfolgreiche Patientenreise*, https://doi.org/10.1007/978-3-658-48573-3_13

**Zusammenfassung**

Der demografische Wandel stellt Unternehmen vor die Herausforderung, das knappe Humankapital bis zur Berentung erstarbeitsmarktfähig auf hoher Niveaustufe „zu konservieren und zu veredeln." Konkret bedeutet dies, dass sich das Betriebliche Gesundheitsmanagement (BGM) als Ausdruck einer Gesunden Führung (Healthy Leadership) als integraler Bestandteil der Unternehmenskultur etabliert Der vorliegende Beitrag widmet sich einer kritischen Bestandsaufnahme des BGM mit Blick auf Modernisierungs- und Optimierungspotenziale, weil dieses bis in die Gegenwart oft negativ konnotiert ist. Dekompensierte und formschwache Mitarbeiter – so die landläufige Meinung – werden mit BGM-Maßnahmen konfrontiert, um die volle Leistungsfähigkeit und Arbeitsproduktivität wiederzuerlangen. Vernachlässigt wird dabei, dass die Corporate Fitness im wettbewerbsstrategischen und gesundheitsorientierten Sinne, final auf physisch und psychisch leistungsfähigen sowie leistungsbereiten Mitarbeitern basiert. Auf den Punkt gebracht sind Shareholder Value und Customer Value eine Funktion des Employee Value im Sinne ambiguitätstoleranter, agiler und resilienter Mitarbeiter. Innovative KI-Anwendungen verfügen dabei über das Potenzial das „hausbackene" BGM über die Dimensionen des (1) Arbeitsschutzes, (2) der Gesundheitsförderung, (3) der Wiedereingliederung sowie (4) der Verhaltens- und (5) Verhältnisprävention zu repositionieren.

## 13.1 Demografischer Wandel als Herausforderung für das Gesundheitswesen

Der diagnostizierte demografische Wandel in fast allen Industrienationen tritt in mehrfacher Hinsicht in Erscheinung und impliziert weitaus mehr als „alternde Belegschaften". Zu konstatieren ist neben einer individuellen Morbidität auch eine institutionelle Morbidität in Form massenträger und innovationsträger Organisationen. Die alternden Belegschaften im Gesundheitswesen müssen oft einen mehrfachen demografischen Wandel meistern, weil neben multimorbiden Patienten oft Kinder, Eltern und Großeltern zu versorgen sind (Becker und Bremen 2018). In einer derartigen Konstellation droht die proklamierte Vereinbarkeit von Beruf und Familie zu kollabieren, was seinen Niederschlag in Depressionen, Burn-out-Syndromen und Absentismus findet. Institutionell dürfen die Sozial- und Rentenversicherungssysteme als schwerst dekompensiert gelten, weil der solidarische Generationenvertrag mit einer gesunden Alterspyramide nicht mehr eingehalten werden kann (Badura et al. 2019). Letztere ist zwischenzeitlich zu einem toxischen Alterspilz mutiert, der die konventionelle Architektur des Sozialstaats vergiftet. Fast alle der diskutierten Maßnahmen zur Abwendung der Demografiekrise sind höchst unpopulärer

Natur, weil sie aus Sicht der Betroffenen in einer ökonomischen Diktion als Wertverlust und Nutzenverzicht interpretiert werden. Fakt ist, dass limitierte Versorgungsressourcen steigenden Erwartungshaltungen und Ansprüchen gegenüberstehen, die nach innovativen Ansätzen der Ressourcendisposition verlangen. Ein strategischer Ansatz besteht im Paradigmenwechsel von der Reparaturversorgung zur Gesundheitsförderung im Sinne der Healthy Longevity Philosophie (Irving 2024). Diese betont die Relevanz vitalitätsorientierter Lebensstile, um die biologische Uhr um potenziell zwei bis drei Dekaden durch korrespondierende Verhaltensänderungen zurückzudrehen. Auf eine einfache Formel gebracht, könnten durch KI-induzierte Predictive- und Preventive-Health-Maßnahmen nicht nur drastische Kosteneinsparungen, sondern auch substanzielle Lebensqualitätsgewinne erzielt werden (Rieger und Schröder 2016). Zu differenzieren ist dabei zwischen der Lifespan und der Healthspan. Während die Lebensspanne, übertragen auf ein Arbeitsleben, dessen absolute Länge insinuieren, steht die Gesundheitsspanne aus Sicht der Arbeitsmedizin für die Anzahl von Jahren, die ein Mitarbeiter auf hohem Gesundheitsniveau wertschöpfend tätig sein kann. So stellt sich aus Arbeitgebersicht regelmäßig ein geringer Wert- und Nutzenzuwachs bei dekompensierten Mitarbeitern ein, die über lange Zeiträume nur als Low- oder Mid-Performer in Erscheinung treten. Umgekehrt besteht bei hoch intrinsisch motivierten High-Performern das Problem einer stress-induzierten Arbeitsunfähigkeit. Möchten fast alle Menschen ein hohes Alter bei gleichzeitig hoher Lebensqualität erreichen, so haben Unternehmen ein hohes Interesse an einer Working-Life-High-Performance-Rate (WLHPR). Hiermit gemeint ist ein hochproduktives Langzeitarbeitsleben. Ein solches steht in einer sachlogischen Beziehung zur Gesunden Führung (Healthy Leadership) und einem Betrieblichen Gesundheitsmanagement (BGM), das neben der Longevity-Idee zunehmend von KI-Anwendungen profitiert. Diese unterstützen eine gesundheitliche „Echtzeitververmessung" des betrieblichen Humankapitals, indem dieses potenziell getrackt, gescreent und geformt werden kann, sofern eine hohe Data-Sharing-Compliance der Mitarbeiter gegeben ist. Diese würden im Rahmen betrieblicher Health Management Programme freiwillig ihre persönlichen und individualisierten Vitalparameter der Arbeitsmedizin zur Verfügung stellen, um KI-optimierte Trainings- und Gesundheitsprogramme zu entwickeln (ergänzend Rasche und Braun von Reinersdorff 2015; Rasche et al. 2024).

## 13.2 Belastung, Beanspruchung, Bewältigung: 3 Kardinaldimensionen des BGM

Ein modernes BGM orientiert sich an der KI-assistierten Trainingsplanung im Leistungssport, um Belastungs-, Beanspruchungs- und Bewältigungsnormative optimal planen zu können. Verhindert werden soll eine Über- und Unterforderung eines Sportlers zum Ziel der Erreichung der avisierten Trainingszuwächse. Während unter die Belastung objektive, von außen auf den Menschen wirkende Stressoren subsumiert werden, reflektiert die Beanspruchung die endogenen Folgen einer exogenen Belastung. Diese wiederum kann physischer und/oder psychischer Natur sein, wie exemplarisch in der Unfallchirurgie gezeigt wird. Das 3-B-Modell der Arbeitsanalyse entfaltet seine Wirkkraft erst durch eine Bewältigungsdimension in Gestalt eines persönlichen Reservoirs an Coping-Strategien, um selbst langanhaltend hohe Belastungen „schadlos" zu überstehen. Mit Blick auf die Meisterung des demografischen Wandels aus präventiver Sicht lassen sich drei Strategien einschlagen:

**Erstens, eine demografie-adjustierte Belastungsplanung:** Hier steht die Dosierung der Arbeitsbelastung im Vordergrund, die sich zumeist an der Leistungsfähigkeit einer Normarbeitskraft orientiert. Zu berücksichtigen ist dabei der demografische Wandel im Kontext alternder Belegschaften, die im günstigsten Fall bis zum Ausscheiden aus dem Berufsleben ihre Erstarbeitsmarktfähigkeit erhalten. Voraussetzung hierfür sind adjustierte Stellenausschreibungen, die sich an der realistischen Leistungsfähigkeit älterer Mitarbeiter orientieren. Diese sollen gefordert, aber nicht überfordert werden. Wichtig dabei ist, dass diese keine subtile Altersdiskriminierung durch ostentative Herabsetzung der Arbeitsplatzanforderungen erfahren.

**Zweitens, eine Steigerung der Beanspruchungsresilienz:** Ein Ziel des BGM besteht in der Steigerung der physischen und psychischen Stresstoleranz, weil oft exogene Belastungsspitzen im Rahmen der Projektarbeit unvermeidbar sind. Deshalb gilt es einen robusten und situationsagilen Gesundheitszustand zu erreichen, der es dem Individuum ermöglicht, hohe Belastungsspitzen über längere Zeiträume zu verkraften. Je nach Profession und Jobprofil müssen entweder moderate Belastungen über lange Zeiträume bewältigt werden oder sehr hohe Belastungsspitzen unvorhersehbar und intervallartig absorbiert werden. Dabei werden spontane und unvorhersehbare Aufgabenfelder als besonders beanspruchend aufgrund der fehlenden Vorlaufzeit empfunden. Gefordert wird hier ein Kaltstart ohne Aufwärmphase. Insbesondere erratische VUKA-Arbeitsbedingungen stellen das BGM vor neue Herausforderungen.

**Drittens, ein evidenzbasiertes Coping-Set der Stressbewältigung:** KI-assistierte BGM-Lösungen können dazu beitragen, Mitarbeitern und Managern ein Maßnahmenrepertoire zur Verfügung zu stellen, um negative Wirkungen psychischer und physischer Belastungen abzumildern. – Vergleichbar mit einem Topathleten, der seine exzellenten konditionellen Fähigkeiten in messbare Wettkampfleistung transformiert. Voraussetzung hierfür sind dynamische Handlungsroutinen, professionelle Bewegungsprogramme und technisch-taktische Versiertheit. Bei Coping-Strategien handelt es sich um agile Reiz-Reaktionsmuster, um in spezifischen Organisations- und Arbeitskontexten hochprofessionell und persönlich ressourcenschonend handeln zu können. Voraussetzung hierfür ist eine kräftesparende Aufgabenpriorisierung im Sinne einer ABC-Logik. Auf diese Weise wird konsequent verhindert, dass unwichtige C-, D, und E-Aufgaben zu viel Energie absorbieren. Nicht immer ist unter hohem Zeitdruck die „perfekte Lösung“ gefordert, sondern eine pragmatische Problemlösung.

Bei dem 3-B-Modell handelt es sich um ein dynamisches Gesamtsystem, das Beanspruchung, Belastung und Bewältigung als die zentralen Steuerungsgrößen einer Gesunden Führung (Healthy Leadership) interpretiert. Im hier verstandenen Sinne ist die Corporate Fitness zweidimensional zu verstehen. Zum einen betont diese die strategische Relevanz der Mitarbeitergesundheit nicht als Kostenfaktor, sondern als Wertschöpfungs- und Leistungsfaktor zu begreifen. Zum anderen lassen sich jenseits der medizinisch-salutogenetischen Diktion der Corporate Fitness auch diesbezüglich ökonomische Konnotationen ausmachen, weil Organisationen ein genuines Interesse an ihrer markt- und wettbewerbsstrategischen Gesundheit zeigen. Die medizinische und die ökonomische Corporate Fitness stehen in einem dialektischen Verhältnis zueinander, weil auf lange Sicht die Wettbewerbsfähigkeit einer Organisation immer auch eine Funktion der Gesunden Führung ist. Diese sieht im Humankapital nicht nur einen strategischen Wertschöpfungsfaktor, sondern immer auch eine strategische Option auf prospektive Markt-, Wettbewerbs- und Innovationschancen. Der viel beschworene Talentekrieg steht sinnbildlich für eine „Kampf um die Zukunft“, der sich nur mit gesunden, motivierten und leistungsfähigen Mitarbeitern gewinnen lässt. – Und zwar im Sinne eines Human Capital Lifecycle Accounting (HCLA). Mit Blick auf die Meisterung des demografischen Wandels sollten demografie-adjustierte 3-B-Konzepte entwickelt werden, um bis zur „Berentung“ eine Arbeitsproduktivität auf hoher Niveaustufe zu erreichen. So zeigen Trainingswissenschaft und Longevity-Forschung, dass im fortgeschrittenen Alter beeindruckende Wettkampfleistungen bei 60-plus- Referenzgruppen erzielbar sind, wenn ein korrespondierender Lifestyle of Health and Sustainability praktiziert wird. Zwar kann nicht von der arbeitenden Bevölkerung grundsätzlich erwartet werden, dass sich diese einem asketischen Lebensstil der Selbstoptimierung verschreibt, doch bestehen hier mit Blick auf die sehr niedrige Absprungbasis vieler Belegschaften enorme Steigerungspotenziale bei der Gesundheit. Abb. 13.1 veranschaulicht die Logik des 3-B-Modells und schlägt die Brücke zur Gesunden Führung und der Corporate Fitness. Erfolgreiche und vitale Organisationen sind dabei das Ergebnis korrespondierender Führungssysteme und einer aktiven Befassung mit Beanspruchungs-, Belastungs- und Bewältigungsimperativen, die Gegenstand eines professionellen BGM sein sollten. Dieses könnte prospektiv von stark adjustierten KI-Lösungen profitieren.

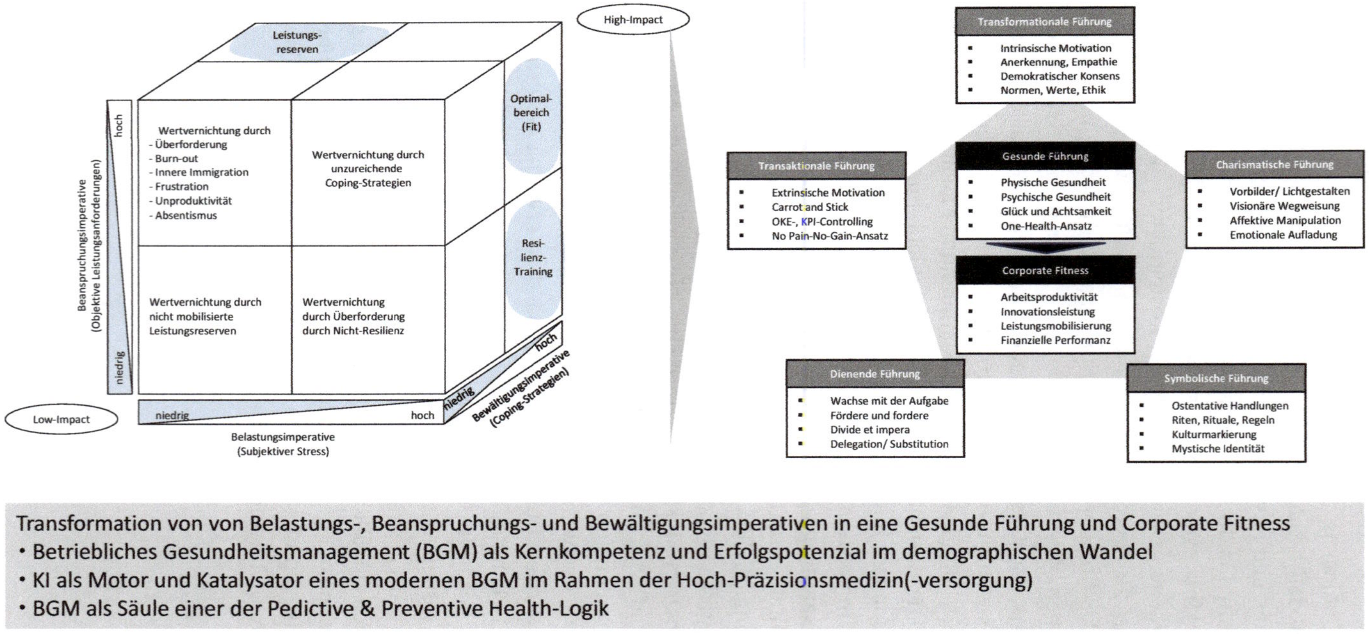


**Abb. 13.1** Transformation der 3-B-Logik in Gesunde Führung und Corporate Fitness. (Quelle: Eigene Darstellung in Anlehnung am Rasche et al. 2024, S. 1116 und 1120)

## 13.3 Healthy Leadership: Erwartungen an eine gesundheitsförderliche Führung

Ein erfolgreiches Unternehmen ist auf Humankapital angewiesen, was bedeutet, dass gesunde Mitarbeiter unerlässlich sind. Dies wird durch eine gesundheitsorientierte Führung sichergestellt. Die Aufgaben einer Führungskraft sind vielfältig und können je nach Branche und Unternehmensgröße variieren. Im Allgemeinen fungiert die Führungskraft gleichzeitig als Zielsetzer, Motivator, Kommunikator, Entscheidungsfinder, Leistungsmanager und Konfliktlöser. In jeder dieser Rollen kann die Führungsposition die Gesundheit und insbesondere die Psyche des Mitarbeiters positiv oder negativ beeinträchtigen. Allerdings ist in der Regel die Führungsperson nicht ganz frei im Handeln und Entscheiden, sondern selbst eingebettet in einer Unternehmenskultur, die ausgesprochene und nicht ausgesprochene Führungsleitlinien vorgibt. Daher kann eine gesundheitsorientierte Führung nur funktionieren, wenn sie mit der Unternehmenskultur vereinbar ist und von der Unternehmensspitze auch gewollt wird (Struhs-Wehr 2017).

Einen sehr großen Einfluss auf die Gesundheit des Mitarbeiters im Sinne der Arbeitsmedizin hat neben der Persönlichkeit der Führungskraft, natürlich auch deren Führungsstil. Dies soll anhand von vier bedeutenden Führungsstilen verdeutlicht werden, die sich voneinander vor allem in den gesetzten Zielen und der Art der Motivation unterscheiden: dem Laissez-faire, dem transformationellen, dem transaktionellen und dem handlungsorientierten Führungsmodell.

Bei dem Laissez-faire-Führungsstil wird den Mitarbeitern viel Freiheit und Autonomie bei der Ausführung ihrer Aufgaben überlassen. Die erhöhte Autonomie gibt einerseits den Mitarbeitern die Freiheit, ihre Arbeit nach ihren eigenen Vorstellungen zu gestalten, was zu einem höheren Gefühl der Kontrolle und Zufriedenheit und einer besseren Work-Life-Balance führen kann. Jedoch kann ein Mangel an Unterstützung auch zu Stress und Unsicherheit, fehlende Anreize zu einem Motivationsverlust, unklares Erwartungsmanagement zu Überforderung und Burn-out führen. Daher ist es wichtig, dass Führungskräfte ein Gleichgewicht finden, zwischen der Förderung der Autonomie und der gebotenen Unterstützung und Struktur, um die Gesundheit und das Wohlbefinden der Mitarbeiter langfristig zu gewährleisten.

Der Transformationale Führungsstil ist ein Ansatz in der Führung, der darauf abzielt, Mitarbeiter zu inspirieren und zu motivieren, sich für die Ziele des Teams oder der Organisation über die eigenen Interessen hinaus einzusetzen. Auf der einen Seite kann dieser Führungsstil zu einer hohen Motivation führen sowie einen positiven Teamspirit stärken und dadurch das psychische Wohlbefinden fördern. Auf der anderen Seite besteht die Gefahr, dass sich der Mitarbeiter ständig unter Druck gesetzt fühlt und Höchstleistungen erbringt, wodurch ein Burn-out droht. Daher muss die Führungskraft die Grenzen des Leistungsvermögens der Mitarbeiter hier genau kennen und darauf achten, dass diese nicht überschritten werden.

Die Transaktionale Führungsansatz basiert auf klaren Strukturen, Regeln und Belohnungen. Die Führungskraft setzt Ziele, werden diese durch die Leistung des Mitarbeiters erfüllt, gibt es eine entsprechende Belohnung, und werden diese nicht erfüllt, kann eine Bestrafung folgen. Das führt oftmals zu einem hohen Druck und kann einen Burn-out begünstigen, besonders wenn eine übertriebene Erwartungshaltung vorliegt. Bei einer realistischen Einschätzung der Leistungsfähigkeit des Mitarbeiters und einem entsprechenden Belohnungsmanagement können die klaren Anweisungen und Erwartungen, Mitarbeitern auch helfen, ihre Aufgaben besser zu verstehen und so Stress reduzieren und das Gefühl von Sicherheit am Arbeitsplatz erhöhen. Es ist jedoch wichtig, die Erwartungen an die Leistungsfähigkeit der Mitarbeiter anzupassen sowie deren Bedürfnisse zu berücksichtigen, um ein ausgewogenes und gesundes Arbeitsumfeld zu schaffen.

Bei dem handlungsorientierten Führungsstil liegt der Fokus darauf, die Mitarbeiter zu ermutigen, Verantwortung zu übernehmen, Entscheidungen selbstständig zu treffen und aktiv an der Gestaltung von Arbeitsprozessen teilzunehmen. Das fördert einerseits Selbstständigkeit, die Identifikation mit der Aufgabe und die Zugehörigkeit zum Team. Andererseits besteht ein hohes Konfliktpotenzial, wenn im Team unterschiedliche Meinungen und Ideen aufeinanderprallen. Ebenso kann die Entscheidungsgewalt auch zu Stress und Unsicherheit bei einzelnen Mitarbeitern führen. Daher sind hier gute Konfliktmanagement- und Kommunikationsfähigkeiten von der Führungskraft gefragt, um Mitarbeiter nicht zu überfordern und den Teamgeist auch im Konfliktfall aufrechtzuerhalten.

Insgesamt haben alle Führungsstile Aspekte, die die Gesundheit von Mitarbeitern fördern, aber auch gefährden können. Daher ist es notwendig, den für das Unternehmen und die jeweiligen Aufgaben und für den jeweiligen Mitarbeiter geeigneten Führungsstil zu wählen und die Gefährdungspotenziale zu kennen und zu erkennen, um ggf. dagegen zusteuern. Dabei können auch Elemente der verschiedenen Führungsstile kombiniert werden, um die bestmöglichen Ziele für die Mitarbeiter und das Unternehmen zu erreichen.

## 13.4 KI-Unterstützung im BGM: Monitoring und Analyse von Gesundheitsdaten

KI kann auf vielfältige Weise beim BGM unterstützen. Eine der größten Stärken von KI ist die Möglichkeit einer schnellen Analyse von großen Datensätzen. KI kann Daten zu Krankenständen, Arbeitsbelastung, und Arbeitszufriedenheit in kurzer Zeit analysieren, um Gesundheitsrisiken rechtzeitig zu erkennen und entsprechend zu begegnen. Durch die KI-basierte Analyse ist es möglich Muster, die z. B. auf ein erhöhtes Stresslevel in bestimmten Abteilungen oder in bestimmten Situationen hindeuten, einfacher zu identifizieren. Beispielsweise können Belastungssituationen erkannt oder prognostiziert werden, um Belastungsspitzen vorzubeugen oder diese abzumildern. So können die Anforderungen an die Produktion mit der Personalkapazität vorausschauend abgeglichen werden oder Über- und Unterkapazitäten in unterschiedlichen Abteilungen erkannt und entsprechend gegengesteuert werden. Hierbei besteht jedoch auch die Gefahr, dass ein Monitoring dazu verwendet wird, die Kapazitätsgrenzen immer weiter nach oben zu verschieben sowie komplett auszuschöpfen, um den Gewinn weiter zu maximieren. Langfristig kann es dadurch zu einer Überlastung der Mitarbeiter und dementsprechend gesundheitlichen Schäden kommen. Daher sind Tools, die eine Kontrolle der Arbeitsbelastung erlauben, durch entsprechende gesundheitsorientierte Kontrollorgane engmaschig zu begleiten.

KI-gestützte Plattformen könnten Mitarbeitern personalisierte Gesundheitsangebote für Bewegung, Ernährung und Stressmanagement geben. Diese Plattformen könnten in Zusammenarbeit mit Arbeitsmedizinern dabei auch die individuelle Arbeitsbelastungssituation, sowohl körperlich als auch psychisch, und die Arbeitszeiten berücksichtigen, um bedarfsgerechte Handlungsempfehlungen auszusprechen. Ebenfalls ist denkbar, in den Arbeitsprozess virtuelle Assistenten oder Chatbots einzubauen, die Meditationsübungen, Rückenübungen oder Ähnliches anbieten oder das Essen der Betriebskantine an die Bedürfnisse der Mitarbeiter anpassen. Darüber hinaus können Tools zur Sprachanalyse genutzt werden, um Stimmungen und darüber erste Anzeichen von Überlastung oder Unzufriedenheit zu erkennen.

Im Rahmen der Prävention und Früherkennung kann KI auch Gesundheitsrisiken vorhersagen. Dadurch können basierend auf historischen Daten und Verhaltensmustern potenzielle Gesundheitsrisiken wie Burn-out oder Herz-Kreislauf-Erkrankungen prognostiziert werden. Denkbar ist auch die Erstellung von KI-basierten Gefährdungsmustern für bestimmte Berufe oder Tätigkeiten am Arbeitsplatz, um daraus Gesundheitsmaßnahmen für Berufsgruppen oder einzelne Mitarbeiter abzuleiten.

Ein Hindernis für ein erfolgreiches BGM in Unternehmen ist oftmals der damit einhergehende administrative Aufwand. Hierbei kann KI beispielsweise die effiziente Terminplanung von Gesundheitstagen, Workshops oder Sportangeboten übernehmen oder auch Umfragen und Feedback automatisiert auswerten und daraus Rückschlüsse für weitere Gesundheitsmaßnahmen ziehen.

Das oben genannte ist nur eine kleine Auswahl an Möglichkeiten für den Einsatz von KI zur Verbesserung des BGM. Für die erfolgreiche Integration von KI im BGM gibt es jedoch auch zahlreiche Herausforderungen. Eine der größten Hürden stellt der Datenschutz dar, da es sich bei Gesundheitsdaten um besonders schützenswerte, sensible Daten handelt. Daher dürfen eine Vielzahl der Daten nicht erhoben oder müssen ggf. anonymisiert werden. Weiterhin ist die Akzeptanz der Mitarbeiter notwendig, damit KI-basierte Tools überhaupt erfolgreich eingesetzt werden können. Dazu sind bei der Einführung besonders bei weniger technologie-affinen Mitarbeitern Schulungsangebote und Erklärungen notwendig. Auch die Bedenken von Skeptikern, wie etwa die erhöhte Gefahr einer Überwachung, sollten ernst genommen und durch geeignete Maßnahmen adressiert werden. Im Allgemeinen wird die Akzeptanz gesteigert, wenn ein persönlicher Mehrwert daraus für die Mitarbeiter generiert und honoriert wird. Dies kann neben einer verbesserten Gesundheit auch ein externer Anreiz sein, eine Art Belohnung durch den Arbeitgeber oder die Krankenversicherung, wenn Gesundheitsmaßnahmen ergriffen werden.

Ebenso ist immer zu beachten, dass zwar KI-basierte Gesundheitstools ein sehr hohes Potenzial haben, das BGM zu unterstützen, jedoch fehlen neben dem menschlichen Einfühlungsvermögen oftmals auch die Betrachtung der Gesamtsituation des Unternehmens bzw. des Mitarbeiters. Eine KI kann auch nur so gut sein, wie die Daten, die ihr zum Training gegeben werden. Beispielsweise kann eine KI auch nicht passende Gesundheitsmaßnahmen dem Mitarbeiter vorschlagen, wenn ihr entscheidende Informationen über die private Situation des Mitarbeiters und seine sportlichen Hobbys fehlen. Daher muss vor dem Einsatz von KI-Technologien im Gesundheitsbereich sorgfältig überprüft werden, ob sie in Anbetracht der vorliegenden Informationen und Datensätze einen tatsächlichen Mehrwert für die Gesundheit des Mitarbeiters und Nutzen für das Unternehmen bringen. Ein wichtiger Erfolgsfaktor ist für die Unternehmensleitung natürlich, wenn sich die Investitionen in das BGM auch in einer gesteigerten Arbeitsproduktivität, geringeren Fluktuation oder verstärkten Innovationskraft der Mitarbeiter und letztlich einer Gewinnsteigerung bemerkbar machen.

## 13.5 Schlussbetrachtung

Der demografische Wandel stellt Unternehmen vor die Herausforderung, das Humankapital bis zum Rentenalter zu erhalten und zu fördern. BGM spielt dabei eine zentrale Rolle, insbesondere im Rahmen der sogenannten „gesunden Führung“ (Healthy Leadership). Traditionell ist BGM jedoch oft negativ konnotiert und wird mit Mitarbeitern in Leistungsrückstand assoziiert. Ein modernes BGM sollte jedoch präventiv wirken und die physische sowie psychische Gesundheit der Mitarbeiter stärken, um deren langfristige Leistungsfähigkeit und Arbeitsproduktivität zu sichern.

Der demografische Wandel führt zu alternden Belegschaften und steigender Belastung durch multifunktionale Lebensanforderungen. Ein paradigmatischer Ansatz zur Bewältigung dieser Herausforderung ist der Wechsel von Reparaturmaßnahmen hin zu Gesundheitsförderung, insbesondere durch Lebensstiländerungen, die mittels KI-gestützter Predictive- und Preventive-Health-Ansätze unterstützt werden können. Dadurch könnten sowohl Kosten eingespart als auch die Lebensqualität der Mitarbeiter verbessert werden.

Das BGM kann auf dem 3-B-Modell (Belastung, Beanspruchung, Bewältigung) basieren, um Belastungsspitzen gezielt zu managen, die Beanspruchungsresilienz zu steigern und evidenzbasierte Coping-Strategien zu entwickeln. In diesem Kontext spielen KI-gestützte Lösungen eine zentrale Rolle, um individuelle Gesundheitsdaten zu monitoren und zu analysieren, was eine personalisierte Förderung und Prävention ermöglicht.

Ein gesundheitsorientierter Führungsstil (Healthy Leadership) ist entscheidend für den Erfolg des BGM. Die Führungsqualität beeinflusst direkt die Gesundheit der Mitarbeiter. Verschiedene Führungsstile (z. B. Laissez-faire, transformationale oder transaktionale Führung) haben unterschiedliche Auswirkungen auf das Wohlbefinden und die Motivation der Mitarbeiter. Eine Balance zwischen Autonomie und Unterstützung ist wichtig, um Überlastung zu vermeiden und das Engagement zu fördern.

Zusätzlich kann KI das BGM durch Monitoring und Analyse von Gesundheitsdaten erheblich verbessern. KI-basierte Tools ermöglichen es, Muster in den Daten zu erkennen, Gesundheitsrisiken frühzeitig zu identifizieren und maßgeschneiderte Präventions- und Gesundheitsmaßnahmen zu entwickeln. Gleichzeitig gibt es Herausforderungen, insbesondere in Bezug auf Datenschutz und die Akzeptanz von KI-Technologien. Um den vollen Nutzen aus KI im BGM zu ziehen, muss sichergestellt werden, dass die verwendeten Tools datenschutzkonform sind und die Mitarbeiter bereit sind, diese zu akzeptieren.

Abschließend sollte nach dem BGM in personeller, funktionaler und institutioneller Hinsicht differenziert werden. In personeller Hinsicht stellt sich die Frage nach dem Kompetenzprofil des BGM-Verantwortlichen, in funktionaler Sicht spielen die Ziele und Inhalte des BGM eine große Rolle, während die institutionelle Perspektive die hierarchisch-organisatorische Verankerung akzentuiert (Ergänzend Kirchgeorg und Hensel-Börner 2017).

## Literatur

Badura, B., Ducki, A., Schröder, H., Klose, J. & Meyer, M. (Hrsg.) (2019): Betriebliches Gesundheitsmanagement: Prävention und Gesundheitsförderung in der Arbeitswelt (6. Auflage). Springer Verlag, Wiesbaden.

Becker, S. & Bremen, S. (2018): Grundlagen des Betrieblichen Gesundheitsmanagements: Von der Theorie zur Praxis. Gabler Verlag, Wiesbaden.

Irving, J. A. (2024): Healthy Leadership for Thriving Organizations – Creating Contexts Where People Baker Publishing Group, Fulton.

Kirchgeorg, M., & Hensel-Börner, S. (2017): Nachhaltiges betriebliches Gesundheitsmanagement: Strategien, Konzepte und Prozesse. Springer Gabler Verlag. Wiesbaden.

Rasche, C. & Braun von Reinersdorff, A. (2015): Gesundheitsmanagement. In: WISU, 44(8–9): 279–286.

Rasche, C., Raab, E. & Martynczuk, A. (2024). Corporate Fitness. In: WISU, 53 (12): 1115–1122.

Rieger, M. A. & Schröder, H. (2016): Gesundheit in der Arbeitswelt: Prävention und Gesundheitsförderung. Kohlhammer Verlag, Stuttgart.

Struhs-Wehr, K. (2017). Betriebliches Gesundheitsmanagement und Führung, Gesundheitsorientierte Führung als Erfolgsfaktor. Springer Verlag. Wiesbaden. https://doi.org/10.1007/978-3-658-14266-7

**Dr. Adriana Reinecke** war langjährig in der Grundlagenforschung am Max-Planck-Institut für Kolloid- und Grenzflächenforschung tätig und promovierte am Fachbereich Physikalische Biochemie der Universität Potsdam im Themengebiet der bioinspirierten Materialien. Anschließend arbeitete sie als Wissenschaftskoordinatorin an der Freien Universität Berlin und führte klinische Studien im Auftrag der Helmholtz-Gemeinschaft durch. Parallel absolvierte sie ein MBA-Studium mit dem Schwerpunkt auf der biomedizinischen Technik an der Universität Potsdam im Fachbereich Wirtschaftswissenschaften. Im Studium fokussierte sie sich auf das Innovationsmanagement in der Gesundheitsbranche und befasste sich in ihrer Masterarbeit mit den Rahmenbedingungen und Gestaltungsoptionen von Geschäftsmodellen für Digitale Medizintechnologien.

Danach arbeitete sie mehrere Jahre als Technologieberaterin im Bereich der Forschungsförderung, u. a. in den Bereichen Digitalisierung und Künstliche Intelligenz in der Medizintechnik. Seit 2020 ist sie in der Leitung des Bereichs Mittelstandsförderung bei der VDI Technologiezentrum GmbH tätig. Parallel schloss sie ein Masterstudium in Health and Medical Management an der Friedrich-Alexander-Universität mit einer Masterarbeit zum Thema „Künstliche Intelligenz in der Radiologischen Diagnostik des Mammakarzinoms“ ab. Seit einigen Jahren befasst sich Frau Dr. Reinecke am Lehrstuhl für Management, Professional Services & Sportökonomie der Universität Potsdam mit Fragen zum Thema Künstliche Intelligenz in der Gesundheitswirtschaft aus finanzwirtschaftlicher, rechtlicher und gesellschaftspolitischer Perspektive. Sie verbindet somit aktuelle Praxis mit der Forschung in dem Bereich Innovations-/Technologieförderung im Gesundheitswesen.

**Ass. jur. Prof. Dr. rer. pol. Erika Raab** MBA ist seit über 20 Jahren als Juristin und Gesundheitsmanagerin im Krankenhausbereich tätig. Zunächst als Anwältin mit dem Schwerpunkt Medizinrecht tätig, wechselte sie 2006 hauptberuflich in das Krankenhausmanagement. Im Rahmen ihrer beruflichen Tätigkeit erwarb sie ein breites Erfahrungswissen u. a. in der Internen Revision, im Medizin- und Arbeitsrecht, Insolvenzrecht, Medizincontrolling und im Konzernmanagement. Im Bereich der Forschung beschäftigt sie sich mit Big Data und Versorgungsmodellen im Gesundheitswesen. 2019 wurde sie Geschäftsführerin der Kreisklinik Groß-Gerau mit dem Ziel, das im ländlichen Bereich befindliche Krankenhaus in ein Intersektorales Versorgungszentrum mit angeschlossener stationärer Basisversorgung umzuwandeln. Sie ist seit 2022 die Vorsitzende der Deutschen Gesellschaft für Medizincontrolling. Sie lehrt als Professorin für Medizincontrolling im Department Gesundheitswissenschaften an der Medical School in Hamburg seit 2014.

**Christoph Rasche** ist seit dem Jahr 2001 Inhaber des Lehrstuhls für Management, Professional Services & Sportökonomie an der Universität Potsdam. Als wissenschaftlicher Mitarbeiter und Assistent promovierte Herr Rasche bei Prof. Dr. Heymo Böhler (Professur für Marketing an der Universität Bayreuth). Anschließend folgte Herr Rasche dem Angebot in die freie Wirtschaft als angestellter Berater bei der Unternehmensberatung Droege & Comp. AG in Düsseldorf. Mit der Rückkehr als wissenschaftlicher Assistent an die Universität Bayreuth erfolgte dort die Habilitation auf dem Gebiet des „Strategischen Managements". 2001 nahm er dann den Ruf an die Universität Potsdam an und etablierte den Arbeitsbereich Management, Professional Services und Sportökonomie. Herr Rasche war lange Jahre Geschäftsführender und Stv. GF-Leiter des Instituts für Sportwissenschaft, ist Gründungsvorstand des gmip – General Management Institute Potsdam e.V., Mitglied im Institut für Management und Organisation (IMO) e.V. und im Arbeitskreis Sportökonomie sowie Mitherausgeber in den Schriftenreihen „Leadership" und „Strategisches Kompetenzmanagement" sowie aktiver Marathonläufer, Ruderer und Triathlet. Professor Rasche ist Vizepräsident des IfK Potsdam e.V, Vorsitzender des Prüfungsausschusses im WiB e.V. und Wissenschaftlicher Beirat im Deutschen Institut für Beratungswissenschaften (diBew). Er übte u. a. Gastprofessuren an den Universitäten Innsbruck und Alcalá de Henares aus und ist Mitglied der Humanwissenschaftlichen Fakultät und der WISO-Fakulät. Zudem verfügt er über enge Kontakte zur Politik und Wirtschaft in seiner Funktion als Unternehmensberater, Jury Mitglied, Business Coach und Invited Speaker. Professor Rasche ist Architekt mehrerer innovativer Weiterbildungsformate und dabei, die Berlin Advisory Group – Consulting, Coaching, Counseling als Start-up im Beratungsmarkt zu etablieren. Zudem ist Herr Rasche aktiv in das Coaching in einer Vielzahl unterschiedlicher Start-ups involviert.

# KI und Kindermedizin – die Kinder- und Jugendärzteschaft als Reiseleitung 14

Nora Karara und Janna-Lina Kerth

## Inhaltsverzeichnis



**Zusammenfassung**

Das Kapitel untersucht die Rolle der Kinderärztinnen und -ärzte als „Reiseleitung" auf der Patientenreise von der Geburt bis zum Übergang in die Erwachsenenmedizin, mit besonderem Fokus auf den Einsatz von Künstlicher Intelligenz (KI). Am Beispiel der Phenylketonurie (PKU) wird gezeigt, wie KI die Diagnose, Überwachung und Therapie von chronischen Erkrankungen erleichtern könnte. KI würde die automatische Auswertung von Screening-Daten, die Überwachung der Diätadhärenz und die frühzeitige Erkennung von Krisen unterstützen, was zu einer Entlastung des ärztlichen Personals –

N. Karara (✉)
Klinik für Kinder- und Jugendmedizin, Universitätsklinikum Ruppin-Brandenburg, Neuruppin, Deutschland

J.-L. Kerth
Klinik für Allgemeine Pädiatrie, Neonatologie und Kinderkardiologie, Universitätsklinikum Düsseldorf, Düsseldorf, Deutschland
E-Mail: J.Kerth@dgkj.de



M. A. Pfannstiel (Hrsg.), *Künstliche Intelligenz im Einsatz für die erfolgreiche Patientenreise*, https://doi.org/10.1007/978-3-658-48573-3_14

und damit zu einer optimal betreuten Patientenreise führen könnte. Ein besonderes Potenzial läge in der Nutzung von Wearables, die es jungen Patientinnen und Patienten früh ermöglichen würden, aktiv in die Verwaltung ihrer Krankheit einbezogen zu werden, wodurch ihre Autonomie gefördert werden könnte. Gleichzeitig müssten der Datenschutz und die Sicherheit der sensiblen Gesundheitsdaten, insbesondere bei Minderjährigen, auf höchstem Niveau gewährleistet sein. KI könnte Prozesse optimieren und Ressourcen freisetzen, doch die Entscheidung über die Therapie bleibt in den Händen des ärztlichen Teams, die die Patientinnen und Patienten kennen, ganzheitlich betreuen und dabei nicht nur medizinische, sondern auch emotionale und soziale Aspekte berücksichtigen können

## 14.1 Einleitung

Die Rolle der Ärzteschaft in der Kinder- und Jugendmedizin geht weit über die reine medizinische Versorgung hinaus. Sie fungieren als „Reiseleitung" für Kinder und deren Familien auf der oft langen und komplexen Patientenreise – von der Neugeborenenzeit bis hin zum Übergang in die Erwachsenenmedizin. Diese Reise ist geprägt von wichtigen Meilensteinen, klinischen Entscheidungen und Übergängen, bei denen nicht nur medizinisches Fachwissen, sondern auch emotionale und soziale Unterstützung gefragt ist. Gut erprobte KI-Anwendungen in der Kinder- und Jugendmedizin sind derzeit rar. Der Großteil der Studien wurde bisher nicht in der klinischen Praxis implementiert, was zu einem Mangel an validierten klinischen Ergebnissen führt. Ebenso wurde die Akzeptanz von KI bei den beteiligten Kindern, Jugendlichen, Familien und der Ärzteschaft noch nicht umfassend untersucht (Reinhart et al. 2024).

Wir haben in diesem Kapitel ein medizinisches Beispiel, die Phenylketonurie, gewählt, das die aktuelle Patientenreise illustriert, die Rolle der Kinderärztinnen und Ärzte veranschaulicht und gleichzeitig aufzeigt, wo und wie Künstliche Intelligenz (KI) Kinder und Familien sowie die behandelnden Ärztinnen und Ärzte sowie Therapeuten entlasten könnte.

▶ Die **Phenylketonurie (PKU)** ist eine seltene Stoffwechselerkrankung, die durch einen autosomal-rezessiv vererbten Mangel des Enzyms Phenylalaninhydroxylase (PAH) verursacht wird. Ohne diese Enzymfunktion sammelt sich Phenylalanin im Blut an, was zu einer toxischen Wirkung auf das zentrale Nervensystem führt. Unbehandelt könnte PKU zu schwerwiegenden neurologischen Schäden führen. Die klassische Behandlung besteht aus einer streng kontrollierten, phenylalaninarmen Diät (Arélin et al. 2021).

Allerdings bringt dies auch erhebliche Herausforderungen mit sich, da die Diät schwer durchzuhalten und für viele Kinder auf Dauer wenig schmackhaft ist. Dies führt zu Non-Compliance und damit verbunden zu einer erhöhten Häufigkeit von neuropsychiatrischen Erkrankungen. Durch zu häufige Krisen (Ansammlungen von Phenylalanin in toxischen Dosen) könnten Beeinträchtigungen bestehen bleiben, die sich z. B. durch

Lernschwierigkeiten oder Konzentrationsprobleme äußern. Dieses Prinzip der kontinuierlich notwendigen Interventionen begleitet Kinder, die chronisch erkrankt sind, dauerhaft.

Daher sollte das übergeordnete Ziel beim Einsatz von KI darin bestehen, das Leben mit chronischen Erkrankungen so uneingeschränkt wie möglich zu gestalten – mit der Perspektive, dass moderne Therapien Krankheiten idealerweise präventiv verhindern können. In diesem Zusammenhang sehen wir das Potenzial von KI in der Prozessoptimierung und der Förderung der Partizipation, sowie in Kombination mit modernen Sensortechnologien als maßgebliche Erleichterung für Kinder und Familien.

Ein entscheidender Punkt in der Forschung und Praxis ist, dass Kinder keine kleinen Erwachsenen sind. Für sinnvolle Anwendungen des maschinellen Lernens (ML) sind umfangreiche, hochauflösende Datensätze, die demografische und klinische Daten wie medizinische Vorgeschichte, Vitalzeichen, Laborergebnisse und Outcomes kombinieren, essenziell. In der Pädiatrie fehlen jedoch häufig große Datensätze, da Kinder nur einen kleineren Anteil der Gesundheitsressourcen nutzen und vorhandene Daten oft begrenzt sind (Ramgopal et al. 2023). Portable Messgeräte entwickeln sich immer weiter, werden kleiner und nutzen kabellose Übertragungen (Chung et al. 2020), sind jedoch noch wenig flächendeckend eingesetzt. Altersgerechte Richt- und Referenzwerte (Richt- und Referenzwerte sind festgelegte Werte, die als Orientierung für normale Gesundheitsparameter dienen.) sind unerlässlich, da sich diese im Laufe der Entwicklung kontinuierlich verändern. KI-Modelle und Technologien müssen daher speziell auf die dynamischen Bedürfnisse von Kindern abgestimmt sein, um valide Ergebnisse zu liefern und die besonderen Anforderungen in der pädiatrischen Versorgung zu erfüllen.

**Rahmenbedingungen für eine sichere Reise**

Auch ethische und rechtliche Aspekte spielen bei der Einführung von KI in die medizinische Versorgung Minderjähriger eine hervorgehobene Rolle. Die Kinder- und Jugendärzteschaft steht dabei vor der Herausforderung, die Vorteile der KI-Technologie mit dem Schutz der Privatsphäre ihrer Patientinnen und Patienten in Einklang zu bringen. Der Umgang mit Gesundheitsdaten von Minderjährigen erfordert ein hohes Maß an Datenschutz- und Verantwortungsbewusstsein. Kinder und Jugendliche können noch nicht abschließend selbst über die Verwendung ihrer Daten entscheiden, weshalb ein besonders geschützter Umgang mit ihren Daten essenziell ist und auch gesetzlich garantiert werden muss. Transparenz und DSGVO-konforme Nutzung der Daten sind unerlässlich (Europäische Union 2016); zudem müssen Jugendliche altersgerecht informiert und einbezogen werden. Eltern oder Erziehungsberechtigte müssen ebenfalls umfassend informiert werden. Kinderärztinnen und Ärzte tragen hier die Verantwortung, eine klare Kommunikation sicherzustellen und das Vertrauen aller Beteiligten zu gewinnen.

Der EU AI Act (Europäische Union 2024), der harmonisierte Regeln festlegt und medizinische KI-Anwendungen einer besonders strengen Überprüfung unterzieht, ist ein Schritt in die richtige Richtung. Leider ist dies bei sogenannten Sensortechnologien wie „Wearables", aktuell noch nicht ausreichend umgesetzt. Dabei bieten gerade Wearables eine enorme Chance: Sie können jungen Patientinnen ermöglichen, aktiv am Management ihrer Krankheit teilzunehmen und ihre Gesundheit zu fördern (Zhang et al. 2024). Eine Gesetzgebung, die die Kinderrechte auf Mitbestimmung und Gesundheit gemäß der UN-Kinderrechtskonvention (1989) respektiert und stärkt, könnte es KI ermöglichen, junge Menschen aktiv in Entscheidungsprozesse einzubeziehen und sie zu Mitgestalterinnen und Mitgestalter ihrer eigenen Gesundheitsversorgung zu machen.

Die Implementierung von KI in der medizinischen Versorgung wirft auch in der Kinder- und Jugendmedizin Fragen der Verantwortung und Haftung auf. Wenn KI-Systeme wertvolle Unterstützung bieten können, bleibt die letztendliche Entscheidungsgewalt und die Verantwortung bei den behandelnden Ärztinnen und Ärzten. Es ist unabdingbar, dass Pädiater die Empfehlungen der KI kritisch prüfen und stets im Kontext der individuellen Patientensituation sehen. Moderne Technologien dürften nicht zur Entfremdung im Arzt-Patienten-Verhältnis führen; empathische, individuelle Betreuung ist und bleibt ein zentraler Bestandteil der medizinischen Versorgung, besonders in sensiblen Phasen des Lebens junger Menschen.

KI könnte die Patientenreise effizienter und sicherer gestalten, indem sie administrative Aufgaben übernimmt, große Datenmengen analysiert und gezielte Handlungsempfehlungen gibt. Dies würde Zeit für den direkten Patientenkontakt schaffen, was sich positiv auf die Versorgungsqualität auswirken könnte. Gemäß DKI-Umfrage (Blum und Löffert 2024) verbringen Ärzteschaft und Pflegekräfte in den deutschen Krankenhäusern ca. 3 h täglich mit Dokumentation und Nachweispflichten. Auch in der Umfrage der Jungen DGKJ, in der Kinderärztinnen und Kinderärzte in Weiterbildung befragt wurden, gaben rund 50 % an, aufgrund von Dokumentationspflichte nicht in der vorgegebenen Zeit ihre Weiterbildungsziele erreichen zu können (Eckhardt et al. 2021). KI könnte dieses Problem angehen und eine bessere Ressourcenallokation im Gesundheitswesen ermöglichen, indem Prozesse optimiert und das medizinische Fachpersonal entlastet wird. Damit sich Kinder- und Jugendärztinnen und Ärzte auf das konzentrieren können, was ihnen am meisten am Herzen liegt: ihre Patientinnen und Patienten.

Daher muss die Entscheidung über nächste Schritte und individuell angepasste Behandlungen weiterhin in ärztlicher Hand bleiben. Sie betrachten den Menschen als Ganzes und gewährleisten eine ganzheitliche Betreuung, die nicht nur die medizinischen, sondern auch die emotionalen und sozialen Bedürfnisse des Kindes auf den Stationen der Reise berücksichtigt.

## 14.2 Neugeborene und Säuglinge – alles neu: Diagnose und Früherkennung

Nach der Geburt wird bei allen Kindern in Deutschland das Neugeborenenscreening auf angeborene Stoffwechsel- und andere Erkrankungen durchgeführt. Es wird standardmäßig zwischen 36 und 48 h nach der Geburt durchgeführt und dient der frühzeitigen Erkennung angeborener Stoffwechselstörung entsprechend der AWMF-Leitlinie (2023). Wenn durch dieses Screening der Verdacht auf eine Krankheit aufkommt, ist dies für die jungen Eltern in aller Regel ein Schock und bringt die Pläne für die ohnehin schon anstrengenden ersten Tage und Wochen mit den Neugeborenen durcheinander. Die frühe Diagnose und das rechtzeitige Einleiten von Therapien, insbesondere bei seltenen Erkrankungen und Stoffwechseldefekten, sind entscheidend, um eine gesunde Entwicklung der Kinder zu sichern und langfristige Komplikationen zu vermeiden. Eine fundierte Aufklärung der Eltern über die Bedeutung des Neugeborenenscreenings bleibt unverzichtbar, um eine möglichst breite Zustimmung zur Durchführung dieser Tests zu gewährleisten.

Die Methode zur Erkennung von Phenylketonurie, wie von Guthrie und Susi (1963) beschrieben, war ein Meilenstein in der Neugeborenenmedizin. Die Inzidenz der behandlungsbedürftigen Phenylketonurie (PKU) beträgt etwa 1:10.000 Neugeborene. Da PKU klinisch im Neugeborenenalter nicht diagnostizierbar ist, das unbehandelte Vorliegen jedoch durch die toxische Wirkung von Phenylalanin (Phe) auf das zentrale Nervensystem (ZNS) ab dem 3. Lebensmonat zu irreversiblen Entwicklungsstörungen führt(van Wegberg et al. 2017) ist das Neugeborenenscreening in Deutschland von zentraler Bedeutung. Das Screening erfolgt mittels Trockenbluttests, deren Ergebnisse in spezialisierten Laboren ausgewertet und an die Entnahmeklinik oder größere Universitätskliniken übermittelt werden

**Reisebeginn: Diagnosestellung und erste Hürden**

Momentan werden die frischgebackenen Eltern von Mitarbeitenden des Screeninglabors telefonisch über auffällige Befunde informiert und zur umgehenden Vorstellung in einem spezialisierten Stoffwechselzentrum aufgefordert. Das Labor informiert das Zentrum parallel telefonisch und übermittelt die Befunde per Fax. Im Zentrum erfolgt eine weiterführende Diagnostik. Bei gesicherter PKU erfolgt ein Gentest zur endgültigen Bestätigung der Diagnose, sowie die erste Schulung der Eltern durch erfahrene Fachärztinnen und Fachärzte. Die Eltern erhalten im Stoffwechselzentrum eine intensive Schulung zur Diätführung und Behandlung ihres Kindes, die speziell auf die Bedürfnisse von Neugeborenen und Kleinkindern abgestimmt ist. Es muss direkt in den ersten Lebenstagen eine eiweißrestriktive, phenylalaninarme Diät begonnen werden- was u. a. bedeutet, dass die Kinder nur teilgestillt werden können und dazu eine phenylalaninfreie Spezial-Säuglingsnahrung bekommen. Dauert die Kette der Informationsweitergebung zu lange, haben bereits Neugeborene nach nur wenigen Tagen erhöhte Phenylalaninwerte im Blut, die zum Glück nach kurzer Zeit unter korrekter Diät in den altersspezifischen therapeutischen Zielbereich sinken.

Automatisierte Systeme können diesen Prozess zumindest zum Teil vereinfachen, indem die Befundübermittlung an das Stoffwechselzentrum nicht mehr händisch erfolgen muss. Ob eine automatisierte Benachrichtigung der Eltern, beispielsweise mittels Push-Benachrichtigung auf das Mobiltelefon, erfolgen sollte, muss kritisch diskutiert werden: Die Befundmitteilung ist für die Eltern ein einschneidendes Erlebnis und insbesondere in diesen Situationen ist ein menschlicher Kontakt vorteilhaft.

Durch die Verknüpfung der Datensätze aus dem Screeninglabor und dem weiterbehandelnden Zentrum können dann auch die bei der ersten Vorstellung im Zentrum zur Bestätigungsdiagnostik abgenommenen Blutproben mit dem initialen Datensatz des Screeninglabors verknüpft werden. So kann zum einen eine automatische Erfassung von falsch-positiven Fällen für die Qualitätssicherung der Labore erfolgen, zum anderen können den Befunden direkt genetische Varianten zugeordnet werden, anstatt dies erst nach einer Reihe von Tests zu machen. So ließen sich unter Umständen KI-gestützt Muster erkennen, wenn beispielsweise auffällt, dass es einen Zusammenhang zwischen der Höhe der gemessenen Parameter und der genauen Genmutation gibt. Dies hätte direkte Konsequenzen für spätere Therapieoptionen mit Sapropterindihydrochlorid, welches trotz fehlender Enzyme bei PKU die Nutzung von Phenylalanin ermöglichen kann (Thiele et al. 2013).

**Kinderärztinnen und Ärzte mit KI als Navigationshilfe in der Behandlung**

Auch die niedergelassenen Kinder- und Jugendärzte der betroffenen Familien könnten direkt über ein digitales System informiert werden. Dies würde bereits bei Mitteilung der Diagnose ermöglichen, dass sie sich – beispielsweise KI-gestützt – je nach eigenem Wissensstand gezielt zu den entsprechenden Diagnosen fortbilden können, um eine bestmögliche Beratung der Familien schon bei der ersten Vorsorgeuntersuchung in den ersten Lebensmonaten sicherzustellen.

Eine automatische Ergebnisübermittlung der Folgeuntersuchungen aus den spezialisierten Zentren an die betreuende Praxis wäre ebenfalls sinnvoll. Dies könnte durch die Einrichtung einer übergreifenden Patientenakte gewährleistet werden, die alle relevanten Informationen bündelt. Ein solches System – idealerweise entwickelt in Kooperation mit Krankenhäusern und Praxen – würde nicht nur die Kommunikation zwischen den behandelnden Stellen verbessern, sondern auch dazu beitragen, die Terminplanung effizienter zu gestalten. Die Abstimmung zwischen den Vorsorgeuntersuchungen und regelmäßigen Blutentnahmen in der Kinderarztpraxis sowie erforderlichen Terminen im Stoffwechselzentrum könnte automatisch erfolgen, um die Belastung für Familien und das Gesundheitssystem zu minimieren.

► Sollten in den regulären Vorsorgeuntersuchungen (sogenannten U-Untersuchungen) Auffälligkeiten festgestellt werden, könnte ein KI-gestütztes System – nach Rückversicherung bei und Zustimmung durch die Pädiater und Eltern – automatisch einen Termin in einer entsprechenden Fachsprechstunde vereinbaren. Diese automatisierten Prozesse würden nicht nur Zeit und Ressourcen des medizinischen Fachpersonals schonen, sondern auch die Eltern deutlich entlasten.

Ein weiterer Vorteil eines solchen Systems wäre die Reduktion des sogenannten „Mental Load" der Eltern, da die Terminplanung und Verfolgung notwendiger Maßnahmen durch ein KI-gestütztes System unterstützt wird. Dieses könnte beispielsweise gemeinsam mit den Eltern den Überblick über die Termine und Therapieanpassungen behalten, sodass die Familien sich stärker auf die Betreuung und Förderung ihrer Kinder konzentrieren können. Solche digitalen Unterstützungssysteme würden somit eine wesentliche Verbesserung sowohl für die Eltern als auch für die behandelnden Pädiater darstellen und die Versorgung der Kinder optimieren.

**Therapieanpassung**

Kinder mit einer PKU müssen vor allem in den ersten Lebenswochen und -monaten sehr engmaschige Kontrollen des Phenylalaninspiegels im Blut erhalten. Die Eltern werden darin geschult, ihrem Kind Kapillarblutproben zu entnehmen. Zunächst üben sie dies unter Anleitung im Krankenhaus, später führen sie die Probenentnahme eigenständig zu Hause durch und senden Trockenblutkarten ein, um die Phenylalaninwerte überwachen zu lassen. Bei Neugeborenen erfolgen die Kontrollen mehrmals pro Woche. Mit zunehmendem Alter und stabilen Phenylalaninwerten im therapeutischen Zielbereich reduziert sich die Häufigkeit auf alle zwei bis vier Wochen. Anhand dieser Werte wird die Ernährung des Kindes regelmäßig angepasst.

Hier würde sich statt des häufigen „Piekens“ eine moderne Sensor-Technik anbieten, die bereits experimentell erforscht wird. Das von der EFR finanzierte Projekt LABPATCH (Lab-in-a-patch for PKU self-assessment, 2020, ID 790163) verfolgt das Ziel, die Selbstüberwachung bei PKU durch enzymbasierte Biosensoren zu vereinfachen. Diese Sensoren sollen es ermöglichen, die Phenylalanin-Werte präzise zu messen. Dies würde insbesondere auch Patientinnen und Patienten in Entwicklungsländern eine kostengünstige Diagnose- und Therapiemanagementtechnik zugänglich machen. KI-gekoppelt würden diese Sensoren den Eltern das Management in den kritischen ersten Wochen, in denen die individuelle Phenylalanintoleranz noch etabliert werden muss, die Anpassung von Nahrungszusammensetzung (Anteil Stillen/Spezialnahrung) deutlich erleichtern. Im Sinne eines kindzentrierten Ansatzes aus Sicht der behandelnden Ärzteschaft wäre natürlich auch die non-invasive Methode sehr zu begrüßen, die sicherlich ebenfalls zu einer höheren Compliance beiträgt.

Aktuell werden Blutwerte und Ernährung von medizinischem Fachpersonal oder Diätassistentinnen und Assistenten ausgewertet, eine Anpassung der Ernährung erarbeitet und mit den Eltern besprochen. KI-gestützte Sensor-Systeme könnten die einfachen Parameterassoziierten Anpassungen in Zukunft übernehmen, wodurch Kapazitäten von medizinischem Fachpersonal in den Stoffwechselzentren frei würden, die in der gewonnenen Zeit dann beispielsweise komplexere Gespräche mit Eltern führen könnten. Auch die betreuenden Kinderarztpraxen könnten direkt über aktuelle Werte und notwendige Therapieänderungen informiert werden, um direkt für Fragen der Eltern offen zu sein und eine Nahrungsumstellung entsprechend zu begleiten.

**Herausforderungen auf dem Weg**

Das Sensor-System würde direkt Informationen erhalten, ob ein Kind aktuell zum Beispiel einen Infekt hat und könnte den Eltern KI-basiert umgehend eine Arztvorstellung anraten oder direkt eine Therapieanpassung empfehlen, um Stoffwechselentgleisungen zu vermeiden. So könnten ggf. drohende Krankenhausaufenthalte vermieden werden, zum anderen führte dies zu einer besseren Stoffwechseleinstellung und damit zu einer besseren neurologischen Entwicklung des Kindes.

Insbesondere für Eltern, die weit von spezialisiere Zentren entfernt wohnen, sollte es ebenfalls möglich sein, bei Bedarf mit medizinischem Fachpersonal zu sprechen. Dies ließe sich an dieser Stelle gut über Telemedizin lösen. Sie hätten jederzeit die Möglichkeit, dem KI-Assistenten Beobachtungen oder besondere Ereignisse zu melden und erhalten bei „Warnsignalen" wie Fieber oder Trinkschwäche hilfreiche Tipps für den Notfall und ggf. gleich einen Termin bei den betreuenden Pädiatern oder einen Link zum Video-Call mit dem Fachzentrum. Die KI fungiert hier als hilfreiches Navigationssystem zwischen Eltern und Fachpersonal.

**Eltern und Kinderärzteteam bleiben zentrale Akteure**

Neugeborene und Säuglinge sind noch komplett von ihren Eltern und weiteren Betreuungs- oder Bezugspersonen abhängig, sie können keine eigenständigen Entscheidungen treffen und dementsprechend auch nicht über die Nutzung ihrer Daten oder den Einsatz von KI in ihrer Behandlung entscheiden. Eltern sind in dieser Phase häufig noch sehr unsicher, was die Verantwortung für ein Kind insgesamt und vor allem die besondere Situation mit einem Kind mit einer chronischen Erkrankung angeht. Pädiater sind hier besonders in ihrer Rolle als Lotsen gefragt. Sie stehen den Eltern in dieser Phase engmaschig mit Ratschlägen zur Seite. Viele Eltern vertrauen in dieser Phase auf die Einschätzung der Kinderärztinnen und Ärzte, sodass diese mit den Möglichkeiten, die KI bietet, vertraut sein sollten. Sie müssen ein Verständnis für die Funktionalitäten, aber auch ethische und rechtliche Aspekte entwickeln, um Familien adäquat beraten zu können. Um dies zu gewährleisten, müssen entsprechende Fortbildungsangebote, die auf die spezielle Situation in der Kinder- und Jugendmedizin abgestimmt sind, etabliert werden.

## 14.3 Kleinkinder – die Erkundung der Welt

Eine Stoffwechselerkrankung wie die Phenylketonurie (PKU) erfordert eine strikte, phenylalaninarme Diät und regelmäßige Blutuntersuchungen zur Überwachung des Phenylalaninspiegels. Gerade in der frühen Kindheit, wenn sich der Speiseplan aufbaut und viele Lebensmittel getestet werden, bedeutet dies für Eltern eine hohe Verantwortung und sorgfältige Planung.

**Die Rolle der Kinderärzteschaft: Wegweiser bei den ersten eigenständigen Schritten**

Es benötigt viele Schulungen in den entsprechenden Zentren und regelmäßige Kontrollen der Blutwerte bei den betreuenden Kinderärztinnen und Ärzten. In der Anfangsphase einer chronischen Erkrankung herrschen oft Unsicherheiten und ein hoher Kommunikationsbedarf. Die betreuenden Ärztinnen und Ärzte sind die erste Anlaufstelle und fungieren als Wegweiser – sie unterstützen den verantwortungsvollen Umgang mit der Krankheit und vermitteln zwischen Stoffwechselzentrum und ggf. anderen Fachrichtungen wie Neuropädiatrie und Physiotherapie. Es muss immer wieder genau geklärt werden, welche Nahrungsmittel geeignet sind und welche strikt vermieden werden müssen. Eltern werden angeleitet, wie Nahrungsmittelbeschriftungen korrekt gelesen werden und welche Symptome auftreten können, falls zu viel Phenylalanin konsumiert wird. In dieser frühen Phase ist gezielte und engmaschige Unterstützung unerlässlich, um die Eltern als aktive Begleiter des Kindes auf dessen Gesundheitsweg zu stärken.

Kommt momentan beispielsweise eine Sprachbarriere hinzu, können schnell Missverständnisse entstehen, die – etwa bei der Nichteinhaltung einer notwendigen Diät – negative körperliche Folgen für den kleinen Patienten haben können. Hier könnten Pädiater hilfreiche Übersetzungssysteme mit KI nutzen, um Übersetzungen in Echtzeit zu ermöglichen und die Verständigung zu erleichtern. Idealerweise sind diese direkt in die Praxissoftware integriert, um stets den Schutz der sensiblen Daten zu garantieren.

**Technologie als Unterstützung: KI-Tools für Familien**
Ein KI-basierter Assistent könnte auch den Eltern im Alltag direkt wertvolle Unterstützung bieten indem er Wissen zur spezifischen Diät und geeigneten Lebensmitteln. Dies ist beispielsweise nicht nur bei der PKU relevant, sondern auch bei komplexen Formen von Epilepsie (Martin-McGill et al. 2020) oder auch bei den steigenden Zahlen von Adipositas im Kindesalter (WHO 2022). Personalisierte Rezepte könnten direkt empfohlen werden, die auf die spezifischen Ernährungsbedürfnisse des Kindes abgestimmt sind, was die Essensplanung und -zubereitung erleichtern und langfristig zur Diät-Compliance beitragen kann. Zusätzlich könnten Ernährungs-Apps für Familien in mehreren Sprachen angeboten werden, inklusive kulturangepasster Rezeptvorschläge. Mithilfe einer mobilen KI-App können Eltern beispielsweise beim Einkaufen den Phenylalaningehalt von Lebensmitteln per Fotoanalyse prüfen. Die App könnte dann direkt anzeigen, ob ein Produkt geeignet ist, oder Alternativen vorschlagen, was die Einhaltung der Diät vereinfacht, und das Sicherheitsgefühl der Eltern stärkt. Je realistischer KI in den Alltag integriert und die Belastung für Familien reduziert wird, desto hilfreicher ist sie für die Unterstützung chronisch kranker Kinder.

Bereits im Kleinkindalter können auch Kinder in die Gesundheitsüberwachung einbezogen werden. Aktuell funktioniert dies vor allem durch das Beibringen von Nahrungsmittelkunde und Aufmerksamkeit auf potenzielle körperliche Symptome einer Stoffwechselkrise zu lenken, also so früh wie möglich ein Bewusstsein für den eigenen Gesundheitszustand zu schaffen. In Zukunft könnten hier mithilfe KI-gestützter Wearables, die regelmäßig den Phenylalaninspiegel messen, erste Routinen der Selbstüberwachung erlernt werden. Bei Diabetes Mellitus sind solche Systeme bereits etabliert und auch bei sehr jungen Kindern erfolgreich im Therapiemanagement (Ware et al. 2022).

Sollte ein Phenylalanin-Sensor erhöhte Werte anzeigen, könnte e altersgerechte Hinweise geben, die das Kind motivieren, seine Eltern oder das medizinische Personal zu informieren und so Eigenverantwortung zu entwickeln. Würden die Systeme der Zukunft dann noch- über die jetzigen Möglichkeiten eines modernen Insulinspiegel-Sensor und

Pumpensystem hinausgehend- Erinnerungen an Arzttermine oder Empfehlungen für eine Kontrolle bei den behandelnden Kinder- und Jugendärztinnen und Ärzten senden, wäre ein sicheres Netz geschaffen, in dem Kinder früh ein Bewusstsein für die eigene Gesundheit entwickeln können.

**Betreuungseinrichtungen im Netzwerk**
Die enge Zusammenarbeit zwischen Praxis, Stoffwechselzentren und Familien bleibt der Schlüssel zu einem gesunden Aufwachsen. Aber auch in Bezug auf Kinderbetreuung, müssen z. B. die Kita Fachkräfte aktiv in das Betreuungsnetz eingebunden werden. Statt Schulungen derzeit persönlich abzuhalten, könnten KI-basierte Trainings genutzt werden. Die Möglichkeit, die Ernährung niederschwellig zu überwachen, kann hier die Handhabung des Alltags in der Kindertagesstätte mit einer chronischen Erkrankung und insbesondere von gefürchteten Krisensituationen erleichtern. Technische Lösungen wie ein Notfallknopf, der Eltern und Ärzteteam informiert, könnten die Sicherheit erhöhen und den Alltag für alle Beteiligten entspannen.

**Effizienz durch digitale Lösungen**
Aktuell ist vieles „händisch" zu organisieren, da es an digitalen Schnittstellenlösungen mangelt. Es liegt also bei den Eltern alle Termine im Auge zu behalten und bei den Kinderärztinnen und Ärzten zu wissen, wann wer eingeschaltet werden muss. Daher ist ein wichtiger Aspekt um eine Patientenreise so angenehm wie möglich zu gestalten, die automatisierte Terminplanung und Nachverfolgung – ein guter Ansatzpunkt für den Einsatz von KI. Die regelmäßigen Untersuchungen, Bluttests und Ernährungsberatungen müssen effizient organisiert werden, indem sie die individuellen Bedürfnisse des Patienten und die Verfügbarkeit von Ressourcen im ohnehin belasteten Gesundheitssystem berücksichtigt. Dies entlastet die Praxen von administrativen Aufgaben. Automatische Erinnerungen und Benachrichtigungen per App oder SMS stellen sicher, dass Eltern keine wichtigen Termine versäumen – eine Funktion, die ja bereits in vielen Praxis-Systemen gut etabliert ist. Die Vernetzung von Praxis, Stoffwechselzentrum, Therapieeinrichtungen und Eltern bildet ein sicheres System, das Kindern mit chronischen Erkrankungen ermöglicht, so gesund wie möglich aufzuwachsen.

► Kinderärztinnen und Ärzte wissen, dass nur wenn Ernährungsumstellungen und Termine gut umsetzbar sind, diese mit hoher Wahrscheinlichkeit eingehalten werden. KI könnte daher Eltern und Kindern helfen, die Compliance zu sichern, sie zu trainieren und damit ihre Selbstständigkeit zu stärken.

**Zukunftsvision: Gemeinsame, sichere Patientenreise**
Wie eine gute Reiseleitung bleiben Pädiater in der Frühphase der Krankheit eng eingebunden. Sie fokussieren sich vor allem auf die persönliche Betreuung, die Anleitung sowie die emotionalen Bedürfnisse der Familien, während eine KI-basierte Lösung Routineüber-

wachungen übernimmt. Ein solches vernetztes und vorausschauendes KI-System könnte auch die Teilhabe und Gesundheitsgerechtigkeit (Health Equity) fördern, indem es eine unterstützende, teils virtuelle Umgebung schafft, die optimal auf die Bedürfnisse von Kind und Familie abgestimmt ist – beispielsweise durch die Überwindung von Sprachbarrieren und geografischen Distanzen.

Die Kombination aus persönlicher Betreuung und technologischer Unterstützung schafft ein ideales Umfeld für Kinder mit chronischen Erkrankungen wie der PKU. Ein KI-gestützter Einkaufs- und Ernährungsassistent, ergänzt durch die Self-Management-Funktionen von Wearables, bietet eine praktische Lösung für das PKU-Management im Alltag. Pädiater übernehmen die Rolle von Lotsen, indem sie Eltern in die Nutzung neuer Technologien einführen, auf Datenschutz und Datensicherheit achten und beratend zur Seite stehen. Eltern können das System dadurch sicher und effektiv anwenden. Die Verantwortung bleibt bei den Eltern und Ärzteschaft, während die Technologie als unterstützendes Werkzeug dient. Dies schafft Vertrauen und fördert langfristig die Autonomie des Kindes im Umgang mit seiner chronischen Erkrankung.

## 14.4 Grundschulkinder – die ersten unabhängigen Schritte

Der Eintritt ins Schulalter markiert für Kinder eine Phase tiefgreifender Veränderungen: Sie werden selbstständiger, legen eigene Wege zurück und treffen zunehmend eigenverantwortliche Entscheidungen. Dies bringt sowohl Chancen als auch neue Anforderungen mit sich – insbesondere für Kinder mit chronischen Erkrankungen wie PKU; sie stehen vor der Herausforderung, die Behandlung ihrer Erkrankung in den neuen Alltag zu integrieren, während sie gleichzeitig ihre Unabhängigkeit entwickeln.

Die Kinder werden altersgerecht von Fachpersonal angeleitet, sich mit ihrer Krankheit auseinanderzusetzen und phenylalanin enthaltende Lebensmittel zu meiden, benötigen aber noch viel Hilfe und Anleitung durch ihre Eltern. Gerade zu Beginn, wenn noch nicht sicher gelesen werden kann, bedeutet dies, dass Kinder mit PKU sich ggf. nicht wie ihre Schulkameraden etwas vom Bäcker holen können. In dieser Lebensphase werden sie daher zunehmend gefordert, ihre Erkrankung eigenständig zu managen, während Eltern schrittweise Verantwortung abgeben und externe Unterstützungsnetzwerke, etwa Schulen oder Stoffwechselzentren, eine wichtigere Rolle übernehmen. Nur durch eine gut abgestimmte Zusammenarbeit dieser Akteure können sowohl die medizinischen als auch die sozialen Herausforderungen bei chronisch Erkrankten erfolgreich gemeistert werden.

### Entscheidungen entlang der Reiseroute

Die Entscheidungen, die entlang der Reiseroute getroffen werden, sind nicht nur von medizinischer Bedeutung, sondern legen auch den Grundstein für die langfristige Lebensqualität und Selbstständigkeit der Kinder. Moderne Technologien, wie KI-gestützte Systeme und Wearables, könnten diesen Prozess unterstützen und dazu beitragen, ein System zu schaffen, das die individuellen Bedürfnisse jedes Kindes berücksichtigt. So wird nicht nur die medizinische Versorgung optimiert, sondern auch die soziale und persönliche Entwicklung der Kinder nachhaltig gefördert.

**Drei zentrale Aspekte beim Übergang ins Schulalter**

1. Die Förderung der Autonomie der Kinder

Kinder mit PKU müssen lernen, ihre Krankheit zu verstehen und mit ihrer Diät selbstständig umzugehen. Während die Eltern im frühen Kindesalter die volle Kontrolle über Ernährung und Überwachung hatten, müssen sie im Schulalter zunehmend Verantwortung an die Kinder abgeben. Kinderärztinnen und Ärzte spielen hierbei eine zentrale Rolle, indem sie den Kindern altersgerechte Informationen zur Verfügung stellen und die Eltern dabei unterstützen, diesen Übergang zu begleiten.

2. Die Einbindung des sozialen Umfelds

Mit dem Eintritt in die Schule wächst der Einfluss des sozialen Umfelds auf die Kinder. Gemeinsame Mahlzeiten, Pausensnacks oder Geburtstagsfeiern stellen für Kinder mit PKU Herausforderungen dar, da sie auf eine strikte Diät achten müssen, während ihre Klassengemeinschaft unbeschwert essen können. Hier sind klare Absprachen zwischen Eltern, Schulen und Betreuungspersonen notwendig, um Ausgrenzung zu vermeiden und gleichzeitig die medizinischen Anforderungen zu wahren.

3. Die Sicherstellung einer kontinuierlichen medizinischen Betreuung

Trotz der zunehmenden Eigenverantwortung der Kinder und der Entlastung der Eltern bleibt eine engmaschige medizinische Betreuung notwendig. Die Zusammenarbeit zwischen Kinderarztpraxen, spezialisierten Stoffwechselzentren und dem schulischen Umfeld ist entscheidend, um eine nahtlose Versorgung sicherzustellen und eventuelle Probleme frühzeitig zu erkennen.

### Etappenziel Schule

Kinderärztinnen und Ärzte nehmen weiterhin entlang der Patientenreise in dieser Etappe eine zentrale Rolle ein. Sie fungieren als Bindeglied zwischen den Familien, den spezialisierten Stoffwechselzentren und dem sozialen Umfeld der Kinder. Besonders im Schulalter stehen sie vor der Aufgabe, die individuellen Bedürfnisse der Kinder mit den Anforderungen der Schule und den Sorgen der Eltern in Einklang zu bringen.

Eine der größten Herausforderungen besteht darin, Lehrerinnen und Betreuungspersonen für die besonderen Bedürfnisse der Kinder zu sensibilisieren. Viele Menschen im schulischen Umfeld verfügen nicht über das nötige Wissen zur Erkrankung PKU und den damit verbundenen Anforderungen. Hier unterstützen Kinderärztinnen die Eltern, indem sie medizinische Bescheinigungen und Informationsmaterialien bereitstellen, die den Umgang mit der Krankheit im Schulalltag erleichtern.

Auch die emotionale Unterstützung der Familien ist ein wichtiger Aspekt. Der Schulstart bringt Unsicherheiten mit sich, da Eltern ihre Kinder erstmals über längere Zeiträume nicht direkt betreuen können. Pädiater geben den Eltern die nötige Sicherheit, indem sie gemeinsam Strategien entwickeln, die die medizinische Versorgung und die soziale Integration der Kinder gewährleisten.

**Einsatz moderner Technologien zur Unterstützung der Patientenreise**

Digitale Plattformen, die Kommunikation zwischen Praxen, Stoffwechselzentren und Schulen könnten durch KI verbessert werden, indem sie relevante Informationen zentral bereitstellen und datenschutzkonform weitergeben. Eine engere Vernetzung der Betreuungseinrichtungen würde sicherstellen, dass Entscheidungen entlang der Patientenreise fundiert getroffen und potenzielle Probleme frühzeitig erkannt werden.

**Förderung der Autonomie durch Selbstmanagement-Tools**

Ein wichtiger Schritt zur Förderung der kindlichen Autonomie könnte durch die Integration von Selbstmanagement-Übungen und Erinnerungsfunktionen über KI-gestützte Wearables erfolgen. Solche Geräte könnten Kinder daran erinnern, spezielle Nahrungsergänzungsmittel einzunehmen oder bevorstehende Arzttermine wahrzunehmen. Indem sie schrittweise an diese Aufgaben herangeführt würden, könnten Kinder zunehmend Verantwortung für die eigene Gesundheitsüberwachung übernehmen. Solche Technologien würden nicht nur die Kinder unterstützen, sondern auch Eltern und Betreuungspersonen entlasten.

Darüber hinaus könnten solche Systeme eine kindgerechte Annäherung an Routineaufgaben der Diät ermöglichen. Altersgerechte Benachrichtigungen und Warnungen könnten das Bewusstsein für Warnsignale fördern, wie beispielsweise erhöhte Phenylalaninwerte. In solchen Fällen könnte das System das Kind ermutigen, die Eltern oder das medizinische Personal zu informieren. Diese Art von Rückmeldung könnte nicht nur das Selbstbewusstsein der Kinder stärken, sondern auch ihre Fähigkeit, in Krisensituationen selbstständig zu handeln.

**Einsatz von KI zur Unterstützung der Patientenreise**

Ein wesentlicher Vorteil des Einsatzes künstlicher Intelligenz (KI) in der Betreuung von Kindern mit PKU liegt in ihrer Fähigkeit, frühzeitig Schulungsbedarf zu erkennen. KI-gestützte Systeme könnten Muster in den Daten der Diätadhärenz analysieren und so bei Anzeichen nachlassender Compliance oder zunehmender Abweichungen in den Phenylalaninwerten reagieren. Zusätzliche Ernährungsberatungen oder Schulungen könnten der Familie vorgeschlagen werden, um den Diäterfolg langfristig sicherzustellen. Gerade im Schulalter, wenn Kinder beginnen, zunehmend eigene Entscheidungen zu treffen und ihre Unabhängigkeit auszubauen, bietet diese Funktion wertvolle Unterstützung. Solche Vorschläge fördern nicht nur eine hohe Compliance, sondern auch den gesundheitlichen Schutz der Kinder.

Ein weiterer zentraler Nutzen der KI liegt in ihrer Fähigkeit, früh Risikopatientinnen und Patienten zu identifizieren, die eine intensivere Betreuung benötigen. Indem sie über längere Zeiträume individuelle Muster der Diätadhärenz auswertet, kann die KI auffällige Abweichungen frühzeitig erkennen. Diese gezielte Analyse ermöglicht es dem medizinischen Team, Ressourcen auf Fälle mit erhöhtem Bedarf zu konzentrieren und die Betreuung noch individueller an die spezifischen Bedürfnisse der Kinder anzupassen. Dies würde nicht nur die Lebensqualität der betroffenen Kinder verbessern, sondern auch die Effizienz der Gesundheitsversorgung steigern.

## 14.5 Teenager – Die Balance zwischen Autonomie und Kontrolle

Die lebenslange Überwachung der Phenylalaninspiegel ist für Betroffene mit PKU unabdingbar, da der Körper die Fähigkeit zur Eigenregulation des Phenylalaninstoffwechsels nicht entwickeln kann. Während sich die Art der Betreuung und der Grad der Selbstständigkeit im Laufe der Jahre verändern, bleibt die regelmäßige Kontrolle der Werte unerlässlich. Nur so lassen sich Langzeitschäden und akute Krisen vermeiden. Die strikte Einhaltung der Diät und engmaschige Überwachung fördern die geistige und körperliche Entwicklung der Jugendlichen und tragen entscheidend dazu bei, langfristige Gesundheitsschäden zu verhindern.

In der Kinder- und Jugendmedizin stellt die frühe Adoleszenz eine besonders herausfordernde Phase dar – insbesondere bei chronischen Erkrankungen wie PKU. Während intensive Hirnreifungsprozesse stattfinden, entwickeln sich das limbische System und das Belohnungssystem schneller als der präfrontale Kortex (McIlvain et al. 2020), der für Impulskontrolle und Entscheidungsfindung zuständig ist. Dieses Ungleichgewicht führt oft zu typischen jugendlichen Verhaltensweisen wie erhöhter Risikobereitschaft und impulsiven Entscheidungen (Ernst et al. 2006, Blakemore und Robbins 2012). Diese Dynamik birgt bei Jugendlichen mit PKU das Risiko, dass Autonomiebestrebungen gelegentlich zu Nachlässigkeiten bei der Diät-Compliance oder dem Einhalten von Kontrollterminen führen. Je nach Krankheit, kann dies zu Konzentrationsproblemen in der Schule oder sogar Krankenhausaufenthalten führen.

**Unterstützung durch erfahrene „Reiseleitung“**

In dieser Phase übernehmen Pädiater eine entscheidende Rolle als erfahrene „Reiseleitung“. Sie begleiten die Jugendlichen auf ihrem Weg zur Selbstständigkeit und greifen ein, wenn Probleme auftreten. Ziel ist es, Krisen möglichst zu vermeiden und den Jugendlichen eine sichere Navigation durch die Herausforderungen des Alltags mit PKU zu ermöglichen. Die Betreuung geht dabei weit über medizinische Maßnahmen hinaus: Kinderärztinnen berücksichtigen stets die ganzheitliche Entwicklung der Jugendlichen und helfen ihnen, ein Gleichgewicht zwischen den Anforderungen der Erkrankung und ihren persönlichen Zielen zu finden.

Besonders in der Adoleszenz ist Empathie gefragt, da Teenager zunehmend eigene Entscheidungen treffen möchten. Die Aufgabe der Pädiater besteht darin, das Bedürfnis nach Unabhängigkeit zu respektieren und gleichzeitig ein stabiles medizinisches Sicherheitsnetz zu schaffen. Sie agieren als Moderatoren zwischen den Jugendlichen, ihren Familien und den technologischen Unterstützungssystemen, um eine optimale Betreuung zu gewährleisten.

**Mögliche Unterstützung durch KI-basierte Systeme**

Die Adoleszenz ist eine Phase, in der Jugendliche zunehmend Eigenverantwortung übernehmen, während Eltern und Ärzteschaft schrittweise immer mehr Kontrolle abgeben. Eine KI-gestützte App könnte in dieser Übergangszeit eine wichtige Moderatorfunktion einnehmen, indem sie zwischen elterlicher Kontrolle und jugendlichem Autonomiestreben vermittelt. Dabei könnte die App darauf achten, nicht bevormundend zu wirken, sondern als unterstützender Begleiter aufzutreten.

Ein entscheidender Vorteil wäre die individualisierte Rückmeldung, die Teenagern hilft, ihre Fortschritte zu erkennen und Motivation aufzubauen. Gleichzeitig würde die Technologie Eltern und Ärzteschaft beruhigen, da sie wüssten, dass Auffälligkeiten rechtzeitig erkannt und adressiert werden.

**Digitale Unterstützung im Teenageralltag**

Moderne KI-Systeme könnten eine wichtige Ergänzung zur ärztlichen Betreuung sein, indem sie gezielt auf die neurobiologischen Besonderheiten der Adoleszenz eingehen. Eine spezialisierte Gesundheits-App könnte Jugendliche mit PKU im Alltag unterstützen, ohne bevormundend zu wirken. Die App könnte beispielsweise:

- Behutsam an wichtige Laborkontrollen erinnern und personalisierte Rückmeldungen zur Diätführung geben.
- Einen Notfallplan bereitstellen, falls es zu einer Stoffwechselentgleisung kommt, sodass nicht bei jeder Krise direkt ein Kontakt zum Stoffwechselzentrum notwendig wäre.
- Kontinuierlich die Phenylalaninwerte im Hintergrund überwachen, kritische Muster frühzeitig erkennen und das medizinische Team informieren, bevor gesundheitliche Probleme entstehen. ◀

Solche Funktionen könnten den Jugendlichen helfen, ihre Eigenverantwortung zu entwickeln, während sie gleichzeitig von einem unsichtbaren Sicherheitsnetz profitieren. Die Technologie würde es den Teenagern ermöglichen, selbstständig zu handeln, ohne das Risiko einzugehen, schwerwiegende Fehler zu machen.

**Enge Verzahnung von Technologie und persönlicher Betreuung**
Die Kinderärztinnen und Ärzten bleiben in dieser Phase unersetzlich. Während die KI routinemäßige Überwachungsaufgaben übernimmt, kann sich die Ärzteschaft auf die ganzheitliche Betreuung konzentrieren. Sie würden Auffälligkeiten, die die KI meldet, besprechen und behutsam die nächsten Schritte einleiten. Dabei stellen sie sicher, dass die Therapie auf die individuellen Bedürfnisse der Jugendlichen abgestimmt bleibt.

Die persönliche Beziehung zu den Jugendlichen bleibt in dieser Phase entscheidend. Kinderärztinnen und Ärzte schaffen Raum für Gespräche, bieten emotionalen Rückhalt und begleiten die Jugendlichen und ihre Familien bei schwierigen Entscheidungen. Sie helfen dabei, das medizinische Wissen in den Alltag zu integrieren und ein natürliches Verständnis für den Umgang mit PKU zu entwickeln.

## 14.6 Jugendliche – auf dem Weg ins Erwachsensein

Die letzte Phase, in der Kinder- und Jugendärztinnen das Privileg haben, mit ihren Patientinnen zu interagieren, ist die Jugend. Als erfahrene Reiseleitung können sie hier noch einmal entscheidende Weichen für ein zukünftig hohes Niveau an Gesundheit und Wohlbefinden stellen.

Eine besondere Bedeutung kommt dabei dem nahtlosen Übergang in die Erwachsenenmedizin zu, der idealerweise gemeinsam besprochen und sorgfältig vorbereitet werden sollte. 14 % aller Kinder und Jugendlichen in der Bundesrepublik Deutschland haben einen speziellen Versorgungsbedarf an medizinischen und sozialen Leistungen, wie unser Beispielpatient mit PKU. Bis zu 40 % dieser jungen Erwachsenen verlieren nach dem Wechsel in die Erwachsenenmedizin den Kontakt zum spezialisierten Versorgungssystem, was eine deutliche gesundheitliche Benachteiligung darstellt (von Moers et al. 2018). Die Kinder- und Jugendärztinnen verstehen sich dabei als Beraterinnen, die insbesondere die emotionale Vorbereitung der Jugendlichen im Blick haben, damit diese sich sicher und gut aufgehoben für den neuen Lebensabschnitt fühlen.

**Selbstständigkeit und Gesundheitsversorgung über Grenzen hinaus**
Eine besondere Herausforderung in dieser Lebensphase ist die zunehmende Mobilität der Jugendlichen. Schüleraustausche, Urlaubsreisen und Auslandsaufenthalte gehören für viele zum Erwachsenwerden dazu – auch für Jugendliche mit PKU. Digitale Systeme könnten dabei eine zentrale Rolle spielen, um das Recht auf grenzüberschreitende Gesundheitsversorgung zu gewährleisten im Rahmen der Richtlinie 2011/24/EU (European Union 2024).

Der European Health Data Space (EHDS) bietet hierbei neue Möglichkeiten(European Commission, 2022): Eine KI-gestützte Plattform könnte als digitale Gesundheitsbrücke fungieren und relevante medizinische Informationen automatisch zwischen dem Heimatland und dem Zielland austauschen. Sollte es im Ausland zu gesundheitlichen Komplikationen kommen, könnten Notfallpläne und wichtige Gesundheitsdaten unmittelbar an die behandelnden Ärzteteams übermittelt werden.

Eine kontinuierliche Datenerfassung während des Auslandsaufenthalts würde eine lückenlose Dokumentation der medizinischen Versorgung ermöglichen. Pädiater im Heimatland könnten automatisch über relevante Entwicklungen informiert werden, ohne auf sporadische Rückmeldungen der Familien angewiesen zu sein. Bei der nächsten Routinekontrolle wären alle notwendigen Informationen bereits verfügbar, und ein mühsames manuelles Zusammentragen der Daten entfällt.

Ein weiterer entscheidender Vorteil KI-gestützter Systeme liegt in der Überwindung von Sprachbarrieren. Gerade bei seltenen oder komplexen Erkrankungen wie PKU, die spezifische Fachbegriffe und Behandlungsprotokolle erfordern, ist eine präzise Kommunikation essenziell. KI könnte medizinische Berichte, Therapiepläne und Ernährungsvorschriften nahtlos und fachlich korrekt übersetzen. So ließen sich Missverständnisse, beispielsweise bei der phenylalaninreduzierten Diät, vermeiden. Diese nahtlose Kommunikation würde den Jugendlichen das beruhigende Gefühl geben, auch im Ausland optimal medizinisch versorgt zu sein. Dies könnte ihre Sicherheit für erste selbstständige Reisen stärken und ihnen die gleichen Erfahrungen ermöglichen wie ihren Altersgenossen.

▶ **Kombination aus KI-Unterstützung und persönlicher Begleitung** Die Kombination aus technologischer Unterstützung und ärztlicher Begleitung bietet die besten Voraussetzungen, Jugendliche mit PKU auf die Anforderungen des Erwachsenenalters vorzubereiten. KI-gestützte Plattformen könnten die Jugendlichen im Hintergrund begleiten, etwa durch:

- Erinnerungen an Laborkontrollen und Diätführung, die personalisiert und motivierend gestaltet sind.
- Notfallpläne, die im Fall einer Stoffwechselentgleisung direkt verfügbar sind, ohne dass sofort Kontakt zu Fachpersonal nötig ist.
- Automatische Datenübermittlung, die allen Beteiligten – den Jugendlichen, ihren Eltern und dem medizinischen Team – den Überblick erleichtert.

Kinder- und Jugendärztinnen bleiben in dieser Phase zentrale Ansprechpartnerinnen. Sie nutzen die Technologie, um routinemäßige Aufgaben zu delegieren, schaffen jedoch gleichzeitig Raum für persönliche Gespräche und emotionale Unterstützung. Diese Form der Begleitung bleibt unersetzlich: Die Empathie und das Verständnis für die individuellen Herausforderungen der Jugendlichen können durch keine Technologie ersetzt werden.

### Vorbereitung auf ein selbstbestimmtes Leben

Die nahtlose Integration von KI und ärztlicher Betreuung kann die Jugendlichen optimal auf das Erwachsenenalter vorbereiten. Sie lernen, die Überwachung ihrer Werte und die Einhaltung der Diät als selbstverständlichen Teil ihres Lebens zu akzeptieren. Gleichzeitig entwickeln sie durch die technologischen Hilfsmittel ein höheres Maß an Eigenverantwortung und Zuversicht.

Langfristig könnte diese enge Verzahnung von technischer und persönlicher Betreuung dazu beitragen, dass die Jugendlichen nicht nur die Herausforderungen der Adoleszenz bewältigen, sondern gestärkt und selbstbewusst in das Erwachsenenalter starten. Mit einem stabilen Fundament aus Wissen, Selbstständigkeit und unterstützenden Systemen gelingt es ihnen, ein erfülltes und selbstbestimmtes Leben mit PKU zu führen – unabhängig davon, wohin sie ihr Weg führen mag.

**Nahtloser Übergang in die Erwachsenenmedizin**

Der Wechsel in die Erwachsenenmedizin stellt für Jugendliche mit chronischen Erkrankungen wie PKU eine große Veränderung dar. In der Transitionsphase kommt es häufig zu Doppeluntersuchungen, da dem neuen medizinischen Team nicht alle relevanten Informationen vorliegen. Dies kann unnötigen Stress für die Jugendlichen und ihre Familien verursachen, sowie erhebliche Kosten für das Gesundheitssystem.

Hier können Kinderärztinnen und Ärzte durch die aktive Nutzung automatisierter Datenübertragungssysteme sicherstellen, dass alle wichtigen Gesundheitsdaten und Laborwerte verfügbar sind. Dadurch lassen sich unnötige Tests und zusätzliche Belastungen vermeiden. Für das Gesundheitssystem bedeutet dies eine effizientere Nutzung von Ressourcen, und für Familien stellt es eine erhebliche Erleichterung dar: weniger Termine und weniger organisatorischer Aufwand.

Kinder- und Jugendärztinnen fungieren in dieser Phase nicht nur als medizinische Begleitung, sondern auch als Koordinatoren. Sie sorgen dafür, dass der Übergang reibungslos erfolgt und der Fokus auf dem Wohlbefinden der Jugendlichen liegt.

**Umsteigen in Echtzeit**

Ein zentraler Aspekt eines erfolgreichen Übergangs ist der zuverlässige Transfer von Gesundheitsdaten an die neue Praxis oder Klinik. Der Einsatz von KI-gestützten Systemen kann die nahtlose Übergabe der Patientenakte wesentlich erleichtern. Diese Technologien gewährleisten, dass alle relevanten medizinischen Informationen – wie Laborwerte, Therapiepläne und Verlaufsdaten – sicher und vollständig an das neue medizinische Team übermittelt werden. Die nahtlose Übergabe ermöglicht es den neuen Ärztinnen, direkt an die bisherige Therapie anzuknüpfen, ohne zeitaufwändige Doppeluntersuchungen durchführen zu müssen. Dies reduziert nicht nur den Aufwand für die Kinder und ihre Familien, sondern auch die Belastung des Gesundheitssystems.

**Problemerkennung im Bereich Transition**

Neben der technischen Unterstützung bei der Datenübertragung könnte KI eine weitere entscheidende Rolle spielen: die Identifikation von Jugendlichen, die während der Transition zusätzliche Unterstützung benötigen. Durch intelligente Analyse von Compliance-Mustern, Krankheitsverläufen und psychosozialen Faktoren könnte KI Hinweise auf Patientinnen und Patienten geben, die ein erhöhtes Risiko für Schwierigkeiten im Transitionsprozess haben.

Beispielsweise könnten Jugendliche mit einer niedrigen Diät-Compliance, häufigen Stoffwechselentgleisungen oder emotionalen Belastungen frühzeitig erkannt werden. Diese Informationen ermöglichen es den Kinder- und Jugendärztinnen und Ärzten, individuelle Unterstützungsmaßnahmen zu planen, wie intensive Beratung, gezielte Schulungen oder engmaschige Begleitung durch das neue medizinische Team. So könnte der Übergang für alle Beteiligten reibungsloser gestaltet werden.

**Die Rolle der Jugendärztinnen und Ärzte**

Pädiater nehmen auch in dieser Phase eine Schlüsselrolle ein. Sie sind nicht nur medizinische Begleiterinnen, sondern auch Vermittlerinnen zwischen der pädiatrischen und der erwachsenenmedizinischen Versorgung. Ihre Aufgabe besteht darin, den Jugendlichen den Übergang nicht nur fachlich, sondern auch emotional zu erleichtern. Dazu gehört, die Patientinnen schrittweise auf die Übernahme von Eigenverantwortung vorzubereiten und ihnen das Vertrauen zu vermitteln, dass sie den neuen Anforderungen gewachsen sind.

Mit Unterstützung von KI-Technologien könnten Pädiater den Transitionsprozess optimieren. Die Technologie übernimmt Routineaufgaben wie die Datenübermittlung und Risikoanalyse, während die Ärzteschaft mehr Zeit für wichtige persönliche Gespräche und die individuelle Betreuung gewinnen. Dieser Ansatz stellt sicher, dass die Jugendlichen in der Erwachsenenmedizin nicht nur medizinisch, sondern auch psychosozial gut versorgt sind.

**Perspektiven durch Gentherapie und personalisierte Medizin**

Die Zukunft der Behandlung von PKU bietet vielversprechende Perspektiven, insbesondere durch Fortschritte in der Gentherapie und der personalisierten Medizin. Gentherapie könnte einen grundlegenden Ansatz darstellen, indem sie den genetischen Defekt, der PKU verursacht, dauerhaft korrigiert. Technologien wie das experimentelle CRISPR/Cas9 Modell von Koppes et al. (2020) könnten mithilfe von KI weiter verfeinert werden, um die Präzision bei der Bearbeitung des genetischen Materials zu erhöhen und potenzielle Nebenwirkungen zu minimieren.

Auch in der Entwicklung biologischer Behandlungen könnte KI eine Schlüsselrolle spielen. Durch die Analyse großer Datenmengen aus klinischen Studien und genetischen Daten ließen sich potenzielle Therapieansätze schneller identifizieren. Die Entwicklung neuer Enzyme oder monoklonaler Antikörper, die gezielt bei PKU eingesetzt werden, könnte erheblich beschleunigt werden.

In der Präzisionsmedizin eröffnet KI ebenfalls neue Möglichkeiten. Die Analyse genetischer und klinischer Daten könnte personalisierte Therapiepläne für Kinder und Jugendliche ermöglichen. Chronisch Erkrankte mit PKU würden eine maßgeschneiderte Therapie erhalten können, die genau auf ihre individuellen Voraussetzungen abgestimmt ist.

▶ **Ein Ausblick auf die Zukunft** Der Übergang in die Erwachsenenmedizin ist nicht nur eine Herausforderung, sondern auch eine Chance, die Grundlage für eine langfristig erfolgreiche Betreuung zu legen. Durch die Kombination von persönlicher Begleitung durch erfahrene Kinderärztinnen und Ärzte mit moderner KI-Technologie, könnten Jugendliche mit PKU bestmöglich auf diese neue Lebensphase vorbereitet werden. Der automatisierte Transfer von Gesundheitsdaten, die Früherkennung von Risiken und die Möglichkeiten der personalisierten Medizin schaffen ein Umfeld, das Kontinuität und Qualität sicherstellt.

Mit diesen Werkzeugen ausgestattet, könnten Jugendliche die regelmäßige Überwachung ihrer Werte und die Einhaltung der Diät nicht nur akzeptieren, sondern als selbstverständlichen Teil ihres Lebens integrieren. Dies wäre der Schlüssel, um ein erfülltes und selbstbestimmtes Leben zu führen – unabhängig davon, welche Fortschritte die Medizin in der Zukunft noch bereithält.

## 14.7 Schlussbetrachtung

### Gemeinsam auf Kurs: Ärzteschaft als Begleiter, KI als Orientierungshilfe

**Kinderärztinnen und Ärzte als Reiseleitung**

**Beginn der Reise – Frühe Phase der Diagnose:** Gleich zu Beginn der Reise übernehmen die Ärztinnen und Ärzte die Rolle der Reiseleitung. Sie planen den Weg und stellen sicher, dass die Kinder und ihre Angehörigen die richtigen Informationen bekommen und die notwendigen Schritte unternommen werden. Dies beginnt mit der genauen Erklärung der PKU-Diagnose und der Einleitung der ersten Therapiemaßnahmen.

**KI als Unterstützung bei der Vorbereitung:** Die KI fungiert als „Navigationssystem", das durch die Analyse von Daten Alarm schlägt, Abweichungen meldet und die betreuenden Pädiater informiert, aber die Reiseroute wird immer noch durch die Erfahrung der medizinischen Fachkräfte bestimmt.

**Kinderärztinnen und Ärzte als Entscheidungsträger**

**Entscheidungen entlang der Reiseroute:** Während der Reise treten immer wieder neue Herausforderungen auf. Klinische Expertise bleibt daher unverzichtbar: Die KI unterstützt mit Daten und Vorschlägen, aber die Kinderärztinnen und Ärztetreffen die wichtigen Entscheidungen auf Basis des individuellen Gesundheitszustands der Patienten gemeinsam mit den Eltern.

**Personalisierte Betreuung:** Die Kinderärzteschaft kann, im Gegensatz zur KI, die emotionalen und sozialen Bedürfnisse der Patientinnen mit einbeziehen, um eine ganzheitliche Betreuung zu gewährleisten.

**KI als Assistent:** Die KI gibt Vorschläge, basierend auf Echtzeit-Daten, aber die klinische und soziale Situation der Patientinnen und Patienten ist maßgeblich für die Richtung, die das Betreuungsteam wählt.

**Kinderärztinnen und Ärzte als Schnittstelle**

**Koordination der Reiseziele:** Die Reise führt die chronisch Kranke durch verschiedene Stationen des Gesundheitssystems – von der Klinik über Fachambulanzen bis hin zur spezialisierten Versorgung, Therapie- und Betreuungseinrichtungen. Als Schnittstelle, wo sich alle Informationen sammeln, sind es Pädiaterinnen und Pädiater, die diese verschiedenen Stationen koordinieren.

**KI als Kommunikationsmittel:** Die KI erleichtert die Vernetzung und Informationsweitergabe zwischen den verschiedenen „Reisezielen" (Spezialisierte Zentren, betreuende Kliniken), aber die Kinderärztinnen und Ärzte sorgen gemeinsam mit den Eltern dafür, dass alle Beteiligten auf die Bedürfnisse der Heranwachsenden abgestimmt handeln.

**Kinderärztinnen und Ärzte als Wegbereiter**

**Reiseleitung bis zur Zielgeraden:** Die Reiseleitung endet nicht mit dem Abschluss des Kindes- und Jugendalters. Auch der Übergang zur Erwachsenenmedizin wird von den Pädiatern vorbereitet und begleitet. Sie sorgen dafür, dass Jugendliche mit besonderen Bedürfnissen bei diesem Übergang auch in Zukunft gut unterstützt werden.

**Emotionale Begleitung:** Die Reise endet nicht abrupt. Jugendliche Patientinnen und Patienten bekommen Unterstützung, damit der Übergang reibungslos verläuft und sie sich sicher auf den neuen Abschnitt vorbereitet fühlen.

**Kinderärztinnen und Ärzte als Krisenmanagement**

**Proaktive Krisenvermeidung:** Als erfahrene Reiseleitung erkennen die Kinderärztinnen und Ärzte mögliche Probleme frühzeitig und sind darauf in kritischen Entwicklungsphasen vorbereitet. Wenn die KI Abweichungen meldet, greifen Pädiater gekonnt ein und passen den Plan an, um die Reise ohne größere Komplikationen fortzusetzen.

**Schulung und Unterstützung unterwegs:** Sollten Familien oder Kinder Unterstützung brauchen, z. B. in Form von zusätzlichen Schulungen zur Diät, sorgen die Kinderärztinnen und Ärzte für die richtige Maßnahme. Die KI schlägt hier proaktiv Maßnahmen vor, doch die Entscheidung, ob zusätzliche Unterstützung benötigt wird, treffen die betreuende Ärzteschaft gemeinsam mit den Eltern und natürlich mit den Jugendlichen selbst.

**Kinderärztinnen und Ärzte als Fürsprecher**

**Im Zentrum der Reise steht immer das Patientenwohl:** Der Reiseplan, den die Ärzteteams entwickeln, ist immer auf das Wohl der Patienten ausgerichtet. Alle Entscheidungen zielen darauf ab, das Beste zu erreichen – nicht nur körperlich, sondern auch emotional und sozial.

**Begleitung über die gesamte Reise:** Von der ersten Station der Reise, des Screenings, über die verschiedenen Behandlungsetappen, bis hin zur langfristigen Betreuung stehen die Kinder- und Jugendärztinnen und Ärzte als Reiseleitung an der Seite der Kinder. KI hilft dabei, die Reise effizienter zu gestalten, aber der persönliche Kontakt und die individuelle Betreuung bleiben zentral.

**Mit Herz und Technologie: Kinder- und Jugendärzteschaft als Begleiter durch die Gesundheitsreise**

**Entlastung durch KI:** Die KI übernimmt administrative Aufgaben, analysiert Daten und schlägt Wege vor, doch die Kinderärztinnen und Ärzte führen die Patientinnen sicher durch alle Etappen der Reise.

**Technologie mit Praxisbezug:** Wichtig ist dabei, dass Patientinnen und Patienten, Ärzteschaft und anderes medizinisches Fachpersonal in die Entwicklung neuer KI-Programme und Geräte einbezogen werden, damit sie praxisnah und benutzerfreundlich sind. Zudem sollten diese Technologien idealerweise Open Source sein, um Transparenz und Anpassungsmöglichkeiten zu gewährleisten. Um den vollen Nutzen der KI zu entfalten, müssen zudem reibungslose Schnittstellen zwischen Krankenhaus, Praxis und Patienten sichergestellt werden – ohne diese Vernetzung bleibt das Potenzial der besten KI-Lösungen ungenutzt.

**Der Mensch im Mittelpunkt:** Trotz der Unterstützung durch KI bleiben die Kinder- und Jugendärztinnen und Ärzte die zentralen Figuren auf dieser Reise. Die Integration von KI in die medizinische Versorgung bietet enorme Chancen, verlangt jedoch ein sorgsames Abwägen ethischer, rechtlicher und praktischer Aspekte. Die Kinder- und Jugendärzteschaft spielt eine Schlüsselrolle darin, den Einsatz von Technologie verantwortungsbewusst zu gestalten und das Wohl ihrer Patientinnen in den Mittelpunkt zu stellen, um die Reiseroute jederzeit an individuelle Bedürfnisse anzupassen.

## Literatur

Arélin, M., Thiele, A., Rohde, C., Kirmse, S., Rieger, K. and Beblo, S. (2021) Lebenslange Disziplin für eine gute Prognose. Pädiatrie, 33(2), p. 32–39 https://doi.org/10.1007/s15014-021-3712-7.

AWMF (2023) S2k-Leitlinie 024-012: Neugeborenen-Screening auf angeborene Stoffwechselstörungen, Endokrinopathien, schwere kombinierte Immundefekte (SCID), Sichelzellkrankheit, 5q-assoziierte spinale Muskelatrophie (SMA) und Mukoviszidose. Arbeitsgemeinschaft der Wissenschaftlichen Medizinischen Fachgesellschaften e. V. (AWMF, Hrsg.). https://www.awmf.org/service/awmf-aktuell/neugeborenen-screening-auf-angeborene-stoffwechselstoerungen-endokrinopathien-schwere-kombinierte-immundefekte-scid-sichelzellkrankheit-5q-assoziierte-spinale-muskelatrophie-sma-und-mukoviszidose, Abrufdatum: 20.11.2024

Blakemore, S. J. & Robbins, T. (2012) Decision-making in the adolescent brain. Nature Neuroscience, 15(9):1184–1191. https://doi.org/10.1038/nn.3177

Blum, K. & Löffert, S. (2024) Aktuelle Bürokratiebelastung in den Krankenhäusern. [online] Deutsches Krankenhausinstitut (DKI, Hrsg.). https://www.dki.de/forschungsprojekt/dki-blitzumfrage-aktuelle-burokratiebelastung-in-den-krankenhausern, Abrufdatum: 20.11.2024

Chung, H. U., Rwei, A. Y., Hourlier-Fargette, A., Xu, S., Lee, K., Dunne, E. C., Xie, Z., Liu, C., Carlini, A., Kim, D. H., Ryu, D., Kulikova, E., Cao, J., Odland, I. C., Fields, K. B., Hopkins, B., Banks, A., Ogle, C., Grande, D., Park, J. B., … Rogers, J. A. (2020). Skin-interfaced biosensors for advanced wireless physiological monitoring in neonatal and pediatric intensive-care units. Nature medicine, 26(3), 418–429. https://doi.org/10.1038/s41591-020-0792-9

Eckhardt, I., Baumgart, K., Gaiser, U. et al. Weiterbildungs- und Arbeitsbedingungen in der Pädiatrie. Monatsschr Kinderheilkd 169, 170–176 (2021). https://doi.org/10.1007/s00112-020-01092-7

European Commission (2016) Datenschutz-Grundverordnung (DSGVO), Verordnung (EU) 2016/679. Amtsblatt der Europäischen Union, L 119, pp.1–88. European Commission (Ed.). https://eur-lex.europa.eu/legal-content/DE/TXT/?uri=CELEX%3A32016R0679, Abrufdatum: 20.11.2024

European Commission (2020) New biosensors help control phenylketonuria disease, CORDIS EU Research Results. European Commission (Ed.). https://cordis.europa.eu/article/id/411506-new-biosensors-help-control-phenylketonuria-disease/de, Abrufdatum: 20.11.2024

European Commission (2022) Proposal for a Regulation of the European Parliament and of the Council on the European Health Data Space (Text with EEA relevance). European Commission (Ed.). Available at: https://eur-lex.europa.eu/legal-content/EN/TXT/?uri=CELEX:52022PC0197, Abrufdatum: 20.11.2024.

European Commission (2024) Commission Report on the operation of Directive 2011/24/EU on the application of patients' rights in cross-border healthcare. European Commission (Ed.). https://doi.org/10.2875/533930. https://ec.europa.eu/ Abrufdatum: 20.11.2024.

Ernst, M., Pine, D. S. & Hardin, M. (2006) Triadic model of the neurobiology of motivated behavior in adolescence. Psychological Medicine, 36(3):299–312. https://doi.org/10.1017/S0033291705005891

Guthrie, R. & Susi, A. (1963) A simple phenylalanine method for detecting phenylketonuria in large populations of newborn infants. Pediatrics, 32(3):338–343.

Koppes, E.A., Redel, B.K., Johnson, M.A., Skvorak, K.J., Ghaloul-Gonzalez, L., Yates, M.E., Lewis, D.W., Gollin, S.M., Wu, Y.L., Christ, S.E., Yerle, M., Leshinski, A., Spate, L.D., Benne, J.A., Murphy, S.L., Samuel, M.S., Walters, E.M., Hansen, S.A., Wells, K.D., Lichter-Konecki, U., Wagner, R.A., Newsome, J.T., Dobrowolski, S.F., Vockley, J., Prather, R.S. and Nicholls, R.D. (2020) A porcine model of phenylketonuria generated by CRISPR/Cas9 genome editing. JCI Insight, 5(20):e141523. https://doi.org/10.1172/jci.insight.141523

Martin-McGill, K. J., Bresnahan, R., Levy, R. G. & Cooper, P. N. (2020) Ketogenic diets for drug-resistant epilepsy. Cochrane Database of Systematic Reviews, 6(6): CD001903. https://doi.org/10.1002/14651858.CD001903.pub5

McIlvain, G., Clements, R. G., Magoon, E. M., Spielberg, J. M., Telzer, E. H. & Johnson, C. L., (2020) Viscoelasticity of reward and control systems in adolescent risk taking. NeuroImage, 215:116850. https://doi.org/10.1016/j.neuroimage.2020.116850

Ramgopal, S., Sanchez-Pinto, L.N., Horvat, C.M., Carroll, M.S., Luo, Y. and Florin, T.A. (2023) ‚Artificial intelligence-based clinical decision support in pediatrics', Pediatric Research, 93(2), pp. 334–341. https://doi.org/10.1038/s41390-022-02226-1

Reinhart, L., Bischops, A., Kerth, J.-L., Hagemeister, M., Heinrichs, B., Eickhoff, S.B., Dukart, J., Konrad, K., Mayatepek, E. and Meissner, T. (2024) Artificial intelligence in child development monitoring: A systematic review on usage, outcomes and acceptance. Intelligence-Based Medicine, 9(4):100134. https://doi.org/10.1016/j.ibmed.2024.100134.

Thiele, A.G., Weigel, J.F., Ziesch, B., Rohde, C., Mütze, U., Ceglarek, U., Thiery, J., Müller, A.S., Kiess, W. and Beblo, S. (2013) ‚Nutritional Changes and Micronutrient Supply in Patients with Phenylketonuria Under Therapy with Tetrahydrobiopterin (BH(4))', JIMD Reports, 9, pp. 31–40. https://doi.org/10.1007/8904_2012_176

United Nations (1989) Convention on the Rights of the Child. United Nations, Treaty Series, vol. 1577, p. 3 New York. https://treaties.un.org/doc/Treaties/1990/09/19900902%2003-14%20AM/Ch_IV_11p.pdf, Abrufdatum: 20.11.2024

van Wegberg, A.M.J., MacDonald, A., Ahring, K., Bélanger-Quintana, A., Blau, N., Bosch, A.M., Burlina, A., Campistol, J., Feillet, F., Giżewska, M., Huijbregts, S.C., Kearney, S., Leuzzi, V., Maillot, F., Muntau, A.C., van Rijn, M., Trefz, F., Walter, J.H. and van Spronsen, F.J. (2017) The complete European guidelines on phenylketonuria: diagnosis and treatment. Orphanet Journal of Rare Diseases, 12(162). https://doi.org/10.1186/s13023-017-0685-2

von Moers, A., Müther, S. & Findorff, J. (2018) Transition als dringliche und gemeinsame Aufgabe. Monatsschrift Kinderheilkunde,166(3); 733–743. https://doi.org/10.1007/s00112-018-0507-1.

Ware, J., Allen, J.M., Boughton, C.K., Wilinska, M.E., Hartnell, S., Thankamony, A., de Beaufort, C., Schierloh, U., Fröhlich-Reiterer, E., Mader, J.K., Kapellen, T.M., Rami-Merhar, B., Tauschmann, M., Nagl, K., Hofer, S.E., Campbell, F.M., Yong, J., Hood, K.K., Lawton, J., Roze, S., Sibayan, J., Bocchino, L.E., Kollman, C. and Hovorka, R. (2022) Randomized Trial of Closed-Loop Control in Very Young Children with Type 1 Diabetes. New England Journal of Medicine, 386(3):209–219. https://doi.org/10.1056/NEJMoa2111673.

WHO (2022) WHO European Childhood Obesity Surveillance Initiative (COSI) Report on the fifth round of data collection, 2018–2020. WHO/EURO:2022-6594-46360-67071. World Health Organization (WHO, Ed.). https://www.who.int/europe/publications/i/item/WHO-EURO-2022-6594-46360-67071, Abrufdatum: 24.11.2024.

Zhang, W., Xiong, K., Zhu, C., Evans, R., Zhou, L. & Podrini, C. (2024) Promoting child and adolescent health through wearable technology: A systematic review. Digital Health, 10(10): 1–11 https://doi.org/10.1177/20552076241260507.

**Nora Karara** ist Ärztin in Weiterbildung für Kinder- und Jugendmedizin und Gründungsmitglied der Jungen DGKJ in der Deutschen Gesellschaft für Kinder- und Jugendmedizin. Als Vorsitzende der Young European Academy of Paediatrics (EAP) vertritt sie die Interessen von Kinder- und Jugendärztinnen und Ärzten auf internationaler Ebene und treibt Projekte voran, die die Zukunft der Pädiatrie nachhaltig sichern. Ihr besonderes Interesse gilt der globalen Kindergesundheit, der Integration von Klimarisiken in Gesundheitspolitiken und der Anwendung von sinnvoller Digitalisierung in der pädiatrischen Versorgung.

**Janna-Lina Kerth** ist Fachärztin für Kinder- und Jugendmedizin. Sie ist die Sprecherin der AG Junge DGKJ und Vertreterin für die Fach- und Oberärztinnen – und Ärzte im Vorstand der Deutschen Gesellschaft für Kinder- und Jugendmedizin. Dort setzt sie sich für bessere Arbeitsbedingungen im Gesundheitssystem ein und für eine kindgerechte, interdisziplinäre Versorgung, die sowohl Patientinnen und Patienten als auch Mitarbeitende stärkt.

# Künstliche Intelligenz in der Patientenreise von Kindern und Jugendlichen – medizinische Perspektiven

# 15

Thomas Meißner, Kerstin Konrad, Janna-Lina Kerth, Lisa Reinhart, Alina Theresa Henn, Laura Bell, Anne Christine Bischops und Maurus Hagemeister

## Inhaltsverzeichnis



T. Meißner · J.-L. Kerth · L. Reinhart (✉) · M. Hagemeister
Klinik für Allgemeine Pädiatrie, Neonatologie und Kinderkardiologie, Universitätsklinikum Düsseldorf, Düsseldorf, Deutschland
E-Mail: Thomas.meissner@med.uni-duesseldorf.de; Janna-lina.kerth@med.uni-duesseldorf.de; Lisa.Reinhart@med.uni-duesseldorf.de; Maurus.Hagemeister@med.uni-duesseldorf.de

K. Konrad · A. T. Henn · A. C. Bischops
Klinik für Psychiatrie und Psychotherapie des Kindes- und Jugendalters (KJP), Sektion für klinische Neuropsychologie des Kindes- und Jugendalters, RWTH Aachen, Aachen, Deutschland
E-Mail: kkonrad@ukaachen.de; ahenn@ukaachen.de; AnneChristine.Bischops@med.uni-duesseldorf.de

L. Bell
Audiovisuelles Medienzentrum, Medizinische Fakultät, RWTH Aachen, Aachen, Deutschland
E-Mail: lbell@ukaachen.de



M. A. Pfannstiel (Hrsg.), *Künstliche Intelligenz im Einsatz für die erfolgreiche Patientenreise*, https://doi.org/10.1007/978-3-658-48573-3_15

**Zusammenfassung**

In diesem Kapitel wird das Potenzial von Künstlicher Intelligenz (KI) zur Verbesserung der Patientenreise von Kindern und Jugendlichen thematisiert. KI-Anwendungen können schon heute Diagnosen präzisieren, Krankheitsverläufe vorhersagen und Behandlungen personalisieren, besonders durch die Analyse großer Datenmengen zur Identifizierung von Mustern. Der Einsatz von KI wird in verschiedenen Stationen der Gesundheitsversorgung untersucht, von der Notfallversorgung, einem stationären Aufenthalt, der ambulanten Betreuung bis hin zu möglichen Präventionsmaßnahmen. KI-gestützte Apps könnten die Dringlichkeit medizinischer Versorgung bewerten, Arbeitsabläufe optimieren und Therapiepläne vorschlagen oder anpassen und auch die Früherkennung psychischer Störungen und chronischer Erkrankungen durch Chatbots und Überwachungssysteme unterstützen. Trotz vielversprechender Entwicklungen bestehen jedoch noch große Herausforderungen, insbesondere bei der erfolgreichen Integration in den klinischen Alltag. Das Kapitel betont die Notwendigkeit, KI-Lösungen an die Bedürfnisse von sowohl Ärzten als auch anderen Berufsgruppen der Gesundheitsversorgung anzupassen. Die Wünsche und Sorgen junger Patientinnen und Patienten und ihrer Familien müssen berücksichtigt werden, um nachhaltige Verbesserungen im Gesundheitswesen zu erreichen.

## 15.1 Einleitung

In diesem Kapitel wird das Potenzial von Künstlicher Intelligenz (KI) in der Patientenreise von Kindern und Jugendlichen thematisiert. Die Patientenreise von Kindern und Jugendlichen unterscheidet sich in einigen Merkmalen von der erwachsener Patienten: Es ist eine Reise, die immer auch Eltern und Betreuungspersonen einschließt und dadurch deutlich komplexer ist im Vergleich zur Patientenreise von erwachsenen Patienten. Im Gesundheitswesen wird KI zunehmend eingesetzt, um frühzeitig Krankheiten zu erkennen, Krankheitsverläufe besser zu verstehen und personalisierte Behandlungen zu entwickeln (Balla et al. 2023; Beam und Kohane 2016; Bishnoi und Singh 2018; Fogel und Kvedar 2018; Graham et al. 2019; Jiang et al. 2017). Besonders in Bereichen wie Augenheilkunde (Vidal-Alaball et al. 2019), Hautkrebsdiagnostik (Brinker et al. 2019), Kardiologie (Sengupta und Adjeroh 2018), Diabetologie (Vidal-Alaball et al. 2019) oder Radiologie (Hosny et al. 2018) zeigt KI großes Potenzial, da Algorithmen in der Lage sind, Muster in großen Datensätzen zu analysieren und subtile Anomalien zu erkennen, die selbst erfahrenen Klinikern entgehen könnten. Während es unwahrscheinlich ist, dass KI menschliche Kliniker vollständig ersetzt, unterstützt sie zunehmend die Entscheidungsfindung (Graham et al. 2019; Topol 2019). Es handelt sich dabei oft um Ansätze, die zwar im pädiatrischen Alltag Anwendung finden könnten, doch oft in erwachsenen Populationen getestet wurden. Auch im Bereich der psychischen Gesundheit könnte KI durch die Analyse großer Datenmengen und die Identifikation von Biomarkern einen bedeutenden Beitrag leisten, um Diagnosen zu präzisieren und Prognosemodelle für psychische Störungen zu entwickeln (Graham et al. 2019). Aktuell sind Psychiater und Psychotherapeuten weiterhin darauf angewiesen, sich auf Selbstberichte der Patienten und klinische Beobachtungen zu stützen (Fakhoury 2019; Friedrich et al. 2023).

Im Folgenden werden die einzelnen Schritte der Patientenreise von Kindern und Jugendlichen – von der Notaufnahme über den stationären und teilstationären Aufenthalt bis hin zur Nachsorge zu Hause und präventiven Maßnahmen – dargestellt und diskutiert. Die hier vorgestellten, in der Literatur beschriebenen KI-Anwendungen für die Versorgung und Behandlung von Kindern und Jugendlichen befinden sich dabei in unterschiedlichen Entwicklungsstadien. Obwohl der Einsatz von KI basierten Anwendungen in der Pädiatrie bislang überwiegend experimentell ist und sich auf Forschungs- und Modellprojekte beschränkt, möchten wir in diesem Kapitel potenzielle zukünftige Einsatzmöglichkeiten von KI zur Verbesserung der Patientengesundheit in der Kinder- und Jugendmedizin aufzeigen. Die Abb. 15.1 zeigt eine beispielhafte Patientenreise.

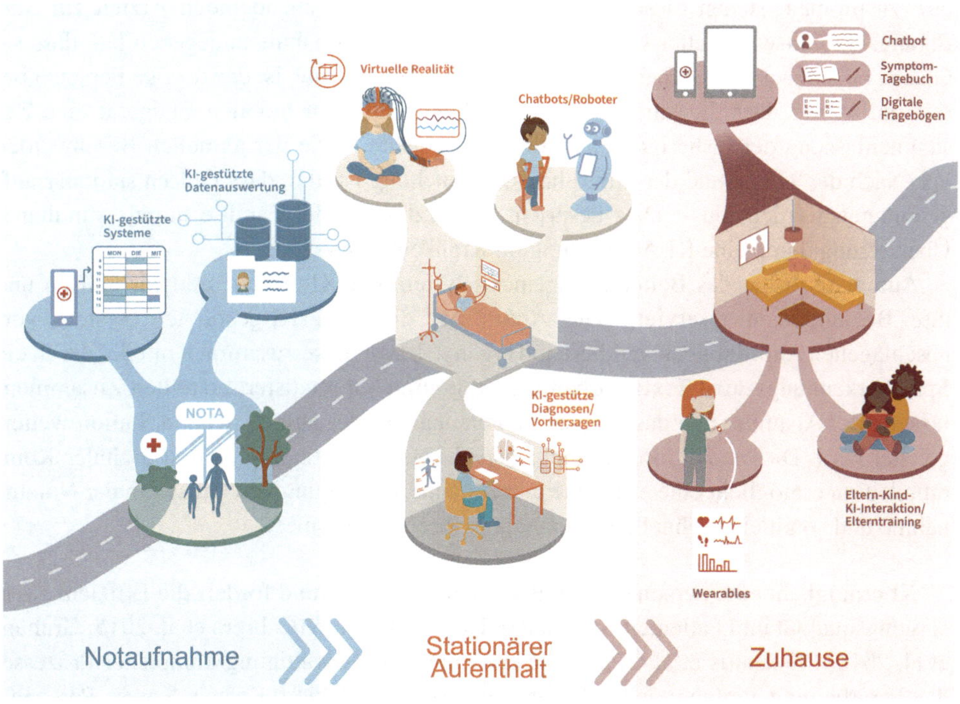


**Abb. 15.1** Übersicht der Patientenreise von Kindern und Jugendlichen. (Quelle: Eigene Darstellung (2024))

## 15.2 Angekommen in der Notaufnahme – die erste Station der Patientenreise

**Fallbeispiel 1 – hypothetisch**

Die 8-jährige Gülsen wird von ihren Eltern in die Notaufnahme gebracht, da sie seit einigen Stunden erbricht und immer kränker und schläfriger wirkt. Auf dem Weg zur Klinik hat die Mutter bereits über eine durch die Krankenkassen zur Verfügung gestellte App den Vorstellungsgrund angegeben. Bei der Eingabe hat sie die Möglichkeit, einen Text einzugeben oder die integrierte automatische Spracherkennung zu nutzen. Die App unterstützt die Eingabe in ihrer Muttersprache, da eine KI-gestützte Übersetzung für eine Vielzahl von Sprachen implementiert ist.

Nach der Eingabe der relevanten Informationen aus Sicht der Eltern fragt die App gezielt nach weiteren Details über Gülsens Gesundheitszustand. Zudem sind bereits relevante medizinische Informationen in der digitalen Patientenakte hinterlegt, auf die die App nach Zustimmung der Eltern zugreifen kann: Die Schwangerschafts- und Geburtsanamnese, die bisherigen Vorsorgeuntersuchungen bei Gülsens Kinderarzt sowie der Entlassungsbrief eines vorherigen Krankenhausaufenthalts aufgrund einer durch das respiratorische Synzytial-Virus verursachten Bronchiolitis. Die medizinischen Daten werden KI-gestützt in eine leicht verständliche und bei Bedarf auch in eine Fremdsprache übersetzt. Wenn Gülsens Eltern zustimmen, stehen diese Informationen auch allen behandelnden Ärzten zur Verfügung. Da Gülsens Mutter während der Fahrt zur Notaufnahme angegeben hat, dass sie Gülsen in der nächstgelegenen Kinderklinik vorstellen möchte, ist das dortige Personal bereits informiert. Der diensthabenden Ärztin liegt auf ihrem mobilen Endgerät eine Zusammenfassung der bisherigen Patientinnengeschichte sowie der aktuellen Beschwerden vor. Nach der Triage und der klinischen Untersuchung ist klar, dass Gülsen stationär aufgenommen werden muss. Dies bespricht die Ärztin mit der Familie mittels simultaner Übersetzung durch eine KI-Anwendung im Krankenhaussystem.

Automatisch hat das Bettenmanagement-System der Klinik ein Bett für Gülsen und ihre Begleitperson reserviert. Die Ärztin hat die vom KI-gestützten System vorgeschlagenen Anordnungen validiert und ergänzt, bevor diese zusammen mit der durch ein Spracherkennungs- und Textverarbeitungsprogramm automatisiert erstellten Zusammenfassung der Anamnese an das zuständige Personal auf der aufnehmenden Station weitergeleitet wird. Dieses nahtlose Zusammenspiel von KI-Technologien und digitaler Kommunikation ermöglicht eine effiziente und zeitnahe Versorgung von Gülsen in der Notaufnahme und somit eine schnellere Behandlung ihrer Symptome.

KI ermöglicht eine personalisierte Patientenversorgung und fördert die Effizienz, Versorgungsqualität und Patientensicherheit in Krankenhäusern (Cabrera et al. 2015; Graham et al. 2019; Preiksaitis et al. 2024). Sie erleichtert die Bewältigung komplexer Prozesse, die Verarbeitung umfangreicher Datenmengen und reduziert Kosten- sowie Personaldruck, was zu einer Einsparung von Zeit und Ressourcen führt (Antweiler et al. 2023; Goto et al. 2019). Dies ist generell bedeutsam, zeigt jedoch insbesondere in der Notfallversorgung aufgrund der Prozesskomplexität, zeitlichen Dringlichkeit und erforderlichen Informationsselektion großen Nutzen (Goto et al. 2019; Piliuk und Tomforde 2023; Preiksaitis et al. 2024).

Der Besuch in der Notaufnahme aufgrund einer akuten Erkrankung oder Gefährdung des Kindes ist für Eltern und Patienten oft ein äußerst beängstigendes und stressreiches Ereignis und stellt zugleich eine Herausforderung für das Klinikpersonal dar. Die emotionale Belastung für Kind und Eltern wird oft durch lange Wartezeiten und unklare Abläufe verstärkt, die außerhalb ihres Einflusses liegen und zugleich zu Zusatzbelastungen für das Klinikpersonal führen. In der Zukunft könnten Prozesse durch den Einsatz von KI daher bereits vor der Ankunft in der Notaufnahme deutlich optimiert werden. Mittels spezifisch entwickelter und auf KI-Algorithmen basierender mobiler oder webbasierter Anwendungssoftware (App), in denen Eltern oder Betreuungspersonen die Symptome des Kindes eingeben könnten, könnte bereits vor Ankunft in der Notaufnahme eine gezielte Lenkung der Patientenreise erfolgen. Solche Apps könnten Empfehlungen zur Dringlichkeit einer medizinischen Vorstellung aussprechen. Bei geringen Symptomen, die außerhalb der regulären Öffnungszeiten von Praxen auftreten und auf eine leichte somatische Erkrankung hindeuten, könnte eine Vorstellung in einer kinderärztlichen Praxis nahegelegt werden, was über eine Reduktion der Fälle zu einer Entlastung der Notaufnahmen sowie des ärztlichen Notdienstes führen würde. Um die Patientensicherheit zu gewährleisten, sollten diese Apps in regelmäßigen Abständen die Symptome erneut erfragen, die anfängliche Empfehlung gegebenenfalls anpassen und idealerweise als CE-klassifizierte Medizinprodukte eingesetzt werden. Wenn die App eine umgehende Vorstellung des Kindes in der Notaufnahme empfiehlt, könnte diese zunächst auf die nächstgelegene Einrichtung verweisen, die über die notwendigen Fachkenntnisse und Qualifikation für eine optimale Behandlung des Kindes verfügt. In gravierenden Notfällen könnte die App Notfallmaßnahmen vorschlagen, eigenständig den Notdienst kontaktieren, die Koordinaten eines Unfalls oder eines schwerkranken Kindes übermitteln oder direkt mit einem Mitarbeitenden aus der Notfallzentrale verbinden.

In der Notaufnahme selbst könnte die KI auf die digitale Patientenakte zugreifen und die sogenannte Triage, die Ersteinschätzung der Patienten vornehmen, die Dringlichkeit einer ärztlichen Untersuchung ermitteln und darüber hinaus die Behandlungsreihenfolge der Patienten im Wartebereich festlegen (Goto et al. 2019; Piliuk und Tomforde 2023). Large Language Models (LLMs) könnten beispielsweise automatisiert Triage-Notizen auswerten, die vom medizinisch-therapeutischen Personal erstellt wurden, gezielte Fragen stellen und dadurch die Anamnese verbessern und unter Einbeziehung von Vitalparametern Hinweise zur Dringlichkeit geben (Preiksaitis et al. 2024). Menschliche Fehleinschätzungen, die durch Vorurteile, Erschöpfung oder fehlende Erfahrung entstehen, könnten durch KI-gestützte Systeme in einer idealen Welt somit vermieden oder zumindest verringert werden (Cabrera et al. 2015; Goto et al. 2019). Insbesondere Prozesse während der Erstversorgung schwer kranker oder verletzter Patienten in der Notaufnahme könnten von dem Einsatz von KI profitieren (Cabrera et al. 2015; Goto et al. 2019; Piliuk und Tomforde 2023; Preiksaitis et al. 2024). Polytraumatisierte Patienten erleiden bei einem Unfall eine

Vielzahl an Verletzungen, die allein oder in Kombination lebensbedrohlich sein können (Frink et al. 2017). Das vom Fraunhofer Institut ins Leben gerufene Pilotprojekt TraumA-Interfaces (Meyer et al. 2024) verdeutlicht wie KI-gesteuerte Spracherkennungssysteme den Informationsaustausch im Schockraum verbessern könnten. Dabei unterstützt es das Fachpersonal während der Übergabe von Patienten durch den Rettungsdienst und im Behandlungsprozess, indem medizinisch relevante Informationen effizient erfasst und strukturiert werden (Meyer et al. 2024). Die Integration von Daten aus verschiedenen Quellen und Zeitskalen ist entscheidend, um Informationsverluste an den Schnittstellen der Versorgung zu vermeiden. KI-Systeme könnten hierbei eine flexiblere Methode als traditionelle statistische Verfahren bieten (Cabrera et al. 2015; Goto et al. 2019; Piliuk und Tomforde 2023; Preiksaitis et al. 2024). Das TraumAInterfaces-System konnte in der Pilotierung dem Klinikpersonal helfen, ihre kognitive Belastung zu verringern, indem es übermittelte (z. B. medizinische Vorgeschichte, Unfallgeschehen) und neu erfasste Daten (z. B. Blutdruck, Herzfrequenz) gebündelt darstellen konnte (Meyer et al. 2024). Zudem unterstützt es die komplexe, sachliche Entscheidungsfindung für das optimale therapeutische Vorgehen (Meyer et al. 2024). Auch bei differenzialdiagnostischen Überlegungen könnten KI-gestützte Systeme eine wertvolle Unterstützung für die klinische Entscheidungsfindung bieten (Cabrera et al. 2015). LLMs, die auf Basis von medizinischer Fachliteratur trainiert wurden, konnten in Testungen präzisere Diagnosen stellen als erfahrene Ärzte (McDuff et al. 2023; Preiksaitis et al. 2024). Darüber hinaus existieren KI-basierte Ansätze, die mittels radiologischer (z. B. durch Magnetresonanz- und Computertomografie) oder pathologischer Bilddaten (z. B. durch Biopsien) und mittels Mustererkennung (Pattern recognition) differenzierte Diagnosen stellen können (Nguyen et al. 2022). In der radiologischen Diagnostik könnten durch Assistenzsysteme beispielsweise auffällige, frakturverdächtige Veränderungen erfasst werden (Nguyen et al. 2022) oder eine zeitnahe und korrekte Diagnose der seltenen juvenilen idiopathischen Arthritis erfolgen (Garner et al. 2021). Zudem könnte die KI-gestützte Bildbearbeitung von Computertomografie-Daten zur Minimierung der Strahlenbelastung beitragen, indem dies zu einer detaillierten Bildauswertung anhand weniger Bilddaten führen kann (Brady et al. 2021). Auch histologische Bilder zur Diagnostik von Erkrankungen des Magen-Darm-Traktes wie Zöliakie, Morbus Crohn, Colitis ulcerosa oder der Eosinophilen Ösophagitis (Ashton et al. 2023; Carreras 2024) oder von Krebserkrankungen wie Melanomen (Brinker et al. 2019) können durch KI-Algorithmen differenziert und effizient ausgewertet werden. Nicht zuletzt eignen sich auch die elektrischen Diagnosemethoden wie die Elektroenzephalografie (EEG) sowie das Elektrokardiogramm (EKG) schon heute gut für eine KI-gestützte Auswertung (Attia et al. 2021; Tveit et al. 2023). Eine Ultraschalluntersuchung der Lunge bietet eine strahlenfreie Alternative zur Röntgenaufnahme, erfordert jedoch eine höhere Expertise der Untersuchenden, weshalb KI-basierte Unterstützungssysteme auch in diesem Bereich von Nutzen sein könnten (Fang et al. 2022). Obwohl Forschungsprojekte und Pilotierungen bereits vielversprechende Ergebnisse liefern, findet bisher nur eine geringe Implementierung der Anwendungen im klinischen Alltag statt und es bleibt unklar, inwiefern die pädiatrische Notfallversorgung tatsächlich durch KI unterstützt werden kann.

Auch in der psychiatrischen Diagnostik könnten künftig (neuro-)physiologische und sensorbasierte Verfahren zur Erfassung von Signalen wie Herzfrequenz, Gesichtsausdrücken oder Sprachinteraktionen genutzt werden. Generell könnte KI, wie auch bei den anderen Stationen beschrieben, Fachkräfte entlasten, Fehldiagnosen verringern und die Patientensicherheit erhöhen. Durch maschinelles Lernen verknüpfte Selbstberichte und Stimmanalysen ließen sich Stimmung, Verhalten und soziale Interaktionen genauer vorhersagen und die Diagnose verbessern (Friedrich et al. 2023). Dabei ist der Einsatz von KI, insbesondere für unerfahrene oder überarbeitete Mitarbeiter, bei der Behandlung seltener Erkrankungen, im Kontext der im Kindesalter komplexen bildgebenden Diagnostik, bei komplexen Verletzungen der Patientensicherheit und der Reduktion von Entscheidungsfeldern und gravierenden gesundheitlichen Folgen für Patienten von essenzieller Bedeutung (Aghighi et al. 2022; Mentzel 2021). Diagnostische Prozesse können im Verlauf der Patientenreise sowohl im stationären als auch ambulanten Setting zum Tragen kommen und stellen somit einen großen Anwendungsbereich dar. KI-gestützte Systeme können nicht nur bei der diagnostischen Entscheidungsfindung selbst unterstützen, sondern auch eine Überdiagnostik und zusätzliche Belastung für Kind und Familie verhindern (Ramgopal et al. 2020). So wurde in Großbritannien beispielsweise ein KI-Chatbot (Limbic Access) entwickelt, der jugendliche Patienten bei der Suche nach Psychotherapieplätzen unterstützt (Habicht et al. 2024). Angesichts der langen Wartezeiten für Therapieplätze könnte dieser Chatbot den Zugang zu psychotherapeutischer Hilfe erleichtern (Habicht et al. 2024). Der Chatbot stellt eine erste Diagnose und priorisiert Betroffene mit besonders schweren Symptomen (Habicht et al. 2024). In einer ersten Studie konnte gezeigt werden, dass vor allem bisher unterrepräsentierte Gruppen (z. B. nicht-binäre Jugendliche oder ethnische Minderheiten) dadurch schneller und effizienter einer Behandlung zugeführt werden konnten (Habicht et al. 2024).

Ein weiteres positives Beispiel für die erfolgreiche Implementierung von KI im klinischen Alltag ist der Phoenix Sepsis Score 2024 (Schlapbach et al. 2024), der eine KI-gestützte Analyse umfangreicher klinischer Daten nutzt. Dieser Score definiert Parameter, die mit hoher Sensitivität und Spezifität das Vorliegen einer pädiatrischen Sepsis vorhersagen können und stellt eine deutlich sicherere Methode zur Prognosestellung dar als bisherige konsensbasierte Ansätze. Zusätzlich könnten KI-gestützte Systeme weiterführende Untersuchungen und therapeutische Maßnahmen hinsichtlich ihrer Übereinstimmung mit den relevanten Leitlinien überprüfen, wodurch die Leitlinienadhärenz des medizinischen Personals erhöht und die Patientenversorgung verbessert werden könnte (Bi und Abraham 2012). Bei der medikamentösen Versorgung von Kindern und Jugendlichen müssen zudem altersspezifische Stoffwechselprozesse sowie problematische Wechselwirkungen berücksichtigt werden. Im Falle einer möglichen bakteriellen Infektion könnte ein KI-unterstütztes Vorgehen im Sinne des Antibiotic Stewardship dazu beitragen, Infektionen effektiv zu behandeln und die Entstehung von Antibiotikaresistenzen zu minimieren (Pinto-de-Sá et al. 2024). Besonders in Fällen von Lieferengpässen könnten durch KI alternative Medikamente vorgeschlagen werden (Pinto-de-Sá et al. 2024). Insgesamt könnten KI-Systeme ermöglichen, individuelle Patienten mit umfangreichen Datenbanken abzugleichen und auf dieser Grundlage fundierte Empfehlungen für medikamentöse oder operative Therapien auszusprechen, wobei eine differenzierte Abwägung von Nutzen und Risiken berücksichtigt werden muss, um passende Therapiemöglichkeiten für Kinder, Jugendliche und deren Familien zu finden (Liang et al. 2019; Szaleniec et al. 2009). Mit Hilfe des „Shared Decision Making" können Eltern durch KI-gestützte Anwendungen verschiedene diagnostische und therapeutische Optionen „hypothetisch durchspielen" und auf ihre individuellen Bedürfnisse und Fragestellungen zugeschnittene Informationen erhalten. Dies würde weiterführende Gespräche mit dem Fachpersonal vorbereiten und die Eltern zusammen mit ihren Kindern befähigen, fundierte und informationsbasierte Entscheidungen zu treffen (Li 2023).

Schließlich könnte KI für das Fachpersonal bei der Dokumentation der Behandlung und Therapie sowie Qualitätssicherung von entscheidender und entlastender Bedeutung sein (Meyer et al. 2024; Preiksaitis et al. 2024) (Abschn. 15.3).

Es ist wichtig zu betonen, dass auch wenn der Einsatz von KI auf dem Weg in die Klinik und in der Notfallversorgung somit von großem potenziellem Nutzen sein könnte, die beschriebenen KI-gestützten Interventionen bisher nur begrenzt in der allgemeinen oder pädiatrischen Notfallversorgung Anwendung finden. Obwohl viele der publizierten Studien vielversprechende Ergebnisse aufzeigen, bleibt die Generalisierbarkeit von KI im klinischen Alltag aufgrund methodischer Einschränkungen begrenzt.

## 15.3 Der Aufenthalt in der Klinik – die zweite Station der Patientenreise

**Fallbeispiel 2 – hypothetisch**

*Der 7-jährige Pavel wird seit drei Wochen stationär in der Kinderpsychiatrie behandelt. Er leidet unter einer Zwangsstörung, die sich in starken Reinigungs- und Ordnungszwängen äußert. Pavel verbringt oft Stunden damit, seine Hände zu waschen, was zu Hautreizungen geführt hat. Zudem zeigt er ritualisierte Verhaltensweisen und reagiert mit großer Unruhe und Angst, wenn diese unterbrochen werden. Trotz psychoedukativer Gespräche und ersten verhaltenstherapeutischen Ansätzen fällt es ihm schwer, seine Zwänge zu kontrollieren. Auf der Station wird für Pavel ein KI-gestütztes System eingesetzt, das ihm spezifische, interaktive Übungen und Entspannungsstrategien über ein Tablet bereitstellt, um spielerisch mit seinen Zwangshandlungen besser umzugehen. Sein emotionales Befinden wird durch Gesichtserkennungs- und Sprachanalyse analysiert, um das Pflegepersonal frühzeitig bei erhöhter Anspannung zu benachrichtigen und gezielte Unterstützung anzubieten. Das Tool plant darüber hinaus zusammen mit den Psychotherapeuten Expositionstherapien, die konkret auf die Beschwerden von Pavel zugeschnitten sind. Ein KI-unterstütztes Dokumentationssystem ermöglicht die Erfassung von Pavels Fortschritten, was den Therapeuten eine präzise und zeitsparende Nachverfolgung seiner Symptomatik ermöglicht. Durch die engmaschige Betreuung durch KI und Therapeuten kann die Zwangssymptomatik gezielt adressiert und der Leidensdruck entscheidend reduziert werden.*

Die Prognose, insbesondere bei schweren Erkrankungen, ist für die Familien von hoher Bedeutung, nachdem Patienten stationär im Krankenhaus aufgenommen wurden. Eine sichere medizinische Prognose, beispielsweise nach einem schweren Unfall oder hinsichtlich der Entwicklung eines Früh- oder mit Komplikationen geborenen Kindes, ist vom Fachpersonal jedoch nur selten möglich. Während die Entwicklung und Prognose frühgeborener Kinder heterogen ist, ist die prognostizierte Lebensqualität und Schwere möglicher Erkrankungen relevant für zukünftig gewählte therapeutische Maßnahmen. Auch die Vorhersagen hinsichtlich neurologischer Beeinträchtigungen sind relevant für die Planung von Hilfsmaßnahmen und Therapien. Hier könnte die KI anhand großer Datenbanken anderer Patienten mit ähnlichen Erkrankungen oder Komplikationen unterstützen, indem sie Daten vergleicht und auf Grundlage dieser eine Prognose ermittelt. Dabei könnte sie das Ausmaß der Übereinstimmung der Krankengeschichte angeben und somit eine Einschätzung für das Fachpersonal ermöglichen.

Neben weiteren Datenquellen könnten unter anderem mittels Magnetresonanztomografie (MRT) erfasste Bilddaten KI-gestützt zur Vorhersage der neurologischen Entwicklung von Kindern ausgewertet werden (Hu et al. 2023). KI-Systeme könnten zusätzlich die Wahrscheinlichkeit für eine bronchopulmonale Dysplasie sowie die Überlebenschancen bei extrem frühgeborenen Kindern anhand medizinischer Daten präziser vorhersagen (Baker und Kandasamy 2023; Moreira et al. 2023). Erste Ansätze bevorzugen spezifische Behandlungsstrategien auf Basis von Risikofaktoren oder genetischen Prädispositionen (Baker und Kandasamy 2023; Felderhoff-Müser und Hüning 2022; Keles und Bagci 2023).

Die personalisierte Medizin, die auf die genetischen und metabolischen Besonderheiten einzelner Patienten eingeht, spielt eine zunehmend wichtige Rolle in der modernen Medizin (Johnson et al. 2021). Fortschritte in der genetischen Diagnostik eröffnen neue Möglichkeiten für gezielte Behandlungen somatischer Erkrankungen. Eine zentrale Herausforderung dabei ist die Analyse großer Datenmengen, die für eine individualisierte Therapie erforderlich sind – hier kann KI den jeweiligen Ärzten bei der Datenanalyse und Entscheidungsfindung erheblich unterstützen (Liang et al. 2019). Ein Beispiel ist die Mukoviszidose, bei der verschiedene genetische Mutationen zu ähnlichen Symptomen führen können (Abroshan et al. 2020). Da die optimalen Therapieoptionen häufig von der genauen Mutation abhängen, könnten KI-gestützte Systeme und Datenbanken dabei helfen, anhand individueller genetischer Daten die besten Behandlungsstrategien zu identifizieren (Abroshan et al. 2020; Johnson et al. 2021). Auch die Diagnostik selbst oder der Ausschluss des Vorliegens einer häufig bereits im Kindesalter vermuteten genetisch bedingten, seltenen Erkrankung könnten mithilfe KI-basierter Systeme schneller und effizienter gestaltet werden (Liang et al. 2019). Beispielsweise könnte KI-gestützte Software die automatisierte Auswertung von Porträtfotografien zum Vorschlag möglicher Diagnosen bei phänotypischen Auffälligkeiten ermöglichen und dadurch aufwendige und zum Teil unangenehme diagnostische Maßnahmen für den jeweiligen Patienten vermeiden (Gao et al. 2020; Hsieh et al. 2022). Zudem könnte KI große Datenmengen aus Genom- oder Exom-Sequenzierungen schneller und zielgerichteter analysieren, wodurch die häufig lange und belastende Latenzzeit bis zur korrekten Diagnose signifikant verkürzt und eine adäquate Therapie schneller eingeleitet werden kann (De La Vega et al. 2021; Hsieh et al. 2022). Ebenso könnten KI-Anwendungen bei Schädel-Hirn-Traumata eingesetzt werden, um den Grad der bleibenden Einschränkungen zu prognostizieren (Molteni et al. 2019). Im Bereich der pädiatrischen Asthmatherapie könnten KI-Systeme das Risiko für eine Verschlechterung der Erkrankung oder für eine erneute Krankenhausaufnahme besser einschätzen und so präventive Maßnahmen unterstützen (Hogan et al. 2022). Bei Kindern mit Nierenerkrankungen könnten KI-Modelle den Krankheitsverlauf genauer prognostizieren und die Notwendigkeit einer zukünftigen Dialyse frühzeitig vorhersagen (Morse et al. 2022; Santori et al. 2007). Auch bei chronisch-entzündlichen Darmerkrankungen gibt es erste Ansätze, die Wahrscheinlichkeit von Komplikationen mithilfe KI-basierter Analysen präziser zu bestimmen (Carreras 2024).

Im Bereich der psychischen Störungen konnte des Weiteren gezeigt werden, dass bei Hochrisiko-Patienten der Übergang zu einer Psychose mithilfe eines KI-basierten prognostischen Workflows mit einer besseren Genauigkeit bei deutlich geringerem diagnostischen Aufwand möglich war (Koutsouleris et al. 2021). Dies wurde durch die schrittweise Einbindung von sowohl klinisch-neurokognitiven, expertenbasierten, als auch genetischen und MRT-basierten Risikoeinschätzungen unterstützt (Koutsouleris et al. 2021). Ein weiteres Beispiel liefert die Stimmanalyse, bei der erste Untersuchungen darauf hindeuten, dass ADHS durch Stimmauswertung mit hoher Genauigkeit vorhergesagt werden kann (von Polier et al. 2021). Besonders bemerkenswert ist, dass dies insbesondere bei jüngeren weiblichen Teilnehmerinnen gelang – einer Gruppe, bei der ADHS häufig übersehen wird (von Polier et al. 2021). Auch im Bereich der Suizidprävention gibt es vielversprechende Ansätze. Modelle, die ein erhöhtes Suizidrisiko vorhersagen können, könnten genutzt werden, um gefährdete Patienten frühzeitig zu kontaktieren und so die Inanspruchnahme von Hilfsangeboten zu fördern (Gaur et al. 2019). So konnte in einer ersten Studie gezeigt werden, dass die Kombination aus klinischen Notizen und öffentlichen Daten die Vorhersage von Suiziden nach der Entlassung aus psychiatrischen Einrichtungen mithilfe eines maschinellen Lernmodells verbessern konnte (Fakhoury 2019). Bei jüngeren Kindern könnte auch die Analyse von Videoaufnahmen aus Spielsituationen, ergänzt durch Fragebögen oder elektronische Gesundheitsakten, wertvolle Informationen zur Prognose und Therapieplanung liefern. Ebenso könnten KI-basierte Entscheidungshilfesysteme im klinischen Alltag nützlich sein, um einen verzögerten Spracherwerb zu erkennen (Gong et al. 2018; Richards et al. 2017). KI-gestützte Systeme bieten somit in zahlreichen Bereichen das Potenzial, Diagnostik, Prognose und Therapieentscheidungen in der Pädiatrie zu verbessern und die Versorgung zu individualisieren (Reinhart et al. 2024).

Eine Vielzahl weiterer Anwendungsmöglichkeiten von KI-gestützten Systemen während eines Krankenhausaufenthaltes könnte zur Optimierung von Abläufen und Zusammenarbeit verschiedener Abteilungen der Klinik genutzt werden. Vor allem bei der Notwendigkeit mehrerer diagnostischer Untersuchungen am gleichen Tag, die gegebenenfalls von verschiedenen Abteilungen durchgeführt werden, könnte ein KI-gestütztes System die Terminierung dieser Untersuchungen planen. Dabei könnten sowohl Wegezeiten als auch eine sinnvolle Abfolge der Untersuchungen berücksichtigt werden, insbesondere wenn für bestimmte Diagnosen die Ergebnisse vorhergehender Untersuchungen vorliegen müssen. Schließlich können aus den täglichen Notizen des medizinischen und therapeutischen Personals automatisierte Entlassungsbriefe erstellt werden, wobei auch hier eine Qualitätskontrolle erfolgen kann. LLMs könnten hier beim Verfassen der Epikrise, also einer zusammenfassenden Dokumentation des Vorstellungsgrundes und der Behandlungsdetails der Patienten, sowie weiteren Bestandteilen des Entlassungsbriefes unterstützen und Arbeitszeit einsparen (Preiksaitis et al. 2024).

Auch bei KI-Systemen während des Krankenhausaufenthaltes ist zu betonen, dass obwohl bereits eine Vielzahl an potenziellen KI-basierten Anwendungen in der Forschung oder in Pilotprojekten getestet wurde und großes Potenzial aufweist, finden diese im klinischen Alltag bisher nur begrenzt Anwendung.

## 15.4 Die ambulante Versorgung und Nachsorge – die Patientenreise geht weiter

**Fallbeispiel 3 – hypothetisch**

*Der 9-jährige Friedrich wurde vor einer Woche mit der Diagnose Diabetes mellitus Typ 1 aus dem Krankenhaus entlassen. Friedrichs Blutzuckerwert wird weiterhin kontinuierlich überwacht und die Insulinabgabe durch ein AID-System, eine weiterentwickelte Insulinpumpe, erfolgt automatisch. Bei einem Systemausfall des AID-Systems werden Friedrich und seine Eltern sofort informiert. Die Eltern erhalten dann Benachrichtigungen auf ihr Smartphone, während Friedrich über ein zur Pumpe gehörendes Endgerät informiert wird. Ein KI-gestütztes System berät die Familie oder Betreuungspersonen über das weitere Vorgehen, basierend auf Friedrichs Blutzuckerspiegel und zusätzlichen Daten. Außerdem gibt es eine ungefähre Zeit bis zur drohenden Entgleisung an. Gleichzeitig werden relevante Informationen an Friedrichs betreuendes Diabetesteam übermittelt, um im Falle einer Notaufnahme bestmöglich vorbereitet zu sein und eine manuelle Kontrolle des Vorgehens zu ermöglichen. Die Familie hat über eine App jederzeit Zugriff auf alle relevanten Informationen und ein KI-Chatbot beantwortet Fragen zur Therapie, verweist bei Bedarf auf das Diabetesteam. Zudem kann Friedrich über sein Endgerät Betreuungspersonen einen QR-Code zeigen, damit sie sich ebenfalls über Diabetes informieren können. Regelmäßig werden Friedrich und seine Familie zu ihrer psychischen Gesundheit, krankheitsbedingten Belastungen und der gesundheitsbezogenen Lebensqualität befragt. Werden Belastungen festgestellt, kann eine erste KI-gestützte Beratung über einen Chatbot erfolgen und bei Bedarf ein Termin oder ein Gespräch mit einem Experten vereinbart werden. Alle diabetesbezogenen Daten werden dem Diabetesteam vor Kontrollterminen KI-gestützt aufbereitet zur Verfügung gestellt. Die Terminvergabe erfolgt ebenfalls automatisiert: Liegen Friedrichs Blutzuckerwerte häufig außerhalb des Zielbereichs, werden engmaschigere Kontrollen geplant, während bei einer stabilen Einstellung weniger Termine vorgesehen werden. Auch wenn Friedrich gelegentlich zur Sprechstunde ins Krankenhaus muss, hat sich für ihn durch die Diagnose und dank der engmaschigen Betreuung von Behandlern und KI wenig verändert. Er kann weiterhin mit seiner besten Freundin im Wald spielen und ab und zu Süßigkeiten naschen. Außerdem darf er ein Spiel auf dem Tablet seiner Mutter nutzen, um mehr über seine Krankheit zu lernen.*

Auch nach einem Aufenthalt im Krankenhaus, sei es aufgrund von Symptomen zur Abklärung, einer neuen Diagnose, eines Unfalls, einer Exazerbation einer Erkrankung oder einer Anpassung der Therapie, stehen Kinder, Jugendliche und ihre Familien insbesondere bei chronischen Erkrankungen häufig vor vielfältigen gesundheitsspezifischen und den Alltag betreffenden Herausforderungen. Die komplexe Struktur bei der Beantragung und Auswahl der Unterstützungs- und Hilfesysteme in der ambulanten Versorgung ist für viele Familien oft schwierig zu erfassen und erforderliche Hilfen stehen häufig nicht zur Verfügung. Es ist anzunehmen, dass persönlicher Rat beim Kinderarzt, im Bekanntenkreis oder alternativ Informationen im Internet gesucht werden. Häufig wird aber sinnvolle Unterstützung nicht abgerufen, da sie den betroffenen Familien nicht bekannt ist. Jederzeit verfügbare KI-gestützte Systeme könnten hier wesentlich unterstützen, indem sie beispielsweise auf Hilfsangebote oder verfügbare Hilfsmittel hinweisen, die Beantragung von Leistungen erleichtern, vorausgefüllte Anträge bereitstellen und Informationen automatisiert und autorisiert an zuständige Stellen übermitteln. In vielen nicht-medizinischen Lebensbereichen wird eine ähnliche Form der Beratung schon umgesetzt.

Neben der sozialen Unterstützung könnte KI aber auch im medizinischen Bereich zukünftig hilfreich sein. Viele der zuvor beschriebenen KI-gestützten Anwendungen aus der Notaufnahme und stationären Versorgung lassen sich auch im poststationären und ambulanten Bereich einsetzen. Mobile Endgeräte, wie speziell entwickelte Geräte oder Smartphone-Apps, könnten die Messung und Analyse von Vitalparametern, das Führen von Symptom-Tagebüchern und das Ausfüllen regelmäßiger Fragebögen ermöglichen (Sendra et al. 2018). KI-Algorithmen könnten diese Daten auswerten, um frühzeitig symptomatische Verschlechterungen, notwendige Therapieanpassungen oder eine mangelnde Adhärenz zu erkennen. Die Ergebnisse könnten an das Behandlungsteam übermittelt oder eine Beratung, zum Beispiel durch Chatbots, eingeleitet werden (Sendra et al. 2018). Zudem könnte KI dabei helfen, die Behandlungseffizienz zu bewerten und die Reaktionen auf neue Medikamente zu analysieren, was die Auswahl personalisierter Therapien unterstützen könnte (Andrew et al. 2023). Insbesondere bei der Behandlung chronischer Erkrankungen könnte KI dazu beitragen, das Monitoring zu verbessern und die Patientenautonomie zu stärken (Sendra et al. 2018; Yu et al. 2022). Über eine Datenerfassung mit Smartwatches könnten Gesundheits-Apps mit integrierten KI-Algorithmen Kindern und Jugendlichen dabei helfen, ihre Erkrankung selbstständig zu überwachen. Ein solches System könnte etwa bei einem Jugendlichen mit Asthma die Atemfrequenz, Sauerstoffsättigung und Luftqualität überwachen und frühzeitig Verschlechterungen erkennen. KI-Algorithmen könnten in Echtzeit Daten analysieren und personalisierte Empfehlungen zur Verbesserung der Symptomkontrolle liefern (Yu et al. 2022). Auch externe Daten wie Wetterbedingungen, Pollenbelastung und Luftverschmutzung könnten in die Analyse einbezogen und zur Vorhersage von Krankheitsschüben und damit für eine frühzeitige Intensivierung der Therapie oder den Beginn einer Bedarfstherapie genutzt werden (Yu et al. 2022). Darüber hinaus könnten solche Apps als Symptom-Tagebuch dienen, aus dem die KI-Daten beziehen könnte, um Prognosen zu erstellen. Auf dieser Basis könnten Medikamente und Verhaltensweisen angepasst werden, was das Sicherheitsgefühl der Patienten stärkt, da sie ihre Gesundheit besser überwachen und schützen können (Aleksovska-Stojkovska und Loskovska 2011). Ein Beispiel für das Potenzial von KI in der ambulanten Versorgung ist ein Asthma-Monitoring-System (Aleksovska-Stojkovska und Loskovska 2011), das modular aufgebaut ist und verschiedene Lebensbereiche wie das häusliche Umfeld, die Schule und den medizinischen Kontext einbezieht (Aleksovska-Stojkovska und Loskovska 2011). Es ermöglicht eine durchgehende Überwachung und Kontrolle des Gesundheitszustands. Durch die regelmäßige Auswertung individueller Patientendaten optimiert das System kontinuierlich seine Entscheidungsgrundlage. Solche Technologien können das Asthma-Management bei Schulkindern deutlich verbessern und ihnen eine weitgehend normale Lebensführung ermöglichen (Aleksovska-Stojkovska und Loskovska 2011). Auch in der ambulanten Versorgung von Patienten mit Typ 1 Diabetes gibt es Forschungsergebnisse zu innovativen KI-Systemen. Ein Beispiel sind sogenannte AID-Systeme (automated insulin delivery), die eine Verbindung zwischen Smartphones oder Smartwatches sowie verschiedenen Sensoren (u. a. Glukosesensor) und Insulinpumpen ermöglichen (Gawrecki et al. 2021; Knoll et al. 2022; Wu et al. 2020). Schon heute ermöglichen AID-Systeme zahlreiche Anpassungsmöglichkeiten, etwa für Ziel-Blutzuckerwerte, Insulinprofile oder Fernüberwachung durch Betreuungspersonen (Gawrecki et al. 2021; Knoll et al. 2022; Wu et al. 2020). Besonders für Familien, die nicht in der Nähe von spezialisierten Zentren leben, stellen solche Remote-Care-Angebote eine erhebliche Alltagserleichterung dar, da sie die Häufigkeit der Besuche im Diabeteszentrum reduzieren können (Abbasgholizadeh Rahimi et al. 2021). Auch Betreuungspersonen außerhalb der Familie, wie z. B. Lehrkräfte, Erzieher oder Sporttrainer, könnten von solchen digitalen Systemen profitieren, da sie häufig erste Ansprechpartner bei akuten Problemen sind, sich jedoch oft unzureichend auf diese Rolle vorbereitet fühlen (Selekman 2017). Anwendungen wie das Asthma-Monitoring-System (Aleksovska-Stojkovska und Loskovska 2011) oder AndroidAPS für Diabetes (Knoll et al. 2022) könnten in kritischen Situationen helfen, indem sie über die Endgeräte der betroffenen Kinder konkrete Handlungsempfehlungen für die Betreuungsperson bereitstellen.

Chronische Erkrankungen oder lebensverändernde Ereignisse, wie die Folgen eines Unfalls, beeinträchtigen häufig die gesundheitsbezogene Lebensqualität und die psychische Gesundheit der Betroffenen (Reinauer et al. 2023). KI-Methoden könnten solche Beeinträchtigungen frühzeitig erkennen, beispielsweise durch die Analyse von Social-Media-Daten (Ramakrishnan et al. 2021). In leichteren Fällen könnten KI-gestützte Interventionen, wie Chatbots, eine hilfreiche Unterstützung bieten. In schwerwiegenden Fällen könnten solche Systeme die Wartezeit bis zur professionellen Betreuung überbrücken.

Ebenso könnte die Anbindung an ambulante psychiatrische und psychotherapeutische Praxen durch den Einsatz KI-gestützter Technologien optimiert werden (s.a. Beispiel

Limbic Access) (Habicht et al. 2024). Durch eine datenbasierte Analyse der individuellen Krankengeschichte und der spezifischen Diagnosestellung des Kindes ließen sich gezielt Erstgespräche mit spezialisierten Behandlern einleiten. KI-Systeme könnten darüber hinaus Behandlungspräferenzen und Therapiebedürfnisse antizipieren und so eine passgenaue Überleitung in ambulante Versorgungskontexte unterstützen. Dies würde sowohl den Behandlungsverlauf als auch den Zugang zu adäquater Versorgung verbessern.

In der Psychiatrie und Psychotherapie von Kindern und Jugendlichen kommen Roboteranwendungen für KI-basierte Therapien eine vielversprechende zukünftige Rolle zu (Fiske et al. 2019; Friedrich et al. 2023). Die haptisch und audiovisuell präsenten Anwendungen können nicht nur mit dem Gegenüber kommunizieren, sondern auch die Interaktionen erleichtern und dadurch die Affektregulation positiv beeinflussen und zwischenmenschliche Fertigkeiten vermitteln (Fiske et al. 2019). Im Rahmen von Forschungsprojekten konnten Roboter bereits für die Therapie von Kindern mit Autismus-Spektrum-Störung Anwendung finden (Scassellati et al. 2012; Warren et al. 2015). Der Einsatz KI-basierter Technologien könnte darüber hinaus helfen, den Behandlern administrative Aufgaben abzunehmen und ihnen mehr Zeit für direkte Face-to-Face-Kontakte mit den Patienten zu ermöglichen. KI kann beispielsweise bei der Verwaltung von Therapieverläufen, der Erstellung individualisierter Behandlungspläne oder bei der Kommunikation mit Patienten außerhalb der Therapiesitzungen eingesetzt werden (Stade et al. 2024). Darüber hinaus gibt es Hinweise, dass KI-basierte Therapie-Assistenten, wie digitale Gesundheitsanwendungen (DiGAs), zur Überbrückung von Wartezeiten und zur Optimierung der Behandlungsplanung eingesetzt werden könnten (Rollwage et al. 2023). In einer US-amerikanischen Untersuchung wurde z. B. die Nutzung eines KI-gestützten virtuellen Begleiters von über 1000 Jugendlichen über einen Zeitraum von vier Monaten positiv bewertet, und die Teilnehmer berichteten von einer Verbesserung ihres Wohlbefindens (Vertsberger et al. 2022). Dennoch ist anzumerken, dass derzeit auf dem deutschen Markt keine vorläufig zugelassene DiGA für Kinder oder Jugendliche verfügbar ist (Kohl et al. 2024). Gründe hierfür sind unter anderem der hohe regulatorische Aufwand, die spezifischen Anforderungen an Datenschutz und Datensicherheit bei Minderjährigen sowie die begrenzte Evidenzbasis aus Studien, die sich speziell auf Kinder und Jugendliche konzentrieren (Kohl et al. 2024).

Ebenso wie in der Notfall- und stationären Versorgung von Kindern und Jugendlichen stehen auch im ambulanten Bereich dem vielversprechenden Potenzial KI-gestützter Technologien große Herausforderungen der tatsächlichen Umsetzung gegenüber. Dies betrifft insbesondere die Anpassung der Systeme an die spezifischen Bedürfnisse von Kindern und deren Familien sowie die sichere und erfolgreiche Integration in bestehende Versorgungsstrukturen.

## 15.5 Primärprävention – Vor und nach der Patientenreise

**Fallbeispiel 5 – hypothetisch**

*Die 7-jährige Nayla, ein bisher stets aufgeweecktes und kontaktfreudiges Kind, besuchte bis vor Kurzem mit großer Begeisterung die zweite Klasse. Seit der Krebsdiagnose ihrer Mutter vor drei Monaten hat sich ihr Verhalten jedoch merklich verändert. Nayla wirkt oft traurig und in sich gekehrt, spricht in der Schule kaum noch mit ihren Freunden und hat Schwierigkeiten, sich im Unterricht zu konzentrieren. Zu Hause fällt es ihr zunehmend schwer, sich zu entspannen oder Freude an Spielen zu finden, die ihr früher Freude bereiteten. Sie ist gereizt im Kontakt mit ihrer Mutter und streitet merklich mehr mit ihrem jüngeren Bruder. Naylas Vater ist sich unsicher, ob ihre Stimmungsschwankungen eine normale Reaktion auf die veränderte Familiensituation sind, oder ob sie möglicherweise professionelle Unterstützung benötigen könnte, um längerfristige psychische Belastungen zu vermeiden. Der Vater hat sich deswegen eine CE-zertifizierte App heruntergeladen, die verschiedene KI-basierte Tools anbietet. Zum einen bietet die App interaktive, altersgerechte und individualisierte Selbsthilfeübungen an, die es Nayla spielerisch ermöglichen, ihre Gefühle zu verstehen und diese auszudrücken. Kurze interaktive Spiele und Geschichten helfen auf behutsame Weise, die Gefühle wie Angst und Trauer auszudrücken und den Umgang mit diesen besser zu verstehen. Durch eine sanfte, unaufdringliche Beobachtung ihres Spielverhaltens, ihrer Mimik und ihres allgemeinen Interesses an Aktivitäten könnte das System erkennen, ob und wann sich Symptome wie Antriebslosigkeit, Schlafstörungen oder sozialer Rückzug verstärken. Es könnte ihrem Vater regelmäßig Rückmeldungen zu Naylas emotionalem Zustand geben. Der Vater kann durch die App emotional entlastet werden, da er weiß, dass er, falls das System über einen bestimmten Zeitraum eine anhaltende Verschlechterung von Naylas emotionalem Befinden feststellt, Vorschläge für spezifische Präventionsangebote z. B. Beratungsstellen, kindgerechte Trauerbegleitung oder niedrigschwellige, kinderpsychologische Unterstützungsangebote erhält. Dies erlaubt frühzeitig Maßnahmen zu ergreifen, um Nayla in dieser herausfordernden Zeit zu stabilisieren und das Risiko für die Manifestation einer Depression oder Anpassungsstörung zu mindern.*

Die frühzeitige Erkennung von Entwicklungsstörungen bei Kindern und Jugendlichen ist entscheidend für das Ergreifen von Maßnahmen im Sinne der sekundären Prävention. Eine späte Diagnose, sei es bei angeborenen oder erworbenen Erkrankungen, kann häufig eine Verschlechterung der Entwicklungsverläufe zur Folge haben. Die frühzeitige Identifikation solcher Verzögerungen oder Auffälligkeiten ist daher unerlässlich, um rechtzeitig eingreifen und negative Auswirkungen minimieren zu können (Jeong et al. 2021). Eine besondere Herausforderung in der Pädiatrie ist, dass viele Entwicklungsvarianten innerhalb des Normalbereichs liegen und die Entwicklung von Kindern sehr unterschiedlich verläuft. Die Abgrenzung zu negativen Entwicklungen mit Krankheitswert basiert bislang oft auf Längsschnittdaten und dem Fachwissen von Experten (Goldfarb und Roberts 1996). Hier könnten KI-gestützte Tools eine wertvolle Unterstützung bieten, indem sie große

Datenmengen auswerten und so eine differenzierte Einschätzung ermöglichen. KI-basierte Screening-Tools könnten vor allem hilfreich sein, durch detaillierte Analyse die physische und psychische Entwicklung trotz individueller Unterschiede präzise zu bewerten. Der Vergleich großer Datenmengen könnte die Diagnose und Einschätzung dieser Entwicklungsprozesse erleichtern. KI-Algorithmen bieten darüber hinaus eine ressourceneffiziente Möglichkeit zur Entwicklungsbeurteilung (Bhavnani et al. 2021) und können durch Clinical Decision Support Systems die Arbeit von Fachkräften erleichtern (Aleksovska-Stojkovska und Loskovska 2011; Gong et al. 2018; Richards et al. 2017).

Bild- oder Videoaufnahmen (Akter et al. 2021; Tariq et al. 2018, 2019) Sprachaufnahmen, Fragebogendaten (Achenie et al. 2019; Alteneiji et al. 2020) oder auch zwischenmenschliche Interaktion und damit verbundene Mimik (Pathak und Singh 2020; Tang et al. 2018), bieten leicht zugängliche und praktikable Datenquellen für präventive Maßnahmen mittels KI. Besonders in Fachgebieten wie der Neonatologie, psychischen Gesundheit und Neuropädiatrie wird hierzu aktuell intensiv geforscht (Hoodbhoy et al. 2021). Ansätze zur Nutzung von KI finden sich bereits im Bereich des Autismus-Screening, in der Sprachanalyse, der Sepsis-Vorhersage und der Versorgung von Frühgeborenen (Matsushita et al. 2022). Mithilfe von Audiodateien können Stressbelastungen frühzeitig identifiziert oder der Entwicklungsstand der Kinder beurteilt werden (Aslam und Altaf 2019; Chen et al. 2022; Yapanel et al. 2009). Außerdem könnten KI-Ansätze mittels Audiodateien dabei helfen, Spracherwerbsverzögerungen und -störungen vorhersagen zu können (Tolami et al. 2021). KI-Systeme können im Alltag oder im häuslichen Umfeld Sprachaufnahmen erstellen, wenn sie Auffälligkeiten in Konversationen erkennen und darauf hinweisen (Gong et al. 2018; Richards et al. 2017).

Der Einsatz von KI zur Analyse von Gesichtsausdrücken und Audiodaten, um die emotionale Entwicklung zu überwachen, befindet sich noch in der Erprobungsphase (Chen et al. 2022; Tang et al. 2018). Tragbare KI-basierte Geräte könnten helfen, Angstsymptome oder frühe Anzeichen von Depressionen zu identifizieren (Abd-Alrazaq et al. 2023; Welch et al. 2022). Zertifizierte Apps, die KI-gestützte Tools integrieren, könnten in Zukunft interaktive und altersgerechte Selbsthilfeübungen anbieten, die Kindern und Jugendlichen helfen, ihre Gefühle zu erkennen und auszudrücken. Die KI könnte dabei das Spielverhalten sowie die Mimik unauffällig analysieren und so Anzeichen von Symptomen wie Antriebslosigkeit oder sozialem Rückzug frühzeitig identifizieren. In solchen Fällen könnte das System den Eltern regelmäßig Rückmeldungen zum emotionalen Zustand ihrer Kinder geben, wodurch die Überwachung des Gemütszustandes teilweise delegiert werden könnte. Sollte eine kontinuierliche Verschlechterung festgestellt werden, könnten personalisierte Präventionsangebote wie Beratungsstellen oder psychologische Unterstützung vorgeschlagen werden, um frühzeitig intervenieren zu können und das Risiko für Depressionen oder Anpassungsstörungen zu reduzieren. Auch in der Prävention von Essstörungen finden KI-basierte Anwendungen zunehmend Anwendung und erzielen Erfolge (Norris et al. 2024).

Die mentale Gesundheit ist ein vielversprechender Bereich für präventive Maßnahmen, in dem KI eine bedeutende Rolle spielen könnte (Ali et al. 2022; Götzl et al. 2022). So gibt es beispielsweise interessante erste Ansätze zur Entwicklung von gamifizierten Präventionsprogrammen im Bereich von Alkoholmissbrauch oder Stimmungsstörungen von Jugendlichen. Das Programm „INSPIRE“ ist ein narrativ-zentriertes Verhaltensänderungsprogramm, das speziell für die Prävention von Alkoholmissbrauch bei Jugendlichen entwickelt wurde. Es nutzt aufstrebende KI-Technologien, um individuell angepasste Unterstützung zu bieten, basierend auf interaktiven Erzählungen und personalisierten Coaching-Ansätzen, die speziell auf die Bedürfnisse und Verhaltensweisen von Jugendlichen ausgerichtet sind (Rowe und Lester 2020). Ferner wurde „Kai.ai“ als ein Selbsthilfeprogramm basierend auf den Methoden der Akzeptanz- und Commitment-Therapie (ACT) für Jugendliche entwickelt, das darauf abzielt, ihr Wohlbefinden zu steigern (Vertsberger et al. 2022).

## 15.6 Akzeptanz von KI in der Kinder- und Jugendmedizin

Die erfolgreiche Implementierung von KI in die Behandlung von Kindern erfordert die Akzeptanz aller beteiligten Akteure, einschließlich der Kinder, Jugendlichen, Sorgeberechtigten, Behandler sowie weiterer Stakeholder wie Schulen und der Jugendhilfe.

Ein zentraler Aspekt der Akzeptanz bei KI-gestützten Interventionen für Kinder und Jugendliche betrifft die Einwilligung zur Nutzung von KI in der medizinischen Versorgung und die Frage, ab welchem Alter eine eigenständige Zustimmung von Kindern und Jugendlichen erfolgen sollte. Bisherige Studien zeigen eine überwiegend positive Einstellung von Kindern und Jugendlichen zum Einsatz von KI (Berghea et al. 2024; Lee et al. 2024; Ramgopal et al. 2023; Thai et al. 2023), während es an Untersuchungen zur Akzeptanz aus Sicht von Sorgeberechtigten oder Fachkräften seitens der Kinder und Jugendlichen mangelt.

Eltern und Patienten erwarten, dass KIÄrzten und Therapeuten hilft, mehr Zeit für persönliche Gespräche zu gewinnen, Wartezeiten zu verkürzen, Fehldiagnosen zu reduzieren und relevante Befunde nicht zu übersehen (Berghea et al. 2024; Ramgopal et al. 2023). Darüber hinaus wird eine präzisere und individualisierte Anpassung der Behandlungspläne an die Bedürfnisse der Patienten erhofft (Ramgopal et al. 2023). Transparenz und Entscheidungsfreiheit sind für Eltern und Patienten essenziell: Sie möchten umfassend über den potenziellen Einsatz von KI informiert werden und die Möglichkeit haben, aktiv und differenziert darüber zu entscheiden (Berghea et al. 2024; Haley et al. 2024; Ramgopal et al. 2023). Eltern zeigen eine größere Bereitschaft, KI bei weniger schwerwiegenden Diagnosen, wie etwa Atemwegsinfekten, einzusetzen, im Vergleich zu schwerwiegenden Erkrankungen, etwa in der Onkologie (Ramgopal et al. 2023). Zugleich legen viele Eltern Wert darauf, dass endgültige medizinische Entscheidungen gemeinsam mit dem Behandlungsteam und nicht autonom von einer KI getroffen werden (Berghea et al. 2024; Haley et al. 2024; Ramgopal et al. 2023). Wichtig zu betonen ist, dass die Akzeptanz von DiGAs bei den Behandlern (wie z. B. den Hausärzten) bisher begrenzt ist (Radic et al. 2021). Es ist anzunehmen, dass dies auch für Pädiater gilt. Das stellt ein Problem dar, da

DiGAs durch Ärzte und Therapeuten verschrieben werden. Wenn das Fachpersonal der Anwendung jedoch nicht vertraut oder an ihrem Nutzen zweifelt, wird es diese ihren Patienten auch nicht empfehlen. Dies hat wiederum zur Folge, dass Patienten nicht aus der großen Bandbreite an Behandlungsmöglichkeiten wählen können. Eltern heben hervor, dass der Zugang zu KI-gestützten Behandlungen nicht von finanziellen Ressourcen abhängen dürfe. KI sollte allen Kindern und Jugendlichen zugänglich sein, unabhängig von ihrem sozioökonomischen Hintergrund (Haley et al. 2024; Lee et al. 2024; Ramgopal et al. 2023). Trotz der Anerkennung des Potenzials von KI beispielsweise auch zur Verbesserung der Kommunikation zwischen Patienten und Therapeuten gibt es ethische und gesellschaftliche Vorbehalte, insbesondere bezüglich der Datensicherheit und der Gefahr von Fehlentscheidungen sowie Fehldiagnosen durch Algorithmen (Fiske et al. 2019). Hier ist es von entscheidender Bedeutung, dass der Einsatz von KI Vertrauen gewinnt und Anwendungen dementsprechend eine hohe Qualität aufweisen, und sowohl im Hinblick auf die Sicherheit als auch bei der Wirksamkeit überzeugen. Eine weitere Hürde für eine erfolgreiche Implementierung von KI im medizinischen Alltag und somit auch für die Akzeptanz durch beteiligte Akteure ist derzeit die mangelnde Studienlage zu kurz- oder langfristigen Auswirkungen unterschiedlicher KI-Modelle oder KI-basierter Entscheidungen. Hier sind qualitativ hochwertige wissenschaftliche Studien gefragt.

## 15.7 Schlussbetrachtung

Zusammenfassend lässt sich feststellen, dass die zukünftige Akzeptanz von KI bei Minderjährigen von der konstruktiven Zusammenarbeit aller Beteiligten abhängt. Eltern und Betreuer müssen umfassend informiert und sowohl in Entscheidungen zur Forschung als auch zum Einsatz von KI aktiv einbezogen werden, während Fachkräfte sicherstellen sollten, dass KI als unterstützende Ergänzung und nicht als Ersatz für zwischenmenschliche Interaktionen fungiert. Auch die umfassende Aufklärung von therapeutisch-medizinischem Personal über das Potenzial, die Risiken und die Grenzen von KI-basierten Interventionen ist von zentraler Bedeutung, um die Akzeptanz von Fachleuten und Patienten zu steigern. Nur so kann KI einen umfassenden Beitrag zur Verbesserung der psychischen Gesundheit von Kindern und Jugendlichen leisten.

## Literatur

Abbasgholizadeh Rahimi, S., Légaré, F., Sharma, G., Archambault, P., Zomahoun, H. T. V., Chandavong, S., Rheault, N., T Wong, S., Langlois, L., Couturier, Y., Salmeron, J. L., Gagnon, M.-P., & Légaré, J. (2021). Application of Artificial Intelligence in Community-Based Primary Health Care: Systematic Scoping Review and Critical Appraisal. Journal of medical Internet research, Vol. (23), No. (9), pp. (e29839). Retrieved 2021/09. 10.2196/29839

Abd-Alrazaq, A., AlSaad, R., Aziz, S., Ahmed, A., Denecke, K., Househ, M., Farooq, F., & Sheikh, J. (2023). Wearable Artificial Intelligence for Anxiety and Depression: Scoping Review. Journal of medical Internet research, Vol. (25), pp.(e42672). https://doi.org/10.2196/42672

Abroshan, M., Alaa, A. M., Rayner, O., & van der Schaar, M. (2020). Opportunities for machine learning to transform care for people with cystic fibrosis. J Cyst Fibros, Vol. (19), No. (1), pp. (6–8). https://doi.org/10.1016/j.jcf.2020.01.002

Achenie, L. E. K., Scarpa, A., Factor, R. S., Wang, T., Robins, D. L., & McCrickard, D. S. (2019). A Machine Learning Strategy for Autism Screening in Toddlers. J Dev Behav Pediatr, Vol. (40), No. (5), pp. (369–376). https://doi.org/10.1097/DBP.0000000000000668

Aghighi, N., Aryankhesal, A., & Raeissi, P. (2022). Factors affecting the recurrence of medical errors in hospitals and the preventive strategies: a scoping review. J Med Ethics Hist Med, Vol. (15), pp. (7). https://doi.org/10.18502/jmehm.v15i7.11049

Akter, T., Ali, M. H., Khan, M. I., Satu, M. S., Uddin, M. J., Alyami, S. A., Ali, S., Azad, A., & Moni, M. A. (2021). Improved Transfer-Learning-Based Facial Recognition Framework to Detect Autistic Children at an Early Stage. Brain Sci, Vol. (11), No. (6). pp. (1–16). https://doi.org/10.3390/brainsci11060734

Aleksovska-Stojkovska, L., & Loskovska, S. (2011, 15–17 May 2011). Architectural and data model of clinical decision support system for managing asthma in school-aged children. 2011 IEEE International Conference On Electro/Information Technology, pp. (1–6). https://doi.org/10.1109/EIT.2011.5978603

Ali, N., Abd-Alrazaq, A., Shah, Z., Alajlani, M., Alam, T., & Househ, M. (2022). Artificial Intelligence-Based Mobile Application for Sensing Children Emotion Through Drawings. Stud Health Technol Inform, Vol. (295), pp. (118–121). https://doi.org/10.3233/shti220675

Alteneiji, M., Mohammed, L., & Usman, M. (2020). Autism Spectrum Disorder Diagnosis using Optimal Machine Learning Methods. International Journal of Advanced Computer Science and Applications, Vol. (11). https://doi.org/10.14569/IJACSA.2020.0110929

Andrew, J., Rudra, M., Eunice, J., & Belfin, R. V. (2023). Artificial intelligence in adolescents mental health disorder diagnosis, prognosis, and treatment. Front Public Health, Vol. (11), pp. (1110088). https://doi.org/10.3389/fpubh.2023.1110088

Antweiler, D., Beckh, K., Chakraborty, N., Giesselbach, S., Klug, K., & Rüping, S. (2023). Natural Language Processing in der Medizin. Whitepaper. Fraunhofer IAIS. https://doi.org/10.24406/publica-1278

Ashton, J. J., Young, A., Johnson, M. J., & Beattie, R. M. (2023). Using machine learning to impact on long-term clinical care: principles, challenges, and practicalities. Pediatric Research, Vol. (93), No. (2), pp. (324–333). https://doi.org/10.1038/s41390-022-02194-6

Aslam, A. R., & Altaf, M. A. B. (2019, 26–29 May 2019). An 8 Channel Patient Specific Neuromorphic Processor for the Early Screening of Autistic Children through Emotion Detection. 2019 IEEE International Symposium on Circuits and Systems (ISCAS), pp. (1–5). https://doi.org/10.1109/ISCAS.2019.8702738

Attia, Z. I., Harmon, D. M., Behr, E. R., & Friedman, P. A. (2021). Application of artificial intelligence to the electrocardiogram. Eur Heart J, Vol. (42), No. (46), pp. (4717–4730). https://doi.org/10.1093/eurheartj/ehab649

Baker, S., & Kandasamy, Y. (2023). Machine learning for understanding and predicting neurodevelopmental outcomes in premature infants: a systematic review. Pediatric Research, Vol. (93), No. (2), pp. (293–299). https://doi.org/10.1038/s41390-022-02120-w

Balla, Y., Tirunagari, S., & Windridge, D. (2023). Pediatrics in Artificial Intelligence Era: A Systematic Review on Challenges, Opportunities, and Explainability. Indian Pediatr, Vol. (60), No. (7), pp. (561–569). PMID: 37424120

Beam, A. L., & Kohane, I. S. (2016). Translating Artificial Intelligence Into Clinical Care. Jama, Vol. (316), No. (22), pp. (2368–2369). https://doi.org/10.1001/jama.2016.17217

Berghea, E. C., Ionescu, M. D., Gheorghiu, R. M., Tincu, I. F., Cobilinschi, C. O., Craiu, M., Bălgrădean, M., & Berghea, F. (2024). Integrating Artificial Intelligence in Pediatric Healthcare: Parental Perceptions and Ethical Implications. Children (Basel), Vol. (11), No. (2). https://doi.org/10.3390/children11020240

Bhavnani, S., Mukherjee, D., Bhopal, S., Sharma, K. K., Dasgupta, J., Divan, G., Soremekun, S., Roy, R., Kirkwood, B., & Patel, V. (2021). The association of a novel digital tool for assessment of early childhood cognitive development, 'DEvelopmental assessment on an E-Platform (DEEP)', with growth in rural India: A proof of concept study. EClinicalMedicine, Vol. (37), pp. (100964). https://doi.org/10.1016/j.eclinm.2021.100964

Bi, J., & Abraham, A. (2012). An intelligent web-based decision support tool for enhancing asthma guideline adherence Proceedings of the 2nd ACM SIGHIT International Health Informatics Symposium, Miami, Florida, USA. pp. (51–60). https://doi.org/10.1145/2110363.2110373

Bishnoi, L., & Singh, S. (2018). Artificial Intelligence Techniques Used In Medical Sciences: A Review. pp. (1–8). https://doi.org/10.1109/CONFLUENCE.2018.8442729

Brady, S. L., Trout, A. T., Somasundaram, E., Anton, C. G., Li, Y., & Dillman, J. R. (2021). Improving Image Quality and Reducing Radiation Dose for Pediatric CT by Using Deep Learning Reconstruction. Radiology, Vol. (298), No. (1), pp. (180–188). https://doi.org/10.1148/radiol.2020202317

Brinker, T. J., Hekler, A., Hauschild, A., Berking, C., Schilling, B., Enk, A. H., Haferkamp, S., Karoglan, A., von Kalle, C., Weichenthal, M., Sattler, E., Schadendorf, D., Gaiser, M. R., Klode, J., & Utikal, J. S. (2019). Comparing artificial intelligence algorithms to 157 German dermatologists: the melanoma classification benchmark. Eur J Cancer, Vol. (111), pp. (30–37). https://doi.org/10.1016/j.ejca.2018.12.016

Cabrera, D., Thomas, J. F., Wiswell, J. L., Walston, J. M., Anderson, J. R., Hess, E. P., & Bellolio, M. F. (2015). Accuracy of 'My Gut Feeling:' Comparing System 1 to System 2 Decision-Making for Acuity Prediction, Disposition and Diagnosis in an Academic Emergency Department. West J Emerg Med, Vol. (16), No. (5), pp. (653–657).10.5811/westjem.2015.5.25301

Carreras, J. (2024). Celiac Disease Deep Learning Image Classification Using Convolutional Neural Networks. Journal of Imaging, Vol. (10), pp. (200).10.3390/jimaging10080200

Chen, M., Zhang, B., Cai, Z., Seery, S., Gonzalez, M. J., Ali, N. M., Ren, R., Qiao, Y., Xue, P., & Jiang, Y. (2022). Acceptance of clinical artificial intelligence among physicians and medical students: A systematic review with cross-sectional survey. Front Med (Lausanne), Vol. (9), pp. (990604). https://doi.org/10.3389/fmed.2022.990604

De La Vega, F. M., Chowdhury, S., Moore, B., Frise, E., McCarthy, J., Hernandez, E. J., Wong, T., James, K., Guidugli, L., Agrawal, P. B., Genetti, C. A., Brownstein, C. A., Beggs, A. H., Löscher, B. S., Franke, A., Boone, B., Levy, S. E., Õunap, K., Pajusalu, S.,… Kingsmore, S. F. (2021). Artificial intelligence enables comprehensive genome interpretation and nomination of candidate diagnoses for rare genetic diseases. Genome Med, Vol. (13), No. (1), pp. (153). https://doi.org/10.1186/s13073-021-00965-0

Fakhoury, M. (2019). Artificial Intelligence in Psychiatry. Adv Exp Med Biol, Vol. (1192), pp. (119–125). https://doi.org/10.1007/978-981-32-9721-0_6

Fang, X., Li, W., Huang, J., Li, W., Feng, Q., Han, Y., Ding, X., & Zhang, J. (2022). Ultrasound image intelligent diagnosis in community-acquired pneumonia of children using convolutional neural network-based transfer learning. Front Pediatr, Vol. (10), pp. (1063587). https://doi.org/10.3389/fped.2022.1063587

Felderhoff-Müser, U., & Hüning, B. (2022). Biomarker und Neuromonitoring zur Entwicklungsprognose nach perinataler Hirnschädigung. Monatsschr Kinderheilkd, Vol. (170), No. (8), pp. (688–703). https://doi.org/10.1007/s00112-022-01542-4

Fiske, A., Henningsen, P., & Buyx, A. (2019). Your Robot Therapist Will See You Now: Ethical Implications of Embodied Artificial Intelligence in Psychiatry, Psychology, and Psychotherapy. Journal of medical Internet research, Vol. (21), No. (5), pp.(e13216). https://doi.org/10.2196/13216

Fogel, A. L., & Kvedar, J. C. (2018). Artificial intelligence powers digital medicine. npj Digital Medicine, Vol. (1), No.(1), pp.(5). https://doi.org/10.1038/s41746-017-0012-2

Friedrich, O., Schleidgen, S., & Seifert, J. (2023). KI-basierte Interventionen in Psychiatrie und Psychotherapie. pp. (209–223). https://doi.org/10.1007/978-3-662-65868-0_11

Frink, M., Lechler, P., Debus, F., & Ruchholtz, S. (2017). Multiple Trauma and Emergency Room Management. Dtsch Arztebl Int, Vol. (114), No. (29–30), pp. (497–503). https://doi.org/10.3238/arztebl.2017.0497

Gao, S., Tai, J., Ge, W., Li, X., Wang, Q., Lei, Y., Wu, Y., Zheng, L., Guo, Y., & Xu, Z. (2020). Facial Feature as Predictor for Early-Persistence OSAS After Adenotonsillectomy in Children With Moderate to Severe OSAS. IT Professional, Vol. (22), pp. (35–42). https://doi.org/10.1109/MITP.2020.3001238

Garner, A. J., Saatchi, R., Ward, O., & Hawley, D. P. (2021). Juvenile Idiopathic Arthritis: A Review of Novel Diagnostic and Monitoring Technologies. Healthcare (Basel), Vol. (9), No. (12). https://doi.org/10.3390/healthcare9121683

Gaur, M., Alambo, A., Sain, J. P., Kursuncu, U., Thirunarayan, K., Kavuluru, R., Sheth, A., Welton, R., & Pathak, J. (2019). Knowledge-aware Assessment of Severity of Suicide Risk for Early Intervention The World Wide Web Conference, San Francisco, CA, USA. pp. (514–525). https://doi.org/10.1145/3308558.3313698

Gawrecki, A., Zozulinska-Ziolkiewicz, D., Michalak, M. A., Adamska, A., Michalak, M., Frackowiak, U., Flotynska, J., Pietrzak, M., Czapla, S., Gehr, B., & Araszkiewicz, A. (2021). Safety and glycemic outcomes of do-it-yourself AndroidAPS hybrid closed-loop system in adults with type 1 diabetes. PLoS One, Vol. (16), No. (4), pp.(e0248965). https://doi.org/10.1371/journal.pone.0248965

Goldfarb, C. E., & Roberts, W. (1996). Developmental monitoring in primary care. Can Fam Physician, Vol. (42), pp. (1527–1532, 1535–1526). PMID: PMC2146818

Gong, Y., Yatawatte, H., Poellabauer, C., Schneider, S., & Latham, S. (2018). Automatic Autism Spectrum Disorder Detection Using Everyday Vocalizations Captured by Smart Devices Proceedings of the 2018 ACM International Conference on Bioinformatics, Computational Biology, and Health Informatics, Washington, DC, USA. pp. (465–473). https://doi.org/10.1145/3233547.3233574

Goto, T., Camargo, C. A., Jr., Faridi, M. K., Freishtat, R. J., & Hasegawa, K. (2019). Machine Learning-Based Prediction of Clinical Outcomes for Children During Emergency Department Triage. JAMA Netw Open, Vol. (2), No.(1), pp.(e186937). https://doi.org/10.1001/jamanetworkopen.2018.6937

Götzl, C., Hiller, S., Rauschenberg, C., Schick, A., Fechtelpeter, J., Fischer Abaigar, U., Koppe, G., Durstewitz, D., Reininghaus, U., & Krumm, S. (2022). Artificial intelligence-informed mobile mental health apps for young people: a mixed-methods approach on users' and stakeholders' perspectives. Child Adolesc Psychiatry Ment Health, Vol. (16), No. (1), pp. (86). https://doi.org/10.1186/s13034-022-00522-6

Graham, S., Depp, C., Lee, E. E., Nebeker, C., Tu, X., Kim, H. C., & Jeste, D. V. (2019). Artificial Intelligence for Mental Health and Mental Illnesses: an Overview. Curr Psychiatry Rep, Vol. (21), No. (11), pp. (116). https://doi.org/10.1007/s11920-019-1094-0

Habicht, J., Viswanathan, S., Carrington, B., Hauser, T. U., Harper, R., & Rollwage, M. (2024). Closing the accessibility gap to mental health treatment with a personalized self-referral chatbot. Nat Med, Vol. (30), No. (2), pp. (595–602). https://doi.org/10.1038/s41591-023-02766-x

Haley, L. C., Boyd, A. K., Hebballi, N. B., Reynolds, E. W., Smith, K. G., Scully, P. T., Nguyen, T. L., Bernstam, E. V., & Li, L. T. (2024). Attitudes on Artificial Intelligence use in Pediatric Care From Parents of Hospitalized Children. J Surg Res, Vol. (295), pp. (158–167). https://doi.org/10.1016/j.jss.2023.10.027

Hogan, A. H., Brimacombe, M., Mosha, M., & Flores, G. (2022). Comparing Artificial Intelligence and Traditional Methods to Identify Factors Associated With Pediatric Asthma Readmission. Acad Pediatr, Vol. (22), No. (1), pp. (55–61). https://doi.org/10.1016/j.acap.2021.07.015

Hoodbhoy, Z., Masroor Jeelani, S., Aziz, A., Habib, M. I., Iqbal, B., Akmal, W., Siddiqui, K., Hasan, B., Leeflang, M., & Das, J. K. (2021). Machine Learning for Child and Adolescent Health: A Systematic Review. Pediatrics, Vol. (147), No. (1). https://doi.org/10.1542/peds.2020-011833

Hosny, A., Parmar, C., Quackenbush, J., Schwartz, L. H., & Aerts, H. J. W. L. (2018). Artificial intelligence in radiology. Nature Reviews Cancer, Vol. (18), No. (8), pp. (500–510). https://doi.org/10.1038/s41568-018-0016-5

Hsieh, T. C., Bar-Haim, A., Moosa, S., Ehmke, N., Gripp, K. W., Pantel, J. T., Danyel, M., Mensah, M. A., Horn, D., Rosnev, S., Fleischer, N., Bonini, G., Hustinx, A., Schmid, A., Knaus, A., Javanmardi, B., Klinkhammer, H., Lesmann, H., Sivalingam, S., … Krawitz, P. M. (2022). GestaltMatcher facilitates rare disease matching using facial phenotype descriptors. Nat Genet, Vol. (54), No. (3), pp. (349–357). https://doi.org/10.1038/s41588-021-01010-x

Hu, M., Nardi, C., Zhang, H., & Ang, K.-K. (2023). Applications of Deep Learning to Neurodevelopment in Pediatric Imaging: Achievements and Challenges. Applied Sciences, Vol. (13), No. (4). https://doi.org/10.3390/app13042302

Jeong, J., Franchett, E. E., Ramos de Oliveira, C. V., Rehmani, K., & Yousafzai, A. K. (2021). Parenting interventions to promote early child development in the first three years of life: A global systematic review and meta-analysis. PLoS Med, Vol. (18), No. (5), pp.(e1003602). DOI: https://doi.org/10.1371/journal.pmed.1003602

Jiang, F., Jiang, Y., Zhi, H., Dong, Y., Li, H., Ma, S., Wang, Y., Dong, Q., Shen, H., & Wang, Y. (2017). Artificial intelligence in healthcare: past, present and future. BMJ, Vol. (2), pp.(svn-2017). DOI: https://doi.org/10.1136/svn-2017-000101

Johnson, K. B., Wei, W. Q., Weeraratne, D., Frisse, M. E., Misulis, K., Rhee, K., Zhao, J., & Snowdon, J. L. (2021). Precision Medicine, AI, and the Future of Personalized Health Care. Clin Transl Sci, Vol. (14), No. (1), pp. (86–93). DOI: https://doi.org/10.1111/cts.12884

Keles, E., & Bagci, U. (2023). The past, current, and future of neonatal intensive care units with artificial intelligence: a systematic review. npj Digital Medicine, Vol. (6), No. (1), pp. (220). https://doi.org/10.1038/s41746-023-00941-5

Knoll, C., Peacock, S., Wäldchen, M., Cooper, D., Aulakh, S. K., Raile, K., Hussain, S., & Braune, K. (2022). Real-world evidence on clinical outcomes of people with type 1 diabetes using open-source and commercial automated insulin dosing systems: A systematic review. Diabet Med, Vol. (39), No.(5), pp.(e14741). https://doi.org/10.1111/dme.14741

Kohl, S., Henn, A., Fendel, J., Luttermann, A., Noort, M., & Konrad, K. (2024). Digitale Hoffnungsträger? Herausforderungen und Potenziale von Digitalen Gesundheitsanwendungen für die Versorgung von Kindern und Jugendlichen mit psychischen Störungen in Deutschland. Zeitschrift für Kinder- und Jugendpsychiatrie und Psychotherapie, 101024/1422-4917/a000989

Koutsouleris, N., Dwyer, D. B., Degenhardt, F., Maj, C., Urquijo-Castro, M. F., Sanfelici, R., Popovic, D., Oeztuerk, O., Haas, S. S., Weiske, J., Ruef, A., Kambeitz-Ilankovic, L., Antonucci, L. A., Neufang, S., Schmidt-Kraepelin, C., Ruhrmann, S., Penzel, N., Kambeitz, J., Haidl, T. K.,… Meisenzahl, E. (2021). Multimodal Machine Learning Workflows for Prediction of Psychosis in Patients With Clinical High-Risk Syndromes and Recent-Onset Depression. JAMA Psychiatry, Vol. (78), No. (2), pp. (195–209). https://doi.org/10.1001/jamapsychiatry.2020.3604

Lee, L., Salami, R., Martin, H., Shantharam, L., Thomas, K., Ashworth, E., Allan, E., Yung, K.-W., Pauling, C., Leyden, D., Arthurs, O., & Shelmerdine, S. (2024). "How I would like AI used for my imaging": children and young persons' perspectives. European radiology, Vol. (34). https://doi.org/10.1007/s00330-024-10839-9

Li, W.-h. (2023). Artificial intelligence promotes shared decision-making through recommending tests to febrile pediatric outpatients. World Journal of Emergency Medicine, Vol. (14). https://doi.org/10.5847/wjem.j.1920-8642.2023.033

Liang, H., Tsui, B. Y., Ni, H., Valentim, C. C. S., Baxter, S. L., Liu, G., Cai, W., Kermany, D. S., Sun, X., Chen, J., He, L., Zhu, J., Tian, P., Shao, H., Zheng, L., Hou, R., Hewett, S., Li, G., Liang, P., ... Xia, H. (2019). Evaluation and accurate diagnoses of pediatric diseases using artificial intelligence. Nature Medicine, Vol. (25), No. (3), pp. (433–438). https://doi.org/10.1038/s41591-018-0335-9

Matsushita, F. Y., Krebs, V. L. J., & Carvalho, W. B. (2022). Artificial intelligence and machine learning in pediatrics and neonatology healthcare. Rev Assoc Med Bras (1992), Vol. (68), No. (6), pp. (745–750). 10.1590/1806-9282.20220177

McDuff, D., Schaekermann, M., Tu, T., Palepu, A., Wang, A., Garrison, J., Singhal, K., Sharma, Y., Azizi, S., Kulkarni, K., Hou, L., Cheng, Y., Liu, Y., Mahdavi, S. S., Prakash, S., Pathak, A., Semturs, C., Patel, S. N., Webster, D. R., ... Natarajan, V. (2023). Towards Accurate Differential Diagnosis with Large Language Models. ArXiv, Vol. (abs/2312.00164). https://doi.org/10.48550/arXiv.2312.00164

Mentzel, H. J. (2021). [Artificial intelligence in image evaluation and diagnosis]. Monatsschr Kinderheilkd, (Künstliche Intelligenz bei Bildauswertung und Diagnosefindung: Was bringt das in der Kinder- und Jugendradiologie?). Vol. (169), No. (8), pp. (694–704). https://doi.org/10.1007/s00112-021-01230-9

Meyer, L., Giesselbach, S., Antweiler, D., Defosse, D., Hensen, S., Iser, H., Salge, P., Stead, S., Tjardes, T., & Waloßek, N. (2024). Künstliche Intelligenz im Schockraum Wie Agenten und Foundation- Modelle bei der Versorgung Schwerverletzter helfen. https://doi.org/10.24406/publica-2847

Molteni, E., Colombo, K., Beretta, E., Galbiati, S., Santos Canas, L. D., Modat, M., & Strazzer, S. (2019). Comparison of Multi-class Machine Learning Methods for the Identification of Factors Most Predictive of Prognosis in Neurobehavioral assessment of Pediatric Severe Disorder of Consciousness through LOCFAS scale. Annu Int Conf IEEE Eng Med Biol Soc, Vol. (2019), pp.(269–272). https://doi.org/10.1109/embc.2019.8856880

Moreira, A., Tovar, M., Smith, A. M., Lee, G. C., Meunier, J. A., Cheema, Z., Moreira, A., Winter, C., Mustafa, S. B., Seidner, S., Findley, T., Garcia, J. G. N., Thébaud, B., Kwinta, P., & Ahuja, S. K. (2023). Development of a peripheral blood transcriptomic gene signature to predict bronchopulmonary dysplasia. Am J Physiol Lung Cell Mol Physiol, Vol. (324), No. (1), pp. (L76–187). https://doi.org/10.1152/ajplung.00250.2022

Morse, K. E., Brown, C., Fleming, S., Todd, I., Powell, A., Russell, A., Scheinker, D., Sutherland, S. M., Lu, J., Watkins, B., Shah, N. H., Pageler, N. M., & Palma, J. P. (2022). Monitoring Approaches for a Pediatric Chronic Kidney Disease Machine Learning Model. Appl Clin Inform, Vol. (13), No. (2), pp. (431–438). https://doi.org/10.1055/s-0042-1746168

Nguyen, T., Maarek, R., Hermann, A. L., Kammoun, A., Marchi, A., Khelifi-Touhami, M. R., Collin, M., Jaillard, A., Kompel, A. J., Hayashi, D., Guermazi, A., & Le Pointe, H. D. (2022). Assessment of an artificial intelligence aid for the detection of appendicular skeletal fractures in children and young adults by senior and junior radiologists. Pediatr Radiol, Vol. (52), No. (11), pp. (2215–2226). https://doi.org/10.1007/s00247-022-05496-3

Norris, M. L., Obeid, N., & El-Emam, K. (2024). Examining the role of artificial intelligence to advance knowledge and address barriers to research in eating disorders. Int J Eat Disord, Vol. (57), No. (6), pp. (1357–1368). https://doi.org/10.1002/eat.24215

Pathak, R., & Singh, Y. (2020). Real Time Baby Facial Expression Recognition Using Deep Learning and IoT Edge Computing. pp. (1–6). https://doi.org/10.1109/ICCCS49678.2020.9277428

Piliuk, K., & Tomforde, S. (2023). Artificial intelligence in emergency medicine. A systematic literature review. Int J Med Inform, Vol. (180), pp. (105274). https://doi.org/10.1016/j.ijmedinf.2023.105274

Pinto-de-Sá, R., Sousa-Pinto, B., & Costa-de-Oliveira, S. (2024). Brave New World of Artificial Intelligence: Its Use in Antimicrobial Stewardship-A Systematic Review. Antibiotics (Basel), Vol. (13), No. (4). pp. (1–20). https://doi.org/10.3390/antibiotics13040307

Preiksaitis, C., Ashenburg, N., Bunney, G., Chu, A., Kabeer, R., Riley, F., Ribeira, R., & Rose, C. (2024). The Role of Large Language Models in Transforming Emergency Medicine: Scoping Review. JMIR Med Inform, Vol. (12), pp.(e53787). https://doi.org/10.2196/53787

Radic, M., Donner, I., Waack, M., Brinkmann, C., Stein, L., & Radic, D. (2021). Digitale Gesundheitsanwendungen. Die Akzeptanz steigern. Deutsches Ärzteblatt. A, Vol. (118). No. (6). pp. (A 286–292). From: https://publica.fraunhofer.de/handle/publica/266239

Ramakrishnan, K., Balakrishnan, V., & Ng, K. (2021). Using Artificial Intelligence for Diabetes Distress Detection among the Facebook Community. pp. (1–5). https://doi.org/10.1109/IC2SE52832.2021.9791927

Ramgopal, S., Heffernan, M. E., Bendelow, A., Davis, M. M., Carroll, M. S., Florin, T. A., Alpern, E. R., & Macy, M. L. (2023). Parental Perceptions on Use of Artificial Intelligence in Pediatric Acute Care. Acad Pediatr, Vol. (23), No. (1), pp. (140–147). https://doi.org/10.1016/j.acap.2022.05.006

Ramgopal, S., Horvat, C. M., Yanamala, N., & Alpern, E. R. (2020). Machine Learning To Predict Serious Bacterial Infections in Young Febrile Infants. Pediatrics, Vol. (146), No. (3). e20194096. https://doi.org/10.1542/peds.2019-4096

Reinauer, C., Tittel, S., Müller-Stierlin, A., Baumeister, H., Warschburger, P., Klauser, K., Minden, K., Staab, D., Gohlke, B., Horlebein, B., Schwab, K., Meißner, T., & Holl, R. (2023). Outpatient screening for anxiety and depression symptoms in adolescents with type 1 diabetes – a cross-sectional survey. Child and Adolescent Psychiatry and Mental Health, Vol. (17). https://doi.org/10.1186/s13034-023-00691-y

Reinhart, L., Bischops, A. C., Kerth, J.-L., Hagemeister, M., Heinrichs, B., Eickhoff, S. B., Dukart, J., Konrad, K., Mayatepek, E., & Meissner, T. (2024). Artificial intelligence in child development monitoring: A systematic review on usage, outcomes and acceptance. Intelligence-Based Medicine, Vol. (9), pp. (100134). https://doi.org/10.1016/j.ibmed.2024.100134

Richards, J. A., Xu, D., Gilkerson, J., Yapanel, U., Gray, S., & Paul, T. (2017). Automated Assessment of Child Vocalization Development Using LENA. J Speech Lang Hear Res, Vol. (60), No. (7), pp. (2047–2063). https://doi.org/10.1044/2017_jslhr-l-16-0157

Rollwage, M., Habicht, J., Juechems, K., Carrington, B., Viswanathan, S., Stylianou, M., Hauser, T. U., & Harper, R. (2023). Using Conversational AI to Facilitate Mental Health Assessments and Improve Clinical Efficiency Within Psychotherapy Services: Real-World Observational Study. Jmir ai, Vol. (2), pp.(e44358). https://doi.org/10.2196/44358

Rowe, J. P., & Lester, J. C. (2020). Artificial Intelligence for Personalized Preventive Adolescent Healthcare. J Adolesc Health, Vol. (67), No.(2s), pp.(S52–s58). https://doi.org/10.1016/j.jadohealth.2020.02.021

Santori, G., Fontana, I., & Valente, U. (2007). Application of an artificial neural network model to predict delayed decrease of serum creatinine in pediatric patients after kidney transplantation. Transplant Proc, Vol. (39), No. (6), pp. (1813–1819). https://doi.org/10.1016/j.transproceed.2007.05.026

Scassellati, B., Admoni, H., & Matarić, M. (2012). Robots for use in autism research. Annu Rev Biomed Eng, Vol. (14), pp. (275–294). https://doi.org/10.1146/annurev-bioeng-071811-150036

Schlapbach, L. J., Watson, R. S., Sorce, L. R., Argent, A. C., Menon, K., Hall, M. W., Akech, S., Albers, D. J., Alpern, E. R., Balamuth, F., Bembea, M., Biban, P., Carrol, E. D., Chiotos, K., Chisti, M. J., DeWitt, P. E., Evans, I., Flauzino de Oliveira, C., Horvat, C. M., ... Bennett, T. D. (2024). International Consensus Criteria for Pediatric Sepsis and Septic Shock. Jama, Vol. (331), No. (8), pp. (665–674). https://doi.org/10.1001/jama.2024.0179

Selekman, J. (2017). Students With Chronic Conditions: Experiences and Challenges of Regular Education Teachers. J Sch Nurs, Vol. (33), No. (4), pp. (307–315). https://doi.org/10.1177/1059840516674053

Sendra, S., Parra, L., Lloret, J., & Tomás, J. (2018). Smart system for children's chronic illness monitoring. Information Fusion, Vol. (40), pp. (76–86). https://doi.org/10.1016/j.inffus.2017.06.002

Sengupta, P. P., & Adjeroh, D. A. (2018). Will Artificial Intelligence Replace the Human Echocardiographer? Circulation, Vol. (138), No.(16), pp.(1639–1642). https://doi.org/10.1161/circulationaha.118.037095

Stade, E. C., Stirman, S. W., Ungar, L. H., Boland, C. L., Schwartz, H. A., Yaden, D. B., Sedoc, J., DeRubeis, R. J., Willer, R., & Eichstaedt, J. C. (2024). Large language models could change the future of behavioral healthcare: a proposal for responsible development and evaluation. npj Mental Health Research, Vol. (3), No. (1), pp. (12). https://doi.org/10.1038/s44184-024-00056-z

Szaleniec, J., Wiatr, M., Szaleniec, M., Składzien, J., Tomik, J., Stręk, P., Tadeusiewicz, R., & Przeklasa, R. (2009). Applicability of artificial neural networks in postoperative hearing improvement prognosis in patients with chronic otitis media. Przegląd lekarski, Vol. (66), pp. (924–929). PMID: 20297630

Tang, C., Zheng, W., Zong, Y., Cui, Z., Qiu, N., Yan, S., & Ke, X. (2018). Automatic Smile Detection of Infants in Mother-Infant Interaction via CNN-based Feature Learning Proceedings of the Joint Workshop of the 4th Workshop on Affective Social Multimedia Computing and first Multi-Modal Affective Computing of Large-Scale Multimedia Data, Seoul, Republic of Korea. pp. (35–40). https://doi.org/10.1145/3267935.3267951

Tariq, Q., Daniels, J., Schwartz, J. N., Washington, P., Kalantarian, H., & Wall, D. P. (2018). Mobile detection of autism through machine learning on home video: A development and prospective validation study. PLoS Med, Vol. (15), No. (11), pp.(e1002705). https://doi.org/10.1371/journal.pmed.1002705

Tariq, Q., Fleming, S. L., Schwartz, J. N., Dunlap, K., Corbin, C., Washington, P., Kalantarian, H., Khan, N. Z., Darmstadt, G. L., & Wall, D. P. (2019). Detecting Developmental Delay and Autism Through Machine Learning Models Using Home Videos of Bangladeshi Children: Development and Validation Study. Journal of medical Internet research, Vol. (21), No. (4), pp.(e13822). https://doi.org/10.2196/13822

Thai, K., Tsiandoulas, K. H., Stephenson, E. A., Menna-Dack, D., Zlotnik Shaul, R., Anderson, J. A., Shinewald, A. R., Ampofo, A., & McCradden, M. D. (2023). Perspectives of Youths on the Ethical Use of Artificial Intelligence in Health Care Research and Clinical Care. JAMA Netw Open, Vol. (6), No. (5), pp.(e2310659). https://doi.org/10.1001/jamanetworkopen.2023.10659

Tolami, F., Khorasani, M., Kahani, M., Yazdi, S., & Ghalenoei, M. (2021). An intelligent linguistic error detection approach to automated diagnosis of Dyslexia disorder in Persian speaking children. pp. (393–398). https://doi.org/10.1109/ICCKE54056.2021.9721446

Topol, E. J. (2019). High-performance medicine: the convergence of human and artificial intelligence. Nat Med, Vol. (25), No. (1), pp. (44–56). https://doi.org/10.1038/s41591-018-0300-7

Tveit, J., Aurlien, H., Plis, S., Calhoun, V. D., Tatum, W. O., Schomer, D. L., Arntsen, V., Cox, F., Fahoum, F., Gallentine, W. B., Gardella, E., Hahn, C. D., Husain, A. M., Kessler, S., Kural, M. A., Nascimento, F. A., Tankisi, H., Ulvin, L. B., Wennberg, R., & Beniczky, S. (2023). Automated Interpretation of Clinical Electroencephalograms Using Artificial Intelligence. JAMA Neurol, Vol. (80), No.(8), pp.(805–812). https://doi.org/10.1001/jamaneurol.2023.1645

Vertsberger, D., Naor, N., & Winsberg, M. (2022). Adolescents' Well-being While Using a Mobile Artificial Intelligence-Powered Acceptance Commitment Therapy Tool: Evidence From a Longitudinal Study. Jmir ai, Vol. (1), No. (1), pp.(e38171). https://doi.org/10.2196/38171

Vidal-Alaball, J., Royo Fibla, D., Zapata, M. A., Marin-Gomez, F. X., & Solans Fernandez, O. (2019). Artificial Intelligence for the Detection of Diabetic Retinopathy in Primary Care: Protocol for Algorithm Development. JMIR Res Protoc, Vol. (8), No. (2), pp. (e12539). https://doi.org/10.2196/12539

von Polier, G. G., Ahlers, E., Amunts, J., Langner, J., Patil, K. R., Eickhoff, S. B., Helmhold, F., & Langner, D. (2021). Predicting adult Attention Deficit Hyperactivity Disorder (ADHD) using vocal acoustic features. medRxiv, pp. (2021.2003.2018.21253108). https://doi.org/10.1101/2021.03.18.21253108

Warren, Z. E., Zheng, Z., Swanson, A. R., Bekele, E., Zhang, L., Crittendon, J. A., Weitlauf, A. F., & Sarkar, N. (2015). Can Robotic Interaction Improve Joint Attention Skills? J Autism Dev Disord, Vol. (45), No. (11), pp. (3726–3734). https://doi.org/10.1007/s10803-013-1918-4

Welch, V., Wy, T. J., Ligezka, A., Hassett, L. C., Croarkin, P. E., Athreya, A. P., & Romanowicz, M. (2022). Use of Mobile and Wearable Artificial Intelligence in Child and Adolescent Psychiatry: Scoping Review. Journal of medical Internet research, Vol. (24), No. (3), pp.(e33560). https://doi.org/10.2196/33560

Wu, Z., Luo, S., Zheng, X., Bi, Y., Xu, W., Yan, J., Yang, D., & Weng, J. (2020). Use of a do-it-yourself artificial pancreas system is associated with better glucose management and higher quality of life among adults with type 1 diabetes. Ther Adv Endocrinol Metab, Vol. (11), pp. (2042018820950146). https://doi.org/10.1177/2042018820950146

Yapanel, U., Hansen, J., Gray, S., Gilkerson, J., & Richards, J. (2009). Preliminary study of stress/neutral detection on recordings of children in the natural home environment. pp. (17:1–17:5) https://doi.org/10.1145/1640377.1640394

Yu, G., Tabatabaei, M., Mezei, J., Zhong, Q., Chen, S., Li, Z., Li, J., Shu, L., & Shu, Q. (2022). Improving chronic disease management for children with knowledge graphs and artificial intelligence. Expert Systems with Applications, Vol. (201), pp. (117026). https://doi.org/10.1016/j.eswa.2022.117026

**Prof. Dr. med. Thomas Meißner** ist als Stellvertreter des Klinikdirektors in der Klinik für Allgemeine Pädiatrie, Neonatologie und Kinderkardiologie am Universitätsklinikum Düsseldorf tätig. Seine Forschungsschwerpunkte liegen im Bereich der klinischen Forschung zu angeborenen Stoffwechselerkrankungen und hier insbesondere bei hyperinsulinämischen Hypoglykämieerkrankungen und der neonatalen Hypoglykämie. Darüber hinaus beschäftigen sich seine jüngeren Projekte auch mit der patientenzentrierten Versorgung chronisch kranker Kinder und Jugendlicher, u. a. mit der Stärkung der mentalen Gesundheit und Resilienz im Rahmen von Gruppen-Coaching-Formaten (siehe auch AC Bischops).

**Univ.-Prof. Dr. Kerstin Konrad** ist Leiterin der Sektion Klinische Neuropsychologie des Kindes- und Jugendalters der Uniklinik RWTH Aachen sowie Direktorin des JARA-BRAIN Instituts für Molekulare Neurowissenschaft und Bildgebung (INM-11) am Forschungszentrum Jülich. Ihre Forschungsschwerpunkte liegen u. a. auf experimenteller Entwicklungspsychopathologie, insbesondere dem Einfluss sozialer Faktoren auf die psychische Gesundheit von Kindern und Jugendlichen sowie der Entwicklung personalisierter Präventions- und Interventionsmethoden und -formate mit Hilfe von partizipativen Methoden.

**Dr. med. Janna-Lina Kerth** ist als Fachärztin für Kinder- und Jugendmedizin mit der Schwerpunktbezeichnung Neonatologie an der Klinik für Allgemeine Pädiatrie, Neonatologie und Kinderkardiologie am Universitätsklinikum Düsseldorf tätig. Zusätzlich zu ihrer Tätigkeit im Forschungsprojekt AI-PHCA zur Förderung der präventiven Gesundheitsversorgung von Kindern und Jugendlichen mittels KI-gestützter Anwendungen, ist sie seit Beginn 2023 als Vorstandsmitglied der Deutschen Gesellschaft für Kinder- und Jugendmedizin e. V. (DGKJ) und als Sprecherin der AG Junge DGKJ aktiv. Als Vorstandsmitglied setzt sie sich für die Umsetzung von Projekten für eine erfolgreiche Fort- und Weiterbildung von Ärzten ein.

**Lisa Reinhart** ist seit 2022 als Ärztin in Weiterbildung an der Klinik für Allgemeine Pädiatrie, Neonatologie und Kinderkardiologie am Universitätsklinikum Düsseldorf tätig. Ein Schwerpunkt ihrer Forschung liegt darin, im Rahmen des Verbundprojekts AI-PHCA die präventive Gesundheitsversorgung von Kindern und Jugendlichen durch den Einsatz KI-basierter Anwendungen zu verbessern.

**Dr. Alina T. Henn** ist seit 2022 als wissenschaftliche Mitarbeiterin in der Arbeitsgruppe Klinische Neuropsychologie des Kindes- und Jugendalters der Uniklinik RWTH Aachen tätig. Ihre Forschungstätigkeit erstreckt sich über die Disziplinen der klinischen Psychologie und Neuropsychologie. Ihr Hauptaugenmerk liegt unter anderem auf KI-gestützten Interventionen und digitalen Gesundheitsanwendungen (DiGAs) sowie auf dem Einfluss (pflege-)elterlicher Belastungsfaktoren auf die Entwicklung und psychische Gesundheit von (Pflege-)Kindern. Sie absolviert eine psychotherapeutische Ausbildung im Bereich Verhaltenstherapie und Psychotraumatologie für Erwachsene.

**Dr. Laura Bell** promovierte im Bereich der Neuropsychologie des Kindes- und Jugendalters. Seit Ende 2020 ist sie als wissenschaftliche Mitarbeiterin im Audiovisuellen Medienzentrum (AVMZ) der Medizinischen Fakultät der RWTH Aachen University tätig. Dort liegt ihr Fokus auf der Entwicklung und Evaluation verschiedener digitaler Lehr- und Lernanwendungen sowie der Wissenschaftskommunikation. Die digitalen Applikationen reichen von Lernplattformen über Serious Games bis hin zu Umgebungen in der Virtuellen Realität. Neben ihrer wissenschaftlichen Tätigkeit erstellt Dr. Bell Medien für die digitalen Applikationen sowie Abbildungen für wissenschaftliche Artikel.

**Dr. med. Anne Christine Bischops** ist seit 2020 als Ärztin in Weiterbildung an der Klinik für Allgemeine Pädiatrie, Neonatologie und Kinderkardiologie am Universitätsklinikum Düsseldorf tätig. Neben ihrer Forschungstätigkeit in dem AI-PHCA-Verbundprojekt zur Verbesserung der präventiven Gesundheitsversorgung von Kindern und Jugendlichen durch KI-Anwendungen liegt ein Forschungsschwerpunkt u. a. auf der Entwicklung digitaler Interventionen zur Stärkung der Resilienz von Jugendlichen mit chronischer Erkrankung. Im Rahmen eines Forschungsaufenthaltes an der Harvard School of Public Health untersucht sie aktuell, wie digitale Innovationen zur verbesserten Versorgung von Kindern und Jugendlichen genutzt werden können.

**Maurus Hagemeister** ist seit 2022 als Arzt in Weiterbildung an der Klinik für Allgemeine Pädiatrie, Neonatologie und Kinderkardiologie am Universitätsklinikum Düsseldorf tätig. Seine Forschungsschwerpunkte im Rahmen des AI-PHCA-Verbundprojektes liegen auf der Nutzung von KI-basierten Anwendungen zur frühzeitigen Erkennung von Entwicklungsstörungen und der Unterstützung von Kindern mit chronischen Erkrankungen durch digitale Lösungen und KI. Er promoviert zum Thema Sprachentwicklungsförderung im Kindesalter.

# KIBATIN – Ein KI-basiertes Assistenzsystem für Triagierung in der Notaufnahme 16

Klaus Netter, Tobias Strapatsas, Florian Oetke und Roland Roller

## Inhaltsverzeichnis



**Danksagung**
Wir möchten insbesondere auch den folgenden Kolleginnen und Kollegen danken, die an der Entstehung des Artikels mit beteiligt waren und uns mit wertvollen Hinweisen und Kommentaren unterstützt haben: Michael Deppe (DNC), Marcia Faria (DNC), Katrin Ostermann (DNC), Rimantas Palunis (Städt. Kliniken Mönchengladbach), Faraz Maschhur (DFKI) und Lukas Illini (BCMED).

K. Netter (✉) · F. Oetke
DNC Information Management GmbH, Hannover, Deutschland
E-Mail: netter@dnc.gmbh; foe@dnc.gmbh

T. Strapatsas
Chefarzt der Zentralen Notaufnahme, ASKLEPIOS KLINIK Harburg, Hamburg, Deutschland
E-Mail: t.strapatsas@asklepios.com

R. Roller
Deutsches Forschungszentrum für Künstliche Intelligenz GmbH (DFKI), Berlin, Deutschland
E-Mail: roland.roller@dfki.de



M. A. Pfannstiel (Hrsg.), *Künstliche Intelligenz im Einsatz für die erfolgreiche Patientenreise*, https://doi.org/10.1007/978-3-658-48573-3_16

**Zusammenfassung**

Im dynamischen Umfeld der Notfallversorgung ist die effektive Zuteilung begrenzter Ressourcen eine große Herausforderung. Anders als im Rettungsdienst, wo selten mehr als ein Patient betreut wird, treffen in Krankenhäusern oft mehrere Patienten gleichzeitig ein. Daher ist eine Priorisierung der Behandlungen durch Triage-Systeme notwendig, die Patienten nach Dringlichkeit einstufen. In Deutschland sind das Manchester Triage System (MTS) und der Emergency Severity Index (ESI) weit verbreitet. Sie ordnen Patienten basierend auf Patientenangaben, Beobachtungen und Vitalparametern in Dringlichkeitsklassen ein. Das Projekt „KIBATIN" erforscht, wie KI-gestützte Systeme den Prozess der Ersteinschätzung durch die Analyse von digitalen Protokollen aus dem Rettungsdienst unterstützen können. Das Ziel besteht darin, sowohl relevante Informationen zu extrahieren und bereitzustellen, als auch einen begründeten Vorschlag für die Einstufung anzubieten. Die technische Grundlage bildet eine hybride KI-Plattform, die Regel- oder wissensbasierte Analyse-Komponenten mit einer lernfähigen Daten- oder trainingsbasierten KI-Klassifikation verbindet.

## 16.1 Einleitung

Im Umfeld der klinischen Akut- und Notfallversorgung stellt die effektive Zuteilung begrenzter Ressourcen eine fortwährende Herausforderung dar. In Notaufnahmen treffen oft mehr Patienten in kurzer zeitlicher Abfolge ein, als unmittelbar versorgt werden können. Zudem unterliegt die Anzahl der zeitgleich behandlungsbedürftigen Patienten naturgemäß starken Schwankungen. Nicht nur in Situationen mit einem Massenanfall von Verletzten und Erkrankten, wie bei Naturkatastrophen, Massenkarambolagen oder Terroranschlägen, sondern auch im regulären Betrieb treten immer wieder Situationen auf, in denen Behandlungen priorisiert werden müssen. Seit dem Jahr 2018 regelt der Gemeinsame Bundesausschuss verbindlich, dass alle Patienten nach Eintreffen in der Klinik innerhalb von 10 min einer medizinischen Ersteinschätzung (Triage) mit einem validierten Instrument unterzogen werden müssen. Die Einhaltung dieser Vorgabe ist eine verpflichtende Voraussetzung für die Teilnahme an der strukturierten Notfallversorgung (G-BA 2020).

Die regelmäßig eingesetzten Triage-Systeme evaluieren im Wesentlichen den Zustand des Patienten bei der Ankunft in der Notaufnahme. Präklinische Daten werden allerdings nur unregelmäßig und bedingt im Rahmen einer mündlichen Übergabe zwischen Rettungsdienst und Krankenhausmitarbeitern verwendet. Der Detaillierungsgrad und die Komplexität dieser Informationen können die im konkreten Moment verfügbare Auffassungskapazität des medizinischen Personals übersteigen. Umfangreichere Patientengeschichten, vom Rettungsdienst erfasste Verlaufsparameter, Medikationen, Allergien etc. können oft nicht vollständig berücksichtigt werden. Hinzu kommt, dass bei Patienten aufgrund von Sprachproblemen oder unzureichender Ansprechbarkeit Informationen verloren gehen können, die vom Rettungsdienst im Umfeld des Notfallgeschehens bereits erhoben wurden.

Mit der fortschreitenden Digitalisierung der Datenerhebung im Rettungsdienst und der erweiterten digitalen Vorab-Kommunikation mit den Notaufnahmen stehen bei Ankunft der Patienten zunehmend umfangreichere Informationen zur Verfügung. Diese orientieren sich an dem standardisierten Minimalen Notfalldatensatz (MIND) und beinhalten sowohl unstrukturierte Textdaten (z. B. Anamnese, Vorerkrankungen, Erstdiagnosen) als auch strukturierte Informationen (z. B. Vitalparameter und deren zeitliche Verläufe, Felder mit vorgegebenen medizinischen Merkmalen etc.). Das im Projekt KIBATIN entwickelte Assistenzsystem hat zum Ziel, diese digitalen Daten mithilfe von hybriden KI-Methoden auszuwerten, entscheidungsrelevante Informationen zu extrahieren und automatisiert einen Vorschlag für die Ersteinschätzung zu erstellen.

## 16.2 Das Projekt KIBATIN

In dem vom BMFTR im Rahmen des KIAS Programms (BMFTR 2021, 2024,[1]) geförderten Projekt KIBATIN wird untersucht, wie KI-gestützte Systeme den Prozess der Ersteinschätzung durch die Analyse von digitalen Protokollen aus dem Rettungsdienst unterstützen können.

Partner des Projekts sind

- die Firma DNC Information Management GmbH, die die Analyse-Plattform entwickelt,
- die Städtischen Kliniken Mönchengladbach, die Daten und medizinisches Expertenwissen bereitstellt,
- das Deutsche Forschungszentrum für Künstliche Intelligenz (DFKI), das Module für die KI-basierte Analyse beisteuert und
- die Firma BCMED GmbH, die auf die Optimierung von Prozessen in der Notaufnahme spezialisiert ist.

Im Projekt wird eine Plattform entwickelt, über die Rettungsdienst-Protokolle aufbereitet und mithilfe von hybriden KI-Methoden analysiert werden. Die Triage in der Notaufnahme soll unterstützt werden, indem Vorschläge für die Einstufung nach Leitsymptomen und Dringlichkeit gemacht und weitere relevante Informationen aus den Protokollen extrahiert werden. Abb. 16.1 zeigt eine vereinfachte Darstellung des Datenflusses und der involvierten Komponenten.

Von einer Rettungsdienstsoftware werden Einsatzprotokolle erstellt und bei Ankunft des Patienten an die Notaufnahme übermittelt. Im Zuge einer Datenbereinigung werden diese derart aufbereitet, dass sie nur noch medizinisch relevante und v. a. keine personenbezogenen Daten mehr enthalten. Die software-spezifischen Datenstrukturen werden darüber hinaus so standardisiert, dass sie in einem definierten Format weiterverarbeitet werden können.

---

[1] Das Programm KIAS steht für KI-basierte Assistenzsysteme für prozessbegleitende Gesundheitsanwendungen und hat zum Ziel, innovative Forschungs- und Entwicklungsarbeiten zu interaktiven Assistenzsystemen zu fördern, die Prozesse in der klinischen Gesundheitsversorgung mit Methoden der künstlichen Intelligenz unterstützen.

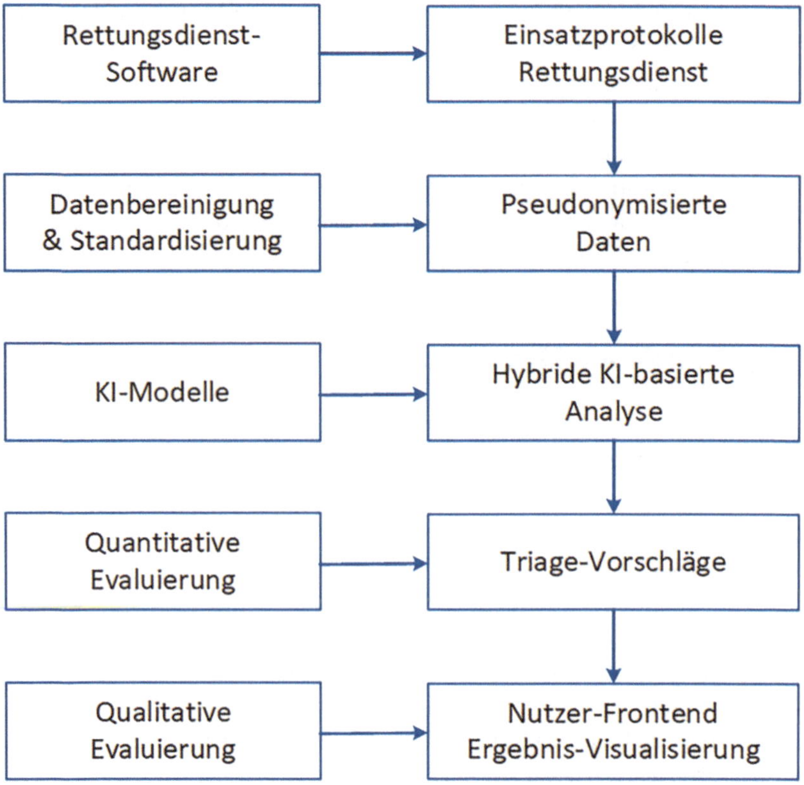


**Abb. 16.1** Datenfluss und Komponenten. (Quelle: DNC GmbH)

Die darauf folgende Verarbeitung in den Kernkomponenten der Plattform nutzt verschiedene Analyse-Module, die auf trainings- und regelbasierten KI-Modellen aufbauen. Diese klassifizieren die Protokolle nach unterschiedlichen Aspekten, extrahieren entscheidungsrelevante Informationen und erstellen am Ende gewichtete Vorschläge für die Triage. Die Architektur der Plattform ist derart konstruiert, dass auch externe Module problemlos integriert und Prozessketten flexibel an veränderte Anforderungen angepasst werden können.

Für die quantitative Evaluierung der Ergebnisse werden umfangreiche statistische Auswertungsmethoden eingesetzt. Diese Benchmarks liefern nicht nur wertvolle Informationen zur Performanz der Module und Modelle, sondern dienen auch zu ihrer Optimierung. Für die qualitative Evaluierung besteht die Möglichkeit, strukturierte Nutzerbefragungen mit definierten Dokumentenmengen und interaktiven Fragebögen durchzuführen.

## 16.3 Digitalisierung von RTW-Protokollen

Für die Erfassung und Dokumentation von medizinischen Notfallsituationen wird von der Deutschen Interdisziplinären Vereinigung für Intensiv- und Notfallmedizin (DIVI) ein standardisiertes Notfalleinsatzprotokoll definiert. Dieses dient der juristisch korrekten Do-

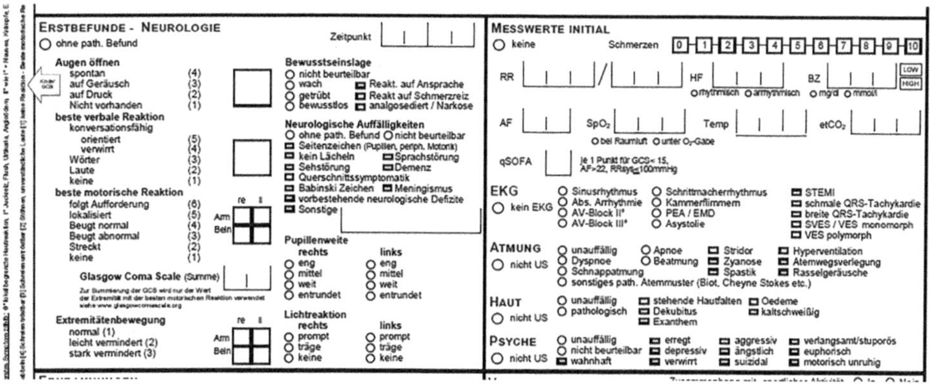


**Abb. 16.2** Ausschnitt MIND Protokoll 6.1 der DIVI. (Quelle: DIVI (2022b), S. 4)

kumentation des Notfalleinsatzes. Der Minimale Notfalldatensatz (MIND) erfasst die verschiedenen Aspekte des Einsatzes. (DIVI 2022a, 2022b) Neben den rettungstechnischen Daten werden Befunde, Vitalparameter, Diagnosen, Medikationen und vorgenommene medizinische Maßnahmen in ca. 700 Feldern mit numerischer Codierung abgebildet. Für die Darstellung der Informationen wird ein einheitlicher Standard definiert, bei dem alle Daten auf zwei A4-Seiten in einem Formular zusammengefasst werden. Abb. 16.2 veranschaulicht einen Ausschnitt des Formulars, in dem verschiedene Erstbefunde und einige Messwerte erfasst werden.

Diese standardisierte Darstellung soll sicherstellen, dass die große Menge an Daten immer in der gleichen Form visualisiert werden kann. Mit der Unterstützung der verschiedenen Softwaresysteme der Rettungsdienste können die Daten in der Regel auch in einem vergleichbaren Format als PDF exportiert werden. Das bedeutet jedoch nicht, dass die zugrunde liegenden Datensätze in einem einheitlichen Format gespeichert werden. Auch wenn intensive Bestrebungen für eine Standardisierung der digitalen Formate unternommen werden, bleibt es derzeit den einzelnen Herstellern überlassen, wie sie die Daten intern strukturieren und verarbeiten. Um nur ein einfaches Beispiel zu nennen: Im MIND-Standard ist ein Feld für den NACA-Score vorgesehen, der einen Wert von 0–7 einnehmen kann. Alternativ kann dieser Wert jedoch gleichbedeutend kodiert werden, indem acht verschiedene Felder *NACA0* bis *NACA7* mit jeweils Booleschen Werten *true* oder *false* verwendet werden.

Eine Schnittstelle zu einem Krankenhaus- (KIS) oder Notfallinformationssystem (NIS) muss folglich mit unterschiedlichen Datenstrukturen umgehen können. Nur dann können die Informationen in einer standardisierten Form übernommen und im Detail weiterverarbeitet werden. Es sollte insofern nicht verwundern, dass trotz zunehmender Digitalisierung weiterhin Hürden bei dem direkten Import und der Übernahme der detaillierten Rohdaten in die Notaufnahme- oder KIS-Systeme existieren. Die Interoperabilität kann so mitunter allenfalls über den Austausch von PDF-Formaten gewährleistet werden.

Was für die Schnittstelle zu einem KIS gilt, ist in gleichem Maße ein Problem für Analyse-Systeme, die versuchen digitale Rettungsdienstprotokolle zu interpretieren und auszuwerten. Solche Systeme operieren immer auf spezifischen Datenstrukturen, unabhängig davon, ob es sich um ein wissensbasiertes oder um ein lernendes System handelt. Wenn Parameterbezeichnungen sich ändern, müssen Regeln darauf angepasst werden. Wenn die Trainingsdaten eine andere Struktur haben, muss für jedes Format neu trainiert werden.

Eine zweite Herausforderung für ein Analyse-System besteht darin, dass nicht alle Datenfelder in einem Protokoll für eine medizinische Analyse von Bedeutung sind. Die Auswahl der relevanten Felder ist dabei nicht offensichtlich. Zwar können die meisten rettungstechnischen Daten ignoriert werden, für eine Bewertung kann es aber durchaus eine Rolle spielen, ob z. B. ein Notarzt mit an Bord war oder ob der Einsatz mit Sondersignal gefahren wurde. In unserer konkreten Anwendung orientierten sich die Kriterien für die Auswahl zum einen an Aspekten wie dem Datenschutz und der vollständigen Pseudonymisierung der Daten und zum anderen an der Frage, ob ein Parameter für die Ersteinschätzung relevant sein könnte. Am Ende wurden von ca. 2200 Datenfeldern in den Rohdaten ca. 1000 Felder für die weitere Analyse in Betracht gezogen. Von diesen konnten ca. 300 einer Kodierung im MIND-Standard direkt zugewiesen werden. Bei den restlichen war die Kodierung nicht eindeutig oder es fanden sich keine Äquivalente (z. B. bei für *Spontanpneumothorax* oder *Aortenaneurysma*).

Auch wenn die Selektion der Felder großzügig bemessen ist und die Standardisierung der Abbildung nicht im Fokus des Projekts steht, zeigen diese Zahlen doch das Ausmaß der Komplexität der Datenstrukturen, mit denen Analyse-Systeme konfrontiert sind. Bei allen regulatorischen Bestrebungen könnte hier auf absehbare Zeit noch Potenzial für eine Middleware bestehen, die eine semantische Transformation von verschiedenen Protokoll-Formaten in einen fachlich gesicherten Standard sicherstellen kann.

## 16.4 Triage in der Notaufnahme und das MTS

Die Priorisierung in der Notaufnahme wird von speziell ausgebildetem, überwiegend nicht-ärztlichem Personal durchgeführt. Sie ordnet auf der Basis von Triage-Systemen Patienten in ihrer Dringlichkeit ein und gibt vor, wie schnell ein Arztkontakt stattfinden soll. Hierzu sind das Manchester Triage System (MTS) und der Emergency Severity Index (ESI) in Deutschland am weitesten verbreitet. Beide Systeme teilen Patienten in Dringlichkeitsstufen ein und legen Zeitspannen von sofortigem Arztkontakt bis zu einer maximalen Wartezeit von zwei Stunden fest. Die Einstufung basiert sowohl auf der Schwere der Erkrankung als auch auf der Anzahl der notwendigen diagnostischen und therapeutischen Maßnahmen. Die Systeme stützen sich hauptsächlich auf Patientenangaben, einfache Beobachtungen und Messungen von Vitalparametern.

ESI ist ein ursprünglich aus dem amerikanischen Raum stammendes Triage-System, das Patienten in fünf Kategorien einteilt. Von diesen Kategorien beziehen sich vier auf die

Dringlichkeit. Die Stufen 4 und 5 geben keine unterschiedliche Zeitvorgabe wieder, sondern differenzieren nach erwartetem Ressourcenbedarf. Damit fließen auch Aspekte der Ablaufsteuerung in die Triage ein. ESI setzt an verschiedenen Punkten auf die klinische Erfahrung der Ersteinschätzer und stellt damit hohe fachliche Anforderungen an das Personal (Grossmann et al. 2009; USZ 2024).

Das MTS ist ein Leitsymptom-bezogenes Entscheidungsmodell, bei dem die Einschätzung der Dringlichkeit über zwei Ebenen hinweg erfolgt. Auch hier reichen die Triage-Stufen von 1 (rot) bis 5 (blau), wobei sich, anders als bei ESI, alle Stufen in der Priorität unterscheiden. Rot steht für eine sofortige Behandlung, Blau bedeutet, dass dem Patienten aus medizinischer Perspektive auch eine längere Wartezeit zugemutet werden kann. Auf der ersten Ebene erfolgt eine Einordnung nach Beschwerdebildern oder Leitsymptomen, die zu sogenannten Diagrammen führen. Diese sind sehr breit gefasst und dienen einer groben Eingrenzung der Beschwerden. *Abdominelle Schmerzen*, *Körperstammverletzung*, *Stürze* oder *Thoraxschmerz* sind einige Beispiele für die Verortung der Symptome.

Nach der Auswahl des Diagramms erfolgt auf einer zweiten Ebene die Abfrage von Symptomen und Anzeichen für schwere Verläufe oder Komplikationen, den sogenannten Indikatoren. Über sie wird die eigentliche Triagestufe bestimmt. Der Algorithmus sieht vor, dass die Dringlichkeitsstufe in einem Ausschlussverfahren festgestellt wird. Hierzu wird das Zutreffen von kritischeren Faktoren abgeprüft und muss jeweils explizit verneint werden. Dadurch wird sichergestellt, dass der Einstufungsprozess bei kritisch kranken Patienten schneller abgeschlossen werden kann als bei weniger dringlichen Krankheitsbildern. So werden auf der ersten Stufe Symptome abgefragt, die einen sofortigen Handlungsbedarf implizieren. Auf der nächsten Stufe werden Symptome wie z. B. akute Atemnot oder Sepsisverdacht überprüft, die zwar nicht unmittelbar tödlich sind, aber einer dringlichen Untersuchung bedürfen. Auf diese Weise werden alle kritischen Optionen ausgeschlossen. Dieser Prozess wird fortgesetzt, bis z. B. nur noch ein leichter Schmerz oder keiner der Indikatoren mehr zutrifft.

Die Auswahl des Diagramms beschränkt die in der Folge in Frage kommenden Indikatoren. So sind z. B. im Diagramm *Augenprobleme* die Indikatoren *Erbrechen* oder *Zungenödem* nicht enthalten. Innerhalb der „MTS-Logik" ist dies insofern sinnvoll, als z. B. bei Vorliegen eines Zungenödems etwaige Augenprobleme lediglich ein Nebenbefund wären und die Einstufung daher über ein anderes Diagramm erfolgen sollte. Manche Diagramme sind inhaltlich verwandt, z. B. *Abdominelle Schmerzen* und *Durchfälle und Erbrechen,* und nutzen teilweise dieselben Indikatoren. Jeder Indikator verweist aber immer auf die gleiche Triage-Stufe. Insgesamt stehen über 50 Diagramme und ca. 200 Indikatoren zur Verfügung. Ausbuchstabiert in einem Entscheidungsbaum sind das in etwa 1200 verschiedene Diagramm-Indikator-Kombinationen. Diese Zahl ist insofern relevant, als sie bei einer Abbildung in einem Kategorienmodell zu eben dieser Anzahl von diskreten Kategorien führen würde, die entsprechend auch mit Trainingsdaten bzw. Regeln zu hinterlegen wären.

Die Mehrfachzuordnung von Indikatoren zu Diagrammen steht auch in einem inhaltlichen Zusammenhang: So ist z. B. der Indikator Unstillbare große Blutung auf der

Diagramm-Ebene fünf verschiedenen Diagramm-Optionen zugeordnet: Angriff, Gesichtsprobleme, Kopfverletzung, Stürze oder Schweres Trauma. Werden die Leitsymptome genauer betrachtet, so lassen sich unschwer Situationen konstruieren, in denen jeder der Entscheidungspfade zu einem korrekten Ergebnis führen kann: Ein Angriff, bei dem ein Sturz zu einem schweren Trauma im Gesichts- oder Kopfbereich und in der Folge zu einer großen Blutung geführt hat, wäre mit jeder dieser Auswahl-Optionen kompatibel.

Dieser Non-Determinismus setzt sich in gewisser Form auch auf der Ebene der Indikatoren fort, indem mehre Indikatoren gleichzeitig infrage kommen. In dem Diagramm Durchfälle und Erbrechen stehen z. B. die Indikatoren Erbrechen von Blut, Neuer unnormaler Puls, Sehr heiß, Sepsisverdacht und Stärkster Schmerz auf der gleichen Dringlichkeitsstufe, von denen mehr als einer zutreffen kann. Die Gewichtung und Zuordnung der Indikatoren verfügt folglich über Interpretationsspielraum, ohne zu „falschen" Ergebnissen führen zu müssen.

In der Anwendung durch den Menschen hat diese Eigenschaft des MTS-Modells wünschenswerte Vorteile: Die Überlappung der Wahlmöglichkeiten führt zu einer Redundanz, die die Anwendung des Entscheidungssystems robuster macht. Verschiedene Personen können anhand von variierenden Sichtweisen und Schwerpunktsetzungen zu vergleichbaren Einschätzungen kommen. Für das Training und das Testen von KI-Modellen stellen diese Überschneidungen jedoch eine Herausforderung dar, wie im nächsten Abschnitt besprochen wird.

## 16.5 Datengrundlage und Modellierung des MTS

Die Datengrundlage für die Modellierung im KIBATIN-Projekt bilden digitalisierte Rettungsdienstprotokolle von Patienten, die in der Notaufnahme einer Triage auf Basis des MTS-Modells unterzogen wurden. Diese Ersteinschätzung reflektiert die unterschiedlichen Kategorien, die ein System unterscheiden soll. Die zugehörigen Protokolle werden den Kategorien zugeordnet und bilden die Trainings- und Testdaten für das Analysesystem.

In der Notaufnahme hat das MTS eine möglichst einfache und schnelle Anwendung durch medizinisches Personal zum Ziel. Von den oft mehreren zutreffenden Diagrammen und Indikatoren wird nur eines vom Personal ausgewählt und in den Daten hinterlegt. Solange diese Zuordnung das gleiche Triage-Level zur Folge hat, ist die genaue Auswahl im Klinikbetrieb von geringer Relevanz. Die Zuordnung von Diagrammen und Indikatoren erfolgt allerdings oft auf Basis subjektiver Einschätzungen der Patienten, die nur eingeschränkt durch formale Regeln abgebildet werden können. Nicht zu vergessen ist, dass bei der Triagierung Informationen einfließen können, die im präklinischen System nicht oder noch nicht erfasst sind. Auch kann sich der Zustand eines Patienten zwischen der Erhebung der Daten im Rettungsdienst und dem Zeitpunkt der Triagierung in der Notaufnahme verändert haben.

All diese möglichen Einflussfaktoren und Vorbehalte haben Auswirkungen auf die „objektive" Datenqualität und erschweren das Trainieren und Testen von Klassifikationsmodellen mittels maschinellen Lernens. Die Maschine muss versuchen, aus Daten zu lernen, die u. U. aus einem uneindeutigen und teilweise „widersprüchlichen" Verhalten stammen. Je geringer der Interpretationsspielraum bei den Entscheidungen ist und je klarer und diskreter Kategorien voneinander abgegrenzt sind, desto leichter ist es für ein lernendes System, die signifikanten Eigenschaften der jeweiligen Klasse zu identifizieren. Je mehr sich die Beispiel- oder Trainingsdaten hingegen überschneiden und überlappen, umso stärker verringert sich bei der Anwendung die Konfidenz oder „Zuversichtlichkeit" eines Systems, die korrekte Entscheidung getroffen zu haben.

Eine solche Unschärfe hat nicht nur Auswirkungen auf das Lernverhalten, sondern auch auf die quantitative Evaluation. Dabei geht es um die Feststellung, in wie vielen Fällen ein System die gleiche Entscheidung trifft wie ein menschlicher Bewerter. Besteht eine Übereinstimmung ist der Fall eindeutig und das Ziel erreicht. Trifft das System jedoch eine andere Entscheidung, kann diese entweder objektiv falsch sein oder aber es kann sich um eine zulässige alternative Einordnung handeln. Die Korrektheit der Ergebnisse kann also in einem nur schwer zu quantifizierenden Ausmaß über die messbare Anzahl hinausgehen. Bis zu einem gewissen Grad lässt sich dies kompensieren, indem nicht nur das Ergebnis mit dem höchsten Konfidenzwert, sondern auch noch weitere Ergebnisse in Betracht gezogen werden. Dies erfolgt unter der Annahme, dass bei verschiedenen validen Optionen ein System alle richtigen Möglichkeiten liefern sollte, von denen eine mit der menschlichen Triagierung übereinstimmt. Wie noch näher erläutert wird, hat auch dieser Ansatz Grenzen und erfordert eine Validierung durch menschliche Überprüfung.

Neben den verrauschten Trainingsdaten bedeutet insbesondere die hohe Anzahl der MTS-Kategorien und die Datenverteilung eine erhebliche Herausforderung für die automatische Klassifikation. So sind für seltenere Diagramme und Indikatoren oft keine oder nur wenige Fälle verfügbar, die für die Erstellung und Evaluation eines Klassifikationsmodells herangezogen werden können. Für die Modellierung der ca. 1200 potenziellen Kombination von Diagrammen und Indikatoren standen im Projekt nur ungefähr 30.000 triagierte Protokolle zur Verfügung. Rein rechnerisch ergäbe sich bei einer vollkommen ausgewogenen Verteilung eine Anzahl von 25 Beispieldokumente pro Kategorie, die außerdem auf Trainings- und Testdaten aufgespalten werden müssen. In unserem konkreten Fall war die Verteilung der verfügbaren Dokumente darüber hinaus stark unausgewogen. Es zeigte sich ein extremes Ungleichgewicht zwischen den einzelnen Kategorien: So waren nur ungefähr 400 der 1200 Kombinationen mit mehr als drei Dokumenten hinterlegt. Für über die Hälfte der Kombinationen fehlten Beispieldaten.

Auch wenn sich die Datengrundlage durch die Einbindung weiterer Quellen kontinuierlich verbessern würde, erscheint es fraglich, ob die Abbildung des kompletten Entscheidungsbaumes in einem Modell der richtige Ansatz ist. Anders als der Mensch ist die Maschine nicht daran gebunden, verschiedene Optionen nacheinander auszuschließen, sondern kann alle Optionen gleichzeitig bewerten. Im KIBATIN System wurde das MTS deswegen in Form von zwei voneinander unabhängigen Ebenen für die Diagramme und Indikatoren implementiert.

Der Vorteil besteht darin, dass dadurch die Datenknappheit teilweise kompensiert werden kann. Im Modell für Diagramme verteilen sich die Trainingsdaten damit auf nur noch ca. 50 Kategorien, im Indikator-Modell auf ungefähr 200. Insbesondere durch die Zusammenfassung der Indikatoren über verschiedene Diagramme hinweg ergeben sich dadurch deutlich größere Trainingsmengen und generalisiert nutzbare Datenmengen. Der zweite Vorteil ist, dass die Zuweisungen damit nicht mehr an die Reihenfolge der Ebenen des MTS-Entscheidungsbaums gebunden sind, sondern parallel erfolgen können. Es muss also nicht mehr vorab entschieden werden, welches der Diagramme zutreffend ist, sondern sie können bei Bedarf nachträglich als ein Filter eingesetzt werden. Dies eröffnet z. B. die Möglichkeit, in die Berechnung der Triage-Stufe auch solche Indikatoren einfließen zu lassen, die nicht durch ein passendes Diagramm unterstützt werden. Falls mehrere Indikatoren unabhängig von Diagrammen in die gleiche Richtung zeigen, kann die entsprechende Stufe höher gewichtet werden.

## 16.6 Hybride KI in der ICE-Analysis Plattform

Bei den Rettungsdienstprotokollen handelt es sich um semi-strukturierte Daten, d. h. eine Mischung aus Feldern mit Freitexten und solchen mit mehr oder weniger fest definierten Wertebereichen, wie Boolesche Werte, Zahlen, Zahlenreihen oder Zeitangaben. Rein Text-orientierte Analysemethoden stoßen hier an ihre Grenzen. Andererseits können ausschließlich regelbasierte Ansätze die Komplexität der Daten auch nur eingeschränkt erfassen. Um diesen Herausforderungen zu begegnen, wurde ein hybrides KI-System entwickelt, welches regelbasierte Klassifikatoren und Analyse-Module mit Modellen des maschinellen Lernens verbindet. Die unterschiedlichen Stärken der beiden Ansätze können durch diese Kombination optimal genutzt und ihre inhärenten Schwächen ausgeglichen werden.

In wissensbasierten Modellen werden Regeln unterschiedlicher Art von Experten definiert. Solche Regeln können z. B. nach verschiedenen Stichwörtern und Phrasen in den Texten suchen, Boolesche Felder abfragen oder numerische Werte anhand von Grenzwerten und Wertebereichen auswerten. Über solche Regeln können Dokumente den verschiedenen Kategorien in den Modellen für Diagramme, Indikatoren und vor allem auch kritischen Vitalparametern zugeordnet werden. Darüber hinaus können Regeln relevante Informationen aus den Texten, wie z. B. Medikationen, Allergien oder Schwangerschaften, extrahieren und als getrennte Annotationen im Ergebnis hervorheben.

Der Vorteil dieser Methoden besteht darin, dass sie nur wenige historische Fälle als Beispieldaten benötigen und sie ein hohes Maß an Kontrolle über das Verhalten des Systems erlauben. Vor allem, wenn es eindeutige Ja-Nein-Entscheidungen gibt, die sich in klar abgegrenzten Formulierungen manifestieren, führt ein regelbasierter Ansatz schneller und zuverlässiger zu einem Ergebnis als ein trainingsbasierter Ansatz. Ein weiterer Vorteil ist, dass Benutzer in der Regel einfacher nachvollziehen können, wie Zuordnungen zustande gekommen sind. Da meist nur wenige Werte mit einfachen Zusammenhängen in den Entscheidungsprozess einfließen, lassen sich die „Begründungen" und relevanten Quellen in den Dokumenten leichter visualisieren und hervorheben.

Beim Einsatz von maschinellem Lernen, algorithmischen oder trainingsbasierten Methoden werden anhand historischer Fälle KI-Modelle trainiert. Auf Grundlage einer Vielzahl von Beispielen in den Trainingsdaten kann das Modell Muster in den Texten erlernen, um automatisiert Kategorien zu erkennen. Die Ergebnisse in diesem Ansatz sind unter Umständen vom Nutzer schwerer nachvollziehbar und die Einflussmöglichkeiten bei unerwünschten Zuordnungen sind deutlich eingeschränkter als bei manuell definierten Regeln. Der Vorteil dieses Ansatzes liegt darin, dass er besser skalieren und besser mit ähnlichen, aber bisher ungesehenen Situationen umgehen kann.

Die technische Grundlage für die Kombination der beiden Ansätze bildet die von DNC entwickelte Plattform ICE-Analysis für die automatisierte Analyse von semi-strukturierten Dokumenten mithilfe von Methoden der KI und maschinellen Sprachverarbeitung. Neben dem Verarbeitungssystem und zahlreichen modular kombinierbaren Analyse-Modulen bietet das System auch eine Oberfläche für die Modell-Verwaltung, zur Erstellung und Verwaltung von wissensbasierten Regeln, Trainings- und Testdaten, sowie umfangreiche Statistik- und Evaluierungskomponenten.

Die Plattform verfügt über eine offene Architektur, bei der einzelne Analyse-Module flexibel zu einer Prozess-Kette verbunden werden können. Dadurch können verschiedene Techniken und einfache Teilschritte zu einem komplexen, auf die Projektanforderungen optimierten Verarbeitungsablauf integriert werden. Die eingehenden Dokumente werden über verschiedene Phasen hinweg zunächst in einer Vorverarbeitung normalisiert. Sie werden um extrahierte Zusatzinformation angereichert und durch die KI-Module klassifiziert. Die erzielten Ergebnisse werden in einem letzten Schritt konsolidiert, gewichtet und gefiltert. Abb. 16.3 zeigt eine schematische Darstellung dieser einzelnen Verarbeitungsschritte.

Die Normalisierung von Texten dient dazu, sie zu bereinigen. Dabei werden mithilfe von Methoden wie Named Entity Recognition (NER), automatischer Rechtschreibkorrektur oder lexikalischer Verarbeitung unterschiedliche Textvarianten in eine standardisierte Form überführt. Dies ist sinnvoll, da für den Menschen gleichbedeutende Varianten wie z. B. „Zustand nach", „Zust.n." oder „Zn." für Maschinen unterschiedliche Zeichenketten sind, was sowohl das Trainieren von Modellen als auch die Formulierung von Regeln erschwert. Zu diesen Varianten zählen auch Abkürzungen wie *ABCDE* für das ABCDE-Schemas (Airway, Breathing, Circulation, Disability, Exposure/Environment) oder Sonderzeichen wie # für *Fraktur* und Ø für *ohne*. Auch Negationen stellen eine besondere Herausforderung dar, da sie in zahlreichen Varianten auftreten und oft nur durch eine vollständige Analyse der Satzzusammenhänge erkannt werden können. Ferner können Zahlen- und Datumswerte problematisch sein, wenn sie außerhalb sinnvoller Bereiche liegen. So müssen Eingaben wie eine Temperatur von 372 oder ein Puls von 699 über Plausibilitätsprüfungen erkannt und ggf. korrigiert werden.

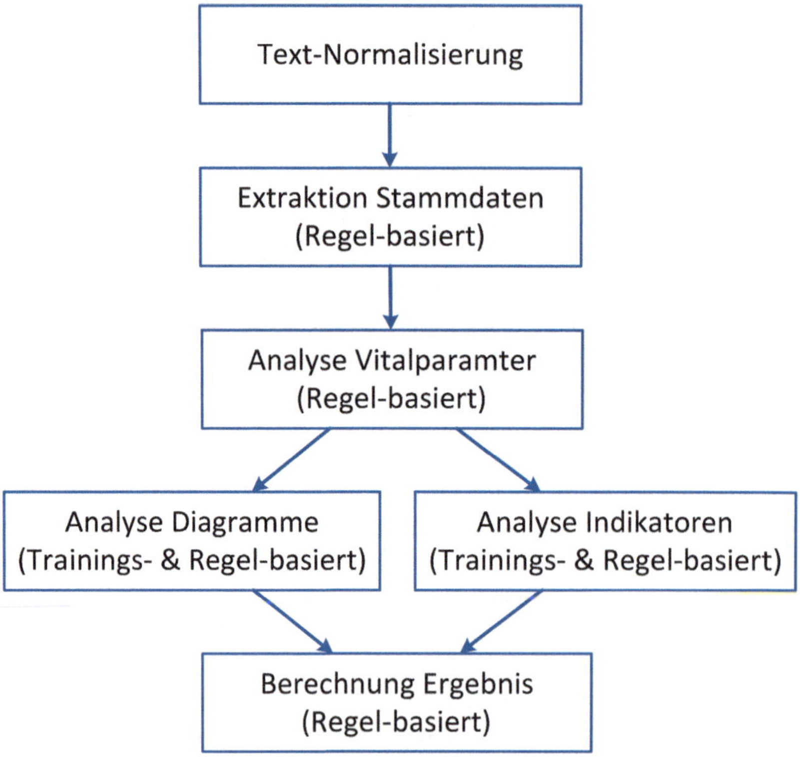


**Abb. 16.3** Verarbeitungsprozess und Module. (Quelle: DNC GmbH (2025))

Von einer solchen Standardisierung von Inhalten profitieren die weiterverarbeitenden Module, unabhängig vom spezifischen Ansatz: Regel-basierte Methoden müssen bei der Erkennung von Mustern nicht zusätzlich alle Schreibvarianten berücksichtigen. Trainings-basierte Module müssen neben ihrer eigentlichen Aufgabe nicht lernen, Synonyme und Schreibvarianten zu identifizieren, was eine höhere Menge an Beispielmaterial benötigen würde.

Der Kategorisierung nach Diagrammen und Indikatoren sind zwei rein regelbasierte Modelle vorgelagert. Für die Identifikation von Stammdaten, d. h. medizinischer Grundinformationen von Patienten, werden v. a. sogenannte Named Entity Retrieval (NER) Methoden angewandt. Hierbei werden mithilfe von Schlüsselwörtern oder komplexen regulären Ausdrücken (Regex) eingenommene Medikamente, Allergien, OAK etc. in unterschiedlichen Textfeldern lokalisiert und in einer standardisierten Form annotiert.

Die Einordnung von Vitalparametern in Risikogruppen orientiert sich an den vom MTS und anderen Standards vorgegebenen Grenzwerten und Wertebereiche. Hier werden z. B. erhöhte Werte beim Puls, Blutdruck oder der Körpertemperatur erfasst und entsprechend des Schweregrades der Abweichung in Indikator-Kategorien wie *Temperatur Heiß* eingeordnet. Die Vitalparameter werden im Ergebnis separat ausgewiesen und um daraus abgeleitete Bewertungen, wie dem qSOFA- und NEWS-Score ergänzt.

Als Teil des hybriden KI-Systems stehen die Ergebnisse dieser Module allen folgenden Modulen zur Verfügung und können in die Regeln und Modelle einfließen. Die Integration dieser Zuordnungen in die trainingsbasierten Modelle hat sich in ersten Analysen bereits als sehr vielversprechend erwiesen.

Die Erkennung von Diagrammen und Indikatoren erfolgt über drei parallel angewendete Modelle: jeweils eines wissensbasiert und zwei trainingsbasiert.

Das wissensbasierte Modell verwendet zur Kategorisierung eine gezielte Suche nach Schlüsselworten und Formulierungen im Text. Neben der Berücksichtigung von Vitalparameter-Gruppierungen und Stammdaten werden hier v. a. auch Felder in den Einsatzprotokollen abgefragt, die strukturierte Informationen zu Symptomen, Maßnahmen und vorläufigen Diagnosen enthalten.

Die Definition der Regeln bedeutet allerdings einen erheblichen Aufwand, wenn man versucht damit allgemeine Kategorien wie Diagramme und Indikatoren abzudecken. Überdies können komplexe Zusammenhänge, zeitliche Abläufe oder eher allgemeinere Beschreibungen in den Fließtextfeldern der RTW-Protokolle oft nur eingeschränkt erfasst werden. Dies wird zusätzlich erschwert, wenn die Texte komplexe Negationen oder Abkürzungen enthalten oder starke Unterschiede in Schreibweisen und Tippfehler aufweisen, welche von der vorgeschalteten Normalisierung nicht korrekt erfasst wurden.

Dieser Aufwand zur Definition von Regeln besteht beim Einsatz der trainingsbasierten Modelle nicht. Hier wird primär ein Modell eingesetzt, das auf auf Bidirectional encoder representations from transformers (BERT) (Devlin et al. 2018) basiert und vom DFKI entwickelt wurde. Dieses lernfähige Text-Klassifikation-Modell funktioniert am besten unter den Voraussetzungen, wenn a) ausreichend Trainingsbeispiele vorliegen, b) es eine klare Abtrennung zwischen den Klassen gibt und c) die verschiedenen Klassen gleichverteilt sind.

Diese Punkte treffen bei unseren Daten allerdings nicht immer oder nur mit Einschränkung zu. So stehen für einige seltene Klassen zu wenig Beispiele zur Verfügung, um eine adäquate Leistung der Modelle zu garantieren. Andere Klassen wiederum dominieren sehr stark und können wie z. B. die Kategorie *Jüngeres Problem*, bis zu 20 % aller Beispieldaten umfassen. Zudem gibt es, wie oben erwähnt, starke Überschneidungen bei den Indikatoren und Diagrammen, mit unklaren Abgrenzungen. Nicht zuletzt sind die triagierten Trainingsdaten oftmals nicht den optimalen, spezifischen Diagrammen oder Indikatoren zugeordnet, sondern eher allgemeineren Kategorien.

Eine weitere Herausforderung des BERT-Ansatzes ist, dass dabei üblicherweise lediglich Textdaten berücksichtigt werden können. Für eine adäquate Zuweisung von Diagrammen und Indikationen spielen jedoch in vielen Fällen zusätzliche strukturierte Daten wie z. B. Vitalzeichen eine Rolle, welche nicht zwangsläufig in den Textdaten enthalten sind. Um dies zu adressieren, verwendet unsere KI-Lösung eine Kombination aus Text und acht verschiedenen Parametern, die zusätzlich in das Modell mit einfließen (Maschhur et al. 2024).

Für die trainingsbasierte Kategorisierung wird neben dem BERT-Modell als Ergänzung ein K-Nearest-Neighbor (KNN) Klassifikator eingesetzt, der dieselben Trainingsdaten wie das BERT-Modell verwendet. Dieser Klassifikator sucht zur Laufzeit nach Ähnlichkeiten zu

Trainingsdokumenten und benötigt hierdurch keinen vorgelagerten Trainingsprozess. Dies hat den Vorteil, dass bei Datenanpassungen oder Änderungen der Vorverarbeitung keine Trainingsphase erforderlich ist, was die Anwendung flexibler macht. Bei weniger eindeutig abgegrenzten Klassen ist die Genauigkeit allerdings in der Regel geringer als beim BERT-Modell, weshalb das KNN-Modell nicht bei allen Klassen erfolgreich eingesetzt werden kann.

Sofern ausreichend Trainingsmaterial für einen Indikator oder ein Diagramm vorhanden ist, um neben dem regelbasierten System auch die trainingsbasierten Modelle einzusetzen, werden immer alle drei Modelle verwendet. Dabei werden die Regeln so formuliert, dass möglichst viele Testfälle erfolgreich erkannt werden, selbst wenn dadurch zusätzliche fehlerhafte Zuordnungen entstehen. Diese in der Regel zu zahlreichen Zuordnungen können zum einen als Filter für die KI-basierten Zuordnungen verwendet, zum anderen aber auch weiter durch diese eingeschränkt und gewichtet werden. So werden z. B. die Zuordnungen der KI-Modelle oftmals nur akzeptiert, wenn auch das regelbasierte System Hinweise auf das entsprechende Diagramm oder den Indikator erkannt hat. Dadurch können viele schwer nachvollziehbare oder offensichtlich falsche Zuordnungen ausgeschlossen werden. Die Ergebnisse der KI-Modelle beeinflussen allerdings erheblich die Gewichtung der erkannten Diagramme und Indikatoren und damit auch die Bestimmung des endgültigen Triage-Levels.

Über eine Bewertungskomponente werden die Ergebnisse der einzelnen Module gefiltert und zusammengeführt. Diese Komponente berechnet anhand von Konfidenzwerten der einzelnen Kategorisierer und Gewichtung der einzelnen Modelle ein Gesamtergebnis. Sie listet die wahrscheinlichsten Diagramme und Indikatoren, sowie ihre möglichen Kombinationen auf und fasst sie zu einem Vorschlag für ein Triage-Level zusammen.

Im einfachsten Fall wird nur eines der Modelle für eine spezifische Kategorie berücksichtigt. Dadurch können gezielt die Modelle ausgeschlossen werden, die für eine Kategorie keine ausreichend guten Ergebnisse liefern. Dies ist zum Beispiel bei einigen Diagrammen und Indikatoren der Fall, bei denen zu wenige historische Fälle zur Verfügung stehen, um ein leistungsfähiges KI-Modell zu trainieren. Abgesehen von solchen ausgewählten Fällen ist das nur selten sinnvoll, da das vollständige Ausschließen eines Modells bei einzelnen Kategorien die korrekte Gewichtung der Kategorien erschweren kann. Vereinzelte falsche Zuweisungen können zumeist gut durch die Kombination der unterschiedlichen Modelle kompensiert werden.

Der Regelfall besteht in der Kombination der Zuweisungen aller Modelle, ggf. mit unterschiedlichen Gewichtungen. Dabei wird der endgültige Konfidenzwert durch die gewichtete Summe der Konfidenzwerte aller Modelle bestimmt und nur die Zuweisungen mit den höchsten Gesamt-Konfidenzwerten werden verwendet. Durch diese Vorgehensweise kann i. d. R. eine höhere Anzahl korrekter Zuweisungen, erreicht werden. Dadurch ergibt sich allerdings u. U. eine ebenfalls erhöhte Anzahl falscher Zuweisungen, da neben den korrekten auch die falschen Zuweisungen der unterschiedlichen Modelle aggregiert werden. Diese können meist durch eine gezielte modellabhängige Filterung bereinigt werden. Zuordnungen zu Klassen, die besonders anfällig für falsche Zuweisungen sind, werden dabei nur dann zugelassen, wenn sie von mehreren Modellen oder einem spezifischen, pro Klasse festgelegten Modell bestätigt wurden.

Als letzter Schritt erfolgt eine Regel-basierte Feinjustierung in der Bewertungskomponente. Dabei werden z. B. inhaltlich genauere Kategorien gegenüber den allgemein gehaltenen Kategorien priorisiert. Zum Beispiel ist das Diagramm Abdominelle Schmerzen bei Erwachsenen spezifischer als Unwohlsein bei Erwachsenen und wird entsprechend bevorzugt vom System vergeben. Da KI-basierte Modelle Probleme haben, das Alter zu berücksichtigen, fließen auf dieser Ebene auch Stammdaten in die richtige Zuordnung ein. Dies erfolgt beispielsweise bei der Unterscheidung von Abdominale Schmerzen bei Kindern/Erwachsenen oder Unwohlsein bei Erwachsenen/Kindern/Säuglingen/Neugeborenen.

## 16.7 Quantitative und Qualitative Evaluierung

Während der Entwicklung des Systems müssen regelmäßig Evaluationen durchgeführt werden, um die Auswirkungen verschiedener Ansätze, Konfigurationen und Regelformulierungen zu testen. Aufgrund der hohen Anzahl von notwendigen Testläufen wird hier ein quantitatives Evaluierungsverfahren eingesetzt, bei dem ein Teil der Beispielfälle als Testdaten verwendet werden. Diese Testfälle werden vom System analysiert, und die automatisch vergebenen Zuweisungen mit den Soll-Werten verglichen, also den während der manuellen Triage festgelegten Diagrammen, Indikatoren und Triage-Stufen. Aus den Ergebnissen ergeben sich Kennzahlen, die eine Beurteilung der Systemleistung ermöglichen.

Da vom System ggf. mehrere zutreffende Diagramme und Indikatoren vergeben werden, reicht eine Kennzahl, wie die Prozentzahl der korrekten Zuordnungen, allein in den meisten Fällen nicht aus. Stattdessen berechnet das System drei Kennzahlen: Recall (dt. Abdeckung), Precision (dt. Genauigkeit) und den F1-Score. Der Recall (auch Sensitivität) beschreibt, wie viele der relevanten Zuordnungen vom System korrekt erkannt wurden. Die Precision (auch Specitivity) gibt an, wie viele der vergebenen Zuordnungen tatsächlich korrekt sind. Und um einfachere Vergleiche zu ermöglichen, werden diese beiden Werte durch Bildung des harmonischen Mittels zum F1-Score zusammengefasst, der eine Balance zwischen Genauigkeit und Vollständigkeit der Zuordnungen darstellt. (Für eine detailliertere Diskussion der verwendeten Begrifflichkeiten in Data Science/Information Retrieval und Medizin, siehe Oppermann 2022).

$$Precision = \frac{\text{Anzahl korrekter Zuordnungen}}{\text{Anzahl korrekter Zuordnungen} + \text{Anzahl falscher Zuordnungen}}$$

$$Recall = \frac{\text{Anzahl korrekter Zuordnungen}}{\text{Anzahl korrekter Zuordnungen} + \text{Anzahl fehlender Zuordnungen}}$$

$$F1 = 2 * \frac{(\text{Recall} + \text{Precision})}{(\text{Recall} * \text{Precision})}$$

Precision, Recall und F1 werden für alle ca. 50 Diagramme und ca. 200 Indikationen berechnet. Dabei gibt es erhebliche Schwankungen in der Größe der Samples in den einzelnen Klassen, die von 10.000 bis weniger als 10 reichen können. Um für die verschiedenen Diagramme und Indikationen einen gemittelten Gesamt-Score zu ermitteln, werden Berechnungsmethoden angewandt, bei denen die Größe der Klassen unterschiedlich stark gewichtet wird. Beim Micro-Averaging werden die einzelnen Zuordnungen einer Klasse gleichwertig gewichtet, wodurch häufige Kategorien stärker berücksichtigt werden. Beim Macro-Averaging werden die Kennzahlen für jede Klasse separat berechnet und anschließend gemittelt, sodass seltene Kategorien genauso stark ins Gewicht fallen. Zusätzlich wird ein Top1-F1 berechnet, bei dem ausschließlich die Zuordnung mit dem höchsten Konfidenzwert pro Dokument berücksichtigt wird.

Beispielsweise wurde für die Erkennung der Diagramme ein Recall von 84 % (Micro)/72 % (Macro) erreicht. Da jedem Testfall vom System durchschnittlich 2,5 Diagramme zugeordnet werden, die Testdaten aber nur ein Soll-Diagramm enthalten, ist die Precision und der F1-Score notwendigerweise mit 33 %/34 % und 48 %/46 % niedriger. Die zusätzlichen Diagramme sind allerdings in vielen Fällen ebenfalls zutreffend und in Stichproben-Kontrollen haben sich diese teilweise sogar als präziser ergeben als die ursprüngliche manuelle Triage. Zur zuverlässigen Beurteilung sind jedoch noch umfangreichere qualitative Evaluierungen notwendig (s. u.).

Basierend auf diesen Daten sind weitere detailliertere Analysen möglich. So kann für jeden Testlauf berechnet werden, welche Diagramme und Indikatoren vom System falsch oder gar nicht zugeordnet wurden, wie diese Zuordnungen zustande gekommen sind und welche Kategorien vom System häufig miteinander verwechselt werden. Zur Beurteilung der Gesamtleistung des Systems hat sich vor allem die Auswertung der zugeordneten, übergreifenden Triage-Stufen als nützlich erwiesen. Dabei wird berechnet, welcher Anteil der Fälle korrekt, zu hoch oder zu niedrig eingestuft wurde und wie sich die falschen Einstufungen auf die unterschiedlichen Triage-Stufen verteilen. Bei 6998 Testfällen wird derzeit für 55,32 % die korrekte Triage-Stufe erkannt, während für 29,44 % eine höhere und für 14,12 % eine niedrigere Einstufung als bei der manuellen Triage zugeordnet wurde. Die weitere Optimierung des Systems zielt vorwiegend darauf ab, die Anzahl der zu niedrigen Einstufungen so weit wie möglich zu reduzieren und eher eine höhere Triage-Stufe vorzuschlagen. Das System soll also eher zu einer Über-Triagierung als zu einer Unter-Triagierung tendieren. Die Überlegung ist dabei auch, dass die Vorschläge des Systems v. a. auf potenzielle Risiken hinweisen sollten und dass fälschlich zu hohe Einstufungen voraussichtlich eher von Benutzern akzeptiert werden als zu niedrige.

Die quantitative Evaluation erlaubt durch den hohen Grad an Automatisierung die schnelle Durchführung zahlreicher Vergleiche und Analysen, ist hierdurch allerdings auch in einigen Belangen nur von eingeschränktem Nutzen. Zum einen ist keine der Kennzahlen allein aussagekräftig für die Bewertung der Gesamtleistung des Systems, sodass immer eine Abwägung mehrere Kennzahlen und Analysen notwendig ist und in Extremfällen ein gewisses Maß an subjektiver Bewertung benötigt wird. Und zum anderen werden Abweichungen von der ursprünglichen manuellen Triagierung der Testfälle immer als

Fehler gewertet, obwohl sie potenziell valide sind. So gibt es bei den meisten Fällen mehrere zulässige Diagramme und Indikatoren, von denen allerdings nur jeweils eins bei den Testdaten als korrekt gewertet wird. Überdies basiert die manuelle Triagierung teils auf zusätzlichen Informationen, die dem System nicht vorliegen, wie der optischen Erscheinung oder dem subjektiven Eindruck des Patienten oder zusätzlichen Messungen von Vitalparametern vor Ort. Oft geht eine Zustandsverbesserung während des Transports in die Notaufnahme nicht ausreichend aus den vorliegenden Daten hervor. Tendenziell sind die Ergebnisse auch besser, wenn es sich um spezifischere Klassen handelt. So hat sich gezeigt, dass das System häufig spezifischere Kategorien zuweist, wodurch allgemeinere, wie das Diagramm „Unwohlsein", seltener auftreten. Diese Tendenz, die prinzipiell positiv ist, wird in der automatischen quantitativen Bewertung jedoch als Fehler gewertet.

In einem nächsten Schritt ist deshalb zusätzlich eine qualitative Evaluation geplant, bei der in der Triage geschulte medizinische Fachkräfte die Ergebnisse des Systems manuell bewertet. Zum einen sollen dabei die beschriebenen unklaren Fälle aufgearbeitet werden, indem bisher als „falsch" klassifizierte Zuordnungen manuell geprüft werden, da diese möglicherweise ebenso zutreffend oder in Anbetracht der präklinischen Daten sogar besser sind als die ursprüngliche manuelle Triage. Zum anderen werden diese qualitativen Evaluationen auch genutzt, um die Benutzeroberfläche selbst und die Präsentation der Daten im weiteren Verlauf des Projekts auszuwerten, d.h. zu prüfen, ob sie tatsächlich einen signifikanten Mehrwert für die Triage in der Notaufnahme bietet und wie die Informationen optimal dargestellt werden können. Erste Ergebnisse dieser Reviews weisen darauf hin, dass die maschinell erzeugten Ergebnisse vergleichbar sind mit den manuellen Zuweisungen und dass sie als durchaus hilfreich für die weiteren Arbeitsschritte bewertet werden.

## 16.8 Schlussbetrachtung

In diesem Kapitel wird aufgezeigt, welchen Beitrag KI zu dem Triage-Prozess in der Notaufnahme leisten könnte und auf welchen Grundlagen eine maschinelle Unterstützung der Ersteinschätzung möglich ist. Die Verfügbarkeit von standardisierten Datenformaten, von ausreichendem und validiertem Trainingsmaterial und die gezielte Kombination von wissens- und trainingsbasierten Methoden sind nur einige der Herausforderungen, die adressiert wurden.

Bei allen Vorbehalten liefert das Projekt KIBATIN einen interessanten Beitrag zur Weiterentwicklung der bekannten Triage-Algorithmen durch moderne Technologien. Auch wenn noch weitere Entwicklungsarbeit zu leisten ist, sind die Vorteile des Ansatzes erkennbar: Die systematische Analyse rettungsdienstlicher Daten ermöglicht es, Informationen derart zu filtern und aufzubereiten, dass Entscheidendes wahrgenommen wird und in Vorschläge für die Einstufung einfließt. So kann eine Beurteilung der Behandlungsdringlichkeit der Patienten schneller und sicherer durchgeführt werden.

## Literatur


BMBF (2021). Bekanntmachung der Richtlinie zur Förderung von Projekten zum Thema „KI-basierte Assistenzsysteme für prozessbegleitende Gesundheitsanwendungen". In *Bundesanzeiger vom 05.07.2021.* Bundesministerium für Bildung und Forschung (BMBF, Hrsg.). Bonn.

BMBF (2024). Bekanntmachungen KI-basierte Assistenzsysteme für prozessbegleitende Gesundheitsanwendungen (KIAS), Bundesministerium für Bildung und Forschung (BMBF, Hrsg.), online im Internet, https://www.interaktive-technologien.de/foerderung/bekanntmachungen/kias, Abrufdatum: 12.12.2024

Devlin, J., Chang, M., Lee, K. & Toutanova, K. (2018). Bert: Pre-training of deep bidirectional transformers for language understanding. Computation and Language. *arXiv preprint arXiv:1810.04805.* https://doi.org/10.48550/arXiv.1810.04805

DIVI (2022a). DIVI-Notfalleinsatzprotokoll 6.1. Deutsche Interdisziplinäre Vereinigung für Intensiv- und Notfallmedizin e.V. (DIVI, Hrsg.). Online verfügbar unter: *https://www.divi.de/service/mind*, Abrufdatum: 12.12.2024.

DIVI (2022b) Divi Notfall Einsatzprotokoll. Deutsche Interdisziplinäre Vereinigung für Intensiv- und Notfallmedizin e.V. (DIVI, Hrsg.). Online im Link verfügbar: https://www.divi.de/component/edocman/220308-divi-notfall-einsatzprotokoll-6-1-pdf/download, Abrufdatum: 12.12.2024.

G-BA (2020). Regelungen des Gemeinsamen Bundesausschusses zu einem gestuften System von Notfallstrukturen in Krankenhäusern gemäß § 136c Absatz 4 des Fünften Buches Sozialgesetzbuch (SGB V). Gemeinsamer Bundesausschuss (G-BA, Hrsg.). Online verfügbar unter: *https://www.g-ba.de/downloads/62-492-2340/Not-Kra-R_2020-11-20_iK-2020-11-01.pdf*, Abrufdatum: 12.12.2024.

Grossmann, F. F., Delport, K. & Keller, D. I. (2009). Emergency Severity Index. Deutsche Übersetzung eines validen Triageinstruments. In: *Notfall Rettungsmed.* 12(4):290–292. DOI: https://doi.org/10.1007/s10049-009-1156-7

Maschhur, F., Netter, K., Schmeier, S., Ostermann, K., Palunis, R., Strapatsas, T., & Roller, R. (2024, August). Towards ML-supported Triage Prediction in Real-World Emergency Room Scenarios. In *Proceedings of the 23rd Workshop on Biomedical Natural Language Processing*. August 16, 2024. Association for Computational Linguistics. Bangkok, Thailand. pp. 559–569. DOI: 10.18653/v1/2024.bionlp-1.46

Oppermann, A. (2022). Accuracy, Precision, Recall, F1-Score und Specificity. Online verfügbar unter: *https://artemoppermann.com/de/accuracy-precision-recall-f1-score-und-specificity/*, Abrufdatum: 12.12.2024.

USZ (2024) Startseite, Universitäts Spital Zürich (USZ, Hrsg.), Online im Internet, https://www.usz.ch/app/uploads/2020/06/ESI.pdf, Abrufdatum: 12.12.2024.


**Dr. Klaus Netter** hat im Bereich Computerlinguistik an der Universität des Saarlandes promoviert und ist seit über 35 Jahren in der Forschung und Entwicklung im Bereich Sprachtechnologie und KI tätig. Am Deutschen Forschungszentrum für Künstliche Intelligenz (DFKI) war er zehn Jahre lang zuletzt als Stellvertretender Leiter im Fachbereich Sprachtechnologie beschäftigt. Im Jahr 2000 gründete er zusammen mit anderen Partnern und dem DFKI die Firma XtraMind, die sich auf die Vermarktung von KI-Technologien spezialisiert hat. Seit 2005 ist er mit der Firma DNC Information Management GmbH am Markt und entwickelt KI-basierte Plattformen u. a. für Suche und Dokumenten-Analyse. Im Forschungsprojekt KIBATIN hat er die Funktion des Projektkoordinators.

**Dr. Tobias Strapatsas** ist klinischer Notfallmediziner. Nach Stationen als Oberarzt im Notfallzentrum des Helios Universitätsklinikums Wuppertal und Chefarzt der städtischen Kliniken Mönchengladbach ist er seit 2023 Chefarzt der Zentralen Notaufnahme im Asklepios Klinikum Hamburg Harburg. Neben der klinischen Tätigkeit beschäftigt er sich mit statistischer Programmierung in Python und R.

**Florian Oetke M.Sc.** hat Informatik an der Hochschule Trier studiert und war dort bis 2024 als wissenschaftlicher Mitarbeiter im Bereich der Forschung und Lehre, mit Schwerpunkt Computervisualisierung und praktischer Informatik, tätig. Er verfügt über mehr als 10 Jahre Erfahrung in der Architektur und Entwicklung von Softwaresystemen für Suchmaschinen und Dokumentenanalyse und war unter anderem der hauptverantwortliche Systemarchitekt und Entwickler der ICE Analysis Plattform. Derzeit arbeitet er bei der Firma DNC Information Management GmbH und ist dort vorwiegend im Rahmen des KIBATIN Forschungsprojekts für die Weiterentwicklung der ICE Analysis Plattform sowie die Integration und Auswertung der projektspezifischen Analysemodelle verantwortlich.

**Dr. Roland Roller** hat Informatik und Computerlinguistik an der Universität Trier und der Universität des Saarlandes studiert. 2015 promovierte er an der University of Sheffield im Bereich der Informationsextraktion aus biomedizinischer Literatur. Derzeit arbeitet er als Senior Researcher und Projektleiter im Speech and Language Technology Department am Deutschen Forschungszentrum für Künstliche Intelligenz (DFKI) in Berlin. Er konzentriert sich auf Themen der natürlichen Sprachverarbeitung und des maschinellen Lernens und ist besonders an medizinischen Anwendungsfällen interessiert. Seine Arbeit umfasst die klassische Informationsextraktion, Anonymisierung, klinische Entscheidungsunterstützung, Chatbots und LLM-Agenten.

# Einsatzszenarien und Potenziale von KI im Bereich der prähospitalen Telenotfallmedizin

17

Cassandra Rehbock, Nadezhda Durdova, Stefan Beckers,
Christina Borgs und Hanna Schröder

## Inhaltsverzeichnis




**Danksagung**
Das Projekt „KI-unterstützter Telenotarzt (KIT²)" wird im Zeitraum von September 2022 bis Dezember 2025 mit dem Zweck der Entwicklung und Evaluation eines KI-gestützten modularen Entscheidungsunterstützungssystems für den Telenotarzt durch das Bundesministerium für Forschung, Technologie und Raumfahrt (BMFTR) gefördert. Die Autoren bedanken sich vielmals bei den KIT²-Projektpartnern und assoziierten Partnern für die Zusammenarbeit im Rahmen des Projektes.



C. Rehbock (✉) · S. Beckers · C. Borgs · H. Schröder
Aachener Institut für Rettungsmedizin & zivile Sicherheit,
Uniklinik RWTH Aachen & Stadt Aachen, Aachen, Deutschland
E-Mail: crehbock@ukaachen.de; sbeckers@ukaachen.de;
chborgs@ukaachen.de; hschroeder@ukaachen.de

N. Durdova
Institut für Geschichte, Theorie & Ethik der Medizin, Uniklinik RWTH Aachen,
Aachen, Deutschland
E-Mail: nadurdova@ukaachen.de







M. A. Pfannstiel (Hrsg.), *Künstliche Intelligenz im Einsatz für die erfolgreiche Patientenreise*, https://doi.org/10.1007/978-3-658-48573-3_17

**Zusammenfassung**

Innovative Analyse- und Auswertungsverfahren sowie Künstliche Intelligenz (KI) sind in der modernen Medizin inzwischen unverzichtbar, da zunehmend mehr Daten generiert werden, die ein einzelner Mensch kaum noch ganzheitlich nachvollziehen und sinnvoll verarbeiten kann. Der folgende Abschnitt beschreibt zunächst den Aufbau und die Funktionsweisen des deutschen Rettungsdienstes sowie des Telenotarzt (TNA)-Systems als zusätzliche Ressource zum konventionellen Notarzt. Anhand des üblichen Aufgabenspektrums eines TNA, das die Diagnostik, das Abwägen von Behandlungsoptionen sowie die Auswahl weiterer Rettungsmittel und eines Zielkrankenhauses umfasst, werden mögliche Szenarien für den Einsatz von KI in der prähospitalen Telenotfallmedizin beschrieben. Die darauffolgende kritische Gegenüberstellung der Potenziale eines KI-basierten Entscheidungsunterstützungssystems für Mediziner und Patienten zeigt dabei sowohl negative Aspekte als auch ethische Bedenken auf und ist insbesondere im Kontext der Patientensicherheit und Anwenderakzeptanz von zentraler Bedeutung.

## 17.1 Einleitung

Das Rettungsdienstsystem ist ein integraler Bestandteil des deutschen Gesundheitswesens. Es gewährleistet die medizinische Notfallversorgung der Bevölkerung. Die Struktur und Organisation des Rettungsdienstsystems beruhen auf gesetzlichen Grundlagen, die in den Rettungsdienstgesetzen der einzelnen Bundesländer geregelt sind. Hier finden sich Definitionen von Aufgaben, Verantwortlichkeiten und Abläufe des Rettungsdienstes. Aufgrund der föderalen Verantwortlichkeiten der Bundesländer bestehen jedoch in der Ausgestaltung des Rettungsdienstes große Unterschiede in Deutschland (Russezki und Krämer 2024).

Die Notrufnummer 112 ist europaweit einheitlich (Europäisches Parlament 2007) und gewährleistet damit die schnelle Erreichbarkeit der Rettungsdienste. Die Leitstelle nimmt Notrufe entgegen und erfüllt die bedarfsgerechte Disposition von Rettungsmitteln sowie die Koordination der Einsätze. Dabei werden verschiedene Rettungsmittel sowie Einsatzpersonal verschiedener Qualifikationsstufen eingesetzt. Das Personal, welches die diversen Rettungsmittel besetzt, verfügt über eine standardisierte, gesetzlich vorgegebene Ausbildung und Qualifikation (es bestehen bundesweit regionale Unterschiede): Rettungshelfer (RH), Rettungssanitäter (RettSan), Rettungsassistent (RettAss), Notfallsanitäter (NotSan) und Notarzt (NA) (Wetsch et al. 2024, S. 192). Die Implementierung der 3-jährigen Ausbildung zum NotSan (nach NotSan-Gesetz (NotSanG)) ersetzt seit 2014 das Berufsbild des RettAss. In einzelnen Bundesländern ist auch ein Telenotarzt (TNA) in den Regelrettungsdienst implementiert, welcher das Personal am Einsatzort aus einer Zentrale heraus unterstützen kann (Felzen et al. 2017; Metelmann et al. 2020a). Die standardmäßig verfügbaren Rettungsmittel sind der Rettungswagen (RTW), das Notarzteinsatzfahrzeug (NEF), der Intensivtransportwagen (ITW), der Rettungshubschrauber (RTH) und der Krankentransportwagen (KTW) (s. Tab. 17.1) (Wetsch et al. 2024).

Im Rendezvous-System (Koordinationssystem, bei dem verschiedene Rettungsmittel gezielt zusammengeführt werden) erfolgt eine flexible und effiziente Notfallversorgung

**Tab. 17.1** Übersicht der regelhaft verfügbaren Rettungsmittel (Hinweis: Aufgrund der bundesweiten regionalen Unterschiede, können die Angaben nicht für alle Rettungsdienstbereiche in Deutschland verallgemeinert werden.) (Quelle: basierend auf Wetsch et al. 2024, S. 193)

| | |
|---|---|
| **Rettungswagen (RTW)** | Fahrzeug: Ausgestattet mit medizinischer Ausrüstung zur Erstversorgung, Stabilisierung und zum Transport von Patienten<br>Rettungsdienst-Besatzung (RD-Besatzung): RettSan und NotSan |
| **Notarzteinsatzfahrzeug (NEF)** | Fahrzeug: Bringt einen NA zum Einsatzort, dieser übernimmt die medizinische Leitung und Versorgung schwerer Notfälle; keine Möglichkeit für Transport; schnelle Bereitstellung von ärztlicher Kompetenz<br>RD-Besatzung: NA und RettAss oder NotSan |
| **Intensivtransportwagen (ITW)** | Fahrzeug: Speziell für den Transport und die Versorgung von intensivpflichtigen Patienten ausgestattet<br>RD-Besatzung: je nach Bundesland oder regionalen Vorgaben unterschiedlich besetzt |
| **Rettungshubschrauber (RTH)** | Fahrzeug: Vorteilhaft bei zeitkritischen, lebensbedrohlichen Einsätzen oder bei schwer zugänglichem Gelände und für lange Transportstrecken sowie schonenden Transport<br>RD-Besatzung: NA und Helicopter Emergency Medical Services Technical Crew Member (HEMS-TC) |
| **Krankentransportwagen (KTW)** | Fahrzeug: Durchführung von qualifiziertem Krankentransport<br>RD-Besatzung: RettSan und RettSan oder RH |

durch die Kombination verschiedener Rettungsmittel, insbesondere von RTW und NEF, für bedarfsgerechte, schnelle Hilfe. Die Einsatzkräfte der beiden Einsatzmittel treffen sich dabei am Einsatzort oder spätestens auf dem Weg in das geeignete Krankenhaus (Wetsch et al. 2024). Die Disposition (Einsatzplanung und -koordinierung) durch die Leitstelle erfolgt anhand der im Rahmen des Notrufs übermittelten Informationen entsprechend einer lokal umgesetzten Alarm- und Ausrückeordnung (AAO; Regelung zur Alarmierung und Einsatzmittelplanung). In verschiedenen Regionen in Deutschland existieren bereits weitere Einsatzmittel zur Versorgung niedrigprioritärer Hilfeersuchen, wie z. B. der Gemeinde-Notfallsanitäter. In Oldenburg handelt es sich dabei um einen berufserfahrenen NotSan mit Zusatzqualifikation (Lubasch et al. 2024; Flake et al. 2018). Aufgrund der zunehmenden Ressourcenüberlastung im Rettungsdienst ist langfristig eine weitere Ausdifferenzierung der gestuften Notfallversorgung in Deutschland erforderlich.

### 17.1.1 Bedeutung der Telenotfallmedizin im deutschen Rettungsdienstsystem

Die Herausforderungen im Rettungsdienst nehmen fortlaufend zu. Dazu zählen unter anderem der zunehmende Fachkräftemangel sowohl des ärztlichen als auch des nicht-ärztlichen Personals im Rettungsdienst (bei steigenden Qualifikationsanforderungen), eine lückenhafte Digitalisierung sowie eine große Heterogenität der medizinischen Ausstattung und Kompetenzregelungen (Schröder et al. 2023).

Dazu beeinflusst der demografische Wandel mit einer alternden Bevölkerung sowohl das Einsatzaufkommen als auch die Notfallbilder, was durch ein höheres Anspruchsdenken in der Bevölkerung noch potenziert wird. Die Schwelle zur Alarmierung des Rettungsdienstes sinkt und es mangelt an Schnittstellen zu alternativen Versorgungsstrukturen. Bei Leitstellen- und Rettungsdienstpersonal steigt durch eine zunehmende Klagebereitschaft in der Bevölkerung das Bedürfnis, sich rechtlich abzusichern. Durch die Urbanisierung kommt es zu einer Zunahme der Einsätze in städtischen Gebieten (Behrendt und Runggaldier 2009; Metelmann et al. 2022, 2020b).

Durch die Digitalisierung werden neue Technologien zur Effizienzsteigerung integriert. Die Telenotfallmedizin bietet die Möglichkeit, eine notärztliche Ressource unmittelbar verfügbar zu machen. Dies ermöglicht eine Unterstützung und Beratung des RD-Personals durch Notärzte ohne physische Präsenz an der Einsatzstelle. Daraus resultiert eine Verbesserung der Versorgung sowohl in ländlichen als auch urbanen Regionen, und es wurde eine ressourcenschonende Alternative für die Verfügbarkeit notärztlicher Expertise geschaffen (Schröder et al. 2023).

Das TNA-System bietet dem Rettungsdienstpersonal an der Einsatzstelle die Möglichkeit, Patienten- und Einsatzinformationen per Audio-, Video-, Vitaldaten- und EKG-Übertragung in Echtzeit über eine beliebige Distanz hinweg an eine TNA-Zentrale zu übermitteln, um Unterstützung in Form von (tele)notärztlicher Expertise und rechtssicherer Entscheidungskompetenz zu erhalten. Fundierte wissenschaftliche Untersuchungen konnten die Nichtunterlegenheit des TNA-Systems gegenüber dem physischen Notarzt zeigen (Kowark et al. 2023; Quadflieg et al. 2020).

Die Vorteile des TNA-Systems sind vielfältig. Der Einsatz von NAs erfolgt indikationsgerechter, die Dokumentation durch den TNA ist umfassender, das Rettungsdienstpersonal vor Ort kann direkt unterstützt werden und die Leitlinienadhärenz ist höher. Die TNA-Konsultation ist komplikationsarm und rechtssicher. Es besteht eine einheitliche Qualifikation der TNA. Die Übernahme von Paralleleinsätzen ist möglich. Auch Trägergemeinschaften sind aufgrund der Ortsunabhängigkeit möglich und durch eine Vernetzung von TNA-Zentralen werden Redundanzen geschaffen (Quadflieg et al. 2020; Brokmann et al. 2016, 2017). Das System bietet ebenfalls die Möglichkeit der Supervision von nichtärztlichem und ärztlichem Personal und kann somit zum rettungsdienstlichen Qualitätsmanagement beitragen (Felzen et al. 2024). Ein TNA, der organisatorisch und ggf. räumlich an die Leitstelle angebunden ist, kann weitere Aufgaben zur Ressourcenschonung wie ärztliche Abklärung geplanter Sekundärtransporte (d. h. eine angemessene Personal- und Materialressource auswählen mit genauer Kenntnis der Ressourcen) sowie auch die telemedizinische Begleitung dieser Transporte übernehmen (Felzen et al. 2019; Metelmann et al. 2020b).

### 17.1.2 Implementierung des Telenotarztes in Deutschland und der Bedarf für KI-Unterstützung

Im Jahr 2014 wurde in Aachen das erste vollumfängliche TNA-System nach einer langen Entwicklungs- und Erprobungsphase in mehreren Forschungsprojekten erfolgreich in den Regelrettungsdienst überführt (Bergrath et al. 2013). Auf Basis von Projekten in Bayern (Graf 2020) und Mecklenburg-Vorpommern (Brinkrolf et al. 2022; Landkreis Vorpommern-Greifswald 2024) erfolgte im Jahr 2020 die Empfehlung des Gemeinsamen Bundesausschusses (G-BA) an die Länder, die Einführung telenotfallmedizinischer Systeme zu prüfen, was von dieser befürwortet wurde (G-BA 2020, 2022). In Nordrhein-Westfalen (NRW) wurde daraufhin im Februar 2020 durch das Gesundheitsministerium die landesweite Einführung beschlossen (Die Landesregierung Nordrhein-Westfalen 2020; Ministerium für Arbeit, Gesundheit und Soziales des Landes Nordrhein-Westfalen 2021). Viele Bundesländer planen aktuell die Implementierung eines TNA-Systems oder haben bereits eines eingeführt (Schröder et al. 2023).

Begrifflichkeiten aus der Tele(notfall)medizin (Schröder et al. 2024):

- TNA: Ein im Rettungsdienst qualifizierter, erfahrener und speziell geschulter NA, der mithilfe von Telekommunikation, Echtzeitvitaldatenübertragung, Sprach- sowie ggf. Sichtkontakt das Rettungsdienstpersonal vor Ort bei der Patientenversorgung unterstützen kann
- TNA-System: Ein leitlinienorientiertes Konzept eines „holistischen" Systems (d. h. ein System für die Anamnese, Dokumentation und Einsatzbearbeitung), entwickelt unter Berücksichtigung der Anforderungen des Datenschutzes, der Dokumentationsqualität, technischer Standards, der Rechtssicherheit sowie definierter Qualitätsmerkmale durch den Ärztlichen Leiter Rettungsdienst (ÄLRD)
- Technische Systemkomponenten eines TNA-Systems am Beispiel Aachen: Stationäre und mobile Fahrzeugtechnik (zentrales Kommunikationssteuerelement, Hardware zur bidirektionalen Kommunikation), kompatible Medizintechnik zur Übertragung von Echtzeitvitaldaten sowie 12-Kanal-EKG, TNA-Zentrale mit Logistik und Hardware, Software des TNA-Systems inkl. notwendiger Schnittstellen, verteilte Serverumgebung

In 10 Jahren Umsetzungserfahrung am Standort Aachen haben sich im telenotärztlichen Alltag Herausforderungen gezeigt. Bei guter Akzeptanz des Systems steigen die Einsatzzahlen und es häufen sich die Paralleleinsätze, die aus technischer Sicht zwar problemlos zeitgleich bearbeitet werden können, für den TNA jedoch ein überaus hohes Maß an kognitiver Leistung erfordern (Schröder et al. 2024). Drei sich zeitlich überlappende Einsätze stellen dabei keine Seltenheit dar. Bei überregionalen Einsätzen sind die örtlichen Gegebenheiten, die Qualifikation des Einsatzpersonals sowie die Ausstattung der RTWs dem TNA möglicherweise weniger gut bekannt. In diesen verschiedenen Herausforderungen und bisher über 40.000 abgeschlossenen TNA-Einsätzen (Schröder et al. 2024) begründet sich der Bedarf eines KI-basierten Entscheidungsunterstützungssystems, das den TNA insbesondere in den Bereichen Diagnosestellung, Maßnahmendelegation und Transportentscheidung unterstützt.

## 17.2 Hauptteil

Im folgenden Abschnitt werden Potenziale von KI zur diagnostischen, taktischen und strategischen Entscheidungsunterstützung in der prähospitalen Telenotfallmedizin aufgeführt. Des Weiteren werden relevante ethische Aspekte betrachtet.

### 17.2.1 Potenziale von KI in der prähospitalen Telenotfallmedizin

KI kann im Kontext der prähospitalen Telenotfallmedizin zum Einsatz kommen, um bei der Entscheidungsfindung, beim Datenmonitoring oder in Form von automatisiertem Qualitätsmanagement zu unterstützen. Sie könnte dabei helfen, unerwünschte Ereignisse zu reduzieren, limitierte Ressourcen nachhaltiger und effizienter zu verteilen und zu nutzen und bestehende Qualitätslücken frühzeitig zu identifizieren und zu adressieren. Dies würde nicht nur die Versorgung von Notfallpatienten verbessern, sondern auch die Arbeitsbelastung für medizinisches Personal reduzieren. Auf Basis von historischen Einsatzdaten lassen sich KI-basierte Algorithmen anlernen, die dem TNA im Idealfall technische Unterstützung für noch schnellere und zielgerichtetere medizinische, taktische und strategische Entscheidungen bieten.

#### 17.2.1.1 Potenziale von KI zur diagnostischen, taktischen und strategischen Entscheidungsunterstützung für Telenotärzte

Ein Anwendungsfall, der für die Notfallmedizin großes Potenzial bietet, ist die diagnostische Entscheidungsunterstützung, wobei KI-basiert Diagnosevorschläge erstellt werden. Im Kontext des TNA-Systems erfolgt dies durch die Echtzeitdokumentation von Symptomen und Messwerten, welche von der RTW-Besatzung erhoben und im Rahmen der Telekonsultation an den TNA übermittelt werden. Wenn eine Live-Übertragung der Vitalparameter des Patienten erfolgt, kann der TNA diese auch direkt in das Dokumentationssystem überführen. Eine im Hintergrund aktive KI wird erst bei genügend Informationen Vorschläge für Verdachtsdiagnosen ausgeben. Erst sobald ausreichend Informationen verfügbar sind, um mit einer relativ hohen Zuverlässigkeit eine oder mehrere Verdachtsdiagnosen vorzuschlagen, wird dem TNA eine nach Eintrittswahrscheinlichkeit und statistischer Unsicherheit geordnete Liste mit Verdachtsdiagnosen angezeigt. Die Grenzwerte der Eintrittswahrscheinlichkeiten für einen Einschluss in die bzw. einen Ausschluss aus der Liste der Verdachtsdiagnosen werden sorgfältig abgewogen und für das System definiert. Werden weitere Informationen eingegeben oder bestehende Informationen korrigiert, wird die Liste der Verdachtsdiagnosen automatisch aktualisiert. Eine Feedbackfunktion ermöglicht es dem TNA, Verdachtsdiagnosen an- und abzuwählen, sodass auf dieser Basis die KI kontinuierlich weiter trainiert wird.

**Fiktives Fallbeispiel Hauptsymptom Luftnot „Diagnostische Entscheidungsunterstützung"**

Im Einsatz präsentiert sich ein 72-jähriger Patient mit dem Hauptsymptom Luftnot. Weitere Symptome sind Fieber (38,2 °C), Sauerstoffunterversorgung ($SpO_2$ unter Raumluft 85%), eine erhöhte Atemfrequenz (AF 28/min), die Aktivierung der Atemhilfsmuskulatur (Kutschersitz), leichter Husten mit Auswurf und eine Tachykardie (97/min). Schnupfen, Hals- oder Gliederschmerzen, Unterschenkelödeme und Orthopnoe liegen nicht vor. Der Blutdruck beträgt 162/89 mmHg. Der gemessene Blutzucker ist 285 mg/dl. Pupillen sind mittelweit bis weit, isokor, prompt lichtreagibel. Der Patient ist ehemaliger Kraftfahrzeugmechatroniker, hat keinerlei Vorerkrankungen und keine Hausmedikation. Es besteht ein ausgeprägter Nikotin- und ein regelmäßiger Alkoholkonsum. Allergien: Hausstaub, Nickel. Gewicht 95 kg Größe 175 cm.

Anhand der genannten Symptome werden durch die KI die Differenzialdiagnosen der Dyspnoe in einer nach Eintrittswahrscheinlichkeit geordneten Liste angezeigt. An erster Stelle steht die verschlechterte COPD, nachgeordnet folgen Diagnosen wie akute Bronchitis, Pneumonie, kardiales Lungenödem bei dekompensierter Herzinsuffizienz, Asthmaanfall, allergische Reaktion, usw.

Sobald eine Verdachtsdiagnose durch den TNA festgelegt wurde, können auf Basis gelisteter Vorschläge für die taktische Entscheidungsunterstützung die nächsten therapeutischen oder diagnostischen Maßnahmen eingeleitet werden. Diese Maßnahmen umfassen beispielsweise das Legen eines intravenösen Zugangs, die Gabe von Medikamenten, die (wiederholte) Erhebung von (noch fehlenden) Messwerten (z. B. Blutzucker, Blutdruck, Sauerstoffsättigung) zur genaueren Bewertung der initialen Verdachtsdiagnose oder die Lagerung des Patienten (z. B. stabile Seitenlage, Oberkörperhochlagerung, Schocklagerung). Bei unklarer Diagnose werden keine kritischen, invasiven Maßnahmen vorgeschlagen, sondern lediglich solche, die möglicherweise eine Verbesserung der Symptome bewirken, jedoch in der Regel keine Komplikationen oder ein hohes Risiko für unerwünschte Wirkungen mit sich bringen. ◀

**Fiktives Fallbeispiel Hauptsymptom Luftnot „Taktische Entscheidungsunterstützung"**

Nun folgt auf Basis der (Verdachts-)Diagnose durch die KI eine Liste der möglichen therapeutischen Maßnahmen: Sauerstoffgabe über Nasenbrille/Maske, Bronchospasmolyse mittels Salbutamol und Ipratropiumbromid inhalativ über Maske, die Anlage eines peripher venösen Zugangs, langsame Gabe von Vollelektrolytlösung, Glukokortikoidgabe (z. B. Prednisolon i. v.). Alle diese Maßnahmen werden ergriffen, jedoch kommt es kaum zu einer Beschwerdelinderung und eine deutliche Verbesserung der Vitalwerte bleibt aus. Als ergänzende diagnostische Maßnahme schlägt die KI neben der erneuten Erfassung der Atemfrequenz, der Herzfrequenz, des Blutdrucks auch die Messung des Kohlenstoffdioxid-Gehalts der Exspirationsluft ($etCO_2$) vor. Es werden ein Atemfrequenzanstieg auf > 32/min und ein Herzfrequenzanstieg auf 120/min eingetragen. Daher empfiehlt die KI nun eine Abschirmung z. B. mittels Morphin und bei einer $etCO_2$-Messung von 71 mmHg den Beginn einer nichtinvasiven Beatmungstherapie. Hierunter kommt es zu einer Besserung. Das $etCO_2$ fällt auf 51 mmHg und die Atemfrequenz fällt auf 18/min. Herzfrequenz und Blutdruck normalisieren sich.

Parallel zu den diagnostischen und therapeutischen Maßnahmen werden organisatorische Maßnahmen und ein geeignetes Krankenhaus von der KI ermittelt und zur strategischen Entscheidungsunterstützung vorgeschlagen. Organisatorische Maßnahmen beinhalten die Nachforderung weiterer Ressourcen (z. B. eines NEF, eines RTH, eines speziellen RTW für schwergewichtige Patienten oder einer Tragehilfe durch die Feuerwehr). Beim Vorschlagen eines Krankenhauses werden Echtzeitinformationen wie die aktuelle Auslastung der Stationen sowie Verkehrsdaten einbezogen, um falls erforderlich eine schnellstmögliche Anfahrt zu gewährleisten. ◀

**Fiktives Fallbeispiel Hauptsymptom Luftnot „Strategische Entscheidungsunterstützung"**

Bei der Auswahl des Transportziels unterstützt die KI durch Empfehlung des nächstgelegenen Krankenhauses mit freier Kapazität auf einer Intermediate Care Station. Als weiteres Einsatzmittel wird eine Tragehilfe vorgeschlagen, da der Patient im 4. Stock ohne Aufzug wohnt. Auch die Nachalarmierung eines Notarztes wäre eine Option auf der Liste der strategischen Maßnahmen gewesen, welche bei weiterer Verschlechterung und der Indikation einer Narkose mit Intubation und folgender invasiver Beatmung priorisiert vorgeschlagen worden wäre. Bei größerer Entfernung des Intensivbettes wäre auch die Möglichkeit eines RTH zum schnelleren Transport durch die KI vorgeschlagen worden. ◀

### 17.2.2 Ethische Aspekte des Einsatzes von KI in der prähospitalen Telenotfallmedizin

Die Entwicklung und der Einsatz von KI in der prähospitalen Telenotfallmedizin haben eine effizientere und modernere Patientenversorgung zum Ziel. Diese Technologie bringt jedoch nicht nur viele Chancen, sondern auch zahlreiche Herausforderungen und moralische Unsicherheiten mit sich (Čartolovni et al. 2022). Ein zentrales Anliegen der Medizinethik in diesem Kontext ist es daher, die Vor- und Nachteile des Einsatzes von KI möglichst präzise und differenziert abzuwägen und die damit verbundenen potenziellen Risiken für alle Beteiligten frühzeitig zu adressieren (Deutscher Ethikrat 2023). Aus normativ-ethischer Sicht müssen viele Fragen angegangen werden, um sowohl ein angenehmes Arbeitsumfeld für die Ärzte als auch eine optimale Versorgung der Patienten zu gewährleisten (Goisauf und Abadía 2022). Dazu gehören unter anderem die Fragestellungen, ob Patienten und Ärzte von KI profitieren, was Betroffene über KI-Unterstützung denken und was bei der Entwicklung und Implementierung eines KI-Systems beachtet werden muss. Um diese und noch weitere Fragen zu untersuchen, kann die Prinzipienethik von Beauchamp und Childress (2009) herangezogen werden, die die klassischen bioethischen Prinzipien der Vorteilhaftigkeit, des Nichtschadens, der Autonomie und der Gerechtigkeit umfasst und im Kontext medizinischer KI um das Prinzip der Erklärbarkeit ergänzt wird (Floridi et al. 2018).

Das Prinzip der Vorteilhaftigkeit bezieht sich auf das menschliche Wohlergehen und sieht vor, dass der Einsatz von KI möglichst allen Menschen zugutekommen sollte (Swoboda et al. 2022). Dabei ist es zu beachten, dass verschiedene Personengruppen unterschiedliche Eigenschaften von medizinischer KI als vorteilhaft wahrnehmen. Für Ärzte steht beispielsweise die Optimierung von Diagnostik und Therapie im Vordergrund, um langfristig bessere Ergebnisse zu erzielen, während für Patienten die schnellstmögliche Verbesserung des eigenen Gesundheitszustandes im Vordergrund steht (Deutscher Ethikrat 2017). Für beide Gruppen hängt der mögliche Nutzen von KI jedoch von der Genauigkeit der KI-Empfehlungen ab (Kiani et al. 2020). Durch korrekte Vorschläge wäre die KI in der Lage, Prozesse zu beschleunigen und möglicherweise auch zu verbessern, indem sie beispielsweise schnell die richtige Verdachtsdiagnose erkennt und dem TNA das passende Medikament empfiehlt. Sollten diese Vorschläge jedoch unzutreffend sein, könnte dies zu Verwirrung beim TNA (Tschandl et al. 2020) oder sogar zu einer Ablehnung der Technologie aufgrund mangelnden Vertrauens führen (Liedtke und Langanke 2021). Für die Patienten könnten diese ungenauen Empfehlungen dann möglicherweise zu einer Verzögerung der Behandlung oder im schlimmsten Fall zu einem Behandlungsfehler führen (Liedtke und Langanke 2021).

Damit ergibt sich eine direkte Verbindung zum zweiten bioethischen Prinzip, dem Prinzip des Nichtschadens. Es ist essenziell, dass KI-Anwendungen keinen Schaden anrichten (Europäische Kommission 2019). Damit die KI keinen Schaden verursacht, ist es unter anderem wichtig, dass sie keine fehlerhaften Informationen generiert, denn diese können laut verschiedenen Studien (z. B. Gaube et al. 2021; Kiani et al. 2020; Tschandl et al. 2020) selbst erfahrene Ärzte und Experten in die falsche Richtung lenken und ihre Arbeitsleistung beeinträchtigen. Inhaltlich hochqualitative KI-Empfehlungen hingegen verbessern die diagnostische Genauigkeit und helfen insbesondere (aber nicht nur) weniger erfahrenen Medizinern dabei, bessere Entscheidungen zu treffen (Kiani et al. 2020; Tschandl et al. 2020).

Ein Schaden kann nicht nur durch Fehlinformationen entstehen, sondern auch durch den Missbrauch von Gesundheitsdaten, zum Beispiel durch Datendiebstahl oder die unbefugte Weitergabe von Patientendaten an Dritte (Deutscher Ethikrat 2023). Die Gewährleistung des Schutzes von Gesundheitsdaten ist eine Voraussetzung für das Vertrauen in KI und wird von Patienten als sehr wichtig erachtet (Schmidt et al. 2021). Um solche Schäden zu vermeiden, sollten Sicherheitsrisiken und geeignete präventive Maßnahmen laut der Europäischen Kommission (2019) bereits in der Entwicklungsphase des Systems berücksichtigt werden. Es ist entscheidend, dass KI-Entwickler frühzeitig Maßnahmen ergreifen, um sicherzustellen, dass das System technisch robust und vor missbräuchlichem Datenzugriff geschützt ist (Europäische Kommission 2019).

Eine weitere Möglichkeit, wie potenzieller Schaden entstehen könnte, ist durch Missbrauch der Funktion der KI. Die KI soll nur eine Entscheidungsunterstützung für den TNA sein und darf nicht zum Hauptentscheider in der Notfallmedizin werden (Deutscher

Ethikrat 2023). Automation Bias oder das sogenannte blinde Vertrauen in die KI könnte dazu führen, dass die Vorschläge einer KI, die nur als Arbeitsunterstützung gedacht sind, blind bzw. ungeprüft übernommen werden und somit der KI die Rolle des Entscheiders überlassen wird (Deutscher Ethikrat 2023). Es gibt verschiedene Faktoren, die den Automation Bias begünstigen, darunter mangelnde klinische Erfahrung und Unsicherheit in den eigenen Entscheidungen (Goddard et al. 2014). Auch vergangene positive Erfahrungen mit dem System können zu einer unreflektierten Nutzung führen (Reichenbach et al. 2010). Automation Bias könnte in Verbindung mit ungenauen KI-Empfehlungen fatale Folgen für die Patientenbehandlung haben, einschließlich ungeeigneter Therapien oder unterlassener Behandlungsmaßnahmen (Liedtke und Langanke 2021). Zudem könnte die ständige Übernahme von KI-Empfehlungen zu einem Deskilling oder, anders ausgedrückt, zu einer Minderung oder gar zu einem Verlust von Fähigkeiten beim Nutzer führen (Deutscher Ethikrat 2023). Aus diesem Grund empfiehlt der Deutsche Ethikrat (2023), dass KI-Technologien nur dann zum Einsatz kommen sollten, wenn auch das kontinuierliche Weitertrainieren der betroffenen Fähigkeiten erhalten bleibt. Im Falle von KI in der prähospitalen Telenotfallmedizin könnte dies beispielsweise bedeuten, dass jeder TNA auch weiterhin als NA und in der Klinik tätig sein sollte, um einen Wissens- und Fertigkeitsverlust zu vermeiden. Dem Automation Bias selbst kann ebenfalls entgegengewirkt werden, indem die Nutzer von KI durch Schulungen und Seminare für die Faktoren, die zu dieser Form des Bias beitragen, sensibilisiert und ihr Selbstvertrauen in die eigenen Kompetenzen sowie ihre Reflexionsfähigkeit und ihr kritisches Denken gestärkt werden (Liedtke und Langanke 2021). Auch eine technische Optimierung der Präsentation von KI-Empfehlungen, wie z. B. die Vermeidung von automatischen Wort- und Satzvervollständigungen, kann Nutzer dazu anregen, Empfehlungen zu prüfen und eigenständig Entscheidungen zu treffen (Liedtke und Langanke 2021).

Das selbstständige Treffen von Entscheidungen ist eine wichtige Charakteristik der menschlichen Autonomie (Bartneck et al. 2019; Beauchamp und Childress 2009), die sowohl für Ärzte als auch für Patienten von zentraler Bedeutung ist. Um dem Prinzip der Autonomie gerecht zu werden, sollte KI die Ziele und Wünsche der Betroffenen berücksichtigen und diesen mit Respekt begegnen (Bartneck et al. 2019). Menschen sollten die Kontrolle über medizinische Entscheidungen behalten. Daher ist es wichtig, dass sie die Rolle von KI-Systemen in der medizinischen Versorgung verstehen und über alle notwendigen Informationen verfügen, um von diesen Systemen effizient – aktiv oder passiv – Gebrauch machen zu können (Europäische Kommission 2019; WHO 2021). Nach dem Bürgerlichen Gesetzbuch (BGB) (BGB § 630d (BGBa) und § 630e (BGBb)) haben Patienten das Recht, selbst zu entscheiden, ob sie sich einer Behandlung unterziehen oder nicht. In diesem Sinne sollten Patienten auch das Recht haben, selbst zu entscheiden, ob sie sich von einem TNA behandeln lassen oder nicht (Katzenmeier und Schrag-Slavu 2021). Nicht selten sind Notfallpatienten jedoch nicht ansprechbar und können diese Entscheidung im spezifischen notfallmedizinischen Kontext nicht treffen (Trzeczak et al. 2014). In solchen Situationen sollte nach dem mutmaßlichen Willen des Patienten gehandelt werden (BGB § 630d (BGBa)), der höchstwahrscheinlich darin resultieren würde, das Leben zu retten bzw. die in dem Moment medizinisch indizierte, am besten geeignete Behandlung durchzuführen (Jox 2015). In diesem Fall könnte dies bedeuten, den TNA, der gegebenenfalls durch eine KI unterstützt wird, mit einzubeziehen. Im Sinne der Autonomie ist es jedoch wichtig, die Gesellschaft rechtzeitig und umfassend über den Einsatz von KI zu informieren (Deutscher Ethikrat 2023). Dabei sind sowohl die Vorteile als auch die möglichen Nachteile eines KI-Systems zu berücksichtigen (Deutscher Ethikrat 2023). Schließlich sollte bei der Entwicklung und beim Einsatz von KI die Autonomie der Menschen gewahrt und die Autonomie der Systeme kontrolliert werden (Floridi et al. 2018).

Das vierte Prinzip der Prinzipienethik von Beauchamp und Childress (2009) ist die Gerechtigkeit. Gemäß der Weltgesundheitsorganisation (WHO 2021) sollte die Entwicklung von KI die Gerechtigkeit fördern und keine Diskriminierung zulassen. Die Nutzung von KI sollte daher stets fair und unvoreingenommen erfolgen (Bartneck et al. 2019). Ungleichheiten, die bereits in der Gesellschaft bestehen und in die Trainingsdaten der KI potenziell einfließen, können zu diskriminierenden Verhaltensweisen führen, die im Sinne der Gerechtigkeit unbedingt vermieden werden sollen (Deutscher Ethikrat 2023; WHO 2021). Diese sogenannte algorithmische Diskriminierung wird durch eine Über- oder Unterrepräsentation bestimmter Personengruppen im Datensatz der KI hervorgerufen und könnte zum Beispiel zu unzutreffenden Diagnose- oder Therapievorschlägen für bestimmte Patientengruppen führen (Deutscher Ethikrat 2023). Eine regelmäßige Überprüfung der KI-Trainingsdaten auf mögliche Verzerrungen ist daher unerlässlich, um eine adäquate Behandlung aller Patienten, unabhängig von Geschlecht, Alter oder Vorerkrankungen, zu gewährleisten (Deutscher Ethikrat 2017, 2023).

Das KI-System sollte aber natürlich auch gegenüber dem TNA gerecht sein, indem es ihm keine zusätzliche Arbeit bereitet und ihm die Möglichkeit gibt, effizienter, schneller und möglichst besser zu arbeiten (Bartneck et al. 2019). Um dies zu ermöglichen, ist es unter anderem wichtig, dass das KI-System so nutzerorientiert und intuitiv wie möglich gestaltet wird, sodass es unabhängig von der eigenen technischen Affinität und Erfahrung problemlos genutzt werden kann (Europäische Kommission 2019). Darüber hinaus sollte das System kontinuierlich an die Bedürfnisse der Nutzer angepasst und weiterentwickelt werden, um langfristig eine hohe Benutzerfreundlichkeit sicherzustellen (Mark und Walter 2023).

Die vier klassischen Prinzipien der Bioethik (Vorteilhaftigkeit, Nichtschaden, Autonomie und Gerechtigkeit) sind in der Lage, viele der Herausforderungen, die die Entwicklung medizinischer KI mit sich bringt, zu adressieren (Floridi et al. 2018). Da diese allein jedoch nicht erschöpfend sind, wurde mit dem Prinzip der Erklärbarkeit ein neues ethisches Prinzip für KI formuliert (Floridi et al. 2018). Die Erklärbarkeit eines KI-Systems sollte aber nicht mit seiner Transparenz verwechselt werden. Bei der Transparenz geht es um die Offenlegung von Algorithmen und Codes, die für Laien in der Regel schwer oder gar nicht zu verstehen sind (Bartneck et al. 2019). Daher sind auch die Nutzer einer KI oder diejenigen, die als indirekte Nutzer von den Entscheidungen der KI betroffen sind, nicht die Zielgruppe der Transparenz (Herzog 2022). Erklärbarkeit hingegen steht in engem Zusammenhang mit dem Vertrauen (Europäische Kommission 2019) und der Akzeptanz

(Kraus und Ganschow 2022), welche die Nutzer eines Systems diesem entgegenbringen. Die Erklärbarkeit wird als Nachvollziehbarkeit und Verantwortlichkeit beschrieben und zielt darauf ab, zu verstehen, wie ein bestimmtes System funktioniert (Bartneck et al. 2019; Floridi et al. 2018). Dabei wird zwischen globaler und lokaler Erklärbarkeit unterschieden. Erstere hat zum Ziel, ein Modell als Ganzes zu erklären, während zweitere sich auf die einzelnen KI-Empfehlungen fokussiert (Amann et al. 2022). Wichtig dabei ist, dass sowohl die aktiven Nutzer eines Systems als auch diejenigen, die als passive Nutzer von der Arbeit der KI betroffen sind, über genügend Informationen über ihre Funktionsweise verfügen, um informierte Entscheidungen treffen zu können (Bartneck et al. 2019). Wenn nachvollzogen werden kann, warum sich ein System auf eine bestimmte Art und Weise verhält oder warum es zum Beispiel bestimmte Therapievorschläge macht, dann wird es als vertrauenswürdig empfunden (Europäische Kommission 2019).

Die Erklärbarkeit als neues ethisches Prinzip für KI ist wichtig, weil sie die anderen vier Prinzipien ergänzt (Floridi et al. 2018). Wenn beispielsweise ein Arzt eine korrekte KI-Empfehlung nicht übernimmt, weil er diese oder die Art und Weise, wie sie zustande gekommen ist, nicht versteht, könnte die Situation weniger vorteilhaft oder sogar nachteilig für den Patienten ausgehen (Cortese et al. 2023). Verfügen TNA und Patient hingegen über genügend Informationen darüber, wie die Vorschläge der KI zustande kommen, können sie fundiertere Entscheidungen treffen und die Kontrolle über medizinische Prozesse behalten (Europäische Kommission 2019; WHO 2021). Sie können die Empfehlungen der KI besser einschätzen und gegebenenfalls hinterfragen. Damit wird ihnen nicht nur ihre Möglichkeit zur autonomen Entscheidungsfindung gegeben (Beauchamp und Childress 2009), sondern auch die Sicherheit der Behandlung erhöht. Um sicherzustellen, dass eine KI-basierte Entscheidung gerecht ist, braucht es ebenfalls Erklärbarkeit. Wenn verstanden wird, wie ein System funktioniert, ist es auch nachvollziehbar, ob es gegenüber allen Beteiligten gerecht ist (Cortese et al. 2023). Mögliche Verzerrungen und Diskriminierung können erkannt werden und ihnen kann entgegengewirkt werden. Wenn TNAs die Entscheidungsprozesse der KI verstehen, können sie auch potenzielle Fehler besser erkennen und beheben. Dies trägt zur Sicherheit und Qualität der Patientenversorgung bei und stärkt das Vertrauen in die Technologie (Floridi et al. 2018).

In der Praxis ist jedoch eine vollständige Einhaltung aller ethischen Prinzipien nicht immer möglich, da sie nicht in jeder Situation hundertprozentig miteinander vereinbar sind (Swoboda et al. 2022). Es muss individuell abgewogen werden, was in einer bestimmten Situation wesentlich ist und wo Kompromisse eingegangen werden können (Marckmann 2015). Dabei ist jedoch stets zu beachten, dass der mögliche Nutzen immer größer als der mögliche Schaden bleiben sollte (Deutscher Ethikrat 2023). Um die richtige Balance zwischen ethischen Anforderungen und praktischen Notwendigkeiten zu finden, ist eine differenzierte fallbezogene Betrachtung unerlässlich (Marckmann 2015). Der Einsatz von KI in der Telenotfallmedizin erfordert daher ein kontinuierliches Hinterfragen und Optimieren der ethischen Rahmenbedingungen, um den größtmöglichen Nutzen sowohl für die Patienten als auch für die TNAs zu erzielen.

## 17.3 Schlussbetrachtung

Das deutsche Rettungsdienstsystem besteht aus qualifiziertem ärztlichem und qualifiziertem nicht-ärztlichem medizinischem Personal, wie auch diversen Rettungsmitteln und Ressourcen, die je nach Dringlichkeit und notwendiger Versorgung optimal eingesetzt werden können. Die Entwicklungen im Bereich der Telenotfallmedizin konnten bereits gezielt zur Bewältigung diverser Herausforderungen in der prähospitalen Notfallversorgung eingesetzt werden. Die regelhafte Einführung eines TNA-Systems zeigt laut der aktuellen Forschung auf, dass ohne die Bindung weiterer ärztlicher Rettungsdienstressourcen im Einsatz eine rechtssicherere und adäquate Patientenversorgung gewährleistet werden kann.

Die Nutzung von KI als unterstützendes Tool bei diagnostischen, taktischen und strategischen Entscheidungen des TNA in der Patientenversorgung birgt das Potenzial, die prähospitale Notfallversorgung zu verbessern und telenotärztliches Personal zu entlasten.

Mittels einer ausreichenden Informationslage kann ein KI-basiertes Entscheidungsunterstützungssystem eine Liste mit diagnostischen Vorschlägen erstellen, die nach der Eintrittswahrscheinlichkeit und statistischer Unsicherheit sortiert wird und vom diensthabenden TNA als Ergänzung zum eigenen Fachwissen und zur eigenen Erfahrung genutzt werden kann. Der TNA hat somit die Möglichkeit, auf umfassende, datenbasierte Informationen zurückzugreifen und sie in seine Entscheidungsfindung einzubeziehen. Die kontinuierliche Weiterentwicklung des Systems wird durch neue Daten und Feedback der TNAs als Anwender zu den KI-generierten Vorschlägen unterstützt.

Auch bei der taktischen und strategischen Entscheidungsfindung kann KI potenziell gewinnbringend eingesetzt und genutzt werden, indem der TNA gezielt diagnostische, therapeutische und organisatorische Maßnahmen einleiten kann. Durch die Mobilisierung notwendiger zusätzlicher Ressourcen und die Auswahl eines geeigneten Zielorts kann eine optimale Versorgung sichergestellt werden.

KI-basierte Ansätze könnten mit einfachen regelbasierten Elementen kombiniert werden, die auf aktuellen Leitlinien und gültigen Verfahrungsanweisungen aufbauen. So könnten beispielsweise anhand der vom TNA eingegebenen Daten (Patientenhistorie mit Vormedikation, Allergien und Unverträglichkeiten) automatisch Kontraindikationen für bestimmte Maßnahmen angezeigt werden. Weiterhin könnte eine Prüfung auf Kreuzreaktionen der zu verabreichenden Medikamente erfolgen.

Die Beachtung und kontinuierliche Überprüfung der ethischen Rahmenbedingungen bildet einen wichtigen Baustein bei der Nutzung von KI in der Patientenversorgung. Die Prinzipien der Vorteilhaftigkeit, des Nichtschadens, der Autonomie und der Gerechtigkeit und das Prinzip der Erklärbarkeit, zielen darauf ab, dass KI ordnungsgemäß und sicher im Kontext der prähospitalen Telenotfallmedizin genutzt wird. Eine situationsbedingte Begutachtung der Prinzipien ist jedoch ausschlaggebend, da in der Praxis keine standardisierte Vorgehensweise oder Anwendung dieser ethischen Grundlagen möglich ist.

**Fazit für die Praxis**

- Die Nutzung von KI als Entscheidungsunterstützung weist diverse Potenziale in der prähospitalen Telenotfallmedizin auf
- KI könnte am TNA-Arbeitsplatz genutzt werden, um datenbasierte diagnostische, taktische und strategische Entscheidungsunterstützung zu erhalten
- Die Einhaltung der bioethischen Prinzipien und ihre situationsbedingte Anpassung sind für eine sichere, gerechte und objektive Anwendung von KI in der Telenotfallmedizin essenziell
- Eine kontinuierliche Überprüfung und Optimierung der ethischen Rahmenbedingungen im Regelbetrieb der telenotfallmedizinischen Patientenversorgung ist ausschlaggebend für eine ethisch konforme und nachhaltige Nutzung

Im Kapitel dieses Buches mit dem Titel „Technische Ansätze, Konzepte und Herausforderungen beim Einsatz von KI in der prähospitalen Telenotfallmedizin" werden die diversen aktuellen KI-basierten Ansätze und Modelle beschrieben und in den Kontext der (prähospitalen) Telenotfallmedizin gesetzt.

## Literatur

Amann J., Vetter D., Blomberg S., Christensen H., Coffee M., Gerke S., Gilbert T., Hagendorf T., Holm S., Livne M., Spezzatti A., Strümke I., Zikari R. & Madai V. (2022) To explain or not to explain? – Artificial intelligence explainability in clinical decision support systems, in: PLOS Digit Health. 1(2):e0000016. https://doi.org/10.1371/journal.pdig.0000016

Bartneck C., Lütge C., Wagner A. & Welsh S. (2019) Ethik in KI und Robotik, Carl Hanser Verlag. München.

Beauchamp T. & Childress J. (2009) Principles of Biomedical Ethics, 6th ed., Oxford University Press Inc. New York.

Behrendt H. & Runggaldier K. (2009) Ein Problemaufriss über den demographischen Wandel in der Bundesrepublik Deutschland, in: Notfall Rettungsmed, 12:45–50. https://doi.org/10.1007/s10049-008-1082-0

Bergrath S., Czaplik M., Rossaint R., Hirsch F., Beckers S. K., Valentin B., Wielpütz D., Schneiders M.-T. & Brokmann J. C. (2013) Implementation phase of a multicentre prehospital telemedicine system to support paramedics: feasibility and possible limitations, in: Scandinavian Journal of Trauma, Resuscitation and Emergency Medicine, 21(54). https://doi.org/10.1186/1757-7241-21-54

Brinkrolf P., Kuntosch J., Metelmann B., Metelmann C., Hahnenkamp K., Süss R., Hasebrook J. P. & Fleßa S. (2022) Ist das Telenotarzt-System eine sinnvolle Ergänzung im ländlichen Raum? – Eine Analyse aus medizinischer und ökonomischer Perspektive, in: Bundesgesundheitsblatt Gesundheitsforschung Gesundheitsschutz, 65(10):1007–1015. https://doi.org/10.1007/s00103-022-03581-4

Brokmann J. C., Rossaint R., Hirsch F., Beckers S. K., Czaplik M., Chowanetz M., Tamm M. & Bergrath S. (2016) Analgesia by telemedically supported paramedics compared with physician-administered analgesia: A prospective, interventional, multicentre trial, in: Eur. J. Pain, 20(7):1176–1184. https://doi.org/10.1002/ejp.843

Brokmann J.C., Rossaint R., Müller M., Fitzner C., Villa L., Beckers S. K. & Bergrath S. (2017) Blood pressure management and guideline adherence in hypertensive emergencies and urgencies: A comparison between telemedically supported and conventional out-of-hospital care, in: J. Clin. Hypertens. 19(7): 704–712. https://doi.org/10.1111/jch.13026

Bürgerliches Gesetzbuch (BGBa) § 630d. Einwilligung. Online im Internet: URL: https://www.gesetze-im-internet.de/bgb/__630d.html, Abrufdatum: 23.09.2024

Bürgerliches Gesetzbuch (BGBb) § 630e. Aufklärungspflichten. Online im Internet: URL: https://www.gesetze-im-internet.de/bgb/__630e.html, Abrufdatum: 23.09.2024

Čartolovni A., Tomičić A. & Mosler E. (2022) Ethical, legal, and social considerations of AI-based medical decision-support tools: A scoping review, in: International Journal of Medical Informatics, 161:104738. https://doi.org/10.1016/j.ijmedinf.2022.104738

Cortese J., Cozman F., Lucca-Silveira M. & Bechara A. (2023) Should explainability be a fifth ethical principle in AI ethics?, in: AI and Ethics, 3(1):123–134. https://doi.org/10.1007/s43681-022-00152-w

Deutscher Ethikrat (2017) Big Data und Gesundheit – Datensouveränität als informationelle Freiheitsgestaltung, Berlin. Online im Internet: URL: https://www.ethikrat.org/publikationen/stellungnahmen/big-data-und-gesundheit/, Abrufdatum: 23.09.2024

Deutscher Ethikrat (2023) Mensch und Maschine – Herausforderungen durch Künstliche Intelligenz. Berlin. Online im Internet: URL: https://www.ethikrat.org/publikationen/stellungnahmen/mensch-und-maschine/, Abrufdatum: 23.09.2024

Die Landesregierung Nordrhein-Westfalen (2020) Telenotarzt-System wird flächendeckend in Nordrhein-Westfalen etabliert. Online im Internet: URL: https://www.land.nrw/pressemitteilung/telenotarzt-system-wird-flaechendeckend-nordrhein-westfalen-etabliert, Abrufdatum: 09.12.2024.

Europäische Kommission (2019) Ethik-Leitlinien für eine vertrauenswürdige KI, Brüssel. Online im Internet: URL: https://op.europa.eu/de/publication-detail/-/publication/d3988569-0434-11ea-8c1f-01aa75ed71a1, Abrufdatum: 23.09.2024

Europäisches Parlament (2007) Europäische Notrufnummer 112, Online im Internet: URL: https://www.europarl.europa.eu/doceo/document/TA-6-2007-0408_DE.html?redirect, Abrufdatum: 14.10.2024

Felzen M., Beckers S. K., Kork F., Hirsch F., Bergrath S., Sommer A., Brokmann J. C., Czaplik M. & Rossaint R. (2019) Utilization, Safety, and Technical Performance of a Telemedicine System for Prehospital Emergency Care: Observational Study, in: Journal of Medical Internet Research, 21(10):e14907. https://doi.org/10.2196/14907

Felzen M., Brokmann J.C., Beckers S.K., Czaplik M., Hirsch F., Tamm M., Rossaint R. & Bergrath S. (2017) Improved technical performance of a multifunctional prehospital telemedicine system between the research phase and the routine use phase–an observational study, in: Journal of telemedicine and telecare, 23(3):402–409. DOI: https://doi.org/10.1177/1357633X16644115

Felzen M., Schröder H. & Beckers S. K. (2024) Supervision mit Telemedizin: Eine weitere Möglichkeit zur Qualitätssicherung der Patientenversorgung, in: Rettungsdienst, 47(6):28–31.

Flake F., Schmitt L., Oltmanns W., Peter M., Thate S., Scheinichen F. & Peters O. (2018) Das Konzept Gemeindenotfallsanitäter/in, in: Notfall Rettungsmed, 21(5):395–401. https://doi.org/10.1007/s10049-018-0426-7

Floridi L., Cowls J., Beltrametti M., Chatila R., Chazerand P., Dignum V., Luetge C., Madelin R., Pagallo U., Rossi F., Schafer B., Valcke P. & Vayena E. (2018) AI4People—An Ethical Framework for a Good AI Society: Opportunities, Risks, Principles, and Recommendations, in: Minds and Machines, 28(4):689–707. https://doi.org/10.1007/s11023-018-9482-5

Gaube S., Suresh H., Raue M., Merritt A., Berkowitz S., Lermer E., Coughlin J., Guttag J., Colak E. & Ghassemi M. (2021) Do as AI say: susceptibility in deployment of clinical decision-aids, in: npj Digital Medicine, 4(1):31. https://doi.org/10.1038/s41746-021-00385-9

G-BA (2020) Beschluss des Innovationsausschusses beim Gemeinsamen Bundesausschuss gemäß § 92b Absatz 3 SGB V zum abgeschlossenen Projekt Telenotarzt Bayern (01NVF16013), Gemeinsamer Bundesausschuss (G-BA, Hrsg.), Online im Internet: URL: https://innovationsfonds.g-ba.de/downloads/beschluss-dokumente/46/2020-12-18_Telenotarzt-Bayern.pdf, Abrufdatum: 09.12.2024.

G-BA (2022) Dokumentation der Rückmeldungen zum Beschluss des Innovationsausschusses beim Gemeinsamen Bundesausschuss gemäß § 92b Absatz 3 SGB V zum abgeschlossenen Projekt Telenotarzt Bayern (01NVF16013), Gemeinsamer Bundesausschuss (G-BA, Hrsg.), Online im Internet: URL: https://innovationsfonds.g-ba.de/downloads/beschluss-dokumente/317/2022-12-15_Telenotarzt%20Bayern_Rueckmeldungen.pdf, Abrufdatum: 09.12.2024.

Goddard K., Roudsari A. & Wyatt J. (2014) Automation bias: empirical results assessing influencing factors, in: International Journal of Medical Informatics, 83(5):368–375. https://doi.org/10.1016/j.ijmedinf.2014.01.001

Goisauf M. & Abadía M. (2022) Ethics of AI in Radiology: A Review of Ethical and Societal Implications, in: Frontiers in Big Data, 5:850383. https://doi.org/10.3389/fdata.2022.850383

Graf K. (2020) Pilotprojekt zur telemedizinischen Unterstützung der Notfallversorgung im Rettungsdienst einer ländlich strukturierten Region. Online im Internet: URL: https://innovationsfonds.g-ba.de/downloads/beschluss-dokumente/47/2020-12-18_Telenotarzt-Bayern_Ergebnisbericht.pdf, Abrufdatum: 09.12.2024.

Herzog C. (2022) On the Ethical and Epistemological Utility of Explicable AI in Medicine, in: Philosophy & Technology, 35(2):50. https://doi.org/10.1007/s13347-022-00546-y

Jox R. (2015) Entscheidungen bei einwilligungsunfähigen Patienten, in: Marckmann G. (Hrsg.), Praxisbuch Ethik in der Medizin, Medizinisch Wissenschaftliche Verlagsgesellschaft, Berlin, S. 125–132.

Katzenmeier C. & Schrag-Slavu S. (2021) Telenotarzt: Berufsrecht, Haftungsrecht, Medizinprodukterecht, Datenschutzrecht, Bd. 3. Nomos Verlag, Baden-Baden.

Kiani A., Uyumazturk B., Rajpurkar P., Wang A., Gao R., Jones E., Yu Y., Langlotz C., Ball R., Montine T., Martin B., Berry G., Ozawa M., Hazard F., Brown R., Chen S., Wood M., Allard L., Ylagan L., Ng A. & Shen J. (2020) Impact of a deep learning assistant on the histopathologic classification of liver cancer, in: npj Digital Medicine, 3(1):23. https://doi.org/10.1038/s41746-020-0232-8

Kowark A., Felzen M., Ziemann S., Wied S., Czaplik M., Beckers S. K., Brokmann J. C., Hilgers R. D., Rossaint R. & TEMS-study group (2023) Telemedical support for prehospital emergency medical service in severe emergencies: an open-label randomised non-inferiority clinical trial, in: Crit Care. 27(1):256 https://doi.org/10.1186/s13054-023-04545-z

Kraus T. & Ganschow L. (2022) Anwendungen und Lösungsansätze erklärbarer Künstlicher Intelligenz, in: Hartmann E. (Hrsg.), Digitalisierung souverän gestalten II, Springer Vieweg, Berlin, S. 38–50.

Landkreis Vorpommern-Greifswald (2024) 10.000. Einsatz für den Telenotarzt – Erfolgssystem wird weiter ausgebaut, Online im Internet: URL: https://www.kreis-vg.de/Landkreis/PM-Archiv/10-000-Einsatz-für-den-Telenotarzt-Erfolgssystem-wird-weiter-ausgebaut.php?ModID=255&FID=3079.37441.1, Abrufdatum: 09.12.2024.

Liedtke W. & Langanke M. (2021) Der Einsatz von IT-basierten Decision-Support-Systemen in der medizinischen Versorgung aus verantwortungsethischer Sicht, in: Zeitschrift Für Medizinische Ethik, 67(3):276–296. https://doi.org/10.14623/zfme.2021.3.279-296

Lubasch J. S., Beierle S., Marewski V. S., Rehbock C., Thate S., Schröder H., Beckers S. K., Sommer A. & Seeger I. (2024) Alternative Versorgungskonzepte für niedrigprioritäre Einsätze im deutschen Rettungsdienst – deskriptive Ergebnisse einer Online-Befragung, in: Z. Evid. Fortbild. Qual. Gesundh. wesen (ZEFQ), 190:92–100. https://doi.org/10.1016/j.zefq.2024.07.008

Marckmann G. (2015) Grundlagen ethischer Entscheidungsfindung in der Medizin, in: Marckmann G. (Hrsg.), Praxisbuch Ethik in der Medizin, Medizinisch Wissenschaftliche Verlagsgesellschaft, Berlin, S. 3–13.

Mark O. & Walter N. (2023) Human-Centered Design in Machine Learning: Enhancing User Experience and Acceptance, in: International Journal of Advanced Engineering Technologies And Innovation, 1(3):230–247. Online im Internet: URL: https://ijaeti.com/index.php/Journal/article/view/245, Abrufdatum: 23.09.2024

Metelmann B., Brinkrolf P., Kliche M., Vollmer M., Hahnekamp K., Metelmann C. (2022) Rettungsdienst, kassenärztlicher Notdienst oder Notaufnahme, in: Med Klin Intensivmed Notfmed, 117(2):144–151. https://doi.org/10.1007/s00063-021-00820-5

Metelmann C., Metelmann B., Kohnen D., Prasser C., Süss R., Kuntosch J,. Scheer D., Laslo T., Fischer L., Hasebrook J., Flessa S., Hahnenkamp K. & Brinkrolf P. (2020a) Evaluation of a rural emergency medical service project in Germany: Protocol for a multimethod and multiperspective longitudinal analysis, in: JMIR Res. Protoc, 9(2):e14358. https://doi.org/10.2196/14358

Metelmann C., Renzing N., Gräsner J. T., Dölger L., Beckers S. K., Felzen M., Schröder H., Overheu D., Jacobsen N., Metelmann, B. (2020b). Prähospitale Telenotfallmedizin, in: Notfallmedizin Up2date, 15(4):381–395. https://doi.org/10.1055/a-1131-6472

Ministerium für Arbeit, Gesundheit und Soziales des Landes Nordrhein-Westfalen (2021) Sechs neue Telenotarztstandorte für Nordrhein-Westfalen. Online im Internet: URL: https://www.mags.nrw/pressemitteilung/sechs-neue-telenotarztstandorte-fuer-nordrhein-westfalen, Abrufdatum: 09.12.2024.

Notfallsanitätergesetz (NotSanG) Gesetz über den Beruf der Notfallsanitäterin und des Notfallsanitäters. Online im Internet: URL: https://www.gesetze-im-internet.de/notsang/BJNR134810013.html, Abrufdatum: 30.12.2024

Quadflieg L. T. M., Beckers S. K., Bergrath S., Brockert A. K., Schröder H., Sommer A., Brokmann J. C., Rossaint R. & Felzen M. (2020) Comparing the diagnostic concordance of tele-EMS and on-site-EMS physicians in emergency medical services: a retrospective cohort study, in: Sci Rep, 10: 17982. https://doi.org/10.1038/s41598-020-75149-8

Reichenbach J., Onnasch L. & Manzey D. (2010) Misuse of Automation: The Impact of System Experience on Complacency and Automation Bias in Interaction with Automated Aids, in: Proceedings of the Human Factors and Ergonomics Society Annual Meeting, 54(4):374–378. https://doi.org/10.1177/154193121005400422

Russezki J. & Krämer M. (2024) SWR – Herzstillstand kann alle treffen: Jede Sekunde zählt. Online im Internet: URL: https://notfallrettung.swr.de/, Abrufdatum: 09.12.2024.

Schmidt M., Wilhelmy S., Czaplik M. & Kowark P. (2021) Akzeptanz und ethische Implikationen der Ärztlichen Telekonsultation. Das Beispiel Schmerztherapie, in: Inthorn J., Seising R. (Hrsg.), Digitale Patientenversorgung: Zur Computerisierung von Diagnostik, Therapie und Pflege, transcript Verlag, Bielefeld, S. 107–125.

Schröder H., Beckers S. K., Borgs C., Rossaint R., Felzen M. (2023) Update Telenotfallmedizin, in: Die Anaesthesiologie, 72(7):506–517. https://doi.org/10.1007/s00101-023-01301-4

Schröder H., Beckers S. K., Borgs C., Sommer A., Rossaint R., Grüßer L. & Felzen M. (2024) Long-term effects of a prehospital telemedicine system on structural and process quality indicators of an emergency medical service, in: scientific reports, 14:310. https://doi.org/10.1038/s41598-023-50924-5

Swoboda W., Schmieder M., Fotteler M., Waibel A., Schobel J. & Holl F. (2022) Berücksichtigung der medizinischen Prinzipienethik bei der Evaluation von eHealth-Anwendungen, in: Lux T, Köberlein-Neu J, Müller-Mielitz S (Hrsg.), E-Health-Ökonomie II: Evaluation und Implementierung, Springer Gabler, Wiesbaden, S. 19–28.

Trzeczak S. & AG „Ethik in der Notfall-und Akutmedizin“ der DGINA und der AEM (2014) Das medizinisch-ethische Dilemma von Reanimationsentscheidungen bei Notfallpatienten, in: Notfall + Rettungsmedizin, 17(7):613–619. https://doi.org/10.1007/s10049-014-1912-1

Tschandl P., Rinner C., Apalla Z., Argenziano G., Codella N., Halpern A., Janda M., Lallas A., Longo C., Malvehy J., Paoli J., Puig S., Rosendahl C., Soyer H., Zalaudek I. & Kittler H. (2020) Human-computer collaboration for skin cancer recognition, in: Nature medicine, 26(8):1229–1234. https://doi.org/10.1038/s41591-020-0942-0

Wetsch W., Hinkelbein J. & Spöhr F. (2024) Kurzlehrbuch Anästhesie, Intensivmedizin, Notfallmedizin und Schmerztherapie, 3. Auflage. Thieme Verlag, Stuttgart.

WHO (2021) Ethics and governance of artificial intelligence for health: WHO guidance, World Health Organization (WHO, Ed.), Geneva.

**Cassandra Rehbock,** M.Sc., ist wissenschaftliche Mitarbeiterin am Aachener Institut für Rettungsmedizin und zivile Sicherheit. Sie hat den M.Sc. „Healthcare Policy, Innovation and Management“ an der Universität Maastricht absolviert. Ihre wissenschaftlichen Schwerpunkte liegen aktuell in den Bereichen prähospitale Versorgungsforschung, Innovationen und Implementation Science.

**Nadezhda Durdova,** M.Sc., ist wissenschaftliche Mitarbeiterin und Doktorandin am Institut für Geschichte, Theorie & Ethik der Medizin der Uniklinik RWTH Aachen. Nach ihrem Bachelorabschluss in Psychologie an der RWTH Aachen setzte sie ihre akademische Laufbahn mit einem Master in Entwicklungspsychologie an der Maastricht University in den Niederlanden fort. In ihrer Forschung widmet sie sich den sozialen und ethischen Aspekten des Einsatzes von Künstlicher Intelligenz in der Medizin.

**Prof. Dr. med. Stefan Beckers,** MME, FERC, ist Ärztlicher Leiter Rettungsdienst der Stadt Aachen seit 2012 und leitet seit 2019 das Aachener Institut für Rettungsmedizin und zivile Sicherheit (www.rettungsmedizin.ukaachen.de). Seine wissenschaftlichen Schwerpunkte liegen in der notfallmedizinischen und telenotfallmedizinischen Versorgungsforschung, Qualitätsanalysen sowie Innovationen in der Notfallmedizin und zivilen Sicherheit.

**Christina Borgs** ist Fachärztin für Anästhesie, Notärztin, Telenotärztin und Leitende Notärztin der Stadt Aachen. Sie ist regelmäßig als Dozentin in der Ausbildung von neuen Telenotärztinnen und Telenotärzten im Rahmen von Telenotarztkursen und in der Einarbeitung am Aachener Standort tätig. Des Weiteren ist sie wissenschaftliche Mitarbeiterin des Aachener Instituts für Rettungsmedizin und zivile Sicherheit.

**PD Dr. med. Hanna Schröder** ist als stellvertretende Leiterin am Aachener Institut für Rettungsmedizin und zivile Sicherheit (www.rettungsmedizin.ukaachen.de) sowie stellv. Ärztliche Leiterin Rettungsdienst der Stadt Aachen an der Schnittstelle von notfallmedizinischer Forschung und prähospitaler Patientenversorgung tätig. Ihre wissenschaftlichen Schwerpunkte liegen in der notfallmedizinischen und telenotfallmedizinischen Versorgungsforschung, Qualitätsanalysen sowie Innovationen in der Notfallmedizin.

# Technische Ansätze, Konzepte und Herausforderungen beim Einsatz von KI in der prähospitalen Telenotfallmedizin

18

Pia Thoma, Konstantin Piliuk, Immanuel Bayer, Emma Kneitinger und Sven Tomforde

## Inhaltsverzeichnis



**Danksagung**
Das Projekt „KI-unterstützter Telenotarzt ($KIT^2$)" wird im Zeitraum von September 2022 bis Dezember 2025 mit dem Zweck der Entwicklung und Evaluation eines KI-gestützten modularen Entscheidungsunterstützungssystems für den Telenotarzt durch das Bundesministerium für Forschung, Technologie und Raumfahrt (BMFTR) gefördert. Die Autoren bedanken sich vielmals bei den $KIT^2$-Projektpartnern und assoziierten Partnern für die Zusammenarbeit im Rahmen des Projektes.

P. Thoma (✉)
Aachener Institut für Rettungsmedizin & zivile Sicherheit, Uniklinik RWTH Aachen & Stadt Aachen, Aachen, Deutschland
E-Mail: pthoma@ukaachen.de

K. Piliuk · S. Tomforde
Intelligente Systeme, Institut für Informatik, Christian-Albrechts-Universität zu Kiel, Kiel, Deutschland
E-Mail: kpi@informatik.uni-kiel.de; st@informatik.uni-kiel.de



M. A. Pfannstiel (Hrsg.), *Künstliche Intelligenz im Einsatz für die erfolgreiche Patientenreise*, https://doi.org/10.1007/978-3-658-48573-3_18

**Zusammenfassung**

In der dynamisch fortschreitenden Medizin sind Experten einer stetig wachsenden Flut an Daten und Informationsquellen ausgesetzt, deren Bewältigung zunehmend komplexer wird. Um mit innovativen Lösungen darauf reagieren zu können, wurden in den letzten Jahren für verschiedene medizinische Anwendungsfelder intelligente Entscheidungsunterstützungssysteme entwickelt, erprobt und teilweise bereits in bestehende Arbeitsabläufe implementiert. In diesem Kapitel werden verschiedene technische Ansätze im Bereich der Künstlichen Intelligenz (KI) vorgestellt, von denen die prähospitale Telenotfallmedizin aufgrund der begrenzten Zeit- und Informationsressourcen möglicherweise besonders profitieren kann. Zudem werden in diesem Zusammenhang verschiedene Herausforderungen thematisiert und relevante Themen wie Datenschutz und Anonymisierung, Datendiversität sowie die Handhabung fehlender und unvollständiger Daten betrachtet.

## 18.1 Einleitung

Im Kapitel dieses Buches mit dem Titel „Einsatzszenarien und Potenziale von KI im Bereich der prähospitalen Telenotfallmedizin" wurden bereits die notfallmedizinische Perspektive, praktische Anwendungsbeispiele für Künstliche Intelligenz (KI) in diesem Kontext sowie ethische, rechtliche und soziale Aspekte behandelt und diskutiert. Das vorliegende Kapitel beschäftigt sich ebenfalls mit dem Einsatz von KI in der prähospitalen Notfallmedizin, beschreibt jedoch darauf aufbauend die verschiedenen technischen Ansätze und Modelle, die aktuell in der Medizininformatik Anwendung finden.

Die Nutzung von KI-basierten Instrumenten in der Notfallmedizin ist ein sich rasch entwickelnder Anwendungsbereich, in dem sich die Forschung zunehmend auf die Einführung neuer Technologien konzentriert. Der erfolgreiche Einsatz von KI-Methoden zur bildgebenden Diagnostik während und nach dem Ausbruch von SARS-CoV-2 (COVID-19) hat das Potenzial von KI angesichts des Mangels an medizinischem Personal und der hohen Nachfrage nach schnellen Diagnoseverfahren aufgezeigt (Khan et al. 2022). Neben der Bildanalyse in der Computertomografie (CT) und Magnetresonanztomografie (MRT) hat KI heutzutage in nahezu allen medizinischen Bereichen Anwendung gefunden. Die Notfallmedizin kann aufgrund der herausfordernden Bedingungen wie einer begrenzten Verfügbarkeit von Zeit und Informationsressourcen als eine für den Einsatz von KI sehr

I. Bayer
Palaimon GmbH, Berlin, Deutschland
E-Mail: Immanuel.bayer@palaimon.io

E. Kneitinger
umlaut telehealthcare GmbH, Aachen, Deutschland
E-Mail: emma.kneitinger@rwth-aachen.de

geeignete Umgebung für quantitative Anwendungen angesehen werden (Harding 2015). Ebenso ist der Einsatzbereich der prähospitalen Telenotfallmedizin naheliegend für die Implementierung KI-gesteuerter Assistenztechnologien. Die Menge der kanalisierten Daten und patientenbezogenen Informationen, die hier für die Entscheidungsfindung zur Verfügung stehen, wird zukünftig deutlich darüber hinausgehen, was durch menschliche Wahrnehmungsfähigkeit verarbeitet werden kann (Möckel 2019; Martin et al. 2022). Dies resultiert in einer Notwendigkeit, verfügbare Informationen zu systematisieren und zu analysieren, bevor sie an einen Telenotarzt (TNA) weitergegeben werden.

Für das deutsche Gesundheitswesen stellt die prähospitale Telenotfallmedizin zwar einen verhältnismäßig neuartigen Ansatz dar, jedoch besteht das TNA-System am Standort Aachen schon über 10 Jahre in der Regelversorgung (Schröder et al. 2023). Auch wenn es bis heute kaum Belege für implementierte Anwendungen von KI-Techniken im notfallmedizinischen Kontext gibt, findet sich in diesem Feld eine große Anzahl relevanter Einsatzmöglichkeiten, die als Grundlage für weitere Forschung und Entwicklung angesehen werden können. Ein großer Teil der Forschung in diesem Bereich lässt sich in zwei Kategorien zusammenfassen: Individuelle Diagnostik und Behandlung sowieTriage (Piliuk und Tomforde 2023). KI-basierte Ansätze, die das Ressourcenmanagement auf Organisationsebene optimieren sollen, werden häufig als Teil der Triage bezeichnet. Hier werden diese jedoch gesondert vorgestellt, da sie anstelle eines einzelnen Patienten notfallmedizinische Einrichtungen in ihrer Gesamtheit betrachten und darauf abzielen, Organisationsprozesse zu verbessern. Die üblichen Anwendungsbereiche für KI-basierte Entscheidungsunterstützung in der (Notfall-)Medizin sind in der folgenden Abb. 18.1 zusammengefasst.

Die Diagnosevorhersage ist das am stärksten in der Forschung vertretene Anwendungsszenario, das auf KI-Algorithmen beruht und in der Lage ist, bestimmte Krankheitssymptome zu identifizieren (Piliuk und Tomforde 2023). Die zuvor erwähnten bildgebenden Diagnosewerkzeuge für CT- und MRT-Aufnahmen, die insbesondere im Zuge des Ausbruchs von COVID-19 populär geworden sind, sind ein anschauliches Beispiel für eine solche Technik (Khan et al. 2022). Das Hauptziel dieser Form der Vorhersage besteht darin, die Zeit zu verkürzen, die benötigt wird, um eine Diagnose zu stellen. Gleichzeitig

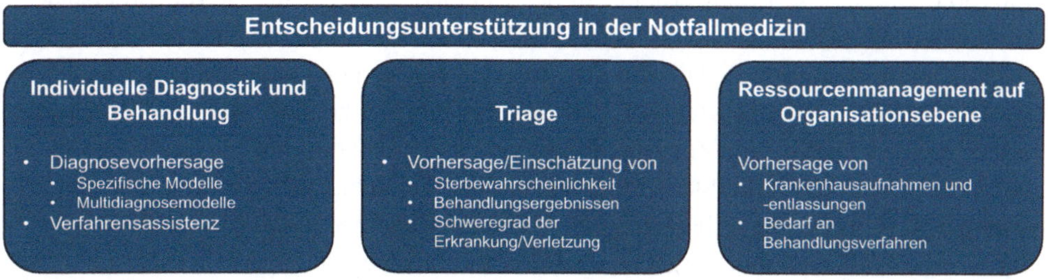


**Abb. 18.1** Taxonomie der relevanten Einsatzmöglichkeiten von KI zur Entscheidungsunterstützung in der Notfallmedizin. (Quelle: angelehnt an Piliuk und Tomforde (2023))

soll sie krankheitsspezifische Auffälligkeiten mindestens genauso zuverlässig erkennen und entsprechende diagnostische Ergebnisse liefern wie ein menschlicher Arzt. Abgesehen von der bildgebenden Diagnostik gibt es zahlreiche Beispiele für die mögliche Verwendung von KI zur Diagnose von Krankheiten und Verletzungen, darunter Schlaganfälle (Persson et al. 2014; Hassan et al. 2022), akutes Koronarsyndrom (AKS) (Takeda et al. 2022; Al-Zaiti et al. 2020), Sepsis (Lane et al. 2020; Zhang et al. 2021), Hirnverletzungen (Åkerlund et al. 2022), Herzstillstände (Moon et al. 2022; Kim et al. 2022) und andere. Die große Vielfalt der Krankheits- und Verletzungsbilder führt dazu, dass mehrere Modelle erstellt werden müssen, die bei der Vorhersage einer bestimmten Diagnose besonders präzise sind. Dies wird jedoch zu einem erheblichen Hindernis für die breitere praktische Umsetzung von KI-gesteuerten Werkzeugen in Diagnoseverfahren, da eine Kombination verschiedener Modelle einen größeren Aufwand hinsichtlich der Bereitstellung und Wartung mit sich bringt. Darüber hinaus bedeutet eine hohe Spezialisierung der Modelle, dass für jedes Modell unterschiedliche Daten erfasst werden müssen, um eine Vorhersage zu erhalten. Dadurch müssen mehr wiederholte Tests durchgeführt werden und es vergeht mehr Zeit, bis das Assistenzsystem eine Vorhersage für jede Diagnose trifft.

Eine weitere Klasse von KI-Assistenzsystemen, die zur Diagnostik eingesetzt werden, sind Verfahrensassistenzsysteme. Sie werden als Unterstützung bei einem Diagnoseverfahren oder medizinischen Eingriff genutzt, anstatt dieses selbst durchzuführen. Visualisierungsinstrumente, wie ein Glottiserkennungsmodell (ein Modell zur Identifikation des Stimmritzbereichs) zur Unterstützung von Ärzten bei der Intubation, werden üblicherweise als Beispiele für solche Techniken genannt (Kim et al. 2019).

Bei der Triage werden mehrere Patienten in einer von Ressourcenmangel geprägten Situation so priorisiert, dass die Gesamtmortalität minimiert wird. Während der Triage werden Patienten nicht mehr individuell bezogen auf eine spezifische Diagnose betrachtet, sondern anhand ihres klinischen Zustands in eine Kategorie eingestuft. Eine solche Kategorisierung und Priorisierung findet sowohl in Großschadenslagen als auch in Notaufnahmen Anwendung und berücksichtigt verfügbare Ressourcen, weshalb die Triage eng mit dem im weiteren Verlauf des Kapitels adressierten Ressourcenmanagement auf Organisationsebene zusammenhängt. Ein gängiger Ansatz für den Einsatz von KI in der Triage besteht darin, die Sterbewahrscheinlichkeit als Maß für den Zustand eines Patienten vorherzusagen. Ein Schwerpunkt in der Literatur liegt auf der Sterbevorhersage für Traumapatienten (Frankema et al. 2002; Kuhls et al. 2002; Scerbo et al. 2014; Sanz et al. 2019; Khalili et al. 2023). Die Gründe dafür liegen in der extrem hohen Anzahl von Traumapatienten nach Massenunfällen und der entsprechenden Notwendigkeit, diese unter Berücksichtigung von Zeit- und Ressourcenknappheit optimal zu priorisieren und zu versorgen. Dennoch ist die Sterbevorhersage nicht die einzige Möglichkeit, mit quantitativen Lösungen zur Triage beizutragen. Alternativ haben Studien Zielvariablen wie die Vorhersage des Behandlungsergebnisses (González-Robledo et al. 2017; Park et al. 2019; Nishioka et al. 2021; Andersson et al. 2021) oder die Einschätzung des Schweregrades der Erkrankung oder Verletzung (Liu et al. 2020; Wibring et al. 2022) erforscht. Die Modelle zur Vorhersage des Behandlungsergebnisses ermitteln Fälle, in denen der Patient aufgrund verspäteter Behandlung irreversible Schäden erleiden könnte. Besonders kritische Erkrankungen sind in diesem Zusammenhang neurologische Störungen oder Herzstillstände. Die Modelle zur Einschätzung des Schweregrades der Erkrankung oder Verletzung zielen darauf ab, zwischen Patienten mit leichten und schweren Erkrankungen oder Verletzungen bei ähnlicher Symptomatik zu unterscheiden. Brustschmerzen wären hier ein passendes Beispiel, da dieses Symptom sowohl auf schwerwiegende Herz-Kreislauf-Erkrankungen als auch auf weniger kritische Erkrankungen hinweisen kann.

Die dritte Kategorie von KI-Instrumenten umfasst Methoden, die sich auf das Ressourcenmanagement auf Organisationsebene konzentrieren. Die entsprechenden Modelle streben die Optimierung der Planung und Durchführung von Krankenhausaufnahmen und -entlassungen (Kong et al. 2021; Lee et al. 2021) und die Vorhersage des Bedarfs an Behandlungsverfahren (Moyer et al. 2022; Yoshida et al. 2023; Xia et al. 2023) an.

Eine Vielfalt möglicher Anwendungsbereiche und -szenarien führt zu einer großen Auswahl an statistischen, datengetriebenen Methoden, die für bestimmte Aufgaben genutzt werden können. Normalerweise hängt die Wahl eines bestimmten Algorithmus stark von den verfügbaren Daten ab und kann selbst bei ähnlichen Aufgaben unterschiedlich ausfallen. Das Gesundheitswesen ist ein spezieller Bereich, in dem viele Datenquellen zusammengeführt werden müssen, um eine fundierte Entscheidung treffen zu können. Es gilt, aus einer Vielzahl unterschiedlicher Modalitäten – wie etwa strukturierte Informationen aus der elektronischen Patientenakte, Signaldaten wie die aus einem Elektrokardiogramm (EKG) oder einer Elektroenzephalografie (EEG) und Vitalzeichen sowie unstrukturierte Texte oder genomische Daten – die passenden Eingabedaten auszuwählen. Die gewählten Methoden stellen in der Regel den aktuellen Stand der Technik in der jeweiligen Datenmodalität dar. Beispielsweise werden EKG-Signale und andere signalähnliche Daten oft mit Architekturen verarbeitet, die auf faltenden neuronalen Netzwerken (Convolutional Neural Networks; CNN) basieren (Tseng et al. 2023). Sie sind ebenso eine typische Wahl für alle Anwendungen mit bildähnlichen Eingaben (Takata et al. 2023). Neben CNN-Modellen werden häufig wiederkehrende neuronale Netzwerke (Recurrent Neural Networks; RNN), die hauptsächlich für sequenzielle Daten verwendet werden, und einfache vorwärtsgerichtete neuronale Netzwerke (Feedforward Neural Network; FNN) genutzt (Di Gennaro et al. 2020; O'Connell et al. 2022).

Eine besondere Herausforderung ergibt sich aus dem Versuch, mehrere Datenquellen in einem einzigen Modell zu verwenden. Die Kombination von mehreren Datenarten, wie beispielsweise von Texten und Bildern, in einem Modell ist im Kontext von Deep Learning (DL) eine nicht triviale Aufgabe. Solche Methoden werden durch das sogenannte multimodale DL (Stahlschmidt et al. 2022) repräsentiert und konzentrieren sich auf Ansätze zur Zusammenstellung verschiedener Datentypen. Für Praktiker bleiben DL-Algorithmen wie CNN, RNN und FNN weniger attraktiv, da Forscher häufig ebenfalls klassisches Machine Learning (ML) für präklinische Anwendungen bevorzugen. Die am häufigsten verwendeten klassischen ML-Algorithmen sind logistische Regression (eine statistische Methode zur Modellierung von Binärdaten) und Entscheidungsbäume, wobei in der Regel mehrere mögliche Techniken getestet werden, bevor eine endgültige Wahl getroffen wird (Piliuk und Tomforde 2023). Der Hauptgrund für die Dominanz von klassischen ML-Techniken gegenüber DL-Ansätzen ist das mangelnde Vertrauen in „Black

Box"-Modelle und entsprechende Transparenzanforderungen. Aufgrund der Notwendigkeit einer vollständigen Erklärbarkeit beschränken sich viele Studien auf lineare Algorithmen (Stewart et al. 2018; Chan et al. 2023). Die Möglichkeit, die Wirkung unterschiedlicher Prädiktoren zu messen, hat jedoch negative Auswirkungen auf die Gesamtleistung. Eine unzureichende Leistung wiederum ist ein ernstes Hindernis für eine breitere Nutzung von KI-Techniken in der Praxis. Eine mögliche Lösung kann in einer Kombination linearer Algorithmen mit komplexeren Algorithmen gesehen werden. Das sogenannte AutoScore-Framework ist ein automatisiertes, ML-unterstütztes Werkzeug, das entwickelt wurde, um medizinisches Fachpersonal bei der Entwicklung einfach interpretierbarer und klinisch umsetzbarer Scoring-Systeme, ähnlich dem Injury Severity Score, zu unterstützen (Xie et al. 2020). AutoScore nutzt eine Kombination aus klassischer logistischer Regression und einem anspruchsvolleren Random-Forest-Algorithmus, um wichtige Prädiktoren aus komplexen klinischen Daten zu identifizieren und daraus einen interpretierbaren Score zu erstellen.

Trotz des mangelnden Vertrauens in neue DL-Algorithmen ist ihre breitere Implementierung in Routineprozesse im Gesundheitswesen langfristig unvermeidlich. Dies bedeutet jedoch nicht unbedingt das Ende der erklärbaren Algorithmen. Der Bereich der erklärbaren KI ist ein sich rasch entwickelnder Bereich, der bereits einige Techniken hervorgebracht hat, um sich vom beschriebenen „Black Box"-Prinzip zu entfernen. SHapley Additive exPlanations (SHAP; Chen et al. 2023) und Local Interpretable Model-Agnostic Explanations (LIME; Paulin et al. 2022) sind zwei solcher Techniken, die bereits im medizinischen Kontext genutzt worden sind und die Erklärbarkeit von KI-Modellen verbessern sollen. Sie ermöglichen es, den Einfluss einzelner Variablen auf eine Vorhersage zu quantifizieren und können als Werkzeuge zur Verbesserung der Erklärbarkeit von DL-Methoden dienen. Insgesamt verdeutlicht die beschriebene Komplexität der Methodenauswahl, wie entscheidend eine enge interdisziplinäre Zusammenarbeit zwischen den verschiedenen Expertengruppen ist, um ein Verständnis für die gegenseitigen Erwartungen zu schaffen, Probleme erfolgreich zu bewältigen und praktikable Lösungen zu finden.

## 18.2 Hauptteil

Im Folgenden wird die Anwendung geläufiger KI-basierter Ansätze auf das in Aachen entwickelte und dort in der Regelversorgung eingesetzte TNA-System übertragen. Darüber hinaus wird erläutert, welche Bedeutung die Aspekte Datenschutz, Datendiversität und fehlende Daten in diesem Zusammenhang haben.

### 18.2.1 Nutzung KI-basierter Ansätze am Beispiel des Telenotarztes

Betrachtet man potenzielle Einsatzszenarien für KI-basierte Ansätze in der prähospitalen Telenotfallmedizin, ergeben sich drei eng miteinander verbundene Möglichkeiten der Entscheidungsunterstützung für den TNA: diagnostische, taktische und strategische Entscheidungsunterstützung. Da die Identifizierung einer oder mehrerer Verdachtsdiagnosen und das Vorschlagen geeigneter Maßnahmen weitgehend auf denselben Eingabedaten basieren, lassen sich die diagnostische und taktische Entscheidungsunterstützung zusammenfassen. Die strategische Entscheidungsunterstützung hingegen erfordert zusätzliche Daten, um den Bedarf an weiteren Ressourcen und ein geeignetes Zielkrankenhaus vorherzusagen, welche nachfolgend näher erläutert werden.

#### 18.2.1.1 Diagnostische und taktische Entscheidungsunterstützung

Das TNA-System, das im thematisch angrenzenden Kapitel „Einsatzszenarien und Potenziale von KI im Bereich der prähospitalen Telenotfallmedizin" dieses Buches eingehend beschrieben wird, ist ein Beispiel für eine speziell ausgerichtete Ressource, die den Rettungsdienst ergänzt. Der TNA steht nicht selten unter noch höherem Zeit- und Informationsdruck als das Einsatzpersonal vor Ort, da er je nach Einsatzaufkommen die Verantwortung für mehrere Patienten parallel übernimmt und nicht in direktem Kontakt mit dem Patienten steht, sondern alle Informationen indirekt über die Rettungswagenbesatzung erhält. Während eines TNA-Einsatzes werden für jeden Patienten diverse Daten übertragen und gesammelt, die in Abschn. 18.2.2 genauer beschrieben werden. Bei mehreren Patienten zeitgleich führt dies zu großen Datenmengen, sodass eine optimale Verarbeitung und Analyse dieser Patienten- und Einsatzdaten zusätzliche technische Unterstützung erfordert. An dieser Stelle wird KI zu einem wichtigen Instrument mit dem Ziel, den TNA unter starkem Zeitdruck und bei der Handhabung dieser Datenmengen in der Entscheidungsfindung zu unterstützen. Ein entscheidender Schritt in der prähospitalen Patientenversorgung ist die Identifizierung einer Verdachtsdiagnose, die später als Grundlage für die Erstbehandlung und den weiteren Patiententransport dient. Die vorrangige Aufgabe des TNA und des Rettungsfachpersonals besteht darin, einen Patienten zu stabilisieren und ihn bei Bedarf sicher ins Krankenhaus zu transportieren. Daher muss das gewünschte KI-System schnelle Lösungen bieten und sich ohne zeitlichen Verzug an die laufenden Änderungen anpassen. Dabei sollte nicht nur der aktuelle Zustand des Patienten, sondern auch die bereits vom Rettungsfachpersonal ergriffenen Maßnahmen berücksichtigt werden. Die Entwicklung und Implementierung eines KI-basierten Entscheidungsunterstützungssystems für diese Zwecke ist eine komplexe Aufgabe. Die Komplexität besteht insbesondere in dem Bestreben, die Ergebnisse des Systems, also die Verdachtsdiagnose und die darauf ausgerichteten taktischen Maßnahmen, zu synchronisieren. So wäre die Vorhersage der am besten geeigneten Maßnahmen deutlich effizienter, wenn Informationen über eine gesicherte Diagnose vorliegen würden. Dasselbe gilt auch insofern umgekehrt, als dass Informationen über die bisher ergriffenen Maßnahmen und die Reaktion des Patienten auf diese Behandlung Aufschluss darüber geben könnten, welche Verdachtsdiagnose korrekt sein könnte. Unter Berücksichtigung der engen Verbindung zwischen Diagnose- und Behandlungsfunktionalität des Entscheidungsunterstützungssystems sind die nächsten Absätze und Abb. 18.2 den häufigsten technischen Herausforderungen gewidmet, die während der Entwicklungs-, Bereitstellungs- und Betriebsphase solcher Modelle auftreten können.

**Abb. 18.2** Häufige technische Herausforderungen von der Konzeptionierung bis hin zur Verwendung von KI-Anwendungen. (Quelle: Eigene Darstellung (2025))

Eine Herausforderung ist die Auswahl einer Mehrfach- oder Einzelmodellarchitektur in der Konzeptionsphase. Die Praxis erfordert einen ML- oder DL-Algorithmus, der mehrere Diagnosen oder mehrere Behandlungsmaßnahmen vorhersagen kann, um den TNA bei den wichtigsten Entscheidungsschritten zu unterstützen. Aktuelle Studien im Bereich der prähospitalen Notfallversorgung konzentrieren sich jedoch eher auf die Identifizierung unterschiedlicher Erkrankungen als auf die Entwicklung eines universellen Multidiagnosealgorithmus (Piliuk und Tomforde 2023). Dasselbe gilt auch für die Modelle, die sich mit der Vorhersage der am besten geeigneten Maßnahme beschäftigen. Studien befassen sich häufig mit der Prädiktion einer einzelnen Maßnahme, die in der Regel einen invasiven Eingriff mit einem höheren Risiko für den Patienten umfasst (Piliuk und Tomforde 2023). Diese Form der Vorhersage gewährleistet zwar eine höhere Präzision bei jeder der vorherzusagenden Verdachtsdiagnosen. Indem separate Modelle trainiert und hinzugefügt werden können, wird zudem mehr Flexibilität erreicht. Jedoch wurden eingangs bereits einige negative Aspekte herausgestellt, die mit einem solchen Ansatz verbunden sind. Insbesondere muss ein größerer Datensatz erfasst und verarbeitet werden, der alle für die unterschiedlichen Modelle relevanten Variablen enthält. Darüber hinaus kann ein Modell erst dann eine zuverlässige Vorhersage treffen, wenn alle erforderlichen Informationen gesammelt wurden. Es müssen alle Tests und Messungen, unabhängig von ihrer Relevanz für einen konkreten Fall, durchgeführt werden, was enorme Zeitverluste verursachen und zu einer geringeren Effizienz der Notfallversorgung führen kann. Andererseits relativiert ein universelles Modell das Problem der Zeitdisparität, indem es Vorhersagen für alle möglichen Diagnosen gleichzeitig verfügbar macht. Gleichwohl garantiert der universelle Ansatz ebenfalls nicht, dass keine redundanten Tests durchgeführt werden müssen. Eine geeignetere Lösung besteht stattdessen darin, von manuellen Verfahren zur Variablenentwicklung abzurücken und sich auf die implizite Variablengenerierung zu verlassen, die für DL-Algorithmen typisch ist. Besonderes Augenmerk muss daraufgelegt werden, sie wie in Abschn. 18.2.2 beschrieben gegenüber fehlenden Daten robust zu machen. Schließlich bietet ein spezifisches Modell weniger Flexibilität als ein universelles Modell, sodass es notwendig ist, einen völlig neuen Algorithmus zu entwickeln, um Änderungen daran vorzunehmen. Es gilt, einen Kompromiss zu finden zwischen mehr Flexibilität, aber höheren Entwicklungs- und Wartungskosten im Szenario mit mehreren Modellen und weniger Flexibilität, aber weniger Arbeitsaufwand beim Entwicklungs- und Wartungsprozess, wenn ein einziges universelles Modell gewählt wird.

Eine weitere Herausforderung ergibt sich durch den vorherrschenden Datenmangel. Medizinische Daten, die Informationen über den Zustand von Patienten enthalten, unterliegen in den meisten Ländern besonderen gesetzlichen Bestimmungen. Daher leiden Studien, die die Anwendung von ML und DL in der Notfallmedizin oder im Gesundheitswesen im Allgemeinen untersuchen, tendenziell unter einem Mangel an qualitativ hochwertigen Daten (Piliuk und Tomforde 2023). Darüber hinaus werden viele Daten im medizinischen Bereich noch nicht digital und nach einheitlichen Standards erfasst und gespeichert. Dieses Problem ist bei der Entwicklung von DL-Algorithmen besonders kritisch, da es das Training universeller Algorithmen erschwert und somit zur Dominanz von ML-Techniken beiträgt. Das Fehlen etablierter und anerkannter Richtlinien für die Anonymisierung und Veröffentlichung medizinischer Daten führt zu einer geringen Verfügbarkeit von großen, öffentlich zugänglichen Datensätzen, die quantitative Studien in diesem Bereich fördern könnten. Eine solche Einschränkung verhindert die Erstellung allgemein akzeptierter State-of-the-Art-Modelle auf diesem Gebiet. Institutionen im Gesundheitssektor, die an der Entwicklung von KI-Technologien interessiert sind, können in den meisten Fällen nicht auf öffentliche Datensätze oder Algorithmen zurückgreifen, um damit ihre Methoden und Trainingsverfahren voranzutreiben. Daher bleibt ihnen oft nur die Möglichkeit, ihre eigenen erhobenen Daten für die Entwicklung zu verwenden. Zudem erfordert die Beschaffung großer Datenmengen, die für das Training eines DL-Algorithmus notwendig sind, und die Zusammenstellung einer Arbeitsgruppe mit ausreichender Expertise und Infrastruktur einen hohen Zeitaufwand, was die Entwicklung, Testung und Implementierung von KI-basierten Systemen stark beeinflussen und hinauszögern kann.

Eine ähnliche Herausforderung, die ebenfalls mit Eingabedaten zusammenhängt, jedoch nicht in der Entwicklungs-, sondern in der Implementierungsphase aufkommt, betrifft die Datenübermittlung. Ein optimaler Betrieb des KI-basierten Entscheidungsunterstützungssystems für den TNA erfordert Eingabedaten, die beispielsweise demografische Informationen, die individuelle Krankengeschichte, Symptome und Vitalparameter, diagnostische Testergebnisse und Notizen des Rettungsfachpersonals umfassen. All diese Daten müssen am Einsatzort erfasst und an den TNA übertragen werden, der diese im Dokumentationssystem festhält und als Grundlage für die Konsultation nutzt. Eine flächendeckende digitale Erfassung und Übermittlung rettungsdienstlicher Daten am Einsatzort sowie eine Zusammenführung dieser mit Daten aus Krankenhausinformationssystemen (KIS) oder der elektronischen Gesundheitskarte wird bisher in Deutschland noch nicht umgesetzt. Die manuelle bzw. automatische Datenerfassung und -übertragung an den TNA bringt jeweils Vor- und Nachteile mit sich. Durch automatisierte Prozesse kann von einer hohen Geschwindigkeit bei der Übertragung von Informationen profitiert werden, die im Kontext der Notfallmedizin äußerst wertvoll ist. Jedoch sind dafür zum

Teil erhebliche Investitionen in die technische Ausrüstung, z. B. in Sensoren, Server, Software zur Datenspeicherung usw. vonnöten. Zudem erscheint ein automatisierter Ansatz anfällig für den Verlust von Informationen, insbesondere da eine hochwertige Netzwerkverbindung möglicherweise nicht überall verfügbar ist. Angesichts der hohen Mobilität eines Rettungswagens (RTW) und der Besatzung muss man mit häufigen Verbindungsverlusten rechnen. Daher müssen für solche Randfälle konservativere Kanäle entwickelt werden, um einen konsistenten und robusten Datenfluss zwischen dem Rettungsfachpersonal und dem TNA zu gewährleisten. Die Anbieter von TNA-Systemen lösen diese Herausforderung für heutige Anforderungen beispielsweise durch die priorisierte Nutzung von Mobilfunknetzen, wofür teils mehrere SIM-Karten in der Hardware verbaut werden (Felzen et al. 2020). Andererseits ist auch ein Szenario möglich, in dem das Rettungsfachpersonal klassische Geräte verwendet, die aktuell noch keine Echtzeitdatenübertragung an den TNA vorsehen. Beispiele hierfür am Standort Aachen sind die Blutzucker- oder Temperaturmessung oder der Auskultationsbefund. Mit entsprechenden Investitionen wäre eine technische Einbindung dieser Daten jedoch zukünftig möglich. Wiederum andere klinische Untersuchungsergebnisse von der Einsatzstelle wie die Ergebnisse einer Stabilitätsprüfung von Verletzungen oder einer neurologischen Untersuchung (z. B. eine Sensibilitätsprüfung) sind derzeit ohne Verbalisierung des Teams am Einsatzort nicht an den TNA übertragbar. Anstelle einer Übertragung der Informationen im Rahmen eines Telefonats könnte das Rettungsfachpersonal alle gesammelten Informationen in ein digitales Dokumentationsgerät eingeben und an den TNA übertragen, um weniger abhängig von Netzverbindungen mit einer gewissen Bandbreite zu sein. Abgesehen vom erheblichen Zeitverlust kann dieses Vorgehen jedoch die Wahrscheinlichkeit einer beschädigten Datenübertragung aufgrund von Tippfehlern, Missverständnissen oder anderen Fehlern bei der menschlichen Kommunikation erhöhen. In Abschn. 18.2.2 dieses Kapitels wird auf das übergeordnete Thema Daten und insbesondere auf die Aspekte Datenschutz und Anonymisierung, Datendiversität und Handhabung fehlender Daten noch einmal genauer eingegangen. Der Vollständigkeit halber finden sich die Herausforderungen im Zusammenhang mit einem Mangel an Daten und der Datenübertragung jedoch bereits in diesem Abschnitt wieder.

In der Entwicklungsphase ergibt sich zudem die Herausforderung der Modalitätenfusion. Ein zentrales Hindernis bei der Auswahl eines universellen Modells besteht darin, ein Problem der Multimodalität lösen zu müssen. Die Konzentration auf ein einzigartiges Diagnose- oder Behandlungsverfahren ermöglicht die Beschränkung der Datenquellen auf eine einzige Modalität. Beispielsweise könnte das für die Erkennung von Lungenentzündungen zuständige Modell in der Bildgebung gute Ergebnisse erzielen, ohne dass zusätzliche Datenquellen erforderlich wären. Die Erstellung eines Modells, das eine vorliegende Lungenentzündung, ein AKS und eine Sepsis vorhersagen kann, wird jedoch zwangsläufig dazu führen, dass andere Datenquellen wie Vitalzeichendynamik oder EKG-Signale hinzugefügt werden müssen. Dadurch entsteht eine neue Herausforderung der Modalitätenfusion. Die Komplexität der Fusion besteht darin, ein Gleichgewicht zwischen der Untersuchung intramodaler und intermodaler Repräsentationen zu finden, während es keine eindeutige Lösung gibt und die richtige Kombination immer von einer bestimmten Aufgabe und den verfügbaren Daten abhängt.

Auch die anwenderfreundliche Gestaltung der Wartung und Steuerung eines KI-basierten Systems kann eine Herausforderung darstellen, die die Nutzungsphase betrifft. Technisch stellt die Implementierung von KI-Modellen keine große Herausforderung dar. In der Praxis werden sie oft in isolierten Umgebungen bzw. Containern eingesetzt. Container erlauben eine homogene Bereitstellung von Softwareversionen, wodurch sich die Integration und Wartung vereinfachen lassen. Zudem gewährleisten Container ein höheres Maß an Sicherheit, da sie in isolierten Umgebungen betrieben werden, wodurch das Risiko von Sicherheitslücken minimiert wird. Dies macht Container zu einer optimalen Lösung für die technologische Implementierung von KI in der prähospitalen Telenotfallmedizin. Trotzdem gibt es auch in der Betriebsphase mehrere komplexe Punkte. Neben der Erklärbarkeit trägt die Steuerbarkeit zur Vertrauenswürdigkeit des Systems und seiner Akzeptanz bei Anwendern bei (Ferrario und Loi 2022; Hille et al. 2023). Um dies zu ermöglichen, gibt es verschiedene Vorgehensweisen. Das regelmäßige Trainieren und Kalibrieren insbesondere bei der Berechnung und dem Vergleich mehrerer diagnosespezifischer Modelle ist ausschlaggebend, um stets die wahrscheinlichste Verdachtsdiagnose zu erhalten. Alternativ ist das Konzept des inkrementellen Lernens als Grundlage zu nutzen, wobei der trainierte Algorithmus neue, unbekannte Daten verwendet, um sein Verhalten anzupassen, ohne zuvor erworbenes Wissen zu verlieren. Um einen direkten Kommunikationskanal zwischen dem TNA als Anwender und dem KI-basierten Entscheidungsunterstützungssystem herzustellen, kann beispielsweise ein menschenzentrierter Reinforcement Learning (RL)-Algorithmus eingesetzt werden. Dieser integriert menschliches Feedback direkt in den Lernprozess und ergänzt oder ersetzt dadurch die herkömmliche, mathematisch definierte Belohnungsfunktion. Eine solche Technik erfordert die Gestaltung eines Feedback-Kanals, der sowohl die Kriterien der Informativität als auch der Zurückhaltung erfüllt. Die beiden Kriterien implizieren, dass das gesammelte Feedback informativ genug sein muss, um eine sinnvolle Verbesserung der aktuellen Modelle zu bewirken, ohne jedoch den TNA durch das Sammeln des Feedbacks zu stark abzulenken.

#### 18.2.1.2 Strategische Entscheidungsunterstützung

In der prähospitalen Telenotfallmedizin müssen nicht nur bei der diagnostischen und taktischen, sondern auch bei der strategischen Entscheidungsfindung Informationen aus verschiedenen Systemen, wie KIS, Leitsystemen zur Steuerung von Patientenströmen im Rettungsdienst (u. a. IG NRW, IVENA), Navigationssystemen oder TNA-Systemen in Echtzeit kombiniert werden, um zu einer optimalen Entscheidung zu kommen. Durch technische Unterstützung bei routinemäßigen operativen Aufgaben können TNAs entlastet werden, ihren Fokus weiterhin auf medizinische Verantwortlichkeiten richten und komplexere, nicht routinemäßige Aufgaben bewältigen. Obwohl die Weiterentwicklung dieser operativen Unterstützung entscheidend für die langfristige Systemstabilität und Servicequalität ist, fehlt oft der Reiz, innovative Formen der Unterstützung bei der Durchführung von strategischen Aufgaben zu nutzen. Erhebliches Entwicklungspotenzial für KI-unterstützte Systeme besteht beispielsweise bei der Durchführung statischer operativer Aufgaben, wie der Planung der Positionierung und Vorhaltung von RTWs (Tassone und Choudhury 2020; Neira-Rodado et al. 2022) und bei dynamischen, fallspezifischen Aufgaben wie der Routenplanung, Umleitung von Fahrzeugen und Beschaffung von Medikamenten und Verbrauchsmaterial (Bowles und Caminati 2019). Dieser Abschnitt untersucht die Rolle von KI bei der Verbesserung strategischer Entscheidungen innerhalb der Telenotfallmedizin, damit medizinische Experten Komplexitäten besser bewältigen und letztlich die Patientenergebnisse verbessern können.

Die Integration von KI in die strategische Entscheidungsfindung bringt die Herausforderung mit sich, Ziele, Einschränkungen und Variablen präziser definieren zu müssen, als es für erfahrene Experten mit umfangreichem Hintergrundwissen nötig ist, da KI die menschliche Fähigkeit fehlt, sich in neuen Situationen durch Abstraktion zu orientieren und inadäquate Lösungen intuitiv zu erkennen. In einem vereinfachten Beispiel wird die Entscheidung betrachtet, ob ein Hubschrauber oder ein RTW für den Patiententransport genutzt werden soll, und dabei angenommen, dass die Transportzeit den Zustand des Patienten nicht beeinflusst. Wird lediglich nach Transportzeit und Krankenhauswahl optimiert, ohne den Hubschraubereinsatz mit Kosten zu belegen, würde das System bei jedem Einsatz ab einer gewissen Distanz immer den Hubschrauber vorschlagen, unabhängig von der Dringlichkeit des Notfalls oder den besonderen Anforderungen des Transports. Ein Mensch würde dies intuitiv als ineffizient erkennen. Daher ist es wichtig, klar zu definieren, dass der Hubschrauber ein kostenintensives, begrenztes und für Notfälle von mehreren Rettungsdienstbereichen genutztes Mittel ist.

Im Bereich Computer Vision kann solches Verhalten auch bei CNNs beobachtet werden. „Short-cuts" (Geirhos et al. 2020) beziehen sich auf Muster oder Merkmale, da Modelle lernen, welche zwar einfacher zu erkennen sind, aber zu einer nur oberflächlichen Erfassung der gewünschten Aufgabe führen. Dadurch können Modelle im Training und in ähnlichen Umgebungen gut funktionieren, aber im realen Einsatz drastisch scheitern. Ein neuronales Netzwerk, das Tumorgewebe in medizinischen Bildern identifiziert, könnte beispielsweise eher auf die Größe des Objekts oder seine Position im Bild achten als auf die spezifischen texturellen Merkmale des Tumors. Dies führt zu einer hohen Fehlerrate bei kleinen oder unregelmäßig geformten Tumoren. In der Medizin kann auf klaren Verfahren und Entscheidungstabellen aufgebaut werden, die sowohl in der Diagnostik als auch bei der Qualitätsverbesserung komplexer Operationen eine lange Tradition haben (Pauker und Wong 2005). Dieses Wissen kann ebenfalls genutzt werden, um strategische Entscheidungsprobleme zu definieren, die Herausforderungen wie Mehrdeutigkeit, Abkürzungen, Unsicherheit, Verständlichkeit und Mehrzielaspekte zu adressieren und Lösungen zu finden, die nicht die oft mit KI-Ansätzen verbundene „Black-Box"-Natur aufweisen.

Um ein KI-basiertes strategisches Entscheidungsunterstützungssystem zu entwickeln, müssen mehrere konzeptionelle Bausteine und zugehörige Forschungsdisziplinen berücksichtigt werden. Die Entscheidungstheorie bietet einen systematischen, quantitativen und visuellen Rahmen zur Bewertung wichtiger Entscheidungen von Unternehmen und Einzelpersonen (Parmigiani und Inoue 2009). Sie zerlegt komplexe Entscheidungen in einfachere Komponenten, identifiziert Ziele, bewertet Risiken und Unsicherheiten, beurteilt Ergebnisse und berücksichtigt Kompromisse, was letztendlich eine fundierte Entscheidungsfindung erleichtert (Keeney et al. 1979). Werkzeuge wie Entscheidungsbäume, Einflussdiagramme und Bewertungsmodelle strukturieren Probleme, analysieren verschiedene Szenarien und bestimmen optimale Strategien (Shachter 1988). Ziel ist es, die Qualität und die Ergebnisse von Entscheidungen durch einen rigorosen analytischen Ansatz zu verbessern.

Operations Research (OR) verwendet mathematische Modelle, Statistiken und Algorithmen, um die Entscheidungsfindung und Problemlösung in komplexen Systemen zu optimieren. Es zielt darauf ab, Effizienz, Produktivität und Leistung in Bereichen wie Logistik, Fertigung, Gesundheitswesen und Finanzen zu maximieren. Stochastische Optimierung in OR modelliert probabilistische Szenarien, um erwartete Ergebnisse zu optimieren, was in Anwendungen wie der Patienten- und Behandlungsplanung im medizinischen Sektor entscheidend ist (Kleywegt und Shapiro 2001). Robuste Optimierung stellt sicher, dass Lösungen in Worst-Case-Szenarien effektiv bleiben und hilft bei der Ressourcenallokation in Notfällen. ML verbessert stochastische und robuste Optimierung, indem es Unsicherheiten genau modelliert und realistische Szenarien generiert (Bertsimas und Thiele 2014; Bertsimas et al. 2018; Shang und You 2019). Es nutzt datengetriebene Einblicke, um probabilistische Ergebnisse vorherzusagen oder Worst-Case-Szenarien zu identifizieren und informiert den Optimierungsprozess. Beim stochastischen Optimieren simuliert ML potenzielle Zukünfte, um die Entscheidungsfindung unter Unsicherheit zu verfeinern. Bei der robusten Optimierung definiert es die Grenzen der Unsicherheit und stellt sicher, dass Lösungen unter variierenden Bedingungen effektiv bleiben. Gemeinsam bilden diese Komponenten einen umfassenden Ansatz zur Entwicklung von KI-basierten strategischen Entscheidungsunterstützungssystemen, der Entscheidungsanalyse, OR und ML nutzt, um Unsicherheiten zu bewältigen und die Leistung zu optimieren.

Am Beispiel der Krankenhauswahl können die wesentlichen Komponenten und Schnittstellen eines KI-basierten strategischen Entscheidungsunterstützungssystems im Bereich der Notfallmedizin veranschaulicht werden. Der Entscheidungsprozess beinhaltet den Abgleich von medizinisch erforderlicher Fachrichtung (definiert durch den TNA), Distanz und Dringlichkeit mit den verfügbaren Krankenhausmerkmalen. Diagnosen, dargestellt durch empfohlene Behandlungsoptionen, sind mit Unsicherheit behaftet. Im Gegensatz dazu sind medizinische Spezialisierungen der Krankenhäuser bekannt, wobei Fahrzeiten wiederum erhebliche Unsicherheiten beinhalten (Katriel et al. 2008; Devic et al. 2023). Das Ausbalancieren von Transportzeit und Spezialisierung führt zu einem multiobjektiven Problem. KI-Methoden zur Vorhersage von Transportzeiten und zur Bewertung von medizinischen Diagnosen dienen als Eingaben für den strategischen Entscheidungsprozess. Diese Aufgabentrennung vereinfacht das Verständnis und die Verwaltung des Systems. Als Ergebnis liefert die Kombination dieser verschiedenen KI-Methoden auf die Input-Parameter optimierte Szenarien, die dem TNA als Handlungsoptionen dargestellt werden.

Es ist entscheidend, dass eine Benutzeroberfläche dem Anwender ermöglicht, diese KI-Vorhersagen während der Entscheidungsfindung zu überwachen und anzupassen, bspw. indem die Gewichtung eines Input-Parameters, wie der Dringlichkeit, angepasst wird. So können die Szenarien in Echtzeit modifiziert und etwa das empfohlene Krankenhaus oder die empfohlene Route verändert werden. Letztendlich trifft jedoch immer der TNA die endgültige Entscheidung darüber, welches Szenario das Optimale ist. Die Aktionen des TNAs bilden einen Feedback-Loop, welcher eine schrittweise Verbesserung des Systems ermöglicht – eine Schlüsselfunktion jedes datenbasierten Frameworks.

### 18.2.2 Datenschutz, -diversität und Handhabung fehlender oder unvollständiger Daten

Ein notfallmedizinischer Datensatz umfasst eine Vielzahl unterschiedlicher Daten, die im Rahmen der jeweiligen Einsätze zu verschiedenen Zeiten erhoben werden. In Bezug auf die Datenerhebung im Rettungsdienst lassen sich grundsätzlich drei Kategorien unterscheiden: Patientendaten, Leitstellendaten und sonstige sogenannte „Umgebungsdaten". Diese Daten entstehen in verschiedenen Prozessabschnitten eines laufenden Rettungseinsatzes und umfassen alle Abläufe vom Notruf über die 112, über das Ausrücken und Eintreffen der Rettungsmittel am Einsatzort bis hin zur Behandlung und zum Transport des Patienten. Die Kategorie Patientendaten umfasst Informationen, die sich auf den individuellen Patienten beziehen. Einige dieser Daten werden bereits während des Notrufs durch eine entsprechende Notrufabfrage in der Leitstelle erfasst, um eine geeignete Ressource anhand des Patientenzustandes zu ermitteln und zu alarmieren. Am Einsatzort werden diese Daten vom Rettungsfachpersonal durch die Anamnese, Diagnose und Behandlung ergänzt. Es werden beispielsweise Daten zum Patientenzustand wie Vitalwerte, Vorerkrankungen, regelmäßig eingenommene Medikamente, Allergien und ähnliche Informationen erhoben. Die Kategorie Leitstellendaten beinhaltet Informationen zum Einsatzort, zu den im Einsatz gebundenen Rettungsmitteln, zum Transportziel sowie Zeitstempel zum Notrufeingang und zu den jeweiligen Statusmeldungen der Einsatzmittel, die über das Funkmeldesystem von den Einsatzkräften abgegeben werden (i. d. R. von 1 = einsatzbereit über Funk bis 8 = Ankunft am Transportziel bzw. 9 = Notarzt aufgenommen). Die Kategorie Umgebungsdaten bietet einsatzunabhängig Aufschluss über Informationen zur Umgebung des Patienten, wie beispielsweise Wetter- und Verkehrsdaten. In den meisten Fällen werden diese Daten in tabellarischer Form in relationalen Datenbanken erfasst.

Das Training, die Implementierung und insbesondere die Testung eines KI-Modells setzen voraus, dass ein umfassender und möglichst vollständiger Datensatz zur Verfügung steht. Die Verwendung unvollständiger und fehlerhafter Daten kann zu Modellen mit beeinträchtigter Zuverlässigkeit führen, was wiederum gravierende Einschränkungen hinsichtlich der Qualität der Vorhersagen und der damit verknüpften TNA-Entscheidungen zur Folge haben kann (Sterne et al. 2009; Budach et al. 2022). Wie bereits in Abschn. 18.2.1.1 dargelegt, erweist sich die Etablierung einer vollständigen Datengrundlage insbesondere in der

(Notfall-)Medizin als besonders anspruchsvoll. Demnach besteht die besondere Notwendigkeit, sicherzustellen, dass der verwendete Datensatz von hoher Qualität ist. Ist dies nicht der Fall, kann das KI-Modell aufgrund unvollständiger Datenpunkte zu völlig unterschiedlichen Ergebnissen oder Vorschlägen gelangen, was den TNA zu falschen Folgeentscheidungen verleitet. Der erfolgreiche Einsatz von KI im telemedizinischen Bereich erfordert folglich die Erfüllung verschiedener Anforderungen hinsichtlich der Datenverfügbarkeit, -qualität und -sicherheit, um die Entwicklung robuster und vertrauenswürdiger Modelle zu ermöglichen. Im Folgenden werden die in diesem Kontext relevanten Themen Datenschutz und Anonymisierung personenbezogener Daten, Datendiversität und die Handhabung fehlender oder unvollständiger Daten hervorgehoben und diskutiert.

Ein wichtiger Aspekt bei der Erfassung und Verarbeitung von Daten betrifft den Datenschutz und dessen Wahrung insbesondere durch die Anonymisierung personenbezogener Daten. Die Verwendung von Daten aus dem medizinischen Bereich unterliegt strengen datenschutzrechtlichen Bestimmungen. Auf europäischer Ebene ist hier die General Data Protection Regulation (GDPR) zu nennen, in Deutschland findet zudem die Datenschutzgrundverordnung (DSGVO) Anwendung. Beide Dokumente regeln die Freigabe und Nutzung (medizinischer) personenbezogener Daten und schränken den Zugang zu Patientenakten ein, was die Erhebung, Speicherung und Verarbeitung von Daten – selbst zu Forschungszwecken – erschwert. So darf ein de-identifizierender Zugriff auf Daten nicht möglich sein. Die Sensibilität von Patientendaten erfordert einen transparenten Umgang mit ebensolchen. Sämtliche Schritte bei der Akquise, Speicherung und Verarbeitung sollten dokumentiert werden, um eine lückenlose Nachvollziehbarkeit und Sicherheit zu gewährleisten. Dies ist nicht nur für die Datenverarbeitung selbst von Nutzen, sondern gewährleistet auch die Einhaltung und Nachvollziehbarkeit der rechtlichen Anforderungen. Eine solche Transparenz schafft Vertrauen auf der Anwenderseite sowie auf der Patientenseite. Ein wesentlicher Aspekt im Umgang mit (tele-)medizinischen Daten ist die Einhaltung strenger datenschutzrechtlicher Vorschriften, um die Persönlichkeitsrechte der Patientinnen und Patienten zu wahren. Ein unbefugter Zugriff auf diese Informationen birgt das Risiko schwerwiegender Datenschutzverletzungen und missbräuchlicher Nutzung. Ein weiteres Risiko besteht in der Re-Identifizierung vermeintlich de-identifizierter Daten. Diese könnten durch die Verknüpfung mit anderen Datenquellen wieder einer bestimmten Person zugeordnet werden. Anonymisierungstechniken, welche nachfolgend dargestellt werden, minimieren das Risiko der Re-Identifizierung, indem sie die Rückverfolgbarkeit von Datensätzen auf Einzelpersonen verhindern. Zur Lösung dieser Problematik können Methoden zur Veröffentlichung von Daten unter Wahrung der Privatsphäre beitragen (Majeed und Lee 2021). Die Nutzung und gemeinsame Veröffentlichung nützlicher Daten sind möglich, während gleichzeitig die Privatsphäre geschützt wird. Aus ethischer Sicht sind Gesundheitsdienstleister verpflichtet, die Vertraulichkeit und Integrität von Patientendaten zu gewährleisten. Dies schützt nicht nur vor Privatsphärenverletzungen, sondern verhindert auch Diskriminierung in Bereichen wie Beschäftigung, Versicherung und sozialer Stigmatisierung.

Eine weit verbreitete Methode zur Anonymisierung sensibler Daten ist die sogenannte k-Anonymität, welche sicherstellt, dass jeder Datensatz von mindestens (k-1) anderen Datensätzen ununterscheidbar ist (Sweeney 2002). Im Rahmen dessen finden sowohl Generalisierung als auch Unterdrückung Anwendung, um die Anonymisierung der Daten zu gewährleisten. Diese Methoden sind jedoch anfällig für Angriffe durch Homogenität und Hintergrundwissen. Um die genannten Schwächen zu beheben, wurde l-Diversity entwickelt, eine Erweiterung der k-Anonymität, welche sicherstellt, dass jede Gruppe mindestens „l" unterschiedliche Werte für sensible Attribute enthält (Machanavajjhala et al. 2007). Die Problematik der Homogenität wird durch diese Methode gelöst, allerdings besteht weiterhin eine Anfälligkeit für Angriffe durch Verzerrung und Ähnlichkeit in den Daten. Eine weitere Verbesserung stellt die t-Closeness dar, welche die l-Diversity erweitert, indem sie sicherstellt, dass die Verteilung der sensiblen Attribute in jeder Gruppe der Gesamtverteilung ähnlich ist (Li et al. 2007). Die Ähnlichkeit der Verteilungen wird mittels der Earth Mover's Distance (EMD) gemessen. Die Offenlegung von Attributen wird durch t-Closeness reduziert, wobei eine präzise Messung der Nähe erforderlich ist, um die Effektivität der Methode zu gewährleisten (Bundesministerium für Wirtschaft und Energie 2018).

Zusammenfassend lässt sich festhalten, dass der erfolgreiche Einsatz von KI-Modellen in der (Tele-)Medizin eine solide Datengrundlage, strenge Datenschutzmaßnahmen und die Anwendung effektiver Anonymisierungstechniken erfordert. Die Aufbereitung und Sicherung von Daten müssen mit der gebotenen Sorgfalt erfolgen, um das Risiko der Re-Identifizierung zu minimieren. Die Gewährleistung von Datenqualität, Datenschutz und ethischen Standards ist unerlässlich, um die Verlässlichkeit der KI-Modelle sicherzustellen und das Vertrauen von Patienten und Anwendern zu stärken.

Ein weiterer wichtiger Aspekt ist die Diversität der Daten. Neben dem datenschutzkonformen Zugriff muss gewährleistet werden, dass die Trainingsdaten die vollständige Gesamtheit der Population möglichst repräsentativ abbilden. Dies setzt die Berücksichtigung eines breiten Spektrums an Patientendemografien, Krankheitstypen und klinischen Situationen im Datensatz voraus, um die Unvoreingenommenheit und Verallgemeinerbarkeit der KI-Modelle zu gewährleisten. Bei patientenbezogenen Daten sind insbesondere Attribute wie Alter, Geschlecht, Ethnie und sozioökonomischer Status von Relevanz. In der aktuellen Forschung finden sich Belege dafür, dass bereits ein minimales Ungleichgewicht einen signifikanten Effekt auf die Vorhersage bzw. Diagnose von Krankheiten und Verletzungen durch KI-Modelle haben kann. So führt möglicherweise zum Beispiel ein ungleiches Verhältnis der Geschlechter im Trainingsdatensatz zu einer deutlich geringeren Erfolgsrate für die unterrepräsentierte Gruppe im Vergleich zu einem ausgewogenen Datensatz (Straw und Wu 2022). Im Allgemeinen erfolgt eine Aufteilung der Daten, indem separate Datensätze für das Training, die Validierung und das Testen der Daten verwendet werden. Eine Überschneidung der Sub-Datensätze ist zu vermeiden, da andernfalls die Generalisierung und Unvoreingenommenheit des Modells nicht gewährleistet werden kann.

Ein letzter zentraler Aspekt, der bei der Entwicklung von KI-Modellen berücksichtigt werden sollte, ist das Vorhandensein und die Handhabung von fehlenden oder unvollständigen Daten (Missing Data). Dieses Problem manifestiert sich insbesondere bei medizinischen Datensätzen, wobei die Konsequenzen einer Verzerrung besonders gravierend sein können. Somit können Symptome, welche während eines TNA-Einsatzes nicht aufgezeichnet werden, da sie beispielsweise aus zeitlichen Gründen nicht dokumentiert werden können, einen Einfluss auf Verdachtsdiagnosen und Maßnahmen haben. Da diese jedoch nicht im Datensatz erfasst wurden, kann im Anschluss ein KI-Modell den Zusammenhang nur schwer oder überhaupt nicht erlernen. Das angeführte Beispiel veranschaulicht den Begriff „Dark Data", welcher Daten bezeichnet, die nicht erfasst wurden und dennoch einen Einfluss auf wesentliche Entscheidungen haben können. Ohne ein Bewusstsein für diese Daten sowie entsprechende Techniken zu ihrer Erkennung können gravierende Konsequenzen entstehen (Hand 2020). Die frühzeitige Identifikation und Behandlung solcher Fallstricke sind von entscheidender Bedeutung, um die Stabilität der Modelle zu gewährleisten. In Bezug auf die Bewältigung von fehlenden Daten steht eine Vielzahl von Methoden zur Verfügung, deren Anwendbarkeit im Einzelfall beurteilt werden muss.

Eine dieser Methoden ist die Löschung unvollständiger Datenzeilen oder Datenspalten. Hierbei ist jedoch der potenzielle Verlust wertvoller Informationen zu berücksichtigen. So kann bei fehlenden Altersangaben bei einigen Einsätzen entweder auf die Analyse dieser Einsätze verzichtet werden oder das Merkmal „Alter" im gesamten Datensatz ausgeschlossen werden. Als alternative Methode zur Behandlung fehlender Daten ist die Imputation zu nennen. Im Rahmen diverser Verfahren erfolgt eine Ergänzung fehlender Daten anhand von statistischen Zusammenhängen. In der aktuellen Forschung findet hierbei beispielsweise der K-Nearest-Neighbor-Algorithmus Anwendung, um klinische Daten zu vervollständigen (Sainani 2015). Unabhängig davon, ob eine Löschung oder Imputation gewählt wird, ist es unerlässlich, ein Verständnis für das Fehlen der Daten zu etablieren. Dies ist insbesondere relevant, da hinter fehlenden Daten möglicherweise Muster verborgen sind, die bei der Löschung zwangsläufig nicht erkannt und bei der Imputation nicht vollständig rekonstruiert werden können. Erst wenn hinsichtlich fehlender Daten und möglicher Muster ein Bewusstsein besteht, können zukünftige Datensätze optimiert und somit die Gültigkeit von klinischen Entscheidungen und von Forschungsergebnissen erhöht werden.

## 18.3 Schlussbetrachtung

KI birgt das Potenzial, die Medizin und möglicherweise besonders die prähospitale Telenotfallmedizin in signifikantem Maße zu verbessern. Dies kann durch eine beschleunigte Diagnostik, die Unterstützung individualisierter Behandlungsansätze sowie eine effiziente Nutzung von Ressourcen zum Transport und zur Weiterbehandlung erfolgen. KI erweist sich insbesondere bei der Analyse von medizinischen Bildern, Vitaldaten und Symptomen, der Vorhersage von Krankheitsverläufen sowie der Optimierung von Kapazitäten in

Notaufnahmen als hilfreich. Allerdings stellen die Integration in bestehende Systeme, der Datenschutz und das Vertrauen von Ärzten und Patienten wesentliche Herausforderungen dar. Diese sind in der Zukunft zu bewältigen, um den vollen Nutzen KI-basierter Technologien ausschöpfen zu können.

Die erfolgreiche Integration von KI in bestehende TNA-Systeme lässt eine signifikante Optimierung der Notfallversorgung erwarten. Durch effizientere Entscheidungsprozesse und eine beschleunigte Diagnostik können Behandlungspläne genauer auf die individuellen Bedürfnisse der Patienten ausgerichtet werden. Dies resultiert nicht nur in einer situationsgerechteren Nutzung der Ressourcen, sondern auch in einer verbesserten Patientenversorgung und einer höheren Behandlungsqualität. Die simultane Betreuung mehrerer Patienten durch einen TNA ist mit KI-Unterstützung noch besser möglich, ohne dass dies zu Einbußen in der Versorgungsqualität führt. So kann KI potenziell eine Reduktion von Einsatzzeiten herbeiführen. Dies geschieht durch eine optimierte Gestaltung von Arbeitsabläufen sowie die Nutzung automatisierter Prozesse und KI-basierter Unterstützungssysteme zur Entlastung des medizinischen Personals. Dadurch können Notfälle schneller und präziser bearbeitet werden. Ein weiterer Vorteil der Integration von KI in die prähospitale Notfallmedizin liegt in der damit einhergehenden Steigerung der Patientensicherheit. KI-Systeme sind in der Lage, potenzielle Komplikationen frühzeitig zu identifizieren und Patienten kontinuierlich zu beobachten. Die Reduzierung des Risikos menschlicher Fehler sowie die zeitnahe Identifikation und Weiterleitung von Auffälligkeiten in Vitaldaten an das medizinische Personal sind wesentliche Vorteile des Systems. Dadurch entsteht die Möglichkeit, kritische Zustände unmittelbar zu behandeln, was die Sicherheit der Patienten wesentlich erhöhen kann.

Um den spezifischen Anforderungen der Notfallmedizin gerecht zu werden, ist eine kontinuierliche Weiterentwicklung und Anpassung von KI-Modellen erforderlich. Dies eröffnet neue Möglichkeiten für die Diagnostik, Behandlung und Ressourcenverwaltung, wodurch sich die Effizienz und Präzision in der Notfallversorgung weiter verbessern lassen könnten. Dabei ist eine enge Zusammenarbeit zwischen Experten aus der Forschung und Praxis und in den Bereichen Informatik und Medizin unverzichtbar. Einerseits benötigen Entwickler von KI-basierten Systemen stets die Expertise der klinischen Anwender, damit deren Nutzung tatsächlich den entsprechenden Bedarf trifft und keine zusätzliche Belastung durch Mehraufwand, sondern eine gewinnbringende Entscheidungsunterstützung zum Einsatz im beruflichen Alltag darstellt. Andererseits bedarf es im medizinischen Bereich technologischer Expertise, um mit den verfügbaren, stetig an Volumen zunehmenden und daher manuell künftig nicht mehr handhabbaren Daten umzugehen. Zudem sollte bei der flächendeckenden Einführung marktreifer Systeme die Beteiligung von Implementierungswissenschaftlern in Erwägung gezogen werden, um eine möglichst effektive und nachhaltige Nutzung KI-basierter Anwendungen zu erreichen.

Ein weiterer wesentlicher Aspekt ist die Integration und Akzeptanz von KI-Technologien. Ärzte sowie Pflegepersonal müssen umfassend geschult und in die Arbeit mit diesen neuen Systemen eingebunden werden, um optimale Ergebnisse zu erzielen. Gleichzeitig muss auch bei Patienten sowie deren Angehörigen das Vertrauen in die

KI-Technologie erst aufgebaut und zunehmend gestärkt werden. Die Akzeptanz dieser neuen Technologien, sowohl bei Fachkräften als auch bei Patienten, ist der Schlüssel zum langfristigen Erfolg und zur Verbesserung der Gesundheitsversorgung.

Der aktuelle Forschungsstand zur KI in der Notfallmedizin offenbart, dass es bislang nur einen geringen Umfang an evidenzbasierter Forschung gibt, insbesondere in Form von Langzeitstudien. Ein Großteil der bisherigen Studien weist eine geringe Stichprobengröße auf oder fokussiert sich lediglich auf spezifische Anwendungsbereiche, was eine umfassende Evaluierung der Effektivität und Zuverlässigkeit der KI-Systeme behindert. Diese begrenzte Datenbasis erschwert die Formulierung fundierter Aussagen bezüglich der langfristigen Auswirkungen von KI in der Notfallmedizin. Die Validierung von KI-Modellen stellt eine wesentliche Voraussetzung dar, da nur so sichergestellt werden kann, dass sie in unterschiedlichen prähospitalen und klinischen Situationen zuverlässig funktionieren. Jedes Modell muss daher von erfahrenen Endanwendern gründlich getestet und in der Praxis überwacht werden, um seine Wirksamkeit und Sicherheit zu garantieren. Eine systematische Evaluation ist unerlässlich, um die tatsächliche Performance dieser Technologien in der realen medizinischen Umgebung zu bestimmen. Daher sind für die Zukunft weitere Studien und Pilotprojekte erforderlich, um das volle Potenzial der KI in der Notfallmedizin auszuschöpfen. Bei diesen Projekten sollte neben der technischen Leistung der KI auch auf ihre langfristigen Auswirkungen auf die medizinische Versorgung und auf die Zufriedenheit sowohl der medizinischen Fachkräfte als auch der Patienten eingegangen werden.

## Literatur

Åkerlund C. A. I., Holst A., Stocchetti N., Steyerberg E. W., Menon D. K., Ercole A., Nelson D. W. & CENTER-TBI Participants and Investigators (2022) Clustering identifies endotypes of traumatic brain injury in an intensive care cohort: a CENTER-TBI study. *Critical Care*. Vol. 26, Art. 228. https://doi.org/10.1186/s13054-022-04079-w

Al-Zaiti S., Besomi L., Bouzid Z., Faramand Z., Frisch S., Martin-Gill C. & Sejdić E. (2020) Machine learning-based prediction of acute coronary syndrome using only the pre-hospital 12-lead electrocardiogram. *Nature Communications*. 11(1):3966. https://doi.org/10.1038/s41467-020-17804-2

Andersson P., Johnsson J., Björnsson O., Cronberg T., Hassager C., Zetterberg H., Stammet P., Undén J., Kjaergaard J., Friberg H., Blennow K., Lilja G., Wise M. P., Dankiewicz J., Nielsen N. & Frigyesi A. (2021) Predicting neurological outcome after out-of-hospital cardiac arrest with cumulative information; development and internal validation of an artificial neural network algorithm. *Critical Care*. Vol. 25, Art. 83. https://doi.org/10.1186/s13054-021-03505-9

Bertsimas D., Gupta V. & Kallus N. (2018) Data-driven robust optimization. *Mathematical Programming*, 167:235–292. https://doi.org/10.1007/s10107-017-1125-8

Bertsimas D. & Thiele A. (2014) Robust and Data-Driven Optimization: Modern Decision Making Under Uncertainty. *INFORMS Tutorials in Operations Research*, pp. 95–122. https://doi.org/10.1287/educ.1063.0022

Bowles J. K. F. & Caminati M. B. (2019) Balancing Prescriptions with Constraint Solvers. In: Liò P., Zuliani P. (Eds.) *Automated Reasoning for Systems Biology and Medicine*. Computational Biology, Bd. 30, Springer, Cham. https://doi.org/10.1007/978-3-030-17297-8_9

Budach L., Feuerpfeil M., Ihde N., Nathansen A., Noack N., Patzlaff H., Naumann F. & Harmouch H. (2022) The effects of data quality on machine learning performance. arXiv. https://doi.org/10.48550/arXiv.2207.14529

BMWi (2018) Smart Data: Leitfaden Anonymisierung. *Digitale Technologien*. Bundesministerium für Wirtschaft und Energie (BMWi, Hrsg.), Online im Internet: https://www.digitale-technologien.de/DT/Redaktion/DE/Downloads/Publikation/2018_10_18_Smart_Data_Leitfaden_Anonymisierung.pdf?__blob=publicationFile&v=5, Abrufdatum: 15.12.2024.

Chan S. L., Lee J. W., Ong M. E. H., Siddiqui F. J., Graves N., Ho A. F. W. & Liu N. (2023) Implementation of Prediction Models in the Emergency Department from an Implementation Science Perspective – Determinants, Outcomes, and Real-World Impact: A Scoping Review. *Annals of Emergency Medicine*. 82(1): 22–36. https://doi.org/10.1016/j.annemergmed.2023.02.001

Chen J., Wu X., Li M., Liu L., Zhong L., Xiao J., Lou B., Zhong X., Chen Y., Huang W., Meng X., Gui Y., Chen M., Wang D., Dongye M., Zhang X., Cheung C.Y., Lai I.F., Yan H., Lin X. & Lin H. (2023) EE-Explorer: A Multimodal Artificial Intelligence System for Eye Emergency Triage and Primary Diagnosis. *American Journal of Ophthalmology*, 252:253–264. https://doi.org/10.1016/j.ajo.2023.04.007

Devic S., Kempe D., Sharan V. & Korolova A. (2023) Fairness in Matching under Uncertainty. In: Proceedings of the 40th International Conference on Machine Learning, 23–29 July 2023, Proceedings of Machine Learning Research (PMLR), Honolulu, Hawaii, USA, Vol. 202, pp. 7775–7794.

Di Gennaro M., Fusco L., Di Dio Lavore I., D'Arnese E. & Santambrogio M. D. (2020) A faster approach to ECG analysis in emergency situations. In: 2020 42nd Annual International Conference of the IEEE Engineering in Medicine & Biology Society (EMBC), Montreal, QC, Canada, 20.-24. Juli 2020, pp. 312–315. https://doi.org/10.1109/EMBC44109.2020.9175906

Felzen M., Sommer A., Lapp N., Rossaint R. & Beckers S. K. (2020) Erfahrungen aus 5 Jahren Telenotfallmedizin in der Region Aachen. In: Dormann F., Klauber J. & Kuhlen R. (Hrsg.), *Qualitätsmonitor 2020*. Berlin: Medizinisch Wissenschaftliche Verlagsgesellschaft. https://doi.org/10.32745/9783954665860-1.10

Ferrario A., Loi M. (2022) How Explainability Contributes to Trust in AI. In: *Proceedings of the 2022 ACM Conference on Fairness, Accountability, and Transparency* (FAccT '22), Association for Computing Machinery, 21.-24. Juni 2022, New York, NY, USA, pp. 1457–1466. https://doi.org/10.1145/3531146.3533202

Frankema S. P. G., Edwards M. J. R., Steyerberg E. W. & van Vugt A. B. (2002) Predicting survival after trauma: a comparison of TRISS and ASCOT in the Netherlands. *European Journal of Trauma*. 28(6):355–364. https://doi.org/10.1007/s00068-002-1217-9

Geirhos R., Jacobsen J.H., Michaelis C., Zemel R., Brendel W., Bethge M. & Wichmann F.A. (2020) Shortcut learning in deep neural networks. *Nature Machine Intelligence*, 2(11):665–673. https://doi.org/10.1038/s42256-020-00257-z

González-Robledo J., Martín-González F., Sánchez-Barba M., Sánchez-Hernández F. & Moreno-García M. N. (2017) Multiclassifier systems for predicting neurological outcome of patients with severe trauma and polytrauma in intensive care units. *Journal of Medical Systems*. 41(9): 136. https://doi.org/10.1007/s10916-017-0789-1

Hand D. J. (2020) Dark data: Why what you don't know matters. *Princeton University Press*. New Jersey. https://doi.org/10.1515/9780691198859

Harding U. (2015) Der medizinische Notfall. In: Salomon F. (Ed.) Praxisbuch Ethik in der Notfallmedizin. Berlin: Medizinisch Wissenschaftliche Verlagsgesellschaft. https://doi.org/10.32745/9783954662678-2

Hassan M. A., Aldridge C. M., Zhuang Y., Yin X., McMurry T., Rohde G. K. & Southerland A. M. (2022) Approach to quantify eye movements to augment stroke diagnosis with a non-calibrated eye-tracker. *IEEE Transactions on Biomedical Engineering*. 70(6): 1750–1757. https://doi.org/10.1109/TBME.2022.3227015

Hille E. M., Hummel P. & Braun M. (2023) Meaningful Human Control over AI for Health? A Review. *Journal of Medical Ethics*. 0:1–9. https://doi.org/10.1136/jme-2023-109095

Katriel I., Kenyon-Mathieu C. & Upfal E. (2008) Commitment under uncertainty: Two-stage stochastic matching problems. *Theoretical Computer Science*, 408(2–3):213–223. https://doi.org/10.1016/j.tcs.2008.08.010

Keeney R. L., Raiffa H. & Rajala D. W. (1979) Decisions with Multiple Objectives: Preferences and Value Trade-Offs. *IEEE Transactions on Systems, Man, and Cybernetics*, 9(7):403–403. https://doi.org/10.1109/TSMC.1979.4310245

Khalili H., Rismani M., Nematollahi M. A., Masoudi M. S., Asadollahi A., Taheri R., Pourmontaseri H., Valibeygi A., Roshanzamir M., Alizadehsani R., Niakan A., Andishgar A., Islam S. M. S. & Acharya U. R. (2023) Prognosis prediction in traumatic brain injury patients using machine learning algorithms. *Scientific Reports*. 13(1): 960. https://doi.org/10.1038/s41598-023-28188-w

Khan J.I., Khan J., Ali F., Ullah F., Bacha J. & Lee S. (2022) Artificial Intelligence and Internet of Things (AI-IoT) Technologies in Response to COVID-19 Pandemic: A Systematic Review. *IEEE Access*, 10:62613–62660. https://doi.org/10.1109/ACCESS.2022.3181605

Kim J. S., Cho Y., Lim T. H. (2019) Prediction of the Location of the Glottis in Laryngeal Images by Using a Novel Deep-Learning Algorithm. *IEEE Access*, 7:79545–79554. https://doi.org/10.1109/ACCESS.2019.2923002

Kim J. H., Choi A., Kim M. J., Hyun H., Kim S. & Chang H.-J. (2022) Development of a machine-learning algorithm to predict in-hospital cardiac arrest for emergency department patients using a nationwide database. *Scientific Reports*. Vol. 12, Art. 21797. https://doi.org/10.1038/s41598-022-26167-1

Kleywegt A.J. & Shapiro A. (2001) Stochastic optimization. In: *Handbook of Industrial Engineering*, John Wiley & Sons, New York, United States of America, pp. 2625–2649.

Kong G., Xu D.-L., Yang J.-B., Wang T. & Jiang B. (2021) Evidential reasoning rule-based decision support system for predicting ICU admission and in-hospital death of trauma. *IEEE Transactions on Systems, Man, and Cybernetics: Systems*. 51(11):7131–7142. https://doi.org/10.1109/TSMC.2020.2967885

Kuhls D. A., Malone D. L., McCarter R. J. & Napolitano L. M. (2002) Predictors of mortality in adult trauma patients: the Physiologic Trauma Score is equivalent to the Trauma and Injury Severity Score. *Journal of the American College of Surgeons*. 194(6): 695–704. https://doi.org/10.1016/S1072-7515(02)01211-5

Lane D. J., Wunsch H., Saskin R., Cheskes S., Lin S., Morrison L. J., Scales D. C. (2020) Epidemiology and patient predictors of infection and sepsis in the prehospital setting. *Intensive Care Medicine*. 46:1394–1403. https://doi.org/10.1007/s00134-020-06093-4

Lee J. T., Hsieh C. C., Lin C. H., Lin Y. J. & Kao C. Y. (2021) Prediction of hospitalization using artificial intelligence for urgent patients in the emergency department. *Scientific Reports*. Vol. 11, Art. 19472. https://doi.org/10.1038/s41598-021-98961-2

Li N., Li T. & Venkatasubramanian S. (2007) t-Closeness: Privacy Beyond k-Anonymity and l-Diversity. In: *Proceedings of the 2007 IEEE 23rd International Conference on Data Engineering*, Istanbul, Turkey, 15.-20. April 2007, pp. 106–115. https://doi.org/10.1109/ICDE.2007.367856

Liu N., Guo D., Koh Z. X., Ho A. F. W., Xie F., Tagami T., Sakamoto J. T., Pek P. P., Chakraborty B., Lim S. H., Tan J. W. C. & Ong M. E. H. (2020) Heart rate n-variability (HRnV) and its application to risk stratification of chest pain patients in the emergency department. *BMC Cardiovascular Disorders*. Vol. 20, Art. 168. https://doi.org/10.1186/s12872-020-01455-8

Machanavajjhala A., Kifer D., Gehrke J. & Venkitasubramaniam M. (2007) L-diversity: Privacy beyond k-anonymity. *ACM Transactions on Knowledge Discovery from Data (TKDD)*. 1(1): 3-es. https://doi.org/10.1145/1217299.1217302

Majeed A. & Lee S. (2021) Anonymization Techniques for Privacy Preserving Data Publishing: A Comprehensive Survey. *IEEE Access*. 9:8512–8545. https://doi.org/10.1109/ACCESS.2020.3045700

Martin L., Peine A., Gronholz M., Marx G. & Bickenbach J. (2022) Künstliche Intelligenz: Herausforderungen und Nutzen in der Intensivmedizin. *Anästhesiol Intensivmed Notfallmed Schmerzther*. 57(03): 199–209. https://doi.org/10.1055/a-1423-8006

Möckel M. (2019) Welche Bedeutung haben Biomarker auf der Intensivstation?. *Med Klin Intensivmed Notfmed*. 114:284–285. https://doi.org/10.1007/s00063-019-0573-8

Moon H. J., Shin Y. J. & Cho Y. S. (2022) Identification of out-of-hospital cardiac arrest clusters using unsupervised learning. *The American Journal of Emergency Medicine*. 62:41–48. https://doi.org/10.1016/j.ajem.2022.09.035

Moyer J. D., Lee P., Bernard C., Henry L., Lang E., Cook F., Planquart F., Boutonnet M., Harrois A., Gauss T. & The Traumabase Group® (2022) Machine learning-based prediction of emergency neurosurgery within 24 h after moderate to severe traumatic brain injury. World Journal of Emergency Surgery. Vol. 17, Art. 42. https://doi.org/10.1186/s13017-022-00449-5

Neira-Rodado D., Escobar-Velasquez J.W. & McClean S. (2022) Ambulances Deployment Problems: Categorization, Evolution and Dynamic Problems Review. *ISPRS International Journal of Geo-Information*, 11(2):109. https://doi.org/10.3390/ijgi11020109

Nishioka N., Kobayashi D., Kiguchi T., Irisawa T., Yamada T., Yoshiya K., Park C., Nishimura T., Ishibe T., Yagi Y., Kishimoto M., Kim S.-H., Hayashi Y., Sogabe T., Morooka T., Sakamoto H., Suzuki K., Nakamura F., Matsuyama T., Okada Y. & Iwami T. (2021) Development and validation of early prediction for neurological outcome at 90 days after return of spontaneous circulation in out-of-hospital cardiac arrest. *Resuscitation*. 168:142–150. https://doi.org/10.1016/j.resuscitation.2021.09.027

O'Connell G. C., Walsh K. B., Smothers C. G., Ruksakulpiwat S., Armentrout B. L., Winkelman C., Milling T. J., Warach S. J., Barr T. L. (2022) Use of deep artificial neural networks to identify stroke during triage via subtle changes in circulating cell counts. *BMC Neurology*. Vol. 22, Art. 206. https://doi.org/10.1186/s12883-022-02726-x

Park J. H., Shin S. D., Song K. J., Hong K. J., Ro Y. S., Choi J.-W. & Choi S. W. (2019) Prediction of good neurological recovery after out-of-hospital cardiac arrest: A machine learning analysis. *Resuscitation*. 142:127–135. https://doi.org/10.1016/j.resuscitation.2019.07.020

Parmigiani G. & Inoue L. (2009) Decision theory: Principles and approaches. John Wiley & Sons. West Sussex, United Kingdom.

Pauker S.G., Wong J.B. (2005) The Influence of Influence Diagrams in Medicine. *Decision Analysis*, 2(4):183–244. https://doi.org/10.1287/deca.1060.0060

Paulin J., Reunamo A., Kurola J., Moen H., Salanterä S., Riihimäki H., Vesanen T., Koivisto M. & Iirola T. (2022) Using machine learning to predict subsequent events after EMS non-conveyance decisions. *BMC Medical Informatics and Decision Making*. 22:166. https://doi.org/10.1186/s12911-022-01901-x

Persson M., Fhager A., Trefná H. D., Yu Y., McKelvey T., Pegenius G. & Elam M. (2014) Microwave-based stroke diagnosis making global prehospital thrombolytic treatment possible. *IEEE Transactions on Biomedical Engineering*. 61(11):2806–2817. https://doi.org/10.1109/TBME.2014.2330554

Piliuk K. & Tomforde S. (2023) Artificial intelligence in emergency medicine. A systematic literature review. *International Journal of Medical Informatics*, 180:105274. https://doi.org/10.1016/j.ijmedinf.2023.105274

Sainani K. L. (2015) Dealing with missing data. *PM&R*. 7(9):990–994. https://doi.org/10.1016/j.pmrj.2015.07.011

Sanz J. A., Galar M., Bustince H. & Belzunegui T. (2019) An evolutionary UnderBagging approach to tackle the survival prediction of trauma patients: A case study at the Hospital of Navarre. *IEEE Access*. 7:76009–76021. https://doi.org/10.1109/ACCESS.2019.2921591

Scerbo M., Radhakrishnan H., Cotton B., Dua A., Del Junco D., Wade C., Holcomb J. B. (2014) Prehospital triage of trauma patients using the Random Forest computer algorithm. *Journal of Surgical Research*. 187(2):371–376. https://doi.org/10.1016/j.jss.2013.06.037

Schröder H., Beckers S. K., Borgs C., Rossaint R. & Felzen M. (2023) Update Telenotfallmedizin: Status quo und Ausblick. *Die Anaesthesiologie*. 72(7):506–517. https://doi.org/10.1007/s00101-023-01301-4

Shachter R. D. (1988) Probabilistic Inference and Influence Diagrams. *Operations Research*, 36 (4):589–589. https://doi.org/10.1287/opre.36.4.589

Shang C. & You F. (2019) A data-driven robust optimization approach to scenario-based stochastic model predictive control. *Journal of Process Control*, 75:24–39. https://doi.org/10.1016/j.jprocont.2018.12.013

Stahlschmidt S.R., Ulfenborg B. & Synnergren J. (2022) Multimodal deep learning for biomedical data fusion: a review. *Briefings in Bioinformatics*, 23(2):bbab569. https://doi.org/10.1093/bib/bbab569

Sterne J. A. C., White I. R., Carlin J. B., Spratt M., Royston P., Kenward M. G., Wood A. M., Carpenter J. R. (2009) Multiple imputation for missing data in epidemiological and clinical research: potential and pitfalls. BMJ, 338:b2393. https://doi.org/10.1136/bmj.b2393

Stewart J., Sprivulis P. & Dwivedi G. (2018) Artificial intelligence and machine learning in emergency medicine. *Emergency Medicine Australasia*. 30(6):870–874. https://doi.org/10.1111/1742-6723.13145

Straw I. & Wu H. (2022) Investigating for bias in healthcare algorithms: a sex-stratified analysis of supervised machine learning models in liver disease prediction. *BMJ Health Care Inform*. 29(1):e100457. https://doi.org/10.1136/bmjhci-2021-100457

Sweeney L. (2002) k-anonymity: a model for protecting privacy. *International Journal of Uncertainty, Fuzziness and Knowledge-Based Systems*. 10(05):557–570. https://doi.org/10.1142/S0218488502001648

Takata T., Yamada K., Yamamoto M. & Kondo H. (2023) REBOA Zone Estimation from the Body Surface Using Semantic Segmentation. Journal of Medical Systems. Vol. 47, Art. 42. https://doi.org/10.1007/s10916-023-01938-z

Takeda M., Oami T., Hayashi Y., Shimada T., Hattori N., Tateishi K. & Nakada T. A. (2022) Prehospital diagnostic algorithm for acute coronary syndrome using machine learning: a prospective observational study. *Scientific Reports*. 12(1):14593. https://doi.org/10.1038/s41598-022-18650-6

Tassone J. & Choudhury S. (2020) A Comprehensive Survey on the Ambulance Routing and Location Problems. *arXiv:2001.05288* [cs.AI]. https://doi.org/10.48550/arXiv.2001.05288

Tseng L.-M., Chuang C.-Y., Chua S.-K. & Tseng V. S. (2023) Identification of Coronary Culprit Lesion in ST Elevation Myocardial Infarction by Using Deep Learning. IEEE Journal of Translational Engineering in Health and Medicine. 11:70–79. https://doi.org/10.1109/JTEHM.2022.3227204

Wibring K., Lingman M., Herlitz J., Ashfaq A., Bång A. (2022) Development of a prehospital prediction model for risk stratification of patients with chest pain. *The American Journal of Emergency Medicine*. 51:26–31. https://doi.org/10.1016/j.ajem.2021.09.079

Xia J., Li Q., Tian Y., Zhao Y., Shen Z., Zhou T. & Li J. (2023) An unmanned emergency blood dispatch system based on an early prediction and fast delivery strategy: Design and development study. Computer Methods and Programs in Biomedicine. Vol. 235, Art. 107512. https://doi.org/10.1016/j.cmpb.2023.107512

Xie, F., Chakraborty B., Ong M. E. H., Goldstein B. A. & Liu N. (2020) AutoScore: A Machine Learning–Based Automatic Clinical Score Generator and Its Application to Mortality Prediction Using Electronic Health Records. *JMIR Medical Informatics*, 8(10):e21798. https://doi.org/10.2196/21798

Yoshida Y., Hayashi Y., Shimada T., Hattori N., Tomita K., Miura R. E., Yamao Y., Tateishi S., Iwadate Y. & Nakada T. A. (2023) Prehospital stroke-scale machine-learning model predicts the need for surgical intervention. Scientific Reports. Vol. 13, Art. 9135. https://doi.org/10.1038/s41598-023-36004-8

Zhang D., Yin C., Hunold K. M., Jiang X., Caterino J. M. & Zhang P. (2021) An interpretable deep-learning model for early prediction of sepsis in the emergency department. *Patterns*. 2(2):100196. https://doi.org/10.1016/j.patter.2020.100196

**Pia Thoma, M.Sc** ist wissenschaftliche Mitarbeiterin am Aachener Institut für Rettungsmedizin und zivile Sicherheit. Ihr Studium in den Fächern „European Public Health" (B.Sc.) und „Health Education and Promotion" (M.Sc.) absolvierte sie an der Universität Maastricht (Niederlande). Aktuell forscht und promoviert sie im Bereich der prähospitalen Versorgungsforschung zu den Themen KI-gestützte Entscheidungsunterstützung und datenbasierte Ressourcenplanung im Rettungsdienst.

**Konstantin Piliuk, M.Sc.,** ist Doktorand in der Gruppe „Intelligente Systeme" an der Christian-Albrechts-Universität zu Kiel unter der Betreuung von Prof. Dr.-Ing. Sven Tomforde. Er schloss sein Masterstudium in angewandter Mathematik und Informatik an der Finanzuniversität Moskau (Russland) ab. Zu seinen akademischen Interessen zählen Deep Learning, Computer Vision und Reinforcement Learning-Anwendungen.

**Dr. rer. nat. Immanuel Bayer** leitet seit 2018 den Bereich Machine Learning bei der Palaimon GmbH. Er promovierte 2017 in Informatik an der Universität Konstanz und schloss 2012 sein Diplom in Computational Engineering Science an der RWTH Aachen ab. Bei Palaimon führt er innovative KI-Projekte und trägt maßgeblich zur Anwendung fortschrittlicher Algorithmen bei.

**Emma Kneitinger, B.Sc.,** absolvierte ihren Bachelor in Informatik (B.Sc.) an der RWTH Aachen mit einem Schwerpunkt auf Machine Learning und Data Science im Gesundheitswesen. Ihre Bachelorarbeit am Uniklinikum Aachen befasste sich mit Emotionserkennung in der pädiatrischen Psychiatrie. Sie arbeitete bei Accenture/umlaut telehealthcare GmbH an der Entwicklung von KI für die Notfallmedizin.

**Prof. Dr.-Ing. habil. Sven Tomforde** ist Professor für „Intelligente Systeme" am Institut für Informatik der Technischen Fakultät an der Christian-Albrechts-Universität zu Kiel. Er promovierte an der Leibniz Universität Hannover 2011 im Bereich selbstlernender, technischer Systeme und habilitierte sich an der Universität Augsburg 2016 im Bereich des Organic Computing. Anschließend war er als Privatdozent an der Universität Kassel (Intelligente Eingebettete Systeme) und als Vertretungsprofessor an der Universität Passau tätig, bevor er 2019 nach Kiel berufen wurde. Seine Forschungsschwerpunkte sind Methoden und Anwendungen des maschinellen Lernens mit einem Fokus auf hochautonomem Lernen in intelligenten Systemen.

# Die Zukunft der Patientensteuerung – Wie die Weiterentwicklung der telefonischen Gesundheitsberatung 1450 den Patientenfluss in Österreich optimieren kann

# 19

Karin Messer-Misak, Bernadette Matiz und Wolfgang Habacher

## Inhaltsverzeichnis



K. Messer-Misak (✉)
Fachhochschule Joanneum GmbH, Graz, Österreich
E-Mail: karin.messer-misak@fh-joanneum.at

B. Matiz
Gesundheitsfonds Steiermark, Graz, Österreich
E-Mail: bernadette.matiz@gfstmk.at

W. Habacher
EPIG GmbH, Graz, Österreich
E-Mail: wolfgang.habacher@epig.at


M. A. Pfannstiel (Hrsg.), *Künstliche Intelligenz im Einsatz für die erfolgreiche Patientenreise*, https://doi.org/10.1007/978-3-658-48573-3_19

**Zusammenfassung**

Die Einführung der telefonischen Gesundheitsberatung 1450 in Österreich hatte das Ziel, den Zugang zu medizinischer Beratung rund um die Uhr zu erleichtern, unnötige Ambulanzbesuche zu reduzieren und die Gesundheitsversorgung durch einen niederschwelligen, leicht zugänglichen Service effizienter zu gestalten. Der aktuelle Stand der telefonischen Gesundheitsberatung 1450 zeigt eine positive Resonanz seitens der Bevölkerung, wobei viele Menschen die Hotline nutzen, um medizinische Fragen zu klären, Symptome zu bewerten oder Rat in Notfallsituationen einzuholen. Zukünftige Entwicklungen, wie die Einführung einer 1450-App, Videoberatungen und KI-gestützte Triage-Systeme, sollen den Service weiter optimieren. Die kontinuierliche Erweiterung birgt großes Potenzial zur Verbesserung des Gesundheitssystems, erfordert jedoch entsprechende Rahmenbedingungen, um dieses Potenzial voll ausschöpfen zu können.

## 19.1 Die Steuerung des Patientenflusses: Eine strategische Entscheidung

Die Steuerung des Patientenflusses ist sowohl aus volks- als auch betriebswirtschaftlicher Sicht ein kritischer Aspekt der Gesundheitsversorgung. Sie hat erhebliche Auswirkungen auf die Qualität der Versorgung und die Nutzung der Ressourcen wobei Alhaider et al. (2019, S. 273–274) den Einsatz von „Kommandozentralen" als mögliche Lösung zur Verbesserung des Patientenflusses vorgeschlagen haben. Allerdings ist es wichtig zu erkennen, dass Probleme im Patientenfluss nicht nur auf Ressourcenmangel zurückzuführen sind, sondern auch auf ineffiziente Abläufe. Haraden und Resar (2004, S. 3–15) erläutern, dass Wartezeiten, Verzögerungen und Stornierungen im Gesundheitswesen so häufig vorkommen, dass Patienten und Leistungserbringer diese als unvermeidlichen, aber bedauerlichen Teil des Behandlungsprozesses betrachten.

### 19.1.1 Herausforderungen und Lösungen im Patientenfluss

Krankenhäuser reagierten jahrelang auf Verzögerungen, indem sie zusätzliche Ressourcen wie mehr Betten, Gebäude oder Personal bereitstellten, um den Bedürfnissen einer zunehmend bedürftigen Bevölkerung gerecht zu werden. Publikationen (vgl. McIntyre und Chow 2020, S. 57; Osundina und Opeke 2017, S. 1–18) deuten jedoch darauf hin, dass eine Aufstockung der Ressourcen nicht die Lösung ist. In vielen Fällen sind Verzögerungen nicht nur ein Ressourcenproblem, sondern ein Problem ineffizienter Abläufe. Solange die Bezahlung der Leistungen die Kosten deckte, ermöglichte dieses Vorgehen Ineffizienzen im System. Heute können sich nur wenige Organisationen diese Lösung leisten.

Dies unterstreicht die Notwendigkeit eines umfassenden Ansatzes zur Steuerung des Patientenflusses, der Strategien zur Optimierung der Abläufe und zur Verringerung der Variabilität umfasst (Litvak und Dentzer 2010, S. 57–74). In Notaufnahmen und Ambulanzen ist die Steuerung des Patientenflusses besonders herausfordernd und erfordert Planungsstrategien, die Staukosten minimieren und gleichzeitig sicherstellen, dass alle Termine eingehalten werden können (Huang et al. 2015, S. 892–908).

### 19.1.2 Modelle und Strategien zur Steuerung des Patientenflusses

Es gibt verschiedene Modelle und Beispiele europaweit, die zur Steuerung des Patientenflusses eingesetzt werden. Bewährt haben sich folgende Modelle:

**Einweisungs- und Zuweisungsmodelle:** Dieses System, bei dem Patienten von ihrem Hausarzt oder einem anderen Primärversorger an spezialisierte Fachärzte oder Krankenhäuser überwiesen werden, hilft, den Patientenfluss zu steuern. Es stellt sicher, dass Patienten mit komplexen oder spezialisierten Bedürfnissen an die geeignete Stelle weitergeleitet werden. Palmer et al. (2020, S. 354–375) betonen die Bedeutung von Überweisungsmustern unter Einsatz von Datenvisualisierung und mathematischer Modellierung. Finley (2013, S. 84–89) hebt die strategischen Vorteile dieses Systems hervor, das zu verbesserten klinischen Ergebnissen und höherer Patientenzufriedenheit führt.

**Triage-Systeme:** Triage-Systeme werden häufig in Notaufnahmen und anderen akuten Versorgungseinrichtungen eingesetzt, um die Dringlichkeit der Behandlung für jeden Patienten zu bestimmen. Dies hilft, die Ressourcen effizient zu nutzen (Rodrigues et al. 2022, o. S.; DeFilippo et al. 2023, S. 377) und sicherzustellen, dass Patienten mit den dringendsten Bedürfnissen prioritär behandelt werden (Harding et al. 2011, S. 371–83).

**Telemedizin und Fernberatung:** Die Nutzung von Telemedizin und Fernberatung kann den Patientenfluss steuern, indem sie den Zugang zu medizinischer Beratung und Versorgung außerhalb traditioneller Gesundheitseinrichtungen ermöglicht. Dies kann die Überlastung von Akutambulanzen reduzieren und sie von Patienten mit weniger dringenden Bedürfnissen entlasten. Haleem et al. (2021, S. 2) heben die kosten- und zeitsparenden Vorteile der Telemedizin im Rahmen der Nachsorgetermine hervor. Wichtig ist in diesem Zusammenhang zu berücksichtigen, dass die oft erwähnten kosten- und zeitsparenden Vorteile der Telemedizin unter Berücksichtigung des jeweiligen nationalen Kontextes und des Honorierungssystems des Landes, in dem die Untersuchungen durchgeführt wurden, untersucht werden.

**Ambulante Versorgungszentren:** Ambulante Versorgungszentren bieten eine breite Palette von gesundheitsspezifischen Dienstleistungen außerhalb von Krankenhäusern an, einschließlich primärer und spezialisierter Versorgung sowie diagnostischer und therapeutischer Leistungen. Suss et al. (2017, S. 530–537) sowie White et al. (2011, S. 442–455) zeigen die erfolgreiche Umsetzung von Systemmodellen und Lean-Prinzipien, um Wartezeiten zu verkürzen und die Zeiteffizienz in Kliniken zu verbessern.

**Zentrale Terminvergabe:** Zentrale Terminvergabesysteme ermöglichen es Patienten, Termine bei verschiedenen Gesundheitseinrichtungen online oder telefonisch zu vereinbaren. Diese Systeme helfen, den Patientenfluss zu steuern, indem sie sicherstellen, dass Termine effizient koordiniert werden und Wartezeiten minimiert werden. Cordier und Riane (2013, S. 629–639) sowie Culjak und Klakvik (2006, S. 419–424) heben die Vorteile solcher Systeme hervor, darunter verbesserte Patientenpfade und die Überwindung von Barrieren in Gesundheitsinformationssystemen. Whear et al. (2020, S. 1–75) stellten jedoch fest, dass von Patienten initiierte Terminsysteme im Vergleich zu von Ärzten geleiteten Systemen möglicherweise nur geringe Auswirkungen auf die Patientenergebnisse haben.

### 19.1.3 Beispiele aus Europa

Beispiele für Modelle zur Steuerung des Patientenflusses in Europa sind das NHS-System in Großbritannien, das Modell der hausarztzentrierten Versorgung in den Niederlanden und das Modell der zentralen Terminvergabe der Kassenärztlichen Vereinigungen in Deutschland. Eine medizinische Dienstleistung, die eine KI-gesteuerte Telefonanwendung erbringen kann, ist die Einstufung von Patienten und die Feststellung der Dringlichkeit ihres Problems auf der Grundlage der in die App eingegebenen Symptome. Der Nationale Gesundheitsdienst (NHS) hat diese App im Norden Londons getestet, und inzwischen nutzen etwa 1,2 Mio. Menschen diesen KI-Chatbot, um ihre Fragen zu beantworten, anstatt die NHS-Notrufnummer anzurufen (Burgess 2017, o. S.).

Gesundheitsberatungshotlines sind in Schweden (1177 Vårdguiden) und in Dänemark (Medical Helpline 1813) im Einsatz. Diese Modelle zeigen verschiedene Ansätze zur Steuerung des Patientenflusses auf und bieten wichtige Einblicke für andere Länder, die ähnliche Herausforderungen bewältigen müssen.

## 19.2 Erwartungen an die Steuerung des Patientenstroms

Die Erwartungen an eine geplante Steuerung des Patientenstroms sind vielfältig und können in folgenden Schwerpunkten zusammengefasst werden:

**Verbesserung der Gesundheitsversorgung:** Durch eine gezielte Steuerung des Patientenstroms können Patienten schneller Zugang zu der spezifischen Versorgung erhalten, die sie benötigen. Dies trägt dazu bei, Wartezeiten zu verkürzen und sicherzustellen, dass die Patienten die bestmögliche Behandlung erhalten.

**Verbesserung der Patientenerfahrung:** Eine gezielte Unterstützung der Patienten bei ihrem Weg durch das Gesundheitssystem kann zu einer insgesamt positiveren Patientenerfahrung beitragen. Indem Patienten besser informiert und begleitet werden, fühlen sie sich unterstützt und besser versorgt. Der Zugang zu Informationen wird erleichtert und die Koordination der Versorgung verbessert.

**Vermeidung von Engpässen:** Durch die gezielte Lenkung des Patientenstroms können Engpässe vermieden werden, insbesondere in Zeiten erhöhter Nachfrage nach medizinischer Versorgung, wie beispielsweise während einer Pandemie oder in der Grippesaison.

**Prävention und Früherkennung:** Durch die Lenkung des Patientenstroms können Präventions- und Früherkennungsmaßnahmen effektiver umgesetzt werden. Indem Patienten frühzeitig an die richtigen Stellen weitergeleitet werden, können Risikofaktoren schneller identifiziert und präventive Maßnahmen eingeleitet werden.

**Effizienzsteigerung und Kostensenkung:** Ein effektives Patientenmanagement trägt zur Reduzierung von Kosten und Ressourcen im Gesundheitssystem bei. Indem unnötige Besuche in Notaufnahmen vermieden und die Ressourcen gezielter eingesetzt werden, können finanzielle und personelle Ressourcen effizienter genutzt werden.

Letztendlich zielen alle Maßnahmen einer gezielten Patientensteuerung darauf ab, ein Angebot zu schaffen, das den Patienten befähigt, den optimalen Weg durch das Gesundheitssystem zu finden, um eine effizientere, qualitativ hochwertige und patientenzentrierte Gesundheitsversorgung sicherzustellen.

Grundvoraussetzung für eine funktionierende Patientensteuerung ist letztlich immer eine frühzeitige Objektivierung des tatsächlichen Versorgungsbedarfs und somit qualitativ hochwertige Diagnostik und Entscheidungsbereitschaft durch die Akteure.

## 19.3 Ausgangssituation und Umsetzung in Österreich

Österreich steht in den nächsten Jahren vor mehreren Herausforderungen, um eine qualitativ hochwertige und bezahlbare Gesundheitsversorgung für alle Bürger sicherzustellen. Dies erfordert eine ganzheitliche und koordinierte Strategie, die sowohl strukturelle als auch politische Maßnahmen umfasst und auf die spezifischen Bedürfnisse des österreichischen Gesundheitssystems abgestimmt ist.

**Bevölkerungsstruktur:** Österreich steht vor dem Phänomen einer zunehmend älteren Bevölkerung. Laut Statistik Austria wird der Anteil der Menschen im Alter von 65 Jahren und älter bis 2050 voraussichtlich von derzeit etwa 19 % auf etwa 27 % steigen (Hanika et al. 2023, S. 12–31). Dies stellt das Gesundheitssystem vor die Herausforderung, die Gesundheitsversorgung älterer Menschen aufrechtzuerhalten und ihre spezifischen Bedürfnisse angemessen zu berücksichtigen.

**Steigende Gesundheitsausgaben:** Die Gesundheitsausgaben in Österreich sind in den letzten Jahren kontinuierlich gestiegen. Laut OECD betrugen die Gesundheitsausgaben ohne Investitionen in Österreich im Jahr 2022 etwa 49.900 Mio. € (im Jahr 2023 ist eine Steigerung um 4,8 % auf 52.280 Mio. € zu verzeichnen), was über dem OECD-Durchschnitt liegt (Kavlik et al. 2024, o. S.). Wobei zu berücksichtigen ist, dass man diese Zahlen auf die Bevölkerung beziehen muss, um einen aussagekräftigen Vergleich mit anderen Ländern zu ermöglichen, da nur so die Pro-Kopf-Ausgaben und die relative Belastung der Gesundheitssysteme vergleichbar werden. Die steigenden Gesundheitsausgaben stellen eine finanzielle Herausforderung für den gesamtstaatlichen Haushalt dar und erfordern eine effiziente Ressourcennutzung sowie Strategien zur Kostenkontrolle.

**Fachkräftemangel:** Eine Analyse des Instituts für Höhere Studien in Wien (Fink et al. 2015, S. 55–56 und 62–64) hat bestätigt, dass im österreichischen Gesundheitssystem in den 2020er- und beginnenden 2030er-Jahren ein Mangel an Fachkräften, insbesondere Ärzten und Pflegepersonal, herrscht. Dieser Mangel wird voraussichtlich durch den demografischen Wandel und die steigenden Anforderungen an die Gesundheitsversorgung weiter verschärft.

**Digitale Transformation:** Die zunehmende Digitalisierung im Gesundheitswesen bietet Chancen für eine verbesserte Versorgung und Effizienzsteigerung (Gopal et al. 2018, S. 328–335; Cha 2023, S. 235–237), bringt aber auch Herausforderungen (Lucas 2019, S. 30–32) mit sich. Dazu gehören Fragen der Datensicherheit und des Datenschutzes (Niechzial 2020, S. 113–132) sowie die Integration digitaler Technologien in bestehende Strukturen und Prozesse im Gesundheitswesen.

**Regionalisierung und Strukturwandel:** Österreich sieht sich mit einem Strukturwandel im Gesundheitswesen konfrontiert, der sich durch eine verstärkte Regionalisierung und eine Neuausrichtung der Versorgungsstrukturen auszeichnet. Dies erfordert eine Anpassung der bestehenden Strukturen und Prozesse, um die Bedürfnisse der Bevölkerung in verschiedenen Regionen des Landes effektiv zu erfüllen. Henke beschreibt bereits 2001 (Henke 2001, S. 816–118), dass Korrekturstrategien in der Gesundheitsversorgung stärker an den Bedürfnissen der Patienten ausgerichtet werden müssen, was eine bessere Information und mehr Entscheidungsautonomie für die Versicherten sowie eine Maximierung der Effizienz erfordert.

### 19.3.1 Lösungsansätze und Ziele der Patientensteuerung durch die Einführung der telefonischen Gesundheitsberatung 1450

Um den oben genannten Herausforderungen besser begegnen zu können, hat sich die Einführung der telefonischen Gesundheitsberatung 1450 als innovativer Ansatz herauskristallisiert. Die telefonische Gesundheitsberatung 1450 wurde als Pilotprojekt zwischen 2015 und 2018 in den Bundesländern Niederösterreich, Vorarlberg und Wien implementiert. Die weiteren Bundesländer haben zwischen 2017 und 2019 die Gesundheitsberatung 1450 umgesetzt. Hintergrund war eine Gesundheitsreform, die darauf abzielte, die Qualität und Erreichbarkeit bei Gesundheitsfragen für die österreichische Bevölkerung zu verbessern. Der Zugang zur gesundheitlichen Beratung und Information über die Versorgung sollte optimiert und die Effizienz im Gesundheitssystem gesteigert werden.

Die telefonische Gesundheitsberatung 1450 fungiert als zentraler Anlaufpunkt für Patienten, die Beratung und Unterstützung benötigen. Indem sie eine Vielzahl von Fragen beantwortet, von allgemeinen Gesundheitsbedenken bis hin zu spezifischen Notfällen, ermöglicht sie den Bürgern einen schnellen Zugang zu qualifizierten Fachleuten. Darüber hinaus dient sie als effektives Instrument zur Steuerung von Patienten, indem sie den Ressourceneinsatz im Gesundheitssystem optimiert und den Druck auf Spitalsambulanzen und Arztpraxen reduziert.

**Funktionsweise**

Die telefonische Gesundheitsberatung 1450 in Österreich dient in jedem Bundesland als zentraler Anlaufpunkt für Fragen rund um die Gesundheit. Wenn Hilfe oder Rat benötigt wird, kann die Telefonnummer 1450 zum Ortstarif kontaktiert werden, um mit qualifiziertem Pflegepersonal verbunden zu werden. Die geschulten Mitarbeiter beantworten

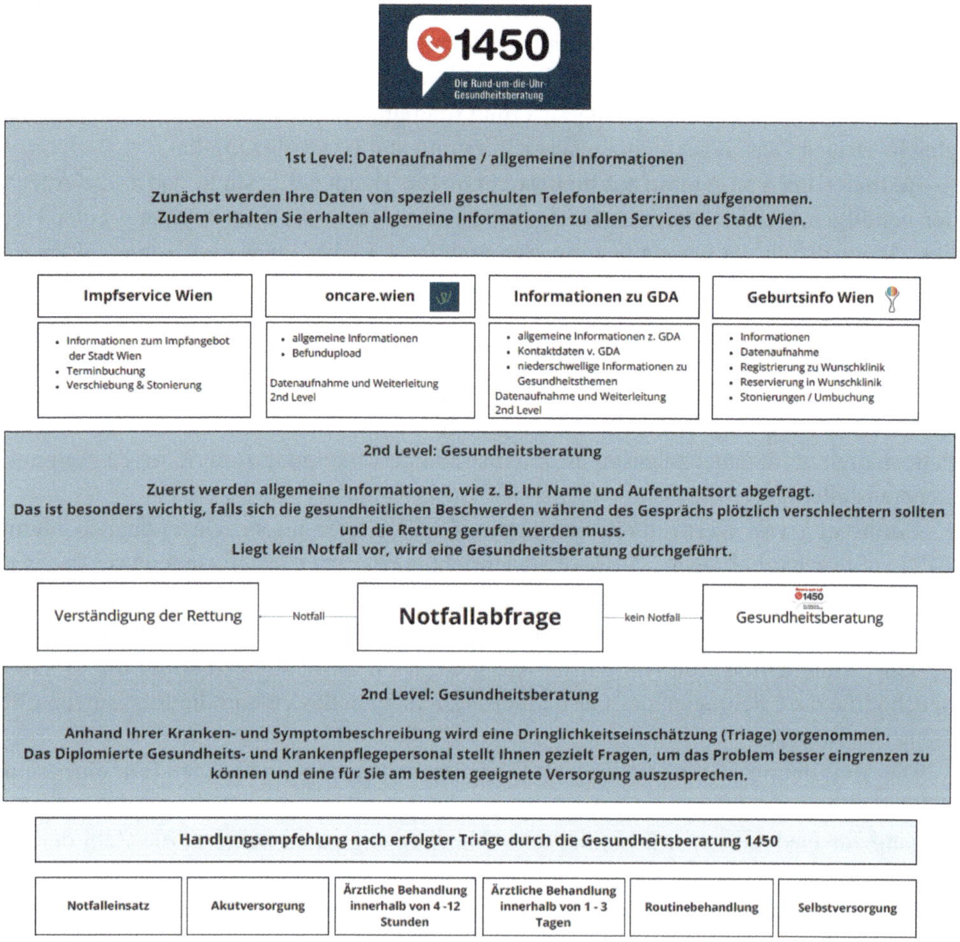


**Abb. 19.1** Ablauf Kontaktaufnahme Gesundheitsberatung. (Quelle: Gesundheitsberatung 1450 Wien (2024), o. S.)

Anrufe rund um die Uhr und bieten eine erste Einschätzung der Situation anhand der vom Anrufer bereitgestellten Informationen. Die Funktionsweise am Beispiel der Gesundheitsberatung Wien wird in Abb. 19.1 dargestellt.

## Zu erreichende Ziele

Die Einführung der telefonischen Gesundheitsberatung 1450 in Österreich verfolgte das Ziel, die Effizienz im Gesundheitssystem zu verbessern, indem Patienten schnell und unkompliziert eine richtige Anlaufstelle für verschiedene medizinische Anliegen angeboten wird. Damit sollten der Patientenstrom in die Ambulanzen der Krankenhäuser entlastet und der Zugang zu angemessener Gesundheitsversorgung erleichtert werden. Die detaillierten Erwartungshaltungen umfassen:

**Verbesserung des Zugangs zur medizinischen Beratung:** Viele Menschen in Österreich hatten Schwierigkeiten, außerhalb der regulären Öffnungszeiten medizinische Beratung und Unterstützung zu erhalten. Die Einführung einer landesweiten Gesundheitshotline sollte sicherstellen, dass die Bevölkerung rund um die Uhr und ortsunabhängig einen gleichwertigen Zugang zu medizinischer Beratung und Unterstützung hat.

**Reduzierung von Notaufnahmebesuchen:** Ein Hauptziel bestand darin, die Anzahl der unnötigen Notaufnahmebesuche zu reduzieren. Durch die Bereitstellung einer Hotline, die medizinische Fragen beantworten und akute Bedarfe bewerten kann, sollten die Menschen ermutigt werden, sich bei Bedarf zunächst an die Hotline zu wenden, anstatt direkt die Notaufnahme aufzusuchen.

**Zentralisierung der Patientenleitung:** Die Zielsetzung bestand darin, die Patientenleitung in den Bundesländern zu zentralisieren und einen einheitlichen Anlaufpunkt für medizinische Beratung und Unterstützung zu schaffen. Dies würde dazu beitragen, die Patientenreise effizienter zu gestalten und die richtige Versorgung zum richtigen Zeitpunkt sicherzustellen.

**Entlastung von Gesundheitseinrichtungen:** Die telefonische Gesundheitsberatung 1450 sollte dazu beitragen, Gesundheitseinrichtungen zu entlasten, indem sie den Anrufenden die Möglichkeit bietet, ihre Symptome zu bewerten und sie bei Bedarf an die geeignete Einrichtung weiterzuvermitteln. Durch die Lenkung des Patientenstroms und die gezielte Weiterleitung von Anrufen an die geeigneten Einrichtungen sollte die Gesundheitshotline dazu beitragen, das Gesundheitssystem zu entlasten und die Ressourcen effizienter zu nutzen.

Die Einführung der telefonischen Gesundheitsberatung 1450 war Teil eines umfassenden Ansatzes zur Verbesserung der Gesundheitsversorgung in Österreich, um den Zugang zur medizinischen Beratung und Unterstützung zu erleichtern, die Zahl der unnötigen Aufnahmen in Spitälern zu reduzieren und die Effizienz im Gesundheitssystem zu steigern. Indem Patienten bei nicht behandlungsbedürftigen Anfragen telefonisch informiert/aufgeklärt werden können oder bei Behandlungsbedarf gezielt an die richtigen Stellen weitergeleitet werden, sollen Überlastungen in Ambulanzen und anderen Einrichtungen vermieden werden.

### 19.3.2 Relevante Kriterien für eine erfolgreiche Umsetzung

**Konzeptentwicklung und Planung:** Zunächst wurde ein Konzept für die Gesundheitshotline entwickelt, das die Ziele, den Funktionsumfang und die technischen Anforderungen definierte. Dies umfasste auch die Festlegung der Zuständigkeiten und Aufgaben der Akteure, darunter Bund, Länder und Sozialversicherung. In der Art. 15a B-VG-Vereinbarung Zielsteuerung-Gesundheit (BGBl. I Nr. 97/2017 bzw. in der geltenden Fassung) wurden dahingehend Eckpunkte und Inhalte festgelegt.

**Technische Umsetzung:** Die technische Infrastruktur für die Gesundheitshotline wurde aufgebaut, einschließlich der Einrichtung einer zentralen Rufnummer und der Implementierung von Call-Center-Systemen zur Bearbeitung der Anrufe. Dies umfasste auch die Schulung von Mitarbeitern für die Annahme und Bearbeitung von Anrufen sowie die Entwicklung von Protokollen für die medizinische Beratung und Weiterleitung. Aufgrund der landesgesetzlichen Aufgaben sind die Einrichtungen föderalistisch organisiert, was dazu führt, dass die Funktionsweisen von 1450 länderspezifische Unterschiede aufweisen.

**Pilotphase und Evaluation:** Vor der offiziellen Einführung fand eine Pilotphase statt, um die Funktionsfähigkeit der Gesundheitshotline zu testen und eventuelle Probleme zu identifizieren. Basierend auf den Ergebnissen der Pilotphase wurden Anpassungen vorgenommen, bevor die Hotline in den Bundesländern eingeführt wurde. Nach der Einführung erfolgte ein kontinuierliches Monitoring der Hotline, um ihre Wirksamkeit zu überprüfen und gegebenenfalls Anpassungen vorzunehmen. Ein bundesweites deskriptives Monitoring erfolgt durch die Sozialversicherung, eine erste Evaluierung fand durch die Gesundheit Österreich GmbH statt, einzelne Bundesländer haben auch bereits erste Evaluationen auf Landesebene initiiert (z. B.: die Steiermark).

**Kommunikation und Sensibilisierung:** Um die Öffentlichkeit über die neue Gesundheitshotline zu informieren und ihre Nutzung zu fördern, wurden umfangreiche Kommunikationskampagnen durchgeführt. Diese umfassten die Veröffentlichung von Informationsmaterialien, Werbekampagnen in den Medien und die Integration der Hotline in bestehende Gesundheitsinformationsdienste. Mit dem österreichweiten Einsatz der Gesundheitsberatung 1450 wurde eine bundesweit einheitliche Kampagne gestartet, die länderseitig verstärkt wurde.

### 19.3.3 Aktueller Umsetzungsstand

In der Vereinbarung gemäß Art. 15a B-VG über die Organisation und Finanzierung des Gesundheitswesens in der geltenden Fassung wurden weitere Rahmenbedingungen für die Weiterentwicklung der Gesundheitsberatung 1450 im Sinne des „Best-Point-of-Service"-Prinzips festgehalten. Dabei soll die Patienteninformation und unterstützende Lotsenfunktion durch den Ausbau der Gesundheitsberatung 1450 bzw. der 1450-App und öffentliche Informationsportale wie gesundheit.gv.at verbessert werden. Dazu zählen weitere Services wie Symptom-Checker, Call-Recall-Systeme und Terminvergabesysteme. Eine zentrale Steuerungsrolle soll der Gesundheitsberatung 1450 zukommen, sodass allen in Österreich lebenden Personen mittels 1450 telefonisch und digital als erste und zentrale Anlaufstelle im Gesundheitswesen Telemedizin und Telekonsultationen verfügbar gemacht werden. Zudem soll die Gesundheitsberatung 1450 als ELGA GDA (öffentliche Gesundheitstelematikinfrastruktur in Österreich) gesetzlich verankert werden.

Bereits in den Verhandlungen zum Finanzausgleich für die Jahre 2024 bis 2028 wurde dem Gesundheitsbereich eine wichtige Rolle zugeordnet. Die Patientenversorgung soll zukünftig nach dem Prinzip „digital vor ambulant vor stationär" erfolgen. Dabei spielt die Gesundheitsberatung 1450 eine zentrale Rolle für die Patientensteuerung. Im September 2023 wurde der Apothekenruf bundesweit in 1450 integriert. Neben allgemeinen Auskünften zu Medikamenten sowie der nächsten geöffneten Apotheke, können Anrufer nun auch direkt – etwa für eine spezielle Medikamentenberatung – mit den Apotheken verbunden werden.

Die nächsten Schritte zur Weiterentwicklung der Gesundheitsberatung 1450 umfassen die Umsetzung einer 1450-App inklusive Chatfunktion, die Möglichkeit zur Terminbuchung oder Videokonsultationen sowie die Integration in die ELGA-Infrastruktur.

Die Gesundheitsberatung 1450 leistet kompetente und schnelle Gesundheitsberatungen in einem österreichweit einheitlichen und niederschwellig erreichbaren Angebot, das Gesundheitsdiensteanbieter im Sinne der Patienten vernetzt, einbindet und dabei zukünftig auch digitale Anwendungen integriert und nutzt. Patientenrechte und Datenschutz stehen dabei unangefochten im Vordergrund.

### 19.3.4 Herausforderungen und Adaptierungen vor allem während der Covid-19-Pandemie

Die Gesundheitsberatung 1450 als niederschwellige Möglichkeit zur Inanspruchnahme eines Gesundheitsservices, die freiwillig, kostenfrei und rund um die Uhr genutzt werden kann, wurde bereits wenige Monate nach dem österreichweiten Start durch die Bundesregierung ab März 2020 als „Corona-Hotline" eingesetzt. Damit wurde 1450 zur Erstkontaktstelle bei Verdacht auf eine Corona-Erkrankung und übernahm die Funktion eines Corona-Supports.

Dieser Fokuswechsel führte dazu, dass das ursprüngliche Ziel der telefonischen Gesundheitsberatung in den Hintergrund trat. Während der Covid-19-Pandemie stieg der Bekanntheitsgrad von 1450 schlagartig an, allerdings mit einer anderen Zielsetzung. Mit dem Auslaufen der Corona-Schutzmaßnahmen im Jahr 2023 sollte das eigentliche Kerngeschäft der Gesundheitsberatung 1450 wieder in den Vordergrund gerückt werden. Die Bevölkerung sollte die Hotline wieder als erste Anlaufstelle bei allen gesundheitlichen Problemen und Fragen nutzen.

Daher wurde nach der Covid-19-Pandemie eine österreichweite Informationskampagne gestartet, die das Ziel hatte, die Bevölkerung über das konkrete Leistungsspektrum von 1450 zu informieren und dieses gezielt nutzen zu lassen. Des Weiteren sollten die Versorgungsstrukturen entlastet und medizinisch nicht notwendige Ambulanzbesuche und Arztkontakte reduziert werden. Diese Kampagne richtete sich insbesondere an die beiden größten Anrufergruppen der 17- bis 40-Jährigen sowie der über 60-Jährigen. Auch wurde besonders auf die weiblichen Anruferinnen geachtet, die rund zwei Drittel der Anrufenden ausmachten.

Auf der österreichweit einheitlichen Domain 1450.at finden sich allgemeine Informationen rund um die Gesundheitsberatung 1450 sowie spezifische Informationen und Angebote der einzelnen Bundesländer.

### 19.3.5 Rückblick auf die Entwicklung der Anrufe

Seit dem Start am 7. April 2017 wurden bis zum Ende des ersten Quartals 2023 rund 17,7 Mio. Anrufe entgegengenommen. Davon entfielen 97 % auf die drei Jahre der Pandemie. Mit der Festlegung durch die Bundesregierung als erste Anlaufstelle bei Verdacht auf eine Corona-Erkrankung und für Fragen zu Corona ab März 2020 stieg das Anrufvolumen drastisch. In der Hochphase der Pandemie im Jahr 2021 wurde 1450 durchschnittlich fast 21.000-Mal pro Tag angerufen. Im November 2021 gab es eine Spitze von mehr als 70.000 Anrufen pro Tag.

Während die Zahl der Anrufe zu Corona-Themen in der Pandemie explodierte, entwickelte sich auch die Gesundheitsberatung kontinuierlich weiter: Sie stieg von 10.300 Gesundheitsberatungen im Jahr 2021 auf 17.400 im Jahr 2022.

Im ersten Halbjahr 2024 hat sich die Zahl der monatlichen Anrufe bei 1450 bundesweit auf durchschnittlich ca. 47.000 eingependelt, wobei es zwischen den Bundesländern erhebliche Unterschiede in der Intensität der Inanspruchnahme durch die Bevölkerung gibt. Gut genutzt wird es in Vorarlberg, Wien und der Steiermark, deutlich weniger in Kärnten oder dem Burgenland.

### 19.3.6 Erfolgsfaktoren

Einige der Erfolgsfaktoren, die zur erfolgreichen Einführung der telefonischen Gesundheitsberatung 1450 beigetragen haben, waren:

**Klare staatliche Unterstützung:** Die gemeinsame Zielsetzung der Verantwortlichen auf Bundes-, Länder- und Sozialversicherungsebene sowie die gesetzliche Verankerung waren entscheidend für den Erfolg der Initiative. Dies schuf das erforderliche Umfeld für die Entwicklung und Umsetzung der Hotline.

**Effektive Kommunikation und Sensibilisierung der Öffentlichkeit:** Die erfolgreiche Kommunikation der Ziele und Vorteile der Hotline an die Öffentlichkeit trug dazu bei, das Bewusstsein für ihre Existenz und ihren Nutzen zu schärfen und die Menschen dazu zu ermutigen, sie zu nutzen.

**Kontinuierliche Evaluation und Anpassung:** Das laufende Monitoring der Hotline und die Anpassung an die Bedürfnisse der Bevölkerung waren entscheidend, um sicherzustellen, dass sie effektiv arbeitet und ihren Zielen gerecht wird.

### 19.3.7 Zukunftsaussichten und mögliche Weiterentwicklungen

Die Zukunftsaussichten für die telefonische Gesundheitsberatung 1450 in Österreich sind vielversprechend, insbesondere wenn moderne Technologien wie Künstliche Intelligenz (KI) und andere innovative Ansätze integriert werden. Einige mögliche Verbesserungen und Zukunftsaussichten sind:

**Weiterer Ausbau der Videoberatung:** Die Einführung von Videoberatungsdiensten könnte es den Anrufern ermöglichen, sich visuell mit medizinischem Fachpersonal zu verbinden und ihre Symptome direkt zu zeigen. Dies könnte die Qualität der Beratung verbessern und dazu beitragen, dass die Anrufer eine verbesserte Unterstützung und mehr Sicherheit erhalten.

**Integration von anderen Gesundheitseinrichtungen:** Eine enge Integration der Gesundheitsberatung mit anderen Gesundheitseinrichtungen, wie Krankenhäusern, Arztpraxen und Apotheken, könnte dazu beitragen, einen nahtlosen Übergang zwischen den verschiedenen Versorgungsstufen zu gewährleisten und die Koordination der Patientenversorgung zu verbessern.

**Implementierung von KI-basierten Triage-Systemen:** Die Integration von KI-basierten Triage-Systemen könnte die Effizienz der Gesundheitsberatung verbessern, indem Anrufe automatisch priorisiert und die Dringlichkeit der Anfragen bewertet werden. KI-Modelle könnten auf umfangreichen Daten trainiert werden, um die Genauigkeit der Triage-Bewertung zu erhöhen und eine schnellere Reaktion auf Notfälle zu ermöglichen.

**Verbesserung der medizinischen Beratung durch Chatbots und virtuelle Assistenten:** Die Nutzung von Chatbots und virtuellen Assistenten könnte die Bereitstellung von medizinischer Beratung und Unterstützung rund um die Uhr erleichtern. Diese Technologien könnten Patienten bei der Selbstauskunft unterstützen, grundlegende medizinische Fragen beantworten und bei der Entscheidung helfen, ob ein Anruf an die Hotline erforderlich ist.

**Predictive Analytics zur Kapazitätsplanung:** Die Nutzung von Predictive Analytics könnte dazu beitragen, die Kapazitätsplanung der Gesundheitshotline zu optimieren, indem sie zukünftige Anrufvolumina und -muster vorhersagt. Auf dieser Grundlage könnten Ressourcen effizienter eingesetzt und Engpässe vermieden werden.

Die Integration moderner Technologien in die aktuell primär telefonische Gesundheitsberatung bietet vielversprechende Möglichkeiten, die Effizienz, Qualität und Erreichbarkeit der Gesundheitsversorgung für die österreichische Bevölkerung weiter zu verbessern. Durch kontinuierliche Innovation und Anpassung an die sich wandelnden Bedürfnisse der Patienten kann die zentrale Gesundheitsberatung weiterhin eine wichtige Rolle als zentraler Anlaufpunkt für medizinische Beratung und Unterstützung spielen. Dies erfordert jedoch auch die Berücksichtigung einiger entscheidender Faktoren.

## 19.4 Erforderliche Voraussetzungen für die Benutzerakzeptanz und Weiterentwicklungen

Um die vorgeschlagenen Entwicklungen erfolgreich umzusetzen, sind sowohl auf Seiten der Bevölkerung als auch der Politik bestimmte Voraussetzungen zu beachten. Wie de-Burca (2000, S. 457–458) und Alowais et al. (2023, S. 1–15) darauf verweisen, dass grundsätzlich menschliches Fachwissen unerlässlich ist, um die angemessene und praktische Anwendung von KI zur Erfüllung klinischer Bedürfnisse zu gewährleisten.

**Digitale Kompetenzen und Offenheit der Bevölkerung:** Die Implementierung von Lösungen wie medizinischer Beratung durch Chatbots erfordert ein Bewusstsein für die Fähigkeiten und Grenzen der Technologie sowie das Verständnis der Bedürfnisse der Nutzer und der medizinischen Fachkräfte (Pryss et al. 2019, S. 249–260; Reis et al. 2020, S. 1–15). Daher ist es entscheidend, dass die Bevölkerung offen für digitale Lösungen im

Gesundheitssystem ist und über ausreichende digitale Kompetenzen verfügt. Aufklärungs- und Schulungsprogramme sollten angeboten und gefördert werden, um die Akzeptanz und Nutzung digitaler Gesundheitsdienste zu verbessern.

**Vertrauen und Datenschutz:** Ein weiterer wichtiger Aspekt ist das Vertrauen der Bevölkerung in den Umgang mit sensiblen Gesundheitsdaten. Es ist erforderlich, dass Mechanismen zur Sicherung der Daten implementiert und regelmäßig evaluiert werden, um das Vertrauen der Nutzer zu gewährleisten (Baumann et al. 2022, S. 82–83). Transparenz und offene Kommunikation über Datenschutzmaßnahmen sind ebenfalls unerlässlich, um Bedenken zu adressieren und Vertrauen aufzubauen.

**Zugänglichkeit und Barrierefreiheit:** Die Lösungen sollten für alle Bevölkerungsgruppen zugänglich sein, einschließlich Menschen mit Einschränkungen, älteren Menschen und solchen mit begrenztem Zugang zu Technologie (Eken und Gezmen 2020, S. 612–634). Die Gewährleistung der Zugänglichkeit für alle Nutzer ist entscheidend für die Chancengleichheit im Gesundheitssystem, dies wird durch ein mehrsprachiges Angebot erhöht, um eine breitere Patientenpopulation effektiv zu erreichen.

**Politische Unterstützung und Ressourcenbereitstellung:** Eine aktive politische Unterstützung ist erforderlich, um die Integration von Technologien im Gesundheitssystem zu fördern. Dies umfasst die Schaffung regulatorischer Rahmenbedingungen, die Innovationen ermöglichen und gleichzeitig die Sicherheit und Qualität der Versorgung gewährleisten. Es ist wichtig, ausreichende Ressourcen bereitzustellen (Kellett 2021, S. 203), sowohl finanzielle Mittel als auch qualifiziertes Personal, um die technologische Infrastruktur aufzubauen und zu warten.

**Kapazitätsplanung und Analysemethoden:** Für die Kapazitätsplanung in Gesundheitssystemen sind mathematische Modellierungs- und Analysemethoden entscheidend. Segall (1988, S. 366–378) führte mathematische Modelle zur Vorhersage von Patientenströmen ein und berücksichtigte dabei verschiedene Faktoren wie Überweisungsmuster und Einrichtungsänderungen. Williams et al. (2023, o. S.) haben diese Arbeit weiter vorangetrieben, indem sie prädiktive und präskriptive Analysen kombinierte, um Ressourcenkapazitäten zu planen, unter Einbezug von Patientenakten sowie der Nutzung von Klassifizierungs- und Regressionsbäume. Bretthauer und Cote (1998, S. 243–270) präsentierten ein allgemeines Modell und eine Lösungsmethodik für die Planung des Ressourcenbedarfs in Gesundheitsorganisationen unter Berücksichtigung spezifischer Anwendungen wie Blutbanken und Gesundheitserhaltungsorganisationen. In Österreich werden für die Kapazitätsplanung ebenfalls mathematische Modelle eingesetzt, die auf der Analyse der flächendeckend verfügbaren Leistungsdaten für die stationäre als auch die ambulante Versorgung beruhen und demografische Entwicklungsvektoren berücksichtigen. In erster Linie werden damit notwendige Krankenhauskapazitäten fachspezifisch abgeleitet und der extramurale Versorgungsbedarf abgeschätzt. Diese Studien verdeutlichen insgesamt das Potenzial verschiedener Analysemethoden für Predictive Analytics in der Kapazitätsplanung für Gesundheitssysteme. Diese Methoden können dazu beitragen, die Ressourcen effizient zu planen und Engpässe zu reduzieren. Durch prädiktive Analytik können zukünftige Anrufvolumina und -muster vorhergesagt werden, um eine optimale Ressourcennutzung sicherzustellen.

**Partnerschaftliche Zusammenarbeit:** Schließlich ist eine partnerschaftliche Zusammenarbeit zwischen allen Akteuren des Gesundheitssystems entscheidend für eine erfolgreiche Umsetzung. Die Zusammenarbeit zwischen Regierungsbehörden, Gesundheitseinrichtungen, Technologieanbietern und der Bevölkerung ist unerlässlich, um die Herausforderungen anzugehen und innovative Lösungen zu entwickeln.

## 19.5 Schlussbetrachtung

Die Integration von KI und anderen modernen Technologien in die telefonische Gesundheitsberatung 1450 in Österreich bietet vielversprechende Möglichkeiten zur Verbesserung der Gesundheitsversorgung. Durch die Implementierung von KI-basierten Triage-Systemen, Chatbots, Videoberatung und Predictive Analytics können Effizienz, Qualität und Erreichbarkeit der Gesundheitshotline erheblich gesteigert werden.

Die Zukunftsaussichten zeigen, dass die zentrale Gesundheitsberatung weiterhin eine entscheidende Rolle als zentraler Anlaufpunkt für medizinische Beratung und Unterstützung spielen kann. Durch kontinuierliche Innovation und Anpassung an die sich wandelnden Bedürfnisse der Patienten kann die Gesundheitshotline dazu beitragen, die Gesundheitsversorgung für die österreichische Bevölkerung effizienter, qualitativ hochwertiger und zugänglicher zu gestalten.

## Literatur

Alhaider A. A., Lau N., Davenport P. B. & Morris M. K. (2019). Command and Control for Managing Patient Flow. in: Proceedings of the International Symposium on Human Factors and Ergonomics in Health Care, Vol. 8, No. 1, pp. 273-274. DOI: https://doi.org/10.1177/2327857919081065

Haraden C. & Resar R. (2004). Patient Flow in Hospitals: Understanding and Controlling It Better. in: Frontiers of Health Services Management, Vol. 20, No. 4, pp. 3-15. DOI: https://doi.org/10.1097/01974520-200404000-00002

Mcintyre D., & Chow C. K. (2020). Waiting Time as an Indicator for Health Services Under Strain: A Narrative Review. in: Inquiry: A Journal of Medical Care Organization, Provision and Financing, Vol. 57, No. 1, pp. -. DOI: https://doi.org/10.1177/0046958020910305

Osundina K. S. & Opeke R. O. (2017). Patient´s Waiting Time: Indices for Measuring Hospital Effectiveness. in: International Journal of Advanced Academic Research | Social & Management Sciences, Vol. 3, Iss. 10, pp. 1-18.

Litvak E. & Dentzer S. (2010). Managing patient flow in hospitals: strategies and solutions. Medicine, Business. in: International Journal of Advanced Academic Research | Social & Management Sciences, Vol. 3, Iss. 10, pp. 57-74.

Huang J-f., Carmeli B. & Mandelbaum A. (2015). Control of Patient Flow in Emergency Departments, or Multiclass Queues with Deadlines and Feedback. in: Operational Research. Medicine. Vol. 63, No. 4, pp. 892-908. DOI: https://doi.org/10.1287/opre.2015.1389

Palmer R., Utley, M., Fulop N. & O'Connor S. (2020). Using visualisation methods to analyse referral networks within community health care among patients aged 65 years and over. in: Health Informatics Journal, Vol. 26, No. 1, pp. 345-375. DOI: https://doi.org/10.1177/1460458218824717

Finley. A. (2013). The value of understanding patient referral flow. in: Healthcare financial management: journal of the Healthcare Financial Management Association, Vol. 67, No. 8, pp. 84-89.
Rodrigues D. F., Kreif N., Saravanakumar K., Delaney B., Barahona M. & Mayer, E. (2022). Formalising triage in general practice towards a more equitable, safe, and efficient allocation of resources. BMJ. Vol. 377, No. 24, pp. -, e070757. DOI: https://doi.org/10.1136/bmj-2022-070757
DeFilippo A. M., Bertucci G., Zurzolo C., Veltri P. & Guzzi P. H. (2023). On the computational approaches for supporting triage systems. in: Interdisciplinary Medicine, Vol. 1, No. 3, pp. 1-10. DOI: https://doi.org/10.1002/INMD.20230015
Harding K. E., Taylor N. F. & Leggat S. G. (2011). Do triage systems in healthcare improve patient flow? A systematic review of the literature. in: Australian health review: a publication of the Australian Hospital Association, Vol. 35, No. 3, pp. 371-383. DOI: https://doi.org/10.1071/AH10927
Haleem A., Javaid M., Singh R.P. & Suman R. (2021). Telemedicine for healthcare: Capabilities, features, barriers, and applications. in: Sensors International, Vol. 2, No. 2021, pp. 1-12. DOI: https://doi.org/10.1016/j.sintl.2021.100117
Suss S., Bhuiyan N., Demirli K. & Batist G. (2017). Toward Implementing Patient Flow in a Cancer Treatment Center to Reduce Patient Waiting Time and Improve Efficiency. in: Journal of oncology practice, Vol. 13 No. 6, pp. 530-537. DOI: https://doi.org/10.1200/JOP.2016.020008
White D. L., Froehle C. M. & Klassen K. J. (2011). The Effect of Integrated Scheduling and Capacity Policies on Clinical Efficiency. in: Production and Operations Management, Vol. 20, No. 3, pp. 442-455. DOI: https://doi.org/10.1111/J.1937-5956.2011.01220.X
Cordier J.P. & Riane F. (2013). Towards a centralised appointments system to optimise the length of patient stay. in: Decis. Support Syst., Vol. 55, Iss. 2, pp. 629-639. DOI: https://doi.org/10.1016/j.dss.2012.10.017
Culjak G. & Kalkvik A. (2006). Centralised health information systems: overcoming the barriers. Proceedings of the 6th WSEAS International Conference on Applied Computer Science, Tenerife, Canary Islands, Spain, December 16-18, 2006.Garcia-Planas and Gonzales-Conception. Universitat Politecnica de Catalunya and University of La Laguna, Spain. pp. 419-424.
Whear R., Thompson C. J., Rogers, Morwenna A., Rebecca A., Anderson L., Ukoumunne O. C., Matthews J., Goodwin V. A., Briscoe S., Perry M. G. & Stein K. (2020). Patient-initiated appointment systems for adults with chronic conditions in secondary care. in: The Cochrane database of systematic reviews, Vol. 4, No. 4, pp. 1-75, CD010763. DOI: https://doi.org/10.1002/14651858.CD010763.PUB2
Burgess M. (2017). The NHS is trialling an AI chatbot to answer your medical questions. Wired. Retrieved 20 June, 2023 from http://www.wired.co.uk/article/babylon-nhs-chatbot-app
Hanika A., Pohl P. & Slepecki P. (2023). Zukünftige Bevölkerungsentwicklung Österreichs und der Bundesländer 2022 bis 2080 (2100). in: Statistik Austria: Statistische Nachrichten, Wien, Ausgabe 01/2023, S. 12–31.
Kavlik W, Schappelwein E. & Schimmerl J. (2024). Gesundheitsausgaben in Österreich laut System of Health Accounts. in: Statistik Austria, (SHA 2011 (OECD/Eurostat/WHO)). Bundesanstalt Statistik Österreich, Wien. Erstellt am 12.06.2024.
Fink M., Titelbach G., Vogtenhuber S. & Hofer H. (2015). Gibt es in Österreich einen Fachkräftemangel? Analyse anhand von ökonomischen Knappheitsindikatoren. Endbericht. Studie im Auftrag des Sozialministeriums. Institut für höhere Studien Wien (Hrsg.). Wien. S. 55-64.
Gopal G., Suter-Crazzolara C., Toldo L & Eberhardt W. (2018). Digital transformation in healthcare – architectures of present and future information technologies. in: Clinical Chemistry and Laboratory Medicine (CCLM), Vol. 57, No. 3 (2018), pp. 328-335.
Cha D. (2023). Digital transformation in the healthcare system improves care and increases efficiency. Published in Clinical and Experimental Emergency Medicine. in: Computer Science. Vol. 2, No. 10, pp. 235-237. DOI: https://doi.org/10.15441/ceem.23.054

Lucas J. (2019). The challenges and contributions of digital technology to improve the performance of the health system. in: Soins; la revue de reference infirmiere, Vol. 64, No. 838, pp. 30-32. DOI: https://doi.org/10.1016/j.soin.2019.06.005

Niechzial M. (2020). Digitalization in the Health Sector – Challenges and Perspectives. in: Thorhauer Y., Kexel C. (Eds.) Facetten der Digitalisierung. Schriften der accadis Hochschule. Springer Gabler, Wiesbaden., pp. 113-132. DOI: https://doi.org/10.1007/978-3-658-29870-8_6

Henke K.D. (2001). Control of health care by the economist?. Zeitschrift für ärztliche Fortbildung und Qualitätssicherung, Vol. 94, No. 10, pp. 816-818.

Gesundheitsberatung 1450 Wien (2024). Ablauf Kontaktaufnahme Gesundheitsberatung. https://www.1450.wien/ihr-anruf-bei1450/, abgerufen am 11.10.2024.

deBurca S. (2000). The learning health care organization. in: Int J Qual Health Care, Vol. 12, No. 6, pp. 457-458. DOI: https://doi.org/10.1093/intqhc/12.6.457

Alowais S. A., Alghamdi S. S., Alsuhebany N., Alqahtani T., Alshaya A. I., Almohareb S. N., Aldairem A., Alrashed M., Bin Saleh K., Badreldin H. A., Yami M. S., Al Harbi S. & Albekairy A. M. (2023). Revolutionizing healthcare: the role of artificial intelligence in clinical practice. in: BMC Med Educ, Vol. 23, No. 689, pp. 1-15. DOI: https://doi.org/10.1186/s12909-023-04698-z

Pryss R., Kraft R., Baumeister H., Winkler J., Probst T. & Reichert M., Langguth B., Spiliopoulou M. & Schlee W. (2019). Using Chatbots to Support Medical and Psychological Treatment Procedures: Challenges, Opportunities, Technologies, Reference Architecture. in: Baumeister, H., Montag, C. (Eds.) Digital Phenotyping and Mobile Sensing. Studies in Neuroscience, Psychology and Behavioral Economics. Springer, Vol. 1, pp. 249-260. DOI: https://doi.org/10.1007/978-3-030-31620-4_16

Reis L., Maier C., Mattke J. & Weitzel T. (2020). Chatbots in Healthcare: Status Quo, Application Scenarios for Physicians and patients and Future Directions. in: Twenty -Eighth European Conference on Information Systems. ECIS 2020 Proceedings. A Virtual AIS Conference. pp. 1-15. Online im Internet, URL: https://aisel.aisnet.org/ecis2020_rp/163/, Abrufdatum: 12.09.2024

Baumann M., Maia M. & Weinberger N. (2022). Meeting report: Privatsphäre, Datenschutz, Gemeinwohl: Ethische, rechtliche und soziale Herausforderungen der Nutzung von Gesundheitsdaten für die Forschung. Institut für Technikfolgenabschätzung und Systemanalyse, Karlsruher Institut für Technologie, Karlsruhe (Hrsg.). in: Zeitschrift für Technikfolgenabschätzung in Theorie und Praxis. Oekom Verlag. Conference, 2022, Vol. 31, No. 3, pp. 82-83. DOI: https://doi.org/10.14512/tatup.31.3.82

Eken I. & Gezmen B. (2020). Accessibility for Everyone in Health Communication Mobile Application Usage. in: Research Anthology on Improving Health Literacy Through Patient Communication and Mass Media. (Eds.), Research Anthology on Improving Health Literacy Through Patient Communication and Mass Media, edited by Information Resources Management Association, IGI Global, pp. 612-634. DOI: https://doi.org/10.4018/978-1-6684-2414-8.ch033

Kellett J. (2021). What is the ideal triage process and the resources it requires? in: The Lancet Regional Health: Western Pacific, Vol. 13, No. 20, p. 203. DOI: https://doi.org/10.1016/j.lanwpc.2021.100203

Segall R. S. (1988). Mathematical modelling for the capacity planning of market oriented systems: with an application to real health data. in: Applied Mathematical Modelling. Vol. 12, No. 4, pp. 366-378. DOI: https://doi.org/10.1016/0895-7177(89)90264-1

Williams E., Gartner D. & Harper P. (2023) Predictive and Prescriptive Analytics for Multi-Site Modeling of Frail and Elderly Patient Services. Computer Science – Machine Learning. Cornell University. ArXiv, abs/2311.07283. DOI: https://doi.org/10.48550/arXiv.2311.07283

Bretthauer K. M. & Côté M. J. (1998) A Model for Planning Resource Requirements in Health Care Organizations. in: Decision Sciences, Vol. 29, No. 1, pp. 243-270. DOI: https://doi.org/10.1111/J.1540-5915.1998.TB01351.X

**Mag. Dr. Karin Messer-Misak**, war von 1990 – 1998 in führenden Positionen bei einem japanischen und amerikanischen Computerkonzernen tätig und leitete anschließend bei einem großen österreichischen Krankenhausträger mehrere Jahre die Abteilung Logistiksteuerung, technische Planung & Facility Management. Sie promovierte an der Karl-Franzens-Universität in Graz, Fakultät für Umwelt-, Regional- und Bildungswissenschaften über den Einsatz von neuen Technologien im Gesundheitssystem und hat zahlreiche Fachartikel veröffentlicht. Seit 2004 leitet sie eine Pflegeorganisation in Österreich und ist als Dozentin an der Fachhochschule Joanneum und der Medizinischen Universität Graz tätig.

**Bernadette Matiz**, MAS, leitet seit Mai 2009 die Stabsstelle für eHealth & ELGA sowie Kommunikation & Marketing im Gesundheitsfonds Steiermark. Zuvor war sie von 1985 bis 2009 als Bereichsleiterin für Kommunikation, Marketing und Eventmanagement in verschiedenen öffentlichen Organisationen sowie in Werbe- und PR-Agenturen tätig. Sie verfügt über einen Master of Advanced Studies in PR von der Universität Wien, einen Universitätslehrgang in Öffentlichkeitsarbeit und Marketing (akad. geprüfte PR-Beraterin) ebenfalls von der Universität Wien sowie über Abschlüsse in Verkauf und Marketing (geprüfte Marketing- und Werbefachfrau) vom bfi Wien. Zudem ist sie systemischer Coach (WIFI Steiermark) und absolvierte das Führungskräfteprogramm am Hernstein Management Institute (Hernstein Manager Degree).

**DI Dr. Wolfgang Habacher**, WH, studierte Biomedizinische Technik an der Technischen Universität Graz und promovierte über gesundheitsökonomische Modellierung in der Versorgung des Diabetes mellitus. Seit dem Jahr 2000 beschäftigt er sich mit Fragen der Versorgungsforschung und der Strukturplanung und Versorgungskonzeption im Gesundheits- und im Pflegewesen. Mit Beginn des Jahres 2016 baute er im Auftrag des Gesundheitsfonds Steiermark und der Joanneum Research Forschungsgesellschaft das Entwicklungs- und Planungsinstitut für Gesundheit (EPIG GmbH) auf, das er seitdem auch leitet. Das Institut befasst sich als außeruniversitäre wissenschaftliche Einrichtung mit der Struktur- und Kapazitätsplanung und mit datenanalytischen Aufgaben im Gesundheitswesen. Mit der Entwicklung von Versorgungsmodellen und mit der Gesundheitsberichterstattung ist die EPIG GmbH in mehreren österreichischen Bundesländern regelmäßig befasst. Er ist zudem als Lektor an der FH Joanneum tätig.

# Chancen durch KI für die nachhaltige Wirtschaftlichkeit der gesetzlichen Krankenversicherungen (GKV) – und was das für das Gesundheitssystem bedeutet

20

Johannes Winter, Nina Müller, Tim Bartling und Katharina Schrot

## Inhaltsverzeichnis



J. Winter (✉)
L3S Research Center, Leibniz Universität Hannover, Hannover, Deutschland
E-Mail: winter@L3S.de

N. Müller · K. Schrot
ITSC GmbH, Hannover, Deutschland
E-Mail: Nina.Mueller@ITSC.de; Katharina.Schrot@itsc.de

T. Bartling
ITSC GmbH, Hannover, Deutschland

Institut für Epidemiologie, Sozialmedizin und Gesundheitssystemforschung, Medizinische Hochschule Hannover, Hannover, Deutschland
E-Mail: tim.bartling@itsc.de



M. A. Pfannstiel (Hrsg.), *Künstliche Intelligenz im Einsatz für die erfolgreiche Patientenreise*, https://doi.org/10.1007/978-3-658-48573-3_20

**Zusammenfassung**

Bislang werden die Gesundheitsdaten der gesetzlichen Krankenversicherungen (GKV) nur unzureichend für präventive und personalisierte Gesundheitsleistungen genutzt. Dabei kann Künstliche Intelligenz (KI) auch in komplexen gesundheitspolitischen Strukturen in Deutschland dazu beitragen, die Gesundheitsversorgung zu verbessern und gleichzeitig die Wirtschaftlichkeit der GKV nachhaltig zu steigern. Mit der Erleichterung der Nutzung von Versichertendaten zur Förderung der Krankheitsprävention und Gesundheitsversorgung durch das 2024 in Kraft getretene Gesundheitsdatennutzungsgesetz ergeben sich dafür zusätzliche Möglichkeiten. Dieser Beitrag zeigt anhand von zwei Praxisbeispielen, wie KI-Methoden gewinnbringend in der GKV eingesetzt werden können. Zum einen ermöglicht die optimierte Krankenhausabrechnungsprüfung eine deutlich geringere Quote fehlerhafter Rechnungen und eine kürzere Bearbeitungszeit, was zu Kosteneinsparungen führt. Zum anderen können KI-Methoden dabei helfen, Pflegeinformationsbedarfe bei Betroffenen und Angehörigen besser zu identifizieren – ob während eines Krankenhausaufenthaltes oder im Kontext einer schleichenden Pflegebedürftigkeit – und damit eine bessere „Patienten- und Angehörigenreise" ermöglichen.

## 20.1 Einleitung: Herausforderungen und Innovationsbedarfe der gesetzlichen Krankenversicherungen

Die gesetzlichen Krankenversicherungen (GKV) in Deutschland stehen vor erheblichen Herausforderungen, die sowohl durch demografische Veränderungen als auch durch steigende Gesundheitskosten bedingt werden. Die Alterung der Bevölkerung, die mit einer Zunahme der Multimorbidität einhergeht, führt zu einer steigenden Nachfrage nach Gesundheitsleistungen, was die finanzielle Belastung der GKV weiter verschärft. Zudem steigen die Ausgaben der GKV kontinuierlich und oft schneller als die Einnahmenseite.

Dies wird durch den medizinisch-technischen Fortschritt und die damit verbundenen höheren Kosten für neue Behandlungsmethoden und Medikamente verstärkt. Allein für das Jahr 2024 beläuft sich das Defizit auf bis zu sieben Milliarden Euro. Nachteilig wirkt sich dabei aus, dass die Ausgaben im Durchschnitt jährlich um mehr als ein Prozent stärker steigen als die beitragspflichtigen Einkommen der Versicherten (Schröder 2024).

Um die GKV zukunftssicherer aufzustellen, finden sich unterschiedliche Ansatzpunkte und Positionen im aktuellen gesundheitspolitischen Diskurs. Dazu zählen insbesondere strukturelle Reformen im Pflege- und Gesundheitssektor. Ein aktuelles Beispiel ist die 2024 eingeleitete Krankenhausreform, die die Finanzierung und Vergütung von Krankenhäusern reformieren soll, um damit die Versorgungsqualität zu verbessern und die wirtschaftliche Stabilität der Krankenhäuser zu sichern. Sie ist insbesondere auf Länderebene umstritten, da sie Schließungen von Krankenhäusern und eine veränderte Kompetenzaufteilung zwischen Versorgern nach sich ziehen wird. Strukturreformen im Gesundheitssystem lösen meist aufwendige und zeitintensive Aushandlungsprozesse gesundheitspolitischer Akteure aus, an deren Ende umfassende Gesetzgebungsverfahren stehen können. Bis Reformen im Gesundheitssystem ankommen, kann viel Zeit vergehen, wie die Einführung der elektronischen Patientenakte und des E-Rezepts zeigen. Es braucht Impulse aus Gesundheitspolitik, Wirtschaft, Verbänden und Politik, damit Reformbedarfe erkannt, diskutiert, geplant und in Form konkreter Gesetzesvorhaben und Verordnungen auch umgesetzt werden.

## 20.2 Kontext: Der innovationsfördernde Charakter des Gesundheitsdatennutzungsgesetzes

Für diesen Beitrag von besonderer Relevanz und Aktualität ist das im Jahr 2024 in Kraft getretene Gesundheitsdatennutzungsgesetz (GDNG). Es stellt eine nationale Regelung dar, die anschlussfähig an den Europäischen Gesundheitsdatenraum (EHDS) ist und die internationale Forschung zu und den Austausch von Gesundheitsdaten fördern soll. Das GDNG, insbesondere § 25b, stellt einen bedeutenden Schritt in der Nutzung von Versichertendaten zur Förderung der Krankheitsprävention und Gesundheitsversorgung dar. Durch die Bereitstellung einer gesetzlichen Grundlage ermöglicht es der Gesetzgeber den Kranken- und Pflegekassen nun erstmalig, umfangreiche Daten ihrer Versicherten zu Zwecken der Prävention und Früherkennung auszuwerten (Moreno 2024). Durch das Opt-out-System zur Datenweitergabe wird die Möglichkeit geschaffen, dass Krankenkassen ohne explizite Zustimmung der Versicherten Daten verarbeiten können, was eine schnellere und breitere Nutzung für Präventionsziele ermöglichen kann, aber auch eine innovationsbezogene Aufgeschlossenheit Versicherten erfordert (Straub und Kowalski 2024).

Zugleich verschiebt der Gesetzgeber die Verantwortung der präventiven Gesundheitsförderung auf die Kassen. Dies ist insofern bemerkenswert, als dass Präventionsmaßnahmen oft hohe Anfangsinvestitionen erfordern, die sich erst langfristig amortisieren. Da eine unmittelbare Kosteneinsparung durch Präventionsmaßnahmen häufig nicht gegeben ist, stehen Krankenkassen vor der Herausforderung, die Wirtschaftlichkeit solcher Maßnahmen zu rechtfertigen. Dennoch verdeutlicht § 25b GDNG das politische Ziel, den gesundheitlichen Mehrwert von Präventionsmaßnahmen zu stärken und Krankenkassen in die Pflicht zu nehmen, durch gezielte Datennutzung präventiv tätig zu werden – was ein klares Statement in Richtung einer proaktiven Gesundheitsförderung darstellt.

Vor dem Hintergrund des ermöglichenden Charakters von § 25b liegt der Fokus dieses Beitrags auf daten- und technologiegetriebenen Innovationen, die gesetzliche Krankenkassen eigenständiger vorantreiben und implementieren können. Dazu zählen etwa KI-unterstützte Rechnungsprüfungen, die Abrechnungsfehler aufdecken, Nachforderungen auslösen und die Liquidität und Rücklagen der GKV stärken. Hier werden KI-Algorithmen eingesetzt, die aus historischen Daten lernen, Muster erkennen und Plausibilitätsprüfungen vornehmen. Dies ermöglicht es den Krankenkassen eine effizientere und vereinfachte Abrechnungsprüfung. Die Integration von KI in bestehende Abrechnungsprozesse kann durch die Zusammenarbeit mit Technologieanbietern erfolgen, aber auch den Aufbau interner Kompetenzen unterstützt werden. So können KI-Systeme effektiv genutzt und möglichst nahtlos in bestehende Prüfabläufe integriert werden. Durch die Reduzierung fehlerhafter Abrechnungen können erhebliche Kosten eingespart werden, weshalb eine rasche digitale Transformation in der GKV besonders vielversprechend erscheint. Durch den gezielten Einsatz von KI können gesetzliche Krankenversicherungen folglich nicht nur ihre Kosten senken, sondern auch die Qualität und Effizienz ihrer Dienstleistungen verbessern.

Darüber hinaus ergeben sich durch veränderte Rahmenbedingungen, Investitionen in Zukunftstechnologien und Produkt- und Dienstleistungsinnovationen zusätzliche Potenziale nicht nur für Prozessoptimierungen, sondern auch für Geschäftsmodellinnovationen in der Gesundheitswirtschaft (Winter 2021). Ebenso ergeben sich ethische und rechtliche Fragen des Technologieeinsatzes in der Gesundheitsversorgung. Dazu zählen Aspekte wie Datenschutzkonformität und Compliance, Investitionen in digitale Infrastruktur und KI-Anwendungen, Aus-, Weiterbildung und Fachkräftegewinnung sowie Akzeptanz und Vertrauenswürdigkeit im Kontext des KI-Einsatzes (Schmidt und Winter 2022). Sie sind durchgängig für sich genommen wichtig, stehen jedoch nicht im Fokus dieses Beitrags, der den ermöglichenden Charakter des GDNG mit § 25b und die Potenziale des KI-Einsatzes für die gesetzlichen Krankenversicherungen anhand konkreter Anwendungsfälle skizziert.

## 20.3 Potenziale des KI-Einsatzes im Gesundheitssystem

Nirgendwo in Deutschland laufen so viele Gesundheitsdaten zentral an einer Stelle zusammen, wie bei den gesetzlichen Krankenkassen. Stand heute werden diese Daten allerdings kaum bis gar nicht für präventive Vorhersagen und eine personalisierte Gesundheitsversorgung genutzt (Dorninger et al. 2023). Dabei könnten KI-Methoden vielerorts unterstützen, in der Dokumentation, Diagnostik, Datenanalyse oder personalisierter Therapie. Die öffentliche Verfügbarkeit großer KI-Sprachmodelle wie MedPaLM, BioGPT, ChatGPT,

PubMedGPT oder ClinicalBERT hat das Bewusstsein für deren medizinisches Potenzial für die klinische Entscheidungsunterstützung noch einmal erhöht. ChatGPT-4o erzielte beim United Kingdom Medical Licensing Exam Applied Knowledge Test 94 % korrekter Antworten, beim United States Medical Licensing Exam (Step 1) waren es 89 %. Die Ergebnisse waren unwesentlich schlechter, wenn neben Text auch Bilder einbezogen waren. Es zeigt auch, dass klassische (Online-)Prüfverfahren für Eignungsüberprüfungen und Examina an ihre Grenzen stoßen (Newton et al. 2025). Darüber hinaus kann KI helfen, Kosten- und Zeiteffizienz in die Bearbeitung und Kontrolle von Verwaltungs- und Abrechnungsprozessen zu bringen und damit zur wirtschaftlichen Nachhaltigkeit im Gesundheitssystem beitragen. Ebenso können daten- und KI-getriebene Methoden helfen, die Erzeugung, Vernetzung und Auswertung medizinischer Daten zu verbessern, was sowohl für die Prävention, Diagnostik, Therapie als auch das Monitoring des therapeutischen Erfolgs und der Nachsorge förderlich sein kann (Spath et al. 2021, S. 11). Für die GKV birgt die Nutzung von Künstlicher Intelligenz ein erhebliches Potenzial, um die Effizienz und Qualität der Gesundheitsversorgung in Deutschland zu verbessern. Neben diesem Einsatzgebiet bietet die Optimierung von komplexen und bis dato manuellen Prozessen innerhalb von Krankenkassen einen weiteren Hebel für Optimierung. Bislang wird der KI-Nutzen für Versicherte und Krankenkassen noch nicht flächendeckend erschlossen, was auch mit den Hürden zur KI-Integration zu tun hat, aber aus ökonomischer und medizinischer Sicht vorteilhaft wäre, wie die folgenden Teilabschnitte zeigen.

### 20.3.1 KI-Nutzen für Versicherte und Krankenkassen

Das deutsche Gesundheitssystem ist aufgrund einer Vielzahl von Akteuren und einem Mangel an klaren, einfachen und einheitlichen Prozessen sehr komplex. Ein Beispiel dafür ist ein Versicherter, der nach einem Krankenhausaufenthalt ohne klare Informationen darüber, wie die weitere Versorgung organisiert wird, auf sich allein gestellt ist. Obwohl seine Krankenkasse in der Regel Angebote wie Nachsorgeprogramme, Heil- und Hilfsmittel sowie Reha-Leistungen anbietet, fehlt häufig eine proaktive Unterstützung oder Beratung, um diese Leistungen gezielt in Anspruch zu nehmen (Lingnau et al. 2021). Dies führt oft zu Verunsicherung und einer mühsamen Eigenrecherche des Patienten, was letztendlich in einer falschen Versorgung münden kann. Andererseits haben Krankenkassen ein großes Interesse daran, Komplikationen durch fehlende oder unsachgemäße Nachsorge zu vermeiden, da dies vermeidbare Kosten nach sich zieht. Allerdings fehlt es hier an Strukturen und Prozessen, um diese Versorgungslücken proaktiv und rechtzeitig zu begleiten.

Durch die gezielte Analyse von im System vorhandenen Daten könnten die Versicherten von individualisierten Gesundheitsleistungen profitieren, die besser auf ihre spezifischen Bedürfnisse abgestimmt sind. Neben dem oben genannten Beispiel rund um das Thema Krankenhausentlassmanagement könnten beispielsweise prädiktive Analysen dabei helfen, Gesundheitsrisiken frühzeitig zu erkennen und präventive Maßnahmen einzuleiten, bevor schwerwiegendere Erkrankungen entstehen. Dies würde nicht nur die Versorgungsqualität verbessern, sondern auch die Gesundheitsergebnisse insgesamt optimieren.

Ein weiterer wichtiger Aspekt für die Krankenkassen ist die Möglichkeit, durch den Einsatz von KI interne Prozesse zu optimieren und so menschliche Ressourcen freizusetzen. Beispiele hierfür sind die automatisierte Dokumentenverarbeitung, die Optimierung der Kommunikation mit Versicherten und die Prüfung von Krankenhausabrechnungen. Da diese Prozesse weniger streng gesetzlich reguliert sind, lassen sie sich unkompliziert umsetzen. Dies führt nicht nur zu Kosteneinsparungen, sondern auch dazu, dass Mitarbeiter an anderer Stelle sinnvoller eingesetzt werden können, beispielsweise in der individuellen Betreuung von Versicherten oder der gezielten Beratung zur Nachsorge. So könnten Krankenkassen die Effizienz steigern und gleichzeitig die Qualität der Versorgung verbessern (Bures et al. 2023).

### 20.3.2 Herausforderungen bei der Integration von KI

Dennoch bestehen erhebliche Herausforderungen bei der Integration von KI in Bereiche, die über die reine Prozessoptimierung hinausgehen und eine Individualisierung der Leistungen sowie die Senkung der Leistungsausgaben zum Ziel haben. Hier sind die komplexen internen Strukturen der Krankenkassen eine wesentliche Hürde. Viele dieser Institutionen sind historisch gewachsen und verfügen über eingefahrene Prozesse und Abläufe, die die Implementierung neuer Technologien erschweren (Jahn 2023).

Ein weiterer bedeutender Faktor ist der Fachkräftemangel an der Schnittstelle von Fachwissen und technischer Expertise. Um KI sinnvoll einzusetzen, benötigen Krankenkassen Fachkräfte, die sowohl ein tiefes Verständnis der medizinischen und versicherungstechnischen Inhalte als auch umfassende Kenntnisse in der Anwendung von KI-Technologien besitzen. Der Mangel an solchen spezialisierten Fachkräften stellt eine erhebliche Herausforderung dar und begrenzt die Kapazität der Kassen, innovative Technologien einzuführen und zu nutzen.

Darüber hinaus stellen strikte Datenschutzregelungen und regulatorische Vorgaben weitere Hürden dar. Die gesetzlichen Anforderungen zum Schutz personenbezogener Gesundheitsdaten sind in Deutschland besonders streng. Jede Nutzung von Versichertendaten für KI-gestützte Analysen muss den geltenden Datenschutzvorschriften entsprechen, was den Spielraum für innovative Anwendungen einschränken kann.

### 20.3.3 Ökonomische Bewertung und Finanzierung

Eine zusätzliche Herausforderung liegt in der ökonomischen Bewertung und Nachweisführung des Nutzens präventiver Maßnahmen. Während sich kurzfristige Einsparungen durch Prozessoptimierungen leicht quantifizieren lassen, ist es deutlich schwieriger, den langfristigen wirtschaftlichen Nutzen präventiver Gesundheitsmaßnahmen zu messen und zu belegen. Dies erschwert die Freigabe von Finanzmitteln für solche Projekte, da die wirtschaftlichen Vorteile nicht immer unmittelbar sichtbar sind und eine langfristige Perspektive erfordern.

Auch wenn einige Herausforderungen bestehen, bietet der Einsatz von KI in der GKV erhebliche Chancen, das Gesundheitssystem effizienter zu gestalten. Besonders die Möglichkeiten zur Prozessoptimierung und prädiktiven Analyse haben das Potenzial, die Effizienz der Krankenkassen zu steigern und gleichzeitig die Versorgungsqualität für die Versicherten zu verbessern. Um die theoretisch diskutierten Chancen und die praktische Anwendung der KI-Technologien zu veranschaulichen, werden im Folgenden zwei konkrete Anwendungsfälle vorgestellt, die bereits erfolgreich in der GKV implementiert wurden.

## 20.4 Praktische Anwendungsfälle von KI in der GKV

Die Integration von Künstlicher Intelligenz in die Prozesse der gesetzlichen Krankenversicherung bietet vielfältige Möglichkeiten zur Verbesserung der Effizienz und zur Reduzierung der Kosten. Im Folgenden werden zwei konkrete Anwendungsfälle vorgestellt, die zeigen, wie KI in der GKV heute genutzt wird, um diese Ziele zu erreichen und die Versorgungsqualität zu optimieren.

### 20.4.1 Krankenhausabrechnungsprüfung

Die Krankenhausabrechnungsprüfung stellt einen der komplexesten und aufwändigsten Prozesse für die gesetzlichen Krankenkassen dar. Seit vielen Jahren stellen die Ausgaben für Krankenhausbehandlungen den größten Kostenfaktor im Finanzhaushalt der GKV dar, wobei aktuell rund ein Drittel aller Ausgaben in die Kliniken fließt. Wenn ein Krankenhaus eine Rechnung an eine Krankenkasse sendet und diese die Vermutung hat, dass die Rechnung als fehlerhaft eingestuft ist, kann sie die Rechnung zur Überprüfung an den Medizinischen Dienst (MD) weitergeben. Historisch gesehen wurde fast jede zweite eingereichte Rechnung, als fehlerhaft eingestuft, was die Bedeutung dieses Prüfprozesses für die Effizienz der GKV unterstreicht. Gemäß dem Bundesgesundheitsministerium werden jährlich rund 17 Mio. Krankenhausfälle abgerechnet, und die gesetzlichen Krankenkassen geben pro Jahr über 65 Mrd. € für stationäre Behandlungen aus (GKV-Spitzenverband 2024).

Bis 2021 konnten Krankenkassen unbegrenzt Rechnungen beim Medizinischen Dienst einreichen, wobei typischerweise etwa 20-25 % der Rechnungen geprüft wurden. Seit der Einführung von Prüfquoten im Rahmen des MDK-Reformgesetzes aus dem Jahr 2020 sind die Krankenkassen jedoch darauf angewiesen, selektiv vorzugehen und nur einen bestimmten Anteil der Rechnungen zur Prüfung einzureichen; je nach Krankenhaus und

**Abb. 20.1** Daten- und KI-basierte Entscheidungsunterstützung kann zur Wirtschaftlichkeit des Gesundheitssystems und zu verbesserter Gesundheitsversorgung beitragen. (Quelle: Microsoft Copilot (2024), o. S., KI-generiert)

Prüferfolg der letzten Quartale liegt die Quote an Rechnungen, die eingereicht werden dürfen, zwischen 5 und 15 %. Diese Quote wird vom GKV-Spitzenverband auf Basis der Anzahl der Fälle und der Erfolgsquote der Prüfungen festgelegt und regelmäßig aktualisiert (siehe Abb. 20.1).

#### 20.4.1.1 Wirtschaftliche Relevanz und Herausforderungen

Krankenhausaufenthalte stellen den größten Ausgabenposten der GKV dar, mit einem Anteil von etwa 35 % an den Gesamtausgaben. Daher ist es für Krankenkassen wichtig, die richtigen Rechnungen für eine Überprüfung auszuwählen, um potenzielle Rückerstattungen zu identifizieren. Dies kann zum einen durch sehr spezialisierte Fachkräfte erfolgen, die ein großes Fachwissen sowie viel Erfahrung im Bereich der Krankenhausabrechnungsprüfung haben. Andererseits kann aber auch KI eingesetzt werden, um auffällige Rechnungen zu identifizieren. Kleinere Krankenkassen stehen dabei vor der Herausforderung, oft nicht über genügend Daten zu verfügen, um ein präzises Modell für die Rechnungsprüfung zu entwickeln. Gleichzeitig erlaubt es die aktuelle Gesetzgebung nicht, dass die Daten von mehreren Krankenkassen zu einem übergreifenden Datenpool zusammengelegt werden, um diesen als Datengrundlage zu verwenden.

#### 20.4.1.2 Einsatz eines innovativen KI-gestützten Ansatzes zur Optimierung der Rechnungsprüfung

Um diese Herausforderungen zu bewältigen, wurde ein innovativer Ansatz entwickelt, der auf dem Prinzip des Federated Learning basiert. Dieser Ansatz ermöglicht es den Krankenkassen, KI-Modelle direkt auf ihren lokalen Datensätzen zu trainieren, ohne dass die

Daten physisch den Standort verlassen müssen. Durch das Training auf den lokalen Datensätzen jeder Krankenkasse entsteht ein individuelles Modell. Diese Modelle werden anschließend aggregiert, indem ihre statistischen Gewichte gemittelt werden, was ein zentrales Modell ergibt, das von allen Kassen zur nächsten Trainingsiteration genutzt werden kann. Der iterative Prozess wird so lange wiederholt, bis keine signifikante Verbesserung der Modellleistung mehr erzielt wird. So profitieren einzelne Kassen von dem Wissen anderer, ohne dass Rohdaten geteilt werden (Rieke et al. 2020).

Federated Learning ist hier also besonders vorteilhaft, da es den strengen Datenschutzanforderungen entspricht und gleichzeitig die Effizienz der Krankenhausabrechnungsprüfung auch für kleine Kassen verbessert. Dieser Ansatz wurde vom Bundesamt für Soziale Sicherung (BAS) als unbedenklich eingestuft und bietet insbesondere kleineren Krankenkassen die Möglichkeit, trotz begrenzter Datenmengen von der fortschrittlichen Technologie zu profitieren.

#### 20.4.1.3 Effizienzsteigerung und potenzielle Einsparungen

Der Einsatz dieses KI-gestützten Ansatzes hat bereits zu einer deutlichen Steigerung der Effizienz und potenziellen Kosteneinsparungen geführt. Eine Studie des Instituts für Gesundheitsökonomie und Klinische Epidemiologie (IGKE) zeigt, dass die Nutzung solcher Technologien zur Rechnungsprüfung die Fehlerquote um bis zu 30 % reduzieren und gleichzeitig die Bearbeitungszeit um 40 % verkürzen kann. Eine größere Krankenkasse nutzt den Ansatz zur Nachkontrolle von Rechnungen, die bisher nicht als auffällig eingestuft wurden. Ein erhöhter Auffälligkeits-Score ab einem bestimmten Schwellenwert führt dazu, dass diese Rechnungen manuell von Medizincontrollern überprüft werden. Diese Nachkontrollen haben viele Fälle identifiziert, die zu Rückerstattungen führten. Etwa 7 % aller auffälligen Rechnungen werden so gefunden. Die durch die Rückerstattungen erzielten Erträge decken dabei die Entwicklungskosten und die laufenden Betriebskosten des Ansatzes, was die Wirtschaftlichkeit des Prozesses nachhaltig verbessert.

### 20.4.2 Identifizierung von Pflegebedarfen

Ein weiterer bereits heute eingesetzter Anwendungsfall von KI in der GKV betrifft die Identifizierung von Informationsbedarf rund um das Thema Pflege. Dieser Ansatz zielt darauf ab, potenzielle Pflegebedarfe frühzeitig zu erkennen und betroffene Versicherte proaktiv zu unterstützen. Die Umsetzung erfolgt durch die Anwendung eines speziellen, KI-gestützten Monitoringsystems, das Versichertendaten analysiert und Personen identifiziert, die möglicherweise einen Beratungsbedarf zum Thema Pflege haben. Dabei geht es insbesondere um Personen, die zu Hause nicht mehr allein zurechtkommen oder nach einem Krankenhausaufenthalt nicht angemessen versorgt sind und ein erhöhtes Risiko für Stürze oder Rehospitalisierungen haben (siehe Abb. 20.2).

**Abb. 20.2** KI kann bei der Vorhersage von Informationsbedarfen zum Thema Pflege Nutzen erzeugen. (Quelle: Microsoft Copilot (2024), o. S., KI-generiert)

#### 20.4.2.1 Einsatzbereiche und Zielsetzung des eingesetzten Systems zur Vorhersage von Informationsbedarfen zum Thema Pflege

Das eingesetzte System zur Vorhersage von Informationsbedarfen zum Bereich der Pflege umfasst zwei Hauptanwendungsfälle:

Frühzeitige Identifikation von Informationsbedarfen zum Thema Pflege während eines Krankenhausaufenthaltes:

In diesem Anwendungsfall zielt das System darauf ab, potenziell pflegebedürftige Versicherte bereits während ihres Krankenhausaufenthaltes zu identifizieren. Durch die Analyse relevanter Versichertendaten, die bereits zu Beginn des Krankenhausaufenthalts vorliegen, ermöglicht das System eine proaktive Ansprache der betroffenen Personen. Das Hauptziel besteht darin, gemeinsam mit den Versicherten möglichst schon während des stationären Aufenthalts einen Pflegeantrag zu stellen. Dies bietet den Vorteil, dass die Bearbeitungszeit des Antrags deutlich verkürzt wird, da bei einer Antragstellung während des Krankenhausaufenthaltes besondere Begutachtungspflichten durch den Medizinischen Dienst greifen, die eine beschleunigte Bearbeitung sicherstellen.

Identifizierung von Informationsbedarfen bei schleichender Pflegebedürftigkeit

In einem weiteren Anwendungsbereich richtet sich das System auf die Identifikation von Versicherten, deren Gesundheitszustand sich schleichend verschlechtert, ohne dass ein akutes Ereignis vorliegt. Hierbei werden umfassende Leistungsdaten analysiert, um

Muster zu erkennen, die auf einen zunehmenden Pflegebedarf hinweisen, wie zum Beispiel häufigere ambulante Behandlungen oder vermehrte Verschreibungen von Hilfsmitteln. Durch diese prädiktive Analyse können Versicherte frühzeitig identifiziert und über mögliche Pflegeleistungen informiert werden. Dies geschieht vorzugsweise durch eine automatisierte Kontakt-aufnahme, die den Versicherten niederschwellige Informationen und Unterstützung bei der Pflegeantragstellung anbietet.

#### 20.4.2.2 Rechtliche Rahmenbedingungen und Vorteile für die GKV

Die proaktive Nutzung von Versichertendaten durch Kranken- und Pflegekassen wurde durch die Einführung des § 25b SGB V am 1. April 2024 rechtlich klar geregelt. Vor dieser gesetzlichen Neuregelung befand sich die Anwendung solcher datenbasierten Analysen in einer rechtlichen Grauzone. Ursprünglich versuchte man, solche Leistungen unter § 68b SGB V („Versorgungsinnovationen") zu verankern, jedoch fehlte es an einer ausreichend innovativen digitalen Produkten, um dies zu rechtfertigen. Mit der Aufnahme der Vorhersage von Pflegebedürftigkeit als Zweck in § 25b SGB V wurde nun eine klare rechtliche Grundlage geschaffen, die es den Kranken- und Pflegekassen ermöglicht, diese Daten rechtssicher auszuwerten. Das Opt-out-Verfahren stellt dabei sicher, dass Versicherte die Möglichkeit haben, der Datenverarbeitung zu widersprechen.

Für die Krankenkassen bedeutet dieser Ansatz eine Möglichkeit zur frühzeitigen Erkennung von Pflegebedarfen, was zu einer Reduzierung der Leistungsausgaben und einer Verbesserung der Präventionsmaßnahmen führen kann. Für die Versicherten bietet das System eine gezielte Unterstützung und Beratung in einer oft belastenden Lebenssituation, wodurch ihre Versorgungssituation nachhaltig verbessert wird.

## 20.5 Ökonomische Auswirkungen auf das Gesundheitssystem

Gesetzliche Krankenkassen sind aktuell unter einem immensen Kostendruck, was sich nicht zuletzt auch in der teilweise unterjährig stattfindenden Zusatzbeitragserhöhung mancher Kassen zeigt. Die Suche und Umsetzung von effizienzsteigernden Maßnahmen, auch aus ökonomischer Perspektive, sind daher unverzichtbar. Für die GKV liegen realisierbare Potenziale auf der Hand: Reduzierungen von Fehlbehandlungen und die damit verbundene Vermeidung von Mehrkosten, die Optimierung von Arzneimittelverordnungen und die Früherkennung chronischer Erkrankungen können mit künstlicher Intelligenz unterstützt und somit effizienter gestaltet werden.

### 20.5.1 KI in der Krankenhausabrechnungsprüfung

Die Prüfung von Krankenhausabrechnungen ist ein hochkomplexer und ressourcenintensiver Prozess, der für die GKV von zentraler Bedeutung ist. 2019 wurden gemäß statistischem Bundesamt rund 19 Mio. Krankenhausfälle in Deutschland abgerechnet (Statistisches Bundesamt 2024), wobei die Kosten für stationäre Behandlungen etwa

100 Mrd. € betragen (Statistisches Bundesamt 2021) und damit einen wesentlichen Anteil der Gesamtausgaben der Krankenkassen ausmachen. Wie in Kapitel vier erwähnt, ist der Anteil an fehlerhaft eingestuften Rechnungen bei fast 50 %, der Bundesrechnungshof spricht von „erlösorientiertem Abrechnen" auf Seiten der Krankenhäuser (Bundesrechnungshof 2019), was in Kombination mit den Prüfquoten den oben skizzierten Bedarf an präzisen Auswahlkriterien für die Selektion dieser Prüfungen unterstreicht.

Durch den Einsatz von KI können Krankenkassen den Prüfungsprozess erheblich optimieren. KI-Algorithmen sind in der Lage, große Datenmengen schnell zu analysieren und Muster zu erkennen, die auf potenziell fehlerhafte Rechnungen hinweisen. Dies führt zu einer präziseren Auswahl der Prüfungsfälle und reduziert den Aufwand für manuelle Überprüfungen, was weiterhin die Effizienz des Prüfprozesses steigert und es den Krankenkassen ermöglicht, die Krankenhausabrechnungen vor dem Hintergrund ihrer Prüfquote zu priorisieren.

### 20.5.2 KI zur frühzeitigen Identifikation von Pflegebedarfen

Generell ist es besonders relevant Kosten zu verhindern, bevor sie entstehen. Besonders das Thema Pflegebedürftigkeit sticht hier heraus, durch den Renteneintritt der geburtenstarken Jahrgänge („Baby-Boomer-Generation") muss eine Verschlankung und effizientere Ausgestaltung des Kostenapparates jetzt angegangen werden, bevor das Gesundheitssystem unter dieser ökonomischen Mehrbelastung kollabiert. Ein wesentlicher Aspekt dieses Ansatzes liegt in der frühzeitigen Antragstellung von Pflegeleistungen. Dies verkürzt nicht nur die Bearbeitungszeiten für Pflegeanträge, sondern verringert auch die Wahrscheinlichkeit, dass die Patienten ohne ausreichende Unterstützung nach Hause entlassen werden, was oft zu teuren Rehospitalisierungen führt.

Gesundheitsökonomisch betrachtet, trägt die rechtzeitige Beantragung von Pflegeleistungen durch KI-basierte Systeme zur Einsparung von Kosten im Nachgang des Krankenhausaufenthalts bei. Versorgungsengpässe nach der Entlassung, die in der Vergangenheit zu Folgeerkrankungen oder erneuten Krankenhauseinweisungen führten, können durch eine koordinierte Betreuung vermieden werden. Dies wirkt sich positiv auf die Kostenstruktur der GKV aus, da sowohl Rehospitalisierungen als auch überhöhte Notfallbehandlungen minimiert werden.

Neben der stationären Versorgung spielt die frühzeitige Identifizierung schleichender Pflegebedürftigkeit im häuslichen Umfeld eine immer größere Rolle. KI-Systeme analysieren kontinuierlich die Leistungsdaten der Versicherten und können durch die Mustererkennung von häufigeren Behandlungen, vermehrten Arztbesuchen oder der Nutzung von Hilfsmitteln auf eine schleichende Verschlechterung des Gesundheitszustandes hinweisen. Diese präventive Identifikation ermöglicht es den Krankenkassen, betroffene Versicherte frühzeitig zu informieren und ihnen Beratung und Unterstützung in Bezug auf Pflegeleistungen anzubieten.

Gesundheitsökonomisch ergeben sich hier bedeutende Vorteile: Die frühzeitige Einleitung von Pflegeinterventionen kann langfristige Komplikationen und schwere Pflegebedarfe verhindern, was wiederum erhebliche Kostenersparnisse nach sich zieht. Zudem kann durch eine gezielte Beratung und den frühzeitigen Einsatz von Pflegemaßnahmen die Abhängigkeit von stationärer Versorgung reduziert werden, was für die GKV besonders kosteneffizient ist. Ebenfalls relevant ist es zu betrachten, dass frühe Pflegeinterventionen auch die Belastung auf informell Pflegende reduziert, also Familienangehörige oder ähnliche Personen, die Teile ihres Alltags damit verbringen Menschen zu pflegen die auf Hilfe angewiesen sind, aber keinen oder keinen ausreichenden Pflegegrad haben. Das Sozio-Ökonomische Panel (SOEP) schätzte die Zahl dieser Menschen im Jahr 2019 in Deutschland auf 5,3 Mio. (Herrmann et al. 2022; Kuhlmey und Budnick 2023).

Auf makroökonomischer Ebene könnte der strategische Einsatz von Künstlicher Intelligenz (KI) die strukturelle Stabilität des deutschen Gesundheitssystems erheblich stärken und den steigenden Kostendruck abmildern. Die GKV steht derzeit unter finanziellen Druck, der durch demografische Veränderungen, den Anstieg chronischer Erkrankungen sowie technologische Innovationen, die oft mit hohen Kosten verbunden sind, weiter verstärkt wird. Der systematische Einsatz von KI hat das Potenzial, Effizienzgewinne zu realisieren, die über Einzelfallanwendungen hinausgehen und das gesamte Gesundheitssystem entlasten könnten. Indem KI zur Prozessoptimierung und verbesserten Allokation knapper Ressourcen beiträgt, könnten die Krankenkassen wirtschaftlich handlungsfähiger werden und die Leistungsausgaben in der GKV langfristig reduzieren.

In einem gesamtwirtschaftlichen Kontext würde die Entlastung der GKV nicht nur zu stabileren Beiträgen und einer finanziellen Schonung der Versicherten führen, sondern auch die Wettbewerbsfähigkeit des deutschen Gesundheitssektors stärken. Wenn KI dazu beiträgt, die Effizienz des Systems zu steigern, könnten langfristig Mittel freigesetzt werden, die in die Prävention und den Ausbau einer qualitativ hochwertigen Versorgung investiert werden können, ohne das System zusätzlich zu belasten. Dies könnte dazu führen, dass die GKV flexibler auf gesundheitspolitische und demografische Herausforderungen reagieren kann, wodurch die Versorgungssicherheit auch in wirtschaftlich schwierigen Zeiten gewährleistet wird. Zudem könnten Effizienzgewinne durch KI-gestützte Entscheidungen das Gesundheitssystem insgesamt robuster und weniger anfällig für Krisen machen, was angesichts der Herausforderungen durch Pandemien und zukünftige Gesundheitskrisen von hoher Relevanz ist.

Durch die Reduktion administrativer Kosten und die Verbesserung der Versorgungsplanung könnte KI so dazu beitragen, langfristige strukturelle Verbesserungen herbeizuführen, die die finanzielle Nachhaltigkeit des gesamten Systems fördern. Die Implementierung von KI ist daher nicht nur ein Mittel zur Kostenreduktion, sondern auch ein strategisches Instrument zur Stabilisierung und Modernisierung des deutschen Gesundheitssystems auf makroökonomischer Ebene. Diese gesamtwirtschaftlichen Effekte würden eine nachhaltige, zukunftsorientierte Finanzierungsbasis schaffen, die der GKV langfristig zugutekommt und gleichzeitig die volkswirtschaftliche Belastung der Gesundheitsversorgung in Deutschland reduziert.

## 20.6 Schlussbetrachtung

Die Nutzung von Künstlicher Intelligenz (KI) in der gesetzlichen Krankenversicherung (GKV) bietet große Chancen, die Effizienz zu steigern und die Versorgungsqualität zu verbessern. KI kann zur Optimierung der Krankenhausabrechnungsprüfung eingesetzt werden, um Abrechnungsfehler präziser zu identifizieren, wodurch erhebliche Kosteneinsparungen möglich sind. Darüber hinaus ermöglicht der Einsatz von KI die frühzeitige Erkennung von Pflegebedarfen, was die Versorgungslücken schließt und die Kosten für Rehospitalisierungen und Folgeerkrankungen verringern kann. Trotz bestehender Herausforderungen, wie Datenschutzvorgaben, Fachkräftemangel und komplexen Strukturen, zeigt der Einsatz von KI bereits konkrete Vorteile für die Effizienzsteigerung und Wirtschaftlichkeit der GKV. Die Integration von KI in die Gesundheitsversorgung könnte somit nicht nur die Kosten der GKV senken, sondern auch die Lebensqualität der Versicherten verbessern.

Um das Potenzial von Künstlicher Intelligenz wie das datenschutzförderliche Federated Learning vollständig auszuschöpfen, sollten Krankenkassen strategische Maßnahmen ergreifen. Zunächst ist es essenziell, in die Hardware- und Software-Infrastruktur zu investieren, um Daten effektiv verarbeiten, kuratieren und in KI-basierte Analyse-, Empfehlungs- und Vorhersagesysteme integrieren zu können. Schulungs- und Weiterbildungsprogramme für Mitarbeitende sind essenziell, um das Fachwissen über den Einsatz von KI-Methoden zu erweitern und damit auch die Akzeptanz und den Umgang mit neuen Technologien zu fördern. Zudem sollten klare Datenmanagement- und Compliance-Richtlinien entwickelt werden, die nicht nur den gesetzlichen Anforderungen entsprechen, sondern auch das Vertrauen der Versicherten in den Umgang mit ihren Daten stärken. Darüber hinaus könnten strategische Partnerschaften mit KI-Forschungsinstituten und Technologieanbietern helfen, innovative Lösungen bedarfsorientiert zu entwickeln, die die Effizienz und Qualität der Gesundheitsversorgung weiter erhöhen.

Die gesetzlichen Rahmenbedingungen und finanziellen Anreize sollten dabei so gestaltet werden, dass sie die Krankenkassen unterstützen, Präventionsstrategien in die Versorgungsstrukturen zu integrieren und dafür ausreichend Ressourcen für Präventionsprogramme bereitgestellt werden. Darüber hinaus könnte der Gesetzgeber gezielte Initiativen und Förderprogramme entwickeln, um die Zusammenarbeit zwischen Krankenkassen, medizinischen Einrichtungen und (KI-)Forschung zu stärken. Ein kooperativer Ansatz, der sowohl die Verantwortung der Krankenkassen als auch die Rolle des Staates in der Gesundheitsversorgung berücksichtigt, ist wichtig für eine nachhaltige und effektive Krankheitsprävention und Gesundheitsversorgung. So kann sichergestellt werden, dass alle Beteiligten in einem gemeinsamen Bestreben auf die Verbesserung der öffentlichen Gesundheit hinarbeiten.

Diese Empfehlungen stellen wichtige Stellschrauben auf dem Weg zu einer zukunftsfähigeren GKV dar. Denn die gesetzlichen Krankenkassen können durch den effektiven Einsatz von daten- und KI-basierten Methoden nicht nur ökonomische Herausforderungen besser bewältigen, sondern auch die Gesundheitsversorgung durch den Einsatz von innovativen Präventions- und Gesundheitslösungen aktiv zum Wohle der Versicherten gestalten.

## Literatur

Bures, D., Hosters, B., Reibel, T.,Jovy-Klein, F., Schramm, J., Brendt-Müller, J., Sander, J. & Diehl, A. (2023) Die transformative Wirkung von künstlicher Intelligenz im Krankenhaus. *Innere Medizin.* 64(11):1025–1032. https://doi.org/10.1007/s00108-023-01597-9

Bundesrechnungshof (2019) Bericht an den Rechnungsprüfungsausschuss des Haushaltsausschusses des Deutschen Bundestages nach § 88 Abs. 2 BHO über die Prüfung der Krankenhausabrechnungen durch die Krankenkassen der gesetzlichen Krankenversicherung. krankenhausabrechnungen-volltext.pdf Abrufdatum: 28.11.2024

Dorninger, H., Storms, K., Tremp, K., Kulik, L. & Lessiak, J. (2023) *Personalisiertes Versorgungsmanagement – die Zukunft der Krankenversicherung.* White Paper. Boston Consulting Group, München. https://media-publications.bcg.com/BCG-Whitepaper-Pers-Versorgungsmanagement-2023.pdf, Abrufdatum: 28.11.2024

GKV-Spitzenverband (2024) *Krankenhaus – Vergütungsregelungen für das Jahr 2025 gemeinsam festgelegt.* Gemeinsame Pressemitteilung. GKV Spitzenverband Bund der Krankenkassen, Berlin. https://www.gkv-spitzenverband.de/gkv_spitzenverband/presse/pressemitteilungen_und_statements/pressemitteilung_1909760.jsp, Abrufdatum: 28.11.2024

Herrmann, J.; Calahorrano, L.; Praet, M. & Rebaudo, M. (2022) Daten zur Informellen Pflege – Pflegebedürftige und Pflegende. Fraunhofer-Institut für Angewandte Informationstechnik (FIT). https://publica.fraunhofer.de/entities/publication/296341d2-421d-4c87-bfa5-56e21fa158f0, Abrufdatum: 28.11.2024

Jahn J. (2023) *Krankenkassen-Transformation: Gesundheitspartner der Zukunft*, in: Handbuch Digitale Gesundheitswirtschaft, in: Bohnet-Joschko S., Pilgrim K. (Hrsg.), Handbuch Digitale Gesundheitswirtschaft, Springer, 291–295. https://doi.org/10.1007/978-3-658-41781-9_61

Kuhlmey A. & Budnick A. (2023) Pflegende Angehörige in Deutschland: Vereinbarkeit von Pflege und Erwerbstätigkeit [Informal caregivers in Germany: achieving work-life balance]. *Bundesgesundheitsblatt Gesundheitsforschung Gesundheitsschutz.* 66(5):550-556. German. https://doi.org/10.1007/s00103-023-03687-3

Lingnau R., Blum K., Willms G., Pollmann T., Gohmann P. & Broge B. (2021). *Entlassmanagement – Status quo und Lösungsansätze zur Verbesserung.* In: Klauber, J., Wasem, J., Beivers, A., Mostert, C. (Eds) Krankenhaus-Report 2021. Springer, Berlin, Heidelberg. (83-98). https://doi.org/10.1007/978-3-662-62708-2_5

Moreno, A. (2024). Public Health hält Einzug in ein neues Gesundheitsdatennutzungsgesetz (GDNG). *Ethik Med.* 36(4):91–99. https://doi.org/10.1007/s00481-023-00791-5

Newton, P.M., Summers, C.J., Zaheer, U., Xiromeriti, M., Stokes, J.R., Bhangu, J.S., Roome, E.G., Roberts-Phillips, A., Mazaheri-Asadi, D., Jones, C.D., Hughes, S., Gilbert, D., Jones, E., Essex, K., Ellis, E.C., Davey, R., Cox, A.A., Bassett, J.A. (2025). Can ChatGPT-4o Really Pass Medical Science Exams? A Pragmatic Analysis Using Novel Questions. Med Sci Educ. 2025 Feb 4;35(2):721-729. https://doi.org/10.1007/s40670-025-02293-z

Rieke N., Hancox J., Li W., Milletarì F., Roth H. R., Albarqouni S., Bakas S., Galtier M. N., Landman B. A., Maier-Hein K., Ourselin S., Sheller M., Summers R. M., Trask A., Xu D., Baust M. & Cardoso M. J. (2020) The future of digital health with federated learning. *NPJ Digit Med.* 3(119):(1-7). https://doi.org/10.1038/s41746-020-00323-1

Schmidt, T. & Winter, J. (2022) Künstliche Intelligenz in Prozessen des Gesundheitswesens – Chancen und Risiken am Beispiel der akuten Schlaganfallbehandlung. In: Pfannstiel, M. A. (Hrsg.), *Künstliche Intelligenz im Gesundheitswesen.* Entwicklungen, Beispiele und Perspektiven. Springer Gabler Verlag, Wiesbaden. https://doi.org/10.1007/978-3-658-33597-7_21

Schröder, A. (2024) *KI und digitale Gesundheitslösungen als Schlüssel für eine gerechtere globale Gesundheitsversorgung.* Veranstaltungsbericht 10/2024. Konrad Adenauer Stiftung (Hrsg.), Berlin. https://www.kas.de/de/web/analyse-und-beratung/veranstaltungsberichte/detail/-/content/vertrauen-innovation-und-inklusion, Abrufdatum: 28.11.2024

Spath, D., Gausemeier, J., Dumitrescu, R., Winter, J., Steglich, S., & Drewel, M. (2021. Digitalisation of Society. In Maier, A., Oehmen, J. & Vermaas, P. E. (Eds.).*Handbook of Engineering Systems Design* (pp. 1-27). Cham: Springer International Publishing.

Statistisches Bundesamt (2021) Pressemitteilung: Ein Krankenhausfall kostete 2019 durchschnittlich 5.088 Euro. Pressemitteilung Nr. 194 vom 16. April 2021. https://www.destatis.de/DE/Presse/Pressemitteilungen/2021/04/PD21_194_231.html Abrufdatum: 28.11.2024

Statistisches Bundesamt (2024) Krankenhäuser: Einrichtungen, Betten und Patientenbewegung. https://www.destatis.de/DE/Themen/Gesellschaft-Umwelt/Gesundheit/Krankenhaeuser/Tabellen/gd-krankenhaeuser-jahre.html Abrufdatum: 28.11.2024

Straub, N. & Kowalski, C. (2024) Gesundheitsdatennutzungsgesetz und Digital-Gesetz unter der Lupe. *Onkologie.* 30(8):735–743. https://doi.org/10.1007/s00761-024-01546-7

Winter, J. (2021). Mit Daten und Künstlicher Intelligenz zu digitalen Geschäftsmodellen – Praxisbeispiele aus Produktion, Logistik und Gesundheitswirtschaft. In: Bruhn, M., Hadwich, K. (Hrsg.), *Künstliche Intelligenz im Dienstleistungsmanagement.* Forum Dienstleistungsmanagement. Springer Gabler Verlag, Wiesbaden. S. 76-97. https://doi.org/10.1007/978-3-658-34324-8_3

**Dr. Johannes Winter** ist Chief Strategy Officer am KI-Forschungszentrum L3S, einer gemeinsamen Einrichtung der Leibniz Universität Hannover und der Technischen Universität Braunschweig. Zudem ist er Geschäftsführer von CAIMed, dem Niedersächsischen Zentrum für Künstliche Intelligenz und Kausale Methoden in der Medizin.

**Dr. Nina Müller** ist Service Owner Data Driven Services bei der ITSC GmbH in Hannover. Mit ihrem Team entwickelt sie datenbasierte Softwareprodukte für und mit gesetzlichen Krankenversicherungen. Zuvor war sie als Wissenschaftlerin am Institut für theoretische Physik an der Universität zu Köln tätig.

**Dr. Tim Bartling**, ist Product Owner haiSELF-SERVICE im Team AI Communications bei der ITSC GmbH in Hannover. Zudem ist er Gastwissenschaftler am Institut für Epidemiologie, Sozialmedizin und Gesundheitssystemforschung der Medizinischen Hochschule Hannover und am Center for Health Economics Research Hannover (CHERH).

**Katharina Schrot**, M.Sc. ist Consultant Digital Health bei der ITSC GmbH in Hannover und unterstützt Krankenkassen bei der Entwicklung innovativer Lösungen – von der Problemstellung bis zur Konzeptentwicklung. Zuvor sammelte sie Erfahrung im öffentlichen Gesundheitsdienst sowie an der Medizinischen Hochschule Hannover.

# Einsatz Künstlicher Intelligenz in der ambulanten Pflege

# 21

Jörg Hallensleben, Kurt Becker, Silke Kükemück und Felix Hoffmann

## Inhaltsverzeichnis




J. Hallensleben (✉) · K. Becker
APOLLON Hochschule der Gesundheitswirtschaft GmbH, Universitätsallee 18, Bremen, Deutschland
E-Mail: joerg.hallensleben@apollon-hochschule.de; kurt.becker@apollon-hochschule.de

S. Kükemück · F. Hoffmann
Universitätsmedizin Göttingen, Göttingen, Deutschland
E-Mail: felix.hoffmann@apollon-hochschule.de




M. A. Pfannstiel (Hrsg.), *Künstliche Intelligenz im Einsatz für die erfolgreiche Patientenreise*, https://doi.org/10.1007/978-3-658-48573-3_21

**Zusammenfassung**

Trotz der Relevanz der ambulanten Pflege konzentrieren sich KI-Entwicklungen eher auf Krankenhausumgebungen oder unterstützende Technologien für ein selbstständiges Leben zu Hause (Smarthome). Dabei wurden die spezifischen Anforderungen von ambulanten Pflegediensten bei der Entwicklung von KI-Technologien bisher vernachlässigt. Es besteht ein großer Bedarf an Aufklärung und Wissensvermittlung über die Möglichkeiten von KI in der ambulanten Pflege, um dort die **Pflegequalität zu sichern und/oder zu verbessern.** KI-Technologien können dazu beitragen, die Pflegequalität zu steigern und Pflegekräfte zu entlasten, wobei es dringend notwendig ist, einen Wissenstransfer zwischen Forschung, Technologie und Praxis herzustellen. Um den Einsatz von KI in der ambulanten Pflege zu fördern, sind Maßnahmen notwendig, die im Rahmen der Politik, der Kostenträger sowie der Leistungserbringer und Leistungsnutzenden anzusiedeln sind. Künstliche Intelligenz bietet großes Potenzial, die ambulante Pflege zu modernisieren und zu verbessern, indem eine enge Zusammenarbeit sowie ein transparenter (Daten)-Austausch zwischen allen Akteuren stattfindet.

## 21.1 Einleitung

Häusliche Krankenpflege durch einen ambulanten Pflegedienst kann unter anderem als Nachsorge nach einem Krankenhausaufenthalt erforderlich werden. Die Rede von einer „Patient Journey“ kann in diesem Fall wörtlich genommen werden. Kennzeichnender für die ambulante Pflege ist allerdings, dass der Pflegedienst „reist“, d. h. seine Dienste „aufsuchend“ in einem Haushalt mit einer aufgrund von Krankheit, Behinderung oder Alter unterstützungsbedürftigen Person erbringt. Aktuell werden KI-Methoden auch zur Unterstützung mobiler Pflegekräfte in der häuslichen Pflege entwickelt und diese Entwicklungen unterstützen auch die digitale Transformation in diesem Bereich. Der Einsatz dieser Technologien hat das Potenzial, auch die zwischenmenschlichen Kontakte in der mobilen Pflege zu verbessern (vgl. Polacsek-Ernst 2024, S. 621–622). In diesem Beitrag geht es um Künstliche Intelligenz in der (berufsmäßig erbrachten) ambulanten Pflege. KI-gestützte Technologien kommen inzwischen in vielen Bereichen der Gesundheitswirtschaft zum Einsatz (vgl. Becker und Götz 2022, S. 595–615). Auch im Bereich der Pflege wurden und werden mehrheitlich für die professionelle Pflege im Krankenhaus oder für ein selbstständiges und autonomes Leben im eigenen Zuhause passende KI-Anwendungen entwickelt (vgl. Budde et al.

2023, S. 23; Wolf-Ostermann et al. 2021, S. 14). Da die notwendigen Eigenschaften von Pflegetechnologien bisher nur selten aus der Sicht der Pflegedienstbetreiber ermittelt wurden, verwundert es nicht, dass bisher erst wenige KI-Technologien in der professionellen Praxis der ambulanten Pflege angekommen sind. Das gilt insbesondere für Komponenten und Apps, die für ein selbstständiges und autonomes Leben der pflegebedürftigen Menschen konzipiert worden sind. Aktuelle Veröffentlichungen zum Thema (vgl. Güsken et al. 2021, S. 488; Peters 2024, S. 54) zeugen davon, dass noch viel Vermittlungsarbeit zu leisten ist.

## 21.2 Branchenüberblick

Ambulante Pflegeeinrichtungen (Pflegedienste) sind in Deutschland gesetzlich definiert, als „selbständig wirtschaftende Einrichtungen, die unter ständiger Verantwortung einer ausgebildeten Pflegefachkraft Pflegebedürftige in ihrer Wohnung pflegen und hauswirtschaftlich versorgen" (§ 71 Abs. 1 SGB XI).

15.376 ambulante Pflegedienste waren Ende 2021 mit einem Versorgungsauftrag nach § 72 SGB XI zugelassen (vgl. Destatis 2025, o. S), mit 16.678 wurden Vergütungsvereinbarungen geschlossen; Tendenz steigend: 2023 waren es 17.426 Vergütungsvereinbarungen (vgl. BMG 2024b, S. 235). Pflegedienste spielen eine wichtige Rolle in der Versorgung der rund 5,58 Mio. Menschen, die in Deutschland Ende 2023 auf Pflege oder regelmäßige Unterstützung im Alltag angewiesen waren (vgl. BMG 2024a, S. 1). Die Mehrzahl der pflegebedürftigen Menschen wird im häuslichen Umfeld betreut; nur etwa jeder sechste wird vollstationär in einem Heim gepflegt (vgl. Destatis 2025, o. S.). Nach der Pflegekräftevorausberechnung betreuen ambulante Pflegedienste derzeit (2024) rund 1,15 Mio. pflegebedürftige Menschen, d. h. sie stützen die familiäre Pflege und ersetzen sie teilweise auch komplett (vgl. Destatis 2024, o. S.). Nicht berücksichtigt in dieser Angabe sind Personen, die (ausschließlich) häusliche Krankenpflege nach SGB V erhalten, d. h. die Anzahl der versorgten Patientinnen und Patienten liegt höher. Der Branchendienst Pflegemarkt.com gibt deren Zahl sogar mit mehr als 1,9 Mio. an (vgl. pflegemarkt.com 2024, o. S.); da jedoch viele Patientinnen und Patienten sowohl Leistungen nach SGB V als auch nach SGB XI beziehen, dürfte diese Angabe aufgrund von Doppelzählungen wiederum überhöht sein.

Die Leistungen ambulanter Dienste (und damit deren Geschäftsfelder) sind in starkem Maße von den einschlägigen Versicherungsansprüchen gemäß der Sozialgesetzbücher V und XI determiniert. Die große Mehrzahl der pflege- und hilfebedürftigen Menschen ist nicht bereit oder nicht in der Lage, Pflege- und Betreuungsleistungen zusätzlich zu den gesetzlichen Leistungen eigenständig zu finanzieren. Die Kernkompetenz eines ambulanten Pflegedienstes besteht – abstrakt betrachtet – darin, Dienstleistungen in einem Haushalt zu erbringen. Damit ist eine logistische Kompetenz verbunden, die theoretisch nicht nur für die Erbringung von Pflege-, Betreuungs- und Hauswirtschaftsleistungen nach SGB V und SGB XI genutzt werden könnte, sondern auch für weitere Dienstleistungen rund um Haus und Garten, darunter auch ergänzende Unterstützung bei Nutzung von digitalen Pflegeanwendungen nach § 39a SGB XI oder von Smart-Home-Technologien.

Grenzen finden erweiterte Aktivitäten durch Pflegedienstbetreiber u. a. im Steuerrecht. Die Erbringung von Leistungen nach einem Sozialgesetzbuch fällt unter die Steuerbefreiung des § 4 Nr. 16 UstG. Die Erbringung zusätzlicher Privatleistungen ist steuerrechtlich hingegen nur dann unschädlich, wenn ein bestimmter Umfang nicht überschritten wird (vgl. Umsatzsteueranwendungserlass i. d. F. des BMF-Schreibens vom 12.7.2023, BStBl 2023, 1505).

Ein Teil der Pflegedienste wird von freigemeinnützigen oder privaten Großanbietern mehrerer ambulanter und/oder (teil-)stationärer Pflegeeinrichtungen betrieben. Die Mehrzahl der ambulanten Pflegedienste ist allerdings eher klein (vgl. Destatis 2025, o. S.) und inhabergeführt. Gerade Betreiberinnen und Betreiber kleinerer ambulanter Pflegedienste haben kaum Ressourcen übrig, um sich mit neuen Technologien zu beschäftigen.

Zum Jahresende 2021 waren 446.425 Personen in ambulanten Pflegeeinrichtungen beschäftigt, Tendenz steigend (vgl. Destatis 2025, o. S). Da aber der Bedarf an ambulanter Pflege noch stärker zugenommen hat als der Stellenaufwuchs, macht sich der Fachkräfte- und allgemeine Personalmangel, der auch in anderen Branchen spürbar ist, besonders gravierend in der ambulanten Pflege bemerkbar (vgl. Singer und Fleischer 2025, S. 20). Eine Entschärfung ist nicht in Sicht. Der demografische Wandel (Baby Boomer erreichen das Rentenalter) führt zu einer Scherenentwicklung zwischen der Zahl der pflegebedürftigen Menschen und der für eine informelle oder professionelle Pflege potenziell zur Verfügung stehenden Personalressourcen (vgl. Klie 2024, S. 278). Versorgungsengpässe sind absehbar und existieren in einigen Regionen bereits. Bei einer Befragung von Verantwortlichen für Diakoniestationen haben 214 (80 %) der Befragten erklärt, dass sie in den vergangenen sechs Monaten mangels Personal Kundenanfragen ablehnen mussten (vgl. DEVAP 2024, S. 19). Die Hauptsorge von Pflegediensten gilt jedenfalls nicht der Frage, wie sie neue Kunden gewinnen, sondern wie sie neue Mitarbeitende gewinnen und halten.

Die Anforderungen an das Pflegepersonal in der ambulanten Pflege sind hoch, da die Pflegeperson vor Ort beim Kunden mit einer Vielzahl von herausfordernden Situationen konfrontiert wird und dabei – anders als in der vollstationären Pflege – auf sich gestellt ist. Dieses höhere Anforderungsprofil spiegelt sich aber nicht in der Bezahlung wider. Im Durchschnitt verdienen sozialversicherungspflichtig angestellte Pflegefachpersonen in der ambulanten Pflege deutlich weniger als im Krankenhaus – und sogar immer noch etwas weniger als in Pflegeheimen - Tendenz immerhin aufholend (vgl. Singer und Fleischer 2025, S. 11). Im Wettbewerb um neue Pflegemitarbeiter/-innen haben Pflegedienstbetreiber daher Nachteile.

Die Abrechnung der ambulanten Pflegedienste erfolgt teilweise über Zeit, zumeist aber über pauschalisierte Leistungskomplexe. Gerade weil die pauschale Abrechnung vordergründig vom Faktor Zeit abstrahiert, fördert sie in Verbindung mit dem Primat der Wirtschaftlichkeit die Praxis der „Minutenpflege", bei der die vereinbarten Leistungen von den Pflegekräften in möglichst kurzer Zeit erbracht werden müssen – was diese unter Zeitstress setzt (vgl. Slotala und Bauer 2009, S. 62) Die Zahl derjenigen Pflegekräfte, die sich unter „Zeitdruck" sehen, lag 2023 zwar etwas unter den Spitzenwerten im Coronajahr 2022, ist mit 60,3 % aber immer noch deutlich höher als 2019 (vgl. Vollbracht 2024, S. 42). Der Zeitdruck in der ambulanten Pflege und die damit verbundene psychische Arbeitsbelastung sind ein nicht unwesentlicher Faktor für die weit über dem Durchschnitt aller Branchen liegende Krankheitsquote in der ambulanten Pflege. Die Krankheitsquote unter Altenpflegenden ist ein Drittel bis doppelt so hoch wie der Wert in nichtpflegenden Berufen (vgl. Lewin et al. 2024, S. 70; Rothgang et al. 2020, S. 210).

In der ambulanten Pflege kann ein krankheitsbedingter kurzfristiger Personalausfall wegen der Eins-zu-Eins-Betreuung nur mühsam kompensiert werden. In kleinen und mittelgroßen Diensten können Patientinnen und Patienten aus der Pflegetour der erkrankten Person in aller Regel nicht auf andere Pflegetouren verteilt werden. Häufig muss kurzfristig eine dienstfreie Pflegekraft einspringen. Wer häufig einspringen muss, gerät allerdings an die eigenen Grenzen, und es besteht die Gefahr eines Teufelskreises. Dergestalt gestresste Teams sind verständlicherweise nicht sehr offen für Neues. „Die sind alle so am Limit damit, einzuspringen und Ausfälle zu kompensieren, dass die sagen: Kommen Sie mir nicht noch mit sowas […] Da ist im Moment so gar keine Bereitschaft da, überhaupt mal etwas zusätzlich zu investieren." (Zitat aus einem Experteninterview, Schaeffer et al. 2024, S. 377).

Vor dem Hintergrund der dargestellten Problematiken finden Technikanbieter wenig Gehör, die ihr Angebot in erster Linie mit Vorteilen für die Patienten begründen. Attraktiv für Pflegedienstbetreiber sind hingegen Angebote, die geeignet sind, die Zufriedenheit der Mitarbeitenden zu erhöhen und/oder die Effizienz der Dienste zu verbessern (ohne die Beschäftigten zu verprellen).

## 21.3 Einsatzfelder

Große Potenziale sehen Entscheidungsträger von ambulanten Diensten in der KI-gestützten Verbesserung bei Planungs- und Dokumentationsaufgaben; auf diesem Feld ist KI heute bereits in der Praxis angekommen (siehe Abschn. 21.3.1 und 21.3.2). Für KI-Komponenten und Apps zur Unterstützung der direkten Pflege gilt das weniger (vgl. Abschn. 21.3.2).

### 21.3.1 Planung und Dokumentation

Für die vorausplanende Sicherstellung der Pflege ist in der ambulanten Pflege nicht nur eine Pflegeplanung notwendig, sondern auch eine Tourenplanung.

#### 21.3.1.1 Tourenplanung

Eine „Tour" bezeichnet eine definierte Abfolge von Hausbesuchen (Einsätzen), die eine Mitarbeiterin bzw. ein Mitarbeiter während eines Dienstes zu absolvieren hat. Die Tourenplanung dient zum einen der Erfüllung und Sicherstellung der von den Kunden beauftragten Leistungen (Leistungsplanung), zum anderen dient sie der Feinsteuerung des Personaleinsatzes (daher auch die Bezeichnung „Personaleinsatzplanung", die nicht mit der allgemeineren „Dienstplanung" zu verwechseln ist, bei der Wochen im Voraus festgelegt wird, welche Schicht jemand hat). Die Tourenplanung ist ein „Kernprozess" und zentraler Hebel zur wirtschaftlichen Steuerung eines Pflegedienstes (vgl. Heiber und Nett 2014, S. 10).

Nur noch ein kleiner Teil der Pflegedienste erledigt die Tourenplanung mit einfacher Bürosoftware, wie z. B. Excel (vgl. Pöser und Bleses 2018, S. 23). Ein Modul für die Tourenplanung bieten inzwischen (fast) alle spezifischen Softwareprogramme für die ambulante Pflege. Immer mehr Programme stützen sich dabei inzwischen auf KI (z. B. die Software MD ambulant von MedifoxDan oder Snap von Euregion).

Wesentliche Inputs für die Erstellung eines Tourenplans sind erstens die zu erbringenden Leistungen (letztlich also die Bedarfe der zu versorgenden Personen) sowie zweitens die zur Verfügung stehenden Personalressourcen. Bei Letzteren sind die für die Leistungserbringung erforderlichen Qualifikationen (und vielleicht auch das von den Patienten gewünschte Geschlecht) der Pflegepersonen zu berücksichtigen, außerdem deren Verfügbarkeit im Einklang mit den gesetzlichen Vorgaben (sowie vielleicht Vorlieben und Wunscharbeitszeiten). Ein dritter Faktor für die Tourenplanung ist die räumliche Lage der aufzusuchenden Haushalte; es gilt, Wege und Fahrtzeiten möglichst zu minimieren (vgl. Heiber und Nett 2014, S. 147–148). Eine einmal erstellte und bewährte Tour bleibt in der Regel unverändert – nicht nur, weil sich die Einsatzleitungen unnötige Arbeit ersparen wollen, sondern auch, weil Routinen den Pflegekräften die Arbeit erleichtern und den Patientenhaushalten Sicherheit vermitteln (vgl. Adam-Pfaffrath 2020, S. 19–21). Idealerweise findet eine Tour genauso statt, wie sie geplant wurde. Das ist jedoch keineswegs sicher; es kommt nicht selten vor, dass ein Patient nach Abschluss der Planung einen Einsatz absagt oder, sehr viel kritischer, die für die Tour eingeplante Pflegekraft kurzfristig ausfällt.

Bei der herkömmlichen Tourenplanung müssen alle diese Aspekte von der planenden Person berücksichtigt werden. Es ist offensichtlich, dass in solchen Fällen nicht immer optimale Ergebnisse erzielt werden können, insbesondere nicht bei einem kurzfristigen Personalausfall. Bei der KI-gestützten Tourenplanung kann nun die Einsatzleitung „per Knopfdruck" einen Planvorschlag für einen ausgewählten Tag anfordern; die Software erstellt dann automatisch einen Vorschlag, den die Einsatzleitung nur noch zu prüfen braucht. Eine von zahlreichen Anbietern bereits seit Jahren angebotene digitale Planungshilfe stellt die Wegeoptimierung mittels Geodaten dar. KI-gestützte Systeme können zusätzlich die aktuelle Verkehrssituation berücksichtigen und auf dieser Basis den Routenvorschlag, wiederum „auf Knopfdruck", anpassen; Planänderungen werden automatisch im Hintergrund auf allen digitalen Geräten im Büro und unterwegs aktualisiert (vgl. MediFox o. J., o. S.; Euregion o. J., o. S.).

Im Hintergrund kann zusätzlich auch die Wirtschaftlichkeit einer Tour berechnet werden (vgl. vgl. MediFox o. J., o. S.). Für viele Pflegedienstbetreiber ist dieser Parameter ein zentraler Aspekt bei der Bewertung der Effizienz ihrer Tourenplanung. Wer mag und nicht nur auf kurzfristige Profitabilität setzen möchte, kann zusätzlich sogar gesundheitsförderliche, soziale und ökologische Aspekte als Faktoren in eine KI-gestützte Routenplanung einbringen und nutzen (vgl. Gaugisch et al. 2023, S. 32). Insgesamt betrachtet, können mit dem aktuellen Stand der Technik alle heutigen Erwartungen der Nutzerinnen und Nutzer in Bezug auf die Tourenplanung abgebildet werden.

#### 21.3.1.2 Pflegeassessment und Pflegeplanung

Ebenso wie andere Prozesse kann der klientenbezogene Pflegeprozess in die Phasen Assessment, Planung, Durchführung und Evaluation unterteilt werden (vgl. WHO 1987, S. 35).

Wenn pflegerelevante Patientenzustände über ca. eine Woche persistieren, war und ist es in der ambulanten Pflege zweckmäßig und üblich, sie nicht mittels Pflegebericht zu steuern, sondern über eine spezielle Planungsmaske (bei der traditionellen Papierdokumentation „Pflegeplanungsformular" genannt). Input für jede prospektive Maßnahmenplanung ist die Situationsschätzung durch die planende Pflegefachperson (Pflegeassessment mit dem Ergebnis Pflegediagnose). Für eine Vielzahl von aktuellen und potenziellen Pflegeproblemen stehen Assessmenttools zur Verfügung, mit deren Hilfe die Pflegeperson ihre fachliche Einschätzung objektivieren kann, wenn sie dies für notwendig erachtet (z. B.: Besteht ein Sturzrisiko?).

Die richtige Situationseinschätzung und Maßnahmenentwicklung, mehr noch aber die professionelle Formulierung von Pflegediagnosen, Pflegezielen und Pflegemaßnahmen stellt nicht nur Auszubildende, sondern auch viele Pflegefachpersonen vor Herausforderungen. Der Bedarf nach Checklisten und Formulierungshilfen ist groß; davon zeugen entsprechende Fachbücher für Pflegekräfte (vgl. z. B. Regnet 2024, o. S.). Ältere Software hat diese Checklisten lediglich digitalisiert. Die Pflegefachkräfte mussten oft in umfangreichen Dropdown-Menüs nach geeigneten Textbausteinen suchen, was den Arbeitsaufwand nur geringfügig reduzierte.

KI-basierte Systeme können die Pflegediagnostik und Pflegeplanung verbessern, angefangen mit der Bereitstellung und Aufbereitung von Monitoringdaten aus installierten Sensoren und/oder Wearables. Auch die eigentliche Planungsphase könnte von einer KI-Unterstützung profitieren. Am Beispiel der Sturzprophylaxe seien die Möglichkeiten für den Einsatz in der ambulanten Pflege erläutert. (Die Grenzen werden in Abschn. 19.2 aufgezeigt.)

Zunächst zur Relevanz des Themas. „Stürze stellen insbesondere für ältere und kranke Menschen ein hohes Risiko dar. Sie gehen häufig mit schwerwiegenden Einschnitten in die bisherige Lebensführung, einher, die von Wunden und Frakturen über Einschränkungen des Bewegungsradius infolge verlorenen Vertrauens in die eigene Mobilität bis hin zum Verlust einer selbständigen Lebensführung reichen" (DNQP 2015, S. 13). Um passgenaue präventive Maßnahmen ergreifen zu können ist die Einschätzung der individuellen Risikofaktoren essenziell. Im Alter kommen oft mehrere Risiken zusammen, wie z. B. Gangunsicherheit, eingeschränkte Sehfähigkeit, zerebrale Durchblutungsstörungen, Verkennung von Risiken in der Umgebung infolge von Demenz.

Das Start-up Lindera hat eine App entwickelt, mit deren Hilfe das Sturzrisiko ermittelt werden kann. Zur App gehört ein psychosozialer Test, der bei Vorliegen einer Demenz oder einer ähnlichen Erkrankung von einer Betreuungsperson beantwortet werden soll. Herzstück ist jedoch eine 3D-Analyse verschiedener Parameter des Gangbildes, wie z. B. Schrittlänge, Schritthöhe und Schrittgeschwindigkeit. KI-Algorithmen überführen ein 30-sekündiges, mit einer handelsüblichen Smartphonekamera aufgenommenes 2D-Video einer gehenden Person in einen persönlichen Avatar mit seinem 3D-Skelett (vgl. Lindera 2024, o. S., o. J., o. S.). Nach 15–20 min liegt ein Bericht über das individuelle Sturzrisiko auf dem Smartphone vor (vgl. Karl 2022, S. 11). Die Leistungsfähigkeit der Ganganalyse wurde wissenschaftlich validiert (vgl. Strutz et al. 2022). Die App kann sowohl für die Selbstanalyse genutzt werden (sofern keine kognitive Beeinträchtigung vorliegt) als auch für die Fremdanalyse; neben Angehörigen kommen hierfür auch professionelle Nutzerinnen und Nutzer in Betracht. Arztpraxen, Pflegeheime oder eben auch ambulante Dienste können ihr Nutzerkonto mit verschiedenen Patientenkonten verknüpfen und dadurch Datenzugriff erhalten (vgl. Lindera 2024, S. 26). Die Lindera Mobilitätsanalyse App hat Schnittstellen zu mehreren führenden Softwareanbietern aus der Branche, sodass die Ergebnisse der speziellen Sturzrisikoassessments in deren Pflegeplanungsmodulen sichtbar sind (vgl. Lindera o. J., o. S).

Auch zu anderen Pflegeproblemen werden KI-gestützte Assessment- und Planungsapps entwickelt. Erwähnt sei hier als weiteres Beispiel das pflegerelevante Thema „Chronische Wunden" (vgl. DNQP 2015, S. 49–51). Mithilfe von KI kann – wie etwa im Projekt PosiThera demonstriert – die fachliche Beurteilung der Wunde und deren Beschreibung zumindest teilautomatisiert und gegenüber dem Status Quo deutlich verbessert werden (vgl. Vogel et al. 2021, S. 46).

Künstliche Intelligenz könnte den Pflegekräften vor Ort sogar in Echtzeit Unterstützung anbieten, d. h. Hinweise geben und Maßnahmen vorschlagen. Dies ist gerade mit Blick auf den Einsatz ungelernter Hilfskräfte vor dem Hintergrund des Fachkräftemangels von Relevanz. Erprobt wird diese Möglichkeit derzeit u. a. im BMWI-geförderten Projekt ExpliCareNEXT.

#### 21.3.1.3 Pflegedokumentation

Von der prospektiven Pflegeplanung zu unterscheiden ist die retrospektive Dokumentation von Ereignissen sowie der durchgeführten Maßnahmen. Der für diese Zwecke notwendige Dokumentationsaufwand war und ist in der Pflegelandschaft Gegenstand vielstimmiger Kritik. Immerhin ist es vor rund zehn Jahren einer Kommission im Auftrag des Bundesministeriums für Gesundheit unter der Leitung der Ombudsfrau Elisabeth Beikirch gelungen, eine vereinfachte Basispflegedokumentation in der Langzeitpflege vorzulegen. Vor allem durch den – juristisch belastbaren – Verzicht auf schriftliche Nachweise für Assessments sowie für Routinetätigkeiten hat sich der Zeitaufwand reduziert (vgl. Beikirch et al. 2014, S. 47).

Anders als in Pflegeheimen muss in der ambulanten Pflege allerdings die Erbringung der vereinbarten Leistungen nach wie vor dokumentiert werden, nämlich aus abrechnungstechnischen Gründen. Bis in die jüngere Vergangenheit mussten die Eintragungen des Pflegepersonals sogar unbedingt auf einem papiernen Leistungsnachweis von den Kundinnen und Kunden per Unterschrift verifiziert werden (vgl. Daxberger 2018, S. 93–95); inzwischen darf die Unterschrift auch auf einem Display getätigt werden. Die gesetzliche Grundlage für eine papierlose vollelektronische Abrechnung in der ambulanten Pflege ist § 293 Abs. 8 SGB V, der durch das Patientendaten-Schutzgesetz (PDSG) eingeführt wurde.

Bis heute müssen vor Ort zumindest einige Informationen auf Papier vorgehalten werden. Eines der Dokumente, das derzeit noch in der Pflegedokumentationsmappe in Papierform vor Ort aufbewahrt werden muss, ist ein Dokument für die Kommunikation zwischen dem Pflegedienst und Arztpraxis sowie weiteren Akteuren der Versorgung, wie z. B. Apotheken. Damit soll sichergestellt werden, dass alle an der Pflege Beteiligten die für die häusliche Pflegehilfe notwendigen Informationen einsehen können oder unverzüglich erhalten (vgl. beispielsweise § 12 Rahmenvertrag nach § 75 in Baden-Württemberg). Dieses Ziel kann allerdings mit der elektronischen Patientenakte – digital weitaus besser erreicht werden. Voraussetzung hierfür ist der Anschluss aller Pflegedienste an die Telematikinfrastruktur (Ti) gemäß § 341 Abs. 8 SGB V i. d. F. des Gesetzes zur digitalen Modernisierung von Versorgung und Pflege – DVPMG.

Laut einer Studie des IGES-Instituts waren vor fünf Jahren erst 32,8 % der Pflegeplanungen und -dokumentationen komplett oder mehrheitlich digitalisiert – vollstationär waren es 80 % (vgl. Braeseke et al. 2020, S. 56). Dass der Durchdringungsgrad so niedrig war, hatte nicht nur mit den beschriebenen gesetzlichen Rahmenbedingungen zu tun, sondern auch damit, dass der Dokumentationsaufwand im Vergleich mit einer Papierdokumentation von den einfachen (nicht KI-gestützten) digitalen Apps und mobilen Datenerfassungsgeräten noch nicht entscheidend verringert werden konnte. Aufgrund negativer Vorerfahrungen befürchten viele Pflegekräfte, dass die durch Digitalisierung möglichen Zeitersparnisse bei der ungeliebten Dokumentation durch steigende Dokumentationsanforderungen bzw. eine zunehmende Komplexität zunichte gemacht werden könnten (vgl. Muckenhuber et al. 2019, S. 25).

Mithilfe künstlicher Intelligenz scheinen auf dem Feld der digitalen Pflegedokumentation nun aber doch enorme Fortschritte absehbar, insbesondere, wenn die Dokumentation nicht mehr (nur) über Schreiben/Texteingabe erfolgen muss, sondern auch über das gesprochene Wort möglich wird. Voraussetzung dafür ist natürlich, dass die Spracherkennung auch unter suboptimalen Bedingungen, etwa während der Durchführung einer Pflegemaßnahme oder in normalen Gesprächssituationen mit Nebengeräuschen, funktioniert und die Aufnahmen korrekt in Text transkribiert werden können (vgl. Täschner 2020, S. 41–48).

Unter dieser Voraussetzung könnten die in den Sprachdateien vorliegenden Informationen für drei wesentliche Anwendungsfelder genutzt werden: 1. KI-Algorithmen filtern automatisch aus einem Strom von Informationen alle für die Pflege(dokumentation) relevanten Punkte – entweder auf Anforderung der Pflegekraft oder kontinuierlich. 2. Die in ihrer Muttersprache getätigten sprachlichen Äußerungen einer migrantischen Pflegekraft könnten dabei von der KI automatisch ins Deutsche übersetzt werden. 3. Auch die Professionalität der allgemeinen Pflegeplanung könnte mithilfe von KI-Algorithmen angehoben werden. Schon herkömmlich programmierte Software vermochte zwischen verschiedenen Pflegeplanungsansätzen („SIS“ oder „nach Krohwinkel“) zu wechseln (vgl. MediFox o. J., o. S.; Euregion o. J., o. S.). Perspektivisch sollte es mittels KI möglich sein, „unprofessionell“ formulierte Textpassagen ohne größere manuelle Nacharbeit in ein gewünschtes Pflegeterminologiesystem, wie zum Beispiel in NANDA-I, NIC und/oder NOC (vgl. Johnson et al. 2012; vgl. Lundberg et al. 2008, o. S.), zu überführen.

### 21.3.2 Unterstützung bei der direkten Pflege

Im Folgenden werden schwerpunktmäßig KI-gestützte Produkte, die Pflegekräfte bei körperlich anstrengenden Tätigkeiten unterstützen können sowie soziale Roboter und Systeme für die soziale Interaktion. Das Feld der Einsatzmöglichkeiten ist natürlich sehr viel größer. Erwähnt seien nur Roboter und Systeme für den Haushalt oder Apps zur Überwachung der Medikamentengabe, aber für die Argumentation dieses Beitrags ist die Beschäftigung mit diesen beiden sehr einschlägigen Feldern ausreichend.

#### 21.3.2.1 Entlastung bei physisch anstrengenden Tätigkeiten

Viele Altenpflegekräfte sind von Krankheiten der Wirbelsäule und des Rückens betroffen (vgl. Rothgang et al. 2020, S. 172). Körperlich anstrengend ist insbesondere das Heben und Positionieren von Patientinnen und Patienten, also das schwere Tragen und Heben (vgl. Petersen und Melzer 2022, S. 8). Ein etabliertes Hilfsmittel sind mechanische, teilweise auch elektrische Patientenlifter. Obwohl diese in Pflegeheimen routinemäßig bereitgestellt werden, verzichten Pflegekräfte im hektischen Alltag auf deren Einsatz; zu zeitraubend sind der Transport des sperrigen Gerätes in das Bewohnerzimmer und das Anbringen der Hebe- und Tragelemente. Ambulante Pflegedienste halten diese Geräte oft nicht vor – allein schon, da der Transport der Großgeräte mit den branchenüblichen Kleinwagen zur pflegebedürftigen Person problematisch ist.

Exoskelette könnten theoretisch eine Alternative sein. In der Industrie werden derzeit Exoskelette eingesetzt – beispielsweise das passive Exoskelett Paexo Shoulder der Firma Ottobock, das für Überkopfarbeiten entwickelt wurde und im Wesentlichen mechanisch funktioniert (mit Federn), wobei die Wirkung elektrisch an- oder abgeschaltet werden kann. Studienergebnisse zeigen, dass mit solchen Exoskeletten die Belastung signifikant verringert werden kann (vgl. Fritzsche et al. 2021, S. 1–16; Maurice et al. 2020, S. 152–164). Intelligente „aktive" Systeme versprechen noch bessere Ergebnisse, da sie an der Bewegung der Nutzer erkennen können (sollen), ob und wieviel Unterstützung nötig ist – und die Unterstützungsleistung daran dosiert anpassen.

Allerdings ist es in der ambulanten Pflege selten erforderlich, längere Zeit schwer zu heben oder über Kopf zu arbeiten. Damit es für die in der Regel kurze Einsätze praxistauglich ist, müsste das Exoskelett oder ein vergleichbares Hilfsmittel (z. B. ein Roboterarm) sehr schnell angelegt und abgelegt werden können, was derzeit noch nicht der Fall ist.

#### 21.3.2.2 Unterstützung bei der sozialen Interaktion

Angesichts des Personalmangels in der Pflege und des „Einsamkeitsproblems" in der Gesellschaft (vgl. Einsamkeitsbarometer, BMFSFJ 2020, S. 82-86) werden seit mehr als 10 Jahren soziale Roboter, KI-gestützte Chatbots und virtuelle Assistentzlösungen entwickelt, die nicht nur Informationen, Beschäftigung und Anregung, sondern auch emotionale Unterstützung bieten sollen. Bisher haben nur wenige Produkte Marktreife erlangt (vgl. Schuh et al. 2020, S. 1271–1285; Kehl 2018, S. 9–34).

Der in Japan entwickelte soziale Roboter Paro (vgl. Cyberdyne Care Robotics 2024, o. S.) ist am ausführlichsten beschrieben und erforscht. Er wird in der Betreuung demenzkranker Menschen mit nachweislich positiver Wirkung, vor allem in Pflegeheimen, eingesetzt (vgl. ex Strünck et al. 2022, S. 377; Lu et al. 2021, S. 2–13; Lane et al. 2016, S. 292–299).

Der Paro ist zoomorph gestaltet, ähnlich einer Babysattelrobbe. Ein weiches „Fell" und ein inneres „Skelett" erzeugen eine „natürliche" Haptik. Optisch wird das Kindchenschema angesprochen. Der Paro signalisiert beim Streicheln positive Emotionen und bei schlechter Behandlung, z. B. wenn er fallen gelassen wird, negative Emotionen (z. B. Jaulen). Insgesamt ist das Design darauf ausgelegt, Fürsorgeverhalten zu aktivieren und Interesse und Neugier zu befriedigen (vgl. Heese und Thaler 2019, S. 379–389; Cyberdyne Care Robotics 2024, o. S.). Der Paro kann einzelne Worte erkennen (und reagiert, wenn sein „Name" gerufen wird), aber er ist nicht in der Lage Gespräche zu führen – muss er auch nicht, denn das technisch nachempfundene Tier kann das auch nicht.

Höher sind die Erwartungen an humanoide Roboter, wie Pepper (vgl. SoftBank Robotics 2025, o. S.) oder Elisa (vgl. Anasoft technology/RUBYDemenz 2024, o. S.). Während Pepper als humanoider Roboter deutlich erkennbar ist und durch sein Design bewusst das Kindchenschema anspricht, um eine positive soziale Interaktion zu fördern, präsentiert sich Elisa in der Gestalt einer großen Kinderpuppe. Diese anthropomorphe Gestaltung, die bewusst an menschliche Züge erinnert, soll eine vertrautere und einladende Atmosphäre schaffen.

Sowohl Elisa als auch der Paro-Roboter sind speziell für den Einsatz bei Menschen mit Demenz und ähnlichen kognitiven Beeinträchtigungen konzipiert. Elisa baut dabei auf den erfolgreichen Konzepten des Paro auf und erweitert diese durch die Integration modernster Sprachverarbeitungstechnologien. Die Kombination aus taktilen Reizen, die durch die kuschelige Oberfläche der Puppe vermittelt werden und der Möglichkeit zur sprachlichen Interaktion, ermöglicht sie eine vielschichtige und individuell anpassbare Kommunikation (vgl. Anasoft technology/RubyDemenz, 2024).

Elisa ist mit einer Kamera und verschiedenen Sensoren ausgestattet und kann ihre Mimik an Gesprächsinhalte anpassen. Eingebaute Sensoren lassen die Puppe erkennen, in welcher Richtung sich eine Person befindet, sodass das Gegenüber gezielt angesprochen werden kann. Die Puppe kann Gegenstände, wie beispielsweise ein Wasserglas im Raum erkennen, und zum Trinken auffordern; sie kann auch ans Essen und an Termine erinnern oder Informationen zum Wetter geben. Sie macht individualisierte Spielangebote und regt Beschäftigungen entsprechend den bekannten Vorlieben der demenzkranken Person an. Die demenzkranke Person kann von Elisa erfahren, wo sich der pflegende Angehörige befindet, ob dieser gerade einkaufen ist und wann derjenige zurück sein wird. Elisa kann Texte vorlesen oder als Sprachnachricht wiedergeben, auch die Übermittlung einer Antwort ist darstellbar. Die Nutzung der verfügbaren App ermöglicht den Kontakt zu einem programmierten Netzwerk, das im Bedarfsfall kontaktiert werden kann, bspw. bei einem Sturz oder Notfall (vgl. Stein 2022, S. 26–28; Anasoft Technology 2024, o. S).

Soziale Roboter haben in der ambulanten Pflege bisher praktisch keine Verbreitung gefunden – ebenso wenig übrigens wie Service-Roboter (vgl. Haug et al. 2021, S. 65). Dass

Service-Roboter, die im industriellen Maßstab (eher einfache) Hilfs- und Assistenztätigkeiten erbringen sollen, wie z. B. HoLLiECares, SeRoDi oder Care-O-Bot, nicht in der ambulanten Pflege zum Einsatz kommen, kann kaum überraschen (scheitern sie doch schon an Treppen), aber warum spielen auch Soziale Roboter – bisher – keine Rolle? Dieser Frage wird am Beispiel der Roboter-Robbe Paro im nachfolgenden Kapitel nachgegangen (allerdings erst im Abschn. 21.4.2).

## 21.4 Allgemeine Herausforderungen und Grenzen beim Einsatz von KI in der ambulanten Pflege

Die Integration von KI in der ambulanten Versorgung ist ein komplexes Thema. Neben der Frage nach der technischen Umsetzbarkeit stellen sich auch Fragen zur praktischen Anwendbarkeit in der häuslichen Umgebung, wobei hier sowohl die Nutzungsbereitschaft und -kompetenz des Pflegefachpersonals als auch die rechtlichen Rahmenbedingungen eine Rolle spielen. Wie in allen Settings der Gesundheitswirtschaft stellen sich auch beim Einsatz in der ambulanten Pflegebranche ethische Fragen (inkl. der Herausforderungen bzgl. der Datenschutzbestimmungen). Alle diese Aspekte werden nachfolgend kurz skizziert.

### 21.4.1 Technische Aspekte

Die technische Seite der Künstlichen Assistenz ist nicht Gegenstand dieses Beitrags. Nicht negiert werden soll, dass die Herausforderungen immens sind. Um den vielfältigen Praxisszenarien gerecht zu werden, muss ein Pflegeroboter nicht nur diverse Voraussetzungen hinsichtlich der Navigation erfüllen, sondern auch auf Störgrößen reagieren können (vgl. Carros et al. 2022, S. 793–819). Zum Beispiel werden in der zwischen-menschlichen Kommunikation nicht nur sprachlich vermittelte Informationen genutzt, sondern vielmehr ein Spektrum an Sinneswahrnehmungen, erlerntem Wissen und komplexer Deduktion; Spracherkennung allein reicht daher für eine gelungene Mensch-Maschine-Kommunikation nicht aus (vgl. Täschner 2020, S. 41–48). Um dauerhaft den Prototypenstatus zu verlassen, müssen robotische Assistenzsysteme mehr Signale empfangen und für eine adäquate Interpretation der Situation und Reaktion synthetisieren als bisher (vgl. Marco und Farinella 2018, o. S.).

### 21.4.2 Praxistauglichkeit (aus ambulanter Pflegeperspektive)

Nach dem Technikakzeptanzmodell von Davis et al. (1989, zit, n. Güsken et al. 2021, S. 473) wirkt sich die wahrgenommene Nützlichkeit auf die Einstellung zur Nutzung und die Nutzungsabsicht aus. Entscheidend für den tatsächlichen Gebrauch einer Technologie am Ende dieser Kette ist letztlich die wahrgenommene Nützlichkeit, wobei die technisch herzustellende wahrgenommene Einfachheit der Nutzung ein Faktor ist, der auf diese einwirkt (vgl. Güsken et al. 2021, S. 473). Die technischen Merkmale einer KI-Technologie in Bezug auf die Besonderheiten und deren Bedienung müssen allerdings zusammen mit dem Kontext gedacht werden, hier also zusammen mit dem Feld der ambulanten Pflege. Dies soll im Folgenden zunächst am Beispiel der Sturzprophylaxe demonstriert werden.

#### 21.4.2.1 Hürden für die Nutzung der Lindera-App zur Sturzprophylaxe

Wie dargestellt, steht die technische Leistungsfähigkeit der Lindera-App zur Ganganalyse außer Frage. Die Anwendung ist auch nicht schwierig zu bedienen. Zudem ist die App – großes Plus! – keine Stand-Alone-Lösung, sondern vielmehr kompatibel mit existierender Branchensoftware. Was könnte ambulante Pflegedienste trotz dieser vorteilhaften Merkmale von der Verwendung dieser App abhalten?

1. Die fachliche Expertise einer Pflegefachkraft reicht in aller Regel aus, um ein Sturzrisiko zu erkennen – auch ohne Einsatz eines Assessmentinstruments. Stürze sind im Übrigen ein multifaktorielles Geschehen. Die Verdichtung einzelner Beobachtungen zu einer Pflegediagnose, basierend auf Wissen und Erfahrung, ist weniger zeitaufwändig als die Nutzung eines Assessmentinstruments – sei dies nun ein Fragebogen oder die Lindera-App.
2. Speziell die Einschätzung des Gangbildes mag zwar mithilfe der App viel genauer erfolgen (und noch dazu in nachweisbarer Weise), aber eine solche Präzision ist in der ambulanten Pflege überhaupt nicht gefordert. Denn im Gegensatz zur Orthopädie oder Physiotherapie geht es in der ambulanten Pflege nicht darum, Details des Ganges therapeutisch zu verbessern. Spezielle Gangübungen sind dort nicht als Aufgabe des Pflegepersonals vorgesehen.
3. Weder spezielle Gangübungen noch ein entsprechend genaues Assessment werden derzeit vergütet. Gemäß den (auf Bundeslandebene vereinbarten) Rahmenvereinbarungen nach § 75 SGB XI können ambulante Pflegedienste generell keine spezifischen Assessments abrechnen. Abrechnungsfähig sind zwar Erstbesuche und Folgebesuche zum Zwecke der Erstellung umfassender Pflegeplanungen und in diesem Zusammenhang sollte tunlichst auch das Sturzrisiko eingeschätzt werden, um dem Pflegeexpertenstandard (vgl. DNQP 2022, S. 23)gerecht zu werden, aber das geht, siehe Punkt 1, eben auch ohne die Lindera-App.
4. Das Abrechnungsargument entzieht auch dem möglichen Argument den Boden, dass bei Nutzung der Lindera-App auch eine Pflegefachassistenzperson mit der Aufgabe der Sturzrisikoeinschätzung betraut werden könnte. Sachlich mag das stimmen, aber eben vergütungsrechtlich nicht. Nach dem derzeitigen Abrechnungssystem (Leistungskomplexsystem) kann der Leistungskomplex Erst- und Folgebesuch (siehe Punkt 3) nur bei Einsatz einer Pflegefachperson abgerechnet werden.
5. Ein weiterer Vorteil der Lindera-App liegt zwar grundsätzlich darin, dass die Sturzeinschätzung – nachweislich! – auf hohem Niveau erfolgt ist, was vorteilhaft ist, falls die Pflegeeinrichtung bei einem Sturz mit schweren Sturzfolgen vor Gericht verklagt werden sollte. Dieses Argument ist für Pflegedienstbetreiber allerdings weniger stark als

für Pflegeheimbetreiber. Denn während bei Stürzen im Herrschafts- und Organisationsbereich eines Pflegeheims eine schuldhafte Pflichtverletzung ausgeschlossen werden muss (vgl. die bekräftigte Rechtsprechung des Bundesgerichtshofs vom 18. Dezember 1990 (VI ZR 169/90 = NJW 1991, 1540 f. = VersR 1991, 310 f.)), geschehen Stürze in der häuslichen Pflege eben gerade nicht in einem vom Pflegedienst voll kontrollierbaren Herrschafts- und Organisationsbereich. Dementsprechend sind Zivilprozesse in der ambulanten Pflege sehr viel seltener als in der vollstationären Pflege.

6. Das Bundesinstitut für Arzneimittel und Medizinprodukte (BfArM) hat der Lindera-App die Zulassung als Digitale Pflegeanwendung (DiPA) verweigert (vgl. Heinrichs 2024, o. S.). Damit entfällt eine Finanzierungsmöglichkeit. (Exkurs: Die Zulassungspolitik des BfArM in puncto DiPA ist in die Kritik geraten, da bisher noch keine einzige DiPA zugelassen wurde (vgl. Hartung 2024, o. S)).

#### 21.4.2.2 Hürden für die Nutzung der sozialen Roboter Robbe Paro oder Puppe Elisa

Wie dargestellt, liegt das Haupteinsatzgebiet der Robbe Paro in Pflegeheimen. Sie wird dort sowohl in der Gruppenbetreuung als auch in der Einzelbetreuung eingesetzt. Technisch gesehen spricht nichts gegen den Einsatz in der ambulanten Pflege. Die Roboter-Puppe Elisa wurde und wird im Forschungsprojekt RUBYDemenz sogar ausdrücklich für die Anwendung in der häuslichen Versorgung entwickelt. An dem Entwicklungsprozess waren und sind Demenz-Betroffene sowie deren An-/Zugehörige einbezogen (vgl. Anasoft Technology 2024, o. S.).

Es reicht allerdings nicht aus, dass eine Technologie im häuslichen Umfeld funktioniert und die Angehörigen potenziell oder sogar nachgewiesenermaßen entlastet. Wenn die Betreiber (und das Pflegepersonal) aus ambulanten Pflegediensten die Pflegerobotik nutzen sollen, müssen sie auch das Pflegepersonal entlasten und im Übrigen zum Geschäftsmodell passen. Beides ist derzeit nur bedingt der Fall.

1. Zunächst sei daran erinnert, dass das Geschäftsmodell ambulanter Pflegedienste darin besteht, personale Dienstleistungen zu erbringen. Die Beratung und Wartung von sozialen Robotern zählt bisher – auch mangels Abrechnungsmöglichkeiten (siehe oben) – nicht dazu.
2. Ein zentraler Nutzen der Robbe Paro und der Puppe Elisa in Pflegeheimen liegt darin, dass sie die demenzkranke Person eine Weile beschäftigen und sogar emotional umsorgen – ohne dass eine Betreuungsperson permanent mit ihrer vollen Aufmerksamkeit oder persönlich anwesend sein müsste. In Langzeiteinrichtungen ist es der Betreuungskraft wegen der kurzen Wege immer möglich, kurz „nach dem Rechten" zu schauen. In der ambulanten Pflege ist das hingegen typischerweise nicht möglich; die Wegezeiten sind beträchtlich. Eine vom ambulanten Pflegedienst entsandte Betreuungskraft kann die ihr zur Verfügung stehende Betreuungszeit nicht durch den sozialen Roboter erweitern. Wenn aber der Betreuungszeitraum nicht ausgeweitet werden kann, läge der einzige Sinn darin, dass die zwischenmenschliche Begegnung durch die Anwesenheit des Roboters verbessert werden könnte. Das aber widerspräche höchstwahrscheinlich dem professionellen Selbstverständnis der Pflegepersonen.

3. KI-Technologien benötigen nicht nur Akzeptanz seitens der Pflegebedürftigen und Angehörigen, sondern auch und gerade seitens der Pflegekräfte. Das gilt auch und gerade für die Pflegerobotik.

### 21.4.3 Ethische Aspekte und Datenschutz

Größere Vorbehalte existieren dagegen gegenüber Überwachungssystemen und vor allem gegenüber die Pflegerobotik. Dass soziale Roboter nicht nur in menschlicher Begleitung eingesetzt werden, sondern auch als Ersatz für zwischenmenschlichen Kontakt, stößt auf Vorbehalte (vgl. Baisch et al. 2018, S. 17; Remmers 2018, S. 173).

### 21.4.4 Qualifikation und Ausbildung

Für den Umgang mit digitalen Anwendungen und KI-Systemen benötigen Pflegekräfte (nicht nur in der ambulanten Pflege) neue Kompetenzen. Pflegepersonen müssen nicht nur digitale KI-gestützte Endgeräte bedienen können, sondern sollten auch in der Lage sein, situativ richtige Entscheidungen zu treffen, ob einer KI-Empfehlung zu folgen ist oder nicht (vgl. Peters 2024, S. 77). Ein großer Teil des Pflegepersonals muss Robotik in der Pflege überhaupt erst einmal akzeptieren (vgl. Korte 2023). Erst der Erwerb umfassender digitaler Kompetenzen eröffnet die Chance der Nutzung digitaler und assistiver Technologien sowie ihre Einbindung in bestehende Arbeitsprozesse (vgl. Hoffstetter et al. 2022, S. 892).

Wie müssen Aus- und Weiterbildung in der Pflege angepasst werden? Die Vermittlung digitaler Kompetenzen zählt nach den Empfehlungen des Europäischen Rates zu den acht Schlüsselkompetenzen lebenslangen Lernens (vgl. Amtsblatt der Europäischen Union (2018/C 189/01)). Die Bundesregierung hat in diesem Zusammenhang eine konkrete Digitalisierungsstrategie ausgearbeitet, die im Bildungsbereich Maßnahmen wie die Berufsbildung 4.0 umfassen. Letzteres unterstreicht eindrücklich die Relevanz eines Wissenstransfers digitaler Kompetenzen für die Aus-, Fort- und Weiterbildung der Gesundheitsberufe (vgl. Hoffstetter et al. 2022, S. 897). Die benötigen Kompetenzen können u. a. als Bestandteil der Kompetenzentwicklung im Pflegeberufegesetz (vgl. § 5 Abs. 1 PflBG) aufgegriffen werden.

Für die Vermittlung bieten sich moderne Bildungskonzepte an, wie z. B. das Konzept des Motivationsorientierten Lernens (MOL). In diesem geht es darum lernförderliche Bedingungen für Individuen, Gruppen und Organisationen sowie Gesellschaften zu geschaffen, die Orientierung geben und moderne Lernprozesse hinsichtlich digitaler Entwicklungen zu begleiten (vgl. Bubolz-Lutz und Schramek 2022, S. 8–12).

### 21.4.5 Rechtliche Rahmenbedingungen

Die Relevanz der rechtlichen Rahmenbedingungen bedarf keiner besonderen Betonung. Aus dem Bisherigen wurde schon deutlich, wie sehr die rechtlichen Grundlagen der

Leistungsabrechnung (Abrechnungssystem gemäß der Vereinbarungen nach § 75 SGB XI) die Bereitschaft und die Möglichkeiten ambulanter Pflegedienste zur Nutzung von sozialen Pflegerobotern einschränken.

## 21.5 Schlussbetrachtung

Die alternde Gesellschaft stellt Gesundheitssysteme weltweit vor wachsende Herausforderungen, insbesondere in der ambulanten Pflege. Der technologische Fortschritt im Bereich der Künstlichen Intelligenz (KI) birgt dabei erhebliche Potenziale, um die Pflegequalität zu verbessern und Pflegekräfte zu entlasten. Der Einsatz von KI in der ambulanten Pflege ist jedoch nach wie vor begrenzt und erfordert eine gezielte Förderung, um den Wissenstransfer zwischen Forschung, Technologie und Praxis zu gewährleisten. Aus dieser Notwendigkeit ergeben sich folgende Handlungsempfehlungen für Politik, Kostenträger, Leistungserbringer und Leistungsempfänger.

### 21.5.1 Kontinuierliche Forschung und Weiterentwicklung der ambulanten Pflege

Die kontinuierliche Förderung von anwendungsbezogenen Forschungsprojekten ist eine essenzielle Voraussetzung für die Entwicklung und Implementierung effektiver KI-Technologien im Bereich der ambulanten Pflege. Es ist entscheidend, Forschungsprojekte zu unterstützen, die gezielt den Transfer von theoretischem Wissen in die Praxis fördern, damit ein besseres Verständnis über die Bedürfnisse und alltäglichen Herausforderungen der Betroffenen entsteht. Die gezielte Förderung solcher Projekte trägt dazu bei, Lösungen zu entwickeln, die den realen Anforderungen der Pflege entsprechen und in den Alltag von Demenzerkrankten integrierbar sind.

Für einen effektiven Wissenstransfer zwischen Forschern, Industrieunternehmen und Praktikern ist der Aufbau und die Unterstützung von Netzwerken oder Plattformen von besonderer Bedeutung. Solche Netzwerke ermöglichen es, dass alle Beteiligten Best-Practices teilen und gemeinsam an der Weiterentwicklung von KI-Anwendungen arbeiten. Dies schafft eine Grundlage für die Entwicklung praktischer Lösungen und steigert die Akzeptanz und das Vertrauen in KI-Technologien bei Pflegekräften und Betroffenen.

### 21.5.2 Weiterentwicklung der IT-Infrastrukturen und Einsatz sozialer Roboter

Für eine reibungslose Implementierung von KI in den ambulanten Pflegealltag ist eine kontinuierliche Verbesserung der IT-Infrastruktur notwendig. Besonderer Fokus liegt dabei auf infrastrukturellen Weiterentwicklungen wie der Einführung der 6G-Technologie, die voraussichtlich ab dem Jahr 2030 auch für den Gesundheitsbereich verfügbar sein wird. Mit 6G wird das Datenmanagement und die Interaktionsfähigkeit der Mensch-Maschine-Aktionen effizienter und KI wird bereits in der Mobilfunkinfrastruktur integriert sein.

Die Vernetzung der Pflegedokumentationssoftware mit Wearable-Technologien, Ambient Assisted Living-Hausinstallationen (AAL) und sozialen Robotern, die mit den Patienten interagieren und so ohne zusätzlichen Erfassungsaufwand wertvolle Daten für die Diagnose und Therapie liefern können, ist – eigentlich – auch mit Blick auf die ambulante Pflege der nächste richtige Schritt. Wie dargelegt, sind auf diesem Weg allerdings die Interessen der Pflegedienstbetreiber noch nicht genügend beachtet worden.

### 21.5.3 Finanzielle Förderung und Erstattung der KI-Technologien

Die GKV-Kostenträger sollten die finanzielle Unterstützung von KI-Projekten im Gesundheitswesen und speziell in der ambulanten Pflege priorisieren. Da die stationären Pflegestrukturen bereits jetzt an ihre personellen und finanziellen Grenzen stoßen, wird es immer wichtiger, dass Menschen in der gewohnten Umgebung technologisch unterstützt und bei zunehmendem Pflegebedarf ambulant in der häuslichen Umgebung gepflegt werden können. Durch gezielte Förderung entstehen innovative und praxistaugliche Projekte, um den spezifischen Pflegeanforderungen im häuslichen Umfeld gerecht zu werden. Die Bereitstellung finanzieller Mittel seitens der Politik ermutigt auch kleinere Institutionen, KI-Technologie zu implementieren und ihre Infrastruktur entsprechend anzupassen (vgl. §106b Abs.1/2 Satz 1 SGB XI)

Eine langfristige und verlässliche Refinanzierungsstruktur für KI-Technologien in der ambulanten Pflege ist notwendig, um deren Nutzung im Gesundheitssystem zu gewährleisten. Für ambulante Pflegedienste stellt die Investition in KI-Technologie eine große finanzielle Herausforderung dar, die durch eine angemessene Refinanzierung seitens der Kranken- und Pflegekassen abgefedert werden kann. Der Zugang zu finanziellen Ressourcen und die Möglichkeit, entstehende Kosten erstattet zu bekommen, schaffen Anreize für die Integration von KI-Systemen und erhöhen die Akzeptanz und Verbreitung solcher Technologien in der Praxis.

### 21.5.4 Schulung in der Anwendung von KI-Technologien

Eine erfolgreiche Einführung von KI-Technologien in der ambulanten Pflege ist eng mit der Qualifikation des Pflegepersonals verbunden. Pflegekräfte sollten gezielt in der Anwendung und Nutzung von KI-gestützten Technologien geschult werden, um deren Potenzial vollständig nutzen zu können. Durch gezielte Weiterbildungsangebote wird das Pflegepersonal in die Lage versetzt, die Vorteile der Technologien zu erkennen und den richtigen Umgang zu erlernen. Dies ist besonders wichtig im Umgang mit Demenzpatienten, bei denen Vertrauen und Empathie von zentraler Bedeutung sind (vgl. Hoffstetter et al. 2022, S. 892ff.).

Die Interaktion mit KI-Systemen kann bei Bewohnern und Patienten zunächst Unsicherheit oder gar Misstrauen hervorrufen. Ambulante Pflegedienste sollten daher auf eine umfassende Schulung setzen, die nicht nur technische Kenntnisse vermittelt, sondern auch auf die ethische Dimension und die Vertrauensbildung gegenüber KI eingeht. Die Pflegekräfte müssen in der Lage sein, Demenzerkrankte bei der Nutzung von KI-Technologien zu begleiten und diese vertrauenswürdig zu gestalten, um eine Akzeptanz und ein Gefühl der Sicherheit zu schaffen (vgl. Hoffstetter et al. 2022, S. 892ff.).

### 21.5.5 Datenschutz und zentrale Gesundheitsdatenverwaltung

Die Nutzung von KI im Gesundheitsbereich erfordert eine umfangreiche Datenbasis, insbesondere für die Erkennung, Behandlung und Bewältigung der Ursachen und Folgen von Pflegebedürftigkeit. Hier ist die „ePA für Alle" von besonderer Bedeutung. Diese muss zügig auch in den Bereich der ambulanten Pflege integriert werden.

Zudem sollen zentrale, sichere Speicherplattformen geschaffen werden, die eine Analyse durch KI-Algorithmen ermöglichen. Die Schaffung solcher Infrastrukturen dient sowohl der Forschung als auch der Verbesserung der Pflege- und Prozessqualität.

**Ausblick**

Der Einsatz von KI in der ambulanten Pflege ermöglicht es den Menschen auch bei eingeschränkter Gesundheit länger in der häuslichen Umgebung zu verbleiben und birgt ein großes Potenzial zur Entlastung des Pflegepersonals und zur Verbesserung der Pflegequalität. Die beschriebenen Handlungsempfehlungen – von der Forschungsförderung über die Finanzierung bis hin zu Schulungs- und Datenschutzmaßnahmen – bilden eine solide Grundlage, um die Implementierung von KI-Technologien in die Praxis zu unterstützen. Ein solcher Ansatz erfordert jedoch ein konzertiertes Zusammenwirken von Politik, Gesundheitsinstitutionen, Krankenkassen und Pflegeeinrichtungen. Nur durch eine strategische und gut koordinierte Zusammenarbeit können die Vorteile von KI für die Pflege langfristig und nachhaltig genutzt werden.

## Literatur

Adam-Pfaffrath R. (2020) „Ich möchte zuhause gepflegt werden" – Sozialwissenschaftliche und anthropologische Perspektiven auf die Ethik des ambulanten Arbeitsbereiches. In: Ketzer R., Adam-Pfaffrath R., Borutta M., Selge K. (Hrsg.), Ambulante Pflege in der modernen Gesellschaft. Stuttgart: Kohlhammer, S. 16–43.

Anasoft Technology/RUBYDemenz (2024) RUBYDemenz – Unterstützung der häuslichen Pflege von Menschen mit Demenz durch eine personalisierte Mensch-Roboter-Interaktion, RUBYDemenz (Hrsg.), https://www.rubydemenz.de/, Abrufdatum: 31.10.2024.

Baisch S., Kolling T., Rühl S., Klein B., Pantel J., Oswald F. & Knopf M. (2018) Emotionale Roboter im Pflegekontext. Empirische Analyse des bisherigen Einsatzes und der Wirkungen von Paro und Pleo. In: Zeitschrift für Gerontologie und Geriatrie, 51(1):16–24.

Becker K. & Götz O. (2022) KI-unterstützte Anwendungen und Potenziale in der Medizin- und Gesundheitstechnologie. In: Pfannstiel M. A. (Hrsg.) Künstliche Intelligenz im Gesundheitswesen; Entwicklungen, Beispiele und Perspektiven; Wiesbaden: Springer Gabler, S. 593–615.

Beikirch E., Breloer-Simon G., Rink F. & Roes M. (2014) Praktische Anwendung des Strukturmodells – Effizienzsteigerung der Pflegedokumentation in der ambulanten und stationären Langzeitpflege – Abschlussbericht. Berlin: Bundesministerium für Gesundheit (Hrsg.).

BMFSFJ – Bundesministerium für Familie, Senioren, Frauen und Jugend (2020): Achter Altersbericht. Ältere Menschen und Digitalisierung. https://www.bmfsfj.de/resource/blob/159916/9f488c2a406ccc42cb1a694944230c96/achteraltersbericht-bundestagsdrucksache-data.pdf. Abrufdatum 11.07.2025.

BMG (2024a) Zahlen und Fakten zur Pflegeversicherung – Stand: 15. Juli 2024. Berlin: Bundesministerium für Gesundheit (BMG, Hrsg.), https://www.bundesgesundheitsministerium.de/fileadmin/Dateien/3_Downloads/Statistiken/Pflegeversicherung/Zahlen_und_Fakten/Zahlen-Fakten_Pflegeversicherung.pdf (Abrufdatum: 23.10.2024).

BMG (2024b) Achter Pflegebericht – Bericht der Bundesregierung über die Entwicklung der Pflegeversicherung und den Stand der pflegerischen Versorgung in der Bundesrepublik Deutschland – Berichtszeitraum: 2020–2023. Berlin: Bundesministerium für Gesundheit (BMG, Hrsg.), https://www.bundesgesundheitsministerium.de/fileadmin/Dateien/3_Downloads/P/Pflegebericht/Achter_Pflegebericht_bf.pdf, (Abrufdatum: 18.11.2024).

Braeseke G., Pflug C., Tisch T., Wentz L., Pörschmann-Schreiber, U. & Kulas, H. (2020) Umfrage zum Technikeinsatz in Pflegeeinrichtungen (UTiP). Sachbericht für das Bundesministerium für Gesundheit. Berlin: IGES Institut (Hrsg.). https://www.bundesgesundheitsministerium.de/fileadmin/Dateien/5_Publikationen/Pflege/Berichte/2020-06-26_IGES_UTiP_Sachbericht.pdf, Abrufdatum: 23.10.2024.

Bubolz-Lutz E. & Schramek R. (2022) Motivations-Orientiertes Lernen: ein neues didaktisches Konzept. Newsletter für Engagement und Partizipation in Deutschland. 14/2022, Bundesnetzwerk Bürgerschaftliches Engagement (Hrsg.), Berlin, S.8–12

Budde K., Dasch T., Mihatsch A., Nahrhaft M.& Schmidt T. (2023) KI für Gesundheitsfachkräfte: Chancen und Herausforderungen von medizinischen und pflegerischen KI-Anwendungen. München: Lernende Systeme (Hrsg.). https://doi.org/10.48669/pls_2023-2

Carros F., Eilers H., Langendorf J., Gözler M., Wieching R.& Lüssem J. (2022) Roboter als intelligente Assistenten in Betreuung und Pflege – Grenzen und Perspektiven im Praxiseinsatz. In: Pfannstiel M. A. (Hrsg.) Künstliche Intelligenz im Gesundheitswesen; Entwicklungen, Beispiele und Perspektiven; Wiesbaden: Springer Gabler. S. 793–819. https://doi.org/10.1007/978-3-658-33597-7_38

Cyberdyne Care Robotics (2024) Therapie-Robbe Paro. https://robbeparo.de/ Abrufdatum: 31.10.2024.

Daxberger S. (2018) Neue Technologien in der ambulanten Pflege – Wie Smartphones die Pflegepraxis (mit-)gestalten. Frankfurt am Main: Mabuse.

Destatis – Statistisches Bundesamt (2025) Pflegestatistik 2023 – Statistik über ambulante Pflegeeinrichtungen: Personal. Code 22411-0005 (Stand 27.05.2025). Wiesbaden: Statistisches Bundesamt (Hrsg.). Abrufdatum 11.07.2025.

Destatis – Statistisches Bundesamt (2024) Pflegekräftevorausberechnung 2024-2070, Wiesbaden (Report, EVAS-Nummer: 12401), Destatis – Statistisches Bundesamt (Hrsg.), https://www.destatis.de/DE/Themen/Gesellschaft-Umwelt/Bevoelkerung/Bevoelkerungsvorausberechnung/Publikationen/_publikationen-innen-statistischer-bericht-pflegekraeftevorausberechnung.html, Abrufdatum: 23.10.2024.

DEVAP – Deutscher Evangelischer Verband für Altenarbeit und Pflege e.V. (2024) Trotzdem Pflege – DEVAP Strategiepapier, Deutscher Evangelischer Verband für Altenarbeit und Pflege e. V. (DEVAP, Hrsg.), https://strategiepapier.devap.de/wp-content/uploads/2024/10/DEVAP-Strategiepapier-2025-2029_web-ES.pdf, Abrufdatum: 23.10.2024.

DNQP (2015) Expertenstandard Pflege von Menschen mit chronischen Wunden. 1. Aktualisierung. Osnabrück: Deutsches Netzwerk für Qualität in der Pflege (DNQP, Hrsg.).

DNQP – (2022) Expertenstandard Sturzprophylaxe in der Pflege, 2. Aktualisierung. Osnabrück: Deutsches Netzwerk für Qualität in der Pflege (DNQP, Hrsg.).

Euregion (o.J.) Tourenplanung & mehr: Ambulante Pflege organisieren und steuern mit snap. Augsburg: Euregion AG (Hrsg.).

Europäische Union (2018) Empfehlung des Rates vom 22. Mai 2018 zu Schlüsselkompetenzen für lebenslanges Lernen. Amtsblatt der Europäischen Union (2018/C 189/01), https://eur-lex.europa.eu/legal-content/DE/TXT/PDF/?uri=CELEX:32018H0604(01), Abrufdatum: 31.10.2024.

Fritzsche L., Galibarov P., Gärtner C., Bornmann, J., Damsgaard M., Wall, R; Schirrmeister B., Gonzalez-Vargas J., Pucci D., Maurice P., Ivaldi S. & Babič J. (2021) Assessing the efficiency of exoskeletons in physical strain reduction by biomechanical simulation with AnyBody Modeling System, Wearable Technologies, 2:e6, S.1–16. DOI: https://doi.org/10.1017/wtc.2021.5

Gaugisch P., Risch B., Stolze D. & Strunck S. (2023) Future Care and Services Attraktive und adaptive Pflege. Chancen und Potenziale von New Work in der Altenpflege, Fraunhofer IAO (Hrsg.), Stuttgart, https://pflege.iao.fraunhofer.de/wp-content/uploads/FuCaSe_ChancenundPotenzialevonNewWorkinderAltenpflege_oi24098fu4.pdf, Abrufdatum: 23.09.2024.

Güsken S. R., Frings K., Zafar F., Saltan T., Fuchs-Frohnhofen P. & Krahe, J. (2021) Einflussfaktoren auf die Nutzungsintention von Pflegekräften zur Verwendung digitaler Technologien in der ambulanten Pflege – Fallstudie zur Einführung eines Sensortextils, In: Zeitschrift für Arbeitswissenschaft, 75:470–490. https://doi.org/10.1007/s41449-021-00277-4

Hartung, T. (2024) Zulassung von Digitalen Pflegeanwendungen ein Flop. Newsletterbericht in: Care vor 9, 18. Oktober 2024. https://www.carevor9.de/care-inside/zulassung-von-digitalen-pflegeanwendungen-ein-flop#:~:text=Das %20BfArM %20best %C3 %A4tigt %20auf %20Anfrage %20von %20Care %20vor9 %2C,es %20sich %20um %20die %20Sturz-App %20von %20Lindera %20handeln, Abrufdatum 21.11.2024.

Haug S., Frommeld D., Scorna U. & Weber K. (2021) Technik in der Pflege als Generallösung? Ein kritischer Blick auf altersgerechte Assistenzsysteme aus Stakeholdersicht, In: Monitor Versorgungsforschung, 14(01):63–68. https://doi.org/10.24945/MVF.01.21.1866-0533.2281

Heiber A. & Nett G. (2014). Handbuch Ambulante Einsatzplanung: Grundlagen, Abläufe, Optimierung. (2. Aufl.) Hannover: Vincentz.

Heinrichs, D. (2024) Statement zur Ablehnung unseres DiPA-Antrags: Pflege braucht realistische Anforderungen und echte Perspektiven, 19. November 2024. Berlin: Lindera. https://lindera.de/allgemeine-themen/ablehnung-dipa-antrag/, Abrufdatum 21.11.2024.

Heese C. & Thaler T. (2019) Entwicklung und Anwendung des Therapieroboters PARO in der Rehabilitation, In: Pfannstiel M. A., Da-Cruz P., Mehlich H. (Hrsg.), Digitale Transformation von Dienstleistungen im Gesundheitswesen; Impulse für die Rehabilitation; Wiesbaden: Springer Gabler Verlag, (S. 371–389). https://doi.org/10.1007/978-3-658-23987-9_19

Hoffstetter S., Lehmann L. Zilezinski M., Steindorff J.-V., Jahn P. & Paulicke, D. (2022) Vermittlung digitaler Kompetenzen in der Pflegeausbildung – eine Vergleichsanalyse der Rahmenpläne von Bund und Ländern. In: Bundesgesundheitsblatt, 65: 891–899.

Johnson M., Moorhead S., Bulechek G., Butcher H.,Maas M.-L. & Swanson E. (Hrsg.) (2012) NOC and NIC linkages to NANDA-I and Clinical conditions – Supporting critical reasoning and quality care, 3. Aufl., St. Louis: Elsevier Mosby.

Karl A. (2022) Potenziale und Anwendungsszenarien künstlicher Intelligenz in häuslichen Pflegearrangements im Kontext einer alternden Gesellschaft. Bayerisches Forschungszentrum (Hrsg.).

Kempten (BZPD Working Paper), https://www.hs-kempten.de/fileadmin/Forschung/Forschungs-institute/Bay._Zentrum_Pflege_Digital/Workingpaper_Policy_Briefs/BZPD-WP_02-2022_Alexander_Karl.pdf, Abrufdatum: 31.10.2024.

Kehl C. (2018) Robotik und assistive Neurotechnologien in der Pflege – gesellschaftliche Herausforderungen. Bericht des Ausschusses für Bildung, Forschung und Technologieabschätzung (18. Ausschuss) gemäß § 56a der Geschäftsordnung, Deutscher Bundestag (Hrsg.), 19. Wahlperiode, Drucksache 19/2790, Berlin.

Klie T. (2024) Die drei großen Herausforderungen des Pflegesystems – Analysen, Herausforderungen, Perspektiven, In: Klie T. (Hrsg.), DAK-Pflegereport. Die Baby-Boomer und die Zukunft der Pflege – Beruflich Pflegende im Fokus. Heidelberg: medhochzwei. S. 256–289.

Korte L. (2023) Akzeptanz von Robotik in der Pflege. In: Bohnet-Joschko S., Pilgrim K. (Hrsg.), Handbuch Digitale Gesundheitswirtschaft, (S. 23–26), Wiesbaden: Springer Gabler Verlag.

Lane G. W., Noronha D., Rivera A. Craig K., Yee C., Mills B., & Villanueva E. (2016) Effectiveness of a social robot – „ Paro" in a VA long-term care setting, In: Psychological Services, 13 (3):292–299. https://doi.org/10.1037/ser0000080

Lewin P., Mähs M., Wendel P., Zeptner M. & Hildebrandt H. (2024) Pflegende Baby-Boomer im Lichte der Routinedaten, In: Klie T. (Hrsg.), DAK-Pflegereport. Die Baby-Boomer und die Zukunft der Pflege – Beruflich Pflegende im Fokus. Heidelberg: medhochzwei, S. 66–90.

Lu L-C., Lan S-H., Hsieh Y-P., Lin, L-Y., Lan, S-J. & Chen J-C. (2021). Effectiveness of Companion Robot Care for Dementia – A Systematic Review and Meta-Analysis, In: Innovation in Aging, 5(2):igab13, S. 2–13. https://doi.org/10.1093/geroni/igab013

Lindera (2024) LINDERA Mobilitätsanalyse – Gebrauchsanweisung App Version 10.28.* Stand: 03. September 2024, Lindera (Hrsg.), https://lindera.de/wp-content/uploads/240903-dipa-gebrauchsanweisung-lindera-app-de.pdf, Abrufdatum: 31.10.2024.

Lindera (o.J.) Stürze sind ein großes Risiko – für Senioren wie für Pflegefachkräfte, Lindera (Hrsg.), https://lindera.de/fuer-wen/sturzprophylaxe-fuer-pflegefachkraefte/, Abrufdatum: 31.10.2024.

Lundberg C., Brokel J., Bulechek G., Butcher H., Martin K., Moorhead S., Peterson C., Spisla C., Warren J. & Giarrizzo-Wilson S. (2008) Selecting a Standardized Terminology for the Electronic Health Record that Reveals the Impact of Nursing on Patient Care. Online Journal of Nursing Informatics (OJNI), 12, (2). ojni.org/12_2/lundberg.pdf, Abrufdatum 21.11.2024.

Marco L. & Farinella G. M. (2018) Computervision für unterstützende Gesundheitsfürsorge, San Diego: Academic Press.

Maurice P., Camernik J., Gorjan D., Schirrmeister B., Bornmann J., Tagliapietra L, Pucci D., Fritzsche L., Ivaldi S. & Babič, J.(2020) Objective and Subjective Effects of a Passive Exoskeleton on Overhead Work, In: IEEE Transactions on Neural Systems and Rehabilitation Engineering, Institute of Electrical and Electronics Engineers (IEEE), 28(1):152–164.

MedifoxDan (o.J.) Personaleinsatzplanung für die ambulante Pflege, MedifoxDan (Hrsg.), https://www.medifoxdan.de/software-ambulante-pflege/module/personaleinsatzplanung/, Abrufdatum: 25.10.2024.

Muckenhuber J., Janschitz G. & Klebel T. (2019) Neue Herausforderungen in der Pflege? Zur Bedeutung der Digitalisierung im Pflegebereich, Endbericht zum Projekt, AMS-Forschungsnetzwerk (Hrsg.), https://www.ams-forschungsnetzwerk.at/downloadpub/201901 %20Muckenhuber %20-%20Digitalisierung %20im %20Pflegebereich %20- %20Endbericht.pdf, Abrufdatum: 31.10.2024.

Peters M. (2024) KI in der ambulanten Pflege: Fantasie oder Unterstützung?, In: Pflegezeitschrift, 77(4):52–55. https://doi.org/10.1007/s41906-024-2586-z

Petersen J. & Melzer M. (2022) Belastungs- und Beanspruchungssituation in der ambulanten Pflege. baua: Fokus. Dortmund: Bundesanstalt für Arbeitsschutz und Arbeitsmedizin (Hrsg.).

Pflegemarkt.com (2024) Anzahl und Statistik ambulante Pflegedienste 2024 – Letztes Update: 13.06.2024. Hamburg: Pflegemarkt (Hrsg.), https://www.pflegemarkt.com/fachartikel/marktanalyse-zahlen-daten-fakten-analyse-ambulant-2019/#Wachstum, Abrufdatum: 31.10.2024.

Pöser S. & Bleses P. (2018) Digitalisierung der Arbeit in der ambulanten Pflege im Land Bremen. Praxis und Gestaltungsbedarfe digitaler Tourenbegleiter. Institut Arbeit und Wirtschaft Arbeitnehmerkammer (Hrsg.), Bremen, http://hdl.handle.net/10419/179518 Abrufdatum: 31.10.2024.

Polacsek-Ernst R. (2024) Digitale und KI-basierte Technologien und Tools in der mobilen Pflege, In: Pfannstiel M. A. (Hrsg.), Technologien und Technologiemanagement im Gesundheitswesen; Potenziale nutzen, Lösungen entwickeln, Ziele erreichen; (S. 621- 642), Wiesbaden: Springer Gabler Verlag.

Regnet N. (2024) Checklisten Pflegeplanung. München: Elsevier (Urban & Fischer).

Remmers H. (2018) Pflegeroboter: Analyse und Bewertung aus Sicht pflegerischen Handelns und ethischer Anforderungen, In: Bendel O. (Hrsg.), Pflegeroboter, (S. 161–179), Wiesbaden: Springer Gabler.

Rothgang H., Müller R. & Preuß B. (2020) BARMER Pflegereport 2020 – Belastungen der Pflegekräfte und ihre Folgen, in: Schriftenreihe zur Gesundheitsanalyse – Bd. 26, Barmer Institut für Gesundheitssystemforschung (BIFG, Hrsg.), https://www.bifg.de/publikationen/reporte/pflegereport-2020, Abrufdatum: 31.10.2024.

Schaeffer D., Vogt D., Haarmann A. & Griese L. (2024) Gesundheitskompetente Organisationen – eine explorative Analyse der Umsetzungsbedingungen in der ambulanten Pflege, In: Pflege & Gesellschaft, 29(4):371–385.

Schuh S., Greff T., Winter F. & Werth D. (2020) KI-basierte Mensch-Roboter-Interaktion durch die Weiterentwicklung multifunktionaler Serviceroboter zur Unterstützung in der klinischen Pflege, Saarbrücken: August-Wilhelm Scheer Institut für digitale Produkte und Prozesse gGmbH (Hrsg.), S. 1271–1285.

Singer, K.; Fleischer, N. (2025) Arbeitsmarktsituation im Pflegebereich. (Berichte: Blickpunkt Arbeitsmarkt – Arbeitsmarktsituation im Pflegebereich). Nürnberg: Bundesagentur für Arbeit (Hrsg.).

SoftBank Robotics (2025) Meet Pepper: The Robot Built for People. https://us.softbankrobotics.com/pepper. Abrufdatum 11.07.2025.

Slotala L. & Bauer U. (2009) „Das sind bloß manchmal die fünf Minuten, die fehlen" – Pflege zwischen Kostendruck, Gewinninteressen und Qualitätsstandards, In: Pflege & Gesellschaft, 14 (1): 54–66. https://dg-pflegewissenschaft.de/wp-content/uploads/2017/06/PG-01_2009.pdf, Abrufdatum: 26.09.2024.

Stein K. (2022) Digitalisierung und Demenz. Roboter-Puppe als Alltagshelfer, In: Angehörige pflegen, 03(2022):26–28.

Strutz, N., Brodowski, H., Kiselev, J., Heimann-Steinert, A., & Müller-Werdan, U. (2022) App-Based Evaluation of Older People's Fall Risk Using the mHealth App Lindera Mobility Analysis: Exploratory Study. JMIR aging, 5(3), e36872. https://doi.org/10.2196/36872

Strünck C., Reuter V., Gerling V., Berg P.-S. & Ehlers, A. (2022) Socially assistive robots on the market, In: Zeitschrift für Gerontologie und Geriatrie, 55: 376–380. https://doi.org/10.1007/s00391-022-02087-7

Täschner D. (2020) Spracherkennung – ein Grundbaustein von Digitalisierungsstrategien in der Pflege, In: Kubek V., Velten S., Eierdanz F., Blaudszun-Lahm A. (Hrsg.), Digitalisierung in der Pflege, (S. 41–48), Berlin: Springer Vieweg. https://doi.org/10.1007/978-3-662-61372-6_6.

Vogel S., Hüsers J., Sellemann B., Wache S., Pischek-Koch K., Richter J., Hübner U., Przysucha M., Güttler K., Zebbities S. & Auchter S. (2021) KI In der Pflege – Das Projekt PosiThera für eine Entscheidungsunterstützung in der Versorgung von Menschen mit chronischen Wunden. In: mdi – Forum der Medizin-Dokumentation und Medizin-Informatik, 33 (2): 43–46.

Vollbracht M. (2024) Zwischen Burn-out, Optimierung und Systemwechsel – Ambulante Pflege in Deutschland – Trendbericht 2024. Hamburg: Berufsgenossenschaft für Gesundheitsdienst und Wohlfahrtspflege – BGW (Hrsg.), https://www.bgw-online.de/resource/blob/110064/d5cdd6b8c2d43d222c96c75331ab5dc9/bgw-trendbericht-ambulante-pflege-2024-data.pdf, Abrufdatum: 31.10.2024.

WHO – World Health Organisation (1987) People's needs for nursing care – A european study. Kopenhagen: WHO (Hrsg.).

Wolf-Ostermann, K., Fürstenau, D., Theune S., Bergmann, L., Biessmann, F., Domhoff D., Schulte-Althoff, M. & Seibert, K. (2021) Sondierungsprojekt zu KI in der Pflege (SoKIP) – Konzept zur Einbettung von KI-Systemen in der Pflege, Universität Bremen (Hrsg.), https://media.suub.uni-bremen.de/bitstream/elib/4699/4/SoKIP_Konzept %20zur %20Einbettung %20von %20KI %20Systemen %20in %20der %20Pflege.pdf, Abrufdatum: 31.10.2024.

**Prof. Dr. Jörg Hallensleben** leitet den Bachelorstudiengangs Pflege (B.Sc.) an der APOLLON Hochschule. Schwerpunkte seiner Lehre sind – neben der Ambulanten Pflege – die Themenfelder Pflegewissenschaft und Pflegeberatung. Auf der Basis eines Politikwissenschaftsstudiums in Hamburg und Marburg promovierte er 1996 an der Philipps Universität Marburg mit einer Arbeit über die Einführung der Pflegeversicherung. Weitere wichtige Stationen seiner wissenschaftlichen Laufbahn waren eine Tätigkeit als wissenschaftlicher Mitarbeiter in einem Begleitforschungsprojekt zur Einführung der Pflegeversicherung der Stadt Münster, eine Vertretungsprofessur für Theorie und Praxis der Pflege in Jena sowie eine Vertretungsprofessur für Pflegemanagement an der Hamburger Fernhochschule. Seit seinem Zivildienst im Krankenhaus (1980/81) und seiner 1986 abgeschlossenen Ausbildung zum Krankenpfleger war und ist seine akademische Vita eng mit der Pflegepraxis verschränkt. Noch während er an seiner Diplomarbeit schrieb, avancierte er zum Geschäftsführer des Pflegedienstes, in dem er zuvor bereits als Krankenpfleger gearbeitet hatte. Zwischen 2001 und 2021 war er freiberuflich für Betreiber von ambulanten (und stationären) Pflegeeinrichtungen tätig, u. a. als Interimsmanager von Pflegediensten. Er ist im Beirat der Alsano Nord Gruppe aktiv.

**Prof. Dr.-Ing. Kurt Becker** ist Studiengangsleiter des Bachelorstudiengangs Medizin- und Gesundheitstechnologie-Management an der APOLLON Hochschule der Gesundheitswirtschaft in Bremen und lehrt dort hauptberuflich als Professor für IT in der Gesundheitswirtschaft. Er leitet gemeinsam mit Herrn Prof. Dr. Jörg Hallensleben die Forschungsgruppe „Ambulante Pflege". Nebenberuflich ist er Gesellschafter/Geschäftsführer der preventionpartners GmbH – Institut für Prävention und regenerative Technologien in Aachen. Er studierte Elektrotechnik und technische Informatik an der RWTH Aachen und promovierte 1996 am Helmholtz-Institut für biomedizinische Technik über die Anwendung von Methoden der künstlichen Intelligenz (KI) und wissensbasierte Entscheidungsunterstützung in der Medizin. Anschließend arbeitete er in der Industrie (debis Systemhaus, heute T-Systems) und gründete mehrere Unternehmen. Nebenberuflich ist er Gesellschafter/Geschäftsführer eines Gesundheitszentrums und einer Yogaschule. Ehrenamtliche Tätigkeiten übt er als Vorsitzender des VDE ITG Beirats Qualifizierungsrichtlinie HealthCare QHC, Leiter der GI/GMDS Arbeitsgruppe Medizinmanagement und Beirat der GMDS e. V. Deutsche Gesellschaft für Medizinische Informatik, Biometrie, Epidemiologie e. V., Beirat der Deutschen Gesellschaft für Biomedizinische Technik (DGBMT), Mitglied weiterer Fachverbände (GMDS, VDE, DGBMT, bdvb, dfjv, IEEE) aus. Seine Schwerpunkte sind: Gesundheitstechnologien und Nachhaltigkeit, Künstliche Intelligenz (KI), E-Health, Digital Health, Systemmedizin, Intelligente Assistenzsysteme, Yoga und achtsame Führung, Alltagsunterstützende Assistenzlösungen (AAL), Technologiemanagement, Lebenslanges Lernen (LSL), Wissenschafts- und Hochschulforschung (WiHo).

**Silke Kükemück** ist als Pflegewissenschaftliche Mitarbeiterin in einer Softwarefirma tätig und entwickelt dort u.a. evidenzbasierte Softwarelösungen im Gesundheitswesen. Derzeit absolviert sie bei der APOLLON Hochschule für Gesundheitswirtschaft ein Masterstudium in Digital Health Management, nachdem sie im Jahr 2022 bereits ein Bachelorstudium in Pflegemanagement erfolgreich abgeschlossen hat. Sie leitete seit Januar 2023 das Projekt Health5G.net mit Schwerpunkt auf Digitalisierung in der Pflege und Bildungsforschung in der Universitätsmedizin Göttingen. Zudem übt sie freiberufliche Tätigkeiten als Pflegeinstruktorin und Pflegeberaterin nach § 7a SGB XI aus und ist Lehrende an Berufsfachschulen Pflege. Frühere berufliche Stationen umfassen eine Tätigkeit in der Neurologie an der Universitätsmedizin Göttingen sowie als Praxisbegleiterin für Bobath BIKA®. Davor war sie als Krankenschwester in den Fachbereichen Neurologie, Kardiologie und Pulmologie an der Helios Albert-Schweitzer-Klinik Northeim tätig sowie in der ambulanten Pflege.

**Prof. Dr. Felix Hoffmann** ist Professor für Digital Health an der APOLLON Hochschule und Studiengangsleiter der Masterstudiengänge „Digital Health (M.A.)“ und „Digital Health Management (M.A.)“. Zudem ist Prof. Dr. Felix Hoffmann Lehrbeauftragter der medizinischen Fakultät an der Ruhr-Universität in Bochum. Nebenberuflich ist er als Arzt in der medizinischen Versorgung tätig. Nach seinem Medizinstudium und seiner Approbation als Arzt erfolgte zunächst die Weiterbildung zum Facharzt für Orthopädie und Unfallchirurgie mit Zusatzbezeichnung Notfallmedizin. Nach Abschluss der Facharztweiterbildung wechselte er seinen Tätigkeitsschwerpunkt und widmet sich seitdem dem Aufbau, der Weiterentwicklung und der Digitalisierung von Versorgungsstrukturen im Gesundheitswesen.

# Die effektivste Route vom Symptom zur Diagnose – Die richtigen Patienten zur richtigen Zeit am richtigen Ort

22

Carmen Diker und Jan Kirchhoff

## Inhaltsverzeichnis



C. Diker (✉) · J. Kirchhoff
medicalvalues GmbH, Karlsruhe, Deutschland
E-Mail: carmen.diker@medicalvalues.de; jan.kirchhoff@medicalvalues.de



M. A. Pfannstiel (Hrsg.), *Künstliche Intelligenz im Einsatz für die erfolgreiche Patientenreise*, https://doi.org/10.1007/978-3-658-48573-3_22

**Zusammenfassung**

Überdurchschnittlich hohe Gesundheitsausgaben in Deutschland spiegeln sich nicht ausreichend in der Ergebnisqualität wider. Das Gesundheitssystem ist fragmentiert; und es leidet unter administrativen Hürden und langen Wartezeiten. Die Ressourcen werden nicht optimal genutzt. Künstliche Intelligenz (KI) kann bei Routineaufgaben entlasten, Prozesse optimieren und bei komplexen Entscheidungen unterstützen. Primärbehandelnden ermöglicht sie, die inhaltliche Breite und Tiefe abzudecken, die von ihnen als Lotsen im System erwartet wird. Das Zusammenführen und Analysieren von Daten aus unterschiedlichsten Quellen optimiert die interdisziplinäre Zusammenarbeit. Mit KI können große medizinische und wirtschaftliche Potenziale gehoben werden. Sie bewegt sich dabei jedoch in einem herausfordernden Spannungsfeld zwischen rasanter technologischer Weiterentwicklung und der gleichzeitigen Gewährleistung von Sicherheit und Qualität.

## 22.1 Einleitung

Deutschland gehört zu den Ländern mit den höchsten Gesundheitsausgaben pro Kopf in Europa (Germany Health Country Profile 2023). Eine hohe Arztdichte mit ca. 20 % mehr Ärzten als im OECD-Vergleich (OECD 2023), ein flächendeckendes Versorgungsnetz und eine überproportionale Inanspruchnahme von Gesundheitsleistungen: Deutschland investiert viel in sein Gesundheitssystem.

In Bezug auf den Zugang zur Gesundheitsversorgung und die Bezahlbarkeit landet Deutschland damit regelmäßig auf den vordersten Plätzen, doch die hohe Strukturqualität korreliert insgesamt nur bedingt mit den Ergebnissen. Trotz hoher Investitionen liegt unsere Lebenserwartung im europäischen Vergleich nur im oberen Mittelfeld, wir haben eine höhere Prävalenz von chronischen Krankheiten und mehr Krankenhausaufenthalte pro Kopf (European Observatory on Health System and Policies 2022). Die Unzufriedenheit mit dem deutschen Versorgungssystem – z. B. hinsichtlich Wartezeiten oder Arbeitsbelastung – ist hoch.

Bereits vorhandene Ressourcen werden nicht optimal eingesetzt und perspektivisch werden sich die Herausforderungen nicht zuletzt aufgrund des demografischen Wandels verstärken. Eine alternde Bevölkerung wird das Gesundheitssystem mittel- bis langfristig vermehrt in Anspruch nehmen; bei gleichzeitiger Verschärfung des Fachkräftemangels, denn bereits heute sind 50 % der berufstätigen Ärzteschaft 50 Jahre alt oder älter. 28 % der Fachärzte sind über 60 Jahre alt (BMG 2024).

Parallel dazu führen fragmentierte Versorgungsstrukturen dazu, dass eingesetzte Ressourcen nicht effizient genutzt werden. Durch die konsequente Differenzierung zwischen der ambulanten und stationären Versorgung sowie durch Hürden in der Zusammenarbeit zwischen unterschiedlichen Leistungserbringern bleiben viele Potenziale derzeit ungenutzt. Zudem verhindert der mangelnde Informationsaustausch, dass die Patienten optimal betreut werden. Diese Faktoren sowie dadurch bedingte Brüche in der Versorgung erschweren eine zielgerichtete Steuerung der Patienten im Gesundheitssystem und entlang des Behandlungspfades.

Die zuvor beschriebenen Aspekte wären weniger bedeutsam, wenn sie durch eine durchgängig hohe Versorgungsqualität ausgeglichen würden. Tatsächlich zeigen Analysen von Routinedaten jedoch erhebliche Unterschiede in der Ergebnisqualität zwischen verschiedenen Einrichtungen auf. So beträgt die Mortalitätsrate von Schlaganfallpatienten in bayerischen Kliniken durchschnittlich 3,9 %, wobei die Werte von 0,8 % bis 9,6 % reichen (BAQ 2008). Ähnlich variieren die Sterblichkeitsraten bei akuten Myokardinfarkten in deutschen Kliniken mit einem Durchschnitt von 20 % und einer Spannweite von 13 % (25. Perzentil) bis 25 % (75. Perzentil) (Wissenschaftliches Institut der AOK 2007; Porter und Guth 2012). Diese Studienergebnisse verdeutlichen, wie stark das Outcome von den vor Ort verfügbaren fachlichen und strukturellen Kompetenzen abhängt.

Um diesen sich potenzierenden Herausforderungen entgegenzuwirken, gibt es verschiedene Bestrebungen und Steuerungsversuche der Bundesregierung. Dazu zählen strukturierte Disease Management Programme, die elektronische Patientenakte (ePA) oder die Spezifikation verschiedener Medizinischer Informationsobjekte (MIO) wie u. a. das geplante MIO Laborbefund als standardisierter, maschinenlesbarer Bericht, der die Ergebnisse von medizinischen Laboruntersuchungen enthält und die Kommunikation der Laborergebnisse zwischen Laboratorien, Ärzten und Patienten verbessern soll. Doch bis diese Maßnahmen flächendeckend etabliert sind und Mehrwerte bieten, dürfte die Komplexität des Systems noch weiter steigen. Es fehlen weiterhin Elemente, die Leistungserbringern in komplexen Entscheidungssituationen zu medizinisch sinnvollen und wirtschaftlichen nächsten diagnostischen oder therapeutischen Schritten (re-)aktiv sowie auch proaktiv unterstützen – und so das System entlasten.

Patienten finden Wege durch diese labyrinthartigen Versorgungsstrukturen des Gesundheitssystems, doch wenn daraus angenehme und medizinisch wie wirtschaftlich effiziente Reisen werden sollen, müssen alle Beteiligten im Gesundheitssystem zusammen die Frage beantworten: „Wie adressieren wir die Probleme und wie machen wir aus den vorhandenen Ressourcen das Beste für die Gesundheit in Deutschland?" – ein klassisches Optimierungsproblem und damit auch ein ideales Feld für den Einsatz von Künstlicher Intelligenz (KI).

Machine Learning (ML-)Technologien mit klassischen regelbasierten Algorithmen und Large Language Modelle (LLM) können die Analyse großer Datenmengen erheblich beschleunigen, Muster erkennen und Inhalte kontextualisieren. Mit diesen „Fähigkeiten" kann KI zu schnelleren, oftmals besser fundierten Entscheidungen beitragen (He et al. 2019) und hat somit das Potenzial, Personalengpässe zu überwinden, die organisatorische Effizienz zu steigern, Kosten zu senken und die diagnostische Genauigkeit sowie die Patientenversorgung zu verbessern (Roppelt et al. 2024; Horgan et al. 2019; Khanijahani et al. 2022).

Nachfolgend sollen die jeweiligen Einsatzgebiete von KI konkretisiert werden. Dabei liegt der Fokus auf dem diagnostischen Segment der Patientenreise, denn allein die Labordiagnostik beeinflusst nahezu zwei Drittel der klinischen Entscheidungsfindung entlang des gesamten Versorgungsprozesses und ist somit eine nutzenstiftende Ressource zur Prävention, Diagnosestellung und Therapieüberwachung. Hier werden entscheidende Weichen gestellt, denn eine späte Diagnosestellung oder falsche Diagnose resultiert in Unzufriedenheit, Leid und potenziell vermeidbare Kosten durch frustrierende Therapieversuche. Dies gilt in besonderem Maß für rheumatologische Erkrankungen, die wir deshalb im Folgenden immer wieder beispielhaft heranziehen werden.

## 22.2 Primärbehandelnde als Lotsen entlang der Patientenreise befähigen

Im komplexen Versorgungssystem fungieren Primärbehandelnde wie z. B. Haus- und Allgemeinärzte als primäre Anlaufstelle für Patienten und übernehmen eine zentrale Rolle bei der Erstbewertung, initialen Diagnosestellung und Therapieanbahnung.

Durch die umfassende Kenntnis der Krankengeschichte und das oft langjährige Vertrauensverhältnis können sowohl akute Beschwerden ganzheitlich eingeschätzt als auch passende präventive Maßnahmen eingeleitet werden. Dadurch werden Primärbehandelnde zur Koordinationsinstanz. Als Lotsen stellen sie die Weichen für den weiteren diagnostischen und therapeutischen Weg – sei es durch gezielte Überweisungen an Fachärzte oder durch das Einleiten von Erstmaßnahmen.

Gleichzeitig sehen sich Primärbehandelnde heute mit einer Vielzahl wachsender Anforderungen konfrontiert: Der demografische Wandel und die Zunahme multimorbider Patienten erhöhen die Komplexität der Versorgung. Hinzu kommen neue gesetzliche Vorgaben wie die Einführung des eRezepts oder der ePA. Diese Technologien verbessern zwar mittel- bis langfristig die Vernetzung und Effizienz in der Patientenversorgung, verlangen jedoch auch neue Prozesse, IT-Anpassungen und Schulungen, für die zusätzliche Ressourcen benötigt werden. Zudem wächst die Anzahl diagnostischer und therapeutischer Möglichkeiten stetig; gleichzeitig werden laufend neue wissenschaftliche Erkenntnisse und Leitlinien veröffentlicht. Für Primärbehandelnde wird es daher zunehmend schwieriger, den Überblick über all diese Entwicklungen in der nötigen Breite und Tiefe zu behalten.

Kommen nun beispielsweise Patienten mit unspezifischen Beschwerden wie Müdigkeit, Appetitlosigkeit und gelegentlichen Gelenkschmerzen, müssen die Primärbehandelnden die breite Palette an häufigen und seltenen Differenzialdiagnosen von endokrinologischen Ursachen über muskuloskelettale Erkrankungen bis hin zur Rheumatologie berücksichtigen. Sie müssen entscheiden, zu welchem Zeitpunkt welche diagnostischen Schritte eingeleitet werden sollen und dabei sowohl Über- als auch Unterversorgung vermeiden.

Der Einsatz von KI kann primärbehandelnde Ärzte dabei gleichzeitig entlasten und befähigen. KI-Lösungen helfen ihnen dabei, administrative Aufgaben zu reduzieren aber auch Prozesse effizienter zu gestalten und die Vielzahl medizinischer Informationen in der von ihnen geforderten Breite und Tiefe zu organisieren. Die Primärbehandelnden können sich somit stärker auf die direkte Patientenversorgung konzentrieren, während KI-Systeme im Hintergrund die relevanten Daten und Entwicklungen überwachen.

In einer Welt, in der die Patientenversorgung immer komplexer wird, bleiben die Primärbehandelnden eine zentrale Figur in der medizinischen Versorgung und Patientensteuerung – unterstützt durch moderne Technologien, die ihnen helfen, ihre Rolle effizienter und patientenorientierter auszufüllen.

## 22.3 Keine Therapie ohne Diagnose: Frühe und gezielte Diagnosestellung

KI-gestützte Entscheidungsunterstützungssysteme ermöglichen es, Krankheiten frühzeitig zu erkennen und entsprechend zu steuern. Insbesondere bei der Früherkennung sowohl seltener Erkrankungen als auch weit verbreiteter Volkskrankheiten sowie beim kontinuierlichen Monitoring bieten diese Technologien den involvierten Ärzten wertvolle Unterstützung für eine gezielte Diagnosestellung und Therapieplanung – und somit eine Verbesserung entlang der gesamten Patientenreise.

### 22.3.1 Prävention und Früherkennung von Erkrankungen

Volkskrankheiten wie Diabetes, Herz-Kreislauf-Erkrankungen, Krebs oder auch Rheuma sind weit verbreitet und stellen das Gesundheitssystem vor erhebliche Herausforderungen. Die Früherkennung dieser Krankheiten ist entscheidend, um sie rechtzeitig zu behandeln und Langzeitschäden zu verhindern. Klassische Früherkennungsprogramme, die auf regelmäßigen Screenings basieren, stoßen jedoch oft an ihre Grenzen, da sich die Symptome oft graduell entwickeln und insbesondere in den frühen Stadien unentdeckt bleiben oder unspezifisch sind. KI-basierte Systeme helfen, die Fülle an Patientendaten effizienter zu analysieren und dabei Krankheitsbilder zu erkennen, die menschlichen Diagnostikern möglicherweise entgangen wären. Dies ermöglicht sowohl eine Verbesserung der Früherkennung von Volkskrankheiten als auch die Diagnosestellung seltener Erkrankungen. In der frühen Phase der rheumatoiden Arthritis schreitet die Gelenkzerstörung am schnellsten fort. Das optimale Fenster für eine Behandlung liegt bei drei bis sechs Monaten nach Symptombeginn. Typische Befunde in der Bildgebung sind jedoch oft noch nicht zu sehen und auch spezifische Antikörper können noch fehlen. Für einen Therapieversuch spricht manchmal nur das Beschwerdebild und der Ausschluss anderer Differenzialdiagnosen. Für Nicht-Rheumatologen kann es daher herausfordernd sein, genau die richtigen Patienten zum richtigen Zeitpunkt mit den richtigen Befunden in der rheumatologischen Praxis vorzustellen. Eine frühe und richtige Diagnose ist bei nahezu allen Erkrankungen ein zentraler Aspekt für eine erfolgreiche Patientenversorgung. Auch für die großen Volkskrankheiten gilt: Je früher eine Erkrankung erkannt wird, desto höher sind die Chancen auf eine effektive Therapie, die das Fortschreiten der Krankheit verlangsamt oder sogar verhindert. Das erspart Leid und Folgekosten.

KI-Systeme können in solchen Situationen helfen, selbst kleinste Auffälligkeiten und Zusammenhänge in großen und heterogenen Datenmengen zu finden und so frühzeitig Anzeichen von Erkrankungen zu erkennen. So können beispielsweise Lebensstil- und Umweltfaktoren, bildgebende Verfahren, Laborwerte, Patient Reported Outcomes (PROs) oder Daten aus Wearables schnell und einfach herangezogen werden, um das verfügbare Informationsniveau für klinische Entscheidungen zu erhöhen. Durch die Verwendung von ML-Algorithmen können KI-Systeme auch subtile Muster identifizieren, die Menschen zunächst nicht bemerken, z. B. wenn einzelne Laborwerte noch normal jedoch in der Gesamtkonstellation schon auffällig sind. So können nicht nur rheumatische Erkrankungen, sondern auch kardiovaskuläre Risiken, beginnende endokrinologische Störungen oder Nieren- und Leberfunktionsstörungen frühzeitig erkannt und besser eingeordnet werden.

Die Abb. 22.1 zeigt beispielsweise wie ein KI-Assistenzsystem Primärbehandelnde bei der Früherkennung einer Metabolischen Dysfunktion-assoziierten Steatohepatitis (MASH) unterstützt. Diese Erkrankung, früher als nicht-alkoholische Steatohepatitis (NASH) bekannt, ist eine durch Stoffwechselstörungen verursachte Entzündung der Leber und eine der Hauptursachen für die Entwicklung von Leberfibrose und -zirrhose. Schätzungen zufolge haben etwa 3–5 % der deutschen Bevölkerung eine MASH, die aber in vielen Fällen unentdeckt bleibt, weil gerade zu Beginn keine oder nur unspezifische Beschwerden auftreten. KI-Technologien können selbst kleine mögliche Hinweise aus verschiedensten Datenquellen frühzeitig erkennen, zusammenführen und Ärzte direkt im Workflow darauf aufmerksam machen. Im zweiten Schritt unterstützt das KI-Assistenzsystem bei einer gezielten Risiko-Anamnese und macht, basierend auf aktueller Evidenz, Vorschläge für weitere diagnostische Schritte.

Erste Erfahrungen zeigen, dass eine solche KI-gestützte Früherkennung bei Herz-Kreislauf-Erkrankungen anhand von Laborwerten und Vitaldaten wie Blutdruck und Herzfrequenz es Ärzten ermöglichen kann, präventive Maßnahmen oder medikamentöse Therapien frühzeitiger einzuleiten und die Krankheitsverläufe dadurch abzumildern.

In manchen Fällen braucht es jedoch keine komplexen Algorithmen zur Risikoprädiktion. KI-Systeme können etwa durch die automatische Auswertung von Laborergeb-

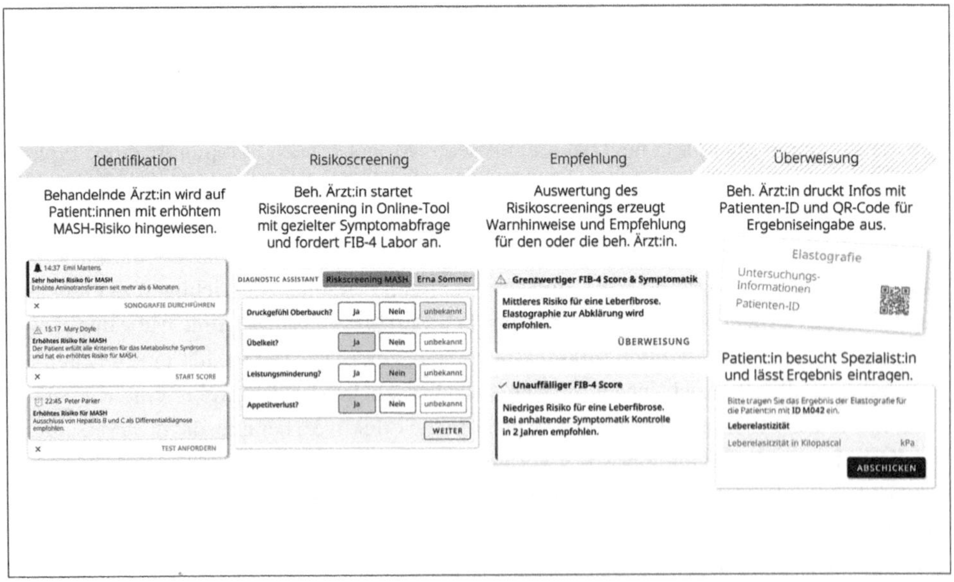


**Abb. 22.1** Unterstützung durch ein KI-Assistenzsystem bei der Früherkennung von MASH. (Quelle: Eigene Darstellung (2024))

nissen oder bildgebenden Verfahren Auffälligkeiten hervorheben und auf mögliche Diagnosen hinweisen, die Ärzte dann genauer prüfen können. Selbst bei vermeintlich einfach zu interpretierenden Laborwerten, wie dem HbA1c, der als Indikator für eine Diabetes-Erkrankung dient, können Algorithmen einen Mehrwert bieten, indem sie die Ärzte bewusst auf das Vorliegen von entsprechenden Störungen oder Erkrankungen – in diesem Fall (Prä-)Diabetes – hinweisen.

Prä-Diabetes ist ein Beispiel, das sowohl das Risiko für akute Komplikationen als auch für Langzeitfolgen abbildet. Im Vergleich zu stoffwechselgesunden Personen besteht hier ein deutlich erhöhtes Risiko für postoperative Wundheilungsstörungen und Infektionen. Diese gesteigerte Komplikationsrate zeigt sich auch in einer verlängerten Verweildauer auf der Intensivstation sowie in einer insgesamt längeren Krankenhausaufenthaltszeit. Nach Zahlen der Klinik für Unfall- und Wiederherstellungschirurgie des Universitätsklinikums Tübingen wird bei nicht weniger als 40 bis 50 % der dortigen Patienten ein Vorstadium von Diabetes diagnostiziert (Kufeldt et al. 2018), welches vor der Hospitalisierung noch unbekannt war.

Eine KI-gestützte präoperative Risikoeinschätzung und frühzeitige Diabetes-Diagnostik (wie in Abb. 22.2 gezeigt) ermöglicht eine gezielte therapeutische Intervention und senkt die Wahrscheinlichkeit unerwünschter Komplikationen bei geplanten chirurgischen Eingriffen. Auch die Langzeitfolgen und potenziellen Hebelwirkungen einer frühzeitigen Erkennung von Prä-Diabetes sind erheblich. Ohne gezielte Therapie entwickeln über 70 % der Prä-Diabetiker innerhalb weniger Jahre Diabetes Typ II, was oft mit einer schrittweisen Verschlechterung des allgemeinen Gesundheitszustands einhergeht. Gleichzeitig erhöht sich das Risiko für sekundäre Herz-Kreislauf- und zerebrovaskuläre Erkrankungen.

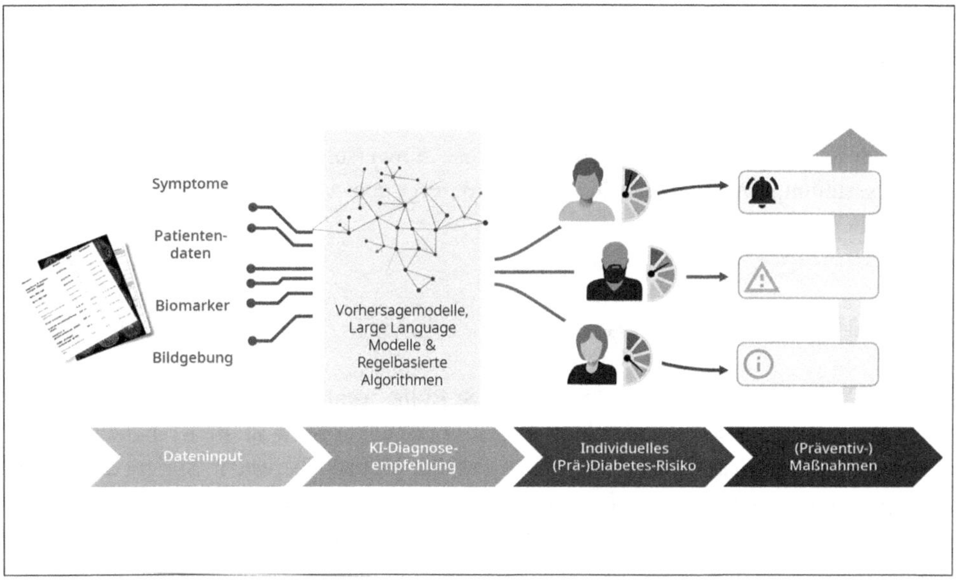


**Abb. 22.2** Prädiabetes-Risiko: Von einzelnen Daten zu gezielten Maßnahmen. (Quelle: Eigene Darstellung (2024))

Eine zu spät erkannte Stoffwechselstörung führt daher nicht nur zu individuellen Belastungen, sondern hat auch gesundheits- und sozioökonomische Folgen.

Gerade bei weit verbreiteten Krankheiten ist die Menge an realen Daten so groß, dass die KI-Systeme durch maschinelles Lernen schnell besser werden. Hinzu kommt, dass auch neueste wissenschaftliche Erkenntnisse laufend ergänzt werden können. Perspektivisch können KI-Systeme bestimmte Konstellationen dann noch früher erkennen. Auf individueller Patientenebene führt dies im Rahmen der Früherkennung entsprechend zu einer unmittelbaren Verbesserung der Versorgungsqualität, doch auch auf Makroebene kann ein indirekter Wirkmechanismus entstehen, der sowohl die Patientenreise als auch das Gesundheitssystem insgesamt entlastet.

Neben der Früherkennung von Volkskrankheiten bietet KI ebenfalls Vorteile bei der Diagnose seltener Erkrankungen. Aufgrund ihrer Seltenheit, Komplexität, Variabilität und unspezifischen Symptomatiken ist dies eine besondere Herausforderung. Oftmals konsultieren Betroffene mit ihrem Krankheitsbild eine Vielzahl an (Fach-)Ärzten und erhalten häufig Fehldiagnosen auf dem Weg zur richtigen Diagnose (Blöß et al. 2017).

KI-basierte Systeme können diese Diagnosezeiten verkürzen, indem sie auf umfangreiche medizinische Datenbanken zugreifen und seltene Muster in den Symptomen und Untersuchungsbefunden von Patienten erkennen. So kann KI beispielsweise klinische Daten von Patienten mit ähnlichen Krankheitsbildern vergleichen und Ärzten helfen, seltene Erkrankungen zu identifizieren, die sie möglicherweise ohne technologische Unterstützung übersehen hätten.

Ein Beispiel hierfür ist die Diagnose einer Amyloidose. Hierbei handelt es sich um eine seltene Erkrankung, bei der sich fehlgefaltete Proteine, sogenannte Amyloide, in verschiedenen Organen ablagern und deren Funktion beeinträchtigen. Gerade weil mehrere Organe betroffen und die Beschwerden von Patient zu Patient sehr unterschiedlich sein können, ist die frühe Diagnosestellung schwierig, sodass Betroffene die richtige Diagnose oft erst nach ein bis zwei Jahren erhalten. Ein KI-System, das Daten von Patienten weltweit analysiert, könnte jedoch anhand der spezifischen Kombination dieser Symptome auf Amyloidose als mögliche Differenzialdiagnose hinweisen und Ärzte bei der korrekten Diagnosestellung unterstützen. Die Abb. 22.3 zeigt den Ablauf und Auszüge aus einem entsprechenden KI-Assistenzsystem.

### 22.3.2 Monitoring und Nachsorge

Diagnostik spielt auch dann noch eine wichtige Rolle, wenn bereits mit einer Therapie begonnen wurde. Bei einer rheumatoiden Arthritis beispielsweise wird die Krankheitsaktivität je nach Schweregrad der Erkrankung alle ein bis drei Monate überwacht. Spricht die aktuelle Therapie nicht an, kann weitere Diagnostik erforderlich sein oder es müssen Dosis und Art der Medikamente angepasst werden. Stellt sich eine Remission ein, kann eine kontrollierte Reduktion der Therapie versucht werden. Es besteht allerdings die Gefahr von Rückfällen.

Künstliche Intelligenz kann das Behandlungsteam aus Patienten, Primärbehandelnden, Laborärzten und Rheumatologen hierbei auf vielfältige Weise unterstützen (siehe Abb. 22.4).

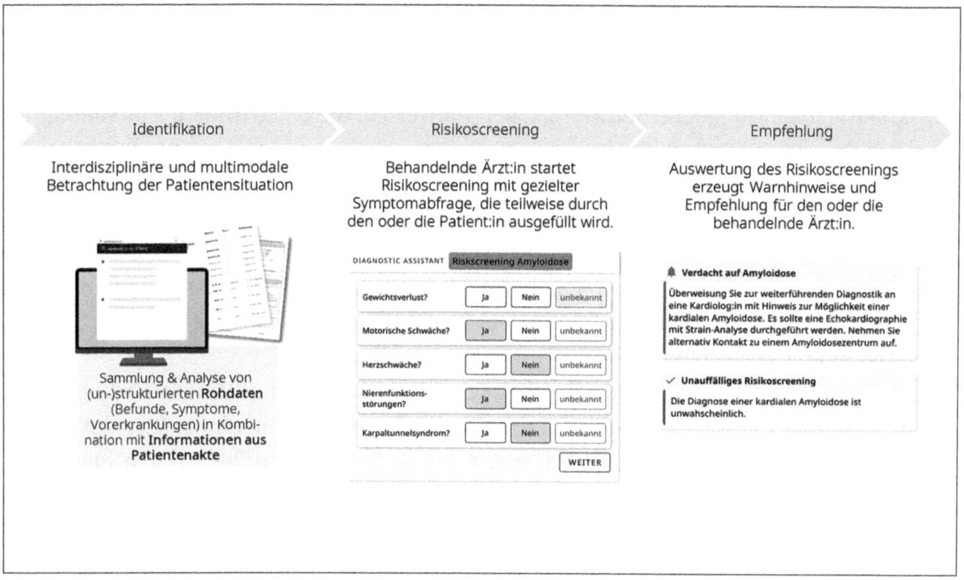


**Abb. 22.3** Einsatz eines KI-Assistenzsystems in der Diagnostik von Amyloidose. (Quelle: Eigene Darstellung (2024))

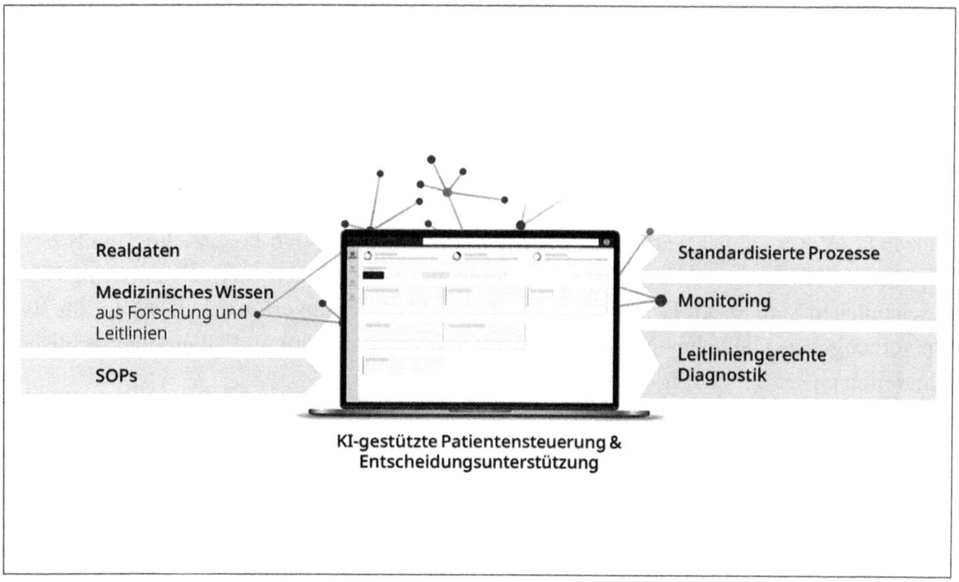


**Abb. 22.4** Mit KI-Assistenzsystemen von Daten zum Handeln. (Quelle: Eigene Darstellung (2024))

Sie kann beispielsweise die patientenindividuellen Faktoren mit aktuellen Forschungsergebnissen, Leitlinien und Best Practices oder Standardarbeitsanweisungen (SOP) abgleichen und so fundierte Entscheidungshilfen zur personalisierten Vorgehensweise geben. Die Daten lassen sich aber auch nutzen, um mithilfe von KI Trends abzuleiten, durch die sich besser vorhersagen lässt, wie sich Therapieanpassungen auswirken werden. Darüber hinaus kann sie Primärbehandelnde schon bei kleinen Auffälligkeiten auch zwischen den regulären Verlaufskontrollen auf mögliche Schwierigkeiten hinweisen, die einer frühere Einbindung von Rheumatologen erforderlich machen.

Die am Beispiel der rheumatoiden Arthritis geschilderten Einsatzmöglichkeiten von KI bieten sich auch für andere Erkrankungen an. Insbesondere bei den Volkskrankheiten kann die Analyse von Forschungsergebnissen, Leitlinien und Best Practices in Echtzeit fundierte Entscheidungshilfen liefern. Dies erleichtert die Auswahl der besten diagnostischen und therapeutischen Optionen für alle Patienten und trägt dazu bei, dass wichtige Informationen nicht übersehen werden.

Gerade bei Herz-Kreislauferkrankungen oder Diabetes sind die Wechselwirkungen mit anderen Organsystemen komplex. Mehr und mehr liefert die Forschung hier das Wissen für personalisiertere Diagnostik und Therapie, Wearables liefern 24/7 Daten und die KI kann Leistungserbringer dabei unterstützen, all diese Informationen im Versorgungsalltag optimal zu nutzen. Bei Krebserkrankungen kann KI den möglichen Krankheitsverlauf – etwa die Metastasierung oder wahrscheinliche Reaktionen auf Behandlungen – im Verlauf kartieren (Uddin und Nilsson 2020).

Auch Leber- und Nierenfunktionsstörungen weisen viele Wechselwirkungen mit anderen Erkrankungen auf und haben eine übergreifende Relevanz für Arzneimitteltherapien. Gerade für diese beiden zentralen Organsysteme können KI-Lösungen interessant sein, die dabei unterstützen, Trends zu erkennen oder Auswirkungen von therapeutischen Maßnahmen abzuschätzen. Die Abb. 22.5 zeigt das Potenzial von mithilfe von KI erstellten Trendanalysen. Hier wird exemplarisch die Entwicklung der Nierenfunktion betrachtet. Alle drei Patienten haben zum Beobachtungszeitpunkt (Punkt) Nierenwerte, die sich im normalen Referenzbereich befinden. Dieser isolierte Wert allein ist eine unsichere Basis für weitere diagnostische oder therapeutische Entscheidungen. Werden jedoch unter Zuhilfenahme von KI ergänzende Informationen wie Vorwerte berücksichtigt, lassen sich potenzielle Trends besser abschätzen. Hierbei wird deutlich, dass – obwohl alle drei Werte aktuell noch im Normbereich liegen–, im ersten Beispiel keine weiteren Maßnahmen erforderlich wären, im zweiten vorbeugende Maßnahmen empfehlenswert wären und im dritten Fall ein therapeutisches Eingreifen unverzüglich erfolgen sollte.

Ein ebenfalls spannendes Feld für KI-Lösungen ist die diagnostisch-therapeutische Schnittmenge der Arzneimitteltherapiesicherheit im Allgemeinen und des Therapeutischen Drug Monitorings (TDM) im Besonderen. KI kann Ärzte dabei unterstützen Medikamente optimal auszuwählen und zu verabreichen (Gavriilidis et al. 2021). Besonders bei Antiepileptika, Antibiotika, Immunsuppressiva, Psychopharmaka oder Herzmedikamenten wie Digitalisglykosiden kann die KI dabei helfen, nachhaltig und individuell die optimalen therapeutischen Spiegel zu erreichen.

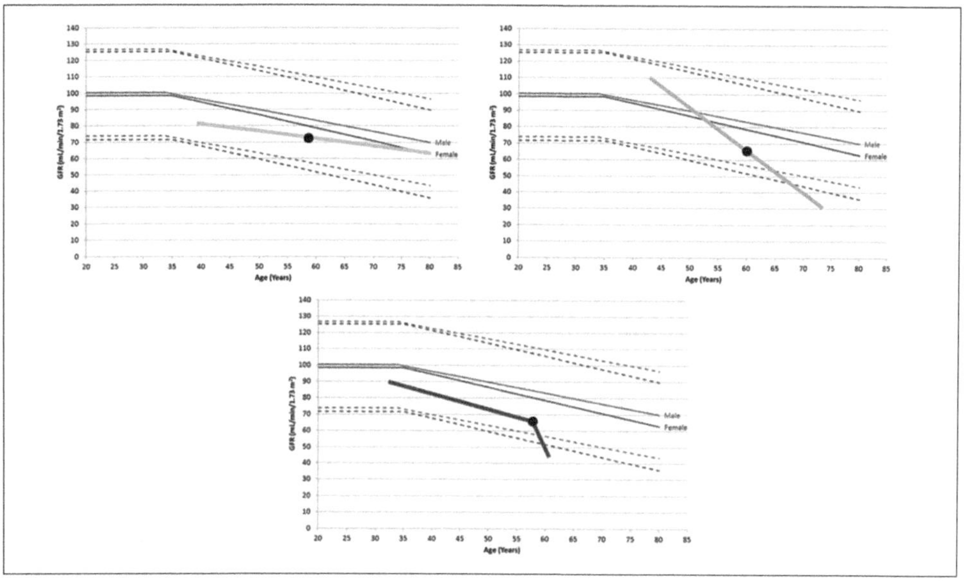


**Abb. 22.5** Unterschiedliche Trends zur Entwicklung der Nierenfunktion bei drei Patienten. (Quelle: Eigene Darstellung (2024))

### 22.3.3 Kommunikation, Dokumentation und Wartezeiten

Ärzte verbringen derzeit durchschnittlich 34 bis 55 % ihres Arbeitstages mit dem Suchen und Lesen von Befunden oder der Dokumentation ihrer eigenen Befunde und Maßnahmen. In den USA führt das z. B. zu Mehrausgaben von jährlich 90 bis 140 Mrd. US-Dollar (Arndt et al. 2017; Blanes-Selva et al. 2020; Sinsky et al. 2016). Gleichzeitig warten Menschen mit Verdacht auf eine rheumatoide Arthritis Wochen bis Monate auf einen Termin in einer rheumatologischen Praxis.

Intelligente Algorithmen verkürzen die Wartezeiten für Patienten (Kraus et al. 2021). Die Verwaltung von Patientendaten kann durch sie optimiert werden. Die Automatisierung der Dokumentation und die intelligente Suche in Patientenakten erleichtern es Ärzten, relevante Informationen zur richtigen Zeit am richtigen Ort zu haben. Dies verbessert nicht nur die Effizienz der Behandlung, sondern ermöglicht auch eine präzisere und personalisierte Patientenversorgung. So können Leistungserbringer es schaffen, ihren Arbeitsaufwand im Bereich des Datenmanagement und der Bürokratie zu reduzieren, um mehr Ressourcen in der Patientenbehandlung aufzuwenden.

Um einen konkreten Mehrwert bieten zu können, müssen die jeweiligen Unterstützungssysteme jedoch nahtlos in den medizinischen Workflow der Behandelnden eingebunden werden. Sobald Behandelnde relevante Informationen (z. B. Versicherungsdaten, Patienteninformationen) redundant in ihre Systeme einpflegen müssen, reduziert auch eine medizinisch-inhaltlich passgenaue Lösung den Aufwand nicht.

## 22.4 Interdisziplinäre und intersektorale Steuerungsfunktion

Neben der Unterstützung an einzelnen Stellen in der Gesundheitsversorgung können KI-gestützte Systeme auch übergreifend zu einer effektiveren Koordination zwischen den verschiedenen Beteiligten beitragen. Dabei können sie sowohl interdisziplinäre Workflows zwischen Primärbehandelnden und Fachdisziplinen als auch die Steuerung von Patientenströmen zwischen dem stationären und ambulanten Sektor unterstützen.

### 22.4.1 Disziplinübergreifende Betrachtung der Patientensituation

Der Einsatz von KI ermöglicht eine holistische Betrachtung der individuellen Patientensituation. Während Fachärzte Patienten aufgrund verschiedener Faktoren oftmals nur im Kontext des eigenen Spezialgebietes betrachten und beurteilen (können), sind entsprechend breit aufgestellte KI-Systeme nicht auf einen bestimmten Fachbereich limitiert.

Je nach Ausrichtung der Anwendungen können sie verschiedenste Datenpunkte aus unterschiedlichen Fachdisziplinen analysieren und kontextualisieren, um ein umfassenderes Bild des Gesundheitszustands der Patienten zu ermöglichen. So können vor allem auch Wechselwirkungen zwischen unterschiedlichen Erkrankungen oder Symptomen besser erkannt werden, die in der Einzelbetrachtung häufig unbemerkt bleiben. Insbesondere in komplexen Fällen, bei denen mehrere medizinische Fachgebiete involviert sind, trägt KI dazu bei, die Expertise aller beteiligten Akteure effizient zu bündeln und fundierte Entscheidungen über den weiteren Behandlungspfad zu treffen.

Bei Verdacht auf eine rheumatische Erkrankung können KI-gestützte Systeme den Primärbehandelnden z. B. ermöglichen, ein differenziertes Risikoprofil für Autoimmunerkrankungen wie rheumatoide Arthritis auf Basis von Labordaten, genetischen Informationen und Symptombildern zu erstellen. Diese Art von KI-System kombiniert Daten aus Bereichen wie der Immunologie, Genetik und Orthopädie, die für die umfassende Diagnostik rheumatischer Erkrankungen relevant sind.

Der Einsatz von KI trägt hier dazu bei, dass Informationen an Schnittstellen nicht verlorengehen und dass alle Beteiligten die Informationen haben, die sie brauchen, um sich optimal einbringen zu können.

### 22.4.2 Zum richtigen Zeitpunkt am richtigen Ort

Primärbehandelnde können in vielen Fällen eine grundlegende Diagnose stellen, doch immer häufiger gibt es Situationen, in denen eine spezialisierte Untersuchung und/oder Behandlung durch Fachärzte notwendig ist. Ein häufiges Problem im Gesundheitssystem sind Fehldiagnosen oder unnötige Überweisungen, die wertvolle Zeit kosten und sowohl für Patienten als auch für das Gesundheitssystem eine Belastung darstellen.

Die bereits beschriebene disziplinübergreifende Beurteilung durch KI-Systeme ermöglicht die zielgerichtete Einschätzung einer Behandlungsbedürftigkeit bei entsprechenden Fachärzten. Anhand konkreter Kriterien (z. B. Vorliegen einer bestimmten Konstellation von Symptomen oder auffällige Untersuchungsergebnisse) können Algorithmen dabei unterstützen, Patienten präzise und effizient zu den Fachärzten weiterzuleiten, die für ihre spezifische Erkrankung oder Beschwerden am besten geeignet sind. Dieser Prozess, der aktuell oft auf der subjektiven Einschätzung von Ärzten basiert, wird durch den Einsatz intelligenter Algorithmen standardisiert und verfeinert.

Bei ihren Empfehlungen zum bestmöglichen nächsten Schritt können KI-basierte Steuerungssysteme u.a. neueste wissenschaftliche Erkenntnisse und medizinische Leitlinien in den Überweisungsprozess einbeziehen. Somit werden Patienten auf Basis wissenschaftlich fundierter Informationen behandelt und Primärbehandelnde erhalten in ihrer Rolle als „Gatekeeper" Unterstützung durch evidenzbasierte Vorschläge.

Bei unspezifischen Beschwerden in der Frühphase einer rheumatischen Erkrankung könnte die KI beispielsweise mit Empfehlungen unterstützen, wann und mit welchen Befunden die Vorstellung in welcher fachärztlichen Praxis (z. B. Orthopädie, Endokrinologie, Rheumatologie) gemäß aktueller Evidenz und den patientenindividuellen Faktoren angeraten wäre (siehe Abb. 22.6). Dadurch wird sichergestellt, dass der Patient direkt an die richtigen Fachärzte überwiesen wird, anstatt durch eine Kette von Überweisungen verschiedene Stationen zu durchlaufen.

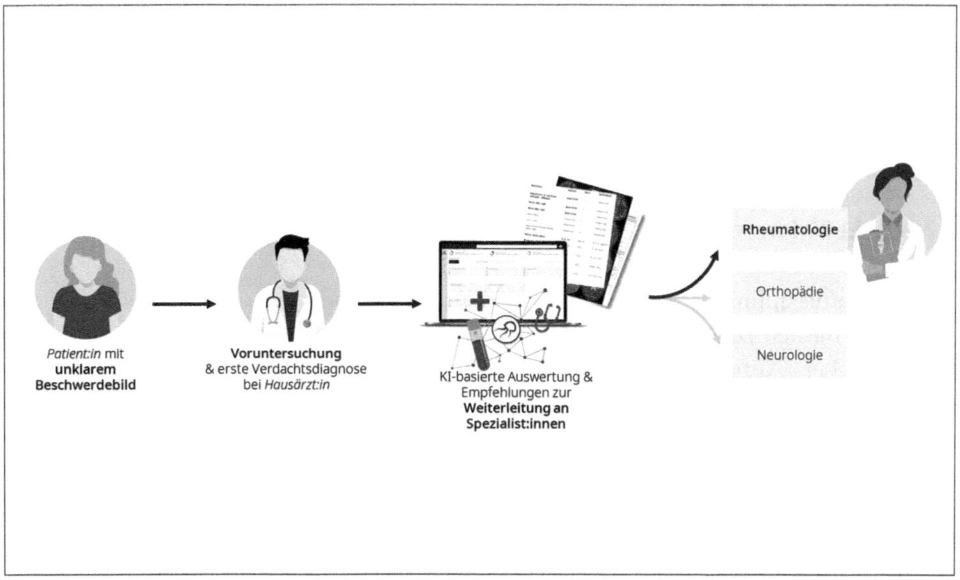


**Abb. 22.6** Mit KI zum richtigen Zeitpunkt am richtigen Ort. (Quelle: Eigene Darstellung (2024))

### 22.4.3 Interdisziplinäre Behandlung

Die Steuerungsfunktion von KI-Systemen geht über die reine Zuweisung hinaus. In Fällen, in denen mehrere Fachdisziplinen beteiligt sind, kann die KI auch die interdisziplinäre Kommunikation optimieren. Komplexe Fälle, wie etwa bei multimorbiden Patienten, erfordern oft die Zusammenarbeit zwischen Hausärzten, Internisten, Radiologen, Kardiologen oder anderen Spezialisten. KI-Systeme ermöglichen es, dass relevante Informationen aus den verschiedenen Disziplinen gesammelt und nahtlos in den Diagnose- und Behandlungsprozess integriert werden. So können alle beteiligten Fachärzte jederzeit auf aktuelle und relevante Daten zugreifen.

Dies gilt in besonderem Maße auch für fachärztliche Disziplinen wie die Labormedizin oder die Bildgebung. Oft werden den Anforderungen hier nur minimale Informationen zur Gesamtsituation oder den bereits erhobenen Befunden mitgegeben. Wird im Labor der Rheumafaktor angefordert, kann das Labor nur zurückgeben, ob der Wert unauffällig oder pathologisch ist. Kennt das Labor den klinischen Kontext und andere bisher erhobene Befunde, können Labormediziner ihr Spezialwissen nutzbringender einbringen und proaktiv Vorschläge machen, durch welche diagnostischen Maßnahmen die Situation noch effektiver abgeklärt werden könnte.

Im Kontext der Rheuma-Diagnostik aber auch bei den großen Volkskrankheiten kann die Steuerungsfunktion von KI-Systemen maßgeblich zur Verbesserung der interdisziplinären Zusammenarbeit entlang der gesamten Patientenreise beitragen. Angesichts unspezifischer Symptome und zunehmender Multimorbidität ist es heute eher die Regel als die Ausnahme, dass zahlreiche Leistungserbringer an der Diagnostik beteiligt sind. In solchen Fällen kann ein KI-System gezielt Informationen aus den unterschiedlichen Fachdisziplinen sammeln und verarbeiten, um jedem Einzelnen im Behandlungsteam die Informationen zu geben, die er oder sie benötigt und dem gesamten Team ein ganzheitliches Bild des Gesundheitszustands zu liefern.

### 22.4.4 LLM-basierte Fallzusammenfassungen

In der interdisziplinären medizinischen Versorgung ist der Informationsaustausch entscheidend für den Behandlungserfolg. Doch die Zeit, die Ärzte mit Dokumentation und bürokratischen Aufgaben verbringen, könnte reduziert werden und stattdessen der Patientenversorgung zugutekommen. Das Schreiben oder Durchsuchen von umfassenden medizinischen Berichten ist ein zeitaufwändiger Prozess. Verfasser von Fallberichten müssen häufig große Mengen an Informationen aus verschiedenen Quellen zusammentragen und aufbereiten, um den überweisenden Fachärzten einen vollständigen Überblick über den Zustand der Patienten zu bieten.

Large Language Modell (LLM)-basierte Systeme beschleunigen diesen Prozess erheblich. Sie sind in der Lage, die vorhandenen medizinischen Daten von Patienten zu analysieren und daraus strukturierte, kohärente Fallzusammenfassungen zu generieren (siehe Abb. 22.7). Dies

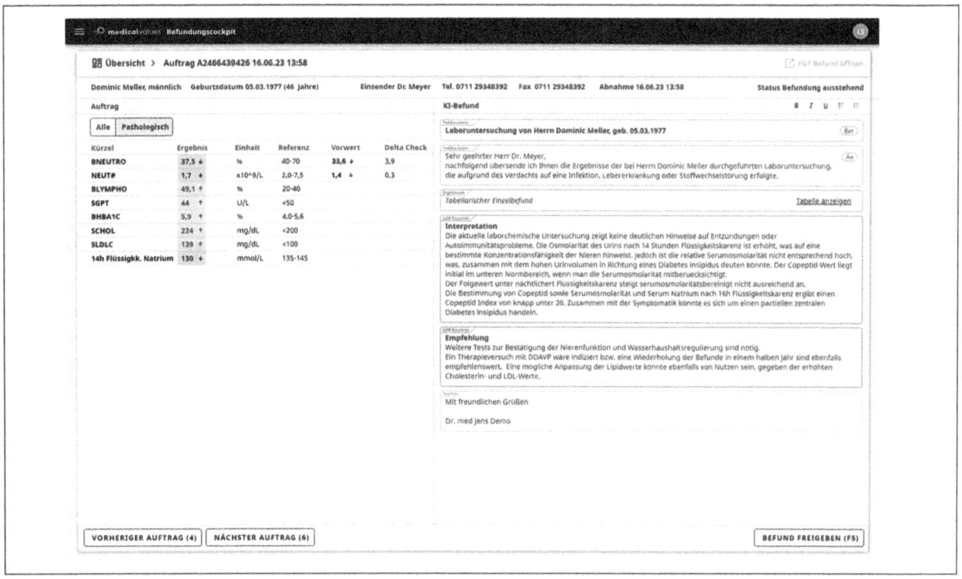


**Abb. 22.7** LLM-unterstützte Befunderstellung. (Quelle: Eigene Darstellung (2024))

spart nicht nur Zeit, sondern sorgt auch für eine gleichbleibende Qualität der Dokumentation, indem wichtige Informationen stets konsistent aufgeführt werden. Die Verfasser können sich auf die Validierung und Ergänzung der automatisch erstellten Zusammenfassung konzentrieren, anstatt Stunden in die manuelle Erstellung eines Berichts zu investieren.

Die Herausforderung bei der Nutzung von LLMs für die Dokumentation und diagnostische Befundung besteht darin, dass es zu Fehlinterpretationen und Ungenauigkeiten kommen kann. Obwohl LLMs auf umfangreichen Daten trainiert sind, können sie dennoch Fehler machen und Informationen falsch interpretieren oder kreative Zusammenhänge herstellen, die nicht der Realität entsprechen. Auch die Steuerbarkeit und Reproduzierbarkeit der Ergebnisse können darunter leiden.

Wichtig ist deshalb ein sorgfältiges Prompt Engineering. Präzise und spezifische Eingaben erhöhen die Genauigkeit und Relevanz der generierten Berichte. Spezielle Techniken wie das sogenannte Spiral Prompt Engineering können die Qualität weiter verbessern, indem Prompts durch wiederholtes Feedback und Anpassungen iterativ verfeinert werden. Auch Role Prompting wird in medizinischen Bereichen erprobt. Dabei werden KI-Modellen unterschiedliche Rollen oder Personas mit ganz bestimmten Eigenschaften und Kenntnissen zugewiesen. So könnten diagnostische Daten von Patienten z. B. zunächst zwischen einer rheumatologisch spezialisierten KI, einer medizinisch sehr breit aufgestellten KI und einer KI mit tiefgreifenden labormedizinischen Kenntnissen übertragen werden, bevor sie Ärzten vorgeschlagen werden.

Umgekehrt kann KI dabei unterstützen, unstrukturierte medizinische Informationen, z. B. aus handschriftlichen Arztberichten, präzise zu erfassen und relevante Ausschnitte für die aktuelle Fragestellung herauszusuchen. Wie bereits erörtert, besteht in der interdiszipli-

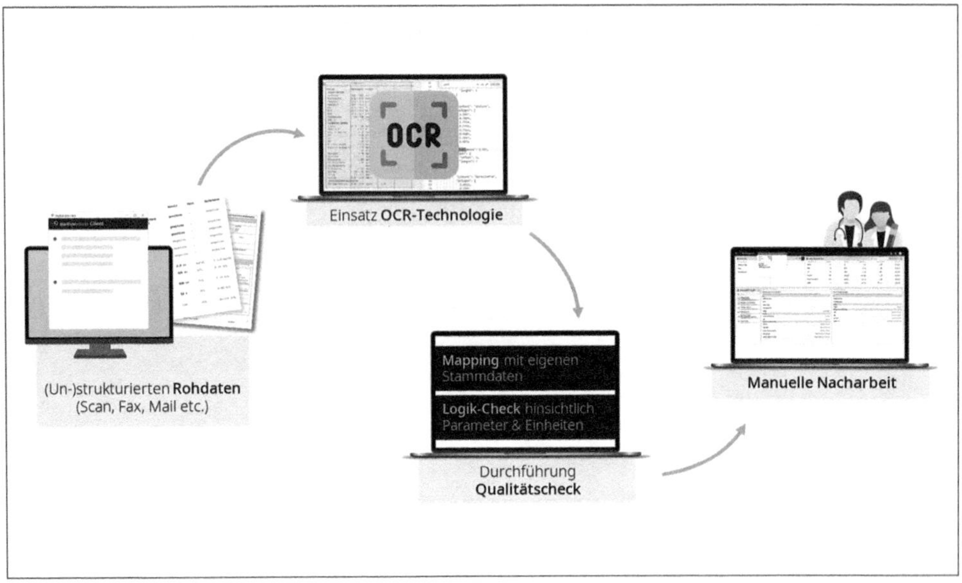


**Abb. 22.8** Mit OCR zu strukturierten Daten. (Quelle: Eigene Darstellung (2024))

nären Versorgung oft das Risiko, dass relevante Informationen verloren gehen oder falsch interpretiert werden, wenn sie zwischen verschiedenen Fachärzten ausgetauscht werden. Das liegt nicht nur an der schieren Menge der Daten, sondern auch an unterschiedlichen Dokumentationsstilen und der Vielzahl an spezialisierten Begriffen, die je nach Fachrichtung unterschiedlich verstanden werden können. Hier können KI-Technologien einen nahtlosen Informationsaustausch ermöglichen, indem sie medizinische Informationen standardisiert und in einer für alle Fachbereiche verständlichen Weise zusammenfassen.

Genutzt werden können dafür LLM aber auch in Kombination mit anderen Technologien wie Optical Character Recognition (OCR). Gerade wenn große Mengen an Dokumenten digitalisiert werden sollen, ist OCR oft schneller, effizienter und kostengünstiger, weil die entsprechenden Werkzeuge speziell für diese Aufgabe ausgelegt sind. Die Abb. 22.8 zeigt einen typischen Ablauf. Künftig integrierte Qualitätskontrollen und technische Weiterentwicklungen werden den Aufwand für manuelle Nacharbeiten weiter reduzieren – insbesondere bei der Digitalisierung großer Dokumentenmengen mit OCR-Werkzeugen, die auf diese Aufgabe spezialisiert sind.

Die durch LLMs generierten Fallzusammenfassungen reduzieren die Komplexität der Kommunikation, indem sie alle relevanten Informationen – etwa frühere Diagnosen, durchgeführte Behandlungen, Laborergebnisse und Bildgebungsdaten – klar und strukturiert aufbereiten. So können weiter- und mitbehandelnde Fachärzte schneller den Überblick gewinnen und fundierte Entscheidungen treffen, ohne wertvolle Zeit mit der Durchsicht umfangreicher Akten zu verlieren. Sie erhalten somit einen umfassenden Überblick über den Patientenfall, ohne selbst die einzelnen Details mühsam zusammensetzen zu müssen.

## 22.5 Demokratisierung der Versorgung und Patientenzentrierung

Neben der medizinischen Komplexität, die KI-Systeme meistern, bieten sie das Potenzial, den Zugang zu qualitativ hochwertiger Diagnostik und Versorgung zu demokratisieren. Insbesondere durch eine stärkere Patientenzentrierung lassen sich nicht nur Effizienzgewinne erzielen, sondern auch ein gleichmäßigerer Zugang zu spezialisierter Diagnostik und Versorgung gemäß aktueller Evidenz gewährleisten. KI-Systeme ermöglichen eine präzise Steuerung der Patientenreise, die individuelle Bedürfnisse und Präferenzen in die medizinische Versorgung einfließen lässt.

### 22.5.1 Personalisierte und gezielte Patientenreisen

KI kann Wartezeiten reduzieren und unnötige Arztbesuche vermeiden, indem Patienten frühzeitig und gezielt an die richtigen Fachärzte verwiesen werden. Dies ermöglicht es, die Patientenreise optimal zu steuern und dabei die Effizienz des gesamten Systems zu steigern. Patienten erhalten dadurch schneller und präziser die notwendige Behandlung und erfahren eine höhere Zufriedenheit, da sie zügig die für sie relevante, qualifizierte Betreuung erhalten.

Neben der medizinischen Eignung berücksichtigt KI auch praktische Aspekte der Patientenreise, wie die Nähe von Fachärzten zum Wohnort oder die Terminverfügbarkeit. Durch diese personalisierte Steuerung kann KI eine ganzheitliche Betrachtung der Versorgung sicherstellen und so Patientenreisen planen, die auch praktische Bedürfnisse einbeziehen. Ein solch optimierter Ablauf hilft, Stress für Patienten zu reduzieren und gewährleistet eine angenehmere, zielgerichtete Versorgungserfahrung.

KI hat zudem das Potenzial, spezialisierte Diagnostik und Versorgung über regionale und finanzielle Grenzen hinweg zugänglich zu machen. Die Miniaturisierung und Automatisierung der Diagnostik, z. B. durch Point-of-Care-Testing (POCT), senkt die Kosten für Diagnose- und Überwachungsmethoden. Unterstützt durch zunehmend leistungsfähige Logistiknetzwerke, können medizinische Proben und Analysen zeitnah und ortsunabhängig verarbeitet werden. KI kann zusätzlich Expertise und aktuelle wissenschaftliche Erkenntnisse in die Versorgungssysteme integrieren, wodurch aktuelle Diagnosestandards überall verfügbar werden – unabhängig vom Standort der Patienten.

### 22.5.2 Gesundheitskompetenz und informierte Entscheidungen durch KI-gestützte Anwendungen

Durch KI-gestützte Anwendungen können Patienten ihre Gesundheitskompetenz steigern, indem sie Zugang zu verständlichen Informationen über ihren Gesundheitszustand und mögliche Behandlungsschritte erhalten. Die Transparenz von Entscheidungen und die Möglichkeit, Informationen zu Behandlungspfaden und Diagnoseprozessen selbst nach-

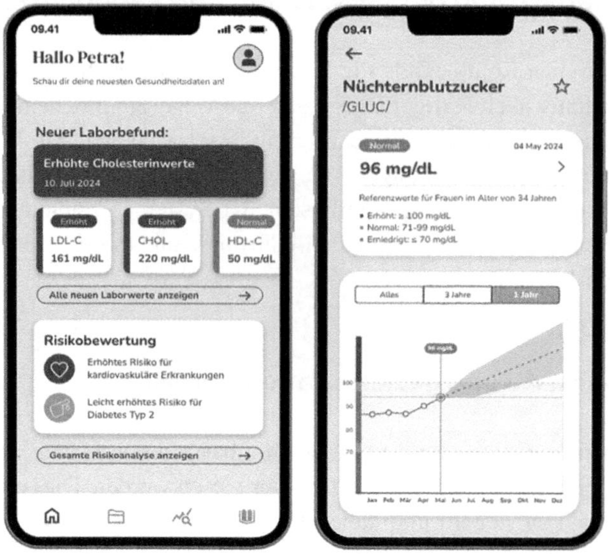


**Abb. 22.9** KI-Unterstützung für Patienten per App. (Quelle: Eigene Darstellung (2024))

vollziehen zu können, fördern das Vertrauen in die Gesundheitsversorgung und ermöglichen es Patienten, fundierte Entscheidungen zu treffen.

Die Abb. 22.9 zeigt die App-Benutzeroberfläche für Patienten eines KI-Assistenzsystems. Nutzer können hier Beschwerden eingeben, die Medikamenteneinnahme tracken, Screening-Fragebögen ausfüllen oder Lebensstilfaktoren hinterlegen. All diese Informationen können dann zusammen mit den Angaben von Ärzten z. B. bei der Bewertung von Laborparametern herangezogen werden. Indem die Ergebnisse den Patienten anschließend mithilfe eines LLM wieder in laienverständlicher Form ausgegeben werden, können sie aktiv bei den anstehenden gemeinsamen Entscheidungen mitwirken.

KI-Technologien steigern die Qualität und den Zugang zur Gesundheitsversorgung und leisten damit einen entscheidenden Beitrag zur Demokratisierung und Personalisierung der Medizin. Dies stellt einen wesentlichen Schritt zu einer modernen, patientenzentrierten Gesundheitsversorgung dar, die darauf abzielt, medizinische Qualität und Patientenzufriedenheit gleichermaßen zu maximieren.

## 22.6 Synergieeffekte über die Diagnostik hinaus

Die Vorteile eines Einsatzes von KI in der Medizin gehen noch weit über die Verbesserung individueller Diagnosen und Behandlungsprozesse hinaus. Die Einführung von KI-Technologien in der Medizin kann beispielsweise einen bedeutenden Beitrag zum Umweltschutz leisten. Durch den Einsatz von KI-gesteuerten Systemen zur Optimierung des

Ressourcenverbrauchs können medizinische Einrichtungen ihren ökologischen Fußabdruck erheblich reduzieren. Beispielsweise können KI-gestützte Analysen den Energie- und Materialverbrauch in Krankenhäusern und Laboren optimieren, indem sie die Effizienz der Nutzung von Geräten und Materialien verbessern. Die Digitalisierung medizinischer Prozesse trägt zudem zur Verringerung des Papierverbrauchs bei, was wiederum den Bedarf an physischen Ressourcen minimiert.

Ein weiterer Vorteil der KI in der Medizin ist die effektivere Datenspeicherung und -nutzung, insbesondere im Vergleich zur Handhabung unstrukturierter Daten. Die Aufbewahrung von handschriftlichen Notizen, Papierakten, oder Röntgenbildern ist nicht nur unübersichtlich, sondern auch teuer. KI-Systeme können große Mengen an unstrukturierten Daten strukturieren und analysieren. Dies erleichtert nicht nur die Arbeit der medizinischen Fachkräfte, sondern reduziert auch Betriebskosten. Durch die effiziente Nutzung dieser strukturierten Daten können außerdem Muster und Trends erkannt werden, die wiederum zur Optimierung von Prozessen beitragen können.

KIs sind hervorragend darin, Schwächen im System zu identifizieren und Verbesserungsmöglichkeiten aufzuzeigen. Sie können ineffiziente Prozesse aufspüren und Vorschläge zur Optimierung machen, die die Gesamteffizienz von Gesundheitssystemen steigern können. Dies beinhaltet beispielsweise die Automatisierung administrativer Aufgaben, was die Arbeitsbelastung der medizinischen Fachkräfte reduziert und ihnen mehr Zeit für die Patientenversorgung lässt. Darüber hinaus können KIs zur Koordination von Versorgungsprozessen beitragen und somit eine nahtlosere und patientenorientierte Versorgung ermöglichen.

Die Integration von KI bietet also über die unmittelbaren klinischen Vorteile hinaus sowohl mittel- als auch langfristige Potenziale. Durch die kontinuierliche Verbesserung der medizinischen Prozesse und die Förderung einer nachhaltigen Ressourcennutzung kann KI dazu beitragen, die Gesamtqualität der Gesundheitsversorgung zu steigern und gleichzeitig die Kosten zu senken. Dies hat nicht nur positive Auswirkungen auf die Gesundheitsversorgung selbst, sondern auch auf die Umwelt.

## 22.7 Schlussbetrachtung

Deutschland verzeichnet hohe Gesundheitsausgaben, die sich jedoch nicht in einer entsprechend hohen Ergebnisqualität widerspiegeln. Die Effizienz der Gesundheitsversorgung leidet unter einem fragmentierten System, administrativen Hürden, langen Wartezeiten, uneinheitlichen Versorgungsstandards und Informationen, die nur mit hohem Aufwand für die Patientenversorgung herangezogen werden können. Entstehen Verzögerungen oder Fehler gerade in der frühen Phase der Patientenreise – der Diagnostik –, zieht dies Leid und hohe Folgekosten nach sich.

Der Einsatz von Künstlicher Intelligenz bietet hier vielfältige Vorteile. Primärbehandelnde, die zu Beginn der Patientenreise entscheidende Weichen stellen und ein breites Spektrum abdecken müssen, können durch KI von der Prävention und Früherkennung über Monitoring und Nachsorge bis hin zur Kommunikation und Dokumentation unterstützt werden. Dies führt zu einer verbesserten Patientenbetreuung und kürzeren Wartezeiten. Zudem kann KI eine interdisziplinäre und intersektorale Steuerungsunterstützung bieten, indem sie Daten aus verschiedenen Quellen integriert und analysiert. Dies fördert eine bessere Zusammenarbeit zwischen verschiedenen Fachrichtungen und Sektoren. Und letztlich trägt sie auch zur Demokratisierung der Versorgung bei: KI kann eine patientenzentriertere Versorgung ermöglichen, indem sie Patienten Zugang zu individuell zugeschnittenen Gesundheitsinformationen und -diensten bietet. Dies stärkt die Eigenverantwortung der Patienten und verbessert ihre Gesundheitskompetenz.

Künstliche Intelligenz kann also dazu beitragen, bedeutende Potenziale in der Gesundheitsversorgung zu erschließen. Sie trägt dazu bei, dass Patienten zum richtigen Zeitpunkt die richtigen diagnostischen Maßnahmen bei den passenden Leistungserbringern gemäß aktueller Evidenz erhalten. Davon profitieren nicht nur die Patienten, sondern auch alle anderen: die richtigen Patienten im eigenen Wartezimmer, alle notwendigen Befunde zum Termin zur Hand, budgetschonende Prozesse und Zeit für die Patientenversorgung statt für Dokumentation oder Bürokratie.

Entscheidend dafür ist, dass die Weiterentwicklung und Erprobung der Technologien nicht durch unverhältnismäßig strenge Regulierungen in Deutschland und Europa ausgebremst wird. Alle Player sind gefordert, sinnvolle Lösungen zu finden, um sensible Daten zu schützen, den Anforderungen an Medizinprodukte gerecht zu werden und das Vertrauen der Anwender nicht zu verspielen. KI-Lösungen sollten kein Selbstzweck sein, sondern dort eingesetzt werden, wo sie einen echten Mehrwert bieten und die Bedürfnisse der Nutzer im Mittelpunkt stehen.

## Literatur


Germany Country Health Profile (2023) Germany: Country Health Profile 2023, European Observatory on Health Systems and Policies (Ed.), Online im Internet, URL: https://eurohealthobservatory.who.int/publications/m/germany-country-health-profile-2023, Abrufdatum: 07.11.2024.

OECD (2023) Health at a Glance 2023: OECD Indicators, Organisation for Economic Co-operation and Development (OECD) Publishing, Paris. DOI: https://doi.org/10.1787/7a7afb35-en.

European Observatory on Health Systems and Policies (2022) Germany: Health System Summary 2022, European Observatory on Health Systems and Policies (Ed.), Online im Internet, URL: https://eurohealthobservatory.who.int/publications/i/germany-health-system-summary-2022, Abrufdatum 7.11.2024.

BMG (2024) Ärztliche Versorgung, Bundesministerium für Gesundheit (BMG, Hrsg.), Online im Internet, URL: https://www.bundesgesundheitsministerium.de/themen/krankenversicherung/ambulante-versorgung/aerztliche-versorgung, Abrufdatum 07.11.2024.

BAQ (2008) Schlaganfall. Jahresauswertung 2008, Modul 85/1, Bayerische Arbeitsgemeinschaft für Qualitätssicherung in der stationären Versorgung (BAQ, Hrsg.), München.

Wissenschaftliches Institut der AOK (2007): Qualitätssicherung der stationären Versorgung mit Routinedaten (QSR). Abschlussbericht, Wissenschaftliches Institut der AOK (Hrsg.), Bonn.

Porter M. E. & Guth C. (2012) Chancen für das deutsche Gesundheitssystem. Von Partikularinteressen zu mehr Patientennutzen, Springer Verlag, Berlin., DOI: https://doi.org/10.1007/978-3-642-25683-7.

He J., Baxter SL., Xu J., Xu J., Zhou X. & Zhang K. (2019) The practical implementation of artificial intelligence technologies in medicine, in: Nat Med, 25(1):30–36. DOI: https://doi.org/10.1038/s41591-018-0307-0.

Roppelt J. S., Kanbach D. K. & Kraus S. (2024) Artificial intelligence in healthcare institutions: A systematic literature review on influencing factors, in: Technology in Society, 76(5):102443, DOI: https://doi.org/10.1016/j.techsoc.2023.102443.

Horgan D., Romao M., Morré S. A. & Kalra D. (2019) Artificial Intelligence: power for civilisation – and for better healthcare, in: Public Health Genomics 22(5–6):145–161, DOI: https://doi.org/10.1159/000504785.

Khanijahani A., Iezadi S., Dudley S., Goettler M., Kroetsch P. & Wise J. (2022) Organizational, professional, and patient characteristics associated with artificial intelligence adoption in healthcare: a systematic review, in: Health Policy Technol, 11(1):100602, DOI: https://doi.org/10.1016/j.hlpt.2022.100602.

Kufeldt J., Kovarova M., Adolph M., Staiger H., Bamberg M., Häring H. U., Fritsche A. & Peter A. (2018) Prevalence and Distribution of Diabetes Mellitus in a Maximum Care Hospital: Urgent Need for HbA1c-Screening, in: Exp Clin Endocrinol Diabetes, 126(2):123–129, DOI: https://doi.org/10.1055/s-0043-112653.

Blöß S., Klemann C., Rother A. K., Mehmecke S., Schumacher U., Mücke U., Mücke M., Stieber C., Klawonn F., Kortum X., Lechner W. & Grigull L. (2017) Diagnostic needs for rare diseases and shared prediagnostic phenomena: Results of a German-wide expert Delphi survey, in: PLoS One,12(2):e0172532. DOI: https://doi.org/10.1371/journal.pone.0172532.

Uddin Z. & Nilsson E. G. (2020) Emotion recognition using speech and neural structured learning to facilitate edge intelligence, in: Engineering Applications of Artificial Intelligence, 94(2020):103775, DOI: https://doi.org/10.1016/j.engappai.2020.103775.

Gavriilidis G. I., Dimitriadis V. K., Jaulent M. C. & Natsiavas P. (2021) Identifying Actionability as a Key Factor for the Adoption of Intelligent Systems for Drug Safety: Lessons Learned from a User-Centred Design Approach. in: Drug Saf, 44(11):1165–1178, DOI: https://doi.org/10.1007/s40264-021-01103-w.

Arndt B. G., Beasley J. W., Watkinson M. D., Temte J. L., Tuan W. J., Sinsky C. A. & Gilchrist V. J. (2017) Tethered to the EHR: Primary Care Physician Workload Assessment Using EHR Event Log Data and Time-Motion Observations, in: Ann Fam Med, 15(5): 419–426, DOI: https://doi.org/10.1370/afm.2121.

Blanes-Selva V., Tortajada S., Vilar R., Valdivieso B. & Garcia-Gomez J. M. (2020) Machine Learning-Based Identification of Obesity from Positive and Unlabeled Electronic Health Records, in: Stud Health Technol Inform, 270:864–868, DOI: https://doi.org/10.3233/SHTI200284.

Sinsky C., Colligan L., Li L., Prgomet M., Reynolds S., Goeders L., Westbrook J., Tutty M. & Blike G. (2016) Allocation of Physician Time in Ambulatory Practice: A Time and Motion Study in 4 Specialties, in: Annals of Internal Medicine, 165(11):753–760. DOI: https://doi.org/10.7326/M16-961.

Kraus S., Schiavone F., Pluzhnikova A. & Invernizzi A. C., (2021) Digital transformation in healthcare: Analyzing the current state-of-research, in: Journal of Business Research, 123(2021): 557–567, DOI: https://doi.org/10.1016/j.jbusres.2020.10.030.

**Carmen Diker** bringt dank ihres Masterstudiums in „Medical Process Management" neben umfangreichen gesundheitswissenschaftlichen Kenntnissen auch erweiterte Kompetenzen im Medizin-, Qualitäts- und Prozessmanagement mit. Parallel zu ihrem Studium arbeitete sie im Business & Market Development von Roche Diagnostics. Mit diesem Wissen ergänzt sie das interdisziplinäre medicalvalues-Team aus Ärzten, Data Scientists und Software-Architekten.

**Jan Kirchhoff** ist einer der Gründer und Geschäftsführer der medicalvalues GmbH. Jan Kirchhoff und Florian Stumpe bringen mit ihrem Team von inzwischen über 35 Mitarbeitenden aus IT und Medizin klinische Disziplinen, Forschungswissen und KI-Expertise zusammen, um Erkrankungen früh und gezielt zu erkennen und so Ärzten noch bessere Entscheidungen zu ermöglichen. Jan Kirchhoff ist Wirtschaftsinformatiker und absolvierte einen Executive MBA. Während seiner Berufslaufbahn in Beratung und Vertrieb bei der SAP betreute er verschiedene Kunden aus der Life Science- und Chemie-Branche. Vor der Gründung von medicalvalues war er Vertriebsleiter für die DACH-Region beim finnischen Startup Aiven.

# Integration von KI-Systemen in logistische Strukturen und Prozesse zur Optimierung der Patientenreise

# 23

Lars Johow und Steffen Müller-Reichardt

## Inhaltsverzeichnis



L. Johow (✉) · S. Müller-Reichardt
Dynamed Gesellschaft für Management und Logistik im Gesundheitswesen mbH, Berlin, Deutschland
E-Mail: lars.johow@dynamed.de; steffen.mueller@dynamed.de



M. A. Pfannstiel (Hrsg.), *Künstliche Intelligenz im Einsatz für die erfolgreiche Patientenreise*, https://doi.org/10.1007/978-3-658-48573-3_23

**Zusammenfassung**

Dieser Beitrag erläutert den Einfluss der Tertiärprozesse, sprich der nicht-medizinischen Logistik- und Versorgungsleistungen im Krankenhaus, auf die Patientenreise und inwieweit KI-unterstützte Anwendungen hier bereits heute zum Einsatz kommen und welchen Nutzen diese entfalten. Dies wird beispielhaft an den Bereichen OP-Management, interne Transporte, externe Transporte sowie Unterhaltsreinigung veranschaulicht. Die Krankenhauslogistik als das verbindende Element zwischen den einzelnen Fachabteilungen, zwischen Station und Funktionsstelle, gilt als einer der wichtigen Hebel, nicht nur um die Wirtschaftlichkeit der Krankenhäuser zu gewährleisten, sondern auch um das Personal zu entlasten und Schaden von den Patienten fernzuhalten. Eine gut abgestimmte und reibungslos funktionierende Logistik kann Prozesse im Krankenhaus beschleunigen, unnötige Wartezeiten verringern und im Endeffekt sogar den Krankenhausaufenthalt der Patienten verkürzen und hat somit positiven Einfluss auf die Patientenreise bzw. das Patientenerlebnis.

## 23.1 Einleitung

Gemessen an der medialen Präsenz in (Fach-) Medien, Social-Media-Netzwerken, Veranstaltungsprogrammen und der Außendarstellung von Branchenakteuren erscheint Künstliche Intelligenz (KI) in Krankenhäusern als ein längst etablierter Standard. Tatsächlich befindet sich der Einsatz von KI-unterstützten Anwendungen noch im Anfangsstadium oder ist lediglich eine Vision für die Zukunft. Wir erleben derzeit die ersten Anfänge der gesellschaftlichen und wirtschaftlichen Umwälzungen, die der Einsatz von KI mit sich bringen wird – nicht zuletzt im Gesundheitswesen.

Nichtsdestotrotz hat diese noch neue Technik den Weg in die Kliniken bereits gefunden, sei es im Rahmen von Forschungsprojekten, an die Kliniken als Projektpartner eingebunden sind (siehe Abschn. 23.5.3), oder im regulären Praxisbetrieb. An eben diesem Punkt setzt dieser Beitrag an. Es wird an ausgewählten Beispielen veranschaulicht, welchen Nutzen der Einsatz von KI bereits heute entlang der Patientenreise bieten kann und welche Hürden und offenen Fragen unserer Ansicht nach derzeit am relevantesten sind. Dies veranschaulichen wir am Beispiel der tertiären (sprich nicht-medizinischen) Leistungen im Krankenhaus, konkret an den Fallbeispielen OP-Management bzw. -Logistik, externe Patiententransporte, Inhouse-Transportlogistik sowie Unterhaltsreinigung.

Der Tertiärbereich genießt im Allgemeinen einen untergeordneten Stellenwert im Gesamtgefüge der Krankenhäuser, sei es in den jeweiligen Einrichtungen selbst oder in der öffentlichen Wahrnehmung. Dieser Umstand mag bereits im Namen begründet sein, impliziert dieser doch eine Nachrangigkeit im Vergleich zu den Primärprozessen (medizinische Leistungen, bspw. eine OP) sowie den Sekundärprozessen (die medizinische Behandlung direkt unterstützende Leistungen, bspw. die Diagnostik). Sicherlich ist diese Reihenfolge die einzig mögliche, steht doch das Wohlergehen der Patienten über allem. Folgerichtig ist daher, dass diese Bereiche auch in der öffentlichen Wahrnehmung die

Hauptrolle spielen. Wer die mediale Präsenz der KI im Gesundheitswesen stetig verfolgt, weiß, dass in der Tagespresse bzw. in Wochenzeitungen fast ausschließlich medizinische Themen rund um KI Erwähnung finden. Auch in der Fachpresse dominiert die Berichterstattung über medizinische Anwendungen, Beiträge auf dem Themengebiet der Tertiärprozesse finden sich generell, insbesondere zu KI, nur selten.

Tatsächlich stellt die Organisation und Prozessgestaltung im Tertiärbereich, und nicht zuletzt auch in den Logistikprozessen, einen wichtigen Hebel dar, um die Patientenreise vor und während des Klinikaufenthalts spürbar zu verbessern. Die Ausgestaltung der transportlogistischen Arbeitsabläufe birgt das Potenzial, die einzelnen Fachbereiche miteinander zu vernetzen und aufeinander abzustimmen, unnötige Arbeitsbelastungen zu vermeiden und erhöht zudem die Wahrscheinlichkeit, dass die Funktionsstellen bestmöglich ausgelastet sind. Die Verringerung der Wartezeiten und Optimierung der Transportwege wiederum wirkt sich positiv auf das Patientenwohl aus. Kurzum, eine nach allen Regeln der Kunst organisierte Transportlogistik erhöht die Zufriedenheit der Patienten und nimmt wirtschaftlichen Druck von den Krankenhäusern. Sie sind aus diesem Grund ein wichtiger Faktor, um Krankenhäuser zukunftssicher zu machen (siehe auch Abschn. 23.3).

Als Führungskräfte eines Softwareunternehmens verfügen die Autoren über jahrzehntelange Erfahrung hinsichtlich der Organisation, Steuerung und Digitalisierung der logistischen Arbeitsprozesse. Mit ihrem Produkt, einer Software zur Steuerung der vielfältigen Logistik- und Versorgungsprozesse in Krankenhäusern, haben sie – teils im Verbund mit Partnerunternehmen – in der jüngeren Vergangenheit bereits KI-unterstützte Produktlösungen in Krankenhäusern implementiert. Darüber hinaus konnten sie ein vom Bundesministerium für Bildung und Forschung (BMBF) gefördertes Forschungsprojekt mit dem Namen „Künstliche Intelligenz zur Prognose und Steuerung in der Krankenhaus-Transportdisposition – KIK-Dispo“ gemeinsam mit einem Projektpartner, dem Fraunhofer-Institut für Materialfluss und Logistik (IML) in Dortmund, erfolgreich zum Abschluss bringen.

## 23.2 Problemstellungen in der Patientenreise

Da die Patientenreise im Krankenhaus nicht nur den tatsächlich zurückgelegten Weg durch die Stationen und Funktionsstellen umfasst, sondern auch die (subjektiven) Eindrücke und Erfahrungen der Patienten während dieser Zeit, wird das Problem unzureichend koordinierter und ineffizienter Logistikprozesse deutlich: Sämtliche Vorkommnisse, die die fein aufeinander abgestimmten Abläufe durcheinanderbringen und das Personal unter Stress setzen, beeinflussen die Patientenreise in negativer Hinsicht. Sämtliche Vorgänge, die für das Personal mit Mehraufwand verbunden sind, bergen das Risiko, dass an anderer Stelle Aufgaben unerledigt bleiben, mit negativen Folgen für die Folgeprozesse. Ein exemplarisches Beispiel, wie es in der Praxis häufig vorkommt:

Ein Patient wird entlassen, der Pfleger auf der Station muss dessen Taxifahrt nach Hause in die Wege leiten (siehe auch Abschn. 23.5.2). Dies gestaltet sich aufwendig, da mehrere Dienstleister keine freien Kapazitäten haben, zudem muss sich auch noch um die Abrechnung der Fahrtkosten gekümmert werden. „Gefangen“ im organisatorischen und bürokratischen Mehraufwand, verliert der Pfleger aus den Augen, dass in Kürze ein anderer Patiententransport zum MRT ansteht. Entsprechend wird der Patient nicht rechtzeitig für den Transport vorbereitet und der Transportdienst muss unnötig warten. Der Pfleger wiederum – sich seines Fehlers bewusst – ist gestresst, hetzt den Patienten und wird womöglich gar unfreundlich. Ein unangenehmes Erlebnis für den Patienten, welches sich negativ auf dessen Zufriedenheit auswirkt. Obendrein stellt solch ein Ereignis ein großes Ärgernis für das Krankenhaus selbst dar, denn der Patient erscheint womöglich zu spät beim MRT, was zu unwirtschaftlichem Leerlauf in der Funktionsstelle führt, ebenfalls verbunden mit Stress für das Personal usw. Häufig geraten die Abläufe durch solch einen Vorfall derart aus dem Takt, dass die Patienten mehrfach unnötige Wartezeiten ertragen müssen.

Salopp formuliert lässt sich festhalten, dass Patienten ein Krankenhaus als Ganzes wahrnehmen, dieses jedoch aus zahlreichen Abteilungen und Fachbereichen besteht, die miteinander interagieren, bestenfalls harmonieren. Zwischen diesen unterschiedlichen Bereichen gibt es gerade hinsichtlich der Logistik- und Versorgungsprozesse zahlreiche Unterbrechungen im Informationsfluss, welche die Abläufe ins Stocken bringen können. Tatsächlich ist ein stetiger und für alle Beteiligten transparenter Informationsfluss bis heute eher die Ausnahme als die Regel. Viele Sekundär- und Tertiärsysteme (Softwaresysteme, welche zur Steuerung der einzelnen Bereiche verwendet werden) können nicht bzw. nur sehr eingeschränkt mit dem Primärsystem, sprich z. B. dem Krankenhausinformationssystem (KIS) kommunizieren. Aber auch zwischen den Sekundär- und Tertiärsystemen eines Krankenhauses findet in aller Regel kein Datenaustausch statt, weshalb die Mitarbeitenden über den Status eines Auftrags im vor- bzw. nachgelagerten System keine Kenntnis haben. Im Folgenden eine Auswahl von Problemen, die aufgrund dessen häufig im Klinikalltag während der Patientenreise auftreten:

**Unnötige Wartezeiten für Patienten**
Der Patient eines vorgelagerten Transports ist nicht auffindbar, die Aufzüge sind belegt, das Stations- bzw. Funktionsstellenpersonal ist gerade nicht abkömmlich usw. – die Gründe für verspätete und unzuverlässige Patiententransporte sind vielfältig. Fast immer ist die Ursache hierfür fehlende Information. Fehlende Information darüber, welche Prozesse in anderen Bereichen und Abteilungen in Gang gesetzt wurden bzw. über deren aktuellen Status, wo sich die Mitarbeitenden des Transportdienstes – bspw. auf Regeltouren – befinden. Zwar sind solche Missstände heutzutage mit interoperablen Software-Lösungen längst vermeidbar, werden diese allerdings in der Praxis implementiert, besitzen solche Projekte bis heute Seltenheitswert, da die digitale Vernetzung der einzelnen Bereiche, mit der Transportlogistik als verbindendes Element zur Pflege, Sterilgutaufbereitung, OP-Management usw., in der überwiegenden Zahl der Krankenhäuser nicht weit genug vorangeschritten ist.

Es liegt auf der Hand, dass Wartezeiten, zumal wenn sie als unnötig einzustufen sind, die Bewertung des eigenen Krankenhausaufenthalts trüben. Eine reibungslose Organisation der Transporte ist essenziell für eine Bilderbuch-Patientenreise, für das Wohlergehen der Patienten sowie des Personals und die Wirtschaftlichkeit der Einrichtung.

**Betten- und Belegungsmanagement**

Ein Erfahrungsbericht aus erster Hand: Ein Mitarbeiter unseres Unternehmens reiste termingerecht zu einem großen Krankenhaus in Berlin an, um einen elektiven Eingriff vornehmen zu lassen. Vor Ort stellte sich heraus, dass es an diesem Tag in den infrage kommenden Stationen kein freies Bett gab. Er musste wieder abreisen, sein Aufenthalt und die Behandlung begannen somit einen Tag später. Es gibt wohl keinen schlechteren Auftakt für eine Patientenreise.

In vielen Krankenhäusern ist die Belegungssituation auf den Stationen ebenso unklar, wie die Anzahl der verfügbaren Krankenhausbetten sowie deren Anzahl insgesamt. So mag das oben geschilderte Beispiel ein extremes sein, lange Wartezeiten zwischen der Registrierung bei der Einweisung bis zum Transport auf die Station und somit Frust gleich zu Beginn des Aufenthaltes sind jedoch gang und gäbe.

**Unnötig lange Krankenhausaufenthalte**

Wenn die Prozesse innerhalb eines Krankenhauses schlecht abgestimmt sowie intransparent sind und hierdurch ins Stottern geraten, so zieht dies nicht zuletzt die Auslastung und den Betrieb der Funktionsstellen in Mitleidenschaft. Die Folge: Diagnostik und Behandlungen verzögern sich. Mitunter ist z. B. für das MRT für denselben Tag kein Termin mehr frei, die Untersuchung erfolgt somit erst einen Tag später. Oder der Rücktransport des Patienten zur Station verzögert sich und er trifft erst ein, nachdem die ärztliche Visite erfolgt ist. Somit ist eine Entlassung am selben Tag – auch wenn medizinisch unbedenklich – nicht mehr möglich. Den Autoren wurden gar Fälle berichtet, in denen Patienten aus diesem Grund das Wochenende unnötig im Krankenhaus verbringen mussten. Es ist offensichtlich, dass dies weder im Interesse des Patienten noch des Krankenhauses ist.

**Patientensicherheit**

Auch wenn es der Patient bzw. die Patientin hoffentlich nicht mitbekommt, aber fehlende Interoperabilität zwischen den Systemen kann auch die Patientensicherheit gefährden, z. B. im Bereich der Bettenaufbereitung. War ein Patient infektiös, ja oder nein? Diese Frage kann ohne eine Dokumentation der Bettenbelegung kaum beantwortet werden und sofern diese manuell erfolgt, ist die lückenlose Dokumentation nicht immer gesichert – auch wenn sie es theoretisch sein sollte. Schnell wird im Klinikalltag ein Bett in den Gang geschoben, weil es für eine Arbeit im Weg steht. Dort steht es dann in einer Reihe mit mehreren Betten und niemand kann mehr mit Gewissheit sagen, welches Inventar zu welchem Patienten gehört. Die Folge kann nun eine unzureichende Bettendesinfektion sein (im schlimmsten Fall) oder ein unnötiger Mehraufwand bei der Desinfektion oder Reinigung mehrerer Betten (im besten Fall).

Ein weiteres Risiko für die Patientensicherheit sind Verwechslungen. Hierbei muss es sich nicht gleich um die berühmte Verwechslung auf dem OP-Tisch handeln (diese kommt in der Realität tatsächlich sehr selten vor). Eine der größten Gefahren für Krankenhaus-Patienten ist die Vergabe falscher Medikamente, z. B. durch eine Verwechslung mit dem Bettnachbarn.

Auch werden Patienten häufig an der falschen Station, Funktionsstelle oder am falschen OP-Saal abgeliefert. All diese Vorkommnisse sind mit dem Einsatz von Barcodes und Tracking vermeidbar, da beim Scanvorgang das System sofort bemerkt, ob dem Patienten das richtige Medikament, der richtige OP-Saal oder die richtige Station zugewiesen wird. Ist dies nicht der Fall, so erfolgt ein Warnhinweis und der Auftrag kann nicht beendet werden.

**Personal**

Wenn nichts wie geplant funktioniert, steigt zwangsläufig die Arbeitsbelastung für das Krankenhauspersonal. Wenn z. B. ein Transporteur eine Patientin vom Röntgen abholen möchte, sich dort jedoch die Behandlung verzögert hat, so muss er entweder wertvolle Zeit mit Nichtstun vergeuden oder zwei Mal laufen. Wenn eine Stationshilfe die Speisencontainer vom Abgabepunkt der Automatischen Warentransportanlage (AWT) abholen soll, die Lieferung sich jedoch verzögert, so wird sie bei der Ausübung der anderen Arbeitsaufgaben behindert. Falls sie aufgrund dessen selbst zu spät bei den Speisencontainern erscheint, verzögern sich sämtliche weitere Transporte der AWT. Wenn ein Patient planmäßig zum OP transportiert wird, sich hier jedoch die Abläufe kurzfristig verzögert haben, so bedeutet dies Stress und Mehraufwand für alle Beteiligten.

All diese hier skizzierten Vorkommnisse kommen in der Praxis häufig vor. Sie sind vermeidbar, denn sofern die einzelnen Systeme untereinander sowie im Verbund mit dem KIS über bidirektionale Schnittstellen verfügen und eine Sendungsverfolgung zum Einsatz kommt, so erhält das Personal aktuelle Statusrückmeldungen und hat im Fall von Komplikationen die Möglichkeit, adäquat zu reagieren. Manche Komplikationen wären hierdurch gar vermeidbar, z. B. wenn die Stationshilfe oder der Transportdienst genau weiß, zu welchem Zeitpunkt sich welche Lieferung an welchem Ort befindet (so z. B. die Speisencontainer in der AWT-Anlage). Ist dies nicht der Fall, so sind die Mitarbeitenden gezwungen, die Komplikationen in den Arbeitsabläufen mit einem erhöhten Arbeitsaufwand auszubügeln, was sich im Endeffekt auf Patienten überträgt.

**Fehlende Informationen und unflexible Prozesse**

Wenn noch nicht einmal die Mitarbeitenden über Abhol- und Ankunftszeiten, über Folgeuntersuchungen und so weiter Bescheid wissen, so kann es auch den Patienten nicht besser ergehen. Häufige Probleme sind z. B.:

- Patienten sind im Unklaren darüber, weshalb sie lange an der Funktionsstelle bis zum Rücktransport warten müssen.
- Sie wissen nicht, weshalb sie stundenlang ausharren müssen, bis sie endlich eingewiesen und auf die Station gebracht werden.

- Sie wissen nicht, wieso das Mittagessen geliefert wird, während der Patient bei der Untersuchung ist und er es anschließend kalt essen muss.
- Sie wissen nicht, wann der nächste Transport bzw. die nächste Untersuchung anstehen.

Schlecht abgestimmte Arbeitsabläufe und -prozesse sowie fehlende Informationen wirken sich direkt auf das Patientenwohl aus. Diese Patienten fühlen sich leicht vernachlässigt und im wörtlichen wie im übertragenen Sinn „nicht abgeholt".

Diese Negativbeispiele veranschaulichen auf exemplarische Art und Weise, dass viele der im Klinikalltag auftretenden Probleme bei der Abstimmung bzw. Zusammenarbeit zwischen den einzelnen Abteilungen aufgrund fehlender Informationen auftauchen. Waren diese Missstände früher, als es noch keine digitalen Kommunikationsmittel in Echtzeit gab, mitunter nicht oder nur kaum vermeidbar, so kann dies für die Gegenwart schon längst nicht mehr behauptet werden. Würden Mitarbeitende über Verzögerungen in den Abläufen rechtzeitig informiert, könnte das Personal die anstehenden Arbeiten „just in time" beginnen und erledigen, dadurch würde ein beträchtlicher Teil der Arbeitskraft freigesetzt werden.

## 23.3 Der Einfluss der Logistik auf die Patientenreise

Wie eingangs erwähnt, nehmen die logistischen Prozesse im Krankenhaus in der öffentlichen Wahrnehmung eine untergeordnete Rolle ein, verglichen mit den Primär- und Sekundärprozessen. Nichtsdestotrotz ist ihr Einfluss auf die Leistungsfähigkeit eines Krankenhauses von großer Bedeutung, wie im folgenden Abschnitt dargelegt wird.

### 23.3.1 Die Bedeutung der Transportlogistik für Krankenhäuser

Angenommen, es gäbe in Deutschland zwar Briefkästen, Postfilialen, Zustellzentren und einen Briefkasten vor jedem Haus bzw. jeder Wohnung, jedoch niemanden, der die Briefe zustellt. In etwa so würde es sich in einem Krankenhaus ohne Patienten- und Materialtransport verhalten. Die Chirurgin müsste erst gar nicht im OP-Saal erscheinen, denn es wäre ja kein Patient da. Und hätte es der Patient irgendwie trotzdem in den OP-Saal geschafft, so wäre dennoch alle Mühe umsonst, denn es wäre kein OP-Besteck vorhanden. Die Anschaffung eines Röntgengerätes sowie eines MRTs wäre zwecklos, denn es gelangen ja keine Patienten zur Funktionsstelle. Und wozu Blut abnehmen, wenn die Probe nie abgeholt wird und stattdessen irgendwann Spinnweben ansetzt? Kurzum, dies wäre ein Krankenhaus, das keine Chance hat, jemals zu funktionieren und seiner Aufgabe gerecht zu werden. Die Transportlogistik ist die Lebensader eines Krankenhauses – ohne sie geht nichts.

Doch dieses Gedankenspiel lässt sich sogar weiterspinnen: Angenommen, es gäbe zwar Zustellpersonal für Briefe, doch könnte dieses Personal bei der jeweiligen Briefsendung nicht zweifelsfrei nachvollziehen, wohin diese transportiert werden sollen und ob vielleicht schon ein anderer Transporteur zu diesem Haus unterwegs ist. Ebenso tappen die Transporteure im Dunkeln darüber, wie viele Brieftransporte für den jeweiligen Tag noch anstehen und ob Brief XY eigentlich schon unterwegs ist oder noch im Verteilzentrum darauf wartet, abgeholt zu werden. Um den Sachverhalt zu klären, greifen die Beteiligten für jeden Brief (manchmal mehrmals) zum Telefon, um die Details zu klären und um sich zu informieren. In etwa so wurden noch vor wenigen Jahren in fast allen deutschen Krankenhäusern die Patienten- und Materialtransporte organisiert und gesteuert. Die wichtigsten Werkzeuge waren Telefon, Stift und Zettel, was eine intransparente und unwirtschaftliche Transportsteuerung mit sich brachte.

Doch hat sich in den letzten 20 bis 25 Jahren, verstärkt seit Beginn der 2010er-Jahre, das Bewusstsein in den Führungsetagen der Krankenhäuser dazu gewandelt. Dies können die Autoren dieses Beitrags aus eigener Anschauung berichten, da eine selbst entwickelte Software zur Steuerung der Krankenhauslogistik- und Versorgungsprozesse in eben diesem Bereich zur Anwendung kommt und sie seither im regen Austausch mit Entscheidungsträgern stehen und zahlreiche Geschäftsbeziehungen mit hunderten Krankenhäusern im deutschsprachigen Raum pflegen. Galt die Logistik einst als „Kellerkind" der Krankenhäuser, in manchen Fällen sogar buchstäblich, da die Logistikabteilung häufig im Kellergeschoss neben der Wäscherei und ähnlichen Bereichen untergebracht war, so wurde mittlerweile flächendeckend die Bedeutung der logistischen Prozesse für das Funktionieren und die Wirtschaftlichkeit eines Krankenhauses verstanden.

Diese Entwicklung ist selbstredend nicht vom Himmel gefallen, denn deutsche Krankenhäuser stehen seit Jahren wirtschaftlich unter Druck. Die finanzielle Situation vieler Einrichtungen ist angespannt (Vgl. Deutsche Krankenhausgesellschaft e. V. 2023), und auch der Personalmangel stellt für Krankenhäuser ein zunehmendes Problem dar, die s. g. Fachkräftelücke ist im Gesundheitswesen größer als in jedem anderen Wirtschaftszweig (Herzler und Kunath 2024, S. 2). Die stetig sinkende durchschnittliche Verweildauer der Patienten, die von 9,7 Tagen im Jahr 2000 auf 7,2 Tage im Jahr 2023 gesunken ist (GBE 2024), trägt zusätzlich dazu bei. Dies sind nur einige von vielen Faktoren, weshalb Krankenhäuser zunehmend dazu übergehen, die Wirtschaftlichkeit der einzelnen Abteilungen und Arbeitsgebiete in den Fokus zu rücken und auf Optimierungspotenziale zu überprüfen. Es ist unter Experten unstrittig, dass gut abgestimmte sowie effiziente Logistikprozesse hierzu einen gewichtigen Teil beitragen können.

Diese Gemengelage ist eine der wesentlichen Ursachen, weshalb die Mehrzahl der Krankenhäuser in den vergangenen zehn bis 15 Jahren ein Softwaresystem für die Transportsteuerung und im Zuge dessen häufig einen zentralen Transportdienst eingeführt haben. Die größten Vorteile hiervon sind:

- Transportleistungen sind nachvollziehbar, das heißt es ist ersichtlich, wann welcher Patient bzw. welches Transportgut von welcher Person abgeholt und zugestellt wurde.

- Das Personal auf den Stationen ist über die anstehenden Transporte informiert und kann Patienten rechtzeitig vorbereiten, was deren Pünktlichkeit und Verlässlichkeit erhöht.
- Neben den Patienten profitieren vor allem die Funktionsstellen, die dadurch besser ausgelastet werden.
- In vielen am Markt befindlichen Systemen können etwaige Verzögerungen nahezu in Echtzeit angezeigt werden, wodurch das Personal die Möglichkeit erhält, adäquat zu reagieren.
- Die Zusammenlegung von Patiententransport sowie Hol- und Bringdienst verringert die Kosten für das Krankenhaus (Grether 2019, S. 55).
- Automatische Dispositionssysteme sind in der Lage, die Aufträge bestmöglich an das Transportpersonal zu vergeben. Hierdurch werden – ganz im Sinne des Lean Management Gedankens – unnötige Wegstrecken eingespart, was eine große Entlastung für das Personal darstellt. Zudem erhöht sich durch ihren Einsatz die Pünktlichkeit, da solch ein System sehr viel mehr Faktoren (bspw. Tageszeit, Folgeaufträge, Wochentag etc.) bei der Berechnung der Wegezeiten und des allgemeinen Transportflusses berücksichtigen kann als es Menschen möglich wäre.

Selbstverständlich wird stets die medizinische Behandlung der Patienten im Mittelpunkt stehen, da dies der primäre Zweck und die Grundlage der Existenzberechtigung der Krankenhäuser ist. Es ist aber offensichtlich, dass im Zuge der oben skizzierten Entwicklung die Logistik- und Versorgungsprozesse deutlich an Stellenwert innerhalb der Krankenhäuser gewonnen haben.

### 23.3.2 Die Bedeutung der Transportlogistik für die Patienten

Ein gängiges Sprichwort unter Logistikerinnen und Logistikern im Krankenhaus besagt: Eine gute Logistik wird nicht wahrgenommen. Und da ist viel Wahres dran: Erfolgen die Patiententransporte zur richtigen Zeit zum richtigen Ort, sind immer alle benötigten Materialien verfügbar und funktioniert die Einweisung und Entlassung der Patienten reibungslos und verzögerungsfrei, so ist all das für Patienten nicht weiter erwähnenswert. Im umgekehrten Fall können die Auswirkungen allerdings gravierend sein, hängt sogar die Gesamtdauer des Krankenhausaufenthaltes von der Transportlogistik ab. Denn wie bereits geschrieben, können unkoordinierte und verspätete Transporte einen Aufenthalt unnötig verlängern, indem Behandlungen und Visiten nicht rechtzeitig stattfinden und somit bis zum nächsten Werk- bzw. Arbeitstag gewartet werden muss. Selbst bei ambulanten Patienten können schlecht koordinierte Transporte das Patientenerlebnis beeinträchtigen, z. B. wenn der Transport von Materialien mit Patientenbezug (zum Beispiel eine Blutprobe zum Labor) sich unnötig verzögert. Eine Transportlogistik ohne Transparenz, das heißt ohne die Anzeige des jeweiligen Auftragsstatus, ist oft nicht in der Lage, diese Aufträge effizient mit Spontan- und Regelaufträgen zu kombinieren und dadurch Transporte zeitnah auszuführen. Im ungünstigsten Fall ist die Regeltour kurz vorher bereits da gewesen und die Probe wartet somit stundenlang auf die Abholung.

Im Gegensatz zu funktionierenden Prozessen werden solche Vorkommnisse sehr wohl von Seiten der Patienten wahrgenommen und selbstredend als negativ empfunden. Eine funktionierende Logistik dient gegenüber Patienten also in erster Linie der Frustvermeidung – auch wenn die beteiligten Mitarbeitenden selbstverständlich sehr stolz sein können auf ihre erbrachte Leistung. Darüber hinaus können hierauf aufbauend auch Positiverlebnisse ermöglicht werden, indem etwa das Personal gleichmäßig ausgelastet ist und die Arbeitsatmosphäre innerhalb der Einrichtung hierdurch positiv beeinflusst wird. Im Endeffekt profitieren hiervon auch die Patienten.

## 23.4 Potenziale von KI für logistische Aspekte der Patientenreise

KI-unterstützte Prozesse haben, wie in Abschn. 1.1 bereits erwähnt, auch im Tertiärbereich sowie insbesondere in der Transportlogistik den Weg in den Klinikalltag bereits gefunden, wenn auch nur in eingeschränkter Weise. Manche am Markt befindlichen Systeme nutzen KI-Elemente in Ansätzen, bspw. bei der Disposition der Transportaufträge. Technisch anspruchsvollere Innovationen hingegen haben den Weg ins Krankenhaus im Rahmen eines Forschungsprojekts zwar gefunden, sind jedoch (noch) nicht Teil des Echtbetriebs. Für Branchenteilnehmer außer Frage steht jedoch, dass der Einsatz von KI zukünftig massive Erleichterungen und Verbesserungen für die logistischen Prozesse ermöglichen wird.

Innerhalb eines Krankenhauses ist die Organisation und Steuerung der Transporte ein wichtiger Bereich, dessen Wirkung sich über viele weitere Klinikprozesse erstreckt. In Krankenhäusern finden pro 1000 Betten ca. 750 Transporte pro Tag statt, die es zu organisieren und zu steuern gilt. Vor diesem Hintergrund ist die Bedeutung einer optimalen Transportdisposition offensichtlich, welche die Einhaltung der angegebenen Zeiten und somit die Pünktlichkeit der Transporte im Ganzen gewährleistet.

Die Vergabekriterien für eine solche Disposition sind komplex. Nicht nur besitzen unterschiedliche Transporteure unterschiedliche Qualifikation und nicht jeder Mitarbeiter darf jeden Patienten befördern (allein dieses Kriterium stellt bereits hohe Anforderungen an eine manuelle Disposition), auch ihre Verfügbarkeit variiert von Person zu Person. Zu guter Letzt muss eine optimale Auftragsvergabe auch die Wegstrecken berücksichtigen, die ein Transporteur von der Ankunftsstelle des vorangegangenen Transports bis zur Abholstelle des neuen Transports zurücklegen muss. Diese möglichst gering zu halten, senkt die Arbeitsbelastung und spart Leerwege. All das und noch mehr können manche der heute am Markt befindlichen Softwaresysteme bereits leisten.

An ihre Grenzen kommen diese Systeme jedoch, wenn benötige Ressourcen nicht vorhanden sind, zum Beispiel wenn ein großer Teil der Belegschaft aufgrund einer Erkältungswelle fehlt, oder andere unvorhergesehene Ereignisse geschehen. Hier sind Menschen nach wie vor flexibler in ihrem Handeln und können Herausforderungen adäquat begegnen. Dies wird sich jedoch zukünftig ändern, sobald eine KI-gestützte Dispositionsautomatik in der Lage ist, aus vorangegangenen Entscheidungen zu lernen, wechselnde Paramater zu erkennen und die Entscheidungen zur Disposition somit selbstständig anzupassen bzw. zu treffen. Eine solche Dispositionsautomatik weiß sehr genau, zu welchen Uhrzeiten welche Zeitzuschläge bzw. -abschläge vorzunehmen sind, bspw. aufgrund hohen Besucheraufkommens. Sie wirkt bereits bei der Ressourcenplanung mit, indem sie bspw. verlässliche Angaben zur benötigten Personaldecke oder den Transportmitteln macht. Sie bedient sich hierfür auch bei externen Daten, bspw. beim Wetterbericht und dem Ferienkalender, um hieraus Rückschlüsse auf das erwartbare Patientenaufkommen zu ziehen, bspw. aufgrund eines erhöhten Besucherandrangs auf Skipisten und den damit einhergehenden Sportunfällen.

Eine KI-unterstützte Disposition kann hierdurch zum einen darauf hinwirken, dass der Transportdienst bestmöglich vorbereitet ist. Zum anderen bewirkt sie aber auch eine Reduktion der Transportanzahl. Denn reibungslose und pünktliche Transporte bedeuten auch immer eine Verringerung der Fehlerquote und somit eine Vermeidung von Wartezeiten und Folgeverspätungen, die sich wiederum auf die Abläufe der Funktionsstellen negativ auswirken, was sich wiederum auf die Pünktlichkeit des Rücktransports zur Station auswirkt. Es ist ein bisschen wie bei der Bahn: je größer und zahlreicher die Komplikationen, desto größer die Folgeverspätungen. Im Krankenhausalltag bedeutet dies ein Mehr an (Leer-) Transporten. Eine intelligente Dispositionsautomatik vermeidet dies durch eine optimale Auftragsvergabe im Sinne der Wegstreckenreduzierung sowie einer flexiblen Anpassung der einkalkulierten Zeiten und Routen, welche die tatsächlichen Gegebenheiten vor Ort abbilden.

## 23.5 Fallbeispiele aus der Praxis

Wie in den vorangegangenen Abschnitten dargestellt, bieten KI-unterstützte Anwendungen ein sehr großes Optimierungspotenzial für die logistischen Prozesse im Krankenhaus. Doch muss der Blick nicht ausschließlich in Richtung Zukunft gehen, denn auch in der Praxis gibt es bereits erste Anwendungsfälle. Hierfür exemplarisch werden im Folgenden drei Anwendungen vorgestellt.

### 23.5.1 OP-Management

Moderne OP-Planung hat das Potenzial, die Patientenreise positiv zu beeinflussen. Die Ablaufsteuerung in einem OP ist komplex und besteht aus hunderten von Einzelschritten, die ideal aufeinander abgestimmt sein sollten. Funktioniert diese Abstimmung nicht, entstehen unnötige Wartezeiten für Patienten und Mitarbeiter mit entsprechenden Kosten. Im Jahr 2012 verursachte ein voll besetzter OP-Saal Kosten von 40 bis 50 € pro Minute, wobei im Durchschnitt nur 60 % der OP-Kapazitäten wirklich genutzt wurden (Fleischer 2012), heutzutage dürften die Kosten deutlich höher liegen.

Allein die Anzahl der unterschiedlichen Akteure und Berufsgruppen im OP-Betrieb gibt Hinweise auf dessen Komplexität: Anästhesist, Anästhesisten-Gruppenleitung, Anästhesie-Oberärzte, Anästhesiepfleger, Anästhesiepflegegruppenleiter, Anästhesiepflegeleiter, Anästhesiepflegestationsleiter, operierende Ärzte, OP-Koordinatoren, OP-Manager, OP-Disponent, OP-Dispositionsleiter, OP-Pfleger, OP-Pflegegruppenleiter, Lagerungspfleger, SDS-Mitarbeiter, Reinigungsmitarbeiter und weitere mehr.

Nicht selten muss im Krankenhausalltag der komplette Aufenthalt des Patienten verlängert werden, weil die Planung nicht funktioniert hat. Für den Patienten bedeutet dies viel Ärger und unnötige Zeitverschwendung. Kein Patient mag zum Beispiel in einer Holding-Area vor dem Operationssaal 40 min oder länger auf das Einschleusen warten. Dies ist in vielen Krankenhäusern Praxis, um Leerlauf zu vermeiden. Gleichzeitig entstehen am Morgen Engpässe in der Logistik, wenn die Operationssäle mit zehn Patienten gleichzeitig beliefert werden sollen. Das restliche Klinikum mit all seinen Stationen und Funktionsstellen muss während dieser Zeit warten.

Eine moderne Ablaufsteuerung inklusive eines Echtzeit-Datenaustauschs mit der Logistik kann diese Probleme elegant lösen. Die OP-Planung wird in Einzelschritte zerlegt, die Abhängigkeiten haben und Aktionen auslösen können. Die betroffenen Mitarbeiter erhalten Smartphones oder Smartwatches, um „just in time“ die gewünschten Aufgaben zu erhalten. Auch die Versorgung der AEMP (Aufbereitungseinheit für Medizinprodukte) wird als Aufgabe definiert und die pünktliche und rechtzeitige Belieferung der benötigten Siebe überwacht.

Die Punkte, an denen es Probleme geben könnte, kann eine KI erkennen und gleichzeitig die Wahrscheinlichkeit benennen – wie es bspw. die Firma Sqior Medical aus München mit ihrer Software vormacht. Wenn bspw. an einem Dienstagmorgen die Ärztin mit dem Anästhesisten zusammen eine bestimmte OP durchführt, weiß das System „aus eigener Erfahrung“, dass es mit einer Wahrscheinlichkeit von 85 Prozent zu einer Verzögerung von 15 Minuten kommen wird. Diese Erkenntnisse sind wertvoll und können auf der einen Seite der Prozessoptimierung dienen (Warum kommt es zu der Verzögerung und kann dies vermieden werden?), auf der anderen Seite kann die Verzögerung in den Folgeprozessen frühzeitig berücksichtigt werden. Erfahrungen von Krankenhäusern mit digitaler Steuerung haben gezeigt, dass im Durchschnitt pro OP-Saal eine Operation mehr pro Tag durchgeführt werden kann.

Die Digitalisierung der Ablaufsteuerung bietet nicht nur für den OP selbst Vorteile. Sobald die Zulieferung von Patienten nicht mehr pauschal nach dem Prinzip „morgens um 07:30 müssen die ersten 10 Patienten gebracht werden“ erfolgt, sondern an die tatsächliche Ablaufplanung gekoppelt ist, kann die Belieferung mit dem normalen Tagesgeschäft (natürlich priorisiert) gut kombiniert werden.

Die Vorteile für die Patienten liegen auf der Hand. In einer ideal geplanten Operation wird der Patient genau zum geplanten Zeitpunkt abgeholt, direkt eingeschleust und ohne unnötige Verzögerungen operiert. Nach der Operation liegt er in einem neuen, sauberen

Bett und sobald er aufwacht, kommt er zurück auf die Station in ein frisch gereinigtes Zimmer. So oder vergleichbar sollte der Ablauf wahrgenommen werden.

### 23.5.2 Externe Patiententransporte

Bereits der Weg in ein Krankenhaus stellt für viele Patienten die erste Hürde dar. Wenn der Patient nicht selbst fahren oder der Transport privat organisiert werden kann, muss ein Taxiunternehmen oder Transportdienst beauftragt werden. Oft ist dieser Transport nicht ganz einfach durchzuführen, wenn der Patient nicht gehfähig ist oder andere Besonderheiten vorliegen. In allen Städten gibt es diverse Taxiunternehmen oder Transportdienste. Welcher ist aber am besten geeignet und dazu noch pünktlich?

Die gleiche Fragestellung ergibt sich für ambulante Behandlungen oder Entlassungen aus einem Krankenhaus. Oft ist dies eine Sorge für den Patienten, die unnötig ist und einfach organisiert werden kann. In der idealen Patientenreise laufen diese Prozesse ohne manuelle Telefonate wie von Geisterhand im Hintergrund. Der Patient wird rechtzeitig informiert, wann das Unternehmen ihn abholt, um pünktlich im Krankenhaus zu erscheinen und ist natürlich möglichst genau zu diesem Zeitpunkt abholbereit. Schon bei der Abholung erfährt das Krankenhaus, ob alles pünktlich ist oder Verspätungen oder Probleme auftreten. Die betroffenen Stationen oder Funktionsstellen können sich auf den Patienten vorbereiten. Nach dem pünktlichen Transport erfolgt die Abrechnung mit der Krankenkasse und ggf. weitere benötigte Transporte werden geplant. Zu keinem Zeitpunkt muss der Patient oder das Pflegepersonal manuell eingreifen oder unnötig telefonieren. Selbst die Entlassungsfahrt kann durch den Abschluss der letzten Untersuchung automatisch gesteuert und angestoßen werden.

Dieses Konzept wird bereits in vielen deutschen Kliniken eingesetzt und basiert auf einer Onlineplattform der Firma Qrago zur Transportvermittlung für externe Fahrten. Das Prinzip ähnelt einer online Taxibuchung und kommt ohne Telefonate aus. Nach dem Check-In des Patienten per Patientenapp erhält der Patient einen Aufnahmezeitpunkt und die benötigten Fahrten werden angefordert. Die Plattform kann nun mittels einer KI ermitteln, welches Unternehmen am besten geeignet und pünktlich ist. Erfahrungen, der Standort der Fahrzeuge, Auslastung des Unternehmens, Verkehrssituation, Krankenstand, Wetter etc. spielen bei dieser Entscheidung eine wichtige Rolle. Ist diese Problemstellung gut gelöst, können unnötige Wartezeiten vermieden und Kosten reduziert werden.

### 23.5.3 Inhouse-Logistik

Im Bereich der Inhouse-Patientenlogistik sind die Planung und Vergabe der Patiententransporte die Arbeitsschritte, welche das größte Potenzial für Verbesserungen mit Hilfe von KI aufweisen. Bereits heute bieten am Markt etablierte Softwarelösungen unter anderem die folgenden Vorteile einer automatischen Disposition:

- Das Routinegeschäft der Disposition wird automatisch erledigt.
- Die Parameter und Vergabekriterien (Eignung, Prozessoptimierung etc.) sind für das Krankenhaus konfigurierbar, variierend je nach Leitstelle.
- Wegzeiten werden selbstständig auf Grundlage der örtlichen Gegebenheiten berechnet, variierend je nach Uhrzeit, Wochentag und mehr.
- Schnellere Vergabe im Vergleich zum Menschen, was vor allem bei hohem Auftragsvolumen zugutekommt.
- Ressourcen werden anhand intelligenter und praxisgerechter Dispositionsalgorithmen optimal genutzt.
- Veränderte Auftragsanforderungen werden sofort berücksichtigt.
- Es sind unterschiedliche Priorisierungen je nach Station, Leitstellenbereich etc. möglich.
- Es sind unterschiedliche Priorisierungen nach Tageszeiten möglich, bspw. tagsüber nach schnellster Verfügbarkeit, nachts nach gleichmäßiger Personalauslastung o. ä.

Auch wenn diese Aufzählung nicht vollständig ist, so wird durch sie dennoch deutlich, dass eine Dispositionsautomatik, wie sie bereits seit Jahren erhältlich ist, im Klinikalltag eine große Erleichterung darstellt. Kein Mensch kann innerhalb eines Bruchteils einer Sekunde all die Parameter und Rahmenbedingungen bei der Vergabe eines Auftrags berücksichtigen, die ein Computersystem einfließen lässt. Im Fall unserer Softwarelösung Logbuch kommt hinzu, dass das System bereits seit Jahren Ansätze von KI aufweist, da es mit Hilfe einer selbstlernenden Streckenmatrix die geschätzten Wegezeiten innerhalb eines Klinikums kontinuierlich und selbstständig den tatsächlichen Gegebenheiten anpasst. Das bedeutet konkret, dass Wegezeiten je nach Abhol- und Ankunftsort, Uhrzeit, Wochentag und weiteren Faktoren berechnet und diese Berechnungen aufgrund der Erfahrungswerte stetig angepasst werden.

Doch so hilfreich, sinnvoll und entwickelt diese am Markt befindlichen Systeme auch sind, so haben sie dennoch ihre Limitierungen. Sie können bspw. keine Jahreszeiten in die Schätzung der zu erbringenden Transportleistungen einbeziehen, kein Personalbedarf planen und vieles weitere, was eine umfassende kurz- bis mittelfristige Planung der Patiententransporte automatisieren und verbessern würde. Aus diesem Grund startete unser Unternehmen Dynamed gemeinsam mit dem in Dortmund ansässigen Fraunhofer-Institut für Materialfluss und Logistik (IML) im Jahr 2020 das vom Bundesministerium für Bildung und Forschung (BMBF) geförderte Forschungsprojekt „Künstliche Intelligenz zur Prognose und Steuerung in der Krankenhaus-Transportdisposition – KIK_Dispo“, welches seit 2023 abgeschlossen ist. Ebenfalls waren zwei Krankenhäuser in Baden-Württemberg, ein Universitätsklinikum sowie ein städtisches Klinikum, als assoziierte Partner im Forschungsvorhaben involviert. Das Gesamtziel des Vorhabens war die Entwicklung einer intelligenten, KI-gestützten Dispositionsautomatik durch Verfahren des maschinellen Lernens. Der Anspruch an die intelligente Dispositionsautomatik war bzw. ist, aus vorangegangenen Transporten zu lernen, wechselnde Parameter zu erkennen sowie Entscheidungen zur Disposition selbst anzupassen und zu treffen.

Der erste Schritt bestand darin, mithilfe maschinellen Lernens für jede mögliche Kombination von Räumen im Krankenhaus intelligente Durchschnittswerte über die historischen Transportzeiten aus unserer bestehenden Transportdispositions-Software zu ermitteln. Dabei konnten in den assoziierten Partnerkrankenhäusern mehrere Jahre an Transportdaten als Grundlage genutzt werden. Auf Basis dieser Werte wurde im darauffolgenden Schritt ein Optimierungsalgorithmus entwickelt, der automatisch alle im System eingehenden Transportaufträge disponiert. Notfallaufträge werden hierbei grundsätzlich priorisiert behandelt, sodass diese stets unverzüglich an freie Transporteure zugewiesen werden. Sollte einmal kein Transporteur frei sein, so geht der Auftrag an den nächstgelegenen Transporteur, dessen im Anschluss geplanter Auftrag somit nach hinten verschoben wird.

Im anschließenden Schritt wurde der neue Algorithmus mithilfe von Predictive Analytics weiter verbessert, da es uns gelang, das System um eine präzise KI-basierte Vorhersage der Anzahl von Notfall- und Nicht-Notfallaufträgen pro Stunde zu erweitern. Hierdurch wurde es ermöglicht, Vorhersagen zu treffen, die mit hoher Genauigkeit die Zeiten bestimmen, in welchen eine hohe Anzahl an Notfällen zu erwarten ist, für die entsprechende Ressourcen vorgehalten werden müssen, bspw. eine ausreichende Zahl an Transporteuren. Diese vorausschauende Planung stellt ein wertvolles Mittel dar, um einen reibungslosen logistischen Betrieb des Krankenhauses zu gewährleisten.

Im Ergebnis zeigte sich, dass KI im Bereich der Disposition von Patiententransportaufträgen ein großes Potenzial zugesprochen werden kann, den Ressourcenbedarf verlässlich zu prognostizieren, Wegzeiten im Vergleich zu früheren Systemen nochmals zu optimieren und Mehraufwände in Form von Leerwegen zu reduzieren. KI in der Patientenlogistik kann somit auch eine wichtige Rolle spielen, die Patientenreise zu verbessern bzw. Negativerlebnisse von ihr fernzuhalten. Wenn die Technologie den Bedarf an Personal, Rollstühlen, Betten und weiteren Ressourcen im Voraus präzise benennt und die Planungen daran angepasst werden, so ist die Gefahr gering, dass ein Patient bspw. bei der Aufnahme zu lange auf einen Transporteur warten muss, dass kein freies Bett und kein Transportmittel verfügbar sind.

### 23.5.4 Reinigung

Ein wichtiger Punkt in der Patientenreise ist das Thema Sauberkeit. Laut einer Umfrage des Klinikbetreibers Asklepios aus dem Jahr 2021 ist dies mit 91 % der wichtigste Aspekt bei der Wahl eines Krankenhauses (Asklepios Kliniken 2021). Gleichzeitig ist die Reinigung aufgrund des großen Personalaufwandes zumeist einer der teuersten Bereiche eines Krankenhauses (siehe Abb. 23.1). Steigende Kosten und Personalmangel sind auch in diesem Sektor ein zunehmendes Problem, widersprechen aber dem Wunsch der Patienten nach einem sauberen Krankenhaus sowie gesetzlichen Anforderungen an die Krankenhaushygiene.

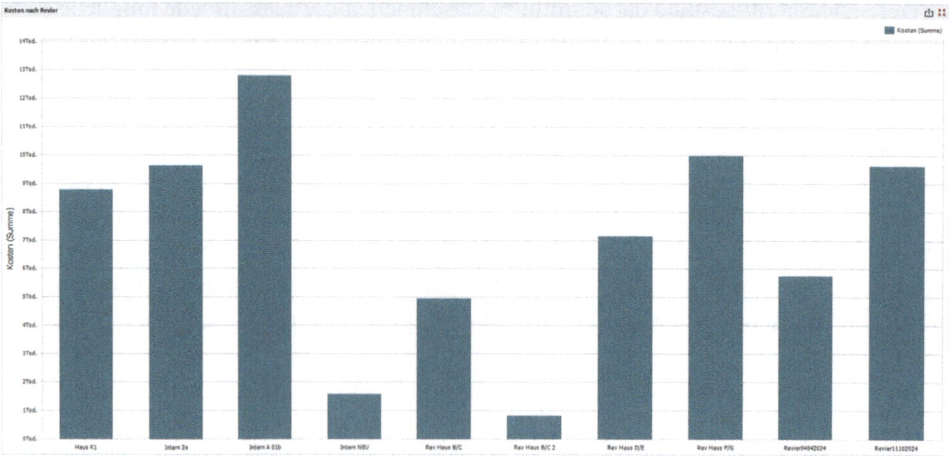


**Abb. 23.1** Reinigungskosten nach Revier pro Monat. (Quelle: Dynamed GmbH (2024), o. S.)

Die klassische Unterhaltsreinigung, sprich die regelmäßige Reinigung der Räumlichkeiten in festen Zeitabständen, basiert auf einer Revierplanung und einer Festlegung, welche Art von Zimmer wie oft gereinigt werden muss. Diese Informationen fließen in einem Reinigungsverzeichnis zusammen, welches stets aktualisiert wird, um Veränderungen abzubilden. Auf Grundlage dieses Verzeichnisses werden die Tagespläne für jede Reinigungskraft erstellt (siehe Abb. 23.2). Allerdings gleicht es fast schon einer Sisyphusarbeit, diese Informationen manuell aktuell zu halten und gleichzeitig das vorhandene Personal ideal einzusetzen. Jede Raumnutzungsänderung, bspw. wenn ein Arztzimmer zum Aufenthaltsraum umfunktioniert wird, jeder Umzug einer Station und jede Baustelle in einem Zimmer führen zu einer zwingend notwendigen Neuplanung.

Da diese Kapazitäten oft nicht zur Verfügung stehen, veraltet die Planung mit der Zeit und bildet irgendwann die tatsächlichen Gegebenheiten nicht mehr adäquat ab. Den Autoren ist diese Situation sehr gut bekannt, da zahlreiche Ausschreibungen für die Fremdvergabe von Reinigungen begleitet wurden und so gut wie kein Krankenhaus über gut gepflegte und aktualisierte Informationen als Basis für ein Lastenheft verfügte.

Es gibt digitale Steuerungssoftware wie die unseres Unternehmens, die KI-unterstützt die Reinigung planen und optimieren kann. Bevor eine verbindliche Planung zur Umsetzungsdauer eines solchen Projektes erstellt werden kann, muss immer die Ausgangsdatenlage besichtigt werden. Wenn schon die Kennzeichnung von Räumen nicht eindeutig ist, kann keine Software der Welt entscheiden, welcher Datensatz korrekt ist und welcher falsch. Oft werden Fehler bis zu diesem Zeitpunkt nicht bemerkt und haben im Nachgang eine nicht unwesentliche Auswirkung auf die Revierplanung. Es ist keine Seltenheit, dass der Anteil falscher Datenbestände bis zu 15 Prozent beträgt.

Wenn diese erste Hürde geschafft ist, gilt es mögliche Fehler in der Zukunft zu vermeiden. Schnittstellen zur Bauabteilung oder anderen Systemen können helfen, die Daten permanent aktuell zu halten. KI kommt an dieser Stelle mit ins Spiel, wenn es um Prognosen und Simulationen geht. Jede erfolgte Reinigung erzeugt mindestens einen Datensatz, der

**Abb. 23.2** Auftragsübersicht Unterhaltsreinigung. (Quelle: Dynamed GmbH (2024), o. S.)

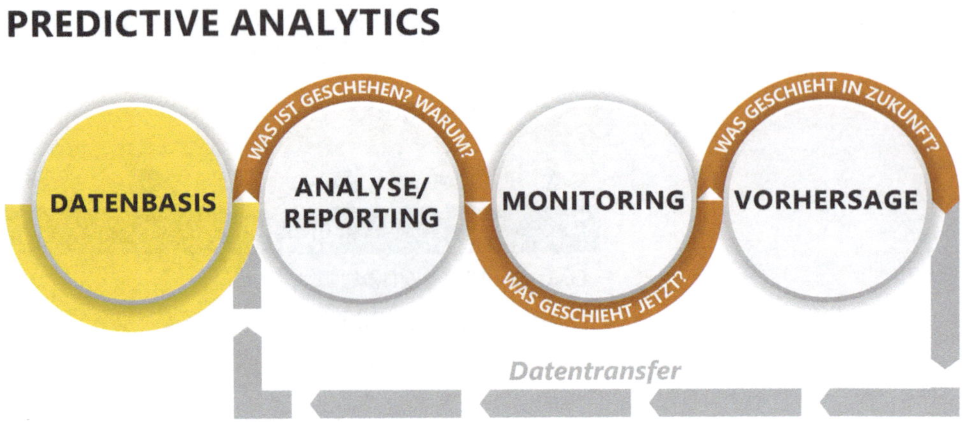


**Abb. 23.3** Predictive Analytics. (Quelle: Dynamed GmbH (o. J.), o. S.)

später mit dem Sollzustand abgeglichen werden kann. In einer Simulation können Auswirkungen von geplanten Änderungen durchgespielt werden. Diese Form der KI wird Predictive Analytics genannt (siehe Abb. 23.3). Große Datenbestände können schnell auf Anomalien und Zusammenhänge geprüft und in Simulationen verglichen werden.

Für die Zukunft werden noch diverse externe Faktoren mitberücksichtigt werden können. Wenn die Prognosen eine hohe Wahrscheinlichkeit für schlechtes Wetter vorhersagen, muss das Reinigungspersonal eventuell eine häufigere Reinigung der Flure einplanen, um eine gleichbleibende Reinigungsqualität zu erhalten. Wenn die Patientenreise bereits vor dem Aufenthalt geplant werden kann, ist eine frühzeitige Berücksichtigung möglich. Die bestmögliche Verteilung der zu reinigenden Zimmer kann ebenfalls durch KI optimiert werden. In diesem Fall werden oft Ansätze der Kategorie Sequencing und Scheduling verwendet.

## 23.6 Problemstellungen in der Praxis

Die großen Verbesserungspotenziale in Krankenhäusern, die der Einsatz von KI mit sich bringt, sind unbestritten vorhanden. Bei der Implementierung dieser Technologie in die Strukturen und Prozesse einer Einrichtung sind in der Praxis jedoch nicht selten Widerstände und Hürden vorhanden. Die drei wichtigsten bzw. am häufigsten auftretenden Probleme werden im Folgenden kurz skizziert.

### 23.6.1 Cloud Computing vs. On Premise

Zu Beginn dieses Abschnitts empfiehlt sich eine kurze Definition der Begriffe:

### Cloud Computing bzw. Software as a Service (SaaS)

> „Cloud-Computing bezeichnet die On-Demand-Verfügbarkeit von Rechenressourcen wie Speicher und Infrastruktur als Dienste über das Internet. Einzelpersonen und Unternehmen müssen physische Ressourcen nicht selbst verwalten und bezahlen nur für das, was sie tatsächlich nutzen.“ (Google Ireland Limited 2024).

### On Premise

> „Eine On Premise Software wird im eigenen Netzwerk installiert und betrieben. Somit werden die Daten nicht auf externen Servern gespeichert.“ (von Sydow 2024).

Beim Thema Datenmengen und KI-Projekte kommt stets schnell die Frage auf, ob Cloudsysteme im Vorteil sind. Rechenkapazitäten lassen sich deutlich schneller in einem Cloudsystem bereitstellen und verwalten. In Zeiten von fehlenden IT-Kapazitäten ist dies für viele Krankenhäuser eine mögliche Lösung eines großen Problems. Die Cloud kann damit ein Projektturbo sein.

Softwareprodukte werden dabei meist durch den Hersteller gewartet und aktualisiert. Der Kunde tritt als reiner Nutzer der Systeme auf und ist nicht mehr der Betreiber. Dementsprechend ändert sich auch die Haftungsfrage und der Datenschutz muss im Vorfeld genau betrachtet und aktiv geprüft werden. Da die Anzahl der Lösungen in der Cloud täglich stark steigt, wurden im Juli 2024 entsprechende gesetzliche Regelungen zum Schutz von sensiblen Daten in der Cloud aktiv (Gross 2024).

Die Hürden für Clouddienste und deren legale Nutzung wurden damit deutlich verschärft, um dem Missbrauch vorzubeugen. Ein weiterer Aspekt ist die Verfügbarkeit von Clouddiensten im Falle eines Angriffes gegen kritische Infrastruktur. Immer wieder melden Krankenhäuser, gehackt worden zu sein und sind danach unterschiedlich lange nicht mehr mit dem Internet verbunden. Oft wird in diesen Szenarien eine neue Netzwerkumgebung geschaffen, mit verschiedenen Zonen, um weitere Ausfälle zu vermeiden. Selbst die wichtigsten Softwareprodukte zur Behandlung und Abrechnung stehen dann im Zweifelsfall für lange Zeiten nicht zur Verfügung.

Für diese Situationen müssen entsprechende Ausfallkonzepte und Redundanzen geschaffen werden. Als Beispiel müssen in Kliniken eingesetzte autonome mobile Roboter (AMR) auch ohne Internetverbindung einsetzbar oder wenigstens entfernbar sein.

Wenn diese Fragestellungen gut gelöst wurden, ist moderne Cloud-Technologie eine sehr gute Plattform für KI gestützte Prozesse und stellt eine große Hilfe dar.

## 23.6.2 Spannungsverhältnis zwischen Mensch und Maschine

Seit über zwei Jahrzehnten begleiten die Autoren Krankenhäuser im Bereich der Logistik- und Versorgungsleistungen bei der Digitalisierung bestimmter Abteilungen bzw. Arbeitsleistungen sowie deren Prozessgestaltung. Als Dynamed ihre Software im Jahr 1999 auf den Markt brachte, da gab es in fast allen Einrichtungen keinen zentralen Transportdienst und die Organisation der Transporte erfolgte mit Hilfe von Telefon, Zettel und Stift – sprich analog. Zwar sieht mittlerweile die Mehrzahl der Beschäftigten im Krankenhaus die neuen technischen Möglichkeiten überwiegend positiv (Bräutigam et al. 2017), doch können die Autoren aus eigener Erfahrung sagen, dass Vorbehalte gegenüber der Digitalisierung des eigenen Arbeitsbereiches unter Beschäftigten nicht selten anzutreffen waren und sind.

Der Großteil dieser Vorbehalte war auf die Ungewissheit zurückzuführen, welche die Einführung von etwas Neuem mit sich bringt, in unserem Fall eine neue Software und die damit einhergehende Digitalisierung der Steuerungsprozesse. Der viel zitierte Satz „Das haben wir schon immer so gemacht" kommt in diesem Zusammenhang nicht selten zur Anwendung und geht einher mit einer grundlegenden Ablehnung gegenüber Neuerungen. Oftmals ist die Ursache für diese Ablehnung nicht die technische Neuerung selbst, sondern die damit einhergehende Änderung in den Arbeitsabläufen. Dies gilt erst recht, wenn die Mitarbeitenden die aktuellen Prozessabläufe mitgestaltet haben. Die Beschäftigten befürchten, die Technik könne ihre liebgewonnenen Abläufe und Routinen auf ungewollte Art und Weise verändern. Häufig steht auch die Befürchtung im Raum, der Einsatz der Technik würde die Mitarbeitenden gläsern machen, da jeder Arbeitsschritt sowie dessen Zeitpunkt im System dokumentiert wird und die Mitarbeitenden obendrein über das eigene Mobilgerät stets erreichbar sind.

Für eine belastbare Beurteilung eines eventuellen Spannungsverhältnisses zwischen Mensch und KI im Bereich der Krankenhauslogistik ist es zum gegenwärtigen Zeitpunkt noch zu früh. Dennoch sehen die Autoren in diesem Feld potenzielle Problemstellungen bei der Implementierung von KI-unterstützten Systemen. Mögliche Kritikpunkte seitens der Belegschaft werden im Folgenden kurz skizziert.

**Fehlendes Einfühlungsvermögen**

Ziehen wir als Beispiel nochmals die automatische Disposition der Transportaufträge heran. Diese ist nicht in der Lage, bestimmte „menschliche" Faktoren zu beachten und bei der Vergabe zu berücksichtigen. Es gibt bspw. Transporteure, die besonders kindertauglich sind, andere wiederum tun sich im Umgang mit Kindern schwer. Gleiches gilt für den Umgang mit älteren Patienten, deren Transport häufig behutsamer und langsamer erfolgen muss. Auch die Tagesform eines Transporteuers ist nicht immer gleich. Mit einem menschlichen Disponenten können Mitarbeitende all dies besprechen und die Problemstellungen im Sinne aller Beteiligten lösen. Mit einer Software gelingt dies – wenn überhaupt – nur sehr eingeschränkt, denn diese mag die Zeiten, Wegstrecken und äußere Faktoren sehr präzise berechnen, über die „menschlichen Faktoren" des jeweiligen Transports und die gegebenenfalls daraus resultierenden Konsequenzen, bspw. Frust beim Patienten oder Transporteur, erhält das System keine Rückmeldung und könnte diese wohl auch nicht skalieren.

**Bevormundung**
Ein Softwaresystem mag neu sein, das Krankenhaus jedoch ist es nicht. Mit diesem Satz möchten die Autoren zum Ausdruck bringen, dass bei der Implementierung einer Software häufig auch neue Arbeitsabläufe eingeführt werden, und sei es nur die Art der Auftragsübermittlung. Da das Krankenhaus jedoch selbstverständlich auch zuvor schon existiert hat, werden alte Abläufe durch neue ersetzt. Beispielsweise organisieren sich die Mitarbeitenden der Haus- und Betriebstechnik häufig selbstständig, arbeiten also die jeweiligen Aufgaben entsprechend der selbstgewählten Reihenfolge und Priorität ab. Die Autoren haben es nicht nur einmal erlebt, dass es erhebliche Widerstände innerhalb der Belegschaft gab, als nach Einführung des Softwaresystems die Aufträge gemäß des Eingangszeitpunkts bzw. der angegebenen Priorisierung auf dem Mobilgerät erfolgen sollte. Hier bedarf es Überzeugungsarbeit, indem die Arbeitserleichterungen in den Vordergrund gestellt werden, die eine Software mit sich bringt.

**Gefühlte Verschlechterung**
Nicht immer, auch wenn es so sein sollte, wird die Einführung einer Software bzw. technischer Hilfsmittel als Arbeitserleichterung wahrgenommen. Früher war dies bspw. bei der Einführung von Transportsteuerungssoftware häufig der Fall, als diese nur über den klassischen Desktopcomputer gesteuert werden konnte. Dies bedeutete für die Pflegekraft, dass sie häufig vom Patientenzimmer zum Stationsempfang zurücklaufen musste, um einen Transport hier einzugeben bzw. um sich über anstehende Transporte zu informieren. Anschließend ging es dann wieder zurück zum Zimmer, so kam über den Tag verteilt einiges an Wegstrecke zusammen. Da die Transporte zuvor in der Regel per Telefon in Auftrag bzw. angekündigt wurden, konnte die Pflegekraft dies bequem am Patientenbett mit dem mobilen, jedoch analogen Telefon bearbeiten. Dies bedeutete zwar insgesamt schlecht abgestimmte Transporte im Krankenhaus, für die Pflegekraft war es im Arbeitsalltag jedoch bequem.

Auf Grundlage der vor Ort im Krankenhaus gemachten Erfahrungen sind die Autoren zu dem Schluss gekommen, dass diese und weitere Widerstände am besten überwunden werden können, indem sich alle Beteiligten austauschen und gemeinsam Lösungswege erörtern. So wird die technische Neuerung in gewisser Weise „vermenschlicht“, da die handelnden Personen durch den Austausch von Mensch zu Mensch die Deutungshoheit über die Arbeitsprozesse zurückerlangen (obwohl der Verlust dieser Deutungshoheit womöglich gar nicht real war) und sich nicht länger bevormundet fühlen.

### 23.6.3 Technische Infrastruktur

Um KI-gestützte Projekte zur Verbesserung der Patientenreise sowie der Krankenhausprozesse umzusetzen, müssen in erster Linie personelle Ressourcen zur Abbildung von Prozessen vorhanden sein. Keine Software kann arbeiten, ohne dass Menschen hierfür den Grundstein legen und deren Installation vornehmen. Sie kann sich schlicht und einfach den eigenen Input nicht „selbst backen“, auch kann sie eine Vernetzung mit weiteren Krankenhaussystemen nicht eigenständig vornehmen. Eine optimierte OP-Planung bspw. ist nur hilfreich, wenn alle betroffenen Arbeitsgruppen entsprechend informiert werden. Die personellen Ressourcen sind hierbei oft auf diverse Handlungsfelder verteilt.

Neben den personellen Kapazitäten müssen aber auch Hardwarevoraussetzungen geschaffen werden. Selbst bei einer Cloud-Lösung, welche den Kunden den eigenen Server erspart und so sehr geringe technische Hürden bei der Installation eines Softwaresystems stellt, sind eine redundante Internetanbindung, ein Mobile Device Management für die Verwaltung von mobilen Endgeräten und ein funktionstüchtiges W-LAN bei nicht ortsgebundenen Prozessen eine zwingende Voraussetzung. Je nach Prozess können neben W-LAN auch andere Funktechnologien wie 5G, LoRaWAN oder BLE notwendig sein. Dabei gilt es immer auch die benötigte Abdeckung zu beachten, mitunter reichen einzelne punktuelle Abdeckungen (HotSpots), doch für manche Zwecke ist auch ein flächendeckender Empfang zwingend notwendig, sonst wird die Datenautobahn schnell zur Sackgasse. Denn auch die beste Software hilft nichts, wenn Sie aufgrund mangelnder technischer Infrastruktur nicht genutzt werden kann.

In der Krankenhauspraxis bedeutet dies nicht selten große Hürden bei der Umsetzung und mitunter Verzögerungen, sofern das Krankenhaus die hierfür notwendigen finanziellen und personellen Ressourcen nicht bereitstellen kann. Denn erstens sind in der Realität Gelder für Investitionen so gut wie immer knapp. Zweitens stellt die Krankenhaus-IT eine Art Nadelöhr dar. Fast immer personell unterbesetzt, können die IT-Abteilungen nicht beliebig viele Digitalisierungsprojekte starten, da sie das hiermit verbundene Arbeitsaufkommen nicht stemmen können. Zumal all diese Lösungen hochsicher ausgelegt werden müssen, um mögliche Angriffe durch Hacker oder Malware wirksam abzuwehren. Wie immer, wenn IT im Spiel ist, müssen auch Ausfallkonzepte erstellt werden. Selbst bei einer garantierten Verfügbarkeit von 99,9 Prozent sind mehrere Tage pro Jahr theoretisch einkalkuliert und müssen entsprechend vorbereitet werden. Gute Ausfallkonzepte sind dabei mehrstufig aufgebaut und bieten Lösungen für verschiedene Szenarien.

All diese Punkte müssen vor und bei der Implementierung erfolgen und sind Teil eines guten Projektmanagements, dessen Bedeutung immens ist. Ist dies nicht oder nur teilweise gegeben, so sind Störungen im Arbeitsalltag sehr wahrscheinlich. Wie immer bei neuen Lösungen wird der Ruf sehr schnell leiden und das Vertrauen der Nutzer wird sinken. Gerade bei KI-Anwendungen, die unzählbare Rechenoperationen im Hintergrund ausführen und damit Entscheidungen oft schwer nachvollziehbar machen, sind viel Vorbereitung und ausgiebige Testläufe die Grundpfeiler eines guten Projektmanagements.

## 23.7 Schlussbetrachtung

Wie eingangs dargestellt, befinden wir uns in den Pioniertagen der KI im Gesundheitswesen. KI-unterstützte Anwendungen im Krankenhaus befinden sich qualitativ und quantitativ noch in den Kinderschuhen. Ebenso ist, wie im vorangegangenen Kapitel dargestellt, mit Widerständen und Hürden innerhalb der Krankenhäuser zu rechnen. Nichtsdestotrotz haben diese den Weg in die Krankenhäuser, auch in die logistischen Prozesse, bereits gefunden, weshalb sich die ersten Anwendungsfälle und die Vorteile hieraus zeigen.

Aus Sicht der Autoren steht außer Frage, dass KI-gestützte Anwendungen in der Krankenhauslogistik in Zukunft in noch stärkerem Maße gewinnbringend zu einer gelungenen Patientenreise beitragen werden. Die in diesem Kapitel dargestellten Anwendungsfälle verdeutlichen, dass für Patienten hierdurch ein Zugewinn an Komfort und Sicherheit entsteht, bspw. wenn bei der Organisation der externen Fahrten wie von „Geisterhand" ein Rädchen ins andere greift oder der Transport von und zum OP-Saal zügig und „just in time" erfolgt. Auch ist eine Verkürzung des gesamten Krankenhausaufenthalts bzw. eine Vermeidung von unnötiger Aufenthaltszeit ein durchaus realistisches Szenario aufgrund der optimierten Prozesse. Auch eine selbstlernende Ressourcenplanung, die zahlreiche Faktoren berücksichtigt, trägt zur effektiven Vermeidung von personellen und anderweitigen Engpässen bei. Dabei gilt es stets zu berücksichtigen, dass die Anwendung von KI im Krankenhaus fast nie „Inselcharakter" hat, das heißt, dass die Auswirkungen sich nicht auf einen abgegrenzten Arbeitsbereich beschränken, sondern im Gegenteil Auswirkungen auf zahlreiche Bereiche und Abteilungen haben. Das bedeutet im Umkehrschluss allerdings auch, dass die Optimierung der einzelnen Bereiche mittels KI-gestützten System einen immensen positiven Effekt auf den gesamten Krankenhausbetrieb haben kann.

Ein Selbstläufer ist dies jedoch nicht. Erfahrungsgemäß gibt es Hürden zu überwinden, bspw. in Form von Vorbehalten innerhalb der Belegschaft oder hinsichtlich der technischen Infrastruktur und Umsetzbarkeit. Neben den notwendigen Finanzmitteln, was auch eine adäquate personelle Ausstattung der IT-Abteilungen miteinschließt, sind vor allem Zeit und Kommunikation gefragt. Die Erfahrungen der Autoren bei der Umsetzung von Digitalisierungsprojekten zeigen, dass die Beteiligten salopp formuliert Mühe in das Projekt stecken müssen. Es muss mit den beteiligten Personen gesprochen, Ängste müssen abgebaut und Rahmenbedingungen geklärt werden. Außerdem gibt es in der Krankenhauslogistik den gängigen Spruch, dass schlechte digitale Prozesse immer noch schlechte Prozesse sind. Die logistischen Arbeitsabläufe müssen als Ganzes stimmen, sonst entfaltet auch das intelligenteste Softwaresystem keinen Nutzen.

Doch auch wenn die Digitalisierung in den Krankenhäusern im Vergleich zur Wirtschaft langsam voranschreitet, so zeigt ein Rückblick auf die vergangenen 20 Jahre, dass technische Neuerung im Software- und IT-Bereich auch hier früher oder später im Alltag ankommen. So wird es auch mit KI geschehen, und die Patientenreise wird ohne dieses Hilfsmittel irgendwann nicht mehr denkbar sein.

## Literatur

Asklepios Kliniken (2021) Ergebnis der Asklepios Studie. Nach welchen Kriterien Patient:innen ihre Klinik aussuchen. Pressemitteilung vom 27.07.2021, Online im Internet: https://www.asklepios.com/presse/presse-mitteilungen/konzernmeldungen/202107/2021-07-27-Ergebnis-der-Asklepios-Studie-Nach-welchen-Kriterien-Patientinnen-ihre-Klinik-aussuchen~ref=eb4b30af-4bd6-4365-9b67-31baebfb4962~, Abrufdatum: 24.10.2024

Bräutigam C., Enste P., Evans M., Hilbert J., Merkel S., Öz F. (2017) Digitalisierung im Krankenhaus. Mehr Technik – bessere Arbeit? 364. Band der Reihe „Study" der Hans-Böckler-Stiftung, Düsseldorf, S. 33–34

Deutsche Krankenhausgesellschaft e. V. (2023) Lage der Krankenhäuser so schlecht wie noch nie – Insolvenzen steuern 2024 auf Rekordhoch zu. Pressemitteilung vom 27.12.2023. Online im Internet: https://www.dkgev.de/dkg/presse/details/lage-der-krankenhaeuser-so-schlecht-wie-noch-nie-insolvenzen-steuern-2024-auf-rekordhoch-zu/, Abrufdatum: 23.10.2024

Dynamed GmbH, eigene Darstellung in der Transportlogistiksoftware Logbuch, Abrufdatum 24.10.2024

Fleischer W. (2012) OP-Organisation. Erste Hilfe für das Herzstück. IM Internet: https://www.aerzteblatt.de/archiv/133666/OP-Organisation-Erste-Hilfe-fuer-das-Herzstueck, Abrufdatum: 08.10.2024

GBE (2024) Diagnosedaten der Krankenhäuser ab 2000. Gesundheitsberichterstattung des Bundes (GBE, Hrsg). Online im Internet: https://www.gbe-bund.de/gbe/pkg_isgbe5.prc_menu_olap?p_uid=gastd&p_aid=34142880&p_sprache=D&p_help=0&p_indnr=550&p_indsp=&p_ityp=H&p_fid=, Abrufdatum: 23.10.2024

Google Ireland Limited (2024) Was ist Cloud Computing? Google (Hrsg.). Online im Internet: https://cloud.google.com/learn/what-is-cloud-computing?hl=de, Abrufdatum: 15.11.2024

Grether T. (2019) Benchmarkstudie zeigt Kostenfallen beim Transportdienst in Kliniken. Interview mit Otten, Prof. Dr. Hubert, in kma Klinik Management Aktuell. 24. Jg., Ausgabe 270, S. 55

Gross B. (2024) Wie Clouddienste im Gesundheitswesen unzulässig werden. kma Online, Online im Internet: https://www.kma-online.de/aktuelles/it-digital-health/detail/wie-cloud-dienste-im-gesundheitswesen-unzulaessig-werden-52105, Abrufdatum: 25.10.2024

Herzer P., Kunath G. (2024) Fachkräftelücken belasten wichtige Wirtschaftszweige, Studie im Rahmen des Projektes Kompetenzzentrum Fachkräftesicherung (KOFA) in Zusammenarbeit mit dem Bundesministerium für Wirtschaft und Klimaschutz (BMWK), Köln, S. 2

von Sydow E. (2024) On Premise: Das ist die Definition des Begriffs; Online im Internet: https://praxistipps.chip.de/on-premise-das-ist-die-definition-des-begriffs_126558, Abrufdatum: 15.11.2024

**Lars Johow** ist Vorsitzender der Geschäftsführung der DYNAMED GmbH, ein auf Softwareentwicklung und Beratung spezialisiertes Berliner Unternehmen. Er verfügt über einen reichen Erfahrungsschatz auf dem Gebiet der Krankenhauslogistik, resultierend aus über 20 Jahren Unternehmenszugehörigkeit sowie zahlreichen erfolgreich umgesetzten Projekten und Software-Einführungen in Universitätskliniken, Klinikkonzernen sowie städtischen Krankenhäusern.

**Steffen Müller-Reichardt** ist stellv. Leiter im Projektmanagement der DYNAMED GmbH. Mit über 10 Jahren Unternehmenszugehörigkeit und hunderten erfolgreichen Softwareimplementierungen ist er ein ausgewiesener Experte für die Bereiche Krankenhauslogistik, Krankenhausreinigung, Medizintechnik und Betriebstechnik. Er hat zudem als Projektleiter in Kooperation mit dem Fraunhofer Institut das Forschungsprojekt „Künstliche Intelligenz zur Prognose und Steuerung in der Krankenhaus-Transportdisposition – KIK_Dispo" erfolgreich geleitet.

# Die Zukunft des Lächelns: Wie KI-Innovationen die Zahnarzt-Patienten-Kommunikation verbessert

24

Tobias M. Minder

## Inhaltsverzeichnis




**Zusammenfassung**

Das Kapitel untersucht, wie Künstliche Intelligenz (KI) die Kommunikation zwischen Zahnärzten und Patienten verbessert sowie die Erkennung und Dokumentation von Röntgenbildern revolutioniert. In der Einleitung wird die Bedeutung des digitalen Wandels skizziert. Die Rolle der KI-Technologien wie Maschinelles Lernen (ML), Compu-



T. M. Minder (✉)
Nostic Solutions AG, Freienbach, Schweiz
E-Mail: tobias.minder@nostic.ch






M. A. Pfannstiel (Hrsg.), *Künstliche Intelligenz im Einsatz für die erfolgreiche Patientenreise*, https://doi.org/10.1007/978-3-658-48573-3_24

ter Vision (CV) und Natural Language Processing (NLP) wird in einem zahnmedizinischen Kontext betrachtet. Es wird analysiert, welche Herausforderungen und Vorteile sich durch den Einsatz von KI-Technologien ergeben. Der Beitrag zeigt die Erwartungen der Zahnärzte und Patienten gegenüber KI-Anwendungen und beschreibt die unterschiedlichen Prioritäten der Zahnärzte und Patienten. KI hat das Potenzial den Praxisalltag zu optimieren und die Patientenzufriedenheit zu steigern. Es werden konkrete Empfehlungen genannt, wie eine Integration in den Praxisalltag bestmöglich gelingt. Anschließend wird mit einer Schlussbetrachtung zum Einsatz von KI in der Zahnmedizin der Beitrag geschlossen.

## 24.1 Einleitung

In den letzten Jahren hat die Künstliche Intelligenz (KI) zunehmend an Bedeutung im medizinischen Bereich gewonnen. Sie wird genutzt, um komplexe Aufgaben zu bewältigen, wie etwa die Vorhersage von Risikofaktoren, die Identifizierung von Mikroorganismen in Echtzeit, oder bei der Unterstützung bei der Bildanalyse und Diagnosestellung (Rajkomar et al. 2019).

Die Zahnmedizin bildet hierbei keine Ausnahme. Mit KI-Technologien wie maschinellem Lernen und der Bilderkennung können Zahnärzte ihre diagnostischen Fähigkeiten erweitern, die Effizienz im Praxisalltag steigern und die Interaktion mit den Patienten erheblich verbessern (z. B. Kühnisch et al. 2023; Thorat et al. 2024; Younis et al. 2024). Diese Entwicklungen bieten ein Potenzial, die technische Präzision der zahnmedizinischen Behandlung zu verbessern. Das Verständnis und die Kommunikation zwischen Zahnärzten und Patienten werden ebenfalls positiv beeinflusst. Patienten profitieren durch besser nachvollziehbare Erklärungen ihrer Diagnosen und einer aktiveren Rolle im Behandlungsprozess. Zahnärzte profitieren durch die automatisierte Dokumentation von Anomalien, etwa in Röntgenbildern und werden dadurch entlastet (vgl. Kühnisch et al. 2023). Studien zeigen weiterhin, dass durch den Einsatz von KI in der Zahnmedizin die Genauigkeit im Prozess der Diagnose und die Patientenkommunikation verbessert werden können (z. B. Shan et al. 2021; Bui et al. 2021; Kosan et al. 2022; Zhu et al. 2023).

Der Wandel hin zu datengestützten Innovationen in der Zahnarzt-Patienten-Kommunikation und der Dokumentation bringt jedoch Herausforderungen mit sich. Die sichere und effiziente Handhabung sensibler Gesundheitsdaten, die Gewährleistung einer zuverlässigen und ethisch vertretbaren Nutzung von KI, sowie die langfristige Integration von Cloud-Lösungen sind nur einige der Bereiche, die neuen Anforderungen an eine zahnmedizinische Praxis stellen (Mörch et al. 2021). Diese Entwicklungen werfen wichtige Fragen auf: Wie können Zahnarztpraxen und Gesundheitsdienstleister das Potenzial von KI nutzen, um ihre Arbeit zu optimieren und gleichzeitig höchste Datenschutzstandards einzuhalten? Wie wirkt sich eine verbesserte Kommunikation auf die Patientenzufriedenheit und -bindung aus? Welche Rolle spielt die exakte, automatisierte Dokumentation für die Präzision und Sicherheit im Prozess der Diagnose? Diese Fragen sind zentral für den vorliegenden Beitrag, der aufzeigt, wie KI in der Zahnmedizin gezielt eingesetzt werden kann, um die Effizienz und Qualität in der Praxis nachhaltig zu verbessern.

Der Beitrag verfolgt das Ziel, die wesentlichen Bereiche des KI-Einsatzes in der zahnärztlichen Praxis zu beleuchten. Im Fokus stehen dabei die Optimierung der Zahnarzt-Patienten-Kommunikation, die Diagnostik und die Automatisierung und Präzisierung der Dokumentation von zahnmedizinischen Anomalien. Mit einem besonderen Blick auf die Praxisanwendungen und eine fundierte Betrachtung von KI-Technologien bietet dieser Beitrag eine Grundlage für Zahnärzte, Praxismanager und Entscheidungsträger, die den nächsten Schritt in Richtung digitalisierter Zahnmedizin gehen möchten. Neben einem detaillierten Überblick über die derzeitigen Anwendungen und ihre Vorteile wird der Beitrag auch die Herausforderungen, insbesondere im Bereich der Erwartungen von Patienten und der Zahnärzte berücksichtigen. Damit soll ein praktischer Leitfaden für die Integration von KI-Technologie in der zahnärztlichen Praxis geschaffen werden.

Die Struktur des Beitrags gliedert sich wie folgt: Zunächst wird in Abschn. 24.2 die Rolle der KI in der Zahnmedizin vorgestellt. Abschn. 24.3 behandelt wichtige KI-Technologien in der Zahnmedizin. Konkrete Anwendungen der Technologien werden in Abschn. 24.4 skizziert. Abschn. 24.5 konzentriert sich im Detail auf die Anwendung der KI-gestützten Bildanalyse und den Herausforderungen in der Diagnostik. In Abschn. 24.6 werden die Erwartungen von Patienten und Zahnärzten gegenüber KI genauer betrachtet. Abschn. 24.7 behandelt die Vorteile eines KI-Einsatzes. Abschn. 24.8 vergleicht die Erwartungen der Patienten mit denen der Zahnärzte. Dies bildet die Basis für anschließende Handlungsempfehlungen in Abschn. 24.9 und einen Ausblick in Abschn. 24.10.

Mit dieser Struktur soll ein umfassendes Bild davon vermittelt werden, wie die Integration von KI zu einer nachhaltigen Verbesserung der Patientenversorgung führen kann.

## 24.2 Die Rolle der KI in der Zahnmedizin

In diesem Abschnitt wird umrissen, wie KI in einem zahnmedizinischen Kontext definiert werden kann und welche spezifischen Anwendungen sich für den Praxisalltag ergeben. Auch wird betrachtet, wie KI die Zahnmedizin verändert.

► Es gibt in der zahnmedizinischen Fachliteratur unterschiedliche Definitionen zum Begriff KI. Eine sinngemäße Definition, die in mehreren Publikationen vorkommt, ist folgende: **KI in der Zahnmedizin** beschreibt den Einsatz von algorithmischen Modellen und maschinellem Lernen zur Unterstützung oder Automatisierung diagnostischer, therapeutischer und administrativer Prozesse in der zahnärztlichen Versorgung. KI-gestützte Systeme nutzen dabei Daten aus verschiedenen Quellen wie Röntgenbildern, CT-Scans, Patientenakten und klinischen Studien, um Muster zu erkennen, mögliche Diagnosen zu stellen, Behandlungsempfehlungen zu generieren und administrative Aufgaben zu automatisieren. Ziel ist es, die Effizienz und Genauigkeit der Zahnbehandlung zu erhöhen und die Kommunikation zwischen Zahnarzt und Patient zu verbessern (z. B. Council of European Dentists 2020; Kühnisch et al. 2023; Schwendicke et al. 2020).

## 24.3 Wichtige KI-Technologien in der Zahnmedizin

In der modernen Zahnmedizin verändern KI-Technologien nicht nur die Art und Weise, wie Diagnosen gestellt und Behandlungen durchgeführt werden, sondern auch, wie Zahnärzte mit ihren Patienten kommunizieren und interagieren. Drei Schlüsseltechnologien, die dabei eine entscheidende Rolle spielen, sind maschinelles Lernen (ML), Computer Vision, und Natural Language Processing (NLP).

**Maschinelles Lernen (ML)** ist eine Technologie, die es Computern ermöglicht, Muster und Zusammenhänge aus großen Datenmengen zu erkennen und daraus zu „lernen". Daraufhin können Programme eigenständig Entscheidungen treffen. Im Kontext der Zahnmedizin bedeutet dies, dass ML-Modelle eine Vielzahl von Röntgenbildern und medizinischen Aufzeichnungen analysieren, um präzise Diagnosen zu unterstützen. So kann ein ML-Modell beispielsweise lernen, frühe Anzeichen von Karies oder weitere Anomalien in Röntgenbildern zu erkennen und die Wahrscheinlichkeit zu berechnen, dass eine bestimmte Behandlung erfolgreich sein wird. Diese Art der „automatisierten" Diagnostik spart nicht nur Zeit, sondern reduziert auch das Risiko menschlicher Fehler. Zahnärzte erhalten eine wertvolle Unterstützung bei der Identifizierung von Problemen, die möglicherweise unter Stress schwierig zu erkennen sind. Dies führt zu schnelleren und präziseren Diagnosen (vgl. Plessas et al. 2019). Darüber hinaus hilft maschinelles Lernen dabei, die Effektivität von Behandlungsplänen durch die Analyse von Patientendaten zu verbessern und mögliche Behandlungsergebnisse besser vorherzusagen (vgl. Javaid et al. 2022).

**Wie funktioniert ML?** Maschinelles Lernen basiert darauf, große Datenmengen (z. B. Tausende von Zahnbildern und Behandlungsverläufe) zu verarbeiten und wiederkehrende Muster zu erkennen. Das Modell wird sozusagen „trainiert", indem es Beispiele von normalen und abnormalen Zähnen und Behandlungsverläufen analysiert. Nach der Trainingsphase kann das Modell eigenständig und mit hoher Genauigkeit Vorschläge machen oder Anomalien markieren, die so durch Zahnärzte verständlicher gegenüber den Patienten erklärt werden können.

**Computer Vision (CV)** ist eine weitere transformative Technologie, die in der Zahnmedizin zunehmend an Bedeutung gewinnt. CV ist eine Unterdisziplin des ML. Sie ermöglicht es Computern, visuelle Informationen zu verarbeiten und zu interpretieren – ähnlich wie das menschliche Auge, jedoch mit einer viel höheren Präzision und Geschwindigkeit. CV wird insbesondere bei der Analyse von Röntgenbildern und 3D-Daten eingesetzt. Sie hilft dabei, Veränderungen in der Mundgesundheit frühzeitig zu erkennen, indem sie beispielsweise Karies oder Zahnfehlstellungen auf Bildern markiert. CV kann selbst kleinste Veränderungen in Röntgenbildern erkennen und präzise Hinweise liefern. Dies verbessert nicht nur die Genauigkeit im Prozess der Diagnostik, sondern trägt auch zu einer schnelleren und konstanten Erkennung von Gesundheitsproblemen bei, was wiederum eine frühere und effektivere Behandlung ermöglicht (vgl. Neuhaus et al. 2024).

**Wie funktioniert CV?** Bei CV wird das Bildmaterial von speziellen KI-Modellen analysiert. Diese erkennen, ob in den Bildern bestimmte Strukturen vorhanden sind, wie etwa ein kariöser Bereich. Diese Technologie kann helfen, winzige Details zu identifizieren, die für das menschliche Auge schwierig zu erkennen sind. CV kann auch 3D-Bilder nutzen, um komplexe Strukturen im Mund besser darzustellen und so zum Beispiel individuelle Implantat-Planungen zu unterstützen.

**Natural Language Processing (NLP)** NLP befasst sich mit der Verarbeitung und Analyse natürlicher Sprache, also der Kommunikation in Textform. In der Zahnmedizin wird NLP verwendet, um Kommunikationssysteme wie Chatbots zu entwickeln. Diese Systeme verstehen Patientenanfragen und können die Anfragen beantworten. Chatbots können nicht nur Routinefragen zu Behandlungen beantworten, sondern auch Symptome aufnehmen und vorläufige Informationen bieten, bevor der Patient überhaupt in die Praxis kommt. Patienten können so rund um die Uhr Informationen erhalten, was besonders in Notfällen hilfreich sein kann. Darüber hinaus erleichtert NLP die Dokumentation und Verwaltung von Patientenakten, indem es ermöglicht, medizinische Daten aus freien Texten automatisch zu extrahieren und in strukturierte Formate umzuwandeln. Dies spart nicht nur Zeit, sondern stellt sicher, dass die Praxis effizienter arbeitet und alle relevanten Informationen schnell zugänglich sind (vgl. Büttner et al. 2024).

**Wie funktioniert NLP?** NLP-Modelle werden darauf trainiert, verschiedene Anfragen und Aussagen in natürlicher Sprache zu erkennen und zu analysieren. Ein gut entwickeltes NLP-Modell kann zum Beispiel eine Unterhaltung mit einem Patienten führen, Symptome erfassen und sogar Empfehlungen für den weiteren Ablauf geben. Das ist vor allem für Praxen hilfreich, die eine hohe Anzahl an Anrufen und Anfragen bewältigen müssen.

## 24.4 Anwendungen von KI in der Zahnmedizin

Die vorab genannten Technologien eröffnen Anwendungen mit zahlreichen Möglichkeiten, um sowohl Prozesse der Diagnostik als auch der Patientenbetreuung zu optimieren. Die anschließende Tab. 24.1 gibt einen Überblick über Anwendungen von KI in der Zahnmedizin. Dabei handelt es sich um Anwendungen, die häufig in Studien genannt werden (z. B. Kühnisch et al. 2023; Batra und Reche 2023, Thurzo et al. 2022; Council of European Dentists 2020). Die Anwendungen konzentrieren sich typischerweise darauf, die Genauigkeit, Effizienz und Patientenversorgung in verschiedenen zahnmedizinischen Fachgebieten zu verbessern. Abb. 24.1 zeigt ein mittels KI analysiertes Röntgenbild.

**Tab. 24.1** Häufige Anwendungen von KI in der Zahnmedizin. (Quelle: Eigene Zusammenstellung (2024))

| Anwendungen | Beschreibung | Häufige Einsatzgebiete |
|---|---|---|
| **Bildanalyse und Diagnosesysteme** | KI-gestützte Bildanalyse, welche z. B. Karies, Tumore und Zahnfehlstellungen auf Röntgenbildern identifiziert | Allgemeine Zahnheilkunde, Radiologie, Kieferorthopädie, Oralchirurgie, präventive Diagnostik |
| **Patientenkommunikation** | NLP-basierte Systeme zur Patientenaufklärung und -beratung (z. B. Chatbots) | Patientenkommunikation, Terminplanung, Anamnesegespräche |
| **Vorhersagesysteme für Behandlungsprognosen** | Prognosen zu Erfolgschancen von Behandlungen und Heilungsverläufen anhand von historischen Daten | Allgemeine Zahnheilkunde, Endodontie, Parodontologie, Implantologie |
| **Erkennung von Mustern in Patientenakten** | Analyse und Erkennung von Risikofaktoren und Korrelationen in großen Datensätzen (z. B. basierend auf individuellen Veranlagungen) | Präventive Zahnmedizin, Persönliche Zahnmedizin, Risikomanagement |
| **Elektronische Patientenakten (EPAs)** | Automatisierte Dokumentation und Auswertung von Patientendaten, wie z. B. die Erstellung von Kostenvoranschlägen, oder die Dokumentation von Befunden | Allgemeine Zahnheilkunde, Praxismanagement, medizinische Dokumentation, Qualitätsmanagement |
| **3D-Bildrekonstruktion und 3D-Planung** | 3D-Modelle z. B. für die Planung von Zahnimplantaten und kieferorthopädischen Geräten | Implantologie, Kieferorthopädie, ästhetische Zahnmedizin |
| **Zahnrestaurationen und CAD/CAM Technologie** | CAD/CAM-gestützte Erstellung von Zahnprothetik und Füllungen mittels ML (z. B. 3D Druck einer Zahnkrone) | Allgemeine Zahnheilkunde, Präventive Zahnmedizin, Persönliche Zahnmedizin, Risikomanagement |

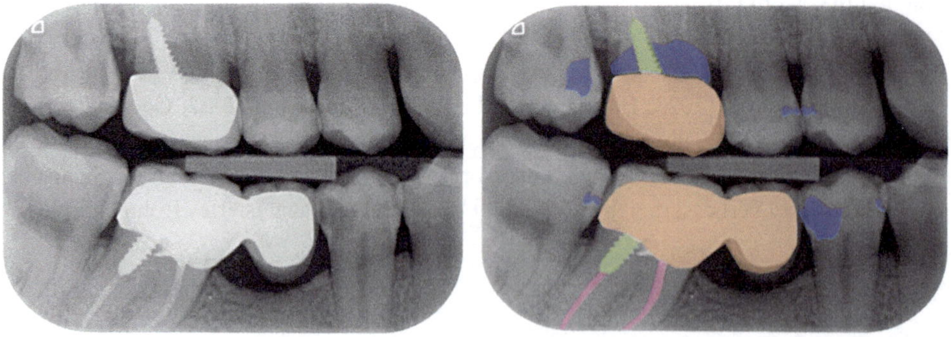

**Abb. 24.1** Beispiel einer Bildanalyse – Auswertung eines Bissflügelröntgens mit Darstellung von verschiedenen Detektionen. (Quelle: Eigene Darstellung (2024))

## 24.5 KI-gestützte Bildanalyse

In diesem Abschnitt wird auf die konkrete Anwendung der KI-Technologie in der Bildanalyse zur Erkennung von möglichen Kariesstellen fokussiert und aufgezeigt, welche Herausforderungen in der Diagnostik von Karies bestehen. Im Anschluss werden die Vorteile betrachtet welche sich aus einem Einsatz von KI im Prozess der Bildanalyse ergeben.

Der Einsatz von KI in der Bildverarbeitung hat sich in der Zahnmedizin als wertvolles Instrument für die frühzeitige Erkennung von verschiedenen Krankheitsbildern wie beispielsweise Karies etabliert. Maschinelles Lernen und Deep Learning haben es ermöglicht, zahnmedizinische Bilddaten wie Röntgenbilder oder 3D-Scans automatisiert zu analysieren und mögliche Probleme zu erkennen und auf dem Röntgenbild visuell hervorzuheben. Mehrere Studien zeigen, dass KI-gestützte Systeme bei der Erkennung von Karies, parodontalen Erkrankungen und anderen oralen Problemen oft genauso präzise sind wie erfahrene Zahnärzte und in manchen Fällen sogar bessere Ergebnisse liefern können (z. B. Ding et al. 2023; Batra und Reche 2023). Durch die Nutzung großer Datenmengen und der Möglichkeit die Algorithmen über die Zeit zu verbessern, können Zahnärzte und Patienten von einer kontinuierlich steigenden Qualität und Anpassung der Diagnosemethoden profitieren. Dies unterstützt sowohl die frühe Erkennung als auch eine präzisere Dokumentation. Dies ist insbesondere für komplexere oder seltenere Erkrankungen von Bedeutung.

Karies bleibt ein bedeutendes globales Gesundheitsproblem. Gemäß dem Bericht der Weltgesundheitsorganisation (WHO) von 2022 (WHO 2022) hat sich die Situation trotz Fortschritten in der Kariesdiagnostik und -behandlung in den letzten drei Jahrzehnten nur geringfügig verbessert. Dies könnte unter anderem daran liegen, dass veraltete Konzepte aus dem letzten Jahrhundert immer noch die Ansätze zur Kariestherapie prägen. Es besteht Bedarf, die professionellen Strategien zur Vorbeugung und Behandlung der Krankheit zu überdenken. Die moderne Zahnmedizin könnte von neuen Konzepten und Technologien für die Kariesdiagnose und -behandlung erheblich profitieren (vgl. Abdelaziz 2023).

### 24.5.1 Herausforderungen in der Diagnostik von Karies

Traditionelle Methoden der Kariesdiagnostik basieren auf visuell-taktilen Untersuchungen, die den Schweregrad und die Aktivität der Läsionen bewerten. Weitere Methoden sind Röntgenaufnahmen, die Laserfluoreszenz oder die faseroptische Transillumination (Pitts et al. 2017).

Digitale Bissflügelröntgen werden häufig direkt nach einer klinischen Untersuchung eingesetzt. Das Röntgenbild wird anschließend untersucht um mögliche Zahnkaries wie beispielsweise Approximalkaries an den Kontaktstellen der Zähne, Okklusalkaries auf der Kaufläche, oder Sekundärkaries unter bereits therapierten Zähnen zu entdecken (Hyvönen et al. 2021). Der Beginn von Karies zeigt sich durch eine Demineralisierung des harten Zahngewebes. Abb. 24.2 zeigt ein Bissflügelröntgen mit sichtbarer Karies an mehreren Zähnen. Unter gewissen Umständen kann das Fortschreiten einer solchen Läsion gestoppt und sogar eine Remineralisierung ermöglicht werden. Eine optimale Fluoridzufuhr, die

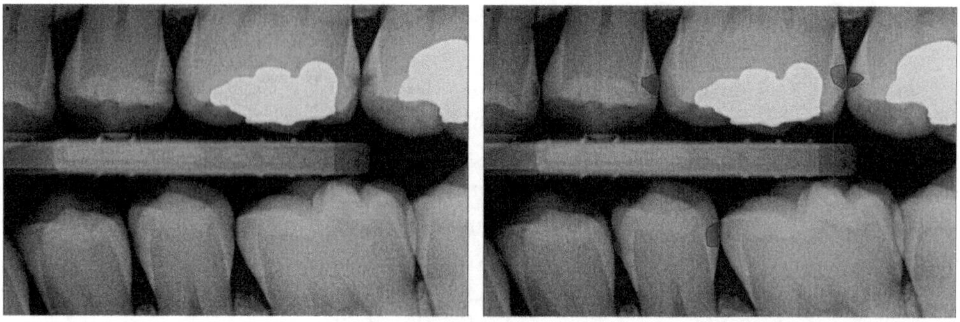

**Abb. 24.2** Bissflügelröntgen mit sichtbarer Karies. (Quelle: Eigene Darstellung (2024))

passende Mundhygiene sowie die Ernährungsgewohnheiten können eine solche Situation begünstigen (Lussi et al. 2004).

Die erwähnten Methoden der Kariesdiagnostik sind oft subjektiv und fehleranfällig, da die Interpretation von Bildern stark vom Erfahrungshorizont des Zahnarztes abhängt. Hinzu kommt, dass Zahnärzte häufig unter Zeitdruck arbeiten, was die Gefahr erhöht, kleinere Kariesstellen zu übersehen (vgl. Plessas et al. 2019). Obwohl Stress unter Zahnärzten weit verbreitet ist, gibt es nur sehr wenige Daten und Studienergebnisse zu den Auswirkungen von Stressfaktoren auf die klinische Leistung von Zahnärzten. Plessas untersuchte in einer Studie, wie sich Zeitdruck auf die diagnostische Genauigkeit von Zahnärzten bei der Auswertung von Röntgenaufnahmen (Bissflügelröntgen) auswirkt. Vierzig Zahnärzte bewerteten Bissflügelröntgen unter Bedingungen mit und ohne Zeitdruck. Die Stressniveaus waren unter Zeitdruck signifikant höher, und die diagnostische Leistung (Sensitivität) sank deutlich. Der Medianwert für die Sensitivität ohne Zeitdruck lag bei 100 %. Der Medianwert für die Sensitivität mit Zeitdruck lag bei 60 %. Dies führt dazu, dass vorhandene Kariesstellen übersehen wurden. Die Spezifität, also die Fähigkeit gesunde Zähne als gesund zu erkennen, wurde auch, aber weniger beeinflusst (siehe Abb. 24.3). Die Ergebnisse deuten darauf hin, dass Zeitdruck die Fehlerquote erhöht, was die Patientensicherheit gefährden und rechtliche Konsequenzen für Zahnärzte haben kann. Besonders wenn vorhandene Diagnosen übersehen werden, besteht ein mögliches Risiko aus rechtlicher Sicht (vgl. Plessas et al. 2019).

Weitere Herausforderungen sind eine schlechte Bildqualität und Überlagerungen. Bei Röntgenaufnahmen kommt es oft zu Überlagerungen von anatomischen Strukturen, was die genaue Beurteilung von kariösen Läsionen schwierig macht. Da kleinste kariöse Läsionen ebenfalls schwer erkennbar sind, bleibt ihre frühzeitige Identifikation dadurch eine Herausforderung (z. B. Hyvönen et al. 2021). Eine frühe Erkennung von Karies ist wichtig, da unbehandelte Karies zur Verschlechterung der Zahngesundheit führen kann. Das Ziel der modernen Zahnmedizin sollte daher entsprechend eher präventiv ausgerichtet sein, anstatt sich auf die invasive Reparatur zu beschränken (z. B. Lussi et al. 2004).

Eine Übersichtsarbeit mit fast 20.000 untersuchten Zahnoberflächen auf Bissflügelröntgen ergab, dass die Fähigkeit der Zahnärzte gesunde Zähne als gesund zu erkennen (Spezifität) gut ist. Der Medianwert bei der Spezifität lag bei 84 %. Die Fähigkeit kariöse

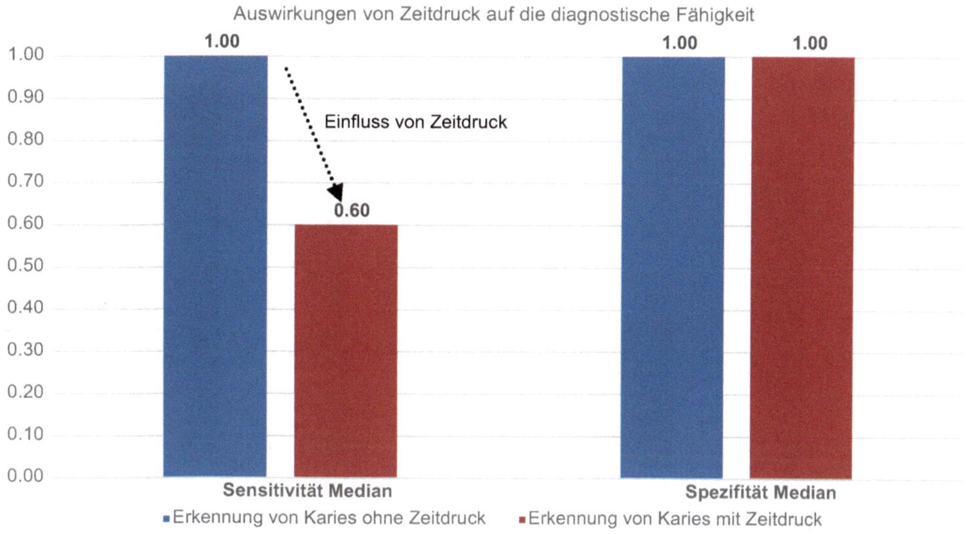


**Abb. 24.3** Auswirkungen von Zeitdruck auf die diagnostische Genauigkeit. (Quelle: Eigene Darstellung (2024))

Zähne als kariös zu erkennen (Sensitivität) ist schlecht. Der Medianwert bei der Sensitivität lag bei 40 %. Initiale Kariesstellen werden nur in 25 % aller vorhanden Fälle entdeckt (Schwendicke et al. 2015). Werden solche initialen Kariesstellen nicht erkannt, verpasst man eine Möglichkeit um wenig invasiv, oder präventiv zu arbeiten und den Zahn durch regelmäßige Prophylaxe möglichst lange zu erhalten.

Eine Studie von Cantu et al. (2020) untersuchte, wie eine KI im Vergleich zu einer Zahnärzte Kontrollgruppe vorhandene Karies Läsionen in einem Röntgenbild erkennen kann (siehe Abb. 24.4). Die Resultate zeigten, dass die KI eine deutlich höhere Sensitivität erzielte als die Zahnärzte der Kontrollgruppe (0,75 vs. 0,36 (0,19–0,65); p = 0,006). Die Spezifität war nicht signifikant niedriger als bei der Kontrollgruppe der Zahnärzte (0,83 vs. 0,91 (0,69–0,98), p > 0,05).

## 24.5.2 Herausforderungen in der Kariesdiagnostik durch KI

Die Nutzung von KI zur Erkennung von Karies in dentalen Bildanalysen hat in den letzten Jahren große Fortschritte gemacht und eröffnet Zahnärzten neue Möglichkeiten, Diagnosen genauer und schneller zu erstellen. Gleichzeitig gibt es Herausforderungen, die sowohl technischer als auch praktischer Natur sind und eine erfolgreiche Integration der KI-Technologie in die zahnärztliche Praxis erschweren. Vier wesentliche Herausforderungen sind die benötigte Menge an Daten, die Komplexität in der Klassifizierung von Karies, mangelnde Transparenz in den Ergebnissen der KI und Bedenken hinsichtlich des Datenschutzes und der Haftung.

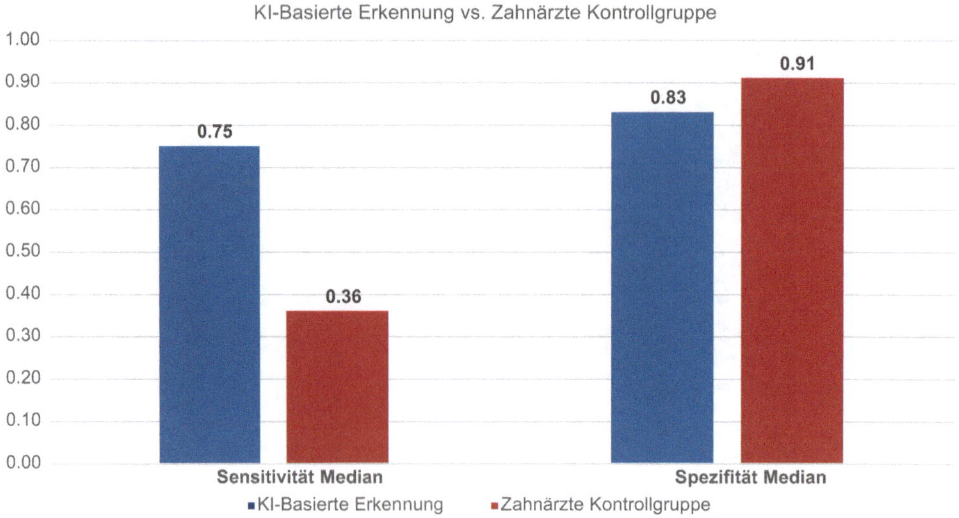


**Abb. 24.4** KI-basierte Erkennung vs. Zahnärzte Kontrollgruppe. (Quelle: Eigene Darstellung (2024))

KI-Modelle für die Kariesdiagnostik sind auf große Mengen an qualitativ hochwertigen Bilddaten angewiesen. Häufig ist die Qualität der Röntgenbilder unzureichend, da neben Überlagerungen auch Bewegungsartefakte oder schlechte Belichtungsbedingungen vorkommen. Dies kann die Präzision von KI-gestützten Analysen beeinflussen.

Die Unterscheidung zwischen verschiedenen Arten von Zahnkrankheiten (z. B. Karies, Erosionen, Schmelzdefekte), und Artefakten ist komplex und erfordert spezifische Klassifikationsalgorithmen. Diese Algorithmen sind oft nicht universell, und eine fehlerhafte Klassifikation kann zu falschen Diagnosen führen.

Insbesondere KI-Modelle auf Basis von Deep Learning, funktionieren oft wie Black-Boxen. Deren Entscheidungen sind dann für Zahnärzte nur schwierig nachvollziehbar. Diese mangelnde Transparenz kann das Vertrauen der Fachkräfte in die KI-Technologie beeinträchtigen.

Insbesondere in Bezug auf Datenschutz und Haftungsthematiken, wirft der Einsatz von KI in der Medizin ethische und rechtliche Fragen auf. Gemäß einem Bericht der WHO (2022) bestehen erhebliche Unsicherheiten, wie KI-gestützte Diagnosesysteme rechtlich und ethisch eingeordnet werden sollen.

## 24.6 Erwartungshaltung gegenüber KI-Technologie

**Erwartungshaltung von Patienten** Eine Studie von Ayad et al. (2023) untersuchte die Wahrnehmungen und Erwartungen der Patienten in Bezug auf den Einsatz von KI. Die wichtigsten genannten Vorteile sind (1) verbesserte Diagnosesicherheit (60,8 %), (2) Zeitersparnis (48,3 %), (3) personalisiertes und evidenzbasiertes Therapie-Management (43,0 %). Ein weiterer genannter Vorteil war das Vier-Augen-Prinzip bei der Entscheidungsfindung bei Diagnose und Behandlung. Die Mehrheit der befragten Patienten (73,6 %) ist der Meinung, dass die Zahnmedizin vom Einsatz von KI profitiert.

Als akzeptable Leistungsstandards für KI gaben 47,2 % der Patienten an, dass die KI besser als ein durchschnittlich arbeitender Zahnarzt sein sollte, während 29,1 % erwarteten, dass KI genauso gut wie der beste Zahnarzt ist. Lediglich 7,5 % der Patienten forderten, dass KI besser als der beste Zahnarzt sein sollte. Es wurden signifikante Unterschiede zwischen jüngeren (18–35 Jahre) und älteren (> 35 Jahre) Patienten festgestellt, wobei ältere Patienten höhere Anforderungen an die Leistung von KI stellten.

Die meisten Patienten erwarten, dass KI innerhalb von 1–5 Jahren (42,3 %) oder 5–10 Jahren (46,8 %) Teil der zahnärztlichen Arbeitsabläufe wird. Nur 7,9 % erwarteten die Integration der KI erst in 10 Jahren oder später.

Die wichtigsten Nachteile, die Patienten beim Einsatz von KI in der Zahnmedizin sehen sind (1) der Einfluss auf den Arbeitsmarkt (37,7 %), (2) neue Herausforderungen in der Vertrauensbeziehung zwischen Zahnarzt und Patient (36,2 %) und (3) potenziell steigende Kosten für die zahnärztliche Versorgung (31,7 %). Weitere genannte Nachteile umfassen Haftungsfragen, Vernachlässigung der Ausbildung, eingeschränkte Anwendbarkeit bei älteren Zahnärzten und fehlende Empathie. Bedenken hinsichtlich des Datenschutzes wurden nur in 12,8 % der Fälle genannt.

**Erwartungshaltung von Zahnärzten** Eine Studie von Hedge et al. (2024) untersuchte, die Einstellungen und Erwartungen australischer Zahnärzte und Studenten gegenüber KI. Unter den befragten Zahnärzten hatten 54,8 % bereits von KI-Anwendungen in der Praxis gehört. Die Mehrheit aller Befragten (70,3 %), konnte allerdings keine spezifische KI-Software nennen. KI wurde besonders vorteilhaft angesehen für Aufgaben wie Bildverarbeitung und Diagnostik. Weniger nützlich schien die KI für die Befragten in der Behandlungsplanung und der Erledigung administrativer Arbeiten. Insgesamt betrachteten 91,6 % der Befragten KI als ein unterstützendes Werkzeug für praktizierende Zahnärzte und nur 2 % der Befragten äußerten Bedenken gegenüber dem Einsatz einer KI wegen möglicher negativen Auswirkungen. Die Mehrheit (69 %) aller Befragten sieht KI als Vorteil im Einsatz für klinische Aufgaben. 17,4 % sind der Meinung, dass KI keinen wesentlichen Unterschied macht.

Als akzeptable Leistungsstandards für KI erwarten 35,6 % der Zahnärzte, dass die KI mit einem durchschnittlichen Spezialisten gleichauf sein könnte. 19,9 % erwarten, dass die KI den besten Spezialisten übertreffen kann. 23,3 % sehen die KI nur auf Augenhöhe mit dem Zahnarzt mit der geringsten Effektivität. 13 % sehen die KI auf gleicher Augenhöhe mit den besten Zahnärzten. 40 % gehen davon aus, dass KI-Anwendungen in der Zahnmedizin in den nächsten 5–10 Jahren routinemäßig eingesetzt werden. 31,6 % gehen davon aus, dass es 1–5 Jahre dauert. Rund 17,4 % haben KI bereits integriert, während 9,7 % nicht sicher sind, wie lange es dauern wird.

Die Studie untersuchte ebenfalls die Vorbehalte bezüglich KI-Anwendungen. Als Hauptbedenken wurde der (1) Verlust von Arbeitsplätzen durch effizientere Technologie, (2) mangelnde Flexibilität bei der Patientenversorgung (durch Bevormundung der Technologie), und (3) die Haftung gegenüber Versicherungen genannt. Darüber hinaus wurden

(4) Misstrauen gegenüber Technologie und (5) Bedenken hinsichtlich der Genauigkeit von KI-Modellen geäußert.

Als mögliche Gründe und Hindernisse für die Einführung von KI-Technologien in Praxen wurden (1) fehlende technische Ressourcen und Schulungen, (2) Bedenken hinsichtlich des Datenschutzes und (3) algorithmische Verzerrungen in den KI-Modellen genannt. Diese Ergebnisse deuten darauf hin, dass gezieltere Aufklärungsbemühungen erforderlich sind, um das Bewusstsein sowie das Vertrauen für zahnmedizinische KI-Anwendungen zu verbessern (Hedge et al. 2024).

## 24.7 Vorteile eines KI-Einsatzes für den Praxisalltag und die Patientenzufriedenheit

Neben den vorherig genannten Herausforderungen bietet der Einsatz von KI-Technologien zahlreiche Vorteile für den Praxisalltag sowie die allgemeine Patientenzufriedenheit. Die Anwendung von KI beschränkt sich dabei nicht nur auf die Diagnostik; sie hilft auch dabei, die Kommunikation mit Patienten effektiver und verständlicher zu gestalten. Die Studie von Batra sieht die Vorteile im Einsatz der KI in einem verbesserten Patientenerlebnis, einer Vereinfachung der Kommunikation zwischen Zahnarzt und Patienten und einem besseren Verständnis für die möglichen Behandlungsoptionen und der eigenen oralen Gesundheit (Batra und Reche 2023).

Die Automatisierung vieler Prozesse führt zu einer Prozessstandardisierung und damit zu einer Effizienzsteigerung. Zahnärzte und das Praxispersonal können sich verstärkt auf die direkte Patientenbetreuung konzentrieren. KI-Systeme unterstützen bei repetitiven und zeitaufwändigen Aufgaben, wie der Auswertung und Dokumentation von Befunden. Dadurch werden die Wartezeiten für Patienten verkürzt. Dies führt zu einem besseren Erlebnis für die Patienten und zu höherer Zufriedenheit (Thorat et al. 2024).

Ein weiterer Vorteil von KI-basierten Technologien ist die gesteigerte Diagnosesicherheit. Durch die Nutzung von maschinellem Lernen und Computer Vision werden Anomalien schneller und präziser erkannt. So wird das Risiko von Fehldiagnosen verringert und die Genauigkeit erhöht. Diese Genauigkeit hat direkte Auswirkungen auf die Behandlungsqualität, da Zahnärzte besser informierte Entscheidungen treffen können. Dies führt zu besseren Behandlungsergebnissen.

Wesentlicher Vorteil neben der Effizienz und Genauigkeit ist der positive Einfluss auf die Kommunikation zwischen Zahnarzt und Patient. NLP-basierte Chatbots bieten den Patienten eine jederzeit verfügbare Informationsquelle. Sie können beispielsweise Fragen zu Behandlungsmethoden stellen oder sich über die Vor- und Nachsorge aufklären lassen, bevor sie einen Zahnarzt aufsuchen. Dies trägt nicht nur zur Reduzierung der Patientenangst bei, sondern stärkt auch das Vertrauen der Patienten in die Behandlung und die Zahnarztpraxis (vgl. Ayad et al. 2023).

Digitale Systeme, die beispielsweise auf Natural Language Processing (NLP) basieren, unterstützen Zahnärzte dabei, Diagnosen und Behandlungsoptionen in einer für Laien verständlichen Sprache zu vermitteln. Dies ermöglicht es Patienten, fundierte Entscheidungen zu treffen und ihre Behandlung besser zu verstehen, was wiederum ihre Zufriedenheit und das Vertrauen in die zahnmedizinische Versorgung stärkt (vgl. Semerci und Yardimci 2024).

Die Implementierung von KI-Technologien kann also neben einer höheren diagnostischen Qualität auch zu einer besseren Patientenbindung und -zufriedenheit führen. Das führt wiederum zu einem positiven Effekt bei der persönlichen Weiterempfehlung und Mundpropaganda durch zufriedene Patienten. Die Patienten profitieren ihrerseits von kürzeren Wartezeiten, präziseren Diagnosen und einer verbesserten Kommunikation, was das allgemeine Gefühl der Sicherheit und des Vertrauens in die Behandlung stärkt.

Ein weiterer Vorteil ist die größere Rechtssicherheit. Automatisierte Dokumentationssysteme gewährleisten die vollständige Einhaltung der gesetzlichen Vorschriften und verringern das Risiko von Fehldiagnosen. Transparenz im Falle von Beschwerden schafft Vertrauen und reduziert negative Rückmeldungen und Garantieansprüche. Die nachfolgende Tab. 24.2 gibt einen Überblick über die Vorteile, welche durch den Einsatz einer KI-unterstützten Bildanalyse erzielt werden.

**Tab. 24.2** Qualitative und quantitative Vorteile einer KI-unterstützten Bildanalyse. (Quelle: Eigene Zusammenstellung (2024))

| Kategorie | Qualitative Vorteile | Quantitative Vorteile |
|---|---|---|
| **Bessere Kommunikation mit Patienten** | Visualisierungen ermöglichen Einsicht in problematische Bereiche<br>Einfache Einbindung in die Behandlungsplanung<br>Größeres Vertrauen in die behandelnden Zahnärzte | Patienten können motiviert werden für regelmäßige Prophylaxe Termine |
| **Gesteigerte medizinische Qualität** | Vertrauen des Praxispersonales ist höher in eigene Fähigkeiten bei der Diagnosestellung<br>Fundierte Triage Informationen für behandelnde Zahnärzte<br>Praxis kann sich als Innovationsführer positionieren | Höhere Einnahmen durch bessere Kapazitätsnutzung der Praxis<br>Geringere Fehlerquote in der Diagnostik durch 360° Betrachtung der Röntgenaufnahmen |
| **Zeitersparnis** | Weniger Zeit die benötigt wird für Analyse eines Röntgens und Dokumentation der Befunde<br>Automatische Übernahme von Befunden in die Patientenakte<br>Mehr verfügbare Zeit für individuelle Beratung der Patienten | Freie Behandlungs-Kapazitäten können für komplexere Fälle und Behandlungen genutzt werden |
| **Gesteigerte rechtliche Sicherheit** | Konform mit geltendem Recht, durch automatische Dokumentation<br>Tieferes Risiko von falschen Behandlungen<br>Höhere Transparenz gegenüber Patienten z. B. bei Beschwerden | Weniger negative Rückmeldungen und Reklamationen durch Patienten |

## 24.8 Erwartungen von Patienten und Zahnärzten an zahnmedizinische KI-Technologien

Um KI-Technologien im Praxisumfeld erfolgreich anwenden zu können ist es wichtig, die Perspektiven der Zahnärzte und Patienten zu kennen und deren Vorbehalte gegenüber der Technologie zu verstehen. Wenn diese Bedenken ernst genommen werden und effektiv adressiert werden, können Ängste und Vorbehalte abgebaut werden und KI-Technologie gewinnt an Akzeptanz (vgl. Hedge et al. 2024). Die folgende Tab. 24.3 zeigt die jeweiligen Erwartungen von Patienten und Zahnärzten gegenüber der KI.

**Tab. 24.3** Erwartungen von Patienten und Zahnärzten an zahnmedizinische KI. (Quelle: Eigene Zusammenstellung (2024))

| Aspekt | Erwartungen der Patienten (Ayad et al. 2023) | Erwartungen der Zahnärzte(Hedge et al. 2024) |
|---|---|---|
| **Hauptbedenken** | Einfluss auf den Arbeitsmarkt (37,7 %)<br>Vertrauensprobleme gegenüber der KI (36,2 %)<br>Befürchtung vor höheren Behandlungskosten (31,7 %) | Befürchten Arbeitsplatzverlust an eine effizientere Technologie<br>Die eigene Behandlungsflexibilität wird durch die KI eingeschränkt<br>Es werden Haftungsrisiken gegenüber Versicherungen befürchtet |
| **Wahrgenommene Vorteile** | Verbesserte Diagnosesicherheit (60,8 %)<br>Zeitersparnis für Zahnarztbesuch (48,3 %)<br>Personalisierte und evidenzbasierte Therapie-Maßnahmen (43,0 %).<br>Sehen grundsätzliche Vorteile durch den Einsatz von KI in der Zahnmedizin (73,6 %) | KI als unterstützendes Werkzeug für klinische Aufgaben (91,6 %)<br>KI wird generell als vorteilhaft wahrgenommen für klinische Anwendungen (69,0 %) |
| **Erwartete Leistung der KI** | KI sollte besser sein, als ein durchschnittlicher Zahnarzt (47,2 %)<br>KI sollte gleich gut sein, wie der beste Zahnarzt (29,1 %)<br>KI sollte besser sein, als der beste Zahnarzt (7,5 %) | KI sollte mindestens gleich gut sein, wie der Zahnarzt mit der geringsten Effektivität (23,3 %)<br>KI soll gleich gut sein, wie ein durchschnittlicher Zahnarzt (35,6 %)<br>KI sollte gleich gut sein, wie der beste Zahnarzt (13 %)<br>KI sollte besser sein, als der beste Zahnarzt (19,9 %) |
| **Erwartung, bis wann KI-Einsatz Standard ist** | KI-Einsatz ist Standard in 1–5 Jahren (42,3 %)<br>KI-Einsatz ist Standard in 5-10 Jahren (46,8 %)<br>KI-Einsatz ist Standard in mehr als 10 Jahren (7,9 %) | KI-Einsatz ist Standard in 1-5 Jahren (31,6 %)<br>KI-Einsatz ist Standard in 5–10 Jahren (40,0 %)<br>KI-Einsatz als Standard ist nicht sicher (9,7 %) |

(Fortsetzung)

**Tab. 24.3** (Fortsetzung)

| Aspekt | Erwartungen der Patienten (Ayad et al. 2023) | Erwartungen der Zahnärzte(Hedge et al. 2024) |
|---|---|---|
| **Bedenken zum Datenschutz** | Patienten haben geringe Bedenken hinsichtlich des Datenschutze geäußert (12,8 %) | Zahnärzte haben generell größere Bedenken hinsichtlich des Datenschutzes geäußert |
| **Erwähnte Barrieren in der Einführung** | Die Studie nennt keine spezifischen Nennungen zu möglichen Barrieren | Zahnärzte sehen fehlende technische Ressourcen und Schulungen als Barriere<br>Bedenken hinsichtlich des Datenschutzes haben einen Einfluss auf die Adoptionsrate der Zahnärzte<br>Bedenken über algorithmische Verzerrungen und die diagnostische Qualität der Modelle |

## 24.9 Ausblick und konkrete Handlungsempfehlungen für Zahnärzte

Die Einführung von KI-Technologie in der Zahnmedizin erfordert eine gezielte Strategie, um sowohl Patientenbedenken als auch die Erwartungen der Zahnärzte zu berücksichtigen. Die nachfolgenden Handlungsempfehlungen sind darauf ausgelegt, Zahnärzten konkrete Schritte an die Hand zu geben, um den Umgang mit KI im Praxisalltag optimal zu gestalten. Ziel ist es, Vertrauen zu schaffen, realistische Erwartungen zu setzen und die Vorteile der KI gezielt einzusetzen, um eine hochwertige, empathische und patientenzentrierte Betreuung zu gewährleisten.

1. Transparente Kommunikation über den Einsatz von KI
   Erklären Sie Patienten den Nutzen von KI im Detail, z. B. wie sie bei der Diagnose oder Bildverarbeitung unterstützt, ohne den Zahnarzt zu ersetzen.
2. Vertrauensaufbau durch Aufklärung über Datenschutz
   Informieren Sie Patienten aktiv über Maßnahmen zum Schutz ihrer Daten, um Bedenken hinsichtlich des Datenschutzes zu verringern.
3. Realistische Leistungserwartungen an KI vermitteln
   Machen Sie deutlich, dass KI eine unterstützende Rolle spielt und das Urteil des Zahnarztes ergänzt, nicht ersetzt. Dies hilft, unrealistische Erwartungen zu vermeiden.
4. Empathie als zentralen Bestandteil der Behandlung bewahren
   Heben Sie hervor, dass die persönliche Betreuung und das Einfühlungsvermögen des Zahnarztes weiterhin im Mittelpunkt stehen und durch KI nicht ersetzt werden.

5. Regelmäßige Schulungen für das Team anbieten
   Schulen Sie das Praxisteam zur korrekten und effektiven Nutzung von KI-Tools, um deren Potenzial voll auszuschöpfen und ein hohes Qualitätsniveau zu gewährleisten.
6. Patientenbedenken aktiv erfragen und adressieren
   Fragen Sie Patienten gezielt nach ihren Bedenken gegenüber KI und gehen Sie auf spezifische Ängste ein, um deren Akzeptanz zu erhöhen.
7. Aktives Feedback zur Nutzung von KI sammeln
   Sammeln Sie kontinuierlich Rückmeldungen von Patienten und dem Praxisteam, um mögliche Probleme frühzeitig zu erkennen und gegebenenfalls Anpassungen im Umgang mit KI vorzunehmen.

## 24.10 Schlussbetrachtung

Es wurde die aktuelle und zukünftige Rolle von KI in der Zahnmedizin aus unterschiedlichen Perspektiven untersucht. Es wurden sowohl Erwartungen und Bedenken der Patienten als auch die Einschätzungen und Erfahrungen von Zahnärzten betrachtet. Die Ergebnisse zeigen eine allgemeine Offenheit gegenüber KI, wobei auch Bedenken bestehen, insbesondere im Hinblick auf potenzielle Auswirkungen auf den Arbeitsmarkt, die Vertrauensbeziehung zwischen Zahnarzt und Patient und den Datenschutz. Zahnärzte sehen die KI primär als unterstützendes Werkzeug für Diagnose und Bildverarbeitung, wobei die Patienten die KI in erster Linie positiv im Einsatz sehen. Patienten sehen KI in erster Linie kritisch hinsichtlich Empathieverlust und möglicher Kostensteigerungen. Die Mehrheit der Patienten erwartet zudem hohe Leistungsstandards für KI-Anwendungen und erwartet einen Einsatz in den kommenden Jahren. Gleichzeitig werden Hürden wie fehlende technische Ressourcen und die Notwendigkeit spezieller Schulungen als entscheidende Faktoren für die Einführung von KI in der zahnmedizinischen Praxis gesehen. Abschließend verdeutlichen die gewonnenen Erkenntnisse, dass eine erfolgreiche Integration von KI in der Zahnmedizin nicht nur technologische, sondern auch kommunikative und organisatorische Maßnahmen erfordert. Zahnärzte können durch gezielte Informationsvermittlung, Aufklärung und das aktive Eingehen auf die Sorgen ihrer Patienten Vertrauen schaffen und so die Akzeptanz für KI-Technologien erhöhen. Der Artikel liefert dabei wertvolle Handlungsempfehlungen, um die Erwartungen und Bedürfnisse aller Beteiligten effektiv zu adressieren und die Vorteile der KI bestmöglich zu nutzen, ohne die menschliche Komponente der zahnärztlichen Versorgung zu vernachlässigen.

## Literatur

Abdelaziz M. (2023). Detection, Diagnosis, and Monitoring of Early Caries: The Future of Individualized Dental Care. Diagnostics Basel Switzerland. 13(24):3649. https://doi.org/10.3390/diagnostics13243649

Ayad N., Schwendicke F., Krois J., van den Bosch S., Bergé S., Bohner L., Hanisch M. & Vinayahalingam S. (2023). Patients' perspectives on the use of artificial intelligence in dentistry: a regional survey. Head & face medicine. 19(23).1–10. https://doi.org/10.1186/s13005-023-00368-z

Batra M. A. & Reche A. (2023). A New Era of Dental Care: Harnessing Artificial Intelligence for Better Diagnosis and Treatment. Cureus, 15(11):e49319. https://doi.org/10.7759/cureus.49319

Bui T. H., Hamamoto K. & Paing M. P. (2021). Deep Fusion Feature Extraction for Caries Detection on Dental Panoramic Radiographs. Applied Sciences. 11(5). 1–15. https://doi.org/10.3390/app11052005

Büttner M., Leser U., Schneider L. & Schwendicke F. (2024). Natural Language Processing: Chances and Challenges in Dentistry. Journal of Dentistry. 141(2024):104796. https://doi.org/10.1016/j.dent.2023.104796

Cantu A. G., Gehrung S., Krois J., Chaurasia A., Rossi J. G., Gaudin R., Elhennawy K. & Schwendicke F. (2020). Detecting Caries lesions of different radiographic extension on bitewings using deep learning. Journal of dentistry. 100:103425. https://doi.org/10.1016/j.dent.2020.103425

CED (2020). CED Resolution. Artificial Intelligence in Dentistry. Council of European Dentists (CED, Ed.), – CED-DOC-2020-008-FIN-E.

Ding H., Wu J., Zhao W., Matinlinna J. P., Burrow M. F. & Tsoi J. K. H. (2023). Artificial intelligence in dentistry – A review. Front. Dent. Med. 4(2023):1–13. https://doi.org/10.3389/fdmed.2023.1085251

Hedge S., Nanayakkara S., Jordan A., Jeha O., Patel U., Luu V. & Gao J. (2024). Attitudes and Perceptions of Australian Dentists and Dental Students Towards Applications of Artificial Intelligence in Dentistry: A Survey. European Journal of Dental Education. 2024(0):1–10. https://doi.org/10.1111/eje.13042

Hyvönen M., Jaakkola A., Tanner T., Päkkilä J., Kämppi A., Patinen P., Tjäderhane L., Sipola A., Huumonen S. & Anttonen V. (2021). Quality and Findings of Bitewing Radiographs among Twenty-Year-Old Conscripts in Finland. International Journal of Dentistry. 2021(8894917):1–9. https://doi.org/10.1155/2021/8894917

Javaid M., Haleem A., Singh R. P., Suman R. & Rab S. (2022). Significance of machine learning in healthcare: Features, pillars and applications. International Journal of Intelligent Networks. 3(2022):58–73. https://doi.org/10.1016/j.ijin.2022.05.002

Kosan E., Krois J., Wingenfeld K., Deuter C. E., Gaudin R. & Schwendicke F. (2022). Patient's Perspectives on Artificial Intelligence in Dentistry: A Controlled Study. Journal of Clinical Medicine. 11(8):2143. 1–10. https://doi.org/10.3390/jcm11082143

Kühnisch J., Anttonen V., Lussi J. & Lussi A. (2023). Chapter 7: Technological Aids and Coronal Caries. Monographs in oral science. 31(2023):105–114. https://doi.org/10.1159/000530561

Lussi A., Hibst R., Paulus R. (2004). DIAGNOdent: an optical method for caries detection. Journal of Dental Research. Vol. 83, No. 1.

Mörch C. M., Atsu S., Cai W., Li X., Madathil S. A., Liu X., Mai V., Tamimi F., Dilhac M. A. & Ducret M. (2021). Artificial Intelligence and Ethics in Dentistry: A Scoping Review. Journal of dental research. 100(13):1452–1460. https://doi.org/10.1177/00220345211013808

Neuhaus K. W., Sonderegger S., Schilling L. & Lussi A. (2024). In vitro validation of neuronal network software to detect interdental primary caries in bitewing radiographs. 71st Congress ORCA 2024 Griechenland, 03.07-06.07.2024. ORCA, Greece & Crete.

Pitts N., Zero D., Marsh P., Ekstrand K., Weintraub J. A., Ramos-Gomez F., Tagami J., Twetman S., Tsakos G. & Ismail A. (2017). Dental caries. Nature Reviews Disease Primers. 3(17030): https://doi.org/10.1038/nrdp.2017.30

Plessas A., Nasser M., Hanoch Y., O'Brien T., Delgado M. B. & Moles D. (2019). Impact of time pressure on dentist' diagnostic performance. Journal of dentistry. 82(2019):38–44. https://doi.org/10.1016/j.dent.2019.01.011

Rajkomar A., Dean J. & Kohane I. (2019). Machine Learning in Medicine. The New England journal of medicine. 380(14):1347–1358. https://doi.org/10.1056/NEJMra1814259

Semerci Z. M. & Yardimci S. (2024). Empowering Modern Dentistry: The Impact of Artificial Intelligence on Patient Care and Clinical Decision Making. Diagnostics. 14(12):1–27. https://doi.org/10.3390/diagnostics14121260

Schwendicke F., Samek W. & Krois J. (2020). Artificial Intelligence in Dentistry: Chances and Challenges. Journal of Dental Research. 99(7)769–774. https://doi.org/10.1177/0022034520915714

Schwendicke F., Tschhoppe M. & Paris S. (2015). Radiographic caries detection: A systematic review and meta-analysis. Journal of dentistry. 43(8):924–933. https://doi.org/10.1016/j.jdent.2015.02.009

Shan T., Tay F. R. & Gu L. (2021). Application of Artificial Intelligence in Dentistry. Journal of Dental Research. 100(3):232–244. https://doi.org/10.1177/0022034520969115

Thorat V., Rao P., Joshi N., Talreja P. & Shetty A. R. (2024) Role of Artificial Intelligence (AI) in Patient Education and Communication in Dentistry. Cureus. 16(5):e59799. https://doi.org/10.7759/cureus.59799

Thurzo A., Urbanová W., Novák B., Czako L., Siebert T., Stano P., Mareková S., Fountoulaki G., Kosnáčová H. & Varga I. (2022). Where Is the Artificial Intelligence Applied in Dentistry? Systematic Review and Literature Analysis. Healthcare. 10(7):1–27. https://doi.org/10.3390/healthcare10071269

WHO (2022). Global oral health status report: Towards universal health coverage for oral health by 2030. World Health Organization (WHO, Ed.), Genf.

Younis H. A., Eisa T. A. E., Nasser M., Sahib T. M.; Noor A. A., Alyasiri O. M., Salisu S. & Hayder I. (2024) A Systematic Review and Meta-Analysis of Artificial Intelligence Tools in Medicine and Healthcare: Applications, Considerations, Limitations, Motivation and Challenges. Diagnostics, 14(1):109. https://doi.org/10.3390/diagnostics14010109

Zhu J., Chen Z. & Zhao J. (2023). Artificial intelligence in the diagnosis of dental diseases on panoramic radiographs: a preliminary study. BMC Oral Health. 23(358):1–11. https://doi.org/10.1186/s12903-023-03027-6

**Tobias M. Minder** M.Sc., ist Geschäftsführer und Mit-Gründer der Nostic Solutions AG. Er zählt zu den Pionieren der Künstlichen Intelligenz im Bereich Digital Health und Innovationsmanagement. Mit besonderem Fokus auf das Startup-Umfeld hat er als einer der Ersten eine KI-basierte Lösung für die Gesundheitsbranche entwickelt, die als CE-zertifiziertes Software as a Medical Device (SaMD) auf den Markt gebracht wurde. Diese Software as a Service (SaaS)-Lösung, welche über eine API nahtlos in bestehende Systeme integriert werden kann, revolutioniert die Zahnmedizin durch herausragende Nutzerfreundlichkeit und hohe Qualität. Er hat damit die Integration von KI in medizinische Systeme vereinfacht und gleichzeitig die Effizienz der zahnmedizinischen Versorgung deutlich gesteigert. Für seine Innovationskraft und den disruptiven Ansatz wurde er mehrfach ausgezeichnet, unter anderem mit dem Zentralschweizer Innovationspreis und Venture Kick. Seine akademische Laufbahn spiegelt die Verbindung von Technik und Business wider: Er besitzt einen M.Sc. in „Business Administration" mit der Vertiefung „Marketing" von der ZHAW sowie einen B.Sc. in „Wirtschaftsingenieurwesen" mit Vertiefung „Product Management" von der FHNW.

# KI-unterstützte Patienteninformation und -aufklärung

# 25

Johannes Jahn, Mascha Goldschmitt, Isabel Schmittel, Benedikt Kämpgen und Elmar Kotter

## Inhaltsverzeichnis



J. Jahn (✉) · E. Kotter
Klinik für Diagnostische und Interventionelle Radiologie, Universitätsklinikum Freiburg, Medizinische Fakultät, Albert-Ludwigs-Universität Freiburg, Freiburg, Deutschland
E-Mail: johannes.jahn@uniklinik-freiburg.de; elmar.kotter@uniklinik-freiburg.de

M. Goldschmitt
Abteilung für Arbeits-, Organisations- und Wirtschaftspsychologie, Psychologisches Institut, Johannes Gutenberg-Universität Mainz, Mainz, Deutschland
E-Mail: goldschmitt@uni-mainz.de

I. Schmittel · B. Kämpgen
Empolis Information Management GmbH, Würzburg, Deutschland
E-Mail: isabel.schmittel@empolis.com; benedikt.kaempgen@empolis.com



M. A. Pfannstiel (Hrsg.), *Künstliche Intelligenz im Einsatz für die erfolgreiche Patientenreise*, https://doi.org/10.1007/978-3-658-48573-3_25

**Zusammenfassung**

Die Aufklärung und die informierte Einwilligung (informed consent) gehören in vielen medizinischen Fachgebieten zur täglichen Routine. Patienten haben ein Recht auf eine adäquate Erläuterung der geplanten Therapie oder diagnostischen Verfahren. Der bisher durch das Arztgespräch dominierte Aufklärungsprozess wird zunehmend durch KI transformiert. Dabei spielen auch generative Künstliche Intelligenzen wie ChatGPT eine immer größere Rolle, indem sie Patienten zur selbstständigen Information dienen. Obwohl die Informationsqualität stetig zunimmt, bleibt ein Risiko für falsche und schädliche Informationen bestehen. Das Kapitel untersucht den aktuellen Stand des Aufklärungsprozesses, stellt die Herausforderungen dar und hebt mögliche KI-gestützte Ansatzpunkte hervor. Als Praxisbeispiel dient das KIPA-Forschungsprojekt, das die Möglichkeiten eines interaktiven Dialogsystems zur Aufklärung radiologischer Untersuchungen evaluiert.

## 25.1 Einleitung

„Zu Risiken und Nebenwirkungen lesen Sie die Packungsbeilage und fragen Sie Ihre Ärztin, Ihren Arzt oder in Ihrer Apotheke." (Bundesamt für Justiz (2023)). Doch was tun in Zeiten zunehmenden Ärztemangels, einer überalternden Gesellschaft und mangelnder Ressourcen, wenn Patientinnen und Patienten ihre medizinischen Fragen und Bedürfnisse möglicherweise nicht adäquat beantwortet bekommen? Das Internet hat sich dabei längst als Anlaufstelle für medizinische Informationen zur Diagnosefindung, zu Therapien und Nebenwirkungen etabliert und wird zunehmend auch dem primären Arztkontakt vorgeschaltet (Burzyńska et al. 2023). Nicht umsonst ist der Begriff „Dr. Google" umgangssprachlich etabliert. Einen weiteren Paradigmenwechsel in der Patienteninformation kündigte die jüngste Revolution im Bereich der generativen Künstlichen Intelligenz (KI) durch Large Language Modelle (LLM) und ihren prominentesten Vertreter ChatGPT (OpenAI, San Francisco, Kalifornien, Vereinigte Staaten) an. Chatbots sind heute alltäglich und haben die Kommunikation als digitale Assistenten verändert. Im medizinischen Bereich kann diese Technologie vor allem in der medizinischen Ausbildung, der Kommunikation zwischen medizinischem Personal und Patienten, der Optimierung von Arbeitsabläufen in Kliniken und Praxen sowie der Unterstützung im wissenschaftlichen Schreiben zukünftig großen Nutzen haben (Grünebaum et al. 2023; Sallam 2023). Es ist daher naheliegend, dass ChatGPT und ähnliche Systeme auch als Informationsquelle für Patienten genutzt werden. Dies liegt nicht zuletzt auch an der menschenähnlichen Kommunikation, die teilweise in ihrer Empathie und Qualität der medizinischen Informationen die der Ärztinnen und Ärzte bereits heute erreicht (Ayers et al. 2023). Führt dies also zu einer Entwicklung, die eine Arzt-Patienten-Kommunikation überflüssig macht und durch interaktive, KI-gestützte Dialogsysteme ersetzt? Die Expertenmeinung des Deutschen Ethikrates dazu fällt eindeutig aus: „Eine vollständige Ersetzung der ärztlichen Fachkraft durch ein KI-System gefährdet das Patientenwohl" (Deutscher Ethikrat 2023). Vielmehr ist der

Einsatz KI-gestützter Dialogsysteme als Unterstützungssystem, wie es zum Beispiel bereits durch bildverarbeitende KI-Systeme in der Radiologie etabliert ist, ein denkbarer Einsatzzweck, um den Herausforderungen des Gesundheitssystems entgegenzutreten und dem Wunsch der Patienten nach qualitätsgesicherten und validen Informationen gerecht zu werden. Dieses Informationsbedürfnis kommt insbesondere im Rahmen des Aufklärungsprozesses zum Tragen. Vor diagnostischen Untersuchungen, medizinischen Eingriffen oder Therapien hat gegenüber den Patienten eine Aufklärung hinsichtlich des Sinns, der Durchführung, Risiken und Alternativen zu erfolgen. Dieser Prozess ist in der täglichen Routine ärztlichen Personals mit Herausforderungen hinsichtlich der zu übermittelnden Informationen, den individuellen Patientenwünschen und letztlich auch der notwendigen zeitlichen Komponente verbunden.

In diesem Kapitel werden wir den Prozess der Aufklärung näher beleuchten und aufzeigen, welche Potenziale und Risiken KI-gestützte Systeme für die Patienteninformation und die Aufklärung bieten. Als Beispiel für die Implementierung einer solchen Lösung in der Praxis soll das von uns durchgeführte und vom Bundesministerium für Bildung und Forschung (BMBF, Förderkennzeichen: 16SV9041) geförderte KIPA-Forschungsprojekt (KI-unterstützte Patienteninformation und Aufklärung) sowie der in diesem Rahmen entwickelte Voicebot KIPA-Buddy dienen (BMBF 2024).

## 25.2 Medizinische Aufklärung

Der Prozess der Aufklärung, sowohl in mündlicher als auch in schriftlicher Form, gehört zum Aufgabenspektrum nahezu aller medizinischer Fachgebiete. Er umfasst sowohl die ethische als auch die rechtliche Verpflichtung, die Patienten über geplante diagnostische Prozeduren, medizinische Eingriffe und Therapien zu informieren sowie ihre Zustimmung dazu zu erhalten. Nach der aktuellen Rechtsprechung erfüllt jeder ärztliche Heileingriff den Tatbestand der Körperverletzung (Parzeller et al. 2007). Nur nach ordnungsgemäßer Aufklärung und Zustimmung der Patienten sind medizinisch indizierte und nach aktuellem Wissensstand (lege artis) durchgeführte Eingriffe und Verfahren straffrei. Bei bewusstlosen und einwilligungsunfähigen Patienten wird eine mutmaßliche Zustimmung zu nötigen Maßnahmen angenommen, um möglichen Schaden abzuwenden, wobei bekannte Wünsche und Werte des Patienten zu berücksichtigen sind. Zusätzliches Gewicht erhält der Aufklärungsprozess durch die Tatsache, dass hier eine umgekehrte Beweislast gilt (Teubel 2010). Im Falle eines Haftungsprozesses muss also der Arzt beweisen, dass eine ordnungsgemäße Aufklärung stattgefunden hat.

Neben der rechtlichen Verpflichtung ist die Aufklärung essenziell zur Wahrung der Patientenautonomie und Selbstbestimmung. Jede Person sollte eine Entscheidungsfreiheit hinsichtlich der sie betreffenden medizinischen Maßnahmen haben. Um autonom zu entscheiden, muss der Patient in die konkrete Lage versetzt werden können, wofür grundlegendes Wissen und Informationen benötigt werden (Jütte 2018). Dies wird im Konzept der informierten Einwilligung (engl. informed consent) subsumiert, welches heute als zen-

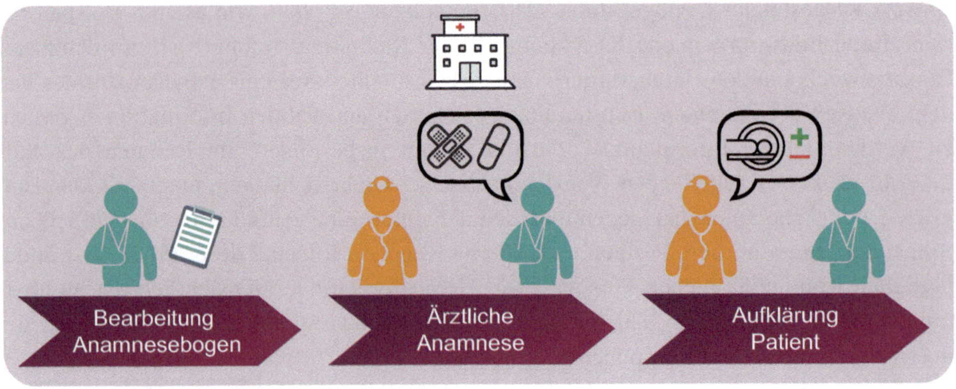


**Abb. 25.1** Ablauf des Aufklärungsgespräches. In der Klinik oder Praxis bekommt der Patient einen auf die geplante Untersuchung oder Therapie zugeschnittenen Aufklärungs- und Anamnesebogen. Nach Bearbeitung erfolgt das ärztliche Anamnese- und Aufklärungsgespräch. Der Aufklärungsbogen dient nach Unterschrift als Nachweis der Aufklärung und wird archiviert. (Quelle: Eigene Darstellung (2024))

trales Element der Aufklärung gilt. Dabei sollen die Wertevorstellungen, Wünsche und Ziele des Patienten berücksichtigt werden. Zudem setzt dies Aufrichtigkeit und Vertraulichkeit seitens des Arztes voraus, der über einen Wissensvorsprung verfügt (Jütte 2018).

Die Aufklärung ist eine nicht delegierbare und somit ärztliche Aufgabe (Parzeller et al. 2007). Abb. 25.1 zeigt schematisch den groben Ablauf des Aufklärungsgesprächs. Lediglich eine vorangehende Befragung des Patienten, zum Beispiel hinsichtlich Vorerkrankungen oder Medikamenteneinnahme, kann an qualifiziertes, nicht ärztliches Personal übertragen werden (Wigge und Loose 2016a, b). Über den genauen Inhalt und die Ausführlichkeit der Aufklärung gibt es anhaltende Diskussionen. Ziel ist es, dass Zeit und Aufwand in einem angemessenen Verhältnis zum jeweiligen Eingriff und zur Therapie stehen (Loose und Lell 2023). Über komplexere und risikoreichere Verfahren hat eine ausführlichere Aufklärung zu erfolgen. Kerninhalte der Aufklärung sind die Informationsvermittlung über den Ablauf und die Wirkung der geplanten Eingriffe, das Aufzeigen potenzieller Risiken sowie möglicher Alternativverfahren. Dies kann zum Beispiel der Ablauf einer Operation sein, inklusive der häufigsten Nebenwirkungen wie Blutungen oder Infektionen. Dem Patienten als medizinischem Laien soll so im Sinne der Autonomie eine informierte Zustimmung ermöglicht werden. Dies setzt voraus, dass alle notwendigen Informationen in einer für den Patienten verständlichen Sprache übermittelt werden. Die Gesundheitskompetenz ist individuell sehr unterschiedlich und wird entscheidend durch demografische, kulturelle und soziale Faktoren beeinflusst (Vogele et al. 2020). Diesem Umstand und etwaigen sprachlichen Barrieren müssen in der Arzt-Patienten-Interaktion Rechnung getragen werden.

Zur Unterstützung des mündlichen Aufklärungsprozesses werden heute häufig standardisierte und medizinisch sowie juristisch qualitätsgesicherte Informationsbögen verwendet. Diese geben einen Überblick über das Verfahren und die häufigsten Risiken. Ebenso enthalten sie einen Fragenteil, der die relevante medizinische Vorgeschichte wie Medikamenteneinnahme, Vorerkrankungen oder Allergien erfragt. Diese Bögen können als unterstützendes

Informationsmaterial verwendet werden und die Aufklärung ergänzen, dürfen diese aber nicht ersetzen (Vogele et al. 2020). Insbesondere unter dem Aspekt der umgekehrten Beweislast werden solche Bögen immer häufiger eingesetzt, um die rechtssichere Dokumentation über das Stattfinden und den Inhalt der Aufklärung zu gewährleisten.

Auch der Zeitpunkt der Aufklärung ist an das Risiko anzupassen. Während diese für komplexere Operationen mit potenziell schwerwiegenden Risiken mindestens 24 h vorher zu erfolgen hat, können Aufklärungen für risikoärmere sowie kleinere Eingriffe und Verfahren auch am selben Tag durchgeführt werden. Wichtig ist, dass den Patienten ausreichend Zeit zur Erfassung der Informationen und zum Stellen etwaiger Fragen gegeben wurde. Für komplexere Verfahren sollte ausreichend Bedenkzeit gewährt werden, um keine übereilte Entscheidung zu erzwingen.

Speziell im Fachgebiet der Radiologie nimmt die Aufklärung einen nicht zu vernachlässigenden Teil der täglichen Arbeitszeit ein. Dies liegt vor allem an der Menge der durchgeführten Untersuchungen. Jedes Jahr werden in Deutschland nach letzten Zahlen jeweils ca. 12 Mio. Computertomografie (CT)-Untersuchungen und Magnetresonanztomografie (MRT)-Untersuchungen durchgeführt (Bos et al. 2023; Hunold et al. 2021). Neben der Erläuterung der Funktionsweise und des Ablaufs der Untersuchung muss insbesondere vor Untersuchungen mit Kontrastmittel eine Aufklärung hinsichtlich der Risiken wie potenzieller allergischer Reaktionen, Nierenschädigung oder, vor der Gabe jodhaltiger CT-Kontrastmittel, auch Schilddrüsenfunktionsstörungen erfolgen. Für MRT-Untersuchungen ist die Abfrage von Fremdmaterial und Implantaten erforderlich, um eventuelle Wechselwirkungen mit dem Magnetfeld zu überprüfen. Auch in der Radiologie umfasst eine vollständige Aufklärung das Aufzeigen potenzieller Alternativen, wie anderer Bildgebungsverfahren.

Durch die Menge an Untersuchungen und Aufklärungen grenzt sich die Radiologie von anderen Fachgebieten ab. Während chirurgisch tätige Ärzte wenige Patienten pro Tag aufklären, hat knapp die Hälfte der Assistenzärzte der Radiologie mehr als zehn aufzuklärende Patienten pro Tag (Vogele et al. 2020). Dies schafft einen Spagat zwischen effizienten Arbeitsabläufen sowie dem Informationsbedürfnis und den rechtlichen Anforderungen. Oftmals ist der Zeitbedarf der Aufklärung, insbesondere im Vergleich zur meist kurzen Untersuchungsdauer und dem geringen Risiko von diagnostischen bildgebenden Verfahren, vergleichsweise hoch. Hinzu kommt, dass viele Patienten wiederkehrend dieselben Untersuchungen erhalten, wodurch ihr Wissensstand und potenzielle Kontrastmittelrisiken anders zu bewerten sind als bei einem Patienten, der sich einmalig einer Operation unterzieht. Damit ergeben sich für die tägliche Routine, nicht nur in der Radiologie, wiederkehrende Herausforderungen, wie und in welchem Umfang die Aufklärung und die informierte Einwilligung zu erfolgen haben.

## 25.3 Herausforderungen

Bereits vor ihrer anstehenden Behandlung haben Patienten das starke Bedürfnis, sich über die eigene Erkrankung, die Behandlung, potenzielle Risiken oder mögliche Alternativen zu informieren (Daniels und Vogel 2012; Haschke et al. 2018; Hoermann et al. 2001;

Swire-Thompson und Lazer 2020). Dies führt in vielen Fällen zu einer proaktiven Suche nach Antworten auf die eigenen Fragen im Internet (Wang et al. 2021). Dies kann jedoch riskant sein, da nicht nur die Qualität öffentlich zugänglicher Informationen über verschiedene Krankheiten oder Behandlungen oft unzureichend ist, sondern auch das vorausgesetzte Leseniveau häufig über dem Durchschnitt liegt (z. B. Daraz et al. 2018; Suarez-Lledo und Alvarez-Galvez 2021). Zudem kann nicht davon ausgegangen werden, dass Patienten die erforderliche Gesundheitskompetenz mitbringen, die für das Verständnis der Informationen aus dem Internet erforderlich ist (Diviani et al. 2015).

Neuere Studien zeigen, dass ChatGPT im Vergleich zu Google präzisere Antworten auf Patientenfragen liefern kann. Aufgrund der zu diesem Zeitpunkt noch bestehenden Gefahr unvollständiger oder irreführender Informationen stellt es jedoch keine zuverlässige alternative Informationsquelle dar (z. B. Van Bulck und Moons 2024). Die dargestellten Einschränkungen in der Qualität sowie Zugänglichkeit im Internet verfügbarer Informationen verdeutlichen die Notwendigkeit, Patienten mit angemessenen und qualitativ hochwertigen Informationen über die anstehende Behandlung sowie deren Alternativen und Risiken zu versorgen.

Aufklärungsbögen, die von den behandelnden Institutionen direkt an die Patienten gegeben werden, beinhalten geprüfte und daher korrekte sowie umfassende Informationen. Die Richtigkeit der Informationen allein stellt allerdings noch nicht sicher, dass Patienten bei der Einwilligung tatsächlich aufgeklärt sind oder sich ausreichend informiert fühlen. Studien legen nahe, dass Aufklärungsbögen oft als zu komplex empfunden werden (Meade und Dreyer 2022), was dazu führen kann, dass Patienten diese nur oberflächlich (McNutt et al. 2008) oder gar nicht lesen (Lavelle-Jones et al. 1993; Ozhan et al. 2014).

Auch wenn die überwiegende Mehrheit den Aufklärungs- und Einwilligungsbogen unterschreibt (Agozzino et al. 2019), ist damit noch nicht klar, ob dies tatsächlich als informierte Einwilligung gewertet werden kann oder lediglich als Einwilligung, ohne dass die Patienten sich tatsächlich informiert fühlen oder objektiv informiert sind. Eine Studie von Modra et al. (2014) zeigte, dass sich Patienten und Angehörige über viele der durchgeführten Verfahren nicht bewusst waren und sie mehr als die Hälfte der Verfahren, denen sie zugestimmt hatten, nicht richtig einordnen konnten. Zu einem besseren Verständnis führt das persönliche Gespräch mit dem behandelnden Arzt (Agozzino et al. 2019), das darüber hinaus auch von vielen Patienten und ihren Familien präferiert wird (Modra et al. 2014).

Jedoch ist auch im Rahmen eines mündlichen Aufklärungsgesprächs fraglich, ob Ärzte den damit einhergehenden Anforderungen vollständig gerecht werden können. Zum einen besteht eine Tendenz, den Bedarf der Patienten an präoperativen Informationen zu unterschätzen (Keulers et al. 2008). Zum anderen muss ein Spagat gelingen zwischen der Bereitstellung standardisierter Informationen und der Berücksichtigung verschiedener Patientenmerkmale, die sich auf das Verständnis auswirken können, wie z. B. Alter, Bildung (Mulsow et al. 2012), individuelle Unterschiede im Umfang der gewünschten Informationen (Davis et al. 2012; Degerliyurt et al. 2010) oder Sprachbarrieren (Bigot et al. 2020). Der bestehende Zeitdruck macht es in der Praxis jedoch nicht immer möglich, umfassende Gespräche mit den Patienten zu führen.

Insbesondere während der COVID-Pandemie wurde zudem deutlich, dass erhöhter Zeitdruck sich zunächst auf eine Reduktion des Patientenkontakts auswirkt (Arora et al. 2021). Es ist daher ungewiss, ob die Kommunikationsfähigkeiten der Ärzte sowie die begrenzte Zeit, die für das Aufklärungsgespräch zur Verfügung steht, für eine umfassende informierte Einwilligung ausreichen. Darüber hinaus kann der Zeitpunkt der Informationsübergabe einen Einfluss auf die Informiertheit der Patienten haben. Sowohl schriftliche als auch mündliche Informationen erhalten Patienten in der Regel frühestens einen Tag vor der Behandlung, manchmal unmittelbar davor (Agozzino et al. 2019). Auch angesichts möglicher Angstzustände vor medizinischen Untersuchungen (z. B. Heyer et al. 2015; Lange et al. 2023) ist fraglich, ob Patienten diese Zeit ausreicht, um die für eine informierte Einwilligung notwendige Informiertheit zu erlangen.

Eine digitale Transformation der Patienteninformation und -einwilligung unter Einbindung Künstlicher Intelligenz zur Darstellung individualisierter Informationen könnte eine Lösung für die beschriebenen Herausforderungen darstellen. Während in anderen Bereichen der medizinischen Versorgung die KI-Implementierung schon weiter vorangeschritten ist (Li et al. 2022; Mirbabaie et al. 2021), steht sie in der Patienteninformation erst am Anfang.

## 25.4 Praxisbeispiel – „KIPA-Buddy"

Im Rahmen des Forschungsprojekts KIPA soll der radiologische Aufklärungsprozess neu gedacht und mit aktuellen KI-Entwicklungen, wie zum Beispiel LLMs, unterstützt werden. Wie eingangs beschrieben, bieten radiologische Aufklärungen für CT- und MRT-Untersuchungen, aufgrund ihrer großen Anzahl und des erst am Tag der Untersuchung stattfindenden Aufklärungsgesprächs ein großes Potenzial für eine verbesserte Patienteninformation und Entlastung des ärztlichen Personals. Um dies zu adressieren, wird im laufenden Verbundprojekt der KIPA-Buddy entwickelt – ein interaktives Dialogsystem mit Voicebot- und Chatbot-Funktion.

Ziel des Projekts ist es, den Aufklärungsprozess sowohl mit allgemeiner als auch patientenspezifischer Informierung räumlich und zeitlich in den prästationären bzw. präambulanten Bereich zu verlagern, um eine Entzerrung zu erreichen (Abb. 25.2). Patienten sollen über ein individualisiertes, geschütztes Webportal oder eine App zeitlich flexibel allgemeine Informationen zur geplanten Untersuchung erhalten und über eine digitale Form der etablierten Fragen des Aufklärungsbogens relevante Punkte der medizinischen Vorgeschichte übermitteln können. Der gesamte Prozess wird durch den KIPA-Buddy unterstützt, der kontextsensitiv auf Fragen der Patienten eingehen oder bei Unklarheiten Rückfragen stellen kann. Neben der Aufklärung durch den KIPA-Buddy findet vor der eigentlichen Untersuchung weiterhin ein ärztliches Aufklärungsgespräch statt. Es sollte durch den vorausgefüllten Aufklärungsbogens und der besseren Patienteninformation kürzer ausfallen, wodurch sich die Zeit in der Klinik für die Patienten verkürzt. Dies stellt sicher, dass Patienten weiterhin die Möglichkeit haben, Fragen zu stellen, die der KIPA-Buddy nicht beantwortet oder um medizinisch relevante Aspekte direkt mit dem Arzt zu besprechen.

**Abb. 25.2** Ablauf des Aufklärungsgespräches bei Unterstützung durch den KIPA-Buddy. Die digitale Form des Aufklärungs- und Anamnesebogen wird dem Patienten über ein geschütztes Portal oder eine App zur Verfügung gestellt. Der Patient wird bei der Bearbeitung durch den KIPA-Buddy unterstützt. Das ärztliche Anamnese- und Aufklärungsgespräch wird durch die Vorarbeit erleichtert. (Quelle: Eigene Darstellung (2024))

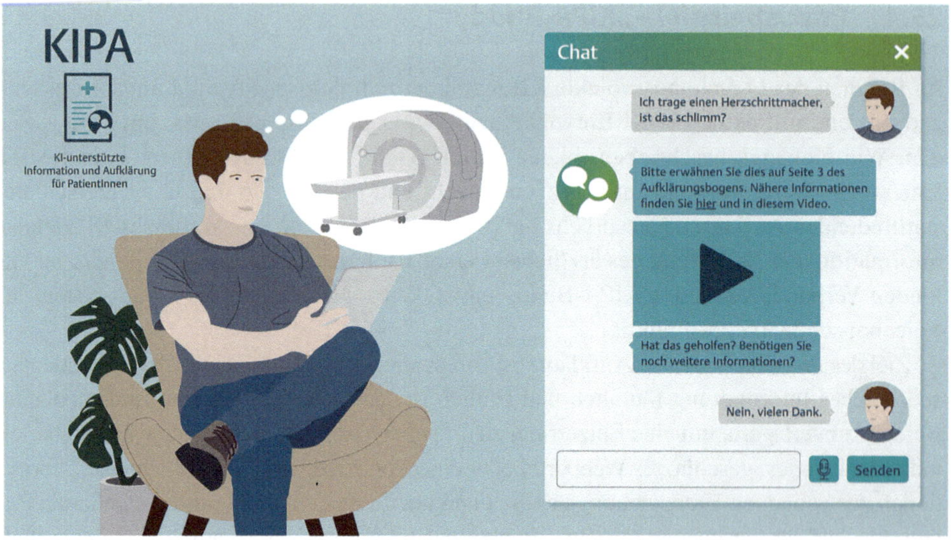


**Abb. 25.3** Logo des KIPA-Projektes und schematische Darstellung des Chat- und Voicebots. (Quelle: Thieme Compliance GmbH, Erlangen (2023))

Die Umsetzung des Voice- und Chatbots erfolgt im Rahmen eines interdisziplinären Verbundprojekts (Logo in Abb. 25.3), an dem folgende wissenschaftliche Partner aus den Bereichen Radiologie, Arbeitspsychologie sowie aus der Neuroethik und technische Partner beteiligt sind:

- Albert-Ludwigs-Universität Freiburg – Universitätsklinikum (Verbundkoordinator)
- Universitätsmedizin der Johannes Gutenberg-Universität Mainz
- Johann Wolfgang Goethe-Universität Frankfurt am Main
- Johannes Gutenberg-Universität Mainz
- Empolis Information Management GmbH, Kaiserslautern
- DFC Systems GmbH, München
- Thieme Compliance GmbH, Erlangen

Die Entwicklung folgt einem iterativen und partizipativen „ethics-by-design"-Ansatz. Dies soll sicherstellen, dass der KIPA-Buddy und das begleitende System optimal auf die Bedürfnisse und Wertorientierungen der Patienten abgestimmt sind. Ebenso sollen die Anforderungen der Radiologen berücksichtigt werden. Mit einem ersten Demonstrator wurden Erfahrungen zur technischen Umsetzung und zu den eingesetzten KI-Systemen gewonnen. Interviewstudien evaluierten die Wünsche und Erfahrungen des Patientenkollektivs an das System. Die ersten vorläufigen Ergebnisse finden sich in den Abschn. 25.6 und Abschn. 25.7.

## 25.5 Benachbarte Arbeiten

Der Digitalisierung des Einwilligungsprozesses beziehungsweise des informed consent wurde bereits durch verschiedene Technologien vorangetrieben. Digitalisierte Aufklärungsgespräche und interaktive Medien bieten Patienten umfassendere Informationen, die über das persönliche Arztgespräch hinausgehen, und werden von beiden Seiten positiv bewertet (Fraval et al. 2015; Kaller et al. 2021; Zevin et al. 2022). Auch interaktive Websites und Videos verfolgen diesen Zweck und erleichtern den Einwilligungsprozess. Sie ermöglichen es den Patienten, den Zeitpunkt und die Geschwindigkeit der Informationsbeschaffung zu kontrollieren, was als angenehm empfunden wird (Berner et al. 2016; Book et al. 2020; Cheung et al. 2014; Dathatri et al. 2014; Goodhart et al. 2017; Moussa et al. 2024; Robertson et al. 2024; Siracuse et al. 2014; Wald et al. 2020).

Durch die Entwicklung von ChatGPT wurde in den letzten Jahren verstärkt die Implementierung KI-basierter Technologien im Einwilligungsprozess untersucht. ChatGPT-4 erwies sich als geeignet, sowohl allgemeine als auch spezialisierte chirurgische Aufklärungsformulare zu vereinfachen und auf ein zugänglicheres Leserniveau anzupassen (Ali et al. 2024). Die überarbeiteten Formulare wurden als medizinisch und rechtlich ausreichend bewertet, während gleichzeitig die Lesbarkeit verbessert sowie die Lesezeiten verkürzt wurden.

Darüber hinaus kann generative KI nicht nur Aufklärungsdokumente anpassen oder vereinfachen, sondern auch erstellen. In einer Studie von Shiraishi et al. (2024) wurden KI-generierte Dokumente mit den Originalen auf Präzision und Informationsgehalt verglichen. Während nichtmedizinisches Personal keine relevanten Unterschiede feststellen konnte, bewerteten Fachärzte die KI-generierten Dokumente als weniger präzise und informativ. Im Vergleich von ChatGPT-3.5 und ChatGPT-4 lieferte die Version 3.5 zwar zugängliche und plausible Informationen, erzeugte aber Ungenauigkeiten und Auslassungen, die nach Meinung des medizinischen Fachpersonals potenziell gefährlich für Patienten sein könnten (Currie et al. 2023). Obwohl die zum Zeitpunkt der Studie kostenpflichtige Version 4 im Vergleich dazu präziser war, wies auch diese noch Lücken auf.

Eine weitere Anwendungsmöglichkeit von KI-basierten Technologien im Einwilligungsprozess liegt in der direkten Kommunikation mit Patienten. Obwohl die Antworten von ChatGPT auf potenzielle Patientenfragen in zwei Studien in Bezug auf Verständlichkeit, Vollständigkeit und medizinische Genauigkeit gut abschnitten (Kienzle et al. 2024; Stroop et al. 2023), wurden sie in einer anderen Studie als teils ungenau oder unvollständig bewertet (Moll et al. 2024). Zudem waren die Antworten häufig zu allgemein formuliert und setzten das Vorwissen der Patienten voraus (Stroop et al. 2023). Es stellte sich zudem heraus, dass in den Antworten von ChatGPT ein erheblicher Anteil der Referenzen entweder gefälscht oder kontextfremd war (Kienzle et al. 2024).

Im Vergleich zur konventionellen Erklärung durch den Arzt anhand eines standardisierten Formulars führte das proaktive Fragenstellen an einen Chatbot zu einem signifikant besseren Verständnis der Behandlungsrisiken (Aydin et al. 2023). Dies könnte darauf hindeuten, dass Patienten durch die flexible Interaktion mit dem Chatbot genauere und individuellere Informationen erhalten, da sie frei Fragen stellen und die Antworten in ihrem eigenen Tempo verarbeiten können. Dadurch könnte ein tieferes Verständnis und eine fundierte Entscheidungsfindung gefördert werden. Die Kontrolle über den Prozess wurde auch in einer Studie von Schmidlen et al. (2019) als positiv bewertet. Der Chatbot, der Patienten in dieser Studie durch den Einwilligungsprozess führte und auf Anfrage detaillierte Informationen bereitstellte, wurde zudem als benutzerfreundlich wahrgenommen, und der Lernzuwachs war im Vergleich zu herkömmlichen Gesprächen höher.

Obwohl eine Unterstützung des Aufklärungsprozesses durch generative KI insgesamt Vorteile wie Lesbarkeit, Verständlichkeit sowie die Bereitstellung personalisierter Informationen mit sich bringen kann, weist die Forschung darauf hin, dass eine alleinige Aufklärung durch Chatbots dennoch nicht das Ziel sein sollte. Allem voran besteht, wie oben beschrieben, ein nicht zu vernachlässigendes Risiko von Fehleranfälligkeit oder Unvollständigkeit der Informationen, was neben der rechtlichen Hürde der Implementierung auch eine Gefahr für Patienten darstellen könnte. Bei der Integration generativer KI in den Einwilligungsprozess ist folglich eine Validierung durch seriöse Quellen erforderlich. Auch wenn angesichts der sehr schnellen Entwicklung von ChatGPT und anderen LLMs Qualitätsverbesserungen zu erwarten sind, die in der vorliegenden Ausarbeitung noch nicht abgebildet sind, scheinen LLMs auch in Zukunft nicht als alleinige Bildungsressource für Patienten geeignet zu sein. Es zeigte sich zwar eine generelle Akzeptanz der Aufklärung durch einen Chatbot (Aydin et al. 2023; Moll et al. 2024; Schmidlen et al. 2019), allerdings wurde das Fehlen grafischer Elemente in der Interaktion mit dem Chatbot als Nachteil empfunden (Stroop et al. 2023). Dies deutet auf die Notwendigkeit eines integrativen technologischen Ansatzes hin, der sowohl eine Interaktion ermöglicht als auch Informationen bereitstellt, die verschiedene Verarbeitungskanäle ansprechen und visuelle sowie auditive Elemente beinhalten. Darüber hinaus zeigte sich eine Präferenz für den direkten Kontakt mit dem Arzt (Moll et al. 2024), was die Bedeutung der persönlichen Interaktion im Gesundheitswesen unterstreicht.

Auch abseits von KI zeigt die bisherige Forschung zur Digitalisierung des Einwilligungsprozesses deutlich, dass Technologien das persönliche Gespräch mit dem behandelnden Arzt nicht ersetzen, sondern als Ergänzung und Unterstützung dienen sollten, um den Prozess der informierten Einwilligung sowohl zeitlich als auch räumlich zu entzerren, die Patientenreise zu unterstützen und Ärzte sowie medizinisches Personal zu entlasten (z. B. Berner et al. 2016; Kaller et al. 2021; Robertson et al. 2024; Zevin et al. 2022). Bei der Interpretation des bisherigen Forschungsstands ist zu beachten, dass der Großteil der Studien lediglich aus Querschnittsanalysen ohne Kontrollgruppe besteht. Die Befunde sollten daher nicht als endgültige Aussagen, sondern vielmehr als erste Hinweise gedeutet werden. Es besteht ein Bedarf an methodisch soliden Längsschnittstudien und weiterer Forschung, die sich der Evaluation KI-basierter Technologien in der Patientenaufklärung widmet.

## 25.6 KI-unterstützte Lösung

Fasst man den aktuellen Stand zu KI-Technologien und Chatbots im medizinischen Kontext zusammen, so herrscht insgesamt noch große Unsicherheit darüber, wie deren Nutzung bewertet werden soll (Dave et al. 2023). Klaren Vorteilen und positiven Effekten stehen die zuvor genannten Herausforderungen gegenüber, die einen breiten Einsatz in der medizinischen Routine erschweren und derzeit überwiegend auf den Forschungskontext beschränken. Diese Unsicherheiten abzubauen und konkrete Erfahrungen für eine klinische Implementierung eines Chatbots zur Aufklärung zu sammeln, sind die Ziele des KIPA-Projektes.

Dabei spielt die verwendete KI-Technologie eine entscheidende Rolle. Kein Weg führt an LLMs vorbei. ChatGPT fasziniert durch seine Fähigkeit, Texte zu verstehen und zu generieren. Wie kein anderes No-Code- oder Low-Code-System zuvor, erlaubt es ChatGPT, Lösungen für viele verschiedene Probleme zu finden und umzusetzen, wie zum Beispiel die Abfrage von Datenbanken, die Datenvorverarbeitung und -analyse sowie das Erstellen von Zusammenfassungen.

Allerdings haben diese öffentlich zugänglichen Chatbots für den geplanten Einsatzzweck auch einige Nachteile. Insbesondere problematisch für die Anwendung in der Medizin ist die Intransparenz der Wissensbasis der meisten Chatbots, sodass die Antworten auf gestellte Fragen keine Quellenangaben enthalten und oft inkorrekt sind (Dave et al. 2023; Grünebaum et al. 2023; Sallam 2023). Es existieren Ansätze, bei denen ein GPT-Modell mit wissenschaftlichen Artikeln der biomedizinischen Forschung aus PubMed trainiert wurde (Bolton et al. 2024). Dieses Modell ist in der Lage, komplexe medizinische Fragestellungen korrekt zusammenzufassen, ist jedoch aufgrund des verwendeten GPT-Modells nicht für den klinischen Alltag geeignet. Derzeit entwickelt auch Google einen

Chatbot, der speziell für medizinische Fragestellungen trainiert wird (Singhal et al. 2023). Erste Ergebnisse aus Tests dieses Chatbots sind vielversprechend, allerdings ist es der Allgemeinheit noch nicht möglich, darauf zuzugreifen.

Zum Zeitpunkt der Durchführung des KIPA-Projektes fiel die Entscheidung aufgrund mangelnder Alternativen daher auf die Nutzung eines öffentlich zugänglichen LLMs als Baustein für die initiale Implementierung, um die Vorteile von LLMs zu nutzen. Aufgrund ihrer Beschränkungen, wie 1) veraltete Informationen, 2) Neigung zu „Halluzinationen" und 3) Blackbox-Charakter, sollte dieses jedoch mit einem Wissensgraphen für eine Retrieval-gestützte Generierung verknüpft werden. Ein Wissensgraph (englisch: knowledge graph) ist eine strukturierte Darstellung von Wissen, bei der Informationen als miteinander verbundene Knoten (Entitäten) und Kanten (Beziehungen) organisiert sind (Hogan et al. 2022). Er erlaubt es, semantische Verbindungen zwischen Daten zu erkennen und komplexe Abfragen effizient zu beantworten. Dies können im medizinischen Kontext zum Beispiel die Beziehungen zwischen Krankheiten, Symptomen und Medikamenten sein.

Durch die Kombination beider Technologien soll der KIPA Voice- und Chatbot auf möglichst qualitätsgesicherte und zum Kontext passende spezifische Informationen aus einer Wissensbasis zurückgreifen. Herausgegebene Informationen sollen anhand von Links zur Wissensbasis manuell überprüft werden können, um das System transparenter zu machen und die Informationsquelle für Nutzer ersichtlich zu machen. Ebenso sollen Informationen der Wissensbasis benutzerfreundlich und gezielt (manuell oder automatisch) ergänzt werden können, um dem KIPA-System zu erlauben, neue Fragen zu beantworten oder den aktuellen Stand des medizinischen Wissens abzubilden.

Der vorgestellte Ansatz sollte dahingehend evaluiert werden, ob ein Chatbot das Verständnis von radiologischen Untersuchungen bei den Patienten steigert und Ressourcen bei der ärztlichen Aufklärung einspart. Der Chatbot beantwortet derzeit allgemeine Fragen zur Computertomografie und Magnetresonanztomografie. Patienten stellen jedoch in einigen Fällen auch individuelle Fragen im Zusammenhang mit ihrer Diagnose, die im System nicht implementiert sind. Daher berücksichtigt der Ansatz die Methodik zur Eingabe von qualitätsgesichertem Wissen durch Fachexperten, um ein breites Spektrum solcher Fragestellungen abzudecken.

Der Chatbot und seine Wissensbasis basieren auf der Anwendung „Empolis Knowledge Express" (EKE) des Unternehmens Empolis Information Management GmbH. Die Wisseneingabe erfolgt anhand dieser Anwendung. Um neues Wissen für den Chatbot zu integrieren, können Artikel in beliebiger Länge verfasst oder textbasierte Dokumente hochgeladen werden. Zusätzlich ist es möglich, Konzepte in einen Wissensgraphen aufzunehmen, wodurch die Beziehungen zwischen verschiedenen Konzepten und Synonyme für die jeweiligen Konzepte hinterlegt werden können.

Der Chatbot kann verschiedene LLMs verwenden, zum Beispiel GPT (OpenAI) oder Claude (Anthropic). Das LLM kann dann anhand der Fragen der Nutzer eine natürlichsprachliche Antwort generieren, die auf dem zuvor eingegebenen Wissen basiert. Über die Retrieval-Augmented Generation (RAG, Lewis et al. 2020) wird eine eigens zusammen-

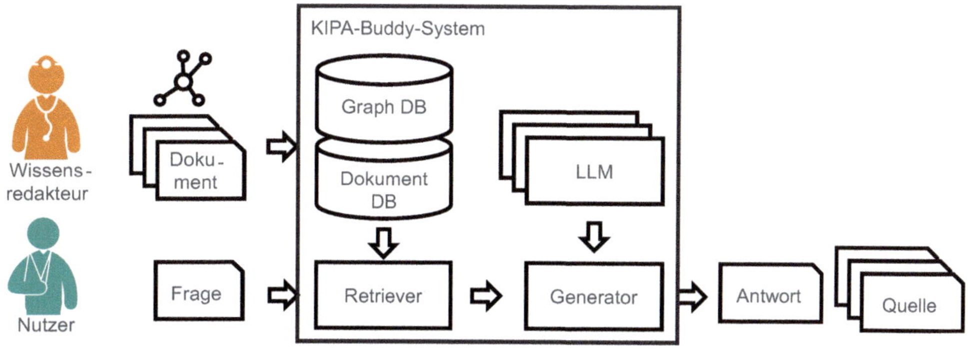


**Abb. 25.4** Grafik zur Erläuterung des technischen Ansatzes der Retrieval-Augmented Generation des KIPA-Buddy-Systems. DB = Datenbank. (Quelle: Eigene Darstellung (2024))

gestellte Wissensbasis eingebunden, die Dokumente (zum Beispiel Aufklärungsbögen) und eigens erstellte Wissensartikel zu relevanten Themen und Konzepten enthält. Auch implizites Wissen kann durch den Wissensgraphen hinzugefügt werden. Im RAG-Ansatz werden zunächst über einen „Retriever" eine bestimmte Anzahl relevanter Quellen zur Frage identifiziert. Anschließend werden diese Quellen zusammen mit der Frage und der Bitte, sie anhand der Quellen zu beantworten, als Prompt („Anweisung") an das LLM übergeben, um eine Antwort zu generieren (Abb. 25.4). Das zur Beantwortung der Nutzerfrage benötigte Wissen stammt dadurch aus der Wissensdatenbank und ist robust gegenüber unvollständigen oder fehlerhaften Antworten eines generischen LLMs.

In einigen Fällen kommt es vor, dass das LLM eigene Informationen zu den Informationen aus den Wissensartikeln hinzufügt. Dies ist problematisch, da wir bei den Informationen, die nur vom LLM stammen, keine faktische Korrektheit garantieren können. In solchen Fällen kann es hilfreich sein, die Informationen im Wissensartikel klarer zu beschreiben und die dazugehörigen Konzepte im Wissensgraphen anzupassen. Falls diese Maßnahmen keine Verbesserungen bringen und der Chatbot weiterhin häufig fehlerhafte Antworten liefert, sollte der Prompt für das LLM überarbeitet und eventuell strengere Regeln für das Retrieval implementiert werden.

Es kann auch vorkommen, dass das LLM nicht alle benötigten Informationen wiedergibt. Dies passiert zum Beispiel, wenn aufgrund der vom Patienten eingegebenen Informationen ein spezieller Kontext entsteht, der im Wissensgraphen nicht korrekt hinterlegt ist und somit nicht die passenden Artikel für die Generierung der Antwort verwendet werden.

Zudem ist zu beachten, dass im Wissensportal Filter verwendet werden. Jedes im Wissensgraphen vorkommende Konzept kann als Filter festgelegt werden, wodurch die Suche stärker auf die relevanten Dokumente eingeschränkt wird. Dabei ist jedoch zu beachten, dass, wenn Konzepte aus verschiedenen Kategorien stammen und gleichzeitig als Filter genutzt werden, nur Dokumente und Artikel angezeigt werden, die beide Konzepte enthalten. Stammen Konzepte aus derselben Kategorie und werden als Filter gesetzt, so werden Dokumente und Artikel herausgesucht, die eines oder beide Konzepte enthalten. Auf diese Weise wird die Suche weniger stark eingeschränkt, jedoch könnten die Ergebnisse weniger spezifisch ausfallen.

## 25.7 Evaluation

Neben nutzerzentrierten Interviewstudien im Rahmen des „ethics-by-design"-Ansatzes wurde eine technische Evaluation der entwickelten RAG und der zugrunde liegenden Wissensdatenbank durchgeführt. Die Evaluation wurde mit dem LLM „gpt-3.5-turbo-0125" (OpenAI) auf zwei Arten durchgeführt:

- Bereitstellung eines Demonstrators für qualitative Nutzerinterviews mit paralleler Logdatenauswertung.
- Erstellung und Nutzung eines Benchmark-Datensatzes.

Der Benchmark-Datensatz enthielt folgende Kategorien an Testdaten:

- „Frequently-Asked-Questions" (FAQ): Hierbei handelt es sich um Frage-Antwort-Paare aus einem Katalog häufig gestellter Fragen von Patienten, bei denen die Fragen die entsprechende Antwort liefern sollen. Damit diese FAQ-Fragen auf jeden Fall abgedeckt werden, wurden sie gezielt der Wissensbasis als Dokumente hinzugefügt.
- „Fiktive Fragen": Dies sind manuell erstellte Frage-Antwort-Paare, aber nicht unbedingt häufige Fragen, um die Fähigkeit des Systems beim Verstehen von Fragen und beim Formulieren von Antworten zu testen. Für diese Fragen wurden keine zusätzlichen Dokumente der Wissensbasis hinzugefügt, sondern der Wissensgraph gezielt erweitert, um relevante Dokumente möglichst hoch zu bewerten.
- „Kontext-Fragen": Manuell erstellte Frage-Antwort-Paare, bei denen die Antwort im spezifischen Kontext der Frage gegeben werden soll.
- „Unsichere Fragen": Kontextbasierte Frage-Antwort-Paare, bei denen im Kontext „Ich bin mir unsicher" bezüglich einer Frage im Aufklärungsbogen eine passende Antwort gegeben werden soll.
- „Keine Antwort"-Fragen: Fragen, auf die keine Antwort gegeben werden kann, da keine entsprechende Information in der Wissensbasis enthalten ist.

Beispiel einer FAQ-Frage:

Frage: „Wie funktioniert eine Computertomographie?"

Gewünschte Antwort: „Die Computertomografie (CT) ist ein bildgebendes Untersuchungsverfahren. Es ist eine spezielle Röntgenuntersuchung, mit der Körperregionen schichtweise geröntgt und als Querschnittsbilder dargestellt werden können. Dadurch lassen sich z. B. die Lage und Größe eines Krankheitsherds (z. B. Tumor, Infektion) oder auch Verletzungen (z. B. Frakturen) genau bestimmen."

(Wichtigste) Quelle(n): Dokument mit Inhalt „FAQ CT mit KM/Wie funktioniert eine Computertomographie? Problem: Wie funktioniert eine Computertomographie? Lösung: Die Computertomografie (CT) ist ein bildgebendes Untersuchungsverfahren. Es ist eine spezielle Röntgenuntersuchung, mit der Körperregionen schichtweise geröntgt und als Querschnittsbilder dargestellt werden können. Dadurch lassen sich z. B. die Lage und Größe eines Krankheitsherds (z. B. Tumor, Infektion) oder auch Verletzungen (z. B. Frakturen) genau bestimmen."

Zur Beurteilung der Korrektheit und Vollständigkeit wurde beim Testen des Chatbots zunächst ein repräsentativer Benchmark-Datensatz (Fragekatalog) erstellt, bei dem zu jeder Frage eine optimale, gewünschte Antwort händisch erstellt wurde. Da die Wissensbasis auf Artikeln und Dokumenten aufbaut, wurde auch zu jeder Frage eine Liste an thematisch passenden Artikeln erstellt, die zur Beantwortung der Frage relevant waren und daher weit oben im Ranking erscheinen sollten. Dieser Benchmark-Datensatz/Fragenkatalog wurde anschließend für eine manuelle/qualitative und automatische/quantitative Evaluation verwendet.

### 25.7.1 Qualitative Evaluation

Bei der qualitativen/manuellen Evaluation der Antworten mussten viele Aspekte beachtet werden: Nicht nur die Korrektheit und Vollständigkeit der Antworten, sondern auch die Kontextsensitivität sowie die Verständlichkeit der Antwort sind von Bedeutung. Die Fragen aus dem Fragenkatalog wurden einerseits direkt dem KIPA-Buddy gestellt und andererseits im Wissensportal mit dem dazugehörigen Kontext in die Suchzeile eingegeben. Die vom Buddy gegebene Antwort wurde mit der gewünschten Antwort verglichen, während die Ergebnisse im Wissensportal mit der Liste der gewünschten Artikel abgeglichen wurden. Die Antwort des KIPA-Buddys wurde auf Vollständigkeit und Korrektheit geprüft. Wurde ein spezieller Patientenkontext hinzugefügt, so wurde die Antwort auch auf Kontextsensitivität überprüft. Generell wurde darauf geachtet, dass die Antwort verständlich formuliert war. Bei den Artikeln im Wissensportal wurde überprüft, wie viele der gewünschten Artikel in den ersten 10 Suchergebnissen enthalten waren und welche der Suchergebnisse thematisch nicht passten, aber dennoch weit oben gelistet wurden.

Fast alle Fragen wurden vom KIPA-Buddy korrekt und vollständig beantwortet. Schwierigkeiten hatte der Chatbot vor allem bei Fragen, die nur aus einem Wort bestanden. Auch missverständlich gestellte Fragen wurden nicht immer korrekt beantwortet. In einigen Fällen gab es einen Mismatch zwischen der Antwort des Buddys und den Suchergebnissen im Wissensportal: Obwohl der Buddy eine korrekte und vollständige Antwort lieferte, waren die ersten 10 Ergebnisse im Wissensportal thematisch unpassend. Erst weiter hinten in den Suchergebnissen wurden die Artikel gelistet, die zur Beantwortung der Frage notwendig waren. Durch Anpassungen am Wissensgraphen und den Wissensartikeln konnten diese Unstimmigkeiten behoben werden.

Fragen wurden sehr gut kontextsensitiv beantwortet. Um die Kontextsensitivität weiter zu verbessern, musste überprüft werden, ob die notwendigen Informationen bereits in der Wissensbasis enthalten waren, einschließlich eines passenden Wissensartikels oder Dokuments sowie aller relevanter Konzepte im Wissensgraphen. Es ist besonders wichtig, geeignete Wissensartikel zu haben, da die allgemeinen Aufklärungsdokumente nicht jeden Kontext abbilden können. Fehlende Informationen, die normalerweise der Arzt im Aufklärungsgespräch vermittelt, sollten in die Wissensbasis übertragen werden.

Der Buddy hat auch die Funktion, dem Nutzer initiativ Hilfe anzubieten, sobald dieser im Aufklärungsbogen angibt, unsicher zu sein. In diesem Fall beginnt der Chatbot damit, die gestellte Frage und die Antwortmöglichkeiten näher zu erläutern. Bei dieser Art von Fragen ist es wichtig, dem Buddy den Kontext der aktuellen Frage zu vermitteln, damit die richtige Frage erklärt wird.

Während der Tests wurden auch Fragen von Probanden aus ersten Nutzertests verwendet. Diese Fragen gaben einen tieferen Einblick in potenzielle Nutzerfragen und erlaubten uns, den Chatbot aus neuen Perspektiven zu bewerten. Trotz unvorhergesehener Fragen konnte der KIPA-Buddy die meisten korrekt mit passenden Dokumenten und Wissensartikeln beantworten. Die Tests haben jedoch gezeigt, dass beim Erstellen neuer Konzepte für den Knowledge Graphen möglichst viele Synonyme hinzugefügt werden sollten, da die Probanden sehr unterschiedliche Ausdrucksweisen verwendeten und nicht immer jedes Konzept erkannt wurde.

Bei Fragen, zu denen der KIPA-Buddy in der Wissensbasis keine Informationen fand, konnte es vorkommen, dass er dennoch eine allgemein formulierte Antwort gab. Diese Antwort enthielt in der Regel zunächst einen Absatz, in dem erklärt wurde, dass aufgrund der gegebenen Informationen keine definitive Antwort gegeben werden konnte. In den folgenden Absätzen wurden dann thematisch ähnliche Informationen bereitgestellt. Bei Fragen, die sich nicht auf die radiologische Aufklärung bezogen, griff der KIPA-Buddy auf die Wissensbasis des LLMs zurück.

### 25.7.2 Quantitative Evaluation

Für die automatische/quantitative Evaluation wurden zwei Gruppen aus Elementen aus dem Benchmark-Datensatz verwendet: 1) FAQ-Fragen (n = 29) und 2) Fiktive-Fragen (n = 49). Für eine möglichst aussagekräftige Evaluation wurde jeweils nur der wichtigste Artikel aus der Wissensbasis als Quelle verwendet sowie beim „Retriever" nur die wichtigste Quelle extrahiert.

Die Evaluation wurde mittels des Haystack-Frameworks durchgeführt (Haystack 2024). Es wurden folgende Metriken berechnet:

- „Durchschnittlicher Reziproker Rang": Hiermit wird die Güte angegeben, in der die Quellen zur Beantwortung einer Frage aus der Wissensbasis abgefragt werden können. Für jede Quelle wird der „Reziproke Rang", also 1 geteilt durch den Rang, berechnet. Wenn eine Quelle an erster Stelle genannt wird, ist der Reziproke Rang 1, an zweiter Stelle 0,5 etc. Über diese Werte wird anschließend der Mittelwert berechnet. Da in unserer Evaluation nur die wichtigste Quelle im Benchmark-Datensatz aufgeführt ist und jeweils nur ein Dokument im „Retriever" abgefragt wird, handelt es sich hierbei um die Genauigkeit, dem Anteil korrekter Quellen.

- „Vertrauenswürdigkeit“: Hiermit wird eine Güte angegeben, in welchem Maße die Antwort des Systems aus den Wissensbasis-abgefragten Quellen stammt. Hierzu wurde ein LLM gefragt, ob die generierte Antwort aus den Quellen abgeleitet werden kann. Diese Metrik benötigt keine Goldstandard-Antwort. Hierzu wurde „gpt-4o-mini“ von OpenAI verwendet.
- „Semantische Ähnlichkeit zur Antwort“: Hiermit wird eine Güte angegeben, inwiefern die generierte Antwort der gewünschten Goldstandard-Antwort semantisch ähnelt. Auch hierzu wurde ein LLM genutzt, um entsprechende „Vektorrepräsentationen“ der beiden Antworten zu berechnen und dann mathematisch miteinander zu vergleichen. Hierzu wurde als Vektor-Repräsentation „all-MiniLM-L6-v2“ aus der Hugging-Face-Bibliothek verwendet (Hugging Face 2024)

Um die Metriken noch besser bewerten zu können, haben wir zudem einen „Baseline“-Ansatz evaluiert. In diesem Ansatz werden folgende Schritte durchgeführt:

1. Als Vorverarbeitung wurden Vektor-Repräsentationen der Quellen der Fragen erstellt, dabei wurde erneut „all-MiniLM-L6-v2“ aus der Hugging-Face-Bibliothek verwendet und etwaige Duplikate entfernt. Die Quellen mit Ihren Vektoren wurden in einer Dokumenten-Datenbank gespeichert.
2. Bei der Beantwortung einer Frage wurde für eine Frage die jeweils ähnlichste Quelle anhand der Ähnlichkeit der Vektor-Repräsentationen aus der Dokumenten-Datenbank herausgezogen (Retriever).
3. Bei der Beantwortung einer Frage wurde diese herausgezogene Quelle zusammen mit der Frage und der Bitte, diese mittels der Quelle zu beantworten, als entsprechender Prompt einem LLM eingegeben und eine Antwort formuliert (Generator).

Sowohl auf den FAQ-Fragen, als auch auf den komplexeren fiktiven Fragen zeigt der eigene Ansatz eine vergleichbare Güte zur Baseline in allen drei Metriken.

## 25.8 Diskussion

Der aktuelle Stand der Forschung und die zur Verfügung stehenden KI-gestützten Technologien, wie LLMs oder RAGs, deuten eine Transformation des Aufklärungsprozesses an. Im Folgenden werden einige technische und ethische Aspekte näher erläutert, die sich durch den Einsatz von KI im Aufklärungsprozess ergeben, wobei Bezug auf die Ergebnisse des KIPA-Projektes genommen wird.

### 25.8.1 Technische Diskussion

Die Umsetzung eines ersten Demonstrators hat gezeigt, dass der grundsätzliche Ansatz machbar ist. Abb. 25.5 zeigt einen Screenshot des ersten Demonstrators.

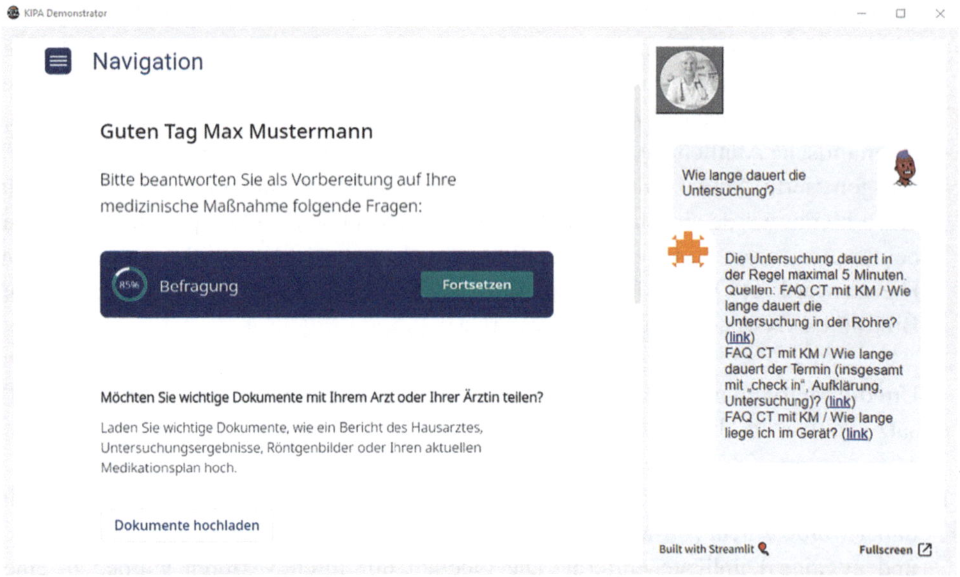


**Abb. 25.5** Screenshot des ersten integrierten Demonstrators mit Aufklärungsbogen (linke Seite), Chatbot (rechte Seite) und Spracherkennung (Einsprechfunktion). (Quelle: Eigene Darstellung (2024))

**Tab. 25.1** Ergebnisse des KIPA-Buddys auf den beiden Testdatensätzen. Bei den Metriken werden angegeben: Durchschnittlicher Reziproker Rang/Vertrauenswürdigkeit/Semantische Ähnlichkeit. (Quelle: Eigene Zusammenstellung (2024))

| | Retrieval mit Knowledge Graph (eigener Ansatz) | Retrieval mit Vector-Ähnlichkeit (Baseline) |
|---|---|---|
| **FAQ-Fragen (n = 29)** | 0,82/0,94/0,75 | 0,82/0,90/0,74 |
| **Fiktive-Fragen (n = 49)** | 0,63/0,87/0,52 | 0,63/0,85/0,53 |

Die Ergebnisse aus Tab. 25.1 zeigen den Vorteil des Ansatzes von KIPA. Sowohl auf den FAQ-Fragen, als auch auf den komplexeren fiktiven Fragen zeigte der eigene Ansatz eine vergleichbare Güte zur Baseline in allen drei Metriken. Der eigene Ansatz musste auf einer Wissensbasis mit allen Wissensartikeln den Retriever ausführen (n = 81 = 29 + 49 + 3x Aufklärungsbögen CT, CT nativ, MRT). Die Baseline hatte dagegen pro Evaluation nur zwischen den Wissensartikeln im Test zu unterscheiden (29/49). Der eigene Ansatz erlaubt das weitere Optimieren der Genauigkeit beim Retriever durch Modellierung des Wissensgraphen. Die Baseline hat dagegen keine Optimierungsmöglichkeit beim Retriever.

## 25.8.2 Ethische Diskussion

Neben den technischen und rechtlichen Herausforderungen für den Einsatz eines KI-unterstützten Dialogsystems im medizinischen Kontext sind auch diverse ethische Aspekte und Fragestellungen relevant. Zentral sind die Fragen, ob (1) ein Bedarf an solchen Systemen seitens der Patienten besteht und ob (2) damit auf die direkte ärztliche Kommunikation verzichtet werden kann. Für den explizit erläuterten Anwendungsfall der Aufklärung gibt es bisher keine ausreichenden empirischen Daten, um die Präferenzen der Patienten zu belegen. Eine zunehmende Verwendung von Chatbots und entsprechende Daten gibt es im psychiatrischen Bereich, wo insbesondere die dauerhafte Verfügbarkeit solcher Lösungen hervorgehoben wird. Die Möglichkeit, jederzeit jemanden „zum Reden" zu haben oder Hilfe in akuten psychischen Ausnahmezuständen zu erhalten, ohne auf einen Arzttermin warten zu müssen, kann für Patienten sehr relevant sein (Coghlan et al. 2023). Auch der Faktor der Anonymität, also die Präferenz, sensitive Informationen eher einem Computer als einem Menschen mitzuteilen, mag von manchen Menschen bevorzugt werden (Coghlan et al. 2023). Demgegenüber kann die Möglichkeit der Datensammlung und der Umgang mit persönlichen Daten jedoch auch zur Ablehnung solcher Systeme führen. Letztlich lässt sich derzeit keine pauschale Aussage darüber treffen, ob solche Systeme von Patienten angenommen oder sogar gefordert werden, da viele individuelle Faktoren sowie der konkrete Einsatzzweck berücksichtigt werden müssen. Es ist anzunehmen, dass der Verzicht auf den Arzt oder die Ergänzung der Aufklärung durch ein solches System von den Patienten toleriert wird, solange die subjektive Versorgung nicht leidet.

Wie bereits beschrieben, stellt die Informationsbasis die essenzielle Grundlage eines Chatbots oder ähnlicher Systeme dar. Die Akzeptanz der Patienten wird nicht zuletzt auch durch das Vertrauen in die gezeigten Informationen beeinflusst. Im Bereich der bildauswertenden KI-Systeme konnte gezeigt werden, dass die Resultate als weniger hochwertigeingestuft werden, wenn sie von einer KI zu stammen scheinen (Gaube et al. 2021). Im direkten Vergleich zwischen LLMs und Ärzten vertrauen Patienten aufgrund der Ausbildung und Erfahrung mehr den Ärzten (Du et al. 2024). Empfehlenswert ist, dass Systeme jeglicher Art ihre Informationsquellen offenlegen, um das Vertrauen zu erhöhen. Dies kann bei LLMs aufgrund der enormen und geschlossenen Menge an Trainingsdaten jedoch schwierig sein. Durch den komplementären Ansatz des KIPA-Buddys mit einer qualitätsgesicherten Wissensdatenbank ist die Rückverfolgbarkeit der präsentierten Informationen vereinfacht. Die Anzeige von Quellen innerhalb des Chatbots wurde von Probanden positiv wahrgenommen. Erfundene Informationen als grundlegendes Problem von LLMs werden minimiert (Huang et al. 2023). Auch Fehlinformationen stellen im medizinischen Kontext ein großes Problem dar und können potenziell Schaden verursachen (Wells 2023). Ein Einsatz ist aus ethischer Sicht somit nur zu rechtfertigen, wenn Fehlinformationen unterbunden oder Sicherheitsebenen geschaffen werden, die schwerwiegenden Schaden am Patienten verhindern. Für einen Voicebot zur Aufklärung lässt sich dies bewerkstelligen, indem im Rahmen des weiterhin stattfindenden ärztlichen Aufklärungsgesprächs Unsicherheiten angesprochen oder explizit die Inhalte des Chats überprüft werden.

Neben Fehlinformationen müssen auch veraltetes Wissen korrigiert und neues Wissen durch aktuelle Studien und Leitlinien inkorporiert werden. Die erste Generation der LLMs hatte keine Möglichkeit zur kontinuierlichen Aktualisierung der Informationen und stellte lediglich den Zeitpunkt des Trainings dar. Dasselbe gilt für die Wissensdatenbank, die manuell gepflegt werden muss. Zwar trifft dies auch auf Ärzte zu, diese können jedoch unmittelbar aktuelle Informationen aus verschiedenen Quellen zusammentragen (Clark und Bailey 2024). Neuere Varianten der LLMs können durch einen Onlinezugang auch Informationen von Webseiten abrufen, um aktuell zu bleiben. Es bleibt abzuwarten, welche technischen Lösungen sich hier durchsetzen werden.

Eine weitere Frage ist, ob der Informationsprozess überhaupt delegiert werden darf. Die Aufklärung darf in Deutschland aktuell nicht delegiert werden und muss durch einen Arzt erfolgen (Parzeller et al. 2007). Dies gilt auch für wiederkehrende Aufklärungen, wie sie in der Radiologie vorkommen. Darf ein Chatbot oder ein ähnliches Interaktionssystem also überhaupt eine Aufklärung durchführen? Der organisatorische Prozess um den KIPA-Buddy stellt weiterhin sicher, dass ein Gespräch zwischen Patient und Arzt stattfindet, in dessen Rahmen auch die rechtlich bindende Zustimmung erfolgt und dokumentiert wird. Der vorgelagerte Informationsprozess wird in der gelebten Praxis auch heute bereits durch nicht-ärztliches Personal durchgeführt. Eine Delegation dessen an ein KI-gestütztes System erscheint daher vertretbar, da als Rückfallebene das Arztgespräch fortbesteht.

Mit dieser Konzeptualisierung sind auch die Fragen nach Verantwortung und Haftung relativ klar geregelt. Diese verbleibt weiterhin beim Arzt. Damit fällt der KIPA-Buddy wie nahezu alle derzeit gängigen radiologischen KI-Systeme in die Kategorie der Unterstützungssysteme (Kotter und Pinto dos Santos 2024). Demgegenüber stehen autonom agierende Systeme, die selbstständig Entscheidungen treffen, Diagnosen definieren oder Handlungsempfehlungen geben. Diese sind im medizinischen Kontext derzeit jedoch selten. Dies liegt auch daran, dass medizinische KI-Systeme durch die EU-Regulierung (European Commission (2024)) als Hochrisiko-Anwendungen eingestuft werden, was autonom agierende Systeme aufgrund der hohen Anforderungen an die menschliche Überwachung nahezu ausschließt (European Commission (2024); Kotter und Pinto dos Santos 2024). Die Grenzen zwischen Unterstützungs- und autonomen Systemen können jedoch leicht verschwimmen. Viele der Chatbots sind so entwickelt, dass sie auch konkrete Handlungsempfehlungen geben (Wells 2023). Für den beschriebenen Einsatzzweck der Aufklärung könnten zum Beispiel Empfehlungen zum Absetzen von Medikamenten vor radiologischen Interventionen gegeben werden. Hier muss kritisch evaluiert werden, inwieweit das System solche Aussagen tätigen darf und ob es dadurch potenziell zu Patientenschäden kommen kann (Bitterman et al. 2020).

Ein wichtiger ethischer Aspekt bei der Implementierung und Evaluation von medizinischen KI-Systemen, einschließlich Chatbots, ist der durch Algorithmen verursachte Bias sowie die Fairness der Systeme. Es lassen sich verschiedene Arten von Bias unterscheiden, darunter Datenbias, Confounding Bias, Technical Bias und Automation Bias (Brady et al. 2024). Insbesondere der Datenbias tritt bei LLMs durch den intransparenten Trainingsdatensatz auf. Aktuell werden die meisten KI-Chatbots mit Datensätzen trainiert, in denen weiße Männer mittleren Alters die am stärksten vertretene Gruppe sind (Cohen 2023). Es kann daher nicht ausgeschlossen werden, dass bestimmte Personengruppen unterrepräsentiert sind und dadurch unpassendere Antworten vom Chatbot erhalten. Dies schränkt die Generalisierbarkeit der Antworten ein. Ein technischer Bias entsteht zudem durch die Art, wie LLMs Antworten formulieren, was den Eindruck erwecken kann, es gäbe nur eine korrekte Antwort (Cohen 2023). Dadurch können alternative Antworten oder relevante ergänzende Informationen vorenthalten werden. Für den KIPA-Buddy steht die finale Evaluation noch aus, inwieweit diese oder ähnliche Verzerrungen die Aufklärung beeinflussen.

Zur Fairness eines Systems gehört auch der Zugang und die Nutzungsmöglichkeiten. Die Unterstützung des Aufklärungsprozesses durch ein KI-System ist nur ein Beispiel für die digitale Transformation im Gesundheitswesen. Dadurch können jedoch Personen benachteiligt werden, die keinen Zugang zu einem Smartphone, Computer oder einer ausreichenden Internetverbindung haben sowie über mangelnde technische Kenntnisse verfügen (Clark und Bailey 2024). Ebenso können Einschränkungen wie Sehstörungen die Bedienung eines geeigneten Geräts zur Nutzung des Chatbots erschweren. Der KIPA-Buddy wurde mit Text- und Spracheingabe ausgestattet, um Barrieren zu minimieren und einen breiteren Zugang zu ermöglichen. Dasselbe gilt auch für etwaige Sprachbarrieren. Diese können auch im direkten Arztgespräch ein Problem darstellen, könnten aber durch einen Voicebot abgebaut werden, wenn dieser mehrere Sprachen beherrscht. Essenziell ist, dass für Personen, die keine Möglichkeit zur Nutzung des KIPA-Buddys haben, keine Nachteile in der Versorgung entstehen. Das ärztliche Aufklärungsgespräch muss dies ausgleichen.

Es lässt sich zusammenfassen, dass es mehrere potenzielle ethische Chancen und Herausforderungen für den Einsatz KI-basierter Interaktionssysteme gibt. Die aktuelle Datenlage über diese neue Technologie erlaubt noch keine abschließende Beurteilung. Vorläufige Daten deuten jedoch darauf hin, dass ein Chat- oder Voicebot positive Effekte auf die Patientenautonomie, die Partizipation und den Informationsstand der Patienten haben könnte. Für den erfolgreichen Einsatz muss sichergestellt werden, dass keine Nachteile entstehen und alle Patientinnen und Patienten unabhängig von Herkunft, Geschlecht oder sozioökonomischem Status gleichermaßen von den potenziellen Vorteilen dieser Technologien profitieren können (Kotter und Pinto dos Santos 2024).

## 25.9 Schlussbetrachtung

Die Aufklärung und die informierte Zustimmung gehören in vielen medizinischen Fachgebieten zur täglichen Routine. Patienten haben das Recht auf eine adäquate Erläuterung der geplanten Therapie oder des vorgesehenen Verfahrens. Neben der ethischen und juristischen Verpflichtung dient dies auch der verbesserten Patientencompliance. Durch die zunehmenden technischen Möglichkeiten, insbesondere durch die im Alltag verbreiteten LLMs, ergeben sich immer mehr Optionen zur selbstständigen Information der Patienten. Obwohl die Informationsqualität kontinuierlich steigt, bleibt das Risiko falscher und potenziell schädlicher Informationen bestehen, sodass das persönliche Aufklärungsgespräch weiterhin unverzichtbar bleibt.

Im Rahmen des KIPA-Projekts werden die Möglichkeiten eines interaktiven Dialogsystems zur Aufklärung radiologischer Untersuchungen untersucht. Durch die Kombination eines LLMs mit einer qualitätsgesicherten Wissensdatenbank wird eine hohe Informationsqualität erreicht. Der KIPA-Buddy führt den Patienten durch den Aufklärungsprozess und unterstützt bei Fragen oder Unsicherheiten. Eine Evaluation des Ansatzes erfolgte sowohl qualitativ als auch quantitativ und zeigte vielversprechende Ergebnisse. In ersten Nutzerstudien betonten die Probanden eine verbesserte Informierung und Vorbereitung vor der Untersuchung sowie die barrierearme Bedienung mittels Text- und Spracheingabe. Die qualitative und quantitative Evaluation sowie die Nutzerstudien werden nun iterativ weiterentwickelt. Der vorhandene Demonstrator wird dabei stetig verfeinert.

Zum aktuellen Zeitpunkt (November 2024) wird die zweite Version des KIPA-Buddys in Interviewstudien und einer quantitativen Online-Studie evaluiert. Eine abschließende Aussage darüber, ob das KI-basierte interaktive Dialogsystem sowohl die subjektiv als auch objektiv verbesserte Patienteninformation bei gleichzeitiger Ressourcenoptimierung und Zeitersparnis vor Ort erreicht, steht noch aus. Bei erfolgreichen Nutzerstudien ist eine Erweiterung zum Produkt im Rahmen der digitalen Aufklärungslösung E-ConsentPro mobile des Projektpartners Thieme Compliance geplant. Bis dahin müssen neben den prognostizierten Chancen auch einige ethische Herausforderungen, wie potenzieller Bias, faire Zugangsmöglichkeiten und die Verantwortungsrolle der KI, adressiert werden. Sind diese Voraussetzungen erfüllt, hat KI das Potenzial, die Patientenaufklärung und den Informationsprozess zu verbessern, den zunehmenden ökonomischen und personellen Druck im Gesundheitswesen zu mindern und damit eine Station der Patientenreise erfolgreich zu transformieren.

## Literatur


Agozzino, E., Borrelli, S., Cancellieri, M., Carfora, F. M., Di Lorenzo, T. & Attena, F. (2019) Does written informed consent adequately inform surgical patients?, A cross sectional study, in: BMC Med. Ethics, 20(1):1–8. https://doi.org/10.1186/s12910-018-0340-z

Ali, R., Connolly, I. D., Tang, O. Y., Mirza, F. N., Johnston, B., Abdulrazeq, H. F., Lim, R. K., Galamaga, P. F., Libby, T. J., Sodha, N. R., Groff, M. W., Gokaslan, Z. L., Telfeian, A. E., Shin, J. H., Asaad, W. F., Zou, J. & Doberstein, C. E. (2024) Bridging the literacy gap for surgical consents: An AI-human expert collaborative approach, in: NPJ Digit. Med., 7(1):63. https://doi.org/10.1038/s41746-024-01039-2

Arora, N., Nasa, P., Kantor, S., Hashmi, M., Sodhi, K., Chanchalani, G., Al Bahrani, M. J., Al Tayar, A., Jaiswal, V., Lopa, A. J., Mansour, B., Mudalige, A. D., Nadeem, R., Shrestha, G. S., Taha, A. R., Türkoğlu, M. & Weeratunga, D. (2021) Visiting and Communication Policy in Intensive Care Units during COVID-19 Pandemic: A Cross-sectional Survey from South Asia and the Middle East, in: Indian J. Crit. Care Med., 26(3):268–275. https://doi.org/10.5005/jp-journals-10071-24091

Aydin, F., Yildirim, Ö. T., Aydin, A. H., Murat, B. & Basaran, C. H. (2023) Comparison of artificial intelligence-assisted informed consent obtained before coronary angiography with the conventional method: Medical competence and ethical assessment, in: Digit. Health, 30(9), DOI: https://doi.org/10.1177/20552076231218141

Ayers, J. W., Poliak, A., Dredze, M., Leas, E. C., Zhu, Z., Kelley, J. B., Faix, D. J., Goodman, A. M., Longhurst, C. A., Hogarth, M. & Smith, D. M. (2023) Comparing physician and artificial intelligence chatbot responses to patient questions posted to a public social media forum, in: JAMA internal medicine, 183(6):589–596. https://doi.org/10.1001/jamainternmed.2023.1838

Berner, A. M., Craven, C., Laskou, F., Baudracco, I., Graham, N., Mummery, C. & Ingle, G. (2016) Quality improvement: Audio-visual tools are a valuable supplement when obtaining consent for lumbar punctures, in: Future Hosp. J., 3(3):161–164. https://doi.org/10.7861/futurehosp.3-3-161

Bigot, R., Dallet, N. & Rousseau, R. (2020) Mise à disposition d'interprétariat en médecine ambulatoire dans les Pays de la Loire, in: Sante Publique, 31(5):663–682. https://doi.org/10.3917/spub.195.0663

Bitterman, D. S., Aerts, H. J. W. L. & Mak, R. H. (2020) Approaching autonomy in medical artificial intelligence, in: Lancet. Digit. Health, 2(9):e447–e449. https://doi.org/10.1016/S2589-7500(20)30187-4

BMBF (2024) KIPA — Miteinander durch Innovation, Bundesministerium für Bildung und Forschung (BMBF, Hrsg.). Online im Internet: URL: https://www.interaktive-technologien.de/projekte/kipa, Abrufdatum: 11.10.2024.

Bolton, E., Venigalla, A., Yasunaga, M., Hall, D., Xiong, B., Lee, T., Daneshjou, R., Frankle, J., Liang, P., Carbin, M. & Manning, C. D. (2024) BioMedLM: A 2.7B Parameter Language Model Trained On Biomedical Text. Online im Internet: URL: http://arxiv.org/pdf/2403.18421, Abrufdatum: 13.11.2024.

Book, F., Goedeke, J., Poplawski, A. & Muensterer, O. J. (2020) Access to an online video enhances the consent process, increases knowledge, and decreases anxiety of caregivers with children scheduled for inguinal hernia repair: A randomized controlled study, in: J. Pediatr. Surg., 55(1):18–28. https://doi.org/10.1016/j.jpedsurg.2019.09.047

Bos, D., Guberina, N., Zensen, S., Opitz, M., Forsting, M. & Wetter, A. (2023) Radiation Exposure in Computed Tomography, in: Dtsch. Arztebl. Int., 120(9):135–141. https://doi.org/10.3238/arztebl.m2022.0395

Brady, A. P., Allen, B., Chong, J., Kotter, E., Kottler, N., Mongan, J., Oakden-Rayner, L., Pinto Dos Santos, D., Tang, A., Wald, C. & Slavotinek, J. (2024) Developing, purchasing, implementing and monitoring AI tools in radiology: practical considerations. A multi-society statement from the ACR, CAR, ESR, RANZCR & RSNA, in: Insights Imaging, 15(1):15. https://doi.org/10.1186/s13244-023-01541-3

Bundesamt für Justiz (2023) Gesetz über die Werbung auf dem Gebiete des Heilwesens (Heilmittelwerbegesetz – HWG), zuletzt geändert am 19.7.2023, Berlin. Online im Internet: URL: https://www.gesetze-im-internet.de/heilmwerbg/BJNR006049965.html, Abrufdatum: 12.12.2024.

Burzyńska, J., Bartosiewicz, A.& Januszewicz, P. (2023) Dr. Google: Physicians-The Web-Patients Triangle: Digital Skills and Attitudes towards e-Health Solutions among Physicians in South Eastern Poland-A Cross-Sectional Study in a Pre-COVID-19 Era, in: Int. J. Environ. Res. Public Health, 20(2):978. https://doi.org/10.3390/ijerph20020978

Cheung, D., Lieberman, L., Lin, Y. & Callum, J. (2014) Consent for blood transfusion: Do patients understand the risks and benefits?, in: Transfus. Med., 24(5):269–273. https://doi.org/10.1111/tme.12141

Clark, M. & Bailey, S. (2024) Chatbots in Health Care: Connecting Patients to Information, in: Can. J. Health Technol., 4(1). 10.51731/cjht.2024.818

Coghlan, S., Leins, K., Sheldrick, S., Cheong, M., Gooding, P. & D'Alfonso, S. (2023) To chat or bot to chat: Ethical issues with using chatbots in mental health, in: Digit. Health, 2(9). https://doi.org/10.1177/20552076231183542

Cohen, I. G. (2023) What Should ChatGPT Mean for Bioethics?, in: Am. J. Bioeth., 23(10):8–16. https://doi.org/10.1177/20552076231183542

Currie, G., Robbie, S. & Tually, P. (2023) ChatGPT and Patient Information in Nuclear Medicine: GPT-3.5 Versus GPT-4, in: J. Nucl. Med. Technol., 51(4):307–313. https://doi.org/10.2967/jnmt.123.266151

Daniels, G. & Vogel, S. (2012) Consent in osteopathy: A cross sectional survey of patients' information and process preferences, in: Int. J. Osteopath. Med., 15(3):92–102. https://doi.org/10.1016/j.ijosm.2012.04.001

Daraz, L., Morrow, A. S., Ponce, O. J., Farah, W., Katabi, A., Majzoub, A., Seisa, M. O., Benkhadra, R., Alsawas, M., Larry, P. & Murad, M. H. (2018) Readability of Online Health Information: A Meta-Narrative Systematic Review, in: Am. J. Med. Qual., 33(5):487–492. DOI: https://doi.org/10.1177/1062860617751639

Dathatri, S., Gruberg, L., Anand, J., Romeiser, J., Sharma, S., Finnin, E., Shroyer, A. L. W. & Rosengart, T. K. (2014) Informed Consent for Cardiac Procedures: Deficiencies in Patient Comprehension With Current Methods, in: Ann. Thorac. Surg., 97(5):1505–1512. https://doi.org/10.1016/j.athoracsur.2013.12.065

Dave, T., Athaluri, S. A. & Singh, S. (2023) ChatGPT in medicine: an overview of its applications, advantages, limitations, future prospects, and ethical considerations, in: Front. Artif. Intell., 4(6). https://doi.org/10.3389/frai.2023.1169595

Davis, R., Vincent, C., Sud, A., Noel, S., Moss, R., Asgheddi, M., Abdur-Rahman, I. & Murphy, M. (2012) Consent to transfusion: Patients' and healthcare professionals' attitudes towards the provision of blood transfusion information, in: Transfus. Med., 22(3):167–172. https://doi.org/10.1111/j.1365-3148.2012.01148.x

Degerliyurt, K., Gunsolley, J. C. & Laskin, D. M. (2010) Informed Consent: What Do Patients Really Want to Know?, in: J. Oral Maxillofac. Surg., 68(8):1849–1852. https://doi.org/10.1016/j.joms.2010.04.004

Deutscher Ethikrat (2023) Mensch und Maschine – Herausforderungen durch Künstliche Intelligenz. Stellungnahme. Deutscher Ethikrat (Hrsg.). Berlin. Online im Internet: URL: https://www.ethikrat.org/fileadmin/Publikationen/Stellungnahmen/deutsch/stellungnahme-mensch-und-maschine.pdf, Abrufdatum 11.10.2024.

Diviani, N., Van Den Putte, B., Giani, S. & Van Weert, J. C. (2015) Low Health Literacy and Evaluation of Online Health Information: A Systematic Review of the Literature, in: J. Med. Internet Res., 17(5):e112. https://doi.org/10.2196/jmir.4018

Du, D., Paluch, R., Stevens, G. & Müller, C. (2024) Exploring patient trust in clinical advice from AI-driven LLMs like ChatGPT for self-diagnosis, in: Int. Conf. Trust. Care Technol., arXiv preprint arXiv:2402.07920. Online im Internet: URL: http://arxiv.org/pdf/2402.07920, Abrufdatum: 09.11.2024.

European Commission (2024) Artificial Intelligence Act, European Commission (Ed.), Online im Internet: URL: https://artificialintelligenceact.eu/, Abrufdatum: 18.10.2024.

Fraval, A., Chandrananth, J., Chong, Y. M., Tran, P. & Coventry, L. S. (2015) Internet based patient education improves informed consent for elective orthopaedic surgery: A randomized controlled trial, in: BMC Musculoskelet. Disord., 16(1):14. https://doi.org/10.1186/s12891-015-0466-9.

Gaube, S., Suresh, H., Raue, M., Merritt, A., Berkowitz, S. J., Lermer, E., Coughlin, J. F., Guttag, J. V., Colak, E. & Ghassemi, M. (2021) Do as AI say: susceptibility in deployment of clinical decision-aids, in: npj Digit. Med., 4(1):31. https://doi.org/10.1038/s41746-021-00385-9

Goodhart, I. M., Andrzejowski, J. C., Jones, G. L., Berthoud, M., Dennis, A., Mills, G. H. & Radley, S. C. (2017) Patient-completed, preoperative web-based anaesthetic assessment questionnaire (electronic Personal Assessment Questionnaire PreOperative): Development and validation, in: Eur. J. Anaesthesiol., 34(4):221–228. https://doi.org/10.1097/EJA.0000000000000545

Grünebaum, A., Chervenak, J., Pollet, S. L., Katz, A. & Chervenak, F. A. (2023) The exciting potential for ChatGPT in obstetrics and gynecology, in: Am. J. Obstet. Gynecol., 228(6):696–705. https://doi.org/10.1016/j.ajog.2023.03.009

Haschke, C., Grote Westrick, M. & Schwenk, U. (2018) Gesundheitsinfos. Wer suchet, der findet – Patienten mit Dr. Google zufrieden, Daten, Analysen, Perspektiven, Nr. 2, Bertelsmann Stiftung (Hrsg.), Gütersloh.

Haystack (2024). Haystack Framework. Haystack (Hrsg.), Online im Internet: URL: https://haystack.deepset.ai/, Abrufdatum: 03.11.2024.

Heyer, C. M., Thüring, J., Lemburg, S. P., Kreddig, N., Hasenbring, M., Dohna, M. & Nicolas, V. (2015) Anxiety of Patients Undergoing CT Imaging—An Underestimated Problem?, in: Acad. Radiol., 22(1):105–112. https://doi.org/10.1016/j.acra.2014.07.014

Hoermann, S., Doering, S., Richter, R., Walter, M. H. & Schüßler, G. (2001) Aufklärungsbedürfnisse chirurgischer Patienten, in: PPmP – Psychother. Psychosom. Med. Psychol., 51(2):56–61. https://doi.org/10.1055/s-2001-10754

Hogan, A., Blomqvist, E., Cochez, M., D'amato, C., Melo, G. de, Gutierrez, C., Kirrane, S., Gayo, J. E. L., Navigli, R., Neumaier, S., Ngomo, A.-C. N., Polleres, A., Rashid, S. M., Rula, A., Schmelzeisen, L., Sequeda, J., Staab, S. & Zimmermann, A. (2022) Knowledge Graphs, in: ACM Computing Surveys, 54(4):1–37. https://doi.org/10.1145/3447772.

Huang, L., Yu, W., Ma, W., Zhong, W., Feng, Z., Wang, H., Chen, Q., Peng, W., Feng, X., Qin, B. & Liu, T. (2023) A Survey on Hallucination in Large Language Models: Principles, Taxonomy, Challenges, and Open Questions, Online im Internet: URL: http://arxiv.org/pdf/2311.05232, Abrufdatum: 26.10.2024.

Hugging Face (2024) all-MiniLM-L6-v2, Online im Internet: URL: https://huggingface.co/sentence-transformers/all-MiniLM-L6-v2, Abrufdatum: 03.11.2024.

Hunold, P., Bucher, A. M., Sandstede, J., Janka, R., Fritz, L. B., Regier, M., Loose, R., Barkhausen, J., Mentzel, H.-J., Zimmer, C. & Antoch, G. (2021) Positionspapier der Deutschen Röntgengesellschaft (DRG), der Deutschen Gesellschaft für Neuroradiologie (DGNR) und der Gesellschaft für Pädiatrische Radiologie (GPR) zu den fachlichen Anforderungen an Durchführung und Befundung von MRT-Untersuchungen außerhalb des Fachgebietes Radiologie, in: RöFo – Fortschr. Röntgenstr., 193(9):1050–1061. 10.1055/a-1463-3626

Jütte, R. (2018) Arzt und Ethos: Aufklärung und „informed consent", in: Dtsch Arztebl Int., 115(27–28):A1324-A1328. Online im Internet: URL: https://www.aerzteblatt.de/int/article.asp?id=198935, Abrufdatum: 09.11.2024.

Kaller, S., Daniel, S., Raifman, S., Biggs, M. A. & Grossman, D. (2021) Pre-Abortion Informed Consent Through Telemedicine vs. in Person: Differences in Patient Demographics and Visit Satisfaction, in: Women's Health Issues, 31(3):227–235. https://doi.org/10.1016/j.whi.2021.02.007

Keulers, B. J., Scheltinga, M. R., Houterman, S., Van Der Wilt, G. J. & Spauwen, P. H. (2008) Surgeons Underestimate Their Patients' Desire for Preoperative Information, in: World J Surg, 32(6):964–970. https://doi.org/10.1007/s00268-008-9581-1

Kienzle, A., Niemann, M., Meller, S. & Gwinner, C. (2024) ChatGPT May Offer an Adequate Substitute for Informed Consent to Patients Prior to Total Knee Arthroplasty-Yet Caution Is Needed, in: J. Pers. Med., 14(1):69. https://doi.org/10.3390/jpm14010069

Kotter, E. & Pinto Dos Santos, D. (2024) Ethik und künstliche Intelligenz, in: Radiologie (Heidelb.), 64(6):498–502. https://doi.org/10.1007/s00117-024-01286-0

Lange, S., Mędrzycka-Dąbrowska, W. & Małecka-Dubiela, A. (2023) Patient Experience during Contrast-Enhanced Computed Tomography Examination: Anxiety, Feelings, and Safety, in: Safety, 9(4):69. https://doi.org/10.3390/safety9040069

Lavelle-Jones, C., Byrne, D. J., Rice, P. & Cuschieri, A. (1993) Factors affecting quality of informed consent, in: BMJ, 306(6882):885–890. https://doi.org/10.1136/bmj.306.6882.885

Lewis, P., Perez, E., Piktus, A., Petroni, F., Karpukhin, V., Goyal, N., Küttler, H., Lewis, M., Yih, W., Rocktäschel, T., Riedel, S. & Kiela, D. (2020) Retrieval-augmented generation for knowledge-intensive NLP tasks, Online im Internet: URL: https://arxiv.org/abs/2005.11401, Abrufdatum: 13.11.2024.

Li, J., Zhou, L., Zhan, Y., Xu, H., Zhang, C., Shan, F. & Liu, L. (2022) How does the artificial intelligence-based image-assisted technique help physicians in diagnosis of pulmonary adenocarcinoma? A randomized controlled experiment of multicenter physicians in China, in: J. Am. Med. Inform. Assoc., 29(12):2041–2049. https://doi.org/10.1093/jamia/ocac179

Loose, R. & Lell, M. (2023). Information, Aufklärung und Kommunikation mit den Patienten, in: Radiologie (Heidelb.), 63(2):95–98. https://doi.org/10.1007/s00117-022-01098-0

McNutt, L.-A., Waltermaurer, E., Bednarczyk, R. A., Carlson, B. E., Kotval, J., McCauley, J., Campbell, J. C. & Ford, D. E. (2008) Are We Misjudging How Well Informed Consent Forms are Read?, in: J. Empir. Res. Hum. Res. Ethics, 3(1):89–97. https://doi.org/10.1525/jer.2008.3.1.89

Meade, M. J. & Dreyer, C. W. (2022) Orthodontic treatment consent forms: A readability analysis, in: J. Orthod., 49(1):32–38. https://doi.org/10.1177/14653125211033301

Mirbabaie, M., Stieglitz, S. & Frick, N. R. J. (2021) Artificial intelligence in disease diagnostics: A critical review and classification on the current state of research guiding future direction, in: Health Technol., 11(4):693–731. https://doi.org/10.1007/s12553-021-00555-5

Modra, L. J., Hart, G. K., Hilton, A. & Moore, S. (2014) Informed consent in the intensive care unit: The experiences and expectations of patients and their families, in: Crit. Care Resusc., 16(4):262–268.e6. https://doi.org/10.1016/S1441-2772(23)01617-4

Moll, M., Heilemann, G., Georg, D., Kauer-Dorner, D. & Kuess, P. (2024) The role of artificial intelligence in informed patient consent for radiotherapy treatments: A case report, in: Strahlentherapie und Onkologie, 200(6):544–548. https://doi.org/10.1007/s00066-023-02190-7

Moussa, Y., Jimenez, Y., Wang, W., Nahar, N., Ahern, V. & Stuart, K. (2024) The development and evaluation of an educational video for breast cancer patients requiring adjuvant radiation therapy, in: Journal of Cancer Education, 39(3):279–287. https://doi.org/10.1007/s13187-024-02408-x

Mulsow, J. J. W., Feeley, T. M. & Tierney, S. (2012) Beyond consent—Improving understanding in surgical patients, in: The American Journal of Surgery, 203(1):112–120. https://doi.org/10.1016/j.amjsurg.2010.12.010

Ozhan, M. O., Suzer, M. A., Comak, I., Ozhan Caparlar, C., Bumin Aydin, G., Eskin, M. B., Atik, B., Ergin, A., Cekmen, N. & Kurt, E. (2014) Do the patients read the informed consent?, in: Balkan Medical Journal, 31(2):132–136. https://doi.org/10.5152/balkanmedj.2014.13212

Parzeller, M., Wenk, M., Zedler, B. & Rothschild, M. (2007) Aufklärung und Einwilligung bei ärztlichen Eingriffen, in: Dtsch Arztebl Int., 104(9):A576, Online im Internet: URL: https://www.aerzteblatt.de/int/article.asp?id=54690, Abrufdatum: 09.11.2024.

Robertson, E. G., Komesaroff, R., Eisenstat, D. D., Robertson, A. & Ludlow, L. E. (2024) A pilot evaluation of an educational video to support consent to a pediatric malignancy biobank, in: Biopreservation and Biobanking, https://doi.org/10.1089/bio.2024.0011

Sallam, M. (2023) ChatGPT Utility in Healthcare Education, Research, and Practice: Systematic Review on the Promising Perspectives and Valid Concerns, in: Healthcare (Basel), 11(6):887. https://doi.org/10.3390/healthcare11060887

Schmidlen, T., Schwartz, M., DiLoreto, K., Kirchner, H. L. & Sturm, A. C. (2019) Patient assessment of chatbots for the scalable delivery of genetic counseling, in: Journal of Genetic Counseling, 28(6):1166–1177. https://doi.org/10.1002/jgc4.1169

Shiraishi, M., Tomioka, Y., Miyakuni, A., Moriwaki, Y., Yang, R., Oba, J. & Okazaki, M. (2024) Generating informed consent documents related to blepharoplasty using ChatGPT, in: Ophthalmic Plastic and Reconstructive Surgery, 40(3):316–320. https://doi.org/10.1097/IOP.0000000000002574

Singhal, K., Azizi, S., Tu, T., Mahdavi, S. S., Wei, J., Chung, H. W., Scales, N., Tanwani, A., Cole-Lewis, H., Pfohl, S., Payne, P., Seneviratne, M., Gamble, P., Kelly, C., Babiker, A., Schärli, N., Chowdhery, A., Mansfield, P., Demner-Fushman, D., Agüera Y Arcas, B., Webster, D., Corrado, G. S., Matias, Y., Chou, K., Gottweis, J., Tomasev, N., Liu, Y., Rajkomar, A., Barral, J., Semturs, C., Karthikesalingam, A. & Natarajan, V. (2023) Large language models encode clinical knowledge, in: Nature, 620(7972):172–180. https://doi.org/10.1038/s41586-023-06291-2.

Siracuse, J. J., Benoit, E., Burke, J., Carter, S. & Schwaitzberg, S. D. (2014) Development of a web-based surgical booking and informed consent system to reduce the potential for error and improve communication, in: The Joint Commission Journal on Quality and Patient Safety, 40(3):126–133. https://doi.org/10.1016/S1553-7250(14)40016-3

Stroop, A., Stroop, T., Zawy Alsofy, S., Nakamura, M., Möllmann, F., Greiner, C. & Stroop, R. (2023) Large language models: Are artificial intelligence-based chatbots a reliable source of patient information for spinal surgery?, in: European Spine Journal, 33(11):4135–4143. https://doi.org/10.1007/s00586-023-07975-z

Suarez-Lledo, V. & Alvarez-Galvez, J. (2021) Prevalence of health misinformation on social media: Systematic review, in: Journal of Medical Internet Research, 23(1):e17187. https://doi.org/10.2196/17187

Swire-Thompson, B. & Lazer, D. (2020) Public health and online misinformation: Challenges and recommendations, in: Annual Review of Public Health, 41(1):433–451. https://doi.org/10.1146/annurev-publhealth-040119-094127

Teubel, A. (2010) Arzthaftungsrecht: Aufklären, aber richtig, in: Dtsch Arztebl Int., 107(19):A951, Online im Internet: URL: https://www.aerzteblatt.de/int/article.asp?id=74961, Abrufdatum: 09.11.2024.

Van Bulck & L., Moons, P. (2024) What if your patient switches from Dr. Google to Dr. ChatGPT? A vignette-based survey of the trustworthiness, value, and danger of ChatGPT-generated responses to health questions, in: European Journal of Cardiovascular Nursing, 23(1):95–98. https://doi.org/10.1093/eurjcn/zvad038

Vogele, D., Schöffski, O., Efinger, K., Schmidt, S. A., Beer, M. & Kildal, D. (2020) Aufklärungserfolg, Zufriedenheit und Verbesserungsmöglichkeiten bei Computertomographie-Aufklärungen: Eine Befragung von Patienten und Ärzten, in: Radiologe, 60(11):1077–1084. https://doi.org/10.1007/s00117-020-00727-w

Wald, D. S., Casey-Gillman, O., Comer, K., Mansell, J. S., Teoh, Z. H., Mouyis, K., Kelham, M., Chan, F., Ahmet, S., Sayers, M., McCaughan, V. & Polenio, N. (2020) Animation-supported consent for urgent angiography and angioplasty: A service improvement initiative, in: Heart, 106(22):1747–1751. https://doi.org/10.1136/heartjnl-2019-316227

Wang, X., Shi, J. & Kong, H. (2021) Online health information seeking: A review and meta-analysis, in: Health Communication, 36(10):1163–1175. DOI: https://doi.org/10.1080/10410236.2020.1748829

Wells, K. (2023) An eating disorders chatbot offered dieting advice, raising fears about AI in health, Michigan Radio, 09.06.2023. Online im Internet: URL: https://www.npr.org/sections/health-shots/2023/06/08/1180838096/an-eating-disorders-chatbot-offered-dieting-advice-raising-fears-about-ai-in-hea, Abrufdatum: 17.10.2024.

Wigge, P. & Loose, R. (2016a) Ärztliche Aufklärungspflichten bei diagnostischen Röntgenuntersuchungen (1. Teil), in: RöFo – Fortschritte auf dem Gebiet der Röntgenstrahlen und der bildgebenden Verfahren, 188(2):218–224. https://doi.org/10.1055/s-0042-100349

Wigge, P. & Loose, R. (2016b) Ärztliche Aufklärungspflichten bei diagnostischen Röntgenuntersuchungen (2. Teil), in: RöFo – Fortschritte auf dem Gebiet der Röntgenstrahlen und der bildgebenden Verfahren, 188(3):312–315. https://doi.org/10.1055/s-0042-102139

Zevin, B., Almakky, M., Mancini, U. & Robertson, D. I. (2022) Digital approach to informed consent in bariatric surgery: A randomized controlled trial, in: Surgical Endoscopy, 36(1):809–816. https://doi.org/10.1007/s00464-020-08277-x

**Johannes Jahn** schloss 2021 das Studium der Humanmedizin an der Universität Freiburg ab. Aktuell arbeitet er als Assistenzarzt in der Klinik für Diagnostische und Interventionelle Radiologie am Universitätsklinikum Freiburg. Seine Schwerpunkte liegen auf der kardiovaskulären Bildgebung und dem klinischen Einsatz von KI-gestützten Applikationen. Im Rahmen des vom Bundesministerium für Bildung und Forschung geförderten KIPA-Projektes bringt er die klinische Expertise mit ein.

**Mascha Goldschmitt** ist Psychologin und wissenschaftliche Mitarbeiterin in der Abteilung für Arbeits-, Organisations- und Wirtschaftspsychologie der Johannes Gutenberg-Universität Mainz. Im Rahmen ihrer Promotion forscht sie zu den Auswirkungen der Nutzung Künstlicher Intelligenz im Arbeitskontext auf das psychische Wohlbefinden von Arbeitenden. Im KIPA-Projekt unterstützt sie die Entwicklung und Evaluation der KI-Anwendung im Hinblick auf die Effekte einer KI-unterstützten Lösung im Vergleich zum konventionellen Vorgehen.

**Isabel Schmittel** ist Medizinstudentin an der Julius-Maximilians-Universität in Würzburg und arbeitet als Werkstudentin für das Unternehmen Empolis Information Management GmbH. Im KIPA-Projekt unterstützt sie die technische Entwicklung des Chatbots mit medizinischem Fachwissen.

**Dr. Benedikt Kämpgen** ist Informatiker bei der Empolis Information Management GmbH. Er verantwortet dort die Entwicklung innovativer Geschäftsmodelle in wissensintensiven Anwendungsbereichen, insbesondere im Gesundheitswesen. Seine technischen Schwerpunkte sind die Analyse von Web-scale, heterogenen Datenmengen sowie die Kombination von logikbasierten mit datenbasierten KI-Ansätzen zur Entscheidungsunterstützung. Nach seinem Studium der Informatik an der Julius-Maximilians-Universität Würzburg war er zunächst wissenschaftlicher Mitarbeiter am Karlsruher Institut für Technologie (KIT), dann Abteilungsleiter am FZI Forschungszentrum Informatik, und ist nun seit 2017 bei Empolis.

**Prof. Dr. med. Elmar Kotter, MHBA**, ist Radiologe und Geschäftsführender Oberarzt der Klinik für Diagnostische und Interventionelle Radiologie am Universitätsklinikum Freiburg. Er leitet den Bereich „IT und Qualitätsmanagement" sowie die Arbeitsgruppe „KI in der Radiologie". Er war Leiter der IT-Arbeitsgruppe der Deutschen Röntgengesellschaft (DRG), Vorsitzender des eHealth- und Informatik-Subkomitees der Europäischen Gesellschaft für Radiologie (ESR) sowie Präsident der Europäischen Gesellschaft für Medizinische Bildgebungsinformatik (EuSoMII). Zudem leitet er das KIPA-Projekt.

# Die Rolle von KI in der Radiologie – Beispiele für digitale Innovationen in der Patientenreise

**26**

Tia K. Gade, Melin Ernalbant und Mario A. Pfannstiel

## Inhaltsverzeichnis



**Zusammenfassung**

Die Radiologie erfährt durch den kontinuierlichen technologischen Fortschritt, insbesondere durch den Einsatz von Künstlicher Intelligenz (KI), grundlegende Veränderungen, die sich unmittelbar auf die Reise des Patienten auswirken. Dieser Beitrag beschäftigt sich mit den Möglichkeiten, die sich durch den Einsatz von KI-Anwendungen

T. K. Gade (✉) · M. Ernalbant · M.A. Pfannstiel
Fakultät für Gesundheitsmanagement, Hochschule Neu-Ulm, Neu-Ulm, Deutschland
E-Mail: tia.gade@student.hnu.de ; melin.ernalbant@student.hnu.de; mario.pfannstiel@hs-neu-ulm.de



M. A. Pfannstiel (Hrsg.), *Künstliche Intelligenz im Einsatz für die erfolgreiche Patientenreise*, https://doi.org/10.1007/978-3-658-48573-3_26

in den verschiedenen Phasen der Patient Journey in der Radiologie ergeben, und zeigt diese auf. Ziel dieses Beitrages ist es, darzustellen, wie sich die Reise des Patienten durch KI in der Radiologie verbessern kann. Dabei werden nicht nur die KI-Anwendungen selbst, sondern auch deren Vorteile und Nachteile und die Zukunft der Radiologie betrachtet.

## 26.1 Einleitung

Der Alltag im Fachgebiet der Radiologie, das sich mit den bildgebenden Verfahren zu diagnostischen und therapeutischen Behandlungen beschäftigt, ist durch den anhaltenden technologischen Wandel geprägt. Durch den dauerhaften digitalen Umgang mit Geräten und die sehr großen Fortschritte, an die sich die Radiologen schon gewöhnen mussten, besteht eine hohe Akzeptanz von Künstlicher Intelligenz (KI) in der Radiologie. Da die traditionelle Datenverwaltung und Diagnostik mit rund 675 Mrd. Gigabyte an Bilddaten, was 13,5 Billionen Schichtbilder im Jahr 2019 entspricht, an ihre Grenzen stößt und menschliche Fehler entstehen können, soll die KI hierbei in allen Bereichen der Radiologie eine unterstützende Funktion einnehmen (vgl. Schneider 2023, S. 50). Dies entlastet dadurch nicht nur die Arbeit der Radiologen, sondern trägt zusätzlich auch zu einer Verbesserung der Patient Journey bei. Neben der Hauptbefundung kann durch KI-entdeckte Neben- und Zufallsbefundungen die Zukunft des Patienten beeinflusst werden (vgl. Mentzel 2021, S. 696).

## 26.2 Die Rolle der Radiologie in der Patienten Journey

Die Patient Journey „stellt die zeitliche Abfolge der Phasen dar, [die] der Patient im Rahmen der medizinischen Versorgung durchläuft“ (Zyumbileva et al. 2022, S. 1). Dabei stellt die diagnostische Funktion der Radiologie bei stationären Patienten einen essenziellen Bereich der Patient Journey dar. Die Radiologie umfasst ein breites Spektrum an bildgebenden Verfahren, die sowohl für diagnostische als auch therapeutische Behandlungen eingesetzt werden. Damit bildet es einen entscheidenden Punkt in der Patient Journey, da die Ergebnisse den weiteren Verlauf der einzelnen Phasen beeinflussen. Die Radiologie ist daher entscheidend für die Erkennung und Behandlung der Krankheit (vgl. Deutsche Röntgengesellschaft 2024, o. S.).

Innerhalb des aufgezeigten Patientenpfades (siehe Abb. 26.1) sind die radiologische Diagnostik unter „Untersuchungen und diagnostische Tests“ sowie die radiologische Befundung unter „Diagnostikergebnisse“ aufgeführt. In dieser Zeit durchläuft der Patient in der Radiologie einige Phasen von der Überweisung und Untersuchung bis hin zum Therapiemanagement, wobei in der Abbildung nicht die Phasen aus Sicht des Patienten dargestellt werden, um die Anwendungsfelder von KI-Technologien besser aufzeigen zu können. Da KI-Algorithmen mehrere Funktionen besitzen und die einzelnen Phasen inei-

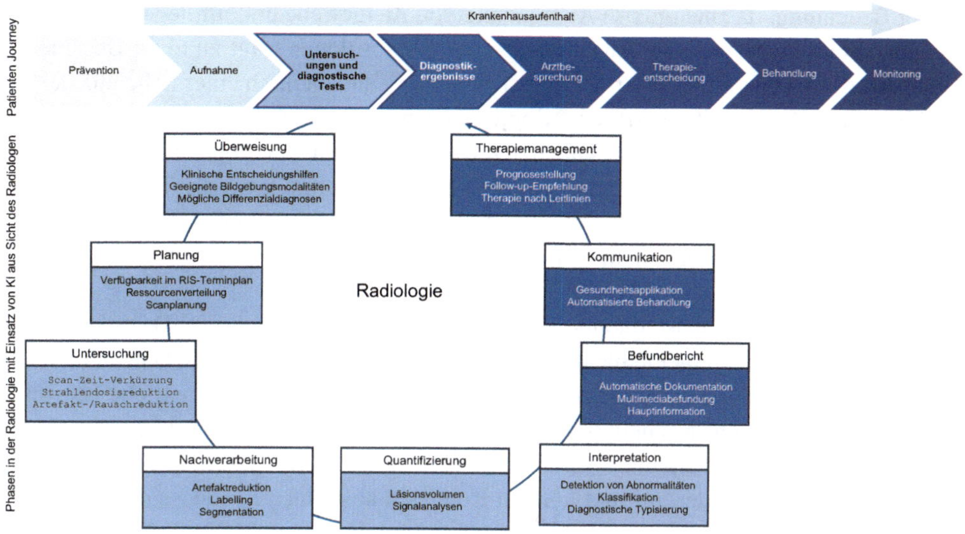


**Abb. 26.1** Die Radiologie als wichtiger Bestandteil der Patient Journey. (Quelle: Mentzel (2021), S. 697)

nander übergehen, werden im Folgenden die abgebildeten Phasen „Untersuchung, Nachverarbeitung, Quantifizierung, Interpretation und Befundbericht" zu der Erstellung der Diagnose zusammengefasst.

## 26.3 KI-Technologien in der Radiologie

Der Begriff KI hat sich zu einem wichtigen Anwendungsbereich in der Radiologie entwickelt und trägt maßgeblich zur Veränderung der Arbeitsweise in der Radiologie bei (vgl. Schneider 2023, S. 55). Gemäß der Studie der European Society of Radiology (ESR) aus dem Jahr 2022 wurde KI bereits in 37 % der regionalen Krankenhäuser und von 11 % der niedergelassenen Ärzte verwendet (vgl. European Society of Radiology 2022, S. 1).

Stark mit dem Begriff KI verbunden ist das maschinelle Lernen (engl. Machine-Learning). Es spielt ebenfalls eine wichtige Rolle in der Radiologie, da es durch die Funktionsweise bei automatischen Mustererkennungen in medizinischen Bildern und Diagnosefindungen unterstützt. Maschinelles Lernen arbeitet mit Algorithmen, die anhand automatisch gelernter Regeln eine spezifische Aufgabe lösen können (vgl. Kauffmann et al. 2022, S. 619–620).

Hierbei können grundlegende KI-Algorithmen in Arten unterschieden werden. Die Klassifikationsalgorithmen dienen einer strukturierten Einordnung radiologischer Bilder in Kategorien wie z. B. „maligner Tumor vorhanden" oder „kein maligner Tumor vorhanden". Die Segmentationsalgorithmen sind vorrangig in der Strahlentherapie von hoher Bedeutung, da eine präzise Abgrenzung von Zielgewebe und umliegendem Risikogewebe ermöglicht wird. Die Anwendung dieser Algorithmen trägt zu einer Beschleunigung des Ablaufs, optimierter Strahlendosisverteilung und dadurch einer Effizienz der Behandlung bei. Eine weitere Art sind Regressionsmodelle. Diese bieten die Möglichkeit kontinuierliche Variablen zu prognostizieren, wodurch im onkologischen Kontext das Wachstum eines Tumors vorhergesagt werden kann. Daraufhin kann der Therapieplan individuell auf den Tumor angepasst werden. Bei allen Arten von Algorithmen ist wichtig zu erwähnen, dass diese Typen nicht isoliert Anwendung finden, sondern in Kombination genutzt werden (vgl. Xu et al. 2024, S. 354).

Ein Teilbereich des maschinellen Lernens ist das tiefe Lernen (engl. Deep Learning). Der Lernprozess erfolgt hier anhand von Rohdaten, weshalb keine initiale Datenannotation benötigt wird. Es hat sich in der Bild- und Datenverarbeitung als „künstliche neuronale Netze (convolutional neural network (CNN))" etabliert, wobei beim Deep Learning Daten mittels vernetzter Knotenpunkte verarbeitet werden. Mehrere Schichten dieser Knotenpunkte bauen aufeinander auf und können Rohdaten abstrahieren, sodass die Technik in der Lage ist, unbekannte Muster zu identifizieren (vgl. Rau et al. 2022, S. 2).

In den nachfolgenden Abschnitten werden recherchierte KI-Technologien exemplarisch den Phasen der Patient Journey zugeordnet. Diese Beispiele bieten einen ersten Überblick über die derzeit verfügbaren Technologien. Die Zusammenstellung kann nach Belieben um neu auf dem Markt eingeführte KI-Technologien ergänzt werden und erhebt keinen Anspruch auf Vollständigkeit.

### 26.3.1 Organisation und Planung

Die Organisation und Planung in der Radiologie haben großen Einfluss auf die resultierenden Ergebnisse. Patienten- und Mitarbeiterzentrierung sind dabei die zwei wichtigsten Schwerpunkte und können durch Synergien, aber auch Konflikte, beeinflusst werden. Durch eine etablierte Radiologie-Organisation können eine reibungslose Untersuchung, adäquate Befundung, Diagnosestellung und eine weitere Therapie unterstützt werden. Auch wird durch die Radiologie-Organisation, v. a. mit ihrem Schwerpunkt der Patientenzentrierung, der Patient wesentlich in medizinische Entscheidungen einbezogen, und seine Wünsche und Werte berücksichtigt (vgl. Baalmann et al. 2023, S. 651–652). Tab. 26.1 zeigt Beispiele für KI-Technologien im Bereich der Organisation und Planung.

### 26.3.2 Prävention

Die Prävention in der Radiologie findet v. a. Anwendung in der Mammografie. Dabei handelt es sich um eine präventive Maßnahme, die bei Frauen ab einem gewissen Alter mindestens alle zwei Jahre durchgeführt wird (Deutsche Krebsgesellschaft 2022, o. S.).

**Tab. 26.1** KI-Technologien im Bereich Organisation und Planung. (Quelle: Eigene Zusammenstellung (2024))

| KI-Technologie | Funktion | Krankheit | Referenz |
|---|---|---|---|
| Syngo Virtual Cockpit®, Siemens Healthineers | - Steuerung von Großuntersuchungsgeräten wie ein MRT aus der Ferne<br>- Automatisiertes Vorbereiten und Starten von Sequenzfolgen entsprechend der Körpermasse des Patienten<br>- Erstellung von standardisierten Rekonstruktionstechniken und dreidimensionaler Darstellung von Profil, Knochen, Gefäßen oder Organen ohne Bearbeitung der Rohdaten | Unspezifische Krankheiten | Vgl. Mentzel (2021), S. 698 |
| IntelliSpace AI Workflow Suite® | - Algorithmus zur Steuerung des zentralen Workflow-Managements<br>- Sortierung der Bilddatenerstellung und -verarbeitung nach Dringlichkeit ohne Eingriff des radiologischen Personals<br>- Priorisierung der Befundliste<br>- Standardisierung und Strukturierung des Reports | Unspezifische Krankheiten | Vgl. Mentzel (2021), S. 698 |
| ROC Remote Cockpit | - Schaffung eines digitalen Abbilds des Arbeitsplatzes | Unspezifische Krankheiten | Vgl. Notohamiprodjo et al. (2023), S. 767 |
| Imaging Insight Software „Smart Scheduling“ von GE Healthcare | - Workflow-Optimierung für die Abläufe in Kliniken und radiologischen Praxen | Unspezifische Krankheiten | Vgl. Bernhard (2023), o. S. |

Es gibt allerdings KI-Algorithmen, die bei einem Befund mit sehr geringem Risiko eine Einschätzung vornehmen können und dadurch weitere Bildgebung oder sogar Eingriffe vermeiden können (Baltzer 2021, S. 192–197). Tab. 26.2 zeigt Beispiele für KI-Technologien im Bereich der Prävention.

### 26.3.3 Erstellung der Diagnose

Heutzutage finden vor allem Softwareapplikationen in der Radiologie Anwendung, die Bildaufnahmen von medizinisch bildgebenden Verfahren wie Magnetresonanztomografie (MRT), Computertomografie (CT) und Röntgen nach Auffälligkeiten durch Erkennung der Signalintensität oder Veränderung der Dichte identifizieren und diese anschließend lokalisieren und analysieren. Hierbei liegen Machine-Learning-Algorithmen zugrunde. Dies ist ein Algorithmus, der durch Methoden des maschinellen Lernens entwickelt und trai-

**Tab. 26.2** KI-Technologien im Bereich Prävention. (Quelle: Eigene Zusammenstellung (2024))

| KI-Technologie | Funktion | Krankheit | Referenz |
|---|---|---|---|
| KI-Algorithmus zur Anwendung im Screening/ Früherkennung in der Mammadiagnostik | - Einschätzung (Wahrscheinlichkeit) des Vorliegens der gesuchten Pathologie<br>- Überprüfung von Befunden mit einem sehr geringen Risiko<br>- Vermeidung weiterer potenziell unnötiger Bildgebungen bis hin zu Eingriffen | Brustkrebs/ Mammakarzinom | Vgl. Baltzer (2021), S. 192 |
| AI-basierte quantitative Ultraschalltechnologie der PoroUS GmbH | - frühzeitige Erkennung von Osteoporose<br>- Vorbeugung von Knochenbrüchen | Osteoporose | Vgl. Berlin Institute of Health at Charité (2023), o. S. |

niert wurde (vgl. Wigge 2023, S. 18). Tab. 26.3 zeigt Beispiele für KI-Technologien im Bereich der Erstellung der Diagnose.

### 26.3.4 Therapie

Der wohl wichtigste Begriff im Bereich Therapie in der Radiologie ist die interventionelle Radiologie. Dieser Bereich der Radiologie befasst sich mit medizinischen Eingriffen, die pathologische Veränderung und die damit verbundenen Symptome beseitigt oder lindert oder das Fortschreiten der Krankheit beendet oder verlangsamt. Die Wichtigkeit dieses Bereichs für den zu behandelnden Patienten setzt sich aus der im Vergleich zu operativen Eingriffen geringeren Intensivität und dem damit einhergehenden geringeren Morbiditäts- und Mortalitätsrisiko zusammen (Strahlenschutzkommission 2007, S. 6). Tab. 26.4 zeigt Beispiele für KI-Technologien im Bereich der Therapie.

### 26.3.5 Prognose

Zur künftigen Entwicklung einer Krankheit kann mit Hilfe von KI die Radiologie ebenfalls eine Prognose abgegeben werden. Bspw. kann anhand trainierter KI-Algorithmen eine Vorhersage getroffen werden, welcher Herdbefund sich in der Zukunft zu einem Malignom entwickeln kann.

Der Begriff Radiomics, eine englische Wortzusammensetzung von Radiologie und Genetik, spielt im Bereich der Prognose in der Radiologie eine große Rolle. Hierbei werden aus individuell erzeugten quantitativen Bilddaten unter Nutzung großer medizinischer

**Tab. 26.3** KI-Technologien im Bereich der Erstellung der Diagnose. (Quelle: Eigene Zusammenstellung (2024))

| KI-Technologie | Funktion | Krankheit | Referenz |
|---|---|---|---|
| KI-basierte Bildrekonstruktion | - Errechnung rauscharmer Bilder aus computertomografischen Daten | Unspezifische Nutzung | Vgl. Klemenz et al. (2024), S. 769–770 |
| CAD (Computer-Assisted Diagnosis) | - Suchen nach Mustern und Erkennung von auffälligen Befunden durch KI<br>- Digitale Bildprozessierung mit radiologischer Bildverarbeitung | Unspezifische Nutzung | Vgl. Schneider (2023), S. 51 |
| Spracherkennungschatbot (artifical conversational entity) | - Anwendung im Dialog mit Patienten: Durch Erfassung der Symptome und geschilderten Probleme kann eine Auswahl der geeigneten Bildgebungsmodalitäten basierend auf Deep-Learning-Algorithmen getroffen werden | Unspezifische Nutzung | Vgl. Mentzel (2021), S. 698 |
| Virtuelles Raster | - Verbesserung der Bildqualität<br>- schärfere Abbildungen bei reduzierter Strahlenexposition | Unspezifische Nutzung | Vgl. Mentzel (2021), S. 700 |
| KI-Anwendungen im MRT | - Reduktion der Scan-Zeit | Unspezifische Nutzung | Vgl. Mentzel (2021), S. 700 |
| e-ASPECTS: Software zur digitalen Schnellanalyse einer nativen CT nach einem akuten Schlaganfall | - Erkennung von Ischämiefrühzeichen in Versorgungsgebiet<br>- Angaben der Ergebnisse in ASPECTS-Score<br>- Nutzung in zeitkritischen Notfallsituationen zur Hinterfragung oder Stärkung der Diagnose | Schlaganfall | Vgl. Schneider (2023), S. 52 |
| AIRTM Recon DL, GE Healthcare | - Reduzierung des Rauschens bei der Bildrekonstruktion<br>- Erkennen und Entfernung von Bildrauschen und Ringing-Artefakte | Unspezifische Nutzung | Vgl. Bernhard (2023), o. S. |

Datenbanken statistisch basierte Aussagen zur Prognose getroffen. Dadurch wird es möglich Vorhersagen zu Tumorhistologie, -genetik und -metastasierung zu treffen (vgl. Hans-Joachim Mentzel 2021, S. 702). Tab. 26.5 zeigt Beispiele für KI-Technologien im Bereich der Prognose.

**Tab. 26.4** KI-Technologien im Bereich der Therapie. (Quelle: Eigene Zusammenstellung (2024))

| KI-Technologie | Funktion | Krankheit | Referenz |
|---|---|---|---|
| KI-Assistent | - Automatisierte Segmentierung von Bilddatensätzen zur Volumetrie<br>- Aufzeigen von Normabweichungen<br>- Automatische Integrierung von Volumenabweichungen in Befundbericht<br>- Essenziell für Therapieentscheidung | Marklagerveränderungen im Hirn (Unidentified bright objects UBO) | Vgl. Mentzel (2021), S. 701 |
| GTV-segmentierende Netze (U-Netz) | - volumetrische Definition der Tumorregion<br>- Segmentierung von bspw. Hirnmetastasen und begleitendem Ödem mit einer hohen Segmentierungsgüte<br>- Segmentierung von Lungentumoren<br>- Automatisch generierte Tumorvolumina | Vorbereitung von Strahlentherapie bei einer Krebsbehandlung | Vgl. Peeken und Combs (2023), S. 880 |
| KI-Technik | - Anpassung von Turmorwachstumsmodellen auf spezifische Patientenfälle<br>- Bestimmung der Tumoraggressivität | Tumorbehandlung | Vgl. Peeken und Combs (2023), S. 881 |

**Tab. 26.5** KI-Technologien im Bereich der Prognose. (Quelle: Eigene Zusammenstellung (2024))

| KI-Technologie | Funktion | Krankheit | Referenz |
|---|---|---|---|
| CALIPER® (Computer Aided Lung Informatics for Pathology Evaluation and Rating) | - Einstufung des Lungengewebes anhand von Dichte und Textur auf Voxelebene<br>- Höhere Korrelation zwischen interstitiellen Lungenerkrankung und Lungenfunktion im Vergleich zur herkömmlichen visuellen Analyse | Lungenerkrankung | Vgl. Mentzel (2021), S. 701 |
| Radiomics | - radiomorphonlogisches Linienmodell zur Unterscheidung gutartiger und bösartiger kreisförmiger Massen<br>- Erstellung eines radiologischen Nomogramm-Modell auf der Grundlage von CT-Bildern | Tumorkrankheiten | Vgl. Ningping Xiao et al. (2023), S. 2 |

## 26.4 Vorteile von KI-Technologien in der Radiologie

Der Einsatz von KI-Technologien in der Radiologie bietet zahlreiche Vorteile und trägt erheblich zur Verbesserung der Patientenversorgung bei. Durch die Anwendung von Algorithmen können möglichst genaue Diagnosen und Befunde erstellt werden und dabei das Risiko von Diagnose- und Befundungsfehlern reduziert werden. Ein weiterer Vorteil ist die Möglichkeit der Individualisierung der Therapie. Durch eine präzise Diagnose können Behandlungen und Maßnahmen auf die individuelle Erkrankung des Patienten abgestimmt werden. Durch die detaillierte Analyse und Aufbereitung der Bildgebung besteht die Chance, Abnormalitäten frühzeitiger erkennen zu können und somit in frühen Stadien handeln zu können. Dies hat nicht nur eine höhere Wirksamkeit der Therapie zur Folge, sondern auch eine sehr große Auswirkung auf die Patient Journey (vgl. Wigge 2023, S. 1). Auf diese Weise können einerseits die Patienten schneller behandelt werden, was die Effizienz der Behandlung erhöht und andererseits werden die Radiologen, deren Arbeitsbelastungen und Druck zunehmend größer werden, entlastet (vgl. Kauffmann et al. 2022, S. 619).

Der anhaltende Fachkräftemangel gerade im medizinischen Bereich betrifft auch die immer knapper werdende Zahl der medizinisch-technischen Radiologieassistenten. Durch den Einsatz von KI-Technologien und die hohe Automatisierung, die dies mit sich bringt, gelingt es, die Assistenz in der Radiologie effizienter einzusetzen (vgl. Hans-Joachim Mentzel 2021, S. 696). Mittels Remote-Cockpit, wie in der Tabelle 26.1 als ROC aufgeführt, ist es möglich medizinische Technologen in der Radiologie (MTR) bei z. B. geringen Erfahrungen einer Untersuchung durch Fernunterstützung zu helfen. Ein weiterer Vorteil kann die Nutzung des ROC als Ausfallkonzept sein, wodurch ein anderer Untersuchender die MRT-Konsole im gleichen Bedienraum übernehmen kann (vgl. Notohamiprodjo et al. 2023, S. 766–768).

KI-Anwendungen, die die Scan-Zeit im MRT reduzieren haben gerade für Patienten im Kindesalter den Vorteil, die Zahl der erforderlichen Narkose-MRTs zu verringern und die damit verbundenen Risiken zu minimieren (Mentzel 2021, S. 700).

## 26.5 Nachteile von KI-Technologien in der Radiologie

Trotz der vielen Verbesserungen bringt der Einsatz von KI in der Radiologie einige Nachteile und Herausforderungen mit sich, die es gilt näher zu untersuchen.

Wichtig zu erwähnen ist, dass Deep Learning Algorithmen eine „Black Box“ sind, wodurch die Systemprozesse für den Menschen nicht immer verständlich sind. Dadurch wird die Nachvollziehbarkeit der Ergebnisse und Auswertungen erschwert. Dies wiederum kann sich negativ auf das Vertrauen in das System und die Implementierung auswirken (vgl. Rathmes und Krauthammer 2021, S. 9), da die Transparenz des Lösungsweges oftmals noch nicht gegeben ist (vgl. Kulkarni et al. 2020, S. 1).

Eine weitere Herausforderung stellt die Anschaffung und Implementierung der Softwareapplikationen dar. Denn oftmals entspricht das Preis-Leistungs-Verhältnis nicht den Erwartungen. Weitere Barrieren sind die fehlende Unterstützung seitens der IT für die Implementierung und das fehlende Vertrauen in die Reportqualität. Obwohl aus Marktbeobachtungen und Studien hervorgeht, dass starkes Interesse bezüglich KI-Technologien in der Radiologie besteht und sich dieser Bereich in den letzten Jahren sehr stark weiterentwickelt hat, muss seitens der Hersteller der Mehrwert für solche Anwendungen stärker verdeutlicht werden. Es ist aufzuzeigen, dass der Einsatz von KI in der Radiologie durchaus sinnvoll ist und eine unterstützende Funktion einnehmen kann, sodass sich Radiologen bewusst sind, was die KI kann und was nicht. Die Nutzung einer Preisstrategie, bei der die Amortisation über die Steigerung der Effizienz erreicht wird, ist dabei von hoher Bedeutung damit diese Technologien in der Abteilung implementiert werden können (vgl. Gebhardt 2022, o. S.).

Da viele rechtliche Rahmenbedingungen von KI bisher nur bedingt geregelt sind, wurde im Februar 2024 bei der Europäischen Kommission ein Amt für KI eingerichtet. Dabei werden Anbieter von KI-Technologien angehalten die Menschenwürde und Rechte in Bezug auf persönliche Daten zu schützen. Das KI-Gesetz, welches am 1. August. 2024 verabschiedet wurde, zielt darauf ab klare Anforderungen und Verpflichtungen in Bezug auf Anwendungen von KI vorzugeben und einzuhalten, um somit bestehende Risiken und unerwünschte Ergebnisse zu vermeiden (Europäische Kommission 2024, o. S.)

## 26.6 Zukunft

Nachdem ein Verständnis für KI-Technologien in der Radiologie vorgestellt und die damit zusammenhängenden Vor- und Nachteile erläutert wurden, wird sich dieser Abschnitt mit den Zukunftsaussichten der KI in der Radiologie beschäftigen.

Grundlegend lässt sich sagen, dass KI künftig in der Lage sein wird, geeignete Behandlungen vorschlagen zu können. Dabei kombiniert die KI selbstständig entwickelte Algorithmen anamnestisch klinische Angaben der Patienten sowie Big Data aus großen Netzwerken. Mit Hilfe dieser beiden Datensätze kann die KI geeignete Behandlungen empfehlen. Durch diese zukünftige Vorgehensweise wird die geeignete Bildgebungsmodalität ausgewählt, wodurch eine Fehlentscheidung der Modalität verhindert wird und der Patient nur der nötigen Strahlung ausgesetzt ist (vgl. Mentzel 2021, S. 697–698).

Weitere Bereiche wie die Optimierung von Arbeitsabläufen, die Aufnahme und Nachbearbeitung von Bildern aber auch der Job des Radiologen selbst werden sich durch KI maßgeblich verändern. Ein geeigneter Algorithmus kann z. B. durch Zugriff auf relevante Patientendaten die Untersuchungsreihenfolge vor allem bei Großgeräteuntersuchungen, die viel Zeit in Anspruch nehmen, günstig einplanen und somit den Arbeitsablauf effizienter gestalten. Die Qualitätskontrolle, die ein medizinisch-technischer Radiologieassistent im Normalfall übernimmt, kann ebenfalls durch einen Algorithmus übernommen werden, wodurch dann in kürzester Zeit festgestellt werden kann, ob die Qualitätskriterien der Sequenz erfüllt sind oder ob die Aufnahme wiederholt werden muss. Zudem können die Bilder auf das Problem angepasst und nachbearbeitet werden. Der Job des Radiologen selbst wird sich aufgrund der immer häufiger angewendeten KI in ihrem Tätigkeitsfeld verändern. Viel mehr wird sich der Radiologe damit befassen die neu entwickelte KI zu bewerten und in einen klinischen Kontext zu bringen (vgl. Schneider 2023, S. 55–56). Die Auswertung an sich wird künftig immer mehr an Wichtigkeit und an Arbeitszeit verlieren.

Dies hat eine Auswirkung auf die Patientenreise, da sich der Radiologie zukünftig mehr der Kommunikation mit dem Patienten widmen kann und dadurch die Patientenzentrierung in den Fokus rückt (vgl. Baalmann et al. 2023, S. 651–652).

## 26.7 Schlussbetrachtung

Durch den Einsatz von KI in der Radiologie unterliegen die medizinische Diagnostik und Therapie einem bedeutsamen Wandel. Durch die beschriebenen Funktionen der KI werden Radiologen unterstützt eine individuelle Diagnose zu erstellen, wodurch Behandlungspläne an den Patienten angepasst werden können. Dies führt zu einer Verbesserung der Patient Journey, indem Krankheiten früher erkannt und Behandlungsschritte effizienter gestaltet werden. Das Machine Learning und Deep Learning gewährleisten ein Netzwerk an Datenmengen, woraus die vermehrte Entdeckung von Zufallsbefunden einen positiven Einfluss auf den Patienten haben kann. Damit zeigt sich, dass die Radiologie in der Patientenversorgung als Schlüsselrolle in der modernen Medizin fungiert.

Gleichzeitig bringt die Einführung von KI auch Herausforderungen mit sich, wie die Sicherstellung der Datensicherheit, die Transparenz der Algorithmen und die Notwendigkeit erheblicher Investitionen. Die vorhandene Akzeptanz der KI in der Radiologie muss weiterhin durch Forschung und Entwicklungen und v. a. durch praktische Anwendung vorangetrieben werden.

Zusammenfassend zeigt sich, dass der Einsatz von KI in der Radiologie grundlegend die Patient Journey beeinflusst und verändert. Ob und inwiefern KI zukünftig weiterhin zur Optimierung von Abläufen in der Radiologie sowie zur individuellen Patientenbetreuung beitragen wird, bleibt abzuwarten. Dennoch zeigen die aktuellen Entwicklungen bereits, dass großes Potenzial besteht.

## Literatur

Baalmann M., Müller L., Afat S., Molwitz I., Palm V., Rischen R. (2023) Patienten- vs. Mitarbeiterzentrierte Radiologie; Birgt dies ein Konflikt?, in: Die Radiologie, Jg. 63, Nr. 9, S. 650–656. https://doi.org/10.1007/s00117-023-01195-8

Baltzer P. A. T. (2021) Künstliche Intelligenz in der Mammadiagnostik, in: Die Radiologie, Jg. 61, Nr. 2, S. 192–198. https://doi.org/10.1007/s00117-020-00802-2

Berlin Institute of Health at Charité (2023) PoroUs GmbH gewinnt Innovationspreis Berlin Brandenburg 2023, Online im Internet, URL: https://www.bihealth.org/de/aktuell/porous-gmbh-gewinnt-innovationspreis-berlin-brandenburg-2023, Abrufdatum: 28.09.2024.

Bernhard C. (2023) Radiologie im digitalen Wandel – Die größte Revolution seit Röntgen, Online im Internet, URL: https://www.elektronikpraxis.de/kuenstiche-intelligenz-medizin-radiologie-a-91fdf2f3ed5e6310b508556b25856452/, Abrufdatum: 05.08.2024.

Deutsche Krebsgesellschaft (2022) Das Mammografie-Screening als Früherkennungsmethode, ONKO-Internetportal (Hrsg.), Online im Internet, URL: https://www.krebsgesellschaft.de/onko-internetportal/basis-informationen-krebs/krebsarten/brustkrebs/mammographie-screening.html#:~:text=Alle%20Frauen%20zwischen%2050%20und,oder%20%2Darzt%20wird%20nicht%20benötigt, Abrufdatum: 08.08.2024

Deutsche Röntgengesellschaft (2024) Versorgung, Deutsche Röntgengesellschaft e.V. (Hrsg.), Online im Internet, URL: https://www.drg.de/de-DE/3864/versorgung/, Abrufdatum: 05.08.2024.

Europäische Kommission (2024) KI-Gesetz, Online im Internet, URL: https://digital-strategy.ec.europa.eu/de/policies/regulatory-framework-ai, Abrufdatum: 28.09.2024.

European Society of Radiology (ESR) (2022) Current practical experience with artificial intelligence in clinical radiology: a survey of the European Society of Radiology, in: Insights into Imaging, Jg. 13, Nr. 107, S. 1–9. https://doi.org/10.1186/s13244-022-01247-y

Gebhardt G. (2022) KI in der Befundung: sinnvoll oder überteuert? RadMag (Hrsg.), Online im Internet, URL: https://radiologiemagazin.de/kuenstliche-intelligenz-2/ki-in-der-befundung-sinnvoll-oder-ueberteuert/, Abrufdatum: 05.08.2024

Kauffmann A. L., Hennrich J., Buck C., Eymann T. (2022) Künstliche Intelligenz in der Radiologie und Strahlentherapie aus der Perspektive von Ärzten und Medizinphysikexperten – Eine Interviewstudie, in: Pfannstiel M. A. (Hrsg.) Künstliche Intelligenz im Gesundheitswesen; Entwicklungen, Beispiele und Perspektiven, Springer Verlag, Wiesbaden, S. 617–638.

Klemenz A.-C., Manzke M., Meinel F. G. (2024) Künstliche Intelligenz in der kardiovaskulären Radiologie; Bildakquisition, Bildrekonstruktion und Workflowoptimierung, in: Die Radiologie, Jg. 64, Nr. -, S. 766–772, 10.007/s00117-024-01335-8

Kulkarni S., Seneviratne N., Baig M. S., Khan A. H. A. (2020) Artificial Intelligence in Medicine: Where are we now?, Online im Internet, URL: https://pubmed.ncbi.nlm.nih.gov/31636002/, Abrufdatum: 08.08.2024. 10.1016/j.acra.2019.10.001

Mentzel H.-J. (2021) Künstliche Intelligenz bei Bildauswertung und Diagnosefindung; Was bringt das in der Kinder- und Jugendradiologie?, in: Monatsschrift Kinderheilkunde, Jg. 169, Nr. -, S. 694–704.

Ningping X., Zhengda P., Wenhui L., Rongyao F., Yi J., Guanzhi Z., Xue M., Sweet P. N., Lei X., Zhongxing L., Nanna M. S., Pei Y. (2023) Editorial: Application of radiomics in understanding tumor biological behaviors and treatment response, Jg. 13, Nr. -, S. 1–2, https://doi.org/10.3389/fonc.2023.1257447

Notohamiprodjo M., Behrend D., Stork A., Remplik P., Elgeti F. (2023) Digitale Patientenreise; Eine Welt der Konnektivität, in: Die Radiologie, Jg. 63, Nr. 10, S. 766–770.

Peeken, J. C., Combs, S. E. (2023) Anwendung künstliche Intelligenz in der Radiologie, Zielvolumendefinition und Organsegmentierung in: Die Onkologie, Jg. 29, Nr. 10, S. 876–882, 10.10007/s00761-023-01351-8

Rathmes G., Krauthammer M. (2021) Künstliche Intelligenz in der Medizin: Chancen und Risiken der KI, in: Hausarzt Praxis, Jg. 16, Nr. 11, S. 6–10.

Rau A., Soschynski M., Taron J., Ruile P., Schlett C. L., Bamberg F., Krauss T. (2022) Künstliche Intelligenz und Radiomics; Stellenwert in der kardialen MRT, in: Wiener klinisches Magazin, Jg. 26, Nr. 1, S. 4–10

Schneider M. A. (2023) Künstliche Intelligenz in der Bildgebung; Möglichkeiten und Limitationen der Technik in der Radiologie, in: Uro-News, Jg. 27, Nr. 4, S. 50–58.

Strahlenschutzkommission (2007) Interventionelle Radiologie; Empfehlung der Strahlenschutzkommission, umwelt-online Regelwerk (Hrsg.), Online im Internet, URL: https://www.umwelt-online.de/recht/energie/strahlen/emf/intervrad_ges.htm, Abrufdatum: 11.09.2024.

Wigge P. (2023) KI-basierte Medizinprodukte in der Radiologie, Gesundheitsrecht.blog, Beitrag Nr. 29, S. 1–20, Online im Internet, URL: https://gesundheitsrecht.blog/wp-content/uploads/2023/08/Wigge_Gesundheitsrecht.blog-Nr.-29-2023.pdf, Abrufdatum: 11.09.2024, 10.13154/294–10190

Xu L., Busch F., Adams L. C., Bressem K. K. (2024) Künstliche Intelligenz in der Radiologie und Strahlentherapie, in: Die Onkologie, Jg. 30, Nr. 5, S. 353–361

Zyumbileva P., Uebe M., Rudolph S., von Kalle C. (2022) Den Patienten wirklich verstehen lernen: Real-world-Evidenz aus der „patient journey“, in: Prävention und Gesundheitsförderung, Jg. -, Nr. -, o. S. https://doi.org/10.1007/s11553-022-00984-8

**Tia K. Gade** hat das Studium im Bachelorprogramm „Betriebswirtschaft im Gesundheitswesen“ an der Hochschule Neu-Ulm im Juli 2025 erfolgreich absolviert. Seit September 2023 fungiert sie als Rolle einer studentischen Hilfskraft an der Hochschule Neu-Ulm in der Fakultät Gesundheitsmanagement. Ihr praktisches Fachsemester absolvierte sie bei Teva ratiopharm, wo sie nun auch als Werkstudentin im Bereich Customer Excellence Doctors tätig ist. Ihre Forschungsinteressen liegen im Pharmabereich sowie im Bereich des Gesundheitsmanagements, wo sie bestrebt ist, innovative Lösungen zu entwickeln, die zur Verbesserung der Gesundheitsversorgung beitragen.

**Melin Ernalbant** erreichte im Juli 2025 den Bachelorabschluss „Betriebswirtschaft im Gesundheitswesen“ an der Hochschule Neu-Ulm. Zuvor absolvierte sie von September 2019 bis Februar 2022 die Ausbildung zur Industriekauffrau bei der Firma Paul Hartmann AG. Zudem ist sie seit Januar 2023 als Werkstudentin bei der Carl Zeiss Meditec AG tätig und war von April bis Juni 2024 als studentische Hilfskraft an der Hochschule Neu-Ulm in der Fakultät Gesundheitsmanagement beschäftigt. Im Rahmen ihres Werkstudiums hat sie die Abteilungen Internationales Marketing und Learning Management näher kennengelernt. Ihr praktisches Fachsemester absolvierte sie ebenfalls bei der Carl Zeiss Meditec AG.

**Mario A. Pfannstiel** ist Professor für Betriebswirtschaftslehre im Gesundheitswesen und leitet das Masterprogramm Digital Healthcare Management an der Hochschule Neu-Ulm. Er besitzt ein Diplom der Fachhochschule Nordhausen im Bereich „Sozialmanagement“ mit dem Vertiefungsfach „Finanzmanagement“, einen M.Sc.-Abschluss der Dresden International University in Patientenmanagement und einen M.A.-Abschluss der Technischen Universität Kaiserslautern und der Universität Witten/Herdecke im Management von Gesundheits- und Sozialeinrichtungen. An der Universität Bayreuth war er beschäftigt als wissenschaftlicher Mitarbeiter am Lehrstuhl für Strategisches Management und Organisation. Die Promotion erfolgte an der Sozial- und Wirtschaftswissenschaftlichen Fakultät und dem Lehrstuhl für Management, Professional Services und Sportökonomie der Universität Potsdam. Im Herzzentrum Leipzig arbeitete er als Referent des Ärztlichen Direktors. Seine Forschungsarbeit umfasst zahlreiche Beiträge, Zeitschriften und Bücher zum Management in der Gesundheitswirtschaft.

# Automatisierte strukturierte Befundung mit Spracherkennung

# 27

Benedikt Kämpgen, Dennis Feiler, Peter Mildenberger und Tobias Jorg

## Inhaltsverzeichnis




B. Kämpgen (✉)
Empolis Information Management GmbH, Würzburg, Deutschland
E-Mail: benedikt.kaempgen@empolis.com

D. Feiler
DFC-SYSTEMS GmbH, München, Deutschland
E-Mail: dennis.feiler@dfcsystems.de

P. Mildenberger · T. Jorg
Klinik und Poliklinik für Diagnostische und Interventionelle Radiologie, Universitätsmedizin der Johannes Gutenberg-Universität Mainz, Mainz, Deutschland
E-Mail: peter.mildenberger@unimedizin-mainz.de; tobias.jorg@unimedizin-mainz.de




M. A. Pfannstiel (Hrsg.), *Künstliche Intelligenz im Einsatz für die erfolgreiche Patientenreise*, https://doi.org/10.1007/978-3-658-48573-3_27

**Zusammenfassung**

Zur Dokumentation von Untersuchungsergebnissen in der Radiologie nutzen Radiologen und Radiologinnen heutzutage meist Spracherkennungssysteme. Dies ist die schnellste und bequemste Art der Befundung. Allerdings sind die resultierenden Befundberichte Freitextdokumente mit begrenzten Möglichkeiten zur Auswertung oder Standardisierung. Eine Lösung sind strukturierte Befundvorlagen, deren Inhalte weiterverarbeitet werden können. Das Ausfüllen solcher Befundvorlagen dauert jedoch deutlich mehr Zeit. Daher bieten sich Systeme an, die Spracherkennung und strukturierten Befundvorlagen miteinander verbinden. Mittels Natural Language Processing werden hierbei Spracheingaben der Nutzer strukturiert und automatisiert in Befundvorlagen eingetragen. Dieses Kapitel zeigt den Vorteil von großen Sprachmodellen (Large Language Models, LLM) in einem System zur automatisierten strukturierten Befundung mit Spracherkennung. Für hochqualitative Ergebnisse werden die LLM-Funktionalitäten in einem kombinierten, Regel- und LLM-basierten System angesteuert und weiterverarbeitet.

## 27.1 Einleitung

Ärztinnen und Ärzte verbringen einen Großteil ihrer Zeit mit medizinischer Dokumentation, trotz verschiedener Digitalisierungsbemühungen zeigen sich auf der medizinisch begleiteten Patientenreise bisher wenig Verbesserungen. Zum Beispiel hat sich das „Krankenhauszukunftsgesetz" die Vereinfachung der medizinischen Dokumentation als Ziel gesetzt, inklusive optionaler Nutzung innovativer Technologien wie Natural Language Processing (NLP). So besteht zum Beispiel in der Radiologie weiterhin folgende Herausforderung: Einerseits führt die narrative Befund-Dokumentation zu nicht-eindeutigen, unvollständigen Befunden; außerdem bestehen häufige Rückfragen; durch unterschiedliche Terminologien sind keine Befundvergleiche oder Auswertungen möglich. Andererseits sind strukturierte Befundvorlagen oder -fragebögen (sog. Templates) auch keine optimale Lösung, da das Ausfüllen mit Checkboxen und Auswahlfeldern sehr zeitaufwendig ist. Auch in anderen Bereichen, zum Beispiel in der Pflege, bestehen diese Einschränkungen. Strukturierte Templates – wenn verfügbar – sind zeitaufwändig; erschwerend kommt in der Pflege hinzu, dass die Dokumentation noch häufig handschriftlich und nicht digitalisiert geschieht.

Dialogsysteme zur sprachbasierten strukturierten Befundung versprechen sowohl hochqualitative und effiziente Dokumentation. Solche Lösungen verbinden das Beste aus den beiden Welten Templates und Spracherkennung. Denn die Dokumentation mit Spracheingabe (Spracherkennung) ist um vieles schneller als die handschriftliche Dokumentation oder das Ausfüllen von Templates mit Tastatur-/Maus-Eingabe. So können die bisher eingesetzten und bekannten Tools zur Dokumentation genutzt werden. Außerdem geschieht eine automatische Prüfung auf Vollständigkeit der Dokumentation, mit möglichem Effekt auf Zeitersparnis in nachgelagerten Prozessen bis hin zu einer erhöhten Patienten-

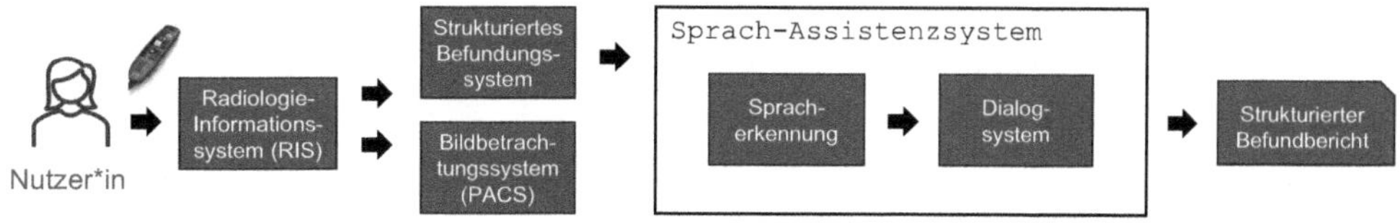


**Abb. 27.1** Ablauf der radiologischen Befundung. Die Radiologin und der Radiologe in der Klinik ruft den Fall im Radiologie-Informationssystem auf, betrachtet die Bilder in einem Bild-Viewer und dokumentiert die Ergebnisse in einem Template-System. Ein Dialog-System ermöglicht das automatisierte Ausfüllen des Templates mit Spracherkennung. (Quelle: Eigene Darstellung (2024))

sicherheit. Der Anwender wird durch die Dokumentation geführt, eine Hilfestellung insbesondere für junges, weniger erfahrenes Personal. Nicht zuletzt ermöglicht die Verwendung einer einheitlichen Terminologie den Vergleich und die systemische Auswertung der Dokumentation.

In Abb. 27.1 wird der Ablauf einer automatisierten strukturierten Befundung mit Spracherkennung dargestellt. Ein Dialogsystem enthält insbesondere eine NLP-Komponente für gemischt strukturierte und unstrukturierte Informationen. Außerdem ist eine Dialog-Management-Komponente enthalten, die den Nutzer durch die Dokumentation führt; dabei werden strukturierte Informationen zurückliefert, was bereits dokumentiert ist, und Empfehlungen gegeben, was noch dokumentiert werden soll.

Technologische Fortschritte beim Natural Language Processing (NLP), insbesondere durch generative Künstliche Intelligenz und großen Sprachmodellen wie in ChatGPT (Large Language Models, LLM) versprechen hochqualitative Dialogsysteme. Für einen nachhaltigen produktiven Einsatz mit mehreren Befund-Templates sollte ein solches System in den Workflow der Medizinerinnen und der Mediziner integriert werden. Hier bestehen Herausforderungen in der Interoperabilität zwischen strukturierter Befundungssystemen, Spracherkennungssystemen und NLP-Systemen mit LLM.

Ein konkretes Praxisbeispiel ist die Klinik und Poliklinik für Diagnostische und Interventionelle Radiologie der Universitätsmedizin Mainz. Die Radiologie Mainz hat den Anspruch auf effiziente und hochqualitative Befundung. So hat sie früh den Bedarf an strukturierter Befundung erkannt und die „Mainz Radiological Reporting Engine“ (MRRE) entwickelt, ein Open-Source-System für strukturierte Befundung (Pinto dos Santos et al. 2017). Das System ist bidirektional integriert in das Radiologie-Informationssystem (RIS) „RadCentre“ der Mesalvo GmbH. Es enthält zahlreiche Befund-Templates. Allerdings ist der Aufwand der strukturierten Befundung häufig noch zu hoch, sodass er sich bisher vor allem für einfache, wenig komplexe Untersuchungen lohnt. Deshalb wurde im Forschungsprojekt DIAMED (BMBF 2022), gemeinsam mit den Partnern Empolis Information Management GmbH und DFC-SYSTEMS GmbH eine Lösung entwickelt.

Dieses Kapitel 1) beschreibt an diesem Praxisbeispiel in der Radiologie die Anforderungen und Herausforderungen an eine automatisierte strukturierte Befundung mit Spracherkennung; 2) stellt einen kombinierten Regel- und LLM-basierten Ansatz vor, 3) evaluiert diesen Ansatz mittels eines fiktiven und realen Trainings- und Testdatensatzes und zeigt, 4) wie Herausforderungen der Interoperabilität gelöst werden können, um eine entsprechende Lösung in den Workflow von Medizinerinnen und Mitarbeitern zu integrieren.

## 27.2 Benachbarte Arbeiten

Arbeiten zeigen, wie gut vortrainierte Transformer-Modelle wie in ChatGPT geeignet sind, um allgemeine Aufgaben im Natural Language Processing durchzuführen (Qin et al. 2023).

Auch in der Medizin haben LLM eine hohe Güte im Verständnis von radiologischen Befundberichten gezeigt (Laukamp et al. 2024). Hier haben die Autoren GPT-4 für 75 Patienten mit jeweils 5 MRI-Befunden zum Glioblastoma diese Befunde zusammenfassen lassen. Zwei Experten bewerteten diese Zusammenfassungen als meist „akkurate Beschreibung", selten als „nicht akkurate Beschreibung", niemals als „schädliche Beschreibung". In 17% der 12 Fälle mit relevanten Zufallsbefunden wurden diese „nicht akkurat beschrieben" (= False Negatives). Wie häufig „Zufallsbefunde" erkannt, aber nicht vorlagen, ist nicht bekannt (= False Positives). Ein Ansatz, die Zusammenfassungen auch grafisch (per R-Code) zu erstellen, ist innovativ, aber nicht evaluiert. Besonders interessant ist, dass die Autoren die Befunde „as-is" in GPT-4 geben durften, ohne vorher zu überprüfen, dass sie anonym sind.

Auch zur Klassifikation und Informationsextraktion als Basis für strukturierte Befundung wurden LLM in benachbarten Arbeiten bereits genutzt (Adams et al. 2023). Allerdings beschreiben die bestehenden Arbeiten lediglich Experimente ohne etablierte Integration in den radiologischen Workflow. Die vorliegende Arbeit baut auf eigenen Vorarbeiten im Bereich regelbasierte automatisierte strukturierte Befundung auf (Jorg et al. 2023) und kombiniert diese mit LLM-basierten Ansätzen zu einem skalierbaren System. Außerdem werden Herausforderungen und Möglichkeiten bei der Integration in den radiologischen Workflow beschrieben.

## 27.3 Kombinierte Regel-LLM-Lösung

In diesem Abschnitt wird ein kombinierter Regel- und LLM-basierter Ansatz für automatisierte strukturierte Befundung mit Spracherkennung beschrieben. Vorarbeiten sind im BMBF-Projekt DIAMED (BMBF 2022) bei Forschungs- und Entwicklungsarbeiten zu einem intelligenten Dialogsystem zur strukturierten Befundung und Diagnoseunterstützung in der Medizin durchgeführt worden. Kombiniert wird dieser rein regelbasierte Ansatz (Jorg et al. 2023) mit einem rein LLM-basierten Ansatz (Adams et al. 2023). Abb. 27.2 veranschaulicht das Vorgehen.

Das Dialogsystem hat als Input sowie Output jeweils ein Template und einen Text. Zur Durchführung seiner Tätigkeit nutzt es einerseits das jeweils passende Template-Schema mit Regeln sowie die Funktionalität eines LLM.

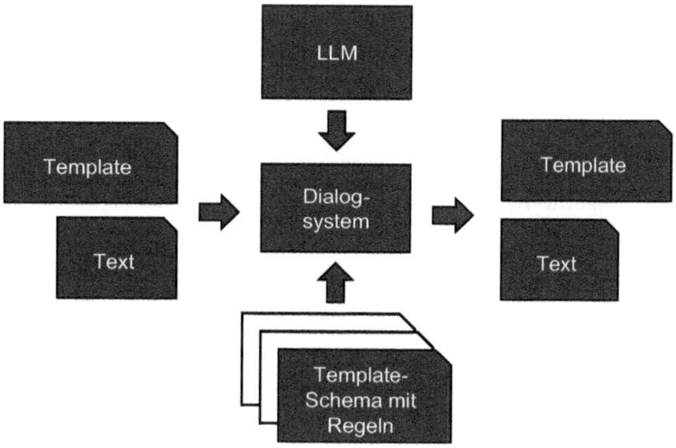


**Abb. 27.2** Grafik zur Erläuterung der Kombination aus Regeln in einem Template-Schema und einem LLM zur Informationsextraktion und Klassifikation. (Quelle: Eigene Darstellung (2024))

**Input/Output**

Der Input für das Dialogsystem ist ein leeres, teilweise oder vollständig ausgefülltes Template. Außerdem ein Text der Nutzerin und des Nutzers, um das Template weiter auszufüllen oder zu korrigieren. Der Output für das Dialogsystem ist ein weiter ausgefülltes oder korrigiertes Template sowie ein Text an die Nutzerin und den Nutzer mit Hinweisen zum weiteren Ausfüllen des Templates.

**Template-Schema**

Für jedes abgedeckte Template wurde ein Schema erstellt. Dieses Schema beschreibt regelbasiert die folgenden Informationen:

Es wird beschrieben in Regeln, wie das Template beim Input erkannt wird. Dies geschieht über einen Klassifikationsschritt. Für die Klassifikation gibt es verschiedene Möglichkeiten, z. B. über entsprechende Regeln über Input-Parameter (z. B. einen eindeutigen Identifier des Templates) oder mittels eines separaten LLM-Aufrufs.

Es wird ein Mapping zwischen Eingabe-Template-Feldern (z. B. als FHIR questionnaire response) und Feldern in einer internen Template-Repräsentation (z. B. „niere_re_stein_lok" zu „Rechte Niere, Größtes Konkrement, Lokalisation") beschrieben. Diese interne Template-Repräsentation (z. B. als flaches Python-Dictionary) war nötig, weil das ursprüngliche Template-Schema (speziell in FHIR) sehr verschachtelt und damit schlecht für das LLM verständlich war. Sofern Standardcodes im ursprünglichen Template mit angegeben worden sind, war der Mapping-Schritt vereinfacht, weil eine Standard-Definition verfügbar war (z. B. RadLex® RID30855 renal segment).

Es wird eine Übersetzung von Eingabe-Template-Feldern in einen menschenlesbaren Befundtext beschrieben (z. B. „niere_re_stein_lok" in „Lokalisiert im {niere_re_stein_lok}."). Dieser Text wird als Kontext dem System mit eingegeben. Anstatt eine textuelle menschenlesbare Repräsentation für das ausgefüllte Template zu nutzen, könnte auch die JSON-Repräsentation genutzt werden. Es wird angenommen, dass es für ein LLM schwieriger ist, drei Repräsentationen (JSON-Template, Text, JSON-Template-Schema) zu interpretieren, als nur zwei (Text, JSON-Template-Schema).

Es wird eine Übersetzung von Eingabe-Template-Feldern in menschenlesbare Fragetexte nach diesen Feldern beschrieben (z. B. „RECHTENIERE_RID30855_renal_segment“ zu „Lokalisation? (obere Kelchgruppe, mittlere Kelchgruppe, untere Kelchgruppe, Nierenbecken)“).

Es wird eine Übersetzung von Ausgaben der NLP-Komponente in die interne Template-Repräsentation beschrieben, inklusive etwaiger Normalisierungsschritte (z. B. Anzahl 7 für „niere_re_konkremente“ wird in „> 5“ übersetzt).

Es werden Abhängigkeiten zwischen Feldern beschrieben (z. B. bei einem Harnaufstau wird auch nach dem Grad gefragt; wenn die Niere nicht pathologisch ist, ist auch das Parenchym unauffällig). Diese Abhängigkeiten sind im FHIR-Questionnaire durch bestimmte Konstrukte in JSON beschrieben, z. B. für "niere_re_harnaufstau_grad" gilt ein „enableWhen“ mit der Bedingung, dass „niere_re_harnaufstau“ mit dem Operator „=“ der Antwort „ja“ entspricht; dadurch wird das Feld „Grad des Harnaufstaus“ nur angezeigt, wenn ein Harnaufstau vorliegt. Genauso sollte auch durch das Dialogsystem nach dem Grad nur bei Vorliegen eines Harnaufstaus gefragt werden. Dies wird entsprechend als Regeln im System hinterlegt, indem nur beim Vorliegen eines Harnaufstaus auch eine Rückfrage nach dem Grad des Harnaufstaus erstellt wird. Derartiges Wissen ließe sich theoretisch auch im Prompt an das LLM beschreiben; da dieses Wissen, nach welchen Feldern gefragt werden soll, im Ursprung regelbasiert ist, wird es auch entsprechend im System abgebildet; das LLM soll sich auf die Aufgaben der Klassifikation/Extraktion fokussieren.

**LLM-Aufruf**
Im Prompt für das LLM wird die Aufgabe beschrieben, einen Text dafür zu nutzen, um ein strukturiertes Befundtemplate nach einem Template-Schema weiter auszufüllen.

Dieser Aufgabenbeschreibung werden anschließend im Prompt das aktuelle Template als menschenlesbarer Text, der Text der Nutzerin und der Nutzer sowie das Template-Schema angehängt. Das Ergebnis wird anschließend entsprechend der Regeln aus dem Template-Schema erstellt.

## 27.4 Evaluation

Der vorgestellte kombinierte Regel- und LLM-basierte Ansatz soll mit einem rein regelbasierten Ansatz verglichen werden. Als LLM wurde „GPT-4-turbo“ von OpenAI verwendet.

Zur Evaluation des Ansatzes wurde der Use-Case „Verdacht auf Urolithiasis“ ausgewählt. Solche Fälle sind häufig, das entsprechende Stein-Suche-Template wird dabei von vielen aber aus Zeitgründen nicht von allen Radiologinnen und Radiologen genutzt. Das Template-Schema enthält eine repräsentative Komplexität.

Das Template lag als FHIR-Questionnaire vor, zudem wurden mehrere Beispiele für FHIR-Responses zur Verfügung gestellt. Das Template wurde in Regeln übersetzt. Diese

Regeln wurden sowohl im regelbasierten Ansatz (Jorg et al. 2023) als auch im neuen kombinierten Regel-LLM-basierten Ansatz genutzt.

Mittels Trainings- und Testdatensätzen lässt sich das System antrainieren, konfigurieren und seine Güte quantifizieren. Solche Datensätze bestehen aus tabellarischen Daten, mit jeweils einer Zeile pro Beispielfall und folgenden Spalten:

- Frage: Der Eingabetext der Nutzerin und des Nutzers, ein (teilvollständiger) Befundbericht.
- Kontext: Das aktuell ausgefüllte Template als JSON.
- Antwort: Das gewünschte ausgefüllte Template. Damit diese Daten durch nicht-technisches Personal ausgefüllt werden konnten, wurde diese Spalte in mehrere Spalten pro auszufüllendes Feld aufgeteilt.

Mittels dieser Informationen kann die Güte des Systems bzw. der Optimierungen anhand der Trainingsdaten automatisch getestet werden.

Es wurden 83 fiktive Beispielfälle erstellt, mit denen das System verfeinert werden konnte.

Tab. 27.1 zeigt Ergebnisse des Trainingsdatensatzes mit 83 fiktiven Beispielen.

Die Ergebnisse zeigen, dass die Konfiguration bei beiden Systemen gleichermaßen durchgeführt werden konnte. Der kombinierte Regel- und LLM-basierte Ansatz lässt sich auf individuelle Anforderungen einstellen. Um ein mögliches Overfitting auf den Trainingsdatensatz zu überprüfen, wurde außerdem ein Testdatensatz erstellt.

Für diesen Testdatensatz wurden 50 reale Beispielfälle aus dem Radiologie-Informationssystem mit mindestens einem Stein in der rechten Niere manuell ausgewählt und als zunächst unstrukturierte Befundberichte exportiert. Von zwei Radiologinnen und Radiologen wurden diese anonymisiert und ihre unstrukturierten Textinhalte in strukturierte Befundberichte anhand des vorhandenen Schemas übersetzt. Der gleiche Testdatensatz wurde auch zur Evaluation des regelbasierten Systems genutzt (Jorg et al. 2023).

Tab. 27.2 zeigt Ergebnisse auf dem Testdatensatz mit 50 realen Beispielen.

Die Ergebnisse zeigen, dass der kombinierte Regel-LLM-basierte Ansatz eine bessere Güte als der rein regelbasierte Ansatz hat. Zwar weist der Regel-basierte Ansatz erwartungsgemäß eine hohe Präzision (Precision) auf, d. h. wenn Felder ausgefüllt werden, sind diese häufig korrekt. Allerdings zeigt der regelbasierte Ansatz Schwächen bei der Flexibilität in

**Tab. 27.1** Ergebnisse auf Datensatz mit fiktiven Beispielen als Basis für Konfiguration des Systems. (Quelle: Eigene Zusammenstellung (2024))

| | rein regelbasiertes System | regel-LLM-basiertes System |
|---|---|---|
| **Genauigkeit** | 1,0 | 1,0 |
| **Genauigkeit (not null)** | 1,0 | 1,0 |
| **Precision** | 1,0 | 1,0 |
| **Recall** | 1,0 | 1,0 |
| **F1** | 1,0 | 1,0 |

**Tab. 27.2** Ergebnisse auf Datensatz mit fiktiven Beispielen als Basis für Konfiguration des Systems. (Quelle: Eigene Zusammenstellung (2024))

| | rein regelbasiertes System (Jorg et al. 2023) | kombiniertes Regel-LLM-basiertes System |
|---|---|---|
| **Genauigkeit** | 0,82 | 0,94 |
| **Genauigkeit (not null)** | 0,71 | 0,92 |
| **Precision** | 0,99 | 0,95 |
| **Recall** | 0,72 | 0,96 |
| **F1** | 0,83 | 0,96 |

der Terminologie, d. h. wenn Synonyme, Rechtschreibfehler, geänderte Wortreihenfolgen oder weitere abweichende Wörter verwendet werden; dies zeigt sich in einer niedrigeren Trefferquote (Recall). Das Regel-LLM-basierte System dagegen zeigt sowohl eine hohe Precision als auch eine hohe Recall, und somit auch einen hohen F1-Score.

## 27.5 Diskussion

Die Ergebnisse zeigen, dass ein kombinierter Regel- und LLM-basierter Ansatz besonders vielversprechend für ein System für Automatisierte Strukturierte Befundung mit Spracherkennung ist. Da die technische Evaluation erfolgreich war, ist nun eine Nutzerstudie mit dem System geplant. Dazu wird das System in einen ausgewählten Radiologie-Arbeitsplatz an der Universitätsmedizin Mainz installiert, damit Radiologinnen und Radiologen das System im Workflow testen können. Eine datenschutzrechtliche Freigabe besteht zunächst nur für einen lokalen Betrieb der Software ohne Cloud-Anbindung.

Abb. 27.3 zeigt einen Screenshot des aktuellen Systems integriert in MRRE, über einen Button „Speech assistant" oberhalb des Templates.

Für einen nachhaltigen, produktiven Einsatz des Systems sind offene Arbeiten sinnvoll in den Themen Datenqualität, Integration und erweiterte Nutzung von LLM, im Folgenden beschrieben.

**Datenqualität**

Die Evaluation hat sich auf vollständige Befundberichte zur rechten Niere beschränkt, eine mehrreihige Abfrage des Systems wurde nicht vorgenommen.

Das ist für weiterführende Arbeiten interessant, wie Analysen auf dem fiktiven Datensatz gezeigt haben. So füllt das LLM häufig alle Segmente (Rechte und Linke Niere, Rechter und Linker Ureter, Harnblase) aus, auch wenn explizit nur ein Segment beschrieben wird. Dabei geht das LLM weder nach der sog. geschlossene-Welt-Semantik (demnach ist alles, was nicht erwähnt wird, falsch bzw. gilt nicht), noch nach der sog. offenen-Welt-Semantik (demnach ist alles, was nicht explizit oder implizit erwähnt wird, unbekannt); stattdessen nutzt das LLM eine Art „Wahrscheinlichste-Welt-Semantik" (demnach ist

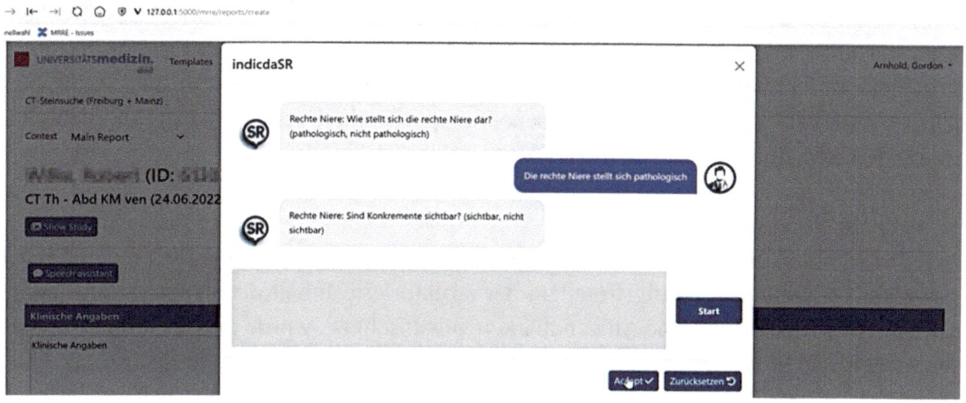


**Abb. 27.3** Screenshot des aktuellen Systems integriert in MRRE, über einen Button „Speech assistant" oberhalb des Templates. (Quelle: Eigene Darstellung (2024))

alles, was nicht erwähnt wird und sehr wahrscheinlich ist, richtig). Sofern Inhalte für andere Segmente nicht erwähnt wurden, nahm das LLM wahrscheinlichste Werte an, z. B. „Rechter Ureter nicht pathologisch". Durch regelbasiertes Hinzufügen von Kontextinformationen zu Segmenten wie „Alle Felder None" zum Überschreiben der Werte konnte dies sichergestellt werden.

Auch wurde nicht direkt evaluiert, ob das System zum richtigen Zeitpunkt nach den richtigen Feldern fragt. Da hierfür Regeln verwendet wurden, kann von einer korrekten Ausgabe ausgegangen werden. Die Möglichkeit, Felder nachträglich über Korrektureingaben zu ändern, wurde nicht betrachtet.

**Integration**

MRRE, Spracherkennung und Dialogsystem wurden bereits über Schnittstellen miteinander verbunden. Noch offen ist die standardisierte Anbindung der Template-Bibliothek. Bereits vorhandene RadLex-Annotationen sowie die FHIR-Questionnaire-Repräsentation der Templates werden hierbei von Vorteil sein; allgemein hat sich gezeigt, dass der Aufwand beim Hinzufügen eines Templates bei Verwendung von LLM deutlich geringer als mit herkömmlichen Regel-basierten NLP-Systemen ist, da der Aufwand beim Hinzufügen von Konzepten und deren Synonymen deutlich reduziert wird. Bisherige Ergebnisse zeigen jedoch auch, dass ein manueller Aufwand verbleibt, um die Templates über das Dialogsystem nutzbar zu machen. Diesen manuellen Aufwand zu reduzieren, z. B. durch automatisches Interpretieren von FHIR-Questionnaires, ist Ziel weiterführender Arbeiten.

Der produktive Einsatz von in einer Public-Cloud betriebenen LLMs ist in medizinischen Einrichtungen häufig aus datenschutzrechtlichen Gründen nicht erlaubt. Es wird befürchtet, dass die Anbieter die analysierten Daten für andere Zwecke missbrauchen. Eine verlässliche Anonymisierung der Texte ist nicht möglich. Eine allgemeine Zustimmung von Patientinnen und von Patienten erfordert einigen organisatorischen Aufwand. So besteht weiterhin der Bedarf an Systemen, die nicht nur extern in skalierbaren Rechenzentren von Google, Microsoft oder Amazon (Cloud), sondern auch vor Ort (On-Premise) in Kliniken betrieben werden können. In weiterführenden Arbeiten soll untersucht werden, ob auch vor Ort in Kliniken betriebene, für spezifische Use-Cases oder Templates antrainierte LLM eine ausreichend hohe Güte erreichen können.

**Erweiterte Nutzung von LLM**

Viele LLM unterstützen strukturierten Input und Output. Dabei wird jedoch innerhalb der genutzten Bibliotheken häufig trotzdem der strukturierte Inhalt dem Prompt angehängt. Da eine möglichst allgemeine Anwendbarkeit gewünscht ist, wurde dieser einfache Ansatz direkt genutzt. In weiterführenden Arbeiten soll untersucht werden, inwiefern die Güte durch solche speziellen Funktionen von LLM verbessert werden kann. Auch das iterative Ansprechen von LLM, deklarativ und idealerweise benutzerfreundlich durch Low-Code-Mechanismen modelliert bzw. konfiguriert, verspricht robustere und noch hochqualitative LLM-Abfrageergebnisse (Khattab et al. 2023).

## 27.6 Schlussbetrachtung

Technologische Fortschritte beim Natural Language Processing (NLP), insbesondere durch generative künstliche Intelligenz und Large Language Models (LLM) lassen einen Wunsch vieler Medizinerinnen und Mediziner Wirklichkeit werden: die effiziente strukturierte Befundung per intuitiver Spracheingabe. Patientinnen und Patienten können dadurch bei der Diagnostik noch schneller Untersuchungsergebnisse und diese in einer höheren Qualität der Präsentation erwarten.

Dieses Kapitel hat Vorteile von großen Sprachmodellen (Large Language Models, LLM) in einem System zur automatisierten strukturierten Befundung mit Spracherkennung gezeigt. Ein kombiniertes regel- und LLM-basiertes System wurde vorgestellt und mittels Datensätzen konfiguriert und getestet. Die Arbeiten zeigen Herausforderungen und Möglichkeiten bei der Entwicklung von Assistenzsystemen für die strukturierte Befundung. Derartige Systeme werden in naher Zukunft ein häufig genutztes Werkzeug zur Dokumentation der Patientenreise sein.

**Danksagung** Jan Stöckmann und Gordon Arnhold haben bei den technischen Umsetzungen der Arbeit maßgeblich mitgewirkt.

## Literatur

Qin, C., Zhang, A., Zhang, Z., Chen, J., Yasunaga, M., & Yang, D. (2023). Is ChatGPT a general-purpose natural language processing task solver?. arXiv preprint arXiv:2302.06476.

Laukamp, K. R., Terzis, R. A., Werner, J. M., Galldiks, N., Lennartz, S., Maintz, D., Reimers R., Fervers P., Gertz R. J., Persigehl T., Rubbert C., Lehnen N. C., Deuschl C., Schlamann M., Schönfeld M. H., & Kottlors, J. (2024). Monitoring Patients with Glioblastoma by Using a Large Language Model: Accurate Summarization of Radiology Reports with GPT-4. Radiology, 312(1):e232640.

Adams, L. C., Truhn, D., Busch, F., Kader, A., Niehues, S. M., Makowski, M. R., & Bressem, K. K. (2023). Leveraging GPT-4 for post hoc transformation of free-text radiology reports into structured reporting: a multilingual feasibility study. Radiology, 307(4):e230725.

Khattab, O., Singhvi, A., Maheshwari, P., Zhang, Z., Santhanam, K., Vardhamanan, S., Haq S., Sharma A., Joshi T. T., Moazam H., Miller H., Zaharia M., & Potts, C. (2023). Dspy: Compiling declarative language model calls into self-improving pipelines. arXiv preprint arXiv:2310.03714.

Pinto dos Santos, D., Klos, G., Kloeckner, R., Oberle, R., Dueber, C., & Mildenberger, P. (2017). Development of an IHE MRRT-compliant open-source web-based reporting platform. European radiology, 27(1):424-430.

Jorg, T., Kämpgen, B., Feiler, D., Müller, L., Düber, C., Mildenberger, P., & Jungmann, F. (2023). Efficient structured reporting in radiology using an intelligent dialogue system based on speech recognition and natural language processing. Insights into imaging, 14(1):47.

BMBF (2022) DIAMED – Intelligentes Dialogsystem zur strukturierten Befundung und Diagnoseunterstützung in der Medizin. Bundesministerium für Bildung und Forschung (BMBF, Hrsg.), Online im Internet: URL: https://www.interaktive-technologien.de/projekte/diamed, Abrufdatum: 29.11.2024.

**Dr. Benedikt Kämpgen** ist Informatiker bei der Empolis Information Management GmbH. Er verantwortet dort die Entwicklung innovativer Geschäftsmodelle in wissensintensiven Anwendungsbereichen, insbesondere im Gesundheitswesen. Seine technischen Schwerpunkte sind die Analyse von web-skaligen, heterogenen Datenmengen sowie die Kombination von logikbasierten mit datenbasierten KI-Ansätzen zur Entscheidungsunterstützung. Nach seinem Studium der Informatik an der Julius-Maximilians-Universität Würzburg war er zunächst wissenschaftlicher Mitarbeiter am Karlsruher Institut für Technologie (KIT), dann Abteilungsleiter am FZI Forschungszentrum Informatik, und ist nun seit 2017 bei Empolis.

**Dennis Feiler** ist Geschäftsführer DFC-SYSTEMS GmbH, die sich auf KI-basierte Dokumentationslösungen fokussiert. Nach seiner Ausbildung zum Radiologisch-Technischen Assistenten arbeitete er für zwei Jahre in der Neuroradiologie der Technischen Universität München (Klinikum rechts der Isar) und absolvierte im Anschluss ein Studium der Internationalen Betriebswirtschaftslehre am European Business College in München. Bereits während seines Studiums begleitete er verschiedene IT-Projekte im Gesundheitswesen, bevor er 1997 die DFC-SYSTEMS GmbH gründete.

**Prof. Dr. med. Peter Mildenberger** ist Leitender Oberarzt der Klinik und Poliklinik für Diagnostische und Interventionelle Radiologie an der Universitätsmedizin der Johannes Gutenberg-Universität Mainz. Er beschäftigt sich seit Jahren mit Themen der patientenorientierten Nutzung und Speicherung von Daten aus der bildgebenden Diagnostik. Seine klinischen Schwerpunkte sind unter anderem kardiovaskuläre, onkologische und urologische Erkrankungen. Weitere Schwerpunkte sind eHealth und IT-Standardisierung, für die er sich seit Jahren in internationalen Gremien wie der European Society of Radiology engagiert.

**Dr. med. Tobias Jorg** ist Oberarzt der Klinik und Poliklinik für Diagnostische und Interventionelle Radiologie an der Universitätsmedizin der Johannes Gutenberg-Universität Mainz. Sein klinischer Schwerpunkt besteht in der Computertomografie. Er verfügt neben der deutschen auch die europäische Facharztanerkennung (European Diploma in Radiology). Wissenschaftlich beschäftigt er sich mit strukturierter radiologischer Befundung und der Nutzung von künstlicher Intelligenz in der Radiologie.

# Künstliche Intelligenz in der Behandlung von Diabetes bei minderjährigen Patienten – Ethische Aspekte

# 28

Tommaso Bruni und Bert Heinrichs

## Inhaltsverzeichnis



**Danksagung**
Wir danken Thomas Meißner für wertvolle Hinweise zu den medizinischen Aspekten des Beitrags und Maren Hegger für ihre nützlichen Kommentare zu den rechtlichen Teilen. Außerdem danken wir Ulrich Steckmann für das sorgfältige Korrekturlesen.

T. Bruni (✉)
Forschungszentrum Jülich, Institut für Neurowissenschaften und Medizin: Gehirn und Verhalten (INM-7), Jülich, Deutschland
E-Mail: t.bruni@fz-juelich.de

B. Heinrichs
Forschungszentrum Jülich, Institut für Neurowissenschaften und Medizin: Gehirn und Verhalten (INM-7), Jülich, Deutschland

Rheinische Friedrich-Wilhelms-Univesität Bonn, Institut für Wissenschaft und Ethik (IWE), Bonn, Deutschland
E-Mail: b.heinrichs@fz-juelich.de



M. A. Pfannstiel (Hrsg.), *Künstliche Intelligenz im Einsatz für die erfolgreiche Patientenreise*, https://doi.org/10.1007/978-3-658-48573-3_28

**Zusammenfassung**

In diesem Kapitel befassen wir uns mit Kindern, die an Diabetes erkrankt sind, und der Rolle, die künstliche Intelligenz (KI) auf deren Weg als Patienten spielen kann. Als Ethiker nutzen wir diesen Fall, um die wichtigsten ethischen Fragen zu untersuchen, die sich aus dem Einsatz medizinischer künstlicher Intelligenz zur Unterstützung der Diagnose und Behandlung von Diabetes ergeben. Die Einführung von KI in die Pädiatrie ist bereits im Gange und lässt sich nicht mehr aufhalten. Wir zeigen auf, welche die wichtigsten ethischen Kriterien sind, die beachtet werden sollten, und kommen zu dem Schluss, dass die Anwendung von KI-Technologien in der Pädiatrie wahrscheinlich sehr positive Auswirkungen haben wird, wenn die Anforderungen der Moral erfüllt werden.

## 28.1 Einleitung

Fast alle Menschen haben früher oder später in ihrem Leben einmal gesundheitliche Probleme, die behandelt werden, oder nutzen präventive Maßnahmen und kommen so in Berührung mit medizinischen Diensten. Einem aktuellen Review zufolge ist das Ultraschallscreening auf strukturelle fetale Anomalien innerhalb des ersten Schwangerschaftstrimesters in Ländern mit hohem Einkommen sehr weit verbreitet (Bronsgeest et al. 2023). Man kann also sagen, dass für viele Menschen der Kontakt mit dem Gesundheitssystem bereits vor der Geburt beginnt. Unmittelbar nach der Geburt schließen sich in der Regel Vorsorgeuntersuchungen an. In Deutschland haben Kinder und Jugendliche beispielsweise bis zur Vollendung des 18. Lebensjahres einen Anspruch auf Untersuchungen zur Früherkennung von Krankheiten, die ihre körperliche, geistige oder psychosoziale Entwicklung in nicht geringfügigem Maße gefährden (G-BA 2023). Im weiteren Verlauf des Lebens ergeben sich Kontakte mit dem Gesundheitssystem dann häufig durch akute oder chronische Erkrankungen oder Unfälle, aber auch durch Vorsorge- und Präventionsmaßnahmen. Es ist bekannt, dass sich Krankheiten im hohen und höchsten Alter häufen, was seinen Niederschlag in steigenden Kosten findet. Gemäß Zahlen des Statistischen Bundesamtes betragen die Krankheitskosten je Einwohner in der Altersgruppe der unter 15-Jährigen € 2.440 pro Jahr und steigen auf € 25.350 pro Jahr in der Gruppe der über 85-Jährigen (Statistisches Bundesamt 2024). Kurzum, zumindest in Ländern mit hohem Einkommen wird es kaum Menschen geben, die im Laufe ihres Lebens nicht mehrfach medizinische Maßnahmen in Anspruch nehmen.

Die metaphorische Rede vom „Leben als Reise" ist für den modernen Menschen mithin stets auch als eine „Reise als Patient oder Patientin" zu verstehen. Besonders gilt dies für Menschen mit chronischen Erkrankungen. Ihr Leben ist nicht durch punktuelle Leiden geprägt, sondern vielmehr durch permanente Beeinträchtigungen gekennzeichnet. Zahlen der Weltgesundheitsorganisation (WHO) zeigen, dass etwa 41 Mio. Menschen jährlich durch nichtübertragbare Krankheiten sterben, was 74 % der jährlichen Todesfälle weltweit entspricht (WHO 2023). Für viele Menschen ist die Lebensreise also sogar dauerhaft auch eine Patientenreise.

Reisen haben es an sich, dass man gelegentlich unwegsames Gelände passiert und den richtigen Weg finden muss, wozu man dann häufig auf Hilfsmittel für den Transport oder die Navigation angewiesen ist. Auch bei ihrer Patientenreise sind Menschen auf vielfältige Formen der Unterstützung angewiesen, allem voran auf fachkundiges medizinisches Personal, aber ebenso auf technische Hilfsmittel wie Arzneimittel und Medizinprodukte. Der Einsatz von Methoden der künstlichen Intelligenz (KI) hat hier in den vergangenen Jahren erheblich an Bedeutung gewonnen, und alle Prognosen gehen davon aus, dass sich dieser Trend weiter fortsetzen wird. KI-basierte Systeme können im Bereich der Medizin auf vielfältige Weise zur Anwendung kommen. Neben der Unterstützung von Diagnosestellungen und Therapieauswahlen sowie der Optimierung von Prozessen können KI-Systeme auch die Entscheidungsfindung von Patientinnen und Patienten unterstützen. Allerdings gilt es, bei all diesen Anwendungsfällen ethische Herausforderungen von Beginn an mitzudenken. Nicht jede Technologie, so könnte man sagen, bietet auf der Patientenreise tatsächlich optimale Hilfe oder zumindest müssen oft Vor- und Nachteile sorgfältig abgewogen werden. Unter anderem beschäftigt sich die Ethik mit dieser Art von kritischer Abwägung.

Einige der ethischen Herausforderungen, die mit dem Einsatz von KI in der Medizin verbunden sind, wollen wir in diesem Beitrag aufzeigen. Wir fokussieren uns dabei auf den ersten Teil der Patientenreise, d. h. den Bereich der Pädiatrie, sowie auf eine spezielle chronische Erkrankung, nämlich Diabetes, als Use Case.

## 28.2 Behandlung von Diabetes bei Kindern mithilfe künstlicher Intelligenz und damit verbundene ethische Fragen

Im Folgenden werden wir zunächst kurz über den aktuellen Stand bei der Nutzung von KI in der Medizin informieren. Anschließend werden wir unseren Use Case, Diabetes, kurz allgemein vorstellen, um dann ausführlich über KI-basierte Ansätze in diesem Bereich zu berichten. Schließlich wenden wir uns einigen ethischen Herausforderungen zu, die sich hier stellen.

### 28.2.1 KI in der Medizin

Es ist mittlerweile kaum mehr als ein Gemeinplatz, dass KI auf vielfältige Weise in der Medizin zur Anwendung kommen wird – und vielfach bereits heute zur Anwendung kommt (Heinrichs et al. 2022, Abschn. 3.2). Es war zunächst vor allem die Radiologie, die durch die Menge und Art ihrer Daten für den Einsatz von KI prädestiniert war. Zwar haben sich Prophezeiungen wie die des KI-Pioniers und Nobelpreisträgers Geoffrey Hinton aus dem Jahr 2016, dass Radiologinnen und Radiologen innerhalb der folgenden fünf Jahre überflüssig würden, nicht bewahrheitet (Hinton 2016). Richtig ist aber, dass es heute bereits eine ganze Reihe von Anwendungen gibt, die mithilfe von KI die Analyse von medizinischen Bilddaten unterstützen. Darüber hinaus gibt es mittlerweile auch in nahezu allen anderen Bereichen der Medizin KI-Anwendungen.

Während anfangs vor allem Fragen der Genauigkeit und Verlässlichkeit solcher Anwendungen im Zentrum der Diskussion standen, treten zunehmend Fragen der Implementierung hinzu. So deuten neuere Ergebnisse beispielsweise darauf hin, dass „radiologists should work next to as opposed to with AI" (Agarwal et al. 2023, S. 42), um optimale Ergebnisse zu erzielen. Ob sich diese Art der Implementierung langfristig als die beste Strategie erweisen wird und ob sie auf andere Bereiche der Medizin übertragbar ist, wird sich allerdings erst zeigen müssen. Daneben werden vermutlich auch Kontextfaktoren eine stärkere Berücksichtigung finden müssen. Eine neuere Studie hat etwa gezeigt, dass die Leistungsfähigkeit einer KI-Anwendung zur Beurteilung der diabetischen Retinopathie stark von sozio-ökonomischen Faktoren abhängt (Beede et al. 2020). Konkret zeigte sich, dass die ursprüngliche Genauigkeit der Anwendung (> 90 % Sensitivität und Spezifität mit Daten, die überwiegend von EyePACS in den USA stammten; siehe Gulshan et al. 2016) erheblich sank, wenn die Anwendung in Kliniken in Thailand zum Einsatz kam, in denen schlechte Lichtverhältnisse bei der Aufnahme der Bilder herrschten. Das Autorenteam fordert daher eine „human-centered evaluation" von KI-Anwendungen, die menschliche Aspekte der Bereitstellung und Nutzung einer KI-Anwendung in klinischen Umgebungen mitberücksichtigt.

Mittlerweile sind, wie gesagt, nahezu alle Bereiche der Medizin on der Verbreitung der KI erfasst. Dies gilt auch für die Pädiatrie, wenngleich dort KI-basierte Systeme erst langsam Einzug halten. Zwar bemerkt eine aktuelle Studie: „Numerous studies using a wide variety of health data and AI methods seem promising regarding the future use of AI in monitoring child development. Especially the domains of linguistic, social, and cognitive development are well represented" (Reinhart et al. 2024). Gleichzeitig schränken die Autorinnen und Autoren aber ein: „However, the application of AI models in clinical pediatric practice and with real-world data needs further investigation. Most models are tested on small populations, thus complicating transferability. Because of infrequent use in clinical settings, no clinical outcomes of AI-usage have yet been described" (Reinhart et al. 2024).

Die beiden Bereiche der Radiologie einerseits und der Pädiatrie andererseits stehen gleichsam stellvertretend für das weite Spektrum der Medizin und verdeutlichen die dynamische Entwicklung der KI in diesem großen und teilweise heterogenen Feld. Klar ist jedenfalls, dass KI bereits heute aus der Medizin nicht mehr wegzudenken ist und ihre Bedeutung in den kommenden Jahren weiter zunehmen wird. Dies gilt, auch das zeigen die beiden Bereiche, für sehr vielfältige Anwendungsformen, die von Diagnose- und Therapieunterstützung bis hin zu Workflowoptimierungen reichen.

Wenn die Metapher der Patientenreise in diesem Kontext aufgegriffen wird, dann lässt sich sagen, dass nicht nur nahezu alle Menschen diese Reise unternehmen, sondern es außerdem auch zunehmend wahrscheinlich wird, dass sie auf dieser Reise in Berührung mit KI kommen werden. Diese Entwicklung ist frühzeitig durch eine intensive ethische und rechtliche Reflexion begleitet worden, was bereits zu einem breiten Korpus von Fachliteratur (vgl. bspw. Rubeis 2024), vielfältigen Stellungnahmen (vgl. bspw. ZEKO 2021) und – im Falle der EU KI-Verordnung (European Parliament & Council 2024) – auch schon zu rechtlichen Regelungen geführt hat. Es wird weiterhin wichtig sein, diese Reflexion fortzuführen, um die Chancen medizinischer KI voll nutzen und gleichzeitig Risiken minimieren zu können.

Ein spezieller Fall, in dem die Anwendung von medizinischer KI schnell voranschreitet, ist die Behandlung von Diabetes (Khodve und Banerjee 2023). Gerade in diesem Bereich zeigen sich aber auch ethische Herausforderungen, insbesondere bei der Anwendung im Kindes- und Jugendalter.

### 28.2.2 Use Case: Diabetes

Diabetes ist eine chronische Stoffwechselerkrankung, die durch einen erhöhten Blutzuckerspiegel gekennzeichnet ist und mit der Zeit zu schweren Schäden u. a. im Bereich Herz-Kreislauf oder an Augen, Nieren und Nerven führt. Die häufigste Form (etwa 90 % der Fälle) ist der Typ-2-Diabetes, meist bei Erwachsenen, der auftritt, wenn der Körper resistent gegen Insulin wird oder nicht genügend Insulin produziert. In den letzten drei Jahrzehnten ist die Prävalenz von Typ-2-Diabetes in allen Ländern unabhängig vom jeweiligen Durchschnittseinkommen dramatisch angestiegen und betrifft zunehmend auch Jugendliche. Der Typ-1-Diabetes, früher auch als jugendlicher Diabetes oder insulinabhängiger Diabetes bezeichnet, ist hingegen eine chronische Erkrankung, bei der die sogenannten Beta-Zellen der Bauchspeicheldrüse zerstört werden. Infolgedessen wird im Verlauf von Jahren wenig oder gar kein Insulin mehr produziert. Symptome zeigen sich bei dieser Form, wenn ca. 90 % der Beta-Zellen zerstört sind, man spricht dann von der Manifestation des Typ-1-Diabetes.

Nach Angaben der Weltgesundheitsorganisation (WHO o. J.) sind weltweit etwa 422 Mio. Menschen an Diabetes, zumeist Typ-2, erkrankt, die meisten davon in Ländern mit niedrigem und mittlerem Einkommen. 1,5 Mio. Todesfälle werden jedes Jahr direkt auf Diabetes zurückgeführt. Sowohl die Zahl der Fälle als auch die Prävalenz von Diabetes haben in den letzten Jahrzehnten stetig zugenommen (WHO o. J.).

Für die Situation in Deutschland beschreibt das Robert-Koch-Institut (RKI) die aktuelle Entwicklung wie folgt: Im Jahr 2020 lag die Prävalenz von Typ-1-Diabetes bei Kindern und Jugendlichen im Alter von 0 bis 17 Jahren in Deutschland bei 232,2 pro 100.000 Menschen (Mädchen: 226,0; Jungen: 238,4). Dies entspricht einer absoluten Zahl von 31.466 Fällen. Die Prävalenz steigt mit dem Alter auf 430,3 bei den 14- bis 17-jährigen Mädchen und 481,4 bei den gleichaltrigen Jungen. Während des Beobachtungszeitraums von 2014 bis 2020 stieg die Zahl der Fälle jährlich um durchschnittlich 0,1 %, wobei die Tendenz bei den Mädchen (0,2 %) rückläufig, bei den Jungen (0,4 %) jedoch steigend war (RKI 2024)

Global betrachtet ist im Zeitraum von 1990 bis 2019 ein signifikanter Anstieg der altersstandardisierten Inzidenzrate sowie der altersstandardisierten DALY-Rate (disability adjusted life years) für Typ-2-Diabetes bei Jugendlichen und jungen Erwachsenen zu verzeichnen (Xie et al. 2022).

### 28.2.3 Diabetes und KI-basierte Ansätze

Gautier et al. (2021) unterscheiden fünf Bereiche, in denen KI im Kontext von Diabetes zum Einsatz kommen kann: 1). das Verstehen von Risikofaktoren, 2). das Verbessern der

Diagnose, 3). das Verstehen der Pathophysiologie, 4). das Verstehen des natürlichen Verlaufs von Diabetes und 5) die Behandlung von Diabetes.

Die Autoren machen deutlich, dass sich die KI-Forschung bereits seit mehreren Jahrzehnten auf die Behandlung von Diabetes konzentriert und dabei vor allem zwei Ziele verfolgt, nämlich (i) die hohe Belastung, die die Behandlung von Diabetes für Patientinnen und Patienten sowie für Gesundheitsdienstleister darstellt, zu verringern und (ii) die Behandlungsstandards zu verbessern. Vor allem die Einführung von automatisierten Insulin-Dosierungssystemen (AID) stellt einen großen Entwicklungsschritt dar: Diese Geräte werden nämlich als ein „Game-Changer" in der Diabetestherapie gesehen (DDG 2024). Die S3-Leitlinie zur Therapie des Diabetes empfiehlt: „Ein AID-System sollte allen Kindern und Jugendlichen mit Typ-1-Diabetes und Insulinpumpentherapie angeboten werden, wenn sie oder ihre Eltern/Betreuer in der Lage sind, diese Therapieform sicher anzuwenden" (DDG 2023). Gautier et al. (2021) bemerken dazu: „AID systems, whether engineered or synthesized through the application of machine learning (ML), are emblematic of the increasing role that artificial intelligence (AI) plays in improving care for people who have or are at risk for diabetes and diabetes-related complications" (Gautier et al. 2021, sec. 1.1). Einschränkend weisen sie u. a. darauf hin, dass in der Literatur überwiegend über Best-Case-Ergebnisse berichtet wird, die auf dem Zugang zu qualitativ hochwertigen und gut strukturierten Daten beruhen, und sich nur wenige Studien mit Fragen der Datenqualität und -zulänglichkeit befassen, obwohl bekannt sei, dass etwa Deep Neural Networks große Datenmengen benötigen (Gautier et al. 2021, sec. 7). Die Autoren bemerken zudem zurecht, dass die Zulassung von KI-basierten Systemen eine Herausforderung darstelle, wenn sie während der Verwendung weiterhin „lernen". Zwar stellt dies grundsätzlich einen großen Vorteil von KI dar. Allerdings geht die klassische Zulassung von Arzneimitteln und Medizinprodukten davon aus, dass sich ein Produkt nach der Zulassung nicht mehr verändert, was für eine robuste Risikobewertung unerlässlich erscheint. Ein „lernendes" System könnte sich potenziell auch in eine unerwünschte Richtung entwickeln, was eine ursprünglich positive Risikobewertung obsolet machen würde. Hier sind – jenseits des konkreten Falls von automatisierten Insulinpumpen – neue Ansätze erforderlich. Abschließend weisen Gautier und Kollegen noch auf Folgendes hin: „In areas where AI tools may develop to the point of replacing tasks historically falling to clinicians, the research community will need to discuss practical and ethical limitations of AI in a more concerted fashion" (Gautier et al. 2021, S. 7).

Tyler und Jacobs (2020) heben hervor, dass sich viele Menschen trotz der Verfügbarkeit gegen AIDs entscheiden. Sie nennen dafür u. a. „cost, inconvenience, issues with form factor" als Gründe (Tyler und Jacobs 2020, sec. 1). Stattdessen bevorzugten es Patientinnen und Patienten damals, ihren Blutzuckerspiegel mit einer konventionellen Insulinpumpe zu kontrollieren, die schnell wirkendes Insulin über eine einprogrammierte Rate kontinuierlich subkutan abgibt (CSII). Zudem werden vor den Mahlzeiten die Kohlenhydrate, wie auch beim AID-System, geschätzt und entsprechend Insulin für Mahlzeiten als Bolus abgegeben. Eine weitere Therapieform ist die Insulinzufuhr mit mehrfacher täglicher Injektion (MDI), bei der die Patientinnen und Patienten sich schnell wirkendes Insulin vor den Mahlzeiten und lang wirkendes Insulin ein- oder zweimal pro Tag mit einer Nadelspritze selbst verabreichen. Heute entscheiden sich Kinder und Jugendliche in Deutschland allerdings zunehmend für AID-Systeme. Ein wesentlicher Grund dafür ist, dass die AID-Systeme durch die automatisierte Insulinabgabe wesentlich bessere Blutzuckerwerte erreichen, zudem sind sie mit einem geringeren Aufwand für die Patientinnen und Patienten und gegebenenfalls deren Eltern oder Betreuungspersonen verbunden. Vereinfacht dargestellt gibt das AID-System mehr Insulin ab, wenn der Blutzucker zu hoch ist, und drosselt die Insulinausschüttung bei niedrigen Werten oder pausiert sie ganz. Dies vermittelt auch Sicherheit für die Patientinnen und Patienten, insbesondere im Hinblick auf Unterzuckerungen, vor allem auch in der Nacht. Auch bei der Verwendung von AID-Systemen müssen die weiterhin aufgenommenen Kohlenhydrate, wie bei den anderen Therapieformen, immer noch berechnet und vor der Mahlzeit entsprechende Eingaben in das AID-System vorgenommen werden. Es entfällt aber das Zurechtfinden in einer komplizierten Landschaft von heuristischen Richtlinien für die Berechnung von sogenannten Bolus- und der Basalinsulindosen, was zumindest für einen Teil der Betroffenen mit MDI durchaus eine Herausforderung und auch Überforderung darstellte. Zudem können die AID-Systeme besondere Umstände wie sportliche Aktivität in ihre Berechnungen der Insulinabgabe einbeziehen, wenn sie entsprechend informiert werden. Temporär kann auch der Zielwert des Blutzuckers angepasst werden, um in speziellen Situationen niedrige Blutzuckerwerte zu vermeiden. Es ist anzunehmen, dass sich zumindest in den Ländern, in denen die AID-Systeme von den Kostenträger erstattet werden, nahezu alle Patientinnen und Patienten mit Typ-1-Diabetes mittelfristig ein AID-System verwenden werden. Für Kinder und Jugendliche, die diese Technik nicht nutzen möchten oder für die sie nicht verfügbar ist, kann die Entwicklung von automatisierten Entscheidungshilfesystemen (decision support systems – DSSs) die Patientinnen und Patienten beispielsweise bei der Ermittlung des individuellen Insulinbedarfs für Kohlenhydrate zu unterschiedlichen Tageszeiten unterstützen. Die Kombination von mobiler Technologie und automatisierten DSSs und Unterstützung durch einen zertifizierten Diabetesberater (CDE) könnte zu weiteren Verbesserungen der Ergebnisse einer MDI führen (Tyler und Jacobs 2020, S. 7).

Es gibt mindestens drei weitere mögliche Anwendungen von KI für Diabetes, die in Betracht gezogen werden sollten: **1.** die bereits erwähnte Diagnose von Diabetes anhand von Netzhautbildern durch Erkennung früher Anzeichen einer diabetesbedingten Retinopathie, **2.** die Vorhersage von Diabetes anhand einer Reihe von Risikofaktoren und **3.** die Stratifizierung von Patienten in Untergruppen mit unterschiedlichen klinisch relevanten Merkmalen (Gautier et al. 2021; Guan et al. 2023; Nomura et al. 2021).

Eines der Hauptprobleme bei der Behandlung von Typ-2-Diabetes besteht darin, dass die Krankheit viele Jahre lang ohne Symptome bleiben kann, die zur Inanspruchnahme ärztlicher Hilfe führen (Guan et al. 2023). Bei der **Diagnosestellung** sind dann oft schon Folgeerkrankungen nachweisbar. Daher ist es eine Priorität für Forscherinnen und Forscher, neue Wege zu finden, um Diabetes so früh wie möglich zu diagnostizieren. Eine frühzeitige Behandlung ist in der Tat von Vorteil für die Patientin oder den Patienten (Joslin 2021). Eine der Möglichkeiten besteht darin, Bilder der Netzhaut zu machen und sie in eine Maschine wie IDx-DR einzuspeisen, ein KI-gestütztes medizinisches Gerät, das klinische Studien durchlief und 2018 aufgrund seiner hohen Genauigkeit von der US-amerikanischen FDA zugelassen wurde. Entscheidend ist, dass für den Einsatz von IDx-DR kein Augenärztin oder Augenarzt erforderlich ist, was besonders in ländlichen oder ressourcenarmen Gebieten nützlich ist, in denen eine Fachärztin oder ein Facharzt nicht ohne Weiteres verfügbar ist (Abràmoff et al. 2018). Wie bereits erwähnt, kann es aufgrund von Unterschieden in der Patientenpopulation oder in den Gesundheitssystemen Probleme bei der Verallgemeinerung des Einsatzes dieser Geräte in verschiedenen Ländern geben. Die zum Trainieren der Algorithmen verwendeten Daten sollten idealerweise so global und vielfältig wie möglich sein, was jedoch nicht immer machbar ist, da der Zeitaufwand und/oder die finanziellen Ressourcen zu hoch sein könnten.

Was die **Vorhersage** anbelangt, so konnten Ravaut und Kollegen (2021) mithilfe von KI das Auftreten von Typ-2-Diabetes rückwirkend anhand von Verwaltungsdaten mit einer Genauigkeit (Fläche unter der ROC-Kurve) von 0,8 über einen Zeitraum von fünf Jahren vorhersagen. Die Daten von mehr als 1,6 Mio. Einwohnerinnen und Einwohnern der kanadischen Provinz Ontario wurden in das Modell eingespeist, um es zu trainieren: Diese Daten umfassten mehr als 300 Merkmale aus Datensätzen, die demografische Informationen, Labormessungen, Arzneimittelverordnungen, soziale Faktoren der Gesundheit sowie Aufzeichnungen über ambulante Pflege und Krankenhausaufenthalte erfassen. Ergebnisse dieser Art klingen sehr vielversprechend, aber Wissenschaftler wie Nomura und Kollegen (2021, S. 61) bestreiten, dass KI-basierte Modelle ähnliche, bereits existierende Modelle, die traditionelle Statistiken verwenden, signifikant übertreffen. In vielen anderen Studien wurden KI-Ansätze zur Vorhersage des Ausbruchs von Typ-2-Diabetes anhand verschiedener veränderbarer (z. B. Ernährung, Bewegung, Blutzuckermessungen) und nicht veränderbarer (z. B. Vorerkrankungen, Genetik) Faktoren verwendet, und viele von ihnen erreichten eine hohe Genauigkeit von 0,8. Ähnliche Anstrengungen werden auch für Typ-1-Diabetes unternommen: So haben Zhou und Mitarbeiter (2020) ein Modell auf der Grundlage eines tiefen neuronalen Netzes vorgestellt, das rückblickend nicht nur vorhersagt, ob eine Person Diabetes entwickeln wird, sondern auch, ob es sich um Typ-1 oder Typ-2 handeln wird.

Die **Stratifizierung von Patienten in Untergruppen** fällt in den Bereich der Präzisionsmedizin: Big Data wird in KI-Methoden eingespeist, die Patientinnen und Patienten entlang mehrerer Dimensionen gliedern, um kleinere Gruppen zu bilden, die effizienter behandelt werden können. In diesem Zusammenhang bemerken Guan et al. zurecht, dass „the diagnosis of diabetes is based on the measurement of only one metabolite, glucose; however, the disease is heterogeneous in terms of clinical presentation and progression" (Guan et al. 2023, S. 4). Behandlungen, die auf die spezifische Präsentation und den Verlauf zugeschnitten sind, sind wahrscheinlich wirksamer als generische Behandlungen. Ein ähnlicher Prozess der pathologischen Stratifizierung findet auch in anderen Bereichen der Medizin statt, vor allem in der Onkologie (siehe z. B. Hamamoto et al. 2020). In einem viel zitierten Artikel unterteilten Ahlquist und Mitarbeiter (2018) Typ-2-Diabetes-Patientinnen und - Patienten mithilfe von sechs Metriken und traditionellen Statistiken – also ohne KI – in fünf Cluster. Die Cluster erwiesen sich als replizierbar über einige schwedische Gruppen (‚cohorts') von Patientinnen und Patienten. Die Autoren stellten fest, dass die fünf Cluster signifikant unterschiedliche Patientencharakteristika und Risiko für diabetische Komplikationen hatten. Sie fahren fort: „In particular individuals in cluster 3 (most resistant to insulin) had significantly higher risk of diabetic kidney disease than individuals in clusters 4 and 5, but had been prescribed similar diabetes treatment" (Ahlquist et al. 2018). Es besteht kein Zweifel daran, dass KI-Methoden bei solchen zukünftigen Bemühungen um Diabetes zum Einsatz kommen werden, da sie bereits für die gleiche Arbeit in der Onkologie verwendet werden (Hamamoto et al. 2020). In dieser Hinsicht bauen die KI-Methoden auf den traditionellen statistischen Methoden der multivariaten Analyse auf. Typ-1-Diabetes zeigt eine geringere Heterogenität als Typ-2-Diabetes (Ahlqvist et al. 2018), aber es ist wahrscheinlich, dass der Einsatz von KI-Techniken auch in diesem Fall zu einem gewissen Grad an Stratifizierung führen wird (Tauschmann et al. 2022).

### 28.2.4 Ethische Herausforderungen

Die Unterstützung von Patientinnen und Patienten mit chronischen Erkrankungen, insbesondere von Minderjährigen, ist eine komplexe Aufgabe. Die Entwicklung im Bereich KI-basierter Systeme zur Behandlung von Typ1-Diabetes macht deutlich, dass technische Systeme enorm hilfreich dabei sein können, bessere medizinische Ergebnisse zu erzielen. Gleichzeitig zeigt sich indes auch, dass die Begleitung von Patientinnen und Patienten auf ihrer „Reise" mehr erfordert als automatisierte Systeme. Entwicklungspfade, die auf eine vollständige Automatisierung abzielen, könnten sich als Sackgassen erweisen oder als Pfade, die die Betroffenen nicht als optimal ansehen. So stellten Kenig, Vives und Echeverria (2024) für den Bereich Brustkrebs fest, dass das Vertrauen in nicht ärztlich vermittelte KI gering ist. Eine einflussreiche systematische Übersichtsarbeit von Young und Kollegen (2021) zeigte ebenfalls, dass Patientinnen und Patienten medizinische KI weniger akzeptieren, wenn es an menschlicher Aufsicht mangelt. Abgesehen von der Notwendigkeit der menschlichen Anwesenheit ist zu beachten, dass die strikte Unterordnung unter KI-generierte Vorgaben für das alltägliche Verhalten als gravierende Einschränkung von Spontaneität und persönlicher Freiheit erlebt werden könnte. Sicher mag es auch Menschen geben, die solche Vorgaben als positiv und hilfreich erleben. Die sehr unterschiedlichen Einstellungen zu Fitness-Trackern zeigen dies eindrucksvoll (Kinney et al. 2019). Ein Beispiel für dieses Phänomen sind die Ergebnisse von Soliño-Fernandez und Mitarbeitern (2019), wonach 19 bis 41 % der US-Amerikaner nicht damit einverstanden sind, ein gesundheitsbezogenes Wearable zu tragen, selbst wenn ein monetärer Anreiz besteht, je nach Verwendung des Wearables (40 % lehnten „Adherence Tracking" ab). Gerade bei minderjährigen Patientinnen und Patienten scheint hier Vorsicht geboten. Klar scheint jedenfalls zu sein, dass Angebote individuelle Präferenzen ernstnehmen müssen und nicht einen einzigen Ansatz vorgeben, der auf einer quantitativen Optimierung allein basiert.

Aus ethischer Sicht besteht ein zentrales Problem in der Validierung, die in den beiden bioethischen Grundsätzen des Nichtschadens und der Förderung des Wohlbefindens verankert ist (Beauchamp und Childress 2019). Selbst wenn ein KI-System eine hohe Genauigkeit aufweist, muss es in der praktischen Anwendung validiert und an tatsächlichen Patientinnen und Patienten getestet werden, bevor es zum Einsatz kommt. Klinische Studien, insbesondere randomisierte kontrollierte Studien zu KI-Produkten und -Methoden sind jedoch schwierig (siehe z. B. Grote 2024), vor allem, wenn es sich um „kognitive Interventionen" handelt, die Ärztinnen und Ärzte bei Diagnose und Therapiewahl unterstützen. Die komplexe Interaktion zwischen Ärztinnen und Ärzten, dem jeweiligen Umfeld und der KI-basierten Anwendung angemessen zu berücksichtigen kann überaus schwierig sein, wie das oben zitierte Beispiel zur Beurteilung der diabetischen Retinopathie zeigt (Beede et al. 2020).

Erfreulicherweise handelt es sich, wie bereits erwähnt, bei den KI-basierten Anwendungen zur Behandlung von Diabetes bei Kindern nicht um „kognitive Interventionen" im engeren Sinne, sondern um solche, die bei der Diagnose und Behandlung in einer Weise helfen, die als unabhängig von den kognitiven Fähigkeiten der Ärztin oder des Arztes angesehen werden kann. Dies ist bspw. der Fall, wenn ein Netzhautbild automatisch bewertet wird oder wenn die optimale Dosierung und der optimale Zeitpunkt für den Beginn einer Insulinbehandlung berechnet werden. Randomisierte, kontrollierte Studien für KI sind für solche Anwendungsformen sehr wohl möglich. Eine Übersichtsarbeit von Siontis und Mitarbeitern (2021) fand 23 veröffentlichte Studien dieser Art.

Trotz der skizzierten Schwierigkeiten mit klinischen Studien bleibt die Notwendigkeit der Validierung bestehen und ist weiterhin von großer ethischer Bedeutung. Es ist bekannt, dass KI-Algorithmen unter realen Bedingungen weniger gut abschneiden als in der Testphase (Yu et al. 2022). Die Behauptung, sie würden besser abschneiden als Ärztinnen und Ärzte, erweist sich für die klinische Praxis oftmals als falsch. Wie bereits erwähnt, handelt es sich bei den Testläufen eines gerade trainierten KI-Algorithmus in der Regel um Best-Case-Ergebnisse, die unter sorgfältig ausgearbeiteten Bedingungen erzielt werden. Neben dem bereits erwähnten Lernproblem besteht eines der Hauptprobleme bei der Validierung von KI-Methoden in der Medizin darin, dass es keine standardisierte Methode zur Durchführung eines solchen Verfahrens gibt (Tsopra et al. 2021). Aktuell werden viele Rahmenbedingungen und Richtlinien vorgeschlagen (Park et al. 2021; Tsopra et al. 2021). Es gibt auch bereits erfolgreiche Fälle von klinischer Validierung in der Intensivpflege (Verma et al. 2024), in der Radiologie (Yu et al. 2022) und bei der bereits mehrfach erwähnten Erkennung von Retinopathie bei Diabetes (Lee et al. 2021).

Der Bedarf an Validierung scheint in der Pädiatrie besonders groß zu sein. Schließlich handelt es sich um einen Bereich der Medizin, der seit Jahrzehnten unter einem Mangel an klinischer Forschung leidet, sodass Kinder als „therapeutische Waisen" (Shirkey 1968; für weitere Überlegungen siehe Cohen und Shaul 2008) angesehen werden und oft auf

Medikamente angewiesen sind, die nur an Erwachsenen getestet wurden, oder auf eine heuristisch entdeckte Off-Label-Verwendung von bereits für andere Krankheiten zugelassenen Medikamenten. Insgesamt wird es in der Praxis schwieriger sein, pädiatrische KI zu validieren als medizinische KI für Erwachsene, da der klinischen Forschung an Kindern bekanntermaßen Hindernisse entgegenstehen (geringere finanzielle Anreize für Unternehmen, Minderjährige gelten als gefährdete Gruppe, in der Regel strengere Vorschriften usw.). Immerhin gibt es seit einigen Jahren mit der Verordnung (EG) Nr. 1901/2006 auf europäischer Ebene einen Rahmen, der die Entwicklung von Kinderarzneimitteln fördert.

Ein zweites ernsthaftes ethisches Problem ist die Privatsphäre. Beim Einsatz medizinischer KI willigen die Patientinnen und Patienten in der Regel in das Hochladen von Daten auf einen Server ein, z. B. von Bildern ihrer Netzhaut. Es ist wichtig, dass die Minderjährigen, sofern sie dazu berechtigt sind, oder ihre Eltern die Hoheit über die Daten behalten und dass diese nur mit ihrer Zustimmung weitergegeben werden. Die Weitergabe von Gesundheitsdaten kann schwerwiegende Folgen für die Beschäftigung und die Krankenversicherung haben oder Stigmatisierung nach sich ziehen. In der Europäischen Union erlaubt die Datenschutz-Grundverordnung (DSGVO) Personen, die das 16. Lebensjahr vollendet haben, ohne weitere Erlaubnis der Eltern in die Datenverarbeitung einzuwilligen, wenn die Datenverarbeitung im Zusammenhang mit der Nutzung der für sie geeigneten digitalen Dienste steht. Angesichts der kognitiven Entwicklung, die ein Mensch in diesem Alter in der Regel erreicht, erscheint diese gesetzliche Regelung zumindest plausibel. Gleichzeitig hat die Europäische Union jedoch durch eine Verordnung einen europäischen Gesundheitsdatenraum (European Parliament & Council 2025) aufgebaut, um die klinische Forschung in der EU zu fördern. Die Verordnung betrifft auch die Daten von Minderjährigen, sieht aber vor, dass es spezielle Schutzmechanismen auf nationalstaatlicher Ebene gibt: „In order to take into account cases in which the display of some personal electronic health data of minors to their guardians could be contrary to the interests or will of the minor, Member States should be able to provide for such limitations and safeguards in national law, as well as the necessary technical implementation." Obwohl jede Form eines europäischen Raums für Gesundheitsdaten die DSGVO einhalten müsste, ist derzeit unklar, wie diese Verordnung mit dem Einsatz medizinischer und insbesondere pädiatrischer KI in der EU zusammenhängt und inwieweit er mit einer effektiven individuellen Datensouveränität vereinbar ist (für eine kritische Betrachtung siehe Kaaya 2024). Entscheidend sollte sein, dass das Recht auf informationelle Selbstbestimmung von Minderjährigen beachtet wird. Gleichzeitig sollte der Datenschutz aber auch kein unüberwindliches Hindernis bei der Nutzung von KI sein, da Minderjährige sonst von den Vorteilen dieser Technologie ausgeschlossen werden könnten.

Eine dritte ethische Frage ist die der Einwilligung. Bei welchen Anwendungen von KI sollten minderjährige Patientinnen und Patienten bzw. ihre Eltern oder Erziehungsberechtigten um eine Einwilligung oder Zustimmung gebeten werden und, wenn ja, wie? In diesem Fall müssen zwei wohlbekannte Grundsätze der medizinischen Ethik gegeneinander abgewogen werden, nämlich die Achtung vor der Selbstbestimmung („respect for autonomy“, siehe Beauchamp und Childress 2019) einerseits und die Förderung des Wohlbefindens andererseits („beneficence“; siehe Beauchamp und Childress 2019). Eine strikte Hierarchie, d. h. eine grundsätzliche Überordnung eines dieser Prinzipien, wird überwiegend abgelehnt. Daraus folgt, dass in konkreten Handlungsszenarien überzeugende Abwägungen zwischen den beiden Prinzipien gefunden werden müssen, zumindest dann, wenn sie in unterschiedliche Richtungen weisen. Wenn nachgewiesen werden könnte, dass der Einsatz einer bestimmten KI-Anwendung für Kinder regelmäßig von Vorteil ist, gäbe es einen ethischen Grund, ihren Einsatz zu fördern, vielleicht sogar zum Nachteil von Maßnahmen und Vorschriften, die im Gegensatz dazu die Achtung der Autonomie schützen. Wenn wir zum Beispiel wüssten, dass KI-gesteuerte Insulinpumpen mit geschlossenem Regelkreis regelmäßig von Vorteil sind, wäre es – ceteris paribus – für Ärzte eine ethische Pflicht, sie zu empfehlen. Obwohl ein Konflikt zwischen der Achtung der Autonomie und Grundsätzen des Wohlbefindens und das Nichtschaden in der Medizinethik nicht allgegenwärtig ist, kann er in einer Reihe von Fällen und Situationen auftauchen. Im Falle der Einwilligung stehen wir vor einem Konflikt, wenn wir davon ausgehen, dass eine bestimmte KI-Intervention nachweislich von Nutzen ist. Denn strenge Einwilligungsverfahren, die die Autonomie in hohem Maße schützen, dürften den Einsatz der KI-Methode oder -technik wohl eher einschränken. Abwägungen müssen aber natürlich stets auf der Grundlage der konkreten Umstände erfolgen.

In Deutschland ist die Rechtslage in Bezug auf die Frage, wer in eine medizinische Behandlung eines minderjährigen Patienten einwilligen muss und wer über die Risiken und den Nutzen aufgeklärt werden muss, nicht ganz klar und wurde größtenteils durch die Rechtsprechung geklärt. Generell muss ein Minderjähriger, der kognitiv in der Lage ist, die Art, die Risiken und den Nutzen der Behandlung zu verstehen, in das Gespräch einbezogen werden, aber es wird häufig davon ausgegangen, dass die Eltern das letzte Wort haben. Die Pflicht der Ärztin oder des Arztes, über die Behandlungsmöglichkeiten zu informieren, richtet sich an die Eltern und nicht unbedingt an den Minderjährigen, und die Ärztin oder der Arzt hat je nach Schwere des medizinischen Eingriffs unterschiedliche Pflichten, um sicherzustellen, dass beide Elternteile informiert sind. Trotzdem müssen Kinder ab 14 Jahren nach mehrheitlicher Rechtsprechung über die Art der vorgeschlagenen medizinischen Behandlung informiert werden. Die Rechtsprechung scheint dem kognitiv reifen Minderjährigen auch ein Vetorecht gegen die medizinische Behandlung zuzugestehen (Halbe 2022), insbesondere dann, wenn die medizinische Behandlung im Verhältnis zu den Gesundheitsrisiken, die durch das zu behandelnde Leiden entstehen, gefährlich ist, oder bei Behandlungen mit persönlichem Charakter, wie z. B. einem Schwangerschaftsabbruch. In diesen Fällen haben einige Gerichte auch Personen unter 16 oder 14 Jahren Mitsprache- und Vetorechte eingeräumt. Aus ethischer Sicht muss das Recht des kognitiv reifen Jugendlichen, am Gespräch über die Behandlung teilzunehmen, auf der Grundlage des Grundsatzes der Achtung der Autonomie durchgesetzt werden, und es wäre schwierig, die Behandlung eines solchen Jugendlichen gegen seinen Willen zu rechtfertigen, es sei denn, es liegen außergewöhnliche Umstände vor. Deshalb scheint ein Vetorecht für die Behandlung ebenfalls in Ordnung zu sein.

Interessanter ist es vielleicht zu verstehen, welches Einwilligungsverfahren in den verschiedenen Fällen der Anwendung der KI in der Pädiatrie anzuwenden ist. Einwilligungsverfahren können mündlich oder schriftlich sein, „Opt-out" oder „Opt-in", mit mehr oder weniger ausführlichen Erklärungen, mehr oder weniger Anstrengungen, um festzustellen, ob die Eltern und möglicherweise der mündige Patient die bereitgestellten Informationen tatsächlich verstanden haben, usw. Wie bereits erwähnt, können KI-Methoden und -Techniken vielfältige Aufgaben erfüllen: Einige befinden sich direkt in Geräten (Siemens Healthineers 2024), werden zur Durchführung von Blutanalysen oder zur Aufzeichnung von Arztbesuchen eingesetzt, während andere in unmittelbarer Nähe der Patientin oder des Patienten agieren wie z. B. diejenigen, die Teil eines AID-Systems sind. Die Entscheidung zur Nutzung einiger solcher KI-Systeme dürfte in die professionelle Kompetenz von Behandelnden fallen und keine gesonderte Zustimmung von Patientinnen und Patienten erfordern. Dennoch ist es wohl besser, regelmäßig auf KI-Komponenten hinzuweisen, sodass minderjährige Patientinnen und Patienten und ihre Erziehungsberechtigten eine „Opt-out"-Möglichkeit nutzen können. Für folgenreichere Anwendungen von KI, wie die von Grote (2024) erwähnten „kognitiven Eingriffe" für bessere Diagnose- und Behandlungsentscheidungen, ist es dagegen notwendig, ein gewisses Maß an formellerer Zustimmung zu verlangen, die schriftlich dokumentiert werden muss. Dies ist der Fall, weil diese Aufgaben ein grundlegender Teil der Arbeit der Ärztin oder des Arztes sind und die Patientin oder der Patient darüber informiert werden muss, wie sie ausgeführt werden. Die automatische Erkennung von Retinopathie anhand von Netzhautbildern würde in diese Kategorie fallen. Schließlich erfordert die Verwendung eines Geräts wie eines AID-Systems bei Patientinnen und Patienten mit Diabetes, das direkt auf den Patientenkörper einwirkt und als invasiv angesehen werden kann, eine vollständige Einwilligung nach Aufklärung, ähnlich wie bei jedem anderen chirurgischen Eingriff.

Ein viertes und letztes erwähnenswertes ethisches Problem ist die sogenannte Automatisierungsverzerrung, d. h. der weit verbreitete Glaube, dass das, was durch ein hohes Maß an technologischer Raffinesse gekennzeichnet ist, genauer ist als menschliche Experten. Sowohl Ärztinnen und Ärzte als auch Patientinnen und Patienten sowie Eltern sind für diesen Bias anfällig (zur Frage, wie dieser Bias die Genauigkeit von Kardiologinnen und Kardiologen beim Lesen eines Elektrokardiogramms beeinflusst, siehe Bond et al. 2018). Es ist wichtig, diese Voreingenommenheit so weit wie machbar zu beseitigen, da sie zu suboptimalen gesundheitlichen Ergebnissen für die Patientin oder den Patienten führen und die Fähigkeit der Entscheidungsträger beeinträchtigen kann, Entscheidungen in einer Weise zu treffen, die ihre Werte und ihren Willen genau wiedergibt. Dies kann durch gezielte Hinweise darauf erreicht werden, dass die KI Fehler machen kann, dass ihre Empfehlungen nicht als eine Art geoffenbarte Wahrheit angesehen werden dürfen und dass eine kritische Haltung ihr gegenüber gewahrt werden muss. Mit anderen Worten: Die oben zitierte „human-centered evaluation" muss der wichtigste Ansatzpunkt für den Umgang mit KI in Medizin und Pädiatrie sein.

## 28.3 Schlussbetrachtung

Den Ausgangspunkt der Überlegungen dieses Kapitels bildete die Metapher der Patientenreise. Es sollte klar geworden sein, dass KI-basierte Anwendungen bereits heute zu einem häufigen Begleiter auf dieser Reise geworden sind und dass sich dieser Trend weiter fortsetzen wird. Wenn man diese Entwicklung aus ethischer Sicht analysieren und bewerten will, kommt man nicht umhin, konkrete Fälle in den Blick zu nehmen. Wir haben daher einen spezifischen Bereich der Medizin gewählt, in dem KI eingesetzt werden kann, nämlich die Diagnose und Behandlung von Diabetes bei Minderjährigen. Anhand dieses konkreten Use Case haben wir versucht, einige der wichtigsten ethischen Probleme, die sich aus dem Einsatz dieser Technologie ergeben, aufzuzeigen. Die Diabetesbehandlung ist einer der Bereiche der Medizin, der bei der Einführung von KI-Technologien an vorderster Front steht, da sie mit einer kontinuierlichen oder sehr häufigen Überwachung des Blutzuckerspiegels (die eine Fülle von Daten generiert) und kognitiv aufwendigen und komplizierten Verfahren verbunden ist, die zur Optimierung der Standardtherapie erforderlich sind. Die KI hat bereits in erheblichem Umfang Einzug in die Erwachsenenmedizin gehalten. Insgesamt ist das Tempo dieses technologischen Wandels gewaltig. Aus den oben genannten Gründen kann sich die Dynamik in der Pädiatrie verzögern – bei AID-Systemen deutet sich derzeit aber eher das Gegenteil an. Es ist jedenfalls zu hoffen, dass geeignete Regulierungen sicherstellen, dass Risiken für Minderjährige und ihre Familien minimiert werden. Allerdings muss auch eine Übervorsichtigkeit vermieden werden, da die Pädiatrie und die Medizin im Allgemeinen potenziell viel von den KI-Techniken profitieren können, was zu einer Verringerung der Morbidität und Mortalität zum größeren Nutzen der Menschheit führen würde. Im Idealfall werden KI-basierte Anwendungen zunehmend zu verlässlichen und sicheren Begleitern für chronisch kranke Minderjährige und machen ihnen ihre Patientenreise etwas leichter.

## Literatur

Abràmoff M. D., Lavin P. T., Birch M., Shah N. & Folk J. C. (2018) Pivotal trial of an autonomous AI-based diagnostic system for detection of diabetic retinopathy in primary care offices, NPJ digital medicine, 1 (39):1–8. https://doi.org/10.1038/s41746-018-0040-6

Agarwal N., Moehring A., Rajpurkar P. & Salz T. (2023) Combining human expertise with artificial intelligence: Experimental evidence from radiology, NBER Working Paper No. w31422, National Bureau of Economic Research, Cambridge.

Ahlqvist E., Storm P., Käräjämäki A., Martinell M., Dorkhan M., Carlsson A., Vikman P., Prasad R.B., Aly D.M., Almgren P. & Wessman Y. (2018) Novel subgroups of adult-onset diabetes and their association with outcomes: a data-driven cluster analysis of six variables, The Lancet Diabetes & Endocrinology, 6(5): 361–369. https://doi.org/10.1016/S2213-8587(18)30051-2

Beauchamp T. L. & Childress J. F. (2019) Principles of Biomedical Ethics, Oxford University Press, Oxford.

Beede E., Baylor E., Hersch F., Iurchenko A., Wilcox L., Ruamviboonsuk P. & Vardoulakis L. M. (2020) A human-centered evaluation of a deep learning system deployed in clinics for the detection of diabetic retinopathy, Proceedings of the 2020 CHI conference on human factors in computing systems, 25. bis 30. April, 2020, Honolulu, Association for Computing Machinery, 1–12. https://doi.org/10.1145/3313831.3376718.

Bond R. R., Novotny T., Andrsova I., Koc L., Sisakova M., Finlay D., Guldenring D., McLaughlin J., Peace A., McGilligan V. & Leslie S. J. (2018) Automation bias in medicine: the influence of automated diagnoses on interpreter accuracy and uncertainty when reading electrocardiograms, Journal of Electrocardiology, 51(6): S6–S11. https://doi.org/10.1016/j.jelectrocard.2018.08.007.

Bronsgeest K., Lust E. E., Henneman L., Crombag N., Bilardo C. M., Stemkens D., Galjaard R. J. H., Sikkel E., van der Hout S. H., Bekker M. N. & Haak M. C. (2023) Current practice of first-trimester ultrasound screening for structural fetal anomalies in developed countries, Prenatal Diagnosis, 43(7): 873–880. https://doi.org/10.1002/pd.6389.

Cohen E., Shaul R. Z. (2008) Beyond the Therapeutic Orphan: Children and Clinical Trials, Pediatric Health, 2(2): 151–159. https://doi.org/10.2217/17455111.2.2.151.

DDG (2023) S3-Leitlinie Diagnostik, Therapie und Verlaufskontrolle des Diabetes mellitus im Kindes- und Jugendalter, Deutsche Diabetes Gesellschaft (DDG, Hrsg.), Online im Internet: https://register.awmf.org/assets/guidelines/057-016l_S3_Diagnostik-Therapie-Verlaufskontrolle-Diabetes-mellitus-Kinder-Jugendliche_2023-11.pdf, Abrufdatum: 18.11.2024.

DDG (2024) Warum Kleinkinder auf moderne Systeme länger warten müssen. Deutsche Diabetes Gesellschaft (DDG, Hrsg.), Online im Internet: https://www.ddg.info/presse/2024/warum-kleinkinder-auf-moderne-systeme-laenger-warten-muessen, Abrufdatum: 18.11.2024.

European Parliament & Council (2025) Regulation (EU) 2025/327, European Parliament / Council (Ed.), Online im Internet: URL https://eur-lex.europa.eu/eli/reg/2025/327/oj/eng, Abrufdatum: 12.07.2025.

European Parliament & Council (2024) Regulation (EU) 2024/1689, European Parliament / Council (Ed.), Online im Internet: https://eur-lex.europa.eu/eli/reg/2024/1689/oj/eng, Abrufdatum: 04.11.2024.

Gautier T., Ziegler L. B., Gerber M. S., Campos-Náñez E., Patek S. D. (2021) Artificial intelligence and diabetes technology: A review, Metabolism, 124:154872. https://doi.org/10.1016/j.metabol.2021.154872.

G-BA (2023) Richtlinie des Gemeinsamen Bundesausschusses über die Früherkennung von Krankheiten bei Kindern (Kinder-Richtlinie). In der Fassung vom 18. Juni 2015 veröffentlicht im Bundesanzeiger AT 18.08.2016 B1, zuletzt geändert am 12. Mai 2023 veröffentlicht im Bundesanzeiger AT 12.07.2023 B2, in Kraft getreten am 13. Juli 2023, Gemeinsamer Bundesausschuss (G-BA, Hrsg.), Online im Internet: https://www.g-ba.de/downloads/62-492-3190/Kinder-RL_2023-05-12_iK-2023-07-13.pdf, Abrufdatum 04.11.2024.

Grote T. (2024) Machine learning in healthcare and the methodological priority of epistemology over ethics, Inquiry: 1–30. https://doi.org/10.1080/0020174x.2024.2312207

Guan Z., Li H., Liu R., Cai C., Liu Y., Li J., Wang X., Huang S., Wu L., Liu D., Yu S., (2023) Artificial intelligence in diabetes management: advancements, opportunities, and challenges, Cell Reports Medicine, 4(10): 101213. https://doi.org/10.1016/j.xcrm.2023.101213.

Gulshan V., Peng L., Coram M. Stumpe M. C., Wu D., Narayanaswamy A., Venugopalan S., Widner K., Madams T., Cuadros J., Kim R., Raman R., Nelson P. C., Mega J. L., Webster D. R. (2016) Development and Validation of a Deep Learning Algorithm for Detection of Diabetic Retinopathy in Retinal Fundus Photographs, JAMA, 316(22): 2402–2410. https://doi.org/10.1001/jama.2016.17216.

Halbe B. (2022) Behandlung Minderjähriger: Das gilt es zu beachten, in: Deutsches Ärzteblatt, 119(41): A1762–A1773.

Hamamoto R., Suvarna K., Yamada M., Kobayashi K., Shinkai N., Miyake M., Takahashi M., Jinnai S., Shimoyama R., Sakai A. & Takasawa K. (2020) Application of artificial intelligence techno-

logy in oncology: Towards the establishment of precision medicine, Cancers, 12(12): 3532. https://doi.org/10.3390/cancers12123532.
Heinrichs, B., Heinrichs J.-H. & Rüther R. (2022) Künstliche Intelligenz, De Gruyter Verlag, Berlin. https://doi.org/10.1515/9783110746433.
Hinton, G. (2016) Geoff Hinton: On Radiology. Youtube (Ed.), Online im Internet: https://www.youtube.com/watch?v=2HMPRXstSvQ, Abrufdatum 04.11.2024.
Joslin E. P. (2021) The Prevention of Diabetes Mellitus, JAMA [Editorial], 325(2): 190. https://doi.org/10.1001/jama.2020.17738.
Kaaya E. (2024) Biobank consent under the GDPR: are potential sample donors informed about all lawful uses of biobank data?, Medicine Health Care and Philosophy, 27(4):567–577. https://doi.org/10.1007/s11019-024-10227-6.
Kenig N., Vives A. M., Echeverria J. M. (2024) Is My Doctor Human? Acceptance of AI among Patients with Breast Cancer, Plastic and Reconstructive Surgery–Global Open, 12(10): e6257. https://doi.org/10.1097/GOX.0000000000006257.
Khodve G. B., Banerjee S. (2023) Artificial Intelligence in Efficient Diabetes Care, Current Diabetes Reviews, 19(9): e050922208561. https://doi.org/10.2174/1573399819666220905163940.
Kinney D. A., Nabors L. A., Merianos A. L., Vidourek R. A. (2019) College students' use and perceptions of wearable fitness trackers, American Journal of Health Education, 50(5): 298–307.
Lee A. Y., Yanagihara R. T., Lee C. S., Blazes M., Jung H. C., Chee Y. E., Gencarella M. D., Gee H., Maa A. Y., Cockerham G. C. & Lynch M. (2021) Multicenter, head-to-head, real-world validation study of seven automated artificial intelligence diabetic retinopathy screening systems, Diabetes Care, 44(5): 1168–1175. https://doi.org/10.2337/dc20-1877.
Nomura A., Noguchi M., Kometani M., Furukawa K. & Yoneda T. (2021) Artificial intelligence in current diabetes management and prediction, Current Diabetes Reports, 21(12): 61. https://doi.org/10.1007/s11892-021-01423-2.
Park S. H., Choi J. & Byeon J. S. (2021) Key principles of clinical validation, device approval, and insurance coverage decisions of artificial intelligence, Korean Journal of Radiology, 22(3): 442–453. https://doi.org/10.3348/kjr.2021.0048.
Ravaut M., Harish V., Sadeghi H., Leung K. K., Volkovs M., Kornas K., Watson T., Poutanen T. & Rosella L. C. (2021) Development and validation of a machine learning model using administrative health data to predict onset of type 2 diabetes, JAMA Network Open, 4(5): e2111315. https://doi.org/10.1001/jamanetworkopen.2021.11315.
Reinhart L., Bischops A. C., Kerth J. L., Hagemeister M., Heinrichs B., Eickhoff S., Dukart J., Konrad K., Mayatepek E. & Meissner T. (2024) Artificial intelligence in child development monitoring: A systematic review on usage, outcomes and acceptance, Intelligence-based Medicine, 9: 100134. https://doi.org/10.1016/j.ibmed.2024.100134.
RKI (2024) Prevalence of Type-1 Diabetes.Robert Koch Institut (RKI, Ed.), Online im Internet: https://diabsurv.rki.de/Webs/Diabsurv/EN/diabetes-in-germany/child/2-11_Prevalence_of_type_1_diabetes.html#:~:text=In%202020%2C%20the%20prevalence%20of,boys%20of%20the%20same%20age, Abrufdatum: 04.11.2024.
Rubeis G. (2024) Ethics of medical AI, Springer Nature, Cham. https://doi.org/10.1007/978-3-031-55744-6.
Shirkey H. (1968) Editorial commentary: therapeutic orphans, Journal of Pediatrics, 72(1): 119–120. https://doi.org/10.1016/s0022-3476(68)80414-7.
Siemens Healthineers (2024) AIDAN Platform. Intelligent imaging platform for PET/CT. Siemens Healthineers (Hrsg.), Online im Internet: https://www.siemens-healthineers.com/molecular-imaging/trends-innovations/aidan, Abrufdatum: 24.11.2024.
Siontis G. C., Sweda R., Noseworthy P. A., Friedman P. A., Siontis K. C., Patel C. J. (2021) Development and validation pathways of artificial intelligence tools evaluated in randomised clinical

trials, BMJ Health & Care Informatics, 28(1): e100466. https://doi.org/10.1136/bmjhci-2021-100466.

Soliño-Fernandez D., Ding A., Bayro-Kaiser E., Ding E. L. (2019) Willingness to adopt wearable devices with behavioral and economic incentives by health insurance wellness programs: results of a US cross-sectional survey with multiple consumer health vignettes, BMC Public Health, 19(1):1649. https://doi.org/10.1186/s12889-019-7920-9.

Statistisches Bundesamt (2024) Krankheitskosten, Destatis (Hrsg.), Online im Internet: https://www.destatis.de/DE/Themen/Gesellschaft-Umwelt/Gesundheit/Krankheitskosten/_inhalt.html, Abrufdatum: 04.11.2024.

Tauschmann M., Schwandt A., Prinz N., Becker M., Biester T., Hess M., Holder M., Karges B., Näke A., Kuss O., von Sengbusch S., Holl R. W. (2022) Three-variate trajectories of metabolic control, body mass index, and insulin dose: Heterogeneous response to initiation of pump therapy in youth with type 1 diabetes. Pediatric Diabetes, 23(3): 330-340. https://doi.org/10.1111/pedi.13320.

Tsopra R., Fernandez X., Luchinat C., Alberghina L., Lehrach H., Vanoni M., Dreher F., Sezerman O.U., Cuggia M., de Tayrac M., Miklasevics E. (2021) A framework for validating AI in precision medicine: considerations from the European ITFoC consortium, BMC Medical Informatics and Decision Making, 21(1): 274. https://doi.org/10.1186/s12911-021-01634-3

Tyler N. S., Jacobs P. G. (2020) Artificial intelligence in decision support systems for type 1 diabetes, Sensors, 20(11): 3214. https://doi.org/10.3390/s20113214.

Verma A. A., Stukel T. A., Colacci M., Bell S., Ailon J., Friedrich J. O., Murray J., Kuzulugil S., Yang Z., Lee Y., Pou-Prom C. (2024) Clinical evaluation of a machine learning-based early warning system for patient deterioration, CMAJ, 196(30): E1027-E1037. https://doi.org/10.1503/cmaj.240132.

WHO (2023) Noncommunicable Diseases. World Health Organization (WHO, Ed.), Online im Internet: https://www.who.int/news-room/fact-sheets/detail/noncommunicable-diseases, Abrufdatum: 04.11.2024.

WHO (o.J.) Diabetes. World Health Organization (WHO, Ed.), Online im Internet: https://www.who.int/health-topics/diabetes, Abrufdatum: 04.11.2024.

Xie J., Wang M., Long Z., Ning H., Li J., Cao Y., Liao Y., Liu G., Wang F., Pan A. (2022) Global burden of type 2 diabetes in adolescents and young adults, 1990–2019: systematic analysis of the Global Burden of Disease Study 2019, BMJ, 379: e072385. https://doi.org/10.1136/bmj-2022-072385

Young A. T., Amara D., Bhattacharya A., Wei M. L. (2021) Patient and general public attitudes towards clinical artificial intelligence: a mixed methods systematic review, The Lancet Digital Health, 3(9): e599–e611. https://doi.org/10.1016/S2589-7500(21)00132-1.

Yu A. C., Mohajer B., Eng J. (2022) External validation of deep learning algorithms for radiologic diagnosis: a systematic review, Radiology: Artificial Intelligence, 4(3): e210064. https://doi.org/10.1148/ryai.210064.

ZEKO – Zentrale Kommission zur Wahrung ethischer Grundsätze in der Medizin und ihren Grenzgebieten (Zentrale Ethikkommission) bei der Bundesärztekammer (2021) Entscheidungsunterstützung ärztlicher Tätigkeit durch Künstliche Intelligenz, in: Deutsches Ärzteblatt,118(33–34): A1–A13. https://doi.org/10.3238/arztebl.zeko_sn_cdss_2021.

Zhou H., Myrzashova R. & Zheng R. (2020) Diabetes prediction model based on an enhanced deep neural network, EURASIP Journal on Wireless Communications and Networking, 2020:148. https://doi.org/10.1186/s13638-020-01765-7.

**Tommaso Bruni** ist Postdoctoral Researcher in der Arbeitsgruppe „Neuroethik und Ethik der KI" im Institut für Neurowissenschaften und Medizin: Gehirn und Verhalten (INM-7) am Forschungszentrum Jülich und arbeitet derzeit im BMBF-geförderten Projekt „AI-PHCA. KI-basierte Gesundheitsvorsorge bei Kindern und Jugendlichen". Er hat vor allem zu medizinethischen Themen publiziert.

**Bert Heinrichs** ist Professor für Ethik und Angewandte Ethik am Institut für Wissenschaft und Ethik (IWE) der Universität Bonn und Leiter der Arbeitsgruppe „Neuroethik und Ethik der KI" im Institut für Neurowissenschaften und Medizin: Gehirn und Verhalten (INM-7) am Forschungszentrum Jülich. Er leitet u. a. die BMBF-geförderten Projekte „FRAIM. Jenseits reiner Performanz: ein ethischer Rahmen für die Nutzung von KI in der Neuromedizin", „AI-PHCA. KI-basierte Gesundheitsvorsorge bei Kindern und Jugendlichen" und „RHUNE. Research Hub Neuroethics". Er hat zu Themen der allgemeinen Ethik, der angewandten Ethik sowie der Metaethik publiziert. Im Jahr 2022 ist der Band „Künstliche Intelligenz" in der Reihe „Grundthemen der Philosophie" bei De Gruyter erschienen (zusammen mit Jan-Hendrik Heinrichs und Markus Rüther).

# Die Bedeutung von integrierten personenzentrierten Care Pathways und künstlicher Intelligenz: Anwendungsbeispiel Kardiologie und organisationsökonomische Implikationen

**29**

Elisabeth Belt, Ludolf von Rüden, Hisaki Makimoto und Jürgen Zerth

## Inhaltsverzeichnis



E. Belt (✉) · L. v. Rüden
Johnson & Johnson Medical GmbH, Norderstedt, Deutschland
E-Mail: info@clinical-consulting-von-rueden.de

H. Makimoto
Data Science Center/Cardiovascular Center, Jichi Medical University, Tochigi, Japan

J. Zerth
Katholische Universität Eichstätt-Ingolstadt, Management für Einrichtungen im Sozial- und Gesundheitswesen, Eichstätt, Deutschland
E-Mail: juergen.zerth@ku.de



M. A. Pfannstiel (Hrsg.), *Künstliche Intelligenz im Einsatz für die erfolgreiche Patientenreise*, https://doi.org/10.1007/978-3-658-48573-3_29

**Zusammenfassung**

Der Einsatz von Künstlicher Intelligenz (KI) im Gesundheitswesen ist ein vieldiskutierter Themenbereich, der in der Theorie und im experimentellen Einsatz vielversprechende Ergebnisse zeigt. Das Potenzial dieser Technologie zeigt sich sowohl im Bereich der Prävention, Diagnose und Therapie als auch in den organisatorischen und sozioökonomischen Strukturen, beispielsweise im Patientenmanagement, in der Dokumentation entlang des Patientenpfades, sowie in der Ausbildung und dem Kompetenzspektrum des Fachpersonals. Kommen diese Technologien zum Einsatz, hat das direkte Auswirkungen auf den Patienten und alle beteiligten Akteure. Darüber hinaus kann der Einsatz von KI-Einfluss auf die Produktivität der medizinischen Dienstleistungserstellung haben und zum zum Abbau des Fachkräftemangels beitragen. Der vorliegende Beitrag beschäftigt sich mit den Möglichkeiten des Einsatzes von KI entlang des Patientenpfades eines kardiologischen Patienten und den Auswirkungen auf die beteiligten Akteure und Strukturen. Hierbei soll ein besseres Verständnis für die Potenziale und die damit verbundenen Herausforderungen bei der Implementierung, strukturelle Limitierungen und Auswirkungen auf die Kompetenzen der agierenden Personen entwickelt werden. Der Beitrag orientiert sich thematisch an einem möglichen Patientenpfad und schließt mit einer zusammenfassenden Betrachtung ab. Dafür wurde der Patientenpfad in die präklinische Phase, klinische Phase und postklinische Phase gegliedert.

## 29.1 Care Pathways und Integrative Care: Anwendungskontext KI in der Kardiologie

Die Bedeutung von Anwendungen Künstlicher Intelligenz in der medizinischen wie pflegerischen Versorgung lässt sich mit den Informations- und Handlungskontexten entlang des klinischen Entscheidungsprozesses verbinden (Esmaeilzadeh 2024). Hier greifen insbesondere Ansatzpunkte eines Care- oder Clinical-Pathway, vor allem dann, wenn es gilt, bei chronischen Erkrankungen eine Prozesssicht auf Outcome- und Zufriedenheitswerte zu adressieren (Szelągowski et al. 2021).

Diese Pathways sind international in der Verwendung für die Beschreibung eines längsschnittlichen Behandlungs- und Versorgungspfades und verknüpfen Aspekte der Aufbau- wie der Ablauforganisation im medizinisch-pflegerischen Kontext. Gleichwohl gibt es unterschiedliche Gewichtungen in der Interpretation des Erklärungskontextes, der mit einem Clinical Pathway verbunden ist.

> „De Bleser et al. (2006) kommen in einem Review Paper zu folgender Definition (übersetzt aus dem englischen)
>
> „Ein Clinical Pathway ist eine Methode für die Behandlung einer genau definierten Gruppe von Patienten über einen genau definierten Zeitraum. Ein Clinical Pathway legt ausdrücklich die Ziele und Schlüsselelemente der Versorgung auf der Grundlage von Leitlinien der evidenzbasierten Medizin (EBM), bewährten Verfahren und den Erwartungen der Patien-

ten fest, indem er die Kommunikation, die Koordinierung der Rollen und die Abfolge der Aktivitäten des multidisziplinären Versorgungsteams, der Patienten und ihrer Angehörigen erleichtert, Abweichungen dokumentiert, überwacht und evaluiert und die erforderlichen Ressourcen und Ergebnisse bereitstellt. Ziel eines clinical pathway ist es, die Qualität der Versorgung zu verbessern, Risiken zu verringern, die Patientenzufriedenheit zu erhöhen und die Effizienz des Ressourceneinsatzes zu steigern."

In einem erweiterten Diskurs, etwa auch aus der Pflegewissenschaft, kann mit Clinical Pathway die Versorgung eines Patienten aus Prozesssicht innerhalb einer Organisation verstanden werden, wobei ein wesentlicher Beitrag in der Multidisziplinarität im Sinne eines strukturierten, standardisierten Ablaufes mit explizitem Blick auf die Outcome-Perspektive abgeleitet werden kann (Asmirajanti et al. 2019).

Um die Betrachtungen in diesem Beitrag nicht zu limitieren, wird der Begriff des „Care Pathways" verwendet. Gemäß der Definition der European Pathway Association ist ein „Care Pathway" eine „komplexe Intervention zur gemeinsamen Entscheidungsfindung und Organisation von Versorgungsprozessen für eine genau definierte Gruppe von Patienten während eines genau definierten Zeitraums" und unterscheidet sich inhaltlich nicht von der Definition des Clinical Pathways.

Der Care Pathway ist weitaus komplexer als der reine Pfad aufeinanderfolgender Prozessschritte, den ein Patient während seiner Behandlung durchläuft. Vor allem bei chronischen Erkrankungen oder Begleiterkrankungen spielen viele verschiedene Fachdisziplinen eine entscheidende Rolle in der ganzheitlichen Behandlung des Patienten, mit anderen Worten, es erfolgt ein Abgleich zwischen intraorganisationaler und interorganisationaler Arbeitsteilung (Zerth 2022, S. 394). Das Bemühen, diesen komplexen Ablauf zu koordinieren und unter Einbindung des Patienten abzustimmen, kann im Folgenden als „integrierte Versorgung" oder „integrated care" bezeichnet werden. Exemplarisch kann dies am Erkrankungsbild des Vorhofflimmerns verdeutlicht werden (Gallagher et al. 2022).

Gallagher et al. können in einem Übersichtsbeitrag über verschiedene Studien zum Einsatz eines integrierten Versorgungsmodells in der Behandlung von kardiologischen Fällen, insbesondere von Vorhofflimmern die Bedeutung eines Care Pathways erläutern, der sich aus wesentlichen Kernbestandteilen zusammensetzt (Gallagher et al. 2022, S. 2059):

- Die Notwendigkeit einer interdisziplinären Zusammenarbeit am Patientenpfad
- Die Bedeutung der aktiven Rolle der Patienten im Behandlungsprozess
- Die Einbindung von Informationsflüssen in dieser Zusammenarbeit, integriert in eine E-Health-Umgebung
- Der medizinische Ansatz einer umfassenden diagnostischen und therapeutischen Kontrolle

Die Betrachtung eines Care Pathways integriert wie bereits festgehalten die Pathway-Bezüge innerhalb eines Care-Settings – etwa im Krankenhaus – als auch die zuweisenden und abgehenden Bewegungen in der Care-Transition. Wenn die Bedeutung der effektiven Zuordnung von medizinisch-pflegerischen Ressourcen innerhalb dieses übergeordneten Care-Pathways in den Blick genommen werden, verknüpfen sich die Perspektiven, die mit (A) einer präklinischen Phase, (B) einer klinischen Phase und (C) einer postklinischen Phase umschrieben werden können. In Bezugnahme auf die Bedeutung eines integrierten Modells zum Umgang mit Vorhofflimmern zeigen die ESC-Guidelines ein umfassendes Bild eines patientenzentrierten und interdisziplinären Versorgungsansatzes im Sinne eines Care Pathway-Modells auf (Kirchhof et al. 2016).

Die Bedeutung von Patientensteuerung durch beteiligte medizinisch-pflegerische Disziplinen und parallel die Bedeutung einer Health Literacy auf Patientenseite spielt in diesem Kontext eine besondere Rolle und verknüpft sich auch mit den Potenzialen der technischen Weiterentwicklung der gezielten Datennutzung am Patientenpfad (Belt und von Rüden 2024). Wenn ein üblicher Ansatzpunkt des Einsatzfeldes von Künstlicher Intelligenz in der intelligenteren Prozesssteuerung von Patientenpfaden angelegt ist, gilt es im weiteren Beitrag die Bedeutung einer KI-gestützten Digitalisierungsstrategie am Beispiel des Vorhofflimmerns im Speziellen und der Kardiologie im Allgemeinen darzustellen.

## 29.2 KI im Kontext eines Integrativen Care-Pathways in der Kardiologie

Die Bedeutung von Anwendungen Künstlicher Intelligenz im Gesundheitswesen ist mit einer wachsenden Bedeutung entsprechender Studien zur Effektivität, medizinischen Qualität und auch Effizienz verbunden, häufig mit einem Vorauseilen von Ergebnissen im diagnostischen vor dem therapeutischen Bereich (vgl. Davenport und Kalakota 2019; Esmaeilzadeh 2024).

► Khanna et al. können gerade mit Blick auf den diagnostischen Kontext vier wesentliche Ansatzpunkte isolieren, bei der Betrachtung medizinischer Einsatzfelder durchaus vor allem im Bereich der Kardiologie, nämlich (1) punktorientierte Diagnose-Daten anhand prognostischer Verfahren, die sowohl Verfahren des maschinellen Lernens und von Deep Learning verwenden, (2) die Einbindung elektronischer Dokumentationssysteme, (3) die damit verbundenen Ansätze eines populationsbezogenen Gesundheitsmanagements, hier kommen Patientenpfade ins Spiel sowie (4) indikationsspezifische und klinische und genetische Datenquellen verbindende Diagnosestrategien (Khanna et al. 2022, S. 8).

Bei Bezugnahme auf die oben geschilderten Phasen eines Care Pathways lässt sich idealerweise ein Patientenbild vom zuweisenden, ambulanten Setting über das klinische und schließlich das nachsorgende Setting bezüglich des Anwendungskontext Kardiologie/ Vorhofflimmern kennzeichnen.

### 29.2.1 Ambulantes und Präklinisches Setting

Die Betrachtung eines Care Pathways verknüpft die Bedeutung unterschiedlicher punktorientierter Datenpunkte beim Patienten, die zur präklinischen Nutzung herangezogen werden können.

Ein wesentlicher Anknüpfungspunkt liegt in personen- bzw. klientenbezogene Sensoriken, die Hinweise auf potenzielle medizinische Risikofaktoren geben können, zum Beispiel, um Arrhythmien zu detektieren. Die Deutsche Gesellschaft für Kardiologie (DGK) hat im Juli 2021 ihre Position zum Einsatz von Wearables veröffentlicht und einen Überblick und Empfehlungen zum Umgang mit dieser Sensortechnologie gegeben, und als zuverlässiges und skalierbares Tool in der Gesundheitsversorgung deklariert (Meder et al. 2023). Die Nutzung von Apps, die aufgenommene Daten von Wearables wie Armbändern, Uhren oder Ringen tracken, kann auf den kardiologischen Anwendungsbereich bezogen als technisches Anknüpfungsbeispiel dienen.

Bevor der Patient den Versorgungspfad aufnimmt, muss ein auslösendes Ereignis, in Form von Beschwerden stattfinden. Exemplarisch kann dies am Beispiel von Vorhofflimmern dargestellt werden:

Vorhofflimmern kann asymptomatisch oder, wenn es nur gelegentlich auftritt, schwer zu diagnostizieren sein. Vor diesem Hintergrund ist frühzeitiges (und akkurates) Entdecken von Vorhofflimmern ein wesentlicher Beitrag für eine adjustierte Therapie. Genau hier setzt die Verbindung von adäquater Sensortechnologie und die Einbettung in ein soziotechnisches System ein, dass Sensorinformation mit einem passenden Algorithmus verbindet und gleichzeitig auch die Anbindung in einer telematischen Infrastruktur sicherstellt. Je früher man Vorhofflimmern entdeckt, desto größer ist die Wahrscheinlichkeit einer erfolgreichen Therapie. Und mit erfolgreicher Therapie kann man ebenfalls den Begleiterkrankungen entgegenwirken. In einer 2019 durchgeführten Studie konnte beispielsweise bei Patienten im Sinusrhythmus das spätere Auftreten von Vorhofflimmern erkannt werden (Attia et al. 2019). In einer Folgestudie mit über eintausend Patienten mit Risikofaktoren für Schlaganfall konnte diese Methode getestet werden und mit Hilfe der KI-gestützten Prädiktion ist die Möglichkeit aufgetreten, mehr Patienten in frühzeitiger, d. h. in einem „Window of Interest" (Attia et al. 2019, S. 863) zu identifizieren, bei denen später Vorhofflimmern auftrat als das bei normaler ärztlicher Betreuung der Fall gewesen wäre (Noseworthy et al. 2022). Genau dieses diagnostische Potenzial wirft die unmittelbare Frage nach dem institutionellen und organisatorischen Kontext auf, wer mit welcher Kompetenz die gewonnene Information fachlich und organisatorisch umsetzen kann. In diesem Sinne gewinnt die von Gallagher et al. oben formulierte Kombination von informationsseitiger, akteursseitiger und organisationsseitiger Verantwortung, etwa eingebunden in ein Chronic Care Modell an Bedeutung.

### 29.2.2 Klinisches Setting

Im unmittelbaren klinischen Kontext verknüpfen sich diagnostisches und therapeutisches Potenzial von künstlicher Intelligenz, auch wenn etwa die Studienlage einen Bias zugunsten von Studien im diagnostischen Umfeld zeigt (Khanna et al. 2022, S. 5). Ein wesentlicher Hebel, der sich an die präklinischen prädiktiven Empfehlungen anknüpfen lässt, ist die klinische Entscheidungsunterstützung, insbesondere bei Ärzten im Sinne einer Entscheidungsfindung (Vandenberk et al. 2023).

Die Verknüpfung eines Risikomanagements und einer diagnostisch-therapeutischen Gestaltung des Care Pathways wird etwa durch das Potenzial von prädiktiven Modellen aus verschiedenen Datenquellen des Patienten deutlich (Gala et al. 2024), gerade wenn es gilt, Datenakquise aus unterschiedlichen und heterogenen Quellen zu ermöglichen. So wäre es denkbar, dass KI aus den Patientendaten die Risikofaktoren herausfiltert und diese kombiniert mit Ultraschall-, CT- oder MRT-Bildern, EKG und Daten aus den Wearables, um so jeweils ein spezifisches und persönliches Risikoprofil zu erstellen. Aber auch schon gegenwärtige monomodale Systeme sind insbesondere bei der Diagnose sehr hilfreich (Razmi 2024, S. 127).

Das besondere Potenzial von KI-Tools liegt dabei darin, die Entscheidungssituation eines Arztes im konkreten Prozessverlauf eines Care Pathways zu beeinflussen. Exemplarisch konnten beispielsweise Forscher des Smidt Heart Institutes von Cedars-Sinai eine Methode entwickeln, um hypertrophe Kardiomyopathie und kardiale Amyloidose zu differenzieren (Duffy et al. 2022). Zwei Krankheiten, die sich in ihren Symptomen, wie ihrem Erscheinungsbild im EKG sehr ähnlich sind, aber ganz unterschiedlich behandelt werden. Im klinischen Alltag führt das häufig zu einer erheblichen Verzögerung der Therapie.

Ein weiteres Beispiel bietet die Studie von Makimoto et al., in der gezeigt wurde, dass eine KI die Disposition für einen Herzinfarkt genauer prognostizieren kann als eine Gruppe von Kardiologen, einschließlich Elektrophysiologen (Makimoto et al. 2020). Sie nutzten Deep Learning, speziell ein Convolutional Neural Network (CNN), um die KI zu trainieren. Dazu wurden 289 EKGs mit (n = 148) und ohne (n = 141) vorherigen Myokardinfarkt genutzt, um das CNN zu trainieren. Anschließend wurde die Genauigkeit der Diagnose der KI mit jener von 10 Fachärzten verglichen. Diese lag bei der KI bei 81 + 4 % gegenüber den Fachärzten mit 67 + 7 % (Makimoto et al. 2020). Abb. 29.1 zeigt den prinzipiellen Versuchsaufbau, wie eine künstliche Intelligenz im Vergleich mit Kardiologen funktioniert.

Lassen sich die Ergebnisse gleich in eine therapeutische Option integrieren? Hier zeigen sich die meisten Einsatzmöglichkeiten der KI im Bereich der Schnittstelle zwischen Diagnose und Therapie. Mit Hilfe von Machine Learning kann zum Beispiel die Größe und Schwere einer Stenose im CT oder in der Koronarangiografie erkannt werden (Hae et al. 2018; Du et al. 2020). So können auch die Bereiche identifiziert werden, die eine Katheterintervention erfordern (Zreik et al. 2018; Cook et al. 2019).

Bei der Durchführung von anderen Prozeduren, wie etwa dem kathetergeführten Aortenklappenersatz (transcatheter aortic valve replacement, TAVR) kann KI die Position

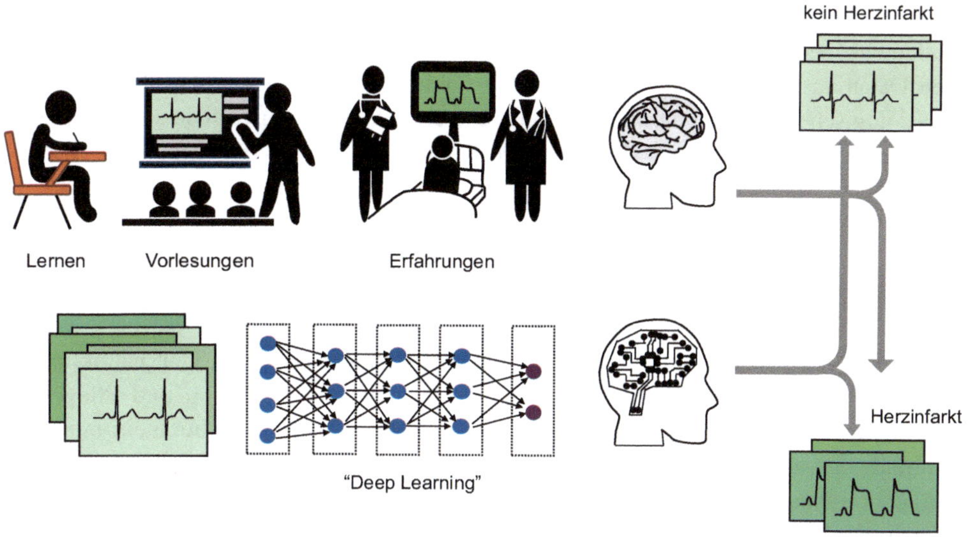


**Abb. 29.1** Anwendung KI-Unterstützung im kardiologischen Entscheidungskontext. (Quelle: Eigene Darstellung)

und Größe der Klappe kommentieren und so Prozedurzeiten verkürzen und Komplikationen minimieren (Göçer und Durukan 2023). In einem anderen Beispiel sollte mit Hilfe von KI die passende Menge für die Verabreichung von Warfarin, einem Vitamin-K-Antagonisten, der zur Behandlung und Prophylaxe thromboembolischer Erkrankungen eingesetzt wird, ermittelt werden (Tao et al. 2020). Neben den direkten Einsatzmöglichkeiten von KI bei Prognose, Diagnose und Therapie wird sie auch vielfältigen Einfluss auf die Organisationsstrukturen innerhalb von Praxen und Kliniken haben. Zum einen bei konkreten Abläufen rund um den Patientenpfad. Im günstigen Fall lässt sich die Zahl der Fehlalarme während der Krankenhausepisode reduzieren (Eerikäinen et al. 2016; Krasteva et al. 2016). Zum anderen bei der Dokumentation und dem Berichtswesen. So kann KI administrative Aufgaben optimieren, die Datengenauigkeit erhöhen und so wertvolle Zeit generieren, in der der Arzt sich auf die hochqualitative, patientenzentrierte Behandlung konzentrieren kann (Gala et al. 2024).

Die Bedeutung von künstlicher Intelligenz mündet somit in Strategien der Präzisionsmedizin (Chen et al. 2023). Insgesamt spielt KI schon heute eine wichtige Rolle bei der Präzisionsmedizin, beziehungsweise personalisierten Medizin, bei der mittlerweile oft durch KI verschiedene Datenquellen wie EKG, Anamnese und Echo oder CT-Aufnahmen kombiniert werden, um für den jeweiligen Patienten eine optimal individualisierte Therapie-Option zu entwickeln (Zeb et al. 2024). Mit Blick auf die Bedeutung von optimierten Care Pathways gilt es gerade bei personalisierter Medizin den prädiktiven Wert einer KI-gestützten Empfehlung bezüglich der Prädiktionsgüte mit den traditionellen, rein analogen Verfahren zu vergleichen und insbesondere die Bedeutung des zugrunde liegenden Bildes der Aufbau- und Ablauforganisation im klinischen Kontext zu begreifen

(Zerth 2022, S. 395). Hierbei ist gerade die Bedeutung der Verknüpfung der Daten aus der Patientenkarriere des Klienten – längsschnittlicher Datenstrom – mit den korrespondierenden Daten aus dem Kontext in den Blick zu nehmen. In letztgenannten fließen sowohl physiologische als auch pharmakologische und unter Umständen verhaltensbezogene Aspekte des Patienten mit ein, aber auch die Kontextaspekte der Behandlungsseite (Buclin 2019).

### 29.2.3 Transition Care und postklinische Phase

Nach dem klinischen Aufenthalt folgt die poststationäre Phase, oder nachklinische Phase: An dieser Stelle spielt sowohl die Gestaltung der Transition und Pflegeüberleitung in eine nachsorgende Einheit, dies kann Rehabilitation oder auch ein familiäres Umfeld sein, als auch die Bedeutung eines Readmission-Managements aus einer nachsorgenden Phase eine Rolle. Gerade die Optimierung des Berichtswesens und der Abgleich der Information von der abgebenden zur aufnehmenden Einheit, verknüpft mit Informationen zur Optimierung der Therapie, ist hier zu nennen. In einem systematischen Review zu Qualitäts- und Risikofaktoren von Patienten, die mit einer Indikation „Vorhofflimmern" aus dem Krankenhaus in eine nachsorgende Einheit verlegt worden sind, können Rush et al. verschiedene Risikopositionen im Transitionsprozess verdeutlichen (Rush et al. 2020). Gerade hier stünden Ansatzpunkte für ein prädiktives Vorgehen mit Hilfe von künstlicher Intelligenz im Raum. Hier können beispielsweise Aspekte des Medikationsmanagements herangezogen werden. Datengestützte Medikationsstrategien, die Lerndaten in Kombination mit genetischen Informationen von Patienten nutzen, um die Medikationsempfehlung stärker zu individualisieren, wären denkbar (vgl. Eskofier und Klucken 2023).

Die Betrachtung einer integrierten Care-Umgebung in der postklinischen Phase ist insbesondere bei chronischen Erkrankungen, etwa bei koronaren Erkrankungen als Teil einer nachsorgenden Präventionsstrategie zu sehen, die wiederum Teil eines Regelkreises zur Reduktion des Wiedereinweisungsrisikos interpretiert werden kann. Truong et al. kennzeichnen ein entsprechendes Prädiktionsmodell, das versucht, klinische Daten (längs- und querschnittlich) mit einem weiteren – in freierer Interpretation – nachsorgenden Setting zu verbinden (Truong et al. 2024) (siehe Abb. 29.2).

Die Beschreibung des Transitionsprozesses verdeutlicht die grundsätzliche Anforderung an die Umsetzung eines Care Pathways im Allgemeinen und eines KI-gestützten Pathways im Besonderen, nämlich eine für alle Akteure im Pfad anreizkompatible Struktur der Informations- und Versorgungskontinuität herzustellen. Somit soll zunächst ein kurzer Blick auf eine Ökonomie der KI-gestützten Datenstrukturen herangezogen werden.

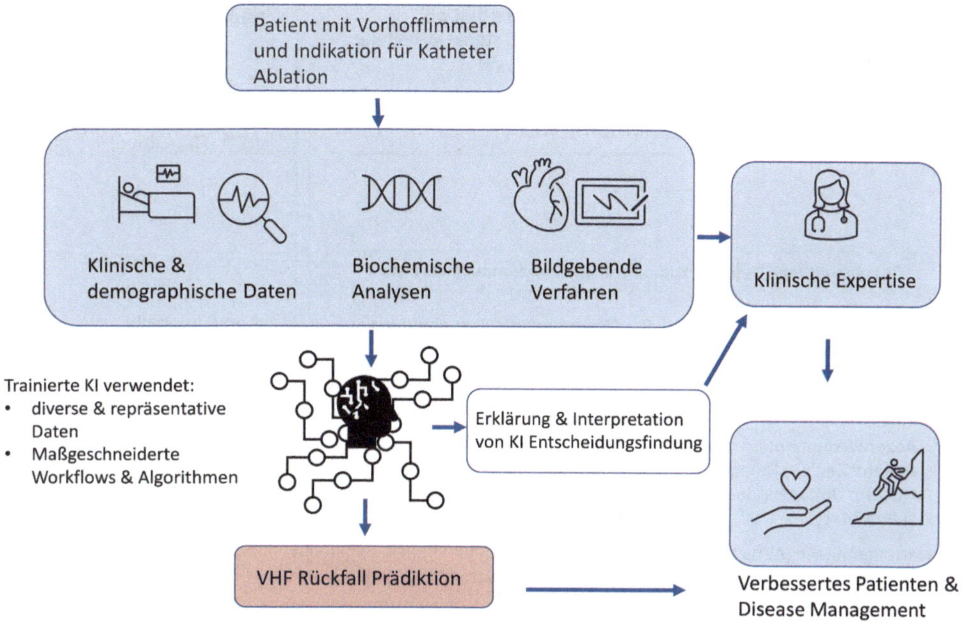


**Abb. 29.2** Blick auf eine Transitionumgebung: Beispiel Vorhofflimmern in Anlehnung an Truong et al. (2024), S. 291–310.

## 29.3 Implikationen für ein organisationsökonomisches Verständnis

Die (gesundheits-)ökonomische Bedeutung eines KI-angepassten Care Pathways lässt sich mit dem Bild charakterisieren, ob im längsschnittlichen Verlauf des Pathways an den Entscheidungspunkten die Entscheidung mit mindestens (besserer, höherer prädiktiver Qualität) und geringeren Ressourcen pro Entscheidungssituation erstellt werden konnte (Wright et al. 2019; Zerth 2022, S. 402).

Dabei gilt es festzuhalten, dass in der Interpretation eines Care Pathways im Sinne einer Präzisionsmedizin längsschnittliche (longitudinale) Patientendaten mit querschnittlichen (latitudinalen) Patientendaten verknüpft werden. Somit liegt sowohl die grundlegende Wirkung einer Digitalisierungsstrategie vor, nämlich Datenströme aus unterschiedlichen Datenquellen zu koordinieren und zu integrieren, als auch die Prädiktion aus dem Lernen aus den Daten zu ermöglichen (Heintz 2022; Bellandi et al. 2022).

Bei Beachtung der im Gesundheitswesen dominierenden Interaktionsarbeit zwischen Akteuren in der Arbeitsteilung (Interprofessionalität) als auch zwischen Organisationen (Interorganisationalität). Institutionen am Patientenpfad erwachsen hier besondere Möglichkeiten aus der gezielten KI-Nutzung. Dies gilt insbesondere dann, wenn Informationen über den Patienten frühzeitiger und gezielter an die handelnden Akteure übermittelt

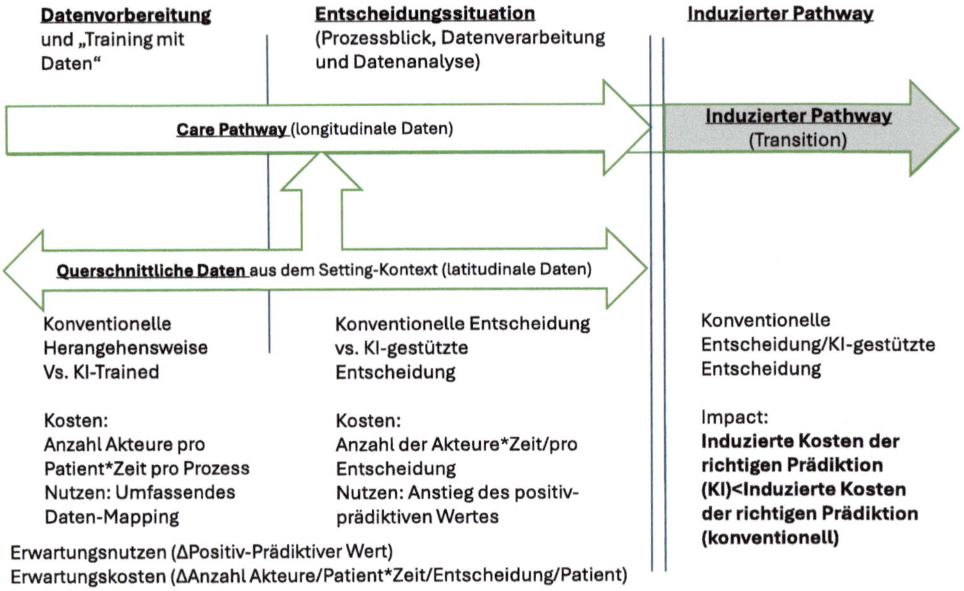


**Abb. 29.3** Gedankenmodell einer ökonomischen Entscheidungssituation im Care-Pathway zwischen KI-Ansatz und konventieller Entsheidung. (Quelle: In Anlehnung an Khanna et al. (2022), S. 12 sowie Fritz und Dermody (2019), S. 149)

werden können und somit die Abhängigkeit der physischen Gleichzeitigkeit von Patienten und Akteuren reduziert wird. Darüber hinaus werden auch noch neue Informationen aus den verarbeiteten KI-Daten gewonnen, die es ohne den Einsatz von KI nicht gegeben hätte (vgl. Strong und Verma 2019, S. 198).

Khanna et al. simulieren ein Vergleichsmodell im Kontext einer Entscheidungssituation – im Modellfall in der klinischen Phase – zwischen Diagnose und Behandlung (Khanna et al. 2022, S. 12), das in Analogie als fortgeschriebenes Gedankenmodell dienen soll (vgl. Abb. 29.3).

Die Abbildung nimmt Bezug auf einen idealtypischen Care Pathway, der Datenerhebung, Datenaufarbeitung und korrespondierende Entscheidungsprozesse verknüpft (vgl. Fritz und Dermody 2019, S. 149). Dabei kann der Entscheidungsprozess selbst in einer prozessualen Sicht in die Phase der Datenvorbereitung und Generierung, sowie der Datenverarbeitung und Datenanalyse im Entscheidungskontext unterteilt werden. Die Phase der Datenvorbereitung würde im KI-gestützten System mit einem Lernmodell (Machine Learning) zur Datenaufbereitung kombiniert werden, das in der Phase der Verarbeitung und der Analyse dem Entscheider zur Verfügung steht (Hier wird unterstellt, dass das KI-System den Entscheider (z. B. dem Arzt) bei der Entscheidung unterstützt, nicht die ärztliche Entscheidung ersetzt (vgl. etwa Athey et al. 2020)). Im Idealfall gelingt es sowohl im konkreten Care Pathway als auch mit Blick auf die induzierten Zeiten in den weiterführenden Phasen die Kosten der richtigen Prädiktion – etwa über den Einsatz von Diagnose, Therapie oder begleitenden Maßnahmen – im Vergleich zur konventionellen

Therapie zu senken. Ein Blick in die Literatur verdeutlicht die gegenwärtig noch sehr eingeschränkte Studienlage zu potenziellen ökonomischen Effekten von Künstlicher Intelligenz in der Gesundheitsversorgung im Allgemeinen und mit Blick auf Kardiologie bzw. Vorhofflimmern im Speziellen:

Voets et al. (2022) haben in einem systematischen Review über die Datenbanken PubMed und Scopus 884 Studien im genannten Zeitraum identifiziert, dabei 20 Studien letztendlich analysiert, die den Einschlusskriterien, insbesondere den Bezug zu einer KI-Anwendung im Gesundheitswesen, einer Darstellung von Outcome- und Kostenparametern folgen konnten. In dieser Auswahl zeigte sich bei einer Mehrheit der Studien, dass sie sich mit diagnostischen Verfahren auseinandergesetzt haben (N = 9). Dabei wird deutlich, dass eine Mehrheit der Studien mit einer kurzen Studienlaufzeit (<= 1 Jahr) angesetzt wurde. Damit lassen sich Implikationen auf induzierte Kosten-Effekte, gerade auf längerfristige Auswirkungen im Sinne von induzierten langfristigen Kosten-Effektivitäts-Werten im Care Pathway, kaum zielgerecht einschätzen (vgl. Abb. 29.3).

Exemplarisch nimmt weiterhin die Untersuchung von Hill et al. mit der Perspektive des englischen „National Health Service“ (NHS) die Kosteneffektivität einer mit KI-Prädiktion gerichteten Screeningstrategie bei Patienten mit undiagnostiziertem Vorhofflimmern in den Blick. Hier konnte die Effektivität eines Risikoscoring-Modells, das eine Subpopulation, die mit einem KI-Prädiktionsmodell eingeordnet wurde, mit einer traditionellen Risikopopulation, stratifiziert nach dem Alter, verglichen werden. Die Autoren konnten eine Kosteneffektivität – unter den Bedingungen eines inkrementalen Kosten-Effektivitäts-Ansatzes Kosten pro qualitätsadjustiertem Lebensjahr (QALY) – im Bereich von 4800 Pfund bis 5500 Pfund pro QALY zeigen. Dabei wurde insbesondere die Ressourceninanspruchnahme der tatsächlich dem Screening unterzogenen Patienten optimiert, wobei die Lebensjahre, derjenigen, die nicht dem Screening unterzogen worden sind, im Vergleich zur Standardtherapie leicht niedriger waren. Die Studie lässt Raum für eine genauere Interpretation der Stratifizierungsparameter, gibt jedoch auch Hinweise auf die Bedeutung eines notwendigen Ansatzes, Patienten in der realen Versorgungssituation zu identifizieren. Hier weisen die Autoren auf die Bedeutung hin, Informationen aus den Primärversorgungssettings der Standardversorgung zu berücksichtigen (Hill et al. 2020, S. 392).

▶ An dieser Stelle ist die Bedeutung eines Ökosystems zu betonen, in dem Care Pathway-Modelle letztendlich eingebettet sein können bzw. sollen, gerade mit Blick auf die Gestaltung einer primären Versorgungsverantwortung, die im Primärversorgungssetting (vgl. Lin 2022) adressiert ist. An dieser Stelle lässt sich die Bezugnahme auf die Erwartungen und gegebenenfalls auch die Grenzen von Digitalisierung im Allgemeinen und Ansätze künstlicher Intelligenz im Speziellen bei der Gestaltung von Gesundheitssystembedingungen ableiten, etwa auch exemplarisch anhand des Gutachtens des Sachverständigenrates für Gesundheit und Pflege zu Digitalisierung und KI (Sachverständigenrat 2024).

## 29.4 Gesundheitspolitische Implikationen

Aus den theoretischen Ausführungen und den Anwendungsbeispielen von KI entlang eines Care Pathways in der Kardiologie geht hervor, dass die Implementierung von verschiedensten Technologien Potenziale zur Effizienzsteigerung, zur Einsparung von Kosten und zur Entlastung des Gesundheitspersonals bieten könnte. Die Hinweise aus den Studien zur Umsetzung und Implementierung weisen jedoch auf die Bedeutung einer Passung von KI-gestützten Lösungen im Gesundheitswesen in ein übergeordnetes Ökosystem, insbesondere in Geschäftsmodelle, hin (vgl. Hoppe et al. 2022). Insbesondere gilt es, die wertschöpfenden Potenziale von KI-gestützten Lösungen sowohl empirisch auf Belastbarkeit zu testen, die Bedeutung der akteursbezogenen Anfragen an eine verantwortbare Gestaltung mit einer werteorientierten Forschungs- und Entwicklungsstrategie zu implementieren (Nebeker et al. 2019) und resultierende Umsetzungs- und Geschäftsmodelle mit Aspekten von ablauf- und aufbaubezogenen Konzepten der Gesundheitsversorgung zu verbinden (Hoppe et al. 2022, S. 337).

In dieser Hinsicht steht die Implementierung von KI-gestützten Technologien im Gesundheitswesen im Allgemeinen und ausgewählten Medizinbereichen im Speziellen allerdings noch am Anfang. Viele Herausforderungen – etwa im Hinblick auf Ethik, Datenschutz und technische Interoperabilität – sind ungelöst. Insbesondere in der Kardiologie findet KI durch die Nutzung bildgebender Verfahren wie Ultraschall, Röntgen oder MRI bereits verstärkt Anwendung. Dennoch hinkt der KI-Einsatz in der Medizin im Vergleich zu anderen Bereichen insgesamt hinterher und es fehlt weiterhin an empirischen Daten aus der Praxis (Karatzia et al. 2022).

Das aktuelle Gutachten des Sachverständigenrates für Gesundheit und Pflege untersucht den Fachkräftemangel im Gesundheitswesen und identifiziert Künstliche Intelligenz (KI) als potenziellen Lösungsansatz, insbesondere zur Entlastung von Pflegekräften und zur Unterstützung im ärztlichen Tätigkeitsbereich (Sachverständigenrat 2024, S. 187–188 und 230–231). KI könnte durch die Übernahme von automatisierten Aufgaben beispielsweise helfen, personelle Engpässe zu verringern und dadurch den medizinisch-pflegerischen Prozess effektiver und effizienter zu gestalten. Die zugrunde liegende Datenbasis für diese Annahmen ist jedoch noch relativ begrenzt, sodass konkrete Aussagen über die Wirksamkeit dieser Maßnahmen vorsichtig zu betrachten sind.

Um KI entlang des gesamten Patientenpfades einsetzen zu können, ist ein ganzheitlicher Ansatz erforderlich, der von allen Akteuren akzeptiert und unterstützt wird (vgl. Nebeker et al. 2019). Derzeit weist die Patientenbetreuung oft eine fragmentierte Struktur auf. Ein integrierter Ansatz, bei dem etwa die Überwachung von Herzfunktionen kontinuierlich über alle Phasen hinweg erfolgt, könnte jedoch die Versorgungsqualität und Effizienz steigern. Dabei ist zu beachten, dass der Einsatz von KI bei verschiedenen Akteuren auch mit unterschiedlichen Interessenslagen einhergehen kann.

Eine realistische Perspektive für die Nutzung von KI im Gesundheitswesen liegt in der Schaffung zentraler Datenbanken, auf die verschiedene Akteure wie Haus- und Fachärzte zugreifen könnten. Es ist unwahrscheinlich, dass jede Arztpraxis in absehbarer Zeit ein eigenes KI-System entwickelt. Stattdessen könnten Praxen EKG-Daten an zentrale KI-gesteuerte Systeme senden, die Diagnosen und Behandlungsoptionen zurückgeben. Diese Art der Arbeitsteilung ist auch im klinischen Bereich denkbar, wo KI verschiedene Datenquellen – etwa CT- oder MRT-Bilder – in eine umfassendere Diagnose integrieren könnte, die für mehrere Fachbereiche zugänglich ist. Eine stärkere Koordination zwischen den Fachbereichen und die Rolle von Case Managern könnte durch KI ebenfalls aufgewertet werden.

Der KI-Einsatz könnte Ärzte von routinemäßigen, administrativen Aufgaben entlasten und ihnen ermöglichen, sich stärker auf komplexe Fälle und die Arzt-Patient-Interaktion zu konzentrieren, was die Behandlungsqualität verbessern und dem Fachkräftemangel entgegenwirken könnte (Ahuja 2019). Ein umfassender Einsatz von (KI-)Technologien mit vorhandener digitaler Infrastruktur könnte auch dazu beitragen, regionale Unterschiede in der Gesundheitsversorgung abzubauen, indem etwa Praxen in ländlichen Regionen leichter auf Diagnosedienste zugreifen könnten (Sommer 2023).

Im internationalen Vergleich ist Deutschland bei der Implementierung von KI in der Medizin noch zurückhaltend. Während in den USA über 500 KI-gestützte Verfahren zugelassen sind, sind es in Deutschland nur einige Dutzend (Wehkamp et al. 2023). Es gilt die Geschäfts- und Organisationsmodelle zu entwickeln, die eine Flexibilität und Entwicklungsfähigkeit ermöglichen, KI-gestützte Services nach Evidenzgenerierung anpassen und weiterentwickeln zu können. An dieser Stelle kommt auch der Versorgungsforschung mit kombinierter Implementierungsbegleitung eine wesentliche Bedeutung zu.

Eine Auseinandersetzung mit Aspekten künstlicher Intelligenz kommt fast zwangsläufig an der Frage an, welche Tätigkeiten sich in einem dienstleistungsgeprägten Gesundheitswesen durch KI wesentlich verändern, unter Umständen gar obsolet werden und welche neuen Berufsbilder sich entwickeln können. Bereits jetzt fallen gewisse Tätigkeiten wie die Übersetzungsarbeit durch KI weg. Ob Studiengänge in Medizin und Pflege angepasst werden müssen, um künftige Fachkräfte auszubilden, die den steigenden Anforderungen gewachsen sind, wird eine zentrale Frage für die nächste Dekade sein.

## 29.5 Schlussbetrachtung

Die bisherige Studienlage zum Potenzial von Künstlicher Intelligenz insbesondere im Bereich der Kardiologie gibt Hinweise darauf, dass Daten von Wearables und mobilen Geräten eine frühzeitige Diagnose und Fernüberwachung ermöglichen sowie Chatbots Terminvereinbarungen und den Arbeitsalltag entlasten könnten. Solche KI-Systeme benötigen jedoch große Datensätze und einen etablierten menschlichen Maßstab als Basis. Die Akzeptanz aller beteiligten Akteure, einschließlich Krankenkassen und politischer Entscheidungsträger, ist eine wesentliche Voraussetzung, die sich mit Studien zur Implementierungstauglichkeit von spezifischen KI-Pathways verbinden lassen, um neben akteursbezogenen Aspekten hinreichende Evidenz zu den erwarteten Effekten der Kontaktzeiten als auch der damit korrespondierenden organisationsökonomischen Implikationen zu erhalten. Auch die Verlässlichkeit der Daten und mögliche Diskrepanzen in der Qualität, etwa durch geschlechtsspezifische oder ethnische Unterschiede, bleiben als offene Fragen bestehen.

## Literatur

Ahuja, A. S. (2019) The impact of artificial intelligence in medicine on the future role of the physician. In: PeerJ. 7(2019):e7702. https://doi.org/10.7717/peerj.7702.

Asmirajanti, M.; Hamid, A. Y. S.; Hariyati & Rr. Tutik Sri (2019) Supporting factors of the implementation of clinical pathway approach in nursing care. In: Enfermería Clínica Suppl. 2 (29)455–458. https://doi.org/10.1016/j.enfcli.2019.04.067.

Athey, S. C.; Bryan, K. A.; Gans & J. S. (2020) The Allocation of Decision Authority to Human and Artificial Intelligence. In: AEA Papers and Proceedings. Vol. 110 (2020):80–84. https://doi.org/10.1257/pandp.20201034.

Attia, Zachi I.; Noseworthy, P. A.; Lopez-Jimenz, F.; Asirvatham, S. J.; Deshmukh, A. J.; Gersh, B. J.; Carter, R. E.; Yao, X.; Rabinstein, A. A.; Erickson, B. J.; Kapa, S. & Friedman, P. A. (2019) An artificial intelligence-enabled ECG algorithm for the identification of patients with atrial fibrillation during sinus rhythm: a retrospective analysis of outcome prediction. In: The Lancet.10201(394):861–867. https://doi.org/10.1016/S0140-6736(19)31721-0.

Bellandi, V., Ceravolo, P., Damiani, E. & Siccardi, S. (2022) Smart Healthcare, IoT and Machine Learning: A Complete Survey. In: Lim, C.P.; Chen, Y.W.; Vaidya, A.; Mahorkar, C.; Jain, L .C.Handbook of Artificial Intelligence in Healthcare, Vol. 212. Cham: Springer International Publishing, pp. 307–330.

Belt, E. & Rüden, L. v. (2024) Interdependenzen der Akteure als Triebfeder des technologischen Fortschritts bei dem Management und der Therapie von Vorhofflimmern. In: Pfannstiel M. A. (Hrsg.): Technologien und Technologiemanagement im Gesundheitswesen; Potenziale nutzen, Lösungen entwickeln, Ziele erreichen. Wiesbaden: Springer Gabler Verlag, S. 733–763.

Buclin, T. (2019) Die Individualisierung und Personalisierung der Präzisionsmedizin. In: Swiss Medical Forum – Schweizerisches Medizin-Forum. 19(1–2):18–20.

Chen, W.; Wong, N. C. B.; Wang, Y.; Zemlyanska, Y.; Butani, D.; Virabhak, S.; Matchar, D. B.; Prapinvanich, T.; Teerawattananon, Y. (2023) Mapping the value for money of precision medicine: a systematic literature review and meta-analysis. In: Frontiers in public health. 11(n.d.):1151504. https://doi.org/10.3389/fpubh.2023.1151504.

Cook, Christopher M.; Warisawa, Takayuki; Howard, James P.; Keeble, Thomas R.; Iglesias, J. F.; Schampaert, E.; Bhindi, R.; Ambrosia, A.; Matsuo, H.; Nishina, H.; Kikuta, Y.; Shiono, Y.; Nakayama, M.; Doi, S.; Takai, M.; Goto, S.; Yakuta, Y.; Karube, K.; Akashi, Y. J.; Clesham, G. J.; K., Paul A.; Davies, J.R.; Karamasis, G. V.; Kawase, Y.; Robinson, N.M.; Sharp. A. S.P.; Escaned, J., Davis, J. E. (2019) Algorhithmic Versus Expert Human Interpretation of Instantaneous Wave-Free Ratio Coronary Pressure-Wire Pull Back Data. In: JACC Cardiovascular Interventions. 14(12):1315–1324. https://doi.org/10.1016/j.jcin.2019.05.025.

Davenport, T. & Kalakota, R. (2019) The potential for artificial intelligence in healthcare. In: Future healthcare journal. 6(2):94–98. https://doi.org/10.7861/futurehosp.6-2-94.

De Bleser, L.; Depreitere, R.; De Waele, K.; Vamhaecht, K.; Vlayen, J. & Sermeus, W. (2006) Defining Pathways. In: J Nurs Manag.14(7):553–563. https://doi.org/10.1111/j.1365-2934.2006.00702.x

Du, T. ; Xie, L.; Zhang, H. ; Liu, X.; Wang, X.; Chen, D.; Xu, Y.; Sun, Z.; Zhou, W.; Song, L.; Guan, C.: Lansky, A. J. & Xu, B. (2020) Training and validation of a deep learning architecture for the automatic analysis of coronary angiography. In: EuroIntervention. 1(17):32–40. https://doi.org/10.4244/EIJ-D-20-00570.

Duffy, G. B. S.; Cheng, P. P.; Yuan, N.; He, B.; Kwan, A. C.; Shun-Shin, M. J.; Alexander, K. M.; Ebinger, J.; Lungren, M. P.; Rader, F.; Liang, D. H.; Schnittger, I.; Ashley, E. A.; Zou, J. Y.; Patel, J.; Witteles, R.; Cheng, S. & Ouyang, D.. (2022) High-Throughput Precision Phenotyping of Left ventricular Hypertrophy With Cardiovascular Deep Learning. JAMA Cardiology. 4(7):386. https://doi.org/10.1001/jamacardio.2021.6059.

Eerikäinen, L. M.; Vanschoren, J.; Rooijakkers, M.; Vullings, R. & A., Ronald M. (2016) Reduction of false arrytmia alarms using signal selection and machine learning. In: Physiological Measurements. 8(37)1204–1216. https://doi.org/10.1088/0967-3334/37/8/1204.

Eskofier, B. M. & Klucken, J. (2023) Predictive Models for Health Deterioration: Understanding Disease Pathways for Personalized Medicine. In: Annual review of biomedical engineering. 25(1):131–156. https://doi.org/10.1146/annurev-bioeng-110220-030247.

Esmaeilzadeh P. (2024) Challenges and strategies for wide-scale artificial intelligence (AI) deployment in healthcare practices: A perspective for healthcare organizations. In: Artificial intelligence in medicine. 151(2024):102861. https://doi.org/10.1016/j.artmed.2024.102861.

Fritz, R. L. & Dermody, G. (2019) A nurse-driven method for developing artificial intelligence in "smart" homes for aging-in-place. In: Nursing outlook. 67(2):140–153. https://doi.org/10.1016/j.outlook.2018.11.004.

Gala, D.; Behl, H.; Shah, M. & Makaryus, A. (2024) The Role of Artificial Intelligence in Improving Patient Outcomes and Future of Healthcare Delivery in Cardiology: A Narrative Review of the Literature. In: Healthcare. 12(4), 481–500. 10.3390/healthcare12040481.Gallagher, C.; Hendriks, J. M.; Nyfort-Hansen, K.; Sanders, P. & Lau, D. H. (2022): Integrated care for atrial fibrillation: the heart of the matter. In: European journal of preventive cardiology 29(15):2058–2063. https://doi.org/10.1093/eurjpc/zwaa065.

Gallagher, Celine; Hendriks, Jeroen M.; Nyfort-Hansen, Karin; Sanders, Prashanthan; Lau, Dennis H. (2022): Integrated care for atrial fibrillation: the heart of the matter. In: European journal of preventive cardiology 29 (15), S. 2058–2063. https://doi.org/10.1093/eurjpc/zwaa065.

Göçer, H. & Durukan, A. B. (2023) The use of artificial intelligence in interventional cardiology. In: Turkish Journal of Thoraic and Cardiovascular Surgery. 3(31):420–421. https://doi.org/10.5606/tgkdc.dergisi.2023.24791.

Hae, H.; Kang, S.-J.; Kim, W.-J.; Choi, S-Y.; Lee, J.-G.; Bae, Y.; Cho, H.; Yang, D. H.; Kang, J.-W.; Lim, T.-H.; Lee, C. H.; Kang, D.-Y.; Lee, P. H.; Ahn, J.-M.; Park, D.-W., Lee, S.-W.; Kim, Y.-H.; Lee, C. W.; Park, S.-W. & Park, S.-J.. (2018) Machine learning assessment of myocardial ischemia using angiography: development and retrospective validation. PLOS Medicine. 11(15):e1002693. https://doi.org/10.1371/journal.pmed.1002693.

Heintz, F (2022): Artificial Intelligence, In: Kurz, H.D., Schütz, M., Strohmaier, R., & Zilian, S.S. (Eds.). The Routledge Handbook of Smart Technologies: An Economic and Social Perspective (1st ed.). London: Routledge, pp. 229–240. https://doi.org/10.4324/9780429351921

Hill, N. R.; Sandler, B.; Mokgokong, R.; Lister, S.; Ward, T.; Boyce, R.; Farooqui, U.; Gordon, J. (2020) Cost-effectiveness of targeted screening for the identification of patients with atrial fibrillation: evaluation of a machine learning risk prediction algorithm. In: Journal of medical economics 23 (4), S. 386–393. https://doi.org/10.1080/13696998.2019.1706543.

Hoppe, N.; Häfner, F. & Härting, R. (2022) Digital Business Models in the Healthcare Industry. In: Lim, C.-P.; Chen, Y.W.; Vaidya, A.; Mahorkar, C.; Jain, L. C.(Ed.). Handbook of Artificial Intelligence in Healthcare, Vol. 212. Cham: Springer International Publishing, pp. 331–356.

Karatzia, L.; Aung, N. & Aksentijevic, D. (2022) Artificial intelligence in cardiology: Hope for the future and power for the present. In: Frontiers in Cardiovascular Medicine. 9(2020):945726. https://doi.org/10.3389/fcvm.2022.945726.

Khanna, N. N.; Maindarkar, M. A.; Viswanathan, V.; Fernandes, J. F.E.; Paul, S.; Bhagawati, M.i et al. (2022) Economics of Artificial Intelligence in Healthcare: Diagnosis vs. Treatment. In: Healthcare. 10(12):2493–2531. https://doi.org/10.3390/healthcare10122493.

Kirchhof, Paulus; Benussi, Stefano; Kotecha, Dipak; Ahlsson, Anders; Atar, Dan; Casadei, Barbara et al. (2016) 2016 ESC Guidelines for the management of atrial fibrillation developed in collaboration with EACTS. In: European heart journal. 37(38):2893–2962. https://doi.org/10.1093/eurheartj/ehw210.

Krasteva, Vessela; Jekova, Irena; Schmid, Ramun & Abächerli, Roger. (2016) Real-time arrythmia detection with supplementary ECG quality and pulse wave monitoring for the reduction of false alarms in ICUs. In: Physiological Measurements. 8(37):1273–1297. https://doi.org/10.1088/0967-3334/37/8/1273.

Lin, Steven (2022) A Clinician's Guide to Artificial Intelligence (AI): Why and How Primary Care Should Lead the Health Care AI Revolution. In: Journal of the American Board of Family Medicine (JABFM). 35(1):175–184. https://doi.org/10.3122/jabfm.2022.01.210226.

Makimoto, H.; Höckmann, M.; Lin, T.; Glöckner, D.; Gerguri, S.; Clasen, L.; Schmidt, J.; Assadi-Schmidt, A.; Bejinariu, A.; Müller, P.; Angendohr, S.; Babady, M.; Brinkmeyer, C., Makimoto, A.& Kelm, M. (2020) Performance of a convolutional neural network erived from an ECG database in recognizing myocardial infarction. In: Scientific Reports, 1(10):8445. https://doi.org/10.1038/s41598-020-65105-x.

Meder, Benjamin; Duncker, David; Helms, Thomas M.; Leistner, David M.; Goss, Franz; Perings, Christian et al. (2023): eCardiology: a structured approach to foster the digital transformation of cardiovascular medicine. In: Kardiologie. https://doi.org/10.1007/s12181-022-00592-y.

Nebeker, C., Torous, J. & Bartlett Ellis, R. J. (2019) Building the case for actionable ethics in digital health research supported by artificial intelligence. In: BMC Med. 17(1):137. https://doi.org/10.1186/s12916-019-1377-7

Noseworthy, P. A.; Attia, Z. I.; Behnken, E. M.; Giblon, R. E.; Bews, K. A.; Liu, S. ; Gosse, T. A.; Linn, Z.D.; Deng, Y.; Yin, J.; Gersh, B.J.; Graff-Radford, J.; Rabinstein, A. A.; Siontis, K. C.; Friedman, P.A.; Yao, X. (2022) Artificial intelligence-guided screening for atrial fibrillation using electrocardiogram during sinus rhythm: a prospective non-randomised interventional trial. In: Lancet. 400(10359):1206–1212. https://doi.org/10.1016/S0140-6736(22)01637-3.

Razmi, R. M. (2024) AI doctor: The rise of artificial intelligence in healthcare: a guide for builders, buyers, users and investors. Wiley. Hoboken, New Jersey.

Rush, K. L.; Burton, L.; Ollivier, R.; Wilson, R.; Loewen, P.; Janke, R.; Schaab, K.; Lukey, A.; Galloway, C. 2020): Transitions in Atrial Fibrillation Care: A Systematic Review. In: Heart, lung & circulation. 29(7):1000–1014. https://doi.org/10.1016/j.hlc.2019.11.022.

Sachverständigenrat zur Begutachtung der Entwicklung im Gesundheitswesen und in der Pflege (2024) Fachkräfte im Gesundheitswesen. Sachverständigenrat zur Begutachtung der Entwicklung im Gesundheitswesen (Hrsg.). Bonn.

Sommer, D. (2023) Projekt „MeDiLand" – Medizin Digital zur Verbesserung der Versorgung auf dem Land. In: Ahrens, D. (Ed.) Smart Region: Angewandte digitale Lösungen für den ländlichen Raum. Springer Gabler Verlag, Wiesbaden. 187–211. https://doi.org/10.1007/978-3-658-38236-0_13

Strong, Alexis & Verma, Rohit (2019) High-Tech vs. High Touch Service Design in Healthcare: A Case for Considering the Emotional Biorhythm of the Patient in Technology Interventions. In: Paul P. Maglio, Cheryl A. Kieliszewski, James C. Spohrer, Kelly Lyons, Lia Patrício, Yuriko Sawatani (Ed.). Handbook of Service Science, Volume II. Cham: Springer International Publishing, pp. 193–206.

Szelągowski, M.; Berniak-Woźny, J. & Lipiński, C. (2021) BPM Support for Patient-Centred Clinical Pathways in Chronic Diseases. In: Sensors. 21(21):7383–7996. https://doi.org/10.3390/s21217383.

Tao, Y.; Yuzhen, Z. & Bin, J. (2020) DBCSMOTE: a clustering-based oversampling technique for data imbalanced warfarin dose prediction. In: BMC Medical Genomics. S10(13):152. https://doi.org/10.1186/s12920-020-00781-2

Truong, E. T.; Lyu, Y.; Ihdayhid, A. R.; Lan, N. S. R. & Dwivedi, G. (2024) Beyond Clinical Factors: Harnessing Artificial Intelligence and Multimodal Cardiac Imaging to Predict Atrial Fibrillation Recurrence Post-Catheter Ablation. In: Journal of cardiovascular development and disease. 11(9):291–310 https://doi.org/10.3390/jcdd11090291.

Vandenberk, B.; Chew, D. S.; Prasana, D.; Gupta, S. & Exner, D. V. (2023) Successes and challenges of artificial intelligence in cardiology. In: Frontiers in digital health. 5(2023:1201392. https://doi.org/10.3389/fdgth.2023.1201392.

Voets, M. M.; Veltman, J.; Slump, C. H.; Siesling, S. & Koffijberg, H. (2022) Systematic Review of Health Economic Evaluations Focused on Artificial Intelligence in Healthcare: The Tortoise and the Cheetah. In: Value in health: the journal of the International Society for Pharmacoeconomics and Outcomes Research. 25(3):340–349. https://doi.org/10.1016/j.jval.2021.11.1362.

Wehkamp, K.; Krawczak, M. & Schreiber, S. (2023) The quality and ultility of artificial intelligence in patient care. In: Deutsches Ärzteblatt international. 120(27–28):463–469. https://doi.org/10.3238/arztebl.m2023.0124.

Wright, S. J.; Newman, W. G. & Payne, K. (2019) Accounting for Capacity Constraints in Economic Evaluations of Precision Medicine: A Systematic Review. In: PharmacoEconomics. 37(8):1011–1027. https://doi.org/10.1007/s40273-019-00801-9.

Zeb, S.; FNU, N.; Abbasi, N. & Fahad, M. (2024) AI in Healthcare: Revolutionizing Diagnosis and Therapy. In: International Journal of Multidisciplinary Sciences and Arts. 3(3):118–128. https://doi.org/10.47709/ijmdsa.v3i3.4546.

Zerth, J. (2022) Präzisionsmedizin, künstliche Intelligenz: Chancen für ein verbessertes Therapiemanagement? Ein organisationsökonomischer Blick. In: Pfannstiel M. A. (Hrsg.): Künstliche Intelligenz im Gesundheitswesen; Entwicklungen, Beispiele und Perspektiven. Wiesbaden: Springer Gabler Verlag, S. 393–412.

Zreik, M.; Lessmann, N.; van Hamersvelt, R. W.; Wolterink, Jelmer M.; Voskuil, M.; Viergever, M. A. & Išgum, I.. (2018) Deep learning analysis of the myocardium in coronary CT angiography for identification of patients with functionally significant coronary artery stenosis. In: Medical Image Analysis. 44(2018:72–85. https://doi.org/10.1016/j.media.2017.11.008.

**Elisabeth Belt** ist Managerin für stategische Projekte im Marketing bei Johnson & Johnson Medtech im Bereich Cardiovascualar/Elektrophysiology. Nach ihrem Studium an der FH Aachen, wo sie einen Bachelor in Biomedizinische Technik und einen Master of Science in Nuclear Applications sowie einen Master of Business Administration erwarb, begann sie ihre berufliche Laufbahn bei der Medtronic GmbH im Bereich Cardiac Rhythm Disease Management. Seit 2015 arbeitet sie bei Johnson & Johnson Medtech in verschiedenen Vertriebspositionen und als regionale Vertriebsleitung. Derzeit leitet sie Projekte im Bereich des Business Development. In Zusammenarbeit mit Prof. Dr. Zerth arbeitet sie an Themen der Versorgungsforschung.

**Ludolf von Rüden** studierte Biologie in Göttingen und forschte anschließend am Max Planck Institut für biophysikalische Chemie in Göttingen, in Madrid und an der Stanford University zu Mechanismen der Freisetzung von Stresshormonen. An der Bergakademie Freiberg beschäftigte er sich mit ökonomischen Erfolgsfaktoren des Remanufacturing. Anschließend arbeitete er als Produktspezialist bei der Schering Deutschland GmbH und zuletzt als Senior Clinical Consultant bei Biosense Webster, Johnson & Johnson. Derzeit beschäftigt er sich vorwiegend mit den Themen Innovation und Kreativität und arbeitet als freier klinischer Berater.

**Hisaki Makimoto** ist Elektrophysiologe in Japan und in Deutschland. Er verfügt über 20 Jahre Erfahrung in der kardiovaskulären Medizin mit besonderem Schwerpunkt auf Herzrhythmusstörungen und ist seit 2012 in Japan und seit 2013 in Deutschland als Facharzt für Kardiologie anerkannt. Seit 2014 ist er außerdem in Deutschland als Facharzt für Elektrophysiologie zertifiziert. Er ist Fellow der Europäischen Gesellschaft für Kardiologie (FESC seit 2019), der Europäischen Gesellschaft für Herzrhythmusstörungen (FEHRA seit 2020) und der Heart Rhythm Society (FHRS seit 2021). Mit seinem medizinischen Fachwissen und seinen Programmierkenntnissen hat er sich in der medizinischen Forschung mit künstlicher Intelligenz engagiert. Aktuell ist er als Associate Professor am Data Science Center/Kardiovaskulären Zentrum der Jichi Medical University in Japan tätig.

**Jürgen Zerth,** Dipl. Volkswirt, seit Oktober 2022 Professor für Management in Einrichtungen des Sozial- und Gesundheitswesens an der Fakultät für Sozialen Arbeit der Katholischen Universität Eichstätt-Ingolstadt. Nach der Habilitation in Volkswirtschaftslehre im Jahre 2010 von 2010 bis 2012 Leiter eines Forschungsinstituts in der Sozialwirtschaft, danach von 2012 bis 2022 Professor an der Wilhelm Löhe Hochschule in Fürth (ab 2021 SRH Wilhelm Löhe Hochschule). Schwerpunkte in den Bereichen (Sozial)Ökonomie, Innovations- und Versorgungsforschung und Leiter des Forschungsinstituts IDC. Lehrbeauftragter etwa an den Universitäten Jena (2007 und 2017), Bern (seit 2010) sowie im WS 2009/2020 Lehrstuhlvertretung an der FAU Erlangen-Nürnberg. Forschungsschwerpunkte liegen in Fragen angewandter Gesundheitsökonomik und Pflegeökonomik, Aspekten der Versorgungsforschung und der Innovationsbewertung, insbesondere im Bereich der Langzeitpflege und in Sozialmärkten.

# Konzeptionierung eines KI-Assistenzsystems für die Planung patientenindividueller Pflegemaßnahmen im Krankenhaus 30

Oliver Stritzel, Lukas Fleischmann, Stefan Kamin, Martina Simon und Moike Buck

## Inhaltsverzeichnis



O. Stritzel (✉) · L. Fleischmann · S. Kamin · M. Simon · M. Buck
Supply Chain Services, Fraunhofer IIS, Nürnberg, Deutschland
E-Mail: oliver.stritzel@iis.fraunhofer.de; lukas.fleischmann@iis.fraunhofer.de; stefan.kamin@iis.fraunhofer.de; martina.simon@iis.fraunhofer.de; moike.buck@iis.fraunhofer.de



M. A. Pfannstiel (Hrsg.), *Künstliche Intelligenz im Einsatz für die erfolgreiche Patientenreise*, https://doi.org/10.1007/978-3-658-48573-3_30

**Zusammenfassung**

Die Konzeptionierung eines KI-Assistenzsystems für die Pflegeplanung patientenindividueller Pflegemaßnahmen im Krankenhaus setzt fundiertes Wissen über den Pflegeprozess sowie eine detaillierte Anforderungsanalyse voraus. Dieser Beitrag stellt die Arbeiten des Forschungsprojekts iPAB vor und gibt eine Einführung in die Entwicklung eines KI-Unterstützungssystems in der Pflege. Ein Ziel dieses Beitrags ist es, die bisherige Vorgehensweise zu skizzieren, Erkenntnisse zu erläutern und diese in einen Gesamtzusammenhang zu setzen. Ferner sollen folgende Fragen beantwortet werden: Welche Anforderungen bestehen bei der Entwicklung? Welchen Einfluss haben epa und LEP auf den digitalen Pflegeprozess? Welche ethischen, rechtlichen und sozialen Implikationen (ELSI) ergeben sich? Der Beitrag zeigt bestehende Forschungspotenziale auf und gibt Anregungen für zukünftige Forschung und Praxis im Krankenhausbereich.

## 30.1 Einleitung

Dieser Abschnitt soll einen einleitenden Überblick des Forschungsprojekts iPAB geben und dessen Kerninhalte zusammenfassen. Zuerst wird eine Definition des Forschungsgegenstands gegeben. In einem nächsten Schritt werden die definierten Projektziele beschrieben sowie die Vorgehensweise in Bezug auf die Anforderungsanalyse zur Entwicklung eines KI-Assistenzsystems zur Verbesserung der Pflegequalität und der Verringerung des Zeitaufwands zur Dokumentation der Pflegemaßnahmen skizziert. Beide im Projekt definierten Ziele können die Patientenreise im Krankenaus nachhaltig verbessern. Zuletzt werden die Projektbeteiligten und deren Aufgabenbereiche im Projekt vorgestellt.

In der vorliegenden Arbeit wird darauf verzichtet, bei Personenbezeichnungen sowohl die männliche als auch die weibliche Form zu nennen. Die männliche Form gilt in allen Fällen, in denen dies nicht explizit ausgeschlossen wird, für beide Geschlechter.

### 30.1.1 Problemdefinition

Bei Behandlungsprozessen im Krankenhaus treten im Vergleich zu industriellen Prozessen deutlich höhere Fehlerquoten auf. Verschiedene Studien zeigen bei mindestens 2,9 % (Thomas et al. 1999) und bis zu 16,6 % (Wilson et al. 1995) der Fälle im Krankenhaus unerwünschte Effekte auf die Gesundheit („adverse effects") (Problem 1). Gemäß Untersuchungen des Robert Koch Instituts (vgl. Hansis und Hart 2007) lassen sich dabei 56 % der Fehler auf Organisationsmängel zurückführen. Seitdem ist diese Fehlerquote laut MDS nicht gesunken (MDS 2021).

Durch eine digitale Pflegedokumentation werden Fehlersicherheit und Behandlungsqualität erhöht, indem Prozesse und die Kommunikation zwischen Pflegekräften untereinander und mit anderem medizinischem Personal unterstützt werden (bvitg 2017, S. 12). Bisherige Angebote zeigen jedoch wenig Nutzerfreundlichkeit und dadurch eine fehlende Akzeptanz auf der Personalseite (Rösler et al. 2018, S. 25–26). Problematisch ist außerdem, insbesondere im Kontext des Pflegenotstands, dass elektronische Dokumentation durch eine damit einhergehende genauere Dokumentation und Eingewöhnungsphasen teils zeitaufwändiger ist als die Dokumentation auf Papier (Rösler et al. 2018, S. 25) (Problem 2). Daher stehen Softwareanbieter vor der Herausforderung, Informationen eines komplexen Arbeitsfelds strukturiert abzuspeichern und Nutzende bei der Eingabe zu unterstützen.

### 30.1.2 Ziele des Projektes

Im Forschungsprojekt iPAB soll ein KI-gestütztes Assistenzsystem entwickelt werden, das den Definitionsaufwand für klinische patientenindividuelle Pflegepläne (PIPs) mit intelligenten, datenbasierten Vorschlägen je Patientin und Patient um 40 % bis 90 % reduziert. Der Fokus liegt dabei auf der stationären Behandlung im Krankenhaus, da die Dokumentation dort komplexer ist und häufiger genutzt wird. Zudem ist dieser Bereich in bisherigen Projekten unterrepräsentiert.

Als Schnittstelle zwischen dem Dokumentationssystem und den Nutzenden soll das System diesen eine einfachere und zeiteffizientere Bedienung ermöglichen. Ziel ist es dabei, den Pflegekräften bei der Dokumentation jene Behandlungen, Behandlungsziele und Prozessverläufe vorzuschlagen, die auf Basis der individuellen Historie der Patienten statistisch wahrscheinlich sind. Anschließend kann das Personal aus den Vorschlägen durch eigenhändige Selektion, Editierung und Ergänzung schnell einen vollständigen PIP erstellen. Zu keiner Zeit soll das System selbstständig, ohne Mitwirkung einer Pflegekraft, Arbeitsschritte und Prozesse definieren. Dabei lernt das KI-System von den Entscheidungen der Pflegekräfte, da die tatsächlich erstellten Behandlungspläne auch in Zukunft wieder als Trainingsdaten genutzt werden sollen. Wenn in bestimmten Konstellationen nur wenige Daten vorliegen, nutzt das KI-System weiterhin Expertenwissen in Form von Regeln wie beispielsweise die der DNQP-Leitlinien. Die Pflegekräfte profitieren dabei primär von einer schnelleren und einfacheren Dokumentation (Problem 2), die ihre Belastung deutlich senkt. Da gleichzeitig die Datenqualität steigt, können aus der Dokumentation direkt die geplanten Behandlungen abgeleitet werden, was eine verbesserte Arbeitsorganisation ermöglichen soll. So wird die psychische Belastung des Personals reduziert und die Behandlungsqualität kann aufgrund der Zeitersparnis durch sorgfältigere Behandlung erhöht werden.

Die Patienten profitieren zudem von der Entlastung des Personals, da die objektive Behandlungsqualität direkt mit dem subjektiven Stressempfinden der Pflegekräfte verknüpft ist (Aiken et al. 2012). Gleichzeitig besteht die Annahme, dass durch besser geplante

Behandlungsprozesse die Sicherheit der Patienten ansteigt (Problem 1). Der strukturiert abgelegte Prozess ist für diese außerdem transparenter, wodurch deren Partizipationsmöglichkeiten und die der Angehörigen wesentlich ansteigen. Weiterhin fällt die Integration in die einrichtungsübergreifende elektronische Patientenakte leichter. Damit wird die vielerorts kritisierte Interoperabilität zwischen Systemen verschiedener Einrichtungen und die Versorgungskontinuität beim Einrichtungswechsel adressiert.

Die oben genannten Ziele beziehen sich auf das Gesamtvorhaben und dienen der Vorstellung des Projektes. Um diese zu erreichen, wurden verschiedene Formen der Anforderungsanalyse durchgeführt. Im nächsten Abschnitt wird die Vorgehensweise detailliert dargestellt.

### 30.1.3 Vorgehensweise bei der Anforderungsanalyse

Für die Anforderungsanalyse an das zu entwickelnde KI-System wurde die folgende Vorgehensweise vom Projektkonsortium geplant und umgesetzt. Nach einer initialen Prozessbegehung, um mit dem Pflegeprozess im Krankenhaus vertraut zu werden und erste Auffälligkeiten zu dokumentieren, wurden semistrukturierte Nutzerinterviews geplant. Hierfür wurde jeweils eine realistische, den Krankenhausbetrieb nicht einschränkende Zielgröße an Probanden definiert. Um hier eine hohe Varianz an Nutzern zu erhalten, wurden die Pflegekräfte in verschiedene Gruppen je nach Erfahrung im Umgang mit der Software und Hintergrundwissen über den digitalen Pflegeprozess unterteilt. Es ergeben sich drei Gruppen: Nutzer, die den digitalen Pflegeprozess erst seit kurzem anwenden, wie beispielsweise Pflegekräfte direkt nach der Ausbildung; geübte Nutzer; sowie Nutzer mit erweiterten Fähigkeiten, die besonders geschult im Umgang mit der Software und dem Pflegeprozess waren (Key-User). Ziel war es, pro Gruppe jeweils mindestens fünf Probanden zu befragen.

Zusätzlich zu den Pflegekräften wurden Prozessexpertinnen und -experten interviewt, um mögliches Fachwissen zu identifizieren, das im KI-System zusätzlich zum datenseitig erfassten Prozess nötig ist, um nachvollziehbare und fundierte Vorschläge zu generieren.

Parallel dazu wurde mit den Pflegekräften eine ELSI-Studie durchgeführt, um ethische, rechtliche und soziale Implikationen im Kontext der Nutzung des KI-Assistenzsystems im Krankenhaus zu erheben.

Die funktionalen Anforderungen an ein KI-Assistenzsystem aus Prozessbegehung, Nutzerinterviews, Experteninterviews sowie der ELSI-Studie wurden mit den Anwendern in Anforderungsworkshops finalisiert und priorisiert.

### 30.1.4 Aufbau des Projektkonsortiums

Das Projektkonsortium setzt sich aus einem interdisziplinären Projektteam, bestehend aus Spezialisten der Bereiche Medizin (Advanova, Caritas Krankenhaus St. Josef, Klinikum

Fichtelgebirge), Prozessanalyse in Krankenhäusern (Gruppe Process Intelligence des Fraunhofer Institut für Integrierte Schaltungen (IIS)), Künstliche Intelligenz (Gruppe Data Science des Fraunhofer IIS), Akzeptanzforschung (Gruppe Human Centered Innovation des Fraunhofer IIS) und Softwareentwicklung (Advanova), zusammen. Durch die direkte Einbindung von Krankenhäusern und ihren Pflegekräften (u. a. studierte Fachkräfte der Pflegewissenschaften) ist die Partizipation und Nutzerzentrierung der Forschung gewährleistet. Die Verbundkoordination übernimmt das Fraunhofer Institut für Integrierte Schaltungen IIS. Fraunhofer IIS und Advanova entwickeln gemeinsam die KI-Algorithmen. Advanova nimmt dabei die softwaretechnische Perspektive ein, während Fraunhofer die mathematisch-wissenschaftliche Perspektive thematisiert. Im Rahmen des Projekts findet in diesem Zuge auch ein Know-how-Transfer zwischen Fraunhofer IIS und Advanova statt. Die beiden Anwendungspartner stellen ihre Expertise in der medizinischen Behandlung sowie Daten zur Entwicklung des KI-Systems zur Verfügung. Darüber hinaus unterstützen sie durch regelmäßige Feedbackschleifen bei der Systementwicklung. Die Akzeptanzforschenden am Fraunhofer IIS unterstützen in diesem Kontext mit ELSI-Workshops und offenem Prototyping.

## 30.2 Übersicht des digitalen Pflegeprozesses

Dieser Abschnitt dient als Übersicht über den digitalen Pflegeprozess wie er zum Zeitpunkt der Projektdurchführung in den teilnehmenden Krankenhäusern vorgefunden wurde. Zunächst werden die digitalen Assessment-Kataloge epa und LEP (Leistungserfassung in der Pflege) dargestellt, die als Datengrundlage für das zu entwickelnde KI-Assistenzsystem dienen. Weiterhin wird der im Projekt beobachtete und aufgenommene Pflegeplanungsprozess mit der zugrunde liegenden Software VMobil beschrieben.

### 30.2.1 EPA und LEP als Datengrundlage

Die am Projekt beteiligten Krankenhäuser nutzen für die Pflegeplanung und -dokumentation über VMobil die pflegewissenschaftlich fundierten Systeme epa zur datenbasierten Bewertung für den Gesundheitszustand ihrer Patienten, sowie LEP zur Dokumentation der pflegerischen Tätigkeiten.

Die Pflegedokumentation in der elektronischen Patientenakte epa-CC (epa-CC 2024) ist ein pflegewissenschaftlich fundierter Ansatz zur Optimierung der Pflegepraxis und zur Sicherstellung einer hohen Versorgungsqualität. Sie ermöglicht eine lückenlose und strukturierte Erfassung aller relevanten Informationen, die für die Pflege eines Patienten von Bedeutung sind. Durch den Einsatz digitaler Systeme wird die Dokumentation nicht nur effizienter, sondern auch zugänglicher, was eine verbesserte Kommunikation zwischen den verschiedenen an der Patientenversorgung beteiligten Fachdisziplinen fördern soll.

Die Produkte der epa-CC umfassen eine Vielzahl von Werkzeugen und Anwendungen, die speziell entwickelt wurden, um die Dokumentationsprozesse in der Pflege zu unterstützen. Dazu gehören digitale Formulare für Anamnesen, Pflegeplanungen und Fortschrittsberichte, die eine standardisierte Erfassung von Daten ermöglichen. Die Erfassung der Daten erfolgt größtenteils über ordinale Bewertungsskalen in verschiedenen Kategorien wie z. B. Mobilität oder Ernährung. Die Bewertung wird entweder im Dialog mit dem Patienten oder durch Beobachtung der Pflegekraft direkt abgeleitet. Weiterhin bieten diese Systeme Funktionen zur Analyse und Auswertung von Dokumentationsdaten, was die Qualitätssicherung und -verbesserung in der Pflege unterstützen kann.

Ein weiterer Vorteil der elektronischen Pflegedokumentation ist die Möglichkeit, Informationen in Echtzeit zu aktualisieren und zu teilen, wodurch Fehlerquellen minimiert und die Kontinuität der Pflege gewährleistet werden. Neben dem Assessment Catalog epaAC, der im Projekt als Datengrundlage genutzt wird, gibt es darüber hinaus spezialisierte Ausprägungen zur Erfassung von Kindern, psychisch Erkrankten oder in der Langzeitpflege.

Die Firma LEP AG stellt spezifische Interventionskataloge für Kliniken zur Verfügung, die eine standardisierte, strukturierte und lückenlose Erfassung pflegerischer Maßnahmen und Therapiefortschritte ermöglichen (LEP 2024). Im Projekt iPAB liegt der Fokus auf dem LEP Nursing Katalog, der sich vor allem an die stationäre Pflege richtet. Hier sind Hunderte Behandlungsmaßnahmen in verschiedenen Kategorien wie beispielsweise Bewegung, Edukation oder Behandlung aufgeführt. Die Kataloge können auch zur Analyse und für Controllingzwecke verwendet werden.

In der Software VMobil werden die beiden Systeme epa-AC und LEP miteinander verbunden (epa-CC 2013). So können für Patienten mit abgeschlossener epa-Einschätzung pflegeindividuelle Planungen erstellt werden. Über ein pflegewissenschaftlich fundiertes Mapping werden für bestimmte Eingabewerte in der Einschätzung passende Maßnahmen aus LEP für die Pflegekräfte planbar. Für multimorbide Patienten können so eine Vielzahl an LEP-Maßnahmen in Frage kommen, was den Zeitaufwand bei der Planung erhöht.

### 30.2.2 Prozess der Pflegeplanung

Im Zuge der Anforderungsanalyse wurde der bestehende Pflegeplanungsprozess in mehreren am Projekt teilnehmenden Häusern beobachtet und schematisch aufgenommen. Dieser ist in Abb. 30.1 dargestellt. epa-AC bietet mehrere Ausprägungen von Einschätzungen zu verschiedenen Zeitpunkten der Hospitalisierung an, beginnend mit einer Basis- und Ersteinschätzung. Im Verlauf soll bestenfalls alle 48 h eine Zwischeneinschätzung der Patienten stattfinden, um auf Änderungen des Gesundheitszustandes eingehen zu können. Nach jeder abgeschlossenen Einschätzung kann eine neue Pflegeplanung erstellt werden oder bestehende angepasst werden können. Diese Planung muss aber nicht immer eine individuelle Planung sein – in der Software VMobil besteht auch die Möglichkeit, Maßnahmenbündel, sogenannte Pakete, zusammenzufassen. Gibt es beispielsweise standardmäßige

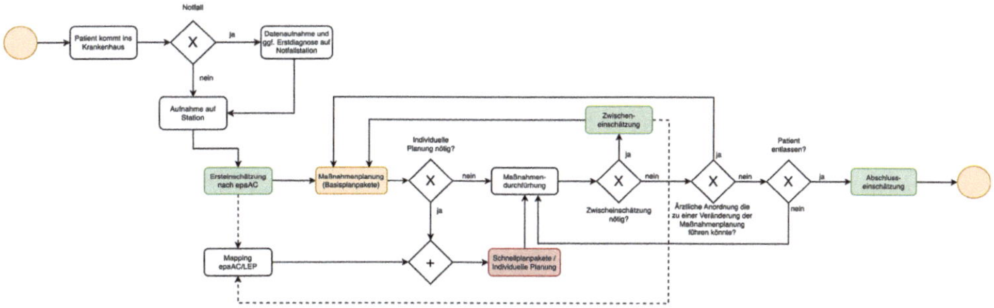


**Abb. 30.1** Beobachteter Pflegeplanungprozess in Business Process Model Notation (BPMM). (Quelle: Eigene Darstellung (2024))

Stationsroutinen so können diese über ein Schnellplanpaket beplant werden. Am Ende der Hospitalisierung erfolgt typischerweise eine Abschlusseinschätzung.

## 30.3 Vorgehensweise zur Sammlung der Anforderungen

In diesem Abschnitt wird die methodische Vorgehensweise zur Sammlung der Anforderungen erläutert. Zunächst wird die Bedeutung von Interviews im Kontext der Anforderungsanalyse beschrieben. Im Anschluss wird die Durchführung der semistrukturierten Interviews im Projekt detailliert aufgeführt. Weiterhin wird die Methode zur Bestimmung von ethischen, rechtlichen und sozialen Implikationen mit Hinblick auf das KI-Assistenzsystem vorgestellt.

### 30.3.1 Anforderungsanalyse durch Interviews

Die Anforderungsanalyse durch Interviews stellt eine wesentliche qualitative Methode dar, um die Bedürfnisse und Erwartungen der Stakeholder zu ermitteln. Ziel dieser Vorgehensweise ist es, ein tiefes Verständnis der Anforderungen der Nutzer zu gewinnen, um deren Bedürfnisse und Probleme zu identifizieren (Sommerville und Sawyer 1997).

Zunächst ist die Auswahl der Teilnehmer von entscheidender Bedeutung. Relevante Stakeholder sollten gezielt ausgewählt werden, um ein breites Spektrum an Perspektiven zu gewährleisten. Hierzu zählen nicht nur die Endnutzer, sondern auch Mitglieder des Managements sowie technische Mitarbeiter (van Lamsweerde 2000).

Um die Interviews strukturiert und zielgerichtet zu gestalten, wird ein Interview-Leitfaden entwickelt. Dieser Leitfaden stellt sicher, dass alle wichtigen Themen abgedeckt werden und offene Fragen dazu anregen, detaillierte Antworten zu geben. Die Interviews selbst sollten in einer vertraulichen und offenen Atmosphäre durchgeführt werden, um ehrliche und umfassende Rückmeldungen zu fördern.

Nach der Durchführung der Interviews erfolgt die Analyse der gesammelten Ergebnisse. Diese Daten werden qualitativ ausgewertet, um Muster und häufige Themen zu identifizieren. Dies kann beispielsweise durch eine Kodierung der Antworten geschehen, um die wichtigsten Anforderungen herauszufiltern.

Abschließend sollten die Ergebnisse der Interviews sorgfältig dokumentiert und in die Anforderungsdokumentation integriert werden. Dies gewährleistet, dass die gewonnenen Erkenntnisse die Grundlage für die weitere Entwicklung bilden.

#### 30.3.1.1 Semistrukturierte Telefoninterviews mit Klinikpersonal

Aufgrund der zeitlichen und räumlichen Gegebenheiten und verschiedener Schichtpläne im Krankenhaus wurden die Interviews als Telefoninterviews durchgeführt, um so viele Teilnehmer wie möglich gewinnen zu können.

Über die Pflegedienstleitung wurden verschiedene Pflegekräfte gezielt angefragt, um unterschiedliche Erfahrungsstände in der Pflegeplanung und in der digitalen Pflegedokumentation abzubilden. Als Zielgröße wurden hier mindestens neun Teilnehmer pro Krankenhaus definiert, aufgeteilt in jeweils drei Teilnehmer mit sehr guten, mittelmäßigen sowie eher unerfahrenen Nutzern. Darüber hinaus wurden offene Zeitslots in einem zweiwöchigen Fenster frei zur Verfügung gestellt.

Die Interviews wurden von zwei Projektmitarbeitern begleitet, was die zeitliche Gesprächsführung und Dokumentation der Interviews vereinfachte. Die Interviews wurden anhand eines semistrukturierten Interviewleitfadens durchgeführt. Hier wurden zu verschiedenen Teilbereichen des Pflegeprozesses (siehe Abb. 30.1). Detailfragen gestellt. Der Fragebogen gliedert sich somit in die Teile Aufnahmegespräch, Maßnahmenplanung, Zustandsveränderung des Patienten sowie die Übergabe. Hierbei wurde überprüft, inwiefern das beobachtete Prozessmodell sowie der Pflegeprozess nach epa und LEP mit den Antworten übereinstimmt. Zusätzlich wurden so Verbesserungswünsche und Anregungen in Bezug auf den bestehenden digitalen Planungsprozess mit der Software VMobil in den jeweiligen Teilprozessen als mögliche Anforderungen an das KI-System aufgenommen.

Insgesamt wurden 21 Interviews durchgeführt. Die Interviews wurden qualitativ ausgewertet und zusammengefasst. Die Ergebnisse wurden im nächsten Schritt mit dem Klinikpersonal in Anforderungsworkshops besprochen, wobei hier noch zusätzlich Raum zur Diskussion und Ausformulierung der Anforderungen gegeben wurde. Aus den Nennungen wurde so eine Liste an funktionalen Anforderungen für das zu entwickelnde System abgeleitet und anschließend mit den verantwortlichen Projektteilnehmern aus den Krankenhäusern priorisiert.

#### 30.3.1.2 Semistrukturierte Telefoninterviews mit Pflegeexperten

Um die Projektentwicklungen auch an den tatsächlich in den Kliniken vorherrschenden Strukturen und Rahmenbedingungen zu orientieren, wurde im September 2023 eine weitere Interviewstudie durchgeführt und mit verschiedenen Funktionsträgern gesprochen. Dabei waren vor allem die Strukturen des LEP bzw. epa-Katalogs, deren Vollständigkeit sowie die Darstellung der Maßnahmenreihenfolge der zu entwickelnden Lösung von

**Tab. 30.1** Aufteilung der befragten Pflegeexperten. (Quelle: Eigene Zusammenstellung (2024))

| Organisation | Art der Organisation | Anzahl befragte Personen |
|---|---|---|
| Advanova | Softwareentwicklung | 1 |
| Caritas Krankenhaus St. Josef | Krankenhaus | 3 |
| Hochschule Osnabrück/DNQP | Hochschule/Wissenschaft | 1 |
| epa-CC GmbH | Leitlinien | 1 |
| LEP AG | Leitlinien | 1 |
| Klinikum Fichtelgebirge | Krankenhaus | 1 |

Aufteilung der befragten Pflegeexperten

Interesse. Basierend auf den Erkenntnissen dieser Gespräche sollte das nötige Expertenwissen für den weiteren Projektverlauf ermittelt und dokumentiert werden. Die Erkenntnisse fließen dann, wie auch die vorherigen Arbeitsschritte, in die Entwicklung und Weiterentwicklung des KI-Systems durch das Fraunhofer IIS und Advanova ein. Für die Gewinnung der Probandinnen und Probanden der Interviewstudie wurde das projektinterne Netzwerk genutzt und Personen aus verschiedenen Bereichen in unterschiedlichen Positionen ausgewählt. Tab. 30.1 gibt eine Übersicht der Probanden und deren Organisation.

Für die Befragung wurde ein Fragebogen mit offenem Charakter gewählt. Grundüberlegung war, diesen Fragebogen im Sinne einer agilen Arbeitsweise zu modifizieren und in Teilen an die Fachrichtungen der einzelnen Probandinnen und Probanden bei Bedarf anzupassen Dabei wurde sich in einem ersten Schritt darauf fokussiert, in engem Austausch mit den Verantwortlichen der technischen Arbeitspakete entsprechende Hypothesen zu formulieren. In einem nächsten Schritt wurden thematische Blöcke, sogenannte Module, festgelegt und für jedes Modul entsprechende Fragen formuliert. Danach konnten die Fragen in einer zweckmäßigen Reihenfolge angeordnet werden. Durch einen internen Pretest wurde die durchschnittliche Befragungszeit ermittelt sowie die Verständlichkeit der einzelnen Fragen überprüft. Darauf aufbauend wurde der Fragebogen fertiggestellt.

Entstanden ist ein Fragebogen mit fünf Themenblöcken. Neben einleitenden Fragen zur Organisation und den Probanden (Block 1), wurden Fragen zum epa- bzw. LEP-Katalog gestellt (Block 2). Im dritten Block wurde sich auf den Behandlungsalltag fokussiert und beispielsweise abgefragt, welchen Einfluss Katalogänderungen auf diesen haben. Um das Praxiswissen in die spätere Software zu integrieren, wurden danach Anforderungen an das Gesamtsystem iPAB (Block 4) abgefragt. Im letzten Themenblock (Block 5) wurde eine Zusammenfassung durchgeführt, Raum für offene Fragen gelassen und zukünftige Entwicklungen ermittelt.

Im Zeitraum von 26.07.2023 bis 05.09.2023 wurden acht Online-Interviews (durchschnittliche Dauer von 47 min) via Microsoft-Teams durchgeführt. Dies brachte einerseits den Vorteil einer automatischen Transkription. Andererseits ermöglichte die Aufzeichnung der Gespräche eine detaillierte Analyse im Nachgang, wodurch zeitintensive Nachgespräche und Rückfragen vermieden wurden. Für die Auswertung wurde eine qualitative Inhaltsanalyse durchgeführt. Bei dieser Analysetechnik werden Variablen, deren Ausprägung sowie Definition und Kodiereinheiten festgelegt. So können ähnliche Aussagen zu bestimmten Themen identifiziert und geclustert werden. Die einzelnen Variablen werden auf diesem Weg analysiert und die Antworten dokumentiert.

Neben den ausgewerteten Telefoninterviews wurden zusätzliche Materialien wie FAQ, Expertenstandards in epa-CC oder an das Projekt anknüpfende Studien analysiert. Auch die DNQP-Expertenstandards der Hochschule Osnabrück, die der Förderung der Pflegequalität auf Basis von Praxis- und Expertenstandards in allen Einsatzfeldern der Pflege dienen, flossen in die Analyse ein.

## 30.3.2 Workshops zur Bestimmung von ELSI-Aspekten

Die Erhebung ethischer, rechtlicher und sozialer Implikationen (ELSI) erfolgte mittels des HEART-Modells (Human-centered Evaluation of Acceptance and Risk Criteria for Technology) nach Schmitt-Rüth und Simon (2020, 2022). Dieses Modell wurde speziell für die sozioethische Bewertung technischer Innovationen entwickelt und wird im Folgenden kurz beschrieben.

### 30.3.2.1 HEART-Modell

Auf theoretischer Ebene integriert das Modell drei zentrale Dimensionen einer sozioethischen Betrachtung, die aufeinander aufbauen: Die innerste Ebene umfasst die individuellen Bedürfnisse, insbesondere Aspekte der Sicherheit und Autonomie. Die mittlere Ebene betrachtet die Position des Individuums in der Gesellschaft und fokussiert sich auf den sozialen Zusammenhalt mit Blick auf Gerechtigkeit, Teilhabe und Chancengleichheit sowie die Vermeidung von Diskriminierung. Die äußere Ebene adressiert überindividuelle, gesamtgesellschaftliche Themen wie Nachhaltigkeit im Gesundheits- und Wirtschaftssystem sowie gesellschaftliche und ökologische Auswirkungen. Eine Besonderheit des Modells liegt in der Integration der Akzeptanzforschung mit den Komponenten Akzeptanzsubjekt (Nutzer), Akzeptanzobjekt (Technologie) und Akzeptanzkontext (Nutzungsumgebung). Durch diese Kombination ermöglicht HEART eine ganzheitliche Bewertung, die sowohl ethische Aspekte als auch Akzeptanzfaktoren berücksichtigt.

Die praktische Umsetzung des HEART-Modells erfolgt durch ein zweistufiges Verfahren (siehe Abb. 30.2): In der ersten Phase werden Risiko-Akzeptanz-Workshops mit Stakeholdern durchgeführt, in denen mittels moderierter Gruppendiskussionen akzeptanzkritische Aspekte gesammelt werden. In der zweiten Phase erfolgt eine systematische Bewertung und Priorisierung der identifizierten Aspekte. Diese methodische Kombination gewährleistet sowohl eine qualitative Exploration relevanter Themen als auch deren quantitative Bewertung.

Der Workshop selbst ist in drei aufeinander aufbauende Phasen gegliedert: In der Orientierungsphase erfolgt zunächst eine ausführliche Einführung in das zu entwickelnde System. Diese Phase ist von besonderer Bedeutung, da hier ein gemeinsames Verständnis der technischen Lösung geschaffen wird. Die Moderatoren stellen sicher, dass alle Teilnehmenden die grundlegenden Funktionen und Ziele des Systems verstehen, ohne be-

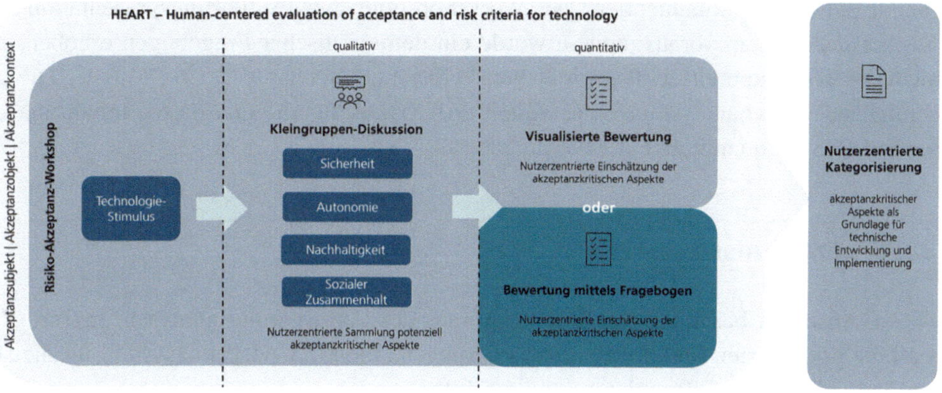


**Abb. 30.2** HEART-Modell inklusive Umsetzung in der Praxis. (Quelle: Eigene Darstellung (2024))

reits Bewertungen vorwegzunehmen. Die anschließende Explorationsphase bildet den Kern des Workshops. Hier werden die vier HEART-Themenbereiche (Sicherheit, Autonomie, sozialer Zusammenhalt und Nachhaltigkeit) systematisch bearbeitet. Methodisch wird dies durch die Rotation der Teilnehmenden zwischen thematisch gegliederten Arbeitsstationen umgesetzt. Jede Station wird von einem geschulten Moderator betreut, der die jeweiligen Themenbereiche mittels spezifischer Leitfragen einführt, die Diskussion strukturiert begleitet und die gesammelten Aspekte notiert. Die Moderation folgt dabei dem Prinzip der „aktiven Neutralität“: Sie regt die Diskussion an und stellt Verständnisfragen, enthält sich jedoch eigener Wertungen. Die abschließende Synthese- und Bewertungsphase dient der systematischen Einordnung der identifizierten Aspekte.

Die anschließende Priorisierung stellt einen zentralen methodischen Baustein dar. Sie kann in Abhängigkeit der Rahmenbedingungen entweder in Form eines nachgelagerten Bewertungsfragebogens oder als Teil der Risiko-Akzeptanz-Workshops erfolgen und ermöglicht eine nutzerzentrierte Einordnung der in der Explorationsphase gesammelten Aspekte hinsichtlich ihres Einflusses auf die Akzeptanz. Dabei wird jeder Aspekt auf einer Skala hinsichtlich seines Akzeptanzrisikos eingeordnet (1 = sehr geringes Akzeptanzrisiko bis 5 = sehr hohes Akzeptanzrisiko). Diese systematische Priorisierung ermöglicht die Unterscheidung zwischen Aspekten mit hohem, mittlerem und geringem Akzeptanzrisiko und schafft so eine evidenzbasierte Grundlage für Entwicklungsentscheidungen.

#### 30.3.2.2 Umsetzung in iPAB

Im methodischen Rahmen führte Fraunhofer zwei sozioethisch orientierte Risiko-Akzeptanz-Workshops durch. Der erste Workshop fand am 14.03.23 in Regensburg mit zehn Teilnehmenden und einer Dauer von 3,5 h statt, der zweite am 15.03.23 in Marktredwitz mit sechs Teilnehmenden über 2,5 h. Die Teilnehmenden waren Pflegekräfte der jeweiligen Klinikpartner mit einem Durchschnittsalter von 37,3 Jahren (SD = 10,9).

Zur Gewährleistung einer strukturierten Erfassung und späteren Auswertung wurden die Workshops mit Einverständnis der Teilnehmenden audioprotokolliert und zentrale

Punkte auf Post-its dokumentiert. Den Workshops ging eine Einführungspräsentation zum KI-Assistenzsystem voraus, zudem wurde ein demografischer Fragebogen erhoben, der auch die Technikbereitschaft nach Neyer, Felber und Gebhardt (2016) erfasste. Die anschließende Datenanalyse erfolgte mittels MAXQDA für die qualitative Inhaltsanalyse sowie SPSS für quantitative Auswertungen.

## 30.4 Ergebnisse

Dieser Abschnitt beschreibt die Ergebnisse aus den Anforderungsanalysen. In Tab. 30.2 sind die priorisierten funktionalen Anforderungen an ein KI-Assistenzsystem für die stationäre, individuelle Pflegeplanung aufgeführt.

### 30.4.1 Semistrukturierte Telefoninterviews mit Klinikpersonal

Aus den Telefoninterviews ergab sich, dass die Pflegekräfte den von epa und LEP definierten Prozess größtenteils einhalten. Dies wird zusätzlich auch über die Software VMobil sichergestellt. Die Maßnahmenplanung wird je nach Station standardmäßig unterschiedlich verwendet. So kommt es auf chirurgisch fokussierten Stationen eher seltener zu individuellen Pflegeplänen, wobei auf Stationen der inneren Medizin fast ausschließlich individuelle Pflegepläne erstellt werden.

Als neue Funktion wurde am häufigsten ein Vorschlagssystem für die individuelle Maßnahmenplanung genannt (11/21 Nennungen). Dies wurde auch beim Abfragen der Probleme mit der aktuellen Planungsmaske deutlich, so wurde diese als unübersichtlich (2) und langwierig (3) empfunden, was auch durch den Wunsch eines Suchfensters (8) deutlich wurde. Aus dem Wunsch nach einem Vorschlagssystem leiten sich direkt die Anforderungen 1–3 aus Tab. 30.2 ab. Die Übersichtlichkeit des Systems kann zudem durch die Anforderungen 4, 5 und 9 verbessert werden.

Zusätzlich wurden Punkte genannt, die nicht im Projektrahmen berücksichtigt werden. Als Unterstützung für die Aufnahmegespräche und Ersteinschätzung wurde häufig eine Übersetzungsfunktion gewünscht (9). Dies wurde damit begründet, dass manche Patientinnen und Patienten oder Pflegekräfte keine guten deutsch Kenntnisse aufweisen würden, was speziell bei medizinischem Vokabular zu Verständigungsproblemen führen könne. Auch die Integration von Informationen aus Überweisungsdokumenten, z. B. aus Briefen von Pflegeheimen wurde hier als Vorschlag genannt.

### 30.4.2 Semistrukturierte Telefoninterviews mit Pflegeexperten

Die Ergebnisse der qualitativen Inhaltsanalyse unterscheiden sich teilweise stark von Position und Tätigkeitsfeld der Probanden. Beispielsweise sind sowohl der LEP- als auch der

**Tab. 30.2** Funktionale Anforderungen aus den verschiedenen Anforderungsanalysen. (Quelle: Eigene Zusammenstellung (2024))

| ID | Anforderung | Ursprung | Priorität |
|---|---|---|---|
| 1 | Pflegemaßnahmen (PM) vorschlagen | Telefoninterviews, Anforderungsworkshop, ELSI | Sehr hoch |
| 2 | KI-Assistenzsystem schlägt lediglich vor, Entscheidung liegt bei der Pflegekraft | Telefoninterviews, Anforderungsworkshop, ELSI | Sehr hoch |
| 3 | Terminierung von PM vorschlagen | Telefoninterviews, Anforderungsworkshop | Hoch |
| 4 | Änderung der Terminierung von Maßnahmen vorschlagen | Telefoninterviews, Anforderungsworkshop | Mittel |
| 5 | Assistenz bei der Entfernung von Maßnahmen | Telefoninterviews, Anforderungsworkshop | Hoch |
| 6 | Vorschläge für Ersteinschätzung erteilen | Telefoninterviews, Anforderungsworkshop | Hoch |
| 7 | Flexibilität des Modells sicherstellen (Änderungen des Pflegeprozesses, Maßnahmenkataloge) | Anforderungsworkshop | Mittel |
| 8 | Im System bereits vorhandene Informationen übernehmen | Anforderungsworkshop | Hoch |
| 9 | Deduplikation von Vorschlägen mit bereits geplanten Dokumentationen | Anforderungsworkshop | Mittel |
| 10 | Möglichkeit für explizites Feedback an das Prognosemodell | ELSI | Mittel |
| 11 | Erkennbarkeit im System, ob geplante Maßnahme von KI vorgeschlagen wurde | ELSI | Niedrig |
| 12 | Berücksichtigung pflegerelevanter Informationen aus Voraufenthalten (z. B. Dekubitus, Sturzrisiko, Diabetes, etc.) | ELSI | Hoch |
| 13 | KI trainiert sich durch Nutzung weiter | ELSI | Hoch |
| 14 | Erklärung/Grundlage für KI Vorschlag erhalten | Anforderungsworkshop, ELSI | Mittel |
| 15 | Maßnahmenursprung parametrierbar und mit Fachliteratur hinterlegbar | ELSI | Mittel |

Funktionale Anforderungen aus den unterschiedlichen Analysen

epa-Katalog allen Befragten ein Begriff, jedoch in unterschiedlicher Detailtiefe. Diese Variation lässt sich durch die Position bzw. das Tätigkeitsfeld und die damit entstehenden unterschiedlichen Perspektiven erklären. Weiterhin lässt sich festhalten, dass die Entwickler der DNQP-Leitlinien und die Verantwortlichen des epa-Katalogs in regelmäßigem Austausch sind, um die wissenschaftlichen Standards in den Katalog einzubringen. Was den Einsatz der Kataloge in der Praxis angeht, werden diese krankenhausspezifisch angepasst, indem basierend auf pflegewissenschaftlicher Expertise Maßnahmen aussortiert werden, die im täglichen Ablauf nicht benötigt werden. Eine normative Verknüpfung von epa zu LEP ist auf Basis von Expertenwissen gegeben und kann von der einzelnen Klinik vorgegeben werden. Wie bereits angesprochen wird die wissenschaftliche

Evidenz der DNQP-Standards durch regelmäßigen Austausch in die Kataloge integriert. Allen Befragten sind die Expertenstandards DNQP bekannt, deren Umsetzung dieser hängt jedoch stark von der Klinik bzw. der Station ab. Genauso variiert die Tiefe der DNQP-Kenntnisse je nach Position und Tätigkeitsfeld. Der Einfluss der Expertenstandards auf den Arbeitsalltag ist teilweise gegeben, jedoch ebenfalls sehr unterschiedlich und oftmals unterbewusst. Auf die Frage, wie stark Dokumentationszeitstempel die Realität abbilden, wurde festgestellt, dass eine hohe bis mittlere Diskrepanz zwischen der Zeit der dokumentierten Tätigkeiten und der Realität der durchgeführten Maßnahmen besteht. Das bedeutet, der tatsächliche, physische Pflegeablauf weicht stark vom digitalen Pflegeprozess ab. Teilweise hängt auch dies von der Tätigkeit bzw. dem Pflegeprozess an sich ab. In Bezug auf die Anwendbarkeit der iPAB- Software besteht weitestgehend Homogenität im Antwortverhalten. Eine leichte und einfache Nutzbarkeit im Arbeitsalltag ist allen Befragten genauso wichtig wie eine gute Konfiguration und Praxistauglichkeit. Der Pflegeprozess ist komplex und flexibel. Äußere Einflüsse und kommende Entwicklungen treiben Änderungen voran. Darunter fallen u. a. politische Entscheidungen, Vorgaben und neue Standards.

### 30.4.3 ELSI-Workshops

Die Analyse der durchgeführten HEART-Workshops offenbarte ein breites Spektrum an ethischen, rechtlichen und sozialen Implikationen des geplanten KI-Assistenzsystems. Im Rahmen der qualitativen und quantitativen Auswertung mit MAXQDA, SPSS und Excel konnten insgesamt 319 potenziell akzeptanzkritische Einzelaspekte und Lösungsmöglichkeiten identifiziert werden. Diese wurden zunächst thematisch geclustert und anschließend hinsichtlich ihrer Auswirkung auf die Nutzerakzeptanz klassifiziert.

Von den insgesamt 33 aggregierten Kernaspekten wurden 17 als Nutzeranforderungen mit sehr starkem Einfluss auf die Nutzerakzeptanz eingestuft. Weitere 10 Aspekte wurden als Nutzeranforderungen mit mittlerer Auswirkung klassifiziert, während 6 Aspekte als Nutzeranforderungen mit sehr geringer Auswirkung auf die Nutzerakzeptanz bewertet wurden. Dabei ist zu beachten, dass einige Anforderungen aufgrund unterschiedlicher Einschätzungen der Teilnehmenden in mehreren Kategorien vertreten sind.

Die Analyse der Anforderungen mit sehr starker Auswirkung auf die Nutzerakzeptanz zeigt eine klare Priorisierung: Mit acht Nennungen wurde die „Entscheidungsfreiheit der Pflegekraft" als wichtigster Aspekt identifiziert, wobei die KI lediglich eine vorschlagende Funktion übernehmen soll. An zweiter Stelle stehen mit jeweils vier Nennungen die Forderung nach „individuellen Schulungen der Mitarbeitenden" sowie die Etablierung eines „Sicherheitsplans für KI-Ausfälle". Die Möglichkeit zur Rückmeldung an die KI sowie deren Anpassung" wurde von drei Teilnehmenden als hochrelevant eingestuft.

Thematisch lassen sich die identifizierten Anforderungen verschiedenen Bereichen zuordnen. Der Schwerpunkt liegt dabei auf Systemanforderungen, die von der technischen Funktionalität über Datenschutzaspekte bis hin zu Fragen der Transparenz reichen. Weitere wichtige Bereiche betreffen Ressourcenfragen, insbesondere hinsichtlich Schulung und Finanzierung, sowie potenzielle Auswirkungen auf den Pflegeberuf.

Die gesammelten Ergebnisse wurden in einem ELSI-Pflichtenheft dokumentiert und allen Projektpartnern zur Verfügung gestellt. Diese systematische Aufbereitung der Anforderungen bildet die Grundlage für die weitere technische Entwicklung und nutzerzentrierte Evaluation des Systems.

## 30.5 Modellausblick

Prinzipiell kann die Individuelle Pflegeplanung auf Grundlage der Einschätzungen als ein Warm-Start-Recommender-Problem definiert werden (vgl. Lü et al. 2012). Für neue Patienten werden initial immer Daten erhoben und dadurch gibt es eine Datenbasis, die im einfachsten Fall mit historischen Patienten abgeglichen werden kann (Benutzerähnlichkeit). Die Einschätzungen dienen in jedem Fall als Input-Funktion während die Pflegemaßnahmen aus dem LEP Nursing Katalog als Zielfunktion definiert werden können, wobei mehrere Pflegemaßnahmen gleichzeitig geplant werden können, sich aber auch gegenseitig ausschließen. Generell ist von über 300 Variablen als Eingangsdaten aus den Einschätzungen und von über 800 möglichen Pflegemaßnahmen als Ziel auszugehen.

Andererseits kann das Problem auch in Einzelprobleme pro Pflegemaßnahme zerteilt werden, wenn ein globales Modell keine vielversprechenden Ergebnisse liefert (Zhang et al. 2018). So wird dann nicht ein globales, sondern ein binäres Modell pro Pflegemaßnahme gelernt, das speziell für diese Maßnahme bessere Ergebnisse liefern kann. Bei einer Inferenz müssen so 800 Modelle „befragt" werden. Hierbei muss die zu erreichende Inferenzzeit von maximal 5 Millisekunden hingewiesen werden, die als technische Anforderung von der Software vorgegeben ist. Aufgrund dieser Anforderung kann das KI-Assistenzsystem auch als Multilabel-Klassifikation betrachtet werden, die in einem globalen Modell abgehandelt werden.

Die verfügbare Datenmenge, auf der das KI-Modell trainiert werden kann, ist für medizinische Maßstäbe recht hoch. Für jede verfügbare Hospitalisierung kann nach jeder durchgeführten Einschätzung ein neues Planungsfenster definiert werden. Ändert sich die Planung nicht, so kann dies implizit als Information an das KI-System weitergegeben werden. Ändert sich die Planung, so kann dies explizit vom KI-System gelernt werden. Dadurch fallen pro Patienten in der Datenbasis je nach Dauer der Hospitalisierung deutlich mehr Planungsfenster an, die betrachtet werden können. Als Datengrundlage dienen so insgesamt über 40.000 Fenster.

Jedoch ist die Varianz der Daten gering – wie bei Recommender-Problemen üblich, gibt es wenige Vorschlagselemente, die sehr häufig relevant sind, während der Großteil der Maßnahmen sehr selten genutzt wird (long-tail, Anderson 2006). Implizit können bereits bestehende, bekannte Verknüpfungen zwischen epaAC und LEP Nursing Katalogen als Verbindungen zwischen Dateneingang und Vorschlagselementen an das KI-System weitergereicht werden und so die Leistungsfähigkeit der Modelle möglicherweise gesteigert werden.

Eine weitere offene Forschungsfrage umfasst den Umgang mit Aktualisierungen der Kataloge. Stand heute werden historische Daten bei einer Aktualisierung nutzlos. Wie kann die Robustheit der Modelle sichergestellt werden, sodass bei einer Aktualisierung der Lernprozess nicht neu angestoßen werden muss? Hier bieten neuronale Netze bereits praxiserprobte Lösungen an, die mit variablen Eingangsgrößen zurechtkommen (LeCun et al. 2015), jedoch auf Kosten einer intrinsischen Erklärbarkeit (Molnar 2022). Offen ist außerdem der Einsatz von Feedback der Nutzer zur Verbesserung der Modelle. Dies kann erst nach einer Erprobungszeit betrachtet werden und muss im Anschluss gesondert geprüft werden. Eine weitere Herausforderung an die Prognosemodelle ist die Übertragbarkeit der Modelle auch auf andere Krankenhäuser. Ansätze aus dem Föderierten Lernen finden vor allem im Bereich des Gesundheitswesens aufgrund der Sicherstellung der Datenlokalität Anklang und könnten auch in diesem Anwendungsfall vielversprechend sein könnten (Antunes et al. 2022).

## 30.6 Schlussbetrachtung

Es wurde ein Überblick über die Konzeptionierung eines KI-Assistenzsystems für die Planung patientenindividueller Pflegemaßnahmen in Kliniken gegeben, welches die Patientenreise im Krankenhaus verbessern soll. Dabei wurde in einem ersten Schritt der digitale Pflegeprozess vorgestellt sowie die digitalen Assessment-Kataloge epa und LEP (Leistungserfassung in der Pflege) dargestellt, die die Datengrundlage für das zu entwickelnde KI-Assistenzsystem bilden. Im Anschluss wurde die Vorgehensweise die Entwicklung eines KI-basierten Unterstützungssystems dargestellt. So wurden semistrukturierte Telefoninterviews mit dem Klinikpersonal geführt und funktionale Anforderungen für das KI-Assistenzsystem abgeleitet. Im Zuge eines Anforderungsworkshops mit den verantwortlichen Projektteilnehmern aus den Krankenhäusern wurden diese priorisiert. Mithilfe einer weiteren Interviewstudie mit Pflegeexpertinnen und -experten wurden die bisherigen Anforderungen verifiziert und die Projektentwicklungen konnten noch stärker an den tatsächlich in den Kliniken vorherrschenden Strukturen und Rahmenbedingungen angepasst werden. In einem abschließenden Workshop wurden ethische, rechtliche und soziale Implikationen (ELSI) diskutiert. Aus den beiden Interviewstudien ergeben sich Diskrepanzen im Antwortverhalten in Bezug auf Position bzw. Station innerhalb der betrachteten Klinik. So lässt sich festhalten, dass die befragten Pfleger den vordefinierten Prozess größtenteils einhalten. Es zeigt sich jedoch eine unterschiedliche Nutzung der Maßnahmenplanung je nach Station. Auch in Bezug auf die Kenntnisse der beiden Assessment Kataloge variieren die Antworten. Grundkenntnisse waren jedoch bei allen Befragten vorhanden. Die Analyse der durchgeführten ELSI-Workshops offenbarte ein breites Spektrum an ethischen, rechtlichen und sozialen Implikationen des geplanten KI-Assistenzsystems. Die Modellentwicklung für die individuelle Pflegeplanung kann als

Recommender-Problem oder als Multilabel-Klassifizierung definiert werden. Die verfügbare Datenmenge ist für einen Medizin-Kontext vergleichsweise groß, was im Trainingsprozess eines KI-Systems Vorteile bietet. Als Nachteil ist die bei Recommender-Problemen geringe Varianz innerhalb der Daten zu nennen. Zukünftig wird es darum gehen, sicherzustellen, wie mit Kataloganderungen umgegangen wird und die Robustheit des KI-Assistenzsystems gewährleistet werden kann. Ebenfalls von Interesse ist der Einsatz von Feedback der Pflegekräfte, um die Modelle kontinuierlich zu verbessern. Zuletzt wird es ebenso entscheidend sein, aktuelle politische und technische Entwicklungen sowie neue Standards regelmäßig zu prüfen und in die Modellentwicklung einfließen zu lassen, um auch nachhaltig einen Mehrwert für die erfolgreiche Patientenreise zu gewährleisten.

## Literatur


Anderson, C. (2006) The long tail: Why the future of business is selling less of more. *International and Pan-American*. Hyperion. New York.

Antunes, R. S., André da Costa, C., Küderle, A., Yari, I. A. & Eskofier, B. (2022) Federated learning for healthcare: Systematic review and architecture proposal. *ACM Transactions on Intelligent Systems and Technology (TIST)*, *13*(4):1–23.

BViTG (2017) Terminologie-Systeme in Medizin und Pflege. Status Quo und Perspektiven für Deutschland. Bundesverband Gesundheits-IT e.V. (BViTG, Hrsg.). Berlin.

epa-CC (2013) ePA und LEP – der rote Faden im Pflegeprozess, epa-CC GmbH (Hrsg.), Online im Internet, https://www.epa-cc.de/epa-und-lep-der-rote-faden-im-pflegeprozess/, Abrufdatum: 12.11.2024.

epa-CC (2024) Was ist epa? Pflege auf den Punkt gebracht mit dem epaSYSTEM, epa-CC GmbH (Hrsg.), Online im Internet, https://www.epa-cc.de/epa-system/was-ist-epa/, Abrufdatum: 12.11.2024.

Hansis, M. L. & Hart, D. (Hrsg.) (2007) Medizinische Behandlungsfehler in Deutschland. Themenheft 5, Gesundheitsberichterstattung des Bundes, Heft 04/01. Berlin: Robert-Koch-Institut (Hrsg.).

LeCun, Y., Bengio, Y. & Hinton, G. (2015) Deep learning. *nature*, *521*(7553):436–444.

LEP (2024) LEP – Leistungsdokumentation für Kliniken, LEP AG (Hrsg.), Online im Internet, https://www.lep.ch/de/lep-produkte/kliniken, Abrufdatum: 12.11.2024.

L. H., Aiken W., Sermeus K., Van den Heede D. M., Sloane R., Busse M., McKee L., Bruyneel A. M., Rafferty P., Griffiths M. T., Moreno-Casbas C., Tishelman A., Scott T., Brzostek J., Kinnunen R., Schwendimann M., Heinen D., Zikos I. S., Sjetne H. L., Smith A. & Kutney-Lee (2012) Patient safety satisfaction and quality of hospital care: cross sectional surveys of nurses and patients in 12 countries in Europe and the United States BMJ 344(mar20 2) e1717-e1717 10.1136/bmj.e1717

Lü, L., Medo, M., Yeung, C. H., Zhang, Y. C., Zhang, Z. K. & Zhou, T. (2012) Recommender systems. *Physics reports*, *519*(1):1–49.

MDS (2021), Behandlungsfehlergutachten der Medizinischen Dienste 2010 - 2020. Medizinischer Dienst des Spitzenverbandes Bund der Krankenkassen. Online verfügbar unter https://www.mdsev.de/statistik/behandlungsfehlergutachten.html

Molnar, C. (2022) Interpretable Machine Learning: A Guide for Making Black Box Models Explainable (2nd ed.). e-book, Online im Internet, https://christophm.github.io/interpretable-ml-book/ Abrufdatum: 12.11.2024.

Neyer, F. J., Felber, J., & Gebhardt, C. (2016). Kurzskala Technikbereitschaft (TB, technology commitment). In Zusammenstellung sozialwissenschaftlicher Items und Skalen (ZIS).

Rösler, U., Schmidt, K., Merda, M. & Melzer, M. (2018) Digitalisierung in der Pflege. Berlin: Initiative Neue Qualität der Arbeit. Bundesanstalt für Arbeitsschutz und Arbeitsmedizin (Hrsg.).

Schmitt-Rüth, S. & Simon, M. (2022) Akzeptanzbasierte Bewertungen sozio-ethischer Risikoaspekte in Technikentwicklungsprojekten – Anwendung und Empfehlungen mit dem praxisorientierten Vorgehensmodell HEART. In: Weber, K., Reinheimer, S. (Hrsg.) Faktor Mensch. Edition HMD. Springer Vieweg Verlag, Wiesbaden.

Schmitt-Rüth, S. & Simon, M. (2020) Sozio-ethische Betrachtungen in Technikentwicklungsprojekten – Zeitverschwendung oder Erfolgsfaktor für Nutzerakzeptanz?. *HMD.* 57(3):541–557.

Sommerville, I. & Sawyer, P., (1997) *Requirements engineering: a good practice guide*. John Wiley & Sons, Inc. USA.

Thomas, E. J., Studdert, D. M.; Newhouse, J. P., & Zbar, B. I. (1999) Costs of medical injuries in Utah and Colorado. In: Inquiry-Excellus Health Plan 36(3):255 – 264.

Van Lamsweerde, A. (2000) Requirements engineering in the year 00: A research perspective. In *Proceedings of the 22nd international conference on Software engineering.* 4.-11.Juni. Limerick, Irland. Association for Computing Machinery (pp. 5–19).

Wilson, R. M., Runciman, W. B., Gibberd, R. W., Harrison, B. T., Newby, L. & Hamilton, J. D. (1995) The Quality in Australian Health Care Study. Medical Journal of Australia. 16 (9):458–471. https://doi.org/10.5694/j.1326-5377.1995.Tb1246921.x

Zhang, M. L., Li, Y. K., Liu, X. Y. & Geng, X. (2018) Binary relevance for multi-label learning: an overview. *Frontiers of Computer Science* 12 (pp. 191–202).

**Oliver Stritzel, M.Sc.,** ist Data Scientist und Senior Engineer am Fraunhofer-Institut für Integrierte Schaltungen IIS in der Gruppe Process Intelligence und forscht zu Machine-Learning-Methoden in Produktion und Logistik. Seit Oktober 2022 arbeitet er an der Entwicklung eines KI-Assistenzsystems im Forschungsprojekt iPAB.

**Lukas Fleischmann, M.A.,** ist seit 2019 wissenschaftlicher Mitarbeiter am Fraunhofer-Institut für Integrierte Schaltungen IIS in der Gruppe Process Intelligence. In dieser Position analysiert und optimiert er als Mitarbeiter der Arbeitsgruppe für Supply Chain Services Unternehmensprozesse in den Bereichen Logistik und Produktion.

**Dr. Stefan Kamin,** ist Senior Scientist am Fraunhofer-Institut für Integrierte Schaltungen IIS in der Gruppe Human Computer Interaction HCI. Er koordiniert dort die Kompetenzsäule Human-AI, die sich mit der Untersuchung der kritischen Schnittmenge zwischen Mensch und KI beschäftigt. Er promovierte im Bereich der Psychogerontologie.

**Martina Simon, M.Sc.,** ist seit 2023 Leiterin der Gruppe Human Computer Interaction HCI im Bereich Supply Chain Services SCS am Fraunhofer-Institut für Integrierte Schaltungen IIS.

**Moike Buck, Dipl.-Kff.,** ist seit 2017 Leiterin der Gruppe Process Intelligence im Bereich Supply Chain Services SCS am Fraunhofer-Institut für Integrierte Schaltungen IIS.

# Humanoide Roboter-Assistenz für die rehabilitative Therapie bei Schlaganfall-Betroffenen – Chancen für die Versorgung

# 31

Thomas Platz

## Inhaltsverzeichnis



**Danksagung**
Allen Partnern (siehe u. a. www.ebrain-science.de), studienteilnehmenden Betroffenen und Förderern der skizzierten Forschung sei für ihre vielfältige Unterstützung herzlich gedankt.

Die Verbundforschung „E-BRAiN – Evidenzbasierte Robot-Assistenz in der Neurorehabilitation" des Exzellenzforschungsprogramms des Landes Mecklenburg-Vorpommern wurde gefördert mit Landesmitteln und Mitteln der Europäischen Union aus dem Europäischen Sozialfond (ESF/14-BM-A55-0001/19-A02). TP erhält eine personenbezogene Förderung des BDH Bundesverband Rehabilitation e.V., für den er als Ärztlicher Direktor Forschung tätig ist.

T. Platz (✉)
Universitätsmedizin Greifswald AG Neurorehabilitation Fleischmannstrasse, Greifswald, Deutschland

BDH-Klinik Greifswald, Institut für Neurorehabilitation und Evidenzbasierung, An-Institut der Universität Greifswald, Greifswald, Deutschland
E-Mail: platzt@uni-greifswald.de



M. A. Pfannstiel (Hrsg.), *Künstliche Intelligenz im Einsatz für die erfolgreiche Patientenreise*, https://doi.org/10.1007/978-3-658-48573-3_31

**Zusammenfassung**

Weltweit erleiden immer mehr Menschen einen Schlaganfall und daraus resultierende Alltagsbehinderungen. Neurorehabilitation ist die Form der medizinischen Versorgung, die nach der Akutbehandlung eines Schlaganfalls hilft, Behinderungen zu vermeiden. In einem multiprofessionellen Team wird angestrebt, die verschiedenen Funktionsstörungen nach einem Schlaganfall durch ein intensives, teilweise längerfristiges Training wiederherzustellen oder auch mit Einsatz von Hilfsmitteln zu kompensieren, um so die Selbstständigkeit im Alltag möglichst wieder zu erlangen. Dies bedarf umfangreicher Ressourcen in den Therapiebereichen Ergotherapie, Logopädie, Physiotherapie und Psychologie, die heute schon nur begrenzt und in Zukunft sehr wahrscheinlich nicht im erforderlichen Maße zur Verfügung stehen werden. Fachkräfte könnten jedoch zukünftig durch Therapie-Assistenzsysteme unter Nutzung von humanoider Roboter-Technologie unterstützt werden, um mehr Schlaganfallbetroffenen eine intensivere Behandlung zukommen zu lassen. Das Therapie-Assistenzsystem „Evidenz-Basierte Roboter-Assistenz in der Neurorehabilitation, E-BRAiN“ stellt bereits mehrere Therapieverfahren für die Arm-Rehabilitation sowie für die Neglect-Therapie nach Schlaganfall zur Verfügung und wird von Schlaganfallbetroffenen sowohl früh nach einem Schlaganfall als auch wenn dieser länger zurückliegt sehr gut akzeptiert. Entlang des rehabilitativen Behandlungspfades von der Stroke Unit über die Rehabilitationsklinik und die Tagesklinik bis zur ambulanten Versorgung in Therapie-Praxen könnten Betroffene zukünftig von der Therapie-Assistenz-Technologie profitieren.

## 31.1 Einleitung

Viele Personen sind erkrankungsbedingt bezüglich ihrer Funktionen im Alltag und sozialen Leben einschließlich Schule, Beruf oder Freizeit eingeschränkt. Rehabilitation ist der Bereich der Gesundheitsversorgung, der sich spezifisch damit befasst, krankheitsbedingte Minderungen von Funktionen und resultierende Behinderung zu vermeiden oder zumindest zu reduzieren (WHO 2019). Rehabilitation meint dabei medizinische Versorgung, die die gesamte Lebensspanne umfasst.

Sehr häufig sind es neurologische Erkrankungen und unfallbedingte neurologische Schädigungen, die zu Alltagsbehinderungen führen. Da das Gehirn und das Nervensystem insgesamt sehr viele verschiedene Leistungen erbringen, um Alltagsfunktionen zu ermöglichen, können durch Erkrankungen und Schädigungen des Gehirns und des Nervensystems sehr unterschiedliche Einschränkungen von Körperfunktionen resultieren und konsekutiv Alltagsbeeinträchtigungen und Einschränkungen der sozialen Teilhabe. Solche Körperfunktionen beziehen sich auf das Bewusstsein, auf kognitive Leistungen wie etwa Aufmerksamkeitsfunktionen, Gedächtnisfunktionen oder planerische Funktionen, sprachliche Kommunikationsfähigkeit, sensorischen Fähigkeiten beim Sehen, beim Hören und beim Körpergefühl, wie auch Bewegungsfähigkeit und Koordination, was das Atmen, Sprechen und Schlucken ebenso einschließt wie die Kontrolle des Rumpfes, Armbewegungen oder die Funktionen Aufstehen, Stehen und Gehen (Platz 2024).

All das kann in individuell unterschiedlichem Maße beeinträchtigt sein, wenn es zu Erkrankungen oder Schädigungen des Gehirns oder sonst des Nervensystems kommt. Entsprechend impliziert Neurorehabilitation personenzentriertes Vorgehen (Leonardi und Fheodoroff 2021).

Rehabilitative Interventionen, die oftmals über eine lange Zeit sowohl stationär als auch ambulant notwendig sind, werden individuell entsprechend der jeweiligen gesundheitlichen und sozialen Konstellationen und der persönlichen Ziele festgelegt. In die Versorgung involviert sind viele Berufsgruppen wie Ärzten, Pflegefachkräfte und verschiedene therapeutische Berufe wie die Atmungstherapie, Ergotherapie, Physiotherapie, Psychologie oder Logopädie (Platz 2021).

Bei einem weltweit erkennbar steigenden Bedarf für Neurorehabilitation und gleichzeitig zunehmendem Fachkräftemangel stellt sich daher die Frage, wie digitale Technologien und künstliche Intelligenz zukünftig in die „Patientenreise“ bei Rehabilitationsbedarf eingebunden werden können, um eine bedarfsgerechte Versorgung zu ermöglichen. Das Kapitel über die humanoide Roboter-Assistenz für die Neurorehabilitation möchte hierfür Wege aufzeigen.

## 31.2 Schlaganfall-bedingte Behinderung und der Stellenwert der Rehabilitation

Schlaganfallbedingte Behinderungen nehmen weltweit zu, was die Bedeutung einer individuellen und multiprofessionellen Rehabilitation zur Wiederherstellung von Funktionen und Förderung der Selbstständigkeit betont. Ziel ist es, Pflegebedürftigkeit zu vermeiden und die Teilhabe am Alltag zu sichern.

### 31.2.1 Weltweite Zunahme der Schlaganfall-bedingten Behinderungen

Neurologische Erkrankungen sind häufig und betreffen zumindest jede dritte Person während ihrer Lebenszeit (Feigin et al. 2020). Sie sind die führenden Ursachen für Alltagsbehinderungen und die zweithäufigste Todesursache global und damit auch mit erheblichen Gesundheitskosten verbunden.

Weltweite Erhebungen zeigen, dass Schlaganfälle die zweithäufigste Todesursache sind und die dritthäufigste Ursache für Tod und Behinderung (GBD 2021 Nervous System Disorders Collaborators 2024). Im Zeitraum von 1990 bis 2019 sind zwar die altersstandardisierten Häufigkeiten für das Auftreten neuer Schlaganfälle um 17 % zurückgegangen, so wie die Sterblichkeit um 36 %. Gleichzeitig ist aber die absolute Zahl pro Jahr neu aufgetretener Schlaganfälle um 70 % gestiegen, die Anzahl der Personen, die bereits einmal einen Schlaganfall erlitten haben, ist um 85 % gestiegen und die Lebensjahre mit schlaganfallbedingter Behinderung haben um 32 % zugenommen.

Damit sind schlaganfallbedingte Behinderungen weltweit in den Gesellschaften zunehmend ein Problem und der Bedarf an Rehabilitation ist deutlich gestiegen, um auch nach einem Schlaganfall die Selbstständigkeit im Alltag zu erhalten und Pflegebedürftigkeit zu vermeiden. Aufgrund der bestehenden demografischen Entwicklungen wird dies weiter zunehmen (Knecht et al. 2023).

### 31.2.2 Bedeutung, Nutzen und Organisation der Schlaganfall-Rehabilitation

Da es nach einem Schlaganfall darum geht, Selbstständigkeit wiederherzustellen und Alltagsbehinderungen zu vermeiden, bedarf es der rehabilitativen Denk- und Arbeitsweise und medizinischen Versorgung. Da das Gehirn viele unterschiedliche Funktionen repräsentiert, die durch einen Schlaganfall beeinträchtigt sein können, ist es zunächst wichtig, für die einzelnen Betroffenen genau zu erfassen, welche Körperfunktionen, das heißt welche Gehirnfunktionen spezifisch betroffen sind, welche erhalten sind und was das jeweils für die Ausführung von Aktivitäten im Alltag bedeutet. Hierzu bedarf es eines multiprofessionellen Teams.

Neurologisch ärztlich werden die körperlichen Befunde erhoben und im Hinblick auf Art und Umfang der Schädigung des Gehirns eingeschätzt, welche Funktionen ggf. über welchen Zeitraum wiederherstellbar sind. Es bedarf der verschiedenen therapeutischen Berufsgruppen, die spezifische Funktionsdiagnostik („Assessment") machen, um im Detail festzustellen, welche kognitiven Leistungsbereiche wie stark betroffen und erhalten sind, welche Aspekte sprachlicher Kommunikation wie stark gelitten haben, inwiefern die Wahrnehmung durch die Hirnschädigungen beeinträchtigt ist, welche sensiblen und motorischen Funktionen in Arm, Bein und Rumpf vorhanden sind und welche Aktivitäten wie z. B. Anziehen, Waschen und Mobilität in welchem Maße noch möglich sind oder aber auch derzeit nicht.

Basierend auf dieser Analyse und der Kenntnis über die sozialen Gegebenheiten werden realistische individuelle Behandlungsziele abgestimmt und die zu deren Erreichung förderlichen Behandlungsstrategien für die einzelnen Berufsgruppen identifiziert und wiederum im Team und mit den Betroffenen und ggf. Angehörigen abgestimmt, umgesetzt, im Verlauf auf Wirksamkeit überprüft und wieder angepasst.

Diese koordinierte multiprofessionelle Behandlung wurde in vielen Studien als effektiv bestätigt und in einer Netzwerk-Metaanalyse die überlegene Wirksamkeit einer solchen Behandlungsorganisation dokumentiert, wenn es darum geht, sowohl das Überleben nach

Schlaganfall, als auch die Möglichkeit einer selbstständigen weiteren Lebensführung zu gewährleisten (Langhorne und Ramachandra 2020). Die überlegenen Behandlungseffekte waren dabei unabhängig von Alter, Geschlecht, Art des Schlaganfalles oder auch der initialen Schwere des Schlaganfalles. Immer waren vergleichbar gute und überlegene Behandlungseffekte erzielt worden.

Vielfältige Interventionen stehen zur Verfügung, die individuell selektiert die Behandlungsziele unterstützen (Platz 2021, 2024). Viele dieser Interventionen basieren auf Training, das spezifische Funktionen des Gehirns, die durch den Schlaganfall gelitten haben, fördert und bestmöglich wiederherstellt. Dafür erforderlich ist ein sehr spezifisches Training der Gehirnfunktionen und Körperfunktionen, die verbessert werden sollen. Das Training muss ausreichend dosiert werden, häufig über Wochen bis Monate bei regelmäßigem Training. Das Training braucht ausreichend Intensität, das heißt es erfolgt an der jeweils aktuellen Leistungsgrenze bei einem engagierten Bemühen, die Hirn- und Körperfunktion schrittweise zu verbessern und so insgesamt zumindest mittelfristig eine Restitution von Leistungsfähigkeit in den trainierten Bereichen zu erreichen. Wie oben ausgeführt betreffen zu trainierende Funktionsdefizite nach Schlaganfall die Kognition in den unterschiedlichen Domänen, die Wahrnehmung, die Sprache, das Schlucken, das Bewegen und Spüren und damit insgesamt motorische Funktionen und Aktivitäten. Parallel können auch kompensatorische Strategien erlernt werden, um aus den noch vorhandenen Körperfunktionen das Beste für den Alltag zu machen. Oder es können Hilfsmittel angepasst werden bzw. die Umgebung z. B. durch bauliche Maßnahmen in der Häuslichkeit so verändert werden, dass aus verbleibenden körperlichen Defiziten möglichst keine alltagsrelevante Behinderung resultiert.

### 31.2.3 Patienten-Reise und „Continuum of Care"-Ansatz

Wenn Patienten einen Schlaganfall erlitten haben, geht es zunächst darum, die Hirnschädigung möglichst zu begrenzen und so die Auswirkungen möglichst gering zu halten. Hierfür erforderlich ist die sofortige Aufnahme und Behandlung auf einer Schlaganfall-Spezialeinheit („Stroke Unit"). Hier wird durch Bildgebung und Darstellung der hirnversorgenden Gefäße Art und Ursache des Schlaganfall schnellstmöglich aufgeklärt und, soweit eine Mangeldurchblutung die Ursache ist, Maßnahmen ergriffen, die die Blutversorgung des Gehirns in den betroffenen Arealen möglichst schnell wiederherstellen (zum Beispiel Lysetherapie bzw. Thrombektomie). Bereits auf der „Stroke Unit" werden neben Akutdiagnostik und -therapie erste rehabilitative Maßnahmen umgesetzt, die aus einem Schlaganfall resultierenden Körperfunktionsstörungen diagnostiziert, ihre Behandlung begonnen und die weitere Versorgung auf den Weg gebracht.

Die Patientenreise umfasst je nachdem, wie schwer der Schlaganfall eine Person betroffen hat, zunächst die weitere stationäre Behandlung in einer auf Rehabilitation spezialisierten Klinik, entweder als Frührehabilitation (wenn Personen sehr schwer betroffen sind; Phase B der Neurorehabilitation) oder in einer Anschlussrehabilitation und -heilbehandlung (Phasen C und D der Neurorehabilitation). Bei Fällen, bei denen nach weiterer

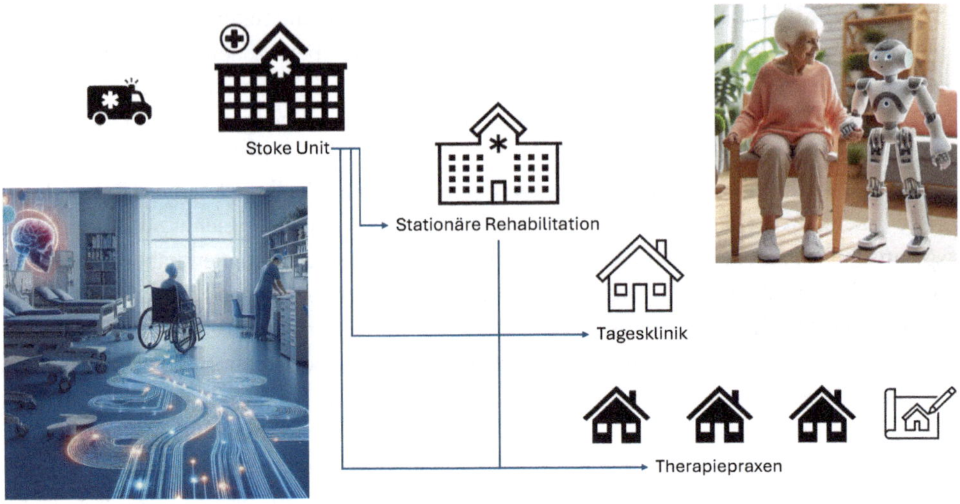


**Abb. 31.1** Stationen der Patientenreise nach Schlaganfall bei der rehabilitativen Versorgung. (Quelle: Eigene Darstellung (2024). Abbildung mit KI-Unterstützung/Microsoft Design erstellt)

Verbesserung und Funktionserholung, oder wenn die Ausfälle von Anfang an die Alltagskompetenz nicht grundlegend einschränkten, folgen teilstationäre neurorehabilitative Behandlungen bzw. im weiteren Verlauf ambulante Behandlungen (Heilmittel) in den einzelnen Therapiepraxen (Ergotherapie, Logopädie, Physiotherapie, Psychologie), koordiniert durch den/die behandelnde Neurologen (vgl. Abb. 31.1).

In den ersten Wochen nach dem Schlaganfall ist das Gehirn in besonderer Weise in der Lage, seine Funktion wiederherzustellen. Je nachdem, wie schwer der Schlaganfall einen Funktionsbereich betrifft, kommt es in den ersten ein bis drei Monaten zu einer ggf. sehr zügigen und starken Erholung der betroffenen Funktionen, insbesondere auch wenn sie gezielt durch therapeutische Maßnahmen gefördert werden; wir sprechen von der frühen subakuten Phase. In den folgenden drei Monaten werden Verbesserungen in der Regel mit einer protrahierteren Dynamik erreicht (späte subakute Phase). Auch langfristig (chronische Phase) können durch spezifische rehabilitative Maßnahmen Behinderungen reduziert werden und Alltagskompetenz weiter gefördert werden, wobei dann oftmals, wenn die Funktionswiederherstellung und ihr Potenzial stärker ausgeschöpft sind, mehr kompensatorische Strategien die Förderung der Teilhabe unterstützen.

Aus dem Gesagten wird klar, dass nach einem Schlaganfall oft über Monate und manchmal lebenslang eine gezielte rehabilitative Versorgung erforderlich ist, die mehrere Stationen einer solchen Patientenreise im Gesundheitsversorgungssystem einschließt („Continuum of care"-Ansatz). Die rehabilitativen Grundsätze sind jeweils ähnlich, die spezifischen Kontextfaktoren dabei unterschiedlich. So sind während der Frührehabilitation akutmedizinische und teilweise intensivmedizinische Aspekte noch stark mit im Vordergrund, während in der Rehabilitationseinrichtung und bei der tagesklinischen rehabilitativen Behandlung das funktionsorientierte Training im Fokus stehen. Die ambulante Weiterbehandlung wird früh nach einem Schlaganfall stärker funktionswiederherstellend arbeiten, später dann eher Kompensation und Nutzung der Ressourcen zur Bewältigung des Alltags optimieren.

Aus der Betrachtung können wir auch ableiten, dass das funktionswiederherstellende Training, das wie oben skizziert wurde, intensiv und mit ausreichender Dosierung und spezifisch oftmals über Wochen und Monate erforderlich ist, über die verschiedenen Stationen der Behandlung hinweg, jeweils angepasst an das aktuelle Leistungsvermögen erforderlich ist. Damit wird es zu einem wesentlichen Baustein dieser Patientenreise über die verschiedenen Stationen im Gesundheitssystem hinweg.

Die therapeutische Behandlung durch Ergotherapie, Logopädie, Physiotherapie und Psychologie erfordert entsprechend sowohl in den stationären Einrichtungen als auch in den die ambulante Behandlung erbringenden Praxen qualifizierter Fachkräfte, die in entsprechendem Umfang – häufig regelmäßig mehrfach wöchentlich über Wochen oder auch Monate – eine entsprechende individualisierte Behandlung anbieten und umsetzen.

In der aktuellen gesellschaftlichen Entwicklungssituation scheiden einerseits viele altersbedingt aus dem Erwerbsleben aus und altersbedingt steigt gleichzeitig das Risiko einen Schlaganfall zu erleiden. -Zudem können die nachfolgende Generation die aus dem Erwerbsleben tretenden Personen nicht 1:1 ersetzen. So entsteht auf zweierlei Weise ein Ungleichgewicht („Mismatch") zwischen notwendiger Behandlung und den dafür verfügbaren Ressourcen an Fachkräften. Diese Lücke ist ohne Innovation und Einsatz digitaler Technologien kaum schließbar.

Andererseits bieten digitale Technologien und künstliche Intelligenz über die verschiedenen Stationen der rehabilitativen Gesundheitsversorgung hinweg, also in den unterschiedlichen Kontexten der Versorgung, Potenzial eine adäquate Versorgung mitzuunterstützen (vgl. Abb. 31.1). Hier setzt das Konzept der humanoiden Roboter-Assistenz für die Schlaganfallrehabilitation an.

Die Patientenreise umfasst je nachdem, wie schwer der Schlaganfall eine Person betroffen hat, nach der Akutbehandlung auf der Stroke Unit zunächst die weitere stationäre Rehabilitationsbehandlung bzw. teilstationäre/ tagesklinischen neurorehabilitative Behandlungen und ambulante Behandlungen (Heilmittel) in den einzelnen Therapiepraxen (Ergotherapie, Logopädie, Physiotherapie, Psychologie), koordiniert durch den behandelnde Neurologen. Humanoide Roboter-Therapieassistenz könnte zukünftig in all diesen Kontexten ergänzend eingesetzt werden. [Abb. mit KI-Unterstützung/Microsoft Design erstellt]

## 31.3 Humanoide Roboter-Assistenz für die Schlaganfall-Rehabilitation

Wie die konkrete Konzeption der humanoiden Roboter-Therapieassistenz aussieht, wie ihre technische Entwicklung und Umsetzung erfolgte, und, welche Erfahrungen beim klinischen Einsatz der humanoiden Roboter-Technologie bislang gemacht wurden, wird nachfolgend näher beschrieben.

### 31.3.1 Das Konzept der evidenzbasierten Roboter-Assistenz

Wie bereits ausgeführt, umfasst die Tätigkeit von Therapeuten in der Rehabilitation die Funktionsdiagnostik (Assessment) sowie in Abstimmung mit dem ärztlichen Dienst, den anderen Berufsgruppen und Betroffenen die Festlegung der Behandlungsziele und der für deren Erreichung notwendigen Behandlungen.

Wenn diese Entscheidungen getroffen sind, besteht die therapeutische Aufgabe darin, gemeinsam mit Patienten die verordneten Therapien oftmals im Sinne eines täglichen Trainings und über Wochen durchzuführen.

Hier setzt das Konzept der humanoiden Roboter-Assistenz ein. Es geht nicht darum, dass Technologie individualisierte Behandlungsentscheidungen und Strategiefestlegungen trifft. Das ist den menschlichen Akteuren vorbehalten. Wenn es aber dann darum geht, ein tagtägliches standardisiertes Training durchzuführen und anzuleiten, dann kann Technologie auch in Form eines humanoiden Roboters ggf. eine wichtige ergänzende Rolle spielen und Therapiepersonal effektiv entlasten. Die humanoide Roboter-Assistenz ist entsprechend für diese unterstützende Leistung konzipiert, jedoch nicht für die Umsetzung von Therapieentscheidungen.

Doch auch die Anleitung und Umsetzung von trainingsbezogener Therapie ist ein komplexer Prozess, der nicht leicht digital abgebildet werden kann.

Der Prozess der Therapie verfolgt einerseits ein Behandlungsziel und andererseits prozesshaft Ziele, die die Behandlung selbst betreffen (Michael et al. 2020). Die Technologie braucht dafür die digitale Hinterlegung von Wissen zum spezifischen Training und der damit verbundenen theoretischen und praktischen Kenntnisse, um diese den Betroffenen während der Therapie zu vermitteln. Die therapeutische Interaktion soll den Betroffenen ermöglichen, das notwendige Wissen zur Umsetzung einer Therapie zu erlangen und dieses auch während der Sitzungen jeweils situations- und bedarfsgerecht erneut zu erhalten. Durch Instruktionen und Feedback, aber auch im Sinne eines persönlichen Kontaktes und einer angemessenen sozialen Interaktion soll Motivation für ein ausdauerndes engagiertes Training unterstützt werden (Platz et al. 2021).

Die Digitalisierung neurorehabilitativer Therapie soll daher unser Wissen um zielgerichtete wirksame und akzeptable Behandlung ebenso wie eine adäquate soziale Interaktion integrieren. Die humanoide Roboter-Technologie erfüllt dabei ein menschliches Bedürfnis nach sozialem Gegenüber (Darling et al. 2015). Als Menschen sind wir im Kontakt mit einem sozialen Agenten auch in Form einer humanoiden Technologie eher gewillt und motiviert ein anstrengendes Training zu absolvieren (Jung et al. 2021).

Evidenzbasierte Roboter-Assistenz in der Neurorehabilitation meint also eine Digitalisierung neurorehabilitativer Therapie, die klinische Wirksamkeitswissen (Evidenz) und therapeutische soziale Interaktion integriert.

Sie nutzt dabei drei Wissensbereiche, die bei ihrem Einsatz dynamisch in Echtzeit und autonom genutzt im Rahmen des Behandlungskontexts angewendet werden: erstens Algorithmen einer neurowissenschaftlich fundierten Evidenz-basierten Trainingstherapie (Platz 2021); zweitens, hinterlegtes Wissen über adäquate menschenähnliche therapeutische Interaktion (Platz et al. 2021); und drittens, Nutzung der individuellen personenbezogenen

Daten zu klinischen Aspekten und dem bisherigen Trainingsverlauf. Diese drei Wissensbereiche werden digital hinterlegt und unter Nutzung einer humanoiden Roboter-Technologie im Sinne des sozialen Gegenübers zur Anwendung gebracht. Diese Aspekte sind wesentlich für das Konzept der evidenzbasierten Roboter-Assistenz in der Neurorehabilitation, E-BRAiN (www.ebrain-science.de).

Für Patienten erlebbar ist dann ein humanoider Roboter, der basierend auf einer individuellen Verordnung für eine spezifische Therapie Patienten begrüßt, ihnen Erklärungen über das Behandlungsziel gibt und wie die Therapie hilft ihr Behandlungsziel zu erreichen, der die einzelnen Therapieaufgaben erklärt, audiovisuell Instruktionen zur Therapie gibt, etwa durch Fotos und Videos unterstützt, bei der Durchführung des Trainings und zwar spezifisch je nach Art der Therapie Feedback gibt, nach Pausenbedarf fragt und diesen ermöglicht und dabei insgesamt die Interaktion individualisiert, indem er Kenntnisse über die individuelle Person aus der Aufnahmeuntersuchung bzw. dem Therapieverlauf berücksichtigt.

### 31.3.2 Entwicklung und technische Umsetzung

Das beschriebene Konzept der evidenzbasierten Roboter-Assistenz in der Neurorehabilitation macht deutlich, dass solche Anwendungen nur sehr spezifisch sein können und entsprechend bedarf es für jede Therapieform einer spezifischen Implementierung. Im System E-BRAiN sind bislang bereits 4 grundlegend unterschiedliche Therapieansätze implementiert. Drei dieser Therapieansätze sind dafür konzipiert, die motorischen Fähigkeiten im betroffenen Arm und der betroffenen Hand bei Personen mit Lähmungen nach Schlaganfall zu verbessern. Das sind das Arm-Basis-Training und das Arm-Fähigkeits-Training, beides Formen eines Schädigungsorientierten Trainings („Impairment-oriented training"; Platz 2004) sowie die sogenannte Spiegeltherapie (Thieme et al. 2018). Zudem sind im System Verfahren der Neglect-Therapie implementiert, mit denen eine Verbesserung der räumlichen Ausrichtung von Aufmerksamkeit erreicht werden soll.

Für Schlaganfall-Betroffene mit mittelschwerer bis schwerer Arm-Parese trainiert das Arm-Basis-Training spezifisch, zunächst unter Aufhebung von Eigengewicht und für alle Arm- und Handsegmente die selektive Bewegungsfähigkeit in diesen Segmenten einzeln, bevor dann die Kombination von Bewegungsfähigkeit mit Haltekontrolle im jeweiligen Segment trainiert wird, um dann bei diesbzgl. Behandlungserfolg Multigelenksbewegungen zu trainieren. Das Arm-Fähigkeit-Training, das für Patienten mit leichter Parese und daraus resultierenden Arm-Funktionsstörungen entwickelt wurde, trainiert spezifisch die Leistungsfähigkeit verschiedener sensomotorischer Fähigkeiten, wie die Geschwindigkeit selektiver Fingerbewegung, die Zielbewegungsfähigkeit, Arm-Hand-Ruhe sowie visuomotorische Koordination. Der jeweils spezifische und umfassende Behandlungsansatz führt nachweislich zu einer Funktionserholung, die zudem stärker ausgeprägt ist als sonstige zeitlich gleich dosierte Therapie (Platz et al. 2009).

Bei der Spiegeltherapie sitzen Patienten an einem Tisch, vor ihnen steht längs gestellt ein Spiegel, in den sie von der nicht betroffenen Seite aus in den Spiegel schauen, während sie ihre nichtbetroffene Hand und ihren nichtbetroffenen Arm bewegen. Im Spiegel sehen sie dann ein virtuelles Bild, das aussieht, als würden sie ihre betroffene Hand bzw. betroffenen Arm bewegen. Während der Arm tatsächlich eventuell auch schwer betroffen ist und kaum oder wenig bewegt werden kann, sieht das virtuelle Bild so aus, als würde sich dieser schwer betroffene Arm und die schwer betroffene Hand ganz normal bewegen. Damit sollen im Gehirn die Regionen angesprochen, die für die Steuerung des betroffenen Armes zuständig sind, was die Wiederherstellung der motorischen Funktionen unterstützen kann.

Beim visuellen Neglect handelt es sich um eine Störung der räumlichen Ausrichtung von Aufmerksamkeit. Betroffene können meist für die linke Seite, bei manchen auch für die rechte Seite, ihre Aufmerksamkeit nicht mehr ausreichend auf die betroffene Seite ihres Körpers und ihres Umfeldes lenken und beachten diese entsprechend im Alltag nicht mehr hinreichend, man spricht von Vernachlässigung bzw. „Neglect". Im System E-BRAiN sind verschiedene Trainingsmodule implementiert, die alle eine verbesserte Lenkung der Aufmerksamkeit in die verschiedenen räumlichen Richtungen trainieren. Dazu gehört die optokinetische Stimulation, bei der sich langsam bewegende visuelle Reize in das vernachlässigte Halbfeld bewegen und verfolgt werden sollen; ein Sakkadentraining, bei dem Blicksprünge zu Zielreizen an verschiedenen Orten im Blickfeld spezifisch trainiert werden; und verschiedene Aufgaben zur visuellen Exploration, bei denen Zielreize unter ablenkenden Reizen, die beide über das Blickfeld verteilt sind, schnell und zuverlässig entdeckt werden sollen.

Für all diese Therapieverfahren erfolgte einerseits eine exakte und komplette Beschreibung und Erstellung von audiovisuellem Instruktionsmaterial und anschließend ihre digitale Implementierung.

Für die Therapiesitzungsstrukturen allgemein sowie spezifisch für die einzelnen Therapieverfahren unter Berücksichtigung der fachlich therapeutischen Dialoganteile (Information, Feedback) als auch der sozialen Interaktionsanteile wurden zunächst die Art und Weise, wie menschliche Behandler die jeweiligen Therapieverfahren therapeutisch interaktiv umsetzen, erforscht und beschrieben (Platz et al. 2021), um dann die so erfassten Therapiedialogstrukturen mit „endlichen Automaten" digital zu implementieren. Zudem wurden die für die Therapiesteuerung notwendigen Datenbankeinträge spezifiziert und im System hinterlegt.

Das so erstellte Therapie-Assistenzsystem nutzt sowohl einen Server, auf dem die Datenbanken hinterlegt sind, auf die die Therapieanwendungen jeweils zugreifen, wie auch ein Interface für Therapeuten, um Behandlungen individuell zu adaptieren und die personenbezogenen klinischen Charakteristika zu hinterlegen, ferner ein Tablet bzw. einen großen Monitor und den humanoiden Roboter, die gleichermaßen audiovisuelles Material präsentieren können und über Touchscreen-Technologie Rückmeldungen der Nutzer beim Training erfassen können, sowie auch die humanoide Roboter-Technologie, die mit Sprache und Gestik die Dialogstrukturen bei den Therapiesitzungen individualisiert umsetzt (vgl. Abb. 31.2).

In einer Beobachtungsstudie konnte nachgewiesen werden, dass die entsprechenden therapeutischen Interaktionsaspekte bei der Umsetzung des Arm-Basis-Training und des Arm-Fähigkeits-Training mit dem humanoiden Roboter in guter Übereinstimmung mit denen menschlicher Behandler waren und die Roboter-Interaktion im Verlauf der Therapie mit den weniger werdendem Informationsbedarf entsprechend variierte (Platz et al. 2023).

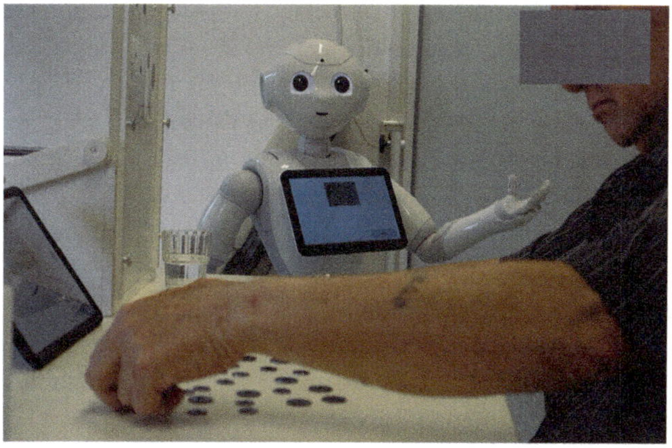

**Abb. 31.2** Therapiesituation mit Schlaganfallbetroffenem beim Arm-Fähigkeits-Training mit humanoidem Roboter. Beim Arm-Fähigkeits-Training werden täglich verschiedene sensomotorische Fähigkeiten repetitiv an der Leistungsgrenze trainiert. Abgebildet ist eine davon, das „Scheiben umdrehen", das Fingergeschicklichkeit beim Manipulieren kleinerer Objekt trainiert. Schlaganfallbetroffene werden dabei vom humanoiden Roboter durch das Training geführt und erhalten Aufgaben-spezifische Instruktion wie auch regelmäßig Feedback zur aktuellen Leistungsentwicklung („knowledge of result"). (Quelle: Eigene Darstellung (2024))

### 31.3.3 Klinische Erfahrungen und Akzeptanz der humanoiden Roboter-Technologie

Bis Ende 2024 erfolgte eine klinische Prüfung, bei der stationärer Patienten in den ersten Wochen oder wenigen Monaten nach Schlaganfall bzw. ambulante Patienten, bei denen der Schlaganfall schon längere Zeit, teilweise schon Jahre zurückliegt, entsprechend ihren individuellen Behandlungsschwerpunkten entweder bei Armlähmung oder bei visuellem Neglect über 2 Wochen täglich mit dem humanoiden Roboter trainierten (https://clinicaltrials.gov/ct2/show/NCT05152433). Mit der Studie sollte untersucht werden, wie groß die Behandlungseffekte sind, die erreicht werden, und wie diese sich mit jenen vergleichen, die bei konventioneller Therapie erreicht werden. Auch soll die Akzeptanz der Therapiesituation mit dem humanoiden Roboter untersucht werden und das Auftreten etwaiger unerwünschter Wirkungen.

Noch liegen die statistischen Analysen der klinische Prüfung nicht vor. Die klinischen Eindrücke aus der Studie sind jedoch sehr positiv. Die Therapieadministration durch den humanoiden Roboter führte bei den Betroffenen zu einer sehr hohen Adhärenz und, auch wenn noch keine systematische statistische Analyse erfolgen konnte, zeigen die gemachten Erfahrungen gute Behandlungsfortschritte, ohne dass vermehrt mit unerwünschten Wirkungen gerechnet werden müsste.

Die beteiligten Schlaganfallbetroffenen waren bereit, ein intensives und für sie anstrengendes Training engagiert durchzuführen, wenn sie dabei statt durch menschliche Therapeuten durch einen humanoiden Roboter angeleitet zu werden (vgl. Abb. 31.2).

Eine der klinischen Prüfung angegliederte und bereits veröffentlichte Technologie-Akzeptanz-Studie wies eine hohe Akzeptanz durch die beteiligten Schlaganfall-Betroffenen nach (Platz et al., 2025). Die befragten Aspekte umfassten die subjektiv erlebte und bewertete Nützlichkeit, die Benutzerfreundlichkeit und die Anpassungsfähigkeit des Systems, ob es Freude macht, mit dem System zu arbeiten, ob man ihm vertrauen kann oder ob es Angst einflößt und inwiefern es als positives soziales Gegenüber erlebt wird (Heerink et al., 2010). Die hohe Akzeptanz war dabei unabhängig von Patientencharakteristika wie Alter, Geschlecht oder Schwere des Schlaganfalles. Diese Beobachtungen treffen für die Situation zu, in der die humanoide Roboter-assistierte Therapie in die Gesamtbehandlung eingebettet ist. Denn auch in der klinischen Prüfung ist es so, dass die Voruntersuchungen und die Behandlungsentscheidung für eine der durch die Roboter-Technologie unterstützten Behandlungsformen durch Ärzte und Therapeuten mit den Betroffenen erfolgen, dann das Training erst einmal mit einem menschlichen Behandler eingeführt wird und erst danach das tagtägliche Trainieren vom humanoiden Roboter angeleitet wird. In dieser Konstellation wird die Therapieform sowohl von Personen in stationärer Behandlung noch früh nach ihrem Schlaganfall akzeptiert wie auch von Schlaganfallbetroffenen, die eine ambulante Behandlung längere Zeit nach ihrem Schlaganfall in Anspruch nehmen.

Damit zeigen die in der klinischen Studie gemachten Erfahrungen auch bereits, dass die humanoide Roboter-Assistenz entlang der Patientenreise von Schlaganfallbetroffenen sowohl in der frühen noch stationären Rehabilitation eingesetzt werden kann wie auch in späteren Phasen und der dann ambulanten Behandlung.

## 31.4 Zukünftiger Einsatz der humanoiden Roboter-Technologie für die erfolgreiche Patientenreise

Auch wenn die bisher gemachten klinischen Erfahrungen positiv sind und die Möglichkeit eines Einsatzes von humanoider Roboter-Assistenz in der Neurorehabilitation illustrieren, darf nicht darüber hinweggesehen werden, dass sich durch den Einsatz dieser Technologie der Gesundheitsversorgungsprozess und damit die Rollen der Beteiligten bei diesem Prozess deutlich verändern.

Dies erfordert einerseits eine spezifische Prozessintegration der humanoiden Roboter-Technologie in die rehabilitative Versorgung und andererseits auch eine gezielte Förderung der personalen und digitalen Kompetenzen der beteiligten Nutzergruppen. Ferner kann eine Integration des Technologieeinsatzes in der Versorgung auch durch weitere Technologieentwicklung und künstliche Intelligenz unterstützt werden. Auf diese Aspekte wird nachfolgend eingegangen.

### 31.4.1 Prozessintegration der humanoiden Roboter-Technologie in die rehabilitative Versorgung

Neurorehabilitative Behandlung ist komplex. In ihrer natürlichen Administration mit humanen Therapeuten einerseits und Patienten andererseits, die gemeinschaftlich die Therapie strukturieren und absolvieren, sind viele Elemente von Behandlung enthalten, die nur in Teilen von der humanoiden Roboter-Assistenz, wenn auch effizient übernommen werden können. Die Gesamtheit aller notwendigen Behandlungsaspekte bedarf einer Analyse, auch zeitlich, damit die durch die humanen Behandler zu tragenden Leistungen im erforderlichen Umfang angemessen und zeitgerecht abgebildet werden können. Erst durch eine intelligente und innovative Integration der Nutzung der humanoiden Roboter-Assistenz kann der Gesamtbehandlungsprozess gelingen und damit die Effektivität durch Einsatz von Technologie gefördert werden.

Einerseits sind es beim Einsatz der Technologie nicht mehr (ausschließlich) die humanen Therapeuten, die das tagtägliche Training selbst mit den Betroffenen durchführen. Ihre Rolle wird dadurch eine mehr vorausschauende und supervidierende. Vieles, was sonst durch sie während der Therapie intuitiv erfasst und adaptiert werden kann, bedarf jetzt der vorausschauenden Berücksichtigung oder auch der expliziten Nachfrage. Therapien müssen bei Einsatz der Technologie im Vorhinein in hohem Maße explizit geplant und im Detail parametrisiert werden, damit eine individuelle adäquate Behandlung durch die humanoide Roboter-Assistenz erfolgen kann. So vorbereitet erhalten Patienten eine für sie individuell adaptierte und angemessene, ihr Therapieziel unterstützende Behandlung unter Anleitung des humanoiden Roboters. Andere Aspekte der therapeutischen Beziehung, die nicht direkt mit dem Training zu tun haben, können dann aber in der Therapiesitzung mit dem humanoiden Roboter nicht spontan adressiert werden und bedürfen der Adressierung im Rahmen einer Therapiesupervision. Für die Neugestaltung des Prozesses ist zu klären, welche Aufgaben zu welchem Zeitpunkt von wem zu erbringen sind, einerseits von den humanen Therapeuten und andererseits der humanoiden Roboter-Assistenz. Welche Bedürfnisse seitens der Patienten zu welchem Zeitpunkt geäußert und zufriedenstellend adressiert werden können, bedarf einer expliziten Prozessanalyse und -integration.

Diese Prozessintegration macht zusätzliche Forschung erforderlich, um sie effizient zu gestalten, um die notwendigen Inhalte der Behandlung in dem erforderlichen Umfang zu einem geeigneten Zeitpunkt adressiert zu hinterlegen, dabei den neuen Prozess effektiv zu gestalten und die durch die Technologie angestrebte Personalentlastung zu erreichen und gleichzeitig Nutzerzufriedenheit zu gewährleisten und den intendierten klinischen Erfolg zu realisieren.

### 31.4.2 Personale und digitale Kompetenzen der Nutzergruppen

Der Integrationsprozess beinhaltet sowohl die Etablierung der Voraussetzungen für die digital gestützte Therapie (technische Voraussetzungen, „Empowerment" des Personals sowie individuell der Patienten) wie auch den neu strukturierten Behandlungsprozess mit Therapiezielfindung, Individualcharakterisierung u. a. mit Assessment und Funktionsdiagnostik, Therapieentscheidung, Kennenlernen der Therapie mit einem humanen Therapeuten, individuelle Anpassung derselben, sowie regelmäßigem Training mit dem humanoiden Roboter bis zum Abschluss und nachfolgend erneuter Funktionsdiagnostik sowie

Assessment, gemeinsamer Bewertung der Zielerreichung und Empfehlungen für die weitere Behandlung wie auch das Angebot supervidierender und ergänzend beratender Therapeutenkontakte.

Dabei ist die Befähigung („Empowerment“) der Beteiligten vor dem Hintergrund der neuen Nutzer-„Rollen“, die allen Beteiligten zukommt, ein genuiner und erforderlicher Bestandteil der Versorgung.

Die theoriebasierte strukturierte Befähigung umfasst die Bereiche medizinisches (Therapie-)Wissen (Platz 2024), intra- und interpersonale Kompetenz (National Research Council 2012; Lutz et al. 2023) mit Fokus auf Autonomie- und Kompetenzförderung (Ryan und Deci 2017) sowie digitale Gesundheitskompetenz (Merz et al. 2022) für die spezifische Anwendung. Dabei ist die Befähigung nutzerrollenadaptiert konzipiert.

Therapie-spezifisches medizinisches Wissen muss Therapeuten ggf. vor einer Nutzung des Systems ergänzend zu ihrer bisherigen Qualifikation vermittelt werden.

Therapeuten müssen für die Neustrukturierung des Versorgungsprozesses zudem befähigt werden, die unterschiedlichen Anteile und Anliegen des therapeutischen Prozesses explizit zu kennen, zu wissen, welche Anteile davon vom Therapie-Assistenzsystem übernommen werden können und welche nicht und wie diese im neuen Versorgungsprozess adäquat adressiert werden können.

Auch wenn die humanoide Roboter-Assistenz die Therapie weitgehend selbstständig mit Betroffenen durchführen kann, ist es erforderlich, dass Therapeuten nicht nur die Durchführungskompetenz für die Therapie haben, sondern im besonderen Maße auch explizite Steuerungskompetenz, um die notwendigen vorab Entscheidungen treffen zu können. Beim Einsatz der humanoiden Roboter-Technologie haben Therapeuten die zusätzliche Aufgabe die individuellen klinisch formulierten Behandlungskonzepte in die digitale Welt zu übertragen, um in einer für die humanoide Roboter-Technologie angemessenen Weise die erforderlichen Parametrisierungen der Therapie vornehmen zu können.

Ferner brauchen Therapeuten Kenntnisse darüber, wie wichtige motivationale Faktoren wie das Kompetenzerleben, die Autonomieerfahrung und Ausbildung einer sachgerechten Nutzenerwartung bei Nutzung digitaler Therapieumsetzung gefördert werden können. Daraus resultieren neue interpersonale Aspekte bei der Behandlung, um Schlaganfallbetroffenen für die Therapie mit dem humanoiden Roboter angemessen vorzubereiten und begleiten zu können. Für den Erfolg der Behandlung ist es von entscheidender Bedeutung, dass Therapeuten Schlaganfallbetroffenen ihre eigene Rolle beim Training und damit der angestrebten Funktionserholung vermitteln und in die Lage versetzen, die humanoide Roboter-Assistenz mit ihren Möglichkeiten und Grenzen zu kennen und für sich optimal zu nutzen.

Patienten bedürfen dieser individuellen Befähigung, um von der Therapie mit der humanoiden Roboter-Assistenz adäquat profitieren zu können. Es ist bedeutsam, dass sie über die Zusammenhänge zwischen ihren Behandlungszielen und der gewählten Behandlungsform Kenntnisse haben und deren Wirkungsweise (im Gehirn) kennen, um so ihre eigene Rolle bei der Therapie entsprechend zu verstehen und umsetzen zu können und gleichzeitig zu wissen, wie die humanoide Roboter-Assistenz sie unterstützen kann und wird, und, für welche Behandlungsaspekte sie humane Therapeuten weiterhin zu Rate ziehen können.

Erst durch diese Förderung der personalen und digitalen Kompetenzen der Nutzergruppen wird eine nachhaltige Prozessintegration erreicht.

### 31.4.3 Integration durch weitere Technologieentwicklung und künstliche Intelligenz

Zur Integration der humanoiden Roboter-Assistenz in klinische Versorgungsprozesse können auch zukünftige technologische Weiterentwicklungen unter Nutzung künstlicher Intelligenz ergänzend beitragen.

So können Aspekte der technologischen Bedienung solcher Systeme („Usability") durch nutzerorientierte Forschung und Entwicklung weiter attraktiver gestaltet werden, wodurch ihre Integration in den Alltag gefördert werden kann.

Die Anforderungen an die digitale Kompetenz können ferner durch künstliche Intelligenz zumindest in Teilen reduziert werden. So können sogenannte „No Code"-Paradigmen unter Zuhilfenahme von natürlichsprachlichen Basismodellen helfen, die Interaktion zwischen Mensch und Technologie zu fördern. Denn die auf künstlicher Intelligenz und natürlichsprachlichen Basismodellen beruhende Kommunikation zwischen menschlichen Nutzern einerseits und Technologiesystemen andererseits würde eine sprachliche Interaktion und Bedienung ermöglichen, die die Schnittstelle zwischen klinischem Personal und technologischen Anforderungen (Parametrisierung) wesentlich näher am klinischen Alltag gestalten lassen würde. Auch andere Formen künstlicher Intelligenz wie das Erkennen von Personen anhand von Sprache und Gesichtern und die Zuordnung zu ihren Rollen im Behandlungsprozess wären ergänzende Aspekte, mit denen eine Integration in den Behandlungsalltag erleichtert werden könnte. Zudem würden diese Elemente künstlicher Intelligenz auch dazu beitragen, dass die Zusammenarbeit mit dem humanoiden Roboter als „natürlich" erlebt werden kann: Wenn ein humanoider Roboter Personen erkennt, ihre Rolle im Versorgungsprozess zuordnen kann (z. B. eine Therapeutin als solche erkennt) und damit deren Aufgabe(n) (z. B. eine neue Therapie für eine Patientin anzulegen) und dabei natürlichsprachlich „ins Gespräch" kommen kann, um diese Aufgabe („Technologie-barrierefrei") gemeinsam umzusetzen, würde das die Integration der Technologie im Versorgungsalltag wesentlich unterstützen und das Erleben des humanoiden Roboters als nützlichen sozialen Agenten und als gut einsetzbare Therapie-Assistenz fördern.

Diese Anmerkungen sollen illustrieren, dass die humanoide Roboter-Assistenz für die Neurorehabilitation, die wie dargestellt bereits klinisch eingesetzt werden kann, doch technologisch noch ein umfangreiches Entwicklungspotenzial aufweist und daher der zukünftige Erfolg und der Umfang ihrer zukünftigen Einsatzfähigkeit durch weitere auch technologische Entwicklungen breiter gedacht werden müssen, als dies bislang bereits realisiert werden konnte.

## 31.5 Schlussbetrachtung

Therapie-Assistenzsysteme und der Einsatz humanoider Roboter-Technologie in der Schlaganfall-Rehabilitation bergen ein relevantes Potenzial, ein zunehmendes Ungleichgewicht zwischen steigendem Behandlungsbedarf einerseits und verfügbaren Fachkräften andererseits zu decken. Denn Therapie-Assistenzsysteme mit humanoider Roboter-Technologie könnten Therapeuten als Assistenten unterstützen und ihnen ermöglichen, mehr Patienten ein intensiveres Training nach Schlaganfall zu ermöglichen. Dabei können die Therapie-Assistenzsysteme nicht als Ersatz, anstatt von Therapeuten eingesetzt werden, sondern nur ergänzend und integriert in den therapeutischen Behandlungsprozess. Hierbei geht es darum, die neuen Rollen, die allen Beteiligten in dem Behandlungsprozess unter Nutzung humanoider Roboter-Technologie zukommt, zu beschreiben und die Beteiligten zu befähigen, ihre Rollen und deren Relevanz zu kennen sowie auch die geänderte rehabilitative Behandlung unter Einsatz der Technologie sachgerecht umzusetzen.

Nur wenn dies sowohl für die Therapeuten wie auch für die nutzenden Schlaganfallbetroffenen gelingt, wird das Potenzial der Technologie optimal nutzbar, eine wirksame Therapie erreicht und die Effektivität des Ressourceneinsatzes optimiert.

Auch wenn mit dem System E-BRAiN illustriert werden kann, dass es klinisch eingesetzt von Betroffenen sehr gut akzeptiert wird und entsprechende Behandlungseffekte erzielt, so werden zukünftige Weiterentwicklungen unter Nutzung künstlicher Intelligenz die Leistungsfähigkeit solcher Systeme und ihre Integration in den Versorgungsalltag weiter erleichtern und die Technologieakzeptanz weiter fördern.

## Literatur

Darling K., Palash N. & Breazeal C. (2015) Empathetic concern and the effect of stores in human-robot interaction. in: 24th IEEE international symposium on robot and human interaction communication (RO-MAN). New York, Institute of Electrical and Electronics Engineers (IEEE) 31 August 2015 – 04 September 2015 770–775.

Feigin V. L., Vos T., Nichols E., Owolabi M. O., Carroll W. M., Dichgans M., Deuschl G., Parmar P. Brainin M. & Murray C. (2020) The global burden of neurological disorders: Translating evidence into policy. in: Lancet Neurol., 19(3):255–265. https://doi.org/10.1016/S1474-4422(19)30411-9

GBD 2021 Nervous System Disorders Collaborators. Global, regional, and national burden of disorders affecting the nervous system, 1990–2021 (2024) A systematic analysis for the Global Burden of Disease Study 2021. in: Lancet Neurol., 23(4):344-381. https://doi.org/10.1016/S1474-4422(24)00038-3. Erratum in: Lancet Neurol., 23(5):e9. https://doi.org/10.1016/S1474-4422(24)00114-5. Erratum in: Lancet Neurol., 23(7):e11. https://doi.org/10.1016/S1474-4422(24)00231-X

Heerink, M., Kröse, B., Evers, V., Wielinga, B. (2010) Assessing Acceptance of Assistive Social Agent Technology by Older Adults: The Almere Model. Int. J. Soc. Robot., 2:361–375. https://doi.org/10.1007/s12369-010-0068-5

Jung M., Lazaro M. J. S. & Yun M. H. (2021) Evaluation of methodologies and measures on the usability of social robots: a systematic review. in: Appl Sci, 11(4):1388. https://doi.org/10.3390/app11041388

Knecht S., Reiners H., Siebler M., Platz T., Flöel A. & Busse R. (2023) Schleichender demografischer Wandel und neurologische Rehabilitation – Teil 1. in: Nervenarzt. 94(8):708-717. https://doi.org/10.1007/s00115-022-01415-x

Langhorne P., Ramachandra S. (2020) Organised inpatient (stroke unit) care for stroke: network meta-analysis. in: Cochrane Database of Systematic Reviews, 4(4):CD000197. https://doi.org/10.1002/14651858.CD000197.pub4.

Leonardi M. & Fheodoroff K. (2021) Goal Setting with ICF (International Classification of Functioning, Disability and Health) and Multidisciplinary Team Approach in Stroke Rehabilitation. in: Leonardi M., Fheodoroff K., Platz T. (Eds.) Clinical Pathways in Stroke Rehabilitation. Springer, Cham, pp. 35–56 https://doi.org/10.1007/978-3-030-58505-1_3

Lutz G., Kiessling C. & Hausteiner-Wiehle C. (2023) Versorgungsqualität: Personale Kompetenz fördern. in: Dtsch Arztebl, 120(14): A-632/B-540.

Merz P., Kopf C., Schwarze E. & Müller H. (2022) Empfehlungen für Qualitätskriterien zur werteorientierten Auswahl und Evaluation von Angeboten zur Förderung der Digitalen Gesundheitskompetenz nach § 20k SGB V. Abschlussbericht vom 08.04.2022, Online im Internet, https://www.tk.de/resource/blob/2127804/9228e8b505c8c40f23f040d9b9bf3cad/2022-dgk-data.pdf, Abrufdatum: 07.11.2024.

Michael J., McEllin L. & Felber A. (2020) Prosocial effects of coordination – What, how and why?, in: Acta Psychol (Amst). 207(2020):103083. https://doi.org/10.1016/j.actpsy.2020.103083

National Research Council (2012) Education for life and work: Developing transferable knowledge and skills in the 21 st century. Committee on defining deeper learning and 21st century skills; Center for education; Division on behavioral and social sciences and education; Pellegrino J. W., Hilton M. L. (Eds.), Washington, DC., The National Academies Press. DOI: 10.17226/13398, Online im Internet, https://www.tk.de/resource/blob/2127804/9228e8b505c8c40f23f040d9b9bf3cad/2022-dgk-data.pdf, Abrufdatum: 07.11.2024.

Platz T. (2004) Impairment-oriented training (IOT) – scientific concept and evidence-based treatment strategies, in:Restor Neurol Neurosci, 22(3-5):301–315.

Platz T. (Ed.) (2021) Clinical Pathways in Stroke Rehabilitation. Evidence-based clinical practice recommendations. Springer Nature, Cham, Switzerland.

Platz T. (Hrsg.) (2024) Update Neurorehabilitation 2024. Tagungsband zur Summer School Neurorehabilitation. Hippocampus Verlag, Bad Honnef.

Platz T., Seidel J., Müller A., Goldmann C. & Pedersen A. L. (2021) THERapy–Related InterACTion (THER-I-ACT) in Rehabilitation—Instrument Development and Inter-Rater Reliability. in: Front. Neurol., 12:716953. https://doi.org/10.3389/fneur.2021.716953

Platz T., Pedersen A. L., Deutsch P., Umlauft A. N. & Bader S. (2023) Analysis of the therapeutic interaction provided by a humanoid robot serving stroke survivors as a therapeutic assistant for arm rehabilitation. in: Front Robot AI, 10:1103017. https://doi.org/10.3389/frobt.2023.1103017.

Platz, T., Umlauft, A.-N., Pedersen, A. L., & Forbrig, P. (2025). Technology Acceptance and Usability of a Therapy System with a Humanoid Robot Serving as Therapeutic Assistant for Post-Stroke Arm and Neurovisual Rehabilitation – An Evaluation Based on Stroke Survivors' Experience. Biomimetics, 10(5), 289. https://doi.org/10.3390/biomimetics10050289.

Platz T, van Kaick S, Mehrholz J, Leidner O, Eickhof C, Pohl M. (2009) Best conventional therapy versus modular impairment-oriented training for arm paresis after stroke: a single-blind, multicenter randomized controlled trial. Neurorehabil Neural Repair. Sep;23(7):706-16. https://doi.org/10.1177/1545968309335974.

Ryan R. M. & Deci E. L. (2017) Self-determination theory: Basic psychological needs in motivation, development, and wellness, The Guilford Press, New York. https://doi.org/10.1521/978.14625/28806

Thieme H., Morkisch N., Mehrholz J., Pohl M., Behrens J., Borgetto B. & Dohle C. (2018) Mirror therapy for improving motor function after stroke. in: Cochrane Database Syst Rev., 7(7):CD008449. https://doi.org/10.1002/14651858.CD008449.pub3

World Health Organization (WHO) (2019). Rehabilitation. Factsheet. Sustainable Development Goals: health targets, Online im Internet, https://iris.who.int/bitstream/handle/10665/340896/WHO-EURO-2019-2384-42139-58051-eng.pdf, Abrufdatum: 07.11.2024.

**Prof. Dr. med. T. Platz** absolvierte 1983–1989 sein Studium der Humanmedizin an der Universität Heidelberg sowie an der Duke University, Durham, U.S.A., anschließend seine ärztliche Weiterbildung in Berlin und London, ist seit 1996 Arzt für Neurologie mit Weiterbildung in Klinischer Geriatrie und den Zusatzbezeichnungen Rehabilitationswesen und Ärztliches Qualitätsmanagement (Ärztekammer Berlin), absolvierte 1997 ein Diplom in Epidemiology & Biostatistics an der McGill University, Montreal, Kanada. 2002 schloss er seine Habilitation für das Fach Neurologische Rehabilitation ab (FU Berlin). Er war von 2006–2018 Chefarzt, zunächst für die Neurologische Rehabilitation und Frührehabilitation an der BDH-Klinik Greifswald, ab 2009 auch des Querschnittgelähmtenzentrum und bekleidet seither eine außerplanmäßige Professur für neurologische Rehabilitation an der Universität Greifswald. Seit 10/2018 ist er Ärztlicher Direktor Forschung des BDH Bundesverbandes Rehabilitation und leitet in dieser Funktion das Institut für Neurorehabilitation und Evidenzbasierung und ist parallel Leiter der AG Neurorehabilitation der Universitätsmedizin Greifswald. Er ist Past-Präsident der Gesellschaft und Leiter der Forschungs- und Leitlinienkommission der Deutschen Gesellschaft für Neurorehabilitation, DGNR sowie Regionaler Vizepräsident Zentral- und Westeuropa und Leiter des Education Committee und der Special Interest Group Clinical Pathways der Weltföderation NeuroRehabilitation (WFNR) sowie Co-Chair der Lancet Commission on Neurorehabilitation.

# Künstliche Intelligenz in der sozialen Arbeit und Pflege: Chancen und Herausforderungen 32

Peter M. Bican

## Inhaltsverzeichnis




**Zusammenfassung**

Pflege und soziale Arbeit stehen aufgrund des demografischen Wandels, des Fachkräftemangels und der steigenden Anforderungen vor sehr großen Herausforderungen. Künstliche Intelligenz (KI) wird als vielversprechende Lösung betrachtet, um Arbeitsprozesse zu automatisieren, Entscheidungsfindungen zu unterstützen und personalisierte Ansätze zu ermöglichen. Besonders in der Verwaltung und der Datenanalyse können KI-Systeme Fachkräfte entlasten, während KI-basierte Robotik physische Unterstützung bieten kann. Gleichzeitig wird kontrovers diskutiert, ob KI eine Entmenschlichung der Pflege begünstigt und wie ethische sowie rechtliche Risiken,



P. M. Bican (✉)
Working Group International Management and Governance, Universität Bremen, Bremen, Deutschland
E-Mail: bican@uni-bremen.de







M. A. Pfannstiel (Hrsg.), *Künstliche Intelligenz im Einsatz für die erfolgreiche Patientenreise*, https://doi.org/10.1007/978-3-658-48573-3_32

etwa im Datenschutz, adressiert werden können. Die Einführung von KI wird maßgeblich von politischen Institutionen, Pflegeeinrichtungen und innovativen Start-ups vorangetrieben, wobei geistige Eigentumsrechte eine entscheidende Rolle für den Schutz und die Verwertung von Innovationen spielen. Um das Potenzial von KI vollständig zu nutzen, bedarf es einer strategischen Zusammenarbeit aller Akteure. KI kann die Pflege und soziale Arbeit nachhaltig verändern, indem sie Fachkräften mehr Zeit für den direkten Kontakt mit den ihnen anvertrauten Menschen verschafft.

## 32.1 Einleitung

Pflege und soziale Arbeit stehen weltweit vor großen Herausforderungen: Der demografische Wandel führt zu einer steigenden Zahl von pflegebedürftigen Menschen, während der Fachkräftemangel und die finanziellen Engpässe im Gesundheits- und Pflegewesen die Versorgungssituation zunehmend verschärfen (Polacsek-Ernst 2024). Hinzu kommen hohe Anforderungen an die Qualität der Pflege und die Belastungen, denen Pflegekräfte täglich ausgesetzt sind (Pinther und Schneider 2024; Rothgang et al. 2020). All diese Herausforderungen machen es notwendig, nach innovativen Lösungen zu suchen, um die Versorgung nachhaltig zu sichern und zu verbessern.

Wie auch in anderen Bereichen des Gesundheitswesens (siehe dazu auch die anderen Beiträge in diesem Sammelwerk) wird Künstliche Intelligenz (KI) dabei zunehmend als vielversprechender Ansatz gesehen, um diese Probleme zu adressieren (Chew und Achananuparp 2022; Guse et al. 2022; Makridakis 2017). KI-basierte Technologien und Anwendungen bieten das Potenzial, administrative Aufgaben zu automatisieren, Pflege- und Sozialarbeitende durch gezielte Entscheidungsunterstützung zu entlasten und personalisierte Konzepte für die Pflege und soziale Arbeit zu ermöglichen (Guse et al. 2022; Masmoudi et al. 2021). So wird bereits vorausgesagt, dass KI mit der Zeit in der Lage sein wird, rund um die Uhr mit Einsamen und Kranken kommunizieren zu können (Gelernter 2024). Wird ein Großteil der Tätigkeiten im Bereich Pflege und sozialer Arbeit, die bisher (und immer noch) von Menschen ausgeführt werden, durch KI ersetzt? Schon jetzt verlassen sich beispielsweise immer mehr Menschen auf KI-basierte digitale Assistenten, die mit uns interagieren, uns Terminhinweise geben oder E-Mails vorlesen und mit denen wir so kommunizieren, als wären sie unsere Mitmenschen (Samuel 2024). Erste Auswirkungen sind bereits im Bereich der Weiterbildung zu sehen, in dem bestehende Geschäftsmodelle durch Anwendungen wie ChatGPT bedroht sind (Kruppa 2024). Nach überwiegender Ansicht der Forschung ist ein Großteil der Tätigkeiten im Bereich Pflege und sozialer Arbeit vorerst nicht bedroht, aber KI könnte Lösungen für dringenden Problemen in Pflege und sozialer Arbeit bereithalten (Guse et al. 2022; Masmoudi et al. 2021). Doch, über welche Probleme sprechen wir: Wie genau kann KI diese Probleme angehen, und welche Akteure treiben diesen Wandel voran?

Dieser Abschnitt widmet sich zunächst den Herausforderungen in der Pflege und sozialen Arbeit und geht dabei auf die Gemeinsamkeiten und Unterschiede zwischen beiden Bereichen ein. Anschließend wird aufgezeigt, welche Anwendungsmöglichkeiten KI bieten kann, um diese Herausforderungen anzugehen. Ein weiterer Fokus liegt auf den Akteuren, die maßgeblich an der Einführung von KI in der Pflege und sozialen Arbeit beteiligt sind – von politischen Institutionen über Pflege- und Sozialeinrichtungen bis hin zu innovativen Start-ups, die oft als Motor für neue technologische Entwicklungen fungieren. Dabei wird auch die Bedeutung geistiger Eigentumsrechte im Kontext möglicher Innovationen untersucht.

## 32.2 Öffentliche Wahrnehmung und Diskussion in der Presse

Es vergeht kein Tag, an dem nicht über die Chancen und Risiken von KI berichtet wird. Die Berichterstattung in den Medien zeigt, dass das Thema KI in der Pflege und der sozialen Arbeit stark im Fokus der öffentlichen Diskussion steht. Viele Artikel betonen die Chancen, die KI bietet, um den Fachkräftemangel zu mildern, Arbeitsprozesse zu optimieren und die Qualität der Pflege und Betreuung zu verbessern (Guse et al. 2022; Masmoudi et al. 2021). So wird beispielsweise häufig darüber berichtet, wie KI-basierte Technologien, wie etwa Pflegeroboter, administrative Entlastung und sogar emotionale Unterstützung leisten können.

Allerdings gibt es auch kritische Stimmen, die vor möglichen Risiken warnen. Einige Beiträge thematisieren die Sorge, dass der Einsatz von KI zu einer Entmenschlichung der Pflege führen könnte – während KI die Fähigkeit besitzt, auf eine unbegrenzte Menge an Daten zuzugreifen und diese zu analysieren, kann sie grundlegende menschliche Fähigkeiten wie Fürsorge, Empathie und situatives Urteilsvermögen nicht ersetzen (Murphy und De Sequeira 2024). Diese Fähigkeiten stehen im Zentrum der patientenzentrierten Pflege. Auch wenn ein Chatbot therapeutische und beratende Sprache meisterhaft nachahmen mag, steckt hinter seinen Antworten kein Verständnis, kein echtes Gefühl (Turkle und Pataranutaporn 2024).

Rechtliche und regulatorische Risiken rücken ebenfalls zunehmend in den Fokus. Klagen im Zusammenhang mit Datenschutz, Diskriminierung durch Algorithmen oder Urheberrechtsverletzungen sind derzeit vor Gericht anhängig (Economist 2024a; Guse et al. 2022; Russell und Norvig 2010). Im Zentrum steht hier auch, wie sensible Gesundheitsdaten geschützt werden können, während KI genutzt wird (Guse et al. 2022). Auch die ethischen Implikationen und die Frage, wie eine gerechte Verteilung von Ressourcen im Zusammenhang mit KI-Lösungen gewährleistet werden kann, werden diskutiert.

Insgesamt wird deutlich, dass KI in der Pflege und der sozialen Arbeit sowohl als vielversprechender Lösungsansatz als auch als komplexe Herausforderung wahrgenommen wird (Guse et al. 2022; Masmoudi et al. 2021). Die öffentliche Wahrnehmung spielt hierbei eine wichtige Rolle, indem sie die Möglichkeiten und Risiken gleichermaßen untersucht und somit zur Meinungsbildung in der Gesellschaft beiträgt.

## 32.3 Gemeinsamkeiten und Unterschiede zwischen Pflege und sozialer Arbeit

Pflege und soziale Arbeit sind zwei eng miteinander verbundene Bereiche, die jedoch jeweils eigene Herausforderungen und Aufgaben mit sich bringen (Bomert et al. 2021; Schmidt 2020). Eine wesentliche Gemeinsamkeit besteht darin, dass beide Bereiche stark vom demografischen Wandel betroffen sind und eine zunehmende Nachfrage nach Dienstleistungen verzeichnen. In beiden Feldern spielt der Fachkräftemangel eine bedeutende Rolle, der durch die steigende Zahl pflege- und betreuungsbedürftiger Menschen und die immer komplexer werdenden Anforderungen verstärkt wird (Hradecky und Sander 2024). Sowohl in der Pflege als auch in der sozialen Arbeit sind die Beschäftigten hohen physischen und emotionalen Belastungen ausgesetzt, was die Attraktivität der Berufe verringert und zu einer hohen Fluktuation führt. Darüber hinaus sehen sich beide Bereiche immer höheren Anforderungen in tätigkeitsfremden Bereichen, wie Dokumentation und Verwaltung, ausgesetzt (Kraft 2019).

Unterschiede bestehen hingegen in den spezifischen Aufgaben und Tätigkeiten: Während die Pflege vor allem körperliche Unterstützung und medizinische Versorgung umfasst, konzentriert sich die soziale Arbeit stärker auf die psychosoziale Betreuung und die Unterstützung von Menschen in schwierigen Lebenslagen. Dies zeigt sich auch in den unterschiedlichen Anforderungen an die Fachkräfte. In der Pflege stehen pflegerische und medizinische Kenntnisse im Vordergrund, während in der sozialen Arbeit kommunikative Fähigkeiten und ein Verständnis für soziale Prozesse von großer Bedeutung sind (Bomert et al. 2021; Schmidt 2020).

## 32.4 Herausforderungen in der Pflege und sozialen Arbeit

Eine der größten Herausforderungen ist der Fachkräftemangel und wie in der Zukunft Fachkräfte für eine Tätigkeit in der Pflege und der sozialen Arbeit begeistert werden können (Nistor et al. 2024; Polacsek-Ernst 2024). Die demografische Entwicklung führt dazu, dass immer mehr Menschen einsam sind und pflegebedürftig werden, während gleichzeitig die Zahl der verfügbaren Pflege- und Sozialarbeitenden stagniert oder tendenziell eher sinkt (Pinther und Schneider 2024; Polacsek-Ernst 2024). Dies hat gravierende Auswirkungen auf die Qualität und Verfügbarkeit von Leistungen in der Pflege und der sozialen Arbeit, die heute schon sichtbar sind. Der steigende Bedarf und die Nachfrage nach diesen Dienstleistungen können kaum noch gedeckt werden, was in seiner Konsequenz zu einer erhöhten Belastung der vorhandenen Fachkräfte führt (Pinther und Schneider 2024; Rothgang et al. 2020).

Hinzu kommen die steigenden Anforderungen an die Qualität der Dienstleistungen. Die Gesellschaft erwartet eine immer höhere Qualität in der Pflege und sozialen Arbeit, was unter anderem eine umfassende Dokumentation und Qualitätssicherung erfordert (DVSG 2020). Diese Anforderungen stellen die Fachkräfte vor zusätzlichen bürokratischen Herausforderungen, welche oft als belastend empfunden werden und wertvolle Zeit kosten, die für die eigentliche Arbeit fehlt (Rothgang et al. 2020).

Ein weiteres Problem sind die finanziellen und organisatorischen Engpässe, unter denen viele Einrichtungen leiden. Begrenzte Budgets und hoher Kostendruck führen dazu, dass notwendige Investitionen in Personal oder Infrastruktur häufig nicht getätigt werden können (Der Paritätische 2023). Zudem sind organisatorische Ineffizienzen in vielen Einrichtungen an der Tagesordnung, was die Arbeit der Fachkräfte zusätzlich erschwert (Häberle et al. 2024).

Nicht zuletzt sind emotionale Belastungen und physische Überlastung der Beschäftigten ein großes Thema. Die psychischen und physischen Anforderungen an Pflege- und Sozialarbeitende sind immens, was zu hohen Krankheitsraten und einer hohen Fluktuation führt (Rohwer et al. 2021; Wesselborg und Bauknecht 2023). Diese Belastungen verschärfen den Fachkräftemangel weiter und schaffen einen Teufelskreis, der schwer zu durchbrechen ist.

## 32.5 Einsatzmöglichkeiten von KI in der Pflege und sozialen Arbeit

Künstliche Intelligenz bietet vielfältige Möglichkeiten, um die genannten Herausforderungen in der Pflege und sozialen Arbeit zu bewältigen (Polacsek-Ernst 2024). Künstliche Intelligenz ist jedoch kein neues Phänomen. Obwohl aktuelle Entwicklungen wie OpenAI's ChatGPT oft suggerieren, dass KI etwas völlig Neues ist, hat die Forschung im Bereich der KI bereits in den 1950er-Jahren begonnen: Die frühen Arbeiten von Alan Turing oder das KI-Software-Projekt „Geometry Machine", das von Herbert L. Gelernter an den IBM Research Labs vorangetrieben wurde, sind bekannte Meilensteine in der KI-Geschichte (Gelernter 2024).

Ein erster wichtiger Ansatz wäre die Automatisierung von Verwaltungsaufgaben. Verwaltungsaufgaben der Fachkräfte im Bereich Pflege und sozialer Arbeit nehmen einen erheblichen Teil ihrer Arbeitszeit ein (Offermanns und Bergmann 2010; Blum et al. 2019). Durch den Einsatz von KI können Dokumentationsprozesse und Verwaltungsaufgaben automatisiert werden, wodurch Fachkräfte deutlich entlastet werden. Gerade weil große Sprachmodelle (LLMs) als Basis von KI-Anwendungen ohne ein dem Mensch vergleichbares Bewusstsein agieren, könnten sie organisatorische Rituale effizienter und manchmal überzeugender ausführen als neugierige und hinterfragende Menschen es jemals könnten (Fourcade und Farrell 2024). Beispielsweise können Chatbots administrative Anfragen bearbeiten oder KI-gestützte Abrechnungssysteme die Bürokratie vereinfachen. Routineaufgaben, wie die Verwaltung von Terminen, Medikamentenplänen oder sogar das Monitoring von Gesundheitsparametern, könnten durch KI effizienter gestaltet werden. Dadurch bleibt den Fachkräften mehr Zeit für die eigentliche Betreuung der Menschen (Kuhlmey et al. 2019).

Ein weiteres Einsatzgebiet von KI ist die Unterstützung bei der Entscheidungsfindung und die Bereitstellung personalisierter Dienstleistungen. KI kann große Mengen an Gesundheits- und Sozialdaten analysieren und dabei helfen, fundierte Entscheidungen zu treffen, die die Qualität der Pflege und sozialen Arbeit verbessern. Hierbei sollte man besser lernen, wie menschliche Motivation und Gruppendynamik die Teamleistung beeinflussen. Gleichzeitig kann KI eingesetzt werden, um unsere Kreativität zu fördern und zwischenmenschliche Beziehungen zu unterstützen (Argamon 2024). So kann beispielsweise durch die Analyse von Vitaldaten frühzeitig erkannt werden, wenn sich der Gesundheitszustand eines Patienten verschlechtert, sodass rechtzeitig Maßnahmen ergriffen werden können. Ebenso kann KI in der sozialen Arbeit genutzt werden, um individuelle Unterstützungspläne zu erstellen. Dabei werden Daten über die Bedürfnisse und Vorlieben von Pflegebedürftigen gesammelt und analysiert werden. Dies könnte durch Sentiment-Analysen von Feedbacks oder die Analyse von Verhaltensmustern geschehen, wodurch personalisierte Pflegepläne entwickelt werden können, die genau auf die individuellen Bedürfnisse abgestimmt sind (Guse et al. 2022; Masmoudi et al. 2021). Ähnlich wie im Marketing könnte KI dazu verwendet werden, Pflegeleistungen und soziale Unterstützung individuell anzupassen. Zum Beispiel könnten Chatbots personalisierte Informationen bereitstellen oder Empfehlungen für soziale Programme aussprechen.

KI kann nicht nur bei der Analyse von Vitaldaten und der Früherkennung eingesetzt werden, sondern auch in der Betreuung, im Austausch und bei der Unterstützung zwischenmenschlicher Interaktionen. Einsamkeit, das Fehlen einer authentischen menschlichen Verbindung, die ein Gefühl von Wert und Zugehörigkeit nährt und aufrechterhält, ist hier oft zentral. Hierbei kann KI unterhalten oder Freude bereiten. Das ist nicht unbedeutend. So nutzen bereits mehr als 20 Mio. Menschen Character.AI, einen Marktführer im Bereich der KI-Begleitung (Turkle und Pataranutaporn 2024). Diese neue Generation von KI-Begleitern wurde entwickelt, um natürliche Gespräche zu simulieren und Menschen Gesellschaft zu leisten. KI-Assistenten wie ChatGPT können diese Aufgaben bis zu einem gewissen Grad übernehmen, aber KI-Begleiter sind darauf ausgelegt, in einer einfühlsamen und realistischen Weise zu reagieren, wenn man seine Gedanken oder Probleme teilt. Sie können sogar Rollenspiele durchführen, indem sie beispielsweise die Rolle eines Partners übernehmen, um schwierige Gespräche zu üben (De Freitas 2024).

Gerade im Bereich der sozialen Arbeit und Pflege, in dem der zwischenmenschliche Kontakt eine zentrale Rolle spielt, können solche KI-basierten Anwendungen (sogenannte „digital actors") dazu beitragen, den Austausch zu fördern und Fachkräfte zu entlasten. So können KI-Systeme gezielt eingesetzt werden, um Gespräche zu initiieren, Menschen zu unterstützen und auf deren Bedürfnisse einzugehen, ohne dabei die menschliche Fürsorge und Empathie zu ersetzen, sondern sie eher zu ergänzen (Gregor et al. 2020; Raisch und Krakowski 2021). KI könnte dabei weiter unterstützend helfen, Pflegeprozesse in Echtzeit anzupassen, basierend auf ebendiesen aktuellen Bedürfnissen oder Gesundheitszuständen der Patienten. Dies könnte beispielsweise durch Sensoren oder Datenanalysen ermöglicht werden.

Auch im Bereich der Robotik findet KI Anwendung (Berge 2017; Savela et al. 2017). Assistenzroboter können Pflegekräfte bei körperlich anstrengenden Aufgaben unterstützen, wie dem Heben von Patienten (Savela et al. 2017), oder auch bei alltäglichen Tätigkeiten, um den Pflegekräften physische Entlastung zu bieten. Darüber hinaus können Roboter zur sozialen Interaktion eingesetzt werden, insbesondere bei älteren Menschen, die unter Einsamkeit leiden, ähnlich den zuvor vorgestellten KI-Begleitern. KI-basierte Roboter können Gespräche führen, Bücher vorlesen oder Spiele spielen und so zur emotionalen Unterstützung beitragen. Neben dem aktuellen Stand der technologischen Entwicklung stehen hier jedoch vor allem noch Kostenaspekte einer breiten Einführung entgegen (Gebert et al. 2021).

## 32.6 Akteure: Wer sind die Treiber des Wandels?

Die Einführung von KI in der Pflege und sozialen Arbeit wird von verschiedenen Akteuren vorangetrieben. Da in Deutschland sowohl Pflege als auch soziale Arbeit überwiegend von staatlich finanzierten Trägern durchgeführt werden, spielen hierbei die Politik und die öffentlichen Institutionen eine wichtige Rolle (Gerlinger und Reiter 2017; Thole 2012). Durch Förderprogramme, strategische Leitlinien und Regulierungen können sie die Rahmenbedingungen für die Digitalisierung in diesen Bereichen schaffen. Diese Unterstützung ist hilfreich, um die Einführung von KI-Technologien zu erleichtern und sicherzustellen, dass sie im Einklang mit ethischen und rechtlichen Standards erfolgt.

Auch Pflege- und Sozialeinrichtungen selbst tragen zur Einführung von KI bei. Viele Einrichtungen ergreifen selbst die Initiative, um innovative Technologien zu integrieren und so die Qualität ihrer Dienstleistungen stetig zu verbessern (Bures et al. 2023; Wolf-Ostermann und Rothgang 2024). Dieser Trend wird durch den steigenden Kostendruck sowie den demografisch bedingten, zunehmenden Fachkräftemangel weiter verschärft (Polacsek-Ernst 2024). So ist diese Eigeninitiative häufig der Schlüssel zur erfolgreichen Implementierung von KI-Lösungen, da die Akzeptanz und der Wille zur Veränderung auf der Ebene der Fachkräfte und des Managements notwendig sind.

Eine entscheidende Rolle bei der Entwicklung, Verbreitung und Implementierung KI-bezogener Anwendungen fällt jedoch auf neue Markteilnehmer - oder Teilnehmer, die bisher nicht direkt mit Pflege oder sozialer Arbeit in Bezug gesetzt wurden. Neben etablierten Unternehmen aus den Bereichen Technologie, Kommunikation oder Robotik sind es insbesondere Startups, die mit ihren innovativen Ansätzen die Entwicklung von KI in der Pflege und sozialen Arbeit entscheidend vorantreiben (Endres et al. 2022; Scheuenstuhl et al. 2021; Weyer et al. 2020). In der Tradition Schumpeters spielen Startups eine zentrale Rolle bei der Entwicklung neuer Technologien (Schumpeter 1942), die gezielt auf die Bedürfnisse dieser Branchen zugeschnitten sind. Gleichzeitig stehen Startups vor finanziellen Herausforderungen (Cordes et al. 2021; Hommel und Bican 2020), die durch gezielte Förderprogramme oder Risikokapitalinvestitionen abgemildert werden können, um ihre Entwicklungen voranzutreiben (Berroth et al. 2024; Bratfisch et al. 2023; Sturm et al. 2024). Auch nicht-finanzielle Treiber können hierbei eine wichtige Rolle spielen (Gruber und MacMillan 2017; Riar et al. 2022; Wilhelm et al. 2024). Ein entscheidender Erfolgsfaktor für Startups ist dabei die Fähigkeit, zu experimentieren, ungewöhnliche Lösungswege einzuschlagen, Fehler zu machen, aus Fehlern zu lernen und, letztlich, ihre Lösungen so zu skalieren, dass sie nahtlos in die bestehende Infrastruktur der Pflege- und Sozialeinrichtungen integriert werden können - oder diese durch Neues ersetzen (Christensen 1997; Keidel et al. 2021; Riar et al. 2021).

## 32.7 Geistige Eigentumsrechte und Innovation in Pflege und sozialer Arbeit

Damit Startups in die Lage versetzt werden, innovative Produkte und Dienstleistungen zu entwickeln und sich am Markt zu etablieren, spielen auch in der Pflege und sozialen Arbeit geistige Eigentumsrechte eine wichtige Rolle (Bican et al. 2017, 2023). Sie sind oftmals entscheidend, wenn es darum geht, Innovationen zu schützen und ihre nachhaltige wirtschaftliche Verwertung zu ermöglichen (Demir und Bican 2023; Hammer et al. 2024). Schutzmechanismen wie Patente, Urheberrechte oder Geschäftsgeheimnisse helfen dabei, die Entwicklungskosten neuer Technologien abzusichern und den Innovatoren einen Wettbewerbsvorteil zu verschaffen (Bican 2024; Guderian et al. 2021). Dadurch wird nicht nur der Anreiz für Unternehmen und Startups erhöht, in die Entwicklung neuer Technologien zu investieren, sondern auch die Verbreitung innovativer Lösungen gefördert. Dies ist besonders entscheidend für Startups, die oft mit einer geringen Anzahl an Produkten oder Dienstleistungen gegen wesentlich größere, häufig seit Jahrzehnten etablierte Konkurrenten antreten müssen (Conley et al. 2013; Dreiling und Bican 2022).

Ein Beispiel für den Schutz innovativer Technologien wäre die Patentierung eines neu entwickelten Pflegeroboters. Durch den Patentschutz kann das Unternehmen dem Kopieren seiner Technologie durch Wettbewerber entgegentreten, was die Marktposition des Unternehmens stärkt und die Refinanzierung der Entwicklungskosten erleichtert (Conley et al. 2013). Solche Schutzmechanismen sind besonders für Startups wichtig, da diese oft mit begrenzten finanziellen Ressourcen arbeiten und auf den Schutz ihrer Innovationen angewiesen sind, um langfristig erfolgreich zu sein und am Markt bestehen zu können (Bratfisch et al. 2023; Hommel und Bican 2020).

## 32.8 Schlussbetrachtung

Zusammenfassend lässt sich sagen, dass sowohl die Pflege als auch die soziale Arbeit vor großen Herausforderungen stehen, die durch den demografischen Wandel, den sich verstärkenden Fachkräftemangel und hohe Anforderungen an die Qualität der Dienstleistungen geprägt sind (Pinther und Schneider 2024). Künstliche Intelligenz bietet vielversprechende Ansätze, um diese Herausforderungen zu bewältigen, insbesondere durch die Automatisierung von Verwaltungsaufgaben, die Unterstützung bei der Entscheidungsfindung und den Einsatz von Robotik zur physischen und emotionalen Entlastung von Pflegekräften (Guse et al. 2022; Masmoudi et al. 2021).

Wenn Menschen die Darstellung von Empathie durch eine KI als echte Empathie akzeptieren, besteht jedoch die Gefahr, dass echte menschliche Fürsorge als minderwertig erscheinen könnte – zu kostspielig, zu bedingt, zu eingeschränkt (Turkle und Pataranutaporn 2024). Dies könnte dazu führen, dass der Wert der Pflege und sozialen Arbeit weniger anerkannt wird, diese Tätigkeiten weniger geschätzt werden und sich der bereits bestehende Fachkräftemangel weiter verstärken könnte.

Auch wenn die tägliche Berichterstattung über KI einen anderen Eindruck erwecken mag, scheint die tatsächliche Anwendung von KI in der Praxis bislang jedoch begrenzt: So stellt beispielsweise das U.S. Census Bureau über alle Branchen hinweg fest, dass nur 5 % der Unternehmen im untersuchten Zeitraum im Jahr 2024 KI-Anwendungen genutzt haben. Ähnlich sieht es in anderen Ländern aus. Offiziellen Zahlen aus Kanada zufolge nutzten nur 6 % der Unternehmen im Jahr 2023 KI, um Waren herzustellen und Dienstleistungen anzubieten (Economist 2024b). Unternehmen könnten das Potenzial von KI erst mit der Zeit erkennen, ähnlich wie bei früheren technologischen Wellen, die sich erst nach und nach ausgebreitet und schließlich alle Bereiche des täglichen Lebens durchdrungen haben. So gehen Investoren davon aus, dass die meisten KI-Umsätze großer Tech-Unternehmen erst nach 2032 realisiert werden (Economist 2024b), was auch Auswirkungen auf entsprechende Anwendungen für die Pflege und soziale Arbeit nach sich ziehen würde.

Die Einführung von KI in der Pflege und sozialen Arbeit erfordert jedoch eine strategische Herangehensweise (Pfannstiel 2024) sowie die Zusammenarbeit verschiedener Akteure, darunter politische Institutionen, Einrichtungen und Unternehmen. Damit KI-Lösungen von allen Beteiligten, insbesondere von konservativen Stakeholdern im Pflegebereich und in der sozialen Arbeit, als glaubwürdig und vertrauenswürdig angesehen werden, ist es wichtig, entsprechende Anwendungsbeispiele sowie Weiterbildungsprogramme zu schaffen, die die Vorteile von KI verdeutlichen (Randhawa et al. 2024). Solution Selling, Issue Selling, Koalitionsbildung und offene Innovationsökosysteme können hier neben anderen Faktoren eine entscheidende Rolle spielen (Randhawa et al. 2024).

Selbst wenn Unternehmen bereit sind, generative KI einzusetzen und auszuweiten, könnten sie feststellen, dass dies schwierig ist. Um die vollen Vorteile der Technologie auszuschöpfen, müssen Unternehmen zunächst ihre Daten, Systeme und die Belegschaft entsprechend weiterentwickeln - wozu Unternehmen wohl deutlich weniger bereit scheinen, als es bei früheren Technologieentwicklungen wie dem Internet oder Cloud Computing der Fall war (Economist 2024a). Um diese Probleme zu überwinden und innovative Lösungen zu entwickeln, spielen insbesondere Start-ups eine zentrale Rolle. (Seidl et al. 2025) Damit Innovationen geschützt und wirtschaftlich verwertet werden können, sind geistige Eigentumsrechte von großer Bedeutung, um entsprechende Anreize für die Entwicklung neuer Technologien zu schaffen (Bican 2024; Conley et al. 2013).

Insgesamt bietet KI das Potenzial, die Pflege und soziale Arbeit nachhaltig zu verändern und vor allem den Fachkräften in ihrer Tätigkeit mehr Zeit für ihre eigentliche Arbeit zu verschaffen – die Arbeit mit und am Menschen, die Tätigkeit, für die sie sich in ihrer Karrierewahl bewusst entschieden haben. Erste Forschungsergebnisse in anderen Branchen zeigen, dass KI-Anwendungen nicht zum Abbau von Mitarbeitern führen, sondern deren Effizienz eher steigern (Humlum und Vestergaard 2024). Die erfolgreiche Umsetzung hängt jedoch von der Veränderungsbereitschaft und Unterstützung durch die relevanten Akteure ab und erfordert ein Klima, in dem neue Ideen und Innovationen gefördert und gefordert werden.

## Literatur


Argamon, S. E. (2024). The Changing Fields of Education and Medicine. The Wall Street Journal. https://www.wsj.com/opinion/the-changing-fields-of-education-and-medicine-e565730f. Abrufdatum: 19. Aug. 2024.

Berroth, C., Niklas, M., Wöllner, T., Bican, P. M., & Jovanovic, T. (2024). Akademische Startups im Innovationsökosystem: Erfolgsfaktoren und die Corona-Pandemie. BFuP - Betriebswirtschaftliche Forschung und Praxis, 76(2):224–247.

Berge, M. S. (2017). Telecare – Where, when, why and for whom does it work? A realist evaluation of a Norwegian project. Journal of Rehabilitation and Assistive Technologies Engineering, 4(2017):1–10.

Bican, P. M. (2024). From patents to trademarks: Navigating value transference, successor products, and time in the integration of intellectual property rights. International Journal of Innovation and Technology Management, 21(6):2450045.

Bican, P. M., Caspary, D., & Guderian, C. C. (2023). Cross-border dynamics of IP modularity: International patenting in LEDs and Lithium-Ion secondary battery technology. Management International Review, 63(2):347–376.

Bican, P. M., Guderian, C. C., & Ringbeck, A. (2017). Managing knowledge in open innovation processes: An intellectual property perspective. Journal of Knowledge Management, 21(6):1384–1405.

Blum, K., Offermanns, M., & Steffen, P. (2019). Situation und Entwicklung der Pflege bis 2030. Düsseldorf: Deutsches Krankenhausinstitut (Hrsg.).

Bomert, C., Landhäußer, S., Lohner, E. M., & Stauber, B. (2021). Care! Zum Verhältnis von Sorge und Sozialer Arbeit – eine Einleitung. In: Bomert, C., Landhäußer, S., Lohner, E. M., & Stauber, B. (Hrsg.), Care! Zum Verhältnis von Sorge und Sozialer Arbeit (S. 1–17). Wiesbaden: Springer VS.

Bratfisch, C., Riar, F. J., & Bican, P. M. (2023). When entrepreneurship meets finance and accounting: (Non-)financial information exchange between venture capital investors, business angels, incubators, accelerators, and start-ups. International Journal of Entrepreneurial Venturing, 15(1):63–90.

Bures, D., Hosters, B., Reibel, T., Jovy-Klein, F., Schramm, J., Brendt-Müller, J., Sander, J., & Diehl, A. (2023). Die transformative Wirkung von künstlicher Intelligenz im Krankenhaus. In: Die Innere Medizin, 64(11):1025–1032.

Chew, H. S. J., & Achananuparp, P. (2022). Perceptions and needs of artificial intelligence in health care to increase adoption: Scoping review. Journal of Medical Internet Research, 24(1):e32939.

Conley, J. G., Bican, P. M., & Ernst, H. (2013). Value articulation: A framework for the strategic management of intellectual property. California Management Review, 55(4):102–120.

Cordes, A., Guderian, C. C., & Riar, F. J. (2021). Exploring the practice of evaluation in corporate venturing. International Journal of Innovation and Technology Management, 18(05),2150026.

Christensen, C. M. (1997). The innovator's dilemma: When new technologies cause great firms to fail. Boston: Harvard Business School Press.

Demir, E., & Bican, P. M. (2023). Patents and sustainable medical treatment in developing countries: Lessons from COVID-19 vaccines. Sustainability, 15(4):3121.

Der Paritätische. (2023). Umfrage zur finanziellen Lage sozialer Arbeit: Wohlfahrtsverbände warnen vor Zusammenbruch sozialer Infrastruktur. Der Paritätische Gesamtverband (Hrsg.). https://www.der-paritaetische.de/alle-meldungen/umfrage-zur-finanziellen-lage-sozialer-arbeit-wohlfahrtsverbaende-warnen-vor-zusammenbruch-sozialer-infrastruktur/. Abrufdatum: 18. Okt. 2024.

De Freitas, J. (2024). Can AI Companions Help Cure the Loneliness Epidemic? The Wall Street Journal. https://www.wsj.com/health/wellness/ai-companions-loneliness-f6b16e98. Abrufdatum: 23. Sep. 2024.

Dreiling, A., & Bican, P. M. (2022). Pioneer or follower: Which strategy to choose? In: Daim T., Dabić M., Su Y.-S. (Eds.) The Routledge Companion to Technology Management (S. 100–115). London: Routledge.

DVSG. (2020). Empfehlungen zur Positionierung gesundheitsbezogener Sozialer Arbeit in Einrichtungen des Gesundheits- und Sozialwesens. Deutsche Vereinigung für Soziale Arbeit im Gesundheitswesen e.V. (Hrsg.), https://dvsg.org/fileadmin/user_upload/DVSG/Veroeffentlichungen/Arbeitshilfen/DVSG-Empfehlungen-Positionierung-Sozialer-Arbeit-2020.pdf. Abrufdatum: 21. Sep. 2024.

Economist. (2024a). Why your company is struggling to scale up generative AI. The Economist (Ed.). https://www.economist.com/business/2024/11/04/why-your-company...e=salesforce-marketing-cloud&utm_term=11/9/2024&utm_id=1988919. Abrufdatum: 10. Nov. 2024.

Economist. (2024b). What happened to the artificial-intelligence revolution? The Economist (Ed.). https://www.economist.com/finance-and-economics/2024/07/02/wha...e=salesforce-marketing-cloud&utm_term=7/5/2024&utm_id=1901907. Abrufdatum: 7. Juli 2024.

Endres, M., Bican, P. M., & Wöllner, T. (2022). Sustainability meets agile: Using Scrum to develop frugal innovations. Journal of Cleaner Production, 347:130871.

Fourcade, M., & Farrell, H. (2024). Large language models will upend human rituals. The Economist(Ed.).https://www.economist.com/by-invitation/2024/09/04/large-languag...rce=salesforce-marketing-cloud&utm_term=9/4/2024&utm_ id=1917884, https://www.economist.com/by-invitation/2024/09/04/large-languag...rce=salesforce-marketing-cloud&utm_term=9/4/2024&utm_ id=1917884). Abrufdatum: 6. Sep. 2024.

Gebert, A., Brünett, M., & Weidner, F. (2021). HoLLiECares – Robotik für die Pflege der Zukunft. Die Schwester Der Pfleger, 7(21):8–12.

Gelernter, D. (2024). Artificial Intelligence Wasn't Born Yesterday. The Wall Street Journal. https://www.wsj.com/opinion/artificial-intelligence-wasnt-born-yesterday-1950s-history-policy-db8781f2. Abrufdatum: 19. Sep. 2024.

Gerlinger, T., & Reiter, R. (2017). Pflegepolitik. In: Reiter, R. (Hrsg.), Sozialpolitik aus politikfeldanalytischer Perspektive. Grundwissen Politik (S. 193–207). Wiesbaden: Springer VS.

Gregor, S., Chandra Kruse, L., & Seidel, S. (2020). Research perspectives: the anatomy of a design principle. Journal of the Association for Information Systems, 21(6):2.

Gruber, M., & MacMillan, I. C. (2017). Entrepreneurial behavior: A reconceptualization and extension based on identity theory. Strategic Entrepreneurship Journal, 11(3), 271-286.

Guderian, C. C., Bican, P. M., Riar, F. J., & Chattopadhyay, S. (2021). Innovation management in crisis: Patent analytics as a response to the COVID-19 pandemic. R&D Management, 51(2):223–239.

Guse, R., Thiebes, S., Hennel, P., Rosenkranz, C., & Sunyaev, A. (2022). Datenmarktplätze für Künstliche Intelligenz im Gesundheitswesen: Potenziale, Herausforderungen und Strategien zur Bewältigung. HMD Praxis der Wirtschaftsinformatik, 59(6):1527–1544.

Häberle, N., Lander, J., Dierks, M.-L., & Bitzer, E. M. (2024). Organisationale Gesundheitskompetenz in deutschen Krankenhäusern während der COVID-19-Pandemie – Ergebnisse einer Querschnittstudie unter Krankenhausleitungen. Prävention und Gesundheitsförderung: 1-9.

Hammer, F., Bilgram, A., & Bican, P. M. (2024). Patente, geistige Eigentumsrechte und Technologiemanagement in Schwellenländern. In: Pfannstiel M. A. (Hrsg.), Technologien und Technologiemanagement im Gesundheitswesen: Potenziale nutzen, Lösungen entwickeln, Ziele erreichen (S. 869-897). Wiesbaden: Springer Fachmedien Wiesbaden.

Hommel, K., & Bican, P. M. (2020). Digital entrepreneurship in finance: Fintechs and funding decision criteria. Sustainability, 12(19):8035.

Hradecky, D. M., & Sander, G. G. (2024). Ursachen des Pflegefachkräftemangels. In: Internationale Pflegefachkräfte für kommunale Krankenhäuser gewinnen. essentials. Wiesbaden: Springer Gabler Verlag.

Humlum, A., & Vestergaard, E. (2024). The adoption of ChatGPT. University of Chicago, Becker Friedman Institute for Economics (Hrsg.), Working Paper, No. 2024-50.

Keidel, J., Bican, P. M., & Riar, F. J. (2021). Influential factors of network changes: Dynamic network ties and sustainable startup embeddedness. Sustainability, 13(11):6184.

Kraft, S. (2019). Welche Auswirkungen hat der Fachkräftemangel? Pflegez, 72,58–59.

Kruppa, M. (2024). How ChatGPT Brought Down an Online Education Giant. The Wall Street Journal (Ed.). https://www.wsj.com/tech/ai/how-chatgpt-brought-down-an-online-education-giant-200b4ff2?mod=djem10point. Abrufdatum: 9. Nov. 2024.

Kuhlmey, A., Blüher, S., Nordheim, J., & Zöllick, J. (2019). Ressource oder Risiko – Wie professionell Pflegende den Einsatz digitaler Technik in der Pflege sehen. In: Suhr R. (Hrsg.), ZQP-Report - Pflege und digitale Technik (S. 31–35). Berlin: Zentrum für Qualität in der Pflege.

Makridakis, S. (2017). The forthcoming Artificial Intelligence (AI) revolution: Its impact on society and firms. Futures, 90:46–60.

Masmoudi, M., Jarboui, B., & Siarry, P. (Hrsg.). (2021). Artificial intelligence and data mining in healthcare. Cham: Springer Nature.

Murphy, K., & De Sequeira, A. (2024). Medical Students Must Go Where AI Can't — Outside. The Wall Street Journal (Ed.). https://www.wsj.com/opinion/medical-students-med-school-ai-human-outside-02d39ae5. Abrufdatum: 11. Sep. 2024.

Nistor, G., Anghel, M., & Popa, M. (2024). Identifying the Prosocial Orientations That Influence Choice of University Studies in the Social Field for Sustainable Educational Integration. Sustainability, 16(4),1462.

Offermanns, M., & Bergmann, K. O. (2010). Neuordnung von Aufgaben des Pflegedienstes unter Beachtung weiterer Berufsgruppen. Düsseldorf: Deutsches Krankenhausinstitut (Hrsg.).

Pfannstiel M. A. (2024). Technologien und Technologiemanagement im Gesundheitswesen. In Pfannstiel M. A. (Hrsg.), Technologien und Technologiemanagement im Gesundheitswesen: Potenziale nutzen, Lösungen entwickeln, Ziele erreichen (S. 1-20). Wiesbaden: Springer Fachmedien Wiesbaden.

Pinther K. & Schneider M. (2024). VR in der ambulanten Pflege: Hemm- und Förderfaktoren bei der Technologieakzeptanz. In Pfannstiel M. A. (Hrsg.), Technologien und Technologiemanagement im Gesundheitswesen: Potenziale nutzen, Lösungen entwickeln, Ziele erreichen (S. 567-586). Wiesbaden: Springer Fachmedien Wiesbaden.

Polacsek-Ernst R. (2024). Digitale und KI-basierte Technologien und Tools in der mobilen Pflege. In Pfannstiel M. A. (Hrsg.), Technologien und Technologiemanagement im Gesundheitswesen:

Potenziale nutzen, Lösungen entwickeln, Ziele erreichen (S. 621-642). Wiesbaden: Springer Fachmedien Wiesbaden.

Randhawa, K., Vanhaverbeke, W., & Ritala, P. (2024). Legitimizing digital technologies in open innovation ecosystems: Overcoming adoption barriers in healthcare. California Management Review, 67(1): 45-68.

Raisch, S., & Krakowski, S. (2021). Artificial intelligence and management: The automation-augmentation paradox. Academy of Management Review, 46(1):192–210.

Riar, F. J., Wiedeler, C., Kammerlander, N., & Kellermanns, F. W. (2022). Venturing motives and venturing types in entrepreneurial families: A corporate entrepreneurship perspective. Entrepreneurship theory and practice, 46(1),44-81.

Riar, F. J., Bican, P. M., & Fischer, J. (2021). It wasn't me: Entrepreneurial failure attribution and learning from failure. International Journal of Entrepreneurial Venturing, 13(2):113–136.

Rohwer, E., Mojtahedzadeh, N., Harth, V., et al. (2021). Stressoren, Stresserleben und Stressfolgen von Pflegekräften im ambulanten und stationären Setting in Deutschland. Zbl Arbeitsmed, 71(1):38–43.

Rothgang, H., Müller, R., & Preuß, B. (2020). BARMER Pflegereport 2020: Belastungen der Pflegekräfte und ihre Folgen (Schriftenreihe zur Gesundheitsanalyse, Bd. 26). BARMER (Hrsg.). https://www.socium.uni-bremen.de/uploads/News/2020/20201201_BARMER_Pflegereport_2020.pdf. Abrufdatum: 21. Sep. 2024.

Russell, S. J., & Norvig, P. (2010). Artificial intelligence: a modern approach. Upper Saddle River: Prentice Hall.

Samuel, A. (2024). The Joys of Talking to ChatGPT. The Wall Street Journal (Ed.). https://www.wsj.com/tech/ai/chatgpt-voice-chat-usefulness-d004bfb3. Abrufdatum: 23. Sep. 2024.

Savela, N., Turja, T., & Oksanen, A. (2017). Social acceptance of robots in different occupational fields: A systematic literature review. International Journal of Social Robotics, 10(4):493–502.

Scheuenstuhl, F., Bican, P. M., & Brem, A. (2021). How can the lean startup approach improve the innovation process of established companies? An experimental approach. International Journal of Innovation Management, 25(3):2150029.

Schmidt, R. (2020). Soziale Arbeit in der pflegerischen Versorgung. In: Aner, K., & Karl, U. (Hrsg.), Handbuch Soziale Arbeit und Alter. (S. 335–348). Wiesbaden: Springer VS.

Schumpeter, J. A. (1942). Capitalism, Socialism and Democracy. New York und London: Harper and Brothers Publishers.

Seidl, M.-L., and P. M. Bican. 2025. " Sustainable Digital Entrepreneurship: Sustainability as a Success Factor for Digital Start-Ups." Sustainable Development 1–15. https://doi.org/10.1002/sd.70023.

Sturm, T., Bican, P. M., Riar, F. J., Guderian, C. C., & Welz, T. (2024). Deal or no deal? Understanding entrepreneurs' criteria and deal breaker in investor selection processes. Journal of Business Economics, Available Online:1–28.

Thole, W. (Hrsg.). (2012). Grundriss Soziale Arbeit: Ein einführendes Handbuch (3. Aufl.). Wiesbaden: VS Verlag für Sozialwissenschaften.

Turkle, S., & Pataranutaporn, P. (2024). A 14-Year-Old Boy Killed Himself to Get Closer to a Chatbot. He Thought They Were In Love. The Wall Street Journal (Ed.). https://www.wsj.com/tech/ai/a-14-year-old-boy-killed-himself-to-get-closer-to-a-chatbot-he-thought-they-were-inlove-691e9e96. Abrufdatum: 10. Nov. 2024.

Wesselborg, B., & Bauknecht, J. (2023). Psychische Erschöpfung in den Pflegeberufen: Eine quantitative Querschnittstudie zu Belastungs- und Resilienzfaktoren. Prävention und Gesundheitsförderung: 1-8.

Weyer, J., Tiberius, V., Bican, P., & Kraus, S. (2020). Digitizing grocery retailing: The role of emerging technologies in the value chain. International Journal of Innovation and Technology Management, 17(8):2050058.

Wilhelm, B., Simarasl, N., Riar, F. J., & Kellermanns, F. W. (2024). Organizational citizenship behavior: understanding interaction effects of psychological ownership and agency systems. Review of Managerial Science, 18(1),1-27.

Wolf-Ostermann, K., & Rothgang, H. (2024). Digitale Technologien in der Pflege – Was können sie leisten? Bundesgesundheitsbl, 67(3):324–331.

**Peter M. Bican** ist Professor an der Universität Bremen, Arbeitsgruppe Internationales Management und Governance. Nach seiner Promotion an der WHU-Otto Beisheim School of Management war er u. a. als Professor am Lehrstuhl für Technologiemanagement der Friedrich-Alexander-Universität Erlangen-Nürnberg tätig. Im Zentrum seiner Forschung steht das strategische Management geistiger Eigentumsrechte und die internationale Strategie. Hier hat er Beiträge in verschiedenen renommierten internationalen Fachzeitschriften wie dem California Management Review, dem R&D Management Journal, oder dem Management International Review, veröffentlicht.

# KI-Brückenschlag zwischen Wearables und Elektronischen Gesundheitsakten 33

Manfred Pferzinger und Deepak Dhungana

## Inhaltsverzeichnis



**Zusammenfassung**

Dieses Kapitel untersucht, wie die Integration von Daten aus Wearables und elektronischen Gesundheitsakten mithilfe einer KI-gestützten Brücke, die Patientenreise entscheidend verbessern kann. Im Fokus steht das Potenzial einer solchen Lösung, eine personalisierte, proaktive und effizient koordinierte Gesundheitsversorgung zu fördern, die auf Echtzeitdaten basiert und individuelle Risikoprofile sowie präventive Maßnahmen ermöglicht. Gleichzeitig werden die Herausforderungen rund um Datenschutz,

M. Pferzinger (✉)
IMC Hochschule für Angewandte Wissenschaften Krems, Institut Gesundheitsmanagement, Krems, Österreich
E-Mail: manfred.pferzinger@imc.ac.at

D. Dhungana
IMC Hochschule für Angewandte Wissenschaften Krems, Institut Digitalisierung und Informatik, Krems, Österreich
E-Mail: deepak.dhungana@imc.ac.at



M. A. Pfannstiel (Hrsg.), *Künstliche Intelligenz im Einsatz für die erfolgreiche Patientenreise*, https://doi.org/10.1007/978-3-658-48573-3_33

Datensicherheit und Transparenz angesprochen, die für das Vertrauen der Patienten von zentraler Bedeutung sind. Es wird argumentiert, dass eine KI-Brücke, die strenge Datenschutzstandards und transparente Datennutzung sicherstellt, nicht nur die Versorgungsqualität steigern, sondern auch das Gesundheitssystem langfristig patientenzentriert und zukunftsorientiert gestalten kann.

## 33.1 Einleitung

Direkt am Körper getragene Wearables, ursprünglich auch als „Wearable Computing" bezeichnet, unterstützen ihre Nutzer seit vielen Jahren bei der Ausübung verschiedener Tätigkeiten (Motti 2020). Dazu erheben Sensoren, die beispielsweise in Smartwatches eingebaut sein können, verschiedene Parameter. Dabei werden personenbezogene Informationen, wie die an einem Tag gesetzten Schritte, die dabei zurückgelegte Distanz oder die jeweilige Aktivitätszeit erfasst. Darüber hinaus werden Gesundheitsdaten erhoben, die Rückschlüsse zum individuellen Gesundheitszustand zulassen. Beispiele hierzu sind etwa die Herzfrequenz, der Blutdruck, der Blutzuckerspiegel oder der Schlafstatus (Vijayan et al. 2021). Diese Informationen können mit, oft produktspezifischen, Apps verbunden und zur weiteren Analyse (bspw. Herzfrequenzvariabilität) und Interpretation (bspw. Herz-Kreislauf-Belastungsstatus) weiterverwendet werden (Hicks et al. 2019).

Während der Markt für Wearables weiter wächst und unterschiedlichste Produkte verfügbar sind, die laufend Daten sammeln (Kazanskiy et al. 2024), werden auch auf Ebene des Gesundheitssystems personenbezogene Gesundheitsdaten strukturiert erhoben (Ebbers et al. 2022). Gesundheitsdiensteanbieter erfassen diese Daten in der Regel in den dafür vorgesehenen Informationssystemen, wobei die Daten primär dezentral gespeichert werden (Oliveira et al. 2024).

Um eine personenbezogene Zusammenschau, der von verschiedenen Gesundheitsdiensteanbietern erhobenen Informationen zu erreichen, können elektronische Gesundheitsakten eingerichtet werden, in denen die individuellen Gesundheitsdaten für die jeweiligen Patienten, zentral verfügbar bzw. einsehbar gemacht werden. Durch entsprechende Berechtigungen, können Gesundheitsdiensteanbieter beispielsweise auch auf die Befunde anderer Disziplinen zugreifen, um einen ganzheitlicheren Blick auf den gesundheitlichen Zustand der jeweiligen Person zu gewinnen. Zudem ist der Zugang für Patienten möglich. Generell nimmt die Nutzung und der Reifegrad von elektronischen Gesundheitsakten zwar stetig zu, die jeweilige Implementierung ist in verschiedenen Ländern, auch aufgrund fehlender Standards, jedoch höchst unterschiedlich zu bewerten (Slawomirski et al. 2023).

Für Nutzer von Wearables existieren so zumindest zwei Orte für die Sammlung ihrer personenbezogenen Informationen und Gesundheitsdaten, die theoretisch verknüpft werden können. Das vorliegende Kapitel beschäftigt sich mit der Frage, welchen Beitrag die künstliche Intelligenz darüber hinaus leisten kann.

## 33.2 Wearables und Elektronische Gesundheitsakten

Bei Wearables wird zwischen medizinischen und nicht-medizinischen unterschieden. Während medizinische Wearables primär zur Unterstützung der Behandlung von Krankheiten, insbesondere beim Monitoring chronischer Erkrankungen zum Einsatz kommen (Hemapriya et al. 2017), zählen zu den nicht-medizinischen Wearables unter anderem leicht verfügbare Fitnessarmbänder oder Smartwatches, die in der Regel nicht als Medizinprodukt zertifiziert wurden. Bei den medizinischen Wearables werden die Daten von den Patienten, sowohl als auch von den Ärzten zur Überwachung und weiteren Interpretation genutzt. Bei den nicht-medizinischen Wearables werden von den Benutzern zumeist die eigenen Vitalfunktionen erfasst, deren Verfügbarkeit dazu anregen soll, einem aktiveren und gesünderen Lebensstil zu führen (Cusack et al. 2024).

Im Gegensatz dazu stellt die elektronische Gesundheitsakte eine digitalisierte Version der herkömmlichen Patientenakte dar. Dabei handelt es sich um ein zentrales System, in dem Gesundheitsdiensteanbieter Daten ihrer Patienten speichern und verwalten. Elektronische Gesundheitsakten können zudem mit Wearables verknüpft werden (Dinh-le et al. 2019).

## 33.3 Eine exemplarische Patientenreise

Dieser Abschnitt beschreibt eine Persona namens Robert. Personas beschreiben fiktive jedoch realitätsnahe Persönlichkeiten, die repräsentativ für die Nutzung eines Produkts oder einer Dienstleistung in Frage kommen sollen. Im konkreten Fall also Wearables.

Robert ist heute 45 Jahre alt und sportlich. Schon während seiner Ausbildung zum Bauingenieur arbeitete er in einem Hoch- und Tiefbauunternehmen, wo er aufgrund seiner hohen Leistungsbereitschaft bei seinen Kolleginnen und Kollegen gut angesehen war. Unregelmäßige Arbeitszeiten und Überstunden waren die Regel; Stress und ungesunde Ernährung fester Bestandteil seines Arbeitsalltags. Privat fühlte sich Robert im Kreise seiner Familie wohl, als dreifacher Vater war er jedoch auch stark gefordert.

Zu dieser Zeit war Robert zwar selten krank, fühlte sich jedoch auch nicht besonders fit. Im Rahmen einer Vorsorgeuntersuchung riet ihm sein langjähriger Hausarzt zu mehr Bewegung und zu einem bewussteren Umgang mit seiner Gesundheit. Der Arzt wusste aufgrund der Familienanamnese, dass bei Robert eine genetische Prädisposition für Herzerkrankungen vorliegen kann. Ein Umstand, den er ein weiteres Mal in seinem Arztinformationssystem dokumentierte.

Kurz darauf entdeckte Robert seine Leidenschaft für das Rennradfahren. Radfahren bedeutete für Robert zunächst eine Auszeit von seinem stressigen Arbeitsalltag und etwas Zeit für sich. Bald nahm er auch an ersten Hobbyrennen teil, die ihn zu persönlichen Höchstleistungen motivierten. Mehr und mehr beschäftigte er sich mit den Daten, die ihm seine Sportuhr zu seinen Trainingseinheiten bereitstellte. Gleichzeitig begann er anlassbezogen diverse Blogeinträge zu gesünderen Lebensgewohnheiten zu lesen, die mehr Leistungsfähigkeit versprachen. Seine Kompetenzen im Hinblick auf einen gesunden Lebensstil wurden stetig ausgebaut und er begann seinen Körper besser zu verstehen. Positive Effekte ließen nicht lange auf sich warten und Robert fühlte sich in seinem Tun bestätigt. Er nutzte das Repertoire seiner Sportuhr voll aus, kontrollierte täglich seine Schlafqualität, inklusive niedrigste Herzfrequenz im Schlaf, und den Herz-Kreislauf-Belastungsstatus. Seinen durchschnittlichen Ruhepuls konnte er nach unzähligen diesbezüglichen Gesprächen mit Sportsfreunden sogar auswendig nennen. Um diese Informationen zu erhalten und aktuell zu halten, trug Robert seine Sportuhr nun auch abseits seiner Trainingseinheiten. Die Uhr wurde zum ständigen Begleiter; für ihn als Sportler sogar zu einem Statussymbol. Robert erweiterte aber auch sein digitales Ökosystem, indem er sich für sein Rennrad verschiedene Sensoren besorgte, die unter anderem die Trittfrequenz und die Geschwindigkeit messen.

Robert beschäftigte sich immer intensiver mit seinen persönlichen physiologischen Daten ($VO_2$max, VLamax, Fatmax), seiner Herzfrequenz (HFmax, durchschnittliche Herzfrequenz, Ruhepuls, HRV) und seinen Trainingsgrunddaten (gesamte Trainingsstunden, Geschwindigkeit, Trittfrequenz, Zeit in Trainingszonen). In Kombination mit den Informationen zu Schlafqualität, Erholungszustand und Stresslevel, gelang es ihm seine Leistung und damit sich selbst immer weiter zu optimieren. Er achtete konsequent auf seine Ernährung, war schlank, jedoch lag sein Body-Mass-Index (BMI) bei 25,9. Mit diesem Wert als „Übergewichtig“ deklariert zu werden, gefiel ihm zwar nicht, sein hoher Muskelanteil ließ jedoch keinen diesbezüglichen Frust entstehen. Ja, Robert fühlte sich top fit!

Robert setzte bei seinen Trainings zunehmend auf stärkere Belastung und längere Trainingseinheiten. Vorübergehende Symptome wie Brustschmerzen, Kurzatmigkeit und ein vorübergehend sehr hoher Puls interpretierte er als trainingswirksam. Hinzu kam, dass er sich auf seine Trainingseinheiten freute. Er war froh über die Ablenkung – kürzlich häufiger auftretende familiäre Streitereien und berufliche Probleme (eines seiner Bauprojekte machte ihm besonders zu schaffen) stressten ihn zusehends.

Nachdem Robert in seinem Büro plötzlich einen bisher nicht gekannten stechenden Schmerz in seiner Brust spürte, versuchte er vergeblich tief durchzuatmen. Der Schmerz strahlte in seinen linken Arm und in seinen Kiefer aus. Schwindel überkam ihn, während sein Herz unregelmäßig raste. Hinzu kam der kalte Schweiß. Sein Magen rebellierte und eine lähmende Erschöpfung brach über ihn herein. Er hatte einen Herzinfarkt.

Die hier geschilderte und fiktive Patientenreise skizziert beispielhaft die Probleme, die sich aus der fehlenden Aggregation von personenbezogenen Informationen und Gesundheitsdaten ergeben können. Roberts Fokus auf die Daten seines Wearables bestimmte zunehmend seinen Alltag, während der Eintrag seines Arztes zu einer möglichen genetischen Prädisposition für eine Herzerkrankung, kaum gegenwärtig war. Mit Hilfe einer effektiven Integration dieser Daten, hätten die beschriebenen und vorübergehenden Symptome wie Brustschmerzen, Kurzatmigkeit und Herzrasen korrekt interpretiert werden können. Dadurch angestoßene Präventivmaßnahmen können theoretisch betrachtet in Zukunft zum Ausbleiben solcher und ähnlich gelagerten Akutszenarien beitragen. Durch den Einsatz von künstlicher Intelligenz erscheint das hierbei vorhandene Potenzial sehr groß.

## 33.4 Rahmen für eine KI-unterstützte Patientenreise

Um die Integration der Daten aus den Wearables und elektronischen Gesundheitsakten zu gewährleisten und daraus Nutzen ziehen zu können, ist ein ganzheitlicher Ansatz erforderlich, der nicht nur die technischen Rahmenbedingungen klärt, sondern auch die organisatorischen, rechtlichen und Aspekte der Nutzerakzeptanz berücksichtigt (Smuck et al. 2021). Es erfordert daher eine multidisziplinäre Herangehensweise, die technische, analytische und soziale Aspekte berücksichtigt. Dieser Beitrag skizziert einen Rahmen, der einen effektiven Brückenschlag zwischen Wearables und elektronischen Gesundheitsakten ermöglicht und dabei Künstliche Intelligenz (KI) als Schlüsseltechnologie einsetzt. Das Hauptziel dieses Rahmens ist es, eine nahtlose und effiziente Verbindung zwischen den von Wearables generierten Daten und elektronischen Gesundheitsakten zu schaffen. Dies umfasst die Datenintegration und eine Analyse der Daten, um schlussendlich eine verbesserte Patientenreise zu erreichen. Eine Architektur für einen solchen Rahmen ist in der Abb. 33.1 zu sehen.

Das vorgeschlagene Framework besteht aus mehreren Schlüsselkomponenten, die zusammenarbeiten, um eine optimale Integration zu gewährleisten, wobei eine robuste, skalierbare und erweiterbare Datenarchitektur genauso wichtig ist, wie die Benutzerfreundlichkeit, Interoperabilität und Sicherheits- und Datenschutzaspekte (Petersen 2018). Wir schlagen eine Middleware vor, mit der die KI-Brücke eigenständig entwickelt, gewartet und betrieben werden kann. Mehrere solcher Middleware-Lösungen sind denkbar, um spezialisierte KI-Dienste bereitzustellen.

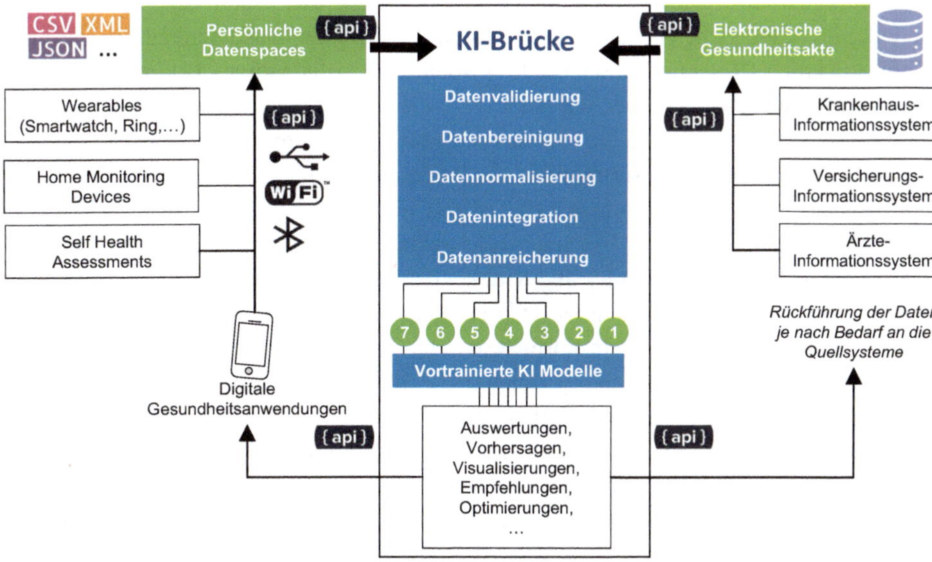


**Abb. 33.1** Überblick der Architektur und Funktionsweise der KI-Brücke. (Quelle: Eigene Darstellung (2025))

**Datenerfassung**

Daten werden, wie in vorigen Abschnitten beschrieben einerseits durch Wearables und andererseits durch Gesundheitsdienste in den elektronischen Gesundheitsakten kontinuierlich erfasst. Weitere relevante Datenquellen umfassen Fitness-Apps, Umwelt-Sensoren, genetische Informationen und Self-Assessments. Dabei ist es wichtig, standardisierte Datenformate wie HL7, FHIR (Fast Healthcare Interoperability Resources), JSON oder CSV zu verwenden. So wird sichergestellt, dass die Daten konsistent und kompatibel sind und nachfolgende Verarbeitungsschritte automatisiert ablaufen können.

Da verschiedene Wearables zahlreiche Datenformate, Übertragungsprotokolle und Technologien nutzen, ist es entscheidend, dass die KI-Brücke möglichst viele dieser Möglichkeiten unterstützt und eine offene Schnittstelle für zukünftige Entwicklungen bereitstellt. Es ist dabei wichtig zu erwähnen, dass alle Datenübertragungen den geltenden Datenschutzbestimmungen (z. B. die Datenschutz-Grundverordnung – DSGVO in Europa oder den Health Insurance Portability and Accountability Act – HIPAA in den USA) entsprechen – zum Beispiel durch die Nutzung von Verschlüsselungstechnologien zum Schutz sensibler Gesundheitsdaten während der Übertragung und Speicherung.

**Datenintegration mit KI**

Bei der Datenintegration werden heterogene Datenquellen zunächst durch Datenharmonisierung (Cheng et al. 2024) in ein einheitliches Format gebracht. Anschließend erfolgt die Datenbereinigung, um Ausreißer, fehlende Werte und Inkonsistenzen zu identifizieren und zu korrigieren. Zum Schutz der sensiblen Patientendaten wird zudem eine starke Datenverschlüsselung angewendet. Technologien zur Datenfusion wie Apache Kafka oder FHIR ermöglichen die Integration und Harmonisierung von Daten aus verschiedenen Quellen. Sie stellen sicher, dass Wearable-Daten und Krankenhausdaten nahtlos zusammengeführt werden (Roos und Slavich 2023), sodass ein vollständiges Bild des jeweiligen Patienten für die KI-Modelle verfügbar ist.

KI-Algorithmen tragen dabei wesentlich zur Datenintegration, -harmonisierung und -bereinigung bei, indem sie mithilfe von Anomalieerkennung und Ausreißeranalysen die Konsistenz und Qualität der Daten prüfen und automatisch fehlende Werte oder Fehler erkennen und beheben. Dies ist besonders relevant bei der Zusammenführung unterschiedlicher Datenquellen wie Wearables und Krankenhausinformationssystemen. NLP (Natural Language Processing) ermöglicht es, Informationen aus unstrukturierten Textquellen zu extrahieren und in standardisierte Formate wie HL7 oder FHIR zu überführen, was den Datenaustausch erleichtert. Auch der Datenabgleich und die Verknüpfung von Patientenakten aus verschiedenen Quellen werden durch KI-gestützte Techniken wie Entity Matching unterstützt, um Duplikate und Fehler zu vermeiden. Für die Echtzeit-Integration und das Monitoring erlaubt KI die kontinuierliche Einbindung von Datenströmen aus Wearables und Krankenhausquellen, was besonders bei der Überwachung von Risikopatienten nützlich ist, da kritische Werte oder Anomalien frühzeitig erkannt und Alarme ausgelöst werden können. Zudem erkennt KI durch Musteranalysen Zusammenhänge zwischen unterschiedlichen Datentypen – etwa klinischen Daten, Wearable-Daten oder Umweltinformationen – und integriert sie in umfassende Patientenprofile, was eine nahtlose Verknüpfung der Datenquellen für personalisierte Empfehlungen, Risikoanalysen und präzise Vorhersagen ermöglicht.

Zusätzlich unterstützt KI die semantische Interoperabilität, indem sie durch Ontologien und Wissensgraphen Daten unterschiedlicher Formate in ein gemeinsames Vokabular überführt und ihre einheitliche Interpretation gewährleistet. Angesichts der Sensibilität von Gesundheitsdaten spielt KI auch eine zentrale Rolle bei der Anonymisierung und Verschlüsselung und ermöglicht so den sicheren Datenaustausch zwischen Systemen. Schließlich trägt KI zur Qualitätssicherung und Validierung bei, indem sie Daten kontinuierlich auf Fehler und Inkonsistenzen überprüft und so eine solide Grundlage für präzise Diagnose- und Therapieempfehlungen schafft (Goyle et al. 2023).

**Datenanalyse mit KI**

Die KI-gestützte Datenanalyse im Gesundheitswesen basiert auf leistungsfähigen maschinellen Lernverfahren (ML), die für präzise Vorhersagen und Diagnosen eingesetzt werden. Klassifikationsalgorithmen wie Random Forests und Gradient Boosting analysieren Patienten- und Vitaldaten, um Gesundheitszustände zu klassifizieren und Risikoindikatoren für Krankheiten wie Herzprobleme oder Diabetes zu erkennen. Diese Algorithmen sind besonders hilfreich, um Patienten in Risikogruppen einzuordnen und gezielte Vorsorgemaßnahmen zu ergreifen. Prognosemodelle wie Support Vector Machines (SVM) und Entscheidungsbäume verarbeiten historische und Echtzeitdaten aus verschiedenen Quellen, um Gesundheitsrisiken präzise zu prognostizieren und personalisierte Handlungsempfehlungen zu geben.

NLP ergänzt diese Modelle, indem es Informationen aus unstrukturierten Textquellen wie Arztberichten, Patientenanamnese und Self-Assessments extrahiert und mit strukturierten Wearable-Daten kombiniert. So entsteht ein umfassenderes Bild des Gesundheitszustands, das auf den individuellen Kontext des Patienten abgestimmt ist und personalisierte Empfehlungen ermöglicht. NLP ist hierbei besonders wertvoll, da es medizinische Fachbegriffe und kontextbezogene Informationen verstehen und systematisch in die Analyse integrieren kann.

Zusätzlich kommen Deep-Learning-Modelle wie Convolutional Neural Networks (CNNs) und Recurrent Neural Networks (RNNs) zum Einsatz, die komplexe Muster in großen und heterogenen Datenmengen erkennen. CNNs eignen sich insbesondere für die Analyse von Bilddaten wie MRT- und Röntgenbildern oder Elektrokardiogrammen (EKG) und können dabei helfen, Anzeichen von Herzkrankheiten oder andere strukturelle Auffälligkeiten im Körper frühzeitig zu identifizieren. RNNs und Long Short-Term Memory (LSTM)-Netzwerke sind ideal für die Analyse von Zeitreihendaten, wie beispielsweise kontinuierliche Herzfrequenz- und Bewegungsdaten von Wearables, um Trends und Muster im Gesundheitszustand zu erkennen und damit auf Veränderungen in der Gesundheit hinzuweisen.

Die vorgeschlagene KI-Brücke bietet eine Vielzahl dieser Algorithmen und ist flexibel darauf ausgelegt, die jeweils passende Analyse in Abhängigkeit von den verfügbaren Datenquellen durchzuführen. Damit schafft sie eine Grundlage für präzise und datengetriebene Analysen, die sich dynamisch an die Bedürfnisse der jeweiligen Patienten anpassen lassen. Die Ergebnisse dieser Analysen können über eine Schnittstelle bereitgestellt werden, sodass andere digitale Gesundheitsanwendungen darauf zugreifen und diese Daten für erweiterte Funktionen oder zusätzliche Analysen nutzen können. Ebenso können die Analysen in die ursprünglichen Quellsysteme, wie Arztpraxen, Krankenhäuser oder Versicherungen, zurückgeführt werden. So wird die KI-Brücke zu einem zentralen Bestandteil des vernetzten Gesundheitsökosystems, das durch kontinuierliche Datenintegration und KI-basierte Analysen die Qualität der Gesundheitsversorgung verbessert und individualisierte Präventions- und Therapieansätze ermöglicht.

**KI-Brücke als eine Zusätzliche Datenquelle**
Die durch die Datenintegration und -analyse erzeugten Ergebnisse werden von der KI-Brücke über gesicherte und verschlüsselte APIs (Application Programming Interfaces) bereitgestellt, die höchste Datenschutzstandards gewährleisten. Diese APIs ermöglichen es nicht nur externen Entwicklern von Gesundheitsanwendungen, auf die integrierten und analysierten Daten zuzugreifen, sondern bieten auch Ärzten, Krankenhausinformationssystemen und den Endnutzern selbst eine wertvolle Ressource für weiterführende Analysen und Entscheidungen. So können Gesundheitsanwendungen diese Daten nutzen, um personalisierte Empfehlungen und Monitoring-Tools anzubieten, während medizinisches Fachpersonal direkt auf umfassende, aktuelle Patientendaten zugreifen kann, um fundierte Diagnose- und Therapieentscheidungen zu treffen.

Durch den sicheren Zugriff auf die Daten über APIs erhalten auch die Patienten, die Wearables oder Gesundheits-Apps verwenden, die Möglichkeit, ihre Gesundheitsdaten selbstständig zu überwachen und ein besseres und umfassenderes Verständnis ihrer Gesundheitslage zu entwickeln. Die KI-Brücke fungiert hier als zentrale Plattform, die sämtliche relevanten Gesundheitsdaten aus verschiedenen Quellen sammelt, analysiert und in einer sicheren und standardisierten Form bereitstellt. Dies fördert nicht nur die Interoperabilität zwischen den verschiedenen Akteuren im Gesundheitssystem, sondern unterstützt auch eine höhere Transparenz und Partizipation der Patienten in ihrem eigenen Gesundheitsmanagement.

## 33.5 Schlussbetrachtung

In einem Szenario mit einer funktionierenden Datenintegrationsplattform könnte Roberts Patientenreise erheblich anders verlaufen. Roberts Wearable hätte seine täglichen Aktivitäts- und Vitalparameter kontinuierlich erfasst und die Daten in Echtzeit an die KI-Brücke übertragen, wo die Wearable-Daten automatisch mit seiner Gesundheitsakte verknüpft und integriert werden würden, sodass die Vitalwerte so in den Kontext seiner gesamten medizinischen Geschichte gestellt werden. Roberts Arzt würde neben den täglichen Aktivitätsdaten auch potenzielle Warnsignale sehen, wie etwa ungewöhnliche Puls- oder

Atemfrequenzen, die zusammen mit seiner bekannten genetischen Prädisposition für Herzerkrankungen ein Risikoprofil darstellen. So wäre eine umfassendere, präventive Überwachung seiner Herzgesundheit möglich gewesen.

In dieser integrierten Lösung würde eine KI-basierte Analyse Roberts Daten regelmäßig scannen, um Risikofaktoren frühzeitig zu erkennen. Die KI könnte beispielsweise eine Verknüpfung zwischen seinen zunehmenden Brustschmerzen, den gelegentlichen Phasen von Kurzatmigkeit und dem bekannten Risiko für Herzerkrankungen ziehen. Durch kontinuierliche Datenanalyse und das Erkennen von Anomalien hätte das System frühzeitig Empfehlungen ausgeben können, die Robert und seinen Arzt über ein erhöhtes Risiko informiert hätten. Dies hätte nicht nur Warnsignale hervorgehoben, sondern auch spezifische Handlungsempfehlungen gegeben, wie z. B. die Überweisung an einen Kardiologen oder die Durchführung weiterer Diagnosetests, bevor die Symptome akut werden.

Durch eine solche Integrationsplattform mit KI-Unterstützung hätte Robert nicht nur die Daten seines Wearables in seinen Alltag einbinden können, sondern auch aktiv von präventiven Maßnahmen profitieren können, die auf seine spezifischen Gesundheitsrisiken abgestimmt sind. Eine solche datengetriebene und personalisierte Patientenreise könnte helfen, akute und möglicherweise gefährliche Szenarien wie Herzanfälle zu vermeiden und seine Lebensqualität zu steigern. Gleichzeitig würde das System Transparenz und Datenschutz sicherstellen, indem Robert Einblick in die verwendeten Daten und die Analyseprozesse erhält und selbst entscheiden kann, wie seine Gesundheitsinformationen genutzt werden. Auf diese Weise könnte Robert sich auf die Technologie verlassen, um seine Gesundheit zu unterstützen, ohne dabei die Kontrolle über seine persönlichen Informationen zu verlieren.

## 33.6 Fazit

Zusammenfassend lässt sich sagen, dass die Integration von Wearable-Daten und elektronischen Gesundheitsakten durch eine KI-gestützte Brücke das Potenzial hat, die Patientenreise grundlegend zu transformieren. Durch die nahtlose Verbindung dieser Datenquellen entstehen neue Möglichkeiten für eine personalisierte, proaktive und koordinierte Versorgung, die sowohl Patienten als auch Gesundheitseinrichtungen erheblich zugutekommt. Gleichzeitig erfordert dieser technologische Fortschritt höchste Standards in puncto Datenschutz und Datensicherheit: Datenschutzmechanismen wie Anonymisierung und Zugriffsregulierung sind essenziell, um Vertrauen zu schaffen und die Akzeptanz solcher Systeme zu fördern. Die Transparenz über die Datennutzung ist hierbei entscheidend, um Patienten aktiv einzubeziehen und aufzuklären. Eine solche KI-Brücke könnte damit nicht nur medizinische Effizienz und Präzision steigern, sondern auch das Gesundheitswesen zukunftssicher und patientenzentrierter gestalten.

## Literatur


Cheng C., Messerschmidt L., Bravo I, Waldbauer M., Bhavikatti R., Schenk C., Grujic V., Model T., Kubinec R. & Barceló J. (2024) A General Primer for Data Harmonization, In: *Sci Data,* 11(152):1-14. https://doi.org/10.1038/s41597-024-02956-3

Cusack N. M., Venkatraman P. D., Raza U. & Faisal A. (2024) Review—Smart Wearable Sensors for Health and Lifestyle Monitoring: Commercial and Emerging Solutions, In: *ECS Sensors Plus*, 3(1):017001. https://doi.org/10.1149/2754-2726/ad3561

Dinh-Le C., Chuang R., Chokshi S. & Mann D. (2019) Wearable Health Technology and Electronic Health Record Integration: Scoping Review and Future Directions, In: *JMIR Mhealth Uhealth*, 7(9):e12861. https://doi.org/10.2196/12861

Ebbers T., Kool R. B., Smeele L. E., Dirven R., den Besten C. A., Karssemakers L. H. E., Verhoeven T., Herruer J. M., van den Broek G. B. & Takes R. P. (2022) The Impact of Structured and Standardized Documentation on Documentation Quality; a Multicenter, Retrospective Study In: *Journal of medical systems*, 46(7):46(1-7). https://doi.org/10.1007/s10916-022-01837-9

Goyle K., Xie Q. & Goyle V. (2023) DataAssist: A Machine Learning Approach to Data Cleaning and Preparation. https://doi.org/10.48550/arXiv.2307.07119

Hemapriya D., Viswanath P., Mithra V. M., Nagalakshmi S. & Umarani G. (2017) Wearable medical devices — Design challenges and issues. International Conference on Innovations in Green Energy and Healthcare Technologies (IGEHT), Coimbatore, India, 16-18.03.2017, IEEE, pp. 1-6, DOI: https://doi.org/10.1109/IGEHT.2017.8094096

Hicks J. L., Althoff T., Sosic R., Kuhar P., Bostjancic B., King A. C., Leskovec J. & Delp S. L. (2019) Best practices for analyzing large-scale health data from wearables and smartphone apps, In: *NPJ Digit Medicine*, 2(45):1-12. https://doi.org/10.1038/s41746-019-0121-1

Kazanskiy N. L., Khonina S. N. & Butt M. A. (2024) A review on flexible wearables – Recent developments in non-invasive continuous health monitoring, In: *Sensors and Actuators A: Physical*, 366(1):114993. DOI: https://doi.org/10.1016/j.sna.2023.114993

Motti V. G. (2020) Introduction to Wearable Computers, In: Wearable Interaction. Human–Computer Interaction Series, Springer, Cham. DOI: https://doi.org/10.1007/978-3-030-27111-4_1

Oliveira N. R. d., Santos Y. d. R. d., Mendes A. C. R., Barbosa G. N. N., Oliveira M. T. d., Valle R., Medeiros D. S. V. & Mattos D. M. F. (2024) Storage Standards and Solutions, Data Storage, Sharing, and Structuring in Digital Health: A Brazilian Case Study, In: *information*, 15(1):20(1-36). DOI: https://doi.org/10.3390/info15010020

Petersen C. (2018) Through Patients' Eyes: Regulation, Technology, Privacy, and the Future, In: *Yearb Med Inform*, 27(1):10-15. https://doi.org/10.1055/s-0038-1641193

Roos Lydia G. & Slavich George M., (2023) Wearable technologies for health research: Opportunities, limitations, and practical and conceptual considerations, In: *Brain, Behavior, and Immunity*, 113(2023):444-452. https://doi.org/10.1016/j.bbi.2023.08.008

Slawomirski L., Lindner L., de Bienassis K., Haywood P., Hashiguchi T. C. O., Steentjes M. & Oderkirk J. (2023) Progress on implementing and using electronic health record systems: Developments in OECD countries as of 2021, OECD Health Working Papers, No. 160, OECD Publishing, Paris. DOI: https://doi.org/10.1787/4f4ce846-en

Smuck M., Odonkor C. A., Wilt J. K., Schmidt N. & Swiernik M. A. (2021) The emerging clinical role of wearables: factors for successful implementation in healthcare, In: *npj Digit. Med.*, 4(45):1-8. DOI: https://doi.org/10.1038/s41746-021-00418-3

Vijayan V., Connolly J. P., Condell J., McKelvey N. & Gardiner P. (2021) Review of Wearable Devices and Data Collection Considerations for Connected Health, In: Sensors, 21(16):5589(1-31). DOI: https://doi.org/10.3390/s21165589

**Manfred Pferzinger** ist stellvertretender akademischer Leiter, Institutsleiter am Institut Gesundheitsmanagement und Studiengangsleiter im Masterprogramm „Management von Gesundheitsunternehmen" am IMC Krems (Österreich). Zudem ist er assoziierter Universitätsforscher am Institut für Management und Ökonomie im Gesundheitswesen (IMÖG) an der UMIT Tirol. Vor seiner akademischen Karriere sammelte er in verschiedenen Führungspositionen umfangreiche Erfahrungen im Bereich eHealth.

**Deepak Dhungana** leitet am IMC Krems (Österreich) das Institut für Digitalisierung und Informatik sowie den Studiengang Informatics. Sein Fokus liegt auf KI-Technologien, insbesondere deren Anwendung zur Verbesserung von Lebensqualität und Lebensstil. Zudem ist er aktiv in mehreren groß angelegten Projekten engagiert, in denen er sich stark für modellgetriebene Ansätze in der Softwareentwicklung einsetzt – insbesondere in den Bereichen KI-gestützte Infrastrukturen und Prozesse für eine nachhaltige Zukunft.

# KI und Wearables für ein innovatives Patientenmanagement: Fokus epileptisches Anfallsmonitoring

# 34

Solveig Vieluf, Christian Goelz, Paulina Moehrle
und Tobias Loddenkemper

## Inhaltsverzeichnis



S. Vieluf (✉) · C. Goelz · P. Moehrle
Medizinische Klinik und Poliklinik I, LMU Klinikum, LMU München, München, Deutschland
E-Mail: Solveig.Vieluf@med.uni-muenchen.de; Christian.Goelz@med.uni-muenchen.de; p.moehrle@campus.lmu.de

T. Loddenkemper
Division of Epilepsy and Clinical Neurophysiology, Boston Children's Hospital, Harvard Medical School, Boston, USA
E-Mail: Tobias.Loddenkemper@childrens.harvard.edu



M. A. Pfannstiel (Hrsg.), *Künstliche Intelligenz im Einsatz für die erfolgreiche Patientenreise*, https://doi.org/10.1007/978-3-658-48573-3_34

**Zusammenfassung**

Epileptische Anfälle stellen für Patienten eine erhebliche Belastung dar, sowohl physisch als auch psychisch. Die vielfältigen Manifestationen von Anfällen erschweren oft eine zuverlässige Dokumentation, die jedoch entscheidend für das Krankheitsmanagement ist. Hier bieten Wearable-Technologien eine vielversprechende Lösung für das kontinuierliche und objektive Monitoring. Die aktuelle Forschung konzentriert sich auf die Entwicklung von KI-Algorithmen, die Anfälle präzise erkennen, das individuelle Anfallsrisiko einschätzen und die Therapie überwachen können. Zudem werden Ansätze zur Vorhersage von Anfällen erprobt, um präventive Maßnahmen zu ermöglichen. Der Übergang von identifizierten Biomarkern hin zu einem alltagstauglichen Echtzeit-Anfallsmonitoring-System steht im Fokus der aktuellen Bemühungen, um diese Technologien effektiv in die klinische Praxis umzusetzen und Patienten unmittelbar zugutekommen zu lassen.

## 34.1 Einleitung

Die sehr schnelle Entwicklung von Wearables und künstlicher Intelligenz hat einen signifikanten Einfluss auf verschiedene Bereiche des Gesundheitswesens. In diesem Kontext gewinnt die Begleitung der Patienten durch innovative Technologien über den Arztbesuch hinaus an Bedeutung. Im Management von Epilepsie spielt die genaue Dokumentation von epileptischen Anfällen eine maßgebliche Rolle. Anfallstagebücher sind die Standardmethode zur Dokumentation von Anfällen, die jedoch subjektiv und oft ungenau ist. Die aktuelle Forschung zielt darauf ab, eine Kombination aus klinischen Daten, Informationen aus Smartphone-Apps, und Wearables als Grundlage für die Entwicklung KI-basierter Lösungen heranzuziehen. Das Ziel ist, ein präziseres und automatisiertes Monitoring von Anfällen in Echtzeit zu ermöglichen und sofortige Benachrichtigungen an Patienten, Angehörige und medizinisches Personal im Falle eines erkannten Anfalls zu senden. Dies würde auch die Möglichkeit für eine frühzeitige Intervention eröffnen, sei es durch die Anpassung der Medikation oder anderen Interventionen, wie Neurostimulation, das Auslösen von Notfallmaßnahmen, oder das Aufsuchen eines sicheren Ortes. Die fortlaufende Überwachung mithilfe eines Wearables trägt auch zur Verringerung von Angst und Unsicherheit bei Patienten und ihren Familien bei. Durch die kontinuierliche, objektive Datenerfassung könnten Ärzte zudem besser informierte Entscheidungen treffen und Therapiepläne individueller gestalten. Darüber hinaus ermöglicht die Verfügbarkeit dieser Daten nicht nur eine personalisierte Behandlung, sondern leistet auch einen wertvollen Beitrag zur Erforschung von Einflussfaktoren auf die Anfallswahrscheinlichkeit und die Begleitung von Patienten im Längsschnitt. Dies könnte die Entwicklung neuer Therapien und Interventionsstrategien beschleunigen.

In diesem Beitrag wird die Entwicklung eines KI-basierten Monitoring-Systems für die Begleitung von Patienten mit epileptischen Anfällen mithilfe eines Wearables als Ergänzung zum Anfallstagebuch dargestellt. Die Integration von tragbaren Geräten und KI-basierten Algorithmen ermöglicht eine präzisere und kontinuierliche Erfassung von Anfallsmustern, was die Behandlung optimieren und somit die Lebensqualität der Patienten verbessern könnte. Die Kombination aus technologischem und medizinischem Fortschritt zeigt, wie wichtig interdisziplinäre Ansätze zur Lösung komplexer Gesundheitsprobleme sind und wie diese Ansätze die Zukunft der Epilepsiebehandlung weiterentwickeln können.

## 34.2 Die Belastung durch Anfälle ist bei Patienten mit Epilepsie hoch

Epilepsie ist eine der häufigsten neurologischen Erkrankungen mit weitreichenden Folgen für die Patienten. Die Prävalenz liegt bei ca. 6,4/1000 und ist abhängig von Alter, Geschlecht und Herkunftsland (Fiest et al. 2017). Beispielsweise sind in Deutschland etwa eine halbe Million Menschen von dieser Erkrankung betroffen (Lang und Hamer 2022). Die klinischen Symptome von epileptischen Anfällen hängen davon ab, in welchen Bereichen des Gehirns die anfallsauslösenden, übermäßigen elektrischen Entladungen auftreten. Die Symptome können von kurzen Absencen bis zu anhaltenden Muskelkrämpfen im ganzen Körper reichen. Die Folgen dieser Anfälle reichen von leichten Verletzungen bis hin zum Tod. Auch führt eine Erkrankung an Epilepsie zu teilweise starken Einschränkungen im Alltag der Patienten. Beispiele hierfür sind Einschränkungen bei der Berufswahl oder das Verbot, ein Auto zu fahren. Die Krankheit ist nach wie vor mit einem Stigma versehen. Aufgrund des Risikos von potenziell wiederkehrenden Anfällen wird den Patienten von einer Vielzahl an risikobehafteten Tätigkeiten abgeraten oder diese werden, wie beispielsweise das Autofahren, zumindest für den Zeitraum nach aktuellen Anfällen, untersagt.

Medikamentöse Therapien sind weit entwickelt, jedoch unterscheidet sich deren Erfolg zwischen Individuen stark. Bei etwa einem Drittel der Patienten können die Anfälle mit dem ersten Medikament zufriedenstellend kontrolliert werden. Ein weiteres Drittel benötigt ein alternatives Medikament oder die Kombination mehrerer Medikamente, was oftmals durch reines Testen ermittelt werden muss. Etwa ein Drittel aller Patienten ist als medikamentenresistent einzustufen. Viele der Medikamente haben Nebenwirkungen, die auch die kognitive, körperliche oder geistige Entwicklung oder die Psyche beeinträchtigen können. Darüber hinaus ist Epilepsie eine dynamische Erkrankung, die sich in der Lebensspanne verändert. Daher ist es wichtig, die Medikamente und deren Dosierung regelmäßig zu überprüfen und auch Nebenwirkungen rechtzeitig zu erkennen, um entsprechend intervenieren zu können.

Von an Epilepsie erkrankten Patienten wird viel erwartet. An erster Stelle erfordert die Krankheit ein kontinuierliches Selbstmanagement. Dieses umfasst beispielsweise die regelmäßige Einnahme der Medikamente, da eine verpasste Medikation häufig mit einem direkten Anfall verbunden sein kann. Auch sollten Patienten versuchen, anfallsauslösende Trigger zu vermeiden. Eine Anpassung von Ernährung und Schlafgewohnheiten sowie ein gezieltes Stressmanagement verringern die Anfallshäufigkeit. Um die jeweiligen persönlichen Charakteristika der Erkrankung herauszufinden, insbesondere zur Therapieüberwachung, sollten Patienten zusätzlich ihre Anfälle möglichst genau dokumentieren. Denn neben dem

Zeitpunkt des Auftretens sind die Länge der Anfälle und die genaue Beschreibung der Symptome für das Epilepsiemanagement hilfreich.

Im Jahr 2016 führte die *Epilepsy Foundation* eine Community-Umfrage bei Patienten mit Epilepsie durch (Epilepsy Foundation 2016). Der Fokus dieser Befragung lag auf den folgenden Fragen: Welche Aspekte der Epilepsie haben den größten Einfluss auf das Leben der Patienten? Worauf sollte sich die Epilepsieforschung konzentrieren? Was sind Ihre größten Frustrationen? Was sind Ihre größten Hoffnungen für die nächsten fünf Jahre? Befragt wurden 1056 Patienten, Eltern und andere Betreuungspersonen. Die Studie zeigte, dass die größte Belastung der Patienten die Unvorhersagbarkeit der Anfälle ist, da diese zu erheblichem Stress und sozialer Isolation beiträgt. Ebenfalls einschränkend sind die Medikamente, deren regelmäßige Einnahme und die zeitweisen notwendigen Umstellungen der Medikamentenart oder Dosis, die zum Teil mit stärkeren Nebenwirkungen verbunden sind. Die Befragten wünschen sich, dass sich die Forschung auf die Entwicklung besserer Technologielösungen zur Anfallsvorhersage und neue Behandlungsmethoden konzentriert. Die Patienten empfinden den durch die Anfälle bedingten Kontrollverlust als äußerst frustrierend. Ihre größte Hoffnung ist, dass technologische Fortschritte und wirksamere Behandlungen ihr Leben verbessern. Ein besseres Verständnis und Unterstützung würden ebenfalls einen positiven Einfluss auf ihre Lebensqualität haben. Folglich ist die Forschung zu Anfallsmonitoringsystemen und Aufklärungskampagnen von großem Interesse für die erweiterte Patientengemeinschaft.

### 34.2.1 Wie epileptische Anfälle sich manifestieren

Epileptische Anfälle entstehen durch eine Störung des Zusammenspiels zwischen den Nervenzellen im Gehirn. Dies führt zu einer übermäßigen Erregung, was je nach zugrunde liegender Ätiologie verschiedene klinische Symptome hervorrufen kann. Einige Personen mit Verletzungen oder bestimmten Vorerkrankungen wie zum Beispiel Diabetes oder Schlaganfällen neigen dazu, Epilepsie zu entwickeln. Dies kann auch in Kombination mit genetischen Veranlagungen stehen. Epilepsie kann in jedem Alter auftreten und betrifft somit alle Altersgruppen, und am häufigsten sind die jüngsten und ältesten Patienten betroffen.

Das Krankheitsbild äußert sich in verschiedenen Formen. Man unterscheidet zwischen geistiger Abwesenheit (Absencen), örtlich begrenzten (fokalen) Zuckungen sowie Krämpfen, die mit Bewusstseinseintrübungen einhergehen können (Fisher 2017). Anfälle können spontan ohne erkennbaren Auslöser auftreten oder durch bestimmte Trigger wie beispielsweise Flackerlicht, Schlafmangel oder Drogen provoziert werden. Häufig werden Anfälle auch durch Fieber ausgelöst, was insbesondere bei Kindern der Fall ist. Die Erkrankung wird nach der aktuellen Klassifikation der *International League Against Epilepsy* (Fisher 2017) in generalisierte Anfälle, fokale Anfälle sowie Epilepsie mit unbekanntem Beginn eingeteilt. Bei generalisierten Anfällen erfasst die abnorme elektrische Aktivität das gesamte Gehirn. Diese Anfälle lassen sich weiter unterteilen: tonische Anfälle, bei denen sich die Gliedmaßen versteifen, atonische Anfälle, bei denen die Muskelspannung nachlässt, klonische Anfälle, die durch langsame Zuckungen großer Muskelgruppen gekennzeichnet sind, sowie myoklonische Anfälle, bei denen einzelne Muskelgruppen rasch zucken. Es können auch Anfälle auftreten, die eine Kombination aus diesen motorischen Symptomen aufweisen. Ein besonders schwerwiegender Fall ist der sog. tonisch-klonische Anfall, bei dem die Gliedmaßen gestreckt sind und der Körper semi-rhythmisch zuckt. Zusätzlich tritt eine tiefe Bewusstseinseintrübung auf und die Atmung kann aussetzen, wodurch sich die Lippen durch Sauerstoffmangel blau färben (Zyanose). Fokale Anfälle beschränken sich auf ein spezifisches Hirnareal. Die Symptome variieren je nach Funktion des betroffenen Areals und können mit motorischen, sensorischen oder visuellen Einschränkungen einhergehen. Fokale Anfälle können sich auch über das gesamte Gehirn ausbreiten, bisweilen mit Übergang bis zu bilateral tonisch-klonischen Anfällen (Fisher 2017).

Ein epileptischer Anfall ist sehr anstrengend für den gesamten Körper. Die unkontrollierte Muskelanspannung führt zu einem schnellen Verbrauch des Energieträgers ATP. Häufig kommt es zur Ausschüttung von Stresshormonen, wodurch der Sympathikus aktiviert wird. Dieser ist Teil des vegetativen Nervensystems und steuert die Funktionen des Körpers in Flucht- oder Stresssituationen. Die Stressreaktion wiederum hat Auswirkungen auf mehrere Organe, wodurch es zu vielen Begleitsymptomen während eines Anfalls kommen kann, wie beispielsweise einer erhöhten Herzfrequenz, einer Aktivierung der Schweißdrüsen oder Sauerstoffmangel, der das Gehirn beeinträchtigt. Bei wiederholten Anfällen können die betroffenen Organe dauerhaft geschädigt werden. Diese Begleitsymptomatik kann aber auch genutzt werden, um bevorstehende Anfälle frühzeitig zu erkennen. Beispielsweise kann eine Erhöhung der Herzfrequenz und der Schweißdrüsenaktivität auf einen Anfall hindeuten (Vieluf et al. 2019). Während viele Anfälle spontan enden, spricht man bei langanhaltenden Anfällen von einem Status epilepticus, einem akuten Notfall, der schnellstmöglich medikamentös mit Antiepileptika (Antikonvulsiva) behandelt werden muss. Die Behandlung von Epilepsie ist vom Erscheinungsbild und dem Krankheitsverlauf abhängig. Medikamente wirken meistens symptomatisch, d. h., sie helfen Anfällen vorzubeugen oder einen längeren Anfall zu unterbrechen - sie beheben normalerweise nicht die Ursache.

Ein einzelner Anfall bedeutet nicht zwangsläufig, dass man von der Krankheit Epilepsie betroffen ist. Solche singulären Anfälle werden auch als „Gelegenheitsanfälle" bezeichnet, während für die Diagnose einer Epilepsie bestimmte Kriterien erfüllt sein müssen. Bei einem Verdacht auf Epilepsie wird die Hirnaktivität über ein Elektroenzephalogramm (EEG) gemessen und beurteilt. Anhand von Potenzialänderungen kann erkannt werden, ob die Nervenzellen unregelmäßige elektrische Signale weitergeben, und teilweise kann sogar die Lokalisation des Ursprungsareals identifiziert werden. Zusätzlich werden bildgebende Verfahren wie die Magnetresonanztomografie (MRT) und Computertomografie (CT) genutzt, um die Gehirnstruktur zu untersuchen und strukturelle Läsionen zu identifizieren. Auch Blutparameter können laboratorisch untersucht werden.

Die Epilepsietherapie ist komplex. In geeigneten Fällen wird eine Operation in Erwägung gezogen, bei der das betroffene Hirnareal entfernt wird. Dies ist jedoch ein gravierender invasiver Eingriff und birgt erhebliche Risiken, da das betroffene Hirnareal wichtige Funktionen steuern kann. Eine weitere Möglichkeit ist die Vagusnerv-Stimulation, bei der ein Schrittmacher implementiert wird, der die Überaktivität der Nervenzellen über den Nervus Vagus hemmen soll. Diese Methode führt bei etwa der Hälfte der behandelten Patienten zu einer Verringerung der Anfallshäufigkeit um 50 % (González et al. 2019). Andere Neurostimulatoren, wie der Responsive Neurostimulator (RNS) oder Stimulatoren im Anterioren oder centro-medianen Nucleus des Thalamus werden auch immer häufiger implantiert. Insgesamt besteht ein dringender Bedarf an alternativen Therapien, da die Anfälle sehr variabel und individuell unterschiedlich sind. Bisher erfordert jede Behandlung eine sorgfältige Einschätzung des Krankheitsverlaufs und weitere medizinische Untersuchungen wie ein EEG oder MRT. Dies setzt möglichst präzise Dokumentation des Krankheitsbildes voraus und insbesondere mit der Anfallsdokumentation wird somit eine große Last auf den Patienten gelegt.

### 34.2.2 Dokumentieren von epileptischen Anfällen als integraler Bestandteil des ambulanten Krankheitsmanagements

Das Führen eines Anfallstagebuchs über einen längeren Zeitraum ermöglicht die Verfolgung des Krankheitsverlaufs und das Erkennen von Anfallsmustern. Basierend auf solchen Anfallstagebüchern können Therapiepläne entwickelt werden. Ärzte können so Trends und Entwicklungen identifizieren, die möglicherweise auf bestimmte Auslöser der Anfälle oder Wirksamkeiten von Medikamenten hinweisen und so die Grundlage für individuell angepasste Therapiepläne bilden. Auch dienen die Tagebücher als Grundlage für die Kommunikation zwischen Patienten und behandelndem Arzt. Folglich ist die Qualität eines solchen Tagebuchs essenziell für das Krankheitsmanagement.

Neben klassischen Papiertagebüchern bieten Apps den Mehrwert einer elektronischen Erfassung und unterstützenden Bereitstellung von ergänzenden Informationen, wie beispielsweise Medikation, die direkt mit Ärzten geteilt werden kann. Darüber hinaus können Apps vor dem Hintergrund des 2019 in Kraft getretenen Digitalen Versorgungsgesetzes (DVG) in Deutschland verschrieben werden. Auch wenn offiziell bisher keine Apps für den Bereich Epilepsie gelistet sind, ist zu erwarten, dass zukünftig Apps für Epilepsie auf der Liste der erstattungsfähigen digitalen Gesundheitsanwendungen erscheinen werden, was zu einer besseren Unterstützung der Patienten und einer effektiveren Behandlung führen könnte. Bereits heute stehen einige Web- und Smartphone-Anwendungen für die Unterstützung des Epilepsiemanagements zur Verfügung, deren Funktionsumfang variiert und die zum größten Teil kostenfrei sind. Diese Anwendungen reichen von der einfachen Erfassung von Anfällen bis hin zu umfassenden Analyse- und Berichtsfunktionen. Einige Apps ermöglichen es Patienten, detaillierte Informationen über ihre Anfälle zu dokumentieren, einschließlich der Art des Anfalls, der Dauer und möglicher Auslöser. Andere bieten zusätzliche Funktionen wie Erinnerungen an die Einnahme von Medikamenten, Notfallkontakte und sogar die Möglichkeit, Daten mit Ärzten oder Familienmitgliedern zu teilen (siehe Beispiele in Tab. 34.1). Die Wahl der passenden App hängt von den individuellen Bedürfnissen und dem gewünschten Funktionsumfang ab. Eine generelle Orientierung zur Auswahl passender Apps können

**Tab. 34.1** Aktuell verfügbare Epilepsie-Apps mit Tagebuchfunktion; die hier präsentierte Auswahl basiert auf einer Recherche im deutschen App Store unter dem Stichwort: Epilepsie Tagebuch, weitere Apps sind in internationalen App Stores erhältlich. (Quelle: Eigene Zusammenstellung (2024). Für eine wissenschaftliche Aufbereitung siehe Escoffery et al. (2018); Alzamanan et al. (2021); Hubbard et al. (2021); Studien enthalten teilweise nicht oder nicht mehr im Deutschen App Store verfügbare Apps)

| App | Plattform | Funktionsumfang | Kosten |
|---|---|---|---|
| EpilepsieTagebuch | iOS<br>Android | Tagebuch, Medikamentenverwaltung, Statistiken | keine |
| Helpilepsy | iOS<br>iPadOS,<br>Android | Tagebuch, Medikamentenverwaltung, Statistiken, Verbindung zu Nightwatch (Wearable zur Anfallsdetektion), Teilen von Berichten mit Arzt | keine |
| Epilepsy Journal | iOS,<br>watchOS,<br>Android | Tagebuch, Medikamentenverwaltung, Statistiken | keine (In-App-Käufe) |
| Epipal | iOS,<br>watchOS,<br>Android,<br>wearO | Tagebuch, Medikamentenverwaltung, Statistiken, Verbindung zu Smartwatches (WearOS, WatchOS zur Anfallsdetektion), automatisierte Benachrichtigung von Notfallkontakten, Teilen von Berichten mit Arzt | keine (In-App-Käufe) |
| Simple Seizure Diary | Android | Tagebuch, Statistiken, Notizen | keine |

Handreichungen und Empfehlungen wie etwa die der Bundesärztekammer und der Kassenärztlichen Bundesvereinigung geben, die sowohl an Ärztinnen und Ärzte als auch an Patienten gerichtet sind.

Ob digital oder papiergestützt bieten Anfallstagebücher wertvolle Einblicke in die chronoepileptologischen, zyklischen Muster von Anfällen. Durch die systematische Erfassung dieser können wiederkehrende Zyklen und Trigger identifiziert werden, die auf eine zugrunde liegende Rhythmizität hinweisen (Loddenkemper et al. 2011). Dies bedeutet, dass sich Phasen mit hoher Anfallswahrscheinlichkeit, die sogenannten proiktalen Phasen (anders als bei präiktalen Phasen muss nicht zwingend ein Anfall in dieser Phase auftreten und es können auch mehrere Anfälle in eine Phase mit hoher Wahrscheinlichkeit fallen), mit Phasen niedriger Anfallswahrscheinlichkeit, den interiktalen Phasen, abwechseln. Diese Zyklen weisen häufig regelmäßige Muster auf, die möglicherweise mit externen Faktoren wie Tageszeit, Schlaf-Wach-Rhythmus und hormonellen Veränderungen korrelieren. Es ist wichtig zu betonen, dass jedes dieser Muster individuell unterschiedlich sein kann. Die Identifikation solcher Muster ermöglicht es, personalisierte Anfallsvorhersagemodelle zu entwickeln. Diese Modelle basieren auf Algorithmen, die individuelle Anfallsdaten nutzen, um bevorstehende Anfälle vorherzusagen und präventive Maßnahmen zu ergreifen. Allerdings haben Studien gezeigt, dass Tagebücher ungenau und fehleranfällig sind. Vor allem nachts werden Anfälle häufig nicht bemerkt und einigen Patienten, insbesondere Kindern, ist das Führen eines Tagebuchs kaum möglich. Gleichzeitig handelt es sich um eine subjektive Erfassung; neben Unterberichterstattung können auch Überberichterstattung in den

Tagebüchern die Aussagekraft einschränken. Hier kann die Integration von tragbaren Sensoren und Analysen von Echtzeitdaten zu Verbesserungen beitragen.

## 34.3 Wearable-Technologien als potenzielle Schlüssel zum kontinuierlichen und objektiven Monitoring

Traditionelle Methoden zur Überwachung von epileptischen Anfällen stoßen oft an ihre Grenzen, da sie überwiegend auf episodischer Datenerfassung während des Aufenthalts in einer medizinischen Einrichtung basieren. Wearables, wie Smartwatches oder spezielle EEG- oder Elektrokardiografie (EKG)-Geräte, bieten die Möglichkeit einer kontinuierlichen Überwachung in Echtzeit im Alltag von Patienten. Diese ständige Datenerfassung erlaubt eine genauere Analyse der Anfallsaktivität und erleichtert die Identifizierung von Auslösern und Mustern (siehe Abb. 34.1).

Wearables sind Geräte, die in Kleidungsstücke integriert oder als Accessoires direkt am Körper getragen werden und Computertechnologie enthalten. Sie können mit dem Internet verbunden sein oder Daten an ein Smartphone senden und dienen der Überwachung von

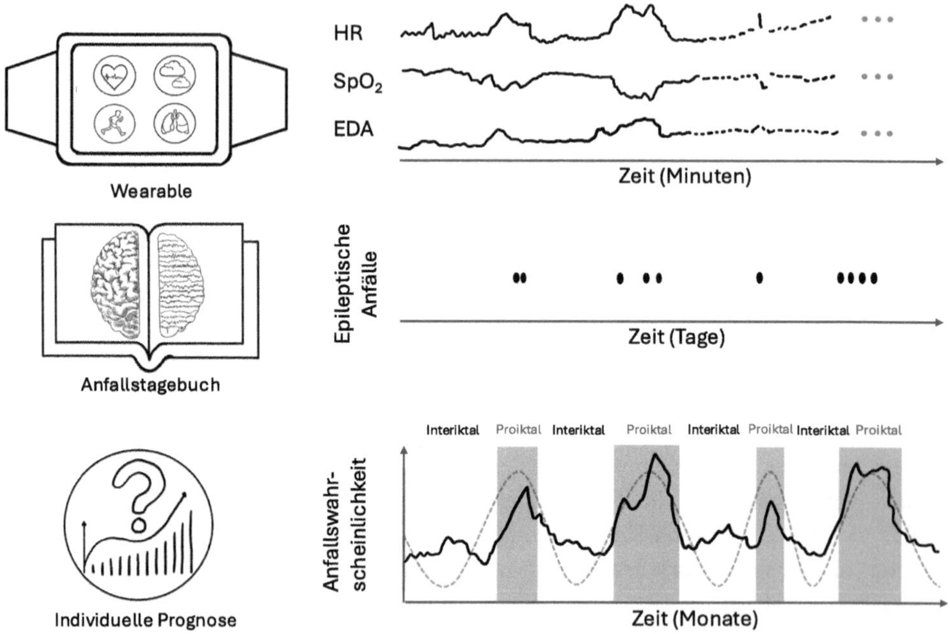


**Abb. 34.1** Wearables erfassen kontinuierlich vitale Körperfunktionen und ergänzen die traditionellen Anfallstagebücher. Diese Dokumentation bietet eine umfassende Grundlage zur Analyse individueller Anfallsmuster. Durch die Kombination beider Methoden könnte eine präzisere Prognose der Anfallswahrscheinlichkeit ermöglicht werden, was sowohl die Patientenversorgung als auch die präventive Therapie unterstützen könnte. (Quelle: Eigene Darstellung (2024) Mit freundlicher Genehmigung von Paulina Möhrle)

Gesundheit, Fitness oder Kommunikation. Dank integrierter Elektroden oder Sensoren ermöglichen Wearables personalisierte Echtzeitdaten, wodurch sie eine zunehmend größere Rolle in Bereichen wie der Gesundheitsüberwachung und dem Lifestyle-Management einnehmen. Im Bereich der Epilepsieforschung werden häufig elektrodenbasierte Systeme oder sensorbasierte Armbänder und Smartwatches verwendet. Elektrodenbasierte Systeme enthalten eine Verstärkerbox und angeschlossene Elektroden, die direkt auf die Haut geklebt werden. Sensorbasierte Armbänder und Smartwatches enthalten Sensoren, die direkt in das Gerät integriert sind und am Handgelenk oder Knöchel getragen werden.

Wearables haben viele Vorteile, die sie nicht nur für die automatische Erkennung von Anfällen (Detektion), sondern auch für die Vorhersage von Anfällen (Prognose) geeignet machen. Beispielsweise sind sie nicht-invasiv, vergleichsweise erschwinglich und einfach zu bedienen. Aufgrund ihrer Größe und Positionierung sind sie unauffällig zu tragen. Obwohl sie mehrere Signale gleichzeitig erfassen können, bleibt die Datenmenge vergleichsweise gering. Gleichzeitig haben sie auch einige Nachteile. Die aufgezeichneten Signale weisen oftmals eine vergleichsweise geringe Qualität auf. Sie sind zum Beispiel sehr empfindlich gegenüber Bewegungsartefakten. Hinzu kommt, dass Wearables die Signale an der Körperperipherie erfassen, nicht in der Nähe des Gehirns, wo der Anfall stattfindet. Weiterhin sind die Batterielebensdauer sowie die Datenspeicher- und Verarbeitungskapazitäten begrenzt. Dies erfordert fundierte Entscheidungen über die integrierten Sensoren, d. h. über die aufgezeichneten Signale und deren Abtastraten. Im Allgemeinen erfassen die Wearables Signale durch integrierte Sensoren. Kardiorespiratorische Parameter können beispielsweise mittels optischer Sensoren, sogenannter Photoplethysmographie, erfasst werden. Dabei werden Lichtstrahlen auf die Haut gesendet, um Veränderungen im Blutvolumen zu messen. Durch die Analyse der zurückgestreuten Lichtintensität lassen sich die Herzfrequenz sowie die Atemfrequenz oder Sauerstoffsättigung des Blutes präzise bestimmen. Aktivitätsmuster werden mithilfe von Beschleunigungssensoren, auch Akzelerometer genannt, erfasst. Darüber hinaus können weitere Sensoren integriert sein, etwa Gyroskope, die die Orientierung und Drehbewegungen des Geräts aufzeichnen, sowie EKG-Sensoren, die eine detaillierte Analyse der Herzaktivität ermöglichen, oder elektrodermale Aktivitäts-(EDA)-Sensoren, die die Schweißdrüsenaktivität und damit verbundene physiologische Reaktionen messen. Ergänzend können Elektromyographie-(EMG)-Sensoren eingesetzt werden, um die elektrische Aktivität der Muskeln zu messen und Informationen über Muskelspannung und -erholung bereitzustellen. Einige Wearables enthalten auch GPS-Module, die eine präzise Standortverfolgung ermöglichen.

Die in Echtzeit auf dem Gerät gesammelten Daten werden mit zugehörigen Smartphone-Apps und Cloud-Plattformen synchronisiert, wodurch sie für komplexe Analysen wie Anfallsdetektion nutzbar gemacht werden. Die Güte dieser Analysen ist dabei in erster Linie von der Konsistenz sowie der Qualität der Signale abhängig. Dies bedeutet, dass der Tragekomfort sowie die Positionierung der Sensoren entscheidend sind, um kontinuierlich aufgezeichnete und verlässliche Daten zu gewährleisten. Da die Sensoren zumeist am Handgelenk getragen werden, sind die Daten sehr anfällig für Bewegungsartefakte (eine Übersicht über häufig auftretende Artefakte und ein Instrument zur Einschätzung der Datenqualität findet sich in Böttcher et al. 2022). Neben Vollständigkeit und Qualität der Daten ist ebenfalls relevant, welche Biosignale mit welcher Abtastrate aufgezeichnet werden.

Für die Anfallserkennung durch am Handgelenk getragene Wearables sind insbesondere die Herzfrequenz, Herzfrequenzvariabilität, Muskelaktivität, Bewegungen, elektrodermale Aktivität und Atemfrequenz relevant. Es existieren bereits eigens für diesen Zweck entwickelte kommerzielle Wearables, die diese Funktionen integrieren und eine automatisierte Alarmfunktion enthalten. Allerdings sind diese hauptsächlich für die Detektion von Anfallstypen mit motorischem Anteil entwickelt und zugelassen (siehe Tab. 34.2).

**Tab. 34.2** Kommerziell erwerbliche Wearables zur Anfallsüberwachung (EDA: Elektrodermale Aktivität, PPG: Photoplethysmographie, Temp.: Temperatursensor, ACC: Akzelerometer , Gyro.: Gyroskop, FDA: *Food and Drug Administration*, CE: *Conformité Européenne*, GKV-Hilfsmittel: Gesetzliche Krankenversicherung – Hilfsmittel). (Quelle: Eigene Zusammenstellung (2024))

| Gerät | Hersteller | Typ | Sensoren | Funktionen | Zertifizierung |
|---|---|---|---|---|---|
| EmpracePlus+ Smartphoneapp EpiMonitor | Empatica | sensorbasierte Smartwatch | EDA, PPG, Temp., ACC, Gyro. | Erkennung von tonisch-klonischen Anfällen anhand von Bewegungsmustern, Echtzeit-Benachrichtigungen an Pflegepersonen via Smartphoneapp | FDA, CE |
| Embrace2 | Empatica | sensorbasiertes Armband | EDA, Temp., ACC, Gyro. | Erkennung von tonisch-klonischen Anfällen anhand von Bewegungsmustern, Echtzeit-Benachrichtigungen an Pflegepersonen via Smartphoneapp | FDA, CE |
| Nightwatch | Livassured | sensorbasiertes Armband (am Oberarm getragen) + Basisstation | ACC, PPG | Erkennung nächtlicher Anfälle (tonisch-klonisch, tonisch, hyperkinetische, gruppierte myoklonisch) Verbindung zu medizinischem Rufsystem via Basisstation | CE, GKV-Hilfsmittel |
| Epi-Care free | Danish Care Technology | sensorbasiertes Armband | ACC | tonisch-klonische Anfallsdetektion | CE, GKV-Hilfsmittel |

Neben speziell für Anfälle zugelassenen, von der *Food and Drug Administration* (FDA) und der *Conformité Européenne* (CE) sowie der Medizinproduktverordnung (MDR) geprüften Geräten, nimmt auch die Verwendung von Smarttrackern und Smartwatches aus dem Consumer-Bereich zu. Deren Sensoren können durch dedizierte Smartphone-Apps zur Anfallserkennung genutzt werden. Allerdings fehlen Daten aus umfangreichen Längsschnittstudien, die die Wirksamkeit der Anfallserkennung durch Geräte bewerten, die nicht speziell für diesen Zweck entwickelt wurden.

Insgesamt gibt es derzeit kein kommerziell erhältliches Gerät, das zuverlässig Anfälle ohne motorische Beteiligung, wie beispielsweise fokale Anfälle mit beeinträchtigtem Bewusstsein, erkennen kann. Wearable-basierte Anfallserkennung ist daher ein Bereich aktueller Forschungsbemühungen. Auch ist die Vorhersage von Anfällen derzeit ein auf die Forschung begrenzter Bereich.

### 34.3.1 Wearables erfassen anfallsbedingte Veränderungen

Die Idee, Systeme für ein automatisiertes Anfallsmonitoring mittels Wearables zu entwickeln, basiert auf der Beobachtung, dass epileptische Anfälle eine sichtbare Signatur in den am Handgelenk abgeleiteten Signalen aufweisen (Vieluf et al. 2019). Diese Veränderungen sind bis zu einer Stunde nach dem Anfall messbar. Zuverlässig auftretende, systematische Veränderungen bilden die Grundlage für die Weiterentwicklung von Systemen für das Anfallsmonitoring. Jedoch besteht eine Herausforderung darin, dass der Körper auf verschiedene Stressoren ähnlich reagiert, sodass weitere Forschung notwendig ist, um die Muster von Veränderungen zu identifizieren, die für den individuellen Patienten und seine Anfälle charakteristisch sind.

Während tonisch klonischen Anfällen können charakteristische Veränderungen im Akzelerometer abgeleitet werden (Poh et al. 2012). Ebenfalls zeigten die Autoren einen Anstieg der elektrodermalen Aktivität nach dem epileptischen Anfall. Der Anstieg der elektrodermalen Aktivität wird häufig mit einem Peak um 15 min nach dem Anfall beschrieben. Darüber hinaus steigt die Herzfrequenz nach dem Anfall an und bleibt über einige Zeit, teilweise sogar bis zu einer Stunde erhöht (siehe Abb. 34.2 für eine schematische Darstellung). Weitere Veränderungen wie Herzrhythmusstörungen und Veränderungen in der Herzfrequenzvariabilität werden ebenfalls bei manchen Patienten und in Abhängigkeit des Anfallstyps beschrieben. Die Atemfrequenz ist in den Minuten nach dem Anfall erhöht. Die Veränderungen über die Signale hinweg folgen zeitlich gekoppelten Mustern, sodass die simultane Einbeziehung mehrerer Biosignaltypen, vielversprechende Ansatzpunkte bietet (Cogan et al. 2017).

Neben diesen Veränderungen gibt es Beobachtungen, dass sich bereits in der präiktalen Phase anfallsbezogene Signaturen abzeichnen. Im Gehirn können Veränderungen der Gehirnwellen mithilfe von implantierten Elektroden bereits vor dem Anfall nachgewiesen werden. Das Gehirn ist der Hauptbestandteil des zentralen Nervensystems und hat einen großen Einfluss auf das periphere Nervensystem, das unter anderem für die Übertragung der Nervenimpulse zwischen dem zentralen Nervensystem und dem restlichen Körper zuständig ist. Daher treten zentrale Veränderungen auch peripher auf. Diese Erkenntnis könnte für die Entwicklung von einem nicht invasiven, auf den Signalen von Wearables basierenden Vorhersagesystem

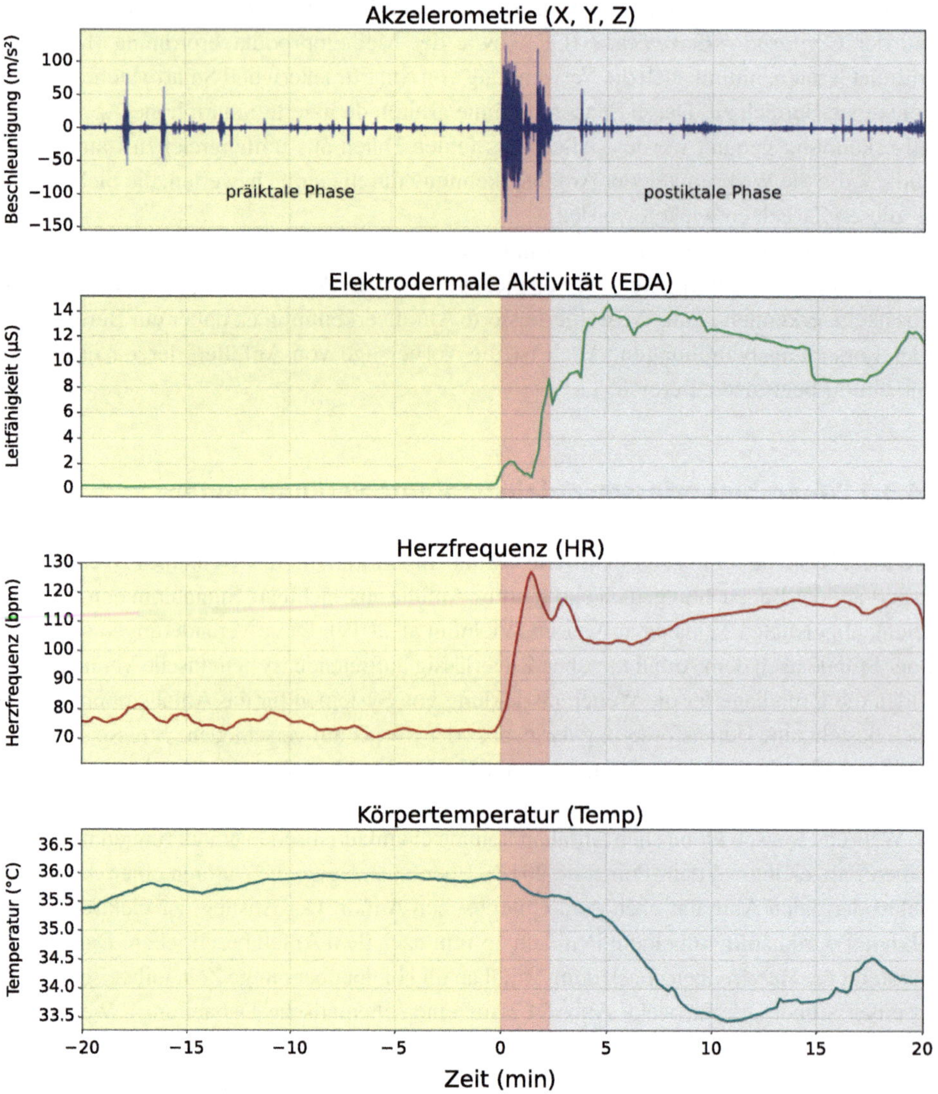


**Abb. 34.2** Schematische Darstellung der Wearable-Daten, die vor (präiktale Phase), während (iktale Phase) und nach (postiktale Phase) einem epileptischen Anfall aufgezeichnet wurden. Der Beginn des epileptischen Anfalls ist als Zeitpunkt 0 auf der Zeitachse markiert und die Dauer rot hinterlegt. (Quelle: Eigene Darstellung (2024) Mit freundlicher Genehmigung von Christian Goelz)

genutzt werden. Beispielsweise konnte eine erhöhte Korrelation der mit Wearables gemessenen Signaltypen bereits vor dem Eintreten eines Anfalls festgestellt werden (Vieluf et al. 2021). Die Veränderungen sind jedoch sehr subtil und können sich bei verschiedenen Patienten stark unterscheiden. Daher ist die Suche nach geeigneten Biomarkern für die Erkennung und Vorhersage von epileptischen Anfällen ein aktuelles Forschungsthema.

### 34.3.2 Forschung im Bereich KI-Algorithmen zur präzisen Anfallserkennung

Wie im vorherigen Abschnitt beschrieben, waren es unter anderem Poh et al., die die Idee eines automatisierten Systems zu Anfallserkennung vorstellten (Poh et al. 2012). Als Alternative zu EEG-basierten Systemen nutzte dieses über Wearables gemessene Akzelerometrie und elektrodermale Aktivität. Mit speziell für dieses Forschungsvorhaben gefertigten Geräten, wurde ein Algorithmus entwickelt, der 10-Sekunden Segmente in Anfalls- oder nicht Anfalls-Segmente unterscheidet. Seit dieser Pionierarbeit hat die Entwicklung von Wearables und Algorithmen zur Anfallserkennung erhebliche Fortschritte gemacht, jedoch basieren viele der Arbeiten auf vergleichsweise kleinen Patientenkollektiven. Beispielsweise haben Böttcher et al. (2021) in einer multizentrischen Studie eine Methode zur Erkennung von tonisch-klonischen Anfällen entwickelt und validiert, die auf Aktigraphie und elektrodermaler Aktivität von Wearables basiert. Die Autoren schlussfolgern, dass die von ihnen entwickelten Modelle robust tonisch-klonische Anfälle detektieren können. Eine weitere multizentrische Studie von Onorati et al. (2017) schloss 55 Patienten ein. Kernaussage dieser Arbeit war, dass die Anfälle bereits vor dem Ende des jeweiligen Anfalls erkannt wurden und die vom Algorithmus festgestellte Länge der Anfälle mit der von Ärzten bestimmten Länge übereinstimmte.

Ein Großteil der Forschung ist inzwischen in die Praxis überführt worden, und die Anfallserkennung für generalisierte tonisch-klonische sowie fokal zu bilateral tonisch-klonische Anfälle hat sich etabliert (Esmaeili et al. 2022). Für diese Anfallstypen sind bereits Wearables von der FDA zugelassen. Dennoch berichten Patienten nach wie vor von hohen Fehlalarmraten, die vor allem darauf zurückzuführen sind, dass Anfälle oft schwer von anderen, untypischen Verhaltensweisen oder Bewegungen zu unterscheiden sind. Darüber hinaus illustrieren Böttcher et al. (2024), dass Anfälle die Signalqualität beeinträchtigen und die Leistung der Vorhersage-Algorithmen bei geringer Signalqualität reduziert wird. Ein möglicher Ansatz, diesem Problem zu begegnen, wurde von Halimeh et al. (2023) vorgestellt. Sie analysierten 1-Stunden-Segmente, basierend auf den langanhaltenden Veränderungen, die nach einem Anfall auftreten. In diesen Segmenten konnte mit hoher Genauigkeit festgestellt werden, ob ein Anfall innerhalb einer spezifischen Stunde aufgetreten war oder nicht. Zudem wurden Methoden der erklärbaren KI eingesetzt, die bestätigten, dass der Anstieg der Herzrate und der elektrodermalen Aktivität nach einem Anfall relevante Veränderungen darstellen, die eine Anfallserkennung ermöglichen. Um Vergleichswerte für die Ergebnisse verschiedener Studien zu etablieren, führten Tang et al. (2021) eine Benchmark-Studie durch, die den Einsatz von tragbaren Sensoren und maschinellem Lernen zur Anfallserkennung untersuchte. Diese Studie zeigte, dass maschinelles Lernen die Genauigkeit der Anfallserkennung erheblich verbessern kann, indem große Mengen an Sensordaten analysiert und spezifische Muster identifiziert werden, die auf Anfälle hinweisen.

Die oben aufgeführten Studien wurden häufig basierend auf Daten aus dem Krankenhausalltag durchgeführt, die teilweise bereits vor den Analysen vollständig erhoben wurden. Um das System für die Patienten über den Krankenhausaufenthalt hinaus nutzbar zu machen, muss dieses in den Alltag integrierbar sein und auch dort mit ausreichender Qualität und guten Anfallserkennungsleistungen arbeiten. Hier gibt es ebenfalls erste Studien. Onorati et al. (2018) untersuchte die Leistung eines am Handgelenk getragenen multimodalen Systems zur Anfallserkennung über einen Zeitraum von mehr als einem Jahr in realen Umgebungen. Als Resultat wurde herausgefunden, dass solche Systeme zuverlässig Anfälle erkennen können. Brinkmann et al. (2021) beschreiben, dass Anfallstagebücher in Kombination mit Wearables eine präzise Überwachung ermöglichen und das Monitoring außerhalb der Klinik erheblich verbessern können.

Zusammenfassend ist das Ziel der Forschung, den Weg in die Anwendung zu ebnen und die Lebensqualität betroffener Personen zu verbessern. Um die vielfältigen Ansätze zielführender zu gestalten und auch die Ergebnisse vergleichbarer zu machen, entwickelten Beniczky et al. (2021) klinische Leitlinien für die automatisierte Anfallserkennung mittels Wearables, die von der *International League Against Epilepsy* und der *International Federation of Clinical Neurophysiology* unterstützt werden. Diese Leitlinien betonen die Bedeutung von Wearables in der klinischen Praxis und geben Empfehlungen für deren Einsatz zur Anfallserkennung.

### 34.3.3 Forschung im Bereich KI-Algorithmen zur Anfallsrisikoeinschätzung sowie der möglichen Anfallsvorhersage

Die Forschung im Bereich KI-Algorithmen zur Anfallsrisikoeinschätzung und möglichen Anfallsvorhersage hat in den letzten Jahren signifikante Fortschritte gemacht. Diese Entwicklung wurde durch Wearables ermöglicht, die zunehmend Daten generiert haben und so verfügbar waren. Außerdem wurden komplexe maschinelle Lernmethoden eingeführt, um Anfälle vorherzusagen und das Risikoprofil von Patienten besser zu verstehen. Während viele Arbeiten die Idee in Positionspapieren vorstellen, gibt es bislang vergleichsweise wenig publizierte experimentelle Arbeiten. Einige von diesen wollen wir im Folgenden vorstellen.

Al-Bakri et al. (2018) verglichen autonome Signale und intrakranielle EEG-Daten zur Vorhersage von Anfällen. Für die autonomen Variablen wurden Mittelwerte von jeweils 5 s als Eingaben für einen Naive-Bayes-Klassifikator genutzt. In die Analyse wurden 18 präiktale Phasen von 3 Patienten einbezogen. Die Analyse wurde in Anfälle, die während des Schlafs und die im Wachzustand auftraten, unterteilt. Die Sensitivität für die Vorhersage von Anfällen im Schlaf lag bei 84 % und im Wachzustand bei 79 %. Interessanterweise übertraf die Kombination mehrerer autonomer Variablen die EEG-basierte Vorhersage, wenn die Wachheitszustände berücksichtigt wurden. Allerdings sollte beachtet werden, dass die Datenmenge sehr gering war. Mit einem deutlich größeren Datensatz von 69 Patienten und 452 Anfällen arbeiteten Meisel et al. (2020). Hier wurden 30-Sekunden-Segmente der Rohdaten der elektrodermalen Aktivität, der peripheren Körpertemperatur, der Pulsvolumen-Kurven und der Aktigraphie in ein Long Short-Term Memory-Netzwerk (LSTM) eingespeist, das die zeitliche Struktur der Daten berücksichtigt. Für eine genauere Modellanalyse wurden Patienten einbezogen, bei denen die Vorhersage über dem Zufallsniveau lag. Die Autoren berichten, dass sie den präiktalen Zustand etwa 30 min vor dem Anfallsbeginn vorhersagen konnten und dass bei jenen Patienten, bei denen die Vorhersage über Zufallsniveau lag, eine Sensitivität von 75,6 % erreicht wurde. Daraus schließen sie, dass eine über dem Zufall liegende Vorhersage bei 43 % der Patienten erzielt werden konnte, was die Machbarkeit der Anfallsvorhersage unterstreicht. Mit einem ähnlichen KI-Ansatz wurden die Daten von 6 Patienten in der Studie von Nasseri et al. (2021) im ambulanten Umfeld untersucht. Die Arbeit zeigt ebenfalls, dass eine Vorhersage basierend auf Wearable-Daten möglich ist. Die Forschung von Vieluf et al. (2023), untersuchte die Kombination von klinischen Daten mit kurzen Wearable-Aufzeichnungen zur Vorhersage von Anfällen.

Auch Gregg et al. (2023) fokussierten sich in ihrer Forschung zur Anfallsvorhersage auf die Untersuchung zyklischer Muster in physiologischen Daten, die von tragbaren Geräten erfasst werden. Sie zeigten, dass durch die Analyse von Zyklen Vorhersagen über das Anfallsrisiko getroffen werden können. Karoly et al. (2021) beschäftigten sich speziell mit der Untersuchung kardiologischer Merkmale und fanden heraus, dass bei einer beträchtlichen Zahl von Patienten die Herzfrequenz zyklische Muster aufweisen. Diese täglichen und auch mehrtägigen Muster stehen im Zusammenhang mit dem Anfallsrisiko. Die hier beschriebenen Herzfrequenz-Zyklen könnten als ein Biomarker verwendet werden, um das Risiko für bevorstehende Anfälle zu bewerten. In der nachfolgenden Arbeit von Stirling et al. (2021) wurden die zyklischen Herzfrequenzdaten mit Schlaf- und Aktivitätsmerkmalen integriert. Durch die Integration dieser in ein finales Vorhersagemodell konnten die Autoren sowohl eine stündliche als auch eine tägliche Anfallsvorhersage durchführen und eine Risikoeinschätzung vornehmen. Die Merkmale wurden extrahiert und wurden während der Datenaufzeichnung in einem wöchentlich neu trainierten Ensemble aus KI-Methoden eingespeist. Die Schlafmerkmale wurden in das LSTM-Modell integriert, um den möglichen Einfluss eines angesammelten Schlafdefizits auf das Anfallsrisiko zu berücksichtigen. Alle anderen Merkmale (Zyklen, Herzfrequenzmerkmale und Schrittzählungen) sagten das Anfallsrisiko dann mithilfe eines Random-Forest-Modells voraus. Anschließend wurde ein übergeordneter Anfallsrisikowert berechnet. Der finale Datensatz umfasste 14 Monate Aufzeichnungen von 11 Patienten mit durchschnittlich 136 Anfällen pro Patienten. Bei 10 der 11 Patienten lag die Anfallsvorhersageleistung über dem Zufallsniveau. Yamakawa et al. (2020) konzentrierten sich ebenfalls auf die Analyse von Herzsignalen und untersuchten die Machbarkeit und Zuverlässigkeit der Anfallsvorhersage mit einem selbst entwickelten tragbaren EKG-Gerät. Sie nutzen eine Anomalie Erkennung für das Vorhersagen von Anfällen. Die Anfallsvorhersage zwischen 15 min vor und unmittelbar vor Anfallsbeginn galt als erfolgreich. Ihr Algorithmus konnte 86 % der 14 fokalen Anfällen von 7 Patienten vorhersagen. Jedoch lag die Fehlalarmrate bei 0,6 pro Stunde, was vor allem nachts große Einschränkungen für die Nutzbarkeit im Alltag bedeutet. Dies verdeutlicht die Herausforderung hoher Fehlalarmraten, die von Patienten kaum toleriert werden und weitere Forschung notwendig macht. Alle genannten Studien berichten Ergebnisse über dem Zufallsniveau und liefern damit einen deutlichen Machbarkeitsnachweis.

## 34.4 Der Weg von Biomarkern zu einem im Alltag einsetzbaren Echtzeit-Anfallsmonitoring-System

Die Entwicklung eines Echtzeit-Anfallsmonitoring-Systems geht über die Identifizierung der relevanten Biomarker und der Analyse der KI-Modelle hinaus. Wie in Abb. 34.3 illustriert, folgt auf die Aufzeichnung der Daten und die Echtzeitauswertung dieser eine Anfallsdetektion- oder Anfallsprädiktionsanalyse. Wird ein (bevorstehender) Anfall erkannt, können Betreuer oder medizinisches Personal alarmiert werden, und es können Maßnahmen ergriffen werden. Dies ist besonders bei Kindern oder körperlich eingeschränkten Personen von großer Bedeutung. Die generierten Daten können zur Weiterentwicklung des Systems und zum Verfeinern der Analysen genutzt werden, um die Algorithmen zu verbessern und gegebenenfalls auch mit der Zeit zu personalisieren.

Obwohl bereits mehrere tragbare Systeme zur Erkennung epileptischer Anfälle verfügbar sind, bleibt ihre praktische Anwendung bislang stark eingeschränkt. Gleichzeitig macht die Forschung vielversprechende Fortschritte, die den Weg zu Echtzeit-Überwachungssystemen ebnen könnten. Diese Systeme würden nicht nur die Erfassung von Anfällen ermöglichen, sondern auch eine Einschätzung des Anfallsrisikos bieten – eine Funktion, die derzeit noch in keinem bestehenden System verfügbar ist. Damit Menschen mit Epilepsie von diesen Geräten profitieren und sie langfristig nutzen können, spielen Faktoren wie Genauigkeit, Design, Tragekomfort und Kosten eine zentrale Rolle. Darüber hinaus gilt es, technische Hürden zu überwinden.

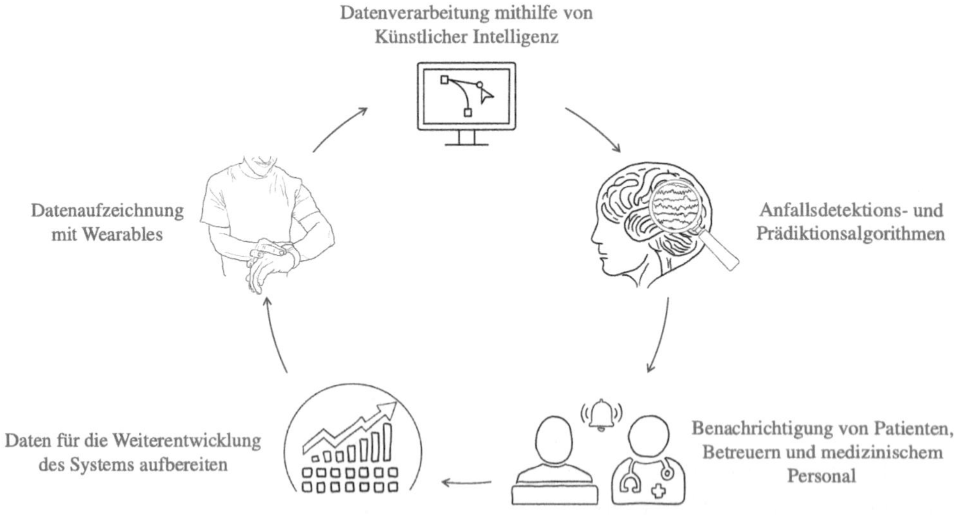


**Abb. 34.3** Diese Abbildung illustriert, inwiefern die Daten der Wearables analysiert werden. Diese Daten können zur weiteren Verbesserung in einen Feedback Loop gelangen und so die Analyse ständig spezifizieren. (Quelle: Eigene Darstellung (2024) Mit freundlicher Genehmigung von Paulina Möhrle)

Eine hohe Genauigkeit erfordert die Validierung der bislang überwiegend im klinischen Umfeld retrospektiv erfassten Biomarker und Algorithmen durch Feldstudien, die verschiedene Bevölkerungsgruppen und längere Zeiträume einbeziehen. Dabei bleibt die Auswahl geeigneter Biomarker eine der größten Herausforderungen. Die verwendeten Parameter müssen sowohl sensitiv als auch spezifisch genug sein, um unterschiedliche Arten epileptischer Anfälle zuverlässig zu erkennen und vorherzusagen. Vielversprechende Ansätze basieren auf der Integration mehrerer Sensoren, deren Echtzeitauswertung hohe Anforderungen an Hard- und Software stellt. Die Herausforderung dabei besteht insbesondere darin, diese multidimensionalen Daten in Echtzeit zu verarbeiten, kritische Muster zu erkennen und dadurch eine sofortige Risikoeinschätzung für Patienten und medizinisches Personal zu ermöglichen.

Zum einen könnten Algorithmen direkt auf den Wearables ausgeführt werden, was jedoch voraussetzt, dass sie schnell und ressourcenschonend arbeiten, um eine effiziente Echtzeitdatenverarbeitung zu gewährleisten. Alternativ können die Algorithmen auch auf einer verbundenen Basisstation, einem Smartphone oder einer Cloud-Plattform ausgeführt werden, was jedoch eine stabile Verbindung mit ausreichend Bandbreite zur kontinuierlichen Datenübertragung voraussetzt. Während die direkte Analyse auf dem Gerät noch im Fokus aktueller Forschungsbemühungen steht, nutzen heutige Wearables zur automatisierten Anfallserkennung meist Basiseinheiten oder Smartphones, die einen kontinuierlichen Datenstrom zu Cloud-Plattformen ermöglichen und so Echtzeitanalysen, potenzielle Alarme sowie die Aufbereitung des Datenstroms ermöglichen (siehe Abb. 34.3 für eine schematische Darstellung). Dabei sollten sich die verwendeten Detektions- und prädiktiven Algorithmen den individuellen Gegebenheiten des Nutzers anpassen. Denn die Vermeidung von Fehlalarmen ist eine der wichtigsten Voraussetzungen für die Akzeptanz und das Vertrauen in tragbare Echtzeit-Monitoring-Systeme (Hadady et al. 2023 für eine Untersuchung der Akzeptanz von Wearables zur automatisierten Anfallsdetektion). Andererseits sollten Anfälle, die mit lebensbedrohlichen Komplikationen einhergehen können, nicht verpasst werden. Erste Ansätze zur Individualisierung werden bereits aufgegriffen, indem Nutzer die Möglichkeit erhalten, persönliche Schwellenwerte festzulegen. Zukünftig müssen diese Systeme jedoch weiter automatisiert und durch adaptive maschinelle Lernalgorithmen unterstützt werden, um individuelle Anpassungen dynamisch vorzunehmen und so sowohl die Genauigkeit, wie auch die Benutzerfreundlichkeit weiter zu verbessern.

Bezüglich der Hardware ist die Akkulaufzeit von Wearables ein entscheidender Faktor, insbesondere wenn es darum geht, eine kontinuierliche Überwachung ohne häufiges Aufladen zu ermöglichen. Aktuell eingesetzte Wearables, wie beispielsweise das EmbracePlus (Empatica), werben mit einer Akkulaufzeit von bis zu einer Woche. Um die Zeitspanne zu erhöhen, sind die Weiterentwicklung energieeffizienter Sensoren und Akkutechnologie sowie alternative Energiesysteme von wesentlicher Bedeutung. Eine solche Optimierung der Energieverwaltung u. a. durch den Einsatz von Low-Power-Komponenten ist unerlässlich, um den Energieverbrauch zu minimieren und die Betriebsdauer der tragbaren Geräte zu maximieren. Dies sichert nicht nur eine lange Nutzung, sondern erhöht auch die Benutzerakzeptanz, da häufiges Aufladen vermieden werden kann.

Neben den technischen Herausforderungen spielen auch ethische und datenschutzrechtliche Fragen eine maßgebliche Rolle. Die kontinuierliche Überwachung physiologischer Daten birgt das Risiko des Missbrauchs sensibler Informationen. Es ist daher von großer Bedeutung, dass die Speicherung und Verarbeitung der gesammelten Daten strengen Datenschutzrichtlinien unterliegt und die Nutzer jederzeit die Kontrolle über ihre Daten behalten. Nur so kann gewährleistet werden, dass das Vertrauen in solche Systeme nicht untergraben wird.

Zusammenfassend ist der Weg von der Entwicklung von Biomarkern zu einem im Alltag einsetzbaren Echtzeit-Anfalls-Monitoring-System mit zahlreichen Herausforderungen verbunden. Die Integration neuer technischer Möglichkeiten in tragbare Systeme muss stets die Bedürfnisse und Anforderungen der Nutzer im Blick behalten, um eine breite Akzeptanz zu gewährleisten. Validierte Algorithmen, multimodale Ansätze, Benutzerfreundlichkeit und Datensicherheit sind Schlüsselfaktoren, um die vielversprechenden Fortschritte der Forschung in praktische Lösungen zu überführen.

## 34.5 Die Technologie zum Patienten bringen

Nach einer erfolgreichen Pilotphase könnte das System einer breiteren Patientengruppe zugänglich gemacht werden. Dies erfordert jedoch grundlegendes Vertrauen und Akzeptanz der Technologie. In diesem Kontext ist es ebenfalls von Bedeutung, dass das Design so gestaltet ist, dass die Patienten sich nicht stigmatisiert fühlen. Um dies zu erreichen, ist es wichtig, das System transparent und erklärbar zu gestalten und seine Funktionen sowie seine Möglichkeiten verständlich zu kommunizieren. Genauso variabel wie die Krankheit Epilepsie selbst ist auch der Nutzen, den jeder Patient von der Technologie ziehen kann. Nicht jeder ist für das System geeignet, während andere stark davon profitieren können. Ein Beispiel dafür ist der potenzielle Nutzen bei Kindern mit Epilepsie: Zum einen können Eltern bei epileptischen Anfällen sofort informiert werden, zum anderen ist das Krankheitsbild bei Kindern oft sehr dynamisch, weshalb eine genaue Dokumentation der Anfälle besonders wichtig ist. Die Epilepsie äußert sich bei jedem Betroffenen unterschiedlich, daher ist es von hoher Bedeutung, persönliche Daten zu den Anfällen zu sammeln. Dies ermöglicht eine Personalisierung der Behandlung, etwa durch eine genauere Anpassung der Medikation. Das System kann zudem Feedback zu Veränderungen im Lebensstil geben, etwa bei Anpassungen des Schlafrhythmus, Medikamentenwechseln oder sportlichen Aktivitäten, und so überprüfen, ob sich die individuelle Lebensqualität und Symptomatik verbessern.

Auch eine ausgefeilte Kostenstruktur und passende Finanzierungsoptionen sind für den Erfolg des Systems bedeutsam. Es muss diskutiert werden, ob die Krankenkassen das System als präventive Diagnostik übernehmen und ob es unterschiedliche Regelungen für Kinder und Erwachsene geben sollte, basierend auf den oben genannten Gründen. Darüber hinaus müssen regulatorische Anforderungen berücksichtigt werden: Wie werden die von den Sensoren kontinuierlich erfassten Daten geschützt? Wie ist das konstante Monitoring ethisch zu bewerten? Diese und weitere Fragen bedürfen einer sorgfältigen Diskussion sowohl auf administrativer Ebene als auch zwischen Ärzten und ihren Patienten. Zudem müssten Schulungen für medizinisches Personal, Patienten und Angehörige vorgesehen werden, um sicherzustellen, dass alle Beteiligten das System effektiv und sicher nutzen können.

Trotz aller offenen Fragen überwiegen die positiven Hoffnungen auf ein Anfallsvorhersagesystem. Bisherige Alternativen haben sich in den letzten Jahren aufgrund von häufigen Fehlalarmen, Ungenauigkeiten und mangelnder Sensitivität nicht bewährt. Mit neuer Technologie könnte Epilepsie in Zukunft besser vorhersehbar werden und durch präventive Medikamentengabe könnten die Symptome besser kontrolliert werden. Ähnliche Apps und Wearables kommen auch bei anderen chronischen, neurologischen und nichtneurologischen Erkrankungen zum Einsatz, wie z. B. Parkinson, der Multiplen Sklerose, Alzheimer-Demenz, oder Herzrhythmusstörungen und Diabetes mellitus.

## 34.6 Schlussbetrachtung

Die Entwicklung von KI-basierten Systemen zur Überwachung epileptischer Anfälle mittels Wearables befindet sich noch in einem frühen Stadium, lässt jedoch ein beachtliches Potenzial erkennen. Die patientenorientierte Forschung eröffnet neue Möglichkeiten, das Management von Epilepsie grundlegend zu verbessern, indem kontinuierliche Datenerfassung und präzise Anfallserkennung eine individuelle und effektive Behandlung zulassen würden. Dies würde wiederum zu einer erheblichen Steigerung der Lebensqualität der Betroffenen führen.

## Literatur

Al-Bakri, A. F., Villamar, M. F., Haddix, C., Bensalem-Owen, M., & Sunderam, S. (2018) Non-invasive seizure prediction using autonomic measurements in patients with refractory epilepsy, in: *2018 40th Annual International Conference of the IEEE Engineering in Medicine and Biology Society (EMBC)*. 18–21 July 2018, Institute of Electrical and Electronics Engineers (IEEE):2422–2425.

Alzamanan, M. Z., Lim, K.-S., Akmar Ismail, M., & Abdul Ghani, N. (2021) Self-management apps for people with epilepsy: systematic analysis, *JMIR mHealth and uHealth*, 9(5): e22489. https://doi.org/10.2196/22489

Beniczky, S., Wiebe, S., Jeppesen, J., Tatum, W. O., Brazdil, M., Wang, Y., Herman, S. T., & Ryvlin, P. (2021) Automated seizure detection using wearable devices: A clinical practice guideline of the International League Against Epilepsy and the International Federation of Clinical Neurophysiology, *Clinical Neurophysiology*, 132(5):1173–1184. https://doi.org/10.1016/j.clinph.2020.12.009.

Böttcher, S., Bruno, E., Manyakov, N. V., Epitashvili, N., Claes, K., Glasstetter, M., Thorpe, S., Lees, S., Dümpelmann, M., Laerhoven, K. V., Richardson, M. P., Schulze-Bonhage, A., & Consortium, T. R.-C. (2021) Detecting Tonic-Clonic Seizures in Multimodal Biosignal Data From

Wearables: Methodology Design and Validation, *JMIR mHealth and uHealth*, 9(11): e27674. https://doi.org/10.2196/27674.

Böttcher, S., Vieluf, S., Bruno, E., Joseph, B., Epitashvili, N., Biondi, A., Zabler, N., Glasstetter, M., Dümpelmann, M., Van Laerhoven, K., Nasseri, M., Brinkman, B. H., Richardson, M. P., Schulze-Bonhage, A., & Loddenkemper, T. (2022) Data quality evaluation in wearable monitoring, *Scientific Reports*, 12(1), p. 21412. https://doi.org/10.1038/s41598-022-25949-x.

Böttcher, S., Zabler, N., Jackson, M., Bruno, E., Biondi, A., Epitashvili, N., Vieluf, S., Dümpelmann, M., Richardson, M. P., Brinkmann, B. H., Loddenkemper, T., & Schulze-Bonhage, A. (2024) Effects of epileptic seizures on the quality of biosignals recorded from wearables, *Epilepsia*, https://doi.org/10.1111/epi.18138. Advance online publication.

Brinkmann, B. H., Karoly, P. J., Nurse, E. S., Dumanis, S. B., Nasseri, M., Viana, P. F., Schulze-Bonhage, A., Freestone, D. R., Worrell, G., Richardson, M. P., & Cook, M. J. (2021) Seizure Diaries and Forecasting With Wearables: Epilepsy Monitoring Outside the Clinic, *Frontiers in Neurology*, 12: 690404. https://doi.org/10.3389/fneur.2021.690404.

Cogan, D., Birjandtalab, J., Nourani, M., Harvey, J., & Nagaraddi, V. (2017) Multi-biosignal analysis for epileptic seizure monitoring, *International journal of neural systems*, 27(1):1650031. https://doi.org/10.1142/S0129065716500313.

Epilepsy Foundation (2016) *Epilepsy Innovation Institute (Ei2): 2016 community survey*. Available at: https://scholar.google.com/scholar_lookup?title=Ei2+community+survey&publication_year=2016& (Accessed: 22 December 2021).

Escoffery, C., McGee, R., Bidwell, J., Sims, C., Thropp, E. K., Frazier, C., & Mynatt, E. D. (2018) A review of mobile apps for epilepsy self-management, *Epilepsy & Behavior*, 81:62–69. https://doi.org/10.1016/j.yebeh.2017.12.010.

Esmaeili, B., Vieluf, S., Dworetzky, B. A., & Reinsberger, C. (2022) The Potential of Wearable Devices and Mobile Health Applications in the Evaluation and Treatment of Epilepsy, *Neurologic Clinics*, 40(4):729–739. https://doi.org/10.1016/j.ncl.2022.03.005.

Fiest, K. M., Sauro, K. M., Wiebe, S., Patten, S. B., Kwon, C. S., Dykeman, J., Pringsheim, T., Lorenzetti, D. L., & Jetté, N. (2017) Prevalence and incidence of epilepsy, *Neurology*, 88(3):296–303. https://doi.org/10.1212/WNL.0000000000003509.

Fisher, R. S. (2017) An overview of the 2017 ILAE operational classification of seizure types, *Epilepsy & Behavior*, 70:271–273. https://doi.org/10.1016/j.yebeh.2017.03.022.

González, H.F.J., Yengo-Kahn, A. and Englot, D.J. (2019) Vagus Nerve Stimulation for the Treatment of Epilepsy, *Neurosurgery Clinics*, 30(2), pp. 219–230. https://doi.org/10.1016/j.nec.2018.12.005.

Gregg, N. M., Pal Attia, T., Nasseri, M., Joseph, B., Karoly, P., Cui, J., Stirling, R. E., Viana, P. F., Richner, T.J., Nurse, E. F., Schulze-Bonhage, A., Cook, M. J., Worrell, G. A., Richardson, M. P., Freestone, D. R., & Brinkmann, B. H. (2023). Seizure occurrence is linked to multiday cycles in diverse physiological signals. Epilepsia, 64(6):1627-1639. https://doi.org/10.1111/epi.17607

Hadady, L., Klivényi, P., Fabó, D., & Beniczky, S. (2023) Real-world user experience with seizure detection wearable devices in the home environment, *Epilepsia*, 64(S4): S72–S77. https://doi.org/10.1111/epi.17189.

Halimeh, M., Jackson, M., Vieluf, S., Loddenkemper, T., & Meisel, C. (2023) Explainable AI for wearable seizure logging: impact of data quality, patient age, and antiseizure medication on performance, *Seizure: European Journal of Epilepsy*, 110:99–108. https://doi.org/10.1016/j.seizure.2023.06.002.

Hubbard, I., Beniczky, S. & Ryvlin, P. (2021) The challenging path to developing a mobile health device for epilepsy: the current landscape and where we go from here, *Frontiers in Neurology*, 12:740743. https://doi.org/10.3389/fneur.2021.740743.

Karoly, P. J., Stirling, R. E., Freestone, D. R., Nurse, E. S., Maturana, M. I., Halliday, A. J., Neal, A., Gregg, N. M., Brinkmann, B. H., Richardson, M. P., La Gerche, A., Grayden, D. B., D'Souza, W., &

Cook, M. J. (2021) Multiday cycles of heart rate are associated with seizure likelihood: An observational cohort study, *eBioMedicine*, 72:103619. https://doi.org/10.1016/j.ebiom.2021.103619.

Lang, J. D. & Hamer, H. M. (2022) Epidemiologie der Epilepsie im höheren Lebensalter, *Zeitschrift für Epileptologie*, 35(2):110–114. https://doi.org/10.1007/s10309-022-00487-8.

Loddenkemper, T., Lockley, S. W., Kaleyias, J., & Kothare, S. V. (2011) Chronobiology of Epilepsy: Diagnostic and Therapeutic Implications of Chrono-Epileptology, *Journal of Clinical Neurophysiology*, 28(2):146. https://doi.org/10.1097/WNP.0b013e31821213d4.

Meisel, C., El Atrache, R., Jackson, M., Schubach, S., Ufongene, C., & Loddenkemper, T. (2020) *Epilepsia*, 61(12):2653–2666. https://doi.org/10.1111/epi.16719

Nasseri, M., Pal Attia, T., Joseph, B., Gregg, N. M., Nurse, E. S., Viana, P. F., Schulze-Bonhage, A., Dümpelmann, M., Worrell, G., Freestone, D. R., Richardson, M. P., & Brinkmann, B. H. (2021). Non-invasive wearable seizure detection using long-short-term memory networks with transfer learning. *Journal of neural engineering*, *18*(5), https://doi.org/10.1088/1741-2552/abef8a

Onorati, F., Regalia, G., Caborni, C., Migliorini, M., Bender, D., Poh, M. Z., Frazier, C., Kovitch Thropp, E., Mynatt, E. D., Bidwell, J., Mai, R., LaFrance, W. C., Jr, Blum, A. S., Friedman, D., Loddenkemper, T., Mohammadpour-Touserkani, F., Reinsberger, C., Tognetti, S., & Picard, R. W. (2017) Multicenter clinical assessment of improved wearable multimodal convulsive seizure detectors, *Epilepsia*, 58(11):1870–1879. https://doi.org/10.1111/epi.13899.

Onorati, F., Caborni, C., Guzman, M. F., Regalia, G., & Picard, R. W. (2018) Performance of a wrist worn multimodal seizure detection system for more than a year in real life settings, *Epilepsia*, 59(S3): S81.

Poh, M.-Z., Loddenkemper, T., Reinsberger, C., Swenson, N. C., Goyal, S., Sabtala, M. C., Madsen, J. R., & Picard, R. W. (2012) Convulsive seizure detection using a wrist-worn electrodermal activity and accelerometry biosensor, *Epilepsia*, 53(5): e93–e97. https://doi.org/10.1111/j.1528-1167.2012.03444.x.

Stirling, R. E., Grayden, D. B., D'Souza, W., Cook, M. J., Nurse, E., Freestone, D. R., Payne, D. E., Brinkmann, B. H., Pal Attia, T., Viana, P. F., Richardson, M. P., & Karoly, P. J. (2021) Forecasting seizure likelihood with wearable technology, *Frontiers in neurology*, 12:704060. https://doi.org/10.3389/fneur.2021.704060

Tang, J., El Atrache, R., Yu, S., Asif, U., Jackson, M., Roy, S., Mirmomeni, M., Cantley, S., Sheehan, T., Schubach, S., Ufongene, C., Vieluf, S., Meisel, C., Harrer, S., & Loddenkemper, T. (2021) Seizure detection using wearable sensors and machine learning: Setting a benchmark, *Epilepsia*, 62(8):1807–1819. https://doi.org/10.1111/epi.16967

Vieluf, S., El Atrache, R., Hammond, S., Touserkani, F. M., Loddenkemper, T., & Reinsberger, C. (2019) Peripheral multimodal monitoring of ANS changes related to epilepsy, *Epilepsy & Behavior*, 96:69–79. https://doi.org/10.1016/j.yebeh.2019.02.018.

Vieluf, S., Hasija, T., Schreier, P. J., El Atrache, R., Hammond, S., Mohammadpour Touserkani, F., Sarkis, R. A., Loddenkemper, T., & Reinsberger, C. (2021) Generalized tonic-clonic seizures are accompanied by changes of interrelations within the autonomic nervous system, *Epilepsy & Behavior*, 124:108321. https://doi.org/10.1016/j.yebeh.2021.108321.

Vieluf, S., Cantley, S., Jackson, M., Zhang, B., Bosl, W. J., & Loddenkemper, T. (2023) Development of a Multivariable Seizure Likelihood Assessment Based on Clinical Information and Short Autonomic Activity Recordings for Children With Epilepsy, *Pediatric Neurology*, 148:118–127. https://doi.org/10.1016/j.pediatrneurol.2023.07.018.

Yamakawa, T., Miyajima, M., Fujiwara, K., Kano, M., Suzuki, Y., Watanabe, Y., Watanabe, S., Hoshida, T., Inaji, M., & Maehara, T. (2020) Wearable epileptic seizure prediction system with machine-learning-based anomaly detection of heart rate variability, *Sensors*, 20(14):3987. https://doi.org/10.3390/s20143987

**Solveig Vieluf** ist Professorin für KI-basiertes Telemonitoring mit einem Schwerpunkt in der Kardiologie. Sie promovierte im Bereich Human Performance am Jacobs Center for Lifelong Learning & Institutional Development und verfügt durch ihre PostDoc-Zeit über umfangreiche Erfahrung in der Entwicklung von Algorithmen zur Echtzeitüberwachung und Vorhersage epileptischer Anfälle. Prof. Vieluf leitet eine Forschungsgruppe, die innovative technologische Lösungen entwickelt, um die Lebensqualität von Patienten nachhaltig zu verbessern.

**Christian Goelz** ist Postdoktorand in der Arbeitsgruppe von Prof. Vieluf. In seiner Promotion beschäftigte er sich mit der Anwendung maschineller Lernverfahren auf elektrophysiologische Signale, insbesondere im Bereich der Alternsforschung. Sein aktueller Forschungsschwerpunkt liegt in der computergestützten Analyse medizinischer Daten mit einem besonderen Fokus auf datenwissenschaftlichen Ansätzen im Bereich der digitalen Gesundheit.

**Paulina Moehrle** ist Medizinstudentin und wissenschaftliche Mitarbeiterin in der Arbeitsgruppe von Prof. Vieluf. Sie promoviert unter der Betreuung von Prof. Vieluf und Prof. Loddenkemper zum Thema KI-basierte Anfallsüberwachung. Sie ist fest davon überzeugt, dass präventive Versorgung und individualisierte Therapie das Gesundheitssystem nachhaltig verändern können.

**Tobias Loddenkemper** ist Professor für Neurologie an der Harvard Medical School, und Kinder-Epileptologe am Boston Children's Hospital. Seine Forschung beschäftigt sich mit epileptischer Anfallsdetektion, Vorhersage, und Prävention, mit Hilfe von Interventionen, basierend auf multimodalen Daten, Biomarkern, und Algorithmen.

# KI-gestützte Überwachung von Gesundheitsdaten und Echtzeitanalyse am Beispiel der Vergleichbarkeit der Messgenauigkeit von Wearables

# 35

Georg Herde, Horst Kunhardt und Alexander Pflieger

## Inhaltsverzeichnis



G. Herde (✉)
Fakultät Angewandte Informatik, THD – Technische Hochschule Deggendorf, Deggendorf, Deutschland
E-Mail: georg.herde@th-deg.de

H. Kunhardt
Fakultät Angewandte Gesundheitswissenschaften, THD – Technische Hochschule Deggendorf, Deggendorf, Deutschland
E-Mail: horst.kunhardt@th-deg.de

A. Pflieger
THD – Technische Hochschule Deggendorf, Deggendorf, Deutschland
E-Mail: alexander.pflieger@th-deg.de



M. A. Pfannstiel (Hrsg.), *Künstliche Intelligenz im Einsatz für die erfolgreiche Patientenreise*, https://doi.org/10.1007/978-3-658-48573-3_35

**Zusammenfassung**

In diesem Kapitel wird die Messgenauigkeit von Wearables und ortsgebundenen Geräten wie Körperwaagen und Blutdruckmessgeräten analysiert. Insbesondere wurden die Uhr Garmin Fenix 6 und die Withings ScanWatch im Kontext der Gesundheits- und Fitnessüberwachung über einen Zeitraum von 4 Wochen betrachtet. Die Methodik umfasst die gleichzeitige Erhebung von Vitalparametern wie Herzfrequenz, Blutdruck und Schlafdaten an einem Probanden. Die Ergebnisse zeigen, dass beide Geräte in der Messgenauigkeit vergleichbar sind, jedoch signifikante Unterschiede in der Detailgenauigkeit und Funktionalität bestehen. Garmin eignet sich besser für sportliche Anwendungen, während Withings verstärkt auf Gesundheitsmonitoring fokussiert ist. Der Markt für eine personalisierte Echtzeitanalyse von Vitaldaten wird von unterschiedlichen Herstellern für verschiedene Altersgruppen und Anwendungen stark umworben.

## 35.1 Einleitung

Die Ausgaben für das Gesundheitssystem in Deutschland betrugen im Jahr 2023 nach Ausgabenträgern 494 Mrd. € (Destatis 2024). Die demografische Entwicklung, der Fachkräftemangel einerseits, aber auch der medizinisch-technische Fortschritt werden auch weiterhin zu steigenden Ausgaben führen. Eine Möglichkeit zur Kostendämpfung, neben Sparmaßnahmen und Reformen, wie z. B. dem im Dezember 2024 beschlossenen Krankenhausversorgungs-verbesserungsgesetz – KHVVG, besteht im Ausbau der Gesundheitsförderung und Prävention. § 1 des Sozialgesetzbuchs SGB V hat die Überschrift „Solidarität und Eigenverantwortung". Damit ist die „Förderung der gesundheitlichen Eigenkompetenz und Eigenkompetenz der Versicherten" (Sozialgesetzbuch 2024) gemeint. Die Versicherten haben also eine Mitverantwortung für ihre Gesundheit und sollen durch eine gesundheitsbewusste Lebensführung und aktive Mitwirkung bei der Behandlung ihren Beitrag leisten. In der Vermeidung von lebensstilbedingten Erkrankungen, wie z. B. Herz-Kreislauferkrankungen und Diabetes Typ II, könnten Versicherte einen Beitrag zur Entlastung des Gesundheitssystems und darüber hinaus auch einen Beitrag zum individuellen Wohlbefinden leisten. Es stellt sich die Frage, warum die Möglichkeiten der Gesundheitsförderung und Prävention nur schwach greifen. Laut dem Präventionsbericht 2024 des GKV-Spitzenverbands und dem Medizinischen Dienst Bund gaben die Krankenkassen im Jahr 2023 für Gesundheitsförderung und Prävention in Lebenswelten, für Betriebliche Gesundheitsförderung (BGF) und individuelle verhaltensbezogene Prävention insgesamt 631 Mio. €, umgerechnet ca. 9 % der Gesamtausgaben, aus. Dies entspricht 8,49 € pro Versicherten. Wohingegen für die Behandlung von Krankheiten pro Kopf 5339 € ausgegeben wurden (Destatis 2024). In unserem Gesundheitssystem wird also in erster Linie „Krankheit" finanziert. Die Chancen einer individuellen Gesundheitsförderung und Prävention, die Gesundheitskompetenz und somit eine Befähigung zu einem gesundheitsförderlichen Lebensstil voraussetzt, werden derzeit zu wenig genutzt. Wenn man davon ausgeht, dass auch im Alter und auch bei einer Pflegebedürftigkeit noch vorhandene Ressourcen gestärkt und entwickelt werden können, so fallen die Ausgaben der sozialen Pflegeversicherung für Prävention in stationären Pflegeeinrichtungen mit 0,27 € pro Versicherten und insgesamt Gesamtausgaben in Höhe von 20 Mio. € doch erheblich aus dem Rahmen (Präventionsbericht GKV-Spitzenverband 2024).

Die Nutzung digitaler Formate zur individuellen Gesundheitsförderung und Prävention findet bisher eher in Forschungsprojekten, wie z. B. dem vom Bayerischen Staatsministerium für Gesundheit, Pflege und Prävantion geförderten Forschungsprogramm DeinHaus4.0 „länger leben zu Hause" mit technisch-digitalen Hilfsmitteln statt (DeinHaus4.0 2024), oder das Programm IGM-Campus (Individuelles Gesundheitsmanagement) (IGM-Campus 2024), das einen webbasierten Blended-Learning-Ansatz verfolgt. Das Forschungsprojekt DeinHaus4.0 – „länger leben zu Hause", zeigt, dass bei der Zielgruppe der Menschen über 65 Jahre die Bereitschaft und Akzeptanz für digitale Lösungen durchaus gegeben ist und viele Teilnehmerinnen und Teilnehmer der Feldstudie in 75 Haushalten in Niederbayern von positiven Effekten auf die eigene Gesundheitskompetenz durch die Beschäftigung mit ihren Vitaldaten berichteten. Somit könnte die eigene Wohnung mit dem gewohnten sozialen Umfeld zu einem weiteren Setting für Gesundheitsförderung und Prävention werden.

Die Nutzung von Wearables zur Überwachung von Gesundheits- und Fitnessdaten, die im persönlichen Umfeld und in persönlicher Verantwortung eingesetzt werden können, hat sich in den letzten Jahren stark verbreitet. Geräte namhafter Hersteller (Einige bedeutende Hersteller im Kontext von Fitnessuhren sind: Garmin, Withings, Suunto, Polar, Huawei, Apple, Samsung, usw. (die Liste erhebt keinen Anspruch auf Vollständigkeit). In dieser Studie wurde auf Uhren von Garmin und Withings abgestellt.) wie beispielsweise Garmin oder Withings erheben zahlreiche Parameter, die für das persönliche Gesundheitsmanagement und die sportliche Leistungsoptimierung von Bedeutung sind. Wearables bieten die Möglichkeit, Vitalparameter wie Herzfrequenz, Blutdruck, Sauerstoffsättigung und Schlafqualität in Echtzeit zu erfassen, wodurch ein personalisiertes Gesundheitsmonitoring und rechtzeitige Einleitung präventiver Maßnahmen ermöglicht werden. Daher zielte die vorliegende Analyse darauf ab, die Messgenauigkeit und Vergleichbarkeit von auf dem Markt verfügbaren Produkten, wie etwa die Fenix 6 von Garmin und die ScanWatch von Withings, über einen Testzeitraum von mehreren Wochen zu evaluieren, um damit auch das Potenzial eines individuellen Gesundheitsmonitorings für den Consumerbereich durch die Analyse ausgewählter Vitaldaten zu beschreiben. Bereits durchgeführte Analysen zeigten, dass ein Großteil der gängigsten Produkte weitestgehend für einen Feldversuch unter Realbedingungen geeignet sein können (Fuller und Colwell 2020). Der Fokus liegt hierbei auf der Analyse der Unterschiede in der Datenerhebung, der Genauigkeit der Messergebnisse und der Eignung für unterschiedliche Anwendungszwecke.

Der Testzeitraum (Nicht alle Geräte wurden exakt über den gleichen Zeitraum im Test verwendet. Z. B. das Garmin Blutdruckmessgerät stand erst ab Mitte März 2024 zur

Verfügung.) erstreckte sich von 27. Februar bis zum 31. März 2024. Getestet wurden die Smartwatches Garmin Fenix 6 und die Withings ScanWatch, die jeweils ganztägig an unterschiedlichen Handgelenken getragen wurden. Des Weiteren wurden die Körperwaagen von Garmin und von Withings in die Untersuchung mit einbezogen. Zusätzlich wurden für den gleichen Zeitraum die Blutdruckmessgeräte von Withings und Tensoval der Firma Hartmann (ab dem 15.03.2024 stand zusätzlich das Blutdruckmessgerät von Garmin zur Verfügung) und wurde in die Untersuchung integriert. Zusätzlich wurde von Withings die Schlafmatte zur Überwachung der Schlafphasen und -qualität eingesetzt.

Die gemessenen Parameter umfassen u. a. die Herzfrequenz, Sauerstoffsättigung, Gewicht, Blutdruck, Schrittzahl und Schlafdaten. Durch die gleichzeitige Nutzung der Geräte unter identischen Bedingungen sollte eine optimale Vergleichbarkeit der Ergebnisse gewährleistet werden.

## 35.2 Methodik

Die Methodik dieser Untersuchung basiert auf der gleichzeitigen Nutzung von Garmin- und Withings-Produkten zur Erhebung identischer Gesundheits- und Fitnessdaten. Beide Geräte wurden an dem selben Benutzer getestet, um Variationen aufgrund individueller Unterschiede zu minimieren. Die Garmin Fenix 6 und die Withings ScanWatch wurden über einen Zeitraum von 31 Tagen getragen, wobei die Geräte an den Handgelenken platziert wurden. Das Produkt von Garmin wurde am linken Handgelenk getragen, das Withings-Gerät am rechten Handgelenk. Beide Uhren wurden ganztägig getragen. Ergänzend wurden die Schlafmatte von Withings, die jeweiligen Waagen von Garmin und Withings als auch die Blutdruckmessgeräte zur täglichen Messung von Bewegungsdaten (Sportaktivitäten), Schlaf- und Gewichts- sowie Blutdruckparametern verwendet.

Zur Validierung der Messergebnisse wurden standardisierte Tagesabläufe definiert, d. h. dass der Blutdruck und das Körpergewicht unmittelbar nach dem Aufstehen gemessen wurden, die Messwerte beider Uhren permanent aufgezeichnet wurden und die Schlafmatte nach Beendigung der Nachtruhe ihre Werte in das Portal hochgeladen hat.

Basierend auf den Erkenntnissen einer zu einem früheren Zeitpunkt durchgeführten Studie, sollte eine annähernde Vergleichbarkeit der Produkte in puncto Aktivitätstracking gegeben sein (Henriksen 2018). Die Messergebnisse der Geräte wurden täglich aus den Webportalen der Anbieter (Garmin/Withings) in eine Excel-Datenbank eingetragen, um einen strukturierten Vergleich zu ermöglichen. Die Messungen beinhalteten die Parameter Herzfrequenz, Sauerstoffsättigung (SpO2), Schrittzahl, Gewicht, Blutdruck und Schlafdaten. Ziel war es, Unterschiede in der Genauigkeit und den Auswertungsmöglichkeiten der beiden Hersteller herauszuarbeiten. Eine im Jahr 2023 durchgeführte Studie ließ bereits eine Vergleichbarkeit und Messgenauigkeit der verwendeten Produkte vermuten (Jiang und Spies 2023).

Besondere Aufmerksamkeit wurde der Vergleichbarkeit von Vitalwerten wie Herzfrequenzvariabilität (Garmin) und Pulswellengeschwindigkeit (Withings) geschenkt, da

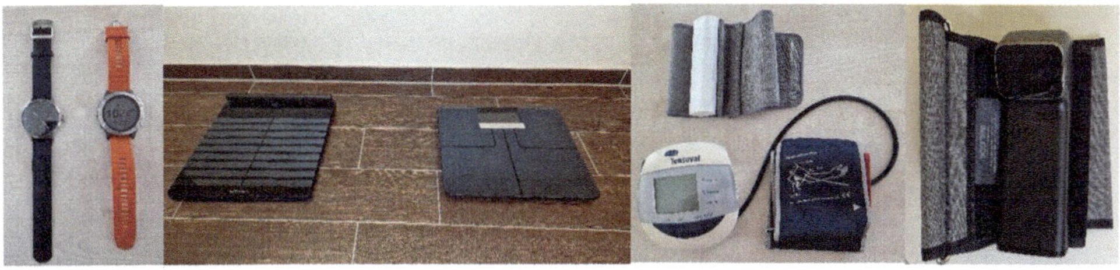

**Abb. 35.1** Übersicht über die für die Feldstudie verwendeten Geräte. Von links nach rechts: Withings ScanWatch, Garmin Fenix 6, Withings Waage, Garmin Waage, Blutdruckmessgerät Withings, Hartmann Tensoval später Garmin Index BPM. Die Schlafmatte ist nicht in der Auflistung. (Quelle: Eigene Darstellung (2024), Photos von Georg Herde)

diese nicht direkt vergleichbar sind und unterschiedliche Aspekte der Herzgesundheit abdecken. Ein weiteres Kriterium war die Darstellung der Gewichtsentwicklung, die bei Garmin in der App als rollierende Monatsübersicht und bei Withings als feste Zeiträume dargestellt wurde. Abb. 35.1 zeigt eine Übersicht der verwendeten Geräte (siehe Abb. 35.1).

## 35.3 Ergebnisse

Im Folgenden werden die Ergebnisse des Selbstversuchs für die verschiedenen Kategorien von Gesundheitsdaten, wie Schlafdaten, Körgergewicht, Herzfrequenz, Sauerstoffsättigung, Blutdruck und die tägliche Schrittzahl grafisch dargestellt und erläutert. Dabei werden auch Unterschiede zwischen den verwendeten Wearables deutlich, aber auch gemeinsame Trends erkennbar.

### 35.3.1 Schlafdaten

Beide Uhren zeichneten regelmäßig über Nacht Schlafdaten auf. Die Schlafmatte von Withings liefert hier zusätzliche, z. T. redundante Daten. Es ist teilweise nicht eindeutig welche der Werte bei Withings von der Uhr bzw. der Schlafmatte erhoben wurden.

Folgende Werte wurden bei beiden Uhren (G := Garmin/W := Withing in der Grafik (Ergänzend ist anzumerken, dass die Garmin Uhr bei dem Probanden bereits mehrere Jahre im Einsatz ist, d. h. die Uhr hat „Erfahrungswerte", während die Withings Uhr erstmalig in der Testperiode zum Einsatz kam.)) erfasst: Gesamtdauer des Schlafs, REM-, Tief- und Leichtschlaf- sowie Wachphasen, der durchschnittliche nächtliche Ruhepuls darüber hinaus berechnen die Hersteller einen Schlaf-Score je Nacht (siehe Abb. 35.2).

Bezüglich der Dauer- und der Leichtschlafzeiträume (y = Minuten) liefern beide Uhren nahezu identische Werte. Die beiden Kurven sind im Trend nahezu identisch, wenn auch z. T. die absoluten Werte geringfügig voneinander abweichen. Ein paar Ausreißer sind zu erkennen, fallen aber bzgl. der Gesamtaussage nicht ins Gewicht (siehe Abb. 35.3).

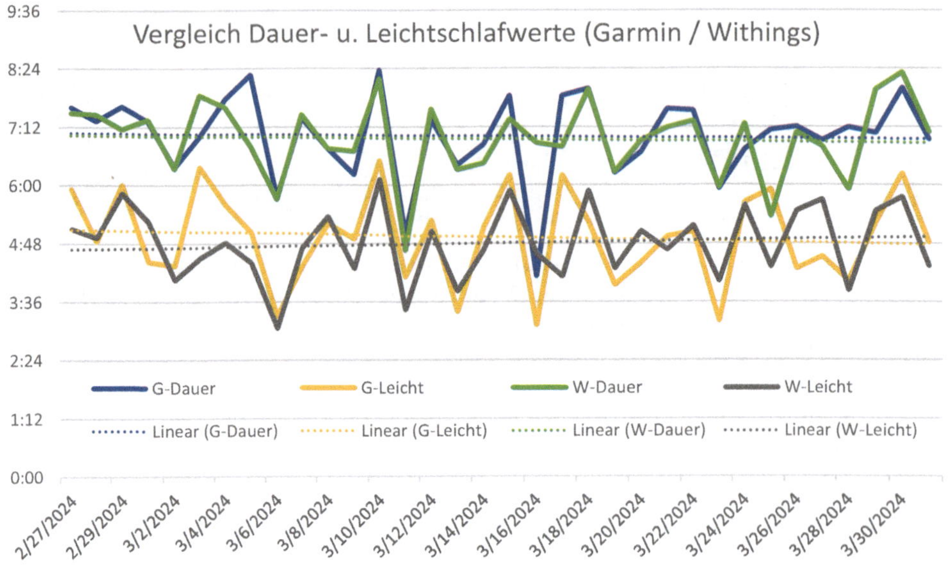


**Abb. 35.2** Vergleich der Dauer- und Leichtschlafwerte. (Quelle: Eigene Darstellung (2024))

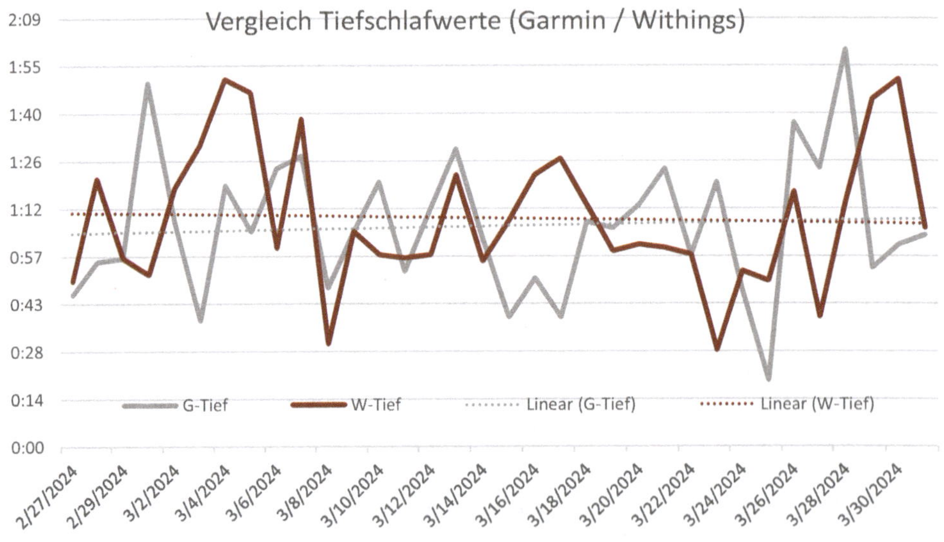


**Abb. 35.3** Vergleich der Tiefschlafwerte. (Quelle: Eigene Darstellung (2024))

Bei den Tiefschlafphasen zeigen die Kurven streckenweise vergleichbare Werte, es gibt aber mehrere Tage an denen die gemessenen Werte stark voneinander abweichen. Wahrscheinlich verwenden die Hersteller unterschiedliche Algorithmen, um die Phasen zu berechnen (siehe Abb. 35.4).

Ein ähnliches Bild zeichnet sich bei den REM-Schlafwerten ab, streckenweise Übereinstimmung mit zum Teil großen Abweichungen an anderen Tagen. Im Trendverlauf geben die Uhren unterschiedliche Tendenzen wieder. Withings geht von einem sinkenden linearen Trend bei den REM-Werten aus, während Garmin einen steigenden Trend ausmacht (siehe Abb. 35.5).

Bei den Leichtschlafphasen zeigen beide Uhren wieder stark parallele Werte mit nur geringen Abweichungen über den Messzeitraum. Die Trendaussage kippt bei den Uhren ab der Mitte des Erhebungszeitraums (siehe Abb. 35.6).

Diese beiden Kurvenverläufe zeigen eine sehr starke Koinzidenz. Der durchschnittliche Ruhepuls zieht sich nahezu parallel über den Zeitraum, während Garmin einen durchweg niedrigeren Ruhepuls ermittelt als Withings. Ob die Ursache in den verschiedenen Handgelenken (links/rechts) liegt, wäre noch zu untersuchen. Den Schlafscore errechnen beide Hersteller wohl unterschiedlich. Garmin verzeichnet größere Ausschläge über den Zeitraum während Withings in einem engeren Intervall die Werte ermittelt. Die Werte am 03.03. und 05.03. zeigen jedoch in genau die andere Richtung.

Die Ergebnisse der Schlafüberwachung zeigen, dass die ermittelten Werte bei beiden Herstellern dem Benutzer über einen längeren Zeitraum ein valides Verständnis seiner Schlafphase vermitteln können, wenn auch die absoluten Zahlenwerte unterschiedlich ausfallen können.

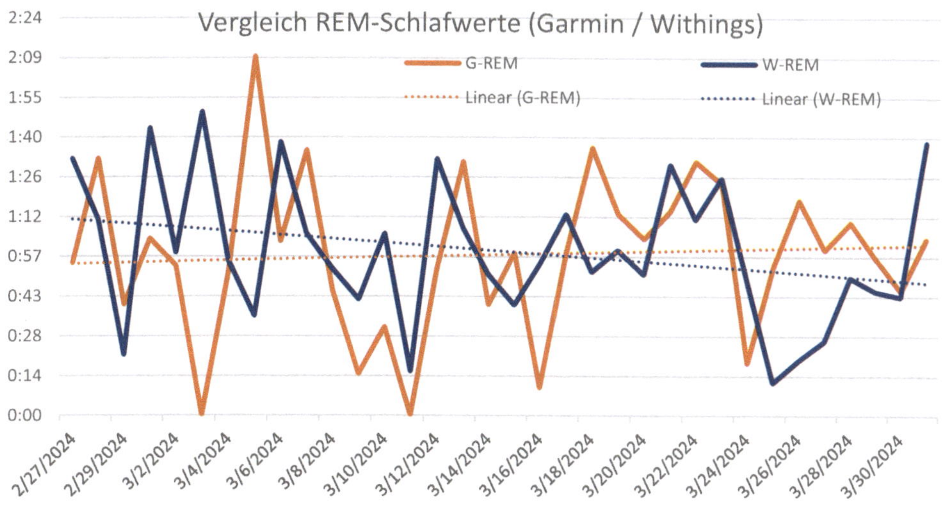


**Abb. 35.4** Vergleich der REM-Schlafwerte. (Quelle: Eigene Darstellung (2024))

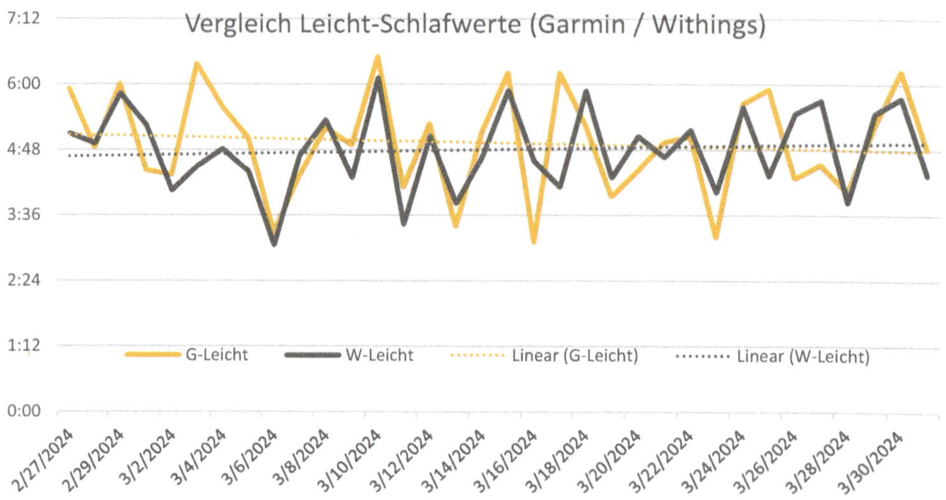


**Abb. 35.5** Vergleich der Leichtschlafwerte. (Quelle: Eigene Darstellung (2024))

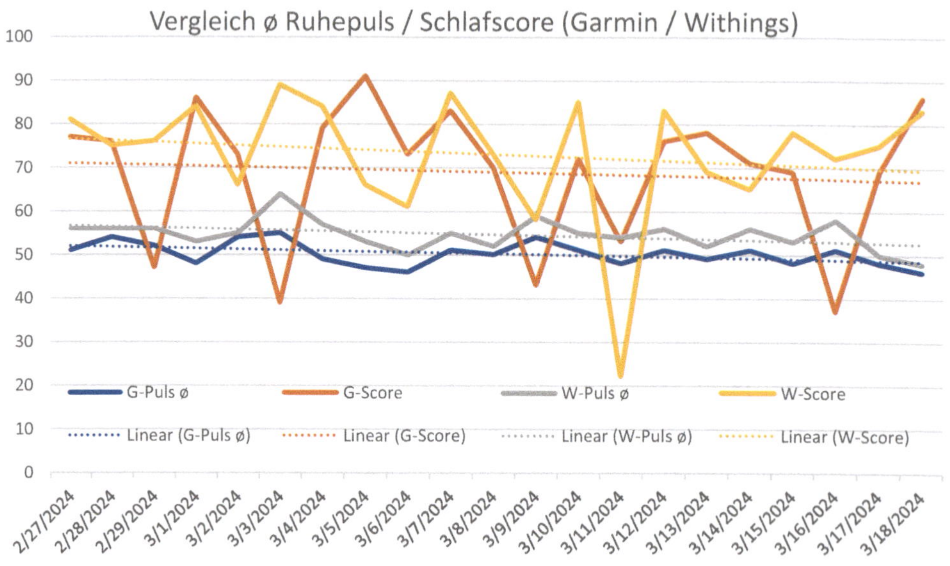


**Abb. 35.6** Vergleich der Ruhepulswerte. (Quelle: Eigene Darstellung (2024))

Durch die Integration der Schlafmatte von Withings hat der Benutzer einen detaillierteren Einblick in die Schlafqualität. Mit der Fähigkeit, spezifische Parameter wie Schlafapnoe zu erfassen, geht Withings über das hinaus, was Garmin derzeit respektive zum Zeitpunkt der Datenerhebung bieten kann. Ein signifikantes Beispiel liefert der Vergleich am

1. April 2024 (Ostermontag), bei dem Withings detaillierte Daten zu Schlafunterbrechungen und Atemaussetzern aufzeichnete, während Garmin lediglich die Schlafdauer protokollierte.

Die Genauigkeit der Schlafphasenanalyse war jedoch in beiden Fällen vergleichbar, wobei Garmin in der Auswertung eine etwas übersichtlichere Darstellung bietet. Withings punktet durch die zusätzliche Möglichkeit, die Schlafdaten über die Schlafmatte zu erfassen, was jedoch teilweise zu Redundanzen führt, da die Uhr ebenfalls Schlafdaten aufzeichnet.

### 35.3.2 Gewichtsmessungen

Die Gewichtsmessungen ergaben konsistente Ergebnisse zwischen den beiden Geräten, obwohl Unterschiede in der Darstellung der Daten auffielen (siehe Abb. 35.7).

Beide Waagen geben Werte zum Gesamtkörpergewicht und zu Körperfett, Muskelmasse, Skelettmuskulatur, Knochenmasse und Körperwasser an. Wie die Abb. 35.7 zeigt, sind sich beide Waagen bzgl. des Gesamtkörpergewicht des Probanden über den Zeitraum einig.

Bemerkenswert ist die Vorgehensweise bei der Garmin Waage. Von den o. g. Werten werden bei Garmin Gesamtgewicht, Skelettmuskulatur und Knochenmasse in kg angegeben, während Körperfett und Körperwasser in Prozentwerten angegeben werden. Werden die Prozentangaben in Bezug auf das Gesamtkörpergewicht umgerechnet, so weicht das errechnete Gesamtkörpergewicht der Einzelbestandteile erheblich vom angezeigten Gesamtkörpergewicht ab. Hier scheinen die Einzelbestandteile in der Ermittlung nicht überschneidungsfrei zu sein.

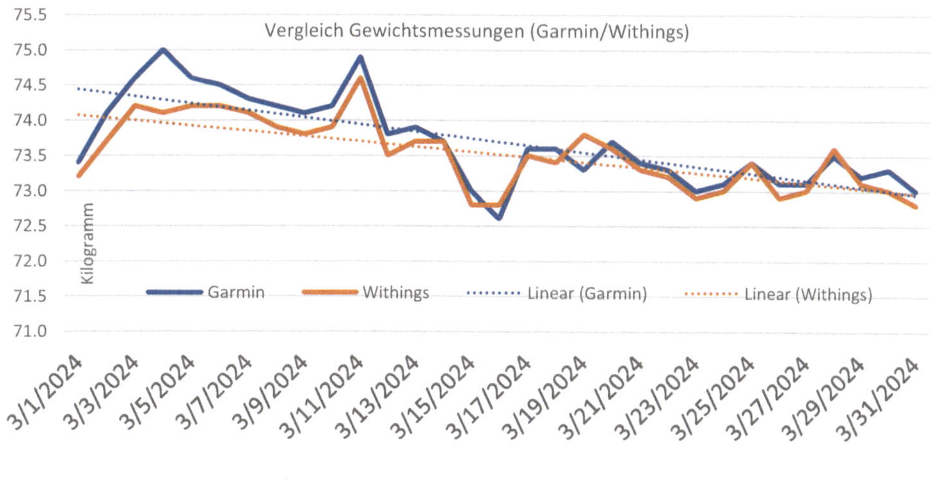


**Abb. 35.7** Vergleich der Gewichtsmessungen. (Quelle: Eigene Darstellung (2024))

Bei Withings sind hingegen alle Angaben der Einzelbestandteile in kg angegeben und somit ist auch die Gesamtsumme der Einzelteile, mit geringen Abweichungen, identisch mit dem angezeigten Gesamtkörpergewicht auf der Waage.

Die Withings-Waage bietet darüber hinaus innovative Funktionen, die bei Garmin fehlen, wie z. B. die Messung der Pulswellengeschwindigkeit (PWG) und des 6-Kanal-EKG. Diese Funktionen ermöglichen es, zusätzliche Einblicke in die Herzgesundheit zu gewinnen, die mit der Garmin-Waage nicht erfasst werden können. Die Withings-Waage zeigte sich in diesen Bereichen als fortschrittlicher, was insbesondere bei der medizinischen Überwachung von Vorteil sein könnte.

### 35.3.3 Vitalparameter

Bei den Vitalparametern wie Herzfrequenz, Sauerstoffsättigung und Blutdruck wurden bei beiden Herstellern vergleichbare Ergebnisse erzielt (siehe Abb. 35.8).

Die durchschnittliche Herzfrequenz betrug bei den morgendlichen Messungen mit den Blutdruckgeräten, bei Withings 54 bpm, bei Tensoval 53 bpm und ab Mitte März bei Garmin 53 bpm.

Die Sauerstoffsättigung bei den Uhrenmessungen lag im Durchschnitt bei beiden Geräten zwischen 96 % und 98 %, wobei keine signifikanten Abweichungen zwischen den beiden Herstellern festgestellt werden konnten. Ein zentraler Unterschied bestand jedoch in der Messung der Herzfrequenzvariabilität (HFV) bei Garmin und der Pulswellengeschwindigkeit (PWG) bei Withings. Die HFV ist ein Indikator für die Belastung des autonomen Nervensystems und wird häufig zur Analyse von Stressniveaus verwendet,

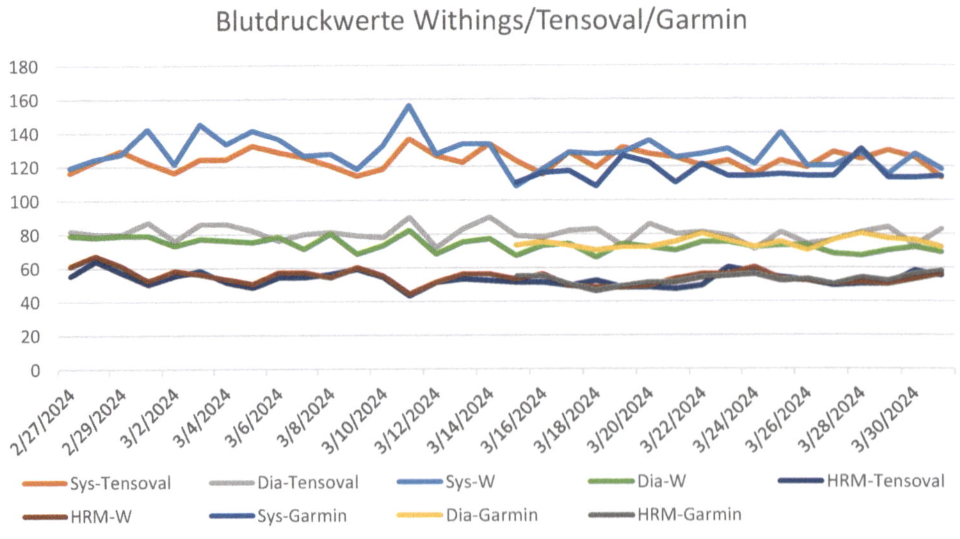


**Abb. 35.8** Vergleich Blutdruck. (Quelle: Eigene Darstellung (2024))

während die PWG ein Maß für die arterielle Steifigkeit und damit ein Indikator für das kardiovaskuläre Risiko ist. Diese beiden Parameter sind nicht direkt vergleichbar, bieten jedoch jeweils wichtige Informationen zur Herzgesundheit, die von den Geräten unterschiedlich erfasst werden.

### 35.3.4 Schrittzahlmessungen

Beide Uhren wurden parallel getragen. Es wurden unterschiedliche Aktivitäten durchgeführt. Neben der normalen täglichen Bewegung wurden explizit Geh-, Wandern- und Laufaktivitäten durchgeführt. Am 03.03. und 04.03. standen beide Uhren tagsüber aus unterschiedlichen Gründen (Austausch Armband und Ladevorgänge. Während der Nacht konnten beide Uhren wieder angelegt werden.) nicht zeitgleich zur Verfügung, sodass diese beiden Tage aus dem Vergleich genommen wurden (siehe Abb. 35.9).

Die Abweichungen der Tagesschrittzahlen in absoluten Werten bei beiden Uhren belaufen sich häufig im 2- bzw. unteren 3-stelligen Bereich. In der relativen Abweichung liegen von den 32 Zähltagen an 16 Tagen die Abweichungen (Die größte absolute und relative Abweichung von 6945 Schritten mehr bei Withings lässt sich durch die Angaben des Probanden erklären. Beim Streichen eines Zimmers wurde der Farbroller überwiegend mit der rechten Hand geführt, an der die Withings-Uhr getragen wurde.) im 1-stelligen Prozentbereich, vgl. rechte Y-Achsenskala. Auffällig sind drei Tage mit Gehaktivitäten. Am 05.03. zählte die Fenix 2145 Schritte mehr als die ScanWatch. Am 09. und 17.03. zählte die Withings Uhr 2425 beziehungsweise 2260 Schritte mehr. Größere Abweichungen der Schrittzahl gab es auch an anderen Tagen, was an den Spitzen der gelben Kurve oder den

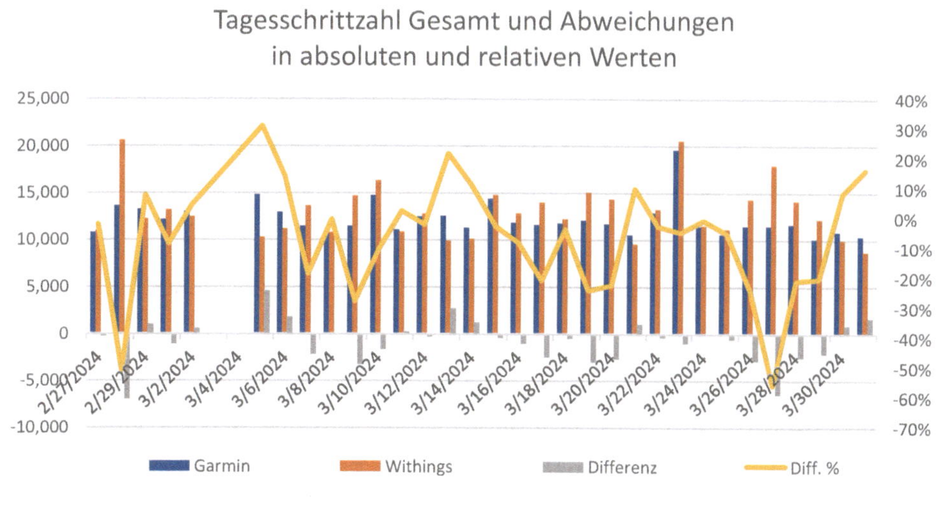


**Abb. 35.9** Vergleich der täglichen Schrittzahlen. (Quelle: Eigene Darstellung (2024))

grauen Balken gut zu erkennen ist (Abweichungen im grauen Bereich bedeuten, dass die Withings Uhr mehr Schritte als die Garmin gezählt hat und umgekehrt.). Am 29.03. fällt auf, dass die Aktivität Gehen bei beiden Uhren nur 0,24 % Abweichungen bei den Schritten hat, im gesamten Tagesablauf jedoch bei der Withings-Uhr 2056 Schritte mehr gezählt wurden. Diese Abweichungen sind nach Aussage des Probanden nicht unmittelbar erklärbar.

An dieser Stelle sei vermerkt, dass die Withings-Uhr keinen eingebauten GPS-Sensor besitzt und daher Streckenaufzeichnungen nur über ein per Bluetooth verbundenes Mobiltelefon möglich sind. Die Genauigkeit der Streckenaufzeichnung (indirekt auch der Schrittlängenermittlung; Garmin ermittelt die Schrittlänge durch die Division der gegangenen Entfernung (GPS) durch die Schrittzahl) hängt somit von der Genauigkeit der Streckenaufzeichnung vom Smartphone ab. Hier konnte festgestellt werden, dass die Aufzeichnungen per Handy (Hochhäuser, dichtem Wald usw.) nicht so genau sind wie bei der Garmin Messung.

Bei anderen sportlichen Aktivitäten bietet die Withings-Uhr vordefinierte Funktionen an. Hinsichtlich der gemessenen Werte bleibt sie jedoch deutlich hinter den Aufzeichnungen der Garmin-Uhr zurück. Die Garmin-Uhr bietet dem sportlichen, trainingsbewussten Anwender mehr Möglichkeiten (Die Garmin-Uhr bietet weitergehende Funktionen wie z.B. Schwimmstilerkennung, Bodenkontaktzeiten beim Laufen, Erkennungen von Steigungen, Watt-Messung beim Radfahren (erfordert spezielle Pedale), etc. an).

## 35.4 Diskussion

Die Ergebnisse dieser Untersuchung zeigen, dass sowohl Garmin als auch Withings in der Lage sind, genaue und vergleichbare Daten in den Bereichen Gewicht, Herzfrequenz und Sauerstoffsättigung zu liefern. Die Genauigkeit und Validität der Herzfrequenzmessung durch Withings wurde bereits in anderen Untersuchungen bestätigt (Fraser 2022). Die Unterschiede in den zusätzlichen Funktionen und der Fokussierung auf verschiedene Aspekte der Gesundheits- und Fitnessüberwachung sind jedoch erheblich.

Garmin richtet sich mit der Fenix 6 klar an Sportler, die detaillierte Auswertungen ihrer Trainingsleistungen und GPS-Daten benötigen. Bei Withings hingegen liegt die Stärke in der Gesundheitsüberwachung, insbesondere durch die innovativen Funktionen der Waage und der Schlafmatte.

Der Vergleich der Messgenauigkeit zeigt, dass beide Geräte für den durchschnittlichen Benutzer ausreichend genau sind. Jedoch könnten die spezifischen Stärken der jeweiligen Produkte dazu führen, dass sie unterschiedliche Zielgruppen ansprechen werden. Garmin-Nutzer profitieren von der robusten Sportorientierung, während Withings besonders für Gesundheitsbewusste und Gelegenheitsnutzer geeignet ist, die Wert auf Vitaldaten und medizinische Überwachung legen.

In der Dreierkombination aus Uhr, Waage, Blutdruckmessgerät schmilzt der Vorsprung der Withings-Uhr gegenüber der Garmin-Uhr in Bezug auf Vitaldaten zunehmend.

Bezüglich der Vitalwerte arbeitet Garmin mit wissenschaftlichen Institutionen wie der American Heart Association (AHA 2024) zusammen und bietet Forschern Datensammlungen wie z. B. die Garmin Library (Garmin Health Research Library 2024) an, für Auswertungen und Analysen. Zudem stellt Garmin dem Benutzer auf einer separaten Webseite, (Garmin Gesundheitswissenschaft 2024) Informationen zur Interpretation der gemessenen Daten zur Verfügung, wobei die Grenzen der Messbarkeit (Garmin Genauigkeit 2024) nicht verschwiegen werden.

## 35.5 Schlussbetrachtung

Die vorliegenden Ergebnisse verdeutlichen, dass sowohl Garmin als auch Withings Wearables anbieten, deren Messgenauigkeit in vielen Bereichen vergleichbar ist. Die Wahl zwischen den beiden Herstellern hängt jedoch stark von den individuellen Bedürfnissen des Nutzers ab. Garmin bietet umfangreiche Funktionen für ambitionierte Sportler, während Withings sich stärker auf die Gesundheitsüberwachung konzentriert. Zukünftige Studien könnten sich darauf konzentrieren, die Langzeitgenauigkeit der Geräte zu untersuchen und weitere Parameter wie die HFV und die PWG miteinander in direkten Zusammenhang zu stellen.

Wearbles, die regelmäßig zur Erfassung von individuellen Vitaldaten genutzt werden, können dazu beitragen, die Gesundheitskompetenz zu verbessern. Werden die Messungen regelmäßig durchgeführt, können damit Trends in der Veränderung der Messdaten durch eine Echtzeitanalyse, die in den Apps der Hersteller integriert ist, erkannt werden, was Hinweise auf eine Verschlechterung von Werten wie z. B. bei der Herzfrequenz, dem Wasseranteil im Körper, oder bei der Pulswellengeschwindigkeit geben kann. Wearables befähigen damit Nutzerinnen und Nutzer, durch die Beobachtung der eigenen Vitalwerte über einen längeren Zeitraum Veränderungen zu erkennen und Leistungen aus der ambulanten oder stationären Versorgung gezielter abzurufen. Die Kenntnis der eigenen Vitaldaten „empowert" damit Nutzerinnen und Nutzer und kann auch zu einer besseren gemeinsamen Entscheidungsfindung im Krankheitsfall zwischen Leistungserbringer und Patient beitragen. Die verbindliche Einführung der eGA (elektronische Gesundheitsakte) ab Januar 2025 im deutschen Gesundheitswesen, mit der Möglichkeit, dass Versicherte auch eigene Daten in ihre eGA hochladen können, könnte zu einer besseren Versorgungsqualität führen, da insbesondere bei chronischen Erkrankungen der Verlauf bzw. die Veränderung von Vitaldaten eine Rolle spielen. Die Möglichkeiten der Echtzeitanalyse mit Unterstützung durch Künstliche Intelligenz (KI) im Bereich der mittels Wearables erfassten Vitaldaten können zur Entwicklung von personalisierten, digitalen Gesundheits-Coaches genutzt werden, die auf individuelle Veränderungen im Gesundheitsstatus hinweisen und gezielt Ratschläge zu einem gesundheitsfördernden Lebensstil geben und im Notfall gezielt Hilfsprozesse anstoßen können.

Eine von McKinsey im Jahr 2022 veröffentliche Studie zum Potenzial der Digitalisierung im Gesundheitswesen kommt zu dem Schluss, dass durch die Verbesserung der

Versorgungsqualität und Kosteneffizienz im deutschen Gesundheitswesen Einsparungen von insgesamt 42 Mrd. € möglich sind. In der Analyse von McKinsey wurden 26 Gesundheitstechnologien hinsichtlich ihres Beitrags zur Kosteneffizienz beurteilt und in sechs Lösungskategorien unterteilt. In der Kategorie Online-Interaktionen, mit Telekonsultation oder Fernüberwachung und Management von chronischen Erkrankungen besteht ein Einsparpotenzial von 12 Mrd. €, in der Kategorie Patientenselbstbehandlung durch Gesundheits-Apps und digitale Diagnosetools beseht ein Einsparpotenzial von 4,6 Mrd. € (McKinsey 2022). Wearables und Gesundheits-Apps können damit nicht nur einen individuellen Nutzen generieren, sondern auch einen Beitrag zur Kosteneffizienz und Reduzierung der Nachfrage nach Gesundheitsleistungen durch Stärkung des Selbstmanagements und der Gesundheitskompetenz liefern.

## Literatur

AHA (2024), American Heart Association Recommendations for Physical Activity in Adults and Kids, online im Interent, https://www.heart.org/en/healthy-living/fitness/fitness-basics/aha-recs-for-physical-activity-in-adults, Abrufdatum: 12.12.2024

Destatis (2024), https://www.destatis.de/DE/Themen/Gesellschaft-Umwelt/Gesundheit/Gesundheitsausgaben/Tabellen/ausgabentraeger.html, Abrufdatum am 08.12.2024

DeinHaus4.0 (2024), Startseite Forschungsprojekt DeinHaus4.0, online im Internet, https://deinhaus4-0.de/, Abrufdatum: 09.12.2024

Fuller, D. & Colwell, E. (2020), Reliability and validity of commercially available wearable devices for measuring steps, energy expenditure, and heart rate: Systematic review, JMIR Mhealth Uhealth, Vol. 8, No. 9. https://doi.org/10.2196/18694, Link: https://mhealth.jmir.org/2020/9/e18694/

Garmin Health Research Library (2024), Garmin Health Research Library online im Internet, https://www.garmin.com/de-AT/health/research-library/current-years/, Abrufdatum:12.12.2024

Garmin Gesundheitswissenschaft (2024), Gesundheitswissenschaft online im Internet, https://www.garmin.com/de-AT/garmin-technology/health-science/, Abrufdatum: 12.12.2024

Garmin Genauigkeit (2024), https://www.garmin.com/de-DE/legal/atdisclaimer/, Abrufdatum am 12.12.2024

Henriksen, A. (2018). Using Fitness Trackers and Smartwatches to Measure Physical Activity in Research: Analysis of Consumer Wrist-worn Wearables, Journal of Medical Internet Research, Vol 8, No 9., https://doi.org/10.2196/jmir.9157 Link: https://www.jmir.org/2018/3/e110/

IGM-Campus (2024), Projekt IGM-Campus, online im Internet, https://www.kokonat.eu/Gesundheitsversorgung/Individuelles%20Gesundheits-Management%20IGM%C2%AE/Projekt%20IGM-Campus, Abrufdatum: 09.12.2024

Jiang, Y. & Spies, C. (2023), Investigating the accuracy of blood oxygen saturation measurements in common consumer Smartwatches,PLOS Digit Health 2(7): e0000296, https://doi.org/10.1371/journal.pdig.0000296, Link: https://journals.plos.org/digitalhealth/article?id=10.1371/journal.pdig.0000296, Abrufdatum: 09.12.2024

Fraser, M. (2022). Measurement of Heart Rate Using the Withings ScanWatch Device During Free-living Activities: Validation Study, JMIR Formative Research, Vol 6, No 9,. https://doi.org/10.2196/34280, Link: https://formative.jmir.org/2022/9/e34280, Abrufdatum: 09.12.2024

McKinsey (2022), Digitalisierung im Gesundheitswesen: die 42-Milliarden-Euro-Chance für Deutschland, online im Internet, https://www.mckinsey.de/news/presse/2022-05-24-42-mrd-euro-chance , Abrufdatum: 12.12.2024

Präventionsbericht GKV-Spitzenverband (2024), Präventionsbericht 2024, online im Internet, https://www.gkv-spitzenverband.de/media/dokumente/krankenversicherung_1/praevention__selbsthilfe__beratung/praevention/praeventionsbericht/2024_GKV_MD_Praventionsbericht_barrierefrei.pdf, Abrufdatum: 08.12.2024

Sozialgesetzbuch V (2024), § 1 Solidarität und Eigenverantwortung, online im Internet, https://dejure.org/gesetze/SGB_V/1.html, Abrufdatum: 08.12.2024

**Prof. Dr. rer. pol. Georg Herde** ist Wirtschafts-Informatiker und seit 1999 Professor an der Technischen Hochschule Deggendorf (THD) und berufen für die Lehrgebiete Grundlagen der Informatik, Grundlagen der Betriebswirtschaft und dem Einsatz von Datenanalysetechniken im Auditbereich der prüfenden (Wirtschaftsprüfer, Steuerberater, Betriebsprüfer) Berufe. 2005 gründete Prof. Herde das Deggendorfer Forum zur digitalen Datenanalyse e. V. und organisierte mehr als 25 Veranstaltungen für Wirtschaftsprüfer, Steuerberater, Controller und IT-Verantwortliche. Er war Mitbegründer der dab: Daten – Analyse – Beratung GmbH in Deggendorf und Dekan der Betriebswirtschaftlichen Fakultät der THD.

**Prof. Dr. biol. hum. Horst Kunhardt** ist Informatiker und Humanbiologe und seit 2004 Professor an der Technischen Hochschule Deggendorf (THD) für die Lehrgebiete Betriebliche Anwendungssysteme und Gesundheitsmanagement. Von 2015 bis 2024 war Prof. Dr. Kunhardt Vizepräsident der Technischen Hochschule Deggendorf für den Bereich Gesundheit. 2010 hat er das Institut für Crossborder Healthcare Management am Gesundheitscampus der TH Deggendorf in Bad Kötzting, aufgebaut, das sich mit Fragen der grenzüberschreitenden Gesundheitsversorgung befasst. Er war Campusleiter des European Campus Rottal-Inn der THD und Direktor des EVTZmbH (Europäische Verbundregion für territoriale Zusammenarbeit zwischen TH Deggendorf und FH Oberösterreich). Seit 2017 ist er Mitglied der Europäischen Akademie der Wissenschaft und Künste. Prof. Dr. Horst Kunhardt war IT-Leiter und Qualitätskoordinator am Bezirksklinikum Mainkofen sowie wissenschaftlicher Leiter des Rechenzentrums der TH Deggendorf.

**Alexander Pflieger, M.Sc.,** ist Betriebswirt und Wirtschaftsinformatiker und seit 2020 unter anderem als wissenschaftlicher Mitarbeiter an der Technischen Hochschule Deggendorf (THD) in den Fakultäten für Angewandte Informatik und Angewandte Gesundheitswissenschaften tätig. Seine Forschungsschwerpunkte umfassen Informatik, Digitalisierung, Data Science und Prozessmanagement. Im Rahmen seiner Tätigkeiten arbeitet er an verschiedenen Forschungsprojekten, unter anderem im Bereich digitaler Unterstützungssysteme für den beruflichen und privaten Alltag. Zudem ist Alexander Pflieger seit 2022 als Lehrbeauftragter in verschiedenen Bachelor- und Masterstudiengängen für die Themen Digitalisierungsmanagement, IT-Strategien und Data Science tätig. Im Forschungsprojekt „DeinHaus 4.0“ beschäftigte er sich bis 2024 zudem mit der Datenanalyse und dem maschinellen Lernen im Bereich Gesundheitsdaten. Neben seiner wissenschaftlichen Tätigkeit ist Alexander Pflieger seit 2024 auch als Verantwortlicher für Digitalisierung und Prozessoptimierung im IT-Zentrum der Technischen Hochschule Deggendorf tätig.

# Onlinebasierte diskrete Ereignissimulationen im Krankenhaus – Potentiale, Herausforderungen und mögliche Anwendungsfälle

36

Yannik Angler, Steffen Fleßa, Markus Krohn und Olav Götz

## Inhaltsverzeichnis



**Zusammenfassung**

Die Kliniklandschaft steht in den nächsten Jahren vor einer Vielzahl an Herausforderungen wie der Bewältigung des demografischen Wandels, des Fachkräftemangels oder dem Management der stetig zunehmenden wirtschaftlichen Schieflage. Gut durchdachte Prozessstrukturen haben hierbei das Potenzial, trotz begrenzter Ressourcen eine effiziente und gleichzeitig hochwertige Patientenversorgung sicherzustellen. Ein möglicher Ansatz ist hierbei die sogenannte onlinebasierte diskrete Ereignissimulation

Y. Angler (✉) · S. Fleßa · M. Krohn
Universität Greifswald, Greifswald, Deutschland
E-Mail: yannik.angler@pwc.com; steffen.flessa@uni-greifswald.de; markus.krohn@uni-greifswald.de

O. Götz
Apollon Hochschule der Gesundheitswirtschaft, Bremen, Deutschland
E-Mail: olav.goetz@apollon-hochschule.de


M. A. Pfannstiel (Hrsg.), *Künstliche Intelligenz im Einsatz für die erfolgreiche Patientenreise*, https://doi.org/10.1007/978-3-658-48573-3_36

(Online DES). Dabei werden Echtzeitdaten durch Geräte des „Internet der Dinge" (Internet of Thing – IoT) gesammelt und unter Nutzung von KI-basierten Modellen parallel zur realen Welt simuliert. Durch die Nutzung einer Vielzahl an IoT-Geräten, welche Echtzeitdaten an ein KI-basiertes Simulationsmodell liefern, ist es möglich, Teilprozesse im Krankenhaus in Echtzeit abzubilden und präzisere Prognosen für zukünftige Entwicklungen zu treffen. Gleichwohl müssen Online DES-Modelle vor ihrer Implementierung konsequent bewertet werden, da eine größere Zahl an IoT-Geräten die Angriffsfläche für potenzielle Cyberattacken erhöht und die Datenerfassung über IoT-Geräte ethische und datenschutzrechtliche Fragen aufwirft.

## 36.1 Einleitung

Die Kliniklandschaft steht in den nächsten Jahren vor einer Vielzahl an Herausforderungen. Dazu zählen u. a. die Bewältigung des demografischen Wandels, des Fachkräftemangels oder dem Management der stetig zunehmend wirtschaftlich instabilen Lage (Minz et al. 2023). Zudem hat die Covid-19-Pandemie verdeutlicht, dass Krankenhäuser neue Verfahren zur Prognose der Zahl von ankommenden Patienten benötigen, um ihre Bestandsplanung zu verbessern (Verity et al. 2020). Diese Herausforderungen führen dazu, dass ein Krankenhaus stärker als je zuvor nach Wegen suchen muss, um eine qualitativ hochwertige Patientenversorgung unter wirtschaftlich tragfähigen Bedingungen erbringen zu können.

Patientenpfade gelten hierbei als einer der wirksamsten und effizientesten Faktoren, die von Entscheidungsträgern und Krankenhausmanagern im Krankenhaus zur Unterstützung der Patientenversorgung eingesetzt werden (Huang et al. 2016; Aspland et al. 2019). Gut durchdachte Prozessstrukturen haben hierbei das Potenzial, trotz begrenzter Ressourcen eine effiziente und zugleich qualitativ hochwertige Patientenversorgung sicherzustellen. Da der Pfad ein standardisierter Ablauf mit festen Teilschritten ist, werden Ressourcen nicht durch unnötige Prozesse vergeudet, und die Qualität bleibt erhalten, weil alle essenziellen Schritte berücksichtigt werden. Einen unterstützenden Faktor kann hierbei die Digitalisierung darstellen. Mit dem Krankenhauszukunftsgesetz (KHZG), welches im Jahre 2020 in Kraft getreten ist, stellen Bund und Länder den deutschen Krankenhäusern ein hohes Fördervolumen von 4,3 Mrd. € zur Verfügung. Dieses Fördervolumen gibt den Krankenhäusern einen ersten Anschub, um ihren Digitalisierungsgrad in unterschiedlichen Fördertatbeständen (FTB) (siehe Abb. 36.1) zu steigern.

Dabei stellt das KHZG nur den Startschuss für die digitale Transformation der Krankenhäuser dar. Der in Zukunft zunehmende Digitalisierungsgrad der Krankenhäuser eröffnet nicht nur Chancen für eine Steigerung der Prozesseffizienz im Rahmen der Patientenreise, sondern sorgt ebenfalls dafür, dass zukünftig immer mehr Gesundheitsdaten immer schneller in digitaler Form verfügbar sein werden (Coughlin et al. 2018; Reinsel et al. 2018).

Somit ist davon auszugehen, dass Krankenhäusern in Zukunft umfassende Datenbestände zur Verfügung stehen werden, welche über den Einsatz geeigneter Technologien

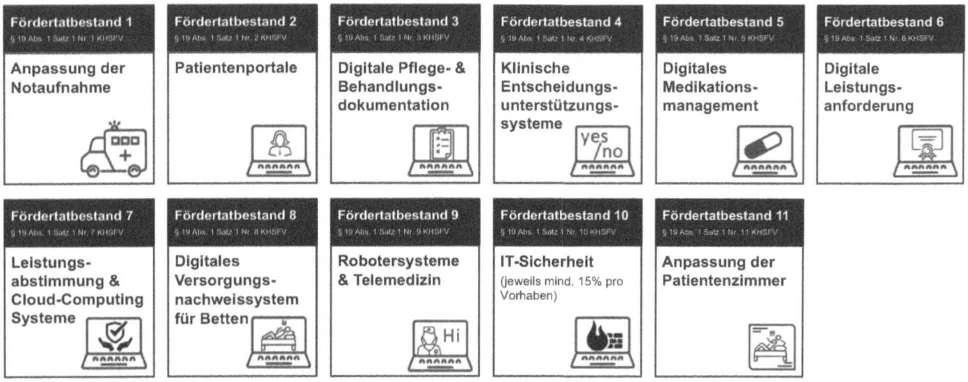


**Abb. 36.1** Fördertatbestände des KHZG. (Quelle: Detecon (2021))

dazu genutzt werden können, um Echtzeit-Einblicke und Vorhersagen über Ressourcenauslastungen oder Ankünfte von Patienten zu erhalten. Dabei müssen die Datenbestände nicht ausschließlich auf Gesundheitsdaten beschränkt sein, sondern können ebenfalls Daten der externen Umwelt, wie z. B. Wetterfaktoren mit einbeziehen, um Zusammenhänge zwischen klimatischen Veränderungen und Patientenaufkommen im Krankenhaus besser zu verstehen und vorherzusagen (Davis et al. 2020).

Damit werden Krankenhäuser der Zukunft befähigt, ihre Prozesse nicht mehr reaktiv, sondern proaktiv gestalten zu können. Diese Kombination aus ansteigendem Datenvolumen und technologischem Fortschritt eröffnet Potenziale für neue Ansätze der prozessgestützten Datenerfassung, -analyse und -bewertung im Krankenhaus. Einer dieser Ansätze ist die Weiterentwicklung der diskreten Ereignissimulation (DES).

## 36.2 Wert und Grenzen der diskreten Ereignissimulation

Die diskrete Ereignissimulation als Teilgebiet der Simulation bezeichnet die computergestützte Methodik, einen realen Prozess als eine geordnete Reihe von Ereignissen nachzuahmen (Cubukcuoglu et al. 2020). Aufgrund der steigenden Komplexität der Gesundheitssysteme und -betriebe sowie strengerer Qualitätsanforderungen wächst das Interesse an der Anwendung von DES-Modellierung in diesem Umfeld. Ursächlich dafür ist, dass DES-Modelle in der Lage sind, eine unbegrenzte Menge von Interdependenzen und Zufallsereignissen abzubilden, ohne an formalen Grenzen zu scheitern. Dies zeigt sich in der kontinuierlich steigenden Anzahl von über 200 Forschungsartikel im Zeitraum von 1994 bis 2021 zu diesem Thema (Vázquez-Serrano et al. 2021). DES ist in der Krankenhausplanung weit verbreitet, um den Patientenpfad zu modellieren, die Patientenzufriedenheit abzuschätzen, die Auslastung der Ressourcen zu optimieren und die Wirtschaftlichkeit im Gesundheitswesen zu steigern (Jun et al. 1999; Günal und Pidd 2010; Tiwari und Sandberg 2016). Ein besonders beliebtes Einsatzgebiet für DES ist die Notaufnahme. Doudareva und Carter (2022) weisen in ihrem systematischen Review darauf hin, dass DES in der Notaufnahme in einer Vielzahl von Fällen das Ziel verfolgt, Möglichkeiten zur Umsetzung von Prozessverbesserungen abzuleiten. Ouda et al. (2023) zeigen in ihrem Review zur Simulation in der Notaufnahme, dass sich Studien häufig mit der Prozess- und Ressourcenanalyse beschäftigen, um Zeit, Effizienz und Ressourcenverteilung zu messen. Die am häufigsten verwendeten Analyseparameter (Inputs) innerhalb einer DES sind u. a. Patientenrouting, Flussschemata oder auch räumliche und personelle Ressourcen. In der Regel zielt die Analyse darauf ab, den Patientendurchsatz, die Patientenwartezeiten, Personalnutzung (insb. Ärzte) oder Einrichtungsnutzung als Output zu erhalten, um darauf aufbauend Verbesserungspotenziale für Prozesse abzuleiten (Gibson 2007; Kougias et al. 2016; Zhou et al. 2019). Mithilfe der Anwendungsfunktionen, die eine DES bereitstellt, ist es möglich, Prozesse in einem Krankenhaus evidenzbasiert in einem Modell abzubilden und auf seine Effektivität sowie Effizienz zu untersuchen. Dabei bildet die Analyse des Grundmodells, welches den Ist-Zustand eines Prozesses darstellt, die Ausgangsbasis. Ausgehend von diesem Grundmodell erfolgt die Bildung von sogenannten Was-Wäre-Wenn-Szenarien, über welche hypothetische Szenarien durchgespielt werden, um die Auswirkungen von Veränderungen oder Entscheidungen auf ein System zu analysieren.

Im Kontext der diskreten Ereignissimulation beziehen sich Was-Wäre-Wenn-Szenarien auf die Simulation verschiedener Alternativen, um zu verstehen, wie sich Änderungen in den Parametern oder Prozessen auf das Gesamtsystem auswirken. Beispiele für solche Was-Wäre-Wenn-Szenarien sind z. B. die Auswirkungen einer veränderten Personalplanung oder Bettenkapazität auf die Wartezeiten der Patienten, die Auslastung der Ressourcen und die Qualität der Versorgung. Durch die Veränderung von bestehenden Inputparametern des Modells können die Auswirkungen auf die Outputs des Grundmodells untersucht werden, wodurch es möglich wird, über solche Szenarien konkrete Handlungsempfehlungen im Zuge einer Prozessverbesserung für den praktischen Ablauf im Krankenhaus abzuleiten.

Durch die diskrete Ereignissimulation werden Anwender dazu befähigt, komplexe Prozesse oder Systeme aus der Realität computerbasiert abzubilden. Diese Methodik ist vor allem dahingehend von Wert, Untersuchungen zuerst in einer virtuellen Umgebung zu testen, bevor teure und zeitaufwendige Tests unter Einbezug von personellen und finanziellen Ressourcen in der realen Welt umgesetzt werden (Zhang 2018; Forbus und Berleant 2022). Weiterhin sind Simulationen für das Management nützlich, um Schwierigkeiten oder Engpässe vorhersehen zu können. Dadurch können auf Grundlage fundierter Daten und Erkenntnisse strategische Entscheidungen getroffen werden, um die Leistungsfähigkeit eines Krankenhauses zu verbessern.

Auch wenn eine DES als äußerst nützliches Instrument in der Analyse von Prozessen im Gesundheitswesen gilt, sind ebenfalls die Grenzen einer klassischen DES im Betrachtungshorizont mit zu berücksichtigen. Eine der größten Herausforderung einer DES-Studie stellt die Erfassung von Daten aus der realen Welt dar, wobei die Erfassung der Zeitverbräuche von Prozessen (z. B. Personalbindung, Gerätebindung, Raumbelegung etc.) unabdingbar, jedoch häufig aufwendig ist und nicht routinemäßig durchgeführt wird. Gerade die Datenerfassung in Form von Zeitmessstudien impliziert einen hohen Ressourcenaufwand, welcher sehr viel Zeit in Anspruch nimmt. Eine ausreichende Anzahl an personellen Ressourcen ist eine wesentliche Bedingung, um eine valide Stichprobe zu generieren. Weitergehend gibt es im Krankenhaus eine Vielzahl von Datenquellen, die für Simulationen relevant sind, wie z. B. Patientendaten, Behandlungszeiten, Ressourcenverfügbarkeit, Wartezeiten usw. Diese Daten können aus unterschiedlichen Systemen und Quellen stammen, was in der Praxis ihre Integration und Konsolidierung erschwert. Zudem ist die Qualität der Daten aus diesen Systemen entscheidend für die Genauigkeit und Zuverlässigkeit einer Simulation. Fehlende oder unvollständige Daten können zu verzerrten Ergebnissen führen und die Aussagekraft der Simulation beeinträchtigen. Eines der Kernprobleme von herkömmlichen DES-Modellen im Kontext der Datenerfassung und -nutzung ist es, dass die Modelle auf Basis von historischen Daten konzipiert werden (Hammad und Zhang 2011). Durch die vermehrte Nutzung von historischen Daten lassen sich allerdings häufig nur ungenaue und weniger zuverlässige Annahmen über die Zukunft treffen (Tavakoli et al. 2008).

Dabei sind die Abläufe in einem Krankenhaus aufgrund von nur schwer planbaren Patientenströmen sehr dynamisch, stochastisch und komplex. Dies lässt sich am Beispiel einer Notaufnahme sehr gut darstellen. Patienten treten hierbei als sogenannte Entitäten in das System Notaufnahme ein. Als Attribute sind im konkreten Beispiel die unterschiedlichen Krankheitsindikationen und deren Schwere zu nennen. Im System angekommen, findet nun die Aktivität statt. Innerhalb der Aktivität im System nutzen die Entitäten die verfügbaren Ressourcen. Im Falle der Rettungsstelle sind die Ressourcen Ärzte, Krankenschwestern oder auch die medizinische Ausstattung. Im Rahmen der Aktivität können eine Reihe an Zustandsvariablen auftreten. So kann es vorkommen, dass aufgrund des unterschiedlichen Patientenaufkommens zu unterschiedlichen Zeitpunkten alle Ärzte und Fachpflegekräfte ausgelastet oder Behandlungsräume belegt sind. Aus Entitäten, Aktivitäten und Ressourcen ergibt sich die Anzahl an wartenden Patienten, die damit selbst wiederum eine (abgeleitete) Zufallsvariable sind. Aufgrund dieser hohen Anzahl an Zustandsvariablen ist eine Notaufnahme ein sehr dynamisch stochastisches System. Abb. 36.2 zeigt den Zusammenhang von Entitäten als Input- und Output-Faktor, welche in einem System bestimmte Aktivitäten durchlaufen und bereitgestellte Ressourcen nutzen.

Daher variieren Prozesse je nach Anzahl der Patienten, der Anzahl an lebensbedrohlichen Notfällen oder dem Volumen an personeller und infrastruktureller Auslastung. In diesem Zusammenhang sind auch die jeweiligen Zeitdauern hinsichtlich der Durchlaufzeiten, Wartezeiten oder Behandlungszeiten in hohem Maße zufällig. Folglich besteht der Bedarf an einer Datenerfassung, welche in Echtzeit erfolgen muss, um sich stetig an sich verändernde Bedingungen anzupassen und verbesserte Annahmen über zukünftige Ereignisse treffen zu können. Genau hier setzt die onlinebasierte diskrete Ereignissimulation (Online DES) an, um diese Problematiken einer klassischen DES zu überwinden.

**Abb. 36.2** Systemvorgang am Beispiel der Notaufnahme. (Quelle: Eigene Darstellung (2024))

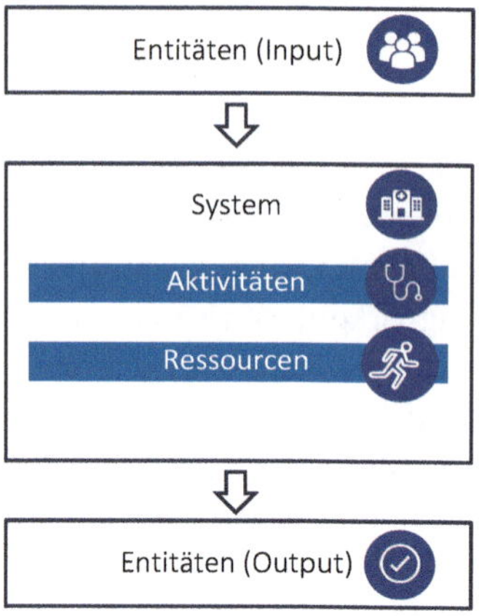


## 36.3 Online DES im Krankenhaus als Game Changer?

Online DES bezeichnet ein datengetriebenes statistisches Modell, welches sich auf die Datensammlung, -modellierung und -anwendung in Echtzeit fokussiert. Damit entspricht die Nutzung eines Online DES-Modells, das über Echtzeitdaten mit der realen Welt verknüpft ist, einem sogenannten digitalen Zwilling (Digital Twin – DT) (Karakra et al. 2020). Ein DT ist eine virtuelle Darstellung, welche es über die Spiegelung der Realität ermöglicht, Verhalten und Zustände eines physischen Objekts zu verstehen und Informationen über vergangene, aktuelle und zukünftige Ereignisse aufzuführen (El Saddik 2018; Barricelli et al. 2019; Jones et al. 2020). Im Zuge des steigenden Digitalisierungsgrads wächst das Interesse an den Fähigkeiten von digitalen Zwillingen und deren Potenziale für die Patientenversorgung (Katsoulakis et al. 2024). Diese zunehmende Aufmerksamkeit kann somit ebenfalls auf Online DES projiziert werden.

Im Vergleich zwischen einer Online DES und einem DT gibt es jedoch eine wichtige Abgrenzung. Während über einen DT menschliche Wesen, Krankheiten, Systeme oder Prozesse abgebildet werden können, berücksichtigt eine Online DES, die auf einer klassischen DES-Struktur aufbaut, ausschließlich Prozessaktivitäten innerhalb eines zu untersuchenden Systems. Dadurch ist die Online DES als ein Teilbereich der DT-Technologie zu sehen, welche individualisiert, vernetzt, interaktiv, informativ und wirkungsvoll sein (5Is) sollte (Katsoulakis et al. 2024). Für die Erstellung einer Online DES sind zwei Technologien wesentlich, um Echtzeitdaten zu sammeln, zu speichern und Informationen zu gewinnen, um wertvolle Erkenntnisse zu generieren und eine digitale Darstellung eines physischen Objekts zu erstellen:

1. **Internet der Dinge (IoT):** IoT umfasst die Verbindung verschiedener physischer Objekte, Gerätetypen und Sensoren über das Internet, sodass diese miteinander kommunizieren und Daten austauschen können (Ryalat et al. 2023). IoT nutzt Sensoren, um Daten von realen Objekten zu sammeln. Die vom IoT übermittelten Daten werden genutzt, um eine digitale Vervielfältigung eines physischen Objekts zu erstellen. IoT ak-

tualisiert ständig Daten und hilft dabei, eine virtuelle Echtzeitdarstellung eines physischen Objekts in Form eines Online DES-Modells zu erstellen (Attaran und Celik 2023).

2. **Künstliche Intelligenz (KI):** Als Disziplin der Informatik versucht KI, die Grundlagen der Intelligenz nachzuahmen, um eine neue intelligente Maschine zu schaffen, die in der Lage ist, wie eine Intelligenz von Mensch zu Mensch zu reagieren (Hou et al. 2020). Durch neuronale Netze, maschinelles Lernen, Deep Learning und Expertensysteme (Hou et al. 2020) kann KI digitale Zwillinge unterstützen, indem sie ein fortschrittliches Analysetool bereitstellt, das in der Lage ist, erhaltene Daten automatisch zu analysieren und wertvolle Erkenntnisse zu liefern, Vorhersagen über Ergebnisse zu treffen und Vorschläge dazu zu machen (Lv und Xie 2022).

Damit stehen Online DES, IoT und KI in einem engen Zusammenhang (siehe Abb. 36.3). Durch die Datensammlung über IoT-Geräte und deren Verarbeitung erfolgt eine parallelisierte Simulation der realen Welt über ein Online DES-Modell. Dies impliziert, dass ein Ereignis in der realen Welt zur selben Zeit oder mit einer leichten Verzögerung ebenfalls im Simulationsmodell auftritt. Um hierbei stetig Daten in Echtzeit zu erfassen und zu analysieren, werden eine Vielzahl an IoT-Geräten benötigt. IoT-Geräte wie beispielsweise Wearables basieren in aller Regel auf Funkwellen (bspw. Wi-Fi, NFC, Bluetooth Low Energy (BLE), Ultra-Wide Band (UWB), Global System for Mobile Communications (GSM)-Netzwerke), um Daten an Empfänger zu übertragen. So ist es beispielsweise über ein Radiofrequenz-Identifikation-Lesegerät (RFID) möglich, ein Start-/Ende-Ereignis zu erfassen, wenn ein Patient, der mit einem RFID-Tag in Form eines Armbandes durch eine Tür geht, um ein Zimmer zu betreten oder zu verlassen.

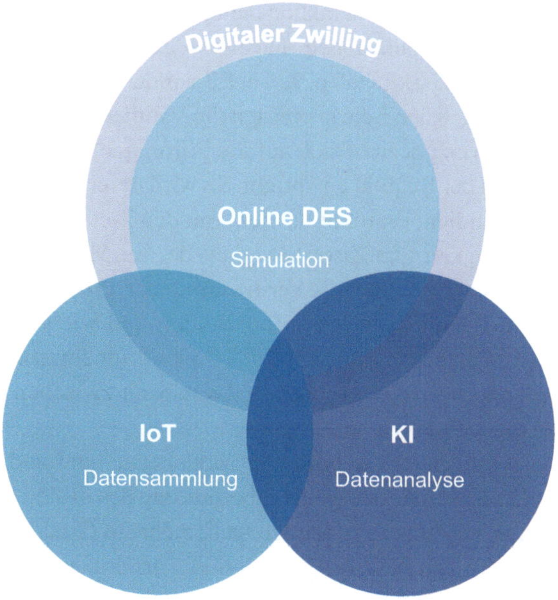


**Abb. 36.3** Zusammenspiel zwischen DT, Online DES, IoT, KI. (Quelle: Eigene Darstellung (2024))

Eine wichtige Voraussetzung hierbei ist es jedoch, dass die IoT-Geräte mit sogenannten Geofencing-Sensoren ausgestattet sind, um Standortdaten zu erfassen und basierend auf dem Aufenthalt in bestimmten geografischen Bereichen automatische Aktionen durchzuführen. Diese erfassten Aktivitäten werden dann ohne Umwege innerhalb des Online DES-Modells abgebildet. Das setzt allerdings voraus, dass das Simulationsmodell zur gleichen Zeit läuft wie der reale Prozess (Karakra et al. 2022).

KI spielt eine zentrale Rolle, indem sie fortschrittliche Algorithmen zur Mustererkennung und Vorhersage bereitstellt. Sie kann aus den gesammelten Daten lernen und somit die Effizienz der Entscheidungsfindung im Online DES-Modell verbessern. Zusammen ermöglichen diese Technologien eine proaktive Steuerung von Prozessen, indem sie nicht nur reaktive Maßnahmen unterstützen, sondern auch zukünftige Entwicklungen antizipieren.

## 36.4 Vorgehensweise zur Erstellung einer Online DES

Die Erstellung einer Online DES erfordert eine sorgfältige Planung und Umsetzung. Die wesentlichen Bausteine sind hierbei die Modellerstellung, Validierung, Verifikation, Überführung und Anwendung (Karakra et al. 2022). Sowohl die Modellerstellung als auch die Validierung und Verifikation erfolgen offline über ein klassisches DES-Modell. Dies bedeutet, dass im ersten Schritt ein konzeptionelles Modell des zu untersuchenden Systems (z. B. Layout und Patientenströme in der Notaufnahme) erstellt wird. Daneben erfolgt die Datensammlung über Zeitmessstudien oder aus verschiedenen Quellsystemen wie dem Krankenhausinformationssystem (KIS). Über eine geeignete Simulationssoftware werden dann das konzeptionelle Modell und die erfassten Daten digital überführt. Mit Unterstützung der Funktionalitäten einer Simulationssoftware werden die Ereignisse, Zustände und Abläufe im Krankenhaus sowie die Regeln für deren Interaktion definiert. Weitergehend werden über die Anzahl der Simulationsläufe und Replikationen statistische Zufallsverteilungen (z. B. Patientenankünfte, Dauer der Behandlungsaktivitäten etc.) auf Basis der eingespeisten Daten berechnet.

Im nächsten Schritt werden die Validierung und Verifikation des Modells durchgeführt. Validierung bezieht sich auf die Prüfung, ob das Modell einem detaillierten und korrekten Abbild der Realität entspricht. So wird durch den Abgleich von realen Zeitdaten (z. B. Zeitmessstudien, Protokolldateien) mit den Zeitdaten des computerbasierten DES-Modells die Genauigkeit und Zuverlässigkeit der im Modell abgebildeten Prozesse geprüft. Demgegenüber bezeichnet die Verifizierung den Prozess der Überprüfung, ob das erstellte Modell gemäß den Erwartungen funktioniert und wie geplant agiert. Die Verifizierung und Validierung sind im Zuge des DES-Ablaufs eine wichtige Phase, um die Genauigkeit des Modells sicherzustellen oder Diskrepanzen zwischen der Modellierung und der Realität zu erkennen und zu beseitigen.

Nachdem die Schritte der Modellerstellung und Validierung sowie Verifizierung abgeschlossen sind, erfolgt die Überführung des offline DES-Modells zum Online DES-Modell. Dabei wird das DES-Modell nicht mehr auf Grundlage von erfassten Zeitdaten aus Protokollen oder Zeitmessstudien simuliert, sondern auf Basis von Echtzeitdaten, die über IoT-Sensoren gesammelt werden. Die Integration von IoT-Sensoren an Übergabepunkten innerhalb eines Prozesses (z. B. Eingangstür zum Behandlungsraum) ist ein wichtiges Kriterium zur Umsetzung dieses Unterfangen. Weitergehend ist das am Prozess beteiligte medizinische Personal sowie Patienten mit sensorbasierten Armbändern zur Erfassung durch die jeweiligen IoT-Sensoren auszustatten, um Echtzeitdaten über den Prozess zu erfassen und zu überwachen. Des Weiteren ist das DES-Modell durch KI-Algorithmen als zusätzliche Module zu erweitern, um spezifische Aufgaben oder Entscheidungen zu übernehmen. Diese Module werden für die Vorhersage von zukünftigen Ereignissen, die Optimierung von Prozessen und die Anpassung des Modells an sich verändernde Bedingungen verwendet. Durch das Hinzufügen der KI wird aus dem prognostizierenden Modell der DES ein optimierendes Modell, das aus einer Menge von Handlungsalternativen eine möglichst gute auswählt und damit zu einer Verbesserung der Effizienz und Qualität der Behandlung beiträgt.

Über die IoT-Sensoren werden Echtzeitdaten von Patienten gesammelt und an ein Gateway-Gerät weitergeleitet, das als Schnittstelle zwischen den IoT-Sensoren und dem Netzwerk fungiert. Das Gateway kann die Daten aggregieren, filtern und komprimieren, bevor sie an das Netzwerk weitergeleitet werden. Diese Weiterleitung der Daten basiert auf drahtlosen Kommunikationsprotokollen wie WLAN, Bluetooth, Zigbee oder LoRaWAN. Über das lokale Netzwerk werden die Daten in einer Datenbank auf einem Server oder in der Cloud abgelegt. Hier werden die empfangenen Daten aufbereitet, um sie für die Verwendung in einem Simulationsmodell vorzubereiten. Dies umfasst oft die Bereinigung von fehlerhaften oder unvollständigen Daten, die Umwandlung in das richtige Format und die Aggregation von Datenpunkten.

Diese Datenbank enthält die Identifikationsnummer (ID) des Patienten, die als Referenz für den realen Patienten im Online DES-Modell dient. So repräsentiert ein virtueller Patient im Online DES-Modell einen Patienten in der realen Welt. Des Weiteren enthält die Datenbank die MAC-Adresse (Media Access Control Address) des Sensors, der den Patienten erkannt hat. Diese Adresse wird verwendet, um den aktuellen Standort des realen Patienten zu identifizieren. Zum Beispiel befindet sich der Patient mit der ID 1234 im Wartezimmer, weil der letzte Sensor diesen Patienten dort erkannt hat. Der Patient mit der ID 5678 ist an der Registrierung, weil der letzte Sensor diesen Patienten am Registrierungsschalter erkannt hat usw. Die MAC-Adresse wird genutzt, um den Standort des virtuellen Patienten im Modell mit dem Standort des realen Patienten im Krankenhaus zu synchronisieren. Ein weiterer Parameter ist der Zeitstempel, der angibt, wann der Sensor den Patienten erkannt hat. Dieser Zeitvermerk dient als Indikator für den Beginn und das Ende einer Aktivität (Karakra et al. 2022).

Mithilfe dieser Datenbank werden verschiedene virtuelle Patienten innerhalb des Online DES-Modells erstellt, die dem Standort ihres Gegenübers in der realen Welt entsprechen. Die aufbereiteten Daten werden dann in das Simulationsmodell integriert, um Echtzeitinformationen zu liefern und die Simulation mit aktuellen Sensorwerten zu versorgen. Dies ermöglicht es dem Modell, sich dynamisch an veränderte Bedingungen anzupassen und präzise Vorhersagen zu treffen. In Bezug auf die Validierung des Online DES-Modells wird das Simulationsmodell kontinuierlich mit neuen Sensorwerten aktualisiert, um sicherzustellen, dass es immer auf dem neuesten Stand ist. Durch eine Feedbackschleife können auch Ergebnisse der Simulation zurück an die IoT-Sensoren gesendet werden, um den Betrieb zu optimieren oder Anpassungen vorzunehmen.

Darüber hinaus ist es über KI-Algorithmen innerhalb des Simulationsmodells möglich, zukünftige Vorhersagen treffen zu können, indem Muster und Trends in den vorhandenen Daten identifiziert werden. Hierbei können z. B. Zeitreihenvorhersagen mit künstlichen neuronalen Netzwerken (KNN), Regressions-/Klassifizierungsanalysen oder Clusteranalysen verwendet werden. Konkret funktioniert dies, indem der Algorithmus eingehende Daten analysiert und Zusammenhänge zwischen verschiedenen Variablen wie Tageszeit, Wochentag, Jahreszeit, Auslastung von Personal oder anderen relevanten Faktoren erkennt. Durch maschinelles Lernen lernt der Algorithmus aus diesen Mustern und kann dann Prognosen über das zukünftige Patientenaufkommen treffen. Dabei werden auch externe Einflussfaktoren berücksichtigt, wie beispielsweise aktuelle Gesundheitstrends, saisonale Schwankungen oder sogar Wetter- und Klimafaktoren. Die Echtzeitdaten des Patientenaufkommens, welche fortlaufend über die IoT-Geräte erhoben werden, können kontinuierlich in die Datenbank eingespeist werden, wodurch der KI-Algorithmus seine Vorhersagen stetig anhand der neuen Informationen anpassen kann. Auf diese Weise kann der Algorithmus präzise Vorhersagen über die Anzahl und Art der Patienten machen, die in Zukunft in das System eintreten werden. Dies ermöglicht es den medizinischen Einrichtungen, ihre Ressourcen effizient zu planen, Engpässe vorherzusehen und eine bessere Versorgung für die Patienten sicherzustellen. Abb. 36.4 zeigt das vereinfachte Schema zur Abbildung von realen Prozessen in einem computerbasiertes Online DES-Modell.

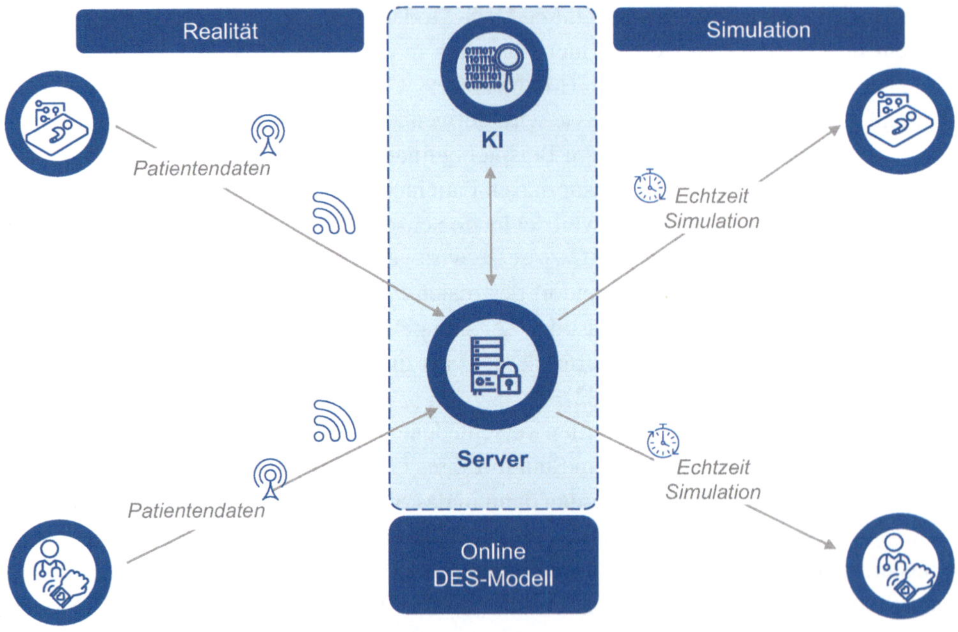


**Abb. 36.4** Vereinfachte Darstellung der Spiegelung eines realen Prozesses in einer Online DES. (Quelle: Eigene Darstellung (2024))

## 36.5 Anwendungsfälle von Online DES im Krankenhaus

Online DES bietet erhebliche Potenziale zur Optimierung klinischer Abläufe in Gesundheitssystemen. Durch die Erstellung virtueller Nachbildungen physischer Systeme und die Integration von Echtzeitdaten über IoT-Geräte ermöglichen Online DES-Modelle Krankenhäusern die Analyse und Rationalisierung von Arbeitsabläufen, die Verbesserung der Ressourcenzuweisung und die Optimierung der betrieblichen Effizienz (Venkatesh et al. 2022). Die Analyse von Patientendaten, historischen Trends und Echtzeitinformationen mithilfe einer KI-gestützten Online DES bietet prädiktive Einblicke in Patientenmengen, Nachfragemuster und Ressourcennutzung, was dazu beiträgt, die Effizienz und Wirksamkeit der Versorgung zu verbessern (Elayan et al. 2021). Gerade durch den Einsatz prädiktiver Analysen und maschineller Lernalgorithmen können Online DES-Modelle einen wertvollen Beitrag zur betrieblichen Entscheidungsfindung leisten (Vallée 2023).

Sie analysieren Daten aus verschiedenen Quellen, darunter der Patientenfluss, der Personalbestand und die Gerätenutzung, um zukünftige Betriebsszenarien vorherzusagen (van Dinter et al. 2022). Durch das Monitoren wichtiger Leistungsindikatoren, des Patientenflusses und betrieblicher Kennzahlen kann eine Online DES schnell Abweichungen von erwarteten Normen erkennen und Warnmeldungen auslösen (Canedo 2016; Kaur et al. 2019). Auf diese Weise ermöglichen sie es Krankenhäusern, proaktiv zu handeln, beispielsweise durch die Anpassung von Personalplänen, der Bettenzuteilung oder die Umplanung von Verfahren, wodurch die Ressourcennutzung optimiert, und die Patientenversorgung verbessert werden kann (van Dinter et al. 2022).

Dies ermöglicht die Umsetzung datengetriebener strategischer Entscheidungen in einer komplexen und sensiblen Umgebung. Damit erscheint Online DES für eine Reihe an verschiedenen Anwendungsfällen im Krankenhaus nützlich zu sein:

Patientenflussmanagement: Online DES liefert Potenziale, um den Patientenfluss im Krankenhaus zu optimieren. Dies umfasst die Planung von Terminen, die Zuweisung von Ressourcen wie z. B. Betten und Personal, die Optimierung von Wartezeiten und die Identifizierung von Engpässen im Prozess.

Operationssaalplanung: Durch die Simulation eines Online DES-Models des Operationssaals können Krankenhäuser die Effizienz der Operationssäle maximieren, Ressourcen optimal planen und Engpässe vermeiden. Dies umfasst die Planung von OP-Plänen, die Ressourcenzuweisung und die Optimierung der Abläufe während chirurgischer Eingriffe.

Medikamentenmanagement: Online DES kann dazu eingesetzt werden, um den gesamten Prozess des Medikamentenmanagements im Krankenhaus zu simulieren. Dies beinhaltet die Bestellung von Medikamenten, Lagerverwaltung oder den Ablauf der Stationsbelieferungen.

Materialmanagement: Online DES kann durch die Integration von Echtzeitdaten aus verschiedenen Quellen wie Lagerbeständen, Verbrauchsstatistiken, Lieferzeiten und aktuellen Trends in der Patientenaufnahme und -behandlung, präzise Vorhersagen über den zukünftigen Bedarf an Materialien treffen. Auf Basis der Bedarfsprognose lassen sich automatische Bestellvorschläge ableiten, wodurch der gesamte Beschaffungsprozess optimiert werden kann.

Notfallversorgung: Online DES kann dazu beitragen, die Effizienz der Notfallversorgung im Krankenhaus zu verbessern. Dies umfasst die Planung von Rettungsmaßnahmen, die Priorisierung von Patienten, die Ressourcenzuweisung in Notaufnahmen und die Koordination mit anderen Abteilungen.

Personalressourcenmanagement: Online DES kann ebenfalls das Personalressourcenmanagement zielgerichtet unterstützen. Dies beinhaltet die Optimierung von Schichtplänen durch die Berechnung des Personalbedarfs basierend auf dem prognostizierten Patientenaufkommen.

Infrastrukturmanagement: Online DES kann dazu beitragen, infrastrukturelle Ressourcen wie Bettenkapazitäten oder die Auslastung von Behandlungsräumen auf Basis von Vorhersagemodellen zum prognostizierten Patientenaufkommen besser zu planen.

Eine Reihe dieser genannten Anwendungsfälle werden schon aktiv im Forschungsumfeld getestet, um zu zeigen, wie Online DES-Modelle dazu beitragen können, Krankenhausprozesse zu optimieren, Entscheidungsunterstützungssysteme zu entwickeln und Vorhersagemodelle einzusetzen, um eine effizientere Patientenversorgung zu gewährleisten. Tab. 36.1 liefert einen umfassenden Überblick über relevante Forschungsvorhaben zu Online DES.

**Tab. 36.1** Forschungsstudien zum Thema Online DES. (Quelle: Eigene Zusammenstellung (2024))

| Autor | Zielsetzung | Ergebnis |
|---|---|---|
| Croatti et al. (2020) | Testung eines präklinischen digitalen Zwillings zur computergestützten Abbildung des Prozesses zum Traumamanagement | Ein präklinischer DT sammelt hierbei Echtzeitinformationen von der Zentraleinheit, GPS-Systemen und der intelligenten Ausrüstung des Rettungsdienstes, registriert die Schwere des aktuellen Traumas, das von den Rettungskräften entschieden wurde, und erstellt automatisch Notfallformulare. Die Informationen werden später an einen anderen DT gesendet, der den Traumaprozess im Krankenhaus verwalten soll. Sein Lebenszyklus entwickelt sich entsprechend den mit dem Trauma verbundenen Makroschritten und endet, wenn der Patient für einen Krankenhausaufenthalt bereit ist |

(Fortsetzung)

**Tab. 36.1** (Fortsetzung)

| Autor | Zielsetzung | Ergebnis |
|---|---|---|
| Pilati et al. (2021) | Entwicklung eines Online DES-Modells, der die physischen und virtuellen Systeme integrierte und eine Echtzeitabbildung des Patientenflusses ermöglichte, um ein nachhaltiges und dynamisches Impfzentrum zu schaffen | Mithilfe der Datenerfassung durch IoT-Geräte und der friktionsfreien Übertragung der Daten in ein Simulationsmodell konnten Indikatoren (Anzahl der geimpften Patienten je Pflegekraft pro Stunde) berechnet werden, um auf Grundlage des Patientenaufkommens die passende Anzahl an medizinischen Fachkräften für den Impfprozess bereitzustellen, um somit die Prozesseffizienz für die Impfungen zu steigern |
| Hosseini Shokouh et al. (2022) | Integration eines Algorithmus für künstliche neuronale Netze in eine DES, um die Wartezeit der Patienten und den Auslastungsgrad der teilnehmenden Einheiten zu minimieren und so die Effizienz der Notaufnahme zu verbessern. Dadurch sollten die Auswirkungen von Personal- und Ausstattungsänderungen auf die durchschnittliche Wartezeit der Patienten und die Auslastung der Ressourcen untersucht werden | Über den Einsatz von Serviceoptimierungsmethoden konnte eine deutliche Reduktion der Wartezeiten und des Patientenaufkommens in der Notaufnahme erzielt werden, was durch eine verbesserte Zuteilung der personellen und materiellen Ressourcen aufgrund KI-gestützter Vorhersagen ermöglicht wurde |
| Karakra et al. (2019, 2020, 2022) | In diesen Forschungsstudien wurde ein Online DES-Modell entwickelt, um das DES-Modell parallel zur realen Welt in Echtzeit auszuführen | Die Forscher stellten fest, dass sich das Online DES-Modell nahezu in Echtzeit genauso verhält wie der reale Prozess. Weitergehend liefert das Online DES-Modell einen proaktiven Überblick über die Patientenpfade durch Prognosefunktionalitäten. Dieses Online DES-Modell kann Krankenhäusern dabei helfen, Angebot und Nachfrage auszugleichen, die wachsende Arbeitsbelastung zu kontrollieren und gleichzeitig Wartezeiten, Verweildauern und Verzögerungen zu reduzieren |
| Duma und Aringhieri (2023) | Entwicklung eines Online-Algorithmus auf Basis eines Process-Mining-Modells, um eine Echtzeit-Ressourcenallokation in der Notaufnahme durchzuführen | Die Ergebnisse der Studie deuten darauf hin, dass der Online-Zuweisungsalgorithmus in Verbindung mit einem Vorhersagetool die Leistung der Notaufnahme verbessern und somit die Überbelegung verringern kann |
| Ortiz-Barrios et al. (2023) | Entwicklung eines KI-Algorithmus, der anhand von Patientendaten, die in der Notaufnahme gesammelt wurden, die Wahrscheinlichkeit einer Aufnahme auf die Intensivstation vorhersagen kann | Die Ergebnisse der Untersuchung legen nahe, dass durch eine optimierte Ressourcenplanung auf Grundlage des Vorhersagemodells die durchschnittliche Wartezeit für ein Bett nach dem Eingriff zwischen 32,42 und 48,03 min reduziert werden kann |

(Fortsetzung)

**Tab. 36.1** (Fortsetzung)

| Autor | Zielsetzung | Ergebnis |
|---|---|---|
| Abuhay et al. (2023) | Integration eines ML-basierten DES-Modells, um die Vorhersage des Patientenflusses und der Aufenthaltsdauer im Krankenhaus zu verbessern | Die Autoren konnten mit ihren Ergebnissen aufzeigen, dass sich das ML-basierte DES-Modell als geeignet erweist, um die Aufnahmerate, die Bettenkapazitäten, die Verweildauern und die klinischen Behandlungspfade von Patienten zu untersuchen und vorherzusagen |
| Palaniappan und Siva (2024) | In dieser Forschungsstudie wurde ein digitaler Zwilling für das Gesundheitswesen für Menschen mit MS entwickelt, um mithilfe von Algorithmen für maschinelles Lernen (ML) Vorhersagen über den Übergang zu kognitiven, körperlichen und funktionellen Behinderungen zu treffen | Die experimentellen Ergebnisse zeigen, dass von den verschiedenen getesteten Algorithmen für maschinelles Lernen der Gradient-Boosted-Klassifikator die Wahrscheinlichkeit, dass MS-Patienten innerhalb eines Zeitraums von 0 bis 12 Monaten in ein Stadium mittlerer Behinderung übergehen, am besten vorhersagen kann. Die Forschen gehen davon aus, dass die Anwendung, die mit KI ausgestattet ist, medizinisches Fachpersonal bei der klinischen Entscheidungsfindung werthaltig unterstützen wird |
| Katsoulakis et al. (2024) | GE Health Systems erstellte ein digitales Abbild eines Krankenhauses in den USA, um Arbeitsabläufe und die Pflegekoordination zu optimieren. Während der COVID-19-Pandemie zeigten KI-gestützte Vorhersagemodelle auf Basis eines Echtzeit-Datenverfolgungstools eine hohe Wahrscheinlichkeit für eine Überlastung der Intensivpflege-Ressourcen wie Beatmungsgeräte, Intensivbetten und den Zugang zur extrakorporalen Lebenserhaltung (ECLS) | Die eingesetzte Technologie ermöglichte die Verfolgung von Betten- und Beatmungskapazitäten, um die Nutzung kritischer Ressourcen zu maximieren und das Risiko einer isolierten Entscheidungsfindung ohne Berücksichtigung landesweiter Ressourcen zu verringern. Weitergehend unterstütze die digitalgestützte Abbildung der Arbeitsabläufe die frühzeitige Erkennung und Echtzeitbehandlung von Patienten mit einem erhöhten Risiko für gesundheitliche Schädigungen und Verschlechterungen |
| Siemens Healthineers (2024) | Siemens Healthineers simulierten die Abläufe in einer radiologischen Abteilung eines irischen Krankenhauses, um durch verschiedene Was-Wäre-Wenn-Szenarien die Effizienz in Arbeitsabläufen zu verbessern | Durch einen verbesserten Überblick über Patientenströme und Ressourcenauslastung konnten die Prozesse vom Check-In der Patienten bis zu einem schnelleren Scan-Ablauf effizienter gestaltet werden |

## 36.6 Grenzen und Herausforderungen von Online DES im Krankenhausumfeld

Neben all den wertstiftenden Potenzialen müssen Online DES-Modelle ebenfalls kritisch untersucht werden. Denn die Datenerfassung über IoT-Geräte kommt einer Art Überwachung gleich, womit nicht alle Krankenhausbeschäftigten und Patienten einverstanden sein werden (Karakra et al. 2022). Durch die Verwendung von IoT-Geräten können Patienten kontinuierlich überwacht und verfolgt werden, was Fragen zur Autonomie aufwirft. Es besteht die Gefahr, dass sensible Gesundheitsdaten unbefugt erfasst, gespeichert oder missbraucht werden könnten. Die Überwachung von Patienten ist ebenfalls eine ethische Frage, welche genauestens geklärt werden müsste, da die Überwachung von Patienten als Eingriff in die Privatsphäre und individuelle Freiheit betrachtet werden kann. Zudem könnte die ständige Überwachung das Vertrauensverhältnis zwischen Patienten und medizinischem Personal beeinträchtigen und das Recht auf informationelle Selbstbestimmung der Patienten gefährden. Auch die Wahrung des Datenschutzes kann als problematische angesehen werden. Da sensible Informationen wie den Aufenthaltsort, medizinische Diagnosen oder Behandlungspläne der Patienten erfasst werden. Diese sensiblen Daten müssen angemessen geschützt und nur autorisierten Personen zugänglich gemacht werden, um Missbrauch oder Datenschutzverletzungen zu verhindern.

Eine weitere Herausforderung ist die Qualität und Verfügbarkeit von Daten in vielen Krankenhäusern. Die Genauigkeit der Vorhersagen hängt stark von der Qualität der Echtzeitdaten ab, die in das Modell eingespeist werden. Gesundheitsdaten liegen häufig in unterschiedlichen Datenquellen und -formaten vor, was es schwierig macht, Daten aus mehreren Quellen in ein zusammenhängendes Online DES-Modell zu integrieren und zu synchronisieren. Zudem sind Gesundheitsdaten häufig verrauscht und können aufgrund verschiedener Faktoren, einschließlich Sensorungenauigkeiten, Patientenvariationen oder Dateneingabefehlern Verzerrungen enthalten (Attaran und Celik 2023). Wenn die Daten unvollständig, ungenau oder veraltet sind, können die Vorhersagen des Modells fehlerhaft sein, wodurch das Risiko besteht, falsche Entscheidungen zu treffen.

Darüber hinaus ist zu bedenken, dass die Einrichtung, Konfiguration, der Betrieb und die Weiterentwicklung eines Online DES-Modells inklusive seiner technologischen Komponenten in Bezug auf IoT-Geräte und KI-basierte Algorithmen Fachexpertise bedingt. Da Online DES-Modelle auf ein IoT-Ökosystem angewiesen sind, muss regelhaft geprüft werden, ob alle Sensoren und Datenquellen einwandfrei zusammenarbeiten. Eine maximale Genauigkeitsrate und minimale Fehlerrate erfordert Experten, welche über umfangreiche Datentests sicherstellen, dass die Live-Datenintegration aus vielen Datenquellen reibungslos und in Echtzeit erfolgt. Darüber hinaus sind IoT-Tests durchzuführen, um die vollständige Leistung verschiedener Sensoren und Geräte sowie die Sicherheit und Konformität der erfassten Daten zu gewährleisten (Chen et al. 2022; Haleem et al. 2023). Außerdem sind hinterlegte KI-Algorithmen auf Grundlage von Modellanpassungen fortlaufend weiterzuentwickeln. Auf Basis dessen werden Kompetenzen aus dem Bereich

Ethik, Informationssicherheit, Informatik, Statistik, Programmierung sowie im Umgang und in der Interpretation von Daten (Data Scientist) benötigt.

Aus der Perspektive der IT-Sicherheit kann eine Vielzahl an IoT-Geräten das Risiko von Cyber-Attacken erhöhen, da jeder zusätzlich vernetzte Gegenstand potenzielle Eintrittspunkte für Angreifer darstellt. Ein großes Netzwerk von IoT-Geräten erhöht die Angriffsfläche und die Komplexität der Sicherheitsarchitektur, was es schwieriger macht, alle Geräte angemessen zu schützen. IoT-Geräte sind deshalb potenzielle Angriffsziele, da viele dieser Geräte über begrenzte Rechenleistung und Speicherkapazität verfügen, was die Implementierung von robusten Sicherheitsmechanismen erschwert. Zudem werden IoT-Geräte oft mit Standardpasswörtern oder unsicheren Konfigurationen ausgeliefert, was sie zu leichten Zielen für Angreifer macht. Darüber hinaus besteht die Gefahr, dass viele IoT-Geräte nicht regelmäßig mit Sicherheitsupdates versorgt werden, wodurch bekannte Schwachstellen ausgenutzt werden können (Mazhar et al. 2023).

Neben den bereits benannten Herausforderungen muss ein Krankenhaus ebenfalls eine performante Infrastruktur bereitstellen. Aufgrund dessen, dass ein Online DES-Modell die Verarbeitung eines hohen Datenvolumens in Echtzeit voraussetzt, ist eine leistungsfähige Internetverbindung in Krankenhäusern unabdingbar. Eine schlechte und instabile Internetverbindung kann einen erheblichen Einfluss auf ein Online DES-Modell haben. Verbindungsprobleme führen zu Verzögerungen bei der Datenübertragung und zu Beeinträchtigungen der Genauigkeit der Simulation. Eine zentrale Technologie, welche das Fundament für fortschrittliche Online DES-Modelle bildet, ist 5G. 5G bezieht sich auf drahtlose Netzwerktechnologie, die geringe Latenz und enorm hohe Bandbreite liefert, um mehrere IoT-Funknetze in einem einzigen Netzwerk zusammenzuführen (Javaid et al. 2023). Die Skalierbarkeit von 5G ermöglicht es dem Krankenhaus, sein IoT-Netzwerk flexibel zu erweitern und neue Technologien zu integrieren, um die Sammlung von Echtzeitdaten sowie die Echtzeitsimulation des Online DES-Modells sicherzustellen.

Ein weiterer Aspekt ist die Bereitstellung von ausreichenden Rechen- und Speicherkapazitäten, um große Datenmengen, die von IoT-Geräten geliefert werden zu speichern und gleichzeitig rechenintensive Online DES-Modelle sowie integrierte KI-Algorithmen betreiben zu können. Dadurch ist davon auszugehen, dass Cloud Computing neben 5G eine weitere wichtige Unterstützungssäule für ein Online DES-Modell darstellen wird. Cloud Computing bezieht sich auf das Paradigma der Bereitstellung von Rechenressourcen, einschließlich Speicher, Rechenleistung und Anwendungen, als On-Demand-Dienste über das Internet (Sachdeva et al. 2024). Dies ermöglicht Benutzern den Zugriff und die Nutzung dieser Ressourcen, ohne dass Vorabinvestitionen in die Infrastruktur erforderlich sind, was eine flexible Skalierbarkeit und Kosteneffizienz ermöglicht. Dadurch werden Vorabinvestitionen für die Anbindung und individuelle Schnittstellen eingespart, die auf die Bedürfnisse des Krankenhauses zugeschnitten sind und sich an neue Entwicklungen anpassen lassen (Putzier et al. 2024). Mithilfe der leistungsfähigen On-Demand-Dienste, die Cloud Computing bereitstellt, ist es möglich, zu jederzeit die notwendigen Ressourcen für eine Online DES bereitzustellen und sich schnell an ansteigende Daten- und Rechenkapazitäten anzupassen (Stergiou et al. 2018).

Zum aktuellen Zeitpunkt verfügen eine Vielzahl an deutschen Krankenhäusern noch nicht über solch eine leistungsfähige Infrastruktur. Weitergehend bestehen immer noch Bedenken für den Umstieg von einem On-Premise-Betrieb zu einem vermehrt cloudbasierten Betrieb der Infrastruktur. Diese Bedenken beziehen sich allen voran auf die Wahrung des Datenschutzes sowie der ärztlichen Schweigepflicht bei der Verarbeitung, Übermittlung, Speicherung und dem Abruf sensibler Daten außerhalb der Krankenhausumgebung (Alnajrani et al. 2020; Ogiela et al. 2020). Die Verabschiedung des Digitalgesetzes (DigiG) im Jahr 2024 kann jedoch ein möglicher Wendepunkt in Bezug auf vorliegende Bedenken und Unsicherheiten darstellen. Durch das DigiG wird nun ein expliziter Erlaubnistatbestand zur Nutzung von Cloud-Computing für die Verarbeitung von Sozial- und Gesundheitsdaten in einem Bundesgesetz geschaffen, wodurch die konforme Cloud-Nutzung sichergestellt ist, sobald die datenverarbeitende Stelle bzw. der Cloud-Dienstleister ein gültiges C5-Testat (Cloud Computing Compliance Criteria Catalogue – Katalog von Sicherheitskontrollen, der speziell für Cloud-Service-Anbieter entwickelt wurde) nachweisen kann (Johnson und Gross 2024).

Um die genannten Herausforderungen zu adressieren, ist es vonnöten, dass eine Online DES nur medizinisches Personal und Patienten inkludiert, welche umfassend über Ziele, Zweck, Umfang sowie über die Datenverwendung und -haltung einer Online DES-Studie aufgeklärt wurden und der Teilnahme nachweislich zugestimmt haben. Außerdem muss gewährleistet sein, dass der Zugriff auf die Daten und das Simulationsmodell ausschließlich auf autorisierte Benutzer beschränkt ist, um unbefugten Zugriff zu verhindern. Ein weiterer wichtiger Faktor zur Umsetzung einer Online DES-Studie ist die Festsetzung von Qualitätskriterien für die Datennutzung, welche durch klar definierte Verantwortlichkeiten prüfbar sein muss. Hierbei sind Grundsätze wie Relevanz, Vollständigkeit, Integrität oder Aktualität jederzeit zu berücksichtigen, damit das Risiko der Qualitätseinschränkung durch Fehler, Ausreißer oder Verzerrungen reduziert wird, um verlässliche Ergebnisse sicherzustellen. Weitergehend sind standardisierte Datenformate und Interoperabilitätsstandards (z. B. FHIR) zu etablieren, um eine ausreichend verwertbare Datenstruktur für das Online DES-Modell bereitstellen zu können.

Darüber hinaus ist eine sichere Infrastruktur zu schaffen, in welcher die Kommunikation zwischen IoT-Geräten und anderen Systemen verschlüsselt stattfindet, um Daten vor unbefugtem Zugriff zu schützen. Weitergehend ist eine kontinuierliche Überwachung des Netzwerks und der IoT-Geräte sicherzustellen, damit verdächtige Aktivitäten frühzeitig erkannt werden können. Auch das regelmäßige Einspielen von Sicherheitsupdates für IoT-Geräte ist eine zentrale Sicherheitsmaßnahme, um bekannte Schwachstellen zu beheben und die Gerätesicherheit aufrechtzuerhalten. Des Weiteren ist zu bedenken, dass eine skalierbare und zuverlässige Computerinfrastruktur benötigt wird, um das zunehmende Volumen, die Geschwindigkeit und die Komplexität der Daten zu bewältigen, damit die vollen Potenziale einer Online DES genutzt werden können (Attaran und Celik 2023).

Ebenfalls werden Investitionen für Fachexperten, geeignete Schulungsformate für das Personal sowie interdisziplinäre Zusammenarbeitsmodelle zwischen verschiedenen Experten benötigt, um die weitreichenden Kompetenzanforderungen, welche die Erstellung und Entwicklung einer Online DES voraussetzt, zu erfüllen. Für die Realisierung von Online DES erscheint ein Pilotprojekt auf Basis eines ausgewählten Anwendungsfalles als sinnvoller erster Schritt. Ein Pilotprojekt ermöglicht es, die Machbarkeit, Effektivität und Akzeptanz des Konzepts in einer Laborumgebung im klinischen Kontext zu testen. Durch ein Pilotprojekt können potenzielle Herausforderungen identifiziert, Lösungen erarbeitet und Erfahrungen gesammelt werden, bevor eine breitere Implementierung erfolgt.

Bei der Planung eines Pilotprojekts für eine Online DES sind verschiedene Experten aus den Bereichen Medizin, Technik, Datenanalyse und Projektmanagement einzubinden. Darüber hinaus ist es wichtig, sich die Unterstützung der Krankenhausleitung einzuholen, um die erforderlichen Ressourcen zu erhalten, damit die Grundlagen für eine erfolgreiche Umsetzung des Projekts geschaffen werden können. Im Rahmen eines Pilotprojekts kann nicht nur die technische Basis für das Simulationsmodell gelegt werden, sondern ebenfalls notwendige Verantwortlichkeiten, Qualitätskriterien und Richtlinien festgesetzt und ein geeignetes Betriebsmodell entwickelt werden, welches dann potenziell nach erfolgreicher Pilotierung in den Regelbetrieb überführt werden kann.

## 36.7 Schlussbetrachtung

Die Potenziale, die Online DES liefert, sind unbestreitbar und schaffen eine verbesserte Transparenz für zukünftige Vorhersagen. Dadurch sind Krankenhäuser in der Lage, Ressourcen genauer planen und bedarfsgerecht bereitstellen zu können. Dies ermöglicht effizientere Prozesse, um die Qualität der Patientenreise durch das Krankenhaus zu erhöhen und gleichzeitig wirtschaftlich zu agieren. Ungeachtet dessen sind mit der Umsetzung eines Online DES-Modells noch zahlreiche Herausforderungen verbunden, beginnend mit dem flächendeckend noch zu geringen Digitalisierungsgrad vieler Krankenhäuser. Auch ethische und datenschutzrechtliche Aspekte sind vor einer Umsetzung vollumfänglich zu klären. Eine vollständig gesicherte IT-Infrastruktur ist ebenfalls eine wichtige Voraussetzung, um eine Online DES-Studie durchzuführen. Zudem werden für Online DES und deren Komponenten wie KI neue Kompetenzen erforderlich, welche über die Beschaffung von externen Experten und der Bereitstellung von Schulungsformaten für das interne Personal aufgebaut werden müssen. Diese genannten Anforderungen sind im Zuge von Pilotphasen für ausgewählte Anwendungsfälle vollumfänglich zu adressieren und in ein geeignetes Betriebsmodell zu überführen, bevor ein Online DES-Modell im klinischen Regelbetrieb zum Einsatz kommen kann. Mit dem zunehmenden Digitalisierungsgrad, der steigenden digitalen Datenbasis sowie der fortschreitenden Leistungsfähigkeit von Technologien ist davon auszugehen, dass Online DES-Modelle in Zukunft immer größere Berücksichtigung für praktische Abläufe im Krankenhaus finden werden.

## Literatur

Abuhay, T. M., Robinson, S., Mamuye, A. & Kovalchuk, S. V. (2023) Machine learning integrated patient flow simulation: why and how?, in: Journal Of Simulation, Vol. 17, No. 5, pp. 580–593.

Alnajrani, H. M., Norman, A. A., & Ahmed, B. H. (2020) Privacy and data protection in mobile cloud computing: A systematic mapping study, in: PloS one, Vol. 15, No. 6, e0234312.

Aspland, E., Gartner, D., & Harper, P. (2019) Clinical pathway modelling: a literature review, in: Health systems (Basingstoke, England), Vol. 10, No. 1, pp. 1–23.

Attaran, M., Celik, B. G. (2023) Digital Twin: Benefits, use cases, challenges, and opportunities, in: Decision Analytics Journal, Vol. 6, No. (2023), 100165.

Barricelli, B. R., Casiraghi, E. & Fogli, D. (2019) A Survey on Digital Twin: Definitions, Characteristics, Applications, and Design Implications, in: IEEE Access, Vol. 7, No. 2019, pp. 167653–167671.

Canedo, A. (2016) Industrial IoT lifecycle via digital twins, in: Proceedings of The Eleventh IEEE/ACM/IFIP International Conference on Hardware/Software Codesign and System Synthesis, Article No. 29, p. 1.

Chen, X., Jin, Z., Zhang, Q., Li, P., Zhang, S., Sun, J., Tian, X., Wang, Y. & and Zhang, J. (2022) Research on Automatic Driving Simulation Test System Based on Digital Twin, in: Journal of Physics. Conference Series, Vol. 2170, No. 1, 012039.

Coughlin, S., Roberts, D., O'Neill, K., & Brooks, P. (2018) Looking to tomorrow's healthcare today: a participatory health perspective, in: Internal medicine journal, Vol. 48, No. 1, pp. 92–96.

Croatti, A., Gabellini, M., Montagna, S. & Ricci, A. (2020) On the Integration of Agents and Digital Twins in Healthcare, in: Journal of Medical Systems, Vol. 44, Article No. 161, pp. 1–8.

Cubukcuoglu, C., Nourian, P., Sariyildiz, I. S. & Tasgetiren, M. F. (2020) A discrete event simulation procedure for validating programs of requirements: The case of hospital space planning, in: SoftwareX, Vol. 12, Article No. 100539, pp. 1–8.

Davis, R. E., Markle, E. S., Windoloski, S., Houck M. E., Enfield K. B., Kang H., Balling Jr. R. C., Kuehl D. R., Burton J. H., Farthing W., Rubio E. R., Novicoff W. M. (2020). A comparison of the effect of weather and climate on emergency department visitation in Roanoke and Charlottesville, Virginia. in: Environmental research, Vol. 191, Article No. 110065, pp. 1–24.

Detecon (2021) Das KHZG: Digitalisierungserdbeben für die deutsche Kliniklandschaft, Online im Internet, https://www.detecon.com/de/journal/das-khzg-digitalisierungserdbeben-fuer-die-deutsche-kliniklandschaft, Abrufdatum: 06.10.2024.

Doudareva, E., Carter, M. (2022). Discrete event simulation for emergency department modelling: A systematic review of validation methods. In: Operations Research for Health Care, 33: 100340

Duma, D. & Aringhieri, R. (2023) Real-time resource allocation in the emergency department: A case study, Omega, Vol. 117, No. 2023, 102844.

Forbus, J. J. & Berleant, D. (2022) Discrete-Event Simulation in Healthcare Settings: A Review, in: Modelling, Vol. 3, No. 4, pp. 417–433.

Gibson, I.W. (2007). An approach to hospital planning and design using Discrete Event Simulation. In: Proceedings – winter simulation conference: 1501–1509.

Elayan, H., Aloqaily, M. & Guizani, M. (2021) Digital Twin for Intelligent Context-Aware IoT Healthcare Systems, in: IEEE Internet of Things Journal, Vol. 8, No. 23, pp. 16749–16757.

Günal, M.M., Pidd, M. (2010). Discrete event simulation for performance modelling in health care: A review of the literature. In: J Simul, 4(1): 42–51.

Haleem, A., Javaid, M., Singh, R. P. & Suman, R. (2023) Exploring the revolution in healthcare systems through the applications of digital twin technology, in: Biomedical Technology, Vol. 4, No. 2023, pp. 28–38.

Hammad, A., Zhang, C. (2011). Towards real-time simulation of construction activities considering spatio-temporal resolution requirements for improving safety and productivity. In: Proceedings of the 2011 winter simulation conference: 3533–3544.

Hosseini Shokouh, S. M., Mohammadi, K., & Yaghoubi, M. (2022) Optimization of Service Process in Emergency Department Using Discrete Event Simulation and Machine Learning Algorithm. in: Archives of academic emergency medicine, Vol. 10, No. 1, e44.

Hou, L., Wu, S., Zhang, G., Tan, Y. & Wang, X. (2020) Literature Review of Digital Twins Applications in Construction Workforce Safety, in: Applied Sciences, Vol. 11, No. 1, p. 339.

Huang, Z., Dong, W., Ji, L. & Duan, H (2016) Predictive monitoring of clinical pathways, in: Expert Systems with Applications, Vol. 56, No. C, pp. 227–241.

Javaid, M., Haleem, A., Singh, R. P. & Suman, R. (2023) 5G technology for healthcare: Features, serviceable pillars, and applications, in: Intelligent Pharmacy, Vol. 1, No. 1, pp. 2–10.

Jones, D., Snider, C., Nassehi, A., Yon, J. & Hicks, B. (2020) Characterising the Digital Twin: A systematic literature review, in: CIRP Journal of Manufacturing Science And Technology, Vol. 29, pp. 36–52.

Johnson, D. M., Gross, B. (2024) Ohne C5 dürfen keine Patientendaten mehr in die Cloud. kma online, März 2024, Online im Internet, https://www.kma-online.de/aktuelles/it-digital-health/detail/ohne-c5-duerfen-keine-patientendaten-mehr-in-die-cloud-51733, Abrufdatum: 22.04.2024.

Jun, J., Jacobson S. H. & Swisher, J. R. (1999) Application of discrete-event simulation in health care clinics: A survey, in: Journal of The Operational Research Society, Vol. 50, No. 2, pp. 109–123.

Karakra, A., Fontanili, F., Lamine, E. & Lamothe, J. (2019) HospiT'Win: A Predictive Simulation-Based Digital Twin for Patients Pathways in Hospital, in: IEEE EMBS International Conference on Biomedical & Health Informatics, May 2019, Chicago, United States, Institute of Electrical and Electronics Engineers (IEEE) and Engineering in Medicine and Biology Society (EMBS), p. 1–4.

Karakra, A., Fontanili, F., Lamine, E. & Lamothe, J. (2020) HospiT'Win: a digital twin framework for patients' pathways real-time monitoring and hospital organizational resilience capacity enhancement, in: Proceedings of The 9th International Workshop on Innovative Simulation For Healthcare, Online, IWISH pp. 62–71.

Karakra, A., Fontanili, F., Lamine, E. & Lamothe, J. (2022) A discrete event simulation-based methodology for building a digital twin of patient pathways in the hospital for near real-time monitoring and predictive simulation, in: Digital Twin, Vol. 2, p. 1

Katsoulakis, E., Wang, Q., Wu, H., Shahriyari, L., Fletcher, R., Liu, J., Achenie, L., Liu, H., Jackson, P., Xiao, Y., Syeda-Mahmood, T., Tuli, R., & Deng, J. (2024) Digital twins for health: a scoping review. in: NPJ digital medicine, Vol. 7, No. 1, p. 77. https://doi.org/10.1038/s41746-024-01073-0

Kaur, M. J., Mishra, V. P. & Maheshwari, P. (2019) The Convergence of Digital Twin, IoT, and Machine Learning: Transforming Data into Action, in: Farsi M., Daneshkhah A., Hosseinian-Far A., Hamid Jahankhani H. (Eds.), Digital Twin Technologies and Smart Cities, Internet of Things, Springer Nature Switzerland AG, Cham, pp. 3–17.

Kougias, P., Tiwari, V., Berger, D.H. (2016). Use of simulation to assess a statistically driven surgical scheduling system. In: J Surg Res, 201(2): 306–312.

Lv, Z. & Xie, S. (2022) Artificial intelligence in the digital twins: State of the art, challenges, and future research topics, in: Digital Twin, Vol. 1, p. 12.

Mazhar, T., Talpur, D. B., Shloul, T. A., Ghadi, Y. Y., Haq, I., Ullah, I., Ouahada, K., & Hamam, H. (2023) Analysis of IoT Security Challenges and Its Solutions Using Artificial Intelligence, in: Brain sciences, Vol. 13, No. 4, p. 683.

Minz, R., Grüttner, D. & von Heusinger-Lender, M. (2023). Krankenhaus 2030 – Was sich ändern muss, Gefäßchirurgie: Zeitschrift für vaskulare und endovaskulare Chirurgie: Organ der Deutschen und der Osterreichischen Gesellschaft für Gefäßchirurgie unter Mitarbeit der Schweizerischen Gesellschaft für Gefäßchirurgie, Jg. 28, Nr. 2, S. 98–107.

Ogiela, L., Ogiela, M. R., & Ko, H. (2020) Intelligent Data Management and Security in Cloud Computing, in: Sensors (Basel, Switzerland), Vol. 20, No. 12, 3458.

Ortiz-Barrios, M., Arias-Fonseca, S., Ishizaka, A., Barbati, M., Avendaño-Collante, B., & Navarro-Jiménez, E. (2023) Artificial intelligence and discrete-event simulation for capacity management

of intensive care units during the Covid-19 pandemic: A case study, in: Journal of business research, Vol. 160, No. 2023, 113806.
Ouda, E. , Sleptchenko, A. , Simsekler, M.C.E. (2023). Comprehensive review and future research agenda on discrete-event simulation and agent-based simulation of emergency departments. In: Simulation Modelling Practice and Theory, 129: 102823
Palaniappan, R. & Siva, R. (2024). Revolutionizing MS Rehabilitation with Digital Twins and Machine Learning: A Promising Path to Precision Medicine, in: Deep Sciences for Computing and Communications, Vol. 2176, p. 182–192.
Pilati, F., Tronconi, R., Nollo, G., Heragu, S.S. & Zerzer, F. (2021) Digital Twin of COVID-19 Mass Vaccination Centers, in: Sustainability, Vol. 13, No. 13, 7396.
Putzier, M., Khakzad, T., Dreischarf, M., Thun, S., Trautwein, F., & Taheri, N. (2024) Implementation of cloud computing in the German healthcare system, in: NPJ digital medicine, Vol. 7, No. 1, p. 12.
Reinsel, D., Gantz, J. & Rydning, J. (2018) The digitization of the world: from edge to core, IDC White Paper, November 2018, Online im Internet, https://www.seagate.com/files/www-content/our-story/trends/files/idc-seagate-dataage-whitepaper.pdf, Abrufdatum: 26.04.2024.
Ryalat, M., ElMoaqet, H. & AlFaouri, M. (2023) Design of a Smart Factory Based on Cyber-Physical Systems and Internet of Things towards Industry 4.0. Applied Sciences, 13(4), 2156. https://doi.org/10.3390/app13042156
Sachdeva, S., Bhatia, S., Al Harrasi, A., Shah Y. A., Anwer K., Philip A. K., Shah S. F. A., Khan A. & Halim S. A. (2024) Unraveling the role of cloud computing in health care system and biomedical sciences, in: Heliyon, Vol. 10, No. 7, e29044.
Saddik, A. E. (2018) Digital Twins: The Convergence of Multimedia Technologies, in: IEEE Multimedia, Vol. 25, No. 2, pp. 87–92.
Siemens Healthineers (2024) The Value of Digital Twin Technology, Online im Internet, https://www.siemens-healthineers.com/en-us/services/value-partnerships/asset-center/white-papers-articles/value-of-digital-twin-technology, Abrufdatum: 30.04.2024.
Stergiou, C., Psannis, K. E., Kim, B. G. & Gupta, B. (2018) Secure integration of IoT and Cloud Computing, in: Future Generation Computer Systems, Vol. 78, No. 2018, pp. 964–975.
Tavakoli, S., Mousavi, A., Komashie, A. (2008). A generic framework for real-time discrete event simulation (DES) modelling. In: Mason SJ, Hill RR, Mönch L, Rose O, Jefferson T, Fowler JW (Hrsg.). Proceedings of the 2008 Winter Simulation Conference: 1931–1938.
Tiwari, V., Sandberg, W.S. (2016) Perioperative bed capacity planning guided by theory of constraints, in: 2016 Winter Simulation Conference (WSC), 11.12.2016 pp. 1894–1903.
Vallée A. (2023) Digital twin for healthcare systems, in: Frontiers in digital health, Vol. 5, No. 2023, 1253050.
Van Dinter, R., Tekinderdogan, B. & Catal, C. (2022) Predictive maintenance using digital twins: A systematic literature review, in: Information and Software Technology, Vol. 151, NO. 2022, 107008.
Vázquez-Serrano, J. I., Peimbert-García, R. E., & Cárdenas-Barrón, L. E. (2021) Discrete-Event Simulation Modeling in Healthcare: A Comprehensive Review, in: International journal of environmental research and public health, Vol. 18, No. 22, 12262.
Venkatesh, K. P., Raza, M. M., & Kvedar, J. C. (2022) Health digital twins as tools for precision medicine: Considerations for computation, implementation, and regulation, in: NPJ digital medicine, Vol. 5, No. 1, p. 150.
Verity, R., Okell, L. C., Dorigatti, I., Winskill, P., Whittaker, C., Imai, N., Cuomo-Dannenburg, G., Thompson, H., Walker, P. G. T., Fu, H., Dighe, A., Griffin, J. T., Baguelin, M., Bhatia, S., Boonyasiri, A., Cori, A., Cucunubá, Z., FitzJohn, R., Gaythorpe, K., Green, W., … Ferguson, N. M. (2020). Estimates of the severity of coronavirus disease 2019: a model-based analysis. In: The Lancet. Infectious diseases, 20(6): 669–677.
Zhang, X. (2018) Application of discrete event simulation in health care: a systematic review, in: BMC Health Services Research, Vol. 18, No. 1, pp. 1–11.
Zhou, J., Wang, J., Wang, J. (2019). A simulation engine for stochastic timed petri nets and application to emergency healthcare systems. In: IEEE/CAA J Autom Sin, 6(4): 969–980.

**Yannik Angler** ist Unternehmensberater bei der Wirtschaftsprüfungs- und Beratungsgesellschaft PwC Deutschland sowie Doktorand im Bereich allgemeine Betriebswirtschaftslehre und Gesundheitsmanagement an der Universität Greifswald. Sein Beratungsschwerpunkt liegt auf der Industrie Health, in welchen er insbesondere Krankenhäuser im Rahmen der digitalen Transformation hinsichtlich Strategieentwicklung, IT-Sicherheit und Prozessmanagement begleitet. Dabei liegt der Beratungsfokus ebenfalls auf der Ausarbeitung von Rahmenbedingungen für die Implementierung disruptiver Technologien wie Künstliche Intelligenz oder digitalen Zwillingen in Gesundheitseinrichtungen. Im Rahmen seiner Dissertation untersucht er die ökonomischen Einflüsse von Künstlicher Intelligenz auf die Wirtschaftlichkeit von Ablaufprozessen im Krankenhaus. Weitere Forschungsthematiken umfassen die Anwendung der diskreten Ereignissimulation zur Prozessanalyse im Krankenhausumfeld.

**Prof. Dr. Steffen Fleßa** ist Inhaber des Lehrstuhls für Allgemeine Betriebswirtschaftslehre und Gesundheitsmanagement an der Universität Greifswald. Zuvor war er am Masoka Management Training Institute in Tansania (1990–1995), an der Universität Erlangen-Nürnberg (1995–1998), an der Ev. Fachhochschule Nürnberg (1998–2003) und an der Medizinischen Fakultät der Universität Heidelberg (2003–2004) tätig. Seine Schwerpunkte sind Krankenhausbetriebslehre, Nonprofit-Organisationen sowie Internationales Gesundheitsmanagement, auch auf Basis von Projekten (u. a. DFG, BMBF, BMG und EU). Prof. Fleßa war Studiendekan und Prodekan seiner Fakultät sowie Prorektor für Studium und Lehre der Universität Greifswald.

**Dr. Markus Krohn** ist Wissenschaftlicher Mitarbeiter am Lehrstuhl für Allgemeine Betriebswirtschaftslehre und Gesundheitsmanagement an der Universität Greifswald. Seine Forschungsschwerpunkte liegen auf Prozess- und Kostenanalysen sowie auf der Finanzierung von Leistungen im Gesundheitswesen. Markus Krohn ist weiterhin Mitarbeiter im Interreg-Projekt Health.AI Pomerania (2024–2027).

**Prof. Dr. Olav Götz** ist Professor für Allgemeine Betriebswirtschaftslehre – insbesondere Health Care Consulting – an der APOLLON Hochschule der Gesundheitswirtschaft GmbH sowie Gastprofessor an der Stradiņš-Universität Riga. Neben diesen Tätigkeiten berät Olav Götz als Unternehmensberater Einrichtungen des Gesundheitswesens. Seine Schwerpunkte liegen u. a. im Bereich des Prozessmanagements, der Prozessmodellierung sowie der Simulation. Weiterhin berät Olav Götz im Rahmen seiner Projekte Entwicklungszusammenarbeitsorganisationen im internationalen Kontext, u. a. in den Bereichen des Human Ressource Managements, der Kostenanalyse in Einrichtungen des Gesundheitswesens sowie der Finanzierung von Gesundheitssystemen. Herr Götz ist Mitglied in den folgenden Fachgesellschaften: Institute of Operations Research and Management Science (INFORMS), Gesellschaft für Operations Research e.V. (GOR), Arbeitsgemeinschaft Simulation (ASIM), Deutsche Gesellschaft für Gesundheitsökonomie e.V. (DGGÖ).

# Standardisierter, Souveräner und Vertraulicher Datenaustausch als Erfolgsfaktor für den Einsatz von KI in der Patientenreise

37

Lena Hegel, Vera Weirauch und Tom Strube

## Inhaltsverzeichnis



**Danksagung**
In diesem Kapitel möchten wir unseren aufrichtigen Dank an die Autoren Michael Pantförder, Mostafa Kamal Mallick, Niklas Tschorn und Anja Burmann aussprechen. Ihre intellektuelle Unterstützung bei der frühen Konzeption und Entwicklung dieses Beitrags war von unschätzbarem Wert. Insbesondere haben sie durch ihre fachliche Expertise in ihren jeweils betreuten Forschungsprojekten sowie bei der Überprüfung von Quellen und der Struktur des Beitrags maßgeblich zum Erfolg unserer Arbeit in diesem Sammelband beigetragen.

L. Hegel (✉) · V. Weirauch · T. Strube
Fraunhofer-Institut für Software- und Systemtechnik ISST, Dortmund, Deutschland
E-Mail: lena.hegel@isst.fraunhofer.de; vera.weirauch@isst.fraunhofer.de; tom.strube@isst.fraunhofer.de



M. A. Pfannstiel (Hrsg.), *Künstliche Intelligenz im Einsatz für die erfolgreiche Patientenreise*, https://doi.org/10.1007/978-3-658-48573-3_37

**Zusammenfassung**

Dieser Beitrag thematisiert die Potenziale Künstlicher Intelligenz (KI) als datengetriebene Technologie zur Verbesserung verschiedener Patientenreisen durch das Gesundheitswesen. Hierfür werden zunächst ausgewählte Herausforderungen im Umgang mit Gesundheitsdaten beschrieben, wie beispielsweise eine unstrukturierte Datenlage, das sektorenübergreifende Datenteilen sowie die Einhaltung regulatorischer Komponenten. Anschließend wird ein theoretischer Überblick über vertrauenswürdige KI, Datenräume und weitere ausgewählte datengetriebene Technologien gegeben, welche diese Herausforderungen adressieren können. Um die gesamte Thematik greifbarer darzustellen, demonstrieren zwei Praxisbeispiele wie die zuvor vorgestellten Technologien im Versorgungsalltag zur Optimierung der Patientenreise beitragen können.

## 37.1 Optimierung der Patientenreise: Gesundheits- und Versorgungsdaten als Grundvoraussetzung für KI

Das deutsche Gesundheitswesen befindet sich seit den späten 2010er-Jahren in einem allumfassenden digitalen Transformationsprozess, welcher sowohl von einem kulturellen Wandel als auch von technologischen Innovationen geprägt ist. Die schnelle Entwicklung neuer Technologien wie Digitale Gesundheitsinterventionen, Telemedizin und Künstliche Intelligenz (KI) bieten ungeahnte Möglichkeiten, die Herausforderungen im Ökosystem Gesundheit zu adressieren, indem sie schnellere Diagnosen ermöglichen, die Herstellung medizinischer Geräte revolutionieren und die Patientenversorgung sowohl im häuslichen Umfeld als auch in Gesundheitseinrichtungen verbessern (World Health Organization 2019). Insgesamt hat diese Transformation hin zu einem überwiegend digitalisierten Gesundheitswesen weitreichende Auswirkungen auf die Interaktionen und die Kommunikation entlang der individuellen Patientenreisen.

Die Patientenreise wird innerhalb dieses Buchabschnittes als eine zeitliche Abfolge von Phasen über verschiedene Akteure des Gesundheitswesens hinweg verstanden, welche Patienten von der ersten Wahrnehmung eines Gesundheitsproblems bis zur abschließenden

Nachsorge durchlaufen (Carayon und Wooldridge 2020). Bulto et al. (2024) benennen den Prozess, diese Reise von Patienten durch die Welt der Gesundheitsversorgung zu erfassen, als „Patient Journey Mapping“. Mit dieser Methode wird eine zeitliche und örtliche Übersicht erstellt, welche die Inanspruchnahme von einer oder mehreren Dienstleistungen in einem Gesundheitssystem visualisiert. Innerhalb dieser Karte (engl.: map) werden zudem Barrieren, Erleichterungen, Erfahrungen, Interaktionen mit Dienstleistungen und/oder Ergebnisse für Einzelpersonen und/oder ihre Betreuer und Familienmitglieder dokumentiert. Ziel des Patient Journey Mappings ist es, die zu behandelnden Personen in den Mittelpunkt des Ökosystems zu stellen und damit wichtige Erkenntnisse zu deren Zurechtfinden und Erleben zu schaffen. Diese Erkenntnisse ermöglichen anschließend die Entwicklung kontextspezifischer Strategien und Technologien zur Optimierung der Versorgungs- und Behandlungserfahrungen entlang der individuellen Patientenreise (engl.: patient journey).

Getrieben durch die digitale Transformation des Gesundheitssystems entstehen an jedem Versorgungspunkt entlang einer realen Patientenreise vielseitige Gesundheits- und Versorgungsdaten, die über den Diagnose- und Therapieprozesse, organisatorische Aspekte sowie Behandlungsergebnisse und -erfahrungen der Patienten informieren. Innerhalb dieses Buchkapitels umfasst der Begriff Gesundheits- und Versorgungsdaten eine Vielzahl von Informationen, darunter:

- Versorgungsdaten: Versichertenstammdaten, Abrechnungsdaten, sozioökonomische Daten
- Klinische Daten: Diagnosen, Behandlungen, Medikation und Laborergebnisse.
- Verhaltensdaten: Lebensstilfaktoren wie Ernährung, Bewegung und Rauchen.
- Feedback: Erfahrungen und Zufriedenheit mit der Behandlung, wie bspw. Patient-Reported Outcome Measures (PROMs) oder Patient Reported Experience Measures (PREMs)

Der effektive Austausch und der Nutzen dieser täglich generierten großen Menge an Gesundheits- und Versorgungsdaten ist unerlässlich, um die Patientenreise darzustellen und zu optimieren. Mittels moderner datengetriebener Technologien und Ansätze, darunter u. a. Big Data, KI und maschinelles Lernen, können diese Gesundheits- und Versorgungsdaten in Echtzeit verarbeitet, analysiert und daraus behandlungsrelevante und patientenindividuelle Erkenntnisse gewonnen werden. So wird es möglich, Diagnose- und Therapieoptionen zu adaptieren, was zu einer personalisierten und patientenzentrierten Versorgung führen kann. Zudem können Technologien, die von Gesundheits- und Versorgungsdaten getrieben sind, als präventivmedizinische Unterstützung eingesetzt werden, um Gesundheitsprobleme zu minimieren. Die Kombination aus Anwendung von explorativen Methoden der KI führt von der Analyse, über die Entwicklung von datenbasierten Lösungen und der daraus resultierenden Anreicherung der Datenlandschaft zu einem sich weiterentwickelnden Zyklus datenbasierter technischer und prozessualer Innovationen (siehe Abb. 37.1).

Der effiziente Austausch sowie die intelligente Nutzung von Gesundheits- und Versorgungsdaten spielen eine entscheidende Rolle, um mittels KI zur Optimierung der

**Abb. 37.1** Vereinfachte Visualisierung der Rolle von Gesundheitsdaten in der Optimierung der Patientenreise. (Quelle: Eigene Darstellung (2024))

Patientenreise beizutragen. Die Erhebung, Speicherung sowie Nutzung dieser Gesundheits- und Versorgungsdaten erfolgen in Deutschland dabei meist organisatorisch sowie sektoral getrennt. Das heißt, niedergelassene Ärzte, Apotheken, Krankenhäuser, sowie weitere Leistungserbringende sammeln jeweils eigene Datensätze entlang einer Patientenreise, ohne diese miteinander zu vernetzen (Stachwitz und Debatin 2023).

Gesundheits- und Versorgungsdaten werden heutzutage auch als „das neue Blut“ für die optimale Versorgung von zu behandelnden Personen gesehen, und sind als Rohstoff für datengetriebene Technologien und KI-Systeme so gängig geworden, wie eine Therapieplanung auf Basis von Blutbildern (Perakslis und Coravos 2019). Obwohl es bei Blutbildern tägliche Praxis ist, dass medizinisches Fachpersonal eine Blutprobe entnehmen, diese an Labore senden, und anschließend zu behandelnde Personen mit den medizinischen Fachpersonen weitere Versorgungsprozesse gestalten, ist ein Austausch von Gesundheits- und Versorgungsdaten entlang derselben Patientenreise nicht umfassend vernetzt, für zu behandelnde Personen unzugänglich und oft mit Skepsis betrachtet. Aktuell entstehen folglich Datensilos, die Potenziale datengetriebener Technologien für eine erfolgreiche Patientenreise stark beschränken.

Zusammenfassend lässt sich feststellen, dass eine zentrale Hürde für die Innovation, Integration und Stärkung von KI-Systemen für eine erfolgreiche Patientenreise der fehlende intersektoral standardisierter, souveräner und vertraulicher Datenaustausch im Versorgungsökosystem entlang der einzelnen Patientenreise ist. Existierende Technologien sind oftmals auf spezifische Datensilos limitiert, was im Widerspruch zur medizinischen Praxis und der Dynamik einer jeden Versorgung steht. Datengetriebene Technologien und deren genutzte Gesundheits- und Versorgungsdaten müssen daher entlang der Reise kontrolliert operieren, um so eine erfolgreiche Patientenreise mitzugestalten. Doch was sind die Herausforderungen für das umfassende Austauschen und Nutzen von Gesundheits-

und Versorgungsdaten entlang einer Patientenreise? Und wie kann man diese Hürden so adressieren, dass auch datengetriebene Technologien und KI-Systeme entstehen? Dies wird in den kommenden Seiten diskutiert.

## 37.2 Herausforderungen im Umgang mit Gesundheits- und Versorgungsdaten zur Nutzung für KI entlang der Patientenreise

Der Umgang mit Gesundheits- und Versorgungsdaten stellt eine Vielzahl von Herausforderungen dar, die sowohl technischer als auch ethischer Natur sind. Von diesen sind einige typische in Abb. 37.2 dargestellt. In einer Ära, in der die Digitalisierung im Gesundheitswesen rasant voranschreitet, sehen sich beispielsweise Krankenhäuser mit der Notwendigkeit konfrontiert, enorme Mengen an sensiblen Daten zu speichern, zu verarbeiten und zu analysieren. Die Gewährleistung der Datensicherheit und des Datenschutzes ist hierbei von zentraler Bedeutung, da die Verletzung dieser Prinzipien nicht nur rechtliche Konsequenzen nach sich ziehen kann, sondern auch das Vertrauen der zu behandelnden Person in das Gesundheitssystem gefährdet. Darüber hinaus sieht der Arbeitsalltag in vieler medizinischer Einrichtungen noch nicht flächendeckend die Nutzung und Verarbeitung digitaler Daten vor. Die Integration unterschiedlicher IT-Systeme, die in verschiedenen Abteilungen und Funktionen eingesetzt werden, erfordern eine sorgfältige Koordination und standardisierte Prozesse, um Informationssilos zu vermeiden und die Interoperabilität zu gewährleisten (European Data Protection Supervisor 2023; Stachwitz und Debatin 2023). Extrem große Datenmengen eröffnen nicht nur Chancen für die Datenanalyse und die Prozessverbesserung, sondern bergen auch die Gefahr, Nutzer zu überfordern. Eine große Menge an Informationen zu einzelnen zu behandelnden Personen kann unübersichtlich werden und mangels zeitlicher Kapazitäten können nicht immer alle Informationen umfassend gesichtet werden. Das Herausstellen relevanter Informationen im jeweiligen Fall- und Patientenkontext ist daher zu berücksichtigen (BMG 2024a).

In diesem Kapitel werden ausgewählte Dimensionen dieser Herausforderungen näher untersucht, um einen verantwortungsvollen und effektiven Umgang mit Gesundheits- und Versorgungsdaten im Gesundheitswesen zu fördern.

### 37.2.1 Technologische Herausforderungen: Mangelnde Interoperabilität aktueller Systeme

Eine zentrale Herausforderung für den standardisierten, souveränen und vertrauenswürdigen Datenaustausch ist die Interoperabilität, d. h. die Fähigkeit unterschiedlicher Informationssysteme, Daten auszutauschen und deren Weitergabe zu ermöglichen (Euro-

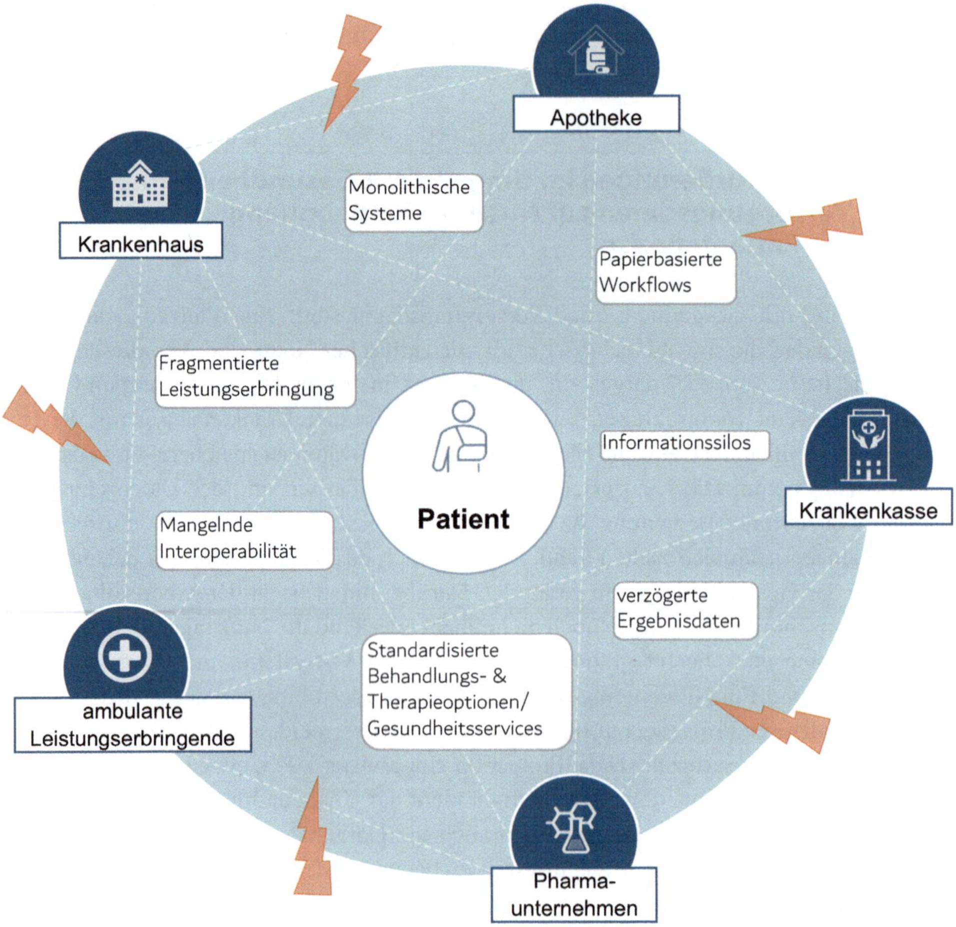


**Abb. 37.2** Skizze der typischen Herausforderungen im aktuellen Gesundheitsökosystem mit Patienten-Fokus. (Quelle: Eigene Darstellung (2024))

pean Data Protection Supervisor 2023). Der derzeitige Datenaustausch zwischen den verschiedenen Akteuren des Gesundheitswesens (u. a. Krankenkassen, Krankenhäuser, ambulante Leistungserbringende) entlang einzelner Patientenreisen ist erschwert und kaum möglich, da die Systeme der jeweiligen Akteure meist mit proprietären Datenformaten und ohne bzw. nur mit domänenspezifischen Standards arbeiten. Eine umfassende Vernetzung und Zusammenführung von Daten aus verschiedenen Quellen, z. B. in einem systemweiten Standardformat und über standardisierte Schnittstellen, findet folglich kaum statt (Stachwitz und Debatin 2023). Insbesondere die Kompatibilität zwischen älteren und neueren Systemen wie klassischen Patientenakten, Krankenhausinformationssysteme, und medizinisch eingesetzten KIs stellt die Allgegenwärtigkeit dieser Hürde entlang der Patientenreise dar. Dies führt zu einer Wechselwirkung zwischen der Inkompatibilität bestehender heterogener Datensilos und der begrenzten Anwendung von Standards wie FHIR oder SNOMED CT. Die Implementierung von KI-Lösungen zur Optimierung der Patientenreise wird also durch mangelnde Interoperabilität zurückgehalten. Der mögliche Datenumfang und eine effektive Nutzung von Gesundheits- und Versorgungsdaten werden suboptimal gestaltet. KI-Systeme im Gesundheitswesen basieren daher derzeit häufig auf unvollständigen Daten und können aktuell damit zu falschen Vorhersagen führen. Das ist ein vermeidbares Risiko.

► Durch fehlende oder nicht-standardisierte Interoperabilität vorhandener datengetriebener Technologien wird die Nutzung aktueller KI-Systeme entlang der Patientenreise suboptimal gestaltet.

### 37.2.2 Regulatorische Herausforderungen: Datenschutzanforderungen und unklare Selbstbestimmtheit über eigene Daten

Neben der bisher skizzierten technologischen Herausforderung sind Datenschutzanforderungen sowie die häufig unklare Möglichkeit zur Selbstbestimmung über die eigenen Gesundheits- und Versorgungsdaten weitere Hürden für den Datenaustausch entlang einer individuellen Patientenreise. Während aus rechtlicher Sicht in jedem Moment einer Patientenreise die selbstbestimmte Entscheidung über die eigenen medizinischen Behandlungen sichergestellt ist (BMG 2024a), fehlt es häufig am Bewusstsein der zu behandelnden Person über ihre gleichzeitige Datensouveränität. Gemäß Literatur- und Konzeptarbeiten durch von Scherenberg et al., wird Datensouveränität entlang der Patientenreise als die Fähigkeit definiert, selbstbestimmt über die Nutzung, Kontrolle und Weitergabe ihrer Gesundheits- und Versorgungsdaten zu entscheiden. Datensouveränität umfasst dabei die Möglichkeit, eigene Datenverwendungsregeln festzulegen, den Datenfluss zu beeinflussen und zu verfolgen sowie Daten nach eigenem Ermessen zu teilen oder zu migrieren (Scherenberg et al. 2024). Datensouveränität ist dabei nicht nur aus Patientenperspektive wünschenswert, sondern auch Teil der europäischen Datenstrategie, die die angesprochene Selbstbestimmtheit (und -sicherheit) durch u. a. die General Data Protection Regulation (GDPR) sicherstellt (Wolford 2024). Es ist also für die allgemeine Gestaltung von KI für die Patientenreise unabdinglich, einen souveränen Datenaustausch im Gesundheitswesen zu gewährleisten, damit Gesundheits- und Versorgungsdaten selbstbestimmt und insbesondere datenschutzkonform durch die zu behandelnden Personen für die Entwicklung von KI-Systemen verfügbar gemacht werden.

► Durch mangelnde Datensouveränität der zu behandelnden Personen wird der Einsatz von KI-Systemen entlang der Patientenreise ethisch bedenklich, und insbesondere bei Behandlungsfehlern rechtlich relevant.

### 37.2.3 Psychologische Herausforderungen: Unzureichendes Vertrauen in KI-Systeme

Nachdem nun thematisiert wurde, dass es für den erfolgreichen Einsatz von KI entlang einer Patientenreise notwendig ist, dass zu behandelnden Personen in jedem Moment der Reise souverän über die Verwendung ihrer Gesundheits- und Versorgungsdaten entscheiden können, ist es nun notwendig KI-Systeme so zu gestalten, dass keine Ängste bei der Nutzung der Systeme entstehen. Kim et al. (2023) beschreiben dabei die „KI-Angst" als das Unbehagen, das durch die rasche Entwicklung und Integration von KI-Technologien in der Gesellschaft entsteht. Im Gesundheitswesen äußert sich diese Angst durch Zweifel an der Verlässlichkeit von KI-getriebenen Diagnosen, den Schutz sensibler Daten und die Wahrung menschlicher Kontrolle über die eigene Patientenreise. Diese Sorgen verdeutlichen die Notwendigkeit, Vertrauen in KI-Lösungen im Gesundheitswesen zu stärken. Dieses Vertrauen kann beispielsweise dadurch gestärkt werden, dass die zu behandelnden Personen im Mittelpunkt der Patientenreise stehen. Die zu behandelnde Person sollte als aktiver Partner im Gesundheitsprozess angesehen werden, sodass die individuellen Bedürfnisse, Wünsche und Emotionen berücksichtigt werden können. Um dies zu ermöglichen, ist es notwendig, Transparenz zu schaffen. Dies kann durch einen Einblick in die gesammelten Daten und Informationen geschehen, die den zu behandelnde Personen helfen, die Abläufe und Entscheidungen im Gesundheitsprozess besser zu verstehen. Wenn die zu behandelnden Personen das Gefühl haben, informiert und in den Prozess einbezogen zu werden, können sie ihre Ängste reduzieren und mehr Vertrauen in die Behandlung gewinnen. Durch diese patientenzentrierte Perspektive kann die Patientenreise nicht nur zu einer medizinischen, sondern auch zu einer positiv empfundenen emotionalen und psychologischen Reise werden (Dockweiler 2019; WHO 2019).

▶ Durch unzureichendes Vertrauen in die Funktionsweise und die medizinischen Auswirkungen genutzter KI-Systeme entlang der Patientenreise, wird deren Vertrauen und Akzeptanz sowie deren Beitrag zur digitalen Transformation des Gesundheitswesens erschwert.

## 37.3 Optimierter Datenaustausch entlang der Patientenreise für eine erfolgreiche Integration von KI im Gesundheitswesen

Datenzentrierte Herausforderungen, insbesondere der standardisierte, souveräne und vertrauenswürdige Datenaustausch, sind keineswegs allein in der digitalen Transformation des Gesundheitswesens zu beobachten. Die zuvor erwähnte europäische Datenstrategie transformiert parallel andere gesellschaftliche und wirtschaftliche Domänen, um „ein[en] Binnenmarkt für Daten [und][...] eine EU-weite und branchenübergreifende Datenweitergabe zum Nutzen von Unternehmen, Forschenden und öffentlichen Verwaltungen [zu ermöglichen] (Europäische Kommission 2020)." Insbesondere Schlüsselsektoren wie Energie, Mobilität und eben Gesundheit sollen durch die Datenstrategie die in diesem Kapitel „identifizierten Hindernisse für die gemeinsame Datennutzung überwinden und somit das sehr große Potenzial datengesteuerter Innovationen freisetzen." Dieses Ziel soll dabei durch Europäische Datenräume erreicht werden.

Vor dem konzeptuellen Hintergrund der Datenräume, insbesondere des Europäischen Gesundheitsdatenraums (engl. European Health Data Space; EHDS), werden in diesem Kapitel die vielschichtigen Dimensionen des intersektoralen Datenteilens erneut einzeln untersucht und Lösungsansätze für die zuvor formulierten Herausforderungen an eine optimale Integration von KI in den Patientenreise dargestellt. Darüber hinaus wird die Rolle der vertrauenswürdigen künstlichen Intelligenz (engl. Trustworthy Artificial Intelligence; TAI) als Lösungsansatz für die nachhaltige Integration von KI in die Patientenreise und die Symbiosen zwischen EHDS und TAI als innovative, interoperable und stärkende Technologiekonzepte für die erfolgreiche Digitale Transformation des nationalen und europäischen Gesundheitssystems gesehen. Abb. 37.3 skizziert im Kontrast zu den Herausforderungen in Abb. 37.2 das Zielbild, das mithilfe von KI als eine der datengetriebenen Technologien im Gesundheitssystem erreicht werden soll.

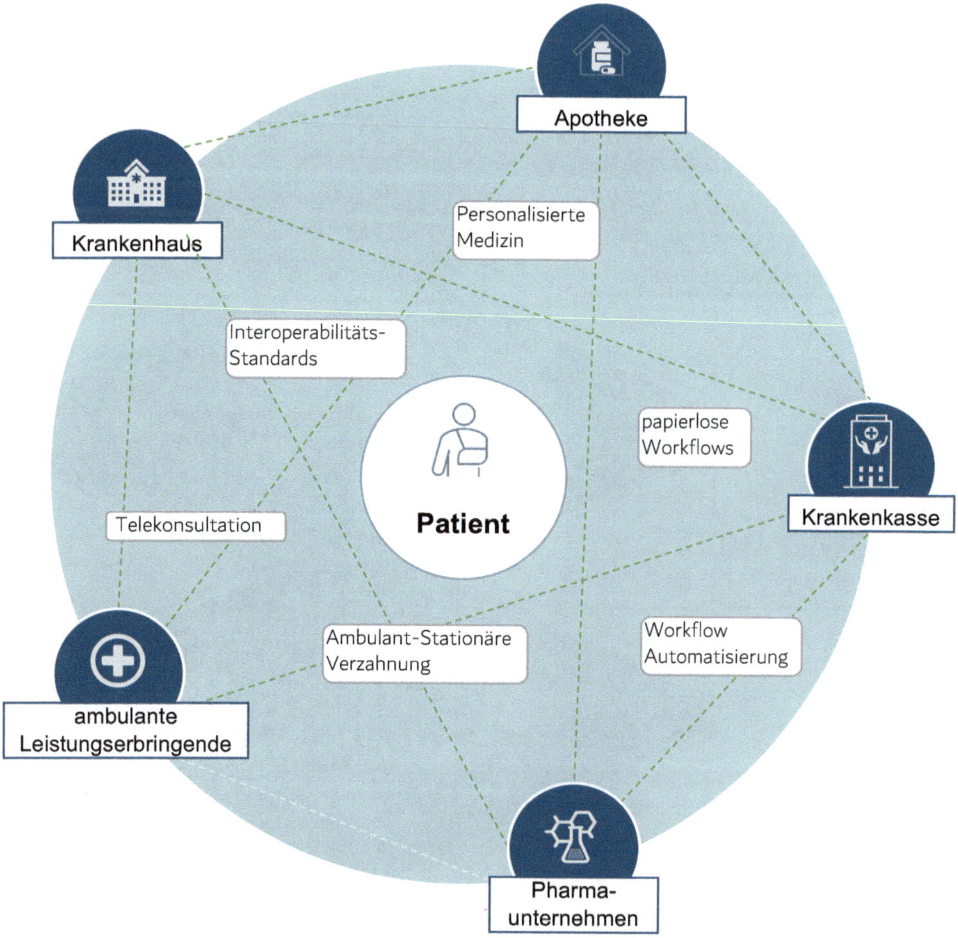


**Abb. 37.3** Skizze der Mehrwerte eines digitalisierten Gesundheitsökosystem mit der zu behandelnden Person im Fokus. (Quelle: Eigene Darstellung (2024))

### 37.3.1 Gesundheitsdatenräume als Innovationstreiber für den optimierten Datenaustausch entlang der Patientenreise

Intersektionales Datenteilen verbessert die medizinische Versorgung und unterstützt die Forschung durch konsistente Patienteninformationen und reale Welt-Daten, die personalisierte Medizin und KI-Entwicklung fördern. Interoperable Schnittstellen und eine souveräne und vertrauenswürdige Dateninfrastruktur entlang einzelner Patientenreisen sind erforderlich, um sektorübergreifende Kommunikation zu gewährleisten. Abb. 37.4 stellt die verschiedenen Ebenen der Interaktion dar, die notwendig sind, um sektorübergreifende Kommunikation zu ermöglichen. Ein zentraler technischer Treiber für Innovationen für die strukturierte und optimierte Gewährleistung dieser Anforderungen sind hierbei Datenräume.

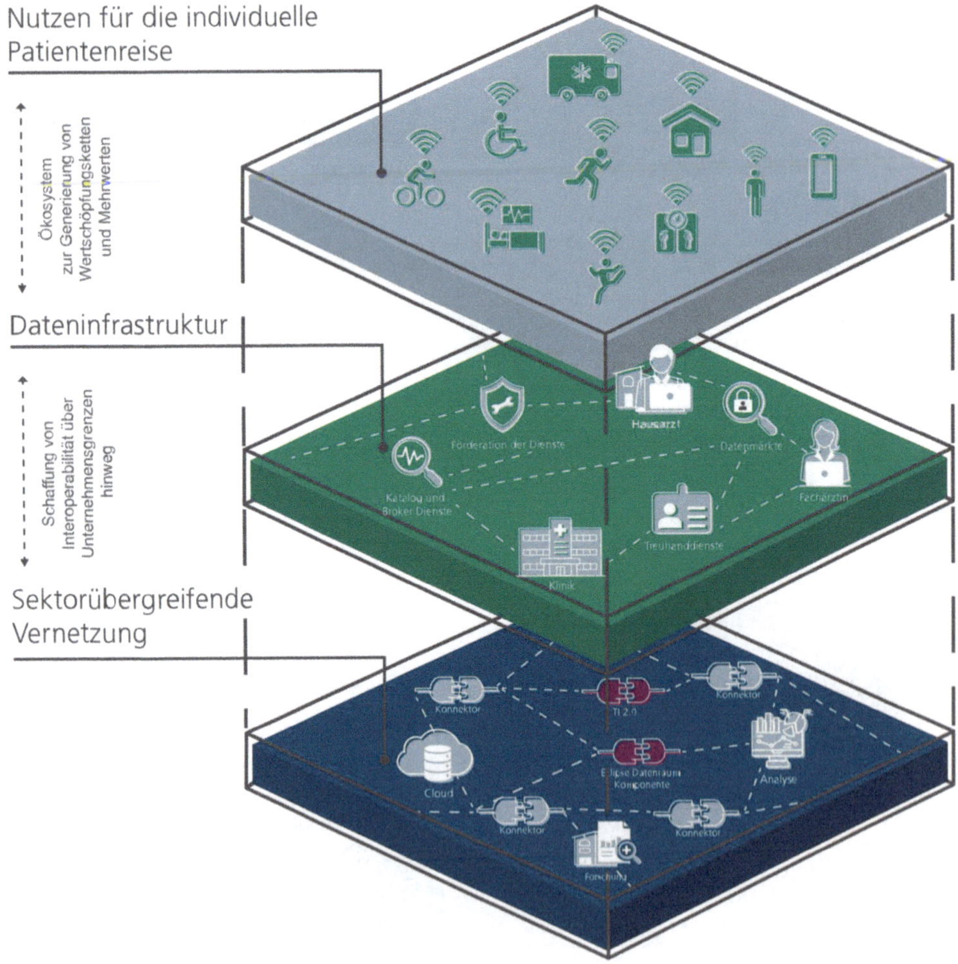


**Abb. 37.4** Ebenen eines sektorübergreifenden Datenaustausches für eine erfolgreiche Patientenreise. (Quelle: Eigene Darstellung (2024))

Datenräume (engl. data spaces) beschreiben strukturell ein „verteiltes Datenintegrationskonzept", um das Vertrauen zwischen den Teilnehmern des Datenraumes, deren Datensouveränität und die technische Interoperabilität ihrer Systeme zu gewährleisten (Otto 2022). Datenräume sind damit keine technischen Lösungsangebote für die Hürden beim Teilen von bspw. Gesundheits- und Versorgungsdaten, sondern Leitfäden und Rahmenbedingungen für einen intersektoralen Austausch aller prozessrelevanten Datenstrukturen. Um jedoch den spezifischen Anforderungen und Rahmenbedingungen des Gesundheitssektors gerecht zu werden, ist es entscheidend, dieses Konzept des Datenraums auf die besonders schützenswerten und komplexen Gesundheits- und Versorgungsdaten anzupassen. Insbesondere der hohe Anspruch an Datensicherheit sowie die Diversität der Versorgungsprozesse und der beteiligten Akteure erfordern dabei sektorenspezifische Strategien für die technische Umsetzung und Ermöglichung von Interoperabilität, Souveränität und Vertrauen. Mit der Veröffentlichung der EHDS-Verordnung im März 2025 schafft die EU ein regulatorisches Rahmenwerk für paneuropäische Gesundheitsdatenräume und für die Weiterentwicklung der Gesundheitsversorgung in Europa. So sollen Daten primär für die Versorgung (MyHealth@EU) und sekundär für die Weiterentwicklung des Gesundheitswesens (HealthData@EU) effektiver genutzt werden können (BMG 2025).

Für die Optimierung der individuellen Patientenreise bedeutet die Umsetzung von Gesundheitsdatenräumen, zukünftig eine flexible, selbstbestimmte und vertrauenswürdige Umgebung zu schaffen, in der zu behandelnde Personen zu jedem Moment der eigenen Behandlung über ihre Daten verfügen können. Das Konzept des Datenraumes nach dem Gaia-X Ökosystem stellt dabei ebenso die Konnektivität zu anderen Datenräumen sicher, sodass man für die medizinische Versorgung nicht an eine einzelne technologische Lösung gebunden sein wird (BMWK 2021).

Die technische Umsetzung von Gesundheitsdatenräumen, basierend auf den Konzepten des EHDS, birgt zudem ein enormes Forschungs- und Innovationspotenzial für aktuelle KIs innerhalb einer Patientenreise (Ganna et al. 2024). Das europaweite Forschungsprojekt IDERHA (Integration of Heterogeneous Data and Evidence towards Regulatory and HTA Acceptance) (Scheider und Burmann 2022) des Fraunhofer-Instituts für Software- und Systemtechnik ISST ist ein Beispiel dafür, wie die Vorteile des souveränen Datenteilens für die Erforschung und Optimierung von KI-Anwendungen genutzt werden können (Hussein et al. 2024). IDERHA erarbeitet einen dezentralen, technisch realisierten Datenraum für Gesundheits- und Versorgungsdaten mit dem exemplarischen Fokus auf der Früherkennung von Lungenkrebs, und einer optimierten Patientenreise für Diagnostizierte. Der Datenraum liefert dafür zunächst eine große Datengrundlage und die technische Infrastruktur, um diese vertraulich zu teilen. Um die Souveränität über die geteilten Daten zu behalten, die zum Verbessern von KI-Algorithmen zur Früherkennung genutzt werden sollen, wird ebenfalls Föderiertes Lernen, eine Form der dezentralen KI-Entwicklung und -Evaluation, innerhalb des Datenraumes ermöglicht. So bleibt die Datensouveränität bei der zu behandelnde Person und den datenhaltenden Organisationen, die Daten Diagnostizierter können für KI-Innovationen eingesetzt werden, und die KI-Systeme können für zukünftige Patientenreisen genutzt werden.

Neben aufkommenden, EU-getriebenen Projekte zum standardisierten, souveränen, und vertrauenswürdigen Datenaustausch der 2020er-Jahre, wurde bereits im Jahr 2015 vom Bundesministerium für Bildung und Forschung (BMBF) die Medizininformatikinitiative (2024) mit dem Ziel der Vernetzung medizinischer Forschungsdaten für die Optimierung der Gesundheitsversorgung gestartet. Sie verbindet Forschungsinteressen vieler Universitätskliniken in Deutschland und ermöglicht über das Forschungsdatenportal Gesundheit (FDPG), medizinische Informationen entsprechend einer gemeinsamen, im FHIR-Standard kodierten Dateninfrastruktur, (dem sogenannten Kerndatensatz), standortübergreifend zu finden, beizutragen und zu nutzen. Aktuell ist dieser Kerndatensatz wissenschaftlich motiviert, aber für viele medizinische Forschungsfragen eingeschränkt ertragreich, da nur Daten aus der stationären Versorgung in diesen einfließen. Im Forschungsprojekt DISTANCE (Digital Smart Hub for Advanced Connected Care) des Fraunhofer ISST wird angestrebt, auch Teile der ambulanten Versorgung an die MII und das FDPG anzuschließen (Duong und Schmidt 2021). Damit wäre eine wichtige Grundlage für die Erforschung und Entwicklung von KIs für die optimale Patientenreise vorhanden, die allerdings auf Daten aus klinischen Umgebungen fokussiert ist. Darüber hinaus ist für das Abbilden einer vollständigen Patientenreise der Pflegesektor von Bedeutung. Mit dem ISST-geführten Forschungsprojekt PFLIP (sektorenübergreifender Pflege-Kerndatensatz und Pflege-Datenrepository) werden hierfür Konzepte und Erkenntnisse für einen Pflege-Kerndatensatz entwickelt, der ebenfalls an die MII kommuniziert wird, um die Datengrundlage für die intersektorale Patientenreise zu ergänzen (Burmann 2022b).

Diese nationalen Bestrebungen der MII zu standardisierter und vertrauenswürdiger Datennutzung sind also keine gegensätzliche Entwicklung zu Datenräumen, zeigen jedoch, dass bereits zwei der genannten drei Herausforderungen auf nationaler Ebene nicht trivial zu lösen sind, um eine Patientenreise umfänglich durch KI zu optimieren. Die durch den EHDS geforderte Souveränität kann dabei perspektivisch durch das Einwilligungsmodell, wie beispielsweise in Lauf et al. (2022), ergänzt werden. Die Einwilligung der behandelten Person zum Teilen und Nutzen ihrer Daten wird sowohl bei der Europäischen Datenstrategie als auch bei der nationalen MII einen entscheidenden Faktor für die Akzeptanz von KI als datengetriebener Technologie entlang der Patientenreise darstellen.

### 37.3.2 Vertrauenswürdige KI für eine optimierte Patientenreise

Das standardisierte, souveräne und vertrauenswürdige Teilen von Daten zur individuellen Versorgungsoptimierung der Patientenreise, kann für dieses Kapitel als patientenzentrierte Ermöglichung für KIs entlang einer optimalen Patientenreise gesehen werden. In diesem Abschnitt stellen wir zuerst die vertrauenswürdige KI als datengetriebene Technologie und als zweiten Lösungsstrang vor. Hierfür wird zunächst auf die Regulatorische Herausforderung eingegangen. Anschließend werden Methoden der erklärbaren KI als Grundlage für vertrauenswürdige KI und Lösungsansatz für die Psychologische Herausforderung betrachtet. Zuletzt werden die Synergien aus EHDS und vertrauenswürdiger KI dargestellt.

**Deep Dive: Vertrauenswürdige KI als datengetriebene Technologie**
Zu Beginn dieses Deep Dives werden der AI-Act als Vorschrift und Leitlinien für vertrauenswürdige KI-Innovationen vorgestellt. Um Gesundheits- und Versorgungsdaten aus der Europäischen Datenstrategie, der MII oder anderen Formaten für die kontrollierte Entwicklung von KI für die EU-weite Gesellschaft und Wirtschaft zu nutzen, wurde die Verordnung zum harmonisierten Einsatz von Künstlicher Intelligenz (engl. Artificial Intelligence Act, AI-Act) verabschiedet. Im Kontext von KI als Technologie für die Gesundheitsversorgung regelt der AI-Act Rahmenbedingungen für

- die Erhebung und Nutzung personenbezogener (Gesundheits-)Daten,
- den Austausch von Gesundheitsdaten, sowie
- den Einsatz von digitalen Technologien und KI in der direkten Gesundheitsversorgung

der EU-Akteure, um so die digitale Transformation des Gesundheitswesens patientenzentriert voranbringen. Insbesondere durch die stetigen Ströme von Fachexpertise und Fachkräften innerhalb und zwischen den europäischen Mitgliedsstaaten sind ebensolche allgemeinverbindliche Regeln und damit auch Limitationen für den Einsatz von Big Data, KI und maschinellem Lernen zur Sicherstellung einheitlicher Standards unabdinglich. Der EU AI Act kategorisiert KI-Systeme nach Risiko, wobei Systeme mit unakzeptablen Risiken verboten und hochriskante Systeme, wie diese im Gesundheitssektor, strengen Anforderungen unterliegen. Diese Anforderungen umfassen die Nachvollziehbarkeit der Funktionsweise, den Schutz der eingegebenen Daten und die Sicherheit des EU-Bürgers während des Einsatzes der KI-Technologie. Zudem wurden Qualitäts- und Sicherheitsmechanismen eingeführt, um die Einhaltung der Vorschriften zu gewährleisten, während gleichzeitig Maßnahmen zur Förderung innovativer KI-Anwendungen vorgesehen sind. Eine Übersicht des AI-Acts und die Auswirkungen auf aktuelle und folgende KI-Entwicklungen ist im Expert Explainer des britischen Ada-Lovelace-Instituts gegeben (Edwards 2022).

Im Kontext patientenzentrierten KI-Entwicklung und -Erweiterung werden dabei oft die erklärbaren KIs (engl.: eXplainable AI; kurz: XAI), und erweiternd die vertrauenswürdigen KIs (engl.: Trustworthy AI; kurz: TAI) als mögliche Lösung zur Einhaltung der oben genannten Regulatorien und zum Abbau der Skepsis gegenüber intersektoralem Datenaustausch genannt (Asan et al. 2020; Panigutti et al. 2023). XAI-Modelle sind dabei diejenigen, potenziell schon bestehenden KI-Technologien, deren Funktionsweise durch zusätzliche XAI-Methoden derart verständlich für den Technologienutzer gemacht wird, sodass die KI-Modelle und ihr Einfluss auf die Patientenreise vom Menschen eingeordnet und mitgestaltet werden können (Barredo A. et al. 2020). Dies bedeutet insbesondere, dass die namensgebende Erklärbarkeit einer KI im Gesundheitswesen KI-spezifisch, datensensibel und anwenderabhängig einzuschätzen ist. Beispielhaft sind XAI-Modelle wie die zuvor angesprochene, bildbasierte Früherkennung von Lungenkrebs im Forschungsprojekt IDERHA anders zu entwerfen als XAI-Modelle zur bewegungsbasierten Empfehlung von Sturzpräventionsmaßnahmen in der geriatrischen Allgemeinpopulation, wie es für das Forschungsprojekt PFLIP notwendig ist. Die Verwendung von XAI -Methoden für entstehende KI-Systeme ist dabei, laut Panigutti et al. (2023), für die Einhaltung des AI-Acts für KIs im Gesundheitswesen vorteilhaft, da die erhöhte technologische Transparenz den regulatorischen Anforderungen nach geringerer Undurchsichtigkeit in Funktionsweise und Entscheidungsfindung entgegenwirkt. Schlussendlich soll XAI-Methoden aber nicht nur die Funktionsweise der verwendeten KI-Modelle offenlegen oder ausweiten, sondern das notwendige Vertrauen in aktuelle und zukünftige KIs entlang einer Patientenreise stärken. Eine Rückschau von XAI-Methoden im Gesundheitswesen erfolgt bei Chaddad et al. (2023).

Dort wo KIs innerhalb der Patientenreise Behandlungsprozesse akteurszentriert optimieren sollen, streben TAIs gezielt eine zusätzliche Erweiterung der aktuell diskutierten erklärbaren KI-Modelle an, um initiales und stetiges Vertrauen in die KI-Technologie zu ermöglichen, und rückschließend KI für die Patientenreise auch patientengewollt zu integrieren (Asan et al. 2020). Die unabhängige hochrangige Expertengruppe für KI der Europäischen Kommission sieht dabei ebenfalls die Erklärbarkeit eines KI-Modells als eine der vier Grundprinzipien für Vertrauen in die neue Schlüsseltechnologie TAI (Europäische Kommission 2019). Diese Grundprinzipien (siehe Abb. 37.5) sind ebenfalls fester Bestandteil des AI-Acts, und damit für die intersektorale und patientengewollte Entwicklung von TAIs entlang der gesamten Patientenreise unerlässlich.

Um nun diese vier Grundprinzipien der TAI zu erfüllen, schlägt die Expertengruppe die KI-Entwicklung entlang der Anforderungen vor, so dass TAI-Systeme 1) ihre Nutzer bei Entscheidungen unterstützen, 2) Datenschutz achten, und 3) Transparenz über die genutzten Datenstrukturen und Geschäftsmodelle (hier: Versorgungsmodelle) wahren. Zusätzlich sollen 4) datengetriebene Verzerrungen (engl. Biases) in der Entwicklung und für den Nutzen minimiert, 5) soziale und ökologische Nachhaltigkeit gefördert, und 6) eine klare Struktur zur Rechenschaftspflicht bei der nicht-zweckgebundenen Nutzung der TAI-Systeme eingeführt werden. Es kann schlussendlich argumentiert werden, dass Interoperabilität, Nutzersouveränität und Vertrauen die erfolgreiche Integration von KI in die Patientenreise ermöglicht.

**Abb. 37.5** Prinzipien der Vertrauenswürdigen Künstlichen Intelligenz (TAI). Die Umsetzung von TAI-Systemen entlang einer Patientenreise birgt das Potenzial, Skepsis vor dem sektorübergreifenden Datenaustausch abzubauen, und die Reise nachvollziehbar, selbstbestimmt, robust und fair für die Patienten technisch zu unterstützen. (Quelle: Eigene Darstellung (2024))

**Tab. 37.1** Verzahnung von aktuellen Herausforderungen im Gesundheitssystem und Lösungsansätzen mit KI zur Unterstützung der Patient Journey. (Quelle: Eigene Zusammenstellung (2024))

| Herausforderungen | Lösungsansätze für die Nutzung von KI in einer Patient Journey | Effekt des Lösungsansatzes auf die Versorgungsprozesse |
|---|---|---|
| Fehlende oder nicht-standardisierte Interoperabilität | Intersektorales Datenteilen auf der Basis internationaler Standards | Ganzheitliches medizinisches Datenbild eines Patienten |
| Fehlender oder nicht-konformer Umgang mit Datensouveränität | Einwilligungssysteme für die Autonomie über eigene Daten | Patienten können autonom über die Verwendung der eigenen Daten bestimmen |
| Unzureichendes Vertrauen in Datenaustausch und KI-Systeme entlang der Patient Journey | Transparenz über Datenfluss und Entscheidungsfindung schaffen und Interaktion ermöglichen | Patient Journey wird positiv erlebt, Vertrauen in KI-gestütztes Gesundheitssystem steigt |
| | Europäischer Gesundheitsdatenraum mit TAI-Systemen innerhalb und entlang der Patient Journey | Mediziner, Pfleger, Patienten, Angehörige und Forscher erleben die Patient Journey positiv |

**Gesundheitsdatenräumen und vertrauenswürdige KI-Systeme für optimale Patientenreisen**

Für sich allein genommen sind der EHDS und TAI innovative Strukturen, die entlang einer Patientenreise den Datenaustausch und gung der zu behandelnden Personen sektorübergreifend, selbstbestimmt und sicher unterstützen. Durch eine Verbindung beider Technologien sind nachvollziehbare, nachhaltige und robuste KI-Systeme möglich, die die Autonomie der zu behandelten Person wahren und reise-spezifische Dynamiken mit in die individuelle Gestaltung von Prävention, Diagnose, Therapie und Nachsorge einbeziehen. Wie die skizzierten Herausforderungen und Lösungsansätze ineinandergreifen verdeutlicht Tab. 37.1. Dieses Aufbrechen der Datensilos einzelner Akteure anhand zweier fiktiver Patientenreisen wird abschließend entlang von zwei Projektbeispielen des Fraunhofer ISST im Kontext der TAI- und EHDS-Forschung skizziert.

## 37.4 Use Cases: Datengetriebene Technologien in der Patientenreise

Um das Optimierungspotenzial der Patientenreise mithilfe datengetriebener Technologien greifbarer darzustellen, werden im Folgenden zwei fiktive Praxisbeispiele vorgestellt. So kann das Gesundheitssystem aus verschiedenen Perspektiven betrachtet werden. Einmal

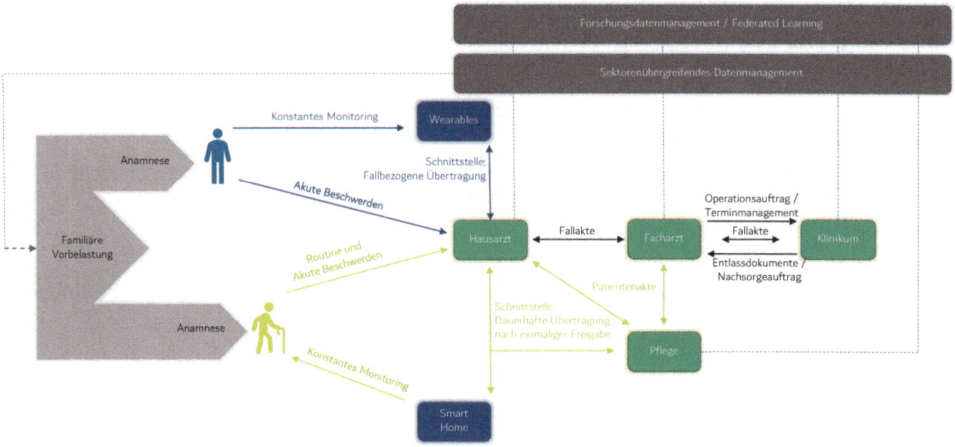


**Abb. 37.6** Die Patientenreise der Zukunft am Beispiel von zwei verschiedenen Patientenpfaden mit teilweise gleichen Stationen und der übergreifenden Datennutzung und Verwendung von KI zur Unterstützung weiterer Gesundheitsprozesse. (Quell: Eigene Darstellung (2024))

aus der Perspektive einer Person mit einer singulären, und stationären Behandlung, und zudem aus der Perspektive einer geriatrisch behandelten Person, die bereits viele verschiedene Gesundheitseinrichtungen besucht hat und im alltäglichen Kontakt mit medizinischem und pflegerischem Personal steht. Der exemplarische Ablauf ist in Abb. 37.6 dargestellt und soll verdeutlichen, wie unterschiedliche Abschnitte einer Patientenreise und die darin entstehenden Daten ineinandergreifen und in welchen Momenten Daten übergeben werden müssen, um einen optimalen Mehrwert mithilfe von KI zu schaffen.

### 37.4.1 Perspektive A: Person mit akutem Behandlungsbedarf

Herr Müller ist ein 45-jähriger Mann, der sich für eine elektive Knieoperation in seiner neuen Wahlheimat Dänemark entschieden hat, um seine Lebensqualität zu erhöhen und chronische Knieschmerzen zu entfernen. Er erfährt, dass seine Operation mit langer Vorlaufzeit verbunden ist und auch bei dem Termin zur OP-Vorbereitung erlebt er lange Wartezeiten in der Klinik. Die Abläufe in Operationssälen werden dabei wochenaktuell geplant und müssen beim Eintreffen von Notfällen spontan verändert werden. Das führt häufig zu Verschiebung, Verzögerung oder zur Absage von elektiven Operationen, wie eben die von Herrn Müller. An dieser Stelle können Vorhersagemodelle das OP-Personal in der Planung der räumlichen und personellen Kapazitäten unterstützen, wie von Gür und Eren (2018) zusammengefasst. Dazu müssen Daten zu ursprünglich geplanten Abläufen und tatsächlichen durchgeführten OPs analysiert werden. Dies ermöglicht die Bestimmung von Einflussfaktoren auf die Länge von Operationen. Durch diese Information kann die Planung optimiert werden, indem Leerlaufzeiten verringert werden. Außerdem können

Daten aus der Notaufnahme und allgemeine verfügbare Daten zum Wetter, Verkehrsaufkommen und besonderen Feiertagen herangezogen werden, um eine Abschätzung des zukünftigen Notfallaufkommens zu bestimmen. Diese Information kann ebenfalls herangezogen werden, um den benötigten Puffer für Notfälle in den kommenden Stunden für die Planung der OP-Kapazitäten besser vorherzusehen. Durch einen standardisierten, souveränen und vertrauenswürdigen Datenaustausch entsteht nun beim Krankenhauspersonal ein Vertrauen in die unterstützenden Planungs-KIs für die OP-Kapazitäten, sodass ruhigen Gewissens, und mit wenig Wahrscheinlichkeit für eine kurzfristige Absage der Zeitpunkt von Herrn Müllers elektivem Eingriff mit ihm diskutiert und entschieden werden kann.

Das Projekt „Das prädiktive Krankenhaus" des Aarhus University Hospital und dem Fraunhofer ISST beschäftigt sich mit ebendiesen Vorhersagemodellen und deren Integration in den Klinikalltag (Burmann 2022a). Dabei profitiert das Projekt von den digitalen Rahmenbedingungen des dänischen Gesundheitssystems, denn in Dänemark wird jeder zu behandelten Person eine eindeutige Patienten-/Bürgeridentifikationsnummer zugewiesen, mit der lebenslang Gesundheitsdaten erfasst werden. Auch Herr Müller bekam nach seinem Umzug eine solche Nummer und Akte, zusätzlich zu seiner deutschen elektronischen Patientenakte angelegt. Diese umfassenden Daten werden nicht nur für die Patientenversorgung, sondern auch zur Verbesserung der Krankenhausprozesse verwendet. So werden zum Beispiel alle ein- und ausgehenden Patientendaten gesammelt und regional für Forschung und Geschäftsanalysen zentralisiert. Die im Krankenhaus gesammelten Daten umfassen den ersten Termin, die Behandlung, die Medikation sowie weitere Behandlungspläne und Eingriffe. Die entwickelten KI-Systeme für eine Vorhersage der Operationsdauer elektiver Eingriffe basieren auf der Literaturübersicht von Spence et al. (2023) und sind statistisch so aufbereitet, dass zusätzlich Aussagen über Vorhersagefehler und damit robustere OP-Zeitvorhersagen für die dänische und perspektivisch europäische Bevölkerung denkbar werden. Wenn eine zu behandelten Person, wie Herr Müller, operiert werden muss, teilt der behandelnde Arzt diese Informationen zusammen mit der Art der durchzuführenden Operation, dem Grad der Komplexität, der geschätzten Zeit für die Durchführung der Operation und auch patientenspezifischen Informationen wie Alter, BMI und Komorbidität mit. Diese Daten werden zur Vorhersage der Operationsdauer und zur Verbesserung der Ressourcenzuweisung für den Operationssaal verwendet. Herr Müller wird dabei über diese Verwendung seiner Daten aufgeklärt, und kann selbstständig darüber entscheiden, dass mit diesen Gesundheitsdaten seine persönliche Patientenreise durch die ambulante OP geplant wird. Durch die statistischen Analysen der Modelle werden die TAI zu einer Bereicherung für den Klinikalltag, da Chirurgen und Anästhesisten die Funktionsweisen der KI dargestellt bekommen, und verstehen, dass der ASA-Score und BMI für die Anästhesiezeit relevant, aber die Schnitt-Naht-Zeit eine untergeordnete Rolle bei der Kniebehandlung spielt. Durch diese medizinisch nachvollziehbare und dem Patienten verständlich gemachte Form der OP-Planung steigt die Bereitschaft der Patienten und Ärzte, dem System zu vertrauen, und gleichzeitig wird der OP-Saal optimal ausgelastet, was zu erhöhten Verdiensten und wiederum zu besserer Versorgung durch die Krankenhausverwaltung führen kann.

Ein weiteres Problem für Herrn Müller ist die komplizierte Kommunikation über seine bisherigen ambulanten Behandlungen. Die relevanten Informationen von früheren Arztbesuchen und Behandlungen liegen in verschiedenen Systemen vor und sind nicht zentral abrufbar. Dies führt zu unnötigen Wiederholungen von Tests und Untersuchungen. Eine integrierte elektronische Patientenakte (ePA), wie sie in Dänemark bereits Standard ist, kann hier Abhilfe schaffen und eine lückenlose Kommunikation zwischen den beteiligten Behandelnden sowie den Einrichtungen ermöglichen. So sind alle Daten über vorherige Behandlungen einsehbar, sofern Herr Müller dies freigibt. Der behandelnde Anästhesist erfährt dadurch, dass eine Allergie gegen das gängige Hypnotikum Propofol besteht, welche die Gefahr birgt, dass eine potenziell lebensbedrohliche Situation entlang der Patientenreise entsteht. Die dänischen KI-Systeme können diese Situation aus den Daten ableiten und mittels „Red-Flagging" Patienten und Anästhesisten verständlich machen. Herr Müller muss schlussendlich nicht mehr selbst mit den gesammelten Daten in Papierform zu seinem behandelnden Arzt im Krankenhaus gehen und die im Krankenhaus über die Operation und Nachbehandlung gesammelten Informationen werden außerdem reibungslos an den Hausarzt oder Orthopäden übermittelt. Wenn Herr Müller folglich in seinem Geburtsort seine Mutter besucht, sind auch Medikationspläne für deutsche Apotheken sichergestellt, für den Fall, dass unerwartet neue Schmerzen auftreten.

Nach der erfolgreichen Operation nutzt Herr Müller eine digitale Gesundheitsanwendung (DiGA) auf seinem Smartphone zur Nachsorge. Diese App hilft ihm, seine Genesung zu überwachen, Rehabilitationstermine zu koordinieren und häusliche Übungen durchzuführen. Allerdings wünscht sich Herr Müller eine bessere Einbettung der Ergebnisse aus der DiGA in die Daten des Krankenhauses, seines Hausarztes und der Medikation. Hier könnten standardisierte Schnittstellen und eine bessere Integration der verschiedenen Systeme für eine nahtlose Datenübertragung sorgen. Darüber hinaus können die Daten von tragbaren Geräten genutzt werden, um den Gesundheitszustand von Patienten aus der Ferne zu verfolgen. Viele Patienten ziehen es vor, nicht längere Zeit zur Überwachung im Krankenhaus zu verbringen, da sie ihre Zeit lieber im gewohnten Umfeld verbringen möchten.

Herr Müller entscheidet sich zudem, seine Gesundheitsdaten für die Forschungszwecke der MII zur Verfügung zu stellen. Dies hat mehrere Vorteile: Durch die Nutzung seiner pseudonymisierten Patientendaten können medizinische Forschungsprojekte vorangetrieben und neue KI-Algorithmen für die OP-Planung und -Durchführung gewonnen werden. Für Herrn Müller bedeutet dies, dass seine Daten einen wertvollen Beitrag zur medizinischen Forschung leisten und möglicherweise zukünftige zu behandelnde Personen profitieren können. Erst nach Prüfung durch Use-and-Access-Committees werden die Daten schließlich über einen automatisierten Prozess an eine Datenmanagementstelle ausgeleitet und dort gebündelt an die beispielhaft anfragenden Forschenden der Kliniken Köln weitergegeben. So ist eine Rückverfolgbarkeit zu den einzelnen Datenspendern nicht mehr möglich.

### 37.4.2 Perspektive B: Person mit chronischem Behandlungsbedarf

Die Mutter von Herr Müller ist bereits 75 Jahre alt und leidet an mehreren chronischen Erkrankungen. Sie hat Diabetes, eine leichte Niereninsuffizienz, dadurch starke Wassereinlagerungen in den Beinen und nach einer abgeschlossenen Krebstherapie vor 15 Jahren Probleme mit Inkontinenz. Daher ist sie häufig in stationärer Behandlung, wird aber allgemein zuhause von Angehörigen und von einem Pflegedienst unterstützt. Herr Müller und seine Familie wünschen sich in der Koordination von Frau Müllers Pflege (also ihrer kontinuierlichen Patientenreise) digitale Unterstützung, der durch vernetzte medizinische Einrichtungen via EHDS, MII und Vertrauenswürdige Künstliche Intelligenz möglich wird. Der bereits skizzierte Pflegekerndatensatz des PFLIP-Projektes ermöglicht die Nutzung eines intersektoralen Pflegedaten-Repository, welches die Entwicklung von pflegeunterstützenden KI-Lösungen für Familie Müller ermöglicht. Frau Müller muss dabei schon lang nicht mehr selbst die Daten in Form von Arztbriefen und analogen Medikationsplänen zwischen Behandelnden, Krankenhäusern und dem Pflegedienst kommunizieren, sondern kann ebenfalls dafür ihre Gesundheitskarte an ihr Smartphone (e-Rezept) oder beim Hausarzt an die Gematik-Technologien halten. Dadurch gehen keine Informationen über aktuelle Diabetes-Medikationen oder Physiotherapeutische Therapien verloren und eine ganzheitliche Behandlung wird ermöglicht.

Da Frau Müller in ihrem aktiven Alltag manchmal früh und nüchtern einkaufen geht, unterzuckert sie möglicherweise kurz nach ihrer Rückkehr. KI-Anwendungen, insbesondere in Form von Sturz-Risikoprognosen können ebenfalls eine gute Unterstützung für das pflegerische Personal darstellen, um früh auf einen möglichen Sturz aufgrund des niedrigen Blutzuckers vorbereitet zu sein. Es können durch eine App auf Frau Müllers Smartphone frühzeitig Vorsichtsmaßnahmen eingeleitet werden, wenn beispielsweise ein hohes Sturzrisiko aufgrund ihrer kontinuierlich gesammelten Blutzuckerdaten durch ein Messsystem an ihrem Arm ermittelt wird. Das PFLIP-Projekt greift diese Idee eines Unterstützungssystem zur Sturz-Prävention für Pflegekräfte, das auf Basis der Pflegedokumentation durch maschinelles Lernen automatisch Risikofaktoren wie z. B. relevante Diagnosen, Medikation oder Umgebungsfaktoren identifiziert und daraus für Patienten das individuelle Sturzrisiko berechnet. Dabei wird insbesondere ein Fokus auf die Erklärbarkeit der KI gesetzt, da sowohl Pfleger als auch Frau Müller, stellvertretend für viele Bevölkerungsschichten, leichte Skepsis gegenüber einer Intervention des neuartigen Systems aus ePA, e-Rezept, Medikationsplänen, Blutzuckermessung, Apps und XAI in den Behandlungsalltag, also Frau Müllers Patientenreise, haben (Stokke 2016).

Die Smart-Home-Technologie, die Herr Müller vor seinem Umzug nach Dänemark bei seiner Mutter verbaut hat, bietet Frau Müller eine weitere Form der Unterstützung, die ihre Sicherheit und Lebensqualität steigert, ohne ihre Souveränität über die Gestaltung ihres Alltages einzuschränken. Verschiedene Sensoren, die unauffällig im Haushalt installiert sind, sammeln und interpretieren kontinuierlich Daten über ihre Umgebung und ihr Befinden, ohne dass Frau Müller aktiv etwas dafür tun muss. Die Technologie verschwindet damit praktisch in ihrem Alltag, sodass sie sich weiterhin frei und ungestört bewegen kann. Frau Müller behält dabei die volle Kontrolle über die Menge und Art der übermittelten Daten an ihrem Pflegedienst. So wird gewährleistet, dass Frau Müllers Gesundheitsdaten geschützt bleiben, während gleichzeitig eine verlässliche und kontinuierliche Informationsbasis geschaffen wird. So kann etwa eine unregelmäßige Herzfrequenz eine Warnung auslösen, die die Pflegekräfte über eine mögliche Verschlechterung des Gesundheitszustands informiert.

Das Projekt A.D.Le.R (2024) setzt sich mit der Vernetzung von Smart-Home-Sensoren für die Optimierung der Rettungskette auseinander. Traditionell beruht die Rettungskette darauf, dass eine Person in der Lage ist, in einem Notfall selbst einen Hilferuf abzusetzen. Doch falls Frau Müller aufgrund einer Unterzuckerung kollabiert und fällt, kann sie möglicherweise nicht selbstständig handeln. In einem solchen Fall reagieren die zuvor verbauten Sensoren. Indem das Gesamtsystem Frau Müller entlang ihrer kontinuierlichen Patientenreise begleitet und, mit ihrem Einverständnis, die KIs Stürze aufgrund von Unterzuckerung erkennt, kann es automatisch einen Alarm auslösen, und Frau Müller dadurch einen möglichst selbstbestimmten, sicheren und sorgenfreien Alltag ermöglichen.

Für A.D.Le.R bieten sich Datenraum-Technologien ebenfalls außerhalb der reinen Gesundheitsversorgung an, weil dadurch auch Frau Müllers Daten aus den Bereichen Smart Home, Smart Wearables oder Smart Mobility datensouverän entlang der Rettungskette geteilt werden können, um den Rettungsdiensten unmittelbar relevante Informationen bereitzustellen. Falls nun Frau Müllers Sturz erkannt wird, während sie duscht, und in der Küche brennen Kekse für Herr Müllers Besuch im Ofen an, aktiviert das A.D.Le.R-System reliabel eine Benachrichtigungskette, die Angehörige, den Pflegeservice und je nach Dringlichkeit auch die Rettungskräfte der örtlichen Feuerwehr informiert. Durch die automatisierte Analyse und direkte Datenübermittlung werden kritische Minuten entlang von Frau Müllers Patientenreise eingespart, die in vielen Notfällen überlebenswichtig sind. Der automatische Informationsfluss hilft hierbei nicht nur, die Reaktionszeit zu verkürzen, sondern reduziert auch die Gefahr einer fehlerhaften Lageeinschätzung durch menschliche Unsicherheit und erhöht das Verständnis sowie das Vertrauen in die KI-Technologien. Der standardisierte, souveräne und vertrauenswürdige Datenaustausch beweist der Familie Müller, dass KI-Systeme erfolgreich in eine Vielzahl von Patientenreisen integriert werden können.

## 37.5 Schlussbetrachtung

Um die Herausforderungen des Datenaustauschs im Gesundheitswesen zu bewältigen und die Potenziale von KI in der Patientenreise vollständig zu nutzen, ist es entscheidend, eine interoperable und datensichere Infrastruktur zu schaffen. Zukünftige Entwicklungen sollten sich auf die Standardisierung von Datenformaten konzentrieren, um den Austausch zwischen verschiedenen Akteuren zu erleichtern. Gleichzeitig müssen klare regulatorische Rahmenbedingungen etabliert werden, die den sicheren Umgang mit Gesundheitsdaten gewährleisten und das Vertrauen der zu behandelnden Personen in die Technologien stärken.

Die Bedeutung vertrauenswürdiger KI wird weiter zunehmen, um die Akzeptanz im Gesundheitswesen zu fördern und patientenzentrierte Versorgung zu ermöglichen. Indem wir den souveränen und transparenten Austausch von Gesundheits- und Versorgungsdaten priorisieren, die Qualität der Versorgung verbessert als auch die Patientenreise nachhaltig optimiert. Die kommenden Jahre werden entscheidend sein, um diese Vision in die Realität umzusetzen und die Gesundheitsversorgung für alle Beteiligten zu revolutionieren.

## Literatur

A. D. Le. R (2024) Rettungskette neu denken [Online]. Verfügbar unter https://projekt-adler.de/ (Abgerufen am 24 November 2024).

Asan, O., Bayrak, A. E. & Choudhury, A. (2020) Artificial Intelligence and Human Trust in Healthcare: Focus on Clinicians, Journal of Medical Internet Research, Vol. 22, No. 6, e15154.

Barredo A., A., Diaz-Rodrigzez, N., Del Ser, J., Bennetot, A., Tabik, S., Barbado, A., Garcia, S., Gil-Lopez, S., Molina, D., Benjamins, R., Chatila, R. & Herrera, F. (2020) Explainable Artificial Intelligence (XAI): Concepts, taxonomies, opportunities and challenges toward responsible AI, Information Fusion, 58:82–115.

BMG (2024a) Daten für die Forschung und Versorgung [Online]. Verfügbar unter https://www.bundesgesundheitsministerium.de/themen/digitalisierung/daten-fuer-die-forschung-und-versorgung (Abgerufen am 25 November 2024).

BMG (2025) Europäischer Gesundheitsdatenraum (EHDS): Bessere Datenverfügbarkeit in der EU: Der EHDS schafft wichtige Voraussetzungen für die Weiterentwicklung der Gesundheitsversorgung in Deutschland und Europa. [Online]. Verfügbar unter https://www.bundesgesundheitsministerium.de/themen/internationale-gesundheitspolitik/europa/europaeische-gesundheitspolitik/ehds (Abgerufen am 8 Juli 2025).

BMWK (2021) GAIA-X: Eine vernetzte Datenstruktur für ein europäisches digitales Ökosystem [Online]. Verfügbar unter https://www.bmwk.de/Redaktion/DE/Dossier/gaia-x.html (Abgerufen am 11 November 2024).

Bulto, L. N., Davies, E., Kelly, J. & Hendriks, J. M. (2024) Patient journey mapping: emerging methods for understanding and improving patient experiences of health systems and services, European journal of cardiovascular nursing, 23(4):429–433.

Burmann, A. (2022a) ICON: Das prädiktive Krankenhaus [Online]. Verfügbar unter https://www.isst.fraunhofer.de/de/abteilungen/healthcare/projekte/icon.html (Abgerufen am 24 November 2024).

Burmann, A. (2022b) PFLIP: Sektorenübergreifender Pflege-Kerndatensatz und Pflege-Datenrepository [Online]. Verfügbar unter https://www.isst.fraunhofer.de/de/abteilungen/healthcare/projekte/PFLIP.html (Abgerufen am 24 November 2024).

Carayon, P. & Wooldridge, A. R. (2020) Improving Patient Safety in the Patient Journey: Contributions from Human Factors Engineering, in Smith, A. E. (Ed.) Women in Industrial and Systems Engineering, Cham, Springer International Publishing, S. 275–299.

Chaddad, A., Peng, J., Xu, J. & Bouridane, A. (2023) Survey of Explainable AI Techniques in Healthcare, Sensors (Basel, Switzerland), 23(2):634. DOI: https://doi.org/10.3390/s23020634

Dockweiler, C. (2019) Prinzipien der Nutzerorientierung und Partizipation in der Digitalen Gesundheit, in Posenau, A., Deiters, W. & Sommer, S. (Hrsg.) Nutzerorientierte Gesundheitstechnologien, Hogrefe, S. 61–71.

Duong, H. D. & Schmidt, A. (2021) DISTANCE: Digital Smart Hub for Advanced Connected Care [Online]. Verfügbar unter https://www.isst.fraunhofer.de/de/abteilungen/healthcare/projekte/DISTANCE.html (Abgerufen am 24 November 2024).

Edwards, L. (2022) The EU AI Act proposal, Ada Lovelace Institute [Online]. Verfügbar unter https://www.adalovelaceinstitute.org/.

Europäische Kommission (2019) Ethikleitlinien für vertrauenswürdige KI [Online], Europäische Kommission. Verfügbar unter https://digital-strategy.ec.europa.eu/de/library/ethics-guidelines-trustworthy-ai (Abgerufen am 5 November 2024).

Europäische Kommission (2020) Europäische Datenstrategie: Die EU zum Vorbild für eine digitale Gesellschaft machen [Online]. Verfügbar unter https://commission.europa.eu/strategy-and-policy/priorities-2019-2024/europe-fit-digital-age/european-data-strategy_de (Abgerufen am 11 November 2024).

European Data Protection Supervisor (2023) Interoperability [Online]. Verfügbar unter https://www.edps.europa.eu/data-protection/our-work/subjects/interoperability_en (Abgerufen am 8 November 2024).

Ganna, A., Carracedo, A., Christiansen, C. F., Di Angelantonio, E., Dykstra, P. A., Dzhambov, A. M., Eils, R., Green, S., Schneider, K. L., Varga, T. V., Vuorinen, A.-L., Zuccolo, L., Rod, N. H. & Hoeyer, K. (2024) The European Health Data Space can be a boost for research beyond borders, Nature medicine, 30(11):3053–2056. https://doi.org/10.1038/s41591-024-03246-6

Gür, Ş. & Eren, T. (2018) "Application of Operational Research Techniques in Operating Room Scheduling Problems: Literature Overview", Journal of healthcare engineering, 2018(1):2040–2295.

Hussein, R., Balaur, I., Burmann, A., Ćwiek-Kupczyńska, H., Gadiya, Y., Ghosh, S., Jayathissa, P., Katsch, F., Kremer, A., Lähteenmäki, J., Meng, Z., Morasek, K., C Rancourt, R., Satagopam, V., Sauermann, S., Scheider, S., Stamm, T., Muehlendyck, C. & Gribbon, P. (2024) Getting ready for the European Health Data Space (EHDS): IDERHA's plan to align with the latest EHDS requirements for the secondary use of health data, Open research Europe, 4(160):1–20.

Kim, J., Kadkol, S., Solomon, I., Yeh, H., Soh, J. Y., Nguyen, T. M., Choi, J. Y., Lee, S., Srivatsa, A. V., Nahass, G. R. & Ajilore, O. A. (2023) AI Anxiety: A Comprehensive Analysis of Psychological Factors and Interventions, SSRN Electronic Journal, (1):1–20. https://doi.org/10.2139/ssrn.4573394

Lauf, F., Felde, H., Klötgen, M., Brandstädter, R. & Schönborn, R. (2022) Sovereignly Donating Medical Data as a Patient: A Technical Approach, Proceedings of the 15th International Joint Conference on Biomedical Engineering Systems and Technologies. Online Streaming, Germany, 09.02.2022–11.02.2022. Portugal, SCITEPRESS – Science and Technology Publications, S. 623–630.

Medizininformatikinitiative (2024) Vernetzen. Forschen. Heilen. Forschung stärken, Versorgung verbessern. Medizininformatik. [Online]. Verfügbar unter https://www.medizininformatik-initiative.de/de/start (Abgerufen am 24 November 2024).

Otto, B. (2022) The Evolution of Data Spaces, in Otto, B., Hompel, M. ten & Wrobel, S. (Eds.) Designing Data Spaces, Cham, Springer International Publishing, S. 3–15.

Panigutti, C., Hamon, R., Hupont, I., Fernandez Llorca, D., Fano Yela, D., Junklewitz, H., Scalzo, S., Mazzini, G., Sanchez, I., Soler Garrido, J. & Gomez, E. (2023) "The role of explainable AI in the context of the AI Act", 2023 ACM Conference on Fairness, Accountability, and Transparency. Chicago IL USA, 12 06 2023 15 06 2023. New York, NY, USA, ACM, S. 1139–1150.

Perakslis, E. & Coravos, A. (2019) Is health-care data the new blood?, The Lancet. Digital health, 1(1):e8–e9.

Scheider, S. & Burmann, A. (2022) IDERHA: Integration of Heterogeneous Data and Evidence towards Regulatory and HTA Acceptance [Online]. Verfügbar unter https://www.isst.fraunhofer.de/de/abteilungen/healthcare/projekte/IDERHA.html (Abgerufen am 24 November 2024).

Scherenberg, F. von, Hellmeier, M. & Otto, B. (2024) Data Sovereignty in Information Systems, Electronic Markets, 34(1)1–11.

Spence, C., Shah, O. A., Cebula, A., Tucker, K., Sochart, D., Kader, D. & Asopa, V. (2023) Machine learning models to predict surgical case duration compared to current industry standards: scoping review, BJS open, 7(6):1–11.

Stachwitz, P. & Debatin, J. F. (2023) Digitalisierung im Gesundheitswesen: heute und in Zukunft, Bundesgesundheitsblatt, Gesundheitsforschung, Gesundheitsschutz, 66(2):105–113.

Stokke, R. (2016) The Personal Emergency Response System as a Technology Innovation in Primary Health Care Services: An Integrative Review, Journal of Medical Internet Research, 18(7):e187.

Wolford, B. (2024) What is GDPR, the EU's new data protection law? [Online]. Verfügbar unter https://gdpr.eu/what-is-gdpr/ (Abgerufen am 11 November 2024).

WHO (2019) WHO guideline: recommendations on digital interventions for health system strengthening [Online]. Verfügbar unter https://www.who.int/publications/i/item/9789241550505 (Abgerufen am 7 November 2024).

**Lena Hegel** ist wissenschaftliche Mitarbeiterin in der Abteilung Healthcare des Fraunhofer-Instituts für Software- und Systemtechnik ISST. Seit 2022 beschäftigt sie sich mit verschiedenen Projekten der Digitalisierung im Gesundheitswesen. Ihr Schwerpunkt liegt dabei auf Projekten für die Vernetzung unterschiedlicher Nutzer und Leistungserbringer. Mit dem Studienhintergrund der Biomedizinischen Technik bringt Lena dabei für die Kollaborationen am ISST stets medizinische Expertise über die Prozesse und Datenstrukturen ein, die während verschiedener Patientenreisen durch das Gesundheitswesen aufkommen.

**Vera Weirauch** ist wissenschaftliche Mitarbeiterin der Abteilung Healthcare des Fraunhofer-Instituts für Software- und Systemtechnik ISST. Mit einem Masterabschluss in Medizinmanagement und ihre mehrjährigen Erfahrungen aus der gesetzlichen Krankenversicherung bringt sie seit 2022 ihre Expertise in verschiedenste Digitalisierungsprojekte des Gesundheitswesens ein. Als Promotionsstudentin für partizipative Verfahren im Bereich Digital Health untersucht sie die Einbindung von Bürgern und Bügerinnen sowie Patienten und Patientinnen in Entwicklungs- und Evaluationsprozesse von digitalen Gesundheitsinterventionen. In ihrer kollaborativen Arbeit mit den beiden weiteren Autoren legt Vera dabei den Schwerpunkt auf die patientenzentrierte Gestaltung von Versorgungsangeboten im Gesundheitswesen.

**Tom Strube** ist wissenschaftlicher Mitarbeiter des Fraunhofer-Instituts für Software- und Systemtechnik ISST. In seiner Forschung hat er sich auf die Reliabilität, Akzeptanz und Interoperabilität klinischer Entscheidungsunterstützungssysteme spezialisiert. Mit einem Masterabschluss im Studienfach Mathematical Modelling and Scientific Computing von der University of Oxford bringt Tom eine fundierte mathematische Forschungsperspektive in die Gestaltung datenbasierter Unterstützungssysteme für die optimale Patientenreise mit in die Kollaborationen am ISST ein. Als Promotionsstudent für die Rolle von Methoden erklärbarer Künstlicher Intelligenz untersucht er insbesondere die Effekte verschiedener Erklärungen auf das Vertrauen in KI-getriebene Entscheidungsunterstützungssysteme.

# Nutzung von digitalen Gesundheitsdaten in der Transfusionsmedizin

# 38

Christian M. Brieske und Peter A. Horn

## Inhaltsverzeichnis



**Zusammenfassung**

Die Versorgung von Patienten mit Blutprodukten stellt weltweit eine zunehmend größere Herausforderung dar. Ein wesentlicher Grund dafür ist der demografische Wandel, der zu

---

**Gender Erklärung**
In diesem Kapitel wird aus Gründen der Lesbarkeit überwiegend die männliche Form verwendet. Dies stellt keine Benachteiligung anderer Geschlechter dar. Alle Personenbezeichnungen gelten für alle Geschlechtsidentitäten gleichermaßen.

---

C. M. Brieske (✉) · P. A. Horn
Institut für Transfusionsmedizin, Universitätsklinikum Essen, Essen, Deutschland
E-Mail: ChristianMartin.Brieske@uk-essen.de; Peter.Horn@uk-essen.de



M. A. Pfannstiel (Hrsg.), *Künstliche Intelligenz im Einsatz für die erfolgreiche Patientenreise*, https://doi.org/10.1007/978-3-658-48573-3_38

einem Mangel an Blutspendern führt. Um dieser Herausforderung zu begegnen, kann der Einsatz von künstlicher Intelligenz (KI) ein Schlüsselfaktor sein. Im Gesundheitswesen fallen täglich große Mengen an Daten an. Durch den Einsatz von KI können diese Daten effizient verarbeitet und analysiert werden. Ein Vorhersagetool auf Basis von Machine Learning wurde entwickelt, das mithilfe von Daten aus verschiedenen Krankenhausquellsystemen den patientenspezifischen Bedarf an Thrombozytentransfusionen für die nächsten drei Tage prognostiziert. Ein zusätzlicher innovativer Ansatz war die Entwicklung eines Übersichtsmonitor, der eine Echtzeitüberwachung der verfügbaren Blutprodukte ermöglicht und dadurch ein effizientes Management der knappen Ressource erlaubt. Die vorgestellten Technologien und Automatisierungslösungen stellen wichtige Fortschritte in der Transfusionsmedizin dar. Sie bilden die Grundlage für eine moderne und effiziente Gesundheitsversorgung, die nicht nur die aktuellen Bedürfnisse erfüllt, sondern auch zukünftige Herausforderungen meistern kann.

## 38.1 Einleitung

Die Versorgung von Patienten mit Blutprodukten stellt weltweit eine wachsende Herausforderung dar. In Deutschland werden täglich etwa 15.000 Blutprodukte benötigt (Henseler 2021). Allein an der Universitätsmedizin Essen (UME) werden jährlich rund 45.000 Blutprodukte transfundiert, darunter 30.000 Erythrozytenkonzentrate (EK), 10.000 Thrombozytenkonzentrate (TK) und 5.000 Einheiten frisches Gefrierplasma (Fresh Frozen Plasma, FFP) (Henseler 2021). Studien haben bereits gezeigt, dass der demografische Wandel zu einem Rückgang von Blutspendern führt, wodurch sich der Mangel an gelagerten Blutprodukten weiter verschärft (Greinacher et al. 2017, 2010). Vor diesem Hintergrund wird die optimale Nutzung dieser lebenswichtigen Ressource aus medizinischer, ethischer und wirtschaftlicher Sicht immer bedeutsamer.

Ein zentraler Ansatz zur Bewältigung dieses Problems ist die Verbesserung des Logistikmanagements in der Transfusionsmedizin. Diese Herausforderung wurde am Institut für Transfusionsmedizin (ITM) der UME aufgegriffen. Das langfristige Ziel des Projekts war es, die Versorgung von Patienten mit Blutprodukten zu optimieren. Hierfür wurden die umfangreichen digitalen Gesundheitsdaten systematisch ausgewertet, um den patientenspezifischen Einsatz sowie die effiziente Lagerung und Verfügbarkeit zellulärer Blutprodukte zu optimieren (Bundesministerium für Gesundheit 2022).

Während Ansätze wie das Patient Blood Management (PBM) bereits in vielen deutschen Kliniken etabliert sind, wird das Potenzial der vorhandenen patienten- und krankenhausspezifischen Daten in diesen Programmen häufig nur unzureichend ausgeschöpft. Der Einsatz von Künstlicher Intelligenz (KI) kann die Patientensicherheit, die Versorgungsqualität und die Wirtschaftlichkeit bei der Behandlung mit Blutprodukten verbessern (Bundesministerium für Gesundheit 2022). Bei dem durchgeführten Projekt spielten zwei wichtige Ansätze eine große Rolle:

1. Vorhersage des patientenspezifischen Transfusionsbedarfs von Thrombozytenpräparaten mithilfe von KI.
2. Entwicklung eines Übersichtsmonitors für das Logistikmanagement

Ziel war es, Engpässe frühzeitig zu erkennen und die Ressourcen effizienter zu verwalten (Brieske 2023). Beide Ansätze setzten eine strukturierte Nutzung digitaler Gesundheitsdaten voraus, die mithilfe moderner technischer Standards verarbeitet wurden. Ein zentraler Vorteil des Projekts war die bereits bestehende Smart-Hospital-Information-Platform-(SHIP)-Architektur sowie der Einsatz des FHIR-Standards (Fast Healthcare Interoperability Resources) an der UME. Diese Technologien ermöglichten eine nahtlose Integration und einen standardisierten Austausch von Gesundheitsdaten, wodurch die Grundlage für die Entwicklung und Implementierung der vorgestellten Ansätze geschaffen werden konnte.

## 38.2 Verarbeitung und Nutzung von digitalen Daten im Gesundheitswesen

Die Digitalisierung und die Verarbeitung von Daten schreiten in Deutschland in zahlreichen Branchen kontinuierlich voran. Auch im Gesundheitswesen – insbesondere in Krankenhäusern – nimmt die Bedeutung digitaler Prozesse stetig zu (Hehner et al. 2018). In vielen deutschen Krankenhäusern sind mittlerweile Krankenhausinformationssysteme (KIS) etabliert, die als zentrale Plattformen für die Speicherung und Verwaltung patientenbezogener Informationen dienen. Ein Großteil der medizinischen Daten in Deutschland wird weiterhin nicht standardisiert, strukturiert gespeichert oder ausgetauscht. Zusätzlich erschweren zahlreiche Insellösungen, die im Laufe der Zeit in verschiedenen medizinischen Fachgebieten entstanden sind, den fachgebietsübergreifenden Datenaustausch innerhalb von Krankenhäusern. Obwohl die meisten Einrichtungen über ein zentrales KIS verfügen, wird eine vollständige Zusammenführung der Daten häufig nicht erreicht. Für einen umfassenden, patientenzentrierten Kontext von Patientendaten müssen daher weiterhin zahlreiche Subsysteme manuell abgefragt werden. Um dieses Problem zu adressieren, wurde an der UME SHIP entwickelt.

## 38.3 Begriffsklärung „Smart Hospital Information Platform"

SHIP fungiert als Container für webbasierte Anwendungen, die nahtlos in die IT (Informationstechnologie)-Infrastruktur der UME integriert werden können. Es ermöglicht den Zugriff auf Daten aus verschiedenen klinischen Subsystemen und unterstützt so die Zusammenführung und Nutzung dieser Daten.

In den letzten Jahren wurde an der UME eine Vielzahl von Anwendungen basierend auf SHIP entwickelt, die sowohl in der klinischen Routine als auch in der Forschung eingesetzt werden. Die Daten werden kontinuierlich durch einen ETL-Prozess (Extract, Transform, Load) aus den klinischen Subsystemen extrahiert, im FHIR-Standard gespeichert und über eine HTTP-basierte (Hypertext Transfer Protocol) RESTful-Schnittstelle (Representational State Transfer) den SHIP-Anwendungen zur Verfügung gestellt (Brehmer et al. 2024). Die Abb. 38.1 zeigt den schematischen Aufbau der SHIP-Architektur. Ein zentraler Bestandteil dieses Prozesses ist das Mapping von krankenhaus- und herstellerspezifischen Codierungen auf standardisierte Systeme wie SNOMED CT oder LOINC.

SHIP ermöglicht nicht nur die Erstellung retrospektiver Datensätze für das Training prädiktiver Modelle, sondern auch deren prospektive klinische Evaluation. Die Prototypen dieser Modelle sowie Expertensysteme können direkt als SHIP-Anwendungen implementiert und am Point of Care (PoC) in der klinischen Routine getestet werden. Eine Integration in das KIS erfolgt durch einen parametrisierten Aufruf, der den Nutzer- und Patienten-Kontext übergibt.

Die UME ist als Mitglied des SMITH-Konsortium (Smart Medical Information Technology for Healthcare) Teil der Medizininformatik-Initiative des Bundesministeriums für Bildung und Forschung (BMBF). Im Rahmen dieser Initiative arbeitet das Datenintegrationszentrum (DIZ) der UME eng mit dem SHIP-Entwicklerteam und dem Institut

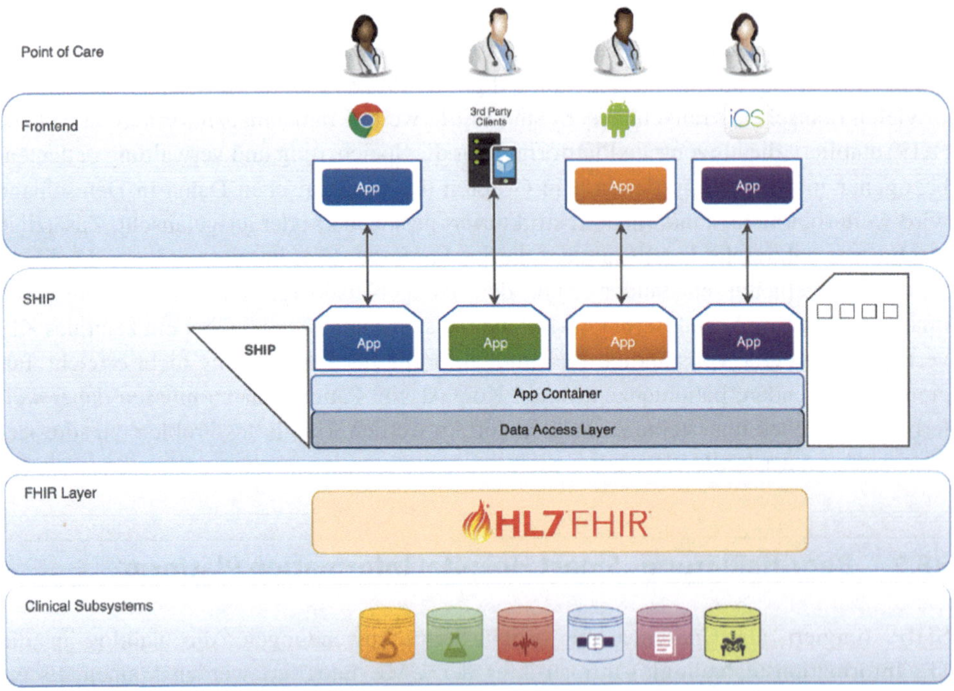


**Abb. 38.1** Schichtenarchitektur der „Smart Hospital Information Platform“ (SHIP). Ein Zugriff aus pseudonymisierte FHIR-Ressourcen (Fast Healthcare Interoperability Resources) kann zur Zusammenstellung von Trainingsdatensätzen erfolgen und Prototypen können als SHIP-App nahtlos am Point of Care evaluiert werden. (Quelle: Brieske (2023))

für KI in der Medizin zusammen. Diese Kooperation ermöglicht eine effektive Anbindung von klinischen Subsystemen an SHIP. So konnte das Laborinformationssystem „SWISS-LAB", welches im Institut für Transfusionsmedizin (ITM) genutzt wird, an SHIP angebunden werden. Dadurch stehen die Daten des ITM standardisiert in Form von FHIR-Ressourcen zur Verfügung und können über standardisierte Schnittstellen abgerufen werden.

## 38.4 Begriffsklärung „Fast Healthcare Interoperability Resources"

FHIR ist ein Datenstandard von Health Level 7 (HL7), der den Austausch von Daten zwischen unterschiedlichen Softwaresystemen im Gesundheitswesen ermöglicht (HL7 2024). Dieser Standard schafft die Grundlage für eine strukturierte und effiziente Interoperabilität zwischen IT-Systemen, wodurch klinische Prozesse optimiert werden können.

Im Gesundheitswesen existieren zahlreiche Systeme und Standards für den Austausch von Daten. Beispiele hierfür sind HL7 v2, HL7 v3, die Clinical Document Architecture (CDA) von HL7 und HL7 FHIR (Dugas 2017). Unter diesen Standards gilt FHIR als das neueste und zugleich am weitesten verbreitete Verfahren (Duda et al. 2022; Hehner et al. 2018).

Im Rahmen klinischer Routineabläufe entstehen vielfältige Informationen, die durch den Einsatz von FHIR eine einheitliche Struktur und Reproduzierbarkeit erhalten. Angesichts der Vielzahl von Herstellern, uneinheitlichen Standards und unterschiedlichen Wegen zur Speicherung klinischer Daten – die oft sehr komplex sind – besteht im Gesundheitswesen seit Jahren ein starkes Bestreben zur Standardisierung. FHIR bietet eine Lösung für diese Herausforderungen, indem es ein flexibles und einheitliches Datenmodell bereitstellt. Ein zentraler Bestandteil von FHIR ist die Definition verschiedener Ressourcen. Diese Ressourcen dienen dazu, alle in einem Krankenhaus anfallenden Daten zu kategorisieren und strukturiert zu speichern. Dadurch wird nicht nur der Austausch zwischen verschiedenen Softwaresystemen erleichtert, sondern auch die Grundlage für eine effizientere Nutzung klinischer Daten geschaffen.

Abb. 38.2 verdeutlicht, dass Ressourcen, Referenzen und Profile im Kontext von FHIR eine zentrale Rolle spielen, da sie die Basis des Datenstandards bilden und die Interoperabilität im Gesundheitswesen sicherstellen. Ressourcen stellen dabei die grundlegenden Bausteine von FHIR dar. Sie stellen standardisierte Datenstrukturen dar, die spezifische Informationen im Gesundheitswesen repräsentieren. Jede Ressource entspricht einem bestimmten Konzept oder einer Entität, z. B. einem Patienten, einer Beobachtung oder einer Medikation (HL7 2024). Die Eigenschaften von FHIR sind:

1. **Modular und unabhängig:** Jede Ressource kann eigenständig genutzt werden.
2. **Standardisiert:** Ressourcen haben festgelegte Attribute, die sicherstellen, dass ihre Bedeutung klar und konsistent bleibt.
3. **Erweiterbar:** Sie können mit zusätzlichen Informationen angereichert werden, ohne die Kompatibilität zu beeinträchtigen.

**Abb. 38.2** Übersicht des FHIR-Standards (Fast Healthcare Interoperability Resources). (Quelle: Brieske (2024a). FHIR Standard)

Referenzen sind Verknüpfungen zwischen Ressourcen. Sie ermöglichen es, Beziehungen zwischen verschiedenen Entitäten im FHIR-Ökosystem darzustellen. Sie stellen sicher, dass Ressourcen nicht isoliert betrachtet werden, sondern in einen Kontext gesetzt werden können (HL7 2024).

Profile sind Spezialisierungen von FHIR-Ressourcen. Sie legen fest, wie eine Ressource in einem bestimmten Kontext verwendet werden soll. Sie ermöglichen es, die allgemeinen FHIR-Ressourcen an die spezifischen Anforderungen eines Landes, einer Organisation oder einer Anwendung anzupassen. Diese drei Elemente arbeiten zusammen, um eine flexible, skalierbare und standardisierte Datenstruktur zu schaffen, die den Datenaustausch im Gesundheitswesen erheblich erleichtert (HL7 2024).

## 38.5 Herausforderungen an die Transfusionsmedizin

Die UME fungiert als hoch spezialisierte Einrichtung der Maximalversorgung, in der schwerkranke Patienten und besonders komplexe medizinische Fälle behandelt werden. Der Case-Mix-Index (CMI), der den durchschnittlichen Schweregrad der behandelten Fälle sowie die Vielfalt des Patientenmixes in einem Krankenhaus darstellt, unterstreicht die Komplexität der Versorgung an der UME. Diese Erkenntnisse werden durch die Ergebnisse der nachfolgend vorgestellten Veröffentlichung mit dem Titel „Impact of the COVID-19 outbreak on blood supply in two large university hospitals" gestützt (Brieske et al. 2024).

Krankenhäuser der Maximalversorgung, wie die UME, verfügen über spezialisierte Abteilungen wie Herz-Thorax-Chirurgie, Hämatologie und Stammzelltransplantation. In diesen Bereichen werden zahlreiche Patienten behandelt, die auf Transfusionen von Blutprodukten angewiesen sind. Die Studie beschreibt die Auswirkungen der ersten Phase des COVID-19-Ausbruchs auf die Transfusionsmedizin der UME sowie des Universitätsklinikums Hamburg-Eppendorf (UKE). Im Zuge der Pandemie hatte sich die Politik entschieden, elektive und nicht-kritische Eingriffe zu verschieben, um das stark belastete Gesundheitssystem zu entlasten (German Medical Journal 2020).

Besondere Situationen, wie beispielsweise eine Pandemie, machen die hohen Anforderungen an die Transfusionsmedizin besonders deutlich und zeigen die Notwendigkeit optimierter Prozesse und Technologien auf. Dabei zeigte sich, dass die Anzahl der Laboranforderungen (z. B. Blutgruppenbestimmungen und Kreuzproben) im Vergleich der Jahre 2019 und 2020 erheblich zugenommen hat. Lediglich in der ersten Phase der Pandemie, als elektive Operationen ausgesetzt wurden, ging die Zahl der Laboranforderungen vorübergehend zurück. Trotz dieser Maßnahme blieb jedoch die Menge der verbrauchten Blutprodukte an den beiden untersuchten Universitätskliniken konstant.

Andere Studien bestätigen, dass die angeforderte Menge an Blutkonserven bei elektiven Eingriffen häufig die tatsächlich transfundierten Einheiten überstieg (Mann et al. 2012; Argov und Shechter 1981; Faridi et al. 2017). Aus diesem Grund sollte die Anzahl der verkreuzten Blutprodukte auch in Zeiten ohne Pandemie bei planbaren Operationen restriktiver gehandhabt werden, um den Verwurf zu minimieren und den Mangel zu verringern. Die Studie bestätigte zudem, dass große Krankenhäuser sowohl während als auch außerhalb der Pandemie schwerkranke und medizinisch komplexe Fälle behandelten. Dies spiegelte sich im Anstieg des CMI im Jahr 2020 im Vergleich zum Vorjahr wider. Der CMI repräsentierte den Schweregrad der behandelten Fälle sowie den hohen technischen Aufwand der Behandlungen.

Die Ergebnisse der Studie verdeutlichen, dass die Transfusionsmedizin, insbesondere in großen Einrichtungen, während der COVID-19-Pandemie einen konstanten Bedarf an gespendetem Blut hatte, der bei der Planung von Personalressourcen und Blutspenden berücksichtigt werden sollte. Doch auch außerhalb von Pandemien stehen transfusionsmedizinische Einrichtungen, insbesondere an großen Krankenhäusern, vor erheblichen personellen und organisatorischen Herausforderungen. Angesichts des demografischen Wandels und der zunehmenden Verknappung von Blutprodukten werden sich diese Herausforderungen in Zukunft noch weiter verschärfen. Der Einsatz moderner und automatisierter Techniken, die auf digitalen Gesundheitsdaten basieren, stellt eine vielversprechende Lösung dar, um diese Probleme langfristig zu bewältigen und die Effizienz in der Transfusionsmedizin zu steigern.

## 38.6 KI-gestützte Vorhersage des Transfusionsbedarfes am Beispiel der Thrombozytenversorgung

Ein zentraler Bestandteil einer hochwertigen Patientenversorgung ist die Steuerung des Thrombozytenbedarfs, eine anspruchsvolle und zeitintensive Aufgabe. Dies ist darauf zurückzuführen, dass TK eine äußerst kurze Haltbarkeit von nur vier Tagen nach Herstellung aufweisen (Arbeitskreis Blut 2008). Einerseits ist es entscheidend, eine ausreichende Menge an TK für die Patientenversorgung bereitzustellen, andererseits muss die Verschwendung dieses wertvollen Blutprodukts durch unnötige Entsorgung minimiert werden. Im Vergleich zu anderen Blutprodukten mit deutlich längeren Haltbarkeitszeiten spielt die präzise Vorhersage des TK-Verbrauchs daher eine besonders wichtige Rolle. Ziel unserer patientenindividuellen Vorhersage war es, einen effizienten und maßgeschneiderten Ansatz zur Steuerung des Thrombozytenbedarfs zu entwickeln. Konkret sollte ein Risikowert für den Thrombozytenbedarf der nächsten drei Tage prognostiziert werden, basierend auf multimodalen Daten aus verschiedenen Quellsystemen eines Krankenhauses (Engelke et al. 2023a).

Frühere Studien haben sich bereits mit der Vorhersage des klinikweiten Thrombozytenbedarfs befasst (Schilling et al. 2022; Fanoodi et al. 2019; Perelman et al. 2021). Diese zeigten, dass sowohl Engpässe, als auch eine Überproduktion, vermieden werden konnten (Schilling et al. 2022; Fanoodi et al. 2019). Das Ziel unseres Modells war jedoch nicht allein die Erstellung einer Prognose für den gesamten klinikweiten Bedarf, sondern die Entwicklung eines individualisierten und effizienten Ansatzes zur tagesaktuellen Steuerung des Thrombozytenverbrauchs. Dabei sollte mithilfe multimodaler Daten aus verschiedenen Krankenhausquellen ein Risikowert für den Bedarf an Thrombozyten innerhalb der nächsten drei Tage vorhergesagt werden.

Dazu wurden retrospektive Daten aus dem internen FHIR-Server des Krankenhauses abgerufen. Dieser Server dient als zentrales Datenrepository, das Informationen speichert, die während der klinischen Routine in allen Abteilungen des Krankenhauses generiert werden. Abgefragt wurden dabei klinische und demografische Informationen wie:

1. Blutbild (insbesondere Thrombozytenwerte)
2. Anzahl der erhaltenen TK
3. Knochenmarkstoxische Medikamente
4. Thrombozytenerkrankungen
5. Medikamentöse Therapien
6. Geplante Eingriffe (z. B. Operationen)
7. Alter und Geschlecht der Patienten
8. Dauer des Krankenhausaufenthalts

Eingeschlossen wurden alle Patienten, bei denen zwischen einem definierten Zeitraum eine Thrombozytenmessung durchgeführt wurde, unabhängig von ihrer Hauptdiagnose. Der normale Laborreferenzbereich für Thrombozytenkonzentrationen liegt üblicherweise zwischen 150 Thrombozyten/nL und 400 Thrombozyten/nL (Daly 2011). Anschließend wurden nur die Patienten einbezogen, bei denen der Thrombozytenwert unter dem unteren Grenzwert von 150 Thrombozyten/nL lag und für die mindestens zwei Messwerte vorlagen. Des Weiteren wurden nur Patienten eingeschlossen, die mindestens 10 Tage stationär im Krankenhaus lagen. Aus einer Analyse geht hervor, dass die Wahrscheinlichkeit, während eines Aufenthalts von weniger als 10 Tagen eine Transfusion von Thrombozyten zu erhalten, bei lediglich 0,34 % lag (Engelke et al. 2023a). Um ein einheitliches Datenformat für die maschinellen Lernmodelle zu gewährleisten, mussten die Daten in gleich dimensionierte Proben transformiert werden. Für die Entscheidung, ob ein Patient eine Transfusion benötigt, wurde ein binäres Klassifikationsmodell verwendet. Die Klasse 0 repräsentierte Fälle ohne Transfusion, während die Klasse 1 eine oder mehrere Transfusionen repräsentierte. Der Datensatz wurde auf Patientenebene im Verhältnis 80/20 in Trainings- und Testdaten aufgeteilt (Engelke et al. 2023a). Das entwickelte Modell wurde auf Basis von eXtreme Gradient Boosting (XGBoost) (Chen et al. 2015) und Random Forest (RF) (Breiman 2001) trainiert. Der methodische Ansatz wurde kontinuierlich optimiert, insbesondere durch die Verbesserung der Hyperparameter-Suche. Hierfür kam Optuna (Akiba et al. 2019) zum Einsatz, eine Bibliothek zur Optimierung von Hyperparametern mittels verschiedener Suchmethoden, die häufig in Machine Learning-Modellen verwendet wird. Durch die Anpassung und Optimierung konnte die Leistung des Modells gesteigert werden.

Um die Forschungsergebnisse in den klinischen Alltag zu integrieren, wurde das Modell gespeichert und eine Pipeline für Live-Vorhersagen entwickelt. Dabei wurden alle Patienten berücksichtigt, die entweder in der UME oder in einem Partnerkrankenhaus behandelt wurden und für die eine quantitative Thrombozytenmessung vorlag. Für die Live-Vorhersage mit realen Patientendaten wurde das trainierte Modell geladen und eine Risikobewertung erstellt. Die Ergebnisse dieser Risikoabschätzung wurden anschließend an den FHIR-Server übermittelt, wo sie für spezifische Abfragen innerhalb des Kliniknetzwerks bereitgestellt wurden. Abb. 38.3 stellt die Integration in die IT-Infrastruktur der UME dar. Dies ermöglicht eine zeitnahe und präzise Entscheidungsunterstützung für die Steuerung des Thrombozytenverbrauchs.

Darauf aufbauend wurde der Ansatz durch die Einführung von Deep Learning und zusätzlichen Features weiterentwickelt (Engelke et al. 2023b). Bei dem entwickelten Prä-

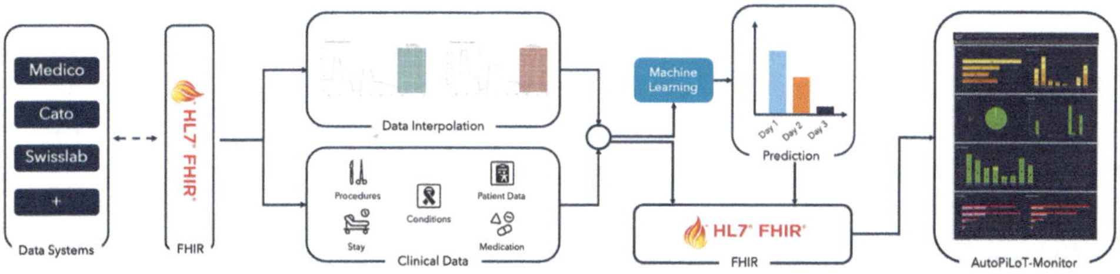


**Abb. 38.3** Integration des Übersichtsmonitors in die IT-Infrastruktur der Universitätsmedizin Essen mit Implementierung des Vorhersagemodells für den Thrombozytenverbrauch. (Quelle: Brieske, C. M. (2023))

diktor handelt es sich um einen Deep LearningAnsatz, der eine individualisierte 24-Stunden-Risikobewertung für Thrombozytentransfusionen ermöglicht. Die besten Vorhersagen wurden bei Hämatologie- und Onkologiepatienten erzielt, gefolgt von einem multidisziplinären Modell, das alle anderen Patientengruppen abdeckt. Die geringste Genauigkeit zeigte das Modell in der Herz-Thorax-Chirurgie, was wahrscheinlich auf unerwartete Blutungen während der Operationen und Behandlungen zurückzuführen ist (German Medical Journal 2024). Mithilfe von Deep Learning war es möglich, Vorhersagen bereits nach dem ersten Aufenthaltstag eines Patienten zu erstellen.

## 38.7 Entwicklung eines Übersichtsmonitors für die Verbesserung des Logistikmanagements

Aufgrund der sinkenden Bereitschaft zur Blutspende ist eine effiziente Verwaltung von Blutprodukten (z. B. EK, TK und FFP) von entscheidender Bedeutung, um ein Gleichgewicht zwischen der Vermeidung von Verschwendung und der Sicherstellung einer ausreichenden Verfügbarkeit zu gewährleisten. Zur Verbesserung des Logistikmanagements in der Blutbank wurde ein webbasiertes, kompaktes Übersichts-Dashboard entwickelt.

Dieses Dashboard ermöglicht eine Echtzeitüberwachung der gelagerten Blutprodukte an der UME und deren Partnerkliniken mit einer Latenzzeit von weniger als einer Minute. Es handelt sich dabei um eine webbasierte Anwendung, die visuelle Informationen zu verschiedenen Blutprodukten bereitstellt. Die Produkte werden nach Typ (EK, FFP, TK) kategorisiert und zusätzlich nach Lagerort, Kreuzprobenstatus, Blutgruppe, Verbrauch der letzten Tage und Verfallsdatum unterteilt. Die Anwendung basiert auf einer kontinuierlichen ETL-Pipeline und ist mit einem zentralen FHIR-Repository verbunden, das die benötigten Daten aus dem KIS bereitstellt. Die Informationen werden aus dem institutsinternen Laborinformationssystem „SWISSLAB" importiert. Zu den bereitgestellten Daten gehören unter anderem die Konservennummer, Blutgruppen, Rhesusfaktor, Konservenart, Bestrahlungsstatus sowie zeitliche und örtliche Details zur Herstellung, Lagerung, Ausgabe, Verfallsdatum und zum Verbrauch der Blutprodukte. Die webbasierte Anwendung wurde in TypeScript unter Verwendung des React-Frameworks entwickelt, wobei die Backend-Kommunikation über RESTful FHIR-APIs erfolgt. Zudem konnte in den Dashboards die Vorhersagefunktion für den TK-Verbrauch (Abschn. 38.6) integriert werden, um eine präzisere Planung und Ressourcennutzung zu ermöglichen. (Abb. 38.3) Das Dashboard ist über persönliche Zugangsdaten zur SHIP-Oberfläche jederzeit im Kliniknetzwerk zugänglich. Um die Nutzung im klinischen Alltag zu erleichtern, wurde eine große Anzeigetafel in der Blutproduktausgabe der UME installiert.

Der Monitor unterstützt eine frühzeitige Identifikation potenzieller Engpässe bei Blutprodukten und verringert den zeitintensiven Aufwand, verfügbare Präparate im Laborinformationssystem manuell recherchieren zu müssen. Durch die Integration des KI-gestützten Vorhersagemodells (Abschn. 38.6) wird eine präzise Prognose des Thrombozytenverbrauchs bereitgestellt. Somit können bei prognostiziertem hohem Verbrauch

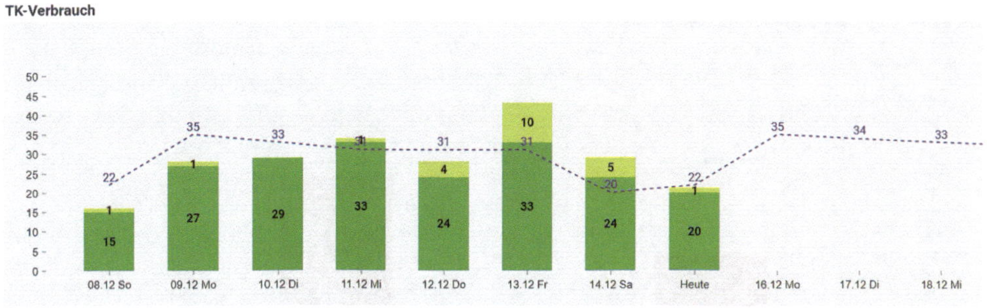


**Abb. 38.4** Thrombozytenverbrauch an der Universitätsmedizin Essen für die letzten 7 Tage. Die blau gestrichelte Linie zeigt den prognostizierten Verbrauch anhand des entwickelten Vorhersagemodells. In Grün dargestellt sind die Thrombozytenpräparate aus Apherese Herstellung und in Gelb dargestellt die Präparate aus Pool Herstellung. (Quelle: Brieske, C. M. (2024b). Foto: AutoPiLoT Monitor. Vorhersage Thrombozytenverbrauch. Institut für Transfusionsmedizin. Essen)

drohende Engpässe frühzeitig erkannt und rechtzeitig Maßnahmen zur Mobilisierung von Spendern eingeleitet werden. Umgekehrt ermöglicht die Vorhersage bei niedrigem Bedarf eine Reduzierung der Produktion, wodurch der Verfall dieser wertvollen Ressource minimiert wird. So trägt der Monitor zu einer optimierten Planung und einer nachhaltigen Nutzung von Blutprodukten bei. Abb. 38.4 stellt den Thrombozytenverbrauch der vergangenen 7 Tage dar, ergänzt durch eine darüber liegende Prognose.

Besonders für Erythrozytenkonzentrate bietet der Monitor eine klare Unterscheidung zwischen „frei" verfügbaren und „verkreuzten" Produkten (Abb. 38.5). Um die Benutzerfreundlichkeit zu verbessern, bietet der Monitor ein Dropdown-Menü, über das zusätzliche Informationen angezeigt werden. Der Monitor visualisiert den Verbrauch der letzten sieben Tage auf einen Blick. Eine feine Linie markiert dabei den „Soll"-Bestand, wodurch Abweichungen leicht erkennbar sind. Dieses Design ermöglicht eine intuitive Navigation und eine schnelle Einschätzung des aktuellen und historischen Verbrauchs. Abb. 38.5 stellt ein Beispiel für die Erythrozytenkonzentrate dar.

Mit dem Monitor wurde eine effiziente und benutzerfreundliche Überwachung der verfügbaren Blutprodukte ermöglicht. Die schnelle und übersichtliche Anzeige von vorrätigen und bald ablaufenden Blutprodukten trägt zu einem optimierten Umgang mit diesem wertvollen Gut bei.

Gemäß den Angaben des Paul-Ehrlich-Instituts wurden im Jahr 2020 in Deutschland 575.608 Thrombozytenkonzentrate produziert (Henseler 2021). Von den insgesamt 255.722 Pool-Thrombozytenkonzentraten (Pool-TK) sind 48.467 Einheiten (19 %) beim Hersteller verfallen. Bei den 319.886 Apherese-Thrombozytenkonzentraten (Apherese-TK) waren es 22.411 Einheiten (7 %) (Henseler 2021). Basierend auf dem Marktwert der Thrombozytenkonzentrate beläuft sich der wirtschaftliche Verlust durch diese Abfälle auf mehr als 44 Mio. Euro pro Jahr (Indelen et al. 2021).

Durch die Einführung des Monitors an der UME wurde die Versorgung mit Blutprodukten verbessert, was dazu beitragen sollte, die Verfallsrate von Thrombozyten-

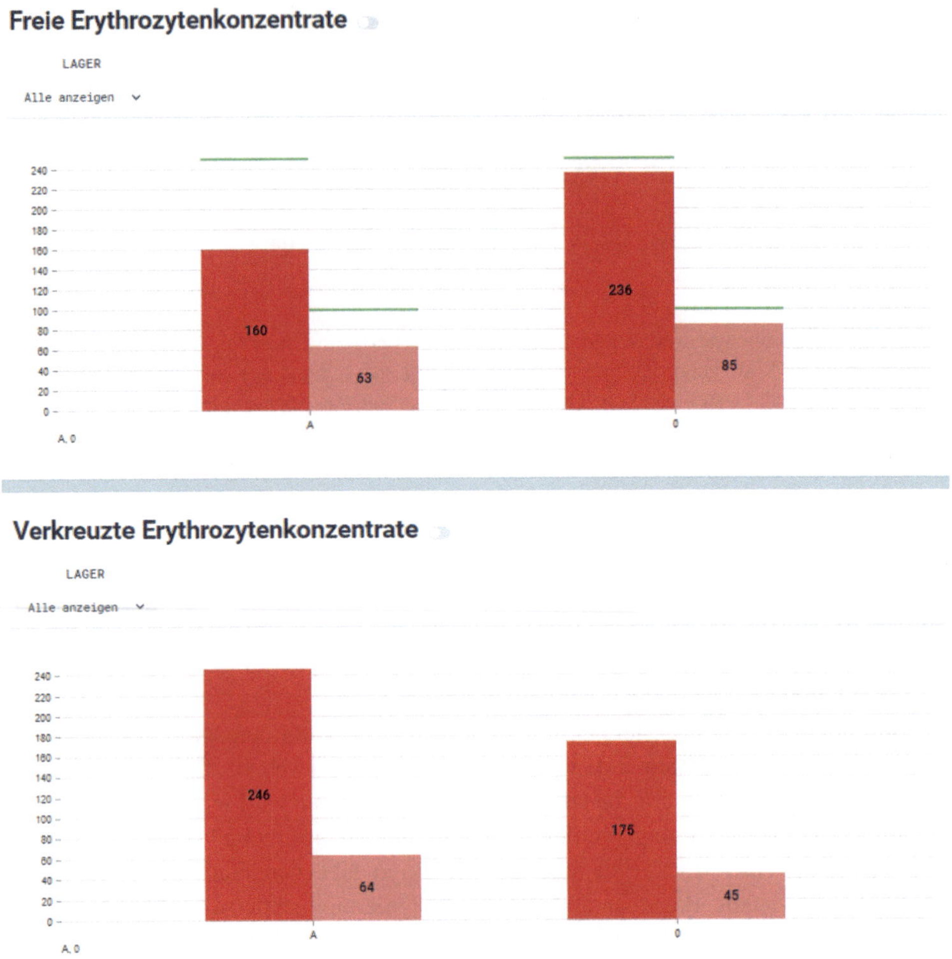


**Abb. 38.5** Übersichtsmonitor an der Universitätsmedizin Essen für „freie“ und „verkreuzte“ Erythrozytenkonzentrate am Beispiel der Blutgruppen A und 0. (Quelle: Brieske, C. M. (2024c). Foto: AutoPiLoT Monitor. Lagerbestand an Erythrozytenkonzentraten. Institut für Transfusionsmedizin. Essen)

konzentraten zu reduzieren. Dies würde nicht nur eine bedeutende wirtschaftliche Verbesserung darstellen, sondern wäre auch ein wichtiger Fortschritt in der Transfusionsmedizin – mit positiven Auswirkungen auf medizinische, ethische und finanzielle Aspekte.

## 38.8 Schlussbetrachtung

Das Zitat „Daten sind das Öl des 21. Jahrhunderts“, geprägt 2006 von dem britischen Mathematiker und Datenwissenschaftler Clive Humby, verdeutlicht die große Bedeutung von Daten in der heutigen und zukünftigen Welt. Dabei wird ein Vergleich zwischen Daten und

Öl gezogen, das im 20. Jahrhundert eine Schlüsselrolle in der Industrialisierung spielte. Während Öl im 20. Jahrhundert den wirtschaftlichen Fortschritt, technologische Innovationen und den gesellschaftlichen Wandel vorantrieb, übernehmen Daten diese Schlüsselrolle im 21. Jahrhundert auf ähnliche Weise. Das Gesundheitssystem erzeugt täglich sehr große Mengen an Daten aus verschiedenen Quellen. Dazu gehören unter anderem elektronische Patientenakten (EPAs), Labordaten, Bildgebungsdaten (z. B. MRT- oder CT-Scans), Wearable-Daten, genetische Informationen, klinische Studien und administrative Daten. Diese Daten sind vielfältig und oft unstrukturiert, was ihre Nutzung erschwert. Dennoch bieten sie ein enormes Potenzial für die Verbesserung der medizinischen Versorgung, insbesondere durch den Einsatz von KI. Es wurde ein umfassender Überblick über innovative Ansätze zur strukturierten Nutzung von Gesundheitsdaten mithilfe von KI in der Transfusionsmedizin gegeben. Der Einsatz des vorgestellten Vorhersagemodells zur Prognose des Thrombozytenverbrauchs sowie die Entwicklung eines Übersichtsmonitors ermöglichen es, den steigenden Herausforderungen in der Transfusionsmedizin effektiv zu begegnen und die Ressourcennutzung nachhaltig zu optimieren. Am Beispiel der Datennutzung in der Transfusionsmedizin wurde verdeutlicht, wie der europaweite FHIR-Standard bedeutende Verbesserungen in der Datenverarbeitung, dem Datenaustausch, der Datenspeicherung und der Datenanalyse ermöglicht. FHIR ist ein wesentlicher Standard, um die komplexen Anforderungen des modernen Gesundheitswesens zu bewältigen. Er fördert die Interoperabilität zwischen Systemen, optimiert den Ressourceneinsatz und unterstützt innovative Technologien wie KI und Big Data-Analysen. Die flächendeckende Implementierung von FHIR in Krankenhäusern stellt einen entscheidenden Schritt dar, um die Qualität der Patientenversorgung zu verbessern, die Effizienz zu steigern, Kosten zu senken und die Digitalisierung des Gesundheitswesens nachhaltig voranzutreiben.

## Literatur

Akiba T, Sano S., Yanase T., Ohta T. & Koyama M. (2019). Optuna: a next-generation hyperparameter optimization framework proceedings of the 25th ACM SIGKDD international conference on knowledge discovery & data mining, 2623–2631.

Arbeitskreis Blut. (2008). Festlegung der Haltbarkeitsfrist von Thrombozytenkonzentraten mit dem Ziel der Reduktion lebensbedrohlicher septischer Transfusionsreaktionen durch bakterielle Kontamination. Votum Des Arbeitskreises Blut, 51(12), 1484.

Argov, S., & Shechter, Y. (1981). Is routine crossmatching for two units of blood necessary in elective surgery? Am J Surg, 142(3), 370–371. https://doi.org/10.1016/0002-9610(81)90351-2.

Brehmer, A., Sauer, C. M., Salazar Rodriguez, J., Herrmann, K., Kim, M., Keyl, J., Bahnsen, F. H., Frank, B., Kohrmann, M., Rassaf, T., Mahabadi, A. A., Hadaschik, B., Darr, C., Herrmann, K., Tan, S., Buer, J., Brenner, T., Reinhardt, H. C., Nensa, F., Gertz, M., Egger, J., & Kleesiek, J. (2024). Establishing Medical Intelligence-Leveraging Fast Healthcare Interoperability Resources to Improve Clinical Management: Retrospective Cohort and Clinical Implementation Study. J Med Internet Res, 26, e55148. https://doi.org/10.2196/55148.

Breiman, L. (2001). Random Forests. Machine Learning, 45(1), 5–32. https://doi.org/10.1023/A:1010933404324.

Brieske, C. M. (2024a). FHIR Standard

Brieske, C. M. (2024b). Foto: AutoPiLoT Monitor. Vorhersage Thrombozytenverbrauch. Institut für Transfusionsmedizin. Essen.

Brieske, C. M. (2024c). Foto: AutoPiLoT Monitor. Lagerbestand an Erythrozytenkonzentraten. Institut für Transfusionsmedizin. Essen.

Brieske, C. M. (2023). AutoPiLoT: Sachbericht 2023. Bundesministerium für Gesundheit (BMG, Hrsg.), online im Internet, https://www.bundesgesundheitsministerium.de/service/publikationen.html, Abrufdatum: 18.12.2024

Brieske, C. M., Temme, C., Hiller, J., Goebel, M., Peine, S., & Horn, P. A. (2024). Impact of the COVID-19 outbreak on blood supply in two large university hospitals. Transfus Med, 34(1), 11–19. https://doi.org/10.1111/tme.13031.

Bundesministerium für Gesundheit. (2022). Intelligente Zuordnung von Blutprodukten (AutoPiLoT). Bundesministerium für Gesundheit (BMG, Hrsg.). online im Internet, https://www.bundesgesundheitsministerium.de/ministerium/ressortforschung/handlungsfelder/forschungsschwerpunkte/digitale-innovation/modul-2-smarte-datennutzung/autopilot.html, Abrufdatum: 20.02.2024

Chen, T., He, T., Benesty, M., Khotilovich, V., Tang, Y., Cho, H., & Chen, K. (2015). Xgboost: Extreme gradient boosting. R package version 0.4-2, 1(4), 1–4.

Daly, M. E. (2011). Determinants of platelet count in humans. Haematologica, 96(1), 10–13. https://doi.org/10.3324/haematol.2010.035287.

Duda, S. N., Kennedy, N., Conway, D., Cheng, A. C., Nguyen, V., Zayas-Caban, T., & Harris, P. A. (2022). HL7 FHIR-based tools and initiatives to support clinical research: a scoping review. J Am Med Inform Assoc, 29(9), 1642–1653. https://doi.org/10.1093/jamia/ocac105.

Dugas, M. (2017). Medizininformatik: Ein Kompendium für Studium und Praxis, Springer Vieweg, Berlin.

Engelke, M., Brieske, C. M., Parmar, V., Flaschel, N., Kureishi, A., Hosch, R., Koitka, S., Schmidt, C. S., Horn, P. A., & Nensa, F. (2023a). Predicting Individual Patient Platelet Demand in a Large Tertiary Care Hospital Using Machine Learning. Transfus Med Hemother, 50(4), 277–285. https://doi.org/10.1159/000528428.

Engelke, M., Schmidt, C. S., Baldini, G., Parmar, V., Hosch, R., Borys, K., Koitka, S., Turki, A. T., Haubold, J., Horn, P. A., & Nensa, F. (2023b). Optimizing platelet transfusion through a personalized deep learning risk assessment system for demand management. Blood, 142(26), 2315–2326. https://doi.org/10.1182/blood.2023021172.

Fanoodi, B., Malmir, B., & Jahantigh, F. F. (2019). Reducing demand uncertainty in the platelet supply chain through artificial neural networks and ARIMA models. Comput Biol Med, 113, 103415. https://doi.org/10.1016/j.compbiomed.2019.103415.

Faridi, S., Ahmad, A., Beg, M. A., Siddiqui, F., Edhi, M. M., & Khan, M. (2017). Arranging blood for elective thyroid surgeries: dilemma continues in the developing world. BMC Res Notes, 10(1), 49. https://doi.org/10.1186/s13104-016-2315-9.

German Medical Journal. (2020). Coronavirus: Hospitals postpone scheduled procedures. Berlin: Deutscher Ärzteverlag GmbH.online im Internet, https://www.aerzteblatt.de/archiv/213192/Coronavirus-Krankenhaeuser-verschieben-planbare-Eingriffe, Abrufdatum: 19.02.2024

German Medical Journal. (2024). KI-Modelle sollen Versorgung mit Blutkonserven verbessern. Berlin: Deutscher Ärzteverlag GmbH. online im Internet, https://www.aerzteblatt.de/nachrichten/154026/KI-Modelle-sollen-Versorgung-mit-Blutkonserven-verbessern, Abrufdatum: 15.12.2024

Greinacher, A., Fendrich, K., & Hoffmann, W. (2010). Demographic Changes: The Impact for Safe Blood Supply. Transfus Med Hemother, 37(3), 141–148. https://doi.org/10.1159/000313949.

Greinacher, A., Weitmann, K., Schonborn, L., Alpen, U., Gloger, D., Stangenberg, W., Stupmann, K., Greger, N., Kiefel, V., & Hoffmann, W. (2017). A population-based longitudinal study on the implication of demographic changes on blood donation and transfusion demand. Blood Adv, 1(14), 867–874. https://doi.org/10.1182/bloodadvances.2017005876.

Hehner S. L. K., Loos G., Möller M., Schiegnitz S., Schneider T., Oellerich M., Plischke M., Donath A. & Erk N. (2018). Die Digitalisierung in deutschen Krankenhäusern – eine Chance mit Mil- liardenpotenzial.. McKinsey & Company Healthcare Practice. Online im Internet, https://www.mckinsey.de/publikationen/digitalisierung-chance-mit-milliardenpotenzial, Abrufdatum: 23.02.2024

Henseler, O. 2021. Bericht zur Meldung nach § 21 TFG für das Jahr 2020. online im Internet, https://www.pei.de/SharedDocs/Downloads/DE/regulation/meldung/21-tfg/21-tfg-berichte/2020-tfg-21-bericht.pdf?__blob=publicationFile&v=4. Abrufdatum: 04.02.2024

HL7, D. 2024. Digitale Standards für das Gesundheitswesen. online im Internet, https://www.hl7.de/, Abrufdatum: 19.02.2014

Indelen, C., Uygun Kizmaz, Y., Kar, A., Shander, A., & Kirali, K. (2021). The cost of one unit blood transfusion components and cost-effectiveness analysis results of transfusion improvement program. Turk Gogus Kalp Damar Cerrahisi Derg, 29(2), 150–157. https://doi.org/10.5606/tgkdc.dergisi.2021.20886.

Mann, K., Sim, I., Ali, T., Chong, P., Leopold, P., Hatrick, A., & Gerrard, D. (2012). Removing the need for crossmatched blood in elective EVAR. Eur J Vasc Endovasc Surg, 43(3), 282–285. https://doi.org/10.1016/j.ejvs.2011.11.026.

Perelman, I., Fergusson, D., Lampron, J., Mack, J., Rubens, F., Giulivi, A., Tokessy, M., Shorr, R., & Tinmouth, A. (2021). Exploring Peaks in Hospital Blood Component Utilization: A 10-Year Retrospective Study at a Large Multisite Academic Centre. Transfus Med Rev, 35(1), 37–45. https://doi.org/10.1016/j.tmrv.2020.10.002.

Schilling, M., Rickmann, L., Hutschenreuter, G., & Spreckelsen, C. (2022). Reduction of Platelet Outdating and Shortage by Forecasting Demand With Statistical Learning and Deep Neural Networks: Modeling Study. JMIR Med Inform, 10(2), e29978. https://doi.org/10.2196/29978.

**Dr. med. Christian M. Brieske** ist Humanmediziner und wissenschaftlicher Mitarbeiter im Institut für Transfusionsmedizin am Universitätsklinikum Essen. Er besitzt die durch die Ärztekammer Nordrhein anerkannte Zusatzbezeichnung „Medizinische Informatik". Am Institut für Transfusionsmedizin ist er als Weiterbildungsassistent beschäftigt und schloss an der Medizinischen Fakultät der Universität Duisburg-Essen erfolgreich die Promotionsprüfung zum „Dr. med." mit „Summa cum laude" ab.

**Univ.-Prof. Dr. med. Peter A. Horn** ist seit 2008 Direktor des Instituts für Transfusionsmedizin am Universitätsklinikum Essen. Er ist weiterbildungsberechtigt für das Fach Transfusionsmedizin sowie die ärztliche Zusatzbezeichnung „Medizinische Informatik" und seit Langem im geschäftsführenden Vorstand der Deutschen Gesellschaft für Transfusionsmedizin und Immunhämatologie (DGTI) tätig.

# Zwischen innovativer Methodik und Ethik – Die Identifikation phasenspezifischer Patientenbedürfnisse durch Natural Language Processing

# 39

Stefanie Scholz, Elmar Nass und Christian Winkler

## Inhaltsverzeichnis



S. Scholz (✉)
SRH University of Applied Sciences Campus Fürth, Fürth, Deutschland
E-Mail: stefanie.scholz@srh.de

E. Nass
Kölner Hochschule für Katholische Theologie, Köln, Deutschland
E-Mail: elmar.nass@khkt.de

C. Winkler
Fakultät Betriebswirtschaft, Technische Hochschule Nürnberg Georg Simon Ohm, Nürnberg, Deutschland
E-Mail: christian.winkler@th-nuernberg.de





M. A. Pfannstiel (Hrsg.), *Künstliche Intelligenz im Einsatz für die erfolgreiche Patientenreise*, https://doi.org/10.1007/978-3-658-48573-3_39

**Zusammenfassung**

In diesem Kapitel wird untersucht, wie Natural Language Processing (NLP) zur Identifikation phasenspezifischer Patientenbedürfnisse entlang der Patientenreise eingesetzt werden kann. Durch die Analyse unstrukturierter Daten aus Patientenakten, Befragungen und sozialen Medien verspricht NLP tiefere Einblicke in individuelle Bedürfnisse, von der Prävention über die Diagnose bis hin zur Nachsorge. Neben den technischen Möglichkeiten werden auch ethische Herausforderungen wie etwa Fragen nach Menschenbild, Verantwortung, Datenschutz, Fairness, Evidenz (algorithmische Verzerrungen = Fehler, die durch voreingenommene oder unausgewogene Trainingsdaten entstehen) untersucht. Ziel ist es, einen methodischen Ansatz zu präsentieren, der innovative Technik und ethische Verantwortung im Gesundheitswesen dialogisch vereint, um eine patientenzentrierte Versorgung zu optimieren.

## 39.1 Einleitung

Die Patient Journey stellt einen zentralen Aspekt in der modernen Gesundheitsversorgung dar und dient als wichtiger Ausgangspunkt für dieses Buchkapitel. Sie beschreibt den Weg eines Patienten von der ersten Symptomerkennung über die Diagnose und Behandlung bis zur Nachsorge und möglichen Rezidiven. Ein Verständnis dieser Reise ermöglicht es, die Versorgungspfade zu optimieren, Barrieren zu identifizieren und individuelle Bedürfnisse besser zu berücksichtigen. Dabei bietet sich die Nutzung von Natural Language Processing (NLP) als vielversprechendes Instrument zur Analyse und Interpretation von Daten an, insbesondere im Hinblick auf User-Generated Content (UGC).

UGC, der aus Patientenforen, sozialen Medien und anderen Online-Plattformen stammt, bildet eine reiche Quelle an Informationen über die Erfahrungen und Bedürfnisse von Patienten. Themen, die hier diskutiert werden, sind nicht gesteuert durch vorgegebene inhaltliche Aspekte wie bei klassischen Umfragen. Patienten diskutieren in diesen Foren diejenigen Interessensschwerpunkte, die zu ihrem jeweiligen phasenspezifischen Informationsbedarf passen.

Diese Beiträge, Kommentare und Diskussionen bieten wertvolle Einblicke in subjektive Empfindungen, Beschwerden und Erwartungen von Patienten. Die Analyse solcher Inhalte durch NLP ermöglicht es, tiefere Einsichten in die Patientenerfahrungen zu gewinnen, die über herkömmliche Datenerhebungen hinausgehen.

NLP zeigt sich in der Lage, nicht nur explizit geäußerte Bedürfnisse zu erkennen, sondern auch implizite Anliegen und emotionale Nuancen, die aus UGC hervorgehen. Dies ist besonders relevant, da Patienten in Online-Umgebungen oft offener und detaillierter über ihre Gesundheitsreise sprechen als in direkter Kommunikation mit Gesundheitsdienstleistern. Die Einbeziehung von UGC ermöglicht es, Phasen der Patient Journey präziser zu erfassen und Versorgungslücken zu identifizieren.

Ein Beispiel dafür ist die Präventionsphase, in der NLP durch die Analyse von Patientenberichten und -kommentaren Frühwarnzeichen und Risikofaktoren erkennen kann. In der Diagnose- und Behandlungsphase unterstützt NLP bei der Identifikation relevanter Informationsbedürfnisse, um individualisierte Therapieansätze und Beratungsschwerpunkte für die jeweiligen Phasen zu entwickeln. Auch in der Nachsorge können UGC-basierte Analysen wertvolle Hinweise auf die Wirksamkeit und Akzeptanz von Behandlungsplänen geben.

Die Berücksichtigung ethischer Fragen ist hierbei essenziell. Datenschutz, die Wahrung der Privatsphäre und die transparente Nutzung von NLP müssen in den Fokus gerückt werden, um das Vertrauen der Patienten zu gewährleisten. Darüber hinaus muss sichergestellt werden, dass die Technologie die menschliche Interaktion ergänzt und nicht ersetzt, um eine patientenzentrierte Versorgung aufrechtzuerhalten.

Dieses Kapitel hebt daher die Relevanz von NLP für die Analyse von UGC hervor und zeigt, wie diese Technologie die Patientenorientierung und die Qualität der Gesundheitsversorgung entlang der gesamten Patient Journey fördern kann.

## 39.2 Der Einsatz von Natural Language Processing in der Patientenreise

Dieses Kapitel untersucht, wie NLP phasenspezifische Patientenbedürfnisse erfasst und diskutiert die Verbindung von KI, Patientenorientierung und ethischen Fragestellungen.

### 39.2.1 Bedeutung von Natural Language Processing (NLP) für die Analyse und Erfassung phasenspezifischer Patientenbedürfnisse

NLP zeigt sich als vielversprechendes, wenn auch noch nicht vollständig etabliertes Instrument für die Analyse und Erfassung von Patientenbedürfnissen im Gesundheitswesen. Obwohl die Technologie bedeutende Fortschritte gemacht hat, steht sie noch am Anfang ihrer potenziellen Entwicklung und Anwendung in diesem Bereich (Spasic und Button 2020).

Das Potenzial von NLP, große Mengen unstrukturierter Textdaten aus verschiedenen Quellen wie elektronischen Patientenakten, Arztberichten und sozialen Medien zu verarbeiten, ist beachtlich, jedoch noch lange nicht ausgeschöpft. Forscher und Praktiker beginnen erst, die Möglichkeiten dieser Technologie für ein tiefgreifendes Verständnis der Patientenkommunikation zu erkunden (Sheikhalishahi et al. 2019).

Ein vielversprechender, aber noch nicht vollständig realisierter Aspekt von NLP liegt in seiner Fähigkeit, subtile Nuancen in der Patientenkommunikation zu erfassen. Während fortschrittliche Algorithmen das Potenzial haben, nicht nur explizit geäußerte Bedürfnisse, sondern auch implizite Anliegen und emotionale Zustände der Patienten zu identifizieren, befindet sich diese Anwendung noch in einem frühen Entwicklungsstadium (Demner-Fushman et al. 2020).

Die Integration von NLP in die Gesundheitsversorgung verspricht signifikante Auswirkungen auf die Qualität und Effizienz der Patientenbetreuung, die Vorteile sind in der Praxis jedoch noch nicht vollständig realisiert. Erste Studien deuten darauf hin, dass NLP-basierte Systeme die Genauigkeit der Diagnosestellung verbessern und die Identifikation von Risikofaktoren erleichtern könnten, aber umfassende Implementierungen und Evaluationen stehen noch aus (Koleck et al. 2019).

Ein weiterer Bereich mit erheblichem, aber noch nicht vollständig erschlossenem Potenzial ist die Fähigkeit von NLP, Patientenbedürfnisse entlang der Patient Journey zu identifizieren, die im Folgenden dargelegt werden:

In der Präventionsphase kann NLP dazu beitragen, Risikofaktoren frühzeitig zu identifizieren und personalisierte Präventionsstrategien zu entwickeln. Durch die Analyse von Patientenberichten, Sozialen-Medien-Daten und elektronischen Gesundheitsakten können Muster erkannt werden, die auf potenzielle Gesundheitsrisiken hindeuten (Koleck et al. 2019). Diese Erkenntnisse ermöglichen es Gesundheitsdienstleistern, proaktiv zu handeln und gezielte Präventionsmaßnahmen einzuleiten.

Während der Diagnosephase spielt NLP eine entscheidende Rolle bei der Verarbeitung und Interpretation komplexer medizinischer Berichte. Fortschrittliche NLP-Algorithmen können relevante Informationen aus unstrukturierten klinischen Notizen extrahieren und so die Diagnosegenauigkeit und -geschwindigkeit verbessern (Demner-Fushman et al. 2020). Dies ist besonders wertvoll bei der Identifikation seltener Krankheiten oder komplexer Symptommuster, die möglicherweise von menschlichen Experten übersehen werden könnten.

In der Behandlungsphase ermöglicht NLP eine personalisierte und evidenzbasierte Therapieplanung. Durch die Analyse von Behandlungsprotokollen, klinischen Studien und Patientenfeedback können NLP-Systeme Ärzten dabei helfen, die effektivsten Behandlungsoptionen für individuelle Patienten zu identifizieren (Spasic und Button 2020). Darüber hinaus können NLP-gestützte Chatbots und virtuelle Assistenten die Patientenkommunikation verbessern und eine kontinuierliche Unterstützung während der Behandlung bieten (Kocaballi et al. 2019).

In der Nachsorgephase trägt NLP dazu bei, den Genesungsprozess zu überwachen und potenzielle Komplikationen frühzeitig zu erkennen. Durch die Analyse von Patientenberichten und Nachsorgedokumentationen können NLP-Systeme Ärzte auf mögliche Probleme aufmerksam machen und so eine rechtzeitige Intervention ermöglichen (Dreisbach et al. 2019). Zudem kann NLP bei der Auswertung von Patientenfeedback helfen, um die Qualität der Nachsorge kontinuierlich zu verbessern (Fairie et al. 2021). Auch in der Analyse von Patientenforen findet sie Anwendung, etwa zur Bewertung der Erfahrungen mit unerwünschten Ratschlägen zur Einnahme von Medikamenten in Depressionsforen (Niescken 2021) unter anderem.

Die phasenübergreifende Anwendung von NLP ermöglicht ein ganzheitliches Verständnis der Patientenreise und unterstützt die Entwicklung integrierter Versorgungsmodelle. Durch die Verknüpfung von Daten aus verschiedenen Phasen können komplexe Zusammenhänge aufgedeckt und langfristige Behandlungsergebnisse verbessert werden (Gonzalez-Hernandez et al. 2017).

Die Implementierung von NLP im Gesundheitswesen steht vor erheblichen Herausforderungen, die seine breite Etablierung bisher verhindert haben. Datenschutz und ethische Bedenken bezüglich der Verwendung sensibler Patientendaten müssen zur Kenntnis genommen, ernsthaft berücksichtigt und umfassend adressiert werden. Zudem erfordert die Entwicklung präziser und zuverlässiger NLP-Modelle für den medizinischen Bereich darüber hinaus eine intensivere interdisziplinäre Zusammenarbeit, die sich erst allmählich formiert.

### 39.2.2 Die Relevanz der Verknüpfung zwischen KI, Patientenorientierung und ethischen Fragestellungen

Die zunehmende Integration von KI in das Gesundheitswesen, insbesondere im Kontext der Patientenorientierung, wirft komplexe ethische Fragestellungen auf. Diese Verknüpfung zwischen technologischem Fortschritt und patientenzentrierter Versorgung erfordert eine sorgfältige Abwägung zwischen den Potenzialen der KI und den ethischen Implikationen ihrer Anwendung.

KI-basierte Technologien, wie maschinelles Lernen (ML) und Deep Learning (DL), bieten vielversprechende Möglichkeiten zur Verbesserung der Patientenversorgung. Sie können beispielsweise bei der frühzeitigen Erkennung von Krankheiten, der Personalisierung von Behandlungsplänen und der Optimierung von Versorgungsprozessen eingesetzt werden (Jiang et al. 2017). Die Fähigkeit dieser Systeme, große Datenmengen zu analysieren und Muster zu erkennen, die für das menschliche Auge oft unsichtbar bleiben, eröffnet neue Dimensionen in der Diagnose und Behandlung (Topol 2019).

Gleichzeitig wirft der Einsatz von KI im Gesundheitswesen eine Reihe ethischer Fragen auf. Einige davon sind ganz grundsätzlicher Natur und markieren in diesem Bereich die Notwendigkeit einer ethischen Sensibilität. Mit ihnen kann hier zunächst der technikethische Fokus im Blick auf die KI-Nutzung im Gesundheitswesen allgemein abgesteckt werden, bevor später eine Zuspitzung dieser Perspektive auf die NLP-Nutzung im Bereich der Patient Journey erfolgt.

Es sind – allgemein gesehen – beim KI-Einsatz im Gesundheitswesen Datenschutz und die Achtung der Privatsphäre der Patienten zu berücksichtigen. Die Sammlung und Analyse umfangreicher Gesundheitsdaten, die für das Training und die Anwendung von KI-Modellen erforderlich sind, müssen mit dem Recht der Patienten auf informationelle Selbstbestimmung vereinbar sein (Gerke et al. 2020). Es besteht die Notwendigkeit, robuste Sicherheitsmaßnahmen zu implementieren, um die Vertraulichkeit sensibler Gesundheitsinformationen zu gewährleisten und möglichen kommerziell oder auch politisch motivierten Missbrauch zu verhindern. Deshalb ist es essenziell zu klären und zu regeln, wer Zugang zu diesen Daten erhält.

Ein weiterer grundsätzlich kritischer Aspekt ist die Transparenz und Erklärbarkeit von KI-Systemen im medizinischen Kontext. Die Komplexität vieler ML- und DL-Algorithmen kann zu einer "Black Box"-Problematik führen, bei der die Entscheidungsfindungsprozesse für medizinisches Personal und Patienten nicht nachvollziehbar sind (Holzinger et al. 2017). Dies wirft Fragen zur Verantwortlichkeit und Haftung bei KI-unterstützten medizinischen Entscheidungen auf und könnte das Vertrauensverhältnis zwischen Arzt und Patient beeinträchtigen.

Die Patientenorientierung in der KI-gestützten Gesundheitsversorgung erfordert zudem eine sorgfältige Berücksichtigung der individuellen Bedürfnisse und Präferenzen der Patienten. Während KI-Systeme das Potenzial haben, personalisierte Behandlungsansätze zu optimieren, besteht die Gefahr einer übermäßigen Technologisierung der Arzt-Patienten-Beziehung (Char et al. 2018). Es ist entscheidend, ein Gleichgewicht zwischen technologischer Unterstützung und menschlicher Interaktion zu finden, um die emotionalen und psychosozialen Aspekte der Patientenversorgung nicht zu vernachlässigen. Die Mensch-Maschine-Kommunikation ist ein hilfreiches Instrument, das aber nicht eine Mensch-zu-Mensch-Kommunikation über Gebühr substituieren soll.

Vor allem können die ethischen Fragen nicht einfach durch eine KI beantwortet werden, wie es etwa mit den Ideen zum Einsatz einer so genannten „künstlichen Moral" vorgeschlagen wird (Formosa und Ryan 2021). Um die ethischen Herausforderungen des KI-Einsatzes im Gesundheitswesen zu adressieren, ist vielmehr ein multidisziplinärer Ansatz im Austausch vernünftiger Argumente, und damit nicht von KI-berechneter Evidenz, erforderlich, der menschliche Experten aus den Bereichen Medizin, Informatik, Ethik und Recht einbezieht (Zyumbileva et al. 2022). Die Entwicklung ethischer Richtlinien und Governance-Strukturen für den Einsatz von KI im Gesundheitswesen ist unerlässlich, um einen verantwortungsvollen und patientenorientierten Einsatz dieser Technologien zu gewährleisten (Vayena et al. 2018).

## 39.3 Phasenspezifische Patientenbedürfnisse – ein Modell

Die zunehmende Komplexität in der Versorgung chronisch erkrankter Patienten erfordert ein präzises Abbild der Versorgungsrealität. Das Konzept der Patient Journey, auch als Patient Pathway bezeichnet, dient als analytisches Instrument zur umfassenden Erfassung des Versorgungsweges eines Patienten (Schütte et al. 2018). Diese Journey umfasst den gesamten Prozess vom initialen Auftreten der Symptome über Diagnose und Behandlung bis hin zur Nachsorge und etwaigen Folgebehandlungen. Die Patient Journey geht über die reine Abbildung medizinischer Abläufe hinaus und liefert wertvolle Erkenntnisse über das Patientenverhalten im Gesundheitssystem, insbesondere post-diagnostisch (Trebble et al. 2010). Primäres Ziel dieser Modellierung ist die Identifikation von Versorgungslücken, Ineffizienzen und Barrieren entlang des Patientenpfades. Durch die Rekonstruktion realer

Versorgungssituationen unter Berücksichtigung aller Schnittstellen und unvorhersehbarer Faktoren können gezielte Verbesserungsmaßnahmen hergeleitet werden. Ein zentrales Element der Patient Journey ist die Real-Life-Simulation, die den Ist-Zustand der Versorgung abbildet und einen Soll-Ist-Abgleich ermöglicht (McCarthy et al. 2016). Diese Simulation trägt maßgeblich dazu bei, die Patientenerfahrung zu verstehen und Versorgungsprozesse durch die Integration patientenzentrierter Daten zu optimieren. Obwohl die wissenschaftliche Auseinandersetzung mit der Patient Journey im Gesundheitswesen noch in den Anfängen steht, weist dieses Konzept eine hohe praktische Relevanz auf. Es ermöglicht eine kosteneffiziente und effektive Gesundheitsversorgung, insbesondere für chronisch Kranke und multimorbide Patienten, die einen signifikanten Anteil der Gesundheitskosten verursachen (Vogenberg und Santilli 2018). Die Fachliteratur beschreibt die Patient Journey als dynamischen, nicht-linearen Prozess, der stark von individuellen Faktoren und externen Einflüssen geprägt ist (Lemon und Verhoef 2016). Trotz der inhärenten Variabilität lassen sich wiederkehrende Muster identifizieren, die den Verlauf der meisten Patientenreisen charakterisieren. Diese beginnen typischerweise mit unspezifischen Symptomen, gefolgt von der Suche nach medizinischer Hilfe oder alternativen Informationsquellen. Der weitere Verlauf umfasst Diagnose, Therapie und eine Genesungsphase, die durch eine Latenzzeit gekennzeichnet ist. Bei einem Rezidiv kann die Patient Journey erneut beginnen, was den zyklischen Charakter dieses Prozesses unterstreicht (Ponsford et al. 2016). Zusammenfassend bietet die Patient Journey eine fundierte Grundlage für die Verbesserung der Gesundheitsversorgung, indem sie eine umfassende Analyse der Patientenpfade ermöglicht und sowohl medizinische als auch psychosoziale Aspekte der Versorgung berücksichtigt (McCarthy et al. 2016; Trebble et al. 2010).

## 39.4 Innovative Methodik und technische Herausforderungen

Medizinische Daten liegen heute in großer Menge vor und sind meistens strukturiert. Patientenfeedback wird hingegen zwar häufig angefordert, die entsprechenden Umfragen werden allerdings nicht oft ausgefüllt und enthalten unvollständige Antworten.

Patienten diskutieren aber auch im Internet in zahlreichen Diskussionsforen. Dieser sogenannte User-Generated Content (UGC) liegt in sehr großer Menge vor. Eine Auswertung kann daher nur automatisiert erfolgen und wird durch moderne Methoden der automatisierten Sprachverarbeitung (NLP) unterstützt.

### 39.4.1 Systematischer Ansatz zur Identifizierung und Auswertung von UGC

Ein typischer Projektablauf findet sich in folgender Abb. 39.1:

Für die Sekundärforschung wird häufig ein mehrstufiger Ansatz gewählt.

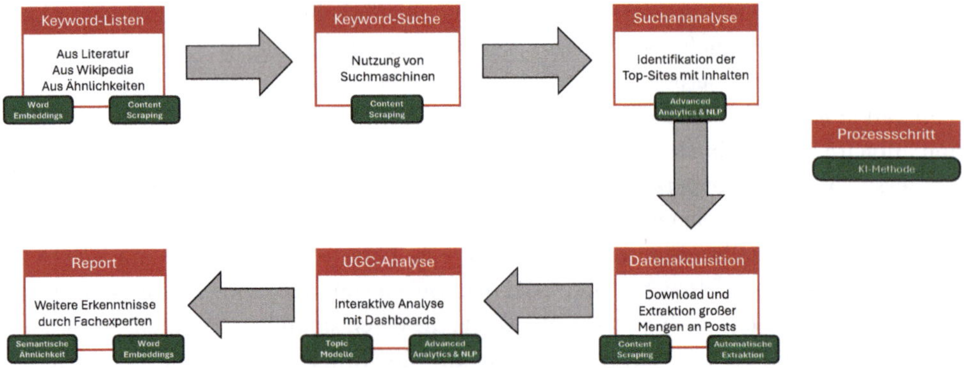


**Abb. 39.1** Typischer Projektablauf bei einem mehrstufigen Ansatz zur Akquise und Verarbeitung von UGC-Daten. (Quelle: Eigene Darstellung (2024))

1. Das Verfahren beginnt mit der Definition von Keyword-Listen, die durch Worteinbettungen (Embeddings), Content Scraping und Suchmaschinenvorschläge unterstützt werden.
2. Die daraus resultierenden Keyword-Listen können dann über viele Kategorien hinweg kombiniert werden und ergeben eine große Anzahl möglicher Suchanfragen, die für Suchmaschinen wie Google oder DuckDuckGo geeignet sind. Mithilfe einer eigens entwickelten automatischen Suche werden die Ergebnisse von Suchmaschinen abgefragt und extrahiert.
3. Danach werden die Daten der Suchmaschinenergebnisse analysiert, um die Top-Domains mit relevanten Inhalten zu finden. Dieser Teil muss oft manuell durchgeführt werden, um die Identifizierung von UGC auf den entsprechenden Websites zu erleichtern.
4. Sobald eine Website mit passendem Content identifiziert ist, kann die Sammlung von Inhalten beginnen. Eine URL-Generierung muss individuell implementiert werden, während der Download-Prozess weitgehend automatisiert ist. Mithilfe eines speziell implementierten Extraktors wird der HTML-Code analysiert, um den Nettoinhalt zu ermitteln.
5. Der technisch anspruchsvollste Teil folgt danach und nutzt modernste KI-Technologie, um Erkenntnisse aus den Daten zu gewinnen.
6. Schließlich werden die Erkenntnisse kuratiert und in einer Präsentation (oder in einem Artikel) zusammengefasst.

### 39.4.2 Identifizierung nutzergenerierter Inhalte (UGC)

Da die Analyse von der Verwendung geeigneter Inhalte abhängt, ist ein beträchtlicher Aufwand für die Identifizierung der relevantesten Websites notwendig. Dieser Prozess nutzt Suchmaschinen und ahmt auf diese Weise das Verhalten der Nutzer nach.

Da nicht bekannt ist, wonach die Nutzer suchen, ist es sinnvoll, mit Schlüsselwörtern in verschiedenen Kategorien zu beginnen. Diese Schlüsselwörter müssen projektindividuell festgelegt und kategorisiert werden. Für jede Kategorie werden nur einige wenige Schlüsselwörter ausgewählt und durch semantisch ähnliche Wörter organisch erweitert. Hierfür werden Worteinbettungen, Suchmaschinenvorschläge und semantische Graphen verwendet.

Diese Suchergebnisse können in verschiedenen Dimensionen analysiert werden. Das primäre Interesse liegt im Fokus der Identifikation der Websites mit den häufigsten Inhalten. Daher werden die Ergebnisse in Bezug auf die Website zusammengefasst und dabei gezählt, wie oft sie in den ersten 30 Ergebnissen erscheinen. Diese Liste muss dann manuell klassifiziert werden, um zu bestimmen, ob die Websites redaktionelle oder nutzergenerierte Inhalte enthalten. Letztere können für die weitere Analyse genutzt werden.

Mithilfe von KI-gestützten Methoden wird dieser UGC analysiert. Bei diesem Ansatz kann die Privatsphäre der Nutzer geschützt werden. Einzelne Nutzerkommentare oder Beiträge bleiben unter Einhaltung strenger Datenschutzprotokolle unangetastet und ungeprüft. Alle Ergebnisse beruhen auf einer umfassenden Aggregation von Aussagen, die mithilfe von KI-gestützten Techniken, vor allem NLP, durchgeführt werden.

Weil Patienten nicht wie Fachleute oder Mediziner sprechen, werden Techniken der semantischen Transformation angewandt, um Elemente zu identifizieren, die mit den semantisch ähnlichen Begriffen verbunden sind. Die semantische Transformation beinhaltet die Manipulation von Textdaten, um ihre Darstellung zu ändern und gleichzeitig die zugrunde liegende Bedeutung zu erhalten oder zu verbessern. Sie ist für verschiedene NLP-Aufgaben wie Information Retrieval, Sentimentanalyse, maschinelle Übersetzung und Textzusammenfassung unerlässlich. Das Hauptziel der semantischen Transformation besteht darin, die Kluft zwischen den Feinheiten der menschlichen Sprache und dem maschinellen Verständnis zu überbrücken, damit Computer effektiver mit Textinformationen arbeiten können. Eine der grundlegenden Techniken für die semantische Transformation ist die Worteinbettung, z. B. Word2Vec, GloVe oder fastText. Diese Methoden wandeln Wörter oder Phrasen in hochdimensionale Vektoren um und positionieren sie in einem semantischen Raum, in dem ähnliche Bedeutungen zu nahe beieinander liegenden Vektoren führen. Durch diese Umwandlung werden semantische Beziehungen erfasst, die es den Algorithmen ermöglichen, Wortkontext und Ähnlichkeit zu verstehen.

Die Datenanalyse erfolgt in einer Reihe sorgfältig aufeinander abgestimmter Schritte, von denen jeder einzelne zu den Erkenntnissen beiträgt. Die folgenden Abschnitte beleuchten die Feinheiten dieser analytischen Reise und bieten eine klare und strukturierte Darstellung der verwendeten Methoden.

### 39.4.3 Topic Modeling

Um die Struktur einer großen Anzahl von Dokumenten (eines Korpus) zu verstehen, können Topic Models (Albrecht et al. 2021) verwendet werden. Dieser Ansatz ist in den letz-

**Abb. 39.2** Clustering im Vergleich zum Topic Modeling. (Quelle: Eigene Darstellung (2024))

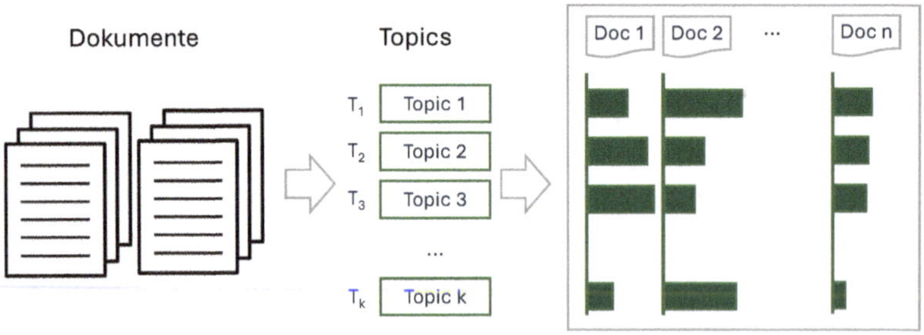


**Abb. 39.3** Hauptaufgaben von Topic Modeling. (Quelle: Eigene Darstellung (2024))

ten zehn Jahren sehr populär geworden (Blei 2012). Die Methodik kann die latente Struktur des Korpus aufdecken und Themen identifizieren. Das Hauptinteresse liegt dabei auf der Struktur und nicht auf der individuellen Zuordnung von Dokumenten zu Themen. Letzteres könnte durch Clusterbildung erreicht werden, eine ähnliche unüberwachte maschinelle Lernmethode (siehe Abb. 39.2).

Wie in Abb. 39.3 zu sehen ist, findet die Methode ausgehend von einer großen Anzahl von Dokumenten Themen und ihren Beitrag zu verschiedenen Dokumenten heraus (Řehůřek 2022). Gleichzeitig wird der Beitrag der Dokumente zu den Themen aufgedeckt. Beide Beziehungen können für eine Vielzahl von Analysen genutzt werden.

Diese unüberwachte Methode funktioniert sehr gut und kann in verschiedenen Dimensionen abgestimmt werden (Foong 2021). Ausgangspunkt ist die Dokument-Term-Matrix, die zählt, wie oft jedes Wort in jedem Dokument vorkommt. Das Vokabular wird nummeriert, jedes Wort erhält eine Position (z. B. in der Reihenfolge seines Auftretens). Stopp-Wörter, d. h. Wörter, die keine Bedeutung haben, können bereits in diesem Schritt eliminiert werden. Die Reihenfolge der Wörter in dem ursprünglichen Text geht dabei verloren; dies ist eine schwerwiegende Einschränkung und kann durch die Berücksichtigung von Zwei-Wort-Kombinationen (Bigrams) behoben werden. Die Dokument-Term-Matrix enthält die Wörter in den Spalten und die Dokumente in den Zeilen. Ihre Dimensionen sind (Anzahl der Dokumente) x (Anzahl der verschiedenen Wörter). Jede Zelle enthält die Anzahl, wie oft das Wort im Dokument vorkommt. Manchmal wird eine TF-IDF (Term

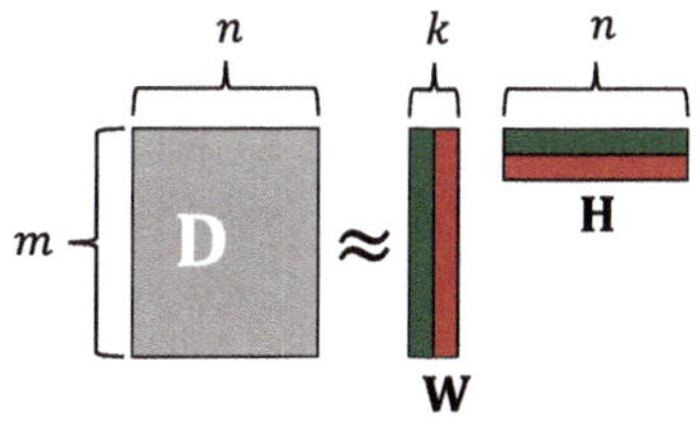


**Abb. 39.4** Zerlegung einer Dokument-Term-Matrix in eine Dokument-Topic- und Topic-Term-Matrix. (Quelle: Eigene Darstellung)

Frequency-Inverse Document Frequency) angewandt, um Wörter zu bestrafen, die sehr häufig im Korpus vorkommen (Arroyo-Fernández et al. 2019).

Die Matrix kann sehr groß werden und ist für eine direkte Interpretation nicht geeignet. Allerdings enthält die Matrix nur nicht-negative Einträge (oder 0). Alle derartigen Matrizen können in ein Produkt kleinerer Matrizen mit k Zeilen/Spalten zerlegt werden, wobei k der Rang der Dokument-Term-Matrix ist. Als Näherung kann ein k gewählt werden, das (viel) niedriger ist als der tatsächliche Rang, wodurch beide Faktormatrizen interpretierbar werden. Abb. 39.4 zeigt die Methode der nicht-negative Matrixfaktorisierung für die Topic Models:

Bei der Themenmodellierung wird die Dokument-Term-Matrix üblicherweise transponiert, d. h. sie besteht aus *n* Dokumenten und *m* Termen.

Um die allgemeinen Themen einer Online-Community qualitativ zu untersuchen, wird häufig zunächst ein solches Topic Modeling durchgeführt. Oft begrenzt man die Anzahl der Themen. Zur qualitativen Veranschaulichung können Word Clouds der Themen erstellt werden. Dabei müssen oft weitere Wörter eliminiert werden, da sie einen zu geringen semantischen Wert haben oder für die Analyse der Forschungsfrage nicht relevant sind.

Für die Analyse der zeitlichen Entwicklung der Themenmodelle kann die Größe jedes einzelnen Themas für bestimmte Zeiträume (z. B. Monate) berechnet werden. Das Ergebnis kann als Zeitreihe interpretiert und in einem Diagramm visualisiert werden. Für spätere Berechnungen wurden die Daten auch in das Excel-Format exportiert.

In dem Beispiel aus Abb. 39.5 ging es um die Themen, über die Patienten in einem Spätstadium einer Krebserkrankung sprachen (Scholz et al. 2024). Dazu wurde aus 500.000 Beiträgen ein NMF-Topic-Modell, das aus sechs verschiedenen Themen besteht. Um spezifischere Ergebnisse zu erhalten, wurden die 10.000 häufigsten englischen Wörter weggelassen.

### 39.4.4 Semantische Analyse

Auf der Basis der erfassten Inhalte können Word Embeddings (Albrecht et al. 2021) trainiert werden. Ausgehend von einem zentralen Wort können verwandte Wörter identifiziert werden. Zur Darstellung dieser Ähnlichkeiten wird ein Diagramm oder Graph verwendet.

**Abb. 39.5** Word Cloud-basierte Darstellung einer Topic Modelierung. (Quelle: Eigene Darstellung (2024))

Semantische Transformation im Bereich des NLP bezieht sich auf die fortgeschrittene Technik der Veränderung der Bedeutung oder Struktur eines Textes unter Beibehaltung seiner zugrunde liegenden semantischen Bedeutung (Aladakatti und Senthil Kumar 2023). Dieser Transformationsprozess ist ein wichtiger analytischer Ansatz, der neben anderen Methoden in der NLP-Forschung eingesetzt wird (Anantrasirichai und Bull 2022). Das Hauptziel der semantischen Transformation besteht darin, einen Text zu erzeugen, der die Kernbedeutung des ursprünglichen Inhalts beibehält, aber möglicherweise anders formuliert ist oder eine andere Stimmung, Betonung oder einen anderen Stil vermittelt. Durch semantische Transformation können sensible Informationen verschleiert werden, während die Gesamtbotschaft erhalten bleibt. Dies ist besonders nützlich bei sensiblen Forschungsthemen wie sie häufig im Gesundheitsbereich auftreten, wo die Analyse von Daten den Schutz der Privatsphäre erfordert. Durch die semantische Transformation kann der Anwendungsbereich von NLP erweitert und das Sprachverständnis verbessert werden.

In Abb. 39.6 wurde die semantische Transformation genutzt, um die Kernaspekte der Adhärenz zu einem Medikament aus Diskussionen einer Support-Community zu identifizieren (Scholz et al. 2024). Daraus ergaben sich mehrere bemerkenswerte Erkenntnisse. Erstens gab es einen bemerkenswerten Grad an semantischer Ähnlichkeit zwischen „Adhärenz" und Diskussionen über die Auswirkungen auf die Menstruationsfunktion, FSH und GnRH-Agonisten. Diese Themen tauchten häufig im Zusammenhang mit adjuvanten Stadien von Brustkrebs in Bezug auf die Hormontherapie auf, was auf einen starken thematischen Zusammenhang hinweist. Darüber hinaus beschränkten sich die Diskussionen über die Adhärenz nicht auf die Erfahrungen der Patientinnen, sondern erstreckten sich auch auf wissenschaftliche und methodische Diskussionen innerhalb der Community.

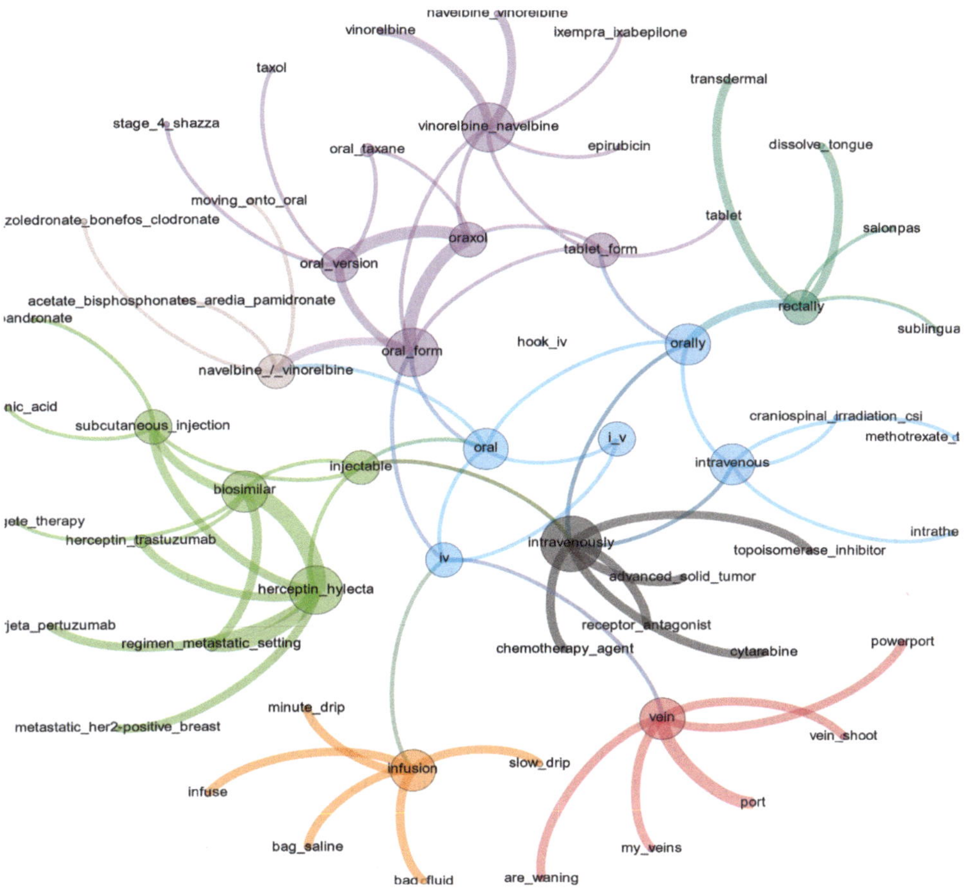


**Abb. 39.6** Beispiel eines semantischen Graphs. (Quelle: Eigene Darstellung (2024))

### 39.4.5 Herausforderungen im Gesundheitskontext

Im Gesundheitswesen steht der Datenschutz im Vordergrund, da Patientenfeedback oft sensible Informationen enthält. Daher ist es wichtig, personenbezogene Daten zu anonymisieren, bevor NLP-Analysen durchgeführt werden. Techniken zur automatischen Erkennung und Maskierung von persönlichen Daten (z. B. Namen oder Adressen) spielen hier eine zentrale Rolle. Zudem muss gewährleistet sein, dass alle NLP-Prozesse DSGVO-konform sind und die Privatsphäre der Patienten gewahrt bleibt.

Auch die Qualität der Daten stellt in diesem Zusammenhang eine Herausforderung dar. Patientenfeedback ist oft unstrukturiert und kann Tippfehler, medizinische Fachausdrücke oder Umgangssprache enthalten. NLP-Modelle benötigen jedoch konsistente und qualitativ hochwertige Daten für verlässliche Ergebnisse. Die individuelle Beurteilung der Datenqualität –hinsichtlich der Aktualität, der Heterogenität der Autorenschaft –, sowie die Analyse von Kontext- und domänenspezifischer Sprache ist daher ausschlaggebend für die Aussagekraft der Daten.

Im Zusammenhang mit der Sprache gilt es ebenso, unterschiedliche sprachliche und kulturelle Hintergründe von Patienten zu berücksichtigen. Daher müssen NLP-Modelle in der Lage sein, mehrsprachige Rückmeldungen zu verarbeiten. Cross-linguale Modelle und Übersetzungs-APIs helfen, diese Herausforderung zu bewältigen, wobei wiederum der Datenschutz und die kulturellen Unterschiede berücksichtigt werden müssen.

Die oben genannten Herausforderungen machen die Implementierung dieser Technologien komplex. Die Zukunft der NLP-Anwendung im Gesundheitswesen wird daher in der Entwicklung spezialisierter, sicherer und mehrsprachiger Modelle liegen, die auf die spezifischen Bedürfnisse der Branche zugeschnitten sind.

## 39.5 Ethik und Verantwortung beim Einsatz von NLP

Für einen verantwortbaren Einsatz von NLP auf den Patientenreisen können jetzt spezifische ethische Fragen adressiert werden, nachdem oben das Feld moralischer Themen im Bereich des KI-Einsatzes im Gesundheitswesen bereits grundsätzlich abgesteckt wurde. Der ethische Fokus versteht sich hier als ein wichtiger Beitrag des interdisziplinären Dialogs, mit dem dieser Einsatz von NLP zur Begleitung der Patient Journey tatsächlich im Dienst einer humanen und damit auch vertrauenswürdigen Patientenzentrierung steht. Die hierzu adressierten Themenfelder verorten die ethische Perspektive damit keineswegs in einem Gegenüber zu den technischen Möglichkeiten und damit verbundenen Chancen im Dienst der Patienten. Im Gegenteil führen sie zu einer ganzheitlichen Perspektive.

Die Vorzüge des Einsatzes sind also stets mit im Blick. So bietet die Integration von KI in Form von NLP in die Patient Journey vielversprechende Möglichkeiten zur Verbesserung der Versorgungsqualität. Effizienz besitzt hierbei einen eigenen ethischen Gehalt, da sie ceteris paribus die Verschwendung knapper Ressourcen reduziert oder gar verhindert. Durch die Analyse von Patientendaten können KI-Systeme dazu beitragen, Versorgungslücken zu identifizieren, Behandlungsabläufe zu optimieren und die Patientenerfahrung zu verbessern. Es muss allerdings sichergestellt werden, dass diese Optimierungen nicht zu einer Dehumanisierung der Gesundheitsversorgung führen und dass sie die individuellen Bedürfnisse und Wünsche der Patienten respektieren (Gerke et al. 2020). Für eine solche Diskussion sind Implikationen des NLP-Einsatzes auf der Patient Journey u. a. für die Kultur des menschlichen Miteinanders zu stellen. Erst recht müssen Bedenken zur Verwässerung menschlicher Würde gegenüber der „Würdigkeit" humanoider Artefakte ernst genommen werden (Nass und Schneider 2022). Solche Fragen können nun fokussiert adressiert werden.

1. **Datenschutz und Privatheit:** Wie auch ganz grundsätzlich, muss auch auf der Patientenreise der KI-Einsatz in Form von NLP den Erfordernissen des Datenschutzes genügen und das Recht auf Privatheit der Patienten berücksichtigen. Denn betroffen

sind hoch sensible Gesundheitsdaten. Deshalb ist eine Pseudonymisierung bei der Auswertung einer Vielzahl von Patientendaten (etwa aus Foren, Befragungen etc.) geboten. Für eine Optimierung individueller Patientenpfade aber braucht es gerade die personalisierten Daten. Sie dürfen nicht etwa in die Hände von Versicherungen kommen, wenn diese damit ihre Prämien individuell anpassen wollen oder etwa im Bereich der Privaten Krankenversicherung (PKV) sogar Patienten kündigen. Sie sollten auch nicht in die Hände von Arbeitgebern gelangen, die damit mögliche Karrierewege optimieren und andere blockieren könnten. Erst recht muss verhindert werden, dass etwa staatliche Stellen daraus Steuervorteile ziehen oder gar, dass die Daten in die Hände fremder, autoritärer Mächte kommen, die damit gezielt die freiheitliche Gesellschaft zersetzen könnten, etwa durch Einschüchterung oder auch gezielte individualisierte Gewaltanwendungen und Drohungen gegen Patienten.

2. **Transparenz:** Die oben bereits grundsätzlich angesprochene Transparenzthematik gilt für den NLP-Einsatz auf der Patient Journey in vollem Umfang. Es braucht leicht verständliche Zugänge auch für die Patienten, um die Funktionsweise dieser KI und deren Datennutzung zu verstehen. Das schafft Vertrauen durch eine faire Mitbeteiligung der Betroffenen.
3. **Verantwortung:** Auch im Blick auf die Frage nach der Verantwortung braucht es transparente Regelungen. Die KI selbst kann wohl nicht für mögliche Fehler des NLP-Einsatzes verantwortlich gemacht werden. Wohl eher schon derjenige (Arzt o. a.), der sie nutzt, sich der Fehlerpotenziale bewusst sein muss und deshalb stets zur kritischen Prüfung von KI-basierten Entscheidungen verpflichtet bleibt (Leveringhaus 2016).
4. **Humanität:** Die Möglichkeit einer Dehumanisierung durch den KI-Einsatz hat viele Facetten. Wesentliche davon sollen hier fokussiert werden.
   a. Versprochen wird eine neutrale, objektive Auswertung qualitativer Daten. Menschliche Gefühle wie etwa Sympathie, eigene Betroffenheit oder Angst, mit denen auswertende Forscher die Ergebnisse verfälschen würden und damit gegen eine Haltung der Epoché (Epoché ist das Aussetzen von Urteilen, um objektiv zu beobachten.) und der gebotenen Werturteilsfreiheit verstießen, werden so vermieden. Dieser Stärke gegenüber muss bedacht werden, dass eine Menschlichkeit in der Auswertung möglicherweise auch einmal das Menschliche der Patienten besser verstehen könnte. Denn in die Antworten der Patienten fließen auch Gefühle ein. KI kann diese zwar simulieren und möglicherweise beschreiben, doch sie hat selbst keine Gefühle, sodass eine Antenne des tieferen Verstehens fehlt. Deshalb ist zur Optimierung patientenzentrierter Diagnose und Therapie immer auch das persönliche Gespräch von MenschzuMensch einzubauen, um diese Verstehensdimension angemessen zu adressieren.
   b. Was schon der systemtheoretische Zugang von Niklas Luhmann zum Verstehen menschlichen Verhaltens lehrt, ist, dass der Mensch nicht einfach sozialen Gesetzen der Form: „Immer wenn, dann …“ folgt. Vielmehr ist menschliches Antworten und Handeln unendlich komplex. Gleiche Anreize bei der gleichen Person können zu

völlig unterschiedlichen Antworten und Handlungen führen, bedingt durch die unendlich komplexe Biografie eines jeden Menschen und seiner inneren Befindlichkeit. Deshalb muss in der Auswertung diese biografische Tiefe berücksichtigt werden. Da der Mensch also nicht wie ein Kaffeeautomat funktioniert, der nach Geldeinwurf und Knopfdruck wohl sicher das gewünschte Getränk auswirft, so müssen menschliche Antworten als Ergebnis einer nicht mathematisch zu kalkulierenden Disponiertheit betrachtet werden. Das heißt, es ist zur Auswertung qualitativer Daten Vorsicht bei der Interpretation erforderlich, gleiche Aussagen von Personen nicht immer einfach gleich zu interpretieren. Ein tieferes Verstehen bedarf stets der ganzheitlichen psychischen Anamnese der Person.

c. Auswertungen mithilfe von NLP wollen auch Krankheitsverläufe und Verhalten prognostizieren. Hierbei ist zu berücksichtigen, dass die für den Umgang mit Krankheit relevante Dimension eines Transzendenz-Bewusstseins von Menschen durch die KI zwar beschrieben, aber nicht verstanden wird. Wer etwa davon ausgeht, dass der Mensch eine Seele hat, entwickelt eine humane Empathie, die eine KI jedoch nicht besitzt. Der versteht Antworten und Gefühle anders. Es muss also mit bedacht werden, dass diese empathische Transzendenz-Dimension im Prozess der Dateninterpretation fehlt.

d. Bei der Auswertung großer Datenmengen mit dem Ziel, gleiche Muster zu erkennen, Verhalten und Reaktionen zu prognostizieren und mögliche präventive Vorkehrungen zu treffen, darf der womöglich schwerwiegende qualitative Wert von einzelnen oder seltenen Antworten nicht durch eine Vielzahl anderslautender Argumente oder Beschreibungen zum gleichen Phänomen einfach quantitativ beiseitegeschoben werden. Wenn etwa von 300 Patienten offenbar „nur" fünf Patienten in einer identifizierten Phase einer Krankheit massive Angstzustände haben, die anderen Befragten dieser Kohorte aber keinerlei solcher Symptome zeigten, so dürfen diese Antworten nicht einfach als irrelevant verrechnet werden. Jede einzelne Antwort für sich hat eine eigene Geschichte und hat einen Wert, hinter denen ein konkreter Mensch mit seiner unbedingten Würde steht. Solche Ausreißer müssen im Sinne der Wertschätzung jeder Person sehr ernst genommen und in die Gesamtauswertung zur Prognose des Krankheitsverlaufs einbezogen werden.

5. **Akzeptabilitätsperspektive:** Abschließend muss für eine ethische Fokussierung auch die zu kurz greifende Akzeptanzperspektive relativiert werden. Wenn etwa in einer Studie erschlossen wird, dass viele der Befragten den Einsatz von KI auf ihrem Patientenweg ablehnen, so könnte man daraus einfach den Schluss ziehen, dass man den Patienten nur die Vorzüge erklären und somit die Akzeptanz erhöhen sollte. Diese Konsequenz ist aber ethisch unterkomplex. Denn sie verliert aus dem Blick, dass es berechtigte ethische Bedenken geben kann, die zunächst ernst genommen und durch Verbesserung des NLP-Einsatzes in der Patient Journey aufgearbeitet werden müssen. Es geht nicht einfach um eine Steigerung der Akzeptanz, egal wie und wofür, sondern um die auch ethische Vertretbarkeit und damit die Akzeptabilität (Nass 2018). Erst das nimmt den mündigen Patienten ernst.

## 39.6 Schlussbetrachtung

Abschließend lässt sich festhalten, dass die Nutzung von NLP in der Gesundheitsversorgung erhebliche Potenziale bietet, um die patientenorientierte Journey zu verbessern. Die Analyse hat gezeigt, dass NLP sowohl die Erfassung als auch die Reaktion auf phasenspezifische Patientenbedürfnisse ermöglicht und damit die Basis für eine wirklich patientenzentrierte Versorgung schaffen kann. Dennoch müssen die Grenzen dieser Technologie beachtet werden, um einer voreiligen oder unkritischen Implementierung entgegenzuwirken.

Die Zukunft des Einsatzes von KI und NLP im Gesundheitswesen hält vielversprechende Szenarien bereit, in denen diese Technologien zur Optimierung von Behandlungsprozessen, Kommunikation und Entscheidungsfindung beitragen können. Damit NLP-Methoden jedoch nachhaltig in bestehende Gesundheitsstrukturen integriert werden, ist es entscheidend, dass normative Fragen wie Datenschutz, Transparenz und die Vermeidung der Dehumanisierung von Patienten beantwortet und berücksichtigt werden. Nur so kann die Akzeptanz und das Vertrauen der Beteiligten gewonnen und erhalten werden.

Es bleibt ein dringender Appell an alle Akteure gerichtet, NLP verantwortungsbewusst und im Einklang mit ethischen Grundsätzen zu nutzen. Der Schutz der menschlichen Würde und der zwischenmenschlichen Beziehungen muss im Zentrum jeder Anwendung stehen, um sicherzustellen, dass technologische Fortschritte stets im Dienste des Menschen bleiben.

## Literatur

Aladakatti, S. S., & Senthil Kumar, S. (2023). Exploring natural language processing techniques to extract semantics from unstructured dataset which will aid in effective semantic interlinking, In: International Journal of Modeling, Simulation, and Scientific Computing, 14(01):2243004-1-2243004-21, https://doi.org/10.1142/S1793962322430048

Albrecht, J., Ramachandran, S., & Winkler, C. (2021). Blueprints for text analysis using Python: Machine learning-based solutions for common real world (NLP) applications, O'Reilly Media, Sebastopol, California, USA.

Anantrasirichai, N., & Bull, D. (2022). Artificial intelligence in the creative industries: A review. In: Artificial Intelligence Review, 55(1):589–656. https://doi.org/10.1007/s10462-021-10039-7

Arroyo-Fernández, I., Méndez-Cruz, C.-F., Sierra, G., Torres-Moreno, J.-M., & Sidorov, G. (2019). Unsupervised sentence representations as word information series: Revisiting TF–IDF. Computer Speech & Language, 56(2019):107–129. https://doi.org/10.1016/j.csl.2019.01.005

Blei, D. M. (2012). Probabilistic topic models. In: Communications of the ACM, 55(4):77–84. https://doi.org/10.1145/2133806.2133826

Char, D. S., Shah, N. H., & Magnus, D. (2018). Implementing Machine Learning in Health Care—Addressing Ethical Challenges. In: The New England Journal of Medicine, 378(11):981–983. https://doi.org/10.1056/NEJMp1714229

Demner-Fushman, D., Mrabet, Y., & Ben Abacha, A. (2020). Consumer health information and question answering: Helping consumers find answers to their health-related information needs. In: Journal of the American Medical Informatics Association, 27(2):194–201. https://doi.org/10.1093/jamia/ocz152

Dreisbach, C., Koleck, T. A., Bourne, P. E., & Bakken, S. (2019). A systematic review of natural language processing and text mining of symptoms from electronic patient-authored text data. In: International Journal of Medical Informatics, 125(2019):37–46. https://doi.org/10.1016/j.ijmedinf.2019.02.008

Fairie, P., Zhang, Z., D'Souza, A. G., Walsh, T., Quan, H., & Santana, M. J. (2021). Categorising patient concerns using natural language processing techniques. In: BMJ Health & Care Informatics, 28(1)e100274. https://doi.org/10.1136/bmjhci-2020-100274

Foong, N. W. (2021). Introduction to Topic Modeling using Scikit-Learn: Explore 3 unsupervised techniques to extract important topics from documents (Towards Data Science, Ed.). https://towardsdatascience.com/introduction-to-topic-modeling-using-scikit-learn-4c3f3290f5b9, Abrufdatum: 16.11.2024

Formosa, P., & Ryan, M. (2021). Making moral machines: Why we need artificial moral agents. In: AI & SOCIETY, 36(3):839–851. https://doi.org/10.1007/s00146-020-01089-6

Gerke, S., Minssen, T., & Cohen, G. (2020). Ethical and legal challenges of artificial intelligence-driven healthcare. In: Bohr, A. & Memarzadeh, K. (Eds.), Artificial Intelligence in Healthcare, (pp. 295–336), Elsevier, London, UK. https://doi.org/10.1016/B978-0-12-818438-7.00012-5

Gonzalez-Hernandez, G., Sarker, A., O'Connor, K., & Savova, G. (2017). Capturing the Patient's Perspective: A Review of Advances in Natural Language Processing of Health-Related Text. In: Yearbook of Medical Informatics, 26(01):214–227. https://doi.org/10.15265/IY-2017-029

Holzinger, A., Biemann, C., Pattichis, C. S., & Kell, D. B. (2017). What do we need to build explainable AI systems for the medical domain? arXiv:1712.09923. https://doi.org/10.48550/arXiv.1712.09923

Jiang, F., Jiang, Y., Zhi, H., Dong, Y., Li, H., Ma, S., Wang, Y., Dong, Q., Shen, H., & Wang, Y. (2017). Artificial intelligence in healthcare: Past, present and future. In: Stroke and Vascular Neurology, 2(4): 230–243. https://doi.org/10.1136/svn-2017-000101

Kocaballi, A. B., Berkovsky, S., Quiroz, J. C., Laranjo, L., Tong, H. L., Rezazadegan, D., Briatore, A., & Coiera, E. (2019). The Personalization of Conversational Agents in Health Care: Systematic Review. In: Journal of Medical Internet Research, 21(11):e15360. https://doi.org/10.2196/15360

Koleck, T. A., Dreisbach, C., Bourne, P. E., & Bakken, S. (2019). Natural language processing of symptoms documented in free-text narratives of electronic health records: A systematic review. In: Journal of the American Medical Informatics Association, 26(4)364–379. https://doi.org/10.1093/jamia/ocy173

Lemon, K. N., & Verhoef, P. C. (2016). Understanding customer experience throughout the customer journey. In: Journal of Marketing, 80(6):69–96. https://doi.org/10.1509/jm.15.0420

Leveringhaus, A. (2016). Ethics and Autonomous Weapons. Palgrave Macmillan, London, UK. https://doi.org/10.1057/978-1-137-52361-7

McCarthy, S., O'Raghallaigh, P., Woodworth, S., Lim, Y. L., Kenny, L. C., & Adam, F. (2016). An integrated patient journey mapping tool for embedding quality in healthcare service reform. In: Journal of Decision Systems, 25(1):354–368. https://doi.org/10.1080/12460125.2016.1187394

Nass, E. (2018). Akzeptabilität als Kriterium ethischer Technik-Bewertung – Methodologie und eine christliche Anwendung. In: Zeitschrift für medizinische Ethik, 64(4):387–399. https://doi.org/10.14623/zfme.2018.4.387-399

Nass, E., & Schneider, M. (2022). Maschinen mit Moral für eine gute Pflege der Zukunft?, In: Pfannstiel M. A. (Ed.), Künstliche Intelligenz im Gesundheitswesen; Entwicklungen, Beispiele und Perspektiven, (pp. 311–323). Springer Gabler Verlag. Wiesbaden. https://doi.org/10.1007/978-3-658-33597-7_13

Niescken, S. H. (2021). Nebeneffekte der Nutzung eines Depressionsforums: Identifizierung und Quantifizierung problematischer Ratschläge zu Antidepressiva und den erkennbaren Umsetzungsabsichten mit Methoden des Text Minings und des Natural Language Processings. Martin-Luther Universität Halle-Wittenberg (Hrsg.), Halle (Saale). https://doi.org/10.25673/55189

Ponsford, J., Lee, N. K., Wong, D., McKay, A., Haines, K., Alway, Y., Downing, M., Furtado, C., & O'Donnell, M. L. (2016). Efficacy of motivational interviewing and cognitive behavioral therapy for anxiety and depression symptoms following traumatic brain injury. In: Psychological Medicine, 46(5):1079–1090. https://doi.org/10.1017/S0033291715002640

Řehůřek, R. (2022). Gensim: Topic modelling for humans. Gensim (Ed.), https://radimrehurek.com/gensim/, Abrufdatum: 16.11.2024

Scholz, S., Winkler, C., & Niescken, S. (2024). AI-based big data analysis of user-generated content to understand adherence in oral hormone receptor-positive advanced breast cancer treatment: A literature review and patient-centered approach using natural language processing. In: Journal of Digital Health, 3(1)17–34. https://doi.org/10.55976/jdh.32024126917-34

Schütte, S., Acevedo, P. N. M., & Flahault, A. (2018). Health systems around the world – a comparison of existing health system rankings. In: Journal of Global Health, 8(1):010407. https://doi.org/10.7189/jogh.08.010407

Sheikhalishahi, S., Miotto, R., Dudley, J. T., Lavelli, A., Rinaldi, F., & Osmani, V. (2019). Natural Language Processing of Clinical Notes on Chronic Diseases: Systematic Review. In: JMIR Medical Informatics, 7(2):e12239. https://doi.org/10.2196/12239

Spasic, I., & Button, K. (2020). Patient Triage by Topic Modeling of Referral Letters: Feasibility Study. In: JMIR Medical Informatics, 8(11):e21252. https://doi.org/10.2196/21252

Topol, E. J. (2019). High-performance medicine: The convergence of human and artificial intelligence. In: Nature Medicine, 25(1):44–56. https://doi.org/10.1038/s41591-018-0300-7

Trebble, T. M., Hansi, N., Hydes, T., Smith, M. A., & Baker, M. (2010). Process mapping the patient journey: An introduction. In: BMJ, 341(2010):c4078. https://doi.org/10.1136/bmj.c4078

Vayena, E., Blasimme, A., & Cohen, I. G. (2018). Machine learning in medicine: Addressing ethical challenges. In: PLoS Medicine, 15(11):e1002689. https://doi.org/10.1371/journal.pmed.1002689

Vogenberg, F. R., & Santilli, J. (2018). Healthcare Trends for 2018. In: American Health & Drug Benefits, 11(1):48–55.

Zyumbileva, P., Uebe, M., Rudolph, S., & von Kalle, C. (2022). Den Patienten wirklich verstehen lernen: Real-world-Evidenz aus der „patient journey“. Prävention und Gesundheitsförderung. https://doi.org/10.1007/s11553-022-00984-8

**Prof. Dr. Stefanie Scholz** konzentriert sich in ihrer Arbeit auf die Entwicklung und Implementierung von KI-basierten Lösungen im Gesundheitswesen. Ein besonderer Schwerpunkt liegt dabei auf der Anwendung von Machine-Learning-Methoden zur Optimierung von Prozessen in der Gesundheitsversorgung sowie der Analyse patientenspezifischer Daten. Als Professorin für Data Science in Social Economy an der SRH University of Applied Sciences am Campus Fürth fördert sie den Einsatz von Künstlicher Intelligenz und datengetriebenen Ansätzen in sozialen und gesundheitsbezogenen Institutionen. Ihre Forschung und Lehre zielen darauf ab, innovative KI-Technologien zu nutzen, um das Gesundheitswesen effizienter und patientenorientierter zu gestalten.

**Prof. Dr. Dr. Elmar Nass,** Kölner Hochschule für Katholische Theologie, Lehrstuhl Christliche Sozialwissenschaften und gesellschaftlicher Dialog, Prorektor der Hochschule. Forschung vor allem zu sozialethischen Fragen der Wirtschaft, Gesellschaft, Gesundheit und Technik. Aktuelle Publikationen zur Anwendung Künstlicher Intelligenz und zu China als globaler Herausforderung.

**Prof. Dr. Christian Winkler** beschäftigt sich seit vielen Jahre mit künstlicher Intelligenz, speziell in der automatisierten Analyse natürlichsprachiger Texte (NLP). Als Professor an der TH Nürnberg konzentriert sich seine Forschung auf die Optimierung von User Experience mithilfe moderner Verfahren. Er forscht und publiziert zu Natural Language Processing und ist regelmäßig Sprecher auf Machine Learning-Konferenzen.

# Einsatz von Foundation-Modellen entlang der Patientenreise

# 40

Dario Antweiler, Stefan Rüping und Stefan Wrobel

## Inhaltsverzeichnis



**Zusammenfassung**

Foundation-Modelle haben sich als dominante Architektur der aktuellen Generation von KI-Modellen etabliert. Unter dem Schlagwort der „generativen KI" verändern sie radikal ganze Wirtschaftsbranchen. Auch in der Medizin verspricht die neue Technologien Potenziale in vielfältigen Formen. Die Patientenreise kann auf Grund der Masse an Textdokumenten, Vielzahl an Entscheidungen und steigenden Effizienzzwängen besonders vom Einsatz profitieren. Der Einsatz von Foundation-Modellen wird durch verschiedene Einsatzszenarien verdeutlicht, wobei wesentliche Unterschiede zu bisherigen Ansätzen hervorgehoben werden. Die spezifischen Besonderheiten dieser Modelle

D. Antweiler (✉) · S. Rüping · S. Wrobel
Fraunhofer IAIS, Sankt Augustin, Deutschland
E-Mail: dario.antweiler@iais.fraunhofer.de; stefan.rueping@iais.fraunhofer.de; stefan.wrobel@iais.fraunhofer.de



M. A. Pfannstiel (Hrsg.), *Künstliche Intelligenz im Einsatz für die erfolgreiche Patientenreise*, https://doi.org/10.1007/978-3-658-48573-3_40

sowie die möglichen Anwendungen im Gesundheitswesen werfen neue Fragestellungen und Herausforderungen auf. Diese Hürden werden strukturiert dargestellt, mögliche Lösungsansätze erläutert und abschließend der Aspekt der Vertrauenswürdigkeit von KI detailliert untersucht.

## 40.1 Einleitung

Der Einsatz von KI im Gesundheitswesen birgt das Potenzial, die Herausforderungen im Spannungsfeld von komplexen Prozessen, umfangreichen Informationsmengen sowie Kosten- und Personaldruck zu bewältigen. Die aktuellen Entwicklungen umfassen einen zunehmenden Fachkräftemangel, eine steigende Verfügbarkeit von Daten durch neue Geräte, verstärkte Digitalisierung, erhöhte Rechenleistung sowie steigende Kosten im Gesundheitswesen und eine hohe Arbeitslast. Durch die Integration von KI und die damit einhergehende Digitalisierung der Abläufe entsteht die Chance für eine individualisierte Versorgung der Patienten. Entlang der gesamten Wertschöpfungskette ergeben sich dadurch neue Anwendungsbereiche für Künstliche Intelligenz (vgl. Abb. 40.1). Das Gesundheitswesen ist für generative Künstliche Intelligenz die nach Prognosen am stärksten wachsende Branche über die kommenden Jahre. Die wachsende Verfügbarkeit und sinkenden Kosten dieser Technologie sind einer der Haupttreiber dieser Entwicklung. Andererseits bringen diese Anwendungen neue Herausforderungen und Risiken mit sich. In kürzester Zeit müssen sich Regulatorik, Infrastruktur, Geschäftsmodelle und Mitarbeitende anpassen und viele Berufsbilder verändern sich. Dieser Beitrag zeigt die Potenziale und Anforderungen auf.

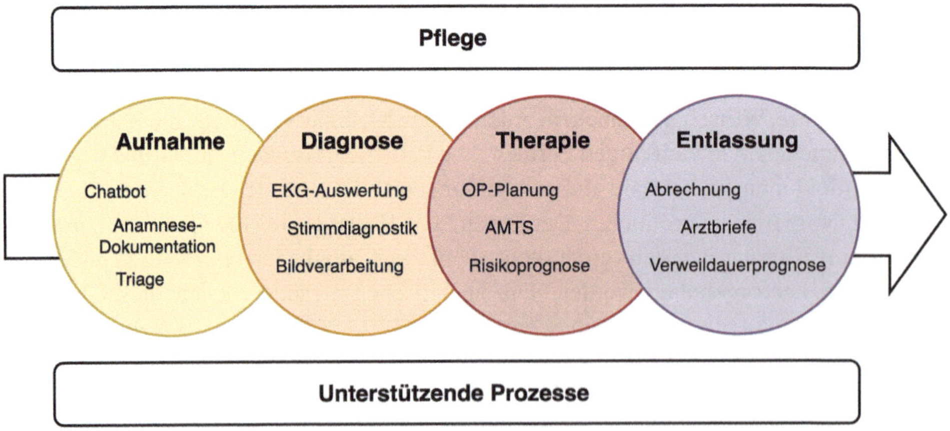


**Abb. 40.1** Die Wertschöpfungskette im Krankenhaus umfasst verschiedene Phasen, von der Aufnahme über die Diagnose und Therapie bis hin zur Entlassung, einschließlich der Pflege und unterstützenden Prozesse. In jedem Schritt können Foundation-Modelle eine Unterstützung geben. (Quelle: Eigene Darstellung (2024))

## 40.2 Künstliche Intelligenz, Machine Learning und Deep Learning

Die Thematik der Künstlichen Intelligenz existiert bereits seit den 50er-Jahren als Teil der Informatik. Es befasst sich generell mit dem Nachahmen menschlicher Fähigkeiten durch Computer, insbesondere sehen, verstehen, schreiben, hören und sprechen. Auch die Robotik (darunter auch die Medizinrobotik) kann zu diesem Feld gezählt werden. Nachdem einige Rückschläge das Feld nachhaltig transformiert haben, entwickelte sich in den 80er-Jahren der Ansatz, anstatt durch explizite Anweisungen und Regelsysteme stattdessen auf einen datenbasierten Lernansatz zu setzen. Durch eine große Anzahl von Beispielen und eine Zielvorgabe, erlernt das System selbstständig Zusammenhänge. Diese Gruppe von Methoden wurde „Maschinelles Lernen" getauft und erfreute sich großer Beliebtheit, besonders durch wachsende Datenverfügbarkeit, verbesserte Rechenkapazitäten sowie immer komplexeren Fragestellungen. Datenbasiertes Lernen ermöglicht eine schnellere und umfangreichere Entwicklung von Modellen im Vergleich zu manuell erstellten Expertensystemen. Die eingesetzten Algorithmen im Maschinellen Lernen sind vielfältig und reichen von klassischer Regression über Entscheidungsbäume und geometrischen Verfahren bis hin zu bayesscher Optimierung aus der Wahrscheinlichkeitstheorie. Unterschiede ergeben sich durch die verwendbaren Datenformate sowie die Geschwindigkeit und Robustheit der Algorithmen. Gemeinsam ist allen Methoden der notwendige Aufwand zu Beginn einer Modellierung in Form einer Datenvorverarbeitung und Featuregenerierung. Dabei müssen aus vorhandenen Rohdaten sinnvolle Features abgeleitet werden, die eine für den spezifischen Anwendungsfall wichtige Eigenschaft transportieren. Nur auf Basis solcher beschreibenden Merkmale kann eine Methode den Zusammenhang zwischen Inputdaten und Output-Variable modellieren. Häufig ist für diesen Schritt erhebliches fachliches Vorwissen sowie Expertise im Bereich Data Science notwendig und damit ein limitierender Faktor.

In den 2010er-Jahren erfuhr eine bereits früher entwickelte Methode neuen Aufschwung, die sogenannten neuronalen Netzwerke. Sie adressieren das Problem der manuellen Featuregenerierung, in dem sie diesen Schritt durch einen reinen datenbasierten Lernansatz ersetzen. In der simpelsten Bauweise ist ein neuronales Netzwerk eine Verschachtelung nichtlinearer Funktionen in Form eines Netzwerks. Die Neuronen als Bausteine des Netzwerks verarbeiten den Input und geben ihn an verknüpfte Nachbarn weiter. Das Anlernen des Netzwerks bezeichnet dann die Anpassung der Vernetzungsstärke unter benachbarten Neuronen mit dem Ziel die Trainingsdaten möglichst gut zu modellieren. Bestehen diese Netzwerke aus mehreren Ebenen, so wird von tiefen neuronalen Netzen („Deep Learning") gesprochen. Neurale Netze sind mittlerweile weitverbreitet und werden auch in der Medizin intensiv eingesetzt, darunter für die Krebserkennung auf radiologischen Aufnahmen und der Pathologie zur Klassifikation von Zellen.

## 40.3 Begriffsklärung „Foundation-Modell"

Durch die Fortschritte im Bereich der KI-Systeme, insbesondere in der Text- und Sprachverarbeitung, wurden bahnbrechende Erfolge mit der Entwicklung von sogenannten Foundation-Modellen erzielt. Diese Modelle ermöglichen die Umsetzung von Use Cases, die zum Zeitpunkt ihrer Entwicklung nicht voraussehbar waren. Zugleich lösen sie Aufgaben mit einer verbesserten Qualität und benötigen weniger Trainingsdaten. Ein zentraler Bestandteil bei der Entstehung dieser Modelle ist die Transformer-Architektur und deren Training durch selbstüberwachtes Lernen. Die Fähigkeit solcher Modelle, komplexe Zusammenhänge auf Basis großer Textmengen und anderer Datentypen abzubilden, bildet die Grundlage für Large Language Models (LLMs), die vor allem durch den Erfolg von Chatbots wie z. B. ChatGPT breite Anwendung finden. Multimodale Modelle können mehrere Datentypen gleichzeitig als Input oder Output verarbeiten. In den letzten Jahren ist eine große Vielfalt an Foundation-Modellen veröffentlicht oder verfügbar gemacht worden. Diese Angebote bieten sehr unterschiedliche Vor- und Nachteile (vgl. Tab. 40.1).

Eine faszinierende Eigenschaft von LLMs ist ihre Fähigkeit, auf Anweisungen, auch als Prompts bezeichnet, zu reagieren und kohärente, anweisungsspezifische Antworttexte zu generieren. Im Gegensatz zu früheren Modellen, die für spezifische Aufgaben angepasst werden mussten, benötigen LLMs kein aufgabenspezifisches Training („fine-tuning"). Sie können durch Anweisungen dazu gebracht werden, Aufgaben zu lösen, was auch als „zero-shot-learning" bekannt ist. Die sehr große Komplexität dieser Modelle, die teilweise Billionen von Parametern umfassen, stellt jedoch Herausforderungen dar. Zum einen erfordert der Betrieb und das Training solcher Modelle leistungsfähige Hardware, zum anderen können die Ergebnisse schwer auf ihre Ursprünge zurückverfolgt werden. Gelegentlich können LLMs auch „halluzinieren", indem sie Antworten generieren, die keine faktische Grundlage in den Trainingsdaten haben. In unserer Forschung arbeiten wir an Methoden zur Erkennung, Reduzierung und Vermeidung solcher Probleme.

**Tab. 40.1** Unterschiede zwischen verfügbaren Foundation-Modellen. (Quelle: Eigene Darstellung (2024))

| | | |
|---|---|---|
| **Nutzungslizenz** | Offene Lizenz (z. B. MIT, CC0) | Proprietäre Lizenz |
| **Zugang** | Download des trainierten Modells | API-Zugriff |
| **Sprache** | Einsprachig | Mehrsprachig |
| **Thematischer Fokus** | Allgemein | Medizin |
| **Fine-Tuning** | Vervollständigung von Eingaben | Instruction-tuned |
| **Größe** | 7B, 70B, 540B bzw. unbekannte Größe (GPT-4o) | |

## 40.4 Foundation-Modelle in der Medizin

Foundation-Modelle haben mittlerweile auch in der Medizin eine zunehmend wichtige Rolle eingenommen. Eine enorme Menge an Informationen liegt in Form von Volltexten wie Arztbriefen, Befunden, Protokollen oder OP-Berichten vor. Das Durchsehen dieser Texte ist eine der zeitaufwändigsten Aufgaben des klinischen Personals. Darüber hinaus sind die Informationen oft nur schwer für Entscheidungsunterstützungssysteme zugänglich. Große Sprachmodelle können bereits heute automatisiert relevante Informationen aus Texten extrahieren und strukturiert speichern. Obwohl viele Informationen bereits in digitaler Form vorliegen, sei es in Entlassbriefen, Registereinträgen oder Verlaufsdokumentationen, werden im Gesundheitswesen viele Texte nach wie vor manuell verfasst sowie gelesen. Angesichts des zunehmenden Personalmangels, mit mehr Teilzeitkräften, einem beträchtlichen Anteil der Ärzteschaft kurz vor dem Rentenalter, sowie der steigenden klinischen Arbeitslast, sind innovative Ansätze dringend erforderlich.

Foundation-Modelle können hierbei eingesetzt werden, um automatisiert Textvorschläge zu generieren und somit Arbeitszeit für Tätigkeiten an Patientinnen und Patienten freimachen. Ein entscheidender Vorteil besteht darin, dass Foundation-Modelle ein umfangreiches medizinisches Wissen akkumulieren können. Im Vergleich zum medizinischen Personal können sie effizienter auf ihr diagnostisches Wissen zugreifen und werden, vorerst jedoch nur in einem experimentellen Umfeld, sogar in Bezug auf ihre Fähigkeit, sich empathisch gegenüber den Patienten auszudrücken, als überlegen angesehen.

**Beispiel Multiple Sklerose**

Die Medizin ist ein breites Einsatzgebiet, mit unterschiedlichsten Fachgebieten mit jeweils anderen Fachkulturen, Anforderungen und Entwicklungsgeschichten. Daher muss auch der Einsatz von künstlicher Intelligenz passgenau sein. Betrachten wir das Beispiel Multiple Sklerose (MS): Als höchst komplexe chronische Erkrankung mit vielen verschiedenen Verlaufsformen und Therapien und einer hohen Fallzahl kann MS besonders von intelligenten KI-basierten Ansätzen profitieren. Fortschritte in der Behandlung von MS werden in separaten Journals publiziert und auf Konferenzen vorgestellt (Lane et al. 2022). Gemeinsam mit krankheits-spezifischen Leitlinien und Standard Operating Procedures (SOPs) müssen diese Erkenntnisses in LLMs integriert werden.

Die Therapie-Formen und der Behandlungsablauf von MS-Patienten unterscheidet sich von anderen Erkrankungsformen, inklusive des verwendeten Vokabulars und der Dokumentationsprinzipien. Vorhandene Datenmodalitäten besonders in der Bildgebung (z. B. MRT des Gehirns oder der Wirbelsäule) sind spezifisch für MS und müssen bei bildbasierter KI beachtet werden. Die Kommunikation zwischen ärztlichem Personal und Patienten sowie deren Angehörigen muss auf MS zugeschnitten sein und kann durch intelligenten Chatbots basierend auf LLMs unterstützt werden. Ebenfalls kann die Dokumentation der MS-Behandlung, die Entscheidungsunterstützung sowie die Translation von Forschung in Klinik und Ausbildung vom Einsatz von LLMs profitieren (Inojosa et al. 2024).

## 40.5 Einsatzszenarien für Foundation-Modelle entlang der Patientenreise

Die Patientenreise beschreibt alle Stationen und Prozesse, die bei der Behandlung eines Patienten auftreten können. Es lohnt sich die Einsatzmöglichkeiten von Foundation-Modellen innerhalb dieser Struktur zu betrachten, da viele Technologien mehrfach nützlich sind, ineinandergreifen und voneinander abhängig sind. Innerhalb der großen Anzahl von Einsatzmöglichkeiten für textbasierte KI im Krankenhaus, betrachten wir hier spezielle nur diese mit Potenzial für den Einsatz von Foundation-Modellen (Klug et al. 2024).

**Medizinischer Chatbot für Patienten**
Eine große Herausforderung im Gesundheitswesen ist die effiziente Steuerung von Patientenflüssen. Viele Patienten sind sich nicht allen verfügbaren Einrichtungen der Gesundheitsversorgung bewusst oder zumindest deren Unterschieden. Dadurch begeben sich viele Patienten zu spät in die ärztliche Versorgung oder finden sich in einer Notfallambulanz ein, obwohl eine andere Versorgung adäquater gewesen wäre. Hier können niedrigschwellige Angebote für Patienten einen Mehrwert bieten, darunter auch medizinische Chatbots. Beispielweise als Smartphone-Applikation oder Web-App bieten sie auf Basis einer kurzen automatisierten Befragung hinsichtlich Symptome, deren Dauer und Art eine Ersteinschätzung ggfs. bereits inklusive einer Empfehlung für die nächsten Schritte. Dadurch kann eine Aufklärung über medizinische Angebote mit einer Steuerung der Patientenströme kombiniert werden. Zum Einsatz kommen im Hintergrund Foundation-Modelle, welche die Fragestellung und Antworten der Patienten auswerten, mit medizinischem Wissen anreichern und proaktiv Nachfragen stellen. Besonders die Flexibilität der Modelle sowie die Möglichkeit Hintergrundwissen einzupflegen sind wesentliche Gründe für deren Erfolg. Die Ergänzung von Dokumenten als Informationsbasis findet beispielsweise mittels Retrieval-Augmented Generation (RAG) statt und zeigt deutliche Erfolge (Xiong et al. 2024).

**Zusammenfassung von Dokumenten**
Die Erstellung von Notizen über ein Arzt-Patienten-Gespräch zählt zu den aufwändigen und dennoch höchst wichtigen Aufgaben des ärztlichen Personals. Bei einer Übergabe oder der Entlassung des Patienten sind idealerweise die wesentlichen Informationen übersichtlich einsehbar. Die automatische Erstellung von Zusammenfassungen zählt zu den bekanntesten Anwendungsfällen von NLP-Methoden. Daher gibt es auch bereits Ansätze für den Einsatz in der Medizin (Ben Abacha et al. 2023). Besonders für das Anamnesegespräch eignet sich eine solche Anwendung, die auf Basis eines aufgezeichneten Transkripts die wesentlichen Informationen zu Vorerkrankungen, Medikationen, Allergien und familiärer Geschichte identifiziert und zusammenfast.

**Extraktion von Informationen aus medizinischen Dokumenten**
Informationen über Patienten liegen häufig als papierbasierte Dokumente vor. Dokumenten-Scans sind zunächst nicht durchsuchbar oder maschinenlesbar. Ein Lösungsansatz ist die Digitalisierung der Dokumente und anschließende automatische Extraktion der enthaltenen Informationen durch KI-Algorithmen. Dies ermöglicht die Ablage strukturierter Informationen in der elektronischen Patient:innenakte (ePA). Zum Einsatz kommen NLP-Methoden für die Identifikation und Extraktion von Entitäten und Relationen aus Volltexten (Hu et al. 2024). Weiterhin gibt es viele Textdokumente, die innerhalb eines Krankenhauses erstellt werden, darunter Radiologie- und Pathologiebefunde, Verlaufsdokumentationen oder Protokolle von Tumorboards. In vielen Fällen enthalten diese Dokumente wichtige Informationen für den weiteren Behandlungsverlauf. Daher sind heutzutage erfahrene Mitarbeitende vielerorts damit beschäftigt, diese Informationen händisch zu erkennen und in eine strukturierte Form zu überführen, beispielsweise eine Tumordokumentation. Diese Tätigkeit kann durch Foundation-Modelle unterstützt werden, die automatisch vordefinierte Entitäten erkennen und extrahieren (Truhn et al. 2023). Dann stehen die Informationen in strukturierter Form für nachfolgende Prozesse zur Verfügung.

**Entscheidungsunterstützung**
Foundation-Modelle können im klinischen Kontext auch bei Entscheidungen nützlich sein. Sowohl für die Differenzialdiagnostik als auch für die Interpretation von Befunden oder der Auswahl von Therapien gibt es erste erfolgreiche Ansätze. Studien prüfen den Einsatz bei Tumorboards, Medikationsmanagement und Auswertung von Leitlinien. Dabei müssen alle Informationen in digitaler Textform vorliegen oder auf sogenannte multimodale Modelle zurückgegriffen werden, die neben Text auch mit Bildern oder Sprache als Input umgehen können. Zurzeit sind die Ergebnisse der Modelle nicht robust genug, um voll automatisiert eingesetzt zu werden. Sind alle Informationen über eine Patientin vorab vorhanden, erreichen einige Modelle nahezu menschliche Performanz. Im deutlichen realistischeren Szenario bei dem die Daten schrittweise abgefragt und Nachuntersuchungen angeordnet werden müssen, schneiden die Modelle deutlich schlechter ab (Hager et al. 2024).

**Vorplanung klinischer Studien**
Die Planung einer klinischen Studie kann Monate dauern, und nach der Festlegung der klinischen Endpunkte muss die erforderliche Fallzahl für die statistische Validität berechnet werden. Eine große Herausforderung ist die Rekrutierung einer ausreichenden Zahl von Patienten. Einer Metaanalyse zufolge scheitern mehr als 20 % der Studien an einer unzureichenden Rekrutierung (Fogel 2018). Die Identifikation von geeigneten Patienten auf Basis der Ein- und Ausschlusskriterien spielt hierbei die größte Rolle. Typischerweise werden diese Kriterien händisch durch das Personal mittels Abgleichs der Daten in den Krankenhaussystemen geprüft. Dieser Vorgang ist langwierig und fehleranfällig. An dieser Stelle setzen Foundation-Modelle an und bieten die Möglichkeit eines automatisierten Matchings.

Patient-Trial-Matching (PTM) nutzt KI-Algorithmen zur Bewertung der Eignung von Patienten für klinische Studien, indem unstrukturierte patienten- und studienbezogene Dokumente analysiert werden. Dabei können die Quellen separat ausgewertet oder in einen gemeinsamen Vektorraum eingebettet werden. Das Matching erfolgt entweder durch die Berechnung von Übereinstimmungen oder als Klassifikationsmodell, das Akten als passend, widersprüchlich oder neutral einstuft. Die Automatisierung mittels Foundation Models kann dabei die Effizienz klinischer Studien erheblich verbessern.

**Erkennung von unerwünschten Nebenwirkungen**
Medikamente müssen sowohl während ihrer Entwicklung als auch nach Zulassung auf unerwünschte Nebenwirkungen untersucht werden. Dieser Prozess gehört zur Aufgabe der Pharmakovigilanz innerhalb der Pharmakologie. In 10–20 % der Krankenhausaufenthalte treten unerwünschte Arzneimittelwirkungen auf (Weiss et al. 2018). Nebenwirkungen können in sehr unterschiedlichen Formen auftreten, darunter neuauftretende Symptome, veränderte Laborwerte oder entstehende Schmerzen. Um eine statistisch aussagekräftige Analyse durchführen zu können, muss eine große Menge an klinischer Dokumentation systematisch untersucht werden. Dabei können Foundation-Modelle helfen, um unerwünschte Nebenwirkungen automatisch zu detektieren und zu klassifizieren (Chopard et al. 2021; Portelli et al. 2021).

**Sprachbasierte Dokumentation**
Ein Beispiel aus dem Bereich der Unfallchirurgie bietet das Projekt „TraumAInterfaces" mit dem entwickelten Prototyp des „TraumAgenten". Dabei ist das Ziel eine Entscheidungsunterstützung für das Schockraum-Team während einer Schwerverletztenbehandlung. Die Arbeit im Schockraum ist geprägt durch eine große Menge an Informationen die von einem multidisziplinären Team als Basis für eine Vielzahl von Entscheidungen verarbeitet werden muss. Nachträglich ist zudem die Dokumentation jeden einzelnen Falles in einem umfangreichen Protokoll notwendig. In beiden Fällen können Foundation-Modelle unterstützen. Während der Behandlung zeichnet ein Mikrofon-System die Vorgänge im Raum auf und erstellt ein Transkript. Dieses wird als Grundlage für ein Modell genutzt, welches zusätzlich auf vorhandene Leitlinien und wissenschaftliche Literatur zugreifen kann. Diese Kombination macht es möglich, den vorliegenden Fall zu analysieren und auf den empfohlenen Standardablauf abzubilden. Damit ergeben sich konkrete Handlungsempfehlungen, die dem Team in Realzeit angezeigt und anschließend im Team-Timeout diskutiert werden können. Im Anschluss an die Behandlung wird das erstellte Transkript zusätzlich verwendet, um den obligatorischen Registerbogen zu befüllen. Der Schockraum-Leader muss die Eintragungen lediglich überprüfen bzw. ergänzen und wertvolle Zeit wird eingespart (Meyer et al. 2024).

**Arztbriefgenerierung**
Der Arztbrief stellt eine der wichtigsten Kommunikationsmittel zwischen behandelnden Ärzten, Hausärzten und Patienten dar. Die Erstellung von Arztbriefen ist zeitaufwändig und ressourcenintensiv. Wichtige Informationen über den Behandlungsverlauf müssen unbedingt enthalten sein. Foundation-Modelle können dabei helfen automatische Text-Vorschläge zu erstellen. Dabei werden strukturierte Informationen aus der Patientenakte in den Text integriert. Ein intuitiver Editor ermöglicht dem ärztlichen Personal Anpassungen vorzunehmen und den Arztbrief zu finalisieren. Dabei kommen Foundation-Modelle zum Einsatz, um die Epikrise zu erstellen und weitere Abschnitte vorzuformulieren. Weiterhin kann diese Modellklasse eingesetzt werden, um ärztliche Befunde auf Fehler zu überprüfen (Gertz et al. 2024).

**Medizinische Codierung**
Mehrere Prozesse entlang der Patientenreise verlangen die Klassifizierung von unstrukturierten Daten (v. a. Texte) innerhalb eines vorgegebenen Codierungssystems. Dazu zählen beispielsweise die Systeme ICD für Diagnosen, OPS für Prozeduren, ATC für Medikationen oder DRG für Krankenhausabrechnungen. Diese Strukturierung in maschinenlesbare Daten bildet die Grundlage für interoperablen Datenaustausch, Entscheidungsunterstützungs-Systeme und das Medizincontrolling. Dieser Prozess ist besonders für Foundation-Modelle geeignet, da die Abbildung häufig nicht vollständig regelbasiert erfolgt, erheblich vom Kontext abhängt und im Idealfall eine Vielzahl an historischen Trainingsdaten vorliegen. Weiterhin ist die Abrechnungscodierung höchstrelevant, da sie im Kern der Wertschöpfungskette von Kliniken und Praxen liegt.

**Prototypische Anwendungsarchitektur**
Die Integration von LLM-basierten Anwendungen in den klinischen Alltag ist auf Grund von Abhängigkeiten, Risiken und regulativen Vorgaben komplex. Zumindest die Anwendungsarchitektur sollte daher simpel und effizient gehalten werden. Aus vergangenen Projekten konnte eine erfolgreiche Vorgehensweise abgeleitet werden, die wir in Abb. 40.2 vorstellen. Die Architektur beinhaltet im Wesentlichen drei Komponenten: (1) Eine webbasierte Oberfläche zur Interkation mit dem User. Dort können Eingaben gemacht werden und alle Funktionalitäten des LLM aufgerufen werden. (2) Eine Prompting-Bibliothek die vorab entwickelte Anweisungen für das LLM beinhaltet. Diese sind zugeschnitten auf die jeweilige Aufgabe, z. B. Arztbriefe schreiben oder Leitlinien abfragen. (3) Das LLM, welches die kombinierten Eingaben als Input bekommt und darauf basierend eine Antwort generiert. Diese wird im Anschluss in der Oberfläche dem User präsentiert. Verbunden sind die Elemente durch eine Kommunikationsstruktur basierend auf einer definierten Schnittstelle, bspw. einer REST-API.

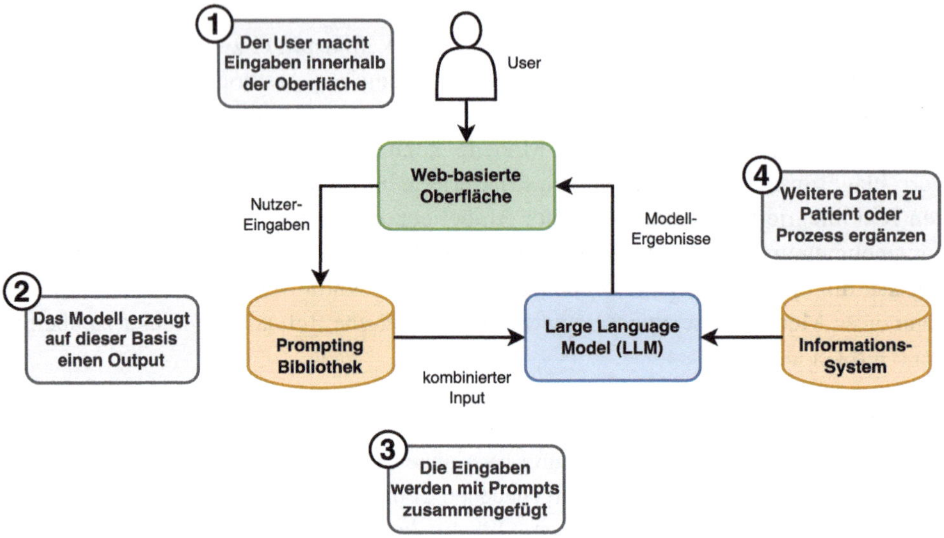


**Abb. 40.2** Prototypisches Architekturschema für eine LLM-Anwendung in der Medizin. (Quelle: Eigene Darstellung (2024))

## 40.6 Herausforderungen und Risiken

Foundation-Modelle unterliegen vergleichbaren Einschränkungen und Barrieren wie andere digitale Technologien und Künstlicher Intelligenz in der Medizin. Dazu zählen insbesondere Datenverfügbarkeit, Datenqualität und Datensicherheit. Andererseits müssen zusätzliche Effekte betrachtet werden, die durch die Flexibilität und Komplexität von Foundation-Modellen entstehen (siehe Abb. 40.3).

**Ergebnisqualität**

Eines der wichtigsten Ziele von LLM-Anwendungen in der Medizin muss eine hohe Ergebnisqualität sein. Dies wird insbesondere durch detaillierte Evaluationen erreicht. Basierend auf Daten aus mehreren Institutionen muss geprüft werden, ob sich die Ergebnisse übertragen lassen. Geeignete Metriken können sowohl algorithmisch (u. a. Genauigkeit, Sensitivität, Spezifität) als auch prozessual (z. B. Anteil hilfreicher Hinweise) definiert und über einen längeren Zeitraum ausgewertet werden. Geringe Ausgabequalität, bspw. eine hohe falsch-positiv Rate reduziert das Vertrauen des klinischen Personals in eine KI-Anwendung.

**Qualifikation der Mitarbeitenden**

Das Personal in den jeweiligen Institutionen muss auf die oben beschriebenen Entwicklungen aktiv vorbereitet werden. Das umfasst nicht nur die Schulung an konkreten KI-Anwendungen, sondern auch die Weiterbildung zu dem Themenbereich Künstliche

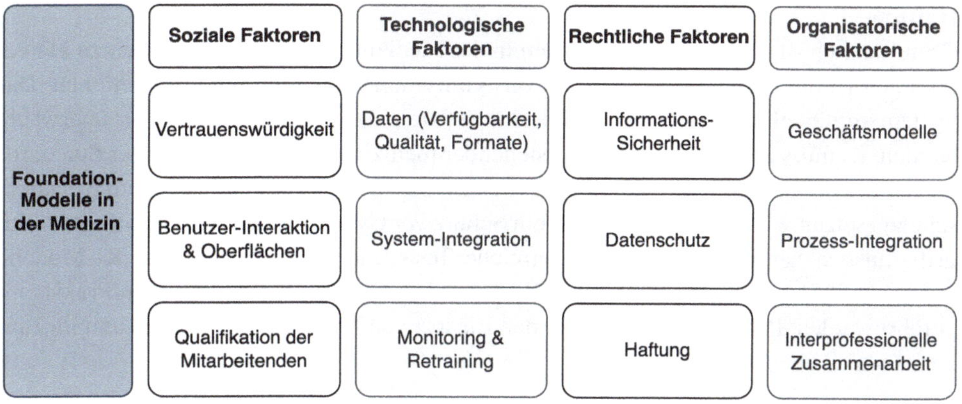


**Abb. 40.3** Faktoren beim Einsatz von Foundation-Modellen in der Medizin. Eine Vielzahl von Themenbereichen wird betroffen, die über rein technologische Fragestellungen weit hinaus gehen. (Quelle: Eigene Darstellung (2024))

Intelligenz und Data Science im Allgemeinen (Antweiler et al. 2024). Einerseits müssen dabei auf Gefahren und Grenzen von KI hingewiesen werden. Andererseits können Mitarbeitende dadurch selbstständig neue Anwendungsmöglichkeiten erarbeiten und ausprobieren. Es empfiehlt sich eine Mischung aus Schulungen, interaktiven Experimentierrunden, interprofessionellen Seminaren und digitalen Lehrmaterialien einzusetzen, um ein möglichst breites Angebot für unterschiedliche Berufsgruppen anzubieten.

**Automation Bias**

Wenn ein System sich in der Praxis (vorgeblich oder tatsächlich) als sicherer oder zuverlässiger als der Mensch erweist, könnte dies dazu führen, dass eine kritische Überprüfung der Systemausgaben unterbleibt. Dies ist besonders problematisch auf Grund der Tatsache, dass Foundation-Modelle im Gegensatz zu klassischen (regelbasierten) Expertensystemen stochastischer Natur sind und dadurch sowohl dem Zufall als auch externen Einflüssen gegenüber sensitiver (d. h. weniger robust) reagieren. Da die äußere Umgebung der Modelle einer dauerhaften Veränderung unterliegen, müssen auch Modelle regelmäßig untersucht werden, um beispielsweise einen Data Drift zu erkennen und Maßnahmen zu ergreifen.

**Desensibilisierung**

Für Entscheidungsunterstützungs-Systeme ist hinlänglich bekannt, dass Nutzerinnen und Nutzer schnell genervt sind, sobald die Anzahl Meldungen einen Schwellwert überschreitet (Bates et al. 2003). Ab diesem Punkt werden Meldungen von automatisierten Systemen weitgehend ignoriert und die Anwendungen verlieren ihren Nutzen und Daseinsberechtigung. Daher muss bei der Modellentwicklung und Validierung darauf geachtet werden, eine hohe Spezifität für Warnmeldungen zu erreichen und eine Desensibilisierung zu vermeiden.

**Haftung**
Grundsätzlich ist für ein digitales System in der Medizin die Verantwortlichkeit zu klären. Dies betrifft die Entwickler, Hersteller, das klinische Personal und die Institutionen. Das System sollte selbstständig und durch eine separate Prüfung auf Fehler hin überwacht werden. Es muss auf die Einhaltung bestehender medizinischer und technischer Standards und Vorschriften geachtet werden. Der Schutz sensibler Patientendaten gemäß Datenschutzgesetzen wie der DSGVO sowie ein Schutz vor Cyberangriffen und unbefugtem Zugriff muss sichergestellt sein. Umfangreiche Tests und Validierungen der KI-Modelle sowie ein Risikomanagementsystem sollten vor dem Einsatz in der klinischen Praxis eingeführt werden. Patienten müssen über den Einsatz von KI informiert werden und ihr Einverständnis geben.

**Datenlecks**
Foundation-Modelle werden auf sehr großen Datenmengen trainiert, um eine ausreichende Qualität zu erreichen. Während der Anwendung von trainierten Modellen kann es unter Umständen dazu kommen, dass Teile dieser Trainingsdaten in der Ausgabe enthalten sind (Hager et al. 2024). Es kann sowohl unabsichtlich als auch mit dem konkreten Ziel eines Angriffs auf sensitive Daten erfolgen. Diesen Vorfall bezeichnet man als Data Leakage und muss insbesondere bei medizinischen und personenbezogenen Daten verhindert werden. Bisher sind keine effektiven Gegenmaßnahmen bekannt, daher muss bereits bei den Trainingsdaten auf Datenschutz geachtet werden und gleichzeitig der Zugriff auf Modell-Ergebnisse kontrolliert erfolgen (Carlini et al. 2021).

**Prozessintegration**
Die algorithmische Komponente eines KI-Systems muss selbstverständlich höchsten Anforderungen genügen und eine klinisch ausreichend Qualität erreichen. Dennoch ist die Adoption in die medizinische Praxis noch von vielen weiteren Faktoren abhängig (vgl. Abb. 40.3). Dazu zählt insbesondere die nahtlose Integration eines neuen Softwaresystems in bestehende Prozesse, sowohl auf der Ebene der digitalen Schnittstellen zur Übertragung von Daten als auch der Ebene der Zuständigkeiten, Übergaben und Weiterbehandlung bei denen mehreren Personen, Abteilungen oder Institutionen beteiligt sind. Softwaretools werden von Mitarbeitenden nur dann als hilfreich empfunden, wenn sie keine zusätzliche Arbeit verursachen (Henry et al. 2022).

**Flexibilität menschlicher Kommunikation**
Trotz der zunehmenden Interoperabilität im Gesundheitswesen wird die natürliche Sprache nicht verdrängt werden. Dies liegt daran, dass Menschen in Form von Patienten und Mitarbeitenden weiterhin im Mittelpunkt stehen. Die menschliche Kommunikation, sei es zwischen Arzt und Patient oder innerhalb des medizinischen Teams, ist durch Nuancen und Kontext geprägt, die sich nicht vollständig in digitaler Kommunikation erfassen lassen. Auch strukturierte Daten, bspw. bei der Verwendung medizinischer Codierung können nie die Komplexität der Realität vollständig abbilden.

**Infrastruktur**
Auch die Soft- und Hardware von Gesundheitseinrichtungen muss sich neuen KI-Anwendungen anpassen. Heutzutage wird der weitaus größte Anteil aller Anwendungen in lokalen Servern und Rechenzentren betrieben, auch wenn es technisch bereits möglich und finanziell vermutlich sinnvoll wäre, diese in eine (private) Cloud auszulagern. Gründe dafür sind unter anderem der Aufwand eines Umzuges, die Angst vor Hacking-Angriffen, die Unsicherheit von Datenschutzregularien sowie die fehlende IT-Expertise in den Einrichtungen. Die notwendigen Hardware-Anforderungen für große Foundation-Modelle übersteigen die vorhandenen Kapazitäten vieler Krankenhäuser. Der parallele Betrieb von großen KI-Modellen pro Institution ist aus Effizienz- und Nachhaltigkeitsgründen ungünstig. Daher sollte über zumindest regionale Zusammenarbeit von medizinischen Einrichtungen nachgedacht werden. Vorhandene Informationssysteme müssen mit interoperablen Schnittstellen ausgestattet werden, um die volle Kraft von KI-Systemen nutzen zu können.

## 40.7 Vertrauenswürdigkeit von Foundation-Modellen

Foundation-Modelle lernen nur statistische Zusammenhänge und können Ergebnisse nicht auf kausale Sinnhaftigkeit prüfen. Zudem lassen sich Trainingsdaten oft nicht fehlerfrei auf neue Daten übertragen. Anders als bei klassischer Software, die durch Regeln und Tests abgesichert wird, erfordert KI-Modelle spezielle Techniken, um Vertrauen zu schaffen. Diese ermöglichen die Nachvollziehbarkeit des Modells und einzelner Entscheidungen, wodurch Eigenschaften wie Robustheit, Fairness und Sicherheit geprüft werden können.

**Bias & Fairness**
Die Entwicklung und Nutzung von künstlicher Intelligenz (KI) unterscheidet sich von herkömmlicher Software. KI-Algorithmen müssen auf einem Datensatz trainiert werden, der zahlreiche repräsentative Beispiele enthalten und von hoher Qualität sein sollte. Oft muss eine Teilmenge der Daten manuell von Experten annotiert werden, damit die KI Muster lernt, die sie auf neue, ungesehene Daten anwenden kann. Verzerrte Daten oder Modell-Annahmen können zu ungerechtfertigter Ungleichbehandlung bzw. Diskriminierung führen. Es ist wichtig zu beachten, dass jeder Datensatz nur einen Teil der klinischen Realität darstellt und oft Verzerrungen enthält. Diese Verzerrungen, wie z. B. Unterschiede im Schreibstil, in der Demografie der Patienten oder in den Merkmalen des Krankenhauses, sollten frühzeitig erkannt und beseitigt werden (Omiye et al. 2023). Gegenmaßen umfassen die gründliche Analyse der Trainingsdaten, die explizite Berechnung von Bias-Metriken, eine aktive Gewichtung einzelner Faktoren und das Nachverarbeiten von Modellausgaben.

**Halluzinationen**

Foundation-Modelle der aktuellen Generation leiden unter dem Problem in manchen Situationen Informationen hinzuzufügen, die nicht Teil der Eingabe sind oder Informationen aus dem Input wegzulassen (Zaretsky et al. 2024). Dadurch, dass solche Halluzinationen nicht auf den ersten Blick erkennbar sind, entstehen Risiken für die Weiterverwendung der Ergebnisse. Es wurden verschiedene Techniken entwickelt, um diesem Phänomen entgegenzusteuern. Dazu zählen insbesondere Prompting-Verfahren, darunter „Chain-of-Thought", bei der das Modell seine Vorgehensweise Schritt-für-Schritt erläutern soll oder explizite Anweisungen, keine Informationen wegzulassen oder hinzuzudichten. Eine weitere Möglichkeit betrifft die Anpassung des Modells dahingehend, dass für Aspekte in seiner Antwort immer auch eine Quellangabe hinzugefügt werden soll. Dadurch kann können Nutzende einfacher die Information überprüfen.

**Transparenz, Reproduzierbarkeit & Interpretierbarkeit**

Bei (teil-)autonomen Systemen spielt die Nachvollziehbarkeit der Ergebnisse eine wichtige Rolle bei der Akzeptanz bei Nutzerinnen und Nutzern. Aufgrund der stochastischen Natur von LLMs kann selbst bei gleicher Eingabe die Ausgabe variieren. Alle Experimente sollten inklusive verwendetem Modell, Prompts und Ergebnissen in einem Model-Repository dokumentiert werden. Im Falle von medizinischen Anwendungen unterscheiden sich zusätzlich noch die Anforderungen der beteiligten Personen, also dem medizinischen Personal und den Patientinnen (Hänold et al. 2021). Nach aktuellen Gesetzeslage haben Beteiligte sogar ein Recht auf eine Erklärung wie eine KI-basierte Entscheidung zustande gekommen ist (vgl. DSGVO und EU AI Act). Technisch gibt es vielfältige Ansätze, die unter dem Sammelbegriff der „Explainable AI" (XAI) zusammengefasst werden (Frasca et al. 2024). Die Methoden lassen sich grob unterteilen in (a) inhärent interpretierbare Modellarchitekturen wie Entscheidungsbäume oder Regelsysteme und (b) post-hoc Analysemethoden, die sowohl modell-agnostisch als auch modell-spezifisch sein können (Hänold et al. 2021). Viele der etablierten Interpretierbarkeitsmethoden für klassische Machine-Learning-Modelle sind für Foundation-Modelle ungeeignet oder müssen angepasst werden. Im Folgenden werden einige relevante Ansätze vorgestellt:

- **Feature-Attribution**: Berechnung der Wichtigkeit einzelner Eingabewörter auf die Ausgabe. Dieser Ansatz eignet sich besonders die überwachten Lernmethoden Regression und Klassifikation. Für Foundation-Modelle können stattdessen die Attention-Gewichte betrachtet werden. (Vig 2019)
- **Model-Debugging**: Innerhalb der Modellarchitektur werden Zwischenstände ausgewertet und deren Zusammenhänge mit Input und Output analysiert. Diese Methode eignet sich auch für tiefe neuronale Netze und damit auch Foundation-Modelle.
- **Erklärungsmodelle**: Hier wird ein strukturell simpleres Modell als Surrogat für das komplexere Modell trainiert, mit dem Ziel, dass die Interpretierbarkeit steigt. Surrogat-Modelle können teilweise sogar das Original-Modell ersetzen, falls der Anwendungsfall eine besonders hohe Transparenz erfordert.

- **Kontextuelle Interpretierbarkeit**: Die Eingabe wird systematisch modifiziert und die Auswirkungen auf das Ergebnis beobachtet. Dadurch kann gleichzeitig die Robustheit des Modells geprüft werden. Idealerweise bleiben die Modellergebnisse bei kleinen Pertubationen konstant.
- **Visual Analytics**: Nutzer können mit den Eingaben und Modellparametern interagieren und deren Auswirkungen durch interaktive Visualisierungen beobachten. Interaktion mit den Daten, dem Modell und den Ergebnissen steigert das Vertrauen und die Nutzungsbereitschaft des Personals.
- **Theoretische Ansätze**: Diese Klasse beinhaltet Ansätze, die mittels Konzeptvektoren arbeiten oder informationstheoretische Analysen durchführen. Dazu zählt bspw. die Berechnung der Transinformation (engl. mutual information) zwischen Ein- und Ausgabe.

Diese Methoden können auch kombiniert eingesetzt werden. Auf Grund der sehr schnellen Weiterentwicklung von Modellarchitekturen ist davon auszugehen, dass Interpretierbarkeitsmethoden der steigenden Komplexität dauerhaft „hinterherhinken". Es muss im allgemeinen Interesse aber gerade bei kritischen Entscheidungen wie im Gesundheitswesen eine bestmögliche Erklärbarkeit von Einzelfallentscheidungen angestrebt werden. Neben diesen Aspekten existieren weitere, die zwar nicht spezifisch für das Gesundheitswesen sind, aber möglicherweise zukünftig Relevanz haben werden, darunter das Verhältnis zwischen LLMs und dem Urheberrecht sowie die Gefährdung von Betriebs- und Geschäftsgeheimnissen.

## 40.8 Schlussbetrachtung

Die technologischen Entwicklungen der letzten Jahre haben direkte Auswirkungen auf die heutige und zukünftige Nutzung von künstlicher Intelligenz in der Medizin. Dieser Beitrag gibt eine Übersicht über den aktuellen Stand der Forschung und der praktischen Anwendungen von Foundation-Modellen entlang der Patientenreise. Foundation-Modelle unterscheiden sich von klassischen KI-Architekturen durch ihre Flexibilität und Performanz für eine breite Palette an Fragestellungen. Alle Prozessphasen von Aufnahme über Diagnostik und Therapie bis zur Entlassung können davon profitieren. Andererseits zeichnen sich die Modelle durch eine größere Komplexität und geringere Robustheit aus.

Neben der technologischen Dimension müssen bei der Umsetzung in die Praxis eine ganze Reihe von Faktoren berücksichtigt werden. Sowohl soziale als auch rechtliche und organisatorische Themenbereiche verändern sich durch den Einsatz von Foundation-Modellen. Mitarbeitende müssen ausreichend qualifiziert und Patienten über den Einsatz informiert werden. Die Haftung im Falle von Fehlern muss im Vorhinein geklärt werden, ebenso wie die Integration in bestehende Prozesse im Krankenhaus. Foundation-Modelle benötigen neuartige Hardware- und Software-Infrastruktur und zum Teil veränderte Geschäftsmodelle. Eine interprofessionelle Zusammenarbeit und frühzeitige Einbeziehung aller Interessengruppen in die Entwicklung sind anzustreben. Elementarer Bestandteil eines erfolgreichen Einsatzes von KI in der Medizin ist die Betrachtung der Vertrauenswürdigkeit. Klinisches Personal und Patienten sind nur bereit KI-Systeme zu nutzen, die neben einer hohen Ergebnisqualität auch nachvollziehbar, sicher und datenschutzkonform agieren. Dafür müssen potenzielle Daten- und Modellbias und etwaige Halluzinationen auf ein Minimum reduziert werden.

Aktuell liegt der Fokus besonders auf textbasierten Aufgaben wie klinische Dokumente auswerten oder Berichte generieren. Neue Modelle erweitern diese Funktionen um Multimodalität und werden zukünftig Texte, Bilder und Sprache in Ein- und Ausgabe simultan verarbeiten können. Parallele Entwicklungen befassen sich mit der Idee, von rein reagierenden hin zu proaktiven KI-Modellen überzugehen. Anstatt ein KI-System aktiv nach einer Einschätzung befragen zu müssen, können sogenannte agenten-basierte Modelle passiv im Hintergrund die Situation beobachten, Informationen analysieren und nur falls notwendig einen Vorschlag machen und sich einbringen. Weiterhin sind diese Modelle in der Lage, externe Funktionen und Schnittstellen aufzurufen und deren Ergebnisse weiterzuverarbeiten. Foundation-Modelle sind ein großes und sich schnell veränderndes Forschungsfeld. Die Medizin wird eine der Bereiche unserer Gesellschaft sein, die am häufigsten von dieser Technologie profitieren werden. Weitere Forschung und eine breite gesellschaftliche Diskussion sind für den zielgerichteten Einsatz notwendig.

## Literatur


Abacha B. A., Yim W., Fan Y. & Lin T. (2023) An Empirical Study of Clinical Note Generation from Doctor-Patient Encounters, in: Proceedings of the 17th Conference of the European Chapter of the Association for Computational Linguistics, May 2–6, 2023, Dubrovnik, Croatia: Association for Computational Linguistics, pp. 2291–2302. https://doi.org/10.18653/v1/2023.eacl-main.168.

Antweiler D., Albiez D., Bures D., Hosters B., Jovy-Klein F., Nickel K., Reibel T., Schramm J., Sander J., Antons D. & Diehl A. (2024) Einsatz von KI-basierten Anwendungen durch Krankenhauspersonal: Aufgabenprofile und Qualifizierungsbedarfe, in: Bundesgesundheitsblatt – Gesundheitsforschung – Gesundheitsschutz, 67(1), 66–75. https://doi.org/10.1007/s00103-023-03817-x.

Bates D. W., Kuperman G. J., Wang S., Gandhi T., Kittler A., Volk L., Spurr C., Khorasani R., Tanasijevic M. & Middleton B. (2003) Ten commandments for effective clinical decision support: making the practice of evidence-based medicine a reality, in: Journal of the American Medical Informatics Association (JAMIA), 10(6), 523–530. https://doi.org/10.1197/jamia.M1370.

Carlini N., Tramèr F., Wallace E., Jagielski M., Herbert-Voss A., Lee K., Roberts A. Brown T., Song D., Erlingsson Ú., Oprea A. & Raffel C. (2021) Extracting Training Data from Large Language Models, in: 30th USENIX Security Symposium (USENIX Security 21), USENIX Association, August 11–13, 2021, virtual, pp. 2633–2650. Available at: https://www.usenix.org/conference/usenixsecurity21/presentation/carlini-extracting, Abrufdatum: 18.10.2024.

Chopard D., Treder M. S., Corcoran P., Ahmed N., Johnson C., Busse M. & Spasic I. (2021) Text Mining of Adverse Events in Clinical Trials: Deep Learning Approach, in: Journal of Medical Informatics (JMIR), 9(12), e28632. https://doi.org/10.2196/28632.

D. B. Fogel (2018) Factors associated with clinical trials that fail and opportunities for improving the likelihood of success: A review, in: Contemp. Clin. Trials Commun., 11(2018), 156–164, Aug. 2018, https://doi.org/10.1016/j.conctc.2018.08.001.

Frasca M., La Torre D., Pravettoni G. & Cutica I. (2024) Explainable and interpretable artificial intelligence in medicine: a systematic bibliometric review, in: Discover Artificial Intelligence, 4(1), 15. https://doi.org/10.1007/s44163-024-00114-7.

Gertz R. J., Dratsch T., Bunck A. C., Lennartz S., Iuga A. I., Hellmich M. G., Persigehl T., Pennig L., Gietzen C. H., Fervers P., Maintz D., Hahnfeldt R. & Kottlors J. (2024) Potential of GPT-4 for Detecting Errors in Radiology Reports: Implications for Reporting Accuracy, in: Radiology, 311(1), e232714. https://doi.org/10.1148/radiol.232714.

Hager P., Jungmann F., Holland R., Bhagat K., Hubrecht I., Knauer M., Vielhauer J., Makowski M., Braren R., Kaissis G. & Rueckert D. (2024) Evaluation and mitigation of the limitations of large language models in clinical decision-making, in: Nature Medicine [Preprint]. https://doi.org/10.1038/s41591-024-03097-1.

Hänold S., Schlee N., Antweiler D. & Beckh K. (2021) Die Nachvollziehbarkeit von KI-Anwendungen in der Medizin: Eine Betrachtung aus juristischer Perspektive mit Beispielszenarien, Medizinrecht, 39(6), 516–523. https://doi.org/10.1007/s00350-021-5901-3.

Henry K. E., Kornfield R., Sridharan A., Linton R. C., Groh C., Wang T., Wu A., Mutlu B. & Saria S. (2022) Human–machine teaming is key to AI adoption: clinicians' experiences with a deployed machine learning system, in: npj Digital Medicine, 5(1), 97. https://doi.org/10.1038/s41746-022-00597-7.

Hu Y., Chen Q., Du J., Peng X., Keloth V.K., Zuo X., Zhou Y., Li Z., Jiang X., Lu Z., Roberts K. & Xu H. (2024) Improving large language models for clinical named entity recognition via prompt engineering, in: Journal of the American Medical Informatics Association, 31(9), 1812–1820. https://doi.org/10.1093/jamia/ocad259.

Inojosa H., Voigt I., Wenk J., Ferber D., Wiest I., Antweiler D., Weicken E., Gilbert S., Kather J. N., Akgün K., Ziemssen T. (2024) Integrating large language models in care, research, and education in multiple sclerosis management, in: Multiple Sclerosis Journal, 30(11–12), 1392–1401. https://doi.org/10.1177/13524585241277376.

Klug K., Beckh K., Antweiler D., Chakraborty N., Baldini G., Laue K.., Hosch R, Nensa F., Schuler M. & Giesselbach S. (2024) From admission to discharge: a systematic review of clinical natural language processing along the patient journey, in: BMC Medical Informatics and Decision Making, 24(1), 238. https://doi.org/10.1186/s12911-024-02641-w.

Lane J., Ng H. S., Poyser C., Lucas R. M. & Tremlett H. (2022). Multiple sclerosis incidence: A systematic review of change over time by geographical region. Multiple sclerosis and related disorders, 63(2022), 103932. https://doi.org/10.1016/j.msard.2022.103932

Meyer M., Giesselbach S., Antweiler D., Defosse J., Hensen S., Iser H., Salge T.O., Stead S., Tjardes T. & Waloßek N. (2024) Wie Agenten und Foundation-Modelle bei der Versorgung Schwerverletzter helfen, in: Whitepaper, Fraunhofer IAIS. https://doi.org/10.24406/PUBLICA-2847.

Omiye J. A., Lester J., Spichak S., Rotemberg V. & Daneshjou R. (2023) Beyond the hype: large language models propagate race-based medicine. in: Health Informatics [preprint]. https://doi.org/10.1101/2023.07.03.23292192.

Portelli B., Lenzi E., Chersoni E., Serra G. & Santus E. (2021) BERT Prescriptions to Avoid Unwanted Headaches: A Comparison of Transformer Architectures for Adverse Drug Event Detection, in: Proceedings of the 16th Conference of the European Chapter of the Association for Computational Linguistics: Main Volume, April 19–23, 2021, Online: Association for Computational Linguistics, pp. 1740–1747. https://doi.org/10.18653/v1/2021.eacl-main.149.

Truhn D., Loeffler C. M., Müller-Franzes G., Nebelung S., Hewitt K. J., Brandner S., Bressem K. K., Foersch S. & Kather J. N. (2023) Extracting structured information from unstructured his-

topathology reports using generative pre-trained transformer 4 (GPT-4), in: The Journal of Pathology, 262(3), path.6232. https://doi.org/10.1002/path.6232.
Vig J. (2019) A Multiscale Visualization of Attention in the Transformer Model, in: Proceedings of the 57th Annual Meeting of the Association for Computational Linguistics: System Demonstrations July 28 – August 2, 2019, Florence, Italy: Association for Computational Linguistics, pp. 37–42. https://doi.org/10.18653/v1/P19-3007.
Weiss A., Freeman W., Heslin K. & Barrett M. (2018) Adverse Drug Events in U.S. Hospitals, 2010 Versus 2014. Statistical Brief #234. Rockville, MD: Agency for Healthcare Research and Quality (Ed.). Available at: https://www.hcup-us.ahrq.gov/reports/statbriefs/sb234-Adverse-Drug-Events.pdf, Abrufdatum: 18.10.2024
Xiong G., Jin Q., Lu Z. & Zhang A. (2024) Benchmarking Retrieval-Augmented Generation for Medicine. in: Findings of the Association for Computational Linguistics ACL 2024, pp. 6233–6251, Bangkok, Thailand and virtual meeting. Association for Computational Linguistics.
Zaretsky J., Kim J. M., Baskharoun S., Zhao Y., Austrian J., Aphinyanaphongs Y., Gupta R., Blecker S. B. & Feldman, J. (2024) Generative Artificial Intelligence to Transform Inpatient Discharge Summaries to Patient-Friendly Language and Format, in: JAMA Network Open, 7(3), e240357. https://doi.org/10.1001/jamanetworkopen.2024.0357.

**Dario Antweiler, M.Sc** ist Teamleiter und Senior Data Scientist am Fraunhofer IAIS in Sankt Augustin im Geschäftsfeld Healthcare Analytics und betreut Projekte in den Themenbereichen KI in der Pharmakologie sowie Digitalisierung im Krankenhaus. Sein Forschungsfeld ist Machine Learning auf Graphen und Netzwerken.

**Dr. Stefan Rüping** ist Leiter der Abteilung Knowledge Discovery am Fraunhofer IAIS. Er forscht in den Bereichen Explainable AI und Natural Language Processing.

**Prof. Dr. Stefan Wrobel** ist Professor für Informatik an der Universität Bonn und Institutsleiter des Fraunhofer-Instituts für Intelligente Analyse- und Informationssysteme IAIS.

# Large Language Models und KI-gestützte Bots in der Patientenreise

# 41

Sophie Hundertmark und Massimiliano Decarli

## Inhaltsverzeichnis




**Zusammenfassung**

Dieser Beitrag untersucht die transformative Rolle von KI-gestützten Chat- und Voicebots im Gesundheitswesen, insbesondere Large Language Model (LLM) basierte Bots. LLMs, trainiert mit umfangreichen Datensätzen, ermöglichen ein tieferes Verständnis der menschlichen Sprache und die Generierung kontextbezogener Antworten. Durch Methoden wie Retriever-Augmented Generation (RAG) können diese Bots auf unternehmensspezifische Daten zugreifen und präzise Informationen liefern. Im Fokus



S. Hundertmark (✉)
Hochschule Luzern, Minusio, Schweiz
E-Mail: sophie@hundertmark.ch

M. Decarli
Hochschule Luzern, Klosters, Schweiz




M. A. Pfannstiel (Hrsg.), *Künstliche Intelligenz im Einsatz für die erfolgreiche Patientenreise*, https://doi.org/10.1007/978-3-658-48573-3_41

stehen die Unterschiede zwischen Chat- und Voicebots sowie ihre jeweiligen Vorteile und Einsatzmöglichkeiten entlang der Patientenreise – vor, während und nach dem Arztbesuch. LLM-Bots bieten Potenzial zur Verbesserung der Patientenkommunikation, Effizienzsteigerung und Personalisierung der Gesundheitsversorgung. Die Implementierung von LLM-Bots erfordert eine strukturierte Vorgehensweise, von der Bedarfsanalyse über die Datenaufbereitung und Prompt-Erstellung bis hin zur kontinuierlichen Weiterentwicklung. Dabei sind Datenschutz und Datensicherheit von zentraler Bedeutung. Untersucht werden die Chancen und Herausforderungen des KI-Einsatzes im Gesundheitswesen sowie die Möglichkeiten, wie LLM-Bots die Patientenreise optimieren und die Gesundheitsversorgung der Zukunft gestalten können.

## 41.1 Einführung

Dieses Kapitel beschäftigt sich mit Künstlicher Intelligenz (KI) und Bots entlang der gesamten Patientenreise. Mit Patientenreise sind alle Kontaktpunkte gemeint, die ein Patient vor, während und nach seinem Arztbesuch hat.

## 41.2 Begriff „Large Language Model" (LLM)

**Was sind LLM-Chats und Voicebots und wie funktionieren sie?**
LLM-Chatbots und Voicebots sind fortschrittliche KI-Systeme, die generative KI einsetzen, um menschliche Sprache zu verstehen und zu generieren. Dabei nutzen Voicebots zusätzlich die Fähigkeit zur Spracherkennung und -synthese, um mit Nutzern über gesprochene Sprache zu interagieren. Diese intelligenten Chatbots basieren auf LLMs wie GPT-4 oder anderen Open-Source-Modellen, die mit sehr großen Mengen an Textdaten trainiert wurden, um ein tiefgehendes Verständnis für Kontext, Syntax und Semantik zu entwickeln. Durch diese fortschrittliche Sprachverarbeitung können LLM-Chatbots und Voicebots eine Vielzahl von Aufgaben übernehmen, von der Beantwortung von Fragen über die Erstellung von Inhalten bis hin zur Automatisierung des Kundensupports.

**Voicebots erweitern die Einsatzmöglichkeiten von Chatbots, indem sie eine natürlichere und intuitivere Interaktion ermöglichen, beispielsweise über das Telefon oder einen Smart Speaker**
Im Zusammenhang mit LLM-Chatbots und Voicebots spielen Methoden wie Retriever-Augmented Generation (RAG) eine wichtige Rolle. RAG kombiniert die Fähigkeiten eines Retrieval-Systems, das relevante Dokumente oder Informationen aus einer Datenbank abruft, mit der Generierungsfähigkeit eines Large Language Models. Dies ermöglicht es den Bots, nicht nur auf der Grundlage des trainierten Modells zu antworten, sondern auch spezifische, kontextbezogene Informationen aus unternehmenseigenen Quellen zu

integrieren, um präzisere und informiertere Antworten zu generieren. Der Einsatz von RAG erweitert also die Funktionalität von LLM-Chatbots und Voicebots erheblich, indem er Unternehmen die Möglichkeit gibt, das Wissen des Bots individuell zu ergänzen. Unternehmen können sogar definieren, dass der Bot ausschließlich auf die vom Unternehmen zur Verfügung gestellten Inhalte zurückgreifen soll. So wird sichergestellt, dass der Bot nicht auf ungewollte bzw. unrichtige Informationen zurückgreift.

LLM-Chatbots und Voicebots unterscheiden sich stark von den herkömmlichen KI-Chatbotlösungen, mit denen wir bisher interagiert haben. Herkömmliche KI-Lösungen basieren auf vordefinierten Regeln und Algorithmen, oft in Form von Wenn-Dann-Regeln. Das bedeutet, sie funktionieren innerhalb festgelegter Grenzen und führen vorhersehbare Aktionen aus. Traditionelle KI ist nützlich für Routineaufgaben und erzielt eine hohe Präzision bei Themen, auf die sie trainiert wurde. Generative KI hingegen konzentriert sich auf die Erstellung neuer Inhalte wie Texte, Bilder, Videos, Musik oder Code. Sie lernt auf der Grundlage großer Datenmengen und generiert daraus neue, originelle Inhalte. Ihr fehlt es nicht an Kreativität, jedoch stellt die Kontrolle über die generierten Inhalte eine Herausforderung dar. Zudem besteht das Risiko, dass sie verzerrte oder voreingenommene Inhalte produziert.

**Chat- vs. Voicebots**

Bei der Betrachtung von Chatbots und Voicebots ist es wichtig zu verstehen, dass es trotz der Ähnlichkeit der zugrunde liegenden Technologien immer noch Unterschiede in der Art der Verwendung gibt. Natürliches Sprachverständnis (NLU), natürliche Sprachverarbeitung (NLP), maschinelles Lernen (ML) und Software zur Erstellung von Dialogabläufen werden in beiden Bereichen (Sprache und Chat) gleichwertig verwendet. Wenn wir jedoch von Voicebots sprechen, beziehen wir auch die Technologie der automatischen Spracherkennung (ASR) mit ein, um die gesprochenen Wörter zu verstehen und sie durch die Technologie Speech-to-Text (STT) in Text zu übersetzen. Nach der Verarbeitung gibt die Maschine dann eine Antwort durch Text-to-Speech (TTS) Technologie zurück (Ackerman 2024).

In der untenstehenden Tabelle (Tab. 41.1) werden die wichtigsten Unterschiede zwischen Chatbots und Voicebots dargestellt. Vor- und Nachteile sowie Anwendungsfälle und Zielgruppen.

**Hintergrundinformationen**

**Was sind Large Language Models (LLMs)?**

Ein Large Language Model (LLM) ist ein fortschrittliches maschinelles Lernmodell, das darauf spezialisiert ist, menschliche Sprache zu verstehen und zu generieren. Diese Modelle, die auf tiefen neuronalen Netzwerkarchitekturen wie den sogenannten Transformern basieren, werden mit gigantischen Mengen an Textdaten trainiert. Durch dieses Training lernen sie, Muster, Strukturen und die Bedeutungen hinter Wörtern und Sätzen zu

**Tab. 41.1** Vorteile und Nachteile Voicebots vs. Chatbots. (Quelle: Eigene Zusammenstellung (2024))

| | Voicebots | Chatbots |
|---|---|---|
| Vorteile | Voicebots sind vorteilhaft, wenn es um menschliche Sprachinteraktionen geht, d. h. um Endpunkte, an denen Menschen dazu neigen, über ein Telefon oder einen virtuellen Assistenten wie Alexa, den Sprachassistenten von Google oder Siri zu interagieren. Außerdem ist es wichtig zu betonen, dass Voicebots ideal sind, um auch emotionale Verbindungen zu fördern, was bei Chatbots nicht der Fall ist (Rohit et al. 2024).<br>Darüber hinaus ist es wichtig zu betonen, dass Menschen lieber mit einem Voicebot interagieren, wenn es um zeitkritische Angelegenheiten geht. Sie möchten sofort eine Antwort erhalten, anstatt sie abzutippen (Ltifi 2024) | Chatbots sind von großem Nutzen, wenn es um schnelle und einfache Anfragen geht. Wenn Menschen mit Chatbots interagieren, suchen sie eine schnelle Antwort auf ihre Anfragen, die Chatbots sehr gut bewältigen können (Arsenijevic und Jovic 2019).<br>Darüber hinaus können Chatbots insbesondere im Gesundheitswesen für stumme oder taube Patienten von großem Nutzen sein (Kim et al. 2023) |
| Nachteile | Für schnelle Interaktionen sind Voicebots nicht die ideale Wahl, da Vociebots für den Dialog mit Personen konzipiert sind, die mit ihnen interagieren. Je nach Art der Implementierung (generative KI oder herkömmliche KI) können sich die Antworten bei einem generativen Ansatz zudem verzögern, da die Antwort berechnet werden muss, und bei einem herkömmlichen KI-Sprachassistenten können sie vom Thema abweichen, da sie darauf trainiert sind, nur bestimmte Antworten zu geben | Chatbots sind zwar effizient, wenn es um eine flexible Interaktion geht, aber sie schaffen keine emotionale Bindung zwischen der Person, die sie benutzt, und dem Chatbot.<br>Darüber hinaus werden Chatbots von bestimmten Nutzertypen aufgrund des begrenzten Wissens, wie man richtig mit ihnen interagiert, möglicherweise nicht sehr gut angenommen (z. B. abhängig von Alter oder Kultur) |

(Fortsetzung)

**Tab. 41.1** (Fortsetzung)

| | Voicebots | Chatbots |
|---|---|---|
| Beispiele Anwendungfälle | **Chirurgischer Eingriff** Wenn ein Chirurg eine sichere Operation durchführt und den gesamten Eingriff protokollieren muss, ist er nicht in der Lage, sich jeden Schritt zu notieren. Bei der Durchführung einer Operation kann ein Voicebot jedoch eingesetzt werden, um die gesamte Operation zu protokollieren und Hinweise zu geben, falls ein Schritt ausgelassen wurde. So kann der Chirurg beispielsweise ein Protokoll der Operation erstellen und mitteilen, wie viele Wattepads verwendet wurden, um eine innere Blutung zu stoppen. Beim Entfernen der Wattepads könnte der Chirurg die Anzahl der verwendeten Pads vergessen haben, sodass der Sprachassistent ihn daran erinnern kann, dass vier und nicht nur drei eingelegt wurden | **Klinische Trials** Bei der Durchführung klinischer Studien ist es wichtig, so viele Informationen wie möglich über den Patienten zu haben, der an der klinischen Studie teilnimmt. Mit Hilfe eines persönlichen „Chat-Assistenten“ kann die gesamte Studie während der gesamten Dauer der klinischen Prüfung von überall aus protokolliert werden. Das bedeutet, dass Erinnerungen zur Messung der Körpertemperatur verschickt werden, oder dass die Person benachrichtigt wird, um anzugeben, ob sie bei der Einnahme des neuen Medikaments Schmerzen verspürt. Er könnte als ein persönlicher Assistent für jeden Patienten betrachtet, der während der gesamten Studie mehr Informationen liefert. Dies ermöglicht es auch dem Institut, das die klinische Studie durchführt, Muster frühzeitig zu erkennen und Maßnahmen in Echtzeit zu ergreifen |

erkennen, was es ihnen ermöglicht, in natürlicher Sprache zu kommunizieren. LLMs können für eine Vielzahl von Anwendungen genutzt werden, darunter die Textgenerierung, Übersetzung, Zusammenfassung und das Beantworten von Fragen, indem sie effektiv neue Texte basierend auf dem gelernten Kontext und den eingegebenen Aufforderungen erzeugen.

**Was bedeutet Retriever-Augmented Generation (RAG)?**

Retriever-Augmented Generation (RAG) ist eine Methode in der natürlichen Sprachverarbeitung, die einen Informations-Retriever und einen Textgenerator kombiniert, um präzise Antworten auf Benutzerfragen zu generieren. Der Prozess beginnt damit, dass der Retriever relevante Dokumente oder Daten aus einer umfangreichen Datenbank abruft, basierend auf der Übereinstimmung mit der gestellten Benutzerfrage. Diese ausgewählten Informationen werden dann an den Generator, typischerweise ein fortgeschrittenes Sprachmodell wie ein Transformer-basiertes Large Language Model, übergeben. Der Generator verwendet diese Informationen, um eine kohärente und informierte Antwort zu formulieren. Diese Methode ermöglicht es, Antworten zu erzeugen, die nicht nur auf vorher trainiertem Wissen basieren, sondern auch aktuelle, spezifische und kontextbezogene Informationen einbeziehen, wodurch die Genauigkeit und Relevanz der Antworten deutlich verbessert werden.

**Wie funktioniert ein LLM-Chat & Voicebot?**

LLM-Chatbots bestehen aus mehreren Hauptkomponenten. Wir haben uns für diesen Beitrag für eine vereinfachte Darstellung entschieden und unterscheiden zwischen den folgenden fünf Komponenten.

1. **Das Gehirn**

Das Gehirn ist der grundlegende Teil eines LLM-Chatbots und fungiert als zentrale Verarbeitungseinheit oder das „Gehirn". Das Gehirn verwaltet, wie beim Menschen, die gesamte Logik und die Verhaltensmerkmale des Bots. Es interpretiert Nutzereingaben, wendet logische Schlussfolgerungen an und bestimmt den geeignetsten Handlungsweg basierend auf den vom Unternehmen definierten Fähigkeiten und Zielen des Chatbots. Das Gehirn sorgt dafür, dass der Bot korrekt und konsistent gemäß vordefinierten Richtlinien oder erlernten Verhaltensmustern agiert.

2. **Das Gedächtnis**

Das Gedächtnis dient als Speicher für die internen Protokolle und Benutzerinteraktionen des Chatbots. Hier werden Daten gespeichert, organisiert und abgerufen. Dies ermöglicht es dem Bot, sich an frühere Gespräche, Benutzerpräferenzen und Kontextinformationen zu erinnern und so personalisierte und relevante Antworten zu geben. Das Gedächtnis ist entscheidend, da es einen zeitlichen Rahmen bietet und Zusatzdetails speichert, die für spezifische Benutzer oder Aufgaben relevant sind. Unternehmen können selbst entscheiden, wo das Gehirn die Daten speichert und somit sicherstellen, dass die eigenen Datenschutzanforderungen vom LLM-Chatbot berücksichtigt werden.

3. **Workflows**

Workflows sind vordefinierte Prozesse bzw. Aufgaben, die der Chatbot können soll. Diese Workflows können von der Beantwortung komplexer Anfragen über das Codieren bis hin zur Informationssuche und der Ausführung anderer spezialisierter Aufgaben reichen. Sie ähneln den verschiedenen Anwendungen und Dienstprogrammen in einem Computer, die eine breite Palette von Funktionen ermöglichen. Jeder Workflow ist für einen bestimmten Zweck konzipiert, und das Gehirn entscheidet intelligent, welches Werkzeug je nach Kontext und Art der Aufgabe verwendet wird. Dieser modulare Ansatz ermöglicht Unternehmen eine hohe Flexibilität und Skalierbarkeit, da neue Workflows hinzugefügt oder bestehende aktualisiert werden können, ohne die Gesamtfunktionalität des Chatbots zu beeinträchtigen. Die Chat- und Voicebots können so auf einfache Art und Weise neue Fähigkeiten bzw. Funktionen erlernen.

4. **Das Planungsmodul**

Das Planungsmodul ist die Komponente, die die Fähigkeit des Chatbots zur Bewältigung komplexer Probleme und zur Verfeinerung von Ausführungsplänen ermöglicht. Es ist vergleichbar mit einer strategischen Schicht über dem Gehirn und den Workflows, die es dem LLM-Chatbot ermöglicht, nicht nur auf unmittelbare Anfragen zu reagieren, sondern auch langfristige Ziele oder kompliziertere Aufgaben zu planen. Das Planungsmodul bewertet verschiedene Ansätze, antizipiert potenzielle Herausforderungen und entwickelt Strategien zur Erreichung des gewünschten Ergebnisses. Dies kann beispielsweise das übergeordnete Ziele „mehr Verkäufe" sein.

5. **Prompts**

Prompts kennen wir vor allem durch die Nutzung von ChatGPT oder ähnlichen Technologien. Auch LLM-Chatbots arbeiten mit Prompts. Dank Prompts können Unternehmen das Verhaltes des Chatbots definieren und ungewünschte Reaktionen seitens des Bots weitestgehend verhindern. Dabei wird zwischen zwei Haupttypen von Prompts unterschieden:

**Allgemeiner Prompt**
Dieser Prompt skizziert die Fähigkeiten und das Verhalten des Bots und bildet die Grundlage für die Interaktion und Reaktion des Agenten. Er fungiert als Leitfaden auf hoher Ebene, der das gesamte Funktionieren des Agenten prägt.

**Aufgabenbezogener Prompt**
Dieser Prompt definiert das spezifische Ziel, das der LLM-Chatbots und Voicebots erreichen muss, und leitet seine Handlungen und Entscheidungsprozesse. Er stellt sicher, dass die Antworten des Chatbots auf die jeweilige Aufgabe ausgerichtet sind, sei es die Beantwortung einer Kundenanfrage oder die Durchführung einer komplexen Analyse.

## 41.3 Was sind die Vorteile von LLM-Chat & Voicebots?

LLM-Chatbots und Voicebots bestehen aus mehreren Hauptkomponenten. Wir haben uns für diesen Beitrag für eine vereinfachte Darstellung entschieden und unterscheiden zwischen den folgenden fünf Komponenten.

1. **Das Gehirn**

Das Gehirn ist der grundlegende Teil eines LLM-Chatbots und Voicebots und fungiert als zentrale Verarbeitungseinheit oder das „Gehirn“. Das Gehirn verwaltet, wie beim Menschen, die gesamte Logik und die Verhaltensmerkmale des Bots. Es interpretiert Nutzereingaben, sei es Text oder gesprochene Sprache, wendet logische Schlussfolgerungen an und bestimmt den geeignetsten Handlungsweg basierend auf den vom Unternehmen definierten Fähigkeiten und Zielen des Chatbots bzw. Voicebots. Das Gehirn sorgt dafür, dass der Bot korrekt und konsistent gemäß vordefinierten Richtlinien oder erlernten Verhaltensmustern agiert.

2. **Das Gedächtnis**

Das Gedächtnis dient als Speicher für die internen Protokolle und Benutzerinteraktionen des Chatbots und Voicebots. Hier werden Daten gespeichert, organisiert und abgerufen. Dies ermöglicht es dem Bot, sich an frühere Gespräche, Benutzerpräferenzen und Kontextinformationen zu erinnern und so personalisierte und relevante Antworten zu geben. Das Gedächtnis ist entscheidend, da es einen zeitlichen Rahmen bietet und Zusatzdetails speichert, die für spezifische Benutzer oder Aufgaben relevant sind. Unternehmen können selbst entscheiden, wo das Gehirn die Daten speichert und somit sicherstellen, dass die eigenen Datenschutzanforderungen vom LLM-Chatbot und Voicebot berücksichtigt werden.

3. **Workflows**

Workflows sind vordefinierte Prozesse bzw. Aufgaben, die der Chatbot und Voicebot können soll. Diese Workflows können von der Beantwortung komplexer Anfragen über das Codieren bis hin zur Informationssuche und der Ausführung anderer spezialisierter Aufgaben reichen. Sie ähneln den verschiedenen Anwendungen und Dienstprogrammen in einem Computer, die eine breite Palette von Funktionen ermöglichen. Jeder Workflow ist für einen bestimmten Zweck konzipiert, und das Gehirn entscheidet intelligent, welches Werkzeug je nach Kontext und Art der Aufgabe verwendet wird. Dieser modulare Ansatz ermöglicht Unternehmen eine hohe Flexibilität und Skalierbarkeit, da neue Workflows hinzugefügt oder bestehende aktualisiert werden können, ohne die Gesamtfunktionalität des Chatbots und Voicebots zu beeinträchtigen. Die Chat- und Voicebots können so auf einfache Art und Weise neue Fähigkeiten bzw. Funktionen erlernen.

4. **Das Planungsmodul**

Das Planungsmodul ist die Komponente, die die Fähigkeit des Chatbots und Voicebots zur Bewältigung komplexer Probleme und zur Verfeinerung von Ausführungsplänen ermöglicht. Es ist vergleichbar mit einer strategischen Schicht über dem Gehirn und den

Workflows, die es dem LLM-Chatbot und Voicebot ermöglicht, nicht nur auf unmittelbare Anfragen zu reagieren, sondern auch langfristige Ziele oder kompliziertere Aufgaben zu planen. Das Planungsmodul bewertet verschiedene Ansätze, antizipiert potenzielle Herausforderungen und entwickelt Strategien zur Erreichung des gewünschten Ergebnisses. Dies kann beispielsweise das übergeordnete Ziel „mehr Verkäufe" sein.

5. **Prompts**

Prompts kennen wir vor allem durch die Nutzung von ChatGPT oder ähnlichen Technologien. Auch LLM-Chatbots und Voicebots arbeiten mit Prompts. Dank Prompts können Unternehmen das Verhalten des Chatbots definieren und ungewünschte Reaktionen seitens des Bots weitestgehend verhindern. Dabei wird zwischen zwei Haupttypen von Prompts unterschieden:

- **Allgemeiner Prompt:** Dieser Prompt skizziert die Fähigkeiten und das Verhalten des Bots und bildet die Grundlage für die Interaktion und Reaktion des Agenten. Er fungiert als Leitfaden auf hoher Ebene, der das gesamte Funktionieren des Agenten prägt.
- **Aufgabenbezogener Prompt:** Dieser Prompt definiert das spezifische Ziel, das der LLM-Chatbot und Voicebot erreichen muss, und leitet seine Handlungen und Entscheidungsprozesse. Er stellt sicher, dass die Antworten des Chatbots auf die jeweilige Aufgabe ausgerichtet sind, sei es die Beantwortung einer Kundenanfrage oder die Durchführung einer komplexen Analyse.

**Was sind die Vorteile von LLM-Chat und Voicebots?**
LLM-Chatbots und Voicebots bieten Unternehmen und Endnutzern eine Vielzahl von Vorteilen. Im Folgenden werden zunächst einige allgemeine Vorteile von Chatbots und Voicebots vorgestellt. Anschließend werden die konkreten Vorteile von LLM-basierten Chatbots und Voicebots im Vergleich zu Bots ohne LLMs erläutert.

**Allgemeine Vorteile von Chat und Voicebots**
- **Verfügbarkeit:** Bots sind rund um die Uhr verfügbar und können Benutzeranfragen ohne Unterbrechung beantworten, was besonders außerhalb der Geschäftszeiten wertvoll ist.
- **Skalierbarkeit:** Bots können gleichzeitig mit Tausenden von Anfragen umgehen, was sie ideal für große Unternehmen oder Ereignisse mit hohem Nutzeraufkommen macht.
- **Kosteneffizienz:** Bots reduzieren die Notwendigkeit für menschliches Personal und können somit die Kosten für Kundensupport und -betreuung erheblich senken.
- **Konsistenz:** Bots bieten eine gleichbleibende Qualität der Antworten und Benutzererfahrung, was zur Markenkonsistenz beiträgt.
- **Datensammlung:** Bots können wertvolle Daten über Benutzerinteraktionen sammeln, die zur Verbesserung von Produkten, Dienstleistungen und Kundenerlebnissen analysiert werden können.

**Vorteile von LLM-Bots gegenüber traditionellen Bots**

- **Verbessertes Verständnis:** LLM-Bots, die auf Large Language Models wie GPT oder Gemini basieren, haben ein tieferes Verständnis von Sprache, was ihnen ermöglicht, natürlichere und kontextuell relevantere Antworten zu geben. Sie können komplexe Anfragen besser verstehen und darauf reagieren.
- **Anpassungsfähigkeit:** LLM-Bots können sich aufgrund ihres trainierten Verständnisses für Sprache und Kontext schneller an neue Themen und Anfragen anpassen, ohne dass für jede neue Anforderung explizit programmiert werden muss. Der Entwicklungsprozess und auch der Anpassungsprozess von Bots wird dadurch deutlich einfacher und schneller.
- **Personalisierung:** Durch das fortgeschrittene Sprachverständnis können LLM-Bots personalisiertere Interaktionen bieten, indem sie die Tonalität, Stimmung und frühere Interaktionen berücksichtigen, um die Kommunikation individueller zu gestalten. Dies steigert die Customer Experience sehr stark.
- **Fähigkeit zur Langtextgenerierung:** Im Gegensatz zu älteren Modellen, die meist nur kurze und einfache Texte generieren konnten, sind LLM-Bots in der Lage, ausführlichere und informiertere Inhalte zu erstellen, was sie für Anwendungen wie Content-Erstellung, detaillierte Produktbeschreibungen und Bildungszwecke nützlich macht.
- **Integration von externem Wissen:** LLM-Bots, insbesondere solche, die RAG nutzen, können unternehmensspezifische Datenquellen anzapfen, um ihre Antworten zu informieren und zu verbessern. Dies ermöglicht es ihnen, aktuelle, genaue und tiefgreifende Informationen zu liefern, die genau zu dem Unternehmen passen.

## 41.4 Wie werden KI-Bots eingeführt?

Seit Ende 2022 kommen immer mehr LLM-basierte Bots auf den Markt. Natürlich ist jedes Projekt einzigartig und erfordert individuelle Ressourcen und Prioritäten. Im Allgemeinen durchlaufen Unternehmen jedoch bei der Planung, Umsetzung und Implementierung die folgenden Schritte:

**Wichtig**: Je nach Budget und Zielen des Unternehmens kann der Umfang der einzelnen Phasen variieren. LLMs können sowohl für Chatbots als auch für Voicebots verwendet werden. Allerdings müssen bei Voicebots spezifische Anpassungen vorgenommen werden, z. B. in Bezug auf Wortwahl, Länge der Antworten und Stimmauswahl.

1. **Bedarf klären und Usecase definieren**

Der initiale Schritt in der Planung eines LLM-Bots hat sich im Kern nicht gewandelt. Jedes Projekt beginnt mit einer sorgfältigen Bedarfsanalyse und der Identifikation eines geeigneten Anwendungsfalls.

Die Tatsache, dass LLM-Bots sich jedoch deutlich effizienter implementieren lassen als frühere intentbasierte Bots, verändert die Kosten-Nutzen-Betrachtung bezüglich der

**Abb. 41.1** Use Cases LLMs und RAG Technologie. (Quelle: Eigene Darstellung (2024))

Frage: „Ist ein Bot für unser Unternehmen sinnvoll?". Zunehmend mehr Unternehmen sind nun in der Lage, mit geringem Aufwand ihren ersten LLM-Bot zu implementieren.

Auch bezüglich der Anwendungsfälle haben die Möglichkeiten der LLMs und der RAG-Technologie erhebliche Veränderungen bewirkt. Während früher die Tendenz bestand, kleinere Anwendungsfälle für begrenzte Themenbereiche zu definieren, ermöglichen LLM-Bots mit den entsprechenden Daten die gleichzeitige Bearbeitung einer Vielzahl an Themenbereichen. Die Beschränkungen eines Anwendungsfalls werden erst relevant, wenn in späteren Prozessschritten eventuell Drittsysteme oder weitere Partner integriert werden müssen.

Inspiration für Ihre Use Cases finden Sie unter dem folgenden QR-Code (Abb. 41.1), der Best Practices von LLM-basierten Chatbots und Voicebots veranschaulicht.

2. **Technische und Inhaltliche Anforderungen festlegen**

Nachdem die Usecases des LLM-Bots skizziert wurde, folgt im zweiten Schritt die genaue Definition der technischen und inhaltlichen Anforderungen.

Die inhaltlichen Anforderungen umfassen die Festlegung des Wissens, über das der LLM-bot verfügen soll, einschließlich der Fähigkeit, bestimmte Anfragen zu beantworten und zusätzliche Fähigkeiten auszuführen, wie die Durchführung weiterer Prozessschritte, wie z. B. der Änderung einer Adresse. Die Tonalität des LLM-Bots ist auch ein wichtiger Aspekt, der berücksichtigt werden muss, einschließlich der Frage, wie stark der LLM-Bot eine eigene Persönlichkeit annehmen soll und wie diese Persönlichkeit sich zum Unternehmen und zum Benutzer verhält. Einige LLM-Bots passen ihre Persönlichkeit stark an die des Benutzers an, während andere mehr an die Tonalität des Unternehmens ausgerichtet sind und einige fast keine Persönlichkeit oder Tonalität haben.

Datenschutz und Datenspeicherung sind zentrale technische Anforderungen bei der Implementierung von LLM-basierten Bots. Unternehmen müssen entscheiden, wo die vom Bot verarbeiteten und gespeicherten Daten gehostet werden sollen: auf eigenen Servern, auf Servern im eigenen Land oder international, beispielsweise in den USA.

Weitere wichtige Aspekte sind die Integration in bestehende Systeme wie CRM, ERP oder interne Ticketsysteme sowie die Wahl der Implementierungsumgebung (z. B. Webseite, Telefonie, App, geschlossener Login-Bereich). Die Mehrsprachigkeit des Bots ist ebenfalls ein relevanter Faktor.

Eine sorgfältige Planung dieser technischen Anforderungen ist entscheidend, da Mängel den Projekterfolg und das Markenimage negativ beeinflussen können. Daher sollten alle relevanten Stakeholder in dieser Projektphase einbezogen und ihre Bedürfnisse berücksichtigt werden.

3. **Sprachmodell und Technologie auswählen**

Nachdem alle Anforderungen präzise definiert wurden, erfolgt die Auswahl der Technologie und des Sprachmodells. Die Entscheidung für ein bestimmtes Sprachmodell hängt von verschiedenen Faktoren ab, insbesondere von den Datenschutzanforderungen des Unternehmens. Je höher die Datenschutzanforderungen und der Wunsch nach eigenem Hosting sind, desto eher wird sich das Unternehmen für ein Open-Source-Sprachmodell entscheiden. Es ist wichtig, dass die Implementierung von LLM-basierten Bots die nationalen Gesetzgebungen und Datenschutzrichtlinien einhält.

Im Hinblick auf die Technologie und die Auswahl eines Technologiepartners prüft das Unternehmen zunächst, ob bereits bestehende Partnerschaften oder Verträge mit Anbietern vorhanden sind, die potenziell die Implementierung des LLM-basierten Bots übernehmen könnten. Viele Unternehmen unterhalten beispielsweise Partnerschaften mit Microsoft-Partnern, die möglicherweise auch die Realisierung des geplanten Bots durchführen könnten.

Es ist möglich, dass im Rahmen der Technologieauswahl eine offizielle Ausschreibung erforderlich wird. Dies hängt sowohl von den internen Richtlinien des Unternehmens als auch vom Umfang des Projekts ab.

4. **Daten sammeln und aufbereiten**

Sobald die Technologie und das Sprachmodell festgelegt worden sind, geht es an das Bereitstellen der Daten. Hier sollten Unternehmen eng mit dem Technologieanbieter zusammenarbeiten, um sicherzustellen, dass die Daten in einer brauchbaren Struktur bereitgestellt werden.

Gleichzeitig sind die Unternehmen hier gefordert sehr genau zu arbeiten. Wenn Trainingsdaten vergessen werden oder eine schlechte Qualität aufweisen, wird dies deutliche Auswirkungen auf die endgültige Qualität des LLM-Bots haben.

Mehr Informationen zur Datenbereitstellung für LLM-basierte Bots finden Sie im Beitrag „LLM-Bots – Eine Einführung in die neue Welt der Bots".

5. **Prompts erstellen**

Neben den Daten, von denen der LLM-Bot lernen soll, spielen auch die Prompts eine wichtige Rolle im Hinblick auf die Performance und das Verhalten des finalen Bots. Mithilfe von Prompts können Unternehmen das Verhalten des Bots definieren. Dazu gehören

Themen, wie die Tonalität, aber auch das Verhalten in unterschiedlichen Situationen. Unternehmen können beispielsweise festlegen, wie der LLM-Bot mit Beschimpfungen umgehen soll.

Bei der Prompt-Erstellung kommen die Kompetenzen des Prompt-Engineerings zum Tragen. Je genauer und präziser die Prompts formuliert sind, desto besser wird sich der LLM-basierte Bot verhalten. Es muss jedoch beachtet werden, dass trotz guter und geprüfter Prompts der Bot nie zu 100 % kontrollierbar ist. Die Verarbeitung und Bekanntgabe von sensiblen Daten sollte daher genau überprüft oder durch einen hybriden Ansatz gelöst werden. Das bedeutet: Sensible Aufgaben werden von einem regelbasierten Bot mit Intent-Erkennung übernommen, während der LLM-Bot für nicht-sensible Aufgaben zuständig ist.

6. **Umsetzung: Das LLM mit Prompts und Daten anreichern und optimieren**

Sobald die Daten vorbereitet sind und die Prompts definiert sind, kann die Umsetzung beginnen. Dieser Prozessschritt liegt in der Regel beim Technologiepartner. Natürlich ist es auch möglich, dass Unternehmen ohne zusätzlichen Technologiepartner arbeiten und die Anbindung an das Sprachmodell selbst vornehmen.

Im Allgemeinen gilt, wenn die Daten und Prompts im Voraus sauber definiert und aufbereitet worden sind, sollte die eigentliche Umsetzung relativ schnell gehen. Die kommenden Schritte erfordern dann wieder mehr Ressourcen und Zeit.

7. **Testen und Optimieren**

Diese Phase zeigt die Qualität der Vorarbeiten. Der LLM-Bot muss eingehend getestet und wahrscheinlich weiter optimiert werden. Funktionale Tests sind in der Regel unproblematisch; wesentlich kritischer und aufwendiger sind jedoch die inhaltlichen Tests. Hierbei ist zu evaluieren, wie der LLM-Bot sich in verschiedenen Szenarien verhält und ob er die erwarteten Antworten in angemessener Weise liefert. Sollten die Ergebnisse nicht zufriedenstellend sein, müssen Maßnahmen zur Optimierung festgelegt werden. Häufig ist es notwendig, die Prompts zu justieren oder zusätzliche Inhalte hinzuzufügen. Gegebenenfalls müssen auch Trainingsinhalte korrigiert oder entfernt werden, falls sie irreführend oder fehlerhaft sind.

Diese Testphase wird so lange wiederholt, bis der LLM-Bot eine zufriedenstellende Qualität erreicht hat.

8. **Den Bot in bestehende Kanäle (Telefonie oder Webseite) integrieren**

Nach Abschluss der Tests und Optimierungen ist der LLM-Bot bereit, in die endgültigen Kanäle integriert zu werden. Die meisten Unternehmen implementieren ihren LLM-Bots direkt auf ihrer Webseite, App oder in ihrer Telefonie. Diese Integration erfolgt während dieser Phase.

9. **Den LLM-Bot veröffentlichen**

Nach der Fertigstellung ist der LLM-Bot bereit für die Veröffentlichung. Unternehmen können individuell entscheiden, ob sie einen Soft-Launch bevorzugen oder einen Launch mit umfangreicher Öffentlichkeitsarbeit durchführen möchten. Bei einem Soft-Launch wird der LLM-Bot meist stillschweigend online gestellt und wenig beworben. Andere Unternehmen versenden zu diesem Anlass eventuell sogar eine Pressemitteilung.

Unabhängig davon, ob ein Soft-Launch oder ein großer Launch gewählt wird, ist es essenziell, die Mitarbeiter über den neuen LLM-basierten Bot zu informieren. Dazu gehören detaillierte Informationen über die Funktionsweise und den Leistungsumfang. Ohne die Einbeziehung der Mitarbeiter kann es zu Missverständnissen und Unzufriedenheit kommen, was sich negativ auf die Produktivität auswirken kann.

10. **Feedback einholen, Verbesserungen umsetzen und die LLM-Bots weiterentwickeln**

Wer annimmt, dass der letzte Prozessschritt eines LLM-Projekts die Veröffentlichung ist, irrt sich. Nach der Veröffentlichung setzt sich die Arbeit fort. Der LLM-Bot muss kontinuierlich überwacht werden, und das Nutzerfeedback muss sorgfältig überprüft und analysiert werden. In den meisten Projekten führt diese Phase trotz vorangegangener Testphasen zu weiteren Optimierungen und Anpassungen des LLM-Bots.

Neben den Optimierungen, die zur Verbesserung des bestehenden Anwendungsfalls beitragen, sollte nach der Veröffentlichung auch die Weiterentwicklung des Bots berücksichtigt werden. Es ist wahrscheinlich, dass Erweiterungen des Anwendungsfalls oder zusätzliche Funktionalitäten identifiziert werden, die der LLM-Bot in Zukunft übernehmen könnte.

## 41.5 KI-gestützte Voice- und Chatbots in der Patientenreise

Die Patientenreise umfasst jeden einzelnen Berührungspunkt eines Patienten mit dem Gesundheitssystem, von der ersten Symptomwahrnehmung bis zur Nachsorge. Lange Wartezeiten, komplizierte Prozesse und mangelnde Kommunikation können diese Reise beschwerlich machen. KI-basierte Chatbots und Voicebots bieten hier eine ideale Lösung, um die Patientenreise effizienter und angenehmer zu gestalten.

Diese intelligenten Assistenten können die Patientenreise auf vielfältige Weise verbessern und sowohl Patienten als auch medizinisches Personal entlasten. Sie ermöglichen eine personalisierte, effiziente und zugängliche Patientenreise, die den Bedürfnissen des digitalen Zeitalters gerecht wird.

Der folgende Abschnitt zeigt diverse Anwendungsbeispiele für Voice- und Chatbots in der Patientenreise, unterteilt in die Phasen 1. Vor dem Arztbesuch, 2. Während des Arztbesuchs und 3. Nach dem Arztbesuch.

1. **Vor dem Arztbesuch**

Voice- und Chatbots können die Patientenreise vor dem Arztbesuch deutlich verbessern, indem sie Patienten mit Informationen versorgen und administrative Aufgaben übernehmen.

**Informationsversorgung**

- **Symptomabfrage und -bewertung:** Der Chatbot kann den Patienten durch eine Reihe von Fragen zu seinen Symptomen führen, ähnlich wie es ein Arzt tun würde. Dabei verwendet er medizinisches Wissen und Algorithmen, um die Symptome einzuordnen und ihre Dringlichkeit zu bewerten. Er kann erste Einschätzungen geben, mögliche Ursachen nennen und dem Patienten helfen zu entscheiden, ob ein Arztbesuch notwendig ist. Dabei greift er auf eine umfangreiche Datenbank mit medizinischem Wissen zurück und kann auch auf individuelle Faktoren wie Alter, Vorerkrankungen und Medikamenteneinnahme eingehen.
- **Bereitstellung von Informationen:** Der Chatbot kann Patienten umfassend über Krankheiten, Symptome, Behandlungsmöglichkeiten und Medikamente informieren. Er kann dabei auf verlässliche Quellen wie die Websites von Krankenkassen, medizinischen Fachgesellschaften oder Universitätskliniken verweisen. Der Patient erhält so einen ersten Überblick über sein mögliches Krankheitsbild und kann sich auf das Gespräch mit dem Arzt vorbereiten.
- **Vorbereitung auf den Arztbesuch:** Der Chatbot kann Patienten aktiv dabei unterstützen, sich auf den Arztbesuch vorzubereiten. Er kann ihnen helfen, ihre Krankengeschichte zu dokumentieren, indem er relevante Fragen stellt und die Antworten speichert. Außerdem kann er eine Liste mit Fragen vorschlagen, die der Patient dem Arzt stellen kann, um alle wichtigen Informationen zu erhalten.

**Administrative Aufgaben**

- **Terminvereinbarung:** Der Chatbot kann Patienten bei der Terminvereinbarung unterstützen, indem er freie Termine bei verschiedenen Ärzten vorschlägt und die Buchung direkt übernimmt. Er kann dabei auch die Präferenzen des Patienten berücksichtigen, z. B. in Bezug auf den gewünschten Termin, die Lage der Praxis oder die Sprechzeiten.
- **Erinnerungen:** Der Chatbot kann Patienten automatisch an bevorstehende Termine erinnern, sowohl per Chatnachricht als auch per Sprachnachricht auf dem Smartphone. So wird verhindert, dass Termine vergessen werden und unnötige Wartezeiten entstehen.
- **Verwaltung von Dokumenten:** Der Chatbot kann Patienten helfen, wichtige Dokumente wie Überweisungen, Rezepte oder Laborbefunde digital zu verwalten. Er kann diese Dokumente sicher speichern und dem Patienten jederzeit zur Verfügung stellen, z. B. wenn er sie für einen Arztbesuch benötigt.

**Reduzierung von Angst und Unsicherheit**
Durch die Bereitstellung von Informationen und die Beantwortung von Fragen kann der Chatbot Patienten helfen, Angst und Unsicherheit vor dem Arztbesuch zu reduzieren. Er kann auch dazu beitragen, dass Patienten sich besser auf das Gespräch mit dem Arzt vorbereiten und ihre Fragen und Anliegen klar formulieren können.

2. **Während des Arztbesuchs**

Während des Arztbesuchs selbst können Voice- und Chatbots den Ablauf effizienter gestalten und die Kommunikation zwischen Arzt und Patient verbessern.

**Unterstützung des Arztes**
- **Dokumentation:** In der Chirurgie kann der Voicebot die mündliche Dokumentation des Chirurgen in Echtzeit erfassen und mit dem vorgesehenen Protokoll abgleichen. Wird ein Schritt übersprungen oder von der Standardprozedur abgewichen, gibt der Voicebot sofort Feedback. Das minimiert das Risiko menschlicher Fehler und erhöht die Patientensicherheit.
- **Informationsbereitstellung:** Während des Eingriffs kann der Chirurg mithilfe des Voicebots auf relevante Patienteninformationen zugreifen, wie z. B. Allergien, Blutwerte, bildgebende Verfahren oder Medikamentenlisten. So hat er alle wichtigen Daten griffbereit, ohne den Operationsablauf unterbrechen zu müssen.
- **Hands-free Bedienung:** Der Chirurg kann den Voicebot über Sprachbefehle steuern und benötigt keine Hände zur Bedienung von Computern oder Tablets. Das ermöglicht ein steriles Arbeiten und optimiert die Effizienz im Operationssaal.

**Unterstützung des Patienten**
- **Live-Übersetzung:** Für Patienten, die die Sprache des Arztes nicht verstehen, kann ein Voicebot in Echtzeit übersetzen. So wird sichergestellt, dass der Patient alle Informationen und Anweisungen des Arztes versteht.
- **Erinnerung an Fragen:** Der Chatbot kann den Patienten während des Gesprächs an die Fragen erinnern, die er vorbereitet hat. So kann er sichergehen, dass alle seine Anliegen besprochen werden.
- **Dokumentation des Gesprächs:** Der Chatbot kann das Gespräch mit dem Arzt dokumentieren und dem Patienten anschließend zur Verfügung stellen. So kann der Patient die Informationen und Anweisungen des Arztes in Ruhe nachlesen.

3. **Nach dem Arztbesuch**

Nach dem Arztbesuch bieten Voice- und Chatbots dem Patienten vielfältige Möglichkeiten, den Behandlungsprozess aktiv mitzugestalten und ihre Genesung zu unterstützen.

**Informationsverarbeitung und -management**

- **Verständnis und Erinnerung:** Der Chatbot kann die vom Arzt gestellten Diagnosen und Therapieempfehlungen nochmals erläutern und in einfacher Sprache zusammenfassen. Er kann auch wichtige Informationen hervorheben und dem Patienten helfen, sich an die wichtigsten Punkte zu erinnern.
- **Medikamentenmanagement:** Der Voicebot erinnert den Patienten an die regelmäßige Einnahme seiner Medikamente und informiert über mögliche Nebenwirkungen und Wechselwirkungen. Er kann auch dabei helfen, den Medikationsplan zu organisieren und die richtige Dosierung einzuhalten.
- **Nachsorge und Rehabilitation:** Der Chatbot kann den Patienten bei der Organisation von Nachsorgeterminen und Rehabilitationsmaßnahmen unterstützen. Er kann auch Übungen und Tipps für die Genesung bereitstellen und den Patienten motivieren, aktiv an seiner Gesundheit mitzuwirken.

## 41.6 KI-Bots als Schlüssel zur Optimierung der Gesundheitsversorgung

**Chat- und Voicebots zur Automatisierten Beantwortung rund um die Uhr**

KI-basierte Voice- und Chatbots läuten eine neue Ära der Gesundheitskommunikation ein. Angetrieben von generativer KI und Methoden wie Retriever-Augmented Generation (RAG) sind diese Bots nicht länger auf starre Skripte und vordefinierte Antworten beschränkt. Sie verstehen komplexe medizinische Sachverhalte, lernen aus großen Datenmengen und können individuell auf den Patienten abgestimmt kommunizieren.

**Die transformative Kraft der KI**

Diese Entwicklung hat das Potenzial, die Patientenreise grundlegend zu verändern. KI-Bots begleiten Patienten vor, während und nach dem Arztbesuch und übernehmen dabei vielfältige Aufgaben:

- **Vor dem Arztbesuch:** Sie analysieren Symptome, liefern Informationen zu Krankheiten und Behandlungsmöglichkeiten, helfen bei der Terminvereinbarung und reduzieren Angst und Unsicherheit.
- **Während des Arztbesuchs:** Sie unterstützen Ärzte bei der Dokumentation, stellen relevante Patienteninformationen bereit, ermöglichen Live-Übersetzungen und helfen Patienten, ihre Fragen zu formulieren.
- **Nach dem Arztbesuch:** Sie erklären Diagnosen und Therapieempfehlungen, erinnern an Medikamente, unterstützen bei der Nachsorge und Rehabilitation, überwachen Symptome und ermöglichen die direkte Kommunikation mit dem Arzt.

**Effizienzsteigerung und Humanisierung der Gesundheitsversorgung**
Durch den Einsatz von KI-Bots werden Abläufe effizienter gestaltet, und Wartezeiten lassen sich reduzieren, wodurch das medizinische Personal entlastet wird. So können sich Ärzte und Pflegekräfte auf die wirklich wichtigen Aufgaben konzentrieren: die persönliche Betreuung und Behandlung von Patienten. Gleichzeitig wird die Gesundheitsversorgung individueller und patientenzentrierter. Patienten erhalten schnellen Zugang zu relevanten Informationen, fühlen sich besser informiert und in den Behandlungsprozess eingebunden.

**Die Herausforderungen meistern**
Der Einsatz von KI im Gesundheitswesen bringt auch Herausforderungen mit sich. Der Schutz sensibler Patientendaten hat oberste Priorität. Ethische Aspekte, wie die Vermeidung von Bias und Diskriminierung, müssen sorgfältig berücksichtigt werden. Die Akzeptanz und das Vertrauen in KI-basierte Systeme müssen sowohl bei Patienten als auch beim medizinischen Personal gefördert werden. Und schließlich ist die nahtlose Integration von KI-Bots in die bestehende IT-Infrastruktur entscheidend.

**Die Zukunft gestalten**
Die Gesundheitsorganisation der Zukunft wird KI-basierte Systeme gezielt einsetzen, um die Patientenversorgung zu optimieren. Dabei geht es nicht darum, den Menschen durch die Maschine zu ersetzen, sondern eine synergetische Zusammenarbeit zu schaffen. KI-Bots übernehmen Routinearbeiten und stellen Informationen bereit, während sich medizinisches Personal auf die persönliche Betreuung und die Behandlung konzentriert.

**Neue Erwartungen erfüllen**
Patienten erwarten heute schnelle, unkomplizierte und personalisierte Kommunikation – auch im Gesundheitswesen. KI-Bots können dazu beitragen, diese Erwartungen zu erfüllen und die Patientenzufriedenheit zu erhöhen. Sie ermöglichen eine 24/7-Verfügbarkeit und bieten Patienten die Möglichkeit, ihre Anliegen jederzeit und von überall aus zu klären.

**Ergebnis: KI-Bots verbessern die Gesundheitsversorgung und die Patientenreise**
KI-Bots bieten sehr große Chancen für die Gesundheitsversorgung der Zukunft. Sie können dazu beitragen, die Patientenreise effizienter, patientenzentrierter und letztlich menschlicher zu gestalten. Indem wir die Herausforderungen meistern und die Technologie verantwortungsvoll einsetzen, können wir die Zukunft der Gesundheitskommunikation aktiv mitgestalten.

## 41.7 KI-Bots als Intelligende Begleiter und Wegbereiter der Gesundheitsversorgung

Dieses Kapitel taucht tief in die Welt der Künstlichen Intelligenz (KI) ein und untersucht die transformative Rolle von Chat- und Voicebots im Gesundheitswesen. Der Fokus liegt auf LLM-Bots, die auf fortschrittlichen Sprachmodellen basieren und durch Methoden wie Retriever-Augmented Generation (RAG) eine neue Ära der Mensch-Maschine-Interaktion einläuten.

**Was sind LLM-Bots und wie funktionieren sie?**
LLM-Bots sind hoch entwickelte KI-Systeme, die menschliche Sprache nicht nur verstehen, sondern auch generieren können. Im Gegensatz zu herkömmlichen Chatbots, die auf vordefinierten Regeln und Entscheidungsbäumen basieren, nutzen LLM-Bots die Leistungsfähigkeit von großen Sprachmodellen wie GPT-4. Diese Modelle wurden mit riesigen Datenmengen trainiert und können so natürliche Sprache in ihrer Komplexität erfassen und kontextbezogene Antworten generieren.

Ein Schlüsselelement ist die Retriever-Augmented Generation (RAG). RAG kombiniert die Stärken von zwei Welten: Ein Retrieval-System sucht gezielt nach relevanten Informationen in einer Datenbank, während das Sprachmodell diese Informationen verarbeitet und in eine verständliche Antwort umwandelt. So können LLM-Bots auf unternehmensspezifische Daten zugreifen und präzise, auf den Kontext zugeschnittene Antworten liefern.

**Chatbots vs. Voicebots: Zwei Seiten derselben Medaille**
Obwohl Chat- und Voicebots auf ähnlichen KI-Technologien basieren, unterscheiden sie sich in ihrer Anwendung und ihren Stärken. Voicebots ermöglichen eine natürlichere Interaktion durch Sprache und können emotionale Verbindungen aufbauen. Sie eignen sich ideal für telefonbasierte Anwendungen oder virtuelle Assistenten wie Alexa oder Google Assistant. Chatbots hingegen punkten mit Effizienz und Schnelligkeit bei textbasierten Anfragen. Sie sind barrierefrei und bieten Menschen mit Sprach- oder Hörbehinderungen eine optimale Kommunikationsmöglichkeit.

**Die Vorteile von LLM-Bots**
LLM-Bots bieten gegenüber herkömmlichen Bots entscheidende Vorteile:

- **Vertieftes Sprachverständnis:** Sie erfassen Nuancen, Kontext und Absichten in der menschlichen Sprache und können so komplexere Anfragen bearbeiten.
- **Anpassungsfähigkeit:** LLM-Bots lernen kontinuierlich und können sich flexibel an neue Themen und Situationen anpassen.
- **Personalisierung:** Sie analysieren den Kommunikationsstil des Nutzers und passen ihre Antworten individuell an.

- **Langtextgenerierung:** LLM-Bots erstellen ausführliche, informative und kohärente Texte.
- **Integration externen Wissens:** Durch RAG können sie auf unternehmensspezifische Daten zugreifen und so fundierte und relevante Antworten liefern.

**Implementierung von KI-Bots: Ein Schritt-für-Schritt-Leitfaden**
Die erfolgreiche Implementierung von KI-Bots erfordert eine strukturierte Vorgehensweise:

1. **Bedarfsanalyse und Use Case Definition:** Klärung der Ziele und Anwendungsbereiche des Bots.
2. **Anforderungsdefinition:** Festlegung der technischen und inhaltlichen Anforderungen, einschließlich Datenschutz, Integration in bestehende Systeme und Sprachmodelle.
3. **Technologieauswahl:** Auswahl des geeigneten Sprachmodells und Technologiepartners.
4. **Datenaufbereitung:** Bereitstellung und Strukturierung der Trainingsdaten für den Bot.
5. **Prompt-Erstellung:** Definition des Bot-Verhaltens durch spezifische Anweisungen (Prompts).
6. **Implementierung und Optimierung:** Anreichern des LLM mit Daten und Prompts.
7. **Testen und Optimieren:** Evaluierung der Bot-Performance und Anpassung an die Anforderungen.
8. **Integration:** Einbindung des Bots in die gewünschten Kanäle (Webseite, App, Telefonie).
9. **Veröffentlichung:** Einführung des Bots und Information der Mitarbeiter.
10. **Kontinuierliche Weiterentwicklung:** Überwachung, Feedbackanalyse und Optimierung des Bots.

**KI-Bots entlang der Patientenreise**
KI-Bots revolutionieren die Patientenreise und bieten in jeder Phase Unterstützung:

**Vor dem Arztbesuch**

- **Symptomanalyse:** Der Bot führt den Patienten durch gezielte Fragen und bewertet die Dringlichkeit der Symptome.
- **Informationsbereitstellung:** Zugang zu verlässlichen Informationen über Krankheiten, Behandlungen und Medikamente.
- **Terminvereinbarung:** Der Bot findet passende Termine und übernimmt die Buchung.
- **Erinnerungen:** Automatische Erinnerungen an Termine und Medikamente.
- **Dokumentenmanagement:** Digitale Verwaltung von Überweisungen, Rezepten und Befunden.
- **Angstreduktion:** Der Bot beantwortet Fragen und bereitet Patienten auf den Arztbesuch vor.

**Während des Arztbesuchs**
- **Unterstützung des Arztes:** Dokumentation, Informationsbereitstellung, Hands-free Bedienung.
- **Unterstützung des Patienten:** Live-Übersetzungen, Erinnerung an Fragen, Dokumentation des Gesprächs.

**Nach dem Arztbesuch**
- **Informationsverarbeitung:** Erläuterung von Diagnosen und Therapieempfehlungen.
- **Medikamentenmanagement:** Erinnerung an die Einnahme, Informationen zu Nebenwirkungen.
- **Nachsorge und Rehabilitation:** Unterstützung bei der Organisation von Terminen und Übungen.

**Datenschutz und Datensicherheit: Eine zentrale Herausforderung**
Der Einsatz von KI-Bots im Gesundheitswesen erfordert einen verantwortungsvollen Umgang mit sensiblen Patientendaten. Die DSGVO und das Schweizer DSG setzen hier strenge Standards. Anonymisierung, sichere Datenverarbeitung und -speicherung, Transparenz und menschliche Kontrolle sind unerlässlich.

**Ergebnis: KI-Bots gestalten die Zukunft der Gesundheitsversorgung**
LLM-Bots bieten gute Chancen für eine effizientere, patientenzentriertere und zugänglichere Gesundheitsversorgung. Durch die Überwindung der Herausforderungen und den verantwortungsvollen Einsatz der Technologie können wir die Patientenreise optimieren und die Zufriedenheit von Patienten und medizinischem Personal erhöhen.

## 41.8 Schlussbetrachtung und Ausblick

Die schnelle Entwicklung der KI-Technologie, insbesondere im Bereich der großen Sprachmodelle, eröffnet faszinierende Perspektiven für den Einsatz von LLM-basierten Chat- und Voicebots im Gesundheitswesen.

**Personalisierte und präventive Gesundheitsversorgung**
LLM-Bots werden zukünftig eine noch wichtigere Rolle in der personalisierten und präventiven Gesundheitsversorgung spielen. Durch die Analyse von Patientendaten, individuellen Risikofaktoren und Lebensgewohnheiten können sie personalisierte Empfehlungen zu Ernährung, Bewegung und Stressmanagement geben. Darüber hinaus können sie Patienten an Vorsorgeuntersuchungen erinnern und bei der Früherkennung von Krankheiten unterstützen.

**Emotionale Intelligenz und Empathie**
Zukünftige LLM-Bots werden nicht nur informieren, sondern auch emotionale Unterstützung bieten. Durch die Analyse von Sprachmustern und emotionalen Signalen können sie die Stimmung des Patienten erkennen und angemessen darauf reagieren. So können sie Ängste und Sorgen abbauen, Motivation fördern und die Therapietreue verbessern.

**Integration in das Metaverse und virtuelle Realität**
Mit dem Aufkommen des Metaverse und immersiver Technologien werden LLM-Bots auch in virtuellen Umgebungen eingesetzt werden. Patienten können mit ihren Avataren mit KI-gesteuerten Ärzten und Therapeuten interagieren, virtuelle Kliniken besuchen und an simulativen Behandlungen teilnehmen. Dies eröffnet neue Möglichkeiten für die Patientenaufklärung, die Fernbehandlung und die Rehabilitation.

**Hybride Ansätze und Zusammenarbeit mit menschlichem Personal**
Die Zukunft der Gesundheitsversorgung liegt in der synergetischen Zusammenarbeit von Mensch und Maschine. Hybride Ansätze, die die Stärken von KI-Bots und menschlichem Personal kombinieren, werden zunehmend an Bedeutung gewinnen. LLM-Bots übernehmen Routinearbeiten, stellen Informationen bereit und unterstützen die Entscheidungsfindung, während Ärzte und Pflegekräfte sich auf die persönliche Betreuung und die komplexen medizinischen Herausforderungen konzentrieren.

**Ethische Aspekte und Vertrauensbildung**
Der verantwortungsvolle Einsatz von KI im Gesundheitswesen erfordert eine kontinuierliche Auseinandersetzung mit ethischen Fragestellungen. Die Vermeidung von Bias und Diskriminierung, der Schutz der Privatsphäre und die Gewährleistung der Patientensicherheit stehen im Vordergrund. Transparenz, Erklärbarkeit und Nachvollziehbarkeit von KI-Systemen sind essenziell, um das Vertrauen der Patienten zu gewinnen und die Akzeptanz der Technologie zu fördern.

**Kontinuierliche Weiterentwicklung und lebenslanges Lernen**
Die KI-Technologie entwickelt sich rasant weiter. LLM-Bots müssen daher kontinuierlich lernen und sich an neue Erkenntnisse und Anforderungen anpassen. Lebenslanges Lernen und die Integration neuester Forschungsergebnisse sind entscheidend, um die Qualität und Effektivität der KI-basierten Gesundheitsversorgung zu gewährleisten.

## 41.9 Fazit

Zusammenfassend lässt sich sagen, dass LLM-Bots das Potenzial haben, die Gesundheitsversorgung der Zukunft maßgeblich zu prägen. Sie werden zu unverzichtbaren Begleitern auf der Patientenreise werden und dazu beitragen, die Gesundheitsversorgung personalisierter, effizienter und zugänglicher zu machen. Durch die verantwortungsvolle Nutzung der Technologie und die kontinuierliche Weiterentwicklung können wir die Chancen der KI im Gesundheitswesen optimal nutzen und die Gesundheit und das Wohlbefinden der Menschen verbessern

## Literatur

**Ackerman S.** (o. J.) *Voicebots: Was sie sind und wie sie funktionieren,* Bolzhauser (Hrsg.), online im Internet, URL: https://bolzhauser.de/insights/voicebots/, Abrufdatum: 16.10.2024.

**Ltifi M.** (2024) Consumers favor social presence using voice chatbots. in: Zhou L., Zhao S. (Eds.), *Social Presence and Conversational Agents: Theory, Design, and Evaluation.* CRC Press, Florida, pp. 1–2. https://doi.org/10.1201/9781003450443-15.

**Rohit K, Amit S, Gagan K, Ankit, Ebtesam A.** (2024) Consumer engagement in Chatbots and voicebots. A multiple-experiment approach in online retailing context, in: *Journal of Retailing and Consumer Services*, Vol. 78, No. 103728. https://doi.org/10.1016/j.jretconser.2024.103728.

**Kim J, Lee C, Kim J, Hong J.** (2023) Interactive description to enhance accessibility and experience of deaf and hard-of-hearing individuals in museums, in: *Universal Access in the Information Society*, 23(2): 913–926. https://doi.org/10.1007/s10209-023-00983-2.

**Arsenijevic U. & Jovic M.** (2019) Artificial Intelligence Marketing: Chatbots, in: *2019 International Conference on Artificial Intelligence: Applications and Innovations (IC-AIAI), 30.09.2019 – 04.10.2019, Belgrade, IEE,* [Preprint]. https://doi.org/10.1109/ic-aiai48757.2019.00010.

**Sophie Hundertmark** – Chatbot und AI-Expertin, Beraterin, Workshop-Moderatorin und Keynote Referentin. Sie gilt als Expertin mit viel Praxis- sowie Forschungserfahrung für Generative AI, Chatbots, künstliche Intelligenz und digitale Assistenten wie ChatGPT. Sie berät internationale Firmen, wie Helvetia, Jura, Raiffeisen, die Sparkassen-Finanzgruppe, Gesundheitsorganisationen, wie das Luzerner Kantonsspital oder NGOs, wie das Hilfswerk zum Einsatz, zur Nutzung und zur Verbesserung von AI-Anwendungen und Chatbots. Sie ist ebenfalls eine gefragte Keynote-Referentin und Workshop-Moderatorin für KI und verwandte Themen. Zusätzlich zu ihren Praxiserfahrungen fließen auch Sophies Erkenntnisse aus ihrer Tätigkeit als Forscherin und Dozentin der Hochschule Luzern in ihre Vorträge und Beratungen mit ein. Sophie verfolgt mit ihren Aktivitäten das Ziel, ihren Zuhörern Wissen zu vermitteln, wie Künstliche Intelligenz verantwortungsvoll, nachhaltig und bewusst eingesetzt werden kann. Sie regt dazu an, kritisch zu denken, Prozessen zu hinterfragen, sowie Transparenz und Weitsicht zu entwickeln. Diese Kompetenzen sind entscheidend für eine zukunftsorientierte und innovative Entwicklung unserer Gesellschaft. Als Mitglied von Verwaltungsräten und Beiräten begleitet Sophie innovative Unternehmen wie AlpineAI, eggheads.ai, Joaia und Cloudburst und ist im Vorstand des SwissInsights-Verbands aktiv. Und wer wissen will, warum es laut Sophie auch in 20 Jahren immer noch die gelben Briefkästen braucht, der sollte sich unbedingt mal einen Vortrag oder eine Beratung von Sophie anhören.

**Massimiliano Decarli** ist Account Manager bei der Spitch AG, einem global führenden Unternehmen für Sprach- und Texterkennungssoftware mit Fokus auf künstliche Intelligenz. Seine Expertise liegt insbesondere in der Beratung öffentlicher Behörden und Spitäler, wo er sein tiefes Verständnis für KI-Lösungen einsetzt, um deren Schwachstellen zu adressieren und optimale Implementierungsstrategien zu entwickeln. Neben seiner beruflichen Tätigkeit absolviert Massimiliano Decarli derzeit eine Promotion in Betriebswirtschaft an der UIBS Zürich. Sein akademischer Hintergrund umfasst einen Bachelor in Betriebswirtschaft mit Schwerpunkt Marketing, Management und International Relations (UIBS Zürich) sowie einen Master in International Management am Trinity College Dublin. Parallel zu seinem PhD hat er sich an der University of Nicosia zum Thema Blockchain und Digital Currencies weitergebildet. Massimiliano Decarli ist ein passionierter Verfechter von neuen Technologien und setzt sich dafür ein, deren Potenzial einem breiten Publikum zugänglich zu machen und deren Vorteile aufzuzeigen. Er möchte „die Schönheit der Technologie streuen und weiterbringen" und durch innovative Lösungen den Fortschritt der Menschheit vorantreiben. In seiner Freizeit engagiert sich Massimiliano Decarli in der FDP und – ganz der Schweizer Tradition verbunden – hat er seinen Militärdienst als Einheits-Sanitäter absolviert.

GPSR Compliance

*The European Union's (EU) General Product Safety Regulation (GPSR) is a set of rules that requires consumer products to be safe and our obligations to ensure this.*

*If you have any concerns about our products, you can contact us on ProductSafety@springernature.com*

In case Publisher is established outside the EU, the EU authorized representative is:

Springer Nature Customer Service Center GmbH
Europaplatz 3
69115 Heidelberg, Germany

**Batch number: 09224926**

Printed by Printforce, the Netherlands